● "十二五"江苏省高等学校重点教材（编号：2014 – 1 – 076）

●江苏高校优势学科（心理学）建设工程三期项目（2018—2020）成果

●南京师范大学 2013 年度立项建设重点教材

"十二五"江苏省高等学校重点教材（编号：2014-1-076）

教育心理学新编 第五版

EDUCATIONAL PSYCHOLOGY
A NEW LOOK

汪凤炎　燕良轼　郑　红 ◎ 主编

暨南大学出版社
JINAN UNIVERSITY PRESS

中国·广州

图书在版编目（CIP）数据

教育心理学新编/汪凤炎，燕良轼，郑红主编 . — 5 版.—广州：暨南大学出版社，2019.6

ISBN 978 - 7 - 5668 - 2650 - 3

Ⅰ.①教…　Ⅱ.①汪…②燕…③郑…　Ⅲ.①教育心理学　Ⅳ.①G44

中国版本图书馆 CIP 数据核字（2019）第 094483 号

教育心理学新编（第五版）

JIAOYU XINLIXUE XINBIAN（DIWUBAN）

主　编：汪凤炎　燕良轼　郑　红

出 版 人：徐义雄
策划编辑：张仲玲
责任编辑：张仲玲　李倬吟
责任校对：陈皓琳
责任印制：汤慧君　周一丹

出版发行：暨南大学出版社（510630）
电　　话：总编室（8620）85221601
　　　　　营销部（8620）85225284　85228291　85228292（邮购）
传　　真：（8620）85221583（办公室）　85223774（营销部）
网　　址：http：//www.jnupress.com
排　　版：广州市天河星辰文化发展部照排中心
印　　刷：佛山市浩文彩色印刷有限公司
开　　本：787mm×1092mm　1/16
印　　张：40.5
字　　数：1030 千
版　　次：2006 年 6 月第 1 版　2019 年 6 月第 5 版
印　　次：2019 年 6 月第 11 次
印　　数：20501—23500 册
定　　价：98.00 元

关于第五版的说明

《教育心理学新编》自 2006 年 6 月初版、2007 年 6 月修订版、2011 年 7 月第三版、2016 年 2 月第四版出版以来，承蒙读者厚爱，至 2019 年 3 月印次已达 10 次，印数已达 20 500 册。为了让本教材的内容与时俱进，以便让读者更好地把握近几年来教育心理学研究所取得的最新成就，现借第五版出版的机会，将最近三年多（2016 年 1 月至 2019 年 3 月）修订的内容添加进来。其主要体现在三个方面：①对一些章节结构作了适当增删或调整。②补充了一些新观点、新内容、新材料。③对书中一些字词和段落进行了调整与润色，使其逻辑更严谨，表述更简洁。同时，本教材第五版在撰写过程中一如既往地力图体现以下五个鲜明特色：

第一，融会中西，突出中国文化特色。为了体现"中国化"取向的思路，本教材第五版在撰写过程中继续在充分吸取外国尤其是西方教育心理学思想精髓的基础上，又适度融进中国教育心理学思想的精髓，突出中国文化的特色，使之朝着建立有中国特色的教育心理学体系的目标迈进一步，并能更好地满足当代中国教育的实际需要。

第二，注意揭示名家的独特思维方式。在科学技术日新月异和价值观日趋多元化的当代社会，知识更新的速度越来越快，无论大学传授给学生多么新颖而实用的知识，这些知识的"保鲜时间"注定不会很长。正因为如此，大学不但要传授给学生丰富而实用的知识，更要教会学生良好的思维方式，培养学生健全的人格。秉承这一教育理念，本教材在撰写过程中特别注意揭示一些研究教育心理学名家的健全人格与独特思维方式，以便让读者于潜移默化中习得名家的健全人格和良好思维方式。

第三，追求新颖性。为了避免教材的同质性，本教材追求新颖性，这种新颖性主要体现在三个方面：一是体系上的新颖性。《教育心理学新编》力图建构出一个与现有教育心理学教材体系都不尽相同的体系结构。二是观点上的新颖性。本教材在充分借鉴与吸收前人已有研究成果的基础上，力图"接着前人讲"，而不是"从头开始讲"或"照着前人讲"（冯友兰语），以便做到见人所未见，言人所未言，显示观点上的新颖性。三是材料上的新颖性。本教材尽量选用国内外最新的相关研究成果作为材料来源。

第四，系统性、科学性、深刻性和可读性相结合。一方面，为将本教材撰写成适合研究生（包括教育硕士生与博士生）和本科生学习教育心理学的教材，本教材在撰写过程中注重内容的系统性与深刻性，注重观点、术语与篇章结构等的科学性。另一方面，为了增强本教材的可读性，本教材在撰写过程中追求文字的流畅性，尽量用浅显的语言将深刻的学理阐述出来；同时，适当插入一些经典图片，做到图文并茂，增强本教材的形象感。

第五，注重学以致用。本教材第五版在撰写过程中也注重将所写内容与当前中国教育尤其是学校教育里出现的一些实际问题结合起来，并力图结合笔者多年的思考而尝试提出一些解决问题的对策，以期让读者举一反三，做到学以致用。

本教材自初版以来经过四次修订，尤其是经过 2016 年的第三次修订和 2019 年的第四次修订（此次修订主要由汪凤炎和郑红完成）后，较之初版，早已脱胎换骨，综合初版和四次修订版各章节作者的撰写情况，第五版各章节主要执笔人的分工情况如下：第一章第一节为汪凤炎、郑红，第二节为汪凤炎、燕良轼，第三节为汪凤炎、郑红、陈浩彬；第二章第一节为汪凤炎、张小将（撰写"学习与记忆的神经机制"），第二、三节为汪凤炎、郑红，第四节为汪凤炎、燕良轼；第三章第一节为汪凤炎、刘国雄，第二节为汪凤炎、郑红、燕良轼、刘国雄，第三节为汪凤炎、郑红；第四章第一节为汪凤炎、燕良轼，第二、三、四节为汪凤炎、郑红；第五章第一节为汪凤炎、郑红，第二节为汪凤炎、郑红、燕良轼，第三节为汪凤炎、燕良轼，第四、五节为汪凤炎、郑红；第六章第一节为郑红，第二、三、四节为汪凤炎、郑红；第七章第一节为汪凤炎、郑红，第二节为汪凤炎、燕良轼，第三节为郑红、汪凤炎、燕良轼，第四节为汪凤炎、燕良轼；第八章为汪凤炎、燕良轼；第九章第一、二、三、四节为汪凤炎、燕良轼，第五节为汪凤炎、郑红；第十章第一节为汪凤炎、燕良轼，第二节为汪凤炎、朱晓红，第三节为汪凤炎、燕良轼；第十一章第一、二节为燕良轼、汪凤炎，第三、四节为燕良轼、汪凤炎、郑红；附录为汪凤炎。全书最后由汪凤炎负责统稿、修改、润色和定稿。

本教材第四版曾先后被列入"南京师范大学 2013 年度立项建设重点教材"和"2014年江苏省高等学校立项建设重点教材"，并得到"江苏高校品牌专业建设工程项目"的资助。在本教材第五版的写作过程中，得到南京师范大学心理学院、教育科学学院和道德教育研究所诸位领导和同事的大力支持与帮助。在撰写与历次修订过程中参考和引用了许多专家和学者的论文与论著，这在脚注和参考文献中都已列出，在此谨向他们表示衷心的感谢！最后，承蒙暨南大学出版社的鼎力支持，本书第五版才得以顺利出版，在这之中暨南大学出版社的张仲玲副社长、李倬吟编辑付出了大量心血。在此，谨向所有关心和帮助过我们的老师、朋友、同事、同学和亲人致以衷心的感谢！

汪凤炎

于南京日新斋

2019 年 3 月 27 日

目 录

第四篇　育智的心理

第五篇　育人的心理

第六篇　教学心理

第一篇　教育心理学概论

在进入教育心理学的核心主题之前，我们先要对教育心理学的含义、历史、研究方法及其最核心的概念——学习——等问题有一个较全面而系统的把握，这是学习教育心理学的基础。基于这种考虑，本篇内容包括两章：第一章是带导言性质的绪论，第二章探讨有关学习的一些最基本问题。

第一章　走进教育心理学

【内容摘要】

本章共分三节：第一节阐述教育心理学的内涵、研究对象、性质与价值；第二节是教育心理学的历史与反思，先探讨哲学取向的教育心理学思想的特色、价值与不足以及科学主义取向教育心理学的得与失，随后探讨教育心理学研究的新思路，主张研究目的的完整化、研究对象的全人化、研究过程的中国化，这是本章的一大亮点；第三节探讨"怎样研究教育心理学"，其要点包括研究主题的确定与具体方法的选择等。为了增强其可操作性，本节对教育心理学研究的一般程序与方法进行了颇为详细、具体的阐述。

【核心概念】

教育心理学、大教育观、小教育观、大学习观、小学习观、科学、大科学观、小科学观、科学主义、量的研究、质的研究、观察法、实验法、实验者效应、安慰剂效应、天花板效应、地板效应、双盲控制、问卷法、信度、重测信度、内部一致性信度、分半信度、复本信度（平行信度）、评分者信度、随机误差、系统误差、效度、结构效度、内容效度、效标效度、中国化、语义分析法

【思考题】

1. 如何理解教育心理学的研究对象与学科性质？

2. 中国古代教育心理学思想有哪些特色、价值与不足？它给今人哪些启示？

3. 科学主义取向的教育心理学有何得与失？如何使科学主义取向的教育心理学走向科学的教育心理学？

4. 当前教育心理学发展有哪些新动向？

5. 谈谈你对教育心理学研究新思路的看法。

6. 怎样有效开展教育心理学的研究？

7. 如何进行教育心理学的课题论证？

8. 科研工作者必须遵守哪些伦理道德规范？

9. 请结合具体事例谈谈在教育心理学研究中如何发现一个值得深究的"好问题"。

10. 有人主张在研究教育心理问题时要多用科学方法，少用经验总结法和思辨法，你赞成这种看法吗？为什么？

第一节 教育心理学的内涵、研究对象、性质与价值

一、教育心理学的内涵与研究对象

（一）什么是教育心理学

何谓"教育心理学"（Educational Psychology）？学术界有不同的见解。综合各种观点，可以将教育心理学概括为广义教育心理学和狭义教育心理学。

1. 什么是广义教育心理学

广义教育心理学是指研究教育实践与学习实践中各种心理与行为规律的科学，它包括学校教育心理学、家庭教育心理学和社会教育心理学。换句话说，凡是在教育领域与学习领域发生的心理与行为，都是教育心理学研究的对象。广义教育心理学的研究在中国主要以潘菽、朱智贤等为代表，如朱智贤主编的《心理学大词典》认为：教育心理学是心理科学与教育科学的一个分支，是研究教育过程和学习过程中的心理现象及其变化规律的学科。[①]

2. 什么是狭义教育心理学

狭义教育心理学专指研究学校情境中的各种心理与行为的科学。具体地说，教育心理学要研究来自学生方面的心理问题，包括在教育条件下学生心理和行为的一般特点，教学的整个过程，学生掌握知识、技能，发展智力、能力，形成品德、个性以及个别差异等；教育心理学也要研究来自教师方面的心理问题，包括教师本身的心理素质、教学过程、教学设计、教学模式以及因材施教等；此外，还有来自学校师生交往系统和教学教育环境以及其他方面的心理学问题。在中国，狭义的教育心理学的研究以邵瑞珍为代表。邵瑞珍在其主编的《教育心理学》一书中将教育心理学定义为："研究学校情境中学与教的基本心理学规律的科学。"[②] 这一见解是借鉴国外教育心理学家观点的结果。如美国1970年出版的教育百科全书就认为："教育心理学是对教育过程中的行为的科学研究，实际上教育心理学通常被定义为主要涉及学校情境中的学生的学与教的科学。"[③] 根据此定义，教育心理学的研究对象是"学校情境中的学与教的心理规律"。

3. 广义教育心理学和狭义教育心理学的比较

广义教育心理学的内涵虽稍嫌宽泛，但蕴含着大教育观与大学习观的理念。大教育观是指将教育看作宇宙大系统中的一个亚系统，然后多学科、全方位地综合考察教育本质和

---

① 朱智贤．心理学大词典．北京：北京师范大学出版社，1989：326.
② 邵瑞珍．教育心理学：修订本．上海：上海教育出版社，1997：12.
③ 邵瑞珍．教育心理学：修订本．上海：上海教育出版社，1997：11.

规律的教育理念。与此相对，小教育观是指就教育而论教育的教育理念。大教育观与小教育观之间的区别至少有四：①从教育发生的场域看，大教育观将个体所处的自然环境、社会大环境（包括国际与国内的社会大环境）、学校环境、家庭环境和个体自身所处的身心环境视作一个息息相关的有机整体，在此整体之内来论教育。这样，便将教育视为一个开放、多样且综合的大系统，教育就不仅仅是指学校教育，还包括家庭教育和社会教育。与此相对，小教育观一般将教育局限于学校教育。②从教育持续的时间看，大教育观主张终身教育，认为教育贯穿于个体一生的全过程，从胎教开始，直至临终教育；与此相对，小教育观一般将教育局限于从幼儿园、小学、中学到大中专等各级学校教育上。③从教育者与受教育者的关系看，大教育观主张教师与学生互为教育者与受教育者，赞赏"教学相长"的理念；与此相对，小教育观一般将教育视作"老师施教，学生受教"的单向传递过程。④从当下与未来的关系看，大教育观主张兼顾当下与未来的关系，既要传授让受教育者能有效适应当下社会现实的品质与知识，又要向受教育者传授思考未来社会的未来意识，养成预想和预测未来的习惯。与此相对，小教育观只着眼于眼前，缺少未来意识。[①]

大学习观是指将学习看作宇宙大系统中的一个亚系统，然后从多学科、全方位的角度综合考察学习的本质和规律的理念。与此相对，小学习观则是指就学习而论学习的理念。大学习观与小学习观之间的区别至少也有四：①从学习发生的场域看，大学习观将个体所处的自然环境、社会大环境、学校环境、家庭环境和个体自身所处的身心环境视作一个息息相关的有机整体，然后在此整体之内来论学习。这样，便将学习也视为一个开放、多样且综合的大系统，学习就不仅指在学校中发生的正式学习，还包括在校外进行的非正式学习。与此相对，小学习观一般仅将学习局限于在学校中发生的正式学习上。②从学习时间看，大学习观主张学习要贯穿于个体一生的全过程，赞赏"活到老学到老"的终身学习；与此相对，小学习观一般将学习局限于从幼儿园、小学、中学到大中专等各级学校中开展的学习上。③从教育者与学习者的关系看，大学习观既主张"你教我学"，赞赏"教学相长"的理念，也主张自学；与此相对，小学习观一般将学习看作"你教我学"的过程。④从当下与未来的关系看，大学习观主张兼顾当下与未来的关系，既要学习能让自己高效适应当下社会现实的品质与知识，又要逐渐树立思考未来社会的未来意识，逐渐养成预想和预测未来的习惯。与此相对，小学习观只着眼于眼前，缺少未来意识。

狭义教育心理学的内涵虽较集中，不过，这种"非宽泛"也只是相对于广义教育心理学而言的。若细究起来，"学校情境中"其实也是个非常宽泛的概念，教育心理学很难穷尽"学校情境中的学与教的心理规律"。可见，这两种概念就其涉及的范围而言，实只是"五十步"与"一百步"的区别而已。

同时，从现代教育发展趋势看，大教育观与大学习观已经成为锐不可当的时代潮流，教育问题、教育心理问题和学习问题绝不仅仅是狭隘的学校教育和学校学习能够解决的，教育活动和学习活动均已经成为全社会的活动。人们越来越认识到，教育与学习是人类生命本身的需要，教育与学习是因人的生命而存在的，教育与学习源于人的未完成性，人必须靠自己完成自己，靠教育与学习完成自己；相应地，教育与学习是人类终身需关注的事情，而不仅仅是学校的事情。

---

① 杨鑫辉. 现代大教育观论. 江西师范大学学报（哲学社会科学版），1990（3）：9－15；杨鑫辉. 现代大教育观——中外名家教育思想研究. 南昌：江西教育出版社，1990：1－593.

最后，"学校是小社会"，"社会才是大学校"。在实践中若将教育心理学局限于"学校情境中"，则不利于教育工作者树立大教育观与大学习观，不利于教育工作者以系统的观点来看待教育与学习。并且，就智育而言，当遇到"学校所设的专业不是社会所需的专业，而社会所需的专业学校又没有"之类的问题时；就德育而言，当遇到诸如"五天的学校教育不敌两日的社会习染"之类的问题时；就整个学校教育而言，若遇到"钱学森之问"之类的问题时，狭义的教育理念往往束手无策。以"钱学森之问"为例，"为什么我们的学校总是培养不出杰出人才"？根据"六只猴子的思想实验"及其背后隐含的原理（详见第八章），要妥善解决此"问"，实际上必须解决两个相互关联的子问题：一是如何在学校建立起有利于杰出人才成长的教学模式和管理机制；二是如何在全社会建立起有利于杰出人才成长并脱颖而出的科研平台和管理机制。二者缺一不可。而要妥善解决这两个子问题，单纯依靠学校力量是无论如何也做不到的，必须政府、学校、家庭和个人齐努力才行，这就需要有大教育观和大学习观了。

基于上述思考，本书倾向于用广义的教育心理学作为本书的立论基础，这也较符合教育心理学创始人桑代克创立教育心理学的本意。

（二）教育心理学的研究对象

根据广义的教育心理学理念，凡是在教育领域与学习领域发生的心理与行为，都是教育心理学研究的对象。理由主要有四：①它反映了教育心理学的宗旨。教育心理学以了解人性并改善人性从而实现教育目的为宗旨，要达此宗旨，它就必须研究教育领域与学习领域、教育情境与学习情境中个体和群体的心理与行为规律。②它反映了教育系统的基本结构与状况。教育是一个系统，它包含知识传授系统、知识建构系统和知识系统三个子系统。其中，知识传授系统是指教育者通过一定的传授方式教书育人，也就是教；知识建构系统是指学习者通过一定的方式建构自己的知识体系，也就是学；知识系统是教育和学习的内容，主要包括自然科学知识和人文社会知识两大类。这三个子系统相互影响，相互制约。[①] 同时，学习与教学包含学生、教师、教学内容、教学媒体和教学环境五种要素，其中，学生是学习的主体因素，也是教育心理学的主要研究对象之一，教育心理学研究学生身心发展的基本规律、个体差异、心理健康等内容；教师是教学的主导因素，也是教育心理学的主要研究对象之一，教育心理学研究教师的心理素质、职业角色、专业成长和教学风格等；教学内容是学与教过程中有意传递的主要信息部分，一般表现为教学大纲、教材和课程等；教学媒体是教学内容的载体，是教学内容的表现形式，是师生之间传递信息的工具；教学环境包括自然环境和社会环境，前者涉及课堂的教学条件、教学设施与空间布置等，后者涉及课堂纪律、课堂气氛、师生关系、同学关系、校风以及社会文化背景等。这些内容同样是教育心理学的重要研究对象。再者，学习与教学的过程由学习过程、教学过程和评价/反思过程这三种活动过程交织在一起，其中，学习过程指学生在教学情境中通过与教师、同学以及教学信息等的相互作用，或者是个体在自学情境中通过自学而获得知识、发展品德、丰富情感、学会思维的过程，它是教育心理学研究的核心内容；教学过程指教学活动的展开过程，是教师根据一定的社会要求和学生身心发展的特点，设计一定的教学情境并组织和管理教学活动，引导学生获得知识、发展品德、丰富情感、学会思维

① 郭德俊，雷雳. 教育心理学概论. 北京：警官教育出版社，1998：2－3.

的过程，它是教育心理学研究的又一核心内容；评价/反思过程包括在教学之前对教学设计效果的预测和评判，在教学过程中对教学的监视和分析以及在教学之后的检验和反思，①同样是教育心理学的重要研究对象。③它集中反映了现代教育心理学的主要研究成果。现代教育心理学的研究成果主要集中在教育与心理发展的关系、学习心理、个体差异与教学心理、教师心理等方面。④它有利于将教育心理学的研究对象与其他心理学分支学科的研究对象区分开来。②

二、教育心理学的学科性质

（一）最初阶段教育心理学的学科性质

在中外教育心理学史上，最初阶段的教育心理学或是普通心理学的翻版，或是将教育心理学看作心理学在教育中的简单运用。

1. 国外最初的教育心理学的学科性质

据华生（J. B. Watson, 1913）的研究，"教育心理学"一词最早于1531年出现在琼·魏维斯（J. L. Vives）的著作中。1877年俄国教育家卡普杰烈夫出版了世界上第一本以"国民教师的教育心理学"为名的教科书。③ 不过，直至维果斯基于1926年出版《教育心理学》之前，苏联的教育心理学基本都是普通心理学的翻版或心理学在教育中的简单应用，并没有自己的独立体系。20世纪50年代之前的美国教育心理学也存在类似情形，如霍普金斯（L. Hopkins）的《教育心理学》（1886）、鲍德温（B. T. Baldwin）的《心理学初步与教育》（1887）与《在教育中的应用心理学》（1892）、亚当斯（J. Adams）的《在教育上应用的赫尔巴特的心理学》（1897）、哈里斯（W. T. Harris）的《教育心理学的基础》（1898）和詹姆斯（W. James）的《对教师的讲话》（1899）等，均是如此。有人于1956年研究当时美国流行的21本教育心理学教材后发现，这些教材除了都关注"学习"外，其余内容很不一致，涉及范围颇广，且基本上是取自普通心理学与儿童心理学等的知识，缺少自己独特的内容体系。④ 当然，由于詹姆斯有"美国心理学之父"的美誉，并且其机能主义、生物学化的心理学观点与对心理实验的提倡对美国教育心理学的发生、发展有重要影响，所以，他与倡导心理测验的卡特尔一起被视作对美国教育心理学发展有重要影响的人物。

日本的心理学（包括教育心理学）主要是在明治维新时期从欧美引进的。与西方类似，日本最初出版的一些教育心理学方面的书籍也都未能摆脱用心理学的原理去解释一些教育问题的狭窄局面。如，1882年伊泽修二编著的《教育学》就是从心理学角度论述教育问题，被日本心理学界公认为是日本教育心理学的先驱。日本最早被冠以教育名称的心理学著作是贺长雄的《实用教育心理学》（上、下卷，1885年出版），此书实际上是依据苏利（J. Sully）的《心理学概论》（1884）写成的，内容依旧是对与心理学有关联的部分教育问题的解说，仍属于心理学著述的范畴。1896年出版的林吾一的《教育的应用心理

① 马芳，黎翔 . 教育心理学 . 南京：南京大学出版社，2012：2 - 4.
② 郭德俊，雷雳 . 教育心理学概论 . 北京：警官教育出版社，1998：2 - 3.
③ 朱智贤 . 心理学大词典 . 北京：北京师范大学出版社，1989：326.
④ 陈琦，刘儒德 . 当代教育心理学 . 2版 . 北京：北京师范大学出版社，2007：10.

学》、1899 年出版的汤原元一的《教育心理学》与 1900 年出版的高岛平三郎的《教育心理学》，基本都是沿用这种做法。①

2. 中国最初的教育心理学的学科性质

清末，一些学人认识到，日本明治维新后的国强民富，应归功于其对教育的重视。因此，要想提高教育的质量，就必须用心理学知识来解释教育。这样，中国早期教育心理学的主导思想便是：心理学应为教育服务；心理学只不过是给解决教育问题提供一些一般原理而已。正如《心理教育学》所说："究之一国之关系在国民，国民之智愚在一心。古人谓强国者先强其魂，救人者先救其心。苟心理之不明，则智慧无生根之地。如是而欲言教育之精神，不啻使盲牛就道，破者学步，欲求其一日而千里也，岂可得哉，岂可得哉。"②《教育的心理学》开篇也写道："心理学为教育之基础，讲教育者若无心理学以拓其心思，是犹学算术者而不知几何学之原理也。"③ 再加上中国最初的教育心理学多译自日文同类图书，在这种背景下，与欧美和日本类似，中国教育心理学发展的最初阶段同样是普通心理学的翻版或心理学在教育中的简单应用，并没有割断与母亲（普通心理学）的脐带而独立生存，最多只不过是尝试把普通心理学的一般原理简单地运用于教育上。当时的所谓教育心理学实际上没有成为一门独立学科，更谈不上有什么独立的理论体系。正如潘菽在 1935 年所说："俗话说，世上没有'无母之儿'。教育心理学的'娘家'，便是纯粹心理学。"④ 事实上，中国最早的教育心理学与普通心理学基本上处于"母子共同体"的状态：中国最早的教育心理学就是普通心理学，继而发展为普通心理学的运用。⑤ 这种情形从早期出版的六本教育心理学方面的书籍便可见一斑：

日本学者久保田贞则所著的《心理教育学》（未署名译者）于 1902 年由上海广智书局出版，这是由日本人所著、在中国出版的最早一本教育心理学译著。它比桑代克 1903 年写成的《教育心理学》还要早一年。《心理教育学》一书除"总义"外，共分十二章，章名依次如下：心意总论、心身关系论、心意发育论、注意力、感觉力、知觉力、记忆力、想象力、概念力、断定力、推理力与教授法。这表明，该书包括心理学、逻辑学与教学论三方面的基础知识，是心理学在教育上的初步尝试应用。可见，由于当时的教育心理学还谈不上什么理论体系，所以它的内容显得十分庞杂。⑥

日本学者高岛平三郎原著、田吴炤译的《教育心理学》于 1903 年在上海商务印书馆正式出版，该书至 1913 年 8 月已出至第 5 版（该书第 5 版的封面如图 1-1

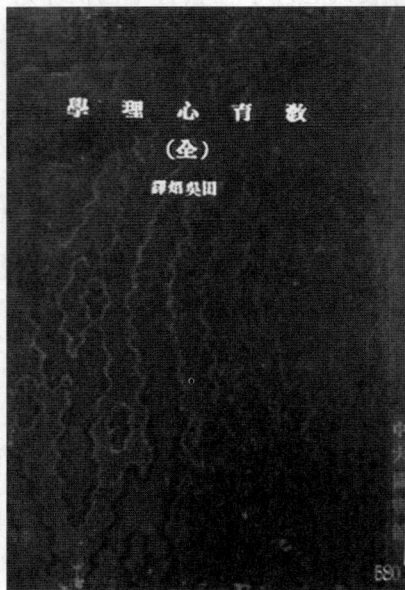

图 1-1　田吴炤译《教育心理学》（第五版）的封面

① 孙昌龄. 清末到解放前的我国教育心理学学科性质演变史略. 心理学报，1988（1）：85-91.
② 孙昌龄. 清末到解放前的我国教育心理学学科性质演变史略. 心理学报，1988（1）：85-91.
③ 湖北师范生. 教育的心理学. 武汉：湖北学务处，1905：1.
④ 潘菽，吴绍熙. 教育心理学. 上海：北新书局，1935.
⑤ 孙昌龄. 清末到解放前的我国教育心理学学科性质演变史略. 心理学报，1988（1）：85-91.
⑥ 孙昌龄. 清末到解放前的我国教育心理学学科性质演变史略. 心理学报，1988（1）：85-91.

所示），① 表明在当时它是一部颇流行的教育心理学书籍。该书第五版共分五篇，共 40 章，其中，五篇篇名分别是：第一篇　绪论；第二篇　觉性之心理；第三篇　悟性之心理；第四篇　理性之心理；第五篇　心理法及自我。② 一看其目录便知，它基本上是普通心理学知识在教育上的应用，缺乏自己的理论体系。

京师学务处官书局于 1905 年出版了由日本大村仁太郎编撰、京师学务处编书局译的《儿童矫弊论》，它实际上是写给教师和家长的对品德不良儿童进行矫正教育的一本心理卫生或德育心理学译著。③

湖北学务处于 1905 年出版了由小泉又一著（原书名便为《教育的心理学》），大久保介寿讲授，湖北师范生陈邦镇、范维藩、郭肇明、胡鹏翥、傅廷春合编的《教育的心理学》（又名《心理学》），这是中国人自编，由湖北学务处发行，却在日本东京株式会社秀英舍第一工场印刷的第一本心理学著作（如图 1-2 所示）。④

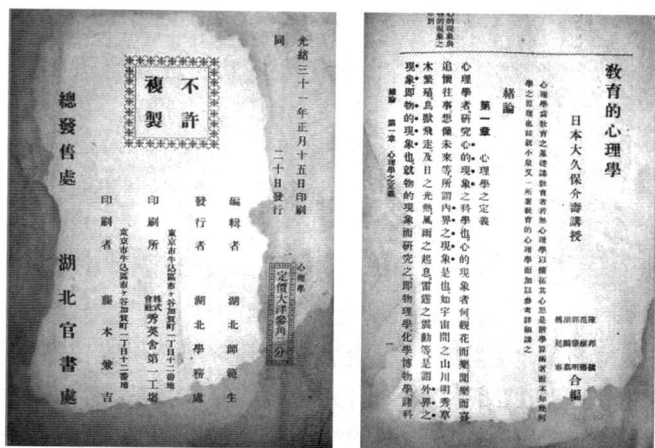

版权页　　　　　　　　　正文首页

图 1-2　湖北师范生编辑并于 1905 年 1 月 15 日印刷的《教育的心理学》

《教育的心理学》的体系是"三分法"，除"绪论"和"结论"外，分 4 篇，共 21 章，4 篇篇名分别是：第一编　心的现象泛论；第二编　知的现象；第三编　情的现象；第四编　意的现象。⑤ 由此"目录"可知它完全是"普通心理学"的体系。当时之所以将此书命名为"教育的心理学"，主要原因是在编者看来，心理学仅仅是给解决教育问题提供一些原理而已。

1906 年上海新学会社出版的尤惜阴著、庄景仲校阅的《实地教育心理学讲义》全书共 90 页，分七章，目录如下：第一章　恐吓篇；第二章　懈怠篇；第三章　浮幂篇；第四章　失忘篇；第五章　虚假篇；第六章　妒忌篇；第七章　贪欲篇。⑥ 由此目录可知，

---

①　高岛平三郎．教育心理学．田吴炤，译．5 版．上海：商务印书馆，1913：版权页．

②　高岛平三郎．教育心理学．田吴炤，译．5 版．上海：商务印书馆，1913：目录页．

③　孙昌龄．清末到解放前的我国教育心理学学科性质演变史略．心理学报，1988（1）：85-91．

④　湖北师范生．教育的心理学．武汉：湖北学务处，1905：版权页．

⑤　湖北师范生．教育的心理学．武汉：湖北学务处，1905：1-4．

⑥　尤惜阴，庄景仲．实地教育心理学讲义．上海：新学会社，1906．

《实地教育心理学讲义》类似今天的心理健康教育或德育课程教材，与现代教育心理学的内容体系有较大差异。

开明书店于 1908 年出版日本小原又一著、房宗岳译的《教育心理学》，张耀翔认为，这是中国最早出版的一本教育心理学译著。[①] 根据上文所论，这个判断不太准确。

（二）现代教育心理学的学科性质

图 1-3　桑代克

最初阶段的教育心理学基本上是普通心理学的翻版，没有自己独立的内容体系，从学科意义上讲，它还没有获得真正意义上的独立。教育心理学作为一门独立学科的第一个较完整体系是由美国心理学家桑代克（Edward Lee Thorndike，1874—1949）提出的。

桑代克于 1903 年写成《教育心理学》一书，包括"人的本性""学习心理"和"个别差异及其原因"三个部分。随后，桑代克将其扩充为《人的本性》《学习心理》《个别差异及其原因》三大卷，并于 1913—1914 年出版，这标志着现代教育心理学的诞生，桑代克也由此赢得了"教育心理学之父"的美誉。桑代克既不是第一个使用"教育心理学"一词的人，也不是第一个用"教育心理学"作书名的人，人们为什么会将"教育心理学之父"的美誉送给他呢？个中缘由主要有四：①桑代克确立了现代教育心理学的基本研究范式。桑代克首次将实验法运用到学习的研究中，并通过自己卓有成效的研究让后人信服地相信实验法确是一种研究学习的有效方法，彻底改变了以往学人主要运用经验总结法和思辨法来研究人的学习的惯例，开创了用实验法和测验法来研究人的学习的先河。②桑代克的《教育心理学》是在大量学习实验和测量材料的基础上写成的；而过去的教育心理学多半是普通心理学或发展心理学的移植，缺乏实验材料的支持。③桑代克认为，教育的作用在于促进人性的变化，所以，教育心理学必须了解人性，提供帮助人性变化的知识；人性的变化是通过学习进行的，教育心理学自然要研究学习的原理与规律；同时，不同个体的学习又有差异，因此，教育心理学必须探讨个体差异及其成因。[②] 按此逻辑，桑代克的《教育心理学》建构出较完整的教育心理学的基本框架和体系，即人的本性、学习心理、个别差异及其原因等三大组成部分，现代教育心理学的基本框架和体系由此确立，这是从前的教育心理学难以比拟的。④桑代克对学习理论和个别差异等主题作了颇为经典的实验研究，提出了对后世教育心理学思想影响甚深的观点与做法（详见第四章）。

不过，一本好书对学科所作的贡献往往要经过实践与时间的双重考验后才能凸显出来，一部名著常常不会一出版就被同行所认可。若从 1903 年算起，在桑代克《教育心理学》出版后的近 50 年时间里，它一开始并未能"一统江湖"，其主要原因是：由于 1913 年美国心理学界兴起了行为主义心理学，而行为主义心理学的开山鼻祖华生与其后的斯金

---

① 张耀翔. 从著述上观察晚近中国心理学之研究//邰爽秋，等. 教育心理. 教育编译馆，1935.

② 孙昌龄. 清末到解放前的我国教育心理学学科性质演变史略. 心理学报，1988（1）：88.

纳都反对桑代克的效果律，导致在行为主义盛行的时代，桑代克远不如华生有名。结果，美国教育心理学实际上仍缺乏统一的理论指导，缺乏公认的内容体系，这表明当时的教育心理学仍未完全成熟。

教育心理学的真正成熟一般认为要到 20 世纪 60 年代。从那时起，教育心理学的内容日趋统一，学习理论、知识学习、道德学习、个体差异与教学等内容被公认为教育心理学的核心内容。[①] 在这个过程中，桑代克"教育心理学之父"的地位逐渐确立，学者们纷纷以他的理论为参照系重新撰写教育心理学史。这一史实至少告诉后来者两个道理：①创立一门新学科（包括学科新分支）的过程往往是异常艰辛的，一般要经过"探索→创立→认可"三个子阶段；②只有为一门新学科的诞生做出开创性贡献的人，才能成为此新学科的"开山者"。

从学科性质看，成熟后的教育心理学是介于自然科学与人文社会科学之间的一门交叉科学，且偏重于人文社会科学性质；同时，教育心理学是一门既有理论性更具实践性的应用科学，它有自己特定的研究对象和独立的体系。正如美国教育心理学家奥苏贝尔（D. P. Ausubel，1978）所说："教育心理学既不是普通心理学原理在教育上的应用，也不是儿童心理学、学习心理学、人格心理学等几门学科的简单组合，而是一门独立的学科。"

三、为什么要学习和研究教育心理学

（一）揭示教育与学习过程中的心理现象及其变化规律，为教育和学习提供科学依据

探索教育与学习过程中的心理现象及其变化规律，能帮助人们高效地掌握教育和学习中存在的诸种规律，为有效地开展教育与学习提供强有力的科学依据，避免在常识水平上谈论教育与学习或者仅凭经验开展教育或学习的陋习。例如，皮亚杰（J. Piaget）和柯尔伯格（L. Kohlberg）的道德发展阶段论告诉人们，个体的品德发展是一个由低级到高级持续不断的变化过程，这一过程呈现出一定的阶段性和顺序性。品德发展的阶段性是指人的品德发展过程呈现出一定的阶段性，不同阶段具有自己的特点，使之与其他阶段区别开来；并且，前一阶段是后一阶段的准备，后一阶段是前一阶段的必然发展，前后阶段之间可有部分重叠。品德发展的顺序性是指人的品德呈现出一个由低级到高级、由简单到复杂的变化过程。人的品德发展的一般顺序是无法跳跃的。[②] 品德发展的顺序性、阶段性要求人们在进行道德教育时要做到：在确定德育内容时要遵循儿童品德发展的阶段性与顺序性，选择难度系数适当的内容进行教育，既不可人为拔高教育的难度，也不可人为降低教育的难度；同时，在确定教育方法时也要遵循儿童品德发展的阶段性与顺序性，选择吻合儿童心理发展特点的教育方法。

（二）促进中国特色教育心理学的建设

未来的竞争说到底是人才的竞争，而人才培养的关键在教育，因为教育是一项开发世界上最宝贵的人力资源和优化民族素质结构的宏伟工程，正如《中国教育改革和发展纲要》所说："谁掌握了面向 21 世纪的教育，谁就能在 21 世纪的国际竞争中处于战略主动

---

① 陈琦，刘儒德. 当代教育心理学. 2 版. 北京：北京师范大学出版社，2007：10.

② 邹群，马强. 德育原理. 大连：辽宁师范大学出版社，2002：52－53.

地位。"教育在现代人的培养中是一个不可或缺的组成部分，用什么样的教育去培养社会主义建设所需要的人才，是当前教育工作者所面临的一个紧迫课题。教育的对象是人，必须做到以人为本，这就要求人们在开展教育时必须依据一定的心理规律办事。同时，中国正在实施的素质教育主张培养人才要做到既以德为本又全面发展，也向教育心理学提出了新课题。但中国现阶段的教育心理学无论在理论上还是在实践上都存在过于"西化"的倾向，为此，一些有识人士指出，创建中国特色教育心理学已刻不容缓。如何才能体现出中国特色？主要途径有二：一是"古为今用"，即要加大力度对中国传统教育心理学思想进行研究，然后将之有效地融入现代教育心理学之中，只有这样才能使教育心理学具有中国文化特色。二是要坚持"实践出真知"的研究路向，紧密结合当前中国鲜活的教育实践，灵活运用观察法、实验法和问卷法等多种方法，揭示当代中国教育与学习中存在的种种规律，以此充实教育心理学。因此，结合中国文化尤其是中国传统文化与当代中国人的心理与行为规律来探讨教育心理学，建构既吻合中国人的心理与行为规律又与外国尤其是西方现代教育心理学能更好地接轨的教育心理学的新理论体系，无疑将促进中国特色教育心理学的发展。

（三）弥补西方教育心理学思想的不足，发展世界教育心理学思想

一方面，西方教育心理学是在西方心理学中分化出来的。这样，西方心理学本身所固有的一些不足之处也同样在西方教育心理学中体现出来。如在"美德即知识"思想的影响下，以柯尔伯格为代表的认知派道德发展理论主张认知发展与道德发展并行不悖，是同一发展过程的两个方面，而认知发展是道德发展的必要条件，于是着重从人的道德认知来说明其道德的发展水平。在这里，柯尔伯格几乎将"是什么"的科学判断与"应该怎样"的道德判断等同起来，难怪柯尔伯格本人也承认自己犯了"自然主义谬误"（英国哲学家 G. E. 摩尔认为，善是内在的，不能下定义的，不能用其他特性去说明的；如果有人从"是什么"延伸出"应该怎样做"，或者将二者等同起来，即用善以外的其他特性去说明善，他就犯了"自然主义谬误"）[①]。因此，柯尔伯格并没有彻底解决道德发展中的知行关系问题。一个人的全部道德面貌应包括获得部分（认识或能力）和操作部分（行为或表现）。假若仅有获得部分而没有操作部分，那没有实际意义。因为道德认识和道德行为是统一的，任何一种德育理论最终都要落实到人的道德行为上，德育的效果最后体现在道德行为效果上。[②] 在精神分析学派的道德发展理论中，弗洛伊德过于强调潜意识中非理性因素对人的心理与行为的影响；艾里克森（E. H. Erikson）试图改变弗洛伊德的这一传统做法，改由生物、心理和社会环境三个方面来考察道德发展问题，不过，艾里克森的理论思辨性多于科学性，体系也不够严密。作为一种新的新行为主义流派，班杜拉（A. Bandura）的社会学习理论颇为注重社会因素对人的心理与行为的影响，改变了以往行为主义者重个体轻社会的思想倾向，但班杜拉的理论实际上仍是以研究行为为重心与目的，对人的内在动机和内心冲突等的重视也稍嫌不够。而上述三个流派在现代西方品德心理学中占据重要位置，由此可见，现代西方品德心理学存在一些不足之处。但在中国传统文化背景（主张天人合一、知行合一、真善合一等）里产生的中国传统品德心理学思想，对于道德发展中

① 傅统先，张文郁. 教育哲学. 济南：山东教育出版社，1986：152 – 154.
② 郭本禹. 道德认知发展与道德教育——科尔伯格的理论与实践. 福州：福建教育出版社，1999：229 – 230.

的知行问题、遗传与环境及教育问题等都提出了一些很有见地的见解，恰能弥补西方品德心理学思想在这些问题上的不足。

另一方面，主要在西方文化背景下产生和发展起来的心理学（含教育心理学）要想成为一种"普遍有效"的科学，必须融入具有中国文化特色的心理学思想（含教育心理学思想）。正如美国著名跨文化心理学家推蒂斯（H. C. Triandis）所说：

在得到中国的资料之前，心理学不可能成为一门普遍有效的科学，因为中国人口占了人类很大的比例。对于跨文化心理学来说，中国能够从新的背景上重新审查心理学的成果。在这样做时，中国的心理学家应该告诉西方的同行，哪些概念、量度、文化历史因素可以修正以前的心理学成果。①

可见，世界心理学（含教育心理学）的发展需要中国心理学的"帮助"，但这种"帮助"得以实现的一个前提是，中国的心理学（含教育心理学）必须向世人展现一些独具自己文化特色的研究成果。这就要求中国的心理学（含教育心理学）研究要走自己的道路。②

简言之，研究中国人的教育心理学思想，对于弥补西方教育心理学思想的不足，促进世界教育心理学思想的发展，必将起到积极的推动作用。③

第二节　教育心理学的历史与反思

准确把握教育心理学走过的历程，不但能够有效促进其在未来更好地发展，还能更好地用它来指导生活里的教与学。正如《增广贤文》所说："观今宜鉴古，无古不成今。"英国前首相丘吉尔也说："我们能够往以前看多远，我们就能够往未来看多远。"④

一、哲学取向的教育心理学思想

虽然英文"psychology"（心理学）这个单词里包含希腊语成分，是由希腊语 ψυχη（psyche）和 λογια（logia）两部分组成的。⑤ 其中，psyche 的含义是"灵魂"或"呼吸"，logia 的含义是"对某事的研究或调查"，⑥ 合起来是"对灵魂的研究"。所以，从词源学上讲，"psychology"指灵魂学或心灵学。但"psychology"并不是希腊语，因为起初 ψυχη 和 λογια 是分开使用的。⑦ 西方在 16 世纪之前没有"psychology"这一名称，将 ψυχη 和

---

① 万明钢. 文化视野中的人类行为——跨文化心理学导论. 兰州：甘肃文化出版社，1996：7.
② 汪凤炎，郑红. 心理学研究的中国化：目的、涵义与做法. 心理科学，2001（2）：244–245.
③ 汪凤炎，郑红，陈浩彬. 品德心理学. 北京：开明出版社，2012：6–9.
④ 读者，2009（15）：19.
⑤ BORING E G. A note on the origin of the word psychology. Journal of the history of the behavioral sciences, 1996（2）：p. 167.
⑥ NAIME J S. Psychology：the adaptive mind. Pacific Grove：Brooks/Cole Publishing Company，1997：p. 7.
⑦ LAPOINTE F H. Origin and evolution of the term "psychology". American psychologist, 1970, 25（7）：p. 640.

λογια两个希腊语单词合在一起使用从而形成"psychology"这个词语，是1502年开始的。梅兰克森（Philipp Melanchthon，1497—1560）于1502年在一次讲述大众心理的学术讲演的题目中首次使用了"psychologia"这个概念。随后，Goclenius在1590年将ψυχη和λογια两个单词合在一起使用。Otto Casmann（1562—1607）在1594年出版的一部书里使用了拉丁词"psychologica anthropologica"（心理人类学）。可见，在西方，从"psychology"一词刚诞生的16世纪起至18世纪初，"psychology"与"mental philosophy"或"science of the soul"之类的称谓完全可以换用，这从培根（Francis Bacon，1561—1626）当年在科学分类中将心理学列为灵魂的哲学的事实里就可见一斑。同时，在指称心灵学或灵魂学时，当时的人们更习惯使用沿用已久的"mental philosophy"或"science of the soul"之类的称谓，而不太习惯使用刚诞生不久的新词——"psychology"。直到沃尔夫（Christian Wolff，1679—1754）于1732年在他的 Psychologia Empirica 以及1734年在他的 Psychologia Rationalis 里自由使用"psychology"一词，才使psychology一词流行于世：[①] 先是于18世纪在德语世界和法语世界获得流行，然后才于1850年左右在英语世界流行开来。[②] 可见，心理学作为一门学科比心理学作为一个单词要悠久得多（Psychology as a subject is ever and ever so much more ancient than psychology as a word）。[③] 虽然英文"psychology"这个词语是1502年才诞生的，但心理学思想（包括教育心理学思想）源远流长，在中国可以追溯到先秦，在西方可追溯到古希腊。所以，在桑代克之前，无论是东方还是西方都有丰富的教育心理学思想，"数典"不能"忘祖"。不过，无论在中国还是在西方，心理学思想起初都是一种哲学心理学思想[④]（而不是实验心理学思想），它与哲学思想、教育思想以及宗教思想等交织在一起，不但没有独立身份，也没有一个统一且固定的名称：在中国，人们过去常用"心性之学""性理之学""心学""心灵学"等来指称，1902年以后才逐渐统一叫"心理学"；[⑤] 在西方，人们起初常用"mental philosophy"（心理哲学、心灵哲学）或"science of the soul"（灵魂学、心灵学）之类的称谓，1502年以后才逐渐用"psychology"一词来指称。

（一）哲学取向的中国教育心理学思想概论

中国哲学取向的教育心理学思想至少可追溯到先秦的孔子、孟子、荀子等一大批教育家及《学记》等著作中，此后历代都有为数众多的思想家、教育家为教育心理学思想的形成和发展作出贡献。科学教育心理学体系所涉及的一些理论问题在中国古代教育家那里基本都有论及并有身体力行的实践。

一方面，桑代克在其教育心理学体系创立之初所涉及的三方面问题——人性问题、学习心理问题和差异心理问题——中国古代教育家都进行过探讨。概要地说，中国的思想家

---

① BORING E G. A note on the origin of the word psychology. Journal of the history of the behavioral sciences，1966（2）：p. 167；LAPOINTE F H. Origin and evolution of the term "psychology". American psychologist，1970，25（7）：pp. 640 - 641.

② LAPOINTE F H. Origin and evolution of the term "psychology". American psychologist，1970，25（7）：p. 645；KEMP VANDE H. Origin and evolution of the term psychology：addenda. American psychologist，1980（35）：p. 774.

③ BORING E G. A note on the origin of the word psychology. Journal of the history of the behavioral sciences，1966（2）：p. 167.

④ 无论中国还是西方，哲学取向的心理学思想都主要是在古代诞生和发展起来的。所以，在本书中，"哲学取向的（教育）心理学思想"与"古代（教育）心理学思想"之间基本可换用。

⑤ 汪凤炎. 汉语"心理学"一词是如何确立的. 心理学探新，2015，35（2）：195 - 201.

们早已认识到，人性是教育心理的起点和归宿，一切教育问题归根结底都是人性问题，于是对人性问题从不同视角进行解读，建构了一座人性论大厦：孔子最先提出"性相近也，习相远也"的命题。该命题准确地表征了人的自然资质与社会习染，遗传、环境与教育的关系；正确地解读了人的差异及其原因；孕育了中国古代的教育心理发展观。此后，人性问题在教育中的作用得到了历代思想家的高度重视。老子主张人心至善说，进而力倡自然主义教育，以便顺应自然来更好地保持人性，延缓或推迟一颗至善之心因环境的习染而不断丢失的过程。孟子的"性善论"预示着人生来就有向善的先天图式，教育的作用就在于扩充这种向善的图式（四端：恻隐之心、是非之心、辞让之心、羞恶之心）并发扬光大，换言之，教育的作用在于发展人性。荀子的"性恶论"为教育提供了极其广阔的空间，因为人与生俱来的自然资质是恶的，人类的一切善性都只能依赖环境和教育来形成，只有通过后天的教育才能将人的恶性改造为善性。告子的性无善无不善论告诉人们，人生来只是一块"白板"，既无善端，也无恶端，教育的价值就在于塑造人性。世硕的性善恶混论告诉人们，① 人性中既有善的一面也有恶的一面，教育的价值与目的就在于发展人性中善的一面，改造人性中恶的一面。清代王夫之"性日生而日成"的观点准确表达了人的自然资质与环境、教育的辩证关系。学习心理问题也是中国古代思想家充分探索的一个领域。中国古代思想家既在自己的学习实践中不断获得亲身体验，又对自己教书育人的实践加以总结和提炼，从而产生了丰富的学习心理思想。差异心理也是中国古代思想家十分关注的问题。孔子在自己的"诲人不倦"的教育实践中就发现自己的学生在志向、理想、兴趣、智力、能力、气质与性格等方面有很大的不同，主张因材施教。此后历代教育家都继承了孔子这一思想。

另一方面，中国古代思想家还探讨了桑代克教育心理体系中没有涉及的教育心理问题，如教师心理问题、教学心理问题、品德心理问题等。

总之，中国古代教育心理学思想虽然与现代西方科学教育心理思想没有太大的、直接的渊源关系，但是它确实揭示了许多教育心理学方面的规律，直到今天仍有借鉴意义。

（二）哲学取向的西方教育心理学思想概论

教育心理学思想在西方可追溯到古希腊"三杰"：苏格拉底、柏拉图和亚里士多德。苏格拉底、柏拉图和亚里士多德都主张"性善论"。同时，苏格拉底提出了"美德即知识"的著名主张。柏拉图主张重视个别差异，让个体的身心获得均衡发展。亚里士多德主张顺应本性、培养习惯、启发心智的教育原则符合现代教育心理学的理念，尤其是他的灵魂论对教育产生了十分深远的影响。亚里士多德在《论灵魂》（De Anima）一书中将灵魂分为三种。人具备三种灵魂，因此必须实施三方面的教育：首先，人有植物的灵魂，通过营养、繁殖和锻炼，使肉体不断完善起来；其次，人有动物的灵魂，人有感觉、愿望、知识，因智育而达到真理的大门；最后，人有理性的灵魂，它通过德育达到完善的境界。《论灵魂》为体育、智育和德育的和谐提供了哲学和心理学的依据。

文艺复兴之后，许多学人开始自觉将教育与心理学结合。夸美纽斯（Comenius）在代

---

① 西谚"人的一半是天使，一半是野兽"。此观点与世硕的见解有相通之处，只是对性善性恶持五五平分的观点。在世硕的见解中，每一个人的人性里，性善与性恶的比例是不同的：有的人是善性多而恶性少，有的人是善性少而恶性多。同时，虽然从表面上看，中国传统文化以性善论为主，究其实，乃以性善恶混论为主。

表其教育思想全貌的《大教学论》一书中，提出了许多将教育与心理相结合的原理和原则。在世界教育史上，教育家裴斯泰洛齐（J. Pestalozzi，1746—1827）不但在《论教学方法》一书中首次明确提出了"教育心理学化"的口号，后来又在《葛笃德怎样教育她的孩子》一书中提出了一整套教育心理学化的主张，其基本观点有六：①主张将教育的目的和教育的理论指导置于儿童本性发展的自然法则的基础上，认为只有认真探索和遵循儿童的心理活动和心理发展规律性，才能取得应有的教育和教学效果。②教育心理学化，就是必须使教学内容的选择和编制适合儿童的心理学习规律，即教学内容的心理学化。③教学原则和教学方法的心理学化。做到这一点，首要的是使教学程序与学生的认识过程相协调。④主张让儿童成为他自己的教育者。⑤认为人性含有原始性（兽性）、社会性与道德性三个层面，教育的功能就是要克服原始性，发展道德性。⑥在教学上强调学生的心智、情意、行动三方面的均衡发展，同时重视儿童的个性发展，也强调以爱为中心，视学校如家庭，视教师如父母，视学生如子女。

到 19 世纪初，德国的哲学家、心理学家、科学教育学的奠基人赫尔巴特（J. F. Herbart，1776—1841）就主张心理学是一门经验科学，并首次提出心理学是一门独立科学，进而于 1816 年出版了《心理学教科书》，于 1824—1825 年出版了《作为科学的心理学》。[①] 同时，在世界教育史上，德国教育家赫尔巴特是第一个明确提出将心理学作为教育学理论基础的学者，将裴斯泰洛齐的"教育心理学化"的主张付诸实施，并于 1806 年在其《普通教育学》中开始用心理学的观点来系统阐述教育实践问题，进而在继承莱布尼兹（Gottfried Wilhelm Leibniz，1646—1716）"单子论"和英国联想主义的基础上提出了"意识阈"（conscious threshold）和"统觉团"（apperception mass）的概念。赫尔巴特认为，在意识阈下的观念中，只有那些与意识的统一相调和的观念才可能不遇阻力而升入阈限之上。进入意识的观念便可引起统觉。一个观念的统觉不仅使这个观念成为意识的，且使之被意识观念的整体所同化。该整体被称为统觉团。赫尔巴特的教育心理学思想可以概括为：①人类的心理具有知、情、意三种功能。②教育应以德育为先，而德育之实施则以自由、完美、善意、权利、正义为基础。③重视儿童的兴趣，并将儿童的兴趣划分为对事的兴趣与对人的兴趣。两种兴趣都是教育心理学研究的对象。④在统觉论指导下提出了教育过程四阶段论：明了（确切讲授新知识）、联想（新知识要与旧知识建立联系）、系统（作出概括和结论）、方法（把所学的知识应用于实际）。同这四个阶段相应的心理状态是：注意、期待、探究和行动。之后他的门徒将之发展为五阶段教学法：预备（唤起学生的原在观念和吸引学生的注意）、呈现（教师清晰地讲授新教材）、联系（使新旧知识形成联系）、统合（帮助学生进行抽象和概括，形成新的统觉团）、应用（以适当方法应用新知识）。五阶段教学法在世界上产生了重要影响。正是在这些教育心理学思想的肥田沃土上，科学的教育心理学之苗才破土而出。

（三）中西方哲学取向教育心理学思想的特色、价值与不足

1. 中西方哲学取向教育心理学思想的特色

综览中西方哲学取向的教育心理学思想，发现有三个特色：①各家对人性本质的看法

---

① 中国大百科全书总编辑委员会《心理学》编辑委员会. 中国大百科全书·心理学. 北京：中国大百科全书出版社，1991：131.

虽千差万别，但都认为教育具有影响人性并使之向善的方向发展的功能；②无论是德育或智育，施教时都要考虑让学生在知、情、意、行四种特质上发生相对持久的积极变化，而不能仅仅是其中某一方面的改变，也不能仅仅是某几方面发生短暂的改变；③中外古代的教育心理学思想多是学者通过经验总结或思辨方式得来的。① 虽然在理论之外多数学者也重视怎样从学生身上加以验证的问题，不过，在验证某一观点或思想时古人多采用经验型的方法，而不是现代严格意义上的科学方法（因为古代没有严格意义上的科学，现代意义上的科学是文艺复兴以后诞生的）。可见，仅就研究方法而言，古代哲学取向的教育心理学思想与今天科学取向的现代教育心理学思想之间有本质的不同：前者主要是运用经验总结与思辨的方式获得的，后者主要是运用科学意义上的实证方法获得的。但是，若就研究主题（或基本问题）而言，古今中外学者并无太大差异。

2. 中西方哲学取向教育心理学思想的价值

就思想的科学性与深刻性而言，古今教育心理学思想更是具有同等价值，原因也很简单：一方面，古代学者的教育心理学思想其实也是来源于教育实践又经教育实践反复检验了的；另一方面，人文社会科学思想不是按严格进化论的路径演变的，因而不能说今天的人文社会科学思想就一定比古代相应的人文社会科学思想"高明"。昨天的人文社会科学思想与今天的人文社会科学思想相比，它们犹如平地上的一座座山峰，各自都可以达到某一个高度，都具有自身的特色与价值，可说是"横看成岭侧成峰，远近高低各不同"。于是，在"纯"社会学科或人文学科领域，学术思想的演变（请注意，因"发展"一词含有进化论色彩，故此处用进化论色彩较少的"演变"一词）多是一种"累积"（顾颉刚语）的过程，就像地球是由不同地层所构成的一样，各地层在研究地球时都具有相应的价值，不能说越老或越下面的地层其价值就越小，而越新或越上面的地层的价值就越大。不但如此，有时恰恰相反，越老的或越下面的地层其价值反而超过了越新或越上面的地层的价值。而"纯"自然学科研究的主要是一种客观的自然科学思想，是一种科学（狭义的）与技术。科学与技术一般是按照"进化论"的方式前进的，这意味着，科技的发展虽也有曲折，不过，从总体上看，今天的科学与技术一般都会比昨天的科学与技术来得先进；并且，一门自然科学在历史上所取得的精髓思想往往都能很好地融进这门自然科学的最新发展进程中。因此，在"纯"自然科学领域，学者们重视的是不断的创新精神，以便不断地超越前人，推动科学与技术不断向前发展。② 教育是一种育人的艺术，教育心理学的研究对象是关于人的学与教的心理现象及其规律，此种"东西"既不是纯自然的，也不是纯社会的，而是自然与社会的"合金"，即教育心理学是一门介于自然科学与社会科学之间的中间学科。这导致教育心理学思想里有很大一部分内容属于人文社会科学思想，而不是科学（狭义）思想，不能说今天的教育心理学思想就一定比古代的教育心理学思想高明。

3. 中西方哲学取向教育心理学思想的不足

（1）中西方哲学取向教育心理学思想在内容上的不足。

由于真正意义上的"科学"是伴随西方的"文艺复兴运动"而诞生的，这样，在此之前，中西方的教育家和思想家多重视道德知识、道德教育和道德学习，少对科技知识、科技教育与科技学习展开研究。结果，中西方古代教育心理学思想在内容上偏重于德育心

---

① 张春兴. 教育心理学. 杭州：浙江教育出版社，1998：9.
② 汪凤炎，郑红. 中国文化心理学. 3版. 广州：暨南大学出版社，2008：21-25.

理学思想，少智育心理学思想。

（2）中西方哲学取向教育心理学思想在研究方法上的不足。

从研究方法上看，中西方古代教育心理学思想主要是运用经验总结与思辨法获得，而不是运用科学意义上的实证方法获得，这就导致它们自身至少存在如下三个不足之处。所以，今人要从中汲取教训，在经验总结与思辨的基础上，妥善引入实验法、问卷法、测量法等实证方法，以提高研究方法的科学水平。以下是中西方传统教育心理学思想的三点不足：

第一，"只知其然，不知其所以然"。很多理论观点、教育方法等都停留在经验与思辨的层面上，多是一些原则性论断且喜用"比喻"或"类比推理"，少操作性阐述，且一般不揭示其背后的规律或原理，导致"只知其然，不知其所以然"。例如，至少自孔子开始，中国的教育者就习惯运用榜样示范法，但是，由于没有一位中国古代学者对榜样示范法进行系统、科学的研究，而多喜欢用"桃李无言，下自成蹊"之类的比喻说法加以阐述或论证，导致中国古代有许多教师或家长在运用榜样示范法时，只停留在经验水平，无法预知其效果的好坏。这种境况直到班杜拉经过多年的实证研究并提出观察学习理论后才得到改变。

第二，主要由经验总结与思辨方式获得的教育心理学思想无法高效地传给后学。一个人的经验与心灵感悟往往带有明显的个体性和默会性，既不易传授给他人，他人也不可能轻易学到，这样，主要由经验总结与思辨方式获得的教育心理学思想常常无法高效地传给后学。这可用中医学习加以说明。中医理论、中医治疗方法与中药药理、疗效等主要是靠优秀中医通过积累丰富的临床经验与深刻思辨获得的，但这些中医领域的先贤并未用科学语言将医理作清晰阐述，也未将中医诊断过程和治疗过程作可操作性处理，更未有意地去剖析中药的主要成分、化学结构式、分子式、分子量与药物代谢动力学等，结果，后学在学习中医时往往很难像学西医那样，经过五年的医学教育就可"自立门户"，而必须靠自己不断地摸索，不断地积累经验，不断地反省自己的医疗个案，等到自己医术高深时往往已年过花甲了。所以，在许多中医医院和中医院校，著名的中医往往都是年长者，年轻人一般很难成为名中医。与此不同，西医由于是运用科学的研究方法获得的，医理清晰、诊断过程和治疗过程规范，且将药物的主要成分、化学结构式、分子式、分子量与药物代谢动力学等弄得清清楚楚，学起来相对容易许多。这样，西医不但可大量培养，而且很多学西医的人在年轻时就已精通相关医理或医术了。

第三，主要由经验总结与思辨方式获得的教育心理学思想常常无法有规律地"进化"到更高阶段。如上所述，由于一个人的经验与心灵感悟往往带有明显的个体性和默会性，后学就很难做到"站在前人的肩膀上再往前走一步"，于是，主要由经验总结与思辨方式获得的教育心理学思想常常无法有规律地"进化"到更高阶段。例如，孔子的教育心理学思想虽然诞生于公元前478年之前（因为孔子生于公元前551年，卒于公元前479年），但令人遗憾的是，连被称为"亚圣"的孟子与朱熹都无法超越孔子，更不用说其他后学了。结果，虽然中国自孔子开始一向重视教育并重视研究教育，但直到1911年推翻清王朝的统治为止，在近2 500年的漫长岁月里，中国教育心理学思想一直没有实质性的飞跃，无论是形式还是内容，都与2 500年前孔子的教育心理学思想"长"得非常相像，简直是"如出一辙"。与此不同，由于有了科学的研究方法，自1903年以来100余年的历史中，现代教育心理学思想的发展日新月异，新思想、新理论、新观点、新方法、新的研究范式层出不穷。结果，在当代高校开设的"教育心理学"课程中，主体内容一定是讲教育心理学自 1903 年以来尤其是最近 30 年以来所取得的最新成果，至于此前几千年所获得的教育心理学思想，则仅起到点缀作用。

（3）中国古代教育心理学思想在成果展现方式上的不足。

从记载成果的方式看，西方早在古希腊时期就非常注重成果的展现方式，今人只要看看亚里士多德的《尼各马科伦理学》[1]，就会在为其精辟观点叹为观止的同时，也惊叹其在内容编排上的严密的形式逻辑。与此不同，至少自孔子起，直至晚清民初的"西学东渐"之前，中国学者多喜欢用格言体、对话体或语录体记载自己或他人的科研成果，导致大量记录中国古代教育心理学思想的论著往往缺少形式上的逻辑体系，不但一部著作的不同篇章之间常常毫无规律可言，其至在同一篇章中，前后两段文字也往往无内在联系；并且，由于受"在骨头或竹简上刻字太慢"（在造纸术未发明之前，中国古人多用动物的骨头刻字，后改作在竹简上刻字），"一块骨头或一片竹简上无法刻太多文字"以及"古代中国人习惯简约式思维"等的影响，许多论著出于"简洁"的考虑，只记载了"结论"，却未记载思维的过程，让人无法准确获知整个推理过程（因为不同思考过程往往可以得到同一个结论，即"殊途同归"），这无疑加大了后人理解与传承的难度。以上种种启示我们，通常情况下一定要用规范的方式撰写科研论文或著作，详细阐述获得某个结论的思维过程，并提供相应的证据，以提高研究成果的科学性。

二、科学主义取向的教育心理学

虽然实验心理学与教育的结合，导致一门独立的新学科——教育心理学的诞生，不过，心理学自 1879 年脱离哲学范畴成为一门独立学科以来，一直想成为一门类似于物理学的"纯科学"，于是乎，"科学主义"取向成为心理学的主流研究取向。何谓"科学主义"？要了解这一概念，先要厘清此处所讲"科学"与"主义"二词的内涵。

科学有内隐（implicit）外显（explicit）和大小之分。潜藏在个体心灵的深处、对个体心理与行为有实质性影响的科学观，叫内隐科学观；虽漂浮在个体的嘴上，却未对个体心理与行为产生实质性影响的科学观，叫外显科学观。当下多数中国人内隐的科学观基本上都是"小科学观"。小科学观一般是指只将实验法获得的某一领域内规律的系统的知识体系视作"科学"的主张；扩而言之，是指只将按自然科学模式获得的某一领域内规律的系统的知识体系视作"科学"的主张。此时的"科学"与"科学主义（scientism）"[2] 是两个可以换用的名词，就其所涉学科领域而言，此时"科学"仅指自然科学。所以，如果随机问一个受过高等教育的人如下问题："请您从古今中外历史上列举三个您认为最伟大的科学家的姓名。"答案一般都是在自然科学领域有极高造诣的人，像爱因斯坦、牛顿与达尔文等，而绝不会是孔子与莎士比亚之类在人文社会科学领域有极高造诣的人。不过，目前中国学术界大多数人所持的外显科学观实际上多是"大科学观"。[3] 何谓"大科学观"？现有两种为多数人所接受的界定方法：一种叫做注重"科学"内容的"内容界定

① 亚里士多德. 尼各马科伦理学//苗力田. 亚里士多德全集：第八卷. 北京：中国人民大学出版社，1992.

② 汪凤炎. 关于中国心理学传统的三个问题——评《中国与西方：两种不同的心理学传统》. 本土心理学研究，2014（41）：103.

③ 汪凤炎. 中国文化心理学研究中如何化解艾氏紧箍咒. 苏州大学学报（教育科学版），2014，2（2）：11－18.

法"，它将"科学"界定为运用范畴、定理、定律等思维形式反映现实世界各种现象的本质和规律的知识体系。① 另一种叫做注重"科学"过程的"过程界定法"，它将"科学"界定为发现事实、建立关联、解释规律的过程；换言之，认为科学是解决"是什么"（what）、"怎么样"（how）以及"为什么"（why）的过程。如果将这两种界定科学的方法合二为一，那么，可以将"科学"界定为：采用客观的方法所获得的某一领域内规律的系统的知识体系。② "大科学观"与"小科学观"的相通之处主要有二：①二者都强调科学是展现某一领域内规律的系统知识体系。因此，"系统性（systematization）""规律性"和"可证伪性（falsifiabity）"是"科学"的三个重要特征。系统性是指科学知识既是通过系统的实证研究取得的，其本身也具有系统性。一个人若想获得系统性知识，避免知识的碎片化，就必须做到融会贯通，即善于在不同知识点之间建立起内在逻辑联系，形成网络化（且最好是球状网络化）的认知结构。规律性是指科学知识一定揭示了事物的某些规律。可证伪性是指在表述一个科学理论时，必须遵循从该理论所推导出的各种预测有可能被证伪；在评价一个理论的新证据时，必须审视在收集到的这些新证据中是否有可能证实该理论是错的。②二者都承认实验法在科学研究中的重要性。"大科学观"与"小科学观"的区别主要也有二：①二者所持的知识观有差异。在持大科学观的人看来，"知识"（knowledge）有多种形态，"科学知识"只是其中的重要形态之一，却不是全部，如还有哲学知识。并且，在现代意义上的科学未诞生之前，"知识"便早已存在。与此不同，在持小科学观的人看来，只有运用"科学方法"获取的知识才能取得知识的合法地位；换言之，持小科学观的人将知识与科学等同起来，主张"科学即知识""知识即科学"。③ 与此相一致，在如何看待知识的"科学性"上，二者的看法有巨大差异。在持大科学观的人看来，无论何种形态的知识，只要符合客观事物的规律，且具有一定的系统性和可证伪性，都属于科学知识。所以，"大科学观"中的"科学"＝"小科学观"的"科学"（自然科学）＋人文社会科学。在持小科学观的人看来，只有那些有实验数据支持的系统知识才属于科学知识。因此，除了需具备系统性、规律性和可证伪性三个重要特征外，"科学"还须具备"可复制性"（replicability）。可复制性也叫可重验性，指一项科学研究的结果是能够按照原创者所提供的研究方法精确加以重复验证的。任何一项成果在没有被科学界其他人重复验证之前，都不能称之为科学知识。④ 而在持大科学观的人看来，科学虽具有系统性、规律性和可证伪性，却不必都具备可复制性，所以，不能要求所有科学都具备"可复制性"，否则，所有的艺术都不能算科学，因为真正高水平的艺术往往具有唯一性，即不可复制性。②二者在对待科学研究方法的态度上有差异。在持大科学观的人看来，"发现事实，建立关联，解释规律的过程"本可以通过很多方法——如实验法、观察法、问卷法、测验法、考证法等——来完成，所以，只要能有助于揭示事物的规律，什么方法都可以使用，而不必局限于实验法；在持小科学观的人看来，实验法是唯一科学的研究方法，只有通过实验法"发现事实，建立关联，解释规律的过程"才是"科学"，运用其他方法"发现事实，建立关联，解释规律的过程"都不能算作"科学"。

---

① 夏征农，陈至立．辞海：第六版彩图本．上海：上海辞书出版社，2009：1234.
② 黄一宁．实验心理学：原理、设计与数据处理．西安：陕西人民教育出版社，1998：25.
③ 金耀基．人文教育在现代大学中的位序．书摘，2007（12）：5.
④ 黄希庭．心理学导论．2 版．北京：人民教育出版社，2007：7－11.

教育心理学新编（第五版）

据 2009 年版《辞海》解释，"主义"一词含义有四。[①] 此处所讲"科学主义"中的"主义"取的是其中的"对客观世界、社会生活以及学术问题等所持有的系统的理论和主张"之义。

综上所论，所谓"科学主义"取向，指只将实验法获得的有关知识体系视作"科学"的研究取向；扩而言之，主张只将按自然科学模式获得的有关知识体系视作"科学"的研究取向。依此类推，用在心理学领域的"科学主义"一词，类似于中国心理学史上讲的"小心理学观"，[②] 其含义是指，只将实验法获得的有关人的心理与行为方面的知识体系视作"心理学"的研究取向；扩而言之，它只主张按自然科学模式来研究心理学，侧重研究心理学中偏重于自然科学属性的领域，力倡运用实验法等实证方法，重视研究的客观性、可操作性、精确性和可验证性。受心理学中科学主义取向的深刻影响，现代教育心理学自诞生之日开始，其主流研究范式便放弃了固有的哲学研究取向而走上了科学主义的道路。科学主义取向下的教育心理学与哲学取向下的教育心理学之间的相同之处是：都关心学与教的基本心理规律的研究；二者的主要区别在于它们所用的研究方法不同：前者试图运用实验来研究，后者主要运用经验总结与思辨的方法来研究。

（一）科学主义取向的教育心理学的发展

1. 科学主义取向的教育心理学在美国等西方发达国家的发展

教育心理学在美国诞生后，主要在以美国为代表的西方发达国家中兴旺发展起来，其中尤以美国教育心理学的发展速度和水平为最佳，直至今日，还一直处于世界领先地位。自桑代克后，在美国逐渐形成不同派别和取向的教育心理学。概括地说，从流派上看，在美国主要有行为主义教育心理学、认知派教育心理学和人本主义教育心理学等三大流派。从研究取向看，美国的教育心理学主要经历了四个时期：一是实验心理学取向的教育心理学处于主导的时期，主要是 20 世纪 20 年代以前；二是行为主义取向的教育心理学处于主导的时期，主要是 20 世纪 20 年代至 50 年代；三是认知取向的教育心理学处于主导的时期，主要是 20 世纪 60 年代至 80 年代；四是建构主义取向的教育心理学处于主导的时期，20 世纪 90 年代以来的教育心理学主要处于这一时期。它们的思想观点将在下文作详细的论述，这里不多讲，只提两个要点：其一，由于教育心理学自诞生直至今日，其研究范式一直唯美国的教育心理学马首是瞻，因此，从一定意义上说，美国教育心理学所经历的这四个研究取向也就是当代世界教育心理学所经历的四个研究取向。其二，当代美国教育心理学颇为关注的主题主要有八个，其中第二至第五共四个主题是布鲁纳于 1994 年在美国教育研究会上所作的一个特邀专题报告中总结出来的：①学习的脑机制。事件相关电位（ERP）与功能性磁共振成像（fMRI）等技术的日趋成熟，为人们打开"大脑"这个黑箱子提供了技术支持，在此背景下，一批认知神经学科领域的专家近年来一直致力于探索大脑的学习机制。②学习的主动性。也就是探索如何提高学习的动力。其难点在于如何让学生深刻理解学习的意义，一旦破解了此难题，就能让学生主动参与学与教的过程，并学会主动调控自己的身心活动。③反思性（元认知）在学习中的重要作用。即研究从内部理解所学内容的意义，重视个体对知识的主动理解、建构和反思。因为成绩佳的学生一般可概

① 夏征农，陈至立. 辞海：第六版缩印本. 上海：上海辞书出版社，2010：2518.
② 汪凤炎. 中国心理学思想史. 上海：上海教育出版社，2008：26 – 31.

括为聪慧型、勤奋型和反思型等三种类型：因天生智商高导致成绩佳者为聪慧型，它可遇而不可求；通过刻苦学习导致成绩佳者为勤奋型，它不但与今人倡导的"乐学"取向不合，还极易因刻苦学习而让学生身心造成伤害；因善于反思导致成绩佳者为反思型，反思型学生善于总结学习规律，善于找到适合自己的学习方法，导致学习效率极佳，故最值得提倡和效仿。④合作学习。即如何引导学习者共享教育资源，如何培养学习者的合作意识与合作技巧等。⑤社会文化对学习的影响。因为任何学习的发生都不是在白板上进行的，而是在个体所处文化背景下建构的，所以，要研究不同文化对个体学习的影响。① 在此理念的影响下，逐渐盛行教育心理学的本土化运动。⑥从关注智力与智力开发到逐渐重视研究智慧与智慧教育。因为人们逐渐认识到，即便已知某人的智商高，常常也无法预测其将来的成就大小和幸福感的高低，更糟糕的是，如果只注重开发个体的智力，易让智商高的人最终落个"积小胜成大败"的结局。与此不同，个体一旦拥有智慧，由于智慧的本质是德才合一，② 它将对个体的成长有百利而无一害。⑦机器学习。这将在下文探讨，这里不多讲。⑧从小培养学生解决问题的能力，让学生成为解决问题的高手。从某种意义上讲，当代美国教育心理学颇为关注的这八个主题，也是当前教育心理学发展的八个最新动向。

2. 科学主义取向的教育心理学在苏联的发展

苏联教育心理学可以分为三个阶段：

第一阶段是十月革命前。俄国教育家乌申斯基总结当时的心理学成果，于 1867 年出版了《教育人类学》第一卷（中译本书名为"人是教育的对象③"）。在该书中，乌申斯基将心理学作为教育学的三个基础之一（其余两个基础为生理学和逻辑学）；并认为，"心理学就其对教育学的应用和对教育者的必要性方面来说，当然站在一切科学的首位"。乌申斯基由此既被视作"俄罗斯教育心理学的奠基人"，又被视作"教育人类学"的首倡者。卡普杰列夫于 1877 年撰写了世界上第一本教育心理学著作，但对教育心理学乃至整个心理科学影响最大、最负盛名的是拉祖尔斯基（A. Jieyckhh，1874—1917）。拉祖尔斯基是一位实验心理学家，他的两个主张对俄罗斯教育心理学产生了巨大影响：一是主张心理学应当像自然科学一样对对象进行客观研究，使它的结论建立在具体研究的事实上；二是力主心理学应接近实际，成为对实践有益的科学，为此制定出能在自然状态下研究个体的"临床观察法"和"自然实验法"。他本人被誉为"俄罗斯心理学的伟大代表"。鲁宾斯坦在教育心理学的对象、任务与方法的探索中主张教育心理学应以在校内外的具体生动的条件下发生的心理为研究对象（1913）。这一时期教育心理学的明显特点就是比较重视教育心理学的特殊性以及在教育条件下的特殊研究。与西方教育心理学发展一样，他们也反对以普通心理学研究中获得的资料，用纯粹演绎的方法去解释学校生活实际。

第二阶段是十月革命后至 20 世纪 50 年代末。其基本特点是尝试以马克思主义的基本观点来改建心理学及教育心理学，代表人物是维果斯基、布隆斯基和鲁宾斯坦。维果斯基是苏联"文化历史学派"即维列鲁学派的开山祖，他在 1926 年出版的《教育心理学》一书中提出和重申了两个观点：一是坚决主张把教育心理学当作一门独立的科学分支来研究，反对将普通心理学的篇章移植到教育心理学中来；二是主张用"文化历史发展论"去

---

① 陈琦，刘儒德. 当代教育心理学. 2 版. 北京：北京师范大学，2007：11 – 12.

② 汪凤炎，郑红. 品德与才智一体：智慧的本质与范畴. 南京社会科学，2015（3）：127 – 133.

③ 乌申斯基. 人是教育的对象. 李子卓，译. 北京：科学出版社，1959.

研究儿童的心理发展过程。文化历史学派对下述三个问题的探讨深刻地影响了苏联乃至其他国家的教育心理学的发展：①深入探讨了"发展"的实质。他们认为儿童心理机能从低级向高级的发展有四个指标：心理活动的随意机能；心理活动的抽象—概括机能；各种心理机能之间不断变化、组合，形成间接的以符号为中介的心理结构；心理活动的个性化。②关于教学与儿童智力发展的关系的思想。维果斯基把教学分为两种：一种是广义的，即自发性的，通过活动和交往掌握精神生产的手段；另一种是狭义的，即自觉的、有目的、有计划进行的最系统的交际形式，它创造着学生的发展。在此基础上他阐述了教学与发展的三个基本思想："最近发展区"的思想（详见第三章）、教学应当走在发展的前面和强调学习的最佳期限的思想。③分析了智力的形成过程，提出了"内化"学说。维果斯基的上述思想为后来苏联教育心理学的发展奠定了理论基础。布隆斯基强调儿童个性的统一性以及探索对儿童心理进行整体的综合研究的途径。1925年，布隆斯基出版了《记忆和思维》一书，被苏联心理学界认为是从心理的整体性出发，对记忆与思维进行综合研究的尝试。布隆斯基的这个观点实际上是后来苏联教育心理学趋向综合研究的先导。鲁宾斯坦在这一时期的特殊贡献在于，他确立了心理与活动相统一的原理。他在1934年提出、1940年出版的《心理学原理》中又重申，心理不仅在活动中表现出来，而且在活动中形成。这一观点后来为苏联教育心理学强调必须结合实际教育活动进行研究的方向确立了理论依据。自20世纪40年代起到50年代末，苏联教育心理学的显著特点是重视结合教学与教育实际的研究，广泛采用自然实验法，综合性研究占主导地位。这些都是在20世纪30年代确立的理论观点的指导下进行的。在这个时期涌现出一大批教育心理学家和教育心理学专著，但也存在两个方面的严重问题：一是忽视教育心理学的探索，对待巴甫洛夫的学说有严重的教条主义倾向，甚至导致联想主义重新抬头；二是对西方的教育心理学理论存在简单粗暴的全盘否定倾向，对马克思主义往往生搬硬套，缺乏创造性应用。

　　第三阶段是20世纪50年代末至苏联解体。20世纪50年代末以后，苏联教育心理学有六个特点：第一，重视理论探索。在学习理论方面，列昂节夫于1957年发表了《论学习作为心理学的一个问题》一文，对学习的实质、学习活动的结构、学习类型、学习动机与学习迁移等问题发表了自己独特的见解。此后不断有人探索，并形成了以列昂节夫为代表的活动派和以梅钦斯卡娅为代表的联想—反射理论派的争论。在智力活动与教学方面出现了一系列新学说、新理论，加里培林的"智力动作按阶段形成理论"便是其一（详见第七章）。第二，进一步与学校的实验教学结合。最为突出的代表人物是赞科夫、达维多夫、厄里康宁、兰达与塔金雷金娜等人的教学改革实验。第三，把年龄与教育心理学融合为一体，出版了一些具有特色的年龄与教育心理学相融合的新书。其中富有代表性的有：1972年出版的A. B. 彼得罗夫斯基主编的《年龄与教育心理学》，1984年出版的M. B. 加梅佐等主编的《年龄和教育心理学》。第四，重视人际关系在儿童心理发展过程中的作用。用人际关系层次测定的观点，从理论和实验两方面对个体获得系统的个性特征的规律性、人格化过程的规律性进行深入的综合研究。其中以运用艾里康宁的"年龄—主导活动类型"理论和包若维奇的"活动—动机系统"理论指导下的研究最卓有成效。第五，重视教学心理中的方法论和具体研究方法的探讨。如，阿尔洛夫非常强调客观研究法和发生研究法；马尔科娃强调要在组织学习过程中进行研究，要在现实社会关系中进行研究，要进行长期研究而不只是研究发展中的个别阶段。重视具体方法的探讨，比较突出的是应用教学心理诊断，即以心理测验为主，包括观察、谈话、作品分析、调查等综合研究方法，为教学提供依据。此外，苏联教育心理学界还普遍运用动态的、发展的研究方法。第六，对待西方教育心理学的态度有根本性转变，由全盘否定到学习、借鉴。

3. 科学主义取向的教育心理学在中国的发展

尽管中国古代有丰富的教育心理学思想，但是中国现代科学主义取向的教育心理学却主要是从西方"舶来"的。不过，中国学者最早接触的科学主义取向的教育心理学并不是直接来自西方，而是来自日本。留日运动为科学教育心理学进入中国提供了三条途径：①留日学生翻译或编译教育心理学教材；②日籍教员来华讲授教育心理学课程，他们的教材被翻译或编译过来；③日本人在中国直接出版教育心理学著作。例如，中国最早的一本教育心理学方面的译著《心理教育学》以及京师学务处编书局译的《儿童矫弊论》、陈邦镇等人译的《心理学》均出自日本学者之手。1910 年，学部图书局印行了由美国禄尔原著，日本柿山蕃雄和松田茂合译、王国维重译的《教育心理学》等。

1920 年以后，中国一些教育心理学家开始编撰教育心理学著作，其后一些有影响的教育心理学著作也陆续问世。据张耀翔的统计，1920 年至 1940 年 8 月止，中国共出版心理学著作 371 种（不免还有遗漏），其中"教育心理学"64 种（编著 33 种，翻译 31 种），所占比重最大，约占 17.25%；假若将排名第二的"测验"（编著 41 种，翻译 9 种，约占 13.48%）也包括在内，则约占 30.73%。[①] 当时的学人之所以首重教育心理学的编著和翻译，原因主要有二：一是为了满足当时教学的实际需要；二是心理学的工具性特点，即对教育学科的辅助作用。[②] 在这诸多的教育心理学书籍里，廖世承、艾伟与潘菽[③]等人的著作是其中的突出代表。例如，专攻心理学的赴美留学生廖世承于 1920 年回国并到南京高等师范学校任教育科教授，开始在该校讲授教育心理学。1924 年，廖世承编著并出版的《教育心理学》一书是中国最早出版且影响较大的一部教育心理学教科书。[④] 艾伟一生著述颇丰，主要有《初级教育心理学》（1933）、《教育心理论丛》（1936）、《教育心理实验》（1936）、《国语科的学习心理》（1936）、《教育心理学大观》（上、中、下三册，1945、1946）、《汉字问题》（1948）、《国语问题》（1948）和《小学儿童能力测量》（1948）等，这些著作大都属于教育心理学著作，由此可见艾伟一生主要致力于教育心理学的研究。艾伟的研究最大的特色在于：一切都以实验为前提和基础。他一贯主张不能完全照搬"舶来品"，而应以研究中国国内问题为主体。[⑤] 当然，从总体上看，自 20 世纪初到 1949 年新中国成立之前的 40 余年里，中国的教育心理学以传播西方教育心理为主，仅在学科心理、教育与心理测验等方面有少量创新性研究。

新中国的教育心理学的发展可以概括为六个阶段：①学习改造阶段（1950—1956）。学习苏联用辩证唯物主义观点改造心理学，为教育心理学的发展奠定了一定的基础。②初步繁荣阶段（1957—1965）。虽然北京师范大学部分受到极"左"思潮影响的师生于 1958 年 8 月掀起了"批判心理学的资产阶级方向"的运动，使心理学的方兴未艾之势濒临夭折，但幸运的是，党中央及时发现并纠正了错误。于是，从 1959 年 3 月开始，中国心理学界对 1958 年心理学"批判运动"中所涉及的心理学对象、任务、方法、学科性质等问

① 张耀翔. 中国心理学的发展史略. 学林，1940（1）：83－191.

② 胡延峰. 留学生与清末民初西方心理学翻译. 重庆工学院学报（社会科学版），2008，22（5）：117.

③ 潘菽，吴绍熙. 教育心理学. 上海：北新书局，1935.

④ 廖世承. 教育心理学. 2 版. 上海：中华书局，1924.

⑤ 汪凤炎. 中国心理学思想史. 上海：上海教育出版社，2008：656－657.

题进行了为期 10 个月的大讨论，使分歧逐渐消除，进一步肯定心理学为社会主义建设所需要，必须更加积极地开展起来。1962 年 2 月，中国心理学会召开教育心理学专业会议，并成立教育心理专业委员会。此时，中国教育心理学研究的范围已经延伸到学习心理、德育心理、智育心理、学科心理、个别差异、入学年龄、学习阶段划分以及教学方法改革等方面。1963 年，潘菽在借鉴国内外教育心理学的最新研究成果的基础上，主编了新中国成立以来的第一本供高等院校学生使用的教材——《教育心理学》，这对当时中国高等师范院校里"教育心理学"课程的教学质量和科研水平的提高起到了一定的推动作用，该教材后来经过几番修订，至今仍是"教育心理学"课程所使用的重要参考教材之一。[①]　③遭遇重创阶段（1966—1976）。"文化大革命"时期心理学被打入"伪科学"的冷宫，作为心理学分支之一的教育心理学也难逃厄运，遭遇重创。④重新恢复阶段（1977—1980）。"文化大革命"结束后，教育心理学得到重新恢复。1977 年 8 月 16—24 日，全国心理学学科规划座谈会在北京平谷召开，会上拟定了《全国心理学学科规划》草案。它除前言外，共有四部分：一是外国心理学概况，二是奋斗目标，三是研究项目，四是实现规划的措施。在"研究项目"中又分为心理学基本理论、感觉与知觉、思维与记忆、心理发展、生理心理、教育心理、工程心理和医学心理研究等八个方面；在每个方面均按国内外概况、三年计划、八年规划和二十三年设想安排。这是一个较详细与全面的心理学学科发展规划，扭转了心理学在"文革"期间被迫停滞的局面，成为中国心理学发展史上的一个重要转折点，促进了中国心理学事业的恢复与发展，并被后人视作 20 世纪影响中国心理学发展的十件大事之一。[②]　1978 年 12 月，中国心理学会第二届学术年会在河北保定市召开。在此次会议期间，中国心理学会理事会决定重建发展心理和教育心理专业委员会。⑤稳定发展阶段（1981—1999）。中国心理学至 1980 年末已基本恢复元气，伴随中国改革开放的不断深入，中国大陆的心理学（含教育心理）事业更是进入稳定发展阶段，此阶段延续至 1999 年。⑥迅猛发展阶段（2000 年至今）。2000 年，心理学被国务院学位委员会确定为国家一级学科，促进了心理学（包括教育心理学）的迅猛发展。

　　现在，作为心理学的三个二级学科之一，发展与教育心理学在中国的发展速度有目共睹。不过，在看到成绩的同时也不应讳言其中存在的问题。除了下文要讲的科学主义教育心理学的通病在中国的教育心理学里同样存在以外，中国的教育心理学还存在"研究理念与研究主题过于西化"和"原创水平低"等问题，这从以下两个事实就可见一斑：一是如今国内出版的许多教育心理学教材在内容上几乎清一色地全是西方教育心理学的观点和材料；二是在中国一些学术刊物上发表的教育心理学论文，无论是研究主题还是研究范式几乎清一色地深受以美国为代表的西方教育心理学的影响，唯西人马首是瞻。

（二）科学主义取向的教育心理学的得与失

1. 科学主义取向的教育心理学取得的巨大成就

　　从 1903 年算起，科学主义取向的教育心理学至今虽只有 113 年的历史，却取得了巨大的学术成就，这些成就可以概括为以下四个主要方面。

　　第一，使教育心理学获得了独立。毫无疑问，科学主义的教育心理学为教育心理学成

---

①　汪凤炎．中国心理学思想史．上海：上海教育出版社，2008：677－679．
②　陈永明，等．二十世纪影响中国心理学发展的十件大事．心理科学，2001（6）：718－721．

为一门独立的心理学分支学科立下了汗马功劳，正由于此，当今心理学界一般将现代教育心理学诞生的时间定在 1903 年。自此之后，不但使从事心理学学习与研究的人多了一个学术领域，而且由此凝聚出了一个相对独立的学术共同体——教育心理学研究者与学习者。

第二，使教育心理学获得了"实验法"这一"新"的研究方法。实验法本是自然科学如物理学、化学或生理学等的常用方法，冯特当年正是从自然科学里"引进"实验法来研究人的心理，才导致现代心理学的诞生。与此类似，由于桑代克第一个运用实验法来研究学习并取得了巨大成就，从而为随后教育心理学的研究提供了一个虽需不断完善但的确颇为高效且颇具科学性的研究方法——实验法，进而促进了现当代教育心理学研究范式的改变：从过去主要运用经验总结与思辨的方法来研究教育与学习问题，转而主要用实验法来研究教育与学习问题。

第三，在学习理论、知识学习、道德学习和问题解决与创造等诸多领域取得了巨大的成就。由于现代教育心理学拥有了一个行之有效的研究方法——实验法，坚持科学主义取向的教育心理学研究者们仅仅花费了 113 年的时间，就在学习理论、知识的学习、道德学习和问题解决与创造等诸多领域均取得了巨大成就，这些成就的数量比过去几千年所取得的成果总和还要多，质量也颇佳。因此，构成现当代教育心理学的主要知识点一般都来自科学主义取向的教育心理学。

第四，更新了现当代人的学习观念，提高了现当代人的学习效率。科学主义取向的教育心理学凭借其在理论的学习、知识的学习、品德的学习和问题解决与创造等诸多领域所取得的巨大成就，在改变人们的学习态度和观念、提高人类的学习效率等方面均产生了积极而深远的影响。

2. 科学主义取向的教育心理学的误区

科学主义取向下的教育心理学自身也存在一些值得学人深思的误区：

第一，方法至上，导致"人"的丢失与割裂。科学主义取向的教育心理学试图将人的心理问题完全纳入自然科学的规范之中；并坚持认为，要想使心理学真正成为一门自然科学的实验分支，就必须采用曾经使自然科学获得巨大成功的研究范式。这便导致了心理科学对物理学、生理学、化学等学科研究方法的盲目照搬和简单移植，走上了"以方法为中心"的道路。这种向自然科学看齐的结果严重忽视了人类生命现象的整体性、流动性、主动性和自我超越性等特征，将人的心理看成静止的、机械的、受动的。方法中心主义还有两个明显的错误：一是把科学与科学方法相混淆，不是以科学的态度来解决方法问题，而是以方法中心的态度来解决科学问题，陷入方法至上的泥潭；二是把心理学的方法和对象颠倒，不是心理学的方法服务于心理学的对象，而是用心理学的方法来决定心理学的研究对象，陷入用还原论研究心理过程的还原主义境地。[①]

第二，偏离和窄化了教育心理学的本来目的。科学主义的教育心理学以实验科学为尺度，只有可进行客观观察的、能够数量化的内容才能被纳入教育心理学的视野。为了服从方法的需要，不得不把许多有实际价值的内容抛弃在教育心理学的研究领域之外，严重破坏了人的心理作为整体的存在。极端行为主义教育心理学甚至对刺激（S）与反应（R）之间的中介或中间过程特别是意识过程视而不见，采取公然否定的态度。所以，建立在联

————————————
① 高峰强. 现代心理学范式的困境与出路. 北京：人民出版社，2001：51–54.

结主义基础上的教育心理学显然是一种畸形的教育心理学。使教育中一向重视人、感化人的教育理念完全丧失，教育心理学演变成了既"非人"也"无心"的东西。认知派教育心理学的出现对于弥补行为主义教育心理学的缺陷无疑具有进步意义，特别是它对意识的关注，使其成为一种别开生面的教育心理学，可是它仍然仅把属于人心理活动一部分的认知切割下来进行研究，将行为、需要、情感、意志、信念、理想、价值观等都抛弃在研究之外；他们企图用认知心理学整合所有心理学，结果大大窄化了教育心理学的研究对象，使一个活生生的人变成了一个仅有认知的人，使原本蕴含褒义色彩的"教育"与"学习"二词变成了中性词；同时，认知教育心理学强调研究的模型化，把教学目的、教学过程、教学结果和评价全都模式化，结果出现了五花八门的学习模式、教学模式、问题解决模式，甚至人的创造活动也被纳入某种模式。殊不知人是活生生的生命，生命最惧怕的就是模式化，生命一旦纳入模式就会丧失意义。正如柏格森（Henri Bergson）所说："我们将有生命体装进我们的这个或那个模式，却全遭失败。所有的模式全都崩溃了。对我们试图装入的那些东西来说，这些模式全都过于狭窄，而首先是它们全都过于刻板。……将生命的全部活动缩减成了人类活动的某种形式，而这种形式只能局部地说明生命，只是生命真正过程的结果或副产品"①。教育活动是一种生命活动，如果让生命活动就范于某种固定的模式，无疑会丧失生命的丰富性、流动性、创造性和个性，从而丧失生命的本真。科学主义教育心理学恰是通过对生命整体的切割，将丰富的生命强行纳入用某种自然科学理念设计的模式之中，这样就导致其大大偏离和窄化了教育心理学研究的内容。

第三，远离教育实际问题。科学主义取向的教育心理学研究常常以方法为中心，而不是以实际要解决的问题为中心。研究的内容只有满足方法的需要才能成为教育心理学研究的对象，否则，再有实际价值的内容也要被排除在教育心理学研究之外，这就是科学主义教育心理学长期与教育实际脱节的根本原因，是教育心理学失去自我的根本原因。在科学主义取向下，无论是以人还是以动物为对象所做的纯心理学研究，其目的只在于从人或动物的行为变化中探求普遍性的原理原则，这与在教育情境中了解人性变化之后企图改善人性的教育心理学研究的本来目的南辕北辙。按照科学主义的要求，教育心理学家无法关注也不太关注来自教育本身的问题，这就造成了教育心理学研究的设计层出不穷，但与教育的实际问题缺少关联；教育心理学大量引进其他学科的知识内容，结果造成自己的体系混杂，缺乏系统性。

三、教育心理学研究的新思路

若想将科学主义取向的教育心理学转变成科学的教育心理学，今后教育心理学在研究取向上要贯彻如下理念：第一，必须恢复教育心理学本来的研究旨趣，不能丢失自我。教育心理学以了解人性并改善人性从而实现教育目的为宗旨。第二，只能将心理学原理视作研究的理论基础，而不能直接应用在非教育情境里发现的纯心理学原理，否则会丢失教育心理学原本具有的教育特色。第三，必须进一步在学校教育情境中从事有关个别差异、教学原理、教学策略、教学评估等教育实践的研究，先确立其本身的应用科学基础，然后再在应用科学基础上建立其独立的体系。第四，在研究目的上要完整化，既不能像行为主义

---

① 柏格森. 创造进化论. 肖聿，译. 北京：华夏出版社，1999：2－3.

教育心理学那样只侧重研究人的外显行为，也不能像认知派教育心理学那样只侧重研究知识的获得；而要采纳人本主义教育心理学的全人理念，研究健全的人的心理，研究促使一个人朝着身心健全方向发展的教育心理学的理论、策略与方法。第五，要融合哲学研究取向与科学研究取向二者的精华，不能像如今迷信科学主义取向的教育心理学那样偏执一端。第六，要融合中外教育心理学思想之长，不能言必称希腊或言必称欧美。在这种教育理念下，本书在借鉴中国台湾师范大学张春兴"采三化（即教育心理学研究目的教育化、研究对象全人化、研究方法本土化——引者注）路径建立教育心理学的独立体系"思想的基础上，① 主张教育心理学研究的新思路是：研究目的完整化、研究对象全人化、研究过程中国化。

（一）研究目的的完整化

除了人本主义教育心理学外，现有的其他主要派别的教育心理学在研究目的上或偏重知识，或偏重行为，或偏重对教学心理的研究，都没有将促进人的身心健全发展作为其根本目的。这导致教育心理学研究目的的不完整，又成为导致现实生活中的教育目的不完整的重要原因之一。可见，在教育心理学的研究目的上要适当借鉴中西人本主义教育心理学的精髓，将促进人的身心健全发展作为教育心理学的根本研究目的，只有这样做才能使教育心理学的研究目的完整化。当然，这只是观念层面上的主张，落实到实际的操作中必须妥善处理好以下四对关系。

1. "学会做人"与"学会谋生"这两个基本教育目的要和谐统一

古今中外的教育林林总总，若将其教育目的概括起来，不外有二：一是让学生学会做人，二是让学生学到谋生的本领。这两个教育目的均要在学生身上得到体现，只是比例多少的问题。任何一种教育若过于偏重其中一个目的而轻视另外一个目的，势必造成教育的畸形发展。如，中国传统教育过于强调道德教育而忽视知识教育，致使我们的教育出现两大弊端：从宏观上讲，导致中国传统文化里未诞生现代意义上的"科学"，进而导致国民科学素养普遍不高，使得中国传统文化在近现代面对西方文化的冲击时几乎"节节败退"，处于弱势地位；从微观上看，中国传统教育不重视传授给人必要的谋生本领，使得许多读书人只知走"读书—科举—做官"的路子，若这条路走不通（事实上，绝大多数读书人在这条路上都走不通），除了做教书匠或师爷外，其他事情几乎都不会做，以至于招至"百无一用是书生"的骂名。经济上不能独立是许多古代读书人最终产生依附性人格的深层原因之一。由此可见，不教人必要的谋生本领，健全人格也很难建立起来。与此相反，当代中国教育过于注重知识教学，忽视以情意为基础的道德教育（或称人格教育），这是造成当代中国社会出现缺乏诚信和公德意识等道德问题的重要因素之一，由此导致当代中国人的做人成本普遍偏高。爱因斯坦曾说："用专业知识教育人是不够的。通过专业教育，他可以成为一种有用的机器，但是不能成为一个和谐发展的人。要使学生对价值（指社会伦理准则——编译者注）有所理解并产生热烈的感情，那是最基本的。他必须获得对美和道德上的善有鲜明的辨别力。否则，他——连同他的专业知识——就更像一只受过很好训练的狗，而不像一个和谐发展的人。为了获得对别人和集体的适当关系，他必须学习去了

① 张春兴.教育心理学.杭州：浙江教育出版社，1998：16－42.

解人们的动机、他们的幻想和疾苦。"① 因此，"学校的目标始终应当是，青年人在离开学校时，是作为一个和谐的人，而不是作为一个专家"②。印度哲学家克里希那穆提也说："如果教育只是用模具来塑造各种标准样式的人，教导人们去寻求安全感、成为重要人物，或是早日过上舒服日子，那么，教育无疑助长了这个世界的不幸与毁灭；如果教育只是一个职业、一种赚钱的方法，那么，老师怎么会用爱心去帮助每一个学生，让他们对自己和这个世界充满好奇？"③ 耶鲁大学在 1828 年编写的《耶鲁报告》里也说：

> 我们培养的人不仅要在专业上出类拔萃，更要具备全面知识并拥有高尚的品德，这样才能成为社会的领军人才，并在多方面有益于社会。他的品质使他能在社会各阶层撒播知识之光。

> 难道一个人除了以职业来谋生以外，就没有其他追求了么？难道他对他的家庭、对其他公民、对他的国家就没有责任了么？承担这些责任需要有各种深刻的知识素养。

上引两段关于人才培养的名言，至今仍然是世界常春藤大学的信条。就是在这样的人文氛围下，耶鲁大学培养了各行各业的领导者，前后有五位当选为美国总统。现在校园里还立着一位美国民族英雄、耶鲁毕业生 Hale 的雕像，并镌刻着他的名言："我唯一的憾事，就是没有第二次生命献给我的祖国。"④ 因此，今后中国的教育若想确立一个完整的教育目的，就必须妥善处理好学会做人与学会谋生这两个基本教育目的，使它们和谐统一起来。

2. 受教育者的主体需求与社会文化的客观要求要和谐统一

做人的正确态度是做"人中人"，因此，在确立教育目的时一定要充分考虑到社会文化的需求。同时，教育若想取得理想效果又需要学生这个主体的配合，教育目的的确立就要充分考虑到受教育者的主体需求，依循受教育者的心理规律办事；否则，不但会"吃力不讨好"，也会事倍功半。总而言之，最理想的学校教育目的是：既能满足学生的主观要求，让其身心潜能获得充分的发展；也能配合社会文化的客观要求，使学生学到道德与生活技能。然而，中国的学校教育总体上过于偏重社会文化取向的目的，忽视了学生的主观需求。在偏重于社会文化取向的教育目的的指导下所进行的往往是一种外铄教学（outside-in teaching），与充分考虑到学生主观需要的内发教学（inside-out teaching）相比，前者的效果不如后者也是可想而知的。也许有人会说，五育（德育、智育、体育、美育、劳动教育）并重的学校教育目的行之多年而成效不佳的原因在于"片面追求升学率"：升学只考几门学科知识，导致在"升学指挥棒"（尤其是"高考指挥棒"）的指挥下，学校教育目的表面上是五育并重，事实上是智育独尊。这是一种似是而非的解释。在学校以教学生知识为重要目的的情况下，学生应该个个学科成绩优良才是；但事实是：如今学生中厌学者和学习困难者的人数有上升的趋势。造成这一结果的真正原因是：在学校教育目的的设计

---

① 爱因斯坦. 爱因斯坦文集：第三卷. 许良英，等编译. 北京：商务印书馆，1979：310.
② 爱因斯坦. 爱因斯坦文集：第三卷. 许良英，等编译. 北京：商务印书馆，1979：146.
③ 读者，2007（15）：38.
④ 徐匡迪. 科学殿堂不容玷污. 光明日报，2013-01-14（13）.

上，过于从社会文化需求和客观价值着眼，忽视了学生的心理需求与主观价值。[①] 根据辩证唯物主义的有关原理，价值既是客观的也是主观的。客观事物本身所具有的价值是一种客观价值，它是引起人们需要的必要条件，而不是充要条件。当人们因自己心中的某种需要而渴望得到某件事物时，这件事物对此人而言就具有了主观价值。由此可见，通常情况下，一件事物若想得到人的青睐，其本身必须具有一定的客观价值，自身没有什么价值的东西是难以引起人们的兴趣的。[②] 同时，某个事物本身有价值甚至有较大价值，假若人们没有对它的需要，它也引不起人们的兴趣。例如，食物是人所必需的，但是，假若你刚刚吃过一顿丰盛美餐，这时再在你面前呈现食物，可能也不能引起你的食欲了。依此类推，学校开设的诸多课程能否引起学生的兴趣，进而激发学生自发主动地去学习，说到底，也是要看它们自身价值的大小以及学生心中是否有对它们的需要。假若一门课程本身有较大价值，又是学生极其需要的，学生自会努力去学习。举个现实的例子，为什么很多中国学生都会"自觉"地花大力气去学习英语？理由很简单，从客观文化环境而言，当代中国通过改革开放不断向前推进，通过加入 WTO 等举措，已使自己在国际大舞台上发挥着越来越重要的作用，为了在将来更好地提升中国的综合国力，国家需要大批掌握某种或某几种外语的专业人才，在这种背景下，作为世界"普通话"的英语自然具有一定的客观价值。中国一些学子在了解了社会文化这种客观要求的前提下，也深深地体会到学好英语对自己将来的发展有益处。主客观要求的结合，使得当代中国学子尤其是高等院校的学子学习英语的热情普遍高涨而持久。可见，在制定教育目的时，只有妥善处理好学生的主体需求与社会文化的客观要求之间的关系，才可能制定出较为完善且对学生具有较大吸引力的教育目的。

3. 学习与健康成长之间要和谐统一

并不是所有的学习都能够促进人的身心健康成长，只有正确处理健康与学习之间的关系，才能保证二者的和谐发展。

（1）错误处理学习和成长关系的常见做法。

在生活里，对于学习和成长之间的关系，常见的错误态度与做法主要有三种：

第一，只强调健康成长，忽视学习。在教育与学习领域，现代社会与古代社会之间至少存在三个重要区别：①学习内容的多寡有差异。在古代社会，由于现代意义上的科学尚未诞生，科技知识的增长极为缓慢；与此同时，由于交通不便利，不同文明之间的交往或是根本无法进行，[③] 或是极为有限（如中国文明与印度文明之间的交往），因此，生活在一个地区（如中国）的民众，其生活习惯与生活方式能够保持相对的稳定性，较少受到外来文明的影响。结果，在古代社会，由于知识总量相对较少，人们的学习内容自然也较少。与此不同，在现代社会，科技知识日新月异，呈"爆炸式"增长；与此同时，整个地球现已成为"地球村"，不同文明之间的交流变得越来越频繁，人们的学习内容自然也非常多。②对"效率"的态度有差异。现代社会竞争激烈，强调和重视"效率"，与此相适应，一个后来者若想尽快适应现代社会，也必须在尽可能短的时间内尽快让自己学到一技

[①] 张春兴. 教育心理学. 杭州：浙江教育出版社，1998：19－21.

[②] 当然，如果某人的价值观或某一时期通行的价值观发生扭曲，有时也会对自身毫无价值或自身价值小的东西表现出极大兴趣与需求，从而在一定时间、一定范围内人为地推高此东西的主观价值。这从 17 世纪荷兰曾一度出现"疯狂的郁金香"现象和前些年中国大陆曾出现"疯狂的石头"现象中就可见一斑。

[③] 例如，在哥伦布（Christopher Columbus，约 1451—1506）"发现""新大陆"之前，生活在美洲大陆的原居民就曾被长期"隔绝"，无法与生活在亚欧大陆的民众进行交流。

之长；古代社会不太看重效率，再加上学习内容相对有限，人们可以慢慢通过自然主义教育而习得品性与专业知识。③对专业教师的依赖程度有差异。科技知识在现代教育里扮演着重要角色，而科技知识若没有高水平专业教师的系统传授，后学者一般是难以学精的；道德知识在古代教育里扮演重要角色，而许多道德知识并不需要有专业教师进行教授，个体在日常做人过程里可以经潜移默化的方式"自然学会"或"无师自通"。一些人没有清楚认识到上述三点，仍固守自然主义教育观，认为人类也像其他生物一样，即使不给予任何教育，他也会自然地成长（成熟），于是，只注重让孩子健康成长，而忽视孩子的学习。

第二，只强调"学习"，牺牲身心健康。有更多的人意识到，人类现在所处的已不再是过去接近自然的农业社会，而是知识日新月异的 21 世纪。在这种形势下，个体要想从一个自然人成长为一个能适应社会要求的社会人，势必要具备一定的能力与素质，这种能力与素质是必须通过学习（广义的）才能获得的。于是，很多人只重视子代的"学习"，却忽略了儿童的身心健康。这里的"学习"是狭义上的学习。

第三，只强调"学习"与身体健康，忽视心理健康。也有一些人在教育子代的过程中，既强调"学习"，也注重子代的身体健康，但忽视了子代的心理健康。其实，心理健康对个体成长具有重要的现实意义：①心理健康与否会直接影响到人的生理疾病的发生与否。②心理健康有助于生理疾病的康复。③心理健康与人的心理方面的问题有更为直接而密切的联系。一个心理不够健康的人，轻则引起其社会适应不良和轻度心理障碍，重则导致心理疾病的发生，给其生活造成负面影响，甚至会影响他人的生活质量和社会的安宁。

（2）正确处理学习和成长关系的做法。

从某种程度上说，在当今竞争日趋激烈的大背景下，重视自身或子代的教育或学习本无可厚非。但问题是，如果这种学习是以牺牲学习者身心的健全发展为代价的，那么，就不得不思考一个严重问题：这种学习有必要吗？换言之，这种学习是"得大于失"还是"失大于得"？所以，合理的做法自然是妥善处理好学习与健康成长之间的关系，在优先考虑学生身心健全发展的前提下，及时并保质保量地对学生开展合乎其身心发展规律的教育，或让学生进行合乎其身心发展规律的学习。

以早期教育为例，"不要让孩子输在起跑线上"这句话似乎成了一些家长逼孩子过早、过滥地学习知识与技艺的"经典"理由。同时，一些家长出于对"关键期"概念（详见第三章）的一知半解，往往错误地相信实施早期教育的时间越早越好。但是，过早向孩子传授各类并不适合他们的所谓知识十分有害：①它忽视了孩子阶段性成熟的内在要求，把学习看得比生理成熟更重要。②它是家长的一厢情愿。把家长的意志强加给孩子，抑制了孩子的兴趣和好奇心，可能会使孩子产生逆反心理。③这种教育不利于学前儿童创造力的培养。由于多数家长有急功近利的"短视症"，常把好成绩、高分数和上一流大学作为评价孩子的标准，会逼迫孩子记住一套套的标准答案、常规方法，这就于无意中限制了孩子创造力的发展。④过早教育忽视了学前儿童非智力因素（如自信、毅力、诚信等）的发展。所有不良后果汇集在一起，就可能会产生一个更严重的后果：不但在许多学生的心中过早地埋下了厌学的负面"情种"，而且一些被人为造出的神童可能最终也难成"正果"。美国著名儿童心理学家格塞尔（A. L. Gesell，1880—1961）的理论与实验（详见第三章）更着重于成熟，认为不成熟就无从产生学习，成人在教育儿童时应尊重这一客观规律。虽然格塞尔的观点引发了一些争论，但有一定道理。苏联心理学家列伊捷斯说："儿童超过自己年龄的发展对于其未来发展的可能性还不能提供可靠的依据，也不排除缺少早期发展，后来却发生跃进的可能性。"借鉴格塞尔的理论与实验，再结合中外其他学人对这一问题的看法及相关学习理论，若想正确开展早期教育，宜遵循两个标准。第一个标准是：假若让孩子去学习某些东西，是否以牺牲其身心全面、健康的发展为代价？换言之，让孩子去学习这些东西是有益于其身心健康的发展，还是无益甚至有害于他们身心健康的发展？假若是前者，就可以谨慎地进行（之所以要谨慎，还要看这种教育是否符合第二个标准）；假若是后者，就应毫不犹豫地放弃。第二个标准是：这种教育从长远看，是否有必要放在目前进行？换句话说，在现阶段进行这种教育的效果与把这种教育安排在以后适当的阶段而产生的效果来进行相比，结果是事倍功半还是事半功倍？假若是后者，就可以谨慎地进行；假若是前者，就要毫不犹豫地放弃。根据这个标准，家长和老师在孩子的早期教育问题上需要克服急功近利的思想，既要立足于当前，也要着眼于孩子的未来，权衡好短期发展和长远发展的关系，权衡好上述两个标准。如果一种教育不会以牺牲个体的身心健康发展为代价，反而有助于促进个体的身心健康发展，并且，这种教育在当下进行较之以后进行的效果要好，那么，这种早期教育就可以在此阶段进行。用上述两个标准进行观照，一方面，在进行早期教育时，合理的做法之一是：等到儿童身体素质的发展达到开展教育所需的最低限度时，再去进行相应的早期教育。所以，"不要输在起跑线上"在很大程度上是培训机构的一种忽悠语，不值得进行大肆宣传与推广。因为对于正常人而言，人生是长跑，起步早晚并不能决定一个人一生的发展。[①] 在早期教育的时间上，家长与教师要树立如下三种理念：①一个人只要长寿，有一辈子的时间去学习，却只有一个短暂的童年；②童年期个体的身心尚未发展成熟，不宜让孩子负担过重，否则，易损害孩子的身心健康；③起跑虽然重要，但不是最重要的，更重要的是起跑之后的途中跑、加速跑和冲刺跑。在自然界中，早熟的果实并不是最甜的。正如卢梭所说："大自然希望儿童在成人以前，就要像儿童的样子，如果我们打乱了这个次序，就会造成一些果实早熟，它们长得既不丰满也不甜美，而且很快就会腐烂……"所以，那些不符合孩子认知特点的学习内容不宜提前教给孩子。因为孩子虽然也能靠鹦鹉学舌的方式将这类学习内容死记硬背下来，但这些内容终会因孩子缺乏必要的先备知识而不具有促进其智力发展与品德发展的意义，甚至还会给儿童带来很大的学习压力，降低他们对学习的兴趣，从而造成美国著名幼儿教育家凯茨所讲的"习得性愚蠢"——对学习的无能感和由此产生的自信心丧失。另一方面，要根据学前儿童身心发展的特点来确定学龄前儿童的教育内容：①引导孩子学会生活。在婴儿阶段，要通过培养婴儿的良好生活习惯（如定时大小便等）和行为习惯来让婴儿学会生活。对于学前儿童，除了要继续培养其良好的生活习惯和行为习惯，还要让他们掌握一些生活中常见的简单标记，像男女厕所、交通、气象、食品安全、电等方面的标志；让他们掌握一些基本的生活常识，如过马路不跨越护栏、不闯红灯，不随便吃不洁食物，熟记全国统一的报警电话110、火警电话119、急救电话120和父母的手机号等，使孩子在生活经验、趣味性活动中学会理解周围环境中的事物，增强生活自理能力，这样做不但为其将来的人生发展及建立稳定的自信心打下扎实的基础，而且还能增强孩子的自我保护意识与能力，并且在出现意外时常常可以起到保护孩子生命的效果。②引导孩子学会做人。幼儿教育要以面向孩子的未来为宗旨，让幼儿从小逐渐明白如下道理：自己不仅仅是一个独立的人，也是家庭的一员、社会的一员、国家的一员。作为一个在不同场合扮演不同角色

---

① 孟祥武. 教育部称"不让孩子输在起跑线上"是一种忽悠. 京华时报，2011 – 02 – 24.

的个体，孩子要学会以适当的方式做人。为此，可以用适当的方式向幼儿传授基本的公民意识、公德与私德意识，如让小孩从小学会自立（基本标准有二：一是凡是自己能做的事就尽量自己做，而不要麻烦他人，更不能以爱的名义绑架父母；二是要学会对自己所做之事负责），从小爱护自己所生活的环境，知道五星红旗是中国的国旗，与人交往要礼貌等，让孩子从大处讲知道自己是一个中国人，从小处讲知道自己应该做一个爱父母与其他家人的有礼貌与爱心的人。③培养孩子喜爱运动的习惯与能力，锻炼孩子的感知觉，并让孩子学会表达。健康的身心是成长的前提与基础，故要及时培养孩子喜爱运动的习惯与能力，让孩子至少要真心喜欢上一种健康的运动方式。同时，虽然孩子的感知觉有些是与生俱来的，但也要不断地刺激和锻炼，才能得到进一步发展。因此，要充分利用生活中的各种声音、玩具、游戏、活动等让孩子动口、动体（躯体）、动手、动脚、动脑（五动），在听、摸、闻、嗅、做中获得各种认识，使孩子从小养成细心观察事物与能及时体会家人冷暖的较敏锐的注意力与观察力。与此同时，家长和教师应及早与孩子进行交流，训练孩子对语音、语调的敏感性，诱导、启发孩子的语言表达能力；要重视通过"讲故事""复述故事"和"看图说话"等途径训练孩子的语言表达能力，教会孩子表达；也要重视孩子随时说出的"为什么"，因为孩子对世界充满好奇时往往有许许多多的"为什么"，无论他们的问题多么幼稚可笑，家长与老师都应给予积极的答复，呵斥或简单的应付可能会对儿童的自尊及智力发展产生不良影响。需要提醒的是，在对孩子进行语言训练时，切忌只关心孩子能认多少字，能背多少唐诗宋词，并将识字多少与背唐诗宋词多少作为衡量孩子聪明与否的主要标准之一。④培养孩子的好奇心、想象力、独立思考的习惯与能力以及兼顾德与才角度思考问题和解决问题的习惯与能力。家长和老师要善于通过增加幼儿的日常生活经验的途径来培养孩子的好奇心，训练孩子的想象力、独立思考的习惯与能力以及从兼顾德与才的角度思考问题和解决问题的习惯与能力。[1] 因为好奇心、大胆而丰富的想象力、独立思考的习惯和能力是孩子今后进行创新的基础，而从兼顾德与才的角度思考问题和解决问题的习惯与能力不但有助于提高孩子将来适应学习与生活的能力，而且有助于其智慧的生成。[2]

再如，为了促进学生身心的健全发展，在学习内容上就不能只偏重知识的学习，更不能只偏重数学、物理、化学、计算机或英语的学习，而要做到知识学习与道德修养相并重。同时，考虑到学习是一个持之终身的漫长过程，为了让学生能乐于"活到老，学到老"，就必须妥善处理好求知与快乐之间的关系，让学生从求知中得到快乐。也许有人会问：求知是人的一种需要吗？从教育心理学的视角看，答案是肯定的，仅从婴幼儿的好奇、好问、好动、好探求的行为特征中就能得到证明。婴幼儿的这种好奇、好问、好动、好探求的童心特征，就是人类求知的内在心理动力。观察婴幼儿学习行为时可以发现，只要其活动没有受到阻碍，活动结果得到满足，婴幼儿的心情多是快乐的。快乐的经验有助于其自我肯定，并能提升自我价值。为什么个体在非正式的求知活动里能够得到快乐，而在进入学校接受正式教育时，快乐的体验反而与日俱减呢？这里的关键在于：学前的求知是出自个体自己的需求，是主动的，以自己的兴趣为基础；入学后的求知是被成人按社会文化要求所

---

① 汪凤炎，郑红．智慧心理学的理论探索与应用研究．上海：上海教育出版社，2014：443.

② 教育部基础教育司供稿．中国教育报，2002 - 05 - 29；陶冶．学龄前儿童到底应学会啥．扬子晚报，2005 - 07 - 06.

安排的，是被动的，以功利主义为基础。因此，要让学生从求知中得到快乐，关键是学校必须针对学生的个性心理特征来安排课程、教学、管理等，以做到因材施教。只有让学生从求知中获得快乐，他们才会自愿地继续求知，学校教育的目的才能真正实现。[①]

4. 学习与生活之间要和谐统一

关于教育与生活的关系，探讨的视角主要有两个维度：一方面，从时间角度看，由于可以将生活分为当下生活（现实生活）和未来生活两种类型，[②] 与此相对应，就出现了两种典型态度：一是主张学校应主要为学生的未来生活做准备，进而主张在课程上加重未来生活所需要的知识的教学与学习；二是主张学校教育应为当下的现实生活服务，而不应将重点放在为未来生活做准备。另一方面，从适应方式角度看，有人主张教育应为学生顺应现实生活服务，毕竟人类生活无论是在现在还是在可以预见的将来，都会是良莠共生的，而一个人的力量毕竟是有限的，在强大的社会面前，个体的最佳生存策略就是"学会适应"；也有人认为，由于现实生活的复杂性，其中既有好的一面，也有不好的一面，若一味要学生顺应生活，不利于社会朝着更好的方向发展，因此，学校教育应主要培养学生改造生活的勇气与学识。现在学者多采取一种折中观点，认为学校教育要重视学生在学习活动中体验现实的生活，并且尽量提供适合学生年龄的生活环境，让他们在生活教育里学会生活，这样，从积极意义上说，能使个体在将来离开学校进入社会时更易理解现实社会的复杂性、多样性，更好、更快地适应现实社会，同时，又能使之向着更完善的方向发展起码的胆略与必要学识；从消极意义上讲，能使个体不至于与现实社会的正当要求格格不入，从而有利于教育资源的效益最大化。[③] 为此，在实际教育中必须妥善处理好学生的当下学习生活与将来走出校门的社会生活之间的关系。为了让学生在日常的学习生活中学会将来走出校门后的生活，必须重视对学生的生活心理指导教育，它的总目是让学生学会生活。具体地说，要达到两个具体目的：一是培养学生安全、健康、积极向上与幸福的生活态度、生活情趣与相应的价值观体系；二是使学生逐渐掌握安全、健康、积极向上与幸福生活所需的必要知识结构。根据此目的，学校在传授学生知识的同时，要妥善开展如下教育：一是充分利用校园内外的各类生活情境，对学生的价值观、人生观、生活态度与生活情趣进行有效指导；二是充分利用校园内外的各类生活情境，使学生逐渐掌握安全、健康、积极向上与幸福生活所需的必要知识结构，同时，对学生将来的职业生活进行有效指导。这里需要指出，"安全""健康""积极向上"与"幸福"这四者之间的关系是依次推进的：将"安全"放在第一位，保证学生的身心安全；在保证"安全"的前提下，再引导学生过"健康的生活"；在保证"安全"与"健康"的前提下，再引导学生过"积极向上的生活"，切不可一味要学生积极向上，以牺牲学生的健康或安全为代价；在保证"安全""健康"与"积极向上"的前提下，再引导学生过"幸福的生活"，切不可将幸福简单等同于感官的快乐。

（二）研究对象的全人化

根据辩证唯物主义的相关原理，再参照心理学家对个体身心发展规律、学习心理与个

---

① 张春兴. 教育心理学. 杭州：浙江教育出版社，1998：22－23.

② 当代已几乎没有人主张教育要为已逝的"过去生活"服务，此处就没有必要将生活从时间上分为过去、现在和未来三种类型。

③ 张春兴. 教育心理学. 杭州：浙江教育出版社，1998：24.

别差异的研究，本书讲的教育对象全人化有如下两层含义：

1. 以全体学生为教育对象

就教育范围而言，要以全体学生为教育对象，而没有贫富、地域等的区别。正如《论语·卫灵公》所说："有教无类。"《老子·二十七章》更是说得好："是以圣人常善救人，故无弃人；常善救物，故无弃物。是谓袭明。"① 此处"不仅写出有道者顺任自然以待人接物，更表达了有道者无弃人无弃物的心怀。具有这种心怀的人，对于善人和不善的人，都能一律加以善待。特别是对于不善的人，并不因其不善而鄙弃他，一方面要劝勉他、诱导他，另一方面也给善人作一个借鉴"②。陈鹤琴也有"三个一切"和一大"宏愿"："一切为了孩子，为了孩子一切，为了一切孩子。""愿全国儿童从今日起，不论贫富，不论智愚，一律享受相当教育，达到身心两方最充分的可能发展。"③ 用时下的话说，就是"三发"："发现每个学生的价值，发挥每个学生的潜能，发展每个学生的个性。"因此，好的教育既要有适度的选拔，更要成就尽可能多的人，既不可为了选拔某些人而淘汰大多数人，也不可简单取消"考核与选拔"（如取消高考），否则便无法用科学的方法来衡量教育的质量、提升教育的质量。

同时，在以全体学生为教育对象时必然会遇到一个普遍而现实的问题：爱学生能讲条件吗？现实生活中虽然一些老师的真实心态往往是：爱好生易，爱后进生难（"后进"或仅体现在学业上，或仅体现在德行上，或二者兼有）。但是，假若让他们在公共场合就此问题发表"高见"时，这些老师却异口同声地表达出这样一种思想：教师是太阳底下最崇高的职业，教师爱学生怎么能讲条件？本书以为，即便一个教师是发自内心地说出这样的话，也不值得鼓励与推广。理由是：这一做法可能没有突显出其中的教育意蕴。用教育心理学的眼光看，衡量教师一言一行、一举一动是否妥当的重要标准之一是：它是否已发挥出了教育的作用。假若没有，可能这种做法就不妥当；假若发挥了较小的教育作用，可能这种做法还需进一步完善；只有发挥了较大的教育作用，这种做法才颇为妥当。依此标准进行观照，在回答"爱学生能讲条件吗？"这一问题乃至于在实际生活中应对这一问题时，恰当做法是引入"时间"的概念——当教师与学生首次接触时，教师应持"有教无类"的理念，无条件地、平等友爱地对待每一位学生。此时要谨记教育家夏丏尊在翻译亚米契斯所著的《爱的教育》时说过的一段话："教育之没有情感，没有爱，如同池塘没有水一样。没有水，就不成其池塘；没有爱，就没有教育。"④ 苏霍姆林斯基也说："一个好老师意味着什么？首先意味着她是一个热爱孩子的人，感觉到和孩子交往是一种乐趣，相信每一个孩子都能成为一个好人，善于跟他们交朋友，关心孩子的快乐与悲伤，了解孩子的心灵，时刻不忘记自己曾经也是个孩子。"以后，随着教师与学生接触的增多，教师应采取有效措施让学生逐渐认识到，教师爱学生的方式其实是有条件的，这个条件就是：只有学生自己朝善的方向努力了，才能进一步赢得教师的爱，从而从中体悟到爱的教育之意蕴。假若先前教师给予学生的爱并不能有效促进学生更好地向善的方向发展，那么，教师就要及时反思这种做法恰当与否，并及时采取相应的补救措施，切不可因自己的溺爱而让学生

① 陈鼓应. 老子注译及评介：修订增补本. 北京：中华书局，2009：169.
② 陈鼓应. 老子注译及评介：修订增补本. 北京：中华书局，2009：172.
③ 北京市教育科学研究所. 陈鹤琴全集：第一卷. 南京：江苏教育出版社，1987：扉页.
④ 马海君. 一周热词·"宿管阿姨". 新华日报，2011－06－27.

一错再错。因此，老师在爱学生时，要牢记这一名言：爱自己的孩子连老母鸡都会，重要的是教育他们。①

2. 以学生的整个身心为教育对象

就学生个体而言，要以学生的整个身心为教育对象②，赞成"整体大于部分之和"的教育理念，促进学生身心的健全发展，进而主张教育宜将培养"健全的人"作为自己的最终目的。所谓健全的人，指身心（心主要包括德、智、情、意等四个方面）③ 均得到健康发展的人。健全的人是平常人，却不一定是伟人，因伟人可以只在某一方面（如智）或某些方面（如智与意）非常杰出，而在其他方面则可能有些不足：像项羽勇力盖世，智谋与胸怀却颇为不足，虽一时拥有"西楚霸王"的称号，却终落得个在乌江自刎的下场；相反，刘邦虽然制定战略不如张良，用兵不如韩信，做后勤工作不如萧何，④ 但他心智健全，既知自己的不足，又善用他人之长来弥补，终得天下。因此，虽然我们非常渴望伟大的祖国能够代代伟人辈出，不过，对中国社会多数人来讲，我们却希望他们都能够首先成为健全的人，也就是希望当代中国社会上尽可能多地出现具备健全人格的人。伟人的作用不能说是无限的，但健全的人不论有多少，都是中国社会所需要的。⑤ 陶行知在 1926 年发表的《学做一个人》一文里说得好：

要做一个整个的人，别做一个不完全、命分式的人……但是何种人不算是整个的人呢？依我看来，约有五种：（一）残废的——他的身体有了缺欠，他当然不能算是整个的人。（二）依靠他人的——他的生活不是独立的，他的生活只能算是他人生活的一部分。（三）为他人当做工具用的——这种人的性命，为他人所支配，没有自己独立的人格。（四）被他人买卖的——被贩卖人口所贩卖的人，就是猪仔，或是受金钱的贿赂，卖身的议员，就是代表者。（五）一身兼管数事的——人的一分精神，只能专做一件事业，一个人兼了十几个差使，精神难以兼顾，他的事业即难以成功。结果是只拿钱不做事。我希望诸君至少要做一个人；至多也只做一个人，一个整个的人。⑥

同时，健全的人不是完人，"完人"本指在身心的各个方面都发展得相当完善的人。世界上无所谓完人，只要是人就都可能有缺点，所谓"金无足赤，人无完人"。健全的人只是在身心上均得到健全的发展，而不要求有相当完善的发展。换言之，在健全的人的身体或心理方面，可能也存有某种程度的欠缺，不过，这种欠缺应是不至于造成重大伤害甚至致命伤害的。中国传统教育的一大缺陷是将完人（即圣人）作为德育的唯一目标，结果，漫长的封建社会没有培养出一个真正意义上的完人，相反，随处可见的是假完人（或

---

① 张春兴. 教育心理学. 杭州：浙江教育出版社，1998：158.

② 张春兴. 教育心理学. 杭州：浙江教育出版社，1998：25.

③ 这里，涩泽荣一用的本是"完人"一词，但本书考虑到中国人一向相信"金无足赤，人无完人"一语，为免歧义，将"完人"一词改作"健全的人"。同时，在涩泽荣一看来，心主要包括智、情、意等三个方面，本书考虑到中国人一向有重德的传统，以为宜加一个"德"，故也作了相应的变化。

④ 据《史记·高祖本纪》记载，刘邦在总结自己成功的经验时曾说："夫运筹策帷帐之中，决胜于千里之外，吾不如子房；镇国家，抚百姓，给馈饷，不绝粮道，吾不如萧何；连百万之军，战必胜，攻必取，吾不如韩信。此三者，皆人杰也，吾能用之，此吾所以取天下也。"

⑤ 涩泽荣一. 论语与算盘：人生·道德·财富. 王中江，译. 北京：中国青年出版社，1996：61.

⑥ 陶行知. 陶行知全集：第一卷. 长沙：湖南教育出版社，1984：594－595.

教育心理学新编（第五版）

叫假圣人）。所以，当代中国的德育要吸取这一教训，不能将完人作为德育的目标。世上虽无完人，但健全的人还是有的。一个人只要身心均得到健康发展，就是一个健全的人。那么，一个健全的人应该具备哪些素质呢？要妥善地回答这个问题，先来看看以下几个著名学者的观点。

苏格拉底曾说：人的具体德行诸如"节制、正义、勇敢、敏悟、强记、豪爽"①等，假若不以知识为指导，就会变成有害而无益的东西。例如："勇敢而不谨慎，岂不是一种莽撞？一个人若是没有理性，勇敢对他是有害的，但他若是有理性，这对他岂不就有益了？"② 在苏格拉底眼中，一个健全之人除了必须具备"节制、正义、勇敢、敏悟、强记、豪爽"等素质外，还要有知识，即智慧。王国维（1877—1927）在 1903 年发表于上海《教育世界》第 56 号上的《论教育之宗旨》一文中曾说：

教育之宗旨何在？在使人为完全之人物而已。何谓完全之人物？谓人之能力无不发达且调和是也。人之能力分为内外二者：一曰身体之能力，一曰精神之能力。发达其身体而萎缩其精神，或发达其精神而罢敝其身体，皆非所谓完全者也。完全之人物，精神与身体必不可不为调和之发达。而精神之中又分为三部：知力、感情及意志是也。对此三者而有真美善之理想："真"者知力之理想，"美"者感情之理想，"善"者意志之理想也。完全之人物，不可不备真、美、善之三德，欲达此理想，于是教育之事起。教育之事亦分三部：智育、德育（即意育）、美育（即情育）是也。③

这段话十分精辟地阐述了何谓健全人格的人及其培养途径。在王国维看来，完全之人（类似于今天讲的"全面发展"的人或人格健全的人）是"身体之能力"与"精神之能力"两方面"调和之发达"（类似于今天讲的身心全面和谐地发展）的人。"身体之能力"主要通过体育去培养，"精神之能力"主要通过智育、德育和美育去培养。王国维将德、智、美这三育统称为"心育"，以与体育相并称。他曾将自己的这一基本教育主张列成下图：

$$\text{教育之宗旨}\begin{cases}\text{体育}\\[1mm]\text{心育}\begin{cases}\text{智育}\\\text{德育}\\\text{美育}\end{cases}\text{完全之人}\end{cases}$$

图 1-4　王国维论教育之宗旨④

可惜的是，王国维的这一思想没有引起教育人士的重视，犹如昙花一现，对其后中国的教育思想与实践并没有产生什么影响。王国维之后，中国教育尽管是体育、智育、德育、美育四者并重，遗憾的是，后三者并没有按照"心育"的精神与要求去进行。苏霍姆林斯基说："远非每个人都能成为学者、作家、演员，远非每个人都能发明火药，但每个

---

① 北京大学哲学系外国哲学史教研室．古希腊罗马哲学．北京：商务印书馆，1961：165.
② 北京大学哲学系外国哲学史教研室．古希腊罗马哲学．北京：商务印书馆，1961：165.
③ 周锡山．王国维集：第四册．北京：中国社会科学出版社，2008：7.
④ 周锡山．王国维集：第四册．北京：中国社会科学出版社，2008：8.

人应当成为自己行业上的能手——此乃全面发展的重要条件。"只有"道德的、智力的、劳动的、审美的、身体的完善"等方面和谐发展，孩子将来才能成为一个适应现代社会需求的人。借用中国古人的话说："一花独放不是春，独腿难支独木桥。"① 陶行知在《学做一个人》一文里曾说：

> 做一个整个的人，有三种要素：（一）要有健康的身体——身体好，我们可以在物质的环境里站个稳固。诸君，要做一个八十岁的青年，可以担负很重的责任，别做一个十八岁的老翁。（二）要有独立的思想——要能虚心，要思想透彻，有判断是非的能力。（三）要有独立的职业——要有独立的职业，为的是要生利。生利的人，自然可以得到社会的报酬。②

陈鹤琴在《生活教育的理论与实施》一文里曾提出"做人，做中国人，做现代中国人"的主张，并且将这一主张予以具体化——教人做人的内容是"培养做人的态度，养成优良的习惯，发现内在的兴趣，训练人生的基本技能"等四个方面；而做现代中国人必须有"健全的身体，自动的能力，创造的思想，生产的技术，服务的精神"。在《幼稚生应有的习惯和技能表》中，陈鹤琴针对幼稚生的实际情况，将教人做人的内容作了具体要求。例如，在培养做人的态度方面主要是：①培养合作的精神；②培养同情心；③培育服务的精神。在养成优良习惯方面，卫生习惯有 32 条；做人的习惯有个人的习惯 29 条、社会性的习惯 32 条。在训练人生的基本技能方面，生活技能有 24 条，游戏运动技能 22 条等。陈先生的这些有关做人的主张虽主要是针对幼稚教师和儿童而言的，但对于当代中国道德教育仍有一定的借鉴意义。当代英国著名道德哲学家彼得斯（R. S. Peters）认为，在道德上受过教育的人是具有"理性道德的人"，即对道德规则的内容、原因和内在价值具有充分的理性认识，对道德基本原则怀有理性热情，并且能够将它们自觉地运用于行为中。具体地说，一个具有理性道德的人，在认知方面能够理解道德的基本原则，认识到它们与较低层次的社会规则的关系，对道德实践的具体情形有着良好的判断力，并且善于把原则运用于特定的生活情形之中；在情感方面，能被一定的原因所感动，对同情之类超越自己、以他人为中心的情感以及羞耻和悔恨之类的"消极情感"、关心真理之类的"理性热情"敏感；在意志方面，不仅具有可靠的判断和行为意向，而且具有自我控制能力，能够抵御本性欲望的诱惑和外在压力，把思考和感受转化为日常行为。③ 中国传统教育有一个致命弱点，只一味要人追求理想人格，但不教人实现理想人格的本领，使得许多人空有一颗成尧成舜的心，却没有将其变为现实的才能。当代中国教育必须吸取这一教训，明确健全的教育所想塑造的是身心健全的人。

综上所述，健全的人除了要有一个健康的体魄外，还应是一个知情意合一的人、一个智仁勇合一的人。所以，在中国教育里要充分发扬中国向有"必仁且智"的传统④和陶行知"智仁勇合一"的教育主张。陶行知说："智仁勇三者是中国重要的精神遗产，过去它

---

① 李天松，等."丁俊晖模式"真值得仿效吗. 扬子晚报，2005 – 04 – 06.
② 陶行知. 陶行知全集：第一卷. 长沙：湖南教育出版社，1984：595.
③ R. S. 彼得斯. 道德发展与道德教育. 邬冬星，译. 杭州：浙江教育出版社，2000：210.
④ 汪凤炎. 中国传统德育心理学思想及其现代意义. 修订版. 上海：上海教育出版社，2007：125 – 133.

被认为'天下之达德'，今天依然不失为个人完满发展之重要的指标……我们需要智仁勇兼修的个人，不智而仁是懦夫之仁；不智而勇是匹夫之勇；不仁而智是狡黠之智；不仁而勇是小器之勇；不勇而智是清谈之智；不勇而仁是口头之仁。"[①] 结合中国"必仁且智"的传统，再结合古今中外无数人的做人实践，本书也赞成德智统一论，因为一个拥有聪明才智的人若去为恶，虽一时能达其卑劣目的，但最终将为世人所遗弃，犹如中国历史上的秦桧和德国化学家茨·哈伯（哈伯曾获诺贝尔化学奖，但在第一次世界大战期间，为让德国取胜，他竟然将自己的科学知识用于毒气研究，成为用科学知识为不义战争服务的臭名昭著的人物之一），这两人都"聪明过人"，但却没有将自己的聪明才智用在正道上，结果都没有什么好下场。从这一意义上讲，亚里士多德的"除非他是善的，否则不可能有实践理智"的确是一语中的。《文子·上德》也说："人不小觉，不大迷；不小慧，不大愚。"最后，健全的人是一个手脑双全的人。中国过去教育手与脑相分离的通病在当代教育中仍未完全消失，用孟子的话说，就是："劳心者治人，劳力者治于人。"由此造成这样一种不良后果：一些读书人只知高谈阔论，眼高手低；一些读书很少或根本未读过书的劳动者，往往只知死做，至多是只凭经验做，而不知运用科学的原理去做。[②] 本书反对这种做法，主张健全的人是一个手脑双全的人。因此，本书赞成陶行知先生《手脑相长歌》里所蕴含的思想，将之略作修改，形成如下表述："人生两个宝，双手与大脑。双手要劳动，大脑应思考。用手不用脑，饭也吃不饱。手脑都会用，才算是开天辟地的大好佬。"[③]

（三）研究过程的中国化

在当前外国（尤其是西方发达国家）的教育心理学研究水平处于世界领先水平的背景下，适当借鉴外国教育心理学的先进研究成果以推进中国教育心理学研究的发展，本无可厚非。不过，当代中国教育心理学也存在研究取向过于西化的不良倾向，一些教育心理学教材中几乎清一色全是西方教育心理学的观点和材料，只用蜻蜓点水的方式提一下中国自己的教育心理学思想。可是，教育心理学的重要任务之一是研究学校情境中学与教的基本心理学规律，不同国家有不同的文化背景与国情，在外国（如美国）发展起来的教育心理学思想，其中有些内容不见得适合中国当代教育的实际情况，如果盲目引进并将之视作开展中国教育的理论基础，可能会犯教条主义错误。鉴于此，本书主张教育心理学的研究过程要中国化。因为任何一种研究的过程都至少包括两个重要的方面：一是确定研究主题，二是选择适当的研究方法以完成之。教育心理学研究亦是如此。这样，教育心理学研究过程的中国化至少包括两层含义：一是研究主题要中国化，一是研究方法要中国化。

1. 研究主题中国化

简要地讲，研究主题中国化，就是要尽可能地研究当代中国教育中真实存在的一些真问题，而不是盲目地跟着西方教育心理学家走。正如潘菽所说："我们所要讲的心理学，不能把它当作一种超然的东西，不能把它和实际社会脱离关系。换句话讲，我们不能把德国的或美国的或其他国家的心理学尽量搬了来就算完事。我们必须研究我们自己所要研究

---

① 陶行知．陶行知全集：第三卷．长沙：湖南教育出版社，1985：368.

② 陶行知．陶行知全集：第二卷．长沙：湖南教育出版社，1985：612.

③ 陶行知．陶行知全集：第三卷．长沙：湖南教育出版社，1985：212.

的问题。研究心理学的理论方面应该如此，研究心理学的应用方面更应该如此。"① 黄希庭也说："目前，我国心理学研究在国际上的影响力和竞争力与我国的国际地位不相称，也与我国五千年积淀的丰厚文化不相称，我们很少有自己的理论和模型。中国心理学界有的人很怪，以引用外国人的论文为光荣，即使我们的学者早已发表该研究领域的论文也不引用。这不仅是自卑心在作怪，而且也是缺乏职业道德的……中国人的心理学要研究中国人自己的问题，在知识上有创新，在应用上有进展。在中国化的心理学研究的初期阶段，研究成果可能很难得到外国学者甚至中国同行的认可，但是我们要有自己的学术自信，不要妄自菲薄。"② 假若西方教育心理学工作者研究什么，我们就也研究什么，就会既导致中国的教育心理学研究缺少自己的特色；又容易使得中国的教育心理学研究脱离中国的国情，从而失去生命力。为了实现研究主题的中国化，就现阶段而言，中国的教育心理学工作者应重点研究独生子女心理、创造性思维（潜能开发，或叫教育创新）、学习心理、考试心理、人际交往心理和学习心理卫生等问题，这些问题都是当代中国教育中切实存在的真问题。

2. 研究方法中国化

研究方法的中国化，不是说要发明或发现中国特色的研究方法（当然也不排斥这点，若果真有之，当然更好），而是说在运用某种或某几种方法的过程中要做到"中国化"。具体地说，教育心理学研究方法中国化是指中国的教育心理学研究者在自己的研究过程中，要善于将中国人自己的社会文化历史（广义的）背景放入自己的研究过程中，由此得到的教育心理学才是一种中国化的教育心理学。何谓"中国化的教育心理学"？通俗地讲，指将中国人真正看作中国人来研究的教育心理学，而不是将中国人看作美国人、德国人或英国人来研究的教育心理学；用学理的话说，就是真正揭示中国教育中存在的心理规律的科学。强调中国化并不是拒绝西方先进的教育心理学思想，而是要做到"洋为中用"，将西方先进的东西融入中国的文化之中，而不是跟着西方人跑，放弃中国人特有的文化背景或置自己的文化背景于不顾。毕竟，教育心理学的主要研究对象是人。现实世界里的人由于生活在不同的文化传统中，久而久之必会养成不同的心理习惯与行为方式，这就是人的心理的文化相对性。既然如此，在中国的教育心理学研究中就必须切实贯彻中国化的原则。中国的教育心理学研究者必须深刻把握西方教育心理学赖以产生和发展的文化背景，在借鉴和引进西方的教育心理学思想时，必须妥善处理好中西文化的差异问题。因为中国文化才是我们的根、我们的特色，只有坚持自己的特色才有创新的价值。那么，在教育心理学的具体研究中该怎样做才算是研究方法的中国化呢？对于这个问题，本书的看法是：除了要坚持以辩证唯物主义和历史唯物主义为指导外，还要坚持以下几种做法：

（1）研究中要充分考虑中国的社会、政治、经济、文化、历史背景。

中国的教育是发生于中国独特的社会环境、政治、经济、文化历史背景之上的，这些条件和因素必然对当下的教育产生影响。

（2）善用中国人惯用的思维。

中西方的思维方式有许多共同之处，因为有共同之处，人类的思想才能沟通与交流；但也存在着明显的差异，这两种思维方式应用于心理学研究应该说各有优缺点。西方主客

---

① 潘菽. 心理学文选. 南京：江苏教育出版社，1987：24.
② 黄希庭. 谈科研、学习与修养——与研究生的随谈录. 西南大学学报（社会科学版），2011（5）：24.

二分式的思维方式尽管对西方偏重于自然科学倾向的心理学思想的发展与心理学的独立和心理学研究的精确化、科学化起到了一定的促进作用，但它也有不足之处：容易将人（主体）与人（主体）的关系降为人（主体）与物（客体）的关系，这易导致在心理学研究中"人性"的丧失。曾风靡西方心理学界长达半个世纪之久的行为主义，在其研究中一直将人等同于大白鼠或机器，有关人的心理学实际上就成了大白鼠心理学（rat psychology），不能不说与这种思维方式有一定的关系。受其影响，西方的教育心理学在很长一段时间内实际上也是将人等同于大白鼠，这种做法的不足是十分明显的。中国天人合一式的传统思维方式，尽管容易将人（主体）与人（主体）的关系类推到人（主体）与物（客体）的关系上，不利于心理学研究的精确化和科学化，从而导致中国古代的生理心理学思想和实验心理学思想的相对贫乏，但这种思维方式也有长处，即易将被研究者当人看，从而对其作同情式理解，以"己所不欲，勿施于人"的方式对待被研究者，这对偏重于社会科学倾向的心理学思想的发展是有利的。以教育心理学思想为例，中国历史上的一些教育大家在对待自己的弟子时，采取的多是"己所不欲，勿施于人"的待人方式，如说"视徒如己""反己以教"，这其中蕴含的是一种平等的师生观，于是易引起学生的心理共鸣，让学生"信服"教师的言说，结果自然提高了教育效果，并使师生关系获得了和谐的发展，导致许多学生和教师之间感情深厚，以至于老师去世后，有一些学生心甘情愿地替老师守坟（像孔子的弟子）或千里迢迢护送老师的灵柩归葬故里（像陆九渊的弟子）。这与现在一些教师将学生不当作人看的"异化"做法大异其趣。由此可见，西方思维方式的不足之处恰恰是中国传统思维方式的长处所在，假若在教育心理学研究中善于运用中国人惯用的思维方式，吸收中国传统思维方式中的精华，就既能弥补西方思维方式的不足，又易于使教育心理学研究走向中国化的道路。果真能如此，或许就能造就兼具中国思维方式和西方思维方式之长的心理学家，这样，或许也就能把目前的科学主义传统的心理学与人文主义传统的心理学统一起来，而这将是世界心理学发展之大幸！

（3）理论与实践相结合。

教育心理学研究的中国化要走理论与实践相结合的道路，从实践中提升出理论，用理论去指导实践，二者相辅相成，使教育心理学研究能更好地为我国的社会主义现代化建设服务。

（4）求同与求异相结合。

中国和西方无论在思维方式、人格特征和行为习惯等各个方面都有许多相同之处，发现东西方心理活动的共同特征和规律本身就是心理学义不容辞的责任。同样，在教育心理学的研究中我们也应当重视这种共同特征和规律的探索，但是更应当尊重东西方心理活动的差异，比如西方人的分析习惯与东方人的整体思维表现在对学习内容的确定、学习策略的选择方面就有很大不同，这种差异恰恰就是各自的独特性之所在。所以，作为中国的研究者，不仅要关注那些西方人有的教育心理学问题，而且要重视那些西方人没有的教育心理学问题。西方人有的心理学概念和命题我们可以使用，也可以研究西方人没有的概念和命题，只要它是根据中国人教育心理生活的实际提出来的，我们就应该大胆进行研究和探索。目前在这方面做得还很不够。

（5）验证或修订已有教育心理学研究成果。

中国化的教育心理学不是凭空产生的，批判地吸收已有研究成果是其两大来源之一（另一来源是创新），因此，验证或修订已有教育心理学研究成果无疑是推动教育心理学研究走向中国化道路的重要途径之一。此处所讲的验证或修订的做法，其范围不仅仅局限于如何移植到西方教育心理学上，而是要宽广得多，它主要包括三个方面：一是对外国教育心理学的研究假设、研究工具和研究成果等重新进行验证或修订，像中国心理学工作者对西方智力量表等的修订就属此类。二是对中国传统文化中所蕴含的教育心理学思想进行验证或修订。三是对中国近现代学者所取得的教育心理学研究成果进行验证或修订。

（6）挖掘中国传统的教育心理学思想。

中国传统教育心理学思想博大精深，可供挖掘、利用的资源相当丰富，但是这项工作现在还做得远远不够。

（7）创新。

"问渠那得清如许，为有源头活水来。"中国的教育心理学要想有真正属于自己的东西，要想为当代中国的教育实际贡献更大的力量，说到底必须依靠中国的心理学研究者不断创新，走出一条真正属于自己的道路。

第三节　怎样研究教育心理学

在讲授教育心理学课程时，经常会有学生问：怎样研究教育心理学？下面，笔者结合自己多年的教学实践与科研实践，尝试从基本研究过程、研究方法的选择与提高教育心理学科研能力的策略等三个方面对它进行详细的探讨。顺便指出，假若一个人想要熟悉课题论证的基本内容，只要熟悉本节内容，然后按如下五个方面组织论证即可：①课题的价值；②文献综述；③课题的研究思路；④课题的研究步骤、方法与手段；⑤课题的可行性分析（主客观条件）。同时，在科学常态发展背景下，论证课题时若能做到创新性、共识性和可操作性的有机统一，那申报成功的概率就会大增。当然，若是遇到一个像爱因斯坦（Albert Einstein）那样才华横溢的人申报课题，就只能用"创新性"一个标准，千万不可画蛇添足地加上"共识性"和"可操作性"标准，否则，蕴含太过新颖的思想的课题因一时无法满足"共识性"和"可操作性"的标准就不易通过，反而是新颖性平平的课题因易满足"共识性"和"可操作性"的标准而易通过。因此，假如1905年爱因斯坦以狭义相对论为题申报课题，若评委死守"创新性、共识性和可操作性的有机统一"这个理念，那此课题一定无法申报成功。

一、教育心理学的基本研究过程

心理学的研究过程一般分为两个主要阶段，它们通常是依次发生的：发现问题并形成假说或假设（发现），然后去检验它（验证）。[①] 换言之，"提出假设"和"验证假设"是科学研究尤其是实验研究的两个基本步骤。[②] 教育心理学的研究亦然。

---

① 理查德·格里格，等．心理学与生活．王垒，等译．16版．北京：人民邮电出版社，2003：18.
② 黄一宁．实验心理学：原理、设计与数据处理．西安：陕西人民教育出版社，1998：42.

（一）发现问题，形成并提出假设或假说

在做学术研究时，"对象"与"方法"的问题是一个必须认真考虑的问题：对象与方法，何者为先？何者为重？对于这个问题的回答，要点有二：一是论先后，宜以对象为先。也就是说，宜优先考虑研究对象，不能"避重就轻""避难从易"，不能像当年行为主义者那样，为了保证研究方法的客观性，将心理学的研究对象局限在"行为"上，而将当时不太好做客观研究的"意识"、脑这个重要的"黑箱子"统统给抛弃了。二是论轻重，宜以方法为重。研究对象确定好以后，宜综合考虑对象的自身特点与自己的知识背景等因素，选择最佳方法对其进行研究。因为方法的恰当与否，常常是决定研究能否获得实质性进展乃至质的突破的重要因素之一。这一小节主要探讨研究对象的选择，研究方法留待下一小节探讨。

1. 发现问题

（1）怎样发现问题。

科学研究开始于人们对未知现象及其间的关系产生的疑问。尽管产生研究问题的来源颇多，一般而言，可以将之概括为三种情况：

第一，原有知识的缺乏与困惑。产生与发现问题最明显的情况是缺乏知识。只要个体对某个事情或现象缺乏了解，不论是来自日常生活的直接观察（即对环境中的事件、人物和动物的直接观察）或个人经验，还是来自研讨过去的研究文献或现有理论学说（一些问题被看作从早期学者中传下来的"伟大的但没有答案的问题"），都会对该事物或现象产生疑问。这些疑问促使个体去寻求信息，探讨并寻找问题的答案。换言之，当人们面对一个事实或一个新现象，无法用现有知识予以解释或说明时，就产生了一个或多个新问题。

第二，不同研究之间相互矛盾或不一致。假若几个探讨同样问题的研究发生矛盾，或得出不一致的结论，那么，新的问题就产生了。

第三，有的问题来源于研究者的奇思妙想，或者是对日常生活经验的推想，或者是对文本（包括书籍、论文等）里记载的某项研究或某一理论的推论。①

（2）怎样发现一个适合自己研究的"好问题"。

对个体而言，通过上述三种途径发现的问题并不是每一个都适合自己，如何才能确定一个适合自己研究的"好问题"呢？这就要综合考虑以下三个方面的因素。假若全盘考虑后，发现某一主题适合自己去研究，那它对自己而言就是一个"好问题"，反之亦然。

①问题的价值或意义。

任何一个问题若有学术价值，一般主要体现在以下两个方面，当然，这两个方面的不同排列组合（包含不同的质或量），则是千差万别，正所谓"正奇相生，其变无穷"。

一是理论上的价值。假若一项学术研究所取得的研究成果能够在理论上增进人们对某一主题的理解或认识，那么，此项学术研究就具有一定的理论价值。例如，皮亚杰通过自己的辛勤研究而提出的认知发展理论，能够增进人们在理论上对个体认知发展的理解，因此，皮亚杰的这项研究就具有理论上的价值。

二是应用上的价值。如果一项学术研究所取得的研究成果能够在应用水平上增进人们对某一主题的认知及操作能力，那么，此项学术研究就具有一定的应用价值。例如，安德

---

① 黄一宁. 实验心理学：原理、设计与数据处理. 西安：陕西人民教育出版社，1998：40 - 41.

森（Anderson，1985）将语文知识分为陈述性知识（declarative knowledge）与程序性知识（procedural knowledge）两大类，这样的分类有助于人们更好地学习这两大类知识，所以，安德森的这项研究就具有应用上的价值。

顺便指出，一旦某项研究成果具有了理论或应用上的价值，自然能够促进相应学科的建设，也就具有了一定的学科建设价值。例如，柯尔伯格提出道德认知发展理论对于德育心理学的发展具有重要意义，相应地，对于德育心理学或教育心理学而言，柯尔伯格的这项研究就具有学科建设上的价值。同时，若写课题申报书中的"选题意义"，一定要从上面两个方面入手，让评审者能看到它既有极强的现实价值，又有重大的学术价值，这种选题才易被评审通过。

②影响研究的个体与环境因素。

一项研究具有学术价值，是否就一定适合自己呢？答案显然是否定的。事实上，无论在哪一个学术领域，都存在大量有学术价值的研究主题。不过，由于某些因素的制约，其中有许多主题是不适合某些研究者做的。那么，应该怎样去判断其可行性呢？这就要进一步综合考虑两方面的因素：

一是来自研究者自身的因素。它包括研究者的科研兴趣、学术背景或已有知识经验、思维方式、身心健康状态与人格特征等。身心健康状态与人格特征一看就明白，不多讲，只简要谈一下其他三个因素。俗话说："兴趣是最好的老师。"理由主要有四：第一，在兴趣的激发下，个体能产生强烈的学习动机，克服重重困难去学习或钻研。第二，从事感兴趣的活动，能使人更好地集中注意力，提高学习或科研效率。第三，从事感兴趣的活动，不易让人感到厌烦和疲倦。第四，在兴趣活动中，个体还易得到满足与成就感。这样，如果你对某一有学术价值的问题颇有兴趣或有浓厚兴趣，就可以尝试去研究它；假若对它不太感兴趣甚至毫无兴趣，如果有选择的可能，就不要去研究它。毕竟，让自己长期与一个自己不感兴趣的问题打交道，这是一件非常不愉快的事情。需指出，虽然有些兴趣是天生的，但多数人的兴趣是在多次体验到成功的喜悦后才逐渐形成的，所以除非你对某事或某物天生厌恶，否则，你可以通过努力，用一个个成功来培养自己对某事或某物的兴趣。自己已有的学术背景或已有知识经验也是选择研究主题时宜考虑的一个重要因素。如果你不具备扎实的理科学术背景，一般而言就不宜选择"认知神经科学"作为自己的主攻科研方向；如果你没有扎实的国学功底，研究中国古代教育心理学思想时就会非常吃力；如果你不熟悉导师的科研成果，自然也很难自选一个让自己和导师都感兴趣且导师能深入指导的题目。自己的思维方式同样是选择研究主题时宜考虑的一个重要因素。例如，就思维方式而言，一个习惯动作思维的人可以选择应用领域的研究主题，一个理论思维较强的人可以从事基础领域的研究工作。

二是外部环境因素。它包括已有研究基础是否扎实，自己能够有效使用的研究工具是否齐全，自己能够有效支配的科研经费的数量，是否需要以及能否组建有效科研团队，适合条件的被试是否充足，相关研究文献是否能够有效地收集与整理，单位工作量大小，家务量大小等。其中，后几个因素一看就明白，不多讲，只简要谈一下"已有研究基础是否扎实"这个因素。根据学术研究的常态是遵循"渐变"的原理，[①] 如果将某一主题现已取得的所有研究成就视作 A1，将一个人对此主题将要开展的进一步研究所取得的预期研究

---

① 学术研究也有"突变"，不过，它不是学术研究的常态，而是学术研究的"异态"。

成果比作 A2，那么，"A2 − A1"（即 A2 减 A1）的结果就一定是一个正数，[①] 且这个正数的值不会太大。以微软公司推出的"Windows"系列产品为例，从 Windows 95 直到北京时间 2014 年 10 月 1 日发布的 Windows 10，期间遵循的恰好就是"渐变"原理。张光鉴提出的"相似论"讲的也是这个道理。[②] 所以，假若你的预期成果太超前，致使现有研究成果无法为你的研究提供起码的研究基础，那么，在一般情况下，可以预测你的研究是很难取得成功的，这表明此主题暂时不适合去做，因为它的客观条件还不成熟。当然，如果您像爱因斯坦、牛顿（Isaac Newton）、乔布斯（Steve Jobs）和王选（"汉字激光照排系统之父"）那样才华横溢，自然不受上述法则的限制，而能做出大大超出现有研究基础的具有突破性的巨大成果，从而将某一科研领域一下子提升到一个新的高度。

③能否推陈出新。

某一研究主题即便很有学术价值，即便你已拥有了研究它的足够多的学术资源，仍不见得就适合你。此时，还必须看最后一个影响因素：你能否在此主题的研究上做到"推陈出新"？假若答案是肯定的，那就可以去做；如果答案是否定的，那就不能去做。因为学术研究贵在一个"新"字，"一新遮百丑"。"新"是论文的"卖点"，也是论文打动评审者并保证评审通过的关键。当然，"新"有多种，主要包括"选题新"（作者找到一个全新的研究主题）、"视角新"（它指用新视角来提出问题、审视问题或研究问题）、"论点新"（作者提出前人未见的新观点）、"方法/研究范式/实验设计/研究工具新"（作者使用与前人不一样的研究方法、研究范式、实验设计或研究工具；若能提出全新的科学研究方法、研究范式、实验设计，设计或研制出崭新的科研工具，或对原有方法、研究范式、实验设计或研究工具作大幅度的改善，那就属于上乘作品）、"论据新"（作者找到前人未发现或未发明的新证据）和"结构新"（作者用一个前人未用的结构来组织材料。从碳到钻石，只是结构不同，由此可见"结构新"的价值）等六大类。一篇文章或一部著作至少要具备这六个"新"中的一种，否则，就不值得作者去写或去研究，因为低水平的重复研究是科学研究的大忌。

（3）结论。

综合上述标准，若想找到一个适合自己研究的"好问题"，要从以下六个方面来努力：①要因地制宜，杜绝盲目的"拿来主义"。要善于结合当代中国国情，挑出一个既有理论意义更有现实意义的新主题去做，主题一新，自然容易出成果。为了做到因地制宜，必须杜绝盲目的"拿来主义"：管它适不适合中国国情，只要是外国同行尤其是美国心理学研究者曾关注的问题，就盲目将其拿来作为自己的研究选题，然后美其名曰"填补国内空白"，或者说"将之本土化"。殊不知，就心理学专业而言，有些外国学者关注的问题在中国并不算问题，至少不能算"主要问题"；而在中国存在的一些真真切切的问题，因在一些西方发达国家那里并不存在，或者即便存在，也不算"主要问题"，故西方发达国家的学者并不关注。若所研究问题脱离中国国情，自然不易得到高质量的研究成果。②避免"炒冷饭"。某些问题曾经是"好问题"，但经过一些学人的多角度研究，现已经取得了一些丰硕成果，导致该问题在可以预见的一段时间内无法再有实质性突破。对于此类现已被

---

① 假若"A2 − A1"的结果是一个负数，这表明你的研究成果非常落后，还未达到现有研究水平；如果"A2 − A1"的结果是"0"，这表明你的研究属重复性研究，没有取得任何新进展。

② 张光鉴. 相似论. 世界科学，1985（1）：56.

做透的老生常谈的问题，若后来者无法做出上述六种"新"中的一种，就应暂时将之搁置起来，等将来出现了新思路或新方法时再来研究。可是，有一些人在选题时图方便省事，将一些老掉牙的问题又翻出来重做一遍；更糟糕的是，由于文献综述做得不扎实，再加上整个研究过程乏善可陈，结果，这种"炒剩饭"连现有水平都达不到。③不可随便"拉郎配"，即在没有任何文献基础或理论基础的背景下，硬要将 A 与 B 或 A、B 与 C 放在一起，然后研究它们之间的关系。因为一般而言，只要 A、B 或 C 不是毫无关联，它们之间就或多或少都存在某种关系，所以若无可靠的文献依据或理论依据，像"A 与 B 的关系研究""A、B 与 C 的关系研究"之类倾向于相关研究或中介变量或调节变量研究的题目，多属"拉郎配"性质的问题，一般难出新意，难以取得有价值的成果，一定要慎做。④慎自编问卷。这点在下文有详论，这里不多讲。⑤要多用实验法，慎做纯粹的理论研究。现代教育心理学之所以能够成为一门独立的心理学分支，实验法功不可没，并且现在国际上教育心理学的研究主流是采用实验法，为了与国际教育心理学的发展潮流相吻合，更为了提高中国教育心理学的研究水平，初学者一定要花工夫掌握实验法，尤其要适当多做行为实验。同时，对多数硕士生或本科生而言，你们的理论思维尚处于发展阶段，没有真正成熟；更何况理论思维还需要研究者有丰富的人生阅历，进而对人生有深刻理解，多数硕士生和本科生显然也做不到。所以，初学者要放弃"理论好做，实验与统计难学"的偏见，慎做纯粹的理论研究。⑥要多做小题目，"小题大做"往往更易操作，更易控制，更易深入，自然更易出成果。

2. 形成并提出假设或假说

在科学研究中，了解到问题之后，研究者便会根据已知的科学事实和原理对它作出尝试性的或假设性的推测，形成科学假说。科学假说，也叫"科学假设""假说"或"假设"（hypothesis），指依据已有的科学事实和原理以及新的科学事实，对所研究的问题作出的猜测性说明或尝试性解答。科学假说的基本特征是：科学性、猜测性（或叫"非确定性"）、可检验性。建立科学假说的原则是：解释性、对应性、合理性、可检验性。①

一般而言，"假设"不能写成"断言式"或"结论式"，要用"如果……那么……"的句式进行描述，主要指特定结果是从特定条件中得来的。例如，假若你提出如下假设："可以预期，如果儿童在电视中看了大量暴力的场面，那么，他们将对同伴表现出更多的攻击行为。"那么，接下来你的研究就是验证这个假设里的"如果"和"那么"之间的联系。

建立明确的科学假设的意义主要有三：第一，有助于将经验事实与科学理论联系起来。第二，能够帮助研究者理清自己的研究思路，因为假设的提出往往是研究者思路清晰的表现。第三，使科学研究带有自觉的性质。研究者要根据自己的假设，自觉地确定自己的研究方向，自觉地、有计划地进行新的观察、新的实验，发现新的事实。②

至于提出假设的方法，根据推理所表现的思维进程的方向，可以分为演绎推理法、归纳推理法与类比推理法三种。演绎推理（deductive reasoning），有时也称演绎，与归纳推理相对。传统逻辑中指由一般性知识前推出个别性或特殊性知识的结论的推理，有三段论、关系推理、假言推理、选言推理等，但最主要的还是三段论。演绎推理的前提和结论

① 夏征农，陈至立．辞海：第六版彩图本．上海：上海辞书出版社，2009：1235.

② 黄一宁．实验心理学：原理、设计与数据处理．西安：陕西人民教育出版社，1998：42 – 52.

间具有蕴含关系，因而演绎推理是必然性推理。[①] 归纳推理（inductive reasoning），也称归纳法，与演绎推理相对，指从个别性知识的前提推出一般性知识的结论的推理。归纳推理的结论一般超出了前提陈述的范围，故当前提真时，结论并不必然真。归纳推理分为完全归纳推理和不完全归纳推理两类。[②] 类比推理，也叫"类比法"，即根据两个或两类对象的某些属性的相同，推出它们的其他属性也可能相同的推理。[③] 类比推理是依照下述方式进行的：

A 对象具有属性 a、b、c、d

B 对象具有属性 a、b、c

所以，B 对象也具有属性 d

上式中，"A"和"B"可指两个类；也可以指两个个体；还可以其中一个指类，另一个指个体。换言之，类比推理可以在类与个体之间应用。[④] 如：荷兰物理学家惠更斯（Christian Huygens，1629—1695）曾运用类比推理提出了光波的概念。光和声这两类现象具有一系列的相同性质：直线传播，有反射、折射和干扰的现象；而声波有波动性质，他由此推出结论："光可能有波动性质。"

类比推理具有四个特点：第一，它离不开形象。它是形象的同位移植，而不是概念的横向铺展。第二，它以经验而非概念为基础，是在已有经验的基础上类推出关于未知事物的认识。第三，它的推理过程是叠合性、跳跃性的，不是环环相扣、严密无缝的。第四，类比推理既包含由特殊到特殊，也包含从一般到一般的推理。所以，类比推理是一种或然性推理。[⑤] 类比的结论之所以具有或然性，主要原因有二：其一，两个对象之间不仅具有相同性，而且具有差异性。换言之，A、B 两对象虽然在一系列属性（a、b、c）上是相似的，但由于它们是不同的两个对象，总还有某些属性是不同的。如果 d 属性恰好是 A 对象异于 B 对象的特殊性，那么作出 B 对象也具有 d 属性的结论，便是错误的。其二，对象中并存的许多属性，有些是对象的固有属性，有些是对象的偶有属性。如果作出类推的 d 属性是某一对象的偶有属性，那么另一对象很可能就不具有 d 属性。因此，类比推理的可靠程度取决于：前提中确认的共同属性的多少以及共同属性和类推出来的属性的关系是否密切。[⑥]

类比推理虽有模糊性与或然性，缺乏精确性和必然性，但并不意味着它就完全不具科学性。不精确与不科学是两个不同的概念，现代物理学有"测不准原理"，现代数学也有模糊数学，它们都是十足的科学。并且，类比推理在现代科学中早已得到广泛运用：仿生学就是运用类比推理形成的，现代人所熟悉的飞机、电脑也是从鸟的飞行和人的大脑向外类推的产物。[⑦]

有思想的研究者往往以一种独特的手段来组合已有的思想，以提出创新的观点。真正

① 夏征农，陈至立. 辞海：第六版缩印本. 上海：上海辞书出版社，2010：2198.
② 夏征农，陈至立. 辞海：第六版缩印本. 上海：上海辞书出版社，2010：649.
③ 夏征农，陈至立. 辞海：第六版缩印本. 上海：上海辞书出版社，2010：1097.
④ 《普通逻辑》编写组. 普通逻辑. 上海：上海人民出版社，1979：203.
⑤ 刘承华. 文化与人格：对中西文化差异的一次比较. 合肥：中国科学技术大学出版社，2002：78.
⑥ 夏征农，陈至立. 辞海：第六版缩印本. 上海：上海辞书出版社，2010：1097.
⑦ 刘承华. 文化与人格：对中西文化差异的一次比较. 合肥：中国科学技术大学出版社，2002：78.

有创造力的思想者的标志是发现一个新的真理，它可以朝着更好的方向推进科学和社会的发展。[①]

（二）设计研究方案，进行验证，得出结论

假设的真伪需要验证。建立假设之后，下一步便是要提出具体可行的研究设计：如何确定可选择的被试和研究工具；如何界定研究变量，并对假设中的概念下操作性定义。一个操作性定义阐明用以代表一个概念的确切程序。例如，你可以将挫折定义为"在一个人即将解出一道难题并赢得 10 000 元人民币之前打断他"。操作性定义使假设中的概念具体化，从而以事实资料来验证假设。如果不下操作性定义，就无法进行实际的研究；即便是研究了，这样的研究报告也不能为他人所接受。为了有效地验证假设，研究者还必须根据假设选择合适的研究方法，使被探讨的问题得到有效的观测。研究设计是根据假设作出的，研究者搜集的资料应当尽量直接与假设有关。但是，研究者的思想却不能受固定的思想所束缚，不能以先入之见，只搜集预期的资料而忽略其他意外的资料。

在大多数情况下，研究者进行的工作是从发现到检验假设。验证的背景（context of justification）是把证据拿来验证假设的研究阶段。当试图得到可以产生有效结论、令人信服的证据时，教育心理学家面临严峻的挑战。他们依赖一个同盟者——科学的方法（scientific method），它使成功成为可能。科学的方法是通过将错误降低到最小，提出可靠的归纳等方法来收集和解释证据的一般程序的集合。心理学（包括教育心理学）被认为是一门在某种程度上遵循科学方法去建立规则的学科。

因为在科学研究的数据的收集和分析阶段中，主观性必须被降低到最小，人们用程序的保障措施来增加客观性。其中一种保障措施不言自明：那就是研究者必须以一种别的研究者可以理解和评估的形式来保存数据分析时所观察到的完整记录。

科学研究的下一步是采用适当的方法将搜集到的原始资料加以整理、分类，使之系统化和简约化。在教育心理学研究中，对于资料的分析通常是使用各种统计方法。统计分析的主要作用有二：一是简化原始资料，以便把握资料分布的情况；二是检验各类资料的关系以及关系的程度。所以，在分析资料时必须借助统计方法和理论思维。就某一项教育心理学研究来说，其最后的阶段是作出结论。在作结论时必须根据事实资料，而不能凭空臆测。通过研究设计、统计分析、作出结论，就可以对研究初期提出的假设进行检验。如果假设得到了验证，这个假设的可信度便提高了。

应当注意，在教育心理学研究中，由于种种原因（如研究现象的复杂性和指导思想上的问题）往往会出现虚假的实验验证。心理学假设的验证不是一次性的，而是要不断重复的。能重复验证的假设便具有科学价值，有可能发展成为某种心理学的理论；如果假设得不到验证，则这个假设就被否定。

上述步骤是密切联系的，无论哪一个步骤有错误都将导致研究的失败。[②]

① 黄一宁．实验心理学：原理、设计与数据处理．西安：陕西人民教育出版社，1998：42－52．
② 理查德·格里格，等．心理学与生活．王垒，等译．16 版．北京：人民邮电出版社，2003：18－19；黄一宁．实验心理学：原理、设计与数据处理．西安：陕西人民教育出版社，1998：38－66．

二、两种研究类型与两类研究方法

（一）教育心理学的两种基本研究类型

决定论（determinism）是所有学科研究的出发点，进行任何科学研究之前首先都必须假设"万事万物之间都有一定的规律或法则可循"。犹如一个人去河塘钓鱼，事先要假定此河塘有鱼，否则必不会去此河塘钓鱼（"姜太公钓鱼"除外）。科学研究也是如此。科学家必须假定事物之间有一定的法则或规律，因为只有这样的事物才值得去探索或研究，否则科学研究就无所适从了。至于好的导师的作用，则是根据自己的学术知识与经验，正确告诉学生哪些"河塘"肯定无"鱼"，哪些"河塘"可能有"鱼"，从而为学生的研究指明正确的研究方向。当然，即便是最优秀的导师，他指出可能有"鱼"的河塘既可能最终被证明是无"鱼"的，也可能虽有"鱼"，但未找到好的办法将其"钓"上来，或者在错误的地方"钓"，结果也未"钓"到"鱼"。至于事物间的规律，概而言之可以分为两大类，[①] 相应地，教育心理学的研究主要有两种基本类型：相关关系与相关研究以及因果关系与因果研究。

1. 相关关系与相关研究

相关关系（correlation relationship）是事物与事物之间的一种重要关系。如果两个事物之间存在共变关系（covariation relationship），便存在相关关系。所谓"共变"，是指一个事物发生变化时，另一个事物也发生相应的变化。例如，身高与体重之间有相关关系。身高者，通常体重也重；身矮者，通常体重也较轻。身高与体重之间存在共变的现象，表示二者之间有相关关系。假若一个事物（如身高）发生了变化，另一个事物（如智慧）保持不变，那么这二者之间就没有共变的相关关系。

教育心理学中有一些研究就是要力图揭示出心理现象的相关关系，这类研究一般叫相关研究。当力图分析两个变量、特质或者属性关联到什么程度时，教育心理学家就使用相关的方法（correlational methods）进行研究。为了确定存在于两个变量之间相关的精确程度，教育心理学家需要计算一个名为相关系数（correlation coefficient）（r）的统计量。这个值在1.0到−1.0之间变化，其中1.0表示完全正相关，−1.0表示完全负相关，而0表示根本没有相关。一个正的相关系数意味着当一列分数增加时，第二列分数也增加；负相关正好相反，第二列分数和第一列分数朝相反的方向变化。一个非常接近于零的相关意味着两个测量分数之间存在很弱的联系，或是根本不存在联系；当相关系数越来越大，至接近于最大值1.0的时候，根据一个变量的信息来预测另一个变量的可能性就越大。

高的相关只是表明两列数据以一种系统的方式建立了联系，并不意味着一个事件可以导致另一个事件的发生，并不意味着因果关系。事实上，相关可能反映一部分因果关系，也可能根本就不反映因果关系。例如，假若学习压力和学习效率之间存在负相关，那么，这种负相关可能意味着：①学习压力从根本上是人们学习效率低下的原因；②不佳的学习效率使人们承受了更大的学习压力；③存在一种特定的人格类型，他们更可能承受学习压力，同时也在学习中表现不佳。注意最后一种情况，第三方变量影响到其他两个变量的变化。请想象最后一种情境，假设教室周边存在很大的噪音，噪音导致了更大的学习压力

---

① 黄一宁. 实验心理学：原理、设计与数据处理. 西安：陕西人民教育出版社，1998：26.

（因为学生预计到高噪音将降低自己的学习成绩，由此可能导致家长或老师的批评），也导致了学习效率的下降（因为学生无法有效集中精力来学习）。此时，相关依然存在——高的学习压力和低的学习效率同时发生——但这根本就不是因果关系。

相关也可能是伪造的，因为研究者不能通过恰当的控制来进行比较。但我们并不想给你留下这样的印象，即相关的方法不是一个有价值的科研工具。①

2. 因果关系与因果研究

因果关系（cause-effect relationship）是事物与事物之间的另一种重要关系。通过研究，如果可以清楚地指出一种事物是因，另一种事物是果，那么，这两种事物之间就存在因果关系。例如，闪电与打雷之间就存在因果关系：闪电是因，打雷是果。凡构成因果关系，总是因在前，果在后，这种顺序是不会改变的。②

教育心理学中有许多研究就是要力图揭示出心理现象的因果关系。在进行因果研究时，研究者一般要做到：一是要创设某种实验情景，使之能引起某种心理现象，同时要控制可能影响这种心理现象的其他因素。正因为如此，因果研究一般都是实验研究。二是当一种情景引起了某种心理现象时，只能说在这种实验情景下，前者是因，后者是果，脱离一定条件来讲因果关系是没有什么意义的。③

3. 相关关系与因果关系的联系与区别

相关关系与因果关系的联系是：两个事物之间如果具有因果关系，就必定具有相关关系；但是，两个事物之间有相关关系，并不表示它们之间就必定具有因果关系。在这个角度上说，因果关系只是一种特殊的相关关系。

相关关系与因果关系的区别是：事物出现的先后顺序是否重要。具有因果关系的事物，因的事物必须出现在果的事物之前，果必在因之后。这种因果先后顺序是因果关系的显著特点。然而，对于相关关系则不必考虑先后顺序的问题。④

4. 相关研究与因果研究的差别

任何两个事物之间要么是相关关系，要么是没有关系（如人的年龄与太阳黑子之间就无任何相关）。通过相关研究，一旦肯定两个事物之间有相关关系，就可以肯定它们彼此影响，但不能确定这种影响是由谁引起的，即不能确定谁为自变量谁为因变量。若要达到后一个目的，只有通过实验研究（先要进行实验设计，其基本思想是使自变量和因变量之间达到一因一果的关系，这样，才可由因推果，由果及因）求其因果关系。因此，因果研究与相关研究之间的主要区别在于：前者目的在于寻求或确定变项之间是否存在因果关系，因果关系一旦确定，就能指出何者为自变量何者为因变量；后者目的在于寻求或确定变项之间是否存在相关关系，相关关系一旦确定，就可以肯定存在相关关系的两个或两个以上变项之间有关系（而不是没有关系），只是不能确定有关系的变项之间何者为自变量何者为因变量。如鸡生蛋、蛋生鸡问题，肯定是一个有相关关系的问题，但却不能确定何者为自变量何者为因变量，故不能确定其因果关系。

① 理查德·格里格，等. 心理学与生活. 王垒，等译. 16 版. 北京：人民邮电出版社，2003：24－26；黄一宁. 实验心理学：原理、设计与数据处理. 西安：陕西人民教育出版社，1998：26－27.

② 黄一宁. 实验心理学：原理、设计与数据处理. 西安：陕西人民教育出版社，1998：26.

③ 彭聃龄. 普通心理学. 修订版. 北京：北京师范大学出版社，2004：9－10.

④ 黄一宁. 实验心理学：原理、设计与数据处理. 西安：陕西人民教育出版社，1998：27.

（二）教育心理学的两类研究方法

1. 量的研究方法

"量的研究"（quantitative research），指一种对事物可以量化的部分进行测量与分析，以检验研究者提出的有关理论假设的研究方法。量的研究有一套相对较成熟的操作技术，包括抽样方法（如随机抽样、分层抽样、系统抽样、整群抽样等）、资料收集方法（如实验法、测量法和问卷法等）、数字统计方法（如描述性统计与推断性统计等），正是通过这种测量、统计与分析，以求达到对研究对象的"本质性规律"的认识。稍有心理学常识的人都知道美国心理学家桑代克于1918年说的"凡是存在之物皆有数量"，由此可见，量的研究方法的应用范围极广。直到现在，主流心理学（包括教育心理学）都崇尚实证主义，强调研究的客观性和验证性，喜欢用数字表示结果，因而都可称作量的研究或实证研究，这是心理科学研究的传统方法。

实证肯定重要，不过，可靠的"知识"（广义的）并不是全都必须依据于实证，逻辑推理（有时候，甚至直觉判断）也能为人们提供可靠的"结论"。假若过于重视实证，强调在任何学术领域里，一种观点或一个结论是否可靠，关键是看其有无可靠的"证据"，这样做就会闹出"趣闻"乃至"笑话"。如受实证思想影响的顾颉刚，在他的老师章太炎面前大讲实证，导致章太炎不快。章太炎于是问顾颉刚见没见过自己的祖父，顾说没有。章太炎马上反问顾，难道你的祖父就不存在吗?

2. 质的研究方法

"质的研究"（qualitative research），指研究者通过与被研究者之间的互动，对研究对象进行长期深入细致的体验，然后对研究对象的"质"作出一种较整体性的、解释性的理解与阐述的研究方法。"质"实际上指的是该事物的"性质""属性"和"特质"，是该事物用以区别于其他事物的特征和组成部分，包括该事物中可以"量"化的特征和组成部分。需指出，这里讲的"质"，与"本质"有一定的区别。"本质"是相对于"现象"而言的，来源于自柏拉图始到笛卡尔集大成的二元认识论。这种"主—客"对立的思维方式认为，人们日常看到的东西只是事物的现象（或表象），一定要通过深入的分析（或通过实证的、可以感知的资料，或通过概念的、逻辑的哲学辨析），才能够获得对事物表象下面"本质"的了解。而质的研究由于受到现象学的影响，认为现象本身就是本质，现象学强调对事物本质的直观体验，在变动不居的意识流中去把握事物稳定的、常住不变的状态。这样，质的研究不认为现象与本质、形式和内容之间是可以分离的。事物（或意义）就像是一个洋葱（与二元论的核桃模式相对立），其本质和现象实为一体，如果对其进行分解，一瓣一瓣地剥到最后便什么也不存在了。在质的研究中，重要的不是"透过现象看本质"，而是通过现象本身再现现象本身的"质"。① 质的研究常用以下四种方法：一是个案研究（case study），二是参与观察（participant observation），三是深入访谈（depth interview），四是文本分析（document analysis）。

3. 量的研究与质的研究的比较

从表面上看，在研究目的上，质的研究与量的研究有很大的相通之处：二者都是试图从问题现象入手，找出变项之间的因果关系或相关关系。这样，在基本方式上，质的研究

---

① 陈向明. 教师如何作质的研究. 北京：教育科学出版社，2001：15.

其实也包括因果研究和相关研究。质的研究与量的研究不同的地方只在于：质的研究除了改用语文表达研究结果外，研究者在进行研究时，更希望能从被研究者的反应中获得更详细、深入、具意义的资料（包括被研究者的个人意见与主观感受等）。若进一步分析，这两种研究方式有很大的不同，可以用表1-1进行简要概括。

表1-1 量的研究与质的研究的主要差别①

维度	量的研究	质的研究
对现象与本质之间关系的看法	将世界看作一个"核桃"，其寓意是：现象是"壳"，本质是"核"，研究的实质是"透过现象看本质"。所以，如果事物的某个规律可以离开获得它的样本而在同质的其他样本上存在，此类问题就适合进行量的研究	若借用黑格尔（Hegel）的"洋葱"比喻，将世界看作一个"洋葱"，其寓意是：现象与本质之间是"你中有我，我中有你"的关系，若去掉一个个现象之瓣，那么，其"本质"也就消失得无影无踪。这样，研究的实质是针对现象本身再现现象本身的"质"。因此，假若事物的某个规律无法离开获得它的样本而在同质的其他样本上存在，此类问题就适合进行质的研究
对问题的看法	在了解人性问题时一般采用逻辑实证主义（logical positivism）的看法，认为自然和社会现象的本质都是一种单一的客观实在（single objective reality），不因个人的情感或信念而有所不同	基本上赞同自然现象主义（naturalistic phenomenalism）的观点，认为自然和社会现象的本质都是多元实在（multiple realities），而其所以多元实在又与个体的不同特征和其生存环境的差异关系密切
研究目的	旨在寻求影响被试行为与有关变项之间必然性的因果关系或固定性的相关关系	旨在了解被试行为与其生存环境之间存在着的多变性的交互关系
研究取向	一般采用假设演绎取向或科学归纳取向	一般采用经验归纳取向
研究者角色	研究者的角色要保持客观中立，主要靠观察、实验与测量工具搜集（仪器和量表等）资料	研究者的角色是参与性的，这要求研究者要有较高的研究技巧和能力，否则难以作出合理的主观判断和解释
研究假设提出的时间	强调在研究开始时有明确的研究假设	主张在研究过程中逐渐生成研究假设
概念定义	强调在研究开始时明确陈述定义	主张在研究过程中，在特定的环境中进行定义
样本	喜欢运用随机取样技术来获得有价值的样本	习惯使用熟练报告者（或目的）样本

---

① 张春兴．教育心理学．杭州：浙江教育出版社，1998：31-36；陈向明．教师如何作质的研究．北京：教育科学出版社，2001：15.

维度	量的研究	质的研究
收集资料的方法	观察法、实验法、问卷法、测量法、访谈法、文化产品分析法等	观察法、访谈法、文化产品分析法、个案法等
信度	注重评价与提高使用工具所得分数的信度（通常运用某些统计技术衡量信度的好坏）	一般假设所做的推论都具有足够的信度
效度	注重评价与提高使用工具所得分数的效度（通常运用某些统计技术衡量效度的好坏）	通过不同信息来源的检验来评价效度（三角互证）
无关变量	主张通过实验设计或统计技术来控制无关变量	主张使用逻辑分析来控制或解释无关变量
研究过程	习惯于先将复杂心理现象进行"还原式"处理，分成多个具体部分，然后逐一进行分析	习惯对复杂心理现象进行整体的描述
描述方式	主张对研究过程进行明确的描述，为此，在描述时注重将数据简化为数量化的分数	倾向于对研究过程进行叙述性、文学性描述
过程偏差的控制方式	强调用特殊设计控制过程偏差	主要依靠研究者处理过程偏差
研究结果的处理方式	一般将研究结果进行统计处理	一般将研究结果作叙述性概括
研究结论的推论	从理论上讲，科学研究都有两个目的：一是了解事实的真相；二是依据研究结果对同类问题作推论解释。量的研究所得结论，试图对同类情境问题作广泛推论，不考虑研究结果所代表的被试心理反应是否受其生活情境因素的影响。此种推论方式叫免情境限制普遍推论（universal context-free generalization）。此做法经常遭到推崇质的研究的学者的指责。如果喜欢做量的研究的学人充分考虑获得结论的样本的独特性，谨慎外推，则能较好地避免由免情境限制普遍推论所带来的风险	因重视情境因素，故对所得结论不企图广泛推论。除了经由研究而解决面对的个别问题之外，不考虑用以普遍解释所有的同类问题，这种推论方式叫情境限制推论（context-bound generalization）。此做法常为推崇量的研究的学者所诟病。假若喜欢做质的研究的学人尽可能提高研究结论的概括水平，往往能提高研究结论的适用范围

4. 对量的研究与质的研究的超越

"量的研究"与"质的研究"是在典型的西方"二分式"思维方式影响下的产物，既易造成两种研究方式或方法的对立，更易让人割裂量与质之间的辩证关系。从唯物辩证法的角度看，量中有质，质中有量，二者无法截然分开。一项高质量的学术研究既要研究事物的量，更要揭示事物的质。所以，研究者不必在"量的研究"与"质的研究"上纠缠，而应根据研究对象的特点，灵活采用适当的研究方法。一项学术研究只要遵循规范的研究程序和严密的逻辑推理（当然研究者也可凭借自己深刻的洞察力以直觉的方式直接把握事物的规律），呈现充足的证据，经细致讨论后得出新颖、有价值且可靠的结论，就都属高质量的研究。

三、科学选择具体的研究方法

冯特曾说："科学的进展是同研究方法上的进展密切相关联的。近年来，整个自然科学的起源都来自方法学上的革命。"[1] 此观点同样适用于研究教育心理学。在中国，研究教育心理学的方法系统可以用"一导多元"四个字加以概括。"一导"指以辩证唯物主义和历史唯物主义为指导，"多元"指研究视角、基本研究原则和具体研究方法应多样化。[2] 简要地说，在研究视角上，心理学家主张坚持"大心理学观"的研究视角，消除"小心理学观"研究视角给教育心理学发展带来的消极影响。[3] 在基本研究原则上，主张坚持客观性原则、系统性原则、发展性原则、文化性原则和理论联系实际的原则等。在具体研究方法上，主张依研究对象的具体情况，灵活采用观察法、实验法、问卷法、测验法、语义分析法、深度比较法和推理法等多种方法。同时，心理学家清楚地认识到，即便出自最"权威"之口的观点也可能是错误的。这样，心理学特别看重证据（empirical evidence），即那些通过直接观察和测量得到的信息。只要有可能收集到数据（data），心理学家就会用那些观察事实来解决学术上的争论，因为数据可以使人们能够比较观察到的事实，得出精确的结论。在上述方法系统中，指导思想、研究视角与研究原则大家多很熟悉，下面只详论具体研究方法。

（一）观察法

1. 什么是观察法

人们在自然条件下对表现心理现象的外部活动进行有目的、有计划、有系统的观察，作出详细记录，然后进行分析处理，从中发现被试心理与行为的规律，这种方法叫观察法（observation method）或自然观察法。[4] 观察法具有目的性（观察是一种有目的、有意识地收集资料的活动）、自然性（观察是在自然条件下进行的）、直接性（观察的对象是当前正发生的事情，并且观察者对它进行直接观察）和科学性（整个观察过程需遵循一定的科学程序）四个特点。在一项研究的初期，自然观察法特别有用，因为它有助于研究者发现某一现象的范围，或发现一些重要变量以及变量间的关系。通过自然观察法得到的数据可以为研究者提供线索，这有助于明确表达假设或研究计划。观察法可以分为不同的类型：

（1）参与性观察与非参与性观察。

---

① 张述祖，等. 西方心理学家文选. 北京：人民教育出版社，1983：1 – 2.
② 杨鑫辉. 心理学通史：第一卷. 济南：山东教育出版社，2000：14 – 24.
③ 汪凤炎. 中国心理学思想史. 上海：上海教育出版社，2008：26 – 31.
④ 董奇，申继亮. 心理与教育研究法. 杭州：浙江教育出版社，2005：355.

参与性观察是指研究者以参与者的身份进行的观察。在参与性观察中，研究者全程参与，往往能够对被观察者的心理与行为有一个切身的体验，从而易观察到被观察者的真实心理与行为；不过，参与性观察也易犯"不识庐山真面目，只缘身在此山中"的错误。非参与性观察也叫局外观察，是指研究者以旁观者身份进行的观察。在非参与性观察中，研究者往往只是一个旁观者，这样易对观察对象进行客观的观察；不过，这种方法也因研究者未深入或不易深入到被观察者的真实生活情境中，而易得出失真的结论。

（2）公开观察与隐蔽观察。

公开观察指研究者在征得被观察者同意之后，以公开身份进行的观察。公开观察因研究者事先已得到被观察者的授权，一般不易发生可能因有违伦理道德而引起的纠纷；不过，因观察对象知道自己的言行处在被人观察的状态中，由于"紧张""投观察者所好"或"不愿暴露自己的隐私"等心理的干扰，易导致观察对象展现失真的言行，从而致使观察者收集失真的资料。隐蔽观察指研究者在观察对象不知情的情况下对观察对象进行的观察。隐蔽观察因观察对象不知道自己的言行正在被人观察，其所展现的言行往往颇为真实，从而可让观察者收集到客观、准确的资料；不过，隐蔽观察因研究者未得到被观察者的同意或授权，一般易发生可能因有违伦理道德而引起的纠纷。

（3）实验室观察与自然观察。

实验室观察主要是在有各种观察设施的实验室或是经过一定布置的活动室等场所内，研究者按照预先设计的观察目的与要求对研究对象进行的观察。它常常用于了解个体某些具体、细微的行为特征，观察所得到的数据常可以进行定量分析。实验室观察的优点是能高效收集到相关研究资料，缺点是可能会因实验情境而导致观察对象产生失真行为。自然观察主要是研究者根据研究的需要，采取参与、半参与或是非参与的方式，在自然环境中或是在现实的生活场景中，对观察对象进行实地的观察。① 自然观察的优缺点在下文"观察法的优缺点"里有详论，这里不多讲。

2. 观察法的适用条件

观察法一般在下列情况下使用：①对所研究的对象无法加以控制；②在控制条件下可能影响某种行为的出现；③由于社会道德的要求，不能对某种现象进行控制；④当被试的言语表达能力不佳（如婴幼儿）或有言语障碍（如哑巴）时。同时，一般而言，观察法不适合如下情况：①在面上对研究对象进行大规模的宏观调查；②对过去的事情、外域社会现象以及隐秘的私人生活进行调查；③了解被研究者的思想观念、语词概念和意义解释；④对心理现象进行因果分析。

3. 观察法的研究程序

（1）确定观察目的及内容。

研究者事先必须明确"要观察什么"，即通过观察收集而来的资料拟解决或验证什么样的研究假设。目标行为被确定后，还必须给出一个清晰和准确的操作性定义，以便进行客观记录和评价。操作性定义（operational definition）这个概念最早由物理学家布瑞格曼（Bridgman）提出。布瑞格曼主张，科学上的概念或术语，为了避免含糊不清的缺陷，最好能以我们"所采用的测量它的操作方法"来界定，它可弥补概念性定义（conceptual definition，指用抽象性描述而不用"我们所采用的测量它的操作方法"来界定概念的内涵

---

① 莫雷，等．心理学研究方法．广州：广东高等教育出版社，2007：272.

的方式）的不足。① 如，若将智力定义为"抽象思维的能力"，这是概念性的定义；若将智力定义为"根据比纳量表或韦氏量表所商量得的分数"，就变成操作性定义了。可见，在给概念下操作性定义时，必须用可观察和可测量的术语加以表述，以便保证定义清晰，只是在此过程中不能涉及任何内部状态，不能对个人意图作主观推测。"可观察"意味着这个行为是外显的，观察者可以直接看到这个行为的出现、维持、变化和结束。"可测量"意味着观察者可以对这个行为的出现频率、持续时间、强度或其他维度给出数量化的评定。"定义清晰"意味着这个定义是不含糊的、容易理解的，不同的人看到这个定义后，都能够观察到同一个行为，并对这个行为是否已经发生判断一致。②

观察内容指在观察中要了解什么情况，收集哪些方面的事实材料，从哪些方面进行观察记录等。这可以根据观察目的的操作性定义进一步加以细化，确定观察的项目，设计出观察内容表格。实践表明，一个好的观察内容应该具备两点：一是能准确地反映、体现或说明观察目的，二是可以被观察到。

（2）制订观察计划。

制订具体的观察计划，主要包括观察日程、观察人员、辅助人员、观察工具、观察场地安排（或实验室布置）、观察对象及人数、观察与记录的方式、观察的次数、观察的密度、每次观察持续的时间、观察记录表格及其使用的代码符号以及观察应特别注意的问题等。同时，观察提纲至少应该回答下面九个方面的问题（Goetz & LeCompte，1984）：①谁？（有谁在场？他们是什么人？他们的角色、地位是什么？有多少人在场？这是一个什么样的群体？在场的这些人在群体中各自扮演什么角色？谁是群体的负责人？谁是追随者？）②什么？（发生了什么事情？在场的人有什么行为表现？他们说/做了什么？他们说话/做事时使用了什么样的语调和形体动作？他们相互之间的互动是怎么开始的？哪些行为是日常生活中的常规？哪些是特殊表现？不同参与者之间在行为上有什么差异？他们的行为是如何产生和发展的？有关人员对此有什么看法？有关人员的目的、动机和态度是什么？）③何时？（有关行为或事件是什么时候发生的？持续了多久？频率如何？）④何地？（有关行为或事件是在哪里发生的？这个地点有什么特色？）⑤如何？（有关事情是如何发生的？事情的各个方面之间存在什么样的关系？有什么明显的规范或运作机制？）⑥为什么？（促使事件发生的原因是什么？）很显然，这些问题需要通过一定的推导，不能指望全部通过外部观察就可解决。当然，参与型观察不排除现场询问的方式，因此也可以通过这类方式获得当事人的想法。⑦信度：观察中可能出现哪些影响信度的问题？我打算如何处理这些问题？我计划采取什么措施获得比较准确的观察资料？⑧效度：观察中可能出现哪些影响效度的问题？我打算如何处理这些问题？我计划采取什么措施获得较准确描述问题的观察资料？⑨伦理道德问题：观察中可能出现哪些伦理道德问题？我打算如何处理这些问题？我如何使自己的研究尽量不影响被观察者的生活？如果需要的话，我可以如何帮助他们解决生活中的困难？这样做对我的研究会有什么影响？③

（3）实施观察并做好记录工作。

观察者按照在观察研究设计中制定的程序进入观察情境，采用事先选择好的观察类型

① 黄一宁. 实验心理学：原理、设计与数据处理. 西安：陕西人民教育出版社，1998：60.
② 莫雷，等. 心理学研究方法. 广州：广东高等教育出版社，2007：273.
③ 陈向明. 教师如何作质的研究. 北京：教育科学出版社，2001：122－148.

和技术手段进行观察，并把观察到的资料记录下来。在观察过程中，记录是至关重要的一个环节，记录是否全面、准确，直接关系到观察法所收集资料的价值。因此，在正式开始观察之前，必须重视做好记录准备工作。一般包括两种情况的准备：一种是记录表格；另一种是准备好记录用的仪器设备，如录音机、照相机、摄像机等。

（4）分析资料和呈现结果。

为了尽量保持准确和客观，最好在观察记录的同时或当天进行初步数据分析，一周左右对收集到的观察资料作出结论和推论，并将其以报告的形式呈现出来。根据观察结果是否可以作量化处理，可以将其区分为定性资料与定量资料：对定性资料的分析，不仅要揭示其结果表示的"意义"，而且还要注重对事件过程的分析，而对定量资料的分析则可以根据研究假设，对它们进行相应的统计分析。[①]

4．观察法的优缺点

观察法的长处主要有三：①对被观察者的行为进行直接的了解，所以能收集到第一手资料，并且，不仅可以记录到被观察者的言语行为，还可以清晰地观察到被观察者的非言语行为。②自然观察法因是在自然条件下进行的，被观察者的心理与行为较少或没有受到"环境的干扰"，这样，有可能了解到被观察者的真实心理与行为状况。例如，通过单向玻璃，研究者能观察儿童游戏，而儿童并没有察觉到被观察。人类的一些行为只有通过自然观察才能进行研究，因为在非自然条件下研究是不道德的或不切实际的。例如，研究生命早期的严重剥夺对儿童后期发展影响的实验就是不道德的。③在塑造复杂的行为模式中物种的自然栖息地所具有的长时效应，在实验室的人为环境中是观察不到的。

观察法的缺陷主要有四：①在自然条件下，事件较难按完全相同的方式重复出现，这样，难以对某种现象进行重复观察，观察的结果也较难进行检验与证实，其研究结论的信度自然受到一定的限制；②在自然条件下，影响某种心理活动的因素是多方面的，用观察法得到的结果往往难以进行精确分析；③由于未对条件加以控制，使得观察者不能主动控制或改变环境变量以引发所要研究的行为，结果，观察者经常只能处于消极等待的被动地位，观察时可能出现不需要研究的现象，而要研究的现象又可能没有出现，例如，研究儿童的攻击行为时，可能等好几天也看不到真正的儿童打架事件；④观察容易"各取所需"，观察的结果容易受到观察者本人的兴趣、愿望、知识经验和观察技能的影响，[②] 进而易出现光环效应（指将对个体的某种印象泛化到他的其他方面特征上去的评价倾向）、肯定和否定定势（指在观察中出现标准过松或过严的倾向）与趋中效应（指在观察中将被试评定为中等水平的偏向）这三种反应偏向。

5．观察法在使用过程中常见的问题及对策

第一，不按规范程序使用观察法，导致通过观察所得数据呈现出随机、零散等缺陷，基于此类数据自然无法得到可靠结论。既然如此，一定要按上文所讲的规范程序科学使用观察法。

第二，观而不察，察而不思。"观而不察"中的"观"指无目的地、泛泛地看。由于

---

①　董奇，申继亮．心理与教育研究法．杭州：浙江教育出版社，2005：368－379.

②　陈向明．教师如何作质的研究．北京：教育科学出版社，2001：122－148；彭聃龄．普通心理学．修订版．北京：北京师范大学出版社，2004：17－18；理查德·格里格，等．心理学与生活．王垒，等译．16版．北京：人民邮电出版社，2003：28－29；董奇，申继亮．心理与教育研究法．杭州：浙江教育出版社，2005：359－360.

仅有这种"观",往往对很多现象熟视无睹,结果自然无法收集到大量有价值的数据（data）。例如,一个每天要爬楼梯回家的人,由于对楼梯只观不察,你要问他楼梯的层级,他一定无法准确回答。"观而不察"中的"察"指有目的且细致深刻地看。只有认真去"察",才能获得大量有用数据。不过,在收集到丰富的有用数据后,若不善于思考,仍不会得到高质量的成果。既然如此,在运用观察法时,先要有目的且细致深刻地去看;在此基础上,再对所获数据进行认真思考。

第三,缺乏足够的专业知识。有一些人在使用观察法时,尽管知道睁大双眼仔细去看,但由于脑海中缺乏足够的专业知识,仍然收集不到有用的数据。犹如一个对玉一窍不通的人去买玉,虽然知道要仔细看,但仍无法分辨玉的质量高低,故容易上当。因此,平日一定要加强"内功"的修炼,丰富自己的专业知识。

（二）实验法

1. 什么是实验法

实验法（experimental methods）,也叫"试验法"或"科学实验法",指根据一定目的,运用必要的手段（如运用一定的仪器、设备等物质手段）,在人工控制的条件下,观察、研究自然现象及其规律性的社会实践形式。[①] 通常包括现场实验和实验室实验两种方法。在教育心理学领域,以现场实验法为主。现场实验法是指研究者为了解决某一问题,根据一定的心理学和教育学理论,在严格控制或特别创设的条件下,在教育或学习现场有目的、有计划地观察、记录、测定教育者与受教育者心理与行为的变化,研究教育条件与教育者和受教育者心理和行为之间的因果关系,从而得出科学结论的研究方法。实验法的目的是确定各变量间的因果关系,主要涉及三类变量:

一是"自变量"（independent variable）。自变量一词来自数学。在数学中,$y = f(x)$。在此方程中,自变量是 x,因变量是 y。将这个方程运用到心理学研究中,自变量也叫实验变量,指由实验者操纵的变量。自变量的大小、范围或取值一般通过文献综述、理论建构或预实验等方法来确定,由实验者操作。自变量被认为是引起行为差异的可能原因。自变量有连续变量和类别变量之分。如果实验者操纵的自变量是连续变量,则实验是函数型实验;如果实验者操纵的自变量是类别变量,则实验是因素型实验。自变量的类型多种多样,可以概括为四大类:①刺激特点自变量:假若被试的不同反应是由刺激本身的不同特性,如灯光的强度、声音的大小等引起的,就把引起因变量变化的这类自变量称为刺激特点自变量。②环境特点自变量:进行实验时环境的各种特点,如温度、是否有观众在场、是否有噪音、白天或夜晚等,都可以作为自变量。时间是一种非常重要和无时不在的自变量,特别是在记忆的实验中,你甚至可以说,几乎没有不用时间作自变量的记忆实验。③被试特点自变量:一个人的各种特点,如年龄、性别、职业、文化程度、内外倾个性特征、左手或右手为利手、自我评价高或低等,都可以作为自变量。④暂时造成的被试差别:被试的暂时差别通常是由于主试的安排,也就是由于主试给予的不同指示语造成的。

二是"因变量"（dependent variable）。由实验变量引起的某种特定的反应称为因变量（也叫反应变量）。这类变量的实验结果揭示自变量对行为的作用,而这种作用往往是通过诸如测验分数之类的操作成绩来表现的。一般而言,可以从两个方面对因变量进行分类:

---

① 夏征农,陈至立. 辞海:第六版彩图本. 上海:上海辞书出版社,2009:1236,2061.

①客观指标：包括反应速度、反应速度的差异、反应的正确性、反应标准与反应的难度等。②主观指标：主要指被试的口语记录（protocol）。

三是"无关变量"（extraneous variable）。除实验变量之外，一切能够影响因变量的条件和因素都被称作无关变量（也称控制变量）。无关变量也常常引起因变量的变化，但在有些研究中是实验者希望排除的一些条件，实验者常常将其排除以使实验结果不受影响。

在心理实验中，出于经济性原则，研究者一般都会操作一个或一个以上自变量来观察其在因变量上产生的效果，[①] 这意味着研究者可以积极干预被试的活动，创设某种条件使某种心理现象得以产生并重复出现。这是它与观察法的不同之处。实验法的目的在于明确一种强烈的因果关系，即一个变量对另一个变量的影响。在实验中，实验组（experimental group）被试接受自变量条件，控制组（control group）被试接受除自变量条件以外的所有其他条件，然后比较这两个组的反应以确定自变量的效果。[②]

2. 实验法的研究程序

（1）实验课题的确定。

选择课题是科学研究的第一步，研究课题的来源通常有四个：①实际需要。从实际的工作中发现需要用实验研究来解决的问题。②理论需要。从理论或学说中推演出某个假设是否符合实际。③个人经验。针对在个人学习、工作和日常生活中的实际问题设计出种种实验。④前人的研究与文献资料。阅读文献可以发现什么问题已经解决、什么问题尚待研究。

确定研究课题后，应当明确研究目的和假设，理清研究思路。研究目的或假设的性质不同，直接影响着被试的选择、研究变量的确定、收集资料的具体方法与具体实验的设计方式。例如，"中学生阅读策略训练的干预研究"和"问题链设计的教学策略对提高小学生阅读能力的干预研究"两个课题，由于研究目的不同，其在研究变量与指标选择、被试选择等方面也就不同。在此特别值得一提的是，实验假设是关于条件和行为之间的关系的陈述，一般来说，假设应包括这样的内容：回答该实验的实际问题，对已知事实作出解释，并且能预言一些可被证实的观察。如果把对条件的叙述记为 a，把对行为的叙述记为 b，一般取"如果 a，那么 b"这样的形式。[③] 这些内容在前文已有阐述，这里不多讲。

（2）实验设计的情况。

实验设计是影响实验研究结果与结论的重要条件，它对实验可能涉及的各方面因素进行系统分析、筹划和安排，以保证后续实验的顺利进行和实现实验研究目的。它包括三个方面的问题：变量（variable）的分析与处理、被试的选择与分配、实验设计模式的选择，即怎样选择合适的样本及合适样本量的大小；怎样操纵自变量以获得可观察的因变量；怎样控制无关变量且减少测量误差，从而以最为合理、最为有效的方式达到预定的研究目标等。其中，实验设计是指通过操纵某些变量，对各实验组进行比较，产生有关的因果关系，主要包括随机、重复与混合三种基本的实验设计模式。目前，随着现代应用数学的发展，某些数学方法应用于心理实验设计已显示出普遍的实用价值，如完全随机化设计、随

---

① 若在一个实验中同时运用了两个或两个以上的自变量，可以通过实验设计和运用相关统计手段来进一步确定每个自变量与因变量的关系。

② 理查德·格里格，等. 心理学与生活. 王垒，等译. 16 版. 北京：人民邮电出版社，2003：21 - 24；郭秀艳. 实验心理学. 北京：人民教育出版社，2004：33 - 34.

③ 杨治良. 实验心理学. 杭州：浙江教育出版社，1998：19.

机化区组设计、多因素实验设计等已成为心理实验设计的重要依据。[①] 在教育心理学中，准实验设计更是常见的实验设计模式，即指未对自变量实施充分控制，但使用真正实验的某些方法搜集、整理以及统计分析数据的研究方法。准实验设计使研究者能够在道德和能力的限制范围内尽可能地关注感兴趣的问题，例如，研究者出于伦理考虑，不可能为观察大学生药物使用情况而创造一个药物滥用组，然后比较他们与我们创造的非药物滥用组的行为；又如，研究者也没有能力为了解自然灾害下的情绪反应而人为地制造一场地震。在这些情况下，严格的实验研究是不可能的，采用准实验设计能够在严格实验无法进行的时候取得结果。此外，实验设计还有许多具体的工艺和技术问题，巧妙的工艺和技术设计不仅能把心理学原理化于其中，而且可以在最有利的条件下准确地获取心理事实。

为了保证实验研究结果的可靠性，在实验设计时必须运用控制程序（control procedures）——它是一些力图使所有变量和条件（除了那些与被验证的假设相关的）保持恒定的方法——和双盲控制等手段来消除期望效应和安慰剂效应。因此，在一个实验中，指导语、室内温度、任务、研究者行动的方式、时间的安排、记录反应的方式，以及其他一些情境中的细节必须对所有被试都一致，以确保实验是相同的。被试所经历的唯一不同应该是那些自变量的不同条件。同时，在最理想的情况下，可以通过保证实验助手和被试都不知道（双盲）哪一名被试进行了哪项处理的方式来消除偏见。这一技术被称为双盲控制（double-blind control），它可以被用来消除实验者效应和安慰剂效应（placebo effect）。

所谓实验者效应，也叫霍桑效应，是指实验者为搜集能证明其假设成立的实验结果，在实验中有意或无意地通过不同的表情、语言或动作等将预期的要求暗示给被试，并因此引导被试生出期望的反应，造成一种实验结果有利于证明其假设成立的效应。在这种情况下，真正诱发被试作出相应反应的是实验者的预期，而不是自变量，结果就产生了实验者效应。

在心理学中，安慰剂效应是指当没有任何一种实验操作时，参加实验的被试也改变了他们的行为。安慰剂效应这一概念来源于医学中的一种现象：当病人接受了化学上无效的药物或无针对性的治疗后，他的身体却康复了。因此，在医学上，安慰剂效应是指由于个体对于治疗会产生良好效果的信念所导致的健康程度的提高。安慰剂（placebo）是一种假的药丸或针剂，它的作用来自给人的暗示，而不是来自真实的成分。糖丸和生理盐水注射液是常用的安慰剂。一些采用无疗效药物的治疗已经表明，在安慰剂效应的影响下，有70%采用过这种药物的病人都有好的或极好的结果（Robert et al.，1993）。安慰剂效应是以期望为基础的，并不是完全的想象。在心理学的研究情境中，当行为反应受到个人对做什么和如何感受的预期的影响，而不受特定的介入或产生某种反应程序的影响时，安慰剂效应就出现了。[②]

顺便指出，在心理学实验中还要努力避免天花板效应（ceiling effect）和地板效应（floor effect），因为天花板效应和地板效应都阻碍了因变量对自变量效果的准确反映。所谓天花板效应，是指反应指标的量程不够大，导致因变量水平趋于完美（接近于量表的"天花板"），造成反应停留在指标量表的最顶端，使指标的有效性遭受损失；所谓地板效应，是指反应指标的量程不够大，导致因变量水平趋于零效应（接近于量表的"地板"），造成反应停留在指标量表的最底端，使指标的有效性遭受损失。该怎样避免天花板效应和

---

① 郭秀艳. 实验心理学. 北京：人民教育出版社，2004：70－88.

② 理查德·格里格，等. 心理学与生活. 王垒，等译. 16版. 北京：人民邮电出版社，2003：21－24.

地板效应呢？常用方法是先通过实验设计去避免极端的反应，然后再通过测试少量的先期被试来考察他们对任务操作的反应情况。假若被试的反应接近指标量程的顶端或底端，那么实验任务就需修正。例如，在一个练习实验中，假若练习成绩太好，就可以增加练习难度以降低练习成绩；与此相似，如果被试完成得太糟糕，几乎无法完成练习，就要通过延长练习时间、减少练习量等方法降低练习难度。设计实验任务和反应指标的指导思想是应使被试的反应情况分布在指标量程的中等范围内。这样，操作自变量时，被试反应水平的提高或降低都能被观察到。谨慎的研究者在实施可能被天花板或地板效应污染的实验前，会先做好预备实验。预备实验能使研究者了解到实验中存在的有关设计或实验程序方面的问题。可见，了解天花板效应、地板效应及相应的回避方法，有助于更好地构思实验设计、更好地开展实验以及更好地对实验结果进行解释与讨论。[①]

（3）实验计划的制订与实验材料的准备。

制订实验计划应注意两点：一是计划要周全、有序。如实验的全过程大体可分为哪几个阶段，每一阶段要解决什么问题，达到什么目的，安排哪些工作，每一阶段大致需要多长时间；采取哪些具体措施去保证各阶段工作的正常进行，以实现预期目标；哪些工作可由个人承担，哪些则必须共同协作集体攻关，个人进行的工作又如何分配力量和时间，集体合作的工作又如何体现既分工又协作的原则等。二是选择合适有效的实验物质手段，这主要包括实验场所、实验仪器、实验所需要的设备与材料等。实验研究是探索未知的领域；如要解决特殊问题，获得具有创造性的成果，仅仅利用已有设备是不够的。因此，凡是心理学上有所建树者，其研究业绩的树立往往与他们自觉改进、设计、研制实验装置分不开，如斯金纳设计的"斯金纳箱"等。同时，对于教育心理学领域的实验尤其是干预实验，要注重作为干预材料的理论指导基础与实践的针对性。例如，在"心理团体辅导对大学生社会交往能力的干预研究"课题中，心理团体辅导方案基于何种理论的指导？针对哪种类型或特点的大学生？针对大学生的哪类社会交往能力？……这些在实验实施前都应当有严格论证。

（4）实验的实施与结果呈现。

这是研究者按预定的实验方案和工作计划，在一定的理论指导下，操纵仪器、实验装置对实验对象进行观测、研究的实践环节。通过该环节，研究者能获得大量有关研究对象的观测资料，其中包括计算资料、计量资料、等级资料与描述性资料。这些实验结果既包括定量结果，也包括定性结果。对于定量结果，宜选择合适的统计方法加以处理，并按统计规范呈现。

在实验实施过程中，事先要安排好时间、地点、实施人员与材料等，最好定期完成阶段性研究报告，这样既做到研究工作的及时总结和回顾，又能检验自己的工作成果，把握研究方向。整个实验实施阶段临近完成时，要对实验各阶段所作的记录进行系统整理。必要时，对某些尚有疑问的实验结果用重复实验的形式加以检验，尤其是对由某种偶然因素所造成的结果进行仔细追踪，很可能会有重大的心理学发现。[②]

3．实验法的优点与局限

在实验法中，研究者处于主动地位，可以有计划地引起或改变某种急需研究的心理现

① 郭秀艳. 实验心理学. 北京：人民教育出版社，2004：64 – 65.
② 郭秀艳. 实验心理学. 北京：人民教育出版社，2004：70 – 88.

象，不必消极等待它们的自然发生；实验者可以控制一些偶然发生的因素，排除一些与研究对象无关的因素，从而对对象进行精细的观察，获得定量的结果；研究者还可以改变各种条件，多次重复进行实验，认真仔细地进行核验，揭示条件与现象的函数关系，掌握某种心理现象产生的规律。

实验法的不足主要是，实验研究中对变量的操纵难免受到人为因素的影响，且无法排除所有的无关变量；并且，由于实验法对心理过程的操作和量化要求过高，大大限制了它的应用。此外，由于实验本身人为性较强，在抽样、变量数量与水平、实验处理、实验环境、实验方法等诸方面都难以保证一定的外部效度。目前，单一的、严格的、人为的实验研究受到众多批评，而更生活化、生态化、强调实际应用的现场实验与多因素实验则受到广泛的重视。[1]

（三）测验法

1. 什么是测验法

测验法（measurement method），也叫测量法，指用一套预先经过标准化的测验工具（量表）来测量个体的某种心理品质的方法。[2] 在心理学研究中，利用科学的心理测验可以预测人们从事各种活动的适宜性，提高人才选拔和职业培训的效率。同时，测验法还可以运用于心理诊断和治疗，对学生的问题与行为进行甄别，为加强对学生的因材施教和个别指导提供依据。

2. 测验法的应用程序

从方法上讲，测验法与问卷法相似，但测验法的理论基础更加明确，程序标准化要求更加严格。关于其研究程序在这里略过，可参照下面的问卷法研究程序。这里仅集中探讨测验法在教育心理学研究中的应用。

（1）测验的选择。

选择测验必须注意两个方面：一是所选的测验工具必须适合测验目的。心理学和教育学的许多研究工作都需要通过测验来获得第一手资料。例如，为了查明影响学生学业成绩的心理因素，需要运用智力测验、学习能力倾向测验、成就动机测验、学习兴趣测验、人格测验和学业成就测验等多种测验，通过计算各种心理因素的测量分数与学业成就测验的分类之间的相关系数进行回归分析，然后根据测验所获得的实证资料得出科学结论。但是，不同的测验工具有着不同的理论基础和适用范围，如想了解智力对小学生学习成绩的影响，就不宜采用瑞文推理量表对其智力进行测定，因它主要用来测量一个人的观察力及清晰思维的能力，对于包含各类学科在内的综合学业成就预测力不强。二是所选测验必须符合心理测量学的要求，如该测验是否经过了标准化，它的信度、效度如何，常模样本是否符合测验对象，常模资料是否因时间太久而失效等。如果该量表既适合测验目的，又具有较好的信度、效度，就可直接用于该项测验；否则，研究者需要进行量表修订或是自编量表，[3] 具体做法可以参照下文所讲的问卷编制方法。

（2）测验前的准备。

主试自身的准备：首先，主试要熟悉测验指导语并能流利地说出来；其次，主试必须

---

① 董奇，申继亮．心理与教育研究法．杭州：浙江教育出版社，2005：226．
② 董奇，申继亮．心理与教育研究法．杭州：浙江教育出版社，2005：424．
③ 董奇，申继亮．心理与教育研究法．杭州：浙江教育出版社，2005：440－441．

熟悉测验的具体程序；最后，主试必须做好应付突发事件及被被试提问的心理准备。

测验材料的准备：测验材料包括测验题目、答卷纸、记分键、指导书、纸、笔及计时器等。

测验环境的准备：主试必须对测验时的光线、通风、温度及噪音水平等物理环境做好安排，统一布置。[1]

（3）施测过程的标准化。

对于标准化测验，主试必须按照规定的程序施测，才能得到可靠的结果。测验的实施主要涉及两个问题：①如何实施测验才能保证测验分数尽可能少受施测过程的影响；②如何解释分数才能保证受测者的心理不受负面影响。因此，在实施测验时，必须使用统一的指导语，指导语应力求清晰、简明扼要且有礼貌；主试还应告知被试该测验具体的时间限制。另外，在施测过程中，对于被试的反应，主试不应出现点头、皱眉、摇头等暗示性反应，应时刻保持和蔼微笑。[2]

（4）数据的整理和分析。

对测验所获得的结果按照测验工具的不同可从质和量两方面进行。在研究设计时，主试要初步考虑如何对收集到的研究数据、资料进行整理、分类，以及用什么方法进行统计分析。一般而言，测验法有设定好的常模，可以把测验结果与之直接对比研究；[3] 或者，依据研究目的与研究设计，通过数据转换直接进行各种描述性统计处理和推断性统计处理，以检验研究假设。

3．测验法的优点与局限

（1）测验法的优点。

心理测验工具的编制一般颇为严谨，并且经过标准化和鉴定，这些测验工具无论其结构还是内容都颇合理、翔实，信度和效度都比较高，心理测验法所得到的结果与结论一般也颇准确可靠。相对于观察法与访谈法等其他方法，心理测验法的定量化水平很高，问题和答案都是以封闭式方式给出的：在施测过程中，主试很容易控制整个施测过程，把被试在回答过程中的主观因素影响降低到最小，得到的资料也比较客观。心理测验法可以在同一时间内对大样本被试进行施测，能在短时间内收集到大量的数据。

（2）测验法的局限。

由于不同心理测验所依据的理论基础不尽相同，所测特质的定义、观点及概念系统也不同，因此，同样性质的测验获得的可能是不完全相同的心理特质。而且，心理测验是对人的心理特质的间接测量与取样推论，其结论不可能完全准确，因为测验过程中的一些无关因素的干扰很难完全排除，它们会影响到测验结果的稳定性与准确性，如一些涉及个体隐私方面的问题，很难保证被试如实进行回答。[4]

（四）问卷法

1．什么是问卷法

问卷法是指研究者采用预先拟定好的问题表，由被试自行填写答案来搜集资料，以此

① 董奇，申继亮．心理与教育研究法．杭州：浙江教育出版社，2005：440－441.
② 董奇，申继亮．心理与教育研究法．杭州：浙江教育出版社，2005：440－441.
③ 董奇，申继亮．心理与教育研究法．杭州：浙江教育出版社，2005：440－441.
④ 董奇，申继亮．心理与教育研究法．杭州：浙江教育出版社，2005：440－443.

来分析、推测群体心理或行为规律的一种研究方法。① 从类型上看，问卷有结构化问卷与非结构化问卷之分：前者由封闭题构成，每个问题都有若干可供选择的选项，被试只能从中做出自己的选择；后者由开放题构成，问题后面不限定选择答案，允许被试自由反应。问卷法使用成败的关键是找到一份质量上佳的问卷。因此，在运用问卷法研究某一主题时，若有已经被证明具有良好信度、效度的问卷，一般在征得问卷编制者同意并有书面授权的前提下，可以直接拿来使用；如果某份问卷的全套题目及相应的评分标准已公开发表或出版，此时一般无须征得问卷编制者同意，可直接拿来使用，只要在使用过程中详细注明出处即可。但在教育心理学研究领域中，出于研究问题的深入、研究的本土化等各种原因，可能并无现成的问卷可用，研究者往往需要根据研究的特殊要求，自己编制高质量的相关研究问卷。

2. 问卷法的研究程序

问卷编制必须遵循的规则主要有六：①科学性原则。问卷题项的区分度、信度和效度都要合乎一定的要求；问卷编制应有逻辑性；问卷题项的措辞力求准确、具体，既要避免出现双重甚至多重含义的表述，也要避免模棱两可或含糊的表述；尽量不使用否定式提问；不问被试不知道的问题；尽量不在同一问卷中平衡使用正向题与反向题，以避免出现项目表述效应（the method effects associated with the item wording）：由项目表述方式的差异引起的与测量内容无关的系统变异，包括正向题项目表述效应和反向题项目表述效应；②题项排列一般要遵循"先易后难""能引起兴趣的在前，引起顾虑的在后""熟悉问题在前，生疏问题在后""先行为后态度"（或"先客观后主观"）与"结构式问题放在前，开放式问题放在后"的顺序；问题的答案设计应遵循"穷尽性"（即答案中要包含该问题所有可能存在的情况）和"互斥性"（即同一问题中各答案之间相互不能包含或者重叠）两个基本原则。②适用性原则。编写问卷题项时，应将"为被调查者着想"作为问卷设计的出发点，所以，题项表述要简洁、通俗易懂，尽量不用专业术语和抽象概念，也要尽量避免题项中包含过多的复杂计算；并且，问卷的题量不宜过多，一般以被试能在 20～30 分钟内做完为宜，最好不要超过 40 分钟，以免引起被试的厌烦心理或让被试身心疲惫。③针对性原则。问卷的题项要围绕主题。④行为性原则。问卷尽量不要提出带有倾向性、敏感性或"直截了当"的问题，因为带有倾向性的问题可能会影响被试的作答。敏感性问题可能导致被试拒绝作答，如若问一些个人的隐私问题，易导致被试拒绝作答；也可能让被试作出社会赞许性或社会期望（social desirability）的作答。例如，若问一个被试是否爱国，他一般会回答爱国。直截了当地提问题，可能会让被试猜出研究者的意图，从而作出投研究者所好的答案；也可能因问得太直截了当，让被试拒绝作答。所以，题项的表述要有一定的行为性，它既可以达到迂回投射的作用，又可以使内容表述具体化，使被试容易回答，也愿意回答。⑤艺术性原则。问卷题项或内容应活泼有趣。⑥伦理道德性原则。问卷的题项不能违背伦理道德规范，问卷的整个施测过程也要合乎伦理道德规范。③

问卷法的一般研究流程如图 1-5 所示。

① 夏征农，陈至立. 辞海：第六版彩图本. 上海：上海辞书出版社，2009：2388.

② MOTL R W & DISTEFANO C. Longitudinal invariance of self-esteem and method effects associated with negatively worded items. Structural equation modeling, 2002 (9)：pp. 562-578；顾红磊，王才康. 项目表述效应的统计控制：以中文版生活定向测验为例. 心理科学，2012，35 (5)：1247-1253.

③ 戴海崎，张峰，陈雪枫. 心理教育测量. 广州：暨南大学出版社，2004：172-173；海平. 市场调查问卷设计的几类常见错误及纠正. 市场研究，2007 (2)：38-40.

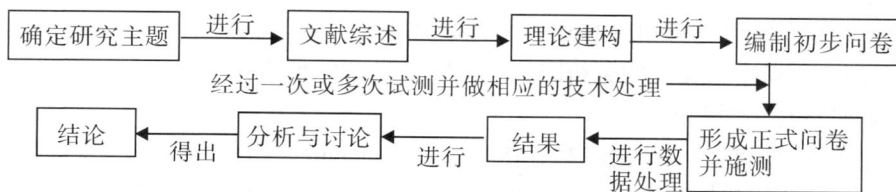

图 1-5　问卷法的一般研究流程示意图

根据图 1-5 所示，问卷法的一般研究流程大致分为如下三步：

第一步，确定一个有价值的研究主题。

第二步，对该研究主题进行理论探讨，然后提出假设并编制问卷的理论架构。为了提高研究的科学性与深度，在一项研究中，假设的数量不宜过多，一般有 1~3 个假设就足够了。

第三步，编制初步问卷。在自编问卷时，整个问卷要体现先前提出的理论架构，并对结构的各维度进行操作性定义，在此基础上撰写问卷题项。在撰写问卷的题项时，既可以先通过文献综述获得一些编写题项的资料与灵感，也可以通过与少数人（如本领域的专家或潜在的被试）进行深入访谈或进行小规模的开放式问卷收集编写题项的资料与灵感，还可以根据自己的知识经验编写题项。随后，要将自己编制出的原始问卷进行一次或多次试测，既要对试测过程中发现的问题及时解决，又要对试测后所获数据进行分析，根据所获结果及时调整问卷的题项，以便最终产生正式问卷（若是对问卷的要求不太高，此步骤也可省略）。接着，收集初测问卷的数据并进行项目与信度、效度分析。在做这项研究工作之时，有四个环节必须注意：

一是把握好被试选择环节。具体要注意三方面的问题：①确定被试来源的群体。试测时所用样本与正式问卷时所用样本来自同一个总体。②考虑被试的代表性。在一般情况下，要么分层随机抽样，要么简单随机抽样。③样本要足够大，以防回收率过低而影响到研究结果的可靠性。[①] 当然，数据并非越大越有价值，也非数据越多结果越可靠，关键是要看其代表性的好坏。打个比方，喝汤时要确定汤的咸淡，大多数人只需要品几口，并不需要把汤全部喝完。这个判断的准确性取决于这碗汤的均匀度。喝汤前把整碗汤搅拌一下，然后品尝几口，这就是随机取样。无论是一小碗汤还是一大桶汤，只要搅拌均匀，尝几小口就够了。这意味着抽样调查需要有一定的样本，但是超过临界点以后，和母体大小的关系是完全可以忽略的。也就是说，大数据再大，只要科学抽样，哪怕只有百分之零点零零几的均匀抽样，效果也可以比 95% 不均匀的数据好。[②]

二是试测的过程应当做到科学、规范。问卷的开头一般都有指导语，包括说明研究的目的、研究的重要性、不泄漏隐私、如何勾选等内容，这类问题是控制被试的反应的一个重要环节，要确保被试了解指导语。同时，施测程序、指导语等均应当标准化，并且应当注意记录初测过程中被试的各种反应、施测所需时间等，以作正式施测标准化的参考。[③]

三是剔除无效问卷。标准一般有四：出现大量未答项目、作答方式明显呈现出某种规

---

① 董奇，申继亮. 心理与教育研究法. 杭州：浙江教育出版社，2005：454.

② 孟晓犁. 大数据：越大越有价值吗. 读者，2016（4）：43.

③ 董奇，申继亮. 心理与教育研究法. 杭州：浙江教育出版社，2005：454.

律、未通过测谎题的检查和明显未认真作答者。

四是要对问卷质量进行相应的分析（若是简单的问卷调查，可省略此步直接进入下一步）。在对问卷质量进行相应的分析时，一般需要做三件事情：

（1）认真进行项目分析。

在进行项目分析时，一般用求临界比率（critical ratio，简称 CR 值）和相关法进行分析：将所有被试的问卷按总分由高到低的顺序进行排列，得分前 27% 者为高分组，得分后 27% 者为低分组，求出两组被试每个项目得分的平均数，然后进行平均数的差异性 t 检验，检验高分组的得分是否明显高于低分组的得分。假若题项的得分在高低分组上的差异显著，就表明该题项有良好的区分度，能鉴别不同被试的反应程度；反之，如果 CR 值没达到显著性水平，则表明该项目不能鉴别被试的反应程度，应剔除。同时，进行项目区分度分析时，要采用相关法来计算各项目与其所属类别总分的相关系数，[1] 删除相关系数小于 0.4 的题项。[2]

（2）对问卷进行信度分析。

信度，指通过测量所获得结果的可靠性和稳定性程度，它包含两个意思：一是用同一个测量工具重复测量某个持久的特性时，是否能得到相同的结果，即测量的尺度是否稳定、可依赖；二是测量能否减少随机误差的影响，而能提供关于所要测量的某特性的真实情况。[3] 心理测量的误差有两种：一是随机误差，是指由偶然因素引起的无规律的误差，导致测量结果围绕某一值产生不一致、不稳定的变化；二是系统误差，是指由某种常定无关因素引起的有规律性变化的误差，导致测量结果偏离真值，但每次偏离的方向和大小是稳定的，不会影响测量结果的一致性。可见，在测量误差中，随机误差既影响分数的一致性，又影响分数的准确性；系统误差只影响分数的准确性，不会影响分数的稳定性。所以，测验的信度只受到随机误差的影响，随机误差越大，测验结果一致性越低，测验的信度也就越低；效度则同时受到随机误差和系统误差的影响。信度系数通常用测得的两组分数间的相关系数来表示，其数值越大即表示该测验的信度越高。信度系数只是对测验结果的可靠性和稳定性的估计值，在不同情况下，对不同样本采用不同方法会得到不同的信度系数，即一个测验可能不止一个信度系数。若对自编问卷进行信度分析，一般至少要算出两个信度值；并且，只有至少两个信度值都符合相关要求时，这个问卷的信度才是合格的。应当注意的是，在经典测量理论中，主要有重测信度、复本信度（也叫平行信度）、分半信度、同质性信度（也叫内部一致性信度）和评分者信度五种信度，除分半信度与同质性度考察的误差来源基本相同外，其余三种信度考察的误差来源均不同，我们所选择的信度至少应当提供两种以上不同误差来源的信度值。所以，若只计算某个问卷的两种信度，那么，"分半信度 + 同质性信度" 的搭配一般不理想，改作 "分半信度 + 重测信度" 或 "同质性信度 + 重测信度" 会更好一些。再者，在计算问卷的内部一致性信度时，若问卷不是单一维度，除了要计算并报告总问卷的内部一致性系数外，最好还要计算并报告每一个维度的内部一致性系数。

重测信度。它指用同一种测验对同一组被测者前后施测两次，从而计算前后两次测验

---

① 样本相关系数常用 r 表示，而总体相关系数常用 ρ 表示。

② 吴明隆. 问卷统计分析实务——SPSS 操作与应用. 重庆：重庆大学出版社，2010：191 - 192.

③ 董奇，申继亮. 心理与教育研究法. 杭州：浙江教育出版社，2005：431 - 432.

结果的相关系数，以估计测验的信度。要保证重测信度的准确性，一是要注明两次施测的时间间隔，这可以随研究的目的或材料而异，短则一两周，长则一两个月，一般不超过六个月；二是两次所施测的样本要一致，并且需要将前后两次施测的同一样本的测量结果一一对应起来进行统计，如 A1—A2，B1—B2。对重测信度可采用皮尔逊积差相关计算，0.90 以上时认为重测信度较高，测量较为可靠；不符合积差相关条件的资料可用等级相关计算。重测信度主要反映两次测验结果的变动情况以及测验工具的稳定程度，其优点是提供了对于测验结果是否会随时间而变的结论，缺点是前后两次测量的结果易受被试练习、记忆或厌倦心理的影响。[①] 可见，若想计算问卷的重测信度，就必须保证同一批被试能够先后做两次问卷，且要保证每一被试先后两次所做的问卷能够一一对应，即被试 A 第一次做的问卷若编号为 A1，那么，被试 A 第二次做问卷的编号则为 A2；被试 B 第一次做的问卷若编号为 B1，那么，被试 B 第二次做问卷的编号则为 B2；依此类推。因此，若想做重测信度，如果问卷里包含的所有题项都不涉及个体的隐私等敏感信息，最好在让被试作答时，两次都请被试署上姓名，这样就方便一一配对并排序了；若问卷中有一些题项涉及个体的隐私等敏感信息，最好在请同一批被试作答前，两次都事先将同一批被试（若是学生）按其学号顺序安排座位，然后主试再将相关座位信息记下，并按座位顺序逐一回收问卷，这样也方便事后一一配对并排序。若无法保证两次找到同一批被试（如站在大街上随机取样），或者，即便能够两次找到同一批被试，事后也分不清哪份问卷是由哪个被试作答的，就不可能计算重测信度。

复本信度。如果测量有两个或两个以上的复本（即通常所说的两个内容与性质相似的 A 测验与 B 测验），可先后对同一组被试施加两个复本测验，这样可得到同一样本前后两次施测的两个分数，计算两个分数之间的相关系数，即复本信度。在施测方法上，一是同样要注意前后两样本的一一对应；二是要注意消除测验的顺序效应。消除顺序效应可采用此种方法：令被试的一半人先做 A 本测验，后做 B 本测验；令被试的另一半先做 B 本测验，后做 A 本测验；然后计 A 本测验分数与 B 本测验分数的相关程度系数。复本信度侧重内在的一致性程度，与重测信度相比，其可信程度更高，但其缺点是，主试一般难以获得内容与性质高度一致的两个测验工具。[②]

分半信度。对一组被试施测后，将测验分成 A、B 两半，然后计算 A 与 B 两部分之间的相关系数。通过此法获得的信度叫分半信度。在相等条件下，测验长度越长越可靠。[③] 分半法的核心是将测验分为两半，使之相当于两个平行测验，所以，原则上要求两半测验要等值。常用的分半法有完全随机分半与奇偶分半（奇数题为一半，偶数题为另一半）。分半法简单易行，既不需专门建构复本，也不必两次施测，且能克服许多无关变量的干扰，故颇为常用。

内部一致性信度。它是对分半信度的发展，即考查测验内部所有项目分数之间的一致性程度。如果整个测验具有相当的效度，而其中每个项目与整个测验一致时，即可推论每个项目也具有相当效度。最常用的方法是计算克伦巴赫 α 系数。[④] 因此，若要计算内部一

① 董奇，申继亮. 心理与教育研究法. 杭州：浙江教育出版社，2005：431 – 432.
② 董奇，申继亮. 心理与教育研究法. 杭州：浙江教育出版社，2005：431 – 432.
③ 董奇，申继亮. 心理与教育研究法. 杭州：浙江教育出版社，2005：431 – 432.
④ 董奇，申继亮. 心理与教育研究法. 杭州：浙江教育出版社，2005：431 – 432.

致性信度，就必须保证问卷具有同质性。

评分者信度。评分者信度一般适合用于主观题。评分者信度，是指不同评分者对该测验工具进行评判时所得结果的一致程度。如果各评分者都对该测验作出客观的、高度一致的评分，则可以认为该测验具有较高的评分者信度。但是对于一些测验，不同的评分者所掌握和理解的标准不同，可能得到不太一致的结果。评判评分者信度的传统方法就是：当评分者的人数为 2 时，评分者信度就等于两个评分者给同一批被试的测验所给分数的相关系数，通常情况下可以求积差相关或等级相关；当人数多于两个时，评分者信度可用肯德尔和谐系数进行估计。现代测量学中也采用 FACETS 模型的 RASCH 评定法，该方法主要是以项目反应理论的应用为基础，对评分者信度进行直接测量。[①] 需指出，若两个或多个评分者对某测验工具的评判结果高度一致，但实际上他们的评判结果均是错误的，此时便会出现"评分者信度虽高，却明显降低了测验的效度"的情况。一旦出现这种情况，便要及时采取补救措施。例如，及时对评分者进行再培训，以提高其对评分标准的准确理解度；或者，用专家替代错误率较高的评分者等。

（3）对问卷进行效度分析。

效度，即测验的准确性，指一个测验或测验工具能够测量出其所要测量的内容的程度。[②] 测量结果与要考察的内容越吻合，则效度越高；反之，则效度越低。测验的效度有各种不同的类型，最常用的有如下三种：

内容效度。它指测验题目对有关内容或行为范围抽样的适当性（或代表性）程度。例如，教师要了解中小学生道德品质发展的总体情况，若时间与条件允许，可以对中小学生知、情、意、行各个方面所包括的内容进行一个全面的测查，但事实上这是行不通的。因此，教师只能选择有代表性的部分内容或项目进行测查，用测查的结果推论总体情况。但是，所选内容的代表性将会影响对总体情况进行推论的准确性。内容效度的检验方法主要是专家判断。[③]

结构效度。也叫构想效度，指测验能够检验到理论上的构想或特质的程度。确定测验的构想效度一般是采用由果溯因的方式，即先从某一理论构想出发，导出与构想概念有关的各种假设，再根据假设编制测验，最后分析测验结果与理论构想的吻合程度。若两者比较吻合，则说明测验具有较高的构想效度；否则，可能是理论假设的错误，或是测验本身的问题，此情况需要作进一步分析研究。构想效度可用探索性因素分析和验证性因素分析的方法加以考察。[④]

效标效度。它指测验分数与效标之间的相关程度。效标是指衡量测验有效性的参照标准。评估效标效度一般有两种策略：一是预测效度。若测验分数与日后的行为表现有较高的一致性，则可以说测验预测的准确性较高。例如，一个亲社会行为的测验，其效标可以是个体今后的亲社会行为表现。效标效度可用测验分数与效标分数之间的相关系数来表示。[⑤] 二是同时效度。它的可行性在于同时获得被试的测验分数和效标分数。例如，对一组在职者施测，同时得到他们的工作成就资料作为效标，测验分数与效标分数之间的相关

① 董奇，申继亮. 心理与教育研究法. 杭州：浙江教育出版社，2005：431－432.
② 董奇，申继亮. 心理与教育研究法. 杭州：浙江教育出版社，2005：432－433.
③ 董奇，申继亮. 心理与教育研究法. 杭州：浙江教育出版社，2005：432－433.
④ 董奇，申继亮. 心理与教育研究法. 杭州：浙江教育出版社，2005：432－433.
⑤ 董奇，申继亮. 心理与教育研究法. 杭州：浙江教育出版社，2005：432－433.

系数便是同时效度。

若对自编问卷进行效度分析，一般至少要算出两个效度值（在上述三种效度中任选两种即可）；并且，只有至少两个效度值都符合要求时，这个问卷的效度才合格。

第四步，编制正式问卷。使用或修订初测问卷所保留的题项对重新获取的被试样本进行施测，收集数据并进行问卷的质量评估。具体包括以下基本过程：首先，选择新的被试样本进行数据收集工作。实施程序如初测。回收已作答的正式问卷，剔除无效作答问卷后，将所有有效作答的问卷进行排序。为提高回收率，最好能够取得一定组织机构的协助，如在学校进行施测时征得校长、班主任的同意，通过他们帮助组织实施调查。要注意对问卷的审核，以确保所得数据资料的质量。同时，若条件允许的话，辅以其他的方法，如对个别接受问卷调查的对象进行访谈，了解更具体的情况。[①] 其次，录入并选择相应的统计方法处理数据。将已排序的有效作答问卷的相关信息逐一准确录入 SPSS 或 MPLUS 软件中作数据处理，获得相应的结果，然后对所获结果进行整理后输入 Word 文档中。并且，与前文处理测验数据类似，在问卷设计时，也要初步考虑如何对收集到的研究数据、资料进行整理、分类，将用什么方法进行统计分析，据此对收集资料的方法和内容提出进一步的要求。例如，如果研究结果将用计算机处理，则在问卷设计时就应考虑到如何使数据的录入方便。假若事先不加考虑，就可能会出现最后找不到适当的统计分析方法、数据录入困难等情况，从而影响研究工作。通常情况下，数据的结果处理包括项目分析、信度和效度分析。再次，对所获结果进行分析与讨论。最后，根据分析与讨论证实或证伪假设，并形成结论。

3. 问卷法的优点与局限

问卷法的优点是能发现人们对现实情景的反应，特别是能较快地收集现时现场大样本人群的心理状态与行为方面的信息；也有利于主试对取样者进行较好的处理。随着计算机技术的迅速发展，人们处理通过问卷法获得的数据的能力得到了迅速发展。

问卷法的主要缺陷有：①一般不能准确掌握现时现场人们的过去心理状态，因为人们往往记不准他过去的所作所为。②一般不易掌握被试的内隐心态，因为人们的内隐心态往往处于无意识水平，通过一般的问卷是很难了解到的，必须运用内隐联系测验（Implicit Association Test，简称 IAT）之类的技术才能捕捉到。③当问卷中有一些含道德色彩或价值导向的问题时，被试易受社会赞许效应影响而掩饰内心的真实态度；有时被试也会迎合调查的需要或受主试的主观因素影响；还有些被试因缺少诚信，常常不愿真实作答。若出现此类情况，被试的作答往往不准确。因此，问卷的信度、效度常受人们的质疑。④一般的研究者往往难以设计出一个好问卷，因为问卷编制需要遵循许多规则，虽然有些著作专门讨论问卷编制应遵循的规则，但初学者往往难以真正掌握它。⑤问卷设计完之后，所调查的内容就已确定，然而，当题目不适合被调查者时，被试只能是猜测、放弃或随机应答。同时，由于主试无法直接观察每个被调查者，这就导致主试失去了记录被试回答问题时的反应机会。[②] ⑥问卷法对被调查者的文化水平有一定要求，故问卷法一般不适合用来研究幼儿、文盲的心理与行为。⑦问卷回收率有时难以保证。⑧有时不能保证填答问卷的环境和质量。⑨对问卷发放的要求较高，不能出现抽样偏差。⑩依乐国安教授的见解，问卷法

① 董奇，申继亮. 心理与教育研究法. 杭州：浙江教育出版社，2005：454.
② 董奇，申继亮. 心理与教育研究法. 杭州：浙江教育出版社，2005：445.

在使用过程中还要尽量避免方法上的机械主义、手段上的经验主义、取向上的个体主义和结论上的普遍主义等四个缺陷。①

所以，除非有成熟的问卷或者自己善于编写问卷，除非仅是想摸清被试心中某种处于意识层面（而非无意识层面）的想法或态度（至于此想法或态度是对或错则没有关系，即仅做事实描述，不做价值判断），否则，不要轻易用问卷法，更不要在没有扎实理论基础的前提下去随意自编问卷并开展研究。试想，若被试对智慧缺乏正确认识，你能用问卷的结果去衡量一个专家建构出的智慧理论的正确与否？显然不能。因为前者充其量仅是被试对智慧的一种极不成熟、极不深刻的看法，它与专家的深刻反思、深刻理解和科学建构相距甚远。同时，若缺少扎实的理论研究，如何保证能编出高质量的问卷？在做因素分析时如何合理确定因子的数量？在用结构方程技术做验证性因素分析以检验问卷或量表的结构效度时，如何保证给相关因子进行合理命名？如何有效确定某个结构模型的好坏？若对这些问题都"存而不论"，在做因素分析时只依靠"碎石图"与"项目的因子分布及负荷量"来确定因子的数量，在做验证性因素分析时只根据"模型的主要拟合指数"来确定某个结构模型的好坏，这两种做法完全都是由数据驱动，属典型的"脚踩西瓜皮，滑到哪算哪"的做法，其科学性会大打折扣。顺便指出四点：

第一，在问卷编制的数据处理中，通常采用探索性因素分析或验证性因素分析统计方法，但二者使用的情境有差异：围绕某一主题编制问卷时，若此主题尚缺乏相对较成熟的理论的指导，通常采用探索性因素分析方法以探索其理论结构；若此主题已有相对较成熟的理论作指导，或者是基于前期较科学的探讨基础上，通常就采用验证性因素分析方法来验证其理论结构。

第二，由于变量间的相关性是进行探索性因素分析的首要条件，所以先根据相关标准对因素分析的相关性进行考察。变量间的相关性用 Bartlett 球形检验，其是否达到显著由 KMO 系数来确定，标准如下：KMO 系数在 0.90 以上非常适合进行因素分析，在 0.80～0.90 之间为适合进行因素分析，在 0.70～0.80 之间尚可进行因素分析，在 0.60～0.70 之间不太适合进行因素分析，在 0.50 以下极不适合进行因素分析②。在列因子负荷矩阵时，每个因子名下的题项均按因子负荷值从高至低排序，除要列出每个因子的特征值、贡献率以及所有因子的累计贡献率，还要列出每个题项的共同度。同时，在兼顾理论构想的前提下，要先依据四个统计标准剔除问卷中的不合适题项：①共同度低于 0.40 的题项；②在任一因子下的负荷值均小于 0.40 的题项；③因子归属明显不当或不易解释的题项；④在两个或大于两个因子上的负荷值都高于 0.40 的题项，结合理论构想部分予以删除。再根据以下三个统计标准确定因子数目：①特征值大于或等于 1；②因子符合陡阶检验；③每个因子至少包含三个项目。

第三，如果在理论建构中发现可能存在两个或多个模型，在做验证性因素分析时就须提供相应的竞争模型；反之，假若在理论建构中发现只可能存在一个模型，在做验证性因素分析时就无须提供竞争模型。当有竞争模型时，若同时有两个或两个以上模型的主要拟合指数都达到了理想标准，一般就选用其中一个相对更简单的模型，因为"大道至简"。

第四，使用 AMOS 之类的软件进行验证性因素分析时，常用拟合指数及其标准一般

① 资料来源：乐国安教授于 2007 年 7 月在北京大学"人格与社会心理学暑期学校"上所作的讲座。
② 邓铸，朱晓红. 心理统计学与 SPSS 应用. 上海：华东师范大学出版社，2009：217.

是：①x^2值（卡方值）、df值（自由度）、x^2/df（卡方值与自由度之比，是基于拟合函数的指数）的值。其中，x^2/df的值要小于 5，自由度（df = 已知参数的个数 − 需估计的参数个数）的值越小越佳。②在绝对指数（Absolute index，它旨在衡量所检验的理论模型与样本数据的拟合度，其只涉及理论模型本身，没有与别的模型比较①）中，"近似误差均方根"（Root mean square error of approximation，$RMSEA$）≤ 0.08 可以接受，且越小越好；②"标准化残差均方根"（Standardized root mean square residual，$SRMR$）≤ 0.08 时模型可以接受，当 $SRMR$ > 0.08 时，模型一般被认为拟合得不好。③ ③在相对指数（Relative index，它是将所检验的理论模型与基准模型进行比较，观察拟合度改进了多少④）中，"规范拟合指数"（Normed fit index，NFI）、"非规范拟合指数"（Non-normed fit index，$NNFI$）、"比较拟合指数"（Comparative fit index，CFI）和"递增拟合指数"（Incremental fit index，IFI）的变化范围在 0 ~ 1 之间，0.90 以上可以接受，越接近 1 表示模型拟合得越好。⑤ 如果使用 Mplus 进行验证性因素分析，报告 x^2值、df值、x^2/df的值、TLI、CFI、AIC、BIC、SRMR 与 RMSEA（90% 置信区间）就可以了。

4. 问卷法与测验法的比较

问卷法与测验法一般都需要预先拟定好一个问题表，二者在研究程序（包括研究对象的确定、施测过程、数据处理、分析与讨论、获得结论等）上都强调要标准化，以至一些人常将问卷法与测验法相等同。其实，量表（Scale）与问卷（Questionnaire）之间至少有六个明显区别，导致问卷法与测验法是两种不同的研究方法：①编制量表和问卷的依据有差异。量表的编制一般要以某个理论和概念含义为依据，量表测量的一般是某一个心理概念的内涵或结构，量表的各个内容之间都与此概念相关，或是这个概念的某个成分；问卷以研究目的为依据，不一定有特定的理论依据，故问卷中的题目有时较分散，想要调查什么就设计什么题目，各题目之间不一定具有共同的含义和联系。②量表和问卷在答题与计分方法上有差异。量表中每个题目的答案选项数量和答题方式是一样的，如都是李克特式七点量表，且都是单选题；问卷中不同的题目可以设置不同数量的选项与不同的答题方式，如设计成单选题、多选题和开放题。③统计分析方法上有差异。量表一般可以用来做因子分析；因是连续变量，可以做各种高级统计，如独立样本 t 检验、方差分析、回归分析等。问卷的题目分散，只能对单个题目进行分析，且多是描述性统计（分析频率、得分范围、平均值等），部分题目可以进行卡方检验。④是否有常模的差异。一般而言，问卷无常模，而量表有常模。⑤对信度与效度的要求不同。相对而言，在编制用于心理测验的量表时，对信度与效度的要求都很高；在编制用于调查的问卷时，除非常严谨的问卷对信度与效度有较高要求外，一般的问卷可以不计算信度与效度。⑥适用对象不同。问卷法一般只适用于研究群体的心理与行为，却不用来研究个体的心理与行为；与此不同，测验法既可用于研究群体的心理与行为，也可用于研究个体的心理与行为。

① 侯杰泰，温忠麟，成子娟. 结构方程模型及其应用. 北京：教育科学出版社，2012：180.

② 侯杰泰，温忠麟，成子娟. 结构方程模型及其应用. 北京：教育科学出版社，2012：49.

③ HU L & BENTLER P M. Cutoff criteria for fit indices in covariance structure analysis：conventional criteria versus new alternatives. Structural equation modeling，1999，6（1）：pp. 1 − 55.

④ 侯杰泰，温忠麟，成子娟. 结构方程模型及其应用. 北京：教育科学出版社，2012：183.

⑤ 侯杰泰，温忠麟，成子娟. 结构方程模型及其应用. 北京：教育科学出版社，2012：49.

（五）访谈法

1. 什么是访谈法

访谈法，也叫访问法，指调查者通过与受访者交谈，进行调查和收集资料，并分析和推测受访者心理与行为规律的一种研究方法。访谈法分结构性访谈和非结构性访谈两种：前者用高度结构化或标准化的调查提纲进行访谈；后者不使用或用简单的调查提纲，只提出一些笼统的、开放性的问题。调查者在引导、发问、追询、记录及使用访谈工具时，都要尊重对方，且忠实于所研究的问题，才能获得准确完整的资料。[①] 访谈法采取"主试问，被试说，然后主试记录被试的反应"，经过深入面谈可以获悉被试在某一方面或多个方面的详细信息，如被试的需要、价值观与人格特点等；同时，访谈者不仅可以听其言，还可观其举止表情。访谈法不像问卷法那么标准化，它是交互式的，访谈者可以根据回答者说的内容改变问题。

访谈法具有如下特点：①目的性与规范性。访谈法与其他研究方法一样，具有目的性和一系列的操作规范。访谈法不是漫无目的的"聊天"，它是为回答某些问题或检验研究假设而谈的，对访谈的人数、谈话的内容、谈话的程序等都有明确规定。②交互性。访谈法的显著特点是访谈者与被访谈者的直接交互作用，访谈过程是以访谈者与被访谈者之间问与答的形式进行的，谈话双方的心理特征、态度、期望、动机、知觉和行为等相互作用、相互影响。③技巧性与灵活性。要取得访谈的成功，必须讲究访谈的技巧性与灵活性。例如，访谈者要学会倾听；善于根据被试的特点和面谈气氛提问；善于把握谈话的进程等。[②] 访谈法中所获得的材料的丰富性和客观性，在很大程度上依赖于研究者的机智和谈话技巧。可见，从某种程度上说，访谈法是最难的方法，用访谈法来研究的主试要经过严格的培训和训练，以免对调查结果产生不良影响。同时，依张登浩先生的观点，在整理访谈资料时要做到：第一，逐字逐句地整理。第二，阅读原始材料（如"投降"一词，在不同被试的言语中可能有不同的意义），寻找词语及词语背后的准确意义，切忌"对号入座"。第三，条目抽取时要注意每一个有意义的最小单位。第四，同类项合并时要注意归类。第五，条目删减时要注意妥善删除一些"个性化"（对别人来说没有意义，不具代表性）的表达方式。第六，适当改写时要注意尽量使用访谈者的原话。第七，进入问卷。[③]

2. 访谈法的研究程序

（1）明确访谈目的。

明确访谈目的要考虑以下问题：一是将访谈目的转化为具体的研究问题和研究变量。访谈目的往往比较笼统、概括，需要将其转化为比较具体的、有限定性的研究问题，然后根据具体研究问题，列出涉及的变量的名称和类别，这样才能为组织和细化访谈维度做好准备。二是选择访谈类型。访谈类型常因研究目的而异。例如，依据对在访谈过程中"问"与"答"的限定情况，可以把访谈法分为结构访谈、非结构访谈和半结构访谈；依据每次接受访谈人数的多少，可以分为个别访谈、团体访谈；依据访谈沟通方式中是否借

---

① 夏征农，陈至立. 辞海：第六版彩图本. 上海：上海辞书出版社，2009：583.

② 董奇，申继亮. 心理与教育研究法. 杭州：浙江教育出版社，2005：388.

③ 资料来源：张登浩先生于2007年7月在北京大学"人格与社会心理学暑期学校"上所做的讲座.

助中介物，可以分为直接访谈和间接访谈。三是注意调控访谈过程。口语交流相对于书面用语有较大的随意性，访谈对象在进行陈述时，容易"触景生情"引发联想，而使回答偏离主题。访谈者要根据访谈的目的，及时控制访谈进程，使之按预定目的进行。[①]

（2）编制访谈表。

访谈表是实施访谈的依据，访谈表不仅包括发问的问题，而且对访谈对象的回答也有所规定。编制访谈表主要包括如下工作：一是设计问题形式。依据确定的访谈目的，编写具体的问题，问题可以以不同形式呈现。如依据问题的结构可把问题分为开放式问题和封闭式问题。开放式问题不限定答案范围，访谈对象可根据自己的想法来作答，如"你认为这会给小学道德教育带来什么影响"；封闭式问题要求访谈对象在事先确定的几个答案中进行选择，选出自己认为最合适的答案，如判断式、核查式、评定式、排序式等。二是依据所选择的问题形式编写访谈问题。一般而言，访谈问题要尽量做到口语化、清晰化、简洁化、通俗化、情感态度中立、避免触犯对象隐私与禁忌等。[②]

（3）实施访谈。

访谈的实施主要包括以下几个环节：一是初步接触。在接触访谈对象的过程中，要注意几个问题——形成好的第一印象、取得访谈对象的信任、采取策略等。二是进行提问。对访谈对象进行提问时要尽量按照访谈表上的问题与顺序进行；发问的语气与方式要保持中立，对对象的回答不要流露出批评、惊讶、赞成或不赞成的语气与态度；注意营造访谈的轻松、愉快、友好气氛，使对象畅所欲言，不轻易突然打断或中止访谈对象的话；对访谈对象出现回答不完整、不清晰、不具体或答非所问时可对其采用重复问题、复述回答、表示理解与兴趣、停顿、提出中性评论等方式进行探究。三是在访谈的全过程中，访谈者要始终全神贯注地倾听访谈对象讲话，并及时做好记录。四是在结束访谈时要注意向访谈对象表示感谢，或为今后的研究抽样做铺垫；若访谈不能正常结束时，访谈者应具体问题具体分析，灵活处置。[③]

（4）访谈结果的整理与分析。

对于结构性访谈其结果可进行量化分析；而对于非结构访谈，一般情况下，为了对结果作深入分析，非常重要的一步工作就是制订编码（或评分）系统，用编码系统来量化访谈结果。[④]

3. 访谈法的优点与局限

访谈法的优点主要有：①可以控制问题的呈现过程及访谈进程。②可获得较为全面、深入的资料，因为它既可获得被试的客观事实与行为方面的资料，也可获得被试主观动机、思想和情感方面的资料；既可收集现时资料，也可收集过去的资料。③既可用于定性研究，也可用于定量研究。

访谈法也有一定的局限性：①它对研究者提出了更高的要求，如果不经过严格的训练，很难真正掌握并灵活运用这一方法。②访谈过程和资料分析中都存在一定的不确定

---

① 董奇，申继亮. 心理与教育研究法. 杭州：浙江教育出版社，2005：399.
② 董奇，申继亮. 心理与教育研究法. 杭州：浙江教育出版社，2005：401－403.
③ 董奇，申继亮. 心理与教育研究法. 杭州：浙江教育出版社，2005：407－412.
④ 董奇，申继亮. 心理与教育研究法. 杭州：浙江教育出版社，2005：413－414.

性，增加了随机误差发生的概率。③访谈法是通过语言来实施的，主试的口头表述和被试的口头报告都对言语能力提出了较高的要求。所以，它不太适合作为研究某些言语表达能力有限的特殊人群（如幼儿）的主要方法。

（六）个案法

1．什么是个案法

个案法（case method），是指对单个人、家庭、团体等社会单元或某件典型事件进行深入、系统的观察与研究，以便发现某种心理或行为规律的一种研究方法。它是由医疗实践中的问诊法发展而来的。[①]

2．个案法的研究程序

（1）研究问题的界定。

先要确定研究的问题，问题一旦确定，便能有效指导资料的收集、分析与解释。研究者通常先提出一系列较为灵活的问题或假设，在研究过程中通过深入思考、探索和修正，使之尽快确定下来，以便指导以后的工作。

（2）对个案的界定。

研究者选择个案时，通常有两种情况：其一是对个案本身感兴趣，想要深入地了解与之有关的问题，这类研究被称为内在性个案研究；其二是通过对该个案的研究探索某种一般性的问题或将结论推广至其他的个案，这类研究被称为工具性个案研究。无论出于哪种情况，研究者都应该在研究设计时对个案的概念作出清晰界定，并指出选择它的原因。

（3）研究方案的设计。

个案研究设计的核心内容就是在不同条件之间进行比较，因此在实施过程中还要考虑具体的设计方法。这里的设计条件主要有两种：基线条件和干预条件。基线条件指未实施特定实验干预时的基本状态，通常用条件 A 表示；干预条件指引起研究对象行为变化或修正研究对象原有行为的各种干预状态，通常用条件 B 表示。个案研究通常根据基线条件和干预条件的呈现顺序，来选择具体的设计类型。具体设计方法主要有：①A – B 设计，研究者主要通过 A 和 B 两个条件的比较来确定实验处理的效果。②A – B – A 设计，即先在一段时间的自然状态下，连续搜集最初的资料，确定研究对象的行为基线或反应方式；然后在随后的一段时间内引入干预处理，并观察研究对象的行为变化，继续搜集和记录有关资料；最后撤销干预计划，把实验条件反转到原来的基线状态，并在之后的一段时间里继续观测和记录研究对象的变化情况，再次搜集自然状态下的基线资料。③A – B – A – B 设计，即在第二基线条件之后，再一次呈现干预条件。多基线设计，指实验设计时先测完数种基线的方法，主要包括跨行为多基线设计、跨情境多基线设计、跨个体多基线设计。[②]

（4）结果呈现的方式。

结果呈现的方式，包括预期得到的结果，其代表性、概括性如何，向什么人呈现结果，其能力水平、背景如何，以何种方式呈现结果等。

3．个案法的优点与局限

个案法的明显优点是：由于个案往往都是鲜活的、具体的，因此，研究者往往能够对

① 彭聃龄．普通心理学．修订版．北京：北京师范大学出版社，2004：20.
② 董奇，申继亮．心理与教育研究法．杭州：浙江教育出版社，2005：305 – 307.

这些具体个案进行深入、细致和全面的研究，甚至详细回答诸如"是什么"（描述个案）、"为什么"（解释个案）和"怎么样"（跟踪个案）等问题，从而可发现适合这些个案的某些特殊规律，甚至通过全面深入地解剖某一个案来推断同类现象。[①] 同时，通过个案法可以获得某个个案的心理特征、发展状况的全貌，并能分析该个案中有关个体或群体心理现象产生的原因、背景及过程，是揭示个别差异的有效研究方法。在研究设计、数据收集和统计分析等方面，个案法既注重初试或现象的质的方面，又注重其量的方面；既注重全面收集数据，又注重深入了解对个体具有重要含义的资料。这为建立合理的变量关系的假设和因果关系的推论奠定了基础。个案法依据对个体的深入分析，还可以准确把握个体的心理状态、发展水平，并能正确找出其成因与影响因素，从而作出正确的诊断，在有关个体的临床矫治实践与发展指导研究中具有十分重要的价值。[②]

个案法的局限在于研究的被试量较少，对于选出的样本在多大程度上能代表其抽样的总体，其获得的研究结论在多大程度上可以推论到总体的状况以及能否作出更概括的结论，研究者都必须持谨慎的态度。[③] 同时，由某些渠道获取的资料可能会偏离或歪曲真实情况，假如当某些问题涉及个人隐私时，被试可能出于自我价值保护的考虑，使研究者不易取得真实的客观资料。再者，在收集个人生活史资料时，由于个人生活的漫长、复杂等因素，可能使资料收集花费许多时间。此外，目前心理科学研究中使用的统计分析方法大多是在总体与抽样、正态分布等假设基础上发展起来的，这些方法对于个案法的数据统计并不完全适用。[④]

（七）语义分析法

语义分析法，也叫字形字义综合分析法（method of semantic and etymological analyses），是指先分析某一字的字形特点及其中所蕴含的意义（尤其是心理学含义）；接着从历史演化的角度剖析此字的原始含义及其后的变化义，以便澄清此术语的本来面目；然后再用心理学的眼光进行观照，界定出此术语在心理学上所讲的准确内涵或揭示出其内所蕴含的心理学思想的一种研究方法。在研究过程中，对于某一概念进行语义分析时，其具体做法一般是：

第一步，将某一字或术语在中国历史上曾经使用过的各种名称尽可能全面地罗列出来。如果有足够证据确信某一字或术语在中国文化里只有一种写法，那么，这一步可以省略，直接进入第二步。

第二步，通过查找《尔雅》《说文解字注》《尔雅翼》《字汇·字汇补》《字源》《甲骨文字典》《辞源》《汉语大字典》《辞海》等工具书，将这些名称在中国历史上曾经使用过的字形与字义（用法）尽可能全面地罗列出来。

第三步，根据某一汉字在汉字史上曾经出现过的诸种字形，选择其中最具代表性的一种字形进行深入分析，以便从字形上揭示出该字的原始含义，由此更好地看出其诸种引申含义。在判断某一字的最具代表性的字形时，一般是参照下述第一个标准（当某一个汉字古老的写法只有一种时）或综合考虑下述两个标准（当某一个汉字古老的写法存在多种

① 夏征农，陈至立. 辞海：第六版彩图本. 上海：上海辞书出版社，2009：706.
② 董奇，申继亮. 心理与教育研究法. 杭州：浙江教育出版社，2005：313.
③ 彭聃龄. 普通心理学. 修订版. 北京：北京师范大学出版社，2004：20.
④ 董奇，申继亮. 心理与教育研究法. 杭州：浙江教育出版社，2005：314.

时）来选择的：一是时间上的早晚。汉字一向是朝着实用、简化和规范的方向发展，特别是在"汉隶"（即"今隶"）字体产生后，汉字在字形上已定型，其字形较之相应的古字体，一般都已发生了巨大变化。因为隶书字体的主要特点是：改曲为直，取消逆笔，简化偏旁，混同偏旁，省略篆文中的一部分。① 这样，从时间上看，除非某个汉字是在汉代之后才诞生的（若果真如此，自然只能选用其诞生时的字形加以分析了），否则，一般是选择那些在中国汉字史上出现时间尽可能早的汉字字形作为最佳代表进行深入分析。具体地说，这个"早"一般至少是指"秦隶"（即"古隶"）及其以前的字形——若能找到相应的甲骨文的字形更佳；由于有些汉字至今只能找到其金文字形，却没有发现其甲骨文的写法，② 所以，退而求其次，对于那些暂时找不到甲骨文字形的，找到相应的金文字形也可。以此类推。如果是以"今隶"或其后出现的某一字形进行分析，由于这些字形出现的时间太晚了，往往很难再看出其最初的样子，也就很难从中得出一些有价值的东西了。二是字形的完整度。由于一些越古老的汉字，其写法往往越简单，从一些太过简单的字形里往往难以看出更多的信息，所以，从字形的完整度上看，如果一个字既有非常简单的古老字形，也有相对更加复杂、完整的古老字形，那么，一般要选择那些最完整的古老字形用作进一步分析的字体。

第四步，目前教育心理学在做比较研究时，主要是进行中外尤其是中西对比。为实现这一研究目的，一般根据某一字的含义，将其中带有封建色彩的用法、在今天较少使用的用法、带有方言色彩的用法和名异实同的用法一一剔除掉，然后综合考虑下述三个标准，从其中选出一个在历史上使用时间长且至今仍广泛使用、内涵最具代表性、能较好地与现代西方心理学中相关术语进行匹配的概念或用语作进一步分析使用：①在中国汉字史上出现时间的早晚和持续时间的长短：一般而言，出现时间越早，持续使用时间越长，往往越具有深厚的文化底蕴。②使用人数的多寡：使用人数越多越具有代表性。③今天的中国人是否仍在广泛使用它：如果今天的中国人仍在广泛使用，说明其至今仍具有强大的生命力。

第五步，仔细分析这一概念或用语的诸种含义。先考察出这一概念或用语的"原始含义"，然后再理清其后的"变化义"。在做这一步的研究时，较为常用的做法是：先查一些经典的工具书如《说文解字》等，然后看这一用语的最古写法（一般是指甲骨文或金文上的写法），继而通过交替使用第三、四步的功夫，将二者结合起来分析其诸种含义。

第六步，用心理学的眼光去谨慎地审视这一用语的所有含义，将其中确有把握与心理学没有关系的含义剔除掉。

第七步，将余下的诸种含义与外国心理学尤其是西方心理学的相关术语的含义进行比较，看看其在哪些方面与外国心理学尤其是西方心理学相应的术语的含义相通或在哪些方面与外国心理学尤其是西方心理学相应的术语的含义有所不同。

① 窦文宇，窦勇．汉字字源：当代新说文解字．长春：吉林文史出版社，2005：5.
② 主要有三种可能情况导致有些在商代就已诞生的汉字至今没有发现其甲骨文的写法：①此汉字本来有甲骨文写法，可惜至今仍埋在地下或藏在某处，还未被世人发现。若果真如此，将来等到发现它之时，就可拿来作语义分析的材料了。②此汉字本来有甲骨文写法，即便已被人发现，可惜至今都无人能读懂，故不知它的甲骨文写法到底是怎样的。若果真如此，将来等到有人读懂它之时，就可拿来作语义分析的材料了。③此汉字本来有甲骨文写法，可惜已全部毁坏了（或是因自然原因而全部烂掉了，或是当年被人挖出后当龙骨被磨成了粉，或是被人挖出后因保管不当而损坏等）。若果真如此，那就永远也不可能找到它的甲骨文写法了，此时就只有用其金文或更新的字体作语义分析的材料了。

第八步，最后作一心理学上的界定，指明此术语在心理学上的确切含义，或者揭示出其内所蕴含的心理学思想。

综上所论，本书所讲的语义分析法是笔者在长期从事中国文化心理学的研究过程中逐渐提炼出来的，其名称虽与奥斯古德（Charles E. Osgood）及其同事所倡用的语义分析法（method of semantic differential）在中文字面意义上相同，但二者的英文名称、实际内涵、操作过程和性质都是不一样的。[①] 因为奥斯古德等人所倡用的语义分析法实际上是控制联想与计量的组合，用之来研究事物的"意义"的一种方法。在实施时，被试利用一些意义对立的成对形容词所构成的量尺，对一种事物或概念进行评量，以了解该项事物或概念在各方面所具有的意义及其"分量"。[②] 同时，语义分析法中的"分析"虽然与作为"思维的心智操作"的一个方面的"分析"在字面上是相同的，在含义上却有本质差异：前者包括了思维的心智操作中的分析、综合、比较、抽象、概括、建构等多种过程；后者仅指在思想上把整体分解为部分，把复杂的事物分解成简单的要素，逐一加以考虑的心智操作。[③]

四、提高教育心理学科研能力的策略

如何才能提高自己进行教育心理学科研的能力？

（一）熟悉教育心理学的基本研究方式

在开始研究教育心理学之前，要根据自己的知识背景与研究主题的性质，选择一个适合自己的研究类型，切不可盲目跟风。教育心理学的研究方式虽然千姿百态，概括起来主要有三大类：

1. 基础研究

基础研究是指以教育心理学中的一些基础性问题为研究对象的研究。它以解决教育心理学里的一些基础性问题为旨趣，一般不指向某一具体的教育问题或学习问题（即使指向了，也只是做理论分析或实证研究，一般不提具体解决方案）。一般而言，基础研究颇为适合拥有良好的理论思维或实证思维，且拥有充足的科研时间、科研精力和必要科研条件的专业科研人员。

从研究方法角度看，根据研究主题的实际情况，基础研究可以采用适当的研究方法，其中，最常用的方法是实验法与理论分析法。为便于读者理解，下面对其中的心理学理论研究作较详细的说明，教育心理学的理论研究可以参照它进行。

（1）心理学的理论研究的内涵与特点。

心理学的理论研究是指以建构微型、小型、中型或宏观心理学理论/理论体系、模型或者提出某种理论观点为旨趣，以理论分析法为主要研究方法的一种研究类型。理论分析法是运用理论思维来揭示客观事物本身所存在的内在规律，或者，运用理论思维来建构反映客观规律的模型的一类研究方法。在建构理论模型时，若能善用"维度"的眼光，往往

---

① 汪凤炎，郑红. 语义分析法：研究中国文化心理学的一种重要方法. 南京师范大学学报（社会科学版），2010（4）：113－118.

② 杨国枢，等. 社会及行为科学研究法：下册. 重庆：重庆大学出版社，2006：578.

③ 黄希庭. 心理学导论. 北京：人民教育出版社，1991：439.

有意想不到的收获。心理学理论研究的显著特点至少有二：①纯粹以经验或兼顾经验与数据为基础进行思辨，进而做到"无中生有"。也就是说，在进行理论研究时，研究者纯粹以经验（可以是直接经验，也可以是间接经验）或兼顾经验与数据为基础进行思辨，进而运用理论思维进行理论建构后，最终要能够产生新颖且有社会价值的学术思想或观点。并且，这种新颖且有社会价值的学术思想或观点无论是发现的还是发明的，因它与得出这些思想或观点的原有资料或数据相比早已脱胎换骨，常能给人"无中生有"的深刻印象。以马斯洛的需要层次理论为例，假如说其中的生理需要、安全需要、归属与爱的需要、尊重的需要和自我实现需要属发现，那么，他对缺失需要和成长需要的区分则是神来之笔，属发明。可见，心理学理论研究中的"无中生有"与实证研究中的"无中生有"和心理学史研究中的"有中生有"截然不同：实证研究的"无中生有"须以研究者亲自通过观察、实验、问卷或测验等方法收集而来、具有鲜明的直接经验特征的数据（data）为基础，无足够的这类数据的支撑，其结果和结论就不可靠。史学研究是指以史料为基础，采用适当方法对相关史料进行考证、分析与比较，从而获得结论的一种研究类型。史学研究的最鲜明特点是须以史料为基础，这样，史学研究中的"有中生有"的前一个"有"指史实，后一个"有"指对史实所做的分析、概括、建构或评价，像司马迁写《史记》那样。心理学史研究无法做到"无中生有"，因为任何人在研究心理学史时，都必须基于历史事实来说话，其所做的分析、概括、建构或评价都须有史实依据，否则便至多是猜测，甚至是瞎说。从这个意义上说，史学研究只能发现，无法发明（当然，史学家也可创造出新的编撰体系，运用新的视角和方法进行研究等）。②研究成果的理论概括水平高。心理学理论研究所获得的成果一般是有关心理与行为的基本规律或理论模型，它们往往具有较高的理论概括水平或抽象程度，基本或很少触及具体的操作办法，也很少呈现心理与行为的相关细节。正因为如此，它不但与实证研究有显著区别，与史学研究"夹叙夹议"或"先叙后议"的写作方式也有明显差异。

（2）建构心理学理论的常用方式。

建构心理学理论的方式多种多样。从理论分析法与实证法何者为先的角度看，建构心理学理论的常用方式有三种：①自下而上的建构。它是运用归纳法建构出自己理论的一种做法：先就某一心理学主题做大量的实证研究，然后运用理论分析法将实证所获丰富成果进行提升，使之上升为相应的理论。其优点是建构出来的心理学理论的科学性一般较强，因为它是本着"一分证据说一分话"的精神建构出来的；缺点是较难建构出宏观的心理学理论。按这种方式建构心理学理论的典型代表人物之一是斯金纳（详见第四章）。②自上而下的建构。它一般是运用演绎法建构出自己理论的一种做法：先运用理论分析法对某一心理学主题或多个主题进行系统的理论建构，从而构建出一个或一套心理学理论，然后再去寻求相应的证据予以支撑。其优点是便于建构出宏观的心理学理论；缺点是建构出来的心理学理论的哲学韵味一般颇浓，因为其常常缺乏足够的实证证据。按这种方式建构心理学理论的典型代表人物之一是弗洛伊德。③混合使用自上而下与自下而上两种建构方式。它一般综合运用演绎法与归纳法来建构自己的理论：先对某一心理学主题有初步的理论建构（理论雏形），然后寻求实证证据，在获得丰富实证证据的基础上，进一步拓展原先的理论雏形，将之建构得更加完善、成熟。按这种方式建构心理学理论的典型代表人物之一是皮亚杰（详情请见第三章）。

从理论与事实何者为先的角度看，建构心理学理论的常用方式有两种：①事后解释型理论：先有某种心理事实，然后建构一种心理学理论来对这一事实进行合理性解释。其优点是建构出来的心理学理论往往与其所要解释的事实是吻合的；缺点是，若理论的预测力不强，按此方式建构出来的心理学理论易招来"马后炮"的批评。按这种方式建构起来的典型心理学理论之一是英国物理学家杨（T. Young）于 1807 年左右首先提出的三原色假设，与 1860 年由赫尔姆霍茨（H. Helmholtz）在其基础上发展的三色说被后人合称为杨—赫三原色说（trichromatic theory）。②预测型理论：先运用理论思维对某一心理现象进行理论建构，从而构建出一个或一套心理学理论，然后再去寻求相应的证据予以支撑。其优点是便于建构出较系统、较宏观的心理学理论；缺点是建构出来的心理学理论往往只是一种"假说"，因为它常常缺乏足够的实证证据。按这种方式建构心理学理论的典型代表人物之一是弗洛伊德。

（3）心理学理论研究的价值。

心理学理论研究的价值至少有四：第一，为实证研究提出某种新的理念或新的假设。第二，整合、提升实证研究所获得的一些零散研究成果，使之上升到一个概括水平更高的层次，从而获得一个一般或普遍的结论。第三，提高研究者的理论思维。恩格斯说："一个民族想要站在科学的最高峰，就一刻也不能没有理论思维。"① 此话同样适用于心理学研究。如果一个心理学研究者不加强理论思维的训练，就只能在他人创造的理论框架下进行研究，不仅无法作出原创性大的研究，还易丧失自己的学术主体性。若中国的心理学研究者不加强理论思维的研究，只一味照搬外国尤其是西方的心理学理论，不仅永远无法超越西方的心理学，甚至有可能丧失中国文化的主体意识和中国文化自身的特色。② 第四，受制于研究手段的局限性等缘由，某些心理学问题暂时只能用理论分析法进行研究，此时理论研究就往往大有用处了。例如，若无法在真实实验情境里做实验时，可以运用思想实验进行研究；而要做好思想实验，自然要求研究者要有良好的理论思维了。

2. 基础与应用相结合的研究

基础与应用相结合的研究是指对教育心理学中的某一问题既作了一定的理论分析又提出了一定的实施方案的研究。一般而言，基础与应用相结合式研究的理论概括程度较之基础研究要弱一些，但较之纯粹的应用研究，它也有一定的理论建构；其应用水平较之纯粹的应用研究可能要弱一些，但较之纯粹的基础研究，它又具有一定的应用性。

3. 应用研究

应用研究是指以教育心理学中的一些具体性、可操作性主题为研究对象的研究。它主要针对教育或学习中出现的具体实践问题，考虑了影响它们的复杂因素，提出了切实可行的解决方案或对策（故对策研究属于应用研究中的一种），其研究结果对于解决同类问题具有较高的适用性或借鉴性。一般而言，应用研究颇为适合对教育一线情况非常熟悉且擅长动作思维的科研人员。

（二）准确把握撰写论文或著作的基本规范，并履行相应的伦理道德规范

有人会说，写学术论文就一定要弄成"八股"式的吗？这涉及"套路"与"观点"

---

① 马克思，恩格斯. 马克思恩格斯选集：第三卷. 中共中央马克思恩格斯列宁斯大林著作编译局，译. 北京：人民出版社，1972：467.

② 黄希庭. 谈科研、学习与修养——与研究生的随谈录. 西南大学学报（社会科学版），2011（5）：22.

的关系问题。在这个问题上，合理的解答是：套路重要，观点更重要。一些研究者常有两类缺陷：一是全无章法可言，让人一看就是门外汉。从这个意义上说，书写论文的套路很重要，它本身就是衡量一篇论文是否合乎学术规范、质量是好是坏的重要依据之一。二是虽然已掌握研究的套路，但只知"依葫芦画瓢"。从这个意义上说，对于一切学术论文而言，提出新观点当然更重要。既然套路很重要，一项科研工作完成后，在撰写学术论文、研究报告或论著时，一般要按本学科领域约定俗成或正在通行的学术规范撰写，具体做法一般是：如果有明确的正在通行的学术规范，就遵照它执行；若没有，就依约定俗成的学术惯例进行。

1．完整论文的结构

一般而言，用中文完成的一篇完整的学术论文一般包括十六部分：论文题目、作者姓名、单位、摘要、关键词、引言（除非论文本身就是文献综述性文章，引言部分一般须将研究意义、研究现状和本文突破口写得有理有据，且言简意赅）、正文、结语、主要参考文献或注释、英文题目、作者的英文姓名、单位的英文译法、英文摘要和英文关键词、作者简介和联系方式。当然，如果论文不是用中文而是用英文写的，那么，中文题目、作者的中文姓名、单位的中文、中文摘要和中文关键词等部分可省略。

2．论文或专著的基本写作规范

第一，论文或专著的题目和文中各级标题要简洁明了（一般各级标题在字数上限定在20字以内），突出重点，不能拖泥带水。曾经有一个学生起初将其论文题目写成"师范大学的师范生与非师范生和非师范大学的师范生与非师范生的成就动机的比较研究"，长达38个字，显得过于拖泥带水；后来在笔者的指导下，该生将之改作"成就动机：师范生与非师范生的比较研究"，就合乎上述要求了。

第二，论点鲜明，且有理有据。因为论文与专著（尤其是人文社会学科领域的论文或专著）不怕标新立异，但要自圆其说。

第三，用词要得体、简洁，为了保证思想观点的客观性，在表达方式上一般用中性词表达，尽量不使用褒义词或贬义词。同时，用语务求精确，尽量不使用那些让人有较大想象空间的词语；若使用数学符号等符号，一定要做到书写规范。

第四，尽量用第三人称撰写论文或专著，少用或不用第一人称方式撰写论文或专著。

第五，若采用了实验法、测量法或问卷法，那么论文就属实证型的，此时一定要按APA（美国心理学会）论文格式撰写，并且要将下列事项在文中交代清楚：研究假设、实验仪器或研究工具的选择与说明、被试的选择标准与基本情况、实验设计与实验程序或施测程序、实验结果或数据统计结果、分析与讨论、结论。其中，"（研究）结果"是通过实验或施测后得到的数据，它须围绕研究假设进行，为验证假设服务，不可将与假设无关的所谓结果写进论文中；"（研究）结果"中若有图表，一定要清晰、规范、准确。若运用了统计方法，那么文中各类统计表格宜做规范化处理，不能简单地仅从 SPSS 或其他相关软件里粘贴过来。"分析与讨论"是围绕"（研究）结果"进行的，要点有三：①必须围绕所研究的问题和研究目的进行分析与讨论，取得了几项结果就进行几项讨论。②必须与同类或相关研究成果进行比较，无论比较结果是同还是异，都必须进一步分析其原因，切不可将"分析与讨论"写成"结果（一般是数据与图表）"的"文字说明"或毫无证据支撑的"凭空议论"与"随笔"。③当一项研究包含 2 个或 2 个以上的子研究且它们之间是并列关系时，必须结合前面 2 个或 2 个以上子研究所获的结果进行"总讨论"，没有这一步骤，不可能得到"总结论"；如果这2个或2个以上子研究之间是层层递进的关系，或者前面的研究是为后面的研究提供研究工具（如编制问卷后再应用此问卷开展调查），则无须进行"总讨论"。一般而言，不能将"结果"等同于"结论"，因为"（研究）结果"必须通过"分析与讨论"才能进一步明确其学术价值，由此才能得出"结论"。"结论"是从"分析与讨论"中获得的，结论是一种概括性陈述，是对结果的准确概括或总结。在一项研究中，有几个研究假设，经对相应的结果进行分析与讨论后就可得出几个结论，结论的数量不宜过多，但必须是可靠、可信的，不可言过其实。"不足"和"展望"是针对整个研究而言的，若要写，一般放在"结论"或"总结论"之后，不可放在"讨论"或"总讨论"中。

第六，若是理论性文章或论著，一般要尝试解决如下问题：①它是什么？②它有什么特点？同时要澄清它与相关概念之间的关系。③它的心理结构或成分是什么？若能以图表的形式揭示出来则更直观、形象。④它有哪些类型？⑤它的主要影响因素有哪些？若能从理论上揭示它的心理机制与发展阶段则更佳。⑥它有什么功能？⑦从理论上探索怎样培育它？其中，第一个问题是必答题，其他题目属加分题。在回答这些问题时须提出自己的"一家之言"，而不仅仅是"评析"；若能提出独到的术语、系统的观点并做深刻的论证则属佳作。评判理论优劣的标准有三：其一，标新立异，自圆其说。即一定要提出能自圆其说的"一家之言"，既不能自相矛盾，也不能人云亦云。其二，所建构出来的理论要有一定的解释力。这意味着在其适用范围内，解释力越强的理论则越佳；在同等解释力的前提下，适用范围越广的理论则越佳。其三，所建构出来的理论要尽量简洁。满足了上述两个条件后，理论越简洁则越佳，因为大道至简。

第七，若是综述性文章，要做到：①材料全面而新颖。其中，"全面"的标准是看其是否有重大遗漏，而不是看其是否面面俱到。如果没有重大遗漏，就算"全面"。"新颖"的标准是：若是对某一"老主题"的综述，看其是否能收集到前人未发现的文献，若能收集到，则说明有新颖的材料；若是新进展性综述，看其是否有最近3~5年的参考文献，尤其是有无相关的英文文献，若能收集到，则说明有新颖的材料。②结构新颖，条理清晰。③观点鲜明，概括性强，有较强的可读性。④有客观、独到的评价，对后续研究有具启示意义的建议或构想。另外，现在有些人甚至有些刊物将文献综述与史学研究相等同。虽然二者都注重对某一主题的已有文献进行分析与总结；二者所用的研究方法也有类似之处，例如，都会用比较法、理论分析法，有时也都会用一些统计手段，以获取相关数据作为证据等。不过，文献综述与史学研究也有较大差异，故二者宜各司其职，不能相互等同，也不可取代对方：其一，二者的研究目的不尽相同。文献综述的目的是通过了解某一主题的研究历史与现状后，从中找出未来研究的方向。史学研究中，一般重点是把握某一问题的发展或演化史。其二，二者的研究方式不尽相同。文献综述一般是只围绕某一主题，就已发表的论著来就事论事，既不分析其背后的原因，也不增添新的研究。好的史学研究须做到"接着说"或"创新说"（即要增添自己的新研究），并且除了要讲清某事的来龙去脉，还要分析其前因后果。其三，二者的研究方法不尽相同。一般而言，诸如考证（考证主要包括训诂、校勘和资料搜集整理等）、考古（含田野考古）、录音整理（尤其是在做口述史时经常使用）等史学研究中常用的方法，文献综述基本上都不会用。其四，二者关注的时段不尽相同。为实现文献综述的目的，文献综述在关注某一主题的研究历史与现状后，将重点放在未来上，即要从中找出未来研究可能的正确方向。为实现史学研究的目的，史学研究中，除现代史的研究外，一般将重点放在关注过去，而不是现代和未来。其五，二者研究的范围大小有差异。用史学的眼光看，文献综述至多是主题史，而且是小主题史（因为一篇论文的题目一般不宜过于宏大）。与此不同，史学研究可以根据研究者不同的旨趣，涉及大小不同的范围，例如，可以写一部学科史。其六，二者研究的粗细水平有差异。为旨趣和篇幅所限，文献综述一般是抓大放小，只对重要文献进行综述。在好的史学研究中，既要有宏观上的把握能力，也要善于小题大做，用丰富的细节尽量还原历史的本来面貌。其七，二者研究的层次高低均有差异。一般而言，文献综述越具体越佳，其概括水平一般不会太高。史学研究则既可以写成具体事件的历史，也可以简化史料细节，勾画出历史发展的大势，此时概括程度一般颇高。

第八，若是史学性文章或著作，要做到：①材料具有经典性、代表性和新颖性。②"大胆假设，小心求证"（胡适语），并要坚持"孤证不立"的原则。③对所研究的主题，心中要有整体性脉络，若能简明扼要地勾画出来则更佳。④结构合理，且条理清晰；若能提出合理而新颖的结构则为佳作。⑤观点鲜明，概括性强，有较强的可读性。⑥有客观、独到的评价。史学研究样式，按研究所涉时间段的长短可以分为断代史式和通史式两种类型；按所用的主要研究方法可以分为以考证法为主的考证式研究、以比较法为主的比较式研究、以理论分析法为主的总结提炼式研究和混合式研究（同时运用以上三种方法中的两种或三种，且分量大体相当）四种类型。如何评判史学研究成果的优劣？一篇史学论文或一部史学专著，只要具备以下六种"新"里的一种，都可以算是佳作；若能同时兼备两种或两种以上，则是上佳之作；若是一个都没有，则不宜发表：其一，提出了新论点；其二，发现了重要的新史料；其三，成功运用了某种"新"的研究方法；其四，成功运用了某种"新"的研究视角；其五，开辟出了新的研究领域；其六，提出了合理而新颖的架构。如何提高自己的史学研究水平？第一，平日多读经典，选择一个主攻方向或领域将其读熟、读透；第二，善于运用新的研究手段和方法；第三，善于运用新的研究视角；第四，善于挖掘或搜集新的史料；第五，勤于思考，出奇制胜。

第九，只要不是通过自己独立思考之后创造性（属真创造，而不是类创造）地提出的观点，都要注明观点的来源或资料的来源。若引用或参阅了别人的观点、方法、研究程序或材料等，更要详细标明出处。这样做，既便于他人的查找与核对，也是对原作者人格与著作权的尊重。同时，为了杜绝抄袭现象，切不可在论文或论著写作过程中使用如下四种常见抄袭手法：①"原封不动地整段搬迁式"。②"搅拌式"：将他人的话与自己的话搅拌在一起，便作为自己的话登场。③"组装式"：将别人文中或书中不同场合说的话组合在一起，然后作为自己的话示人。④"掩耳盗铃式"："参见"中的"参"乃"参考"之意，"参见"就表明自己是独立进行了这番论述，与那本书或那篇文章没有渊源关系，而只是"英雄所见略同"。所以，原原本本地，或搅拌式地剽袭他人，却又做一个"参见"的注释，实为"掩耳盗铃"。[①]

第十，参考文献要把握该主题的最新研究动态，为此，最好要有最近3～5年的参考文献。同时，参考文献或注释要规范。为此，至少要做到两点：一是所有参考文献或注释要按一定的顺序排列。参考文献常见排列顺序有三：依文中引用次序的先后排列、依文献出版或发表的时间先后顺序排列（若同时有两篇/部及以上论著在同一时间发表或出版，

---

① 王彬彬. 汪晖《反抗绝望——鲁迅及其文学世界》的学风问题. 文艺研究，2010（3）：130－131.

再按作者的英文字母或拼音字母顺序排列）和依论文或论著作者的英文字母或拼音字母顺序排列（若同一作者/团队有两篇/部及以上论著，再按发表/出版时间的前后排列；若同一作者/团队有两篇/部及以上论著在同一时间发表或出版，便在此时间后依次写上 a、b、c……）。二是参考文献或注释要遵循一定的书写格式。现在常用的是 APA 格式，可参照当前《心理学报》或英文心理学杂志上的论文格式。认真揣摩，做到烂熟于心。

3. 科研工作者必须遵守的伦理道德规范

科研工作者除了必须遵守所在国家或地区的道德与法律外，在科研过程中还必须遵守如下伦理道德规范：

第一，善待被试。若需以人作为被试开展研究，须保证所有被试均自愿参与；在正式开展科研之前，必须与被试签订知情意愿书，书面告知被试享有的权利、义务，征得被试同意后才能进行研究，并尽量避免在科研过程中伤害被试的身心；若研究有可能给被试造成某些负面效果，要明确承诺研究之后研究者有责任消除被试因研究所造成的负面效果。科研工作结束后，要诚心诚意地对被试表示谢意；若事先向被试许诺支付报酬的，一定要按时按量支付给被试应得的报酬；若研究果真给被试造成某些负面效果，一定要及时履行承诺，免费帮助被试消除因研究所造成的负面效果。所有从被试那里获得的数据均要严格保密，绝不泄露给其他任何无关者（包括无关的个人或组织）；所有从被试那里获得的数据均只用于科学研究，绝不用作其他用途。若需以动物作为被试开展研究，在科研过程中要尽可能减少对动物的伤害，切不可以任何形式或借口虐待动物。顺便指出，在研究中最重要的是须保证研究的动机与目的是善良的，为了探寻人类的某种心理与行为规律而不可避免地要采取隐瞒、欺骗手段，或做一些违背常理的事，在一定程度上、一定范围内是被允许的。因为很多心理研究若将研究目的明确告知被试，研究的效果将大打折扣。不过，这绝不意味着研究者为了求真就可以为所欲为，研究者不可逾越的一条伦理道德底线是：不能对参与研究的被试的身心健康造成难以消除或难以康复的严重伤害。一旦违背，该研究将被禁止去做；如果偷偷地做了，不但写出的论文无法通过审稿前的伦理道德审查，研究者还将承担相应的道德或法律惩罚。

第二，遵循客观性原则撰写论文或著作，凡事要讲证据，做到"大胆假设，小心求证"（胡适语），有一分证据说一分话；既不主观"臆测"或弄虚作假，也不歪曲或隐藏事实。

第三，凡是引用或参阅了他人的观点、方法、研究程序或材料等，都要逐一详细注明出处，绝不能抄袭或窃取他人的科研思想或科研成果。

第四，按研究者的贡献大小决定论文或著作的署名次序，既不可"无功受禄"，也不可抹杀他人作出的贡献。

第五，遵守论文投稿规则，做到"一稿一投"，绝不"一稿多投"。

（三）善于做文献综述

在学术研究中，自己的正式研究开展之前的文献综述是一项重要工作。它的功能至少有四：①"为往圣继绝学"（张载语）。对于今人的很多研究主题，往往前人曾做过很多研究，其中不乏一些颇有见地或极有创见的研究。因此，后来研究者的一大文化使命就是，通过文献综述，将前人就此主题提出的精义见解发掘出来，使之发扬光大，代代相传，不至于淹没在历史的长河里。②为了做到"接着说"（冯友兰语）。通过文献综述，准确把握前人对此主题的已有研究成果的现状，有助于自己将要开展的研究做到"接着说"，避免"闭门造车""从头说"（起点太低）或"胡说"。③避免出现重复性研究。在科技史上，华莱士（Wallace）与达尔文（Darwin）二人在没有相互交流的情况下几乎同时提出"进化论"的思想，其中达尔文秉持公正态度将自己与华莱士二人的研究成果同时公布一事被后人传为美谈。不过，那是科技史上的"幸事"。在今天资讯如此发达的情况下，一个人若关起门来做学问，即便是独自取得了与他人类似的研究成果，不但其科学性将大打折扣，而且极易招来"抄袭"的罪名。为了避免出现重复性研究，最好的做法便是事先做好文献综述。④为了获得灵感与启发。通过阅读前人所做的研究，常常可以从中获得一些灵感与启发。那么，怎样"做好"文献综述呢？

1. 收集到尽可能全面的相关资料

当你将要做某一主题时，一定要善于运用计算机，利用种种数据库进行查找，将有关此主题的相关文献资料——如书籍（书籍类型：专著、编著、主编、译著、资料汇编等；纸质书、电子书等）与文章（文章类型：实验报告、理论性文章、史学性文章、综述性文章等；纸质文章、电子文章等）做一个尽可能全面的文献综述。在这样做时，常会遇到两个问题：一是如果基本收集不到关于某一主题的已有研究成果，该怎么办？这时就要反思：是不是自己用了一个生僻的术语？若果真如此，就赶紧用学术界常用的、与此主题类似的术语进行检索。是否真是自己发现了"新大陆"？若果真如此，就要有勇气、自信地坚持做下去，千万不要惧怕困难。二是假若收集到成千上万个关于某一主题（如自我）的已有研究成果，此时该怎么办？答案就是：继续做二次检索、三次检索……这样，就会不断缩小检索的范围。

2. 挑选出其中具代表性的资料作进一步分析

通过初步检索所获得的大量文献资料，如何将之作进一步的有效整理与分析呢？这里的关键就是：挑选出其中具有代表性的资料作进一步分析，而不能"眉毛胡子一把抓"。那么，怎样在鱼目混珠的大量文献里挑选出具代表性的资料呢？这就有一定的挑选技巧了：一般而言，先挑选出一篇质量上乘的论文或一部质量上佳的著作，然后以此文或此部著作所列参考文献为线索作一追根究底式溯源。这是一种方便、高效、切实可行的做法，因为人们有理由相信以下假设是能够成立的：一个人如果能就某一主题写出一篇质量上乘的论文或一部质量上佳的著作，那么，此人对涉及此主题的、在其撰写此论文或论著之前的已有相关文献一定非常了解，且有相当的研究。

既然如此，怎样就某一主题挑选出一篇质量上乘的论文或一部质量上佳的著作？这就涉及评判的标准或方法。一般而言，灵活使用以下几种方法，一般是能够就某一主题挑选出一篇质量上乘的论文或一部质量上佳的著作的：①论文或论著的作者的声誉。一般而言，论文或论著的作者在某一专业领域拥有的声誉越良好，其撰写的学术论文或论著的质量也就越高；反之亦然。②出版社或期刊的质量（或声誉）。若是英文期刊，通常先看是否是 SCI 或 SSCI，然后再用"影响因子"的高低进行衡量，影响因子越高，通常该期刊的声誉越佳。若是中文期刊，先看是否是 CSSCI，CSSCI 的整体质量较佳。若是出版社，则要看其声誉，若声誉越良好，一般其出版的学术著作的质量也就越高；反之亦然。③同行专家的评判。如果一个人既具备某一专业领域专家的业务水准，又拥有高尚的道德品质，那么，请此人对其擅长的专业领域的学术论文或论著的质量作一评价，其结论的信度与效度一般较高。另外，论著的"引用率"和获奖类型也是两个重要的衡量指标。就"引用率"而言，一般"引用率"越高的论著，其质量也越高。当然，也存在两个例外：第一，曲高和寡式。某论著质量高，可惜未及时得到同行的认可。第二，畅销书式。某论著的引用率虽高，却非研究质量高，而仅仅是话题吸引人或语言通俗易懂。就获奖而言，若奖项本身的公信度较高，那么获奖级别越高的论著，一般质量也越高。④自我评判。假若自己是某一专业领域的专家，也可对自己专业范围内的论文或论著的质量进行自我评判。

一旦你已就某一主题挑选出了有代表性的资料，接下来就要做两件事情：一是对它们作一尽可能客观而准确的概括；二是对它们作一尽可能客观而公正的评价。

3. 做文献综述时宜注意的问题

在做文献综述的过程中，宜注意以下四个问题：

（1）要有权威性，忌遗漏重要文献以及重要观点、证据或方法。要将与研究主题有关的权威文献和代表性文献尽可能全面地收集到，不能遗漏重要文献，不能遗漏重要观点、证据（如数据）或方法，否则易得出失真的结论。鉴于"法乎其上，斯得其中；法乎其中，斯得其下。"为此，在参考文献中，若是已发表的论文，尽量引用属于 SCI、SSCI 和 CSSCI 期刊上的；若是未发表的论文，尽量做到只引用博士学位论文；若是书籍，尽量引用出自名家之手、才俊之手和新秀之手的。同时，参考文献须做到五个兼顾：①从语言上看，要兼顾中英文文献，在此基础上，若还能看懂并引用其他语种的文献更佳；②就中国发表的文献而言，要兼顾海峡两岸和香港，须知在很多问题上，中国港台地区的学者都有不错的研究成果；③就文献载体而言，要兼顾论文与论著，不能只检索论文，也不能仅引用几本教材敷衍了事；④就文献所用方法而言，除非是纯粹的理论文章或史学文章，一般要兼顾理论性文献与实证性文献；⑤就文献出版和发表的时间来看，一般要兼顾经典文献与最近 5 年内出版和发表的新文献。

（2）不能只讲虚名。无论是对论文或论著作者声誉的评判，还是对期刊或出版社声誉的评判，都不能只讲虚名，一切都要凭证据说话：论文或论著质量的好坏，说到底要看论文或论著本身的质量高低，不能为一切外在的因素所干扰。

（3）要有针对性，忌堆砌。撰写文献综述时一定要做到：只围绕自己选定的主题开门见山地撰写，不能将与研究主题关系不大或无关紧要的材料都堆上；否则，就不是开门见山，而是开门见万水千山，这易给人"字数不够，文献凑"的不良印象。

（4）要有述有评，忌"有述无评"或"述后胡评"。要对已有文献所取得的学术成就与存在的不足作一个尽可能客观而精确的概括与评价，进而寻找自己研究的突破口，千万不能"有述无评"或"述后胡评"；否则，很难保证自己的研究能够做到"接着说"。

（四）提高自己的学术修养

"工欲善其事，必先利其器。"要想提高自己从事教育心理学科研的能力，说到底，必须想方设法提高自己的学术素养。

1. 至少具备四个方面的学术素养

一般而言，要想成为一名合格的教育心理学领域的研究者，至少要具备如下四个方面的学术素养：

一是较扎实的国学功底，并要"进得去，出得来"。"中国文化"是影响中国人心理与行为的重要因素之一。一个人若想在自己的教育心理学研究里妥善处理好"中国文化"这一变量，既不是简单地引一段或几段古文就可以做到的，也不是简单地将"中国文化"作为一个变量考虑就可以的，而必须具有较扎实的国学功底，并做到"须入乎其内，又须出乎其外。入乎其内，故能写之。出乎其外，故能观之。入乎其内，故有生气。出乎其外，故有高致"①。

二是较扎实的西方哲学和西方教育心理学功底，也要"进得去，出得来"。现代教育心理学诞生于美国，并且主要是在以美国为代表的西方发达国家中获得了长足的进步。因此，当代教育心理学无论是在研究理念、术语或理论模型，还是在研究方法或研究主题上，都深受西方哲学和西方教育心理学思想的深刻影响。自然而然地，一个后学者若想将来能够有效开展教育心理学的研究，就必须具备较扎实的西方哲学和西方教育心理学的功底，进而对西方哲学和西方教育心理学的发展历史、现状与未来有深刻的领会与把握。当然，与对待国学类似，对待外国尤其是西方的科学哲学与心理学，也要有"进得去，出得来"的心理素质。

三是既有较强的理论分析与建构理论的能力，又有较熟练的实证功夫。综观心理学（包括教育心理学）的发展历史，大凡大师级的心理学家，像巴甫洛夫、维果斯基、皮亚杰、华生、柯尔伯格等人，往往既有深厚的理论修养，又善做精巧的实证研究，从而能将理论研究与实证研究有机地统一起来，在实证中提升、完善自己的理论体系——他们往往基于自己的理论假设，设计出一套套精巧的心理实验、一套套精巧的问卷调查或心理测验等，用以验证自己的理论假设，并在这相辅相成的过程中成就了一番心理学事业。鉴于此，一个志在研究教育心理学的人也应该通过多方努力，尽快使自己拥有这两方面的科学素养，因为就教育心理学的科研而言，"理论分析与建构理论的能力"和"实证功夫"犹如鸟的两翼，缺一不可。其中，若想掌握实证功夫，除了要熟练掌握 E - Prime、SPSS 和 Mplus 等常用软件外，更要熟练掌握实验法、问卷法和测量法等实证方法的实质。

四是要有较优秀的人格素质。无论是"单干"还是进行"团队攻关"，一个人若想成为一名合格乃至优秀的教育心理学研究者，就必须通过修身养性与道德学习等途径，逐渐使自己具备自尊、自信（包括对中国文化的自信）、自觉（包括对中国文化的自觉）、自强、有责任心、自爱爱人、公平公正、见利思义、谦虚谨慎、善于独立思考、性情乐观、意志坚定等方面的优秀人格素质。

2. 有效提高学术素养的做法

如何才能有效提高自己的学术素养呢？切实可行的做法至少有以下三种：

第一，通过道德学习与修身养性的方式提高自己的道德修养或人格修养。此条一点就明，就不深究了。

第二，按"六度"标准提高自己的知识（认知）素养。"六度"指知识的高价值度、知识的高度、知识的深度、知识的广度、知识的精度与知识的新度。这在后文第十一章有详论，这里也不多讲。至于获得符合"六度"标准知识的方法，概括地讲，主要有六个要点：①通过多看、多听、多读、多记、多思的方式不断拓展知识的广度；②采取多种手段不断提高知识的价值度，以便获取知识的最大价值；③通过高屋建瓴地看、听、读、记和思的方式不断提高知识的高度；④通过深度阅读、深度思考、深度推理的方式不断推进知识的深度；⑤通过严谨而仔细地看、听、读、记、思的方式不断提高知识的精度；⑥通过平日注意跟踪本学科的最新发展动态来不断提高知识的新颖度。

第三，通过持之以恒的实践来提高科研能力。俗话说："实践出真知。"在日常生活里持之以恒地坚持学术研究，自然是提高自己的科研能力的一种好做法。正如黄希庭所说："科学研究贵在坚持，不能'放一枪就跑'。只要思路对头，方法合理，持之以恒就有可

---

① 姚淦铭，王燕．王国维文集：第一卷．北京：中国文史出版社，1997：155.

能有所发展，有所成就，在该领域取得领先的地位。"① 当然，为了提高实践的效率，可以分三个阶段依次推进：① "无批判性继承"。具体做法是：按前文所讲做文献综述时的做法，先挑选出一篇质量较高的学术论文，然后仔细阅读，使自己熟悉科研的一般套路。进而以它为师，亦步亦趋地完全照着它做，"依葫芦画瓢"，不作批判性选择，只求完全复制 "老师" 的心路历程、生活方式和科研方式。② "复演"。按照从 "老师" 身上学到的东西原汁原味地重复演练，做到整个过程不走样，水准向老师看齐。③ "改良或优化"。对 "老师" 的整个心路历程、生活方式和科研方式完全掌握并烂熟于心后，再根据自己的经验和科研实际进行改良或优化，最终作出创新性成果。另外，在撰写论文或专著时，"三步法" 是一种行之有效的方法：第一步是 "博采众长"。当确定研究某一主题后，先做文献综述，然后以文献综述为基础，博采各位方家对此主题所提出的重要观点、所挖掘出的重要材料或收集的数据、所使用的主要研究方法等信息，将它们一一罗列出来。第二步是 "融会贯通"。即先将各位方家提出的观点、发掘的材料或收集的数据与所用方法等信息进行比较与归类，随后以一定的框架与结构将它们组织起来，使其结构尽可能合理，逻辑尽可能严密。第三步是 "推陈出新"。即在第二步的基础上，想方设法做出或写出新意。

---

① 黄希庭. 谈科研、学习与修养——与研究生的随谈录. 西南大学学报（社会科学版），2011（5）：24 – 25.

第二章 学习概论

【内容摘要】

本章共分四节。第一节主要探讨了学习的定义，学习与记忆的神经机制，学习的要素与意义等；第二节探讨学习的过程与条件；第三节总结了学习的分类；第四节剖析学习策略。本章的第一大亮点是阐述了中式"学习"的含义及启示，第二大亮点是对中国传统学习策略的总结。

【核心概念】

学习、经验、本能、成熟、学习的准备、学习策略、组织策略、液态智力、晶体智力、情绪智力、模仿学习、创新学习、分散学习、集中学习、内隐学习、外显学习、正式学习、非正式学习、加法学习、减法学习、生成性学习、深度学习、复述、前摄抑制、倒摄抑制、首因效应、近因效应

【思考题】

1. 学习与本能、成熟、成绩等的关系是什么？

2. "学习"有什么意义？

3. 请简要论述中西式"学习"定义的异同与启示。

4. 请简要论述中西式学习过程的异同与启示。

5. 请简要阐述学习与记忆的神经机制。

6. 请结合实例谈谈有效学习的一般条件。

7. 请简要述评加涅的学习分类思想。

8. 请简要述评布卢姆的学习分类思想。

9. 中西方学习策略有何异同？

10. 常用的记忆术有哪些？

11. "机械学习与意义学习"属于一对学习方式，除此之外，请列出五对学习方式，然后逐一论述它们的优缺点。

12. 有人说：道德可以填补聪明才智的缺陷，而聪明才智永远填补不了道德的缺陷。你赞成这种看法吗？为什么？

13. 如何才能走出"当前一些考试主要是在考学生记忆力"的误区？

14. 如何正确看待情绪智力？

15. 请结合事例谈谈如何有效预防"积小胜成大败"现象的发生。

16. 机器学习的突飞猛进会给人类生活带来哪些影响？

古代的教育多以教师为中心，导致教重于学，那时的"学校"应叫"教校"才确切。近现代教育的一个新理念是强调学重于教和教学合一，双主体的教育理念在当代教育里渐入人心（详见"第二篇 人的心理发展与教育"的导言部分）。这两方面因素交互作用的结果，导致当代的教育主张教与学并重，教师必须先行了解学生如何学习，然后才能确定

怎样施教。这样，"学习"（learning）就成为教育心理学中一个最重要的概念。

第一节　关于学习的几个问题

一、学习的定义

人生在世主要从事两类活动：一是改造人类主观世界的活动，二是改造客观世界的活动。前一类活动统称学习，后一类活动概称工作。中西式"学习"的定义虽有一定的相通之处，但也有较大差异，下面分开叙述。

（一）西式"学习"的含义

在西方教育心理学史上对学习做较系统研究的，就流派而言，要数行为主义心理学最早，且成效显著。

1. 什么是学习

在桑代克眼中，学习是指刺激—反应之间联结的加强。具有行为主义倾向的心理学家一般将学习定义为"有机体经由练习或经验引起的行为的相对持久的变化"。这个定义有两大显著优点：①以行为的变化来定义学习，使学习成为可观察与测量的概念。例如，两个儿童，一个经训练会下围棋，另一个未经训练不会下围棋。这种儿童经过训练后出现的行为变化就是学习。②强调"学习"是经由练习或经验而获得的，将"学习"所引起的行为变化与"本能""成熟""药物"或"酒精"之类因素引起的行为变化区别开来。

当然，学习的本质是否仅是行为变化呢？例如，假设有两个初中生在同一所中学接受相同的初中教育，从行为变化来看都学会了初中的教学内容。不过，在他们的思想深处，一个初学生觉得"学校生活很辛苦，学习内容很乏味"，于是产生厌学甚至逃学的想法；另一个初学生得出"学校是学习本领的好地方，要努力学习，争取考上高中乃至大学，以便继续学习"的看法。这种思想深处的变化有时很难从个体的行为变化里看出来，这是不是学习呢？显然，这是比具体的行为改变更重要和更本质的学习。又如，某个学生学习五笔打字，练习了一个星期，结果没有学会打字，失望地放弃了；过了两个星期，他不死心，又来练五笔打字，结果发现这回练起来比先前容易多了，只用了短短三天就学会了打字。那么请问，之前的一星期练习是一种"学习"吗？若是，好像与上述学习定义不符，因他练习一个星期后，其行为未发生相对持久的改变；若不是，好像也不合情理，因为有了这次练习才导致他后来很快学会了打字。在这两个例子中所反映出的两类问题用上述定义的学习不能作出合理解释；换言之，上述学习定义既难以反映个体的思想变化，也难以解释潜伏学习。于是，一些心理学家尝试重新对学习进行定义。

20 世纪 60 年代后，随着认知心理学与人本主义心理学的兴起，人们逐渐认识到，学习除了能引起行为与行为潜能的变化外，还能影响到一个人的认知结构甚至自我概念。于是，认知心理学主张学习是指个体经由练习或经验引起的认知结构的相对持久的变化。这一定义非常强调将"认知结构是否发生改变"作为衡量学习是否发生的标志，从而将学习结果的重心从看重外在的"行为是否发生相对持久的改变"转向看重内在的"认知结构是否发生相对持久的改变"，这是认知心理学关于学习的实质的最有特色且最有价值的看法。不过，假如说行为主义心理学将行为是否发生改变作为衡量学习是否发生的唯一标准有失偏颇的话，那么，认知心理学在论述学习的实质时过于强调认知结构而忽视行为可能也犯了以偏概全的错误。人本主义心理学认为学习的整个目的是促进学习者身心的健全发展，而不仅仅是改变学习者的行为或认知结构。因此，人本主义者主张学习是指个体经由练习或经验引起的自我概念的变化。这一定义非常强调将"自我概念是否发生改变"作为衡量学习是否发生的标志，这是人本主义心理学关于学习的实质的最有特色且最有价值的看法。这一定义从宏观上看是合理的，不过，若只强调一个自我概念，而不将之细化，可能在实际的教育中操作性会欠佳。可见，这些定义虽各有偏颇之处，但从不同角度揭示了学习的性质，为后人研究学习提供了不同的视角。

借鉴上述诸种有关学习的定义的长处，许多心理学家不断对学习的定义进行修订，加涅（Robert M. Gagné，1916—2002）更是下了一个被人引用颇多的关于学习的定义：学习是指人的心理倾向和能力的变化，这种变化要能持续一段时间，而且不能把这种变化简单地归结于生长过程。将这些定义稍加修改，再结合其他学者的观点，可以将学习定义为：有机体经由练习或经验引起的，在心理（主要包括认知、品德、态度、情绪与个性心理特征等）、行为（含道德行为）或行为潜能上发生的相对持久的变化。这是广义的学习定义。要准确掌握广义学习的这个定义，关键是要掌握以下四个要点：

第一，学习既是一种结果又是一种内部过程。学习的目的是获得某种结果，这种结果按照加涅的观点，包括智力技能、认知策略、言语信息、运动技能和态度。当然，不同心理学家对学习所获结果的认识不完全相同，但是对学习可以获得一定结果这一点几乎没有异议。同时，学习也包括变化的内部过程，虽然学习作为一种内部过程无法直接测量，要了解学习是否发生只能根据学生学习前后外显行为表现的变化去推断。不过，古今中外的教育心理学家都尝试将学习的这一内部过程揭示出来。

第二，学习结果既可以外显也可以内隐。一方面，学习作为一种结果常常表现为学习者外显的行为变化，不仅如此，对于学习者来说，他有明确的学习目的、学习任务，也清楚自己要学什么和已经学到了什么。另一方面，在很多情况下，学习是自动发生且潜移默化地进行的，学习者并不清楚自己的学习目的和学习任务，也不知道学习是什么时候发生的，甚至对学习的结果既不能再现也不能再认，只有在某种特殊的条件下才能证明其存在。这种学习被称作内隐学习（implicit learning）。内隐学习由美国心理学家雷伯（A. S. Reber）首次提出，指有机体在与环境的互动过程中不知不觉地获得了某种知识并因之改变了其事后某些行为的学习。与之相对的是外显学习（explicit learning），是指有机体受意识支配、需付出努力并按照规则做出反应的学习。[①] 事实上这两种学习都真实存在着，它们以不同的方式影响着学习者的行为。又如，有些学习引起的变化并不能立竿见影地表现出来，要经过很长时间才能显现。也就是说，有些学习虽然没有直接引起行为的变化，但却引起了行为意向或行为倾向的变化，如某种认识的提高、某种态度的形成或改变等，这都可以被认为是学习。同时，学习结果的这种变化可以是知识上、态度（含情绪与价值观等）上、品德上、行为或行为潜能上的一种或某几种变化。因此，是否有变化是衡量一种活动是否是学习的重要条件。单有练习不一定产生学习，因为练习不一定会导致个体的知识、态度（含情绪、情感）、品德、行为或行为潜能发生变化。儿童从不会叫妈妈到学会

① 陈琦，刘儒德. 教育心理学. 2 版. 北京：高等教育出版社，2011：99.

叫妈妈，这里有学习；以后若仅仅重复叫妈妈，这是重复的活动或练习，就没有学习了。

第三，此种变化是能相对持久保持的，必须能够持续一段时间（但到底持续多长时间才算学习发生的标志，学界至今仍有争论）。这样，最佳的学习往往能获得长时间地影响有机体并成为有机体第二天性的结果。当个体表现出一种新的技能，如游泳、驾车等，就认为学习已经发生了。学习者的有些变化（像适应和疲劳等）因为是暂时的，就不能叫学习。①

第四，主体的变化是后天习得的，即由主体与环境的相互作用而产生的；换言之，学习是因经验而产生的。若是由先天因素、成熟、酒类或药物等引起的变化，就不是学习。当然，经验（experience）一词有两种含义：一是指活动的结果，即个体在生活中所经历的一切事情；二是指活动的历程，即个体在生活中为适应环境要求所从事的一切活动。学习定义中所使用的"经验"一般是指"活动的历程"的"经验"。②

2. 处理好几对关系

要正确理解广义学习的内涵，还要处理好以下几对关系：

（1）学习与本能。学习是经由练习或经验而引起的知识、行为或行为潜能的变化。但是，除人以外还有许多动物（甚至低等动物）也能表现出极其复杂的行为模式，只是这些行为模式不是学习的结果，而是出自它们的本能。所谓本能（instinct），是指个体在进化过程中形成并由遗传固定下来的、不学就会的能力，如鸡孵蛋、鸟筑巢、蜂酿蜜、蚕吐丝结茧等。它实际上是由一系列无条件反射构成的。本能的行为模式一般要同时具备两个条件：一是这种行为模式或行为方式是这一物种的所有正常成员都具备的；二是即使在与其他同类成员隔绝的情况下，在此类物种中随机抽取任何一个正常的个体，这个个体都会产生这种行为模式或行为方式。③ 例如，初生的婴儿具有吸吮的本领，此本领同时符合上述两个条件，是一种本能。这种本能中国古人都已认识到。据《二程集·河南程氏遗书》卷十九记载，二程曾说："万物皆有良能，如每常禽鸟中，做得窠子，极有巧妙处，是他良能，不待学也。人初生，只有吃乳一事不是学，其他皆学。"但是，猫吃老鼠就不见得是一种本能。因为根据郭任远的"猫鼠同笼共养"实验，猫吃老鼠的行为是后天习得的，而不是天生的、不学而能的本能行为。④ 当然，学习与本能之间的区别也不是完全泾渭分明的。有时人们也会看到一些天生的行为模式因经验而发生变化，如同一种鸟在不同地区可能会叫得不完全一样，这可能是它们受到了当地其他鸟叫的影响。

（2）学习与成熟。在一定程度上讲，人的发展是由成熟（生理的发展）和学习（心理的发展）构成的。成熟的含义有四：①指果实或谷实长到可以收获的程度。②比喻事物已经发展到能有效果的程度。③作为一种过程，"成熟"指个体在发展上的、解剖学上的、生理学上的变化，这些变化是建立在遗传特征的基础上，随时间的推移而生长与发展的，就好像是由遗传事先预定的方案的自然展开。④作为一种结果，"成熟"的含义有二：一是指机能生理的成熟，即机体器官的形态、结构和功能达到完备的状态；二是指机能心理的成熟，即个体的认知、情感、意志和社会适应达到完备状态。⑤ 此处成熟主要采用其中的第三、第四种含义。用发生心理学的眼光看，有机体内在的发展顺序与形式是不受外部

---

① 邵瑞珍. 教育心理学. 修订本. 上海：上海教育出版社，1997：27-28.

② 张春兴. 教育心理学. 杭州：浙江教育出版社，1998：169.

③ 施良方. 学习论——学习心理学的理论与原理. 北京：人民教育出版社，1994：3.

④ 燕国材. 中国心理学史资料选编：第四卷. 北京：人民教育出版社，1990：322.

⑤ 夏征农，陈至立. 辞海：第六版缩印本. 上海：上海辞书出版社，2010：228.

力量影响的。有机体要具备某种心理或做出某些行为，其神经系统与肌肉组织必须达到一定的成熟水平，从而为其心理发展提供必要的生理基础。例如，即使人们创造出再"高级"的教学方法，在儿童神经动作控制发展到一定程度以前，也是无法让他们握笔写字的；换言之，对于某种学习任务，学习者的成熟水平在达到某一最低限度以前，是不可能完成的。格塞尔与汤普森（Gesell and Thompson, 1929）对同卵双生子进行爬梯训练的经典研究足以说明这一点。不过，事物的发展并不一定是呈直线式的。例如，在一般情况下儿童要到 1 岁左右才会独立行走，在儿童达到一定的成熟水平之前进行步行训练通常是无效的。但是在婴儿出生后 2 个月内有一种行走反射，在这期间假若每天用双手托着婴儿让其学习走路，受过训练的婴儿会比其他婴儿更早学会走路。当然，这个提早走路的时间量仍是有限的。简言之，不能将因年龄变化引起的机体内部组织变化而导致的行为变化叫做学习。[①]

（3）学习与成绩。学习是一种在学习者内部发生的事情，因此，学习本身是无法直接测量的，能够测量的只是学习的结果。人们只能通过测量学习的结果来判断学习是否发生和学习的性质，这导致学习与成绩之间的关系颇为复杂。

（4）行为的暂时变化与相对持久的变化。强调学习是行为相对持久的变化，是为了区别那些因各种原因而引起的行为的暂时变化。使用"相对"或"比较"一词，是因为学习者在习得某种反应倾向后，虽然会形成稳定的习惯与牢固的知识，但随着时间的推移，可能也会发生遗忘。因此，不能因为一个人多年后忘了怎样解二元一次方程式而否认他在中学时的学习。

（5）人的学习和动物的学习的本质差异。广义的学习中的"有机体"既可以是动物也可以是人类。这样，广义学习不仅指人类的学习，也包括动物的学习，广义学习的上述特点是动物的学习和人类的学习所共有的。但是，本书也承认人类的学习与动物的学习有着本质的不同。这种本质差异是从以下几个方面表现出来的。首先，人类的学习与动物的学习在内容上有很大的不同。人类的学习借助语言和思维的参与，除了获得个体经验以外，还可以掌握人类积累的全部经验；而动物的学习只局限于其自身的直接经验。第二，人类的学习是在改造客观世界的劳动中，在同其他人的交往过程中进行的；而动物的行为是有机体对于一定刺激所作出的单一反应。第三，人类的学习是一种自觉的、积极的、主动的过程；动物的行为是一种被动的适应过程。

（6）广义学习与狭义学习。广义学习虽能引起有机体的心理或行为发生改变，但并不意味着改变后的心理或行为一定比改变前的心理或行为更可取，可见，广义学习是一个中性概念，其学习结果没有好坏之分。这不太合乎中国人的一般思维习惯。日常生活里中国人常说"你要好好学习"之类的话，这里的"学习"的结果往往是个体心理或行为的改善。[②] 为了吻合中国人的用语习惯，狭义学习的定义也就应运而生了。狭义学习是指个体经由练习或经验引起的，在心理（主要指认知、品德、态度、情绪或个性心理特征等）、行为（含道德行为）或行为潜能上产生了符合教育目标要求的、相对持久的变化。也许有人会说，加个"符合教育目标要求的"作限定语，并不能保证"学习"的结果一定是改善个体的心理或行为，因为教育目标自身也有善恶。这个批驳虽有一定道理，但从可操作

---

① 施良方．学习论——学习心理学的理论与原理．北京：人民教育出版社，1994：3 - 4.
② 施良方．学习论——学习心理学的理论与原理．北京：人民教育出版社，1994：2.

性的角度看，也只能这么做；更何况，若考虑到下述四点，上述批驳也不一定能成立：①只要有教育，就一定会预设内隐或外显的教育目标，与之相伴随的"学习"若想得到人们的认可，其学习结果必须与此教育目标相吻合。②在通常情况下，一个国家或地区在一定时期内所设立的教育目标，必然是此时期此国家或地区官方或主流民意所认可的、善的教育目标，人们一般不会将自认为是恶的东西设定为教育目标。③一个国家或地区在一定时期内所设立的教育目标，尽管在当时看来是善的，但是若用发展的眼光看，尤其是用更新近的眼光去回看，原先被认为是善的教育目标，现在也可能会被认为是恶的教育目标，这是由时代局限性造成的。④一个国家或地区在一定时期内所设立的善的教育目标，站在另一个国家或地区的立场看，也可能是恶的教育目标，这是由不同国家的治国理念与文化差异造成的。同时，广义学习不仅指有组织的知识（包括技能与策略等）的学习，也包括态度、行为准则等的学习。广义学习不仅指学生在学校内的学习，也包括个体自出生就存在的一直持续终生的日常生活中的学习。学生学习有两个明显特点：①以学习前人积累的间接经验为主，不是以直接实践为主，可以避免人类认识活动中的许多曲折和错误，直接接受人类经过千百次实践获得的认知成果。②学生学习是在教师指导下有目的、有计划地进行的，它一般比自学更有效率。

（二）中式"学习"的含义及启示

西式学习的定义虽为中国心理学界所熟悉，但对于广大的中国民众甚至一般的教育人士而言，他们对"学习"一词的看法，仍会有意无意地受到中式学习定义的影响。中国经典学习观虽早已印刻在许多中国人的心灵深处，对其学习观、学习方法和学习行为等产生或隐或显的影响，但因其具有浓厚的内隐性，导致许多主试或被试都没有清晰地意识到它，自然在其问卷设计、访谈提纲或实验设计里没有设计相关的方案来研究它，相应地，被试常常也就忽视它的存在，结果，仅通过一般的问卷调查、个案访谈或实验法来研究，常常很难准确、完整地将它揭示出来。而"学""习"和"教"三字的一些最初字形与重要含义却犹如"活化石"一般，将中式经典学习观形象地、"静止地"印刻在了上面。因此，妥善运用语义分析法能够有效地从"学""习"和"教"三字中揭示出中式经典学习观的内涵、优点与不足。

1. "教"的字形与字义

关于"教"字字形，《汉语大字典》列出了 11 种。从字形上看，古"教"字的字形经历了一个逐渐丰富与定型的过程：先写作"𢻤""𡥈""𡥈"，至写作"𢼄"或"𢻻"时，在字形上已非常完整了。[①] "𢻻"字左边的上半部是"爻"字，"爻"代表变化和开悟的意思，也作声符用；下半部是"子"字；左边合起来看，即是以"爻"加于人，就是使人变化或开悟之意。[②] "𢻻"字的右边是"攴"字，攴字本写作"𢽾""𢺍"[③]，

---

① 《汉语大字典》编辑委员会. 汉语大字典：第二版九卷本. 成都：四川辞书出版社，武汉：崇文书局，2010：1562.

② 《汉语大字典》编辑委员会. 约斋. 字源. 上海：上海书店出版社，1986：231.

③ 《汉语大字典》编辑委员会. 汉语大字典：第二版九卷本. 成都：四川辞书出版社，武汉：崇文书局，2010：1551.

与""①（丈）字在字形上很相似。""""和""等3种字形好像是手中执卜，其实不是，那是柴枝，拿它敲打用的；变作现在的"攴"，就是扑；又变作"攵"，做偏旁；做注音字母，那拿棍的手变作丈，就是杖。② ""字合起来看，其义就是：以柴枝为教鞭，以"攵"加于人（通常指尚未开悟的童子），就是通过教师来使人变化或开悟之意，这恰恰也是"学"的本义。

从字义上看，当读作"jiào"时，"教"的本义是"教育；训诲"之义。正如《广韵·效韵》所说："教，教训也。"由于在中国古人所施的教育中，后觉之人（通常指尚未开悟的童子）往往是被要求要"效法"先觉之人（通常指教师）的，由此，"教"就有了"效法"之义。正如许慎在解释"教"字时所说："教，上所施下所效也。从攴孝凡教之属皆从教。，古文教。，亦古文教。"③ 段玉裁注："上施，故从攴；下效，故从孝。"④《广雅·释诂三》也说："教，效也。"《广韵·效韵》说："教，法也。"由此引申出"训练；练习"之义，此时的"教"与"习"可互训。因此，当《吕氏春秋·简选》说："统率士民，欲其教也。"高诱的注是："教，习也。"当读作"jiāo"时，才有"传授（知识技能）"之义。⑤

2."学"的字形与字义

从字形上看，关于"学"字字形，《汉语大字典》列出了15种，从"学"的字形变化可知，"学"起初写作""""""，后写作""或""。⑥ 由此可见，"学"字字形最初经历了一个从简单到逐渐详细的过程，至写作""时，"学"字从字形上看已非常完整了。从""字形上看，其上半部左右两边各是一只"手"，⑦ 中间是一个"爻"，合起来是两手执"爻"以罩的形象。"爻"代表变化和开悟的意思，也作声符用。以"爻"加于人，就是使人变化或开悟之意。⑧ ""字下半部的外面是一个"上有屋顶两边都有墙壁的房屋"的形象：上面的"人"字形指屋顶，下面的"｜｜"指屋顶下面两边的墙壁，⑨ 这从""字的下半部分可以看得更清楚；""字下半部的里面是"子"的象形字。这样，从字形上看，整个""字的意思是：先觉之人（通常指教师）在房屋（即学堂）里开悟童子（后觉之人）之义，⑩ 这就是"學"字的本义。一旦让童子在

---

① 《汉语大字典》编辑委员会. 汉语大字典：第二版九卷本. 成都：四川辞书出版社，武汉：崇文书局，2010：10.

② 约斋. 字源. 上海：上海书店出版社，1986：132.

③ 许慎. 说文解字注. 段玉裁，注. 上海：上海古籍出版社，1981：127.

④ 许慎. 说文解字注. 段玉裁，注. 上海：上海古籍出版社，1981：127.

⑤ 《汉语大字典》编辑委员会. 汉语大字典：第二版九卷本. 成都：四川辞书出版社，武汉：崇文书局，2010：1562－1563.

⑥ 《汉语大字典》编辑委员会. 汉语大字典：第二版九卷本. 成都：四川辞书出版社，武汉：崇文书局，2010：1092.

⑦ 在金文里，"學"字上部左右两边的各一只"手"都是作"往下捧之状"，在现在通行的"學"字字形中，改成了"往上捧之状"。

⑧ 约斋. 字源. 上海：上海书店出版社，1986：231.

⑨ 约斋. 字源. 上海：上海书店出版社，1986：149.

⑩ 约斋. 字源. 上海：上海书店出版社，1986：231.

"见"上开悟，童子也就"覺（悟）"了。因此，"覺"字的写法，其上部与"學"字的上部写法完全相同，只是在下部换成了"见"字。①

从字义上看，综合《辞海》与《汉语大字典》的解释，当"学"读作"xué"时，有11种含义：①学习；接受教育。《广雅·释诂三》："学，效也。"《玉篇·子部》："学，受教也。"②模仿。③学问；学识。④学科；某一类系统的知识。⑤学校。⑥知晓；觉悟。《说文·教部》："斅，觉悟也。學，篆文斅省。"⑦学派；学说。⑧说；讲述。⑨讲学；互相讨论。⑩注释。⑪姓。② 根据上文对"学"字字形的分析可知，"学"字从字形上看就有"先觉之人（通常指教师）在房屋（即学堂）里开悟童子（后觉之人）"，因此，在"学"的这11种含义里，从先觉之人这个角度看，"学"的本义是"觉悟（后学）"，即上文所讲的"先觉之人（通常指教师）在房屋（即学堂）里开悟童子（后觉之人）"之义。从学生或后觉之人的角度看，"学"的本义是指"效法"或"受教"，也就是"后觉之人（通常指童子）效法先觉之人，即学习或接受教育"。将上述两种含义结合起来，"学"本身就有"后觉之人（通常是指童子）在先觉之人（通常是指教师）指导或教育下才开悟"之义，将它作进一步的概括，"学"本身自然就有了"觉悟、教育、效法"之义。这本就是"上所施，下所效"的"教"字的含义。事实上，"学"可读作 jiào，此时一般写作"𡥉"，其义就是指"教授，后作'教'"。《广雅·释诂四》："学，教也。"③ 而据许慎解释："斅，觉悟也。學，篆文斅省。"段玉裁注："斅觉叠韵。《学记》曰：'学然后知不足，知不足然后能自反也。'按：'知不足'，所谓觉悟也。《记》又曰：'教然后知困，知困然后能自强也，故曰：教学相长也。'……按《兑命》上学字谓教，言教人乃益己之学半。教人谓之学者，学所以自觉，下之效也。教人所以觉人，上之施也，故古统谓之学也。……详古之制字，作斅从教，主于觉人。秦以来去攴作学，主于自觉。《学记》之文，学教分列，已与《兑命》统名为学者殊矣。"④ 班固在《白虎通义》卷六《辟雍·总论入学尊师之义》里也认为："学之为言觉也。以觉悟所不知也。故学以治性，虑以变情。故玉不琢不成器，人不学不知义。"⑤

综上所述可知，"学"与"教"在字义上可通用，二者也都有"教育、效法或模仿"之义。因此，在汉字史上，"学"与"教"曾经写作一个字，即都写作"斅"。当其用作"学"或用作"教"时，其含义基本相同，都是指"教育、效法或学习"之义，只是用意略有不同而已："作斅从教，主于觉人。秦以来去攴作学，主于自觉。"因此，经典的中式"学"指的主要是模仿学习，即一个人（通常是后学者）模仿另一个人（通常是扮演教师角色的先学或先觉之人，如老师或父母等）的学习，而后学模仿先觉的目的，本是想获得与先觉者类似的知识经验和行为方式，从而使后学者自己逐渐变成像先觉者一样或类似的人。用当代一句通俗的话说，"长大后，我就成了你"一语，最能表白经典中式"学"的特色。由此可见，经典的中式学习之中并不包含创新学习之义。

① 约斋. 字源. 上海：上海书店出版社，1986：231.

② 夏征农，陈至立. 辞海：第六版缩印本. 上海：上海辞书出版社，2010：2162；《汉语大字典》编辑委员会. 汉语大字典：第二版九卷本. 成都：四川辞书出版社，武汉：崇文书局，2010：1092.

③ 《汉语大字典》编辑委员会. 汉语大字典：第二版九卷本. 成都：四川辞书出版社，武汉：崇文书局，2010：1092.

④ 许慎. 说文解字注. 段玉裁，注. 上海：上海古籍出版社，1981：127.

⑤ 陈立. 白虎通疏证：上册. 吴则虞，点校. 北京：中华书局，1994：254.

3.“习”的字形与字义

关于“习”字字形，《汉语大字典》列出了9种，从“习”的字形变化可知，“习”起初写作“彗”“習”[1]。对于“习”字字形，《说文解字注》的解释是：对于“习”字字形，《说文解字注》的解释是：“习，数飞也。从羽，从白。”[2] 徐锴《系传》作：“从羽，白声。”郭沫若《卜辞通纂考释》：“此字（甲文）分明从羽，从日，盖谓禽鸟于晴日学飞。许之误在伪日为白，而云白声。”[3] 比较而言，郭沫若对“习”字字形的看法更有道理。

关于“习”字字义，若以《汉语大字典》的解释为主体，再综合《说文解字注》[4]与《辞海》[5]的解释，“习”字有13种含义与用法：①鸟类频频试飞。《说文·习部》：“习，数飞也。从羽，白声，凡习之属皆从习。”《礼记·月令》：“鹰乃学习，腐草为萤。”②学习。《礼记·学记》：“五年视博习亲师，七年视论学取友。”③复习；温习。④积；重迭。⑤了解；熟悉。⑥习惯；习染。又如习以为常；积习。⑦亲近；亲信。⑧教；训练。⑨作为。⑩调节。⑪副词。表示频度，相当于“常常”“经常”。⑫通“袭”。相因；重复。⑬姓。[6]

综上所论，从字形与字义上看，“习”的本义是指“小鸟于晴天练习飞翔”。将此含义作进一步扩大，就可泛指一切有机体对一切事物的练习或温习，自然也就可用来指称人的练习或温习。换言之，由“小鸟效法大鸟反复练习飞翔”这一含义出发，很容易引申出“上行下效”的练习、模仿或效法之义，此时的练习、模仿或效法，就不再仅仅是指小鸟效仿大鸟反复练习飞翔一事，而是要宽泛得多，泛指任何人或任何动物反复练习、模仿或效法任何事物。当“学习”用于人时，注重的是以某种榜样（通常是先觉之人）为楷模，强调学习者要“自觉”反思自己的不足，进而效法与模仿楷模，反复练习与楷模行为类似的行为，以使学习者自己最终尽可能地逼近楷模。

4.“学习”的经典中式含义：心理学的解释

“学”与“习”在开始时往往分开用。如《论语·学而》说：“学而时习之，不亦说乎？”这表明“学”与“习”本是两种不同的心理与行为方式：“学”原本主要是在学堂里进行的，相应地，“学”主要是停留在“知”上，毕竟此时教师多只用“讲授法”进行教学。当然，教师在课堂上的一举一动实际上都在给学生以某种“示范”，或多或少会影响学生的心理与行为。更重要的是，像工匠师傅教徒弟，往往交替使用讲授法与示范法，后一种方法实是教弟子如何“做”。从这个意义上说，“学”之中必也包含一定的“做”。不过，相对而言，“学”侧重于“言教”，即“说”，尤其是当中国古代学堂里所教的知识多是道德知识而不是科技知识时更是如此。与“学”不同，“习”主要是要求“学生”要

---

① 《汉语大字典》编辑委员会．汉语大字典：第二版九卷本．成都：四川辞书出版社，武汉：崇文书局，2010：3565.

② 许慎．说文解字注．段玉裁，注．上海：上海古籍出版社，1981：138.

③ 《汉语大字典》编辑委员会．汉语大字典：第二版九卷本．成都：四川辞书出版社，武汉：崇文书局，2010：3565.

④ 许慎．说文解字注．段玉裁，注．上海：上海古籍出版社，1981：138.

⑤ 夏征农，陈至立．辞海：第六版缩印本．上海：上海辞书出版社，2010：2042.

⑥ 《汉语大字典》编辑委员会．汉语大字典：第二版九卷本．成都：四川辞书出版社，武汉：崇文书局，2010：3565－3566.

去反复练习，不能仅停留在"知"上。可见，"习"侧重于"练习"，即"做"。

"学而时习之"虽可使"言教"与"练习"或"做"相一致，但毕竟在"学"与"习"之间给人留下"有时间间隙"的印象。若任此现象发展，势必产生"学"与"习"的分离——只"学"不"习"；或者只知盲"习"，却不知"学"。为了消除这种隐患，极好简洁的先人虽然更喜欢以"字"为"词"，此时却直接将"学"与"习"合起来，成为一个合成词"学习"，其目的就是直截了当地告诉人们："学习"本是一件知行合一的事情。据现有文献记载，"学习"一词最早出现在《礼记·月令》中的"（季夏之月）鹰乃学习"一语。在此语里，"学"指"效"，"习"指"鸟"频频飞起。合起来的意思本是指"小鹰于晴天在天空效法老鹰（一般是小鹰的父母）反复练习飞翔"之义。① 这既是将"学"与"习"的含义结合起来自然而然地得出的一种含义，更表明"学习"之内已"天然"地含有"知行合一"的要义。

对于中国古人而言，此种"知行合一"式的学习便是"君子之学"，其经典阐述出自荀子的下述言论："君子之学也，入乎耳，箸乎心，布乎四体，形乎动静，端而言，蝡而动，一可以为法则。"② 与此相反，"知行分离"式的学习则是"小人之学"："小人之学也，入乎耳，出乎口。口耳之间则四寸耳，曷足以美七尺之躯哉！"③ 由此可见，荀子等人所讲的"君子之学"与"小人之学"的明显差异有二：一是从学习方法角度而言，"君子之学"主要指"知行合一式学习"，"小人之学"指"知行分离式学习"；二是从学习内容角度而言，"君子之学"主要学习"成就君子的知识"，"小人之学"主要学习"成为小人的知识"。由于"君子之学"的学习内容主要是一些有关"成就君子"的知识，并且，其学习方式是知行合一的，这种学习才是对个体身心发展有益处的，即能"美七尺之躯"。此种学习的一般目的是让人成为"君子"，最高目的是培育"圣人"。与此相反，"小人之学"的学习内容主要是一些有关"做小人"的知识，并且，其学习方式是知行分离、言行不一致的，这种学习就无法对个体身心发展有益处。

中国先哲对"学习"的上述看法，长处主要有三：第一，强调"学习"本是一种"知行合一"的过程，这自然有助于提高学习的效果，若能恰当将之发扬光大，定能有效纠正今天中国学校教育里所讲的学习只注重"学"而不注重"习"的弊病。第二，重视对先人已有知识经验的继承与觉悟，从而使先人的宝贵知识经验得以代代相传，这有利于文明的继承与发展。第三，将学习的目的指向"培育君子"，这是颇有价值的看法。因为依孔子等人的言论，君子人格实际上是一种具有仁爱、平等、尊重、宽恕等人格特质，且具共生取向、和谐发展的独立人格。这样，若能将君子人格的内涵作与时俱进的解释，那么，培育新型君子人格就是在当代中国教育界切实落实和谐精神的一项重要举措。

中式经典学习观的不足之处是：过于强调继承先贤的知识经验，颇为忽视甚至贬低学习者自己的求异思维，进而抑制了学习者创新能力的发展。与此相吻合的是，中国人在学习策略或方法上往往更注重"背诵策略"（多用于陈述性知识的学习）和"熟能生巧策略"（过度练习，多用于程序性知识的学习），后者若用得不好，往往仅是机械的练习，即简单的重复，不是真正意义上的练习，因它不注重反馈，故学习效果低下，犹如一个不

① 夏征农，陈至立. 辞海：第六版缩印本. 上海：上海辞书出版社，2010：2163.
② 王先谦. 荀子集解. 沈啸寰，王星贤，点校. 北京：中华书局，1988：12.
③ 王先谦. 荀子集解. 沈啸寰，王星贤，点校. 北京：中华书局，1988：12－13.

注重反馈的人即便天天写字（简单的重复），一辈子也写不出好字来。在思维方式上，中国人则一向喜欢求同思维。据许慎讲："思，睿也……"段玉裁注："睿也，各本作'容也'，或以伏生《尚书》'思心曰容'说之，今正……睿者，深通川也……引申之，凡深通皆曰睿……谓之思者，以其能深通也。"① 由此可见，先哲讲的思主要是指"纳百川"，即融会贯通地理解已有的知识经验，而不包含另辟蹊径之义；换言之，先哲讲的"思"里无求异思维和创新之义。这种意义的"思"与上文讲的"学习"一词的含义是相辅相成的，正由于中国人喜欢上述含义的"学习"，也就喜欢此种含义的"思"。它们相互作用的结果，既是导致许多中国人习惯于"接受学习"而不习惯于"创新学习"的根源之一；也是导致许多中国人解决问题时擅长求证于历史或先圣先贤的言论，而不擅长于抛开已有定论"另起炉灶"进行思考或实证的根源之一。后一心态发展的结果，又使得许多中国人一向重视对既有知识经验的学习和研究，而轻视原创性研究，这从经学和史学的研究成果随时代往后移而像滚雪球般越积越厚，而原创性研究自秦汉以后至清代却微乎其微的事实里可见一斑。因过于强调模仿先圣先贤的模仿学习，使得许多中国人养成了"皆喜人之所同乎己而恶人之异乎己"（《庄子·在宥》）的心态，这从诸如"英雄所见略同"之类的词语多具褒义，而别出心裁、异想天开、与众不同之类的词语则往往带有贬义就可见一斑。这就从根本上扼杀了许多中国人想进行创造性学习的意向，使得许多中国人的学习失去了创新的原动力，进而使得许多中国人丧失了创新意识，满脑子多是如何体悟先辈先贤的"微言大义"，结果必然为人们逐渐习惯于推崇权威的思维方式起到推波助澜的作用，从而禁锢了许多中国人的创新意识和创造力。②

可见，中国式"学习"的最大弊病是致使许多中国人养成权威思维；中国人推崇权威思维，又使得中国人习惯于中国式的"学习"，二者相互作用，致使中国传统的权威思维在当代中国人心中仍有广泛影响。所以，今后中国人若要尽可能避免像在 SARS 研究中丢失宝贵的"黄金机遇"之类事情③的发生，就必须拓宽中式经典学习的含义，使学习不但是指模仿学习或接受学习，更是指创新学习，这样，才能从根本上去除中式经典学习观里存在的不足，才有利于消除推崇权威的思维习惯，才能将教育创新落到实处。若果真能做到如此，类似于在 SARS 研究中丢失宝贵的"黄金机遇"的事情在中国再发生的概率就会大为降低，甚至会绝迹；否则，类似情形仍有可能会重演。另外，因重视模仿学习，一些师傅生怕徒弟超过自己，为避免出现"教会了徒弟，饿死了师傅"的情形，一些师傅往往要留一手绝活，等自己快要死时再教给徒弟。如果师傅突然亡故，来不及将绝活教给徒弟，就会导致此绝活失传。

二、学习与记忆的神经机制

现代对学习问题的研究，除了从宏观上与学习行为方面进行理论探索和实证研究以外，还深入到学习和记忆的神经机制研究，即从微观水平上进行研究。因为学习本身包含

---

① 许慎. 说文解字注. 段玉裁，注. 上海：上海古籍出版社，1981：501.

② 汪凤炎，郑红. 语义分析法：研究中国文化心理学的一种重要方法. 南京师范大学学报（社会科学版），2010（4）：113 – 118.

③ 《科学》杂志专题报道中国 SARS 研究——黄金机遇是如何失去的. 南方周末，2003 – 07 – 24.

记忆，记忆在一定程度上是学习的结果，学习和记忆的神经过程又是同时发生的，属于同一神经过程的不同侧面。

根据信息维持的时间长短，可以将记忆分为感觉记忆、短时记忆和长时记忆。工作记忆是在短时记忆的基础上提出的一个概念，它代表一种容量有限的、短时间内保存信息并对这些信息进行心理加工的过程。工作记忆模型包括中央执行系统、语音环路和视空间模板。[①] 研究者通常根据长时记忆中信息的储存特征不同而划分为陈述性记忆与程序性记忆。认知神经科学的研究表明，学习与记忆是由多个认知和神经系统支持的。不同记忆所获取的信息类型及其编码和提取方式存在某种差异，支持不同记忆过程的脑系统能够轻易地识别这种差异，参与不同记忆信息的编码、储存和提取。

（一）学习与记忆的脑结构

在学习和记忆时脑内发生了什么？早期观点认为，可能是脑内的两个区域之间建立了某种暂时联系。巴甫洛夫（Ivan P. Pavlov，1849—1936）根据经典条件反射研究推测，条件反射的形成是脑内的条件刺激与非条件刺激区域之间形成了暂时的神经联系。拉什里（Karl Lashley，1890—1958）用大量时间来探寻大脑中记忆痕迹（memory trace）的储存位置，他通过切除法损伤大鼠的大脑皮层，观察不同损伤对大鼠迷宫学习任务的影响，研究结果表明，大鼠的迷宫记忆成绩与脑皮层的损伤位置无关，只受脑皮层损伤面积的影响。因此，拉什里认为学习与记忆是脑的整体功能，没有专门负责记忆储存的脑区。但由于其实验对象、技术等方面的局限，这一研究结果受到人们的质疑。对人类脑损伤病人及正常人的研究表明，许多脑结构在学习和记忆中都有独特作用，它们各自形成了相互分离的功能系统。

1. 内侧颞叶

内侧颞叶区域主要包括海马体、杏仁核、内嗅皮层、旁海马回皮层和围嗅皮层。人类记忆最重要的发现来自 20 世纪 50 年代对一位名叫 H. M. 患者的治疗。该患者在治疗癫痫病的手术中被切除了双侧内侧颞叶。手术后，H. M. 保留了正常的短时记忆，却无法形成新的长时记忆。另一例病人 R. B. 海马体受损后也出现了类似于 H. M. 的症状。这些临床病人以及其他正常被试的研究表明，海马体在人类记忆中起着关键的作用。

那么，海马体在记忆中到底起什么作用呢？研究表明，海马体的作用主要体现在三个方面：①海马体在陈述性记忆中起重要作用。海马体损伤的病人内隐记忆相对正常，外显记忆明显受损。正常被试的脑成像研究表明，当新的信息编码以及长时记忆信息提取时，海马体均出现明显的激活。[②] ②海马体与空间记忆有密切关系。H. M. 等海马体损伤被试出现明显的空间工作记忆障碍。对动物的研究表明，海马体损伤的大鼠，在迷宫学习任务中表现明显的障碍。③海马体对于记忆的巩固起关键作用。它对于将短时记忆信息转化为长时记忆储存是必要的。

杏仁核是把感觉体验转化为记忆的一个关键部位。切除杏仁核的猴子在延迟视觉辨别实验中完全丧失学习能力。杏仁核在记忆汇合过程中也起突出作用，它与皮层的所有感觉

---

① BADDELEY A D. Working memory. Science，1992（255）：pp. 556 – 559.

② RANGANATH C & BLUMENFELD R S. Doubts about double dissociations between short- and long-term memory. Trends in cognitive sciences，2005（9）：pp. 374 – 380.

系统都有联系，在通过不同感觉形成记忆的过程中起联系作用。此外，杏仁核在情绪学习（特别是厌恶情绪）过程中起作用，其机理可能与其激活乙酰胆碱能注意系统、交感神经系统和促进加压素的释放有关。

2. 额叶

对动物和人类的研究表明，前额皮层区域可能是工作记忆的信息编码、储存和激活的关键部位。词语与空间工作记忆的脑系统是相互分离的，并存在两半球的功能不对称现象，即左半球主要参与词语工作记忆，右半球主要参与空间工作记忆。额叶在长时记忆的编码和提取中也起重要作用。图尔文（Tulving）的研究[①]表明，额叶是情景记忆的神经网络，但两半球作用不同：左侧额叶更多地涉及从语义记忆中提取信息，并同时将提取到的信息新异部分编码进情景记忆中；右侧额叶则更多地涉及情景记忆的提取。另外，额叶在人类行为的学习中起重要的调节作用，它负责行为的奖赏和惩罚。

3. 其他脑区

除上述脑区外，视觉联合皮层、基底神经节、间脑、小脑等结构也参与不同类型的学习与记忆活动。知觉学习是视觉联合皮层中突触连接改变的结果。脑电信号记录研究表明，猴子的视觉联合皮层中的一些神经元特异性地对某些复杂刺激（如面孔）有反应。功能成像的研究表明人类对图片、运动和空间位置的记忆提取会激活视觉联合皮层中的相应脑区。基底神经核在自动化了的、非思索性学习中起重要作用。间脑中的丘脑前核、丘脑背内侧核和下丘脑乳头体与颞叶有广泛联系并在记忆中起作用。间脑与记忆有关的直接证据来自动物的脑损伤研究及科萨科夫遗忘症病人的研究。科萨科夫综合征是由于酒精中毒等原因引起的，以间脑损伤最为常见。小脑则在运动学习中起至关重要的作用，这一点得到有关免瞬膜眨眼条件反射研究的支持。

（二）学习与记忆的生物化学机制

1. 突触结构的可塑性

可塑性是指不同于通常神经活动方式和神经结构形式的改变。赫布提出，学习或经验可以再现于新形成的或改变了的神经结构中；并且，神经发育的可塑性与学习和记忆可能有共同的神经机制。突触可塑性是人及动物终生具备的特性，从胚胎发育直到成年乃至老年，神经系统可因经验积累、学习训练、环境因素等各方面的影响而发生形态结构的变化，如神经元树突分支增多、新突触的形成等。[②] 同时，学习记忆或经验积累还可以导致现存突触多种结构参数的改变。研究发现，随小鼠年龄的增长，突触界面结构参数会发生明显变化：突触后膜致密物质厚度明显变小、突触活动带长度明显变短、突触穿孔率也会明显上升等。此外，突触间隙宽度、突触小泡数目、突触终扣大小度等也都是易变的参数。

大部分有关记忆的细胞基础的模型认为，记忆是神经网络中的神经元间的突触接触强度变化的结果。根据突触功能可塑性变化性质上的不同，可分为长时程增强（LTP）和长时程抑制（LTD）。它们均能选择性地修饰突触功能，使突触连接增强或减弱，因而能储存大量信息，被认为是学习和记忆的神经基础。

---

① TULVING E. Episodic memory：From mind to brain. Annual review of psychology, 2002（53）：pp. 1–25.

② CRAIG H, KANDEL E R & KAUSIK S. The persistence of long-term memory：a molecular approach to self-sustaining changes in learning-induced synaptic growth. Neuron, 2004, 30（44）：pp. 49–57.

2. 长时程增强

长时程增强（LTP）一般是指较高频率的强直刺激后，相同的测试刺激所引起的诱发突触反应长时间（一般长于半小时）明显增大的现象。这种突触反应在不同的实验条件下可以有不同的表现形式，如可以是场电位、群体兴奋性突触后电位、群体峰电位、兴奋性突触后电位（EPSP）等。1973 年，布利斯（T. V. Bliss）等[1]在麻醉的家兔身上发现，当以一个或几个频率为 10 ~ 20Hz，串长 10 ~ 15s，或者频率为 100Hz，串长 3 ~ 4s 的电刺激为条件刺激作用于海马体的传入纤维，继后的单个测试引起的群体峰电位和群体兴奋性突触后电位的振幅增大，而群体峰电位的潜伏期缩短。这种易化现象持续的时间达 10 小时以上。他将这种单突触诱发反应的长时间易化称为"长时程突触增强"。少数动物在停止给予条件刺激后，LTP 现象仍持续长达两个月之久。这种 LTP 现象在海马体的其他突触连接系统如苔状纤维至 CA_3 锥体细胞，侧支至 CA_1 锥体细胞等处也都观察到。不同部位所诱导的 LTP 可能有不同的神经机制。

LTP 的全过程包括诱导和维持两个阶段，一般称其为诱导期和维持期（或表达期）。诱导期是指强直刺激后诱发反应逐渐增大直至达最大值的发展过程，而维持期是指诱发反应达最大值之后的持续过程。由于不同脑区的 LTP 或同一部位不同刺激参数引起的 LTP，它们的诱导期与维持期的时间长短并不相同，所以一般又将 LTP 形成早期称为早时相 LTP（early phase LTP，E-LTP），将其后的阶段称为晚时相 LTP（late phase LTP，L-LTP）。

不同研究证实了长时程增强效应与记忆能力之间的关系。研究证据表明，长时程增强与学习行为的习得、巩固、消退和再习得存在对应的平行关系，如果消除 LTP 可能会造成学习和记忆的障碍。当化学阻断健康老鼠海马中的 LTP 后，它们正常的位置学习能力受到损害，说明阻止 LTP 会影响正常的空间记忆。但也有研究发现，动物们即使在 LTP 被阻止时，仍可以产生新的空间地图。[2] 这一争论说明了 LTP 在细胞和行为水平的记忆中的作用非常复杂，还需要进一步的研究来揭示其内在机制。

3. 长时程抑制

长时程抑制（long-term depression，LTD）是指突触传递效率的长时程降低。在中枢神经系统的很多部位都可以观察到这种现象，但最早是在小脑的观察中看到这一现象的。小脑浦肯野细胞（以下简称浦氏细胞）有两种兴奋型突触：一是平行纤维（即小脑颗粒细胞的轴突）形成的突触，二是爬行纤维（即下橄榄神经元的轴突）形成的突触。如果平行纤维和爬行纤维同时重复刺激，则可在平行纤维与浦氏细胞上形成的突触处观察到传递的长时程抑制现象。目前 LTD 已被认为是中枢神经系统突触可塑性的另一个重要模式。

诱发 LTD 需同时刺激爬行纤维和平行纤维，单独刺激爬行纤维或平行纤维均不能诱发LTD。直接刺激发出这些纤维的神经元如下橄榄核，或间接刺激可引起平行纤维兴奋的前庭神经均可产生同样的效果。如果刺激频率为 1 ~ 4Hz，刺激时间为 25s，则可有效地抑制原先单独刺激前庭神经所引起的兴奋作用，表现为浦氏细胞诱发单位放电脉冲数的减少及EPSP 的减小，其抑制时程可长达 1 小时以上。一般情况下爬行纤维的刺激比苔状纤维或平行纤维的刺激约超前 10 ms，LTD 的检测依赖于当刺激平行纤维或苔状纤维时浦氏细胞的

① BLISS T V & COLLINGRIDGE G L. Asynaptic model of memory：long-term potentiation in the hippocampus. Nature，1993，361（6407）：pp. 31 – 39.

② SAUCIER D & CAIN D P. Spatial learning without NMDA receptor-dependent long-term potentiation. Nature，1995（378）：pp. 186 – 189.

反应。LTD 包含一个起始相（initial phase）和一个晚时相（late phase）。起始相一般持续10 分钟左右，而晚时相持续的时间为 1 ~ 3 小时，压抑的幅度在晚时相为 30% ~ 40%。

4. 长时程突触可塑性分子机制

诱导 LTP 的两个主要因素是强直刺激的频率和强度，一定强度的刺激可提高单个刺激引起的兴奋性突触后电位的幅度，而一定频率的刺激可使兴奋性突触后电位产生叠加效应，使突触后膜的去极化达到一定的程度，使位于 N - 甲基 - D - 天冬氨酸（N - methyl - D - aspartate，NMDA）受体通道内阻止 Ca^{2+} 内流的 Mg^{2+} 移开。[1] 这样当递质与 NMDA 受体结合后，通道打开，Ca^{2+} 内流，胞内 Ca^{2+} 浓度升高，继后触发一系列生化反应，改变膜的性质，导致 LTP 的产生。NMDA 受体是一种独特的双重门控的通道，同时受电压门控和递质门控。只有在膜去极化使堵塞通道的 Mg^{2+} 移开后，谷氨酸与 NMDA 受体结合，才能使通道打开。在正常低频突触传递时，突触前释放的谷氨酸可同时作用于 NMDA 和非 NM-DA 受体，此时 Na^+ 和 K^+ 可通过非 NMDA 受体通道，但不能通过 NMDA 受体通道，因为静息水平的膜电位不能使 Mg^{2+} 移开，NMDA 受体通道也就不能打开。[2]

Ca^{2+} 与学习记忆有着密切关系，在 LTP 诱导过程中起着重要的作用：低浓度 Ca^{2+} 溶液不能诱导产生 LTP 效应，高浓度的 Ca^{2+} 可直接诱导 LTP 及增强诱导的效果等。目前认为蛋白激酶系统促进了 LTP 的发生，其中研究得较多的是 PKC 和钙—钙调蛋白依赖性激酶 II（CaMK II）。[3] 蛋白激酶系统一方面可以直接被 Ca^{2+} 激活，在 LTP 诱导过程中起作用；另一方面它们具有自身磷酸化的功能，可能对 LTP 的维持起作用。

有多种方法通过不同的信号传导途径诱发 LTD，大量研究的实验结果显示，Ca^{2+} 和谷氨酸受体参与 LTD 的诱导。如果将 Ca^{2+} 螯合剂 EGTA（乙二醇二乙醚二胺四乙酸）注入脑片标本上的浦氏细胞的树突内，将不能产生 LTD。这一结果与将 EGTA 注入海马锥体细胞内而不能产生 LTP 的结果相类似。因此 Ca^{2+} 在 LTD 和 LTP 诱导中的作用可能有相同之处。将谷氨酸电泳至浦氏细胞内，同时刺激爬行纤维（4Hz），则可有效地诱导出 LTD；而单独注入谷氨酸或刺激爬行纤维均不能产生 LTD。因此认为 LTD 的诱导主要依赖于浦氏细胞对谷氨酸敏感性的长时程降低。以上实验结果说明谷氨酸对 LTD 的诱导是必需的。这一点与 LTP 的诱导不同，LTP 的诱导主要依赖于 NMDA 受体的作用。到目前为止，所提供的实验证据都表明突触后的变化参与了 LTD 的诱导；而关于突触前的变化，如递质释放减少等是否也参与 LTD 诱导的问题目前尚缺乏证据。[4]

三、学习的要素与意义

（一）学习的要素

学习是怎样引起的，人们可以抽取哪些与学习有关的要素？根据加涅（Gagné，1985）等人的见解，学习的要素主要有四个[5]：一是学习者。生活中所讲的学习一般是指人类的学习。人类学习者拥有感官，他们通过感官接受刺激；他们拥有大脑，通过大脑以各种复

① NOGUCHI J. & MATSUZAKI M. Spine-neck geometry determines NMDA receptor - dependent Ca^{2+} signaling in dendrites. Neuron, 2005（46）: pp. 609 - 622.

② BYME J H. Learning and memory. Elsevier science & technology, 2008. pp. 209 - 210.

③ BOEHRE J, KANG M G, JOHNSON R C, et al. Synaptic incorporation of AMPA receptors during LTP is controlled by a PKC phosphorylation site on GluR1. Neuron, 2006, 51（2）: pp. 213 - 225.

④ 刘昌. 生理心理学. 北京：高等教育出版社，2012：197 - 198.

⑤ 施良方. 学习论——学习心理学的理论与原理. 北京：人民教育出版社，1994：320.

杂的方式转换来自感官的信号；他们拥有肌肉，通过肌肉动作显示所学到的内容。学习者不断接收到的刺激，被组织进各种不同形式的神经活动中，其中有些被贮存在记忆中。在作出各种反应时，这些记忆可能被转换成外显的行动。二是刺激情境与刺激。刺激学习者感官的所有事件被统称为刺激情境；可以区分的单一的事件被称为刺激。三是记忆。对学习者来说，一个重要的输入是学习者从记忆中提取的内容。当然，这些内容是根据以往学习活动已经加工过的。假若学习者记忆力不佳，就会影响学习的效果；如果学习者丧失记忆力，学习就难以有效地进行。四是反应。由于感觉输入及其后继的各种转换而引发的行动称之为反应。相对说来，人们可以用比较具体的方式来描述反应，因为反应常常反映在操作水平上。加涅认为，当刺激情境和记忆内容以某种方式影响学习者的操作水平时，学习便发生了。操作水平的变化是根据学习者在学习之前与学习之后操作水平的差异来界定的。人们判断学习是否发生，主要是根据操作水平是否发生了变化来推断。

（二）学习的意义

一个人若能越早理解学习的意义，往往越能激发自己更加积极、主动地学习。那么，"学习"到底有什么意义呢？

学习是活着的有机体中普遍存在的现象，学习的能力明显地随着神经系统的发展而提高。从生物进化的观点看，学习是有机体适应环境以更好地生存的手段。概要地说，有机体适应环境有两种方式：一是本能，二是学习。通过学习适应环境，其特点是迅速且广泛。本能的变化需要千万年的演化，学习的变化有时仅仅需要几分钟甚至更短的时间。这样，本能越多的动物，其适应环境的能力也就越小，因为其出生时的本能越多，虽然在开始阶段其适应环境的能力颇强，但由于本能是一种由遗传固定下来的不学就会的能力，其心理与行为模式的可塑性空间就越小，其后天的学习能力也就越弱，因此，其适应环境的能力是随年龄的增长而逐渐下降的；反之，本能越少的动物，其适应环境的能力从总体上看也是越大的，因为其出生时的本能越少，虽然在开始阶段其适应环境的能力颇弱，但其心理与行为模式可塑性的空间大，其后天的学习能力也就强，其适应环境的能力是随年龄的增长而逐渐上升的。明末清初王夫之就曾看到这个道理。王夫之从"本能"与"习能"的角度出发，认为人贵于万物的原因，是人具有很多后天习得的"习能"。王夫之在《思问录》里说："'天地之生人为贵'，惟得五行敦厚之化，故无速见之慧。物之始生也，形之发知，皆疾于人，而其终也钝。人则具体而储其用，形之发知，视物而不疾也多矣，而其既也敏。"这表明，动物只靠与生俱来的几种本能而生存；人尽管没有多少与生俱来的本能，但能通过后天学习获得大量的"习能"。因此，人才贵于禽兽。这个观点至今看来仍有一定道理。

除了能让有机体适应环境以更好地生存外，对于人而言，"学习"还有更多的意义：为了探索未知，为了实现自我或完善自我，为了过上体面生活或幸福生活，为了找个好工作，为了挣钱养活自己和家人，为了出人头地，为了祖国的富强文明，为了更好地帮助他人，为了能进天堂或极乐世界（对有宗教信仰的人而言）等。这里须特别指出四点：①人类做某件事的动力不外乎四个主要动力来源：纯粹兴趣、可期利益、义务所在与人生意义。在这四个动力来源中，发现学习的意义尤为重要。如果一个人不能真正找到学习的意义，他就不可能自觉地、持久地努力学习，甚至还有可能像某18岁史学高才生那样发出"越发不明白自己这么拼是为什么"的疑问，并最终因抑郁症而自杀。那么，学习的真正意义是什么呢？龙应台写给儿子安德烈的一段话颇有见地："孩子，我要求你读书用功，不是因为我要你跟别人比成绩，而是因为，我希望你将来会拥有选择的权利，选择有意义、有时间的工作，而不是被迫谋生。当你的工作在你心中有意义，你就有成就感。当你的工作给你时间，不剥夺你的生活，你就有尊严。成就感和尊严，给你快乐。"这是因为，对于绝大多数父母是农民或普通工薪阶层的同学们而言，努力学习可能是将来通向美好世界的唯一道路，古今中外，无数贫寒子弟通过努力学习最终改变了命运。②每个人在现实生活中都会面临多种挑战，在不同人生阶段往往会有不同的需要，甚至在同一人生阶段也会同时产生多种需要，这样，个体在寻求和确定学习的意义时，必须放弃线性思维，不能死守学习的一种意义或价值，而要与时俱进，做到既兼顾当下，又放眼长远；既适当看到学习的外在意义，更要逐渐学会用心体会学习自身的意义与乐趣。③人不是圣人，在一段时间内将学习的意义定在实现小我的价值上，是合情合理的。但是，如果一个人自始至终只将学习的意义定在实现小我价值上，而不去追寻实现大我的价值，没有面向未来的远大眼光，没有社会担当意识，极可能会出现"积小胜成大败"的糟糕后果，甚至会因迷惘或抑郁而自杀；即便将来他成功了，也会因其心中缺乏责任与爱，不但不会让自己体验到真正的快乐与幸福，还会让周围的人觉得他自私、冷漠。鉴于个体没有面向未来的远大眼光，易成井底之蛙，导致或自傲，或易满足，故须及时加强自我心性修养，让自己明白"学无止境"和"天外有天，人外有人"的道理。鉴于个体只有生发出责任感，才有担当意识；只有心中有爱，才能让这种担当不至于过于沉重，所以，恰当的做法是：个体不但要尽早明白学习的多种意义，而且要逐渐、及时培育出责任与爱的品质，并妥善协调好"为自己学习"与"为他人、社会、国家学习"之间的关系，不可顾此失彼。④为什么大多数人宁愿吃生活的苦，也不愿吃学习的苦？"知乎"App 上点赞数最高的回答颇有见地："生活的苦可以被疲劳麻痹，被娱乐转移，无论如何只要还生存着，行尸走肉也可以得过且过，最终习以为常，可以称之为钝化。学习的苦在于，你始终要保持敏锐的触感，保持清醒的认知和丰沛的感情，这不妨叫锐化。"

第二节　学习的过程与条件

学习要经历哪些心理历程？学习者不同阶段的心理历程有什么区别和联系？也就是说，学习者是通过哪些心理活动阶段将外在的、书本的知识内化到自己的心理世界中来的？对此，古今中外众多研究者都进行过探讨，但是由于思想家、教育家们所关注的学习内容、学习类型不同以及所处视角不同，得出的结论也不完全相同。

一、学习的一般过程

随着信息理论、计算机模拟等研究的进展，人们试图将人类学习的过程与计算机处理信息的过程进行类比。依据信息加工观点，所有的学习都是通过一系列内在心理动作对外在信息进行加工的过程，这个信息加工的过程主要包括信息的输入、加工处理与输出。根据信息加工观点，研究者提出了各种各样的学习的信息加工模式，美国心理学家加涅（Gagné，1974）提出的信息加工模式是颇有代表性的一种观点（更新颖的一种观点请见"认知主义学习理论"一章中的"学习与记忆的信息加工心理历程示意图"）。1974 年加涅在《教学的学习要旨》一书中，借用信息加工心理学的信息流程图，提出了一个被广泛接受的信息加工模式，如图 2－1 所示：

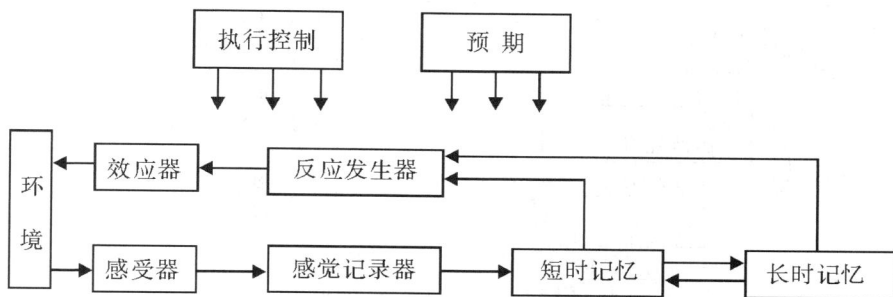

图 2-1 加涅的信息加工模式

加涅详细分析了学习活动所发生的加工阶段，以及完成每一加工阶段所需要的学习条件。他认为学习活动的各加工阶段是：①注意。决定着输入信息的接收程度和性质。②选择性知觉。对经过感觉登记并被注意到的信息进行模式识别，并把它们转换成某种形式，使之进入短时记忆存贮。③短时记忆和复述。经过知觉选择的信息以视觉和听觉的编码形式存储于短时记忆中。短时记忆中的信息经过不断地被复述，可以进入长时记忆的存贮。④语义编码和长时记忆。在短时记忆中具有一定知觉特性的信息转变成概念的或有意义的形式，存贮于长时记忆之中。其基本的形式是组成有意义的命题，更为复杂的形式是各种概念的层次关系。⑤搜寻和提取。存贮于长时记忆中的信息经过搜寻和提取可回到短时记忆——工作记忆之中，与新习得材料相配合，以推动反应发生器。⑥反应组织。决定着反应的基本形式，即操作是否包括语言、肌肉运动以及操作中运动的序列和时间等。⑦操作。激活效应器，导出可观察到的活动，表明业已习得的能力和倾向。⑧反馈和强化。使学习者看到他的操作效果。虽然反馈常常要求外在的控制，但其主要结果是内在的，它用来巩固学习，使学会的能力或倾向能够被持久地运用，这种现象就是所谓的强化。

加涅在说明学习的信息加工阶段的基础上，又进一步分析了学生学习的实际过程，并认为一个学习活动的阶段就是构成单个学习的内部和外部事件的系列或链索，每一阶段都有它各自的内部过程和外部事件，如图 2-2 所示：

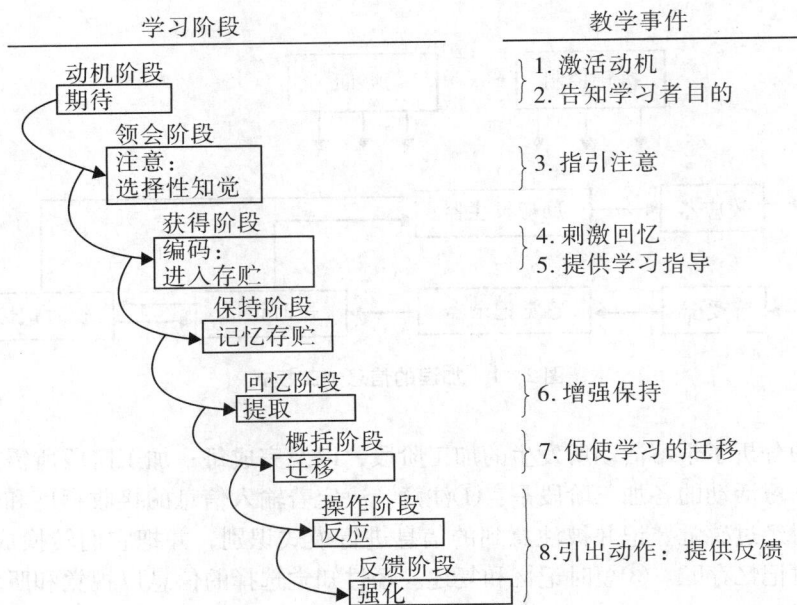

图 2-2　学习阶段与教学事件关系示意图

（1）动机阶段。动机反映了学习者要控制、支配和掌握他的环境来达到既定目标的自然倾向。在学习的动机阶段，教学设计的任务就是识别学习者的各种动机并将他们引到学习目的上去。当动机不存在时，可以通过引起学习者内部的期望来建立。

（2）领会阶段。学习的领会阶段包括学习者对刺激的注意和知觉。在这一阶段要引导注意和指导知觉选择，对提供给学习者的刺激加以安排，以便强调刺激呈现的区别性特征。

（3）获得阶段。在这一阶段，学习者把他的知识编码存贮在大脑中。编码是为了在短时记忆或长时记忆中存贮。在此阶段的教学要对编码提供学习指导，如运用表象编码或者语词和命题编码或者双重编码。

（4）保持阶段。这一阶段强调对经过编码存贮的知识加以巩固、增强和保持。比如练习是巩固知识的一种方法，那么在教学中要让一个学习者在多种多样的情境中加以练习。

（5）回忆阶段。这一阶段要求对存贮的信息加以恢复和提取。这一过程依赖提示线索，在教学中就要设计可供学习者用来提取的线索。

（6）概括阶段。这一阶段是将所学会的能力迁移到新情境中去，可以采取横向迁移和纵向迁移两种形式。在教学中应设计出尽可能多样的新情境，让学生更好地运用所学的东西。

（7）操作阶段。操作是可以观察到的行为，从操作的变化可以判断学习是否已经发生。在学习过程圆满地完成时，教师要指导学习者很好地观察其即时操作。

（8）反馈阶段。反馈是学习的最后阶段，它是通过强化过程发生的。学习活动需要一种自动的或设计的反馈，教师的作用是以信息反馈的形式向学习者提供人为的强化物。

加涅认为，一个完整的学习活动是由上述八个阶段组成的。在每一个学习阶段，学习者的大脑里发生一次或更多的内部加工，教学程序必须按照经过研究建立起来的基本原理去系统地进行，根据学生的内部学习条件，创设或安排适当的外部条件，促进学生有效地学习，以实现预期的教学目标。

顺便指出，假若总结中国古代大教育家对于学习过程的只言片语，可以发现中国学人对学习过程的完整看法同样可以分为立志、注意、博学、审问、慎思、明辨、时习、笃行八个阶段。① 若将中西学人对学习一般过程的看法作一简要对比，就会发现：从外在形式上看，其对学习一般过程的见解是类似的，都包括动机、感知、理解、巩固和应用等，如图2-3所示。

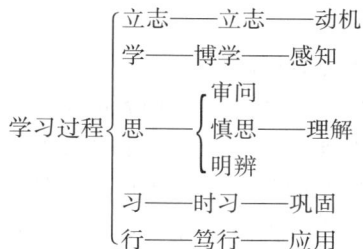

$$学习过程\begin{cases} 立志——立志——动机 \\ 学——博学——感知 \\ 思——\begin{cases}审问\\慎思——理解\\明辨\end{cases} \\ 习——时习——巩固 \\ 行——笃行——应用 \end{cases}$$

图 2 - 3　中西式学习过程对比示意图

不过，从上述分析可知，若就实质而言，二者有较大区别：①西人（如加涅）讲的学习的一般过程既考虑到学习的外部条件，更试图揭示学习的内部加工过程（请参阅"认知主义学习理论"一章中的"学习与记忆的信息加工心理历程示意图"），具有很强的可操作性；中国古人讲的学习的一般过程往往是经验总结，没有明确揭示学习的内部加工过程。②中国先哲重视行，其行主要指个人践行伦理道德规范（个人的心性修养），正如《左传·昭公二十五年》中大叔转述大夫子产的话所说："夫礼，天之经也，地之义也，民之行也。"《荀子·大略》也说："夫行也者，行礼之谓也。"② 这与当代西方教育心理学讲的将所学应用于实践以解决问题的"行"不太一样。

二、有效学习的一般条件

依加涅等心理学家的观点，教育心理学的目的之一就是要观察学习发生的条件，并对它们加以客观的描述，进而在教学过程中对它们加以适当的运用与控制。在加涅看来，学习条件（conditions of learning）指影响学生学习的内在（学生心理）及外在（教学情境）的一切条件。按加涅的解释（Gagné，1977），学习条件有内在条件（internal condition）与外在条件（external condition）之分。前者指学生学习前所应具备的条件，诸如先备知识、技能、态度等；后者指教学时所设置的有助于学习的一切情境。同时，加涅主张教师在一定程度上是可以改变学习条件的，尤其是外部条件。教学是由教师安排和控制这些外部条件构成的。学习的条件各不相同，学习的类型也有所不同，要根据构成各种学习条件对不同类型的学习予以区分。由于每一种学习类型都是以学生内部的知识技能为基点的，要使学习得以有效地发生就需要有不同的外部条件。综观行为主义学习理论、认知派学习理论、人本主义学习理论与中国先哲对学习问题的论述，有效学习的一般条件或必要条件主

---

① 汪凤炎. 中国心理学思想史. 上海：上海教育出版社，2008：237 - 242.
② 王先谦. 荀子集解. 沈啸寰，王星贤，点校. 北京：中华书局，1988：490.

要有两大方面：

（一）影响学习的外部条件

外部条件是独立于学生之外存在的，也就是俗称的学习环境。影响学习的外部条件或因素很多，主要包括教师心理素质、教学设计、教学方法、课堂学习管理、文化因素和家庭环境等，它们都对学习产生重要的影响。其中，教学设计等将在后文作详细论述，这里只简要阐述影响学习的文化因素和家庭因素。

1. 文化因素

文化因素会对人的学习产生深刻影响。

首先，文化通过影响人的思维方式进而影响人的学习。不同的文化生成不同的人心，其中最重要的是会生成不同的思维方式。例如，在中国文化熏陶下的中国人就有自己的独特思维方式。[①] 如，受中国传统思维的影响，中国人习惯于"接受学习"，长于记忆，而不善于创新学习，不善于创新。为了提高学习效果，就必须发扬中国人传统思维方式的长处（如辩证思维），同时吸收西方人思维方式的长处（如为了克服中国人喜好权威思维的习惯，就要适当借鉴西人喜欢批判思维和求异思维的习惯），这样方能起到事半功倍的效果。

其次，文化通过影响人的学习策略进而影响人的学习。例如，在中国文化熏陶下，中国人擅长"背诵策略"和"熟能生巧策略"，这使中国学生在需要记忆和练习的课程方面比西方国家的学生表现得更出色，也导致比起西方人来，中国人在童年时更早地就要求边记忆边复述，并且要求培养更多的有效记忆策略。又如，中国人在童年时代获得的"提高道德修养策略"一旦与遵从权威、遵从孝道和尊敬长者相结合，就必然导致中国人不得不花费大量宝贵的心智资源来慎重思考哪些话能说、哪些事能做、能说的话该如何恰当地说、能做的事该如何恰当地做。根据卡尼曼（Kahneman）1973 年在《注意与努力》一书中提出的注意分配的认知资源理论（也叫智源限制理论）可知，每个人的心智资源都是有限的，在一个方面用多了，在另一个方面必然就用得少，这样，如果一个任务没有用尽所有的智源，那么注意就可以指向另外的任务，反之，如果一个任务已耗尽了个体所有的智源，那么注意就无法指向另外的任务。由此可知，中国人花大量心智资源来慎重思考哪些话能说、哪些事能做、能说的话该如何恰当地说、能做的事该如何恰当地做后，自然会于无形中阻碍了创造力。同时，"提高道德修养策略"一旦与遵从权威、遵从孝道和尊敬长者相结合，还导致中国人不论在言语上还是在观念上都倾向于含蓄，并使得与遵从权威、遵从孝道、尊敬长者这些准则不相容的其他准则，如果断、自信、冒险和雄辩，同时被抑制，或者压根儿就不学。这就意味着中国孩子不得不在损害言语技能的条件下学习很多准则。这就是中国母亲与美国母亲相比，跟孩子在言语上相互影响较少的原因。但无论如何，能作出超常或稀有反应的性格才是独创性和创造力的前提。[②] 这是致使中国人言语表达能力普遍较弱和创新意识不强的重要原因之一。从一定意义上讲，这也是致使中国科技在早期发明大爆发后长期沉寂的原因之一，因为自忠孝教育在 2 000 年前的汉朝被广泛接

---

① 汪凤炎，郑红. 中国文化心理学. 5 版. 广州：暨南大学出版社，2015：577 – 625.
② 迈克·彭，等. 中国人的心理. 邹海燕，等译. 北京：新华出版社，1990：74 – 75.

受之后，人们就严格奉行遵从权威、遵从孝道、尊敬长者的原则。① 有研究表明，语言所传送的思想影响使用这种语言的人的思维。当中国人读先辈传下来的古典故事和小说时，他们就知道怎样像故事和小说中的人物那样想和做。影响人们思想和行为的不是语言结构而是语义内容。关于这一见解有一个个案，即弗斯的研究。他研究了聋子和耳聪的成年人，发现尽管耳聋的受试很少有人能读、写和说英语，但他们在基本认知能力上没有明显差异。然后他得出结论：语言不以任何直接的、普遍的、决定性的方式影响智力发育，语言的影响是间接的、具体的，并且可以通过提供获取信息和交流思想等额外经历的机会来促进智力的发展。②

最后，文化通过影响人的行为方式进而影响人对学习的态度以及学习的内容与方式。如，在中国，受文化因素的影响，一般认为男主外、女主内，男的要勇敢、有才干，女的要温柔、体贴，于是，长辈自小按不同的方式来教育子女。受这种文化因素的影响，中国人在学习中普遍存在这样一种值得深思的现象，即在求学时代，女生普遍与男生一样好学，甚至学习成绩常常普遍优于男生，但是，一旦成家后，多数男子往往仍在自己的专业领域不断地学习，而多数女子则放弃学业，转而安心"退居第二线"，这是造成"女子早盛早衰，男子大器晚成"并导致在许多专业领域成功人士往往是男子而不是女子的原因之一。③

2. 家庭因素

家庭因素对人的学习也有影响。首先，家庭经济水平的高低会通过影响学生的心理与行为进而影响学生的学习。一些经验表明，家庭经济的好坏都可能对学生产生积极或消极的影响：家庭经济困难，可能会使学生更加努力学习，因为他们往往相信"知识可以改变命运"（没有靠山，只好靠努力读书来争取出人头地）；也可能会给学生带来一些负面影响，如贫困大学生中有些人会自卑等。家庭经济较宽裕甚至富裕，可能会使学生养成不用功的毛病，也可能会使学生因良好的经济环境而能更有效地学习。可见，在家庭因素中，家庭经济水平可能不是最重要的因素，重要的是父母的教养方式。其次，家庭文化氛围对学生的学习也有影响。许多事实表明，家庭文化氛围是影响学习的重要因素。再次是家庭教养方式。研究表明，在生活中存在着五种典型的教养方式：专制型、宽容型、威信型、放任型、严慈结合型，它们对人的学习产生不同的影响。一般认为，对于中国学生而言，最有助于学生进行有效学习的家庭教养方式是严慈结合型。最后是亲子关系。一般来说，在亲子关系不好的家庭中，孩子都表现出较差的思维能力。这里，异性间的不良亲子关系影响尤其巨大。同时，积极的父母态度（比如爱，关心和不提过分的要求）有利于孩子能力的发展，而消极的父母态度（如拒绝、忽视和惩罚）会阻碍孩子能力的发展。从家庭结构方面来说，到目前为止的证据表明，来自大家庭中的最小的孩子的语言智商一般较低。④

（二）影响学习的内部条件

影响学习的内部条件或因素众多，主要有个体的品德因素、学习动机、已有知识背

---

① 迈克·彭，等. 中国人的心理. 邹海燕，等译. 北京：新华出版社，1990：97.
② 迈克·彭，等. 中国人的心理. 邹海燕，等译. 北京：新华出版社，1990：91.
③ 汪凤炎，郑红. 中国文化心理学. 5 版. 广州：暨南大学出版社，2015：69.
④ 迈克·彭，等. 中国人的心理. 邹海燕，等译. 北京：新华出版社，1990：18 – 19.

景、个别差异和学习策略等方面；并且，在论及影响学习的内部条件时，往往会涉及"学习的准备"（learning readiness）一词（请参阅第三章里论及"准备性原则"的内容）。学习的准备，也叫学习的准备状态，指学生学习新知识时，那些促进或妨碍学习的个人生理、心理发展的水平和特点，它由多种影响学习的内部因素组成，包括个体生理的成熟、个体心理的发展水平、已有的知识经验和当时的学习动机等。① 这些内容在下文多有详细探讨，这里只简略提一下。

1. 个体生理的成熟和心理发展的准备

个体生理的成熟和心理发展的水平，是学习准备的重要内容。所以，教育心理学研究的个体生理的成熟和心理发展的准备，主要指学生从事新的学习所必须具备的生理成熟度和心理发展水平，它们主要是由成熟程度和认知能力决定的。

2. 知识经验准备

贮存于个体脑海中已有的知识经验是影响新的学习的重要内部条件。正如中国古代教育家所说："以其所知，喻其不知，使其知之。"自认知派学习理论尤其是奥苏贝尔（D. P. Ausubel）的理论和建构主义学习理论兴起后，学生已有的知识经验在其新学习中所起的重要作用已为世人所公认。在加涅看来，引起学习的内部条件是指学生在开始学习某一任务时已有的知识和能力，包括对目前的学习有利的和不利的因素。学生的内部条件不同，要求学生掌握的知识不同，外部条件也应作相应的改变。奥苏贝尔等人都强调，学生已有的知识经验是习得新知识的固着点，因此，在给学生呈现新知识之前，假若先采取有效措施激活学生长时记忆中相关的原有知识经验，势必将大大提高教学效率与学习效率。

3. 学习者的主动加工过程

"外因必须通过内因而起作用。"有了适当的外部条件与原有知识的基础，假若缺乏学习者的主动加工，新的、有效的学习仍然不能发生。这种看法已得到学界的普遍认同。因此，无论是哪一派的学习理论，甚至是稍通教育的人士都知道，若想让学生进行主动有效的心智加工过程，就少不了两个因素：一是学习动机，二是加工策略或学习策略。有了动机，学习者自然会更加努力和集中注意力；有了加工信息的策略，学生才会进行有效的信息加工，两者相辅相成。学习的强烈动机有助于学生选择高效的学习和记忆策略，高效的学习和记忆策略的运用有助于提高学习效率，学生由此增强学习的自信心并继续努力学习。由此可见，学习动机是学习准备的一个重要方面。② 关于学习动机和学习策略将在下文探讨，这里不多讲。

第三节　学习的分类

学习是一种极其复杂的现象，涉及不同的对象、内容、形式、水平等。为了提高对学习的认识，对其进行分类是十分必要的，因为分类的过程就是人们对学习现象的认识不断深化的过程。但由于学习涉及的范围极其广泛，而且形式多样，对它进行分类并不是一件容易的事。心理学家根据不同的标准将学习划分为不同类型，其中，布卢姆的教育目标分类观和加涅的学习结果分类观最有影响。

一、布卢姆等人的教育目标分类观

以美国心理学家布卢姆（Benjamin. S. Bloom，1913—1999）为首的研究小组最早将学生的学习行为作为教育目标来进行分析研究。该小组自 1948 年开始从预期教育后学生在行为上将因学习而产生的改变为取向来对教育目标进行分类研究，决定将学生行为的改变分为认知、情感和技能三大类；相应地，布卢姆等人从教育目标的角度将学习分为三个领域，这也就是学习的三种类型：认知领域学习、情意领域学习和技能领域学习，并将每一类从低到高分为若干层次。

（一）认知领域的行为目标

布卢姆发现，当年美国学校的测试题 95% 以上是在考学生的记忆。[①] 为了改变这种局面，经过多年研究，布卢姆在 1956 年出版了《教育目标分类学·第一分册：认知领域》一书。在此书中，布卢姆提出了著名的"布卢姆学习分类法"（Bloom's Taxonomy of Learning）。

在布卢姆看来，认知领域（cognitive domain）指预期教学后在学生认知行为方面可能产生的改变。在教学前先列举出预期学生将来在认知行为方面可能的改变，才能保证在随后的教学与考评中有据可循。按认知的复杂程度，将认知领域内的目标由简单到复杂分为"知识、理解、应用、分析、综合、评价"六个子目标，这些子目标之间不是完全独立和平行的，而是一个由浅入深、步步递进、有机的层次系统，每一个目标是以前一个目标为基础的，如表 2 - 1 所示。

表 2 - 1　认知领域中行为目标的分类

序号	等级	目标	心理意义	具体表现
1	知识	对已学过材料的保持	主要依据记忆这种认知水平来学习	能回忆具体事实、过程、方法、理论等
2	理解	把握所学材料的意义	超越了记忆，但仍是较低水平的理解	能解释、概述和说明所学的材料，能用自己的语言方式表达已学习的内容（即转换），能估计预期的后果（推断）
3	应用	将已掌握的知识应用于新的情境	已达到较高水平的理解	能将所学到的知识恰当地运用到其他情境中予以解决问题
4	分析	既能理解材料的内容，又能理解、把握材料的结构	是一种比运用更高的认知水平	能从整体出发把握材料的组成要素及其彼此联系

---

① 方柏林. 知识不是力量. 上海：华东师范大学出版社，2011：4.

序号	等级	目标	心理意义	具体表现
5	综合	能将已学过的材料或已获得的经验结合成新的整体	产生新的认知结构，故特别需要有一定的创造能力	能制定一项操作计划，能概括一些抽象关系，能表明（口头或文字）新的见解
6	评价	评定所学材料的合理性（如材料本身组织是否合乎逻辑）和意义性（如材料的社会价值）	最高水平的认知学习	能对各种体裁、题材、类型的材料作出价值判断

根据"布卢姆学习分类法"，教学就是按照表 2 - 1 所示顺序完成一个层级一个层级的具体目标，至最后完成所有的教学任务。这就有效地克服了加涅学习分类观点中存在的"不能较妥善解释知与能之间关系"的缺陷，让人清楚地看到"知识"是如何通过学习而转换为"能力"的。同时，"布卢姆学习分类法"告诉人们，在"知识、理解、应用、分析、综合、评价"六个子目标中，相对而言，"知识"与"理解"要容易得多，而"应用、分析、综合、评价"则要困难许多，因此，教育要将重点放在培养后四个子目标上，以提高学生的动手能力、批判性思维能力与创新能力。

"布卢姆学习分类法"自提出后，在美国教育界（尤其是在中小学）产生了巨大影响。美国很多学校的课程设置都是以"布卢姆学习分类法"为依据，用两代人的时间，使美国教育成功走出了以"记忆"为主导的测试困境，形成了以注重学生学习能力提高为旨趣的教育新局面。[①] 当代中国大陆的教育若想走出"考试主要是在考学生记忆力"的误区，也宜适当借鉴美国的上述做法。换言之，中国教育在课程设计与教学时应认真履行布卢姆学习分类法，在考核学生学业时也应认真履行布卢姆学习分类法，将重点放在培养和考核"应用、分析、综合、评价"等四个子目标上，而不是出于"便于客观考评和评分"的考虑，将大量考题都做成客观的知识题；同时，中国教育应充分考虑到不同类型知识的特点（详见"知识学习"一章），然后采取有针对性的措施去教，并鼓励学生要采取符合各类知识特点的方法去学。多管齐下，中国教育方能逐渐走出以"记忆"为主导的测试困境，形成以注重学生学习能力提高为旨趣的教育新局面。

（二）情意领域中的行为目标

布卢姆在 1956 年出版《教育目标分类学·第一分册：认知领域》之后，由于情意类教学目标分析研究的困难以及学校的不重视，以至一直拖延到 8 年之后才由另一位教育心理学家克拉斯沃尔（D. R. Krathwohl）负责出版了情意领域的行为目标，以下是该项行为目标的概要说明（Krathwohl，et al.，1964）。情意领域（affective domain）指预期教学后，在学生情意行为方面可能产生的改变。情意领域的行为目标在分类研究上不像认知领域那么容易，既不易在情意表达上区别由简至繁的层次，也不易找到由具体到抽象的例证。当

---

① 方柏林. 知识不是力量. 上海：华东师范大学出版社，2011：4.

时负责研究的教育心理学家们再三考虑，最后决定从学生心理上内化（internalization，指由外在的学习转化为个人内在的兴趣、态度、价值等心理特质）的概念着手，将情意领域的行为目标分为以下五个层次，从而在一定程度上克服了加涅学习分类观中对情意领域的学习重视程度不足的弊病：

（1）接受或注意（attending）。它是指学生在学习时或学习后，对其所从事的学习活动自愿接受并给予注意的心态。按学生心理状态的不同，"接受"分为三个层次：①觉知（awareness），指学习者觉知到某一事物；②愿意接受（willingness to receive），指学习者愿意接受某一事物；③有控制的或有选择的注意（controlled or selected attention），指学习者有选择地从给定事物中挑出一种作为注意的对象而排除其他无关事物。

（2）反应（responding）。反应是指学生主动地参与学习活动并从参与的活动或工作中得到满足。在反应这个行为目标下，因反应性质的不同分为三个层次：①默从性反应（acquiescence in responding），指学生的反应只是听命式的，不是完全出于主动；②自愿性反应（willingness to respond），指学生的反应完全是主动的；③满足的反应（satisfaction in response），指反应中带有满足感、愉快感。

（3）评价（valuing）。评价是指学生对其所学在态度与信念上表示正面的肯定。在评价这个行为目标下，又因对其所学肯定程度的不同，分为三个层次：①接受价值（acceptance of a value），指学生对其所学知识或观念表示认可；②肯定价值（preference for a value），指学生对其所学知识或观念除表示认可外，并主动表示对该项有价值的活动的喜爱与追求（如认为知识是有价值的而喜欢学习）；③信奉（commitment），指学生对价值的肯定成为他的态度，对价值的追求成为他的一种信念，长期实践，历久不变。

（4）组织（organization）。组织是指学生对其所学价值内化、概念化，纳入其人格结构中，成为其价值观的有机组成部分之一。在组织这个行为目标下，因组织程度的不同也可分为两个层次：①价值概念化（conceptualization of a value），指学生将所学价值在含义上予以抽象化，不再视之为单独的事件，而是将之纳入自己的观念内，形成自己对同类事物一致的看法；②组成价值系统（organization of a value system），指学生将所得价值观汇集在一起，并区分出它们的重要性程度，然后形成统合的价值观。

（5）由价值或价值复合体形成品格化（characterization by a value or value complex）。它指某一价值或价值复合体为学生经由接受、反应、评价、组织等内化过程之后，内化为持久影响其行为的品格特征。因内化程度不同，品格化可分为两个层次：①泛化心向，指一种在任何场合都对态度和价值体系有一种内在一致的倾向性，例如，对老师诚实，对一般人也诚实；②品格形成，指外在价值已经内化为学习者的品格，持久不变。

（三）技能领域中的行为目标

技能领域一向不太被人重视，直到 20 世纪 70 年代才有研究专著出版。技能领域（psychomotor domain），是指预期教学后在学生动作技能的行为方面所产生的改变。讨论技能领域行为目标分类的专著不止一种，但本书只介绍辛普森（Elizabeth Simpson）在 1972年出版的《教育目标分类学·第三分册：动作技能领域》一书的摘要说明。辛普森将技能领域的行为目标分为七类，以下是其简略说明：

（1）知觉作用。它指个体能运用感官获取所需动作技能的线索。在这个目标之下，因知觉运用程度的不同，分为三个层次：一是刺激辨别，指能辨别出刺激的性质（是什么声音或是什么形状）；二是线索选择，指能区别不同刺激线索，并随时表示出适当反应（如凭听觉能指出哪件机器的运作有异常的声音）；三是动作转换，指能将凭感官得来的知觉线索转换为动作（如发现鼠标不好用了就换一个鼠标）。

（2）心向作用。它指在某种动作技能学习之前已完成心理上的准备。因心向程度的不同，此目标可以分为三个层次：一是心理倾向，指只在心理上完成准备状态（知道要做什么）；二是动作倾向，指在身体上完成准备状态（如径赛在起跑点就位）；三是情绪倾向，指在情绪上已进入乐于从事某种活动的心理状态（如学跳舞前热切等待乐声响起）。

（3）引导反应。它指在示范者引导下跟随着作出反应。因反应方式的差别，此目标又分为两个层次：一是跟随模仿，指跟随在示范者之后，按照其行为表现加以模仿；二是尝试错误，指在自行练习时，从尝试中改进自己的错误，建立正确行为。

（4）机械反应。它指技能学习达到相当程度，手眼协调的动作已臻于习惯化的地步，无须特别注意即能表现出像机械运转般自动的反应。弹琴、打字、骑自行车等运动技能容易达到机械反应的地步。

（5）复杂反应。它指对包括多种不同反应的动作技能已经学习到熟练的地步。因反应熟练程度的不同，此目标又可分为两个层次：一是动作定位，指在操作时能够在适当时间与适当空间表现适当的动作（即动作有系统，无差错）；二是自动作业，指技能臻于高度熟练地步时，在作业时所需要的动作将呈自动化的方式进行，无须个人去注意支配自己的动作。

（6）技能调适。它指技能学习臻于精熟程度后，能够配合情境的需要，随时改变技能的组合去解决问题。例如，熟练的技术工人可灵活运用他的工具解决各种性质不同的问题。

（7）创作表现。它指个人的技能达到炉火纯青的程度之后，除随时可以用以解决属于该技能范围内的问题之外，有时更可以进一步运用它来从事超越个人经验的创新设计。至此，该技能表现已达到创作程度，这是技能教学目标的最高境界。[①]

二、加涅的学习分类观

加涅认识到人类学习现象极其复杂，不可能用一种理论解释全部学习现象，必须对学习进行分类研究。1965年，加涅出版了《学习的条件》（*The Conditions of Learning*）一书，该书于1970年、1977年和1985年进行了三次修订，1985年修订版的书名是《学习的条件与教学论》（*The Conditions of Learning and Theory of Instruction*）。加涅在该书中提出了两种学习分类观。

（一）学习水平分类

加涅在1965年出版的《学习的条件》一书中，根据学习的繁简程度不同，将学习分为八种水平：①信号学习，即经典性条件作用学习。这里，学习指对某种信号作出某种反应，其过程是：刺激—强化—反应。②刺激—反应学习（$S-R$的学习），即操作性条件作用学习，其过程是：情景—反应—强化，即先有情景，作出反应动作，然后得到强化。

---

① 张春兴. 教育心理学. 杭州：浙江教育出版社，1998：447-450.

③连锁学习。在连锁学习中，个别的联想是依次相互联系的。例如，动物容易学习连续转弯这种联想的连锁。④言语联想学习。学习对词或配对词组成的刺激作出言语反应。其目的是遵循艾宾浩斯的传统，研究作为一个词与另一个词之间习得的联结的特征。[①] ⑤辨别学习。学会识别多种刺激的异同并对之作出不同反应。⑥概念学习。对刺激进行分类，学会对同一类刺激作出同样反应，也就是对事物抽象特征的反应。⑦规则学习。规则指两个或两个以上概念的联合。规则学习即了解两个或两个以上概念之间的关系。⑧解决问题的学习。在各种情况下使用所学规则去解决问题。加涅的这一分类是由简单到复杂，由低级到高级。前三类学习都是简单反应，许多动物也能完成。事实上，这几类学习多是从动物实验中概括出来的。由于在 20 世纪 70 年代中期加涅提出了五种学习结果分类，在 1985 年出版的《学习的条件与教学论》中，加涅对上述八类学习分类作了修正，把前四类学习合并为联想学习，把概念学习扩展为具体概念和定义性概念的学习两类，于是，原先的八类学习便成为如下六类学习：①联想学习；②辨别学习；③具体概念学习；④定义性概念学习；⑤规则学习；⑥解决问题的学习。[②] 这与奥苏贝尔将意义学习由简到繁分为符号表征学习、概念学习、命题学习、概念和命题的运用、问题解决与创造等五种类型有异曲同工之妙。

（二）学习结果分类

20 世纪 70 年代中期，加涅根据学习所得到的结果或形成能力的不同对学习进行分类，将学习分为五大类：

（1）言语信息学习。

言语信息（verbal information）是指能用口头言语或书面语言陈述或表达的知识。[③] 它包括三种类型：①符号性知识。如人名、地名、数学符号等。②事实性知识。如"中山陵位于南京的东郊"。③有组织的整体知识。如关于学习理论的知识。言语信息学习指学生掌握以言语信息传递的内容或学会用语言文字陈述事实或观点的能力，它包括三种：对字词知识的学习、对简单陈述性知识的学习和对复杂陈述性知识的学习。

（2）动作技能学习。

动作技能（motor skills）是指在一系列组织化动作行为中完成的整体动作。[④] 动作技能学习是指学会为完成有目的的整体动作而协调自身骨骼和肌肉活动的能力。

（3）智力技能学习。

智力技能（intellectual skills）是指利用概念和规则对外办事的能力。智力技能包括五个亚类：辨别、具体概念、定义性概念、规则和高级规则（详见第七章）。智力技能学习是指学生习得利用概念和规则对外办事的能力，实质是学习"怎么做"的知识。学校教育中尤其强调以辨别、概念、规则、问题解决的学习为主，因为辨别是最基本的智力技能，在此基础上才有可能逐步形成更为复杂的高级智力技能。

---

① R. M. 加涅. 学习的条件和教学论. 皮连生，等译. 上海：华东师范大学出版社，1999：24.
② R. M. 加涅. 学习的条件和教学论. 皮连生，等译. 上海：华东师范大学出版社，1999：13.
③ R. M. 加涅. 学习的条件和教学论. 皮连生，等译. 上海：华东师范大学出版社，1999：48.
④ R. M. 加涅. 学习的条件和教学论. 皮连生，等译. 上海：华东师范大学出版社，1999：48.

（4）认知策略学习。

认知策略（cognitive strategies）是指用来调节和控制自己的注意、学习、记忆和思维过程的技能。智力技能是指向外部环境的，有利于学习者处理外部的信息；认知策略是学习者在应付外部环境过程中对自己内部认知活动的监控。认知策略学习指学生习得认知策略的学习。

（5）态度学习。

态度（attitudes）是指学习者获得的影响个体行为选择的心理状态。[1] 态度学习就是通过学习获得一种相对稳定的影响个人行为选择的心理状态的过程。学校的教育目标应该包括态度的培养，态度既可从各科学习中得到，也可从校内外活动和家庭中得到。加涅主张有三类态度：①儿童对家庭和其他社会关系的认识；②对某种活动（如听音乐、阅读、体育锻炼等）所伴随的情感；③有关个人品德的某些方面，如爱国，关切社会需要和社会目标，尽公民义务的愿望等。[2]

加涅的学习结果分类至少有两个优点：①排除了个人先天能力（IQ 中的遗传因素）和人格品质中相对稳定的人格特质。②前四种学习结果与人的能力有关，可以用现代认知心理学中的广义知识观来解释；态度学习可以用知识、情感和行为倾向来解释。[3] 这样做既增强了学校知识教学与学习的可操作性，也便于对学生的学习结果进行有针对性的评价，并让人清楚地看到了知识学习与态度学习之间的差别。[4] 其不足之处也主要有二：①五种学习结果中有四种偏向知识的学习，只有"态度学习"一项涉及道德学习与情感学习，可见，他虽未完全忽视道德学习和情感学习，但显然太看重"知识的学习"而轻视"情绪情感的学习""道德学习"和"意志学习"，容易让学习者产生偏差，不利于学生身心素质的健全发展；②在加涅看来，上述五类学习不存在层级关系，其顺序是随意排列的，它们是范畴各不相同的学习。这样，不易让人准确看清言语信息学习与智力技能学习之间的关系，进而不能较妥善地解释"知"与"能"之间的关系。

三、其他学习分类观

（一）彼德罗夫斯基的学习分类观

苏联彼德罗夫斯基在其主编的《年龄与教育心理学》（1972 年）一书中，将学习分为两大类：一是反射的学习，这是人与动物共有的；二是认知的学习，这是人特有的。在此基础上，根据人的学习内容与水平不同，进而将认知学习分为感性学习和理性学习两类。理性学习又分为概念学习、思维学习和技能学习三类，如图 2-4 所示：

① R. M. 加涅. 学习的条件和教学论. 皮连生，等译. 上海：华东师范大学出版社，1999：48.
② R. M. 加涅. 学习的条件和教学论. 皮连生，等译. 上海：华东师范大学出版社，1999：47-65.
③ R. M. 加涅. 学习的条件和教学论. 皮连生，等译. 上海：华东师范大学出版社，1999：10.
④ R. M. 加涅. 学习的条件和教学论. 皮连生，等译. 上海：华东师范大学出版社，1999：47-65.

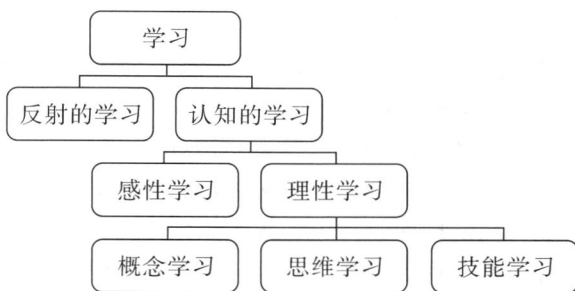

图 2－4　彼德罗夫斯基的学习分类观

彼德罗夫斯基的学习分类观看到了人的学习与动物学习之间质的差异；并且，它与加涅和布卢姆的学习分类观点不同，有一定的自身特色。

（二）霍兹兰的学习分类观

霍兹兰（G. Razran，1971）在对多种资料进行综合分析的基础上，依据学习进化水平的不同，将学习分为四类：①反应性学习。它是一种最简单的学习，包括习惯化和敏感化。②联结性学习，即条件反射的学习，主要有三种：一是抑制性条件作用，即不重复被惩罚的动作的学习；二是经典性条件作用；三是操作性条件作用。③综合性学习。把各种感觉结合为单一的知觉性刺激，包括感觉前条件作用（即 S—S）学习、定型作用（对复合刺激反应，而不对其中的个别刺激反应）与推断学习（客体永久性观念的运用）。④象征性学习。象征性学习是一种思维水平的学习，主要为人类所特有，包括符号学习、语义学习与逻辑学习。

（三）潘菽的学习分类观

潘菽在其主编的《教育心理学》（1980 年）一书中，从学校教育实际出发，再借鉴国外学者的观点，依据学习的内容和结果，将学习分为四类：知识的学习、动作技能的学习、智慧技能的学习和社会行为规范的学习。

（四）其他微型学习分类观

心理学家区分出的多种多样的学习方式，其实也是某种微型学习分类观。

根据学习主体即学习者的不同，可以将学习分为动物学习、人类学习和机器学习。动物学习从功能与动力上来说，主要是为了适应环境以满足其生理需要；从学习的形式与内容上来看，主要是以直接的方式来获取个体的经验，或者主要依靠其先天遗传的种族经验，在学习内容的质与量方面也不可与人类相提并论；从学习机制上来看，动物学习主要局限于第一信号系统，学习环节较为简单。人类学习从动力与功能上说，是主动适应并改造自然环境与社会环境以满足其生理的和社会的需要；从形式与内容上说，人类可以在社会实践活动中，在与他人的交往的过程中以间接的方式获得经验，并能够概括、抽象事物及其关系；从学习机制上来说，人类学习主要是第一信号系统与第二信号系统的协同作用，第二信号系统给人的学习带来了新的学习机制，也使得人类的第一信号系统不同于动物，并发展了更为高级的心理功能。机器学习（machine learning）主要指计算机学习，它是运用电脑模拟人脑获得信息并利用信息来解决问题的过程。机器学习是人工智能的一个活跃的研究领域。人工智能（artificial intelligence，缩写为 AI）是研究、开发用于模拟、延伸和扩展人的智能的理论、方法、技术及应用系统的一门新的技术科学，属计算机科学的一个分支。随着计算机硬件和软件的快速发展，20 世纪 80 年代中期以来，科学家开始研发神经网络计算机。在人工智能领域，神经网络是一种模拟生物神经系统的模型，由许多类似神经元的神经节点单向链接而成，可将输入信号转换为输出信号，具体如何转换取决于链接神经节点的各种参数。神经网络计算机的学习就是根据训练样本不断更新参数的过程。较之一般的神经网络，深度学习神经网络使用隐含的多层复杂结构与非线性变换来表达对数据的高度抽象。这些特征更接近生物大脑。同时，神经网络计算机的信息不是存储在存储器中，而是存储在神经节点之间的联络网中，若有节点断裂，电脑仍有重建资料的能力，它还具有联想记忆、视觉和声音识别能力。这样，神经网络计算机不仅可以模拟人脑进行多种形式的认知学习，还可以用于发现和探测人脑所不能做到的活动。由于神经网络计算机为机器学习提供了硬件支持，深度学习为机器学习提供了技术手段，大数据时代通过大数据、大计算、精准模型又能让机器高效开展深度学习，再加上计算机视觉图像识别和语音识别合成技术的快速发展，机器学习现已取得长足进步。这里举两个典型实例：一是在 2016 年 3 月 9 日、10 日、12 日、13 日和 15 日于韩国首尔四季酒店举行的 5 盘人机围棋大战中，谷歌（Google）研发的 AlphaGo（人工智能"阿尔法围棋"）以 4∶1 的比分大胜围棋世界冠军、韩国的李世石九段；二是在 2017 年 5 月 23 日、25 日和 27 日于中国浙江桐乡举行的三番棋比赛中，AlphaGo 以 3∶0 的比分大胜柯洁九段。由此导致了机器学习现开始反哺人类的学习，即人类开始从机器学习中汲取灵感与智慧。不过，现阶段的机器学习毕竟不能等同于人类学习：机器（人）是人造的，工作程序是人编的，工作过程最终是受人控制的，因此，机器（人）不具备人的主观能动性（例如，将 AlphaGo 的电源拔掉，它是不会自己将电源重新插上的）和创造性，不具备思维的社会性，不能模拟社会意识，自身无法区分善恶，也不具有人类所特有的自我意识、情感、兴趣及其他心理活动等，故它既无法进行真正意义上的创造学习，也无法进行情绪学习和道德学习。[①] 如果将来人工智能领域的"奇点"（Singularity）真的到来，那时机器（人）的学习发展到具备真正意义上的创新学习却仍无法进行情绪学习和道德学习时，那人类的末日就极可能将到来。因为到那时，在机器（人）眼中，人类将弱得像我们现在看的蟑螂那样，自然会被它们淘汰。若将来机器（人）的学习发展到既具备真正意义上的创新学习又可进行情绪学习和道德学习时，从而由人工智能走上人工智慧，虽然它们有可能会善待人类（毕竟起初是人类将它们发展到如此高的智力水平），不过，到那时机器（人）因其身体是用金属或其他性能优越材料制成的且可随时更换零部件，故可永生，这样，随着时间的推移，自然会越来越比人类优秀（人身是血肉之躯，会死亡；且人有自私等人性弱点），这虽不至于导致人类的灭亡，但到时机器（人）生活的世界与人类生活的世界会逐渐分离开，大家各过各的，犹如今天人类的世界与蚂蚁的世界会截然不同一般；也有可能它们干脆就离开地球，到别的星球上去生活了。

另外，还有直接学习与间接学习、初级学习与高级学习、试误学习与顿悟学习、机械学习与意义学习、发现学习与接受学习、合作学习与个体自主学习、被动学习与主动学

---

① 冯忠良，等. 教育心理学. 北京：人民教育出版社，2000：188－190.

习、模仿学习与创新学习、分散学习与集中学习、上位学习与下位学习、规—例学习与例—规学习、内求式学习与外铄式学习、短暂学习与终身学习、内隐学习与外显学习等。这些学习类型或一点就明，或在本章与后文都有详细阐述，这里不多讲，只简要阐述两组学习的定义：①正式学习（formal learning）与非正式学习（informal learning）：前者指在学校的学历教育和工作后的继续教育中发生的学习，是通过课程、教育、实习与研讨等形式进行的；后者指学习者自主的、在非正式的学习时间和场合、通过非教学性质的社会交往而发生的学习。[①] ②加法学习与减法学习：前者指学习者在学习中注重学习内容的积累，不断往头脑里增加知识，所获知识量越多学习效果越好的一种学习方式；后者指学习者在学习过程中善于及时放弃和淘汰陈旧知识或观念的一种学习方式。

第四节　学习策略

一、学习策略的概念

现代心理学对学习策略的系统研究是从 1956 年布鲁纳进行人工概念的研究开始的。对于学习策略概念，学术界尚未统一界定，归纳起来大致可分为三类。第一类，把学习策略看作学习规则系统。如都费（Duffy，1982）认为，"学习策略是内隐的学习规则系统"。第二类，把学习策略看作学习的过程和步骤。如尼斯比特（Nisbett，1986）认为，"学习策略是选择、整合、应用学习技巧的一套操作过程"。第三类，把学习策略看作具体的学习方法或技能。如梅耶（Mayer，1988）认为，"学习策略是学习者有目的地影响自我信息加工的活动""是在学习活动中用以提高学习效率的任何活动"。在中国，有人认为学习策略与认知策略等同，有人认为学习策略就是学习方法或学习技巧。本书将学习策略看成学习者用以提高学习效率的一般性的整体策略或谋划。[②] 因此，学习策略与学习方法不完全一样。学习方法是学习者在一次具体的学习活动中为达到一定的学习目的而采用的手段和措施。学习方法与学习策略的区别是：第一，具体的学习方法常常与具体的学习任务相联系，有较强的情境性；学习策略既与具体任务相联系，又与一般学习过程相联系。第二，学习方法经学习者反复运用、熟练掌握后，学习者在具体情境中往往凭习惯加以运用；学习策略是学习者经过对学习任务、学习者自身特点等各方面进行分析，反复考虑之后才产生的方案。第三，具体的学习方法可以用来达到一定的学习目的，完成学习任务，但不考虑最佳效益；学习策略是以追求最佳效益为基本点的。学习方法与学习策略虽有区别，但又不能截然分开。因为学习策略虽不同于具体方法，但又不能脱离具体方法，学习策略的策划最终要落实到学习方法上，借助学习方法表现出来；同时，只有那些经过学习者整体策划之后启用的方法才会获得策略的性质，成为学习策略系统不可分割的一部分，那种不动脑筋随意运用的学习方法不属于学习策略的范畴。

学习策略和认知策略不完全等同。认知策略这个术语最初由布鲁纳于 1956 年在其著名的人工概念的研究中提出；直到 20 世纪 70 年代加涅提出了一个著名的学习与记忆的信

① 陈琦，刘儒德. 教育心理学. 2 版. 北京：高等教育出版社，2011：102.
② 张大均. 教育心理学. 北京：人民教育出版社，1999：185 – 186.

息加工模型才明确地将认知策略划分出来，在其学习结果分类中单列一类。加涅认为，认知主要是指人脑对信息的加工过程，如对信息的编码、转换、储存。认知策略指用来调节和控制自己的注意、学习、记忆和思维过程的技能，其功能在于使学习者不断反省自己的认知活动，"调节与控制概念和规则的使用"。加涅在论述认知策略的同时，也提到与学习策略的关系。他说："学生在学习过程中，学会如何学习，如何记忆，如何进行导致更多学习的反省性和分析思维。显然个体不断学会成为能自我教学的人，或者成为所谓的独立学习者，其原因是他们逐渐获得了调节自己内部过程的有效策略。"从这个论述看，认知策略与学习策略具有因果关系，认知策略的改进是学习策略改进的原因。现在许多认知心理学家都相信，通过认知去从事学习活动时，无论所学习的是知识技能还是人际关系，都需要个人在心理上运用他以前学得的知识经验，凭记忆去辨别、选择、思维、分析、归纳，从而获得新的知识。像这种由个人自主控制其内在心理活动从而获得新知识的一切方法，叫做认知策略（cognitive strategy）。虽然认知策略的学习有助于学习策略的发展，但认知策略并不等同于学习策略，学习策略具有比认知策略更广的范围。尽管学习活动离不开对客观事物的认识，但认知活动只是学习活动的一个部分或方面，学习的过程除了信息加工的过程外，还表现出学习者个体生理的、情绪的、社会性的特征等，因此，把认知策略等同于学习策略无疑会缩小学习策略的外延。

二、学习策略的类型

（一）中国人的学习策略

中国古代虽然没有出现学习策略这个词，但关于学习策略的思想却相当丰富，主要提出了提高道德修养、修学务早、虚壹而静、熟读精思与熟能生巧、循序渐进与突飞猛进相结合、博约结合、深造自得、触类旁通等学习策略，为篇幅所限，下面重点阐述第一个，读者若对其余的感兴趣，请参阅《中国心理学思想史》一书。①

1. 提高道德修养策略的含义

古人云："授之以鱼，不如授之以渔。"这个观点对于研究学习策略的人而言几乎是"金玉良言"，被奉为圭臬。这本是不错的，但问题是"渔"也有多种，如果问：在诸种"渔"中选择一种对绝大多数人而言都是最有效的，它是什么？综观中国古代教育大家的言论，毫无疑问，答案只有一个，那就是：提高道德修养策略。这是与学习态度、学习目的、人生观、世界观等密切相关的策略。"提高道德修养策略"是指一个人如果能够通过自我心性修养或道德学习等方式来不断提高自己的道德修养，以使自己树立正确的人生观、世界观，端正自己的学习目的，养成良好的学习态度，将有助于最大限度地提高自己的学习效果。"提高道德修养策略"虽不是直接从"学习"入手来讲学习策略，并且若用得不当，也易产生前文所讲的不良后果，但是如果恰当运用，它确是一种最佳的学习策略。这可说是中国传统教育一向重视德育的深层根源之一。

2. 提高道德修养策略是一种最佳学习策略的理由

用今天的眼光看，提高道德修养策略之所以是一种最佳的学习策略，其缘由在于良好品德可以从四个方面来促进个体的智力发展。

---

① 汪凤炎. 中国心理学思想史. 上海：上海教育出版社，2008：242－254.

（1）通过让人养成良好人生态度和学习态度而促进其智力发展。

"液态智力和晶体智力说"（theory of fluid and crystallized intelligence）由卡特尔（Cattell，R. B.，1905—1998）于 1963 年正式提出[1]，由霍恩（Horn，J. L.）与卡特尔于 1965—1967 年加以充实。[2] 卡特尔与霍恩的液态智力和晶体智力理论认为，一个人的智力实际上是由液态智力与晶体智力构成的。液态智力指在信息加工和问题解决过程中所表现的能力，如对关系的认识，类比、演绎推理能力，形成抽象概念的能力等。液态智力是与基本心理过程有关的能力，如知觉、记忆、运算速度和推理能力，它较少依赖于文化和知识的内容，多半不依赖于学习，而属于人类的基本能力，决定于个人的禀赋，是一个人生来就能进行智力活动的能力，其差异受文化教育的影响较少。晶体智力指获得语言、数学知识的能力，它决定于后天的学习，与社会文化有密切的关系。晶体智力是经验的结晶，所以被称为"晶体智力"。晶体智力依赖于液态智力，液态智力是晶体智力的基础，假若两个人具有相同的经历，其中一个有较强的液态智力，那么他将发展出较强的晶体智力。但是，一个有较高液态智力的人如果生活在贫乏的智力环境中，那么他的晶体智力的发展将是低下的或平平的。同时，液态智力的发展与年龄有密切关系，随个体的生理变化而变化：一般人在 20 岁以后，液态智力的发展达到顶峰；30 岁以后，液态智力将随年龄的增长而逐渐降低。与此不同，大多数人的晶体智力在 60 岁之前几乎一直都在发展，只是到 25 岁以后，发展的速度渐趋平缓，到 60 岁左右才开始缓慢衰退。一般而言，年轻人较之年长者有更好的液态智力，年长者较之年轻人有更好的晶体智力。并且，一个人即使有很高的液态智力，如果其不好好学习，以此来发展自己的晶体智力，那么，随着年龄的增长，他也会逐渐沦落为一个智力平平的人。王安石《伤仲永》一文里所讲的方仲永就是一个典型的个案。由此可见，不善于学习的人不但其晶体智力不会很高，并且最终将导致其整个智力水平都不会很高。而一个人不善于学习，一般常见原因主要有二：一是没有养成良好的学习态度，二是没有学会有效学习的方法。其中，第一个原因更重要，因为一个人即便一时没有学会有效学习的方法，但只要拥有良好的学习态度，迟早会掌握有效学习的方法。

虽然人的液态智力主要是天生的，一旦产生，教育对它无能为力，但是，人的晶体智力的成长与否和其积累知识经验的多寡有明显的正相关。在拥有类似液态智力与外部环境的前提下，影响一个人积累知识经验的重要因素就是其学习态度。如果一个人对人生持虚度光阴的态度，不能尽早认清学习的重要意义，又待人不谦虚、好高骛远、不思进取、意志不坚定或注意力不集中，其学习效率能高吗？若一个人的学习效率不高，其积累知识经验的效率就会不高，其晶体智力也就不能得到有效提高，最终其聪明才智就不能得到有效发展。与此相反，假若一个人能较早认清学习的重要意义，能较早形成正确的人生观和世界观，进而认真学习，且待人谦虚、脚踏实地、积极进取、意志坚定、持之以恒，往往能获得最佳的学习效果。《淮南子·泰族训》说得好："人莫不知学之有益于己也，然而不

---

① CATTELL R B. Theory of fluid and crystallized intelligence: a critical experiment. Journal of educational psychology, 1963, 54（1）: pp. 1 – 22.

② HORN J L. Fluid and crystallized intelligence: a factor analytic study of the structure among primary mental abilities. Unpublished doctoral dissertation, University of Illinois, 1965; HORN JOHN L & CATTELL R B. Refinement and test of the theory of fluid and crystallized general intelligences. Journal of educational psychology, 1966, 57（5）: pp. 253 – 270; HORN J L & CATTELL R B. Age differences in fluid and crystallized intelligence. Acta psychologica, 1967（26）: pp. 107 – 129.

能者，嬉戏害人也。人皆多以无用害有用，故智不博而日不足……以弋猎博弈之日诵诗读书，闻识必博矣。"一个人假若能充分利用时间来勤奋学习，一定能增加自己的见识。一个人一旦拥有较好的学习效率，自然能通过高效学习来有效促进其晶体智力乃至于其聪明才智的发展。同时，一个人若想获得良好的学习效果，"秘诀"之一就是乐学，这样才能激发自己长久的学习兴趣与学习动力。因此，据《论语·雍也》记载，孔子早就说过："知之者不如好之者，好之者不如乐之者。"孔子本人就是一个好学、乐学的榜样人物，据《论语·公冶长》记载，孔子曾自豪地说："十室之邑，必有忠信如丘者焉，不如丘之好学也。"

（2）通过让人抵御或戒除贪欲而促进其智力发展。

贪欲往往会干扰个体的心智，让个体暂时或永远失去正确判断和抉择的能力，因此，才有了"利令智昏"和"财迷心窍"之类的成语。而修养品德则可以让个体有效抵御或戒除贪欲对自己心智所产生的不良影响，进而能让个体保持或提高自己的聪明才智。所谓保持自己的聪明才智，在这里的含义是：一个人本来通过先前的努力已获得了一定的聪明才智，此后此人因不断修养自己的品德，有效抵御或戒除了贪欲对自己心智所产生的不良影响，从而使自己的聪明才智能够善始善终。所谓提高自己的聪明才智，在这里的含义是指：一个人虽然通过先前的努力已获得了一定的聪明才智，不过，此人后来因不断修养自己的品德，不但有效抵御或戒除了贪欲对自己心智所产生的不良影响，而且还使自己的聪明才智得到了进一步的发展。

有人会说，品德高的人自然能抵御或戒除贪欲。但是，一个人没有贪欲却不见得就会促进其智力的发展。因为没有贪欲的人虽然不好名利，但由此也可能会缺少进取心，没有进取心的人自然也就不会去努力学习。所以，只有在那些有志于学习或爱好学习的人群中，品德高尚才是促进其智力发展的重要因素；如果一个人不志于学习，或者不爱学习，那么，品德高尚就不能促进其智力的发展。此观点是一种似是而非的看法。理由主要有三：①没有进取心的人自然不会努力学习，但是，这与"不好名利"没有必然联系；换言之，一个没有贪欲的人虽不好名利，却不能说不好名利的人就会缺少进取心或不爱学习。恰恰相反，古今中外的许多史实告诉人们，许多不好名利的人都热爱学习，真正的大学问也往往多是由淡泊名利的学人做出来的。②一个人如果不热爱学习、不善于学习，怎么可能会获得高尚的德性？毕竟人的德性主要是通过后天习得的，而不是天生的。这意味着，有高尚德性的人往往都热爱学习；不爱学习的人的品性也不会很高。③根据霍恩和卡特尔的液态智力与晶体智力说，不爱学习的人不但其晶体智力不会很高，并且最终将导致其整个智力水平都不会很高。而一个人不爱学习，一般常见的原因主要有三：学习态度不端正、意志力不强或受到一些贪欲的影响。所以，有效抵御或戒除贪欲对自己心智的不良影响，的确是提高个体智力的有效途径之一。

（3）通过提高个体的情绪智力而促进个体智力发展。

情绪智力（emotional intelligence）指一个人准确地觉知、评价与表达情绪的能力，理解情绪及情绪知识的能力，调节情绪以使情绪与智力更好地发展的能力。加德纳的多元智力理论中的"人际智力"和"内省智力"涉及情绪智力，但"情绪智力"这一概念却是由美国心理学家梅耶和萨罗文（Mayer & Salovey）于1990年首次正式提出的。随后，情绪智力的研究受到人们的广泛重视。1995年美国心理学家戈尔曼（Daniel Goleman）在《情绪智力》一书中提出了情商（emotional quotient，简称EQ）的概念，论述了情绪智力的内涵、生理机制、对成功的影响以及情绪智力的培养等问题，初步形成了情绪智力的基本观点和理论体系。戈尔曼将情绪智力界定为五个方面：①自我认知能力：它指个人觉察并了解自己的感受、情绪和本能冲动的能力以及其对他人的影响。②自我调控能力：它指自动调节控制冲动和心情以及谨慎判断、三思而后行的能力。③自我激励能力：它指不断激励自己努力的能力。④认知他人情绪并产生同感的能力：它指有同情心或了解他人情绪结构的能力及适当响应他人情绪反应的能力。⑤社会与人际关系处理能力：它指显示个人管理人际关系和建立人际网络的能力，也包含寻找共同点与建立亲善关系的能力。后来梅耶和萨罗文等人将情绪智力定义为四个主要成分（Mayer & Salovey，1997；Mayer et al.，2000）：①准确和适当地知觉、评价与表达情感的能力。②运用情感以促进思考的能力。③理解和分析情感，有效地运用情感知识的能力。④调节情绪，以促进情感和智力发展的能力。根据上述观点，情绪智力犹如润滑剂，可以使思维更聪明，让人们聪明地思考他们与其他人的情感。① 而一个人若修养其品德，往往能达到提高其情绪智力的效果，自然也就能提高其智力。

（4）通过让个体身心极其舒畅而促使其产生旺盛的创造力。

由于"品德"属于价值维度，而创造力属于事实维度，这样，从理论上讲，可以将品德与聪明才智之间的关系用图 2 - 5 示意如下：

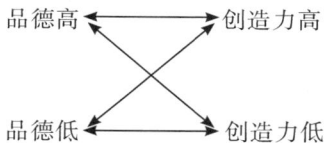

图 2 - 5　品德与才华之间的关系示意图

从图 2 - 5 可知，从品德方面看，品德高的人的创造力既可以高也可以低，品德低的人的创造力同样既可以高也可以低；从创造力方面看，创造力高的人的品德既可以高也可以低，创造力低的人（只要智商正常）的品德同样既可以高也可以低。这表明，在"自然状态"（没有人为因素的干预）下，从总体上看，品德与聪明才智（或创造力）之间本无关系。所以，无论从历史上看还是从现当代看，在品德高的人群中，既有拥有高创造力的人（像孔子等），也有基本没有创造力的人（像生活中常见的普通老实人）；与此同时，在拥有高创造力的人群里，同样既有道德高尚的人（像爱因斯坦等），也有缺德甚至丧尽天良的人（像哈伯等）。不过，若以横坐标代表"品德"，以纵坐标代表"创造力"，可以画出品德与创造力二维模型示意图：

---

① 理查德·格里格，等. 心理学与生活. 王垒，等译. 16 版. 北京：人民邮电出版社，2003：271.

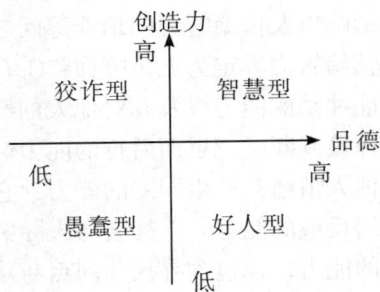

图 2-6　品德与创造力二维模型示意图

　　从图 2-6 可知，可以将品德与创造力排列组合成四种类型："第一象限"代表"品德高 + 创造力高（德才合一）"，即个体的品德越高，其创造力越高；或者，个体的创造力越高，其品德也越高。像孔子之类的智慧者的心理素质便属于此类型，通过对孔子、马丁·路德·金、爱因斯坦与圣雄甘地等的个案研究发现：他们不但人品崇高，而且创造力也极高。"第二象限"代表"品德低 + 创造力高（才多德少）"，即个体的品德越低，其创造力越高。像希特勒之类的狡诈聪明人的心理素质便属于此类型。"第三象限"代表"品德低 + 创造力低（德才俱少）"，像刘阿斗之类的愚人的心理素质便属于此类型。"第四象限"代表"品德高 + 创造力低（德多才少）"，像东郭先生之类的"好人"的心理素质便属于此类型。因此，从总体上看，我们也赞成"品德与创造力无关"的观点，反对"品德与创造力之间存在一定的正相关"和"品德与创造力之间存在一定的负相关"两种观点。不过，那是从总体上讲的，若具体到某个个体身上，我们又相信"品德与创造力之间存在一定的正相关"，这样，从教育角度看，宜将培育德才一体的智慧者作为教育的根本目标。[①] 这是因为：一个道德修养高深的人在调节自我内心状态、身心关系、自我与他人及社会的关系、自我与自然的关系等诸种关系时，往往容易达到"天人合一""人我合一""自我身心合一"的良好状态。个体一旦与体内外诸种事物之间形成真正和谐的关系，其身心就会油然而生一种极其舒畅的体验，这种身心极其舒畅的状态一旦产生，往往能促使个体产生旺盛的创造力，这自然也就更易让个体展现出自己的聪明才智。所以，《大学》说："富润屋，德润身，心广体胖。""胖"，音盘，指身体安适。可见，一个人的道德品质高尚了，则心境宽广、神清气爽，从而气血通畅、身体健壮。《易传》说得更直接、更周全："君子黄中通理，正位居体，美在其中，而畅于四肢，发于事业，美之至也。"[②] "黄中"指人的天性，乃一身之君。"黄中"的集中点在上丹田，田是土地之意，上丹田位居人的中央所在地，五行中央属土，色黄，因此叫"黄中"，道家叫"黄庭"。黄中直通天理，所以叫"黄中通理"。执中精一，独守黄中，参悟宇宙自然育化天地万物、万物回归自然的原理，就是穷理尽性、穷神知化。可见，这段话的含义是：君子行合中道，内怀正德，这使他们精神饱满、心生愉悦，以致四肢强健、事业有成。[③] 典型例证之一便是，古往今来，一些道德修养达到高水平的学人、道德高尚的政治家与得道高僧等，因为他们的道德修养已达极高境界，他们的身心就经常能够体验到前所未有的舒畅，进而

①　汪凤炎，郑红. 智慧心理学的理论探索与应用研究. 上海：上海教育出版社，2014：256 – 268.
②　周易. 南怀瑾，徐芹庭，注译. 重庆：重庆出版社，2009：64.
③　刘长林. 养生是一种高尚的审美活动. 中国社会科学报，2011 – 02 – 15（18）.

激发出高水平的创造力。①

3. 小结

综上所论，品德具有促进个体智力发展的功能，正如《管子·内业》所说："德成而智出。"因此，古往今来，一个人只要不断坚持提高自己的道德修养，端正做人态度，假若他还是一个学生，并且暂时还是一个成绩差的学生，他的学习成绩迟早都会好起来的；退一万步说，哪怕他的智商略有问题，只要端正了做人态度，即使在求学时代成绩一直都不理想，走上社会后也不会做出伤风败俗之事，更不会做出伤天害理之事。相反，如果教育只注重传授给人一些如何提高学习效率的"技术上的方法或策略"，而不在"本"上下功夫，不注重培育个体的道德品质，那么，即便他一时学习成绩突飞猛进，迟早仍要补上"人生之课"，否则，非要吃大亏不可。为什么同是"小胜"，有些人能够做到"积小胜成大胜"，而有些人却"积小胜成大败"呢？其中一个主要原因便是：在前一种情况下，个体或团队的核心成员从为绝大多数人谋福祉的立场出发，故他或他们往往胸怀大志，不但所制定的总体规划或总体路线方针政策是正确的，而且在每一个小胜利面前都始终保持一种理智的心态，故其每个小胜都是通向最终胜利的基石。在后一种情况下，个体或团队的核心成员仅从为自己或自己的小集团谋福祉的立场出发，故他或他们或者胸无大志，无法制定正确的总体规划或总体路线方针政策，而仅在乎一些蝇头小利或眼前利益，因小失大；并且，易被一些小胜利冲昏头脑，从而刚愎自用、骄傲自满，最终自然是"捡了芝麻，丢了西瓜"，这便是孔子所说"无欲速，无见小利。欲速，则不达；见小利，则大事不成"② 的道理所在。或者野心太大，在取得一些小胜利后，便滋生"人心不足蛇吞象"的贪欲，从而作出错误的选择，最终一败涂地。③ 因此，从长远的学习效率看，"提高道德修养策略"无疑是最佳的学习策略，是让人受益终身的学习策略，这也是古人非常强调育人重要性的根源之一。我们认为，在向人传授"提高道德修养策略"的基础上，再向人传授"技术上的学习策略"，这的确是标本兼治的做法。

（二）现代西方的学习策略分类

现代西方心理学对学习策略的分类也是仁者见仁，智者见智，其中麦基奇（Mckeachie）等人于 1990 年对学习策略的成分划分最具有代表性。他们认为，学习策略包括认知策略、元认知策略和资源管理策略三部分，如图 2-7 所示：

---

① 此观点得益于南京师范大学心理学院的刘昌教授。
② 杨伯峻. 论语译注. 2 版. 北京：中华书局，1980：139.
③ 汪凤炎，郑红. 智慧心理学的理论探索与应用研究. 上海：上海教育出版社，2014：81-84.

```
                              ┌─ 复述策略
                    认知策略 ─┤  精细加工策略
                              └─ 组织策略
                              ┌─ 计划策略
          学习策略 ─ 元认知策略 ─┤  监视策略
                              └─ 调节策略
                              ┌─ 时间管理策略
                    资源管理策略 ─┤  学习环境管理策略
                              │  努力管理策略
                              └─ 社会资源利用策略
```

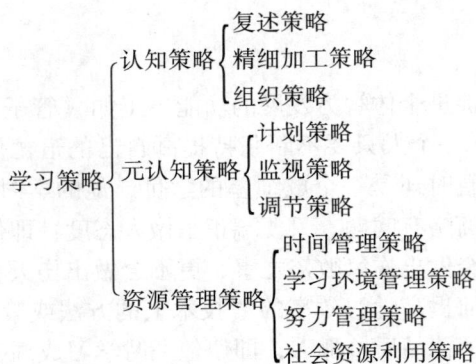

图 2 - 7　麦基奇的学习策略分类图

由图 2 - 7 可知，认知策略是加工信息的一些方法和技术，有助于有效地从记忆中提取信息。一般而言，认知策略因所学知识的类型而有所不同，复述、精细加工和组织策略主要是针对陈述性知识的，针对程序性知识则有模式再认策略和动作系列学习策略等。元认知策略是学生对自己认知过程的认知策略，包括对自己认知过程的了解和控制策略，有助于学生有效地安排和调节学习过程。资源管理策略是辅助学生管理可用环境和资源的策略，有助于学生适应环境并调节环境以适应自己的需要，对学生的动机形成具有重要的作用。从这个分类中可以看出，学习策略既包含直接影响对学习材料的信息加工的成分，也包含影响信息加工过程的成分，还包含对学习环境、时间及工具等的管理成分。下面仅就几个在学习中常用的策略略作分析。

1. 复述策略

复述（rehearsal）是指在工作记忆中为保持信息而对信息进行多次重复的过程。比如，记人名、地名、英语单词或背一首古诗都必须出声或不出声地多次重复念它。复述策略是指提高复述效果进而提升记忆效率的种种方法。常用的复述策略有以下几个：

第一，利用随意识记和有意识记。随意识记是指没有预定目的、不需经过努力的识记。凡是对人有重大意义的、与人的需要和兴趣密切相关的、给人以强烈情绪反应的或形象生动鲜明的人或事，就容易随意识记。在学习中，要尽量运用这些条件，如培养学生对某门学科的兴趣，来加强随意识记。有意识记是指有目的、有意识的识记。要想记住某一信息，就需要有意识地、用心地去记它，尝试着自己复述一遍，看看自己能否复述出来。

第二，排除相互干扰。人之所以没记住某一信息，有一个重要原因，那就是这一信息受到了干扰，或者是与其他信息搞混了，或是被其他信息挤到一边去了。在进行其他活动之前，一定要花时间在头脑中复述刚刚获得的新信息。一般来说，前后所学的信息之间存在相互干扰。先前所学的信息对后面所学信息的干扰叫做前摄抑制；后面所学的信息对前面所学信息的干扰叫做倒摄抑制。在安排复习时，要尽量考虑预防这两种抑制的影响，要尽量错开学习两种容易混淆的内容，如英语和拼音，避免相互干扰。心理学家还发现，当学完一系列词汇后，马上进行测验，开始和结尾的几个词一般要比中间的词记得牢。这就是首因效应和近因效应：前者是指当人们识记一系列事物时，对开始部分的记忆效果优于中间部分的现象；后者是指当人们识记一系列事物时，对末尾部分的记忆效果优于中间部分的现象。因此，要把最重要的新概念放在复习的开头，在最后对它们进行总结，而不要把首尾时间花在处理课堂纪律、整理材料、削铅笔之类的事上。

第三，整体识记和分段识记。对于篇幅短小或者内在联系密切的材料，适于采用整体识记，即整篇阅读，直到记牢为止。对于篇幅较长，或者较难，或者内在联系不强的材料，适于采用分段识记，即将整篇材料分成若干段，先一段一段地记牢，然后合成整篇识记。至于段的长短，要根据自己对材料的熟悉程度而定。

第四，多种感官参与。在进行识记时，要学会同时运用多种感官，如用眼睛看、用耳朵听、用嘴巴练以及用手写等。多种感官的参与能有效地增强记忆。

第五，复习形式多样化。采用多种形式进行复习，如根据遗忘先快后慢的规律，新学习的材料要及时复习；根据分散学习的效果优于集中学习的效果的规律，宜采用分散学习与记忆的策略；将所学的知识再用实验证明、写成报告、作出总结、与人讨论以及向别人讲解等，这比单调重复更有利于理解和记忆。某一领域的专家之所以能记得住许多专业知识，是因为他们在反复地应用这些知识。因此，要善于在不同情境下反复应用所学的知识，以便加深对知识的理解和保持。

第六，采用复述与结果检验相结合的方法，有助于提高复述效果。

第七，在讲授新知识点之前让学生复述或回忆已学过的旧知识，能够有效地激活旧知识，为学习新知识提供有效的"先行组织者"，这往往有利于新知识的学习。从这个意义上说，新课中的导言、讲解中途旧知识的穿插和检验学生是否真正掌握了已学过的知识等都是有效的复述策略。

第八，画线。画线是阅读时常用的一种复述策略。在教学生画线时，首先，要解释在一个段落中什么是重要的，如主题句等；其次，教学生谨慎地画线，只画重要的信息；最后，教学生复习和用自己的话解释这些画线部分。此外，还可教学生一些圈点批注的方法，与画线策略一起使用。①圈出不知道的词；②标明定义和例子；③列出观点原因或事件序号；④在重要的段落前面加上星号；⑤在混乱的章节前画上问号；⑥给自己作注释，如检查上文中的定义；⑦标出可能的测验项目；⑧画箭头表明关系；⑨注上评论，记下不同点和相似点；⑩标出总结性的陈述。

2. 简单加工策略

心理学研究表明，学习者在学习过程中对学习材料的加工深度不同，会影响记忆的效果。简单加工策略是一种将新接触到的材料进行一定程度的加工，并赋予一定意义的方法。这种意义可以是人为或非人为的。对简单知识来说，简单加工策略非常有效。常用的简单加工技术便是记忆术。凡是有助于提高记忆效果的加工策略，一般统称为记忆术（mnemonics）。记忆术多种多样，一般而言，若仅是对无意义的材料赋予某些人为意义，或者仅是简单归类或加工，就能促进知识保持的记忆术，像位置记忆法、类别群集法、赋予意义法、视觉心像法、过度学习法、关键字词法、自我积极参与法、试图回忆法，都属简单加工策略；如果能增强新学信息与头脑中已有知识的内在联系进而促进学习者对新信息的识记和新信息意义的建构，这类记忆术（如联想法、系统化策略、多种编码法）多属精细加工策略。为便于读者的学习，下面将常用记忆术放在一起阐述。

（1）位置记忆法。位置记忆法是一种传统的记忆术。这种记忆术在古代不用讲稿的讲演中曾被广泛使用，沿用至今。使用位置记忆法，就是学习者在头脑中创建一幅熟悉的场景，在这个场景中确定一条明确的路线，在这条路线上确定一些特定位置，然后将所要记的内容全都视觉化，并将其想象为放在上述不同的位置上。回忆时在头脑中按这条路线对每一位置逐个进行检索并提取。

（2）类别群集法。将材料按一定的类别归类来识记，有助于提高记忆的效率。

（3）联想法。联想，指由一种经验想起另一种经验。运用联想规律，将孤立的材料建构成一个大的组块，有助于提高记忆效率。联想定律主要有：①接近律。接近联想，指由一种经验想到在空间或时间上与之接近的另一种经验。②相似律。相似联想，指由一种经验想到在性质、含义/语义、读音或形状/形象等方面与之相似的另一种经验。③对比律。对比联想，指由一种经验想到在性质或特点上与之相反的另一种经验。④因果联想。指由一种经验想到与之有内在关系的结果的另一种经验。

（4）赋予意义法。学习无意义的材料，如果赋予它一定的意义，进行意义编码，并编成口诀或民谣，有助于提高记忆的效率。例如，"二十四节气歌"①、化学价口诀、五笔字根口诀等均采用了人为赋予意义的识记方法，方便人们进行识记。

（5）系统化策略。根据结构化的知识不易遗忘并且更易提取的特点，运用系统化策略，即将所学的新知识与旧知识融会贯通起来，构建出最优化的命题网络。例如，自然语言媒介法便属于常见的一种系统化策略，它指把要记的材料与长时记忆中已有自然语言的某些成分（如词义、字形、音韵等）相联系以提高记忆的效率。

（6）视觉心像法。指把要记的材料和视觉心象联系起来记忆，视觉心象越清晰，记忆效率越好。对于故事、诗歌或单词，假若能在脑中形成心像来记忆，效果会更好。

（7）过度学习法。即中国人常用的"熟读法"。指把要记的材料熟记到120%的程度，用以提高记忆效率。例如，根据先后两种相似材料的学习容易相互干扰的规律，宜对先前的材料进行过度学习。

（8）关键字词法。指把要记的材料压缩成一个或一些关键字、关键词，用以提高记忆效率。

（9）自我积极参与法。研究表明，自我参与程度和记忆效率有一定的关系。

（10）试图回忆法。研究表明，在识记时，尝试着边记边回忆，有助于提高记忆效率。

（11）多种编码法，也叫多通道策略。指在识记新知识时同时运用两种或两种以上的线索进行编码，从而尽可能多地建立通往新知识的途径与通道，自然能提高记忆的效率。因为它能有效消除个体在提取时因某种线索突然中断而无法提取的现象（如舌尖现象）。

3. 精细加工策略

精细加工策略是一种将新学材料与头脑中已有知识联系起来从而增加新信息的意义的深层加工策略。一个新信息与其他信息的联系越多，能回忆出该信息的途径就越多，回忆就越容易。因此，它是一种理解性的记忆策略，和复述策略结合使用可以显著提高记忆效果。常用的精细加工策略除了上文所讲的部分记忆术外，主要的还有四种：

（1）做笔记。

做笔记是阅读、听讲和复习时常用的一种精细加工策略。教师要注意以下几点，以便能给学生记笔记提供有利条件：①讲课速度要适当，不宜太快；②利用语气变化突出重点；③用PPT呈现做笔记的线索；④通过板书呈现重点；⑤给学生提供一套完整的笔记让他们观看；⑥给学生提供结构式的辅助手段，如提纲或二维方格表等。记笔记时笔记本上不要写得密密麻麻，要留出足够的空白。因为事后往往要整理笔记，并根据自己的学习和掌握情况增减笔记内容，附上自己的疑问和感想。学习者还应根据笔记来组织复习，积极

---

① "二十四节气歌"：春雨惊春清谷天，夏满芒夏暑相连，秋处露秋寒霜降，冬雪雪冬小大寒。

地思考笔记中的观点，并与其他相关知识建立联系，使知识系统化，巩固所学的知识。

（2）提问。

无论阅读还是听讲，学生要经常评估自己的理解状况，思考这样一些问题：这一新信息意味着什么，与课文中的其他信息以及以前所学的信息有什么联系……如果在阅读时引导学生提一些"谁""什么""哪儿"和"如何"的问题，他们能领会得更好。

（3）生成性学习。

生成性学习最初由美国心理学家维特罗克（Wittrock，1986）提出。在维特罗克看来，学习不是学习者被动地接受信息的过程，而是学习者积极参与其中，主动建构自己对信息的解释并从中做出推论的过程。生成性学习就是指学习者以其原有认知结构为基础，从环境中主动选择、汲取新信息，并通过新旧信息的相互作用，建构信息的意义的一种学习方式或方法。这种学习方法最重要的一点，就是需要学习者积极加工，改动对知识的知觉，产生新的东西，从而把所学知识和已有知识经验联系起来，以加深对新知识的理解。例如，要训练学生对他们所阅读的东西产生一个类比或表象，如图形、图像、表格和图解等，以加强深层理解，而不是简单地记录和记忆知识，也不是从书中寻章摘句或稍加改动。

（4）利用背景知识，联系实际。

新学信息能否和已有知识之间建立联系，背景知识的多少在学习中是非常重要的。对于某一事物，我们到底能学会多少，最重要的一个决定因素就是我们对这一方面的事物已经知道多少。教师一定要把新的学习和学生已有的背景知识联系起来，还要联系实际生活。教师不仅帮助他们理解这些信息的意义，而且要帮助他感觉到这些信息是有价值的。

4. 组织策略

组织策略是指根据所学新知识之间、新旧知识之间的内在联系，对它们进行系统、有序的分类、整理与概括，使之结构合理化，形成新的知识结构的策略。组织策略的实质是发现要记忆的项目的共同特征或性质，达到减轻记忆负担和增进理解的目的。所以，恰当运用组织策略可以对学习材料进行深入加工，促进对所学内容的理解和记忆。与精细加工策略相比，组织策略更侧重于对学习材料的内在联系的建构，更适用于那些需要深入理解与思考才能把握内在深层意义的学习材料。当然，组织策略和精细加工策略有时又密不可分，如做笔记和写提要等实际上是两者的结合。常用的组织策略主要有：

（1）列提纲。

列提纲时，先对材料进行系统的分析、归纳和总结，然后用简要的语词，按材料中的逻辑关系，写下主要和次要观点。所列出的提纲要具有概括性和条理性，但其效果取决于学习者如何使用它。一个有效的方法是让学生每读完一段后用一句话作概括；另外一种方法是让学生准备一个提要来帮助别人学习材料，原因之一是这种活动使得学习者不得不认真考虑什么重要、什么不重要。

（2）利用图形。

常用的图形主要有四种：①系统结构图。学完一科知识，对学习材料进行归类整理，将主要信息归成不同水平或不同部分，然后形成一个系统结构图。复杂的信息一旦被整理成一个金字塔式的层次结构，就容易理解和记忆多了。在金字塔结构里，较具体的概念要放在较抽象概念之下。②流程图。流程图可用来表现步骤、事件和阶段的顺序。流程图一般从左向右展开，用箭头连接各步。③模式或模型图。模式图就是利用图解的方式来说明在某个过程中各要素之间是如何相互联系的。模型图是用简图表示事物的位置（静态关系），以及各部分的操作过程（动态关系）。④网络关系图。网络关系图越来越受重视，目前人们称之为概念图（concept map），在学习、教学和测评中加以广泛利用。利用关系图可以图解各种观点是如何相互联系的。做关系图时，首先找出主要观点；然后找出次要观点或支持主要观点的部分，接着标出这些部分，并将次要观点和主要观点联系起来。在关系图中，主要观点图位于正中，支持性的观点位于主要观点的周围。

（3）利用表格。

常用的表格有两种：一是一览表。首先对材料进行全面的综合分析，然后抽取主要信息，并从某一角度出发将这些信息全部陈列出来，力求反映材料的整体面貌。例如，学习中国历史时，可以时间为轴，将朝代、主要历史人物、历史事件全部展现出来，制成一幅中国历史发展一览图。二是双向表。双向表是从纵横两个维度罗列材料中的主要信息。层次结构图和流程图都可以衍变成双向表。

综上所述，若将中西学人对学习策略的看法作一简要对比，就可发现：二者都重视复述策略、精细加工策略、组织策略、反省策略和注意策略等。但是，二者也有两大不同：其一，相对而言，西人重视"时间管理策略"和"努力管理策略"；与西人不同的是，多数中国人由于一向没有"时间观念"，也就不太重视"时间管理策略"，同时，许多中国人相信"谋事在人，成事在天"之类的告诫和"缘""命"之类的说法，这导致多数中国人倾向于向外归因，结果也就不太重视"努力管理策略"。其二，中国人重视"端正做人态度策略"，西方人却不太重视此策略。因此，一个人若想拥有科学的学习策略，就必须走融会中西的道路。

第二篇　人的心理发展与教育

怎样让人接受教育？过去对于这一问题的处理方式主要有两种：一是以教师为中心（teacher centered）的教育。在此种教育理念支配下，教学目标的制定、教学内容的选择、教学过程各个环节和步骤的安排、作业的布置、管理措施和考评系统等都由教师控制。传统的教育多采取这种方式，如至今在中国农村还存在的工匠带徒弟，多半仍是采取这种方式。二是以学生为中心（student centered）的教育。在此种教育理念的支配下，教学目标的制定、教学内容的选择、教学过程各个环节和步骤的安排、作业的布置、管理措施和考评系统等都由教师与学生共同制定，并且主要听从学生的主张。这主要是受西方人本主义学习理论影响后新兴起的一种教育理念。人本主义的贡献之一就在于它改变了学习者是"沉默的大多数"的地位，为学习者找回了做人的尊严。不过，教师中心论与学生中心论都没有妥善处理好教师与学生之间的关系，或是将教师置于主体地位而将学生置于被控制的地位，或是将学生置于主体地位而将教师视作学生的仆人，都未能摆脱或将教师或将学生视为手段和工具的怪圈，其结果常常会导致教育的异化，它在当代教育实践中的具体体现之一就是教育的功利化。本书主张双主体的教育理念，其要点有二：

（1）从总体上看要将教师与学生都视作生命主体，而不是人们常说的将学生视作主体，而将教师视作主导，因无"主体"何来"主导"？有了"主体"若不能"主导"，岂不成了奴隶或不负责任之人？并且，既然教师和学生都是生命主体，双方在整个教育和学习过程中要充分尊重对方的人格、充分尊重对方的正当权利、正当兴趣与爱好，平等、和谐相处，切勿有"学前儿童和中小学生身心尚未成熟，阅历和知识面均不够，无法是主体，故只能教师是主体"的错误观念。

（2）妥善借鉴《坛经·行由品》提出的"迷时师度，悟了自度"[①] 的思想，当学生身心尚不成熟或初学某门功课时，因为他们对所学内容毫不知晓或知之甚少，这时就要充分发挥教师的主体作用和主导作用，依学生的身心发展规律、课程本身的逻辑发展线索和教学目标来确定教育的内容、原则和方法等，然后组织有效的教学。需强调的是，在这个过程中教师也要充分考虑学生的主体性，而不是像某些教师实际所做的那样，只"充分"发挥自己的主体性，毫不考虑学生的身心发展特点，想当然地为学生指定学习的内容与学习方法等，在教学过程中将学生当作一个个没有任何主体性的"空心的有机体"看待。当学生身心已成熟，或者在某门课程学习上已拥有较强的自主学习能力和良好学习习惯后，教育又要转向以学生的主体性为主，教师的主体性为辅，教师不能越俎代庖。

妥善坚持双主体的教育理念，能够有效融会贯通"教师中心论"和"学生中心论"两种教育理念的长处，克服它们的不足之处。在双主体教育理念的支配下，身心发展是教

---

① 　陈秋平，尚荣. 金刚经·心经·坛经. 北京：中华书局，2007：139.

育实施的重要依据之一，一个不了解学生身心发展特点的教师，是不可能真正做到因材施教的，因而是一名不合格的教师。为此，特用一章的篇幅来探讨人的心理发展与教育之间的关系。

第三章　人的心理发展与教育

【内容摘要】

　　本章先用一节简要阐述了与"心理发展与教育"有关的几个基本问题，在探讨影响个体身心发展的因素问题时提出了五因素交互作用论，这是本章的最大亮点。然后用两节的篇幅，主要从认知发展与品德发展两个维度来探讨个体心理的发展。其中，个体的认知发展规律是进行知识教学与学习的心理学基础之一；个体的品德发展是道德教育与学习的重要心理学依据之一。在探讨个体的认知发展规律时，主要介绍了皮亚杰和维果斯基的认知发展理论及其在教育上的意义；在阐述个体的品德发展规律时，主要阐述了皮亚杰、柯尔伯格和艾里克森的理论。在行文过程中既注重将他们四人的核心内容依其逻辑规律展现在读者面前，又注重结合当代中国教育的实际情况来评析他们的观点，以突显他们观点的现代价值。

【核心概念】

　　发展、心理发展、关键期、青春期、遗传决定论、环境决定论、二因素论、调和论、多因素论、木桶效应、缺点、心理弹性、敏化效应、钢化效应、认知发展、临床法、适应、生理适应、心理适应、图式、同化、顺应、平衡、运算、自我中心性、最近发展区、品德的发展、知觉集中倾向、对偶故事法、他律道德、自律道德、抵罪性惩罚、报应性惩罚、两难故事法、自我同一性、习俗、道德习俗、非道德习俗、空心的利他行为、巧合式利他行为、歪打正着式利他行为

【思考题】

1. 述评五因素交互作用论。
2. 什么是"缺点"？取长能补短吗？
3. 如何看待学生偏科现象？
4. 简要阐述皮亚杰的认知发展阶段论及其在教育上的价值。
5. 简要阐述维果斯基的认知发展理论及其在教育上的价值。
6. 简要谈谈皮亚杰的认知发展理论与维果斯基的认知发展理论的异同。
7. 简要阐述皮亚杰的儿童道德发展阶段论及其对当代中国德育的启示。
8. 简要评介柯尔伯格的道德发展阶段论及其对当代中国德育的启示。
9. 道德、品德与习俗之间有什么关系？
10. 您赞成"教师主导、学生主体"的说法吗？为什么？
11. 什么是木桶效应？它对人们正确看待影响个体身心发展的因素有何启示？
12. 阐述艾里克森人格发展八阶段理论及其对中国德育和学校心理健康教育的启示。

教育心理学新编（第五版）

限于本书的旨趣，并与学校教育实践相吻合，下面先用一节简要阐述"关于心理发展与教育的几个问题"，然后分两节探讨个体心理发展的两个重要方面：认知发展与品德发展。

第一节　关于心理发展与教育的几个问题

一、发展与心理发展的内涵

（一）"发展"的定义

什么是"发展"？从辩证唯物主义的观点看，发展是质的改造，是包含着两个相互排斥的对立面的辩证统一，是量变与质变的统一。对于人类和动物个体而言，发展指个体在较长一段时间内持续的生理和心理上有次序的变化，一般分为身体发展和心理发展两部分。身体发展通常是医学、生物学的研究范畴，主要涉及与生长成熟有关的生理变化；心理学家尤其是发展心理学家和教育心理学家主要关注个体的心理发展。

（二）"心理发展"的定义

"心理发展"（psychological development）指个体或种系从产生到死亡的持续的有规律的心理变化过程。心理发展问题通常是从心理的种系发展和个体发展两个方面加以研究的。[①] 教育心理学主要探讨心理的个体发展，它指人类个体从胚胎期到出生直至死亡的全程中，在较长一段时间内持续的、有次序的心理变化。这一变化既包括质的改造，也包括量的改变；既包括向上的生长成熟，也包括向下的衰老退化。不过，诸如生病、疲劳、服用兴奋剂或剧烈运动等引起的短暂的身心变化不能称为发展；在同一发展阶段，既能从 A 到 B 又能从 B 到 A 的变化也不能称为发展。[②]

鲍尔士（P. B. Baltes）指出，从毕生发展的角度来看个体的心理发展，应同时关注三个方面的发展变化：①与年龄有关的一般发展变化。如个体临入学产生的入学适应问题、青春期的心理变化等。②与自然、社会、历史事件有关的一般发展变化。如大范围的饥荒，传染病的流行，战争，电影、电视机的问世，从推广独生子女政策到推出"二胎"政策，互联网、免费无线网络、智能手机、平板电脑、Facebook、支付宝、微信的普及等，它们都对当时人们的心理造成重要影响。③个体特异化的生活事件造成的发展变化。如一次意外事故造成脑损伤引起的心理变化，或是失业、离婚、迁居等事件造成的心理变化等。所有这些发展变化都应同时考虑生物因素和环境教育因素的共同影响，但影响程度各有不同。[③]

---

① 朱智贤. 心理学大词典. 北京：北京师范大学出版社，1989：762.
② 刘范. 发展心理学——儿童心理发展. 北京：团结出版社，1989；方富熹，方格. 儿童发展心理学. 北京：人民教育出版社，2005.
③ BALTES P B, REESE H W & LIPSITT L P. Life-span developmental psychology. Annual review of psychology, 1980 (31)：pp. 65 – 110.

二、人的心理发展的一般特点及其与教育的关系

（一）人的心理发展的一般特点

总体而言，人的心理发展呈现出以下几个一般性特点：

1. 任何心理发展都离不开时间因素，心理随年龄的增长而发展

人们经过长期的研究发现，任何心理发展都离不开时间因素，多数心理会随着年龄的增长而发展（只有智慧除外，即智慧不会随个体年龄的增长而自然增长），并总结出了许多一般性的发展规律。如11、12岁前是某些能力发展的最重要时期，个体智力直线增长；智力在成年早期（18～25岁，也有说到40岁）达到顶峰；成年期是能力发展相对稳定的时期，这一期间人们常出现富有创造性的活动等。

2. 心理发展都是有次序的，遵循着某些共同的模式

人们经过长期的研究发现，心理发展都是有次序的，遵循着某些共同的模式。如儿童应该先学加减法，再学乘除法，而不能相反；在运动机能的发展中，通常都遵循从头到脚、先中央后四周、大肌肉运动先发展的顺序等。

3. 心理发展具有不平衡性、地域差异和个别差异性

个体的各种心理成分的发展速度不尽相同，具有较大的不平衡性。如知觉速度在12岁时已达到成人的80%，而推理能力、词语理解力、词语运用能力要到14、18、20岁才能达到同一水平。即便是同一心理成分，在同龄个体中彼此之间也会表现出一定的地域差异和较大的个别差异性。同时，这些心理成分在不同个体身上出现的年龄也存在一定的地域差异和个别差异，其表现方式和所能达到的发展水平、发展速度、不同心理机能的结合模式等也各有不同。

4. 个体心理与行为的发展有一定的阶段性

个体心理与行为的发展有一定的阶段性。当然，要将个体的全部心理发展划分为不同的阶段还存在较大的困难。心理发展阶段的划分应以心理发展的事实为依据，目前还没有哪个理论能全面地说明个体心理各个方面的发展，而只能以研究者自身所掌握的心理发展的某一方面的事实，提出相关的发展指标作为依据来进行阶段划分。例如，皮亚杰以个体的思维发展为依据的阶段划分，弗洛伊德以性心理的发展为依据的阶段划分，柯尔伯格以道德发展为依据的阶段划分，苏联心理学家列昂节夫、列维托夫依据儿童的主导活动（游戏、学习、劳动和社会交往等）为依据的阶段划分，柳布林斯卡娅按照教育的要求或学制的阶段划分等。参照当前毕生发展的观点和前人的划分，结合中国的学制、占主导地位的活动以及个体的心理发展特点，可将个体的心理发展划分为八个阶段：

（1）产前期。指从母亲受孕到个体出生前的胚胎和胎儿发育期。这一时期持续约9个月，又可细分为胚种期（受精到两周）、胚胎期和胎儿期（怀孕9周到出生）。产前期母亲的身心健康直接影响着胎内环境，进而决定着小生命最初的身心机能的发展。

（2）婴儿期。又称婴儿和学步儿期，包括出生1个月内的新生儿、1个月到1岁的乳儿以及1～3岁的学步儿。这一阶段儿童的躯体和脑的发育非常迅速，感知运动能力获得较大的发展，儿童学会了独立行走，出现了言语活动，通过社会交往发展了最初的与抚养者的亲密关系。

（3）童年早期。又称幼儿期、学龄前期，指2或3岁到6岁左右。这一阶段儿童的神

经系统能够不断发育完善，身体动作技能更加协调，游戏成为其主导活动。他们通过母语与人交往，发展了初步的言语思维能力，道德认识和道德情感也有明显的发展，与同伴之间建立了最初的伙伴关系。

（4）童年中期。又称学龄（初）期，指6岁左右到11或12岁。儿童入学后，学习便成为其主导活动，通过学校的文化知识学习，儿童发展了阅读、书写和计算机能，心理机能的随意性得到较大发展，概念思维和自我意识迅速增长，社交范围更加扩大，逐渐将各种社会规范和道德准则转变为内在的道德认同。

（5）青少年期。指11或12岁到17或18岁。这一阶段是儿童向成人过渡的时期，他们的抽象逻辑思维能力迅速提高，能通过假设命题的形式来认识事物；他们的身体外形发生了显著的改变；他们的自我意识和同伴交往显示出崭新的特点；他们在物质和心理上逐渐脱离和父母的依赖关系，发展出自己的价值观，对自己将来想要担任的社会角色开始有所认识。青少年中学毕业之后处于人生的十字路口，即将步入成人社会成为独立的社会成员。

（6）成年早期。也称为青年晚期，指17或18岁到40岁左右。这一阶段个体完成受教育的任务，走向工作岗位，建立起自己的家庭并担负起养育子女的家庭重任。许多年轻人开始忙于选择职业，追求自己理想的生活方式，建立和发展各种社会关系。

（7）成年中期。又称中年期，指40岁左右到60岁左右。这一阶段的成人对家庭、对工作单位乃至对国家和社会都将作出最大的贡献。许多人达到职业生涯的顶峰或担负起各种重要的领导职务，他们对家庭、对社会的使命感和责任感将产生更为深刻的认识，尤其是家庭责任更为沉重：一方面要帮助子女适应即将成年的生活，另一方面还要担负起自己年迈的父母的晚年生活。

（8）成年晚期。又称晚年期、老年期，指60岁以上。这一阶段的老年人多已退休，可能会产生严重的失落感；子女已离家另组家庭，可能会产生空巢感；丧偶、健康恶化等，可能会产生孤立无助感。因此，这一阶段的老年人必须学会适应退休生活，积极参加一些老年活动，争取成功地实现老年化。①

5. 人类心理某些方面的发展存在关键期

有些行为是在个体发育的某一时期在适当的环境刺激下才会出现的，如果在这个时期缺少适当的环境刺激或学习，这种行为即永不能产生，这个时期就叫做该种行为发展的"关键期"（critical period）。②"关键期"这个概念是从植物学、生理学和形态学移植过来的。德·斐利斯（De Vries）发现，只有在植物衍生的某个特定时期，加上某种条件才会产生特定的形态变化。于是，他把这个特定时期称为"敏感期"。心理发展是否有关键期，即是否有某个特定的时候机体最易学习某种行为反应，最早起源于奥地利的动物心理学家劳伦兹（K. Z. Lorenz, 1937）对动物印刻（imprinting）行为的研究。劳伦兹发现鸭、雁之类的动物在刚刚孵出后的8～9小时内，让其首先接触其他种类的鸟或会活动的东西（如人、木马等），结果，它们将这些东西当作自己的"母亲"紧紧跟随，对自己的母亲反而没有任何依恋。这种现象好似在凝固的蜡上刻上标志一样，故称"印刻"。劳伦兹认为，这种现象只发生在极短暂的特定时刻，一旦错过了这个时机，就无法再学会。因此，

① 方富熹，方格. 儿童发展心理学. 北京：人民教育出版社，2005：20-22.

② 朱智贤. 心理学大词典. 北京：北京师范大学出版社，1989：250.

关键期又叫"最佳学习期"。后来，斯拉金（W. Sluckin）在对各种文献做了综合后，认为攻击性行为、音乐学习、人际关系建立、探究行为等经过早期学习更为有效。其他一些研究也表明，儿童学习语言、听觉、视觉形象也有关键期。其中，母语学习的关键期在3岁至3岁半。一个正常的儿童在3岁至3岁半就基本上掌握了母语的基本语法结构，会自由地用母语说出各种句子。个体学习第二语言的关键期可以往后稍延长一些，一般在青春期之前。一个正常的个体在青春期之前学习第二语言，只要学习方法得当，假以时日，能将第二语言掌握得像母语一样纯正；若错过了关键期再学第二语言，虽往往难以达到像母语那样纯正的水平，不过，仍能熟练掌握任何一种第二语言。这基本证实了勒纳伯格（Lenneberg）于1967年提出的关键期假设（critical period hypothesis）[1]：青春期以前，个体由于年龄小，生理和心理处于发育期，大脑的可塑性较强，因此比较容易学会地道的第二语言，而成人发育完全成熟，大脑逐渐失去可塑性，错过了第二语言学习的最佳年龄，因此较难学会第二语言。[2] 这个观点对语言学研究产生了巨大的影响。关键期的概念应用于个体的心理发展，指个体在某个时期最容易学习某种知识技能或形成某种心理特性，如果错过了这个时期，发展的障碍就难以弥补。现一般认为，有四个领域的研究可以证实某些心理的发展存在关键期：鸟类的印刻、哺乳动物的双眼视觉、恒河猴的社会性发展以及人类语言的习得。不过，是否人类的所有心理发展或行为获得都有关键期，目前还是个有争论的问题。退一步说，即便人类的某种心理与行为存在关键期，也不能将关键期的重要性强调过头；否则，就可能会陷入新的宿命论陷阱。[3]

（二）人的心理发展与教育之间的关系

教育与人的心理发展之间存在着比较复杂的相互依存、相互制约的关系，教育对人的心理发展的作用性质及其程度，往往依赖于现有的心理发展水平；而教育本身又会对心理发展所能达到的水平起着较强的制约作用。具体表现为：

第一，教育须以个体现有的心理发展水平和特点为依据。尽管良好的教育可以加速心理的发展，但绝非像布鲁纳所声称的"任何学科都能够采用适当的方式，有效地教给任何发展阶段的任何儿童"，即便是天才儿童也不可能，因为教育是无法超越或改变发展的次序性的。故教育应遵循"准备性原则"，即在进行新的教学活动时，个体原有的知识水平或心理发展水平能够适应新知识的学习（请参阅第二章里论及"学习的准备"的内容）。一般来说，根据准备性原则进行教学，至少涉及两个问题：选定什么教材和采用什么教学方法，即确定每一年龄阶段儿童能最有效地掌握的教材，采用最适合某一年龄阶段儿童认知发展水平的教学方法。具体可以采用两个指标作为学习准备性的标准：其一是应确保学生在新的学习中可能成功；其二是应确保他们学习时所耗费的时间和精力"经济而合理"。对班级教学而言，为做到教育适合学生的心理发展水平和特点，可以根据教学目标和教师

---

① SNOW C E & HOEFNAGEL – HÖHLE M. The critical period for language acquisition：evidence from second – language learning. Child development, 1978, 49（4）：pp. 1114 – 1128；PATKOWSKI M S. The sensitive period for the acquisition of syntax in a second language. Language learning, 1980, 30（2），pp. 449 – 472；SILVERBERG S & SAMUEL A G. The effect of age of second language acquisition on the representation and processing of second language words. Journal of memory and language, 2004, 51, pp. 381 – 398.

② LENNEBERG E H. Biological foundations of language. New York：Wiley, 1967.

③ 刘金花. 儿童发展心理学. 3版. 上海：华东师范大学出版社, 2006：13 – 14.

自身的经验,灵活设定学生对某一教学任务的掌握率,如设定在 50% ~ 100% 。

第二,不论个体的先天遗传素质如何,就其已有的遗传素质而言,在其成熟因素得到保证的前提下,个体稳定人格形成之前,教育对个体的心理发展都起着主导作用。科学的教育就是要能够做到促进个体心理的良性发展,这在以维果斯基为代表的社会文化历史学派中有精彩的论述。维果斯基主张儿童是通过教学才掌握了人类的知识经验,甚至提出"儿童的教学可定义为人为的发展"。教学不是个体上学之后才开始的,实际上,从出生的第一天起,儿童就开始了与成人的交往,在成人的"教学"下不断发展成长。"儿童在学校中所碰到的任何教学,总有其自身的前史。"[1] 例如,儿童入学后才开始学习算数,但上学前早就会数数、会简单的加减法等,这都是在周围成人的"教学"指导下习得的。

第三,发展与教育的关系是动态的,心理发展既是教育的前提,也是教育的结果。一方面,教育的开展离不开发展这一前提,发展研究的任务之一就是要揭示个体心理特征的年龄特点,从而为教育的开展提供年龄依据,发展研究中的一些新成果有时甚至会引发教育观念的变革;另一方面,教育可以反过来影响和改变心理发展的进程,某一心理现象的年龄发生往往会随着教育水平的提高而提前,促成发展研究的进一步深入。发展与教育的这一动态关系与个体所处的年龄阶段以及相应的心理机能有关。一般而言,教育的影响作用在不同年龄阶段发挥的作用是不同的,但具体的影响还可以进一步研究探索。越是高级的心理机能,其发展受教育的影响越大。人们应把握好发展与教育的这一动态关系,在教育实践中贯彻教学与发展互惠互利的原则,尽可能为儿童提供适应其发展水平的教育环境,使其心理机能的各方面都得到充分的发展。

三、青春期提早的现状、原因、引起的问题及对策

青春期(puberty)指个体生长突增、性器官发育成熟并出现第二性征的年龄阶段。各国之间由于存在着较大的经济和社会差异,对青春期的年龄界定多有不同。世界卫生组织将青春期的年龄阶段规定为 10 ~ 20 岁。中国一般指 11 ~ 18 岁,也就是大约从初中到高中这段时间。

(一)青春期提早的现状

目前,中国中学生青春期提早的现象正越来越受到人们的关注:张水娟等人对湖北女生的调查显示,青春期女生发育较 20 世纪 50 年代提前了 3 年;[2] 陈美娟等人 2000 年在厦门市的调查表明,女生的平均初潮年龄为 12. 17 岁(其中城市女童为 11. 80 岁,农村女童为 12. 62 岁),而 1995 年女生的平均初潮年龄为 12. 75 岁,1985 年的年龄则为 13. 30 岁,初潮年龄下降的趋势非常明显;[3] 戴梅竞等人的研究发现,当今青春期女生平均初潮年龄较 1980 年提前了 1. 19 岁。[4]

① 维果茨基. 维果茨基儿童心理与教育论著选. 龚浩然,等译. 杭州:杭州大学出版社,1999:168 – 205.
② 张水娟,等. 湖北女生性心理与性行为调查分析. 中国学校卫生,2000(2):116.
③ 陈美娟,等. 厦门市女生月经初潮年龄动态分析. 中国学校卫生,2002(1):50.
④ 戴梅竞,等. 青春期女生生殖健康状况对心理卫生影响研究. 中国学校卫生,2000(4):291.

（二）青春期提早的原因

造成青春期提早的原因非常复杂，其发生机理尚不清楚，对它的一些解释基本停留在假说的水平上。据日本学者大西诚一郎的总结，主要有六种[①]：①气候说。认为全球性的气候变化，如气温降低或升高导致青春期提前。一般地，热带地区青春期的发育要早于寒带地区。②营养说。认为营养改善会导致发育加速。如比较流行的观点认为，动物性蛋白质的摄取量较多容易使人的青春期提前。③异质结合说。认为人类迁徙幅度空前增大，导致婚姻范围在地理上的扩大，远缘婚配使得异质基因结合的概率大为增加，导致了遗传上的跃进现象，进而影响到发育的时间表。④城市化外伤说。认为城市中人口拥挤、交通繁杂、广告和信息泛滥，使得人们的生理和心理机制，尤其是视床下部中枢自律神经系统和血管运动系统负担加重。⑤人群类型累积层化说。认为城市的形成一开始就是由自律神经系统活动水准较高的人所组成，城市化导致这种相似性的不断累积。这一观点认为青春期提早与城市化有关。⑥子女数量减少说。认为青春期提早与人们生育子女数量的减少有关。在青春期提早这一现象上，一般认为有四个因素必须引起人们的高度注意：

1. 先天遗传因素

遗传基因是个体生长发育的内在决定因素，广泛影响着个体的身高、体重、容貌、肤色、气质甚至性格。在青春期提早这一问题上，不能忽视遗传的作用。遗传因素对青春期发育的影响，已经获得了某些验证，如中国林祖荣等人的调查表明，女孩初潮的年龄与其姐妹存在正相关。[②] 结合中国实际，本书认为，当前中国青少年的青春期提早与其遗传素质的提高和优化有关。这主要表现在两个方面：其一，古代中国是一个乡土社会，人们安土重迁，终其一生也走不了多远，因而多是在方圆几十公里，至多是上百公里的范围内择偶。而在当代中国，一方面因东部、中部和西部地区经济发展的不平衡，另一方面随着国内航线、航班的增多，高铁、动车网的不断扩大以及观念的更新，人们的迁移距离普遍加大，人口流动已十分频繁，这使得相隔几百里、几千里甚至上万里的男女走到一起组建家庭的情况屡见不鲜。人口的大规模流动和迁徙导致了远缘婚配概率的增加，远距离婚配所导致的"杂交优势"凸现。依进化论的解释，这样做就于无形之中提高了人口素质。有资料表明，异族通婚导致自然初潮年龄提前：云南省汉族女性的初潮年龄为 13.21 岁（城市）和 14.12 岁（乡村），白族、纳西族、傈僳族、佤族、傣族、哈尼族、拉祜族女性的平均初潮年龄分别为 13.60、13.35、14.05、13.85、14.24、14.15、17.05 岁，而异族通婚者后裔的女童，其初潮平均年龄为 13.19 岁。[③] 其二，优生观念深入人心，导致人口素质普遍提高。这就犹如一颗好种子，自然生命力旺盛，长得也快。

2. 营养条件改善

充足的营养是保证青春期发育的物质基础。青春期时个体发育迅速，需从外界吸收大量的营养物质。在此期间如果个体营养不良，不但不能促使青春期提早，甚至可能阻碍人的成长。青春期提早与营养的改善有关。据林祖荣等人的研究，营养状况差的女性其初潮

① 大西诚一郎. 现代青年的性意识. 世华，等译. 西安：华岳文艺出版社，1988：42 – 44.

② 林祖荣，等. 南京地区 13 494 例女中学生月经初潮年龄及其相关因素调查. 中国妇幼保健，2002（4）：225 – 228.

③ 叶广俊. 现代儿童少年卫生学. 北京：人民卫生出版社，1999：79.

年龄要晚，见表 3 - 1。①

表 3 - 1　营养状况对女生月经初潮的影响

营养状况	例数	初潮年龄	标准差
好	8 115	13.06	1.06
中	5 333	13.40	1.12
差	46	13.59	1.11

由于现代中国人尤其是生活在大中城市里的中国人，其生活水平较之过去有了大幅度提高，许多家庭给予孩子的营养过剩，从而使孩子的身体快速成长。犹如一棵禾苗，因施肥过多而长得快。营养的改善释放了儿童的遗传潜力，使他们不但长得更高更壮，而且更快。医学研究发现，性发育需要一定的体重临界点，只有具备了这个体重临界点，性发育才能开始，而营养改善能大大增加儿童的体重。

3. 食物污染

毋庸讳言，在当代中国社会，一些不法分子为了牟取暴利，常常采用一些国家明令禁止的方法生产和加工水果、蔬菜及肉类食品。例如，在养殖甲鱼、黄鳝等水产品时，为加快其生长速度，给甲鱼等吃含有激素或避孕药的饲料；为了使猪的身上多长瘦肉，而给猪吃瘦肉精等。儿童或青少年假若经常吃这类达不到绿色食品要求的食物，当然极易刺激其身体的快速成长。同时，由于前些年没有妥善处理好工业发展与环境保护的关系，导致我国现在一些地区环境污染问题突出。资料显示，目前我国的环境污染已颇为严重：酸雨区已占国土面积的30%，几大水系已经全遭污染，沿海赤潮频频发生。大量的公害污染物几乎未经任何处理就被直接排放到环境中，极易通过农作物的种植、灌溉等环节，进入人类的食物链，从而大大增加食物被污染的风险。

4. 性文化的泛滥

社会文化因素之所以会对性发育产生影响，可能的原因是：当大脑皮层受到性信息的刺激时，会影响到下丘脑—垂体—性腺轴（hypothylamus - pituitary - gonad axis）的活动变化，而这一系统对性发育起着重要的启动和调节作用。在当代，性文化的泛滥已是有目共睹的事实。一个值得注意的现象是，青少年的青春期提前几乎与文艺复兴以来性解放的思潮是同步的，因此，青春期提早可能与性禁锢的瓦解有关。性是人的自然属性和社会属性的统一体，对性的禁锢固然不好，但走向反面也会给人带来灾难。目前中国的性文化颇为泛滥。如今，"几乎所有的文化产业都把性作为最好的促销点，他们利用性形象不断为其赚取商业利润……性几乎成了万能的添加剂"②。电视上充斥着各种各样的恋爱镜头，如接吻、拥抱甚至床上戏；报纸上经常可以看到整版的关于丰乳瘦身和提高性功能的美女广告；打开收音机，性话题不绝于耳；互联网和手机上也充斥着各种各样的性信息，形形色色的黄色网站在疯狂吞噬着青少年的心灵。性文化的泛滥对青少年心灵的污染怎么估计都不为过。许多中学生之所以会走上违法犯罪的不归路，与性的诱惑是分不开的。

---

①　林祖荣，等．南京地区 13 494 例女中学生月经初潮年龄及其相关因素调查．中国妇幼保健，2002（4）：225 - 228.

②　蔺相桂，等．性心理与人才发展．北京：世界图书出版公司北京公司，2001：18.

（三）青春期提早引发的教育问题

虽然在青春期时每个人的发展顺序是相同的，但是这些发展变化出现的时间和速度却有很大的差异。一般情况下，女生青春期发育的时间要比男生早1~2年，女生达到生长陡增的顶峰较早，在12岁左右；男生则较晚，在14岁左右。并且，即使是同一性别，在青春期开始发育的起始年龄也可能只相差几岁。同样，个体的发展速度也存在很大的差异：有人只用18~24个月就完成了青春期的变化，具备了成熟的生殖能力；有少数人需要用6年的时间来完成这个过程。也就是说，某些人已经完全成熟了，但与他同龄的人可能才刚开始青春期的发育。由于个体在发育方面存在着这样和那样的差异，青少年又喜欢比较彼此发育的不一致、成熟程度的不一致，这就给不能正确认识发展的差异性的青少年带来了一定的问题。一方面，发育不太成熟的青少年往往会表现出对成熟的羡慕，从而对自己的发育迟缓产生抱怨，甚至自卑；另一方面，过早成熟的青少年可能会经历暂时的不适，因为他们与不太成熟的同伴相比，显得"鹤立鸡群"。[①] 处于青春期的青少年由于身体形态的巨变和性生理的成熟会产生心理上的危机，因而青春期也被人们称作"心理断乳期""危险期""疾风骤雨期""第二次诞生期"等。生理成熟的加速和心理发展的滞后，易导致青少年发生心理困惑甚至心理疾病。

一方面，当代青少年的身体发展速度较之过去普遍加快；另一方面，他们的心理发展速度出于种种原因又不可能达到与身体发展速度相平衡的水平，于是导致一些青少年身心发展的节奏不一致，进而出现心理困惑、心理问题甚至心理疾病。青少年身心发展失衡如图3-1所示：

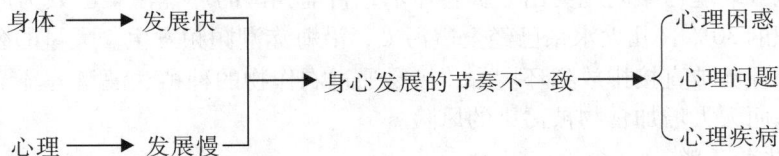

图3-1　青少年身心发展失衡示意图

（四）应对青春期提早的对策

1. 平衡身心发展的速度

从理论上讲，要平衡青少年的身心发展，有两条路径：其一，加快个体心理发展的速度，使之与其身体发展的速度相适应；其二，减缓个体身体发展的速度，使之与其心理发展的速度相适应。就实际情况来看，当代许多中国人采用的是第一种路径，即人为加快青少年甚至儿童"心理"的发展速度，使之与身体的发展速度相一致，而这就是造成如今一些青少年甚至儿童在心理上过于"老成"的重要原因之一。这从生活中和一些影视作品的青少年或儿童的老成"言行"中就可见一斑。据2005年3月22日南京广播电台新闻频道的早间新闻报道，一份最新调查显示，现在《老鼠爱大米》成了许多儿童的最爱，而一些经典儿歌却引不起时下儿童的兴趣。这表明：许多儿童和青少年少了一份与其年龄相应的、本应有的"童趣"，过早地步入了成人的世界。这其实对儿童的成长非常不利。心理

---

① 罗伯特·斯莱文. 教育心理学——理论与实践. 姚梅林，等译. 7版. 北京：人民邮电出版社，2004：65.

学研究表明，人生的每一个成长阶段都是有价值的，错过了某一心理发展阶段，以后想补都难以补回来。例如，8个月之后的婴儿一般都喜欢爬，有些家长过于讲卫生，不让自己的小孩爬（实际上，让小孩充分地练习爬，对其身体和心理发展都有益处），以后等他会走路时，你若让他爬，他也不想再爬了。实际上身体的发展主要是一个生理的过程，而心理的发展则是一个心理的过程，这是两个性质截然不同的过程。虽然生理过程也颇为复杂，但较之心理过程的复杂性而言，真可谓"小巫见大巫"。心理的健康发展需要个体有丰富的生活经验与人生阅历，因此，除极少数早慧者外，绝大多数人的心理发展速度都会比其身体发展速度慢得多。如果说一个人的身体发展是呈几何级数增长的话，那么，其心理的发展只是呈算术级变化。再加上前文所述的，即人生的每一成长阶段都是有价值的，这样，平衡青少年身心发展的正确路径宜是：采取适当措施减缓青少年身体的发展速度，使之与其心理发展速度相适应。在导致青少年身体发展速度过快的原因中，饮食是重要因素之一；相应地，减缓青少年身体发展速度也可以从食品入手：从国家层面上看，国家要加大食品卫生的监督力度，严格查处添有激素、瘦肉精、避孕药等的食品，使市民买到的都是合乎卫生要求的食品。从家庭与个体层面上看，家庭与个体要尽可能到正规蔬菜市场或超市购买食品，尽量杜绝购买到已被污染的食物；同时，家庭给予孩子的营养要适当，既不要营养不良，更不要营养过剩，从而使孩子的身体正常成长。导致青少年身体发展速度过快的另一重要原因是社会环境，为此，社会应加强对文化市场等的整顿，为青少年的成长提供一个良好的外部环境。

2. 妥善开展性教育

受中国传统文化尤其是宋明理学和佛教"不淫"戒律思想等的深刻影响，当代绝大多数中国人一向讳言"性"。如，当子女向父母问其来历时，父母多说是捡来的，或像孙悟空一样是从石头缝里跑出来的，而不肯以实情相告。[①] 由于缺乏正规的性教育，一些正处于青春期的个体对自己的生理变化和心理变化缺乏足够的应对知识，从而极易产生无知、好奇、恐惧等心理，进而极易出现心理问题或行为偏差。为此，宜采取妥善方式光明正大地向青少年开展性教育，为其正确应对青春期问题提供科学利器。性教育要坚持三个原则：①要适时、适度。性教育既不能落后于学生性心理的发展，也不能超前；既不能遮遮掩掩，也不能毫无保留。②不能孤立看待性教育，应将其纳入人格教育的范畴。③性教育是包括学校、家庭、社会在内的全方位教育。性教育的目标是：①帮助学生对即将到来的生理上的快速增长和发育做好思想准备，认识并接纳这些变化，为其顺利度过青春期打下良好基础；②帮助学生学会处理因生理快速变化而带来的心理适应问题，并学会相应的策略与技巧；③帮助学生培养健康的性心理与性价值观，妥善处理好两性关系，平稳度过性困惑期。

3. 指导学生进行适度的体育锻炼

体育锻炼不但能改善人民体质，还有助于培养健全的人格。毛泽东早在1917年发表的《体育之研究》中便大声疾呼："欲文明其精神，先自野蛮其体魄。"毛泽东知行合一，一生酷爱体育运动，这为应付日后繁重的革命工作打下了基础，使其到了晚年还能畅游长江。正如西谚所云：健康的心灵寓于健康的身体。青少年的体育锻炼能够帮助他们形成坚定的意志力，转移由于性早熟带来的性冲动，从而有利于他们摆脱性的蛊惑，将自己的注意力和精力投入到紧张的学习中；体育锻炼还能使他们经常参与集体活动，有利于增进他们的人际智力，提高他们的社会认知水平和人文修养，而人文修养恰恰是对人类性本能的最好控制阀。因此，体育锻炼有利于抵消青春期提前所带来的一些负面效应。不过体育

---

① 汪凤炎，郑红. 中国文化心理学. 5版. 广州：暨南大学出版社，2015：311 - 314.

运动应坚持适度原则，正如汉代名医华佗所说："人体欲得劳动，但不当使极耳。"

4. 妥善对青少年进行相应的道德教育

良好的道德教育不但有利于青少年利他和亲社会行为的培养，还有利于青少年的心理健康和自我实现。在当今异化加重的历史背景下，道德教育在某种程度上可以协调个人与自己、个人与社会、个人与自然的矛盾，而这三对矛盾恰恰正是人类一切痛苦与不幸的根源。青春期的提前会导致这三对矛盾的加剧，引发许多痛苦和不幸。但是我们当前的德育并不能很好地履行这样一种责任，这或许也是道德教育功效甚微的原因之一。当然，对于德育的这种功能可能仁者见仁，智者见智，但历史上哲人、圣贤对道德的重视还是使我们倾向于相信德育这样一种功能，尤其是中国哲人对道德的重视更是到了无以复加的地步，这有一定的道理。我们认为，高尚的道德品质是健全人格的核心，很难想象一个道德修养很差的人会有健全的人格。为此，道德教育不能忽视对健全人格的塑造。"在国外……德育的教育内容基本上就是人格塑造或人格教育的内容。"[①] 而健全的人格却又是一个人安身立命、实现自我的根本保证。美国著名心理学家马斯洛认为：自我实现的创造性强调的是性格上的品质，自我实现的创造性成就是人格放射出来的副现象，是第二位的。美国另一位著名学者史蒂芬·柯维（Stephen R. Covey）在《高效率人士的七个习惯》（*The 7 Habits of Highly Effective People*）一书中提出了相似的看法，认为一个群体、组织或企业的兴衰存亡决定于它的领导者心术的正邪。他还深入研究了美国建国以来最有成就的名人的个性特征，发现他们都有正直、忠诚、克制、勤奋等特征。[②] 由此可见道德修养对人生的重大价值！我们要改变以前那种片面强调"舍己为人"的德育理念，提倡以自我实现和自利利他为旨归的德育理念。这就要求道德教育承担起多种功能，如心理保健的作用、人际和谐的作用、终极关怀的作用等。一句话，对青少年妥善开展道德教育，有助于他们顺利地度过自己的青春期。

四、影响个体身心发展的因素

从心理学角度看，个体的身心发展是相辅相成的。因此，人们一般是从整体上探讨、把握影响个体身心发展的因素。

（一）对已有观点的简要回顾

对于影响个体身心发展的因素问题，思想界有着长期的辩论，出现了一些典型观点。

1. 单因素论

凡是主张个体的身心发展只由某一种因素所决定的观点，都是单因素论。在单因素论中，最有影响力的观点有二：一是遗传决定论，二是环境决定论。

（1）遗传决定论。

很多心理学家主张个体的心理发展是由遗传基因决定的，是遗传素质的自我发展与暴露，环境的作用仅在于引发、促进或延缓这种过程的实现。其主要代表人物有柏拉图、笛卡尔、卢梭、高尔顿、霍尔、格塞尔等。如笛卡尔的天赋观念说主张人的发展就是先天理念的展开并逐渐发展成为有意识的过程，发展由人的天性所定。优生学的创始人英国遗传

---

① 樊富珉. 大学生心理健康教育研究. 北京：清华大学出版社，2002：160.

② 史蒂芬·柯维. 高效率人士的七个习惯. 顾淑馨，常青，译. 北京：中国青年出版社，2002：1－253.

学家高尔顿（F. Galton）更是这种观点的著名代表。高尔顿主要通过名人传记和家谱调查的方式为遗传决定论提供依据。他对英国的 977 名政治家、法官、文学家、科学家等名人进行调查，看他们的亲属中有多少人也是名人。结果发现，名人的亲属中有 332 人也同样有名。而数目相等的以普通人为被试的对照组，他们的亲属中却只有 1 个名人。由此，高尔顿认为两个群体名人的比率如此悬殊，只有用遗传可以加以解释，即能力是由遗传决定的。他在其 1869 年出版的《遗传与天才》一书中说："一个人的能力乃由遗传决定得来，其受遗传决定的程度，如同一切有机体的形态及躯体组织之受遗传的决定一样。"其后，美国儿童心理学家霍尔主张"复演说"（recapitulation theory），用当时生物学上的复演学说来解释儿童心理的发展，认为个体心理发展是人类进化过程的简单重复，个体心理发展是由种系发展决定的。霍尔有一句名言："一两遗传胜过一吨教育。"这也是遗传决定论。在遗传决定论者看来，儿童心理发展是由先天的、不变的遗传所决定的，儿童心理发展的过程就是这些先天遗传素质的自我发展与自我表露过程，与外界影响、教育无关；外界的影响与教育即使对儿童心理发展起作用，至多也只是促进或延缓遗传素质的自我发展和自我表露，而不能改变它的本质。儿童心理学家格塞尔通过对婴儿长期系统的观察，尤其是其最为著名的同卵双生子爬楼梯的实验，提出了"成熟优势论"，这在下文有详论，这里不多讲。

　　遗传决定论有一定的实验依据。例如，研究者对动物进行选择性繁殖发现了一些遗传的效应。在心理学中，特赖恩（R. C. Tryon, 1940）早期采用选择性喂养的重要例证。他根据走迷津的能力对一些白鼠进行分类，随后将聪明的公鼠和聪明的母鼠进行配对、繁殖，将迟钝的公鼠和迟钝的母鼠进行配对、繁殖，然后再对他们的子代白鼠走迷津的能力进行测试。如此反复到第七代，发现这两组白鼠走迷津的能力已有了显著的差异（如图 3-2 所示）。这无疑证明了动物的某些行为能力具有明显的遗传效应，不同遗传素质的白鼠具备不同的学习能力。尽管后继的研究认为，特赖恩的研究选择不止考虑了"聪明—愚笨"这一因素，但研究仍然证明选择性喂养的方法可产生不同特征的群体。随着对遗传作用的理解的加深和测试方法的改进，这一程序已变得更精细复杂，选择性喂养方法已用于培养具有特殊理想特征的动物。

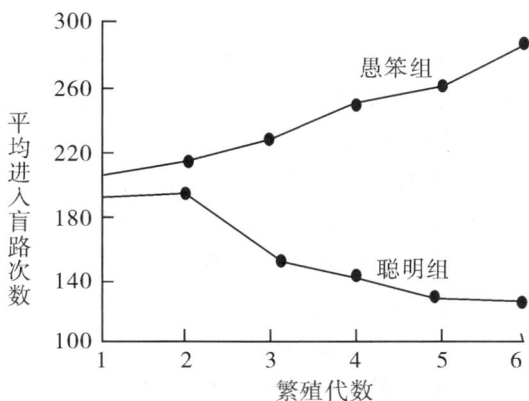

图 3-2　选择性繁殖与白鼠走迷津错误次数间的关系①

　　①　桑标. 当代儿童发展心理学. 上海：上海教育出版社，2003：75；L. A. 珀文. 人格科学. 周榕，等译. 上海：华东师范大学出版社，2001：164-165.

来自收养儿童研究中的一个惊人发现表明，遗传的影响会随着人们年龄的增长变大。被收养小孩子们的心理特征和他们的亲生父母或养父母并不是特别相似。随着他们长大，人们可能认为他们在一些特征上比起亲生父母来更像养父母，例如一般的认知能力和口语能力。与这个预期相反，当收养的孩子接近 16 岁时，在这些特征上变得与亲生父母更加相似了（Plomin, Fulker, Corley & Defries, 1997）。[①] 又如，儿童的智商与父母非常相似是公认的，为什么会这样呢？是聪明的父母为子女的成长提供了刺激丰富的环境，使得他们的智力很像自己，还是子女从父母那里遗传了智力发展的潜能？看起来遗传和环境共同发挥作用，但是对于领养儿童的研究发现，遗传对智力的作用更大一些。因为这些研究显示，领养儿童的智商更像他们的亲生父母，而不是从小把他们养大的养父母。由于这些儿童从未与亲生父母一起生活，对这种差异唯一的解释就是智力的相似性与遗传有关。[②] 从这些研究可以发现，遗传与发展的诸多方面只是存在相关，而不是可以排除其他的一切因素，直接决定发展。即使是决定人们起初发展的基因，它所携带的编码信息到底能不能呈现出来，也明显受到环境因素的影响（Gottlieb, 1996）。例如，一个小孩遗传了高身材的基因，但如果他/她早期有很长一段时间营养不良，即使他/她遗传了高身材的基因，最终其身高可能也只达到平均水平或低于平均水平。因此，环境和遗传基因两者共同决定一个基因型（genotype）怎样转化为某一特定的表现型（phenotype）。并且，人们也可以积极地通过遗传工程的研究不断提高基因水平，控制有害基因的表现，从而保证儿童的遗传质量。例如，为了创造具有优异素质的儿童，可以开展产前检查，设法将有害基因从人类基因库中清除。可以说，正常的身心发展必须具备正常的生理基础和遗传素质。遗传奠定了个体发展差异的先天基础，规定了发展的高低限度，但它并不能限定发展的过程以及所达到的程度。因为个体总是在各种各样的环境中成长，也受到各种各样的影响。所以，要排除遗传决定论的错误倾向，毕竟遗传决定论过分夸大了遗传对个体身心发展的影响。

（2）环境决定论。

也有一些心理学家主张环境决定论，他们忽视遗传素质对心理发展的影响，忽视心理发展的年龄特征，认为心理发展由后天环境决定，个体所处的自然环境、社会文化、习俗以及教育理念与教育实践等决定着个体心理的最终发展。代表人物有洛克（J. Locke，1632—1704）与华生（J. B. Watson，1878—1958）等。英国经验决定论者洛克主张"白板说"，认为人出生时就像一块白板，不具备任何知识，"没有特性也没有理念"，等着环境去给它涂色添彩，因此，一切知识都是由经验得来的。从这个层面来说，儿童心理发展的差异有90%的可能性是由教育决定的。环境决定论主张儿童的心理发展完全受环境的制约，有什么样的环境，就能让人产生什么样的心理与行为方式，进而极端重视环境和教育在人的发展中的作用，忽视遗传素质和儿童的年龄特征的作用。环境决定论最著名的代表人物是行为主义的创始人华生。华生坚信有什么刺激，就会产生什么反应，声称：

给我一打健全而又没有缺陷的婴儿，如果让我在由我所设计的特殊环境中培养他们，不论他们的才能、爱好、倾向、能力，或他们的祖辈的职业和种族情况如何，我保证能把其中任何一个人训练成我所选定的任何一种专家——医生、律师、艺术家、富商，或者使

---

① 黄希庭. 心理学与人生. 广州：暨南大学出版社，2005：23.
② 黄希庭. 心理学与人生. 广州：暨南大学出版社，2005：24.

他们成为乞丐和盗贼。（Watson，1924）

这就使华生成了一个极端的环境决定论者（environmental determinism），主张教育万能论。华生片面地强调和机械地看待环境和教育对儿童心理发展的重要作用，主张儿童心理的发展完全决定于其所处的环境和所受的教育，进而完全不承认儿童的素质、年龄特征及个性心理特征在其心理发展中的重要作用。直至现在，很多心理学仍然深受行为主义思想的影响，这一心理学的"气质"仍带有很浓厚的行为主义色彩，环境决定论至今仍有一定的"市场"。

环境对个体发展的影响是显而易见的，但是环境并不能决定一个人的终身发展。尽管华生有关婴儿"塑造"的实验研究对现代行为治疗和儿童教育的发展作出了重大贡献，但是他鼓吹的环境决定论过于强调环境对行为的塑造以及强化的功效，忽视了个体内部的心理过程，已与遗传决定论一起逐渐被新的理论所批判和替代。即使是在某些特定的关键期，儿童的确会显著地从某种经历或环境中获益，或者受到伤害，这些经验可能是无法替代或无法恢复的；但是，有研究表明，儿童具有相当大的恢复能力，他们能够克服由于经验不足或操作不当所造成的绝大多数负面效应。现在人们所提倡的"心理弹性"（resilience）的研究就证明了这一点。何谓"心理弹性"？一般有三种定义：① ①能力性定义。将心理弹性看作个体所具有的一种较为稳定的能力或品质。例如，Werner（1995）认为，心理弹性是个体能够承受高水平的破坏性变化，并表现出尽可能少的不良行为的能力。② ②结果性定义。重点从发展结果上定义心理弹性。例如，Masten（2001）认为，心理弹性是指个体身处逆境时仍能获得较好适应或发展顺利而不会被压垮的结果的一种现象。③ ③过程性定义。将心理弹性视作一种适应过程，重点关注心理弹性的动态发展。如，Luthar 等人（2006）认为，心理弹性指个体在不利环境中对良好状态进行调试的动态过程。④ 虽然研究视角不尽相同，但三者都公认心理弹性的两个操作性定义要素：①个体遭遇逆境；②个体成功应对（或适应良好）。⑤ 就人类发展而言，弹性包含三方面的意思：①高危背景下的儿童虽身处逆境，却也获得了良好发展；②儿童即使仍处在不利环境条件下，其能力并不会因此而受到损害；③儿童能从大灾难（如战争）中成功恢复过来。⑥ 例如，1976 年在唐山大地震中留下的 4 200 名孤儿，虽然他们早期的家庭环境受到了巨大破坏，但是有研究调查了地震 21 年后他们的心理健康状况，发现他们基本上不存在特殊的生活应激问题，心理状况也基本健康和正常。由此可见，个体发展中"弹性"所起的巨大作用。

---

① 席居哲，桑标. 心理弹性（resilience）研究综述. 健康心理学杂志，2002，10（4）：314－318；马伟娜，桑标，洪灵敏. 心理弹性及其作用机制的研究述评. 华东师范大学学报（教育科学版），2008，26（1）：89－96.

② WERNER E E. Resilience in development. Washington，D. C.：American Psychological Society，1995：p. 23.

③ MASTEN A S. Ordinary magic：Resilience processes in development. American psychologist，2001（56）：pp. 227－238.

④ LUTHAR C，SHARON L，COHAN，et al. Relationship of resilience to personality，coping and psychiatric symptoms in young adult. Behaviour research and therapy，2006（44）：pp. 585－599.

⑤ 马伟娜，桑标，洪灵敏. 心理弹性及其作用机制的研究述评. 华东师范大学学报（教育科学版），2008，26（1）：90.

⑥ MASTEN A S. Ordinary magic：Resilience processes in development. American psychologist，2001（56）：pp. 227－238.

课外延伸：当下研究热点

1. 生活环境（包括少数民族地位、个人职业、父母的受教育水平、家庭规模、父爱/母爱缺失、生活事件、电视与网络等）对个体心理与行为发展的影响。

2. 家庭教养方式对个体心理与行为发展的影响。

3. 儿童/青少年的弹性（resilience）研究。

敏化或钢化效应（sensitizing or steeling effects）：敏化效应是指先前的害怕体验、压力和逆境使个体在今后面临类似消极经历时变得更加脆弱。"一朝被蛇咬，十年怕井绳"就是最典型的例子。钢化效应是指先前的害怕体验、压力和逆境使个体对今后类似消极经历的耐受性提高，正所谓"见怪不怪"。例如，当前社会上流行的户外拓展训练，就是通过使练习者积累经验，从而做到在真正面临生存困境时能从容应对。

2. 二因素论

凡是主张个体的身心发展只由某两种因素所决定的观点，都是二因素论。在二因素论中，影响较大的是调和论。遗传决定论与环境决定论各自走向一个极端，都有失偏颇。为了融合两种学说的长处，就有学者站出来做"和事佬"，主张采取一种折中的观点，这就是二因素论——主张儿童的心理发展是由遗传与环境两种因素决定的。代表人物是美国心理学家伍德沃斯（R. S. Woodworth）和德国儿童心理学家斯腾（W. Stern）等人。如伍德沃斯说，儿童心理发展等于遗传与环境的乘积。二因素论将遗传与环境看作是影响儿童心理发展的同等成分，看作是两种相互孤立存在的因素，未能揭示出二者之间复杂的本质关系，不能科学地解释儿童心理发展的问题。

3. 多因素论

凡是主张个体的身心发展是由三种或三种以上因素所决定的观点，都是多因素论。现在一些研究者不再持完全的遗传决定论或环境决定论观点，而是开始深入地研究遗传和环境之间的动态关系，"天性与教养"之争的焦点已转移到探讨两者究竟是如何相互作用上来，一些心理学家提出了相互作用论（interactionism）。相互作用论的基本观点可以归结为：①承认遗传和环境二者共同对心理发展产生影响。遗传学上把个体从父母处继承的特定的基因素质称为"基因型"（genotype），基因型必须在一定的环境中才能表达出来。每个人的身体、心理和行为上的特征和表现称为"表现型"（phenotype），是环境和基因型相互作用的结果。②遗传与环境是互相制约、互相依存的。如皮亚杰认为，遗传和环境这两种因素之间的关系并非各占若干比例或简单相加，而是一种相互交织、相互渗透和影响的关系，而且这种相互作用是动态的，受已经过去的历史环境影响，即有机体当前的行为不仅受当前环境及遗传特质的影响，而且可能受其遗传基因和过去环境因素的相互作用的影响。在生活中，具有精神分裂症潜在倾向的个体发病与否取决于个体遇到的环境压力，而没有这种遗传倾向的个体，即使遇到的环境压力再大也不容易发生这类疾病。③遗传与环境的相互作用是互相渗透、互相转化的。也就是说，有时遗传可以改变环境，环境有时也能改变遗传。例如，苯丙酮尿症这种先天性代谢缺陷，可以通过及早的饮食干预而得到控制。这无疑是环境改变遗传的典型案例。另外，从种系发展的角度看，遗传是种系和环境长期相互作用的结果；而从个体发展的角度看，从形成受精卵那一刻起，遗传和环境两者就共同影响着个体的发育和成长。④遗传与环境、成熟与学习对发展的作用是动态的。

不同的年龄阶段，不同的心理和行为，遗传和环境的作用是不尽相同的。一般而言，年龄越小，心里机能越低级，受到遗传的影响就越大；而年龄越大，心理机能越高级，环境对其影响也就越大。

相互作用论的代表人物是皮亚杰。皮亚杰认为："认识既不起因于一个有自我意识的主体，也不起因于业已形成的（从主体角度看）、会把自己烙印在主体之上的客体；认识起因于主客体之间的相互作用。"[①] 皮亚杰假设个体生来具有一些基本的心理图式——这些心理图式在个体与外界环境进行作用时，利用同化和顺应的机制，不断地改变和增强原有的心理图式，在平衡与失衡状态的交替中，达到较高层次的结构化，从而逐渐增强儿童对外界环境的适应能力。在皮亚杰看来，影响儿童认知发展的主要因素是：成熟、环境（包括物理环境和社会环境）和自我调节作用（即平衡化）。首先，机体生理的成熟是个体认知发展的一个重要条件，它为个体形成新的行为模式和思维方式提供了一种可能性。当然，要将这种可能性变为现实，必须通过机体的练习或最低限度的习得经验。其次是环境。鉴于个体与环境的交互作用是认识的来源，因此环境是影响个体认知发展的重要因素。最后是自我的调节作用，也就是平衡过程，这是皮亚杰对影响个体认知发展因素的一个独到看法。皮亚杰认为，个体在成长过程中会不断地遇到外来刺激，通过适应的机制，机体的平衡状态不断被打破又不断建立，心理的发展过程就是不断发展着的平衡状态。他的这种观点认为遗传和环境两者的关系并非各占若干比例或简单相加，而是一种相互交织、相互渗透和影响的关系；换言之，相互作用论主张儿童心理的发展是成熟（含遗传）、环境（含教育）和人这个主体三大因素交互作用的结果，遗传对心理发生作用的大小依赖环境的变化和主体的特性，而环境作用的发挥也受到遗传与主体的制约。相互作用论不但打破了是遗传决定发展还是环境决定发展的长期的简单化的机械争论的局面，而且突显了主体的价值，有利于理解和解释发展的多样性与复杂性，是当前普遍承认的观点。这种理论通常认为"遗传规定心理发展的限度，环境在限度内起决定作用"，但现代科学仍不能明确地界定遗传的限度，因此，这种提法只能作为一种假设，作为科学命题还缺乏证据。

（二）五因素交互作用论：对影响个体身心发展因素的新主张

上述诸观点虽然对于人们正确理解影响人的身心发展因素均有一定的启示价值，不过，其中也存在一些不足之处，概括起来讲，主要有以下三个方面（当然，具体到某一观点，存在缺陷的数量的多少是不同的）：第一，对影响因素考虑不够全面。除了多因素论外，其他观点都忽视了个体的主体性在其心理形成与发展过程中的作用，不能解释诸如此类的问题：遗传因素相差不大、环境因素相差无几的兄弟之间，其后来的心理发展为何有很大的不同？为什么有些人会"同流合污"，在相同的情境下，有些人竟能"出淤泥而不染"？第二，一般是静态地看待遗传、环境、教育和主体性的作用，抽掉了"时间"的因素，没有看到个体心理发展的不同年龄阶段不同因素所起的作用不同。相互作用论虽在一定程度上考虑了"时间"因素，但显得有些模糊。第三，除了相互作用论外，其他观点均未体现"外因通过内因而起作用"的原理。在借鉴上述诸观点的优点和中国传统性习论[②]的优点的同时，为了克服上述观点中存在的缺陷，也为了切实贯彻辩证唯物主义中

---

①　皮亚杰．发生认识论原理．王宪钿，等译．北京：商务印书馆，1981：20.

②　汪凤炎．中国传统德育心理学思想及其现代意义．修订版．上海：上海教育出版社，2007：184-190.

"外因通过内因而起作用"的原理，本书主张五因素交互作用论①，其要点有三：

1. 个体身心发展受五个因素的影响

影响个体身心发展的因素复杂多样，概括起来，主要有遗传、成熟、环境、教育和主体性等五个变量。其中，遗传、成熟、环境、教育取大家所公认的定义，故这里不再多讲。主体性，指个体的需要、兴趣、爱好、价值观、人生观或世界观，以及个体根据它们对来自体内外的诸种刺激进行判断、选择、吸收、利用或改造的能力。它们之间的交互作用最终决定了个体身心发展的程度大小与质量高低。若模仿拓扑心理学家勒温（K. Lewin）所提出的著名公式 $B = f(P, E)$，其含义是，人的行为（B）是个体的综合因素（P）和环境因素（E）的函数。五因素论可以用下列公式来表示：

$$P = f(H, M, E_1, E_2, S)$$

该公式的含义是，人的整个身心素质是其遗传（heredity，简称"H"）、成熟（matureness，简称"M"，主要指生理成熟）、环境（environment，简称"E_1"）、教育（education，简称"E_2"）和主体性（subject，简称"S"）之间的函数。五因素论也可用图 3-3 表示。

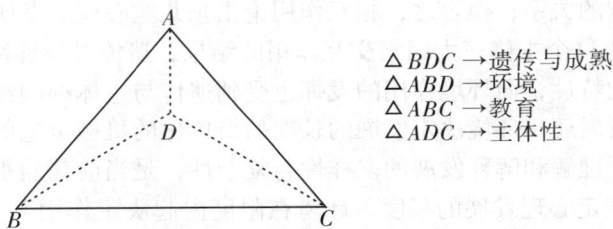

△BDC→遗传与成熟
△ABD→环境
△ABC→教育
△ADC→主体性

图 3-3　五因素在个体身心形成与发展中的关系示意图

根据图 3-3，个体身心发展的程度是由四面体 $ABCD$ 的体积所决定的：四面体 $ABCD$ 的体积大，表明个体身心发展的程度就较高；反之，四面体 $ABCD$ 的体积小，表明个体身心发展的程度就较低；而四面体 $ABCD$ 的体积大小是由其四个面的大小和质量高低决定的，这表明遗传、成熟、环境、教育和主体性在个体身心发展中都有自己的作用。之所以将遗传与成熟放在同一个维度，是因为成熟是遗传随时间的流逝而自然展开的；之所以以四面体的底面△BDC 指称遗传与成熟，是考虑到遗传与成熟是个体身心发展的基础与前提条件。这样，假若将这个四面体比作一个容器，那么，要想其所装的水越多，四面体的"底"首先要正常，至少不能有漏洞，更不能有大漏洞，否则其他三面再好，这个四面体即使一时勉强装了水，过不了一段时间也会全部漏掉；如果四面体的"底"是正常的，其装水的多少就取决于其他三面的长短和质量：假若其他三面质量都好，面积都大，这

图 3-4　木桶效应示意图

① 汪凤炎. 从五因素交互作用论看德育的作用. 南京师范大学学报（社会科学版），2006（6）：90-94.

个四面体所装的水就会很多。如果其他三面中有一面或两面或三面质量不好（如板虽长但有破洞）或太短，这个四面体实际装水的多少取决于最短那块板子的长度，或者取决于最差那块板子的质量。这便是加拿大管理学家彼得（Peter）提出的"木桶效应"（buckets effect，也叫"木桶定律"或"短板效应"，如图 3－4 所示）：木桶是由许多块木板箍成的，盛水量也是由这些木板共同决定的。若其中一块木板很短或上面有破洞，则此木桶的盛水量就被此短板所限制；若要让此木桶盛水量增加，只有将短板加长或补好才成。

　　同理，一个人要想其身心获得良好发展，先要有起码的遗传素质（以智商为例，若从正态分布的角度看，其智商至少必须处于正常水平，若能偏高则更佳），并保证有一个尽可能健康的成熟过程，在此基础上再来营造一个良好的外部环境（包括教育环境），并且主体自身也要持之以恒地追求身心健康、追求真善美，这些因素"一个都不能少"。假若个体自身有一个或多个素质有明显缺陷，就须采取相应的补救措施，否则，就会影响其身心的健康形成与发展。常用的补救措施至少有三：①通过"勤能补拙"等方式将"短板"补长；②扬长补短，即充分发挥自身的优势（至少要有一块足够长的"长板"），然后要有"完整桶"（系统思维）的意识，进而通过合作双赢的方式利用他人的"长板"来补自己的"短板"；[①] ③既"笨鸟先飞"，又取长补短。当然，何谓"缺点"？须谨慎甄别。"缺点"一词有广义与狭义之分。从广义上看，缺点指个体身体或心理上存在的那些明显偏离常态，且既易招来他人对自己或自己对自己的负面评价，又易给个体身心健康发展造成不良影响的东西。从狭义上看，缺点指个体身体或心理上存在的那些已给个体身心健康发展造成不良影响的东西。用狭义眼光看，即便个体身体或心理上存在某些明显偏离常态且易招来他人对自己的负面评价的东西，但只要这些东西未给个体的身心健康发展造成负面影响，那么，对此个体而言，这些东西就不算是他的缺点。由此可见，广义缺点与狭义缺点的相同之处是：二者都是个体身体或心理上存在的那些明显偏离常态，且易招来负面评价的东西。广义缺点与狭义的缺点之间至少有两个区别：其一，二者所指范围的大小不同。广义缺点的范围较大，它不但将狭义缺点包含在其中，还可指个体身体或心理上存在的明显偏离常态、虽易招来负面评价却未给个体身心健康发展造成不良影响的东西。其二，二者所可能产生的影响不同。个体在应对自己身上的广义缺点时，若应对不好，便会对其产生负面影响；若应对正确，便不会对其产生负面影响。与此不同，根据狭义缺点的定义，狭义缺点已对个体产生了现实意义上的负面影响。综上所论，对于缺点，从个体的角度看，正确的态度是：①"金无足赤，人无完人。"人人都有缺点，有缺点并不可怕，关键是要认清自己身上缺点的性质与类型，然后正确面对、妥善处理。②对于那些可能会影响甚至严重影响自己将来可持续性发展的缺点，一定要设法加以改正；若实在无法改正，则要努力将其负面影响控制到最低值。如钱钟书考入清华大学外文系时，数学只考了15 分，但他国文和英文俱佳，于是扬长避短，研究文学和比较文学，终成一代泰斗！③对于那些绝不会影响自己将来可持续性发展的缺点，能改则改，不能改也就算了，不必耿耿于怀。如竺可桢因绍兴口音重，很多人听不懂他的发言，对此他曾感叹："我说英语能够走遍世界，我说中国话却走不出家乡！"即便如此，也不妨碍他成为著名科学家和教育家。[②] 从组织角度看，宜本着"和而不同""各美其美，美人之美"（费孝通语）的态

---

　　① 古典. 专注"木桶"的长板. 读者，2015（9）：37.
　　② 汪凤炎，郑红. 智慧心理学的理论探索与应用研究. 上海：上海教育出版社，2014：429－430.

度，制定出让偏科人才、个性化人才（只要这种偏科或个性化不是病态的和反社会的）有良好发展空间的弹性管理制度，以方便偏科人才、个性化人才的顺利发展。

至于四面体的上面和下面均有一小段是用虚线画成的，这表明个体身心发展有一定的潜力或弹性空间，很少有人能通过后天努力而将其遗传素质全部展开，从而达到身心发展的极限。

需指出，"个体心理发展受五个因素影响"的论点绝不是"空穴来风"，而是既有继承也有创新。皮亚杰主张影响儿童认知发展的主要因素是成熟、环境和自我调节作用（即平衡化）。根据皮亚杰的解说，成熟是指机体的成长，特别是指神经系统和内分泌系统的成熟，这表明其成熟因素里包含了"遗传"因素；环境因素中包括物理环境和社会环境，这暗示着皮亚杰所讲的环境因素里包含了"教育"因素；自我调节作用相当于本书所讲的主体性。[①] 从这个意义上说，皮亚杰的交互作用论既是三因素交互作用论，也是五因素交互作用论。换言之，我们主张五因素交互作用论是受到皮亚杰思想的影响，只是将他所讲的成熟和环境二因素作进一步的细分而已。不过，五因素交互作用论与皮亚杰观点的最大不同之处在于：前者强调五种因素在个体不同年龄阶段扮演不同的角色，而皮亚杰的观点里似乎没有考虑"时间"的因素。现代著名教育心理学家加涅曾说，人的发展取决于两个因素：生长与学习。这两个因素是相互作用的，但不能忽略生长与学习之间最重要的区别：影响生长的因素绝大多数是由遗传决定的；而影响学习的因素主要是由学生所处环境中的各种事件决定的，这些事件将决定学生学什么，而且在很大程度上将决定学生成为什么样的人。[②] 假若在影响学习的因素中再加入主体性这一因素，加涅的观点与我们的观点就是相通的。不过，从加涅的上述言论看，其中有明显的二因素论的色彩，并且较为看重环境的作用而忽视主体性的作用，又显示出其有浓厚的行为主义色彩，这是其与五因素交互作用论的不同之处。

2. 遗传等四因素对个体身心发展的影响要通过主体性这个内因起作用

从辩证唯物主义观点看，外因是变化的条件，内因是变化的根据，外因必须通过内因而起作用。依据这一原理，遗传、成熟、环境和教育对个体心理产生什么样的影响，以及影响的程度的大小，说到底要取决于人这个主体采取怎样的应对方式。例如，同样身有残疾，有人会因此而形成自卑心理；有人如著名精神分析学家阿德勒却由此而形成自强心理，写出了不朽著作《自卑与超越》。这些例子都证实了一个道理，在刺激（S）与反应（R）之间，有一个重要的中介变量，那就是人自身（P），只有充分考虑到不同人的不同主体性，才能较为合理地解释人的复杂心理与行为方式。假若忽视了人这个最重要的变量，而仅从环境或教育的角度来解释人的心理的形成与发展，那就是一种外在论的解释；或者仅从遗传与成熟的角度来解释人的心理的形成与发展，那就是一种纯粹的生物学的解释。这两种解释都不可能准确地把握影响人的心理形成与发展诸因素之间的真正关系，从而也就不可能真正揭示人的心理形成与发展的本质规律。认知心理学派也认为，外部刺激与主体反应之间并不存在如极端行为主义所主张的那种直接的联系，它们之间的联系要以主体认知结构为中介。这种认知结构是在主体与环境相互作用的情况下，经过同化、顺应和平衡的过程而形成的。同理，道德品质的发展既不是内心良知、良能的自然展现，也不

---

① 施良方. 学习论——学习心理学的理论与原理. 北京：人民教育出版社，1994：187 – 188.
② 施良方. 学习论——学习心理学的理论与原理. 北京：人民教育出版社，1994：319.

是在外部影响下直接实现的变化，而是由主体与环境相互作用引起的一种品德结构的变化。可见，无论是辩证唯物主义原理，还是现当代认知心理学的研究成果，都向人们揭示了受教育者的主体因素是各种教育影响实现其效果的不可逾越的中介环节。如果人们只在外部影响上下功夫，而不去研究这个中介环节的特点、功能以及它的运行方式，教育的效果不免要落空。① 因此，对于影响个体身心发展的五个因素之间关系的唯一合理的解释就是，虽然遗传与成熟对人的心理与行为发生作用的大小依赖环境与教育的变化，而环境与教育作用的发挥也受到遗传与成熟的制约，但是，遗传等四因素对人的心理与行为的影响必须通过"人"这个中介变量才能真正实现，如图 3－5 所示：

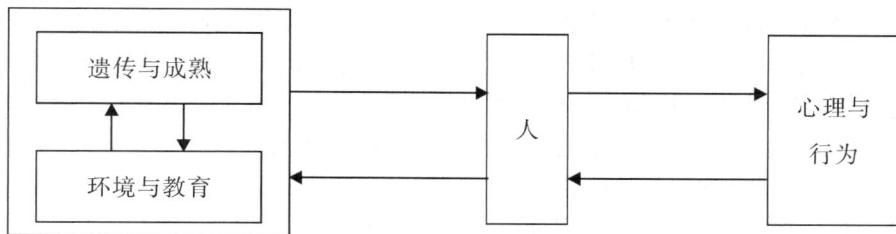

图 3－5　遗传等四因素需通过"人"这个中介变量才能影响人的心理与行为

3. 五个因素在个体一生发展过程中扮演着不同角色

假若引入"时间"因素，从发展的角度来看遗传等诸因素在个体心理发展不同年龄阶段所起的作用，就会发现这样一个事实：遗传等因素在个体的不同身心发展阶段所起的作用是不同的，在不同身心发展阶段起最主导作用的影响因素也是不同的。

（1）在受精卵的形成阶段，个体身体发展受遗传因素影响最大。

受精卵的形成阶段是个体生命最初形成的阶段，在这一阶段，个体的身心素质受遗传因素影响最大；换言之，父母双方生理遗传素质的质量高低在很大程度上决定了其子代生理遗传素质的质量高低，父母双方心理遗传素质的类型与质量高低在很大程度上决定了其子代心理遗传素质的类型与质量高低。从这个意义上说，"种瓜得瓜，种豆得豆"有一定道理，因为若"种瓜"不是"得瓜"而是"得豆"，就说明其子代的基因已发生了遗传上的变异。尽管学术界至今未运用科学手段找到记载心理遗传信息的载体，不过，鉴于身心合一的事实，可以大胆推测，既然脱氧核糖核酸（Deoxyribonucleic acid，缩写为 DNA）记载了人的生理上的遗传信息，那么，其内也极可能记载了人的心理上的遗传信息，只是目前研究者还没有将之捕捉到而已。所以，从医学生理学的角度看，受精卵一旦形成，一个独特的生命个体的遗传基因就已完全"定型"，此后，此个体的身心素质都是在这个遗传素质的基础上形成与发展起来的。这样，为了保证子代有良好的遗传素质，以使子代不输在人生真正的起点上，父代在准备要子女时就宜先掌握一些优生学的知识，做到优生优育。同时，如上文所论，遗传的影响会随着人们年龄的增长而变大，这一方面恰恰证明了遗传因素对个体身心发展有巨大影响。

当然，也不能过于强调遗传的作用。因为生活中的许多事例都表明，即便子代长大后在某些心理特征方面倾向于更像其亲生父母，但这种心理特征从内容上看一般多为生理色

① 鲁洁．超越与创新．北京：人民教育出版社，2001：184.

彩颇浓的气质方面的特征；并且，个体的身体或心理特征受遗传影响并不意味着它像刻在石头上一样，许多遗传特征都是可以改变的，即便是遗传因素作用最强的某些疾病，也会受到教养方式、生活中的压力和紧张、个体的决策、社会关系等很多因素的影响。一句话，遗传和经验对人们的心理特征是共同发挥作用的，① 子代只要努力加强相应的自我修养，一般是可以使自己的心理特征带上深深的自己的个性色彩，而不是父代的个性色彩。在受精卵的形成阶段，个体生命尚处于最初的形成阶段，当然不可能有什么主体性，毕竟只有"形具"才能"神生"。同时，既然此时个体还没有一点"人形"，当然教育也就"无用武之地"了；在此阶段，环境虽然对受精卵的形成有影响，但这种影响只能促进或延缓遗传素质的自我发展和自我表露，不能改变它的本质。

（2）自受精卵形成后至青春期结束为止，个体身心发展受成熟因素影响最大。

受精卵一旦形成，自此之后开始至青春期结束为止，此时虽然个体的身心发展也受到环境（包括教育）因素与个体的主体性的影响，但从总体上看，个体身心发展受成熟因素影响最大。就身体发展而言，处于这一阶段的个体的身体发展主要是受成熟因素的影响，因为个体生理发展的两次高峰（人类从出生到发育成熟要经过两个生长高峰：第一个发生在婴儿期，第二个发生在青春期）都处于这一年龄阶段。尤其是当个体处于青春期时，生理上的逐渐成熟将导致个体的生理结构和生理特征发生巨大的变化了。如一个人身高的增长，在儿童和青少年期的变化速度非常快，所谓"女大十八变"说的就是这个道理。其实，何止女孩，男孩同样也是"男大十八变"。不过，无论是女子还是男子，一般情况下，当青春期结束从而成长为成人之后，其身高基本上就不会再有什么大的变化了。这表明，至此时成熟因素对个体的身体发展的影响力才大大下降。明白了这个道理，当孩子正处在长身体的时候，按理说，家庭、学校和社会应尽可能为儿童创造一个适合其身体成长的外部环境，比如，要适当给孩子补充身体所需要的营养，要让孩子注意坐姿、站姿和走路姿势，不要让孩子过于负重（主要是针对农村的孩子而言）等。就心理发展而言，格塞尔的同卵双生子爬梯实验的结果证明了成熟在婴儿的心理发展中扮演着决定性的作用。

受遗传决定论影响的教育者往往过分注重学生的家庭出身，并由此出发判断学生的发展水平，从而导致对学生的偏见和对不同出身的学生形成不同的期待；而不是用科学的方法具体客观地分析学生的心理发展水平，并由此出发采取合理的教学措施和积极发挥学生的主观能动性，从而使那些出身中下的学生得到平等的教育。

儿童心理学家格塞尔通过对婴儿长期系统的观察，尤其是通过其最著名的同卵双生子爬楼梯实验，提出"成熟优势论"，主张人的心理与行为的发展主要是由其内部的遗传基因所指导下的成熟力量决定的，环境和教育因素只是起到一个支持、反映与调节的作用，不能决定发展的过程，因此，人的行为实际上是按照一个模式化的、可预测的方式发展的。所以，学习与生理上的"准备状态"有关，在未达到准备状态时，学习不会发生；一旦生理上的"准备状态"形成了，学习就会生效，这就是成熟—学习原则。由此可见，格塞尔实际上也承认，影响儿童心理发展的因素有两个：成熟和学习。为了验证这一观点，格塞尔与其同事汤普生（H. Thompson）博士于1929年进行了著名的同卵双生子爬楼梯实验。格塞尔的实验目的是：在儿童的某项行为将要出现时，对这项行为给以专门的训练是否能够促进或加速接受了训练的双生子的这项行为的出现。格塞尔的实验器材是专门为实

---

① 黄希庭. 心理学与人生. 广州：暨南大学出版社，2005：26.

验设计的五级楼梯,被试是一对 46 周大的同卵双生女婴。开始时,她们连一级楼梯都爬不上去。实验从第 47 周开始,安排其中一个婴儿每天进行 10 分钟的爬楼梯练习,即为训练双生子(the trained twin),简称 T;另外一个安排在没有楼梯的环境中,即控制双生子(the control twin),简称 C。第一阶段的实验连续进行 6 周,到第 52 周结束时 T 的练习停止。此时 T 已经能够用 25 秒的时间爬上楼梯,而此时 C 在有人扶着的情况下也不愿尝试爬楼梯。一周后,即满 53 周时,C 在没有任何协助且没有任何练习的情况下,就能一直爬到顶上。于是,从第 53 周开始第二阶段的实验,这次,让 C 和 T 同时接受两周的爬楼梯练习,到第 55 周结束。随后,通过录像对满 55 周时 T 与 C 的爬楼梯情况进行对比分析后发现,虽然 T 提前 7 周开始进行训练,一共训练了 8 周,而 C 只训练了 2 周,但是 C 的爬楼梯能力和 T 一样好;换言之,T 的较早训练和较长时间的训练并没有显示出任何优势。所以,"成熟力量在儿童行为模式中的巨大影响也就昭然若揭了"。图 3 - 6 是格塞尔"双胞胎爬梯实验"的结果。

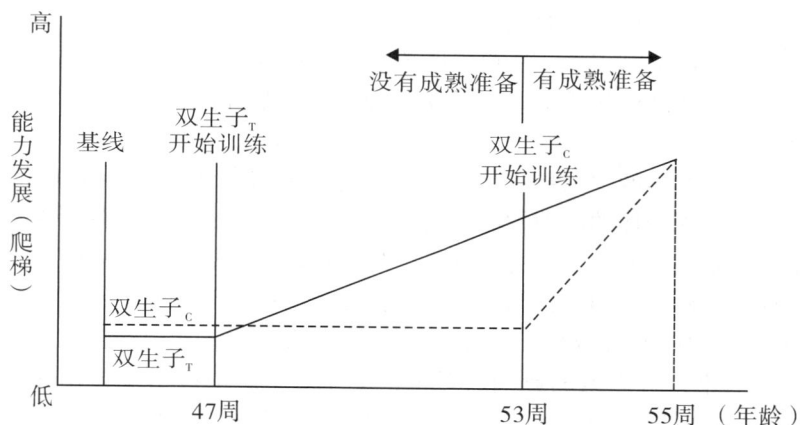

图 3 - 6　同卵双胞胎训练爬梯的结果①

上图中,两个同卵双胞胎在不同时间开始训练爬楼梯,最后达到的效果相同,说明成熟前的训练并没有起很大作用。因此,格塞尔提出了等待儿童达到能接受未来学习的水平时再训练的观点。他认为影响发展的机制是生理上从不成熟到成熟的变化过程。这个过程就是为学习做准备的"准备过程"。格塞尔还认为,儿童的发展有一定的生物内在进度表,它与一定的年龄相适应。所以,他尤其重视"行为的年龄值与年龄的行为值",制定出了婴儿的"行为发育常模"。格塞尔虽然认为"素质构成因素最终决定对所谓'环境'的反应程度乃至反应方式",但也认为在评价生长时"不应忽视环境影响——文化背景、同胞、父母、营养、疾病、教育等"。他还提出了"儿童的成长特征实际上是内在因素与外在因素之间相互作用的最后产物的表现……"②。实验的主要结论是:当一个儿童即将表现出某项发展性行为时,严格的训练有时候能够使得这项行为与不接受训练比起来稍微早出现一点;然而,另一个没有接受训练的同卵双生子经过几周的成长后,其成绩也能够达到较

①　刘金花. 儿童发展心理学. 3 版. 上海:华东师范大学出版社,2006:9.

②　刘金花. 儿童发展心理学. 3 版. 上海:华东师范大学出版社,2006:10.

早接受了训练的双生子的成绩。这个结论支持了格塞尔的基本观点，即在考虑儿童的发展时，必须同时重视遗传和环境的作用。不过，环境因素只是调节和反映了发展的进程，而不能决定这个进程。

格塞尔的两名研究生斯塔耶（1930）和希尔加德（1933）也分别做了同类实验去验证儿童的语言、记忆和运动操作的发展，他们的实验结果与格塞尔的实验结果完全一致，也就是早期训练对婴儿和儿童行为的发展只有轻微的或暂时的影响。如果说格塞尔的实验证明了儿童的运动性行为的发展是受成熟因素支配的话，那么这两名研究生的实验就证明了儿童的语言、记忆等的高级心理功能的发展也是受成熟因素支配的。这两个实验与格塞尔本人的实验一起证明了成熟支配着成长的每一个方面的基本观点，即"儿童的神经系统是按阶段和自然的程序成熟的……儿童所有的能力，包括道德都是受成熟规律支配的"[1]。格塞尔的实验设计尽管简单，却很精巧，逻辑上很严密，有力地证明了他的成熟说观点。当然，也有人对他的实验提出批评。鲍尔（1974）认为，格塞尔的实验在控制上不严格，其中 T 所接受的训练不适宜。他认为，或许被试在地板上自由地爬行是训练其动作发展的最适宜方式，而事实上被试 C 就是这样做的，C 获得了适宜发展的爬行经验，这或许是她在短时间之内赶上 T 的原因之一。所以，既要强调生理成熟在发展中的作用，也要重视经验的影响；换言之，生理成熟是基础，但没有适宜的环境刺激，特定的运动能力也就无法发展起来。[2]

我们认为，将格塞尔的"成熟说"用来解释青春期结束之前儿童心理的发展是颇为正确的。当然，如果认为个体的心理发展自始至终都主要是受成熟因素的影响，这就是静止地看待问题了，也是笔者不能认同的。皮亚杰对儿童认知发展的研究则证明，儿童的认知发展具有阶段性、顺序性、内发性与主动性，在儿童的认知从感知运动阶段发展到前运算阶段再发展到具体运算阶段再发展到形式运算阶段的过程中，主要受到成熟、环境和自我调节作用（即平衡化）等因素的影响。但是，皮亚杰思想中有明显的发展先于学习的观点——皮亚杰的认知发展论倾向于自然主义的看法，不主张借助学习来加速儿童认知的发展，而是主张儿童学到些什么，取决于他的心智发展水平——皮亚杰实际上非常看重成熟因素在其中所起的重要作用。[3] 现在有一些研究如新皮亚杰主义者证实了训练以及包括社会相互作用在内的后天经历能加速儿童的认知发展（De Vries，1997）。从这个意义上说，皮亚杰的发展先于教育或学习的论点有其不足之处。但是，"过犹不及"，这种教育或学习上的"超前"也不能太过，否则，也是违背儿童的认知发展规律的。更何况，现在许多研究表明，皮亚杰主张儿童的认知发展到 15 岁左右就完成形式运算阶段，其思维方式已接近成人水平，这一观点其实高估了儿童的认知发展能力。[4] 这意味着儿童要想达到正常成人的思维发展水平，可能在年龄上还要作适当的推迟。由此可见，对于多数儿童而言，在青春期结束之前影响其心理发展的重要因素是成熟。当然，在此阶段环境和教育对儿童的心理发展有相当的影响，不过，这种影响不能太超前，即不能超越到其成熟水平之前，否则就会犯拔苗助长的错误。因此，在儿童的认知思维没有达到成熟的形式运算之前，鉴于

①　GSESLL & ILG. Infant and child in the culture of today. New York and London：Harper & Brothers Publishers，1943：p. 11.

②　王金奎. 格塞尔的儿童心理学思想研究. 南京：南京师范大学，2005：9 – 11.

③　张春兴. 教育心理学. 杭州：浙江教育出版社，1998：99 – 102.

④　张春兴. 教育心理学. 杭州：浙江教育出版社，1998：103 – 105.

影响儿童的心理发展的首要因素是成熟，在幼儿园、小学乃至初中，理应提倡以健康为主而以开发为辅的教育，为儿童的心理发展创造一个尽可能轻松、愉快的外部环境；而不宜像时下中国的基础教育那样，过早让儿童单薄的身体背上沉重的书包，而等考上大学之后学业任务反而大幅度下降，这是一种不合乎个体心理规律的教育。同时，在此阶段尤其是在此阶段的后半期，随着个体年龄的增长和阅历的增加，个体的主体性对其心理发展将发挥越来越大的作用。但是，由于这一阶段个体的自我或人格先只处于萌芽水平后也至多只处于初步形成的水平。故而多数人的主体性都不强，既不会太"固执己见"，一般也难以作出准确的判断与选择，因此必须发挥教育者的主体性来帮助个体进行正确的判断和选择。中国著名的"孟母三迁"的故事讲的就是这个道理。

（3）自青春期结束起至自己的稳定人格形成之前，个体身心发展受环境和教育因素影响最大。

按中国现行的教育体制，多数儿童满6周岁后一般要进入小学开始接受系统、正规的学校教育，环境和教育对儿童的心理发展影响的比例逐渐增大。但是，参照皮亚杰的认知发展阶段论，只有当个体度过青春期以后，此时个体的身体发展和思维方式才基本处于成熟水平，遗传与成熟在影响个体的身心发展方面所起的作用将越来越小，环境和教育对个体身心尤其是教育的影响第一次超过遗传与成熟的作用，并且，至个体的稳定人格形成之前环境和教育在影响个体身心发展的诸因素中将一直扮演最为重要的角色。可见，在个体稳定人格形成之前的时期都是心理可塑性强的时期。个体的心理可塑性很强，也就从一个侧面证明其主体性不强；换言之，此时虽然个体的心理发展会受到其主体性的影响，不过，因个体的主体性还没有真正成熟，还没有完全定型，个体还没有特别强烈的主体意识，从而给环境和教育的影响留下了非常大的可塑性空间。

（4）自个体的稳定人格形成后，个体的主体性首次在影响个体身心发展的诸因素上起第一重要的作用。

自个体的稳定人格形成后（时间不能确定，有人早些，有人迟些，有人终其一生也不见得能形成稳定的人格），个体的主体性首次在影响个体身心发展的诸因素上起第一重要的作用，而且将长期起最重要的作用，直至个体老死为止。具体地说，个体自呱呱落地之时就具有了最低水平的主体意识，此后，随着个体年龄的增长，这种主体性在其中所起作用的比例越来越大，而遗传等因素对个体身心的影响说到底都要经由个体的主体性这一中间环节；也可以这样说，至个体形成稳定的人格之前，遗传、成熟、环境和教育对个体身心的影响比主体性对个体身心的影响要大。但是，个体一旦形成了稳定人格后，其心理发展受其主体性影响最大。只有到了这时，主体性对个体身心发展的影响才第一次超过了环境与教育对其身心发展的影响；也只有到了这时，环境和教育对个体有无影响、有什么样的影响或影响的大与小情况怎样，从根本上讲都要取决于个体自己的选择与决定；也只有到了这时，一个人才能做到"洁身自好""出淤泥而不染"。如，中国人常说个性（相当于心理学上讲的人格）塑造易而改造难，一个人的个性一旦形成尤其是不良个性一旦形成之后，严师益友的劝导或奖惩都难以匡正。正如王夫之在《读通鉴论》卷十《三国·二》里所说："'习与性成'。成性而严师益友不能劝勉，隆赏重罚不能匡正矣。"这些被无数事实证明是有道理的言论表明，在一个人的稳定人格未形成之前其人格是容易塑造的；稳定的人格一旦形成再要改变那就困难重重，甚至会至死不变。犹如烧陶瓷之前用软泥所做的模型，在未烧之前其形状是可以随意改变的，一旦将其烧定型，就不能再作任何改变了。

当然，各阶段之间并无明显的分界线，与"长江后浪推前浪"的情形类似，在前一个阶段未完全结束时，后一个阶段的特性已酝酿在其中了。遗传、成熟、环境、教育和主体性等五因素对个体身心发展所起的影响依个体年龄的不同而呈现出不同的发展曲线：遗传与成熟在个体成长的早期影响最大；此后，遗传与成熟对个体身心发展所起的影响从总体上看随个体年龄的逐渐增长而日渐减小；至个体的身心均已基本成熟以后，遗传与成熟对个体身心发展的影响降至最低点。在个体稳定人格未形成之前，环境和教育对个体身心发展所起的影响随个体年龄的逐渐增长而日渐增大，并在个体的认知思维达到成熟水平后逐渐占据最重要的位置；不过，在个体稳定的人格形成之后，环境和教育对个体身心发展所起的影响又会逐渐下降。主体性对个体身心发展所起的影响，随个体年龄的逐渐增长而日渐增长，不过，在个体的稳定人格未形成之前，它的影响要小于环境和教育对个体身心的影响，故而在这一时期其曲线均在指称环境和教育的曲线之下；但是，至个体形成稳定的人格之后，主体性对个体心理发展的影响第一次超过环境和教育对个体心理的影响而达到最高峰，此后个体的心理发展主要是受其主体性所控制，犹如练习曲线中所出现的"高原期"一样。如图 3－7 所示。

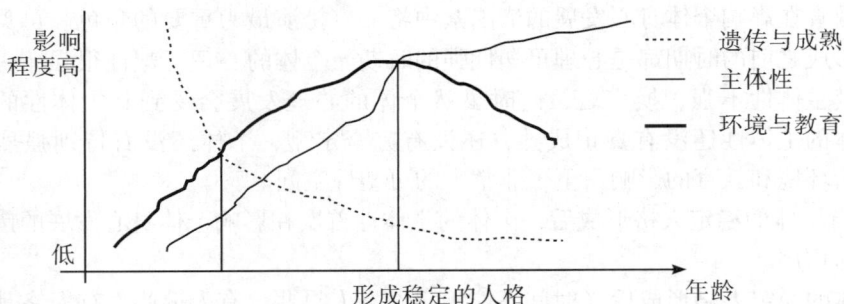

图 3－7 五大因素对个体身心的影响随年龄增长而有不同的变化之示意图

第二节 认知发展与教育

认知发展（cognitive development），是指个体自出生后在适应环境的活动中，对事物的认识和面对问题情境时的思维方式与能力表现，随年龄增长而逐渐改变的历程。[1] 如，2岁左右的儿童普遍有明显的拟人思维，会以对待人的方式来对待玩具兔、玩具猴、草、云之类的事物。随着时间的推移和年龄的增长，这种思维方式会被视作幼稚而放弃。因此，在成人中只有童心未泯的人和心理异常的人才会有这种思维方式，多数人都不再以这种拟人方式看待上述事物。从一定意义上讲，这是导致人年龄越大想象力越贫乏的重要原因之一。认知发展虽只是个体心理发展的一个层面，不过，从教育的观点看，认知发展却是重要的一个层面，因为教育一向重视知识的教学，知识教学的心理学基础就是认知发展。现代教育心理学家都普遍相信，要教儿童有效地学习知识，必先清楚地把握住儿童的认知发

---

① 张春兴. 教育心理学. 杭州：浙江教育出版社，1998：84.

教育心理学新编（第五版）

展规律。不过，对于儿童的认知到底是怎样发展的，不同的心理学家有不同的看法，下面用两节的篇幅重点介绍其中最著名的皮亚杰和维果斯基的认知发展理论与相关研究，以使教师或家长们能更好地教育自己的学生或子女。

一、皮亚杰的认知发展理论

课外阅读：皮亚杰的生平

1907 年，年仅 11 岁的皮亚杰写了一篇关于白化症麻雀的文章并在《冷杉树》上发表，该文初次展现出皮亚杰细致观察与详细分析的能力。

1915 年皮亚杰获得纳沙特尔大学生物学学士学位，1918 年年仅 22 岁的皮亚杰便以一篇关于软体动物的论文获得了纳沙特尔大学自然科学博士学位。

从 1929 年到 1975 年，皮亚杰在日内瓦大学担任心理学教授，主要致力于发生认识论的研究。

瑞士心理学家皮亚杰（Jean Piaget，1896—1980）一生的学术研究所关注的焦点有两个："人的知识是怎样形成的？""人的知识是怎样增长的？"对这两个问题的系统论述构成了他的发生认识论（genetic epistomology）的主要内容。传统上的认识论只考虑到认识的最终结果，是以成人的、成熟的认识论为依据的；而没有看到认识本身也是一个建构的过程，认识论还应解决认识的起源、过程等问题。"发生认识论的特有问题是认识的成长问题：从一种不充分的、比较贫乏的认识向在深度、广度上都较为丰富的认识的过渡。"[①] 所以，发生认识论主要探讨人类认识的内部心理结构及其发生、发展的机制，现被公认为 20 世纪发展心理学上最具权威性的理论之一，皮亚杰也因此被今人称为与巴甫洛夫和弗洛伊德相并列的当代心理学三巨人之一。当然，

图 3 - 8　瑞士心理学家皮亚杰

尽管皮亚杰自 1921 年开始从事儿童心理学的研究，以他为代表的日内瓦学派数十年来积累了大量有关儿童心理发展的研究资料，出版了大量专著和论文，被看作是现代儿童认知发展研究的发端，不过，人们对皮亚杰的认识有一个再发现的过程：20 世纪上半叶，由于行为主义在美国心理学界占据统治地位，皮亚杰的研究工作并未引起人们的注意；直到 20 世纪 60 年代以后，随着行为主义的瓦解和认知心理学的兴起，皮亚杰的大量研究成果被翻译介绍到美国，才掀起一股"皮亚杰热"。从发展心理学与教育心理学的眼光看，皮亚杰的最大贡献在于认知发展与道德发展两个方面。这里先介绍他的认知发展理论，他的道德发展理论留待下文探讨。

（一）临床法及其价值

皮亚杰学术生命的黄金时期恰逢行为主义心理学"一统江湖"的时期。当世界上的许

---

① 皮亚杰. 发生认识论原理. 王宪钿，等译. 北京：商务印书馆，1981：18.

多心理学都热衷于按行为主义心理学的范式去研究心理学时，皮亚杰独辟蹊径，走了一条与行为主义心理学研究取向不同的新的研究路子，体现在研究方法上就是采用了临床法（clinical method）来研究儿童的认知发展。虽然医学领域早就在使用"临床法"，精神分析学派的创始人弗洛伊德首次引进"临床法"来研究心理疾病患者，① 不过，运用"临床法"来研究儿童的心理发展却是皮亚杰的"独创"。皮亚杰为了更好地研究儿童心理发展的本质和规律，从他研究的理论倾向、研究的目的与对象出发，取众家方法之所长，"独创"出一套别具特色的研究方法。皮亚杰之所以使用"临床法"这一术语，是因为他的研究方法类似有经验的临床医生在诊治情绪问题时所采用的方法。

何谓"临床法"？皮亚杰的临床法自身有一个不断发展改进的过程：最初只是口头交流；后来发展为以口头交谈为主，辅之以实物摆弄和操作。最后定型的临床法，是指这样一种研究方法：以儿童进行实物操作为主，辅之以口头提问，同时考虑到儿童的实物操作、谈话以及直接观察等多方面的结果，并对这些结果进行严密的数理逻辑分析，以此来揭示儿童的内在认识过程。临床法包括研究主题与问题的搜集和设计、提问的技术及对所收集资料的诊断、分析、解说等环节，它主要是自然主义的观察、测验和精神病学的临床法的合并运用。皮亚杰临床法中的"实物操作"，实质上属于心理学中的实验法，通常被称为"皮亚杰作业"：采用各式各样的物理的、化学的小实验，给儿童进行现场演示或是要儿童自己动手操作，发现其中的原理，从而探讨儿童的智力发展水平。常见的皮亚杰作业有"液体守恒""空间守恒""三山实验""类包含实验"等，都是一些简单而又巧妙、极富探索性的经典实验，世界各国的心理学家都对之进行了重复的实验验证。同时，临床法中的谈话也极有技巧性，十分灵活，可以围绕谈话主题自由追问，而没有事先规定严格的"指导语"。但这也对研究者提出了很高的要求，因为谈话中所获材料的丰富性与客观性在很大程度上依赖研究者的机智和谈话技巧，所以，有人将临床法称作一种"提问的艺术"。再者，临床法中的"直接观察"强调实验的自然性，主张应在家庭、学校或游戏场所等儿童自然活动的情境中进行观察，认为这种自然观察更有利于取得客观的研究资料。这就要求研究者具有较敏锐的观察力。皮亚杰临床法还有一个独特之处，就是数理逻辑分析手段。皮亚杰把逻辑称作思维的一面镜子，试图以数理逻辑的方式来探讨儿童内部心理活动的结构，这是皮亚杰儿童心理学思想中的一个创举，甚至被称为心理学历史上方法论的三大突破之一。② 临床法的主要特点是：以实验为主，辅以观察和谈话；具有较大的灵活性，由于研究目的、研究主题的不同，使用的方法、被试的数目、结果的分析方法也随之改变；利用数理结构来描述儿童的思维结构。具体应用时通常是事先确定一个谈话主题，让儿童自由叙述自己的想法。主试在此过程中可做必要的提问，引导谈话；也可灵活地改变问题的想法，查明儿童的真实想法。在谈话过程中要将内容完整地记录下来，以便分析、总结。另外，儿童在回答实验者的问题时，实验者不宜多话，不宜暗示和启发，要善于观察，善于提出假设，推测隐藏在儿童答案后的思想观点、思维方式，分辨儿童的答案的真伪，然后通过提问来证实或否定自己原先的想法。在对儿童的回答做记录和分析时，必须对儿童的五种回答予以注意：随机的回答，即儿童未经思考的胡乱回答；虚构的

---

① 弗洛伊德主要采取自由联想、释梦、语误分析等技术来探测精神病人内心的潜意识，以便帮助其精神宣泄，达到治疗的效果。

② 陈元晖．论冯特．上海：上海人民出版社，1979：92．

回答，即儿童自己也不相信的答案或在成人压力下作出的答案；受暗示的回答，即儿童为了迎合主试的心意，或受到暗示后作出的答案；释出的回答，即对一个全新的问题，儿童是通过思考推理过程作出的答案；自动的回答，即儿童曾经事先考虑过这一问题，有能力自动作出回答。其中随机的回答和受暗示的回答不能为实验提供可信的资料，应该加以取消。[①] 皮亚杰的兴趣并不在于儿童对每一问题的具体回答内容上，他特别重视儿童得出某一答案的理由，所注意的是儿童作出具体回答后所反映的观点和思维倾向。因此在利用临床法时要根据具体的鉴定标准来评判儿童的回答是否反映他们心理结构的产物。以"守恒实验"为例：守恒是指认识到某一客体或一组客体的数量属性，并不随其知觉外表的某种变化而变化。皮亚杰的守恒实验是被后来的心理学研究者重复验证最多的一个内容。守恒包括数守恒、面积守恒、重量守恒、长度守恒、容积守恒等。这里仅仅选择了液体守恒的一个经典实验（图3-9）。实验的开始首先给儿童呈现两杯等量的水（杯子的形状一样），然后把这两杯水倒入不同口径的杯子里，问儿童哪一个杯子的水多（或一样多）。皮亚杰在实验中发现，对这个问题，六七岁以下的儿童仅根据杯子里水的高度判断水的多少而不考虑杯子的口径大小；而六七岁以上的儿童对这个问题一般都能作出正确的回答，即他们都同时考虑水面的高度和杯子口径两个维度。

图3-9　液体守恒实验

　　临床法为皮亚杰创建发生认识论作出了重要贡献，也为发展心理学的研究提供了新的研究方法。这种方法的独特之处在于：即使是最不相同的研究者，在不同的国度里，运用他的临床诊断方法都能得出相似的结果；并且，由于临床法的灵活性，研究者可以不受预先设置程序的限制，可以自由地以各种并非预先决定的方式探测各个参与者的反应。在训练有素的人员手中，这种临床法可以是一种卓越的研究程序，可以被用来解释某个新的研究领域中感兴趣的现象；它也可以是一种极佳的诊断技术，以确定某位幼儿实际所想的到底是什么，而这种确定是不因儿童个体需要而变化的高度标准化程序所难以完成的。[②] 临床法对于当代中国心理学研究者的更重要的启示还在于：皮亚杰在运用此法进行研究的过程中，既没有使用什么非常"高、精、尖"的仪器，也没有使用大样本作为研究对象，只是在半自然的状态下仔细、连续地观察记录小样本的儿童（主要是他自己的几个孩子）对事物处理时所表现的认知反应，从而分析儿童认知表现与其年龄的关系。与行为主义方法

① 王振宇. 儿童心理发展理论. 上海：华东师范大学出版社，2000：220-222.
② 米勒. 发展的研究方法. 郭力平，等译. 上海：华东师范大学出版社，2004：276-277.

强调对研究对象要做严格的控制（为了在不违背学术道德的情况下做到这点，行为主义心理学家往往采用动物为研究对象，在此基础上来探讨学习的规律，典型者如斯金纳）、重视用实验仪器进行观察与记录、采取大样本进行数理统计等不同的是，临床法使用小样本进行研究，并通过直接观察儿童的实际活动来寻求蕴含于其中的认知规律，强调的是实验设计要精巧，对研究结果要做深刻的理论分析。由于皮亚杰本人具有敏锐的洞察力，他用这样一种本身并不是十分客观精确的方法收集到大量的第一手资料，其后，又凭借自己过人的逻辑推理能力和深厚的理论思维，构建出一整套有关儿童认知发展的极具独创性的理论。皮亚杰的这种独辟蹊径的创新精神与创新勇气，为后人留下了一笔宝贵的精神财富。当然，临床法也有一定的局限性：①比起一般的实验法，它对研究者提出了更高的要求，如果不经过严格的训练，是很难真正掌握并灵活运用的。②临床法在具有灵活性这一优点的同时，也不可避免地增加了实验研究的不确定性，对资料分析的误差较易发生。③临床法是通过语言来实施的，主试的口头表述和儿童的口头报告都对言语能力提出了较高的要求。但幼儿因自身言语能力的限制，往往难以准确表达自己的想法，这种不准确的表达易让主试产生误解，从而影响研究结果的可靠性。因此，较为理想的做法应是综合观察、谈话、实验、测验的长处，通过多种途径研究儿童的认知发展，方能保证研究结果的客观性和科学性。①

（二）认知发展的基本过程与阶段

皮亚杰的发生认识论属于一种建构主义的发展观。皮亚杰认为，发展是一种建构的过程，是个体在与环境不断的交互作用中实现的。所有生物（包括人）都有适应（adaptation）和建构的倾向，并且，适应与建构也是认知发展的两种机能：一方面，由于环境的影响，生物的行为会发生适应性变化；另一方面，这种适应性变化是一种积极的建构过程，而不是被动的反映过程。具体地说，生命必须不断地对变化的外在环境进行适应。"适应"本是一个来源于生物学的名词，用来表示能增加有机体生存机会的那些身体上和行为上的改变。可见，"适应"是生物有机体随着环境的变化而不断地改变自身，以与环境相互协调，从而达到平衡的一种历程，其目的在于追求生物体的自我保存、维持与发展。个体要生存就必须与环境变化保持动态平衡。适应有两种：一是生理适应。它指在环境的作用下，个体逐渐改变自己的生理结构与机能，进而调整自己的行为方式，以使自己与环境相互协调，从而达到平衡的一种历程。二是心理适应。它指在环境的作用下，个体逐渐改变自己的心理结构与功能，进而调整自己的行为方式，以使自己与环境相协调，从而达到平衡的一种历程。在皮亚杰看来，人类的智慧起源于感知运动，这种动作的本质就是主体对客体的适应。皮亚杰说："智慧（intelligence）本身不是一类孤立的、截然不同的认识过程，确切地说，智慧并非一种独特形式的结构过程；智慧是从知觉、习惯和低级的感觉——运动性机制中产生出来的一切结构过程所趋向的那种平衡形式。"② "当主体同作为主体动作对象的客体之间的通道，不再是简单的而形成越来越复杂的时候，我们可以

① 王振宇. 儿童心理发展理论. 上海：华东师范大学出版社，2000：223.
② 彼阿热（现一般将"Jean Piaget"译作"皮亚杰"——引者注）. 智慧心理学. 洪宝林，译. 北京：中国社会科学出版社，1992：5.

说，行为就成为比较'智慧性的'了。"① 换言之，"智慧所构成的就是一切感觉——运动性和认识性连续适应所趋向的一种平衡状态，正如有机体同环境之间的一切同化性和顺应性相互作用所趋向的平衡状态那样"②。智慧具有两个显著特点：其一，智慧是生物适应性的一种特殊表现形式，③ 也就是说，"智慧是适应"④，从生物学角度来说，智慧的本质是生命在其演化过程中所采取的一种适应形式，它既可以是一种过程，也可以是一种状态。有机体是在不断运动变化中与环境取得平衡的，这种平衡可以概括为两种相辅相成的作用：同化与顺应。适应是这两种作用之间取得相对平衡的结果，⑤ 即，"可以把适应解说为同化和顺应之间的平衡，也就是主体同客体之间相互作用的平衡"⑥。换句话说，"适应"是指"有机体对于环境的作用与环境对于有机体的作用之间的平衡"⑦。进而言之，"智慧是一切适应过程的扩展和完善：智慧的逻辑运演使外界同思维之间构成一种灵活易变的而同时又有持久性的平衡"⑧。其二，智慧具有逻辑性。⑨ 皮亚杰认为，假若个体在出生时大脑只是一块"白板"，其是不可能认识客观世界的。于是，他借用康德先验图式（scheme）的思想，认为儿童以图式为基础，通过同化与顺应的方式，经历平衡、不平衡到新的平衡的螺旋式上升过程，在这一过程中，个体与环境不断相互作用、不断建构和完善自身的内部认知结构（图式），实现认知发展。用皮亚杰的话讲，"认识的结构既不是在客体中预先形成了的……也不是在……主体中预先形成了的。因此，认识的获得必须用一个将结构主义（structurism）和建构主义（constructivism）紧密地联结起来的理论来说明，也就是说，每一个结构都是心理发生的结果，而心理发生就是从一个较初级的结构转化为一个不那么初级（或较复杂）的结构"⑩。同时，皮亚杰又借用"运算"（operation）这一数理逻辑概念来显示智慧发展的外在表现形式，运算的水平由低到高经历了"前运算阶段""具体运算阶段"和"形式运算阶段"，智慧最终变成了各种因素系统相互联系，有融合、有组织、有结构的心智整体。⑪ 如图 3 - 10 所示。

① 彼阿热. 智慧心理学. 洪宝林，译. 北京：中国社会科学出版社，1992：9.
② 彼阿热. 智慧心理学. 洪宝林，译. 北京：中国社会科学出版社，1992：9 - 10.
③ 彼阿热. 智慧心理学. 洪宝林，译. 北京：中国社会科学出版社，1992：1.
④ 彼阿热. 智慧心理学. 洪宝林，译. 北京：中国社会科学出版社，1992：6.
⑤ 朱智贤. 心理学大词典. 北京：北京师范大学出版社，1989：618.
⑥ 彼阿热. 智慧心理学. 洪宝林，译. 北京：中国社会科学出版社，1992：7.
⑦ 彼阿热. 智慧心理学. 洪宝林，译. 北京：中国社会科学出版社，1992：6.
⑧ 彼阿热. 智慧心理学. 洪宝林，译. 北京：中国社会科学出版社，1992：6.
⑨ 彼阿热. 智慧心理学. 洪宝林，译. 北京：中国社会科学出版社，1992：7.
⑩ 皮亚杰. 发生认识论原理. 王宪钿，等译. 北京：商务印书馆，1981：15.
⑪ 郑传芹，彭金洲. 智慧理论的新发展. 郧阳师范高等专科学校学报，2004（6）：89 - 90.

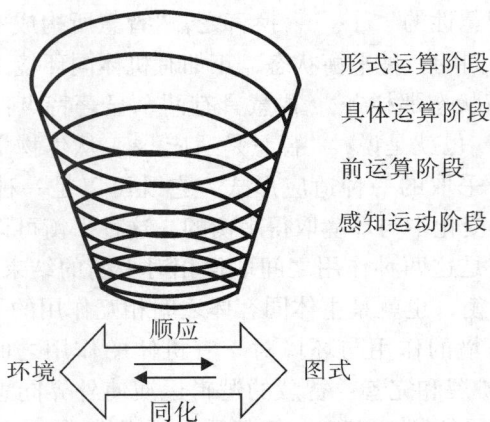

形式运算阶段

具体运算阶段

前运算阶段

感知运动阶段

顺应

环境 ⟷ 图式

同化

图 3 – 10　皮亚杰的认知发展阶段示意图

1. 认知发展的基本过程

一是图式。皮亚杰的图式（schema，scheme）一词，指动态的、可变的结构，包括动作结构和运算结构。其中，动作结构代表有机体动作中重复出现的、具有概括性的一些动作。例如，儿童反复执行"用棍棒去推动皮球"的动作，就会概括形成一个"以某物推动某物"的图式，并将这一图式应用于类似的各种情境，如"用树枝去推动"。运算结构是对动作结构的内化，一般要在儿童较大一些之后才能实现图式的内化，即能在头脑中进行思维活动，而且具备可逆性和守恒性。图式究竟是如何发生的呢？皮亚杰认为，儿童一出生就具备一些本能性的动作，如抓握反射、吮吸反射等，这类动作都是先天遗传的，被皮亚杰称为"遗传图式"。可见，个体身上展现出来的最早图式来源于先天遗传。正是由这些遗传图式在后来适应环境的过程中，不断地同化、顺应，由最早的遗传性图式发展为视、听、动等多种图式的协同活动，儿童的心理发展水平也不断提高。皮亚杰将儿童看作积极的学习者，他们会主动去建构关于外部世界的知识。从这一观点出发，皮亚杰认为，儿童的思维（智慧）不是单纯地来自客体，也不是单纯地来自主体，而是来自主体对客体的动作，即来自主体与客体的相互作用。知识要通过人与环境、人与他人的相互作用才能获得。据皮亚杰的解释，婴儿出生不久就开始主动运用他与生俱来的一些基本行为模式（即遗传图式）来对环境中的事物作出反应，从而获取知识。同时，在皮亚杰看来，图式具有这样一个特点：在同一类活动中，可以从一个情境转移到另一个情境；换言之，它可以协调具有同样性质的各种活动，将具有同样特征的所有活动予以同化，并且在重复运用中仍然能够保持其共同性。例如，一个儿童收集玩具的行为，与他长大后收集邮票的行为，可能都是出自"聚集的图式"；将木头、石头、字母或数字按大小加以排列，都是出自"秩序的图式"。① 可见，皮亚杰将图式看作个体对世界的知觉、理解和思考的基本方式，看作个体进行心理活动的框架或组织结构，看作人类吸收知识的基本架构。在皮亚杰眼中，图式是认知结构的起点和核心，是人类认识事物的基础，因此，图式的形成和变化是认知发展的实质。于是，皮亚杰将认知发展或智力发展都解释为个体的图式随年龄增长而产生的改变；② 换言之，个体自出生后在其漫长的人生道路上所进行的各式各样的学习，

① 黄光国. 知识与行动：中华文化传统的社会心理诠释. 台北：心理出版社有限公司，1995：134.

② 张春兴. 教育心理学. 杭州：浙江教育出版社，1998：86 – 87.

其结果都是：或在量上或在质上提升个体原有的图式。皮亚杰的图式概念对其后的认知心理学家产生了深远的影响，皮亚杰之后的认知心理学家在借鉴皮亚杰图式概念的基础上，为了涤除这一概念中所隐含的神秘主义色彩，往往多采用一个心理学韵味更为浓厚的术语：认知结构。

二是同化与顺应。依个体已有图式与环境中新事物之间的不同关系，个体在运用已有图式去认识新事物时，其内部所发生的机理不太相同。如果环境中的新事物所包含的知识与个体原有图式之间是同质性的关系，只是概括的程度不同而已，那么，个体在运用已有图式去认识此类新事物时，其内部所发生的机理就是一个同化的过程。同化（assimilation）原是一个生物学概念，指生物有机体将外部要素整合进自己的结构中去的过程。如，消化系统将营养物质吸收进体内，使之成为身体的一部分的过程，就可看作生物学意义上的一种同化。在皮亚杰的理论中，同化是指这样一个过程：环境因素纳入生物有机体已有的图式（或结构）之中，以加强和丰富生物有机体的动作，引起图式量的变化，使生物有机体适应环境。在皮亚杰看来，心理同生理一样，也有吸收外界刺激并使之成为自身一部分的过程，所不同的只是涉及的变化不是生理性的，而是机能性的。随着个体认知的发展，同化经历下列三种形式：①再现性同化，即基于儿童对出现的某一刺激作出相同的重复反应。②再认性同化，即基于儿童辨别物体之间差异借以作出不同反应的能力。它在再现性同化基础上出现，并有助于向更复杂的同化形式发展。③概括性同化，即基于儿童知觉物体之间的相似性并把它们归于不同类别的能力。① 假若环境中的新事物所包含的知识与个体原有图式之间是异质性或矛盾性的关系，那么，个体在运用已有图式去认识此类新事物时，其内部所发生的机理就是一个顺应的过程。顺应（accommodation）是指生物有机体的原有图式不能同化客体，必须建立新的图式或调整原有的图式，引起图式质的变化，使生物有机体适应环境。皮亚杰认为，顺应与同化是伴随而行的，不过，二者有本质之别：同化主要是指个体对环境的作用；顺应主要是指环境对个体的作用。显然，从整体而言，假若只有同化而没有顺应，那就谈不上发展。虽然同化作用在保证图式的连续性和把新的要素整合到这些图式中去是非常必要的，不过，同化假若没有它的对立面——顺应——的存在，它本身也不能单独存在；换句话说，即不存在纯粹的同化。当然，没有与顺应相对应的同化，也就没有顺应可言。皮亚杰用同化和顺应过程来说明认识，旨在表明这样的观点：一切认识都离不开认知图式的同化与顺应。认识既是认知图式顺应于外物，又是外物同化于认知图式这两个对立统一过程的产物。② 同化与顺应所揭示的机理对以后的认知心理学家产生了巨大的影响，其后的奥苏贝尔等心理学家普遍采用了同化这一概念，并将这一概念的内涵进一步扩大，使之包含皮亚杰所讲的顺应过程。结果，皮亚杰讲的顺应这一概念在其后的心理学家的论著中就较少看见，而同化则成为一个非常常见的术语。

三是平衡与失衡。平衡（equilibration）是指个体通过自我调节机制使认知发展从一种平衡状态向另一种较高平衡状态过渡的过程。平衡过程是皮亚杰认知发展结构理论的核心之一。皮亚杰认为，个体的认知图式通过同化与顺应而不断发展，以适应新的环境。一般而言，每当个体遇到新的刺激，总是试图用原有图式去同化，若获得成功，便得到暂时的

① 施良方. 学习论——学习心理学的理论与原理. 北京：人民教育出版社，1994：180.
② 施良方. 学习论——学习心理学的理论与原理. 北京：人民教育出版社，1994：181.

平衡；若不成功（用原有图式无法同化环境刺激），便会处于暂时的失衡（disequilibration）。一旦个体处于失衡状态，为了试图重新恢复平衡状态，他一般会作出顺应，以便调整原有图式或重建新图式，直至达到认识上的新的平衡。同化与顺应之间的平衡过程也就是认识上的适应，是人类智慧的实质所在。所以，皮亚杰认为："智慧行为依赖于同化与顺应这两种机能从最初不稳定的平衡过渡到逐渐稳定的平衡。"当然，平衡状态不是绝对静止的、一种较低水平的平衡状态，通过个体与环境相互作用，它会过渡到一种较高水平的平衡状态。平衡的这种连续不断的发展，就是整个认知发展的过程。皮亚杰认为，平衡是在三种不同的认知水平上调节个体的思维过程的：第一，调节同化与顺应之间的关系，以防止两者的不平衡。在皮亚杰眼中，同化与顺应出现的相对量对个体的适应来说是非常重要的。只有当同化与顺应交替发生，处于一种均势时，才能保证达到某种暂时的平衡。第二，调节个体知识中各子系统之间的关系。子系统是指不同领域的知识的结果，例如数、长度、距离、时间等。由于这些子系统是以不同的速度形成的，它们之间可能会产生冲突。解决这种矛盾的过程就是一种平衡的过程。第三，调节个体部分知识和整体知识之间的关系。皮亚杰认为，一个人的整体知识始终在被分化成各个部分，然后又把各个部分整合成新的整体知识。由此可见，平衡是个体在连续不断地和环境交互作用和变化过程中保持相对稳定性的一个重要因素。[①]

2. 认知发展的阶段

皮亚杰理论的焦点是个体从出生到成年的认知发展的阶段。皮亚杰认为认知发展不是一种数量上简单累积的过程，而是认知图式不断重建的过程。这样，人们不能用成人的思维方式来推断儿童的思维。根据认知图式的性质，可以把认知发展划分成几个不同的阶段。

皮亚杰认为儿童认知发展具有一定的阶段性和规律性，他将发展的阶段特征概括为四点：第一，儿童认知发展可分为几个具有质的差异的连续阶段。每一个儿童的认知发展都是一种由平衡到不平衡再到平衡的连续发展阶段，呈现出心理发展的连续性。每一阶段都有其独特的认知图式，作为该阶段行为模式的主要特征，这些相对稳定的图式决定了个体行为的一般特征。在不同的年龄阶段，认知发展具有不同的特点，呈现出阶段性。这种不同年龄阶段出现的心理特点是阶段划分的依据。因此，每一个阶段都是一个统一的整体，而不是一些孤立的行为模式的总和；每一阶段都有其主要的行为模式，标志着这一阶段的行为特点；阶段与阶段之间不是量的差异，而是质的差异。第二，阶段出现的先后顺序是恒定不变的。儿童的认知发展水平随年龄的增长而由低到高，从一个阶段进入下一个阶段，逐步达到最高水平。但是发展阶段同年龄之间的联系并不是固定不变的。由于各人的智慧程度、所处的社会环境、所受的文化教育和所活动的范围不同，有些儿童可能发展得快些，另外一些儿童可能发展得慢些，但认知发展的阶段顺序是不变的，它们既不能跨越，也不能颠倒。所有的儿童都遵循这样发展的顺序，因而阶段具有普遍性。第三，认知结构的发展是一个连续建构的过程。每一阶段都是前面阶段的延伸，每一阶段的发展又都为下一阶段打下基础，而且前一阶段所形成的认知结构都被整合（或称融合）到下一个阶段所形成的认知结构中，并成为其中的一部分；换言之，前一阶段的图式是后一阶段图式出现的先决条件，并将逐渐被后者所取代。第四，发展的阶段性不是阶梯式的，而是具有

---

① 施良方. 学习论——学习心理学的理论与原理. 北京：人民教育出版社，1994：183 – 184.

一定程度的交叉重叠。每个阶段都有一个准备期和完成期。在准备期内，认知发展的特点同前一阶段保持密切的联系，还没有完全形成该阶段应有的特点；在进入完成期后，本阶段所应具备的认知结构才达到平衡状态，并为进入下一阶段做好准备。[①]

皮亚杰借用逻辑和数学的概念来分析说明思维发展的过程。他将运算水平作为认知发展阶段的依据。运算指借助逻辑推理将事物的一种状态转化成另一种状态。皮亚杰认为心理运算具有四个特征：①运算是一种内化的动作。内化的动作是相对于使用实物的外显动作而言的。例如，达到运算水平的儿童不用做将瓶子里的水倒入杯子这一实际动作，也能在头脑里想象出这一动作的结果。这种心理上的倒水过程就是一种内化的动作。②运算是一种可逆的内化动作。"可逆"是思维的一个重要特征，指个体可以改变思维方向以便回到起点的一种能力。例如，成人知道 $2+6=8$，那么也知道 $8-6=2$。③运算具有守恒性。守恒指个体认识到客体尽管外形发生变化，但其特有属性不变的一种能力。运算是以某种守恒性或不变性的存在为前提的，并且，运算的守恒性与可逆性密不可分；[②] 没有某种内容的守恒，可逆性就失去了依附；守恒性是通过可逆性而获得的。正是由于运算的可逆性，人们才对运算过程中某些不变的因素有清晰的认识。④运算不是孤立存在的。可逆性与守恒性之间的关系也表明了这一点。皮亚杰认为，任何单独的内化动作都不是运算，各种内化动作必然是相互蕴含的，并按一定的规则组成一种整体结构。[③] 皮亚杰进而用二分法切段的方式将儿童的认知发展分为四个阶段[④]：第一步，根据有无运算，将儿童的认知分为无运算阶段和有运算阶段，其中，前者被命名为"感知运动阶段"；第二步，根据运算是否合乎规律，将有运算的阶段分为不合乎规律的运算阶段和合乎规律的运算阶段，其中，前者被命名为"前运算阶段"；第三步，根据运算是需要具体事物支撑还是仅需要符号支撑，将合乎规律的运算阶段分为具体运算阶段和形式运算阶段：前者运算时需要具体事物的支撑，后者运算时仅需要符号支撑。四个阶段的特征如下：

第一阶段：感知运动阶段（sensori-motor stage，0~2 岁）。

这一阶段儿童认知发展的主要特征是：儿童只能用一些原始的、遗传性的图式来对待外部客体，他们能逐步协调自己的感知觉和动作活动，但其感知运动还不具备运算的性质，因为他们需要对客观事物进行直接的感知觉和动作活动，还不能在头脑中表征外部事物，其活动还不能达到内化的程度。这一阶段儿童的认知发展具有两大成就：一是主客体的分化，尤其是"客体永久性"（object permanence）的获得。在婴儿早期，他们分不清主体和客体，客体对他们来讲只是忽隐忽现的一些不稳定的图像，只有他们看得见的东西才存在，看不见的东西就不存在，所以，婴儿最初的世界不存在永久的客体。例如，如果你用毛巾把婴儿身边的玩具盖起来，他不会将毛巾移开，而是认为玩具不见了。儿童到 1 岁左右才能认识到，即便物体从眼前消失，它们依然是存在的，而不是彻底从世界上消失了；换言之，他们已经开始将主体和客体区分开来，掌握了"客体永久性"。这被称为儿童认知发展中的"哥白尼式的革命"。二是因果联系的初步建立。早期婴儿把一切事物的运动看成自己动作或欲望的延伸，即把自己的动作看成一切事物运动的原因。后来，随着

① 叶浩生．西方心理学的历史与体系．北京：人民教育出版社，1998：484.
② 在生活中，有时守恒性与可逆性是可以分开的。
③ 施良方．学习论——学习心理学的理论与原理．北京：人民教育出版社，1994：185.
④ 皮亚杰．发生认识论原理．王宪钿，等译．北京：商务印书馆，1981：21-57.

婴儿的动作与客体的相互作用，婴儿开始对动作与动作的结果进行了区分，以后又扩展到了客体之间的运动关系。当儿童能运用一系列的动作来实现一个目的，动作的目的性越来越明确时，就意味着因果性认识产生了。可见，这一阶段儿童能运用某种原初的图式来对待外部客体，能凭借感知动作的手段来适应外部环境，并开始协调感知觉和动作间的活动，形成动作图式的认知结构。该阶段儿童所蕴含的逻辑是动作逻辑，不过，其动作尚未内化为表象的形式，没有表象与思维（运算），因此这一阶段的儿童只有动作智慧，而没有表象和运算的智慧，其思维只处于萌芽阶段。

第二阶段：前运算阶段（pre-operational stage，2～6岁）。

这个阶段同感知运动阶段相比有了质的飞跃：前一阶段的儿童只能对当前知觉到的事物施以实际的运作进行思维；后一阶段的儿童由于符号功能的出现，开始从具体动作中摆脱出来，凭借象征性图式在头脑中进行"表象性思维"或"象征性思维"。这个时期的儿童由于语言的出现和发展，开始日益频繁地用表象符号来代替外界事物，重视外部活动。这种表象性思维有四个特点：

（1）具体形象性。儿童是凭借表象来进行思维的，依靠这种思维，他们可以进行各种象征性活动或游戏、延缓性模仿以及绘画活动等。正是由于表象和语言的出现以及行走能力的发展，大大扩展了儿童对空间和时间范围的认识，他们可以理解远方和过去的事情。不过，由于前运算阶段的儿童有浓厚的"象征性思维"，其认知表现出泛灵论的特点。泛灵论是指儿童认为一切事物都有生命，包括石头和云彩都好像人和动物一样，是有生命的客体。

（2）没有守恒（conservation）概念。儿童在这个阶段已开始从前概念思维向运算思维发展，但他们的判断仍受直觉调节的限制，没有守恒性。例如，给这个阶段的儿童展示两排数目相同的积木，他们会认为排得松散的积木比排得紧凑的一排积木要多些（如图3－11）。

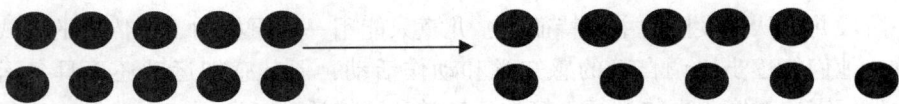

（左）两排积木数量相等，儿童也认为图中二者数量相同　　（右）将第二排的积木排得松散些，仍保持数量不变，只有6～7岁的儿童能认识到图中两排积木的数量仍相等

图3－11　两排积木数量相等

是什么因素导致这一阶段的儿童没有守恒概念呢？皮亚杰认为原因可能有四：其中两个原因——不具有可逆性和自我中心性突出——也正是这一阶段儿童思维的特点，故放在下文阐述。另外两个原因，一是这一阶段的儿童具有知觉集中倾向（perceptual concentration）：儿童在面对问题情境时，只注意情境中的某一个方面，而忽略事物的其他维度或层面。例如在上述所举的例子中，儿童只注意到了积木的长度，却忽视了积木的真正数目。二是这一阶段的儿童只注重状态，而不注重过程，从而出现认知偏差。后来的研究发现，儿童对不同性质问题的守恒概念的掌握有年龄差异。例如对数字概念的守恒发展较早，平均在5～6岁；而对体积概念的守恒，平均在7～8岁；对物体重量改变的守恒概念的发展，则平均在9～10岁。

（3）思维不具有可逆性（irreversibility）。所谓"不可逆性"，指思考问题时只能前推，而不会逆推，不懂得改变思维方向以便能回到起点。如果前运算阶段儿童的思维具有可逆性，他们就能够在头脑中逆转排积木的过程，即将排得松散的积木和排得紧凑的积木恢复到展示前数目相等的样子，则可以知道这两排积木是相等的。但事实是，这一阶段儿童的思维还不具有可逆性。

（4）自我中心性（egocentric）比较突出，注意不能转移，有刻板性。自我中心性是指处于前运算阶段的儿童认为别人眼中的世界与他们的一样，习惯于从自己的立场和观点去认识事物，却不能从客观的、他人的立场去认识事物。于是，儿童认为所有人跟自己有相同的感受，自己喜欢的东西别人也一定会喜欢。例如，当您将一盘孩子特别爱吃的菜端上桌子后，孩子极有可能作出两种截然相反的举动：将此盘菜放到自己面前，并独自一人吃掉；或者，将此盘菜分给同桌的其他人一起吃。如果您认为孩子的前一个举动太自私，因而加以批评；后一个举动有爱心，因而加以褒奖，那就是误解。实际上，孩子的这两个举动的思维方式是一样的，都表明他有自我中心性：他以为这盘菜只有自己爱吃，却未意识到别人也可能喜欢吃，故一个人独自吃；他以为自己爱吃的菜别人肯定也喜欢吃，故"强行"分给大家吃，却未意识到自己爱吃的菜别人也可能不爱吃。又如，皮亚杰和英海尔德（Inhelder）1956 年所做的三山实验（three-mountain experiment），即让儿童坐在三座山模型的一边，将玩具娃娃放到另一边，要求儿童描述玩具娃娃所看到的三座山的景色，结果儿童描述的景色与自己看到的景色完全相同。除此之外，学前儿童认为万事万物不仅为他所设，而且为他所控制。同时，当儿童集中在问题的某一方面时，就不能同时把注意力转移到另一方面，从而产生"单中心性"。"单中心性"也称为刻板性，指儿童在注意事物的一方面时往往忽略事物的其他方面。这使得他们在完成守恒任务时产生极大的困难，例如，在经典的液体守恒实验中，他们往往只能注意到杯子的高度或粗细，而不能认识到这两者的同时作用。

上述思维特点使得这一时期的儿童只具备一些日常生活中的"概念"，还没有真正的逻辑概念，只是到了该阶段的后期，最初的运算图式才开始出现，因此皮亚杰称该阶段为前运算阶段。用皮亚杰的话讲，"儿童的表象世界比直接动作的世界要广阔得多。不过，这时期儿童依赖于表象的心理活动还是处于萌芽阶段。两岁多的儿童能从自己家里走到托儿所，但在思想上能说出从家里走到托儿所的路径（要通过心理表象），要到这一阶段后期才会出现。这时期儿童的自我中心比较突出，认为外部世界绕着他转动，月亮是跟着他走的。他不考虑别人的意见，认为自己的意见总是对的。他只知道有个哥哥，但不知道他自己就是他哥哥的弟弟"①。

第三阶段：具体运算阶段（concrete operational stage，7～12 岁）。

具体运算是在前一阶段很多表象图式融化、协调的基础上形成的，这一阶段儿童的思维具有五个主要特征：

（1）思维的守恒性。在这个阶段，儿童的智慧活动具有了守恒性，具有守恒概念是这个阶段的主要标志。根据皮亚杰的实验研究，达到各种守恒的年龄不一样：达到物质守恒是 7～8 岁，重量守恒是 9～10 岁，容积守恒是 11～12 岁。

（2）思维的可逆性。在这个阶段，儿童的智慧活动具有了可逆性。

---

① 皮亚杰. 发生认识论原理. 王宪钿，等译. 北京：商务印书馆，1981.

（3）具体逻辑思维。这一阶段儿童的认知结构中已有抽象概念，掌握了群集运算、空间关系、分类和排序等逻辑运算能力。不过，这个时期儿童的运算还离不开具体事实的支持，只能将逻辑运算应用于具体的或观察所及的事物，而不能把逻辑运算扩展到抽象概念之中。这样，假如让这个时期的儿童在纯粹言语叙述的情况下进行推理，他们会感到困难。所以，皮亚杰把该阶段称为具体运算阶段。儿童在具体运算阶段所表现出的特征是：他们产生了类的认识，形成了类的概念，能进行加法性和乘法性的分类，也能将许多同类事物按某种性质排成一个序列，还能将不同类事物进行序列的一一对应。在包含关系和序列关系的基础上，儿童真正在运算水平上掌握了数概念，并使空间和时间的测量活动成为可能。从外化的知识角度来看，具体运算的儿童以长度、质量、体积、面积和重量等守恒的出现为标志，他们对物质世界的认识也大大向前跨越了一步。

（4）去自我中心。这一阶段儿童逐渐学会从他人的观点看问题，逐渐认识到他人持有和自己不同的观点与想法，进而能接受他人的主张或者修正自己的想法。这是儿童和别人顺利交往以便完成个体社会化的重要条件之一。

（5）多角度思维。这一阶段的儿童逐渐学会从多角度思考问题。皮亚杰将这种思维的多角度化称作去集中偏向（decentration）。皮亚杰认为，这一年龄阶段的儿童应多做事实性的、技能性的训练，这才符合其思维发展特点。

第四阶段：形式运算思维阶段（formal operational stage，12~15岁）。

在此阶段个体的思维能力已能超出事物的具体内容或感知的事物，是一种抽象的逻辑思维。这种思维的特点是：

（1）能进行假设演绎思维。在此阶段的儿童有能力处理假设而不只是单纯地处理客体，他们可以通过假设演绎推理（hypothetic-deductive reasoning）来解答问题，或从前提出发得出结论。假设演绎推理的思维特点是：先对所面对的问题情境提出一系列的假设，然后根据假设进行系统化的实验进行验证，从而得到答案。皮亚杰曾以摆动吊锤做实验，要求被试解答在吊绳长短、吊锤重量、推动力量这三种变化中，哪种是影响吊锤摆动速度的因素。结果发现，只有认知达到形式运算阶段的被试，才能按照类似以下假设推理的方式寻求答案：先假设其中一个因素为影响因素，而后保持其他因素不变，只变化所假定的影响因素，从而系统地进行实验加以验证，最终得到答案。

（2）能进行命题运算思维（propositional operational thinking）。所谓命题运算思维，就是可以在头脑中将形式和内容分开，可以在思考问题时摆脱具体事物的束缚，无须具体事物作中介，能进行抽象的形式推理，或根据假设来进行逻辑推演的思维。在这个阶段，个体开始能应对潜在的或假设的情境。例如，用同样一个问题分别问小学生和中学生："如果你是市长，你会怎么来规划城市？"小学生也许会回答："我不是市长，我不知道。"而中学生可能就会开始在头脑中进行幻想刻画并描述他的想法。同时，这个时期的儿童也能从观察中引出假设，根据假设命题进行推理，通过分析综合归纳出原则来。

（3）能进行系统思维。他们能把逻辑运算结合成各种系统，并根据可能的转换形式去解决脱离了当前具体事物的观察所提出的有关命题；或是根据掌握的资料，做因素分析，进行科学实验，从而发现规律。同时，在面对由多项因素形成的复杂问题情境时，处于这个阶段的个体可以根据问题的条件，提出假设，然后一方面孤立某些因素，从而在系统验证中获得正确答案。形式运算阶段的思维特征通常出现于12岁到15岁之间，但也有许多个体从未达到这个阶段（Niaz，1997）。人们可能倾向于在某些情形下运用形式运算思维，而在另外一些情形下却未能表现出这种思维。按照皮亚杰的观点，这是认知发展的最后一个阶段，以后个体的发展不再需要建构新的认知结构，所需要的只是增加知识，形成更加复杂的图式。但是，有些研究者认为，形式运算是否是认知发展的最后一个阶段还有待进一步考证。如 Riegel（1973）就曾明确地提出，辩证运算是思维发展的第五个阶段，此阶段才是成人思维发展的特征。

3. 个体认知发展的影响因素

皮亚杰不仅探讨了个体认知发生发展的规律，从认识的起源一直跟踪到科学思维的发展；还深刻地阐明了影响儿童心理发展的四个基本因素：

首先，最基本的因素是个体的成熟。成熟是某些行为模式出现的必要条件，成熟的作用主要是为心理的发展提供了新的可能性，为其新的图式出现提供必要的条件。但应注意到，成熟只是给机体的发展提供了可能性，为了实现发展的目标还必须经过反复的练习。例如，1周岁左右的儿童就可以学习走路，但如果我们不及时给他提供练习走路的机会，将会延迟其学会走路的时间。

其次是个体的练习和经验。主要指主体在与客体相互作用的过程中，抽象出来的客体的物理特性如大小、体积、重量等，以及主体动作之间的协调结果，这被称为逻辑数理经验。"知识来源于动作，而非来源于物体"，正是通过个体的反复动作练习、习得经验，促使其认知不断发展。

再次是社会经验。主要指社会文化经验和人际交互作用，例如幼儿园、学校中的教育教学活动、同伴交往活动以及家庭中的亲子交往等。社会经验要对主体产生作用，必须建立在他们能被主体所适应的基础上。因此教育必须切合儿童的认知结构。"只有当所教的东西可以引起儿童积极从事再造和再创的活动，才会有效地被儿童所同化。"

最后是平衡过程，指将上述三种因素整合起来的内部机制，也就是通过不断地同化和顺应，对成熟、练习和经验，以及社会经验三种因素进行调节，达成认知上的平衡。这种平衡只是暂时的、相对的。在认知发展进程中，新事物、新问题总是不断发生，因此，儿童必须打破原有的平衡，建立新的、更高水平的平衡。

（三）对皮亚杰认知发展论的简要评价

1. 皮亚杰认知发展理论的长处[①]

作为当今世界上研究儿童认知发展最有成效的理论之一，皮亚杰的认知发展理论有许多值得后人学习的地方，也能为学习尤其是知识学习提供诸多有价值的借鉴。

（1）确认儿童认知发展的内发性与主动性。

皮亚杰运用图式、同化、顺应和平衡等概念来说明儿童心智的发展。通过大量研究，皮亚杰认为儿童心智的发展既不像遗传论者所说的一切都来自先天遗传的决定，也不像经验论者所讲的一切得自后天环境的塑造，而是确认：在先天遗传赋予儿童生存的条件下，儿童以内发的、主动的反应去探索、思维、了解环境中的各种事物，以使自己不断获得认知，这也就肯定了学习（包括道德学习）过程本是学习者能动建构的过程。[②] 这就告诉人们，在对个体进行教育（包括道德教育）时，若想取得事半功倍的效果，就必须尊重、顺

---

① 张春兴. 教育心理学. 杭州：浙江教育出版社，1998：99 – 101.
② 当然，皮亚杰强调的是个人建构，这与维果斯基主张的社会建构论有所不同。

应学生的这种能动建构的过程，用一句大家耳熟能详的话说，就是要尊重儿童的主体性，切不可将儿童当作一个"空心大萝卜"或毫无主体性的"机械人"看待。同时，儿童积极、主动的建构是教育开展的重要前提，教育者应充分利用儿童的这一主观能动性，不断地组织儿童开展各种活动，并对他们的活动进行适当的指导，帮助其作出正确的建构。现代西方的活动教育、开放教育、流动教育、视听教育等一些新的教育技术手段，与皮亚杰的上述思想有内在联系。

（2）确认儿童认知发展的阶段性和普遍性。

皮亚杰以阶段论的观点来解释个体从幼稚到成熟的认知发展过程，认为个体从婴儿到青少年在认知方式上要经历四个不同的阶段，阶段的递升不仅仅表示个体所拥有的知识在量上的增加，更重要的是体现在求知方式或思维过程的性质上的改变。这启示人们，要想教育儿童经过思维学习知识（包括道德知识）和解决问题（包括道德问题），就必须依照儿童的思维方式进行知识教学，进而必须遵循儿童的认知发展顺序设计课程内容，选择适合学生认知发展特点的教学方法。假若事先不了解儿童的思维方式，不了解各认知阶段在认知方式上的差异，只一厢情愿地单凭成年人的想法去教儿童，定会收效不佳，甚至劳而无功。这一启示对于纠正时下中国基础教育（主要指自小学开始至高中毕业为止的教育）中存在的一些弊病具有很好的效果。毋庸讳言，由于种种动机的激发，时下中国基础教育中普遍存在这样一种做法：将高一年级的课程内容简单地"下放"到低一年级。具体地说，就是将大学的部分课程内容下放到高中，将高中阶段的部分课程内容下放到初中，将初中阶段的部分课程内容下放到小学，将小学的部分课程内容下放到幼儿园。这种做法贻害无穷：首先，致使各年级课程内容的难度系数普遍偏大，导致中国学生自小学（甚至幼儿园）起直到高中毕业止都在不同程度上有学习负担过重的现象。这既是一种揠苗助长的做法，也不符合可持续性发展的原则，使得中国的一些学生在中小学时"非常杰出"（有学生经常获英林匹克数学、物理或化学一等奖），但到大学以后却潜力有限。其次，若想将这些"下放"的学习内容教好，教师就不得不将它们转化成为学生在此年龄阶段所能接受的方式来教，结果大大增加了教师的备课时间，这自然在无形中加大了教师的教学任务，这可能就是导致当代中小学老师压力普遍增加的原因之一。再次，学生若想将这些超越其心智发展水平的"下放"的学习内容学好，势必会大大延长自己的学习时间，诸如必须反复做练习、多看辅导书等，这就无形中增加了学生的学习负担，不但与国家提出的为中小学生"减负"的精神不吻合，更为严重的是，易让学生感到学习的困难，甚至经常体验到学习失败的痛苦经验。这既不符合愉快学习的精神，也于无形中在学生心里埋下了畏学厌学的种子。最后，这也不符合教育经济学的规律。因为在学生的心智发展达到相应水平时，再教其相应的内容，学生学起来非常快。

（3）确认儿童认知发展速度是因人而异的。

皮亚杰的认知发展阶段论确认：虽然所有儿童都按照相同的发展顺序经过各个阶段，但是不同儿童的认知发展速度是因人而异的。例如，根据皮亚杰的理论可以清楚地看到，每一个发展阶段的年龄跨度很大，如具体运算阶段（7岁~12岁）跨越的年龄几乎是小学阶段的全部。皮亚杰划分发展阶段不是依据年龄，而是依据认知的成熟程度定的。根据皮亚杰发现的同一年龄阶段儿童的认知发展存在诸多差距的事实来看中国的实际教育就会发现：学校的分班往往是以年龄为标准，将同龄的孩子分在一班，就学习能力而言，极不相宜；再加上中国学校普遍存在班级过大的现象，采用的教学方法大多是集体授课，因此很难做到中国教育精髓历来主张的"因材施教"。皮亚杰的理论告诉人们，在教育过程中必须针对个别差异进行因材施教，尽力为每个儿童和各个小组安排教学活动，而不都是全班的集体活动，以期尽量做到与每个儿童的身心发展进度相一致；同时，由于存在着个体差异，评价儿童的学业进步时应当考虑每个儿童自己以前的发展状况，而不是根据年龄相同的同伴的成绩常模来测量。这就为教育上一条古老而又行之有效的教育原则——因材施教——提供了心理学的依据。

（4）对教育提出一些具启发意义的见解。

皮亚杰的认知发展理论不仅被人们用来指导教育，而且，其一些见解也直接或间接地对教育具有启示意义。根据伯克（Berk，2001）等人的总结，皮亚杰理论对教育的价值除了上文所讲的外，重要的还有三点：[①] 一是认为教育的主要目的在于培养思维能力，促进学生智力的发展。皮亚杰认为，教学不仅仅是知识的传授，更重要的是刺激儿童心智的发展。儿童不是消极接受知识灌输的"容器"，而是要学会如何思维。教育的首要目标在于造就能够有所创新、有所创造和发明发现的人，第二个目标是培养有批判精神也能够检验真理的头脑。为此，教师不仅要关注儿童思维的结果，更要关注思维的过程，教师除了检查儿童答案的正确性以外，还必须了解儿童得出这个答案的过程，然后根据儿童当前的认知机能水平提供适宜的学习活动。换言之，教师只有了解儿童得出某一特定结论所使用的方法后，才有可能给儿童提供适宜的学习机会。同时，不能对儿童进行成人化的思维训练。皮亚杰理论认为，与其过早地让儿童接受教学，还不如不教。因为这很容易导致对成人规则的肤浅接受，并不能达到真正的认知理解（May & Kundert，1997）。他的这一思想无疑是当前国际上出现的重视儿童智力培养，把培养创造型作为中心的趋势的先导。二是主张儿童应通过动作进行学习。皮亚杰认为主体的认知结构是通过主客体相互作用所建构起来的恶，相互作用的中介物或连接点是动作。因此，他认为认识起源于动作，思维不过是内化了的动作，动作是联系主客体的桥梁。动作在儿童的认知发展中起着重要的作用。皮亚杰主张教学中必须重视儿童的动作和活动，强调让儿童在活动中获取知识，在活动中发展思维，重视儿童的自主性和积极参与在学习活动中的重要作用。因此，应鼓励儿童通过自发地与环境进行相互作用，去自主地发现知识。这样，教师不应该进行说教式的教学，而应提供大量的各种各样的活动，使儿童在活动中与现实世界直接互动。他的理论为新教育所主张的活动教学法提供了科学依据。三是根据皮亚杰的认知发展理论，教育界提出了几种行之有效的教学方法，如活动法、自我发现法、认知冲突法和同伴影响法。篇幅所限，这里就不一一介绍了。

2. 皮亚杰认知发展理论的局限

皮亚杰早期的兴趣是研究软体动物，他的这一早期研究经历对其后心理学的研究有较大影响，其中最主要的体现就是，皮亚杰对儿童认知发展的研究有着浓厚的生物学色彩。这既是皮亚杰研究儿童认知发展的一大特色，但毫无疑问，也给皮亚杰的认知发展研究带来了某些"先天"的缺陷；同时，皮亚杰的临床法虽有独到之处，但仅用临床法来研究儿童的认知发展在方法上也有欠缺。概要而言，皮亚杰的认知发展理论主要有以下不足：

（1）着重从个体的维度来研究认知发展，忽视从社会文化维度来研究认知发展。

这一缺陷主要体现在：其一，皮亚杰在研究儿童的认知发展时，将主要精力放在从个

---

① 罗伯特·斯莱文. 教育心理学——理论与实践. 姚梅林，等译. 7 版. 北京：人民邮电出版社，2004：34.

体这个维度来研究儿童的认知发展，不太注重教育和环境（其中很重要的因素之一就是社会文化因素）在其中所起的重要作用；换言之，如果说皮亚杰完全忽视了社会因素对认知发展的影响未免过于偏颇，毕竟皮亚杰强调同伴间的冲突可以促进儿童认知的平衡和发展，尤其是道德推理方面的发展，皮亚杰也认识到儿童与父母、老师、同伴等其他个体的合作可以促进他们许多基本能力和其他能力的发展，但是，皮亚杰更强调认知发展的自我取向特征。在皮亚杰眼中，儿童似乎是一个孤立的科学家，一个人独自探索世界并作出重大的发现；而今天，人们都清楚地知道社会文化对个体认知发展所起的重要影响。恰恰在这方面，与皮亚杰同时代的维果斯基表现出与皮亚杰截然不同的研究旨趣，维果斯基的基本观点就是：社会交互作用对认知发展具有重大影响。这就比皮亚杰高明。事实上，如果皮亚杰不忽视社会文化对个体认知发展的影响，以皮亚杰的聪明才智、长寿与勤奋，可能维果斯基就不会在后来获得那么大的声誉。人们至多会说：维果斯基的确也做得不错，可惜这些观点在皮亚杰的著作中都已有了充分的阐述。当然，历史是不能假设的。现在新皮亚杰主义者也证实了文化对儿童的认知发展具有重要影响（Gelman & Brenneman，1994等）。其二，在研究儿童的认知时，皮亚杰忽视了与认知有关的非智力因素如情感、自我意识和人格等的研究。针对这一缺陷，皮亚杰在日内瓦大学的同事和学生对皮亚杰的理论进行了补充和修正，使之有了变革性的发展，形成了以日内瓦为中心的新皮亚杰学派，即狭义的新皮亚杰学派。[①] 其三，皮亚杰忽视了文化因素（包括语言因素）与对人的认知的影响。尽管皮亚杰承认文化因素可能会影响认知发展的速度，但他对社会文化对认知发展的影响关注甚微。这一点也受到了许多研究者的批评，因为现在许多发展心理学家更为清楚地了解到了文化究竟是怎样影响儿童的思维的（Rogoff，1990、1998）。在这一点上，维果斯基同样表现出与皮亚杰截然不同的研究旨趣，维果斯基的基本观点就是强调文化对个体的认知发展具有重大影响。

（2）皮亚杰只研究了认知发展的宏观规律，缺乏对认知发展的微观规律的研究。

这一缺陷主要表现在：皮亚杰只强调认知发展的普遍性，忽视了个体之间认知发展的差异性；仅以抽象化和形式化的数理逻辑语言描绘认知发展，没有反映认知发展的本质特征。在最近几十年中，针对这种缺陷，世界各国的许多心理学家纷纷从广度和深度上充实和发展皮亚杰的理论，他们大多试图以信息加工的观点弥补皮亚杰的智力发展理论的不足，借用信息加工的模式说明认知阶段的具体过程和细微的机制，这就是智力发展的新皮亚杰学派，即广义的新皮亚杰学派。[②] 同时，现在一些研究者反对用像皮亚杰那样宽泛的发展阶段来论及各种不同类型的认知任务，他们认为认知发展存在领域特殊性，儿童的技能在不同的任务中是以不同的方式发展的，并且学习经验对发展进程有显著的影响（Overton，1998）。例如，德·里斯和斯托特（De Lisi & Staudt，1980）发现，大学生可能在完成与他们专业课有关的任务上表现出形式运算推理，但在其他任务上未必能表现出来。人们在生活中也发现，即使是成人在学习诸如航海之类的陌生的、专业性很强的任务时，最初在系统地学习怎样根据风向和方向来调整船舵及航行（属于形式运算阶段的思维），他们可能会表现出大量的具体运算水平之类的行为，甚至表现出很混乱的思维。[③]

① 郭本禹. 当代心理学的新进展. 济南：山东教育出版社，2003：72.
② 郭本禹. 当代心理学的新进展. 济南：山东教育出版社，2003：72.
③ 罗伯特·斯莱文. 教育心理学——理论与实践. 姚梅林，等译. 7 版. 北京：人民邮电出版社，2004：33.

皮亚杰的认知发展论以自然界生物为生存而适应的观点作为立论基础。动物在成长过程中，其行为随环境要求而改变者，必定遵循"发展先于学习"的普遍法则。如水中的蝌蚪，在没有发展到生出前爪与脱落尾巴之前，它不学习在陆地上觅食；巢中的小鸟，在羽毛未丰之前，也不会学习飞翔的动作。换言之，未成熟的动物是无法经由学习而加速发展的，这就是"揠苗助长"的寓意之所在。这样，皮亚杰的认知发展论倾向于自然主义的看法，不主张借助学习来加速儿童认知的发展；而是主张儿童学到些什么，取决于他的心智发展水平。例如，皮亚杰认为，儿童认知的发展阶段大致是固定的，像守恒这样的概念是不能提前教给学生的，发展应该先于教学。但是，当代一些教育心理学的研究表明，自小生活在缺乏文化刺激环境下的儿童，其心智发展较慢，小学入学后较多学习困难。发达国家普遍重视学前教育，理由就在此。说得明白些：虽然教育对影响个体心智发展的遗传因素的影响极小，但对影响个体心智发展的环境因素的影响较大。① 现在已有大量的研究发现，通过教育可以将皮亚杰设计的守恒之类的任务教给处于早期发展阶段的儿童。例如，格尔曼（Gelman，1979）发现，当采用比较简单的方式和比较简洁的语言向年幼儿童呈现积木的守恒问题时，年幼儿童可以表现出对积木数目的守恒。这些研究都证明，儿童所具有的能力（尤其是儿童的实践知识）要超过皮亚杰最初认为的水平。皮亚杰认为这种现象是因为儿童处于下一个阶段的边缘的缘故。不过，事实表明，当儿童还不能自发地完成皮亚杰在研究中所使用的一些任务时，他们可以通过接受教学来完成这些任务，教学可以促进他们认知方面水平的提高。新皮亚杰主义者也证实了训练以及包括社会相互作用在内的后天经历能加速儿童的认知发展（De Vries，1997）。从这个意义上说，皮亚杰的发展先于教育或学习的论点是不可取的，因为他较少触及教育在开发个体心理发展的潜能方面所起的积极作用。但是，"过犹不及"，这种注重开发个体心理发展潜能的教育或学习上的"超前"也不能太过，否则，也是不科学的。

（4）各年龄组实际发展水平与理论不符。

综合多年来一些研究者对皮亚杰认知发展理论所做的验证性研究，似乎可能得出两个结论：一是皮亚杰按认知水平而划分的年龄组与事实不符。一般认为，皮亚杰低估了儿童的认知思维能力，高估了青少年的认知思维能力。二是导致皮亚杰研究结果缺乏验证性的根本原因，主要是他的临床法有欠缺所致。② 这一教训启示今人，在研究过程中宜适当运用不同的研究方法来对所做结果做相互验证性研究，这样不但易发现用一种研究方法所带来的不足，可能还能提高研究的信度与效度。

---

① 张春兴. 教育心理学. 杭州：浙江教育出版社，1998：102－103.
② 张春兴. 教育心理学. 杭州：浙江教育出版社，1998：103－104.

二、维果斯基的认知发展论

众多心理学家推测，如果维果斯基（Lev Vygotsky，1896—1934）高寿的话，今天的教育界、心理界的面貌将大为不同。遗憾的是，尽管维果斯基与皮亚杰生于同年，但却没有皮亚杰幸运：①维果斯基英年早逝，皮亚杰高寿85岁。②在苏联国内，由于其理论具有浓厚的西方文化色彩，在1936年至1956年间受到政府的打压，禁止讨论其理论；在国外，一些西方国家学者对苏联学者存有偏见，也未及时对维果斯基的成果给予应有重视。

图3-12　苏联心理学家维果斯基

维果斯基的论著用俄文写成，直至20世纪70年代末后才被译成英语广为传播，在此之前没有发挥其应有的贡献；皮亚杰的论著多用法文或英文撰写，较快得到学术界同行的认可与传播。不过，只要是金子，迟早会发光的。今天维果斯基所创立的"文化历史发展理论"早已为世界上许多心理学同行所公认，维果斯基也被公认为是现代最杰出的心理学家之一。维果斯基的理论对皮亚杰的许多基本假设提出了质疑和挑战，也被越来越多的心理学研究者包括西方心理学家的研究所支持；并且，许多西方心理学家也试图通过自己的研究对他的理论加以详细的验证。

（一）维果斯基的认知发展论的核心内容

1. 两种心理机能与儿童心理发展

维果斯基对心理学的一大贡献是他提出了"文化历史发展理论"。他以辩证唯物主义和历史唯物主义为指导，将人的心理机能分成两大类：一类是低级心理机能，它是通过感官直接与外界打交道的心理系统，如感知觉、不随意注意、机械记忆、冲动性的情绪和意志以及一些自动化的条件反射等。这是动物和人类共有的，起源于自然，是生物进化的结果，伴随着机体自身的结构特别是神经系统的发展而发展。另一类是以精神生产工具为中介的高级心理机能，亦即随意的心理过程，它是以符号或心理工具为中介的意识系统，如随意注意、语词记忆、抽象逻辑思维和高级情感等。高级心理机能并不是人自身所固有的，而是个体在与周围人的交往过程中产生与发展起来的，是人类特有的，起源于社会文化，受社会文化历史发展规律的制约，是通过物质工具（如刀斧、计算机等）以及精神工具（如各种符号、词和语言等）实现的。这样，高级心理机能不同于低级心理机能的特点是：第一，它们是随意的、主动的，是由主体按照预定的目的而自觉引起的；第二，它们的反映水平是概括的、抽象的，即各种机能由于有思维的参与而高级化；第三，它们实现过程的结构是间接的，是以符号或词为中介的；第四，它们的起源是社会文化历史发展的产物，是受社会文化历史发展规律制约的；第五，从个体发展来看，它们是在人际的交往过程中产生和不断发展起来的。

很明显，人的心理与动物相比，不仅仅是量上的增加和复杂化，更重要的还是其结构的改变，在于其以言语符号为中介的新质系统。然而，从生物进化的角度来看，人类是从

教育心理学新编（第五版）

动物进化而来的，达尔文所创立的进化论经过无数的洗礼和反复论证，已被奉为经典和真理，为什么人类具备在本质上区别于动物心理的高级心理机能？维果斯基提出了著名的高级心理机能两次登台的理论假说，这一假说是过于倚重生物学的皮亚杰难以设想的，甚至可与达尔文的进化论相提并论："我们可以将文化发展的一般发生规律作如下表述：儿童文化发展中的一切机能都是两次登台的，都表现在两个方面，即起初是社会方面和后来的心理方面。起初是人们之间的、属于心际的范畴，后来才是儿童内部的、属于心内的范畴。这一原理无论是对随意注意、逻辑记忆、概念的形成还是意志的发展都是同样适用的。"①

从两次登台的理论假说出发，心理发展的实质就是个体心理在低级心理机能的基础上不断向高级心理机能转化的过程。那么，人类心理是如何不断地从低级心理机能转化为高级心理机能，或者说人是如何获得和掌握高级心理机能的呢？对于这个问题，维果斯基用其"内化学说"加以阐明，其核心要点是：与皮亚杰类似，维果斯基认为心理机能的发展是一个不断建构的过程，新的心理机能的形成总是在旧有心理机能的基础上建构的。不过，与皮亚杰不同，维果斯基特别重视社会文化历史在人的心理发展过程中的作用，尤其强调教学、活动和社会交往在人的高级心理机能发展中的重要作用，认为儿童只有通过教学、活动和社会交往才能将人类历史文化经验内化到自身的经验中，在新水平上整合新、旧知识，以建构新的结构。可见，高级心理机能来源于外部动作的内化，这种内化不仅通过教学，也通过日常生活、游戏和劳动等来实现。这意味着，高级心理机能首先是作为外部形式的集体活动进行的，然后才能转化为内部的个体活动默默地在头脑中进行。同时，内在的智力动作也外化为实际动作，使主观见之于客观。内化和外化的桥梁便是人的活动。实际上，按照维果斯基的两次登台假说，人类的所有活动也可以分成两大类，即外在的集体活动与内在的个体活动。很明显，皮亚杰将人类的智慧起源归结于个体的感知运动活动，只是关注了其中的一种，即内在的个体活动，进而也只关注了维果斯基两次登台假说中的第二次登台。而按照维果斯基的观点，任何心理机能的发展都必须经历两次登台才能完成，因而任何心理机能或心理结构的发展也必须经过两次活动：先是与人交往中进行的外部集体活动，这是人类活动最初的、最基本的形式，包括古代人围着篝火唱歌跳舞，现代人坐在教室里听老师讲课等；其后才是个人独处时的个体活动，例如课后的背诵和作业复习，个体活动正是从集体活动中派生出来的。从集体活动到个体活动的这一转化过程，即是"内化"，个体心理结构的获得和发展正是外部活动不断内化的结果。在社会和教学的制约下，学习者的心理活动首先是属于外部的、人与人的相互作用，以后才内化为自身的内部活动，并且随着外部与内部活动相互联系发展，形成人所特有的高级心理机能。这一过程依赖于儿童所掌握的语言符号系统，依赖于集体中他人的指导帮助和与他们的相互作用。正是通过不断地内化，儿童将掌握人类知识的可能性转化为现实。

维果斯基的"内化学说"是建立在其工具理论的基础上的。根据恩格斯关于劳动在人类适应自然和在生产过程中借助于工具改造自然的作用的思想，维果斯基提出了自己的工具理论。工具的使用导致了人类新的适应方式，即物质生产的间接方式，而不再像动物一样是以身体的直接方式来适应自然。在人的工具生产中凝结着人类的间接经验，即社会文化知识经验，这就使人类的心理发展不再受生物进化规律所制约，而是受社会历史发展规

---

① 维果茨基. 维果茨基儿童心理与教育论著选. 龚浩然，等译. 杭州：杭州大学出版社，1999：168–205.

律的制约。维果斯基提到的工具有两个方面：物质生产工具和精神生产工具。物质生产工具指向外部，引起客体变化，如铁锹铲土就会在地上留下一个坑；精神生产工具是人类的语言符号系统，指向内部，影响人的心理结构和行为，如学会了加减乘除就可以进行基本的买卖。维果斯基尤其强调精神生产工具对于心理发展、经验"内化"的重要作用，认为儿童早年的心理活动是"直接的和不随意的、低级的、自然的"，只有在其掌握了语言符号这个精神生产工具之后，才能转化为"间接的和随意的、高级的、社会历史的"。

顺便说一下，在论述个体的心理发展时，维果斯基并没有像皮亚杰那样明确地提出认知发展的几大阶段，但他对心理机能从低级向高级发展的标志作了明确论述。归纳起来，维果斯基提出了以下四个指标：①

（1）心理活动的随意机能的形成和发展。随着儿童对言语的不断掌握，他们的心理活动越来越自觉、主动，带有明确的目的性，并能有意地调节自己的行为、克服困难以达成预定的目标。各种心理过程如感知觉、记忆、思维的有意性日益增强。

（2）抽象—概括机能的形成和发展。这表现为儿童能够通过抽象概括形成各种概念，并运用它们来作出判断和推理，形成较为系统的知识体系。抽象—概括机能的形成和发展必须以符号系统为中介，例如，儿童发现麻雀有翅膀，乌鸦有翅膀，鹦鹉也有翅膀，抽象出它们都有翅膀这一共同属性，同时还发现它们都没有牙齿，而长着长长的喙，概括出鸟是长有翅膀的、无齿有喙的动物。没有符号系统的参与，这种高级心理机能是很难获得的。

（3）各种心理机能之间的关系不断地变化并重新组合，形成高级心理结构。例如，三岁以前的儿童以感知觉、直觉行动思维为主，学前儿童以表象记忆为主，而学龄儿童则是抽象—概括机能越来越占主导地位。各种心理机能的每一次重组都标志着心理水平的提高。

（4）各种心理机能越来越个性化，也就是个体的心理活动越来越带有个性的色彩，人和人之间的个体差异日益得到显现。个性的形成是高级心理机能发展的重要标志，个性特点对其他机能的发展具有重要的影响。维果斯基强调个性特点对认知发展的影响，认为儿童意识的发展不仅是个别机能由某一年龄阶段向另一年龄阶段过渡时的提高，更主要的是其个性的发展以及整个意识的发展。

总体而言，心理活动的"随意化""抽象—概括化""整合化"和"个性化"等"四化"是个体心理发展的质的指标，它们之间相互联系、相互促进。

2. 认知发展和言语发展息息相关

皮亚杰不看重言语和个体认知发展的关系；与此不同，维果斯基特别强调言语发展与个体心理发展（包括认知发展）的关系，曾著有《思维与语言》（*Thought and Language*）专门探讨此问题。在维果斯基看来，语言符号既为儿童表达思想、提出问题提供了可能，也为儿童从周围世界学习、接受成人的教化提供了可能，所以，儿童的语言发展是儿童心理机能内化的关键。概要地说，从个体的心理发展角度看，儿童正是在和成人的交往过程中通过掌握高级心理机能的工具——语言、符号系统，从而在低级的心理机能的基础上逐渐形成了各种新质的高级心理机能。并且，在解释言语发展与儿童认知思维发展之间的密切关系时，维果斯基更强调儿童自我中心言语（egocentric speech）的重要作用。例如，自

①　维果茨基. 维果茨基儿童心理与教育论著选. 龚浩然，等译. 杭州：杭州大学出版社，1999：168－205.

言自语的现象在儿童身上很普遍，他们经常自言自语，尤其是面临困难的任务时表现得特别明显（Diaz & Berk，1992）。在解释这一现象时，皮亚杰相信自我中心言语只是儿童的一种认知思维方式的表达，等他发展到具体运算阶段之后就会自动消失；但在维果斯基看来，儿童的自我中心言语是儿童协调其思维与行动，并促进自我认知发展的重要因素。维果斯基曾设计实验情境，使儿童在有目的的活动中遭遇困难（如让儿童画图，但是缺少某些颜色的笔），然后观察挫折情境对儿童自言自语的影响。以下是维果斯基在一个实验中的部分记录：

儿童绘画时需要一支蓝色的笔，到处都找不到后就自言自语："笔在哪里？我要一支蓝笔。算了，没有蓝笔就用红笔好了。用红笔画了，然后用水将它打湿，使它变暗一点，看起来就会有点像蓝色。"

根据维果斯基的观察，当儿童面临类似的困难情境时，他的自言自语就会明显增多，这意味着儿童能借助自言自语进行思维。所以，维果斯基指出，自言自语可以促进儿童的心理发展，不仅可以帮助儿童缓解情绪，而且还能促进儿童思维发展。此后，虽然自言自语变为默默地不出声的言语，但是仍然十分重要。研究发现，大量使用自言自语的儿童比其他儿童能更有效地学习复杂的任务（Berk & Spuhl，1995）。[1] 事实也表明，认知思维与言语之间存在着一定的相关关系。例如，中国人使用汉语，而汉语具有结构性强、词性与词义均较宽广（即常常是毫无词性的变化，一个名词就可以既当名词用，又当形容词或动词用；同时，汉语中许多语词都是一词多义的）等特点，使得中国人的认知思维方式也具有汉语的特点（当然，也可能是中国人的那种认知思维方式导致汉语具有相应的特点）：强调整体思维、模糊思维等。英国人使用英语，使得英国人的认知思维方式也具有英语的特点（当然，也可能是英国人的这种认知思维方式导致英语具有相应的特点）：强调分析思维、精确思维等。[2] 当然，这里并无半点贬低汉语之意，事实上，汉语自身具有许多优点，是世界上最优秀的语言之一。

3. 影响个体认知发展的重要因素是个体所处的社会文化

维果斯基的认知发展理论强调了皮亚杰和其他许多心理学家们所忽视的特定社会文化因素对认知发展的影响，他让人们看到，认知发展与其他方面的发展一样，只有在将它置于其所发生的社会和文化背景下才能获得更好的理解，从而给后人研究儿童的认知发展提供一个新视角。在维果斯基看来，个体自出生时起直至死为止，一直生活在一个属于人的社会环境里。社会环境中的一切，如风俗习惯、宗教信仰、衣食住行、前辈留下的历史文化、社会制度和行为规范等，构成人类生活中的文化世界，这种文化世界既影响成人的行为，也影响正在成长的儿童。这意味着，虽然人的一些心理与行为方式（尤其是人与动物共有的一些心理与行为方式）是通过自然进化得来的，但也有很多心理与行为（尤其是高级心理与高级行为）是在文化中生成的。如，就大文化而言，中国文化熏陶下成长起来的中华儿女与美国文化熏陶下成长起来的美国人，在心理与行为方式（包括认知方式）上往往有较大差异；就小文化而言，南京人爱吃鸭子与野菜，致使"鸭子卖得快，家家吃野

---

① 张春兴. 教育心理学. 杭州：浙江教育出版社，1998：115.
② 汪凤炎，郑红. 中国文化心理学. 5 版. 广州：暨南大学出版社，2015：576－641.

菜"成为南京"三怪"中的"两怪",南京也因此而有"鸭都"之称。从这个意义上说,人心主要是在文化中生成的,所以,即便是一个意大利的白人小孩,若从小生活在中国文化氛围中,最终就会"长"成一个典型的中国人,徐祥顺(原名阿维热)便是其中的一个经典个案。① 并且,在任何社会中,父代一般会将子代培养成父代所认可的社会文化的接班人;也就是说,父代一般希望子代接受父代所认可的社会文化的熏陶,在认知发展上,由外化而逐渐内化,由外铄逐渐转为内发,由初生时的自然人逐渐变成社会人,成为一个符合当地社会文化要求的成员。结果,儿童的认知发展往往是在社会学习的历程中进行的。这样,改善儿童的社会环境必将有助于儿童的认知发展。所以,一般认为,从改善儿童生活的环境,适时加以教育,从而促进其智力发展的观点来看,维果斯基的认知发展论不但较皮亚杰的观点要乐观得多,② 而且也更贴合人的认知发展规律,进而更有教育价值。

假若说皮亚杰强调认知发展的普遍顺序,那么维果斯基则更注重不同文化背景下的儿童认知发展的多样性。例如,受西方文化熏陶的儿童获得的更多是脱离情境的记忆和推理技能,这些记忆和推理技能可以使儿童更好地应对高度结构化的课堂;而澳大利亚的土著居民和非洲灌木丛中居民的儿童掌握更多的是经过精致加工的空间推理技巧,这些技巧可以使他们成功地获取他们赖以生存的猎物。这两种认知能力不存在孰优孰劣,它们体现的只是有选择性的推理形式,或者称为"适应的工具",即它们都是为了人们更好地适应自己的文化价值和传统而发展起来的(Rogoff,1998;Vygotsky,1978)。③

4. 最近发展区:一个颇具吸引力的概念

在说明教学与个体心理发展的关系时,维果斯基提出了"最近发展区"的概念。教育必须要考虑儿童已达到的水平并要走在儿童发展的前面,发挥其促进儿童认知发展的积极作用。这些观点对于纠正皮亚杰轻视社会文化对人的认知的影响与"发展先于学习"的观点具有"对症下药"的价值。维果斯基认为,"儿童的教学可定义为人为的发展",为此,在确定儿童发展水平及其教学时,必须考虑儿童心理发展的两种水平:一种是儿童现有的心理发展水平;另一种是在有指导的情况下,借助成人、优秀同伴或其他人的帮助可以达到的较高水平。这两者之间的差距就是"最近发展区"(zone of proximal development,ZPD)。可见,最近发展区指介于儿童独立解决问题时所能达到的实际水平(第一个发展水平)与经教师指导下解决问题时所能达到的水平(第二个发展水平,也就是潜在发展水平)之间的那段差距。儿童的两种水平之间的差距是动态的,它取决于教学如何帮助儿童掌握知识并促进其内化。维果斯基认为教学"创造着"学生的发展,教学一方面决定着儿童发展的内容、水平和速度,另一方面也在不断创造着最近发展区。因此,教育不但不必受限于发展,还应反过来促进发展。教学应当走在儿童现有发展水平的前面,并带动儿童的心理发展。当然,最近发展区只是学生发展的可能性,教育并不等于发展。如果在教学内容、教学方法上不仅考虑到儿童现有的发展水平,而且能根据儿童的最近发展区对儿童提出更高的发展要求,这更有利于儿童的发展。因此,儿童只有在最近发展区之内才有可

---

① 读者若对徐祥顺的故事感兴趣,请观看中国中央电视台"东方时空"于 2000 年 11 月 15—18 日播出的《百姓故事:乡恋》(第一至第四集)以及北京卫视于 2014 年 1 月 23 日和 24 日播出的《档案:外国人在中国——"洋"农民阿维热身世之谜》《档案:外国人在中国——"洋"农民阿维热寻亲之路》。

② 张春兴. 教育心理学. 杭州:浙江教育出版社,1998:113 – 115.

③ David R. Shaffer. 发展心理学——儿童与青少年. 影印版. 北京:中国轻工业出版社,2004:254.

能进行真正的学习。这样，应给儿童提供最近发展区的任务，即儿童不能单独完成，但是在成人或者更有能力的同伴的帮助下能够完成的任务。在这种情形下，别人对儿童给予的帮助，称为"支架作用"（scaffolding）。维果斯基与皮亚杰一样，都认为儿童是充满好奇心的探索者，他们总是积极主动地学习和探究新的事物。不过，和皮亚杰不同，维果斯基相信儿童的许多重要发现并不仅仅是在独自探索中获得的，而是在合作情境下获得的。例如，一个小学生和熟练的指导者之间的对话，指导者为儿童示范活动并将其转化为口头指导，起初这个小学生试图去理解指导者的指导，最后逐渐能将这些信息内化，用以指导自己的独立行动。支架作用不一定要在正式教育情境下才能发生，任何时候只要一个能力更强的个体指导儿童达到接近他的能力限度的水平，就都是发挥支架作用的表现。成人参与程度并不仅仅是由成人决定的，而是成人和儿童一起决定了儿童独自发挥功能的程度。例如，独自解决问题能力较弱的儿童在解决问题时可能需要成人更多的支持，而独自解决问题能力较强的儿童需要成人的支持或支架作用可能就要少一些（Plumert & Michols Whitehead，1996）。

维果斯基之所以特别强调最近发展区的重要性，主要是因为他对既有智力测验的性质与学校教育中传统的学业成就评量的方法不满意。按照维果斯基的看法，将智力测验标准化并建立年龄常模，然后将儿童施测后所得的分数与常模加以比较，最多只能测量儿童智力的实际发展水平，不能测量出儿童的潜在智力。因为只根据儿童答对的题目计分，而不考虑儿童答错题目的心理过程，就无法真正考察清楚儿童认知程度上的差异。毕竟有人可能是一知半解，有人可能是一无所知，假若将这两种情形一概计为零分，并不公正。于是，维果斯基提出了最近发展区的理念，可以在了解儿童的实际发展水平后，进而根据其可能发展的水平找出最近发展区，然后通过成人或更有能力的同伴的协助使儿童的认知能力达到充分发展。①

维果斯基最近发展区的概念一经学人所了解，就受到教育界人士的普遍重视。那么，在实际教学过程中怎样确定一个学生在学习某门课程时所处的最近发展区呢？根据维果斯基的论述与笔者多年的实际教学经验，一般而言，由于文科的各个知识单元之间缺乏严密的逻辑关系，是"模模糊糊一大片"，常常可以将前后两个单元的知识随意调换次序进行教或学；而理工科的各个知识单元之间存在严密的逻辑关系，是"清清楚楚一条线"，掌握前一单元的知识往往是学好后一单元知识的重要前提与基础。这样，确定学生在学习文科中某一课程的"最近发展区"较之确定学生在学习理工科中某一课程的"最近发展区"要难得多。同时，确定甲在学习某一课程（如数学）最近发展区时的一般做法是：第一步，教师要对甲过去学习数学的情况做充分的调研与分析，弄清甲现有数学能力的大致情况。第二步，对甲学习数学的能力做一个区间估计，即先确定一个下限，在此下限以下的数学问题可以肯定均是甲能够独自正确完成的问题；然后再确定一个上限，在此上限以上的数学问题可以肯定均是甲现阶段即使在老师的指导下也不能够正确完成的问题。由于通过第一步的工作，教师对学生甲现有数学能力已有较准确的把握，故这个区间一般不会太大；若区间太大，说明第一步工作未做好。第三步，根据一定标准将这一区间均匀地分为几等份（如 5 等份），然后出几套与这几等份相对应、难度由低到高的数学题目（每套题目的满分定为 100 分）。第四步，请甲先独自完成难度最低的第一套数学题目，假若其成

① 张春兴．教育心理学．杭州：浙江教育出版社，1998：116 - 117.

绩达到 80 分以上（包括 80 分），就认为甲的实际数学能力已超过第一套数学题目所代表的水平。为了避免疲劳等因素对甲的影响，隔一段时间后再请甲独自做第二套数学题目，假若甲又取得 80 分以上的成绩，则隔一段时间后再请甲独自做第三套数学题目，依此类推。假若甲在独自做第二套数学题目时的成绩低于 80 分，则表明甲的实际数学能力低于第二套数学题目所代表的水平。第五步，视甲独自完成第二套数学题目的成绩而具体分析，然后再出一套数学题目。一般做法是，假若甲独自完成第二套数学题目的成绩在 60～79 分，说明甲的实际数学能力接近第二套数学题目所代表的水平，这时就重新出一套难度介于第二、三套数学题目难度之间的数学题目；如果甲独自完成第二套数学题目的成绩在 0～59 分，说明甲的实际数学能力只比第一套数学题目所代表的水平稍高，这时就重新出一套难度介于第一、二套数学题目难度之间的数学题目。第六步，假若甲独自完成第二套数学题目的成绩在 60～79 分，那么，隔一段时间后，在教师的有效指导下，请甲重做难度介于第二、三套数学题目难度之间的一套数学题目，得出甲的一个数学成绩。其他情况依此类推。第七步，用甲在教师有效指导下完成数学题目所得到的成绩减去甲在独自完成数学题目所得到的成绩，其结果就是学生甲在现阶段学习数学的最近发展区。

由此可见，假若一个教师要依维果斯基的最近发展区概念进行教学的话，除了要对全班每一个同学都非常了解外，还必须有充足的时间与精力。毕竟，若想有效地将全班每一个学生在某一门课程（如数学）上的最近发展区准确地测量出来，其工作量往往是非常大的。所以，一般而言，只有实行小班化教学，并且，班上配有德（至少要关心爱护学生且爱岗敬业）、才（至少要精通所教课程以及有扎实的心理统计与测量学知识）兼备的教师，才有可能测出全班每位同学在学习某门课程上的最近发展区。

（二）维果斯基的认知发展论在教育上的价值

1. 学习受学习者背景的影响

任何学习都发生在一定社会的、有意义的背景里，这些背景性因素包括学习者原有的经验、所处的社会文化背景、与教师或同伴的关系等，它们都在不同程度上影响着学习的过程和结果。教学是一个依赖于先前知识和过去经验的累积过程，学生的学习要受他们在特定情境下所激活的经验的影响。个体对某一领域知道得越多，他通过学习能掌握到的内容就越多。同时，由于新知识是在旧知识的基础上建构的，学生必须学会运用已经加工过的经验、知识和技能。所以，教师应该使教学在开始时能适应学生的现有水平，然后帮助他们建构和联结新信息。

2. 教学最佳效果产生在最近发展区

传统的教育多是配合学生的能力施教，根据学生能学（或做）什么，才教他学（或做）什么，其结果是，学校教育等于只求配合学生认知能力的实际发展水平教学，没有针对学生认知方面可能发展的水平教学。因此，传统学校教育的最大缺点是：只求如何教学生学习知识，不重视在教学活动中开发学生的潜能。维果斯基的最近发展区理念正好可弥补传统教育的这一不足之处。维果斯基认为，一般学校教学都是由教师讲解，然后布置作业让学生自己去完成。即使作业难易适中，学生也能够独立完成并获得高分，但这种做法对学生的认知能力的发展将没有帮助。因为，在这种情况下，学生的学习仍是局限在他的实际发展水平之内，并没有因为学习而扩展了他的智力。维果斯基所讲的最近发展区，就是要将学生置于超越已知基础、"接近全知而又未能全知"的境地，在教师的辅导下进行新知识的学习。因此，教师应向学生提供具有挑战性的认知任务。挑战性的认知任务是指那些稍微超出学生能力但在教师的帮助下可以完成的任务，即处在最近发展区内，与学生的能力形成一种积极的不匹配状态。维果斯基认为，教学不仅应该考虑儿童已经达到的水平，而且要考虑儿童经过努力可能达到的水平，主张教师要重视学生"学习的最佳期限"，不应盲目拔高和迟滞，以免错过"最近发展区"。可见，在最近发展区内的教学，除了让学生在已有知识的基础上学到新知识外，更对学生面对新知识的思维方式提出了新的挑战。总而言之，教学的最佳效果只有在最近发展区内才有可能产生。[①]

3. 适时适当辅导学生是教学的重要手段

根据最近发展区的理念，在实施教学时教师能否适时给予学生适当的辅导，自然是影响教学成败的关键因素。这里的"适当"既指辅导方式要适当，也指辅导内容要适当，还指辅导频次要适当，从而让其既有利于促进学生学习能力的增长，又不会让学生产生依赖教师的心理与行为方式。假若只将学生置于最近发展区内让其独自学习，则面对新知识时，学生极易遇到困难，这极易打击学生学习的自信心，进而降低学生的学习兴趣。维果斯基倡导最近发展区的本意，也是将适时适当辅导学生学习看作必要条件。因此，假若一个老师不能保证自己有足够的时间与精力给予学生适时适当的辅导，那么，与其将学生放在最近发展区去进行教学，还不如根据其实际发展水平进行相应的教学，这也就是中国人自孟子以来所讲的"揠苗助长"故事里所蕴含的道理之所在。[②] 所以，对于中国教育而言，切实的做法是：在宏观上，要依据最近发展区的理念，尽量为学生营造一个促进其身心和谐发展的良好环境；在微观上，教师要根据自己的实际情况（如所教科目的性质，班级人数的多寡，自己的学识、精力与时间等），谨慎决定是否要按最近发展区的理念进行教学。

4. "搭建支架"是一种有效的教学方法

皮亚杰倾向于将认知发展看作儿童本身的自然成长，不太重视社会和教育的功能；维果斯基则特别强调文化与社会的影响，极力提倡教育对儿童认知发展的促进作用。根据维果斯基的观点，儿童的认知水平在两种情况下可以得到发展和提高：①儿童与技巧更娴熟的同伴在完成最近发展区内的任务时进行合作性对话；②将能力更强的指导者对儿童所说的和儿童自己的内部语言结合起来。当社交语言转化成自言自语后再加以内化，文化所选择的思维和解决问题的方式也就从能力更强的指导者的语言内化为儿童自己的思维。[③] 换言之，维果斯基认为儿童主要是通过与老师、同伴、父母或其他能力更强的个体间的交互作用得到充分发展的，其中能力更强的个体为儿童搭建支架，从而在适当的时间助他"一臂之力"。所以，教学是一个相互作用的动力系统。从这一观点出发，维果斯基主张教学是一种合作式的、商谈式的活动过程，应采用支架式教学来促进学生的发展。通过支架式教学，将儿童的最近发展区水平转化为儿童独立解决问题的水平，同时再开辟新的最近发展区……如此循环往复，促进儿童认知的发展。那么，怎样在具体教学中搭建支架，开展支架式教学呢？为免重复，关于这方面的内容，将留待下文"建构主义的教学模式"一并探讨，这里不多做解释。

维果斯基用预期法来解释相互作用情境下学习的机制。在沟通过程中，成人预期儿童

① 张春兴. 教育心理学. 杭州：浙江教育出版社，1998：118.
② 张春兴. 教育心理学. 杭州：浙江教育出版社，1998：118–119.
③ David R. Shaffer. 发展心理学——儿童与青少年. 影印版. 北京：中国轻工业出版社，2004：254.

会了解某些信息，并在这种假定下行事，而最后儿童果真就能够建构出这些信息或知识。这种最近发展区的相互作用是一种成人、儿童共同协作的认知活动，儿童最后建构的观点是儿童原有观点和成人观点的联合产物。预期法的动力性不仅表现在言语沟通中，在非言语沟通中也有所体现。成人与儿童在最近发展区内的相互作用，促使儿童获得解决问题的任务和知识。这种相互作用的对话圈不仅对学生的知识，也对教师的认知结构进行了精细加工和重新建构。此外，动力系统的合作性质也有助于产生非竞争的、情感支持的教学背景，最终提高学生的自我功效感和内部动机。

不过，也有研究者不支持维果斯基支架式教学中的某些做法。例如，Rogoff（1990，1998）认为，在某些文化背景下维果斯基所强调的基于口头指导的"指导性参与"的学习并不那么奏效，或者对有些形式的学习并不那么有用。在澳大利亚灌木丛居住的幼儿在学习捕捉猎物、种植或者收割稻子时，观察和练习的效果可能要好过口头的指导和鼓励。也有研究者发现，与同伴合作解决问题对合作者而言并不是经常有所裨益的。事实上，如果能力更强的合作者对自己所知的不是很自信或是不能够调整自己的指导来适合搭档的理解水平的话，可能会对任务的完成造成破坏作用（Levin & Druyan，1993；Tudge，1992）。[①]

5. 注重发挥学习者的积极主动性

任何学习者都是自主积极的"学徒式的学习者"，通过参与指向一定目标的、共同协作的活动来进行学习。维果斯基十分重视个体的高级心理机能，因为学生掌握知识的能力在某种程度上是由其建构知识的能力决定的，学生会有意识地模仿专家或同伴的行为来思考和完成具体的任务。在合作的社会背景下完成任务时，学生会对所运用的心理策略进行明确或不明确的模仿、证明和辩论。因此，情绪、动机、个性等心理要素以直接或间接的方式影响到学生的学习，教师要注重发挥学习者的积极主动性。

（三）维果斯基的认知发展论与皮亚杰的认知发展论的同与异

尽管维果斯基和皮亚杰二人都重视探讨个体的认知发展问题，都用实验法来研究个体的认知发展，都研究言语和个体认知发展的关系，都看到教师在人的认知发展过程中所起的积极作用，但是，如表3-2所示，维果斯基的认知发展论与皮亚杰的认知发展论在以下几方面存在显著差异：

表3-2　维果斯基的认知发展论与皮亚杰的认知发展论的主要差异[②]

主题	维果斯基的认知发展论	皮亚杰的认知发展论
指导思想不同	强调心理学的研究必须坚持辩证唯物主义和历史唯物主义的指导，由此而创立了一个对世界心理学发展影响较大的社会文化历史学派	不强调心理学的研究必须坚持辩证唯物主义和历史唯物主义的指导

① David R. Shaffer. 发展心理学——儿童与青少年. 影印版. 北京：中国轻工业出版社，2004：254.
② 此表格的制作参考了 Santrock 的观点（J. W. Santrock. Educational psychology. 北京：世界图书出版公司北京公司，2005：55），但有较大改动。

主题	维果斯基的认知发展论	皮亚杰的认知发展论
对"社会文化背景"的看法有差异	维果斯基在研究儿童的认知发展时特别强调社会文化对儿童认知发展所产生的深刻影响	皮亚杰的生物学背景使得其在研究儿童的认知发展时，倾向于将认知发展看作是儿童自身自然的成长，不太重视社会文化与教育因素的功能，使得其认知发展论带有强烈的生物学色彩，导致受到诸如缺少社会文化意义之类的批评
对"建构"的看法有差异	主张社会建构论	主张个体建构论
对"阶段"的看法有差异	更注重不同文化背景下的儿童认知发展的多样性，没有就人的认知发展作出一个一般阶段论的划分	强调人的认知发展的阶段性与普遍顺序，并将人的认知发展分为感知运动阶段、前运算阶段、具体运算阶段和形式运算阶段等四个阶段
核心术语的差异	最近发展区、语言、对话、文化工具	图式、同化、顺应、平衡、运算、推理
对"语言在人的认知发展中扮演的角色"的看法有差异	重视语言与人的认知发展之间的关系，认为语言在人的思维发展过程中扮演重要角色	不太重视语言与人的认知发展之间的关系，认为人的认知发展决定其语言的发展
对教育的看法有差异	基于其最近发展区的理念，主张"教育先于发展"，认为教育在人的认知发展过程中扮演了重要角色，教育能帮助儿童有效学习	主张"发展先于学习"，不太看重教育对人的认知发展的积极功能

三、新兴的其他认知发展观

除了上述两种经典的认知发展观外，当代心理学还有一些新兴的认知发展观，下面简要介绍其中的两种。

（一）信息加工心理学的认知发展观

自 20 世纪 50 年代中期以来，认知心理学迅速崛起，成为当代占主导地位的心理学思潮。认知革命爆发以来，现代的认知心理学家主要从信息加工的角度来研究成人的认知过程。自 20 世纪七八十年代起，一部分发展心理学家不满意当时时兴的皮亚杰理论对心理发展所作的解释，开始从信息加工的角度来研究儿童的认知发展。如今，该角度已成为儿童认知发展研究中的主流取向之一。

认知心理学的核心在于揭示认知过程的内部心理机制，即信息是如何获得、存储、加工和使用的。用这一观点来研究认知发展，就是要揭示儿童获取知识的心理机制，即随着年龄的增长，儿童的各种信息加工能力是如何逐渐提高的。这为研究儿童的认知发展提供了一条新的思路，即探讨儿童认知发展过程中，注意、感知、记忆以及思维等各种信息加工能力及其加工方式是如何发展变化的。信息加工理论认为，这种变化是以稳步、渐进的方式进行的，不同年龄个体的这些加工过程之间不存在差异，儿童与成人的差别只在于加工的程度有浅有深，通过信息加工积累的知识有寡有多；也就是说，他们认为个体的发展是连续的，而不是像皮亚杰所认为的那样是分阶段发展的。与皮亚杰相同的是，信息加工取向的研究者同样认为儿童是客观世界的积极探索者，儿童会通过改变内部的信息加工过程来应对环境提出的要求。认知心理学的创始人奈塞尔（U. Neisser）经常使用"拾取信息"这一提法，主张人们不是像行为主义学派所说的那样被动地接受环境刺激，而是根据自身的需要主动地选择某种信息，进行"拾取"，即对于同样的环境刺激，不同的个体可能会作出不同的反应。

为了揭示个体这种内在的信息加工过程，人们经常采用计算机模拟的方法进行研究，利用计算机的工作原理来建立人类的认知模型，进而探讨儿童在问题解决过程中的心理机制。模型的建立一般采用图解的方式进行，将目标问题或复杂任务图解为一系列精确的操作步骤，从而揭示个体的内部信息加工过程。这类似于程序员编制程序的一般过程，例如，在探讨小学生解决两位数减法的思维过程时，心理学家通过"出声思考"的方法，也就是要求学生解题时一边做一边说，将他们解题时的思考过程大声报告出来，进而根据他们的报告总结或验证其解答两位数减法的信息加工模型。小学生在解决题目"66 − 27 = ?"时的模型如图 3 − 13 所示：

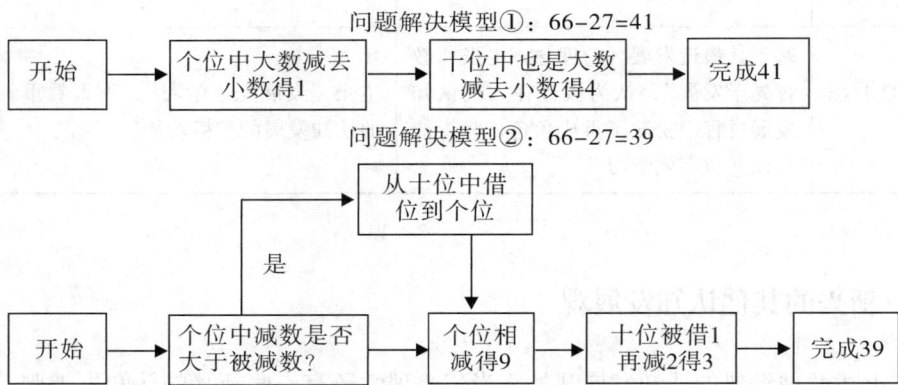

图 3 − 13　两个 8 岁小学生解答数学问题的信息加工流程

目前，信息加工的观点已经被广泛用于探讨儿童注意、感知、记忆、思维等各种心理机能的发展，相应的研究成果层出不穷。这些工作对于当前的教育实践具有重要的指导意义。我们知道，皮亚杰在论及个体的心理发生发展机制时，采用同化、顺应和平衡等生物概念来加以说明，但这些概念过于笼统和一般化，很难具体说明儿童获得某项知识技能的内部心理过程，如前述的减法过程；而信息加工的观点则聚焦于某一项具体的信息加工过程，揭示出个体达成某一任务的详细步骤和过程，这无疑会对个体认知发展水平的诊断以及学习过程的优化提供重要的理论支持和实践指导——对教师展开个别化的教学、及时纠正学生学习过程中可能出现的错误具有重要启示。但这一取向也存在明显的不足，即缺少一个一般性的、整合性的框架指导，人们建立了很多的信息加工模型，却看不到模型之间的内部联系，不能提升到一定的理论高度来加以整合说明。尤其是对于一些非线性、非逻辑的现象，如人们的想象力和创造力，信息加工的理论是很难展开研究的。

（二）生态系统论的认知发展观

美国心理学家布朗芬布伦纳（U. Bronfenbrenner）指出，要在真实的生活情境中研究发展，既不能脱离环境来谈发展，也不能脱离发展来谈环境。因此，布朗芬布伦纳提出了一种将环境与发展结合起来的研究范式，即生态系统理论（ecological systems theory），主张个体成长受多种不同层次水平的复杂环境系统的影响。过去人们把环境看得过于狭窄，仅仅把环境理解为与个人有关的环境条件或生活事件；布朗芬布伦纳则将环境看作是相互关联的、从内向外一层包一层的结构系统，各层环境系统都对心理发展具有重要的影响。他提出的生态环境系统主要包括四个层次，即微观系统、中介系统、外层系统和宏观系统。

微观系统（micro-system）处于环境的最内层，指个体直接接触的环境及其与环境相互作用的模式，包括家庭、托儿所、幼儿园、学校班级等，可称之为"生态小环境"。如一个学习认真的儿童，父母会对他作出更多的肯定和积极的评价，反过来这也会激励孩子更加奋发上进。

中介系统（meso-system）是第二层次的生态系统，指促进儿童发展的各种微观环境之间的联系。如儿童上课时是否认真听讲、教师教学质量、家政介入学校生活的程度、教师家访等之间的联系，这些因素之间的联系对儿童的学习成绩具有重要作用。

外层系统（exo-system）指儿童生活的社会环境，包括邻里社区、医疗保险、父母的职业和工作单位、亲戚朋友等。这些社会组织或人物并没有与儿童发生直接的联系，但影响着与儿童最接近的环境。如父母所在单位的经济效应会影响父母的收入，进而影响父母对儿童的教育投资等。

宏观系统（macro-system）处于生态系统的最外层，指特定社会文化的价值观、风俗、法律以及其他文化资源。宏观系统并不直接满足儿童的需求，但对较内层的各个环境系统提供支持。如中国父母的教育观念、中国的独生子女政策等与西方社会都存在较大的差异，进而对亲子关系、生态系统各个层面和层面之间的关系都产生很大的影响。

第三节 品德发展与教育

所谓品德发展（moral development），指个体自出生后在适应社会环境的过程中，因社会文化因素的影响与其自身心智的不断成长，使其在对待自己和别人的一切心理与行为，随年龄增长而逐渐发生变化的历程。这里所讲的品德发展，从一定意义上说可以看作人格发展（personality development），两者名称虽不同，但都指个体自小到大的成长过程。[①] 一个人在自小到大的成长过程中，其对人对己的看法是会发生改变的。例如，一般而言，学生对老师的态度往往会随年龄的增长而发生变化：小学教师在学生中有崇高的地位，一些小学生或许不听父母的话，但对教师的话却言听计从；进入中学后教师在学生心中的光环

---

① 张春兴. 教育心理学. 杭州：浙江教育出版社，1998：124.

逐渐减少；进入大学后降至最低点；以后若他们在读研究生或博士生时能遇到一个德高望重且颇为关照自己的导师，则教师在其心目中的地位又会有所回升，不过，这常常只是一种"回光返照"的现象，不能改变教师形象在学生心目中的地位随学生年龄的增长而逐渐下降的大趋势。从全人教育的视角看，学校在遵循个体认知发展规律而实施知识教学的同时，也要遵循个体品德发展的规律而实施道德教育，促进学生人格的健全发展。对品德发展的研究在心理学界要数皮亚杰、柯尔伯格和艾里克森的贡献最为突出。

一、皮亚杰的道德认知发展理论

道德认知发展理论由皮亚杰开其端，经柯尔伯格的继承和发展，成为迄今为止最有影响的一种品德理论。这里先讲皮亚杰的观点。皮亚杰的主要贡献是他的儿童心理学和发生认识论思想；但他在提出儿童智力发展理论的同时，也在其所著的《儿童的道德判断》（1932）一书中提出了儿童的道德发展理论，对品德心理研究作出了重要贡献。

（一）对偶故事法：一种研究儿童品德发展的经典方法

1. 为什么要采用对偶故事法研究儿童的品德发展

皮亚杰认为，在研究涉及人的行为规范与品德时，假若采用直接研究的方法，被试的反应常常会受到多种因素的影响和制约，导致其反应的真实性程度降低。为了克服这一难题，皮亚杰认识到只有运用某种间接的方法，才能有效地考察被试的道德发展水平。遵循这一思路，皮亚杰在研究儿童的品德发展时，创造了一个行之有效的研究方法——对偶故事法。

2. 什么是对偶故事法

所谓对偶故事法，指根据所要研究的道德主题，设计并编写出一些对偶道德故事，并对故事情境中的各种因素加以严格控制，组成不同的结构形式，通常是一对为一组，并且每一对对偶故事都包含两种道德情境，每一种道德情境代表一种道德发展水平，然后以讲故事的方式向被试呈现故事的内容，要求儿童判断研究者在故事中所设计的那些行为类型的是非对错并说出自己的理由，从他们对这一对对配对故事所蕴含的特定行为情境的评价中去推断他们的道德发展水平。

皮亚杰主要使用过失行为和说谎行为两种对偶故事。所谓过失行为对偶故事，即行为者无意或好意做某事，结果却造成较大的财物损坏；有意做坏事，造成的财物损坏却微不足道。所谓说谎行为对偶故事，即行为者有意欺骗，结果却并没有造成不良后果；行为者无意中说的谎话却产生了不良后果。

对偶故事法的具体操作过程一般是：第一步，为了研究道德发展中的某一主题，事先经过充分思考，设计出一对对偶道德故事，例如，设计两个内容大体相同而仅在行为动机与行为结果上相反的配对故事。第二步，将这两个对偶故事——呈现给儿童，请他们认真予以理解和领会故事情节。第三步，等儿童充分理解了这两个故事的内容后，再请儿童回答一些基于这两个故事情节所提出的问题。第四步，分析儿童对不同问题的作答情况，推导出儿童的道德发展水平。以下是皮亚杰曾使用过的两个小故事：

故事 A：有一个名叫朱利安的男孩子。有一天，当父亲出门后，朱利安偷偷走到父亲的书桌旁，打开墨水瓶用笔蘸墨水画画，一不小心将墨水滴在桌布上，弄脏了一小块。

故事 B：有一个名叫奥古斯都的男孩子。他发现父亲书桌上的墨水瓶已经空了，于是决定帮父亲做一件事。他趁父亲不在家时，偷偷地将大墨水瓶的墨水倒进他父亲书桌上的小瓶里，没想到不小心将墨水溢出，弄脏了一大片桌布。

向儿童呈现上述两个小故事后，皮亚杰向儿童提出如下问题："这两个儿童犯了一样的错误吗？你认为哪一个儿童的过失较大？"皮亚杰发现，7 岁以下（前运算阶段）的儿童一般认为故事 B 中奥古斯都过失较大。皮亚杰对此的解释是：前运算阶段的儿童观察事物时难免带有知觉集中倾向（perceptual centration，指处于前运算阶段的儿童在面对问题情境时，往往只凭知觉所及，集中注意事物的单一方面，忽视事物的其他方面的知觉方式），导致在根据表面事实做道德推理判断时，往往只能注意到问题的一个方面，而不能多方面考虑问题情境的整体。7 岁以下儿童之所以判断奥古斯都过失较大，原因是他们只看到弄脏桌布面积的大小，忽略了过失背后的动机（朱利安玩墨水是为了自己，奥古斯都倒墨水是为了别人）。①

3. 对偶故事法的得与失

对偶故事法是皮亚杰将其对儿童认知发展研究所用的临床法创造性地运用到儿童品德发展研究中的产物。皮亚杰运用这种方法在研究儿童品德发展问题时获得了许多重要的研究成果。同时，对偶故事法为道德认知发展研究提出了一种新的研究方法，被后来者广为采纳和使用。当然，对偶故事法也有一定的缺陷：①对偶故事法只把儿童的道德认知发展划分为两级水平，这是皮亚杰在对低龄儿童（5~12 岁）进行对偶故事判断时发现的。后来的研究者如柯尔伯格发现儿童道德发展不止两级水平，而有更多级水平和阶段。这就无法以相应的两个对偶故事、用"封闭型"的非此即彼的回答来反映儿童的道德认知发展水平。②对偶故事法没有分清故事中的意图和结果的前后顺序对儿童道德判断的影响。事实上，皮亚杰的故事在结果信息之前就提供了动机信息，这就妨碍了儿童根据动机来进行判断。当动机放在故事的末尾时，5 岁或 6 岁的低龄儿童也能根据动机来进行判断。关于这一点，在下文有详论，这里不多讲。③皮亚杰通过对偶故事的临床谈话法不是标准化和客观化的测量工具，它带有很大的主观、臆断的特点，因而有人怀疑用如此灵活的方法所获得的结果是否可靠。②

（二）关于品德的基本假设

1. 善即公正

自古希腊以来，西方人在探讨伦理道德问题时，就重视对公正问题的研究。正如亚里士多德所说："……守法的公正是总体的德性，不过不是总体的德性本身，而是对于另一个人的关系上的总体的德性。由于这一原因，公正常常被看作德性之首，'比星辰更让人崇敬'。还有谚语说：'公正是一切德性的总括。'"③

受此传统的深刻影响，西方的道德教育和德育心理学一贯重视对公正（justice）的研

---

① 张春兴. 教育心理学. 杭州：浙江教育出版社，1998：141－142.
② 郭本禹. 道德认知测量方法评介. 教育理论与实践，1994（5）：52－53.
③ 亚里士多德. 尼各马可伦理学. 廖申白，译注. 北京：商务印书馆，2003：130－131.

究，"公正是一切德性的总汇"的思想深入西方人的骨髓中，对西方人的心理与行为产生了深远的影响。作为一个在西方文化传统里成长起来的学者，皮亚杰自然也不例外。在皮亚杰思想深处，"善即公正"是其重要的理论假设与基本命题之一，于是，他对儿童道德发展的研究多是针对公正这一主题而展开的。

2. 儿童道德判断的发展与儿童认知发展的阶段相平行

皮亚杰的道德发展研究是建立在思维发展基础上的。他认为儿童的道德发展是认知发展的一部分，将儿童的逻辑思维能力和道德判断能力看作是一种蕴含关系，认为儿童道德判断的发展与儿童认知发展的阶段相平行，儿童道德发展的进程可以在他们的认知发展中找到根据，因此，判断一个人德性的高低可以从其道德认知水平或道德推理水平的高低中得出答案。

3. 随着年龄的增长，个体的道德会由他律道德向自律道德发展

皮亚杰假设道德类型随着年龄的增长而发展，换言之，随着个体的成长，他（她）和同伴的关系将更加相互尊重、更加稳定，不断地发展成自律道德而摒弃他律道德。皮亚杰认为，由于他律道德比自律道德缺乏均衡性，随着年龄的增长，个体就会很自然地进入更为均衡的自律道德。皮亚杰在经过大量研究后指出，儿童道德发展具有一条总的规律：从他律道德发展到自律道德。所谓他律道德（heteronomous morality），是指早期儿童的道德判断只注意行为的客观效果，不关心行为者的主观动机，是受自身以外的价值标准所支配的道德判断，具有客体性。所谓自律道德（autonomous morality），是指儿童根据自己的主观价值标准所支配的道德判断，具有主体性。他律水平与自律水平是儿童道德判断的两级水平。在皮亚杰看来，一般地，10 岁以前的儿童的道德发展水平多处于他律道德阶段，10岁以上儿童的道德发展水平多处于自律道德阶段。儿童的道德判断从他律到自律的发展是贯穿在皮亚杰关于儿童道德发展理论中的一条思想主线。

4. 品德发展起于主体与其社会道德环境积极的交互作用

皮亚杰认为，品德发展起于主体与其社会道德环境积极的交互作用。正如儿童是自己的理智世界的建构者一样，儿童的道德世界观也是由自己逐步建构起来的，其中，理智发展是品德发展的必要条件，同伴合作是品德发展的主要动力，成人、教师和其他社会环境因素的教导与影响必须通过儿童自身的积极活动才能发生作用。

（三）儿童品德发展的阶段论

1. 判断儿童品德发展的两个标准

皮亚杰在大量研究后指出，儿童道德发展（实指品德发展）具有一条总的规律：儿童的道德认知呈从无律到他律再到自律的阶段式发展，这些阶段与认知发展密切相关。于是，皮亚杰根据尊重准则和社会公正感这两个参照点来划分儿童道德判断的他律和自律等两级水平，他认为对这两个参照点的认识水平是衡量儿童品德是否成熟的标志。

对规则的态度是判断儿童品德是否成熟的第一个参照点，也是判断儿童品德是否成熟的第一个标志，儿童品德是否成熟要看他对规则的态度以及对行为责任的判断。皮亚杰认为，处于他律水平的儿童（6～10 岁）把准则看作是道德上的绝对的东西，他们具有强烈的尊重准则的倾向。儿童确信，任何道德问题都有"对"的一面和"错"的一面，在儿童心目中，"对"就是服从准则。皮亚杰举过一个生动的例子，当你带着一个年幼儿童驾车时，你对他说，为了赶去医院急诊，超速驾驶行不行？年幼儿童会说，这不行，因为破

坏了"交通规则"，这样做应该受罚；而到了自律阶段的儿童才懂得准则也是人们制定的，它本身也可能是不对的，儿童能重新根据自己的标准来判断对错。对行为责任的道德判断也是如此，处于他律水平的儿童往往倾向于从行为后果，而不是从行为者的意向，去判断行为的责任。一个女孩有意敲打桌子，但未造成损坏；她的妹妹因动作笨拙而无意碰撞了桌子，使妈妈放在桌上的东西滚下地来。听了这个故事，他律水平的儿童几乎都会谴责妹妹的行为；而处于自律水平的儿童则能根据行为者的意向去判断行为的责任。

社会公正感是判断儿童品德是否成熟的第二个参照点，也是判断儿童品德是否成熟的第二个标志，儿童品德是否成熟要看他对公正观念以及对成人惩罚的公正性判断，其从他律到自律的发展趋势在以下四个方面体现出来：

第一，从单纯的规则到真正意义的准则。皮亚杰及其合作者从研究儿童游戏的规则入手，与约20名4~13岁的不同年龄的儿童一起玩弹子游戏，从中了解儿童两个方面的态度：一是规则意识，二是观察儿童如何运用规则。结果发现：儿童规则意识随年龄增长变化。概要地说，可归为单纯规则阶段和意义准则阶段。所谓单纯规则阶段，是指处于儿童早期的个体虽然能够意识到规则的存在，但没有意识到应当遵循；所谓意义准则阶段，是指年长儿童已经意识到有义务去遵循时，此时才能成为行动的准则。这是皮亚杰用来标志儿童品德发展的重要因素。同时，不同年龄儿童对规则执行有不同特点：年幼儿童玩着自己的游戏，他们没有真正的交往与合作，此时他们不能将自我与外界区别，而是按自己的想象理解外界事物；年长儿童才有真正的交往与合作，他们开始从人与人的关系、从他人的行为和态度中理解问题。

第二，从客观责任到主观责任。皮亚杰用对偶故事将儿童置于某种道德情境中，然后观察儿童是从行为意向评价还是从行为后果评价。研究结果表明，年幼儿童往往根据行为后果作出判断，这是一种客观责任；年长儿童是根据行为意向作出判断，这是一种主观责任。其发展的一般趋势是：个体随年龄增长逐渐从客观责任向主观责任转变。

第三，从服从的公正到公道的公正。皮亚杰从教师和家长偏爱顺从孩子的日常事例中，设计了许多故事，讲给儿童听，然后让儿童作出判断。结果发现，儿童公正的发展可分为三个主要时期：①6~7岁的儿童理解的公正就是服从，即服从成人、权威，此时儿童是以成人的是非为是非。他们认为"好孩子"的标准就是服从成人，而按自己意愿行事的是"坏孩子"。②10岁左右的儿童理解的公正就是平等。此时的儿童不仅以成人为榜样，更以同伴为参照。此时儿童的社会交往和社会合作水平大大提高。③13岁左右的儿童理解的公正就是公道。这一年龄阶段儿童根据自己的观念的价值标准判断，公道感是公正观念的一种高级形式，它实质上是"一种高级的平等"。

第四，从抵罪惩罚到报应性惩罚。在儿童心目中什么样的惩罚最公正、最有效？与考察行为责任采用对偶故事法不同，皮亚杰设计了一些关于惩罚的单个故事来考察这个问题。例如，母亲要求孩子帮自己去拿些午餐用的面包，这个孩子没有去拿，导致午餐没有足够的面包吃。于是，母亲考虑了三种对他的惩罚方法：①第二天不让他骑木马玩。②中午不让他吃面包。③在他需要帮助时拒绝帮助他，并表示等他肯帮助别人时再给予他帮助。结果发现，年幼儿童几乎都选择前两种惩罚方法，但随着年龄的增长，儿童与同伴间的交往与合作增多，他们才逐渐相互尊重共同约定的准则，逐渐摆脱自我中心主义倾向，顺利地由他律水平道德过渡到自律水平的道德，这样，10~12岁的儿童的道德判断就进入了皮亚杰所说的自律阶段，达到该阶段的儿童已认识到社会准则是共同约定的，不是绝对的，为了保障人的需要，它是可以改变的，例如，汽车司机在急救情况下的超速行驶，尽管违反了交通规则，但不能说他是一位犯过者。于是，10～12岁的儿童越来越倾向于选择第三种惩罚方法。由此，皮亚杰认为存在两种惩罚类型，或者说儿童的惩罚观有两种：抵罪性惩罚（前两种惩罚方法便属此类型）和报应性惩罚（第三种惩罚方法便属此类型）。抵罪性惩罚是在成人约束强制下带有专断的产物，是他律道德的表现，他们自然和自发地尊重准则和服从成人的权威，按成人的要求去做，以成人的是非为是非，辨别不清真正的行动准则。在皮亚杰看来，这是幼儿的一种本性，是由他们在认知上的局限性造成的。处于他律水平的儿童一般都倾向于抵罪性惩罚，此时惩罚是为了抵罪。抵罪性惩罚的性质与所犯错误的内容之间没有必然联系，具有任意性。自律水平的儿童往往选择报应性惩罚，报应性惩罚的性质与所犯错误的内容之间有密切关系。

2. 儿童品德发展的四个阶段

在此基础上，皮亚杰进一步提出儿童道德发展的阶段理论，认为儿童的品德成长要经历一个从低级到高级逐渐发展的有阶段的连续过程，每一个阶段又形成了一个相对一致的作出道德决定的模式：

第一阶段是自我中心阶段（2～5岁）。大约从2岁起，儿童开始模仿别人接受规则，但由于跟成人或同伴之间没有相互合作关系，儿童总是按照自己的想象去接受规则。这时，规则对儿童来说不具有约束力，儿童不能将规则当作一种义务去遵守。儿童的这种既模仿别人接受规则，又按个人意愿去应用规则的二重性，皮亚杰称之为道德的自我中心主义。所以，此阶段儿童在道德要求上，有时采取毫无异议的顺从态度，有时采取拒绝甚至反对的态度。正是这种道德的自我中心主义特征，使得儿童不能按照真正道德的方式去行动。皮亚杰相信，促进儿童和同伴之间形成合作关系，是使儿童摆脱这种自我中心主义的唯一方法。顺便指出，虽然正常的成人都已走出了自我中心误区，不过，当他/她被来自父母或爱人的溺爱所包裹（如热恋时男友过分迁就女友）或因掌握了权力而被下属过度献媚时，若未保持清醒的头脑，就极易重新步入自我中心误区。当然，一旦没有了溺爱，当初被溺爱者也会逐渐走出自我中心误区，所以，结婚之时往往也是妻子走出自我中心误区之始；同理，失去权力之日，官员便立即走出了自我中心误区。

第二阶段是权威阶段（6～8岁）。这个阶段儿童的道德生活几乎完全是以服从权威为特征的。服从权威的力量是一种约束的道德判断和道德品质，它起源于幼儿期道德的自我中心主义。在儿童看来，一定要绝对服从父母、老师等成人或年龄较大的、更为成熟的、更有力量的权威者。听他们的话就是好的，不听他们的话就是坏的。同时，在儿童心中，权威者规定的规则是固定的、不可改变的，必须绝对地服从，不可违背。谁破坏了规则，谁就必须受到惩罚。皮亚杰把儿童绝对驯服地服从规则要求的倾向称为道德实在论。皮亚杰认为，成人的约束和滥用权威对儿童的道德发展极其有害。

第三阶段是可逆阶段（8～10岁）。可逆阶段是从权威阶段发展而来的。在这个阶段，儿童的道德判断不再是以单方面服从权威为特征，而是以相互遵从规则为特征。儿童认识到跟同伴交往的社会关系，他不再将规则看作一成不变的东西，而将它看作同伴间共同约定的东西。假若所有人都同意的话，规则是可以改变的。儿童不再按是否服从权威来判断行为的好坏，而是以是否公平来判断行为的好坏，认为公平行为就是好的，不公平行为就是坏的。这表明儿童的道德判断已经开始摆脱外界的约束，自律道德初步萌芽。

第四阶段是公正阶段（11～12岁）。公正阶段从可逆的道德阶段发展。皮亚杰认为，从同伴之间的可逆关系发展到公正关系的主要原因是利他因素。当可逆的道德观念从利他主义角度去考虑时就产生了公正的观念。公正观念不是一种判断是或非的单纯规则关系，而是一种出于关心与同情人的真正道德关系；换言之，儿童不再刻板地按固定规则去判断道德关系，他已认识到在依据规则判断时，应先考虑到同伴的一些具体情况，应从关心和同情出发。公正观念是一种高级的平等关系，因为它已能从内部对儿童道德判断起决定性作用。[①]

（四）对皮亚杰道德认知发展论的简要评价

皮亚杰早在20世纪二三十年代就对儿童的道德判断进行了创造性的研究，开创了现代道德认知发展学派的先河。无论是他采用的对偶故事法，还是他提出的儿童道德发展水平和阶段理论，都对后继的研究产生了深远影响。不过，皮亚杰的理论在当时并没有引起人们的重视，对他的理论的认识、继承和发展是由美国心理学家柯尔伯格完成的。用今天的眼光反观皮亚杰的道德发展理论，它既有优点也有不足。

1. 皮亚杰道德认知发展论的优点

皮亚杰的道德认知发展论的主要贡献是发现了如下规律：儿童的道德认知是呈阶段式发展的，这些阶段与认知发展密切相关，这为人们正确开展道德教育提供了理论依据。依皮亚杰的观点，在幼年期和童年时期，儿童基本上是以自我为中心的，他们根据世界如何影响他们自己的利益来理解世界，而且他们作出决定的基础是个人的满足或报偿。在童年后期和青年初期，他们开始较多地按照社会的或法定的秩序来理解世界，而且他们的决定的基础是行为能否受到其所处社会的有关团体、他们家庭的非官方准则、其宗教或公民法的赞许或谴责。在其后的一个阶段中，年轻人开始形成或采取自己的价值和原则，这些价值和原则构成了其道德决定或其他判断的基础。依此观点，从某种程度上讲，道德教育乃是向年轻人展现一些较高水平道德推理的事例，以便使他们当前的思维模式受到挑战并代之以一个比较成熟的阶段。这个成长过程最终是为了达到这么一种水平，即使道德思维的心理学描述同道德判断的哲学分析都趋向于一个目标——这是成熟的道德思维阶段，人们希望教育能促进这个目标的实现。[②]

2. 皮亚杰道德认知发展论的不足

近年来的一些研究也证明，[③] 皮亚杰的道德认知发展理论可能存在两点不足：一是明显低估了学前儿童和小学低年级儿童的道德能力；二是高估了11～12岁个体的道德发展水平。

（1）年幼儿童是否会忽视行为者的意图。

皮亚杰认为，9岁或10岁以下的儿童往往根据行为后果而不是行为意图作出是非判断。现有人指出，皮亚杰的对偶道德故事有缺陷，因为询问一个造成较小损害而意图不良的人是否比一个有良好意图却造成了严重后果的人更坏，这样的提问混淆了动机和后果。故事中有关行为后果的信息［如"弄脏了一小块（桌布）"与"弄脏了一大片桌布"］比有关行为动机的信息更显眼。沙龙·尼尔森在对3岁儿童进行的一项实验中克服了这些缺陷。他让每个儿童都听几个故事。在故事中，一个人扔给他的同伴一个球。行为者的动机

---

① 高觉敷，叶浩生. 西方教育心理学发展史. 福州：福建教育出版社，1996：417－418.

② 霍尔，戴维斯. 道德教育的理论与实践. 陆有铨，等译. 杭州：浙江教育出版社，2003：45－46.

③ 陈会昌. 道德发展心理学. 合肥：安徽教育出版社，2004：88－91.

被描述为好的（他的朋友没有什么可玩）或坏的（行为者对他的朋友发火），其行为后果也分为积极的（他的朋友接住了这个球，玩得很高兴）或消极的（球击中了朋友的头部，把他砸哭了）。为了保证这些3岁的儿童能够理解行为者的意图，尼尔森还向被试呈现了图画，这些图画描绘了消极的意图。这项研究发现，这些3岁儿童认为，导致了积极后果的行为比导致了消极后果的行为更好些；想好好玩的意图良好的儿童比那些想伤害朋友的儿童更值得肯定，而无论其行为的后果如何。另外，格塞尔等人的研究证明，3岁到5岁的儿童能将试图欺骗他人而为他人提供错误信息的虚夸的说谎与行为者诚实的错误区分开来，① 甚至学前儿童在进行道德判断时都会考虑到行为者的意图。在生活中，小孩子常常说这样的话："我真的不想这样做，妈妈!"用这种关于动机意向的理由来逃避惩罚。当然，皮亚杰在如下方面是对的：尽管在评价他人行为时年幼儿童和年长儿童都能同时考虑这两方面的信息，但是，与年长儿童相比，年幼儿童赋予结果以更大的比重，而对动机的重视则小得多。②

（2）年幼儿童是否会尊重所有的规则（与成人的权威）。

皮亚杰认为，小孩子将规则看作神圣而不可改变的，这些规则是由受人尊重的权威人物制定的。不过，伊利奥特·图莱尔等人的研究证明，儿童在生活中会遇到两种规则。其中，道德规则强调个体的幸福和基本权利，包括禁止打人、偷窃、撒谎、欺骗或其他伤害、侵犯他人权利的规定。相比而言，社会常规是社会成员达成一致的某些行为方式，调节着人在特定社会情境中的行为。这些规范更像社会礼节，不仅包括禁止在上课时吃零食或不经允许不能去厕所这类学校规则，还包括游戏规则。③ 孩子们是平等地看待这两种规则的吗？研究者对这个问题作出了否定的回答。朱迪·斯美塔纳等人的研究发现，甚至2岁半到3岁半的孩子也认为，打人、偷窃、拒绝分享这一类违反道德的行为比在班上吃零食或要玩具时不说"请"字这一类违反社会常规的行为坏得多，所以这些行为应该受到惩罚。当问这些孩子，在没有具体规则时，某种不好的行为是否可以接受时，儿童通常说，违反道德的行为总是错的，但是在没有任何明显的规则可以遵循时，违反社会常规的行为就无所谓。④ 为什么儿童会这样判断呢？有人发现，父母通常认为他们有责任对合乎道德和社会常规的行为给以强化，但是，他们对违反道德的行为更关注，因为这些行为会给他人造成伤害。⑤ 这也许说明了儿童在2岁半到3岁时（比皮亚杰所认为的年龄早得多）就能够理解制定道德规则的必要性和意义。皮亚杰还认为，与年幼儿童相比，6岁到10岁的处于他律道德阶段的儿童更看重由成人制定的规范。但后来的研究发现，这个年龄段的孩子也能对成人的权威提出质疑。他们同意父母在强化反对偷窃和其他道德违规行为规则时的做法；不过，假若父母专断地制定规则，限制他们选择朋友的行为或业余活动，他们就

① SIEGAL M & PETERSON C C. Preschooler's understanding of lie and innocent and negligent mistakes. Development psychology, 1998 (34): pp. 332 – 341.

② ZELAZ P D, HELWING C C & LAU A. Intention, act and outcome in behavioral prediction and moral judgment. Child development, 1996 (67): pp. 2478 – 2479.

③ DAVIDSON P, TURIEL E & BLACK A. The effect of stimulus familiarity on the use of criteria and justifications in children's social reasoning. British journal of developmental psychology, 1983 (1): pp. 49 – 65.

④ SMETANA J G, SCHLAGMAN N & ADAMS P W. Preschool children's judgments about hypothetical and actual transgressions. Child development, 1993 (64): pp. 202 – 214.

⑤ NUCCI I P & SMETANA J G. Mother's concept of young children's areas of personal freedom. Child development, 1996 (67): pp. 1870 – 1886.

持反对意见，因为他们把这些行为看作是在个人权利范围内的事情，所以他们认为父母是在滥用权威。① 另外，他们还逐渐意识到，成人权威只能限于特定情境。例如，他们承认在学校里教师有权限制学生吸烟，不过，邻居就没有这个权力。年长儿童并不总是被成人的权威所慑服，对这一点的最好解释也许是：具有较强的宗教倾向的儿童认为，并不是认同了最高的权威人物上帝就会使违反道德规则的行为（例如偷窃）变为正确的。因此，6岁到10岁的儿童，甚至那些生活在强调尊重权威的韩国这样的文化背景中的孩子，也懂得合理的权威是由什么构成的，儿童对成人的智慧或对神灵的崇敬并不是这些思想形成的唯一基础。这与皮亚杰的思想是相悖的。②

（3）父母是否会阻碍儿童的道德发展。

皮亚杰之后的研究还发现，皮亚杰关于父母是道德社会化动力的观点一部分是正确的，一部分是错误的。皮亚杰提出，如果父母采用严厉的、专制的教养方式，对儿童的道德推理构成挑战，把他们自己所宣讲的观点像模板一样设置为儿童要学的道德功课，就会阻碍儿童道德的发展。在这一点上，他是正确的。不过，皮亚杰认为，所有的父母在与孩子讨论道德问题的时候都会以这种专制的方式行事，这就不符合实际情况了。六七岁的儿童正处于皮亚杰的他律道德阶段，但是，如果他们的父母能正确引导的话，他们也能作出自律的道德判断。③ 为什么会这样呢？劳伦斯·沃尔克与约翰·泰勒的研究表明，通过谨慎地将自己的推理与儿童的理解能力相适应，并以某种支持性而不是挑战性的方式向儿童表达新的道德观点，父母就可能促进孩子的道德发展。

二、柯尔伯格的道德认知发展理论

柯尔伯格（L. Kohlberg，1927—1987），美国当代最著名的道德发展心理学家，其所建立的道德认知发展理论对当代道德心理学的发展与道德教育均产生了深远的影响。

（一）柯尔伯格对皮亚杰思想的继承与发展

1. 皮亚杰道德发展阶段论与柯尔伯格道德发展阶段论的相通之处

皮亚杰的道德发展阶段论与柯尔伯格的道德发展阶段论的相通之处至少有三：①两人都运用心理发展的观点来解释人类的品德发展，并重视道德认知发展的价值；②两人都承认人的品德发展是有阶段性的；③两人都用实证方法来研究人的品德发展。皮亚杰的道德发展阶段论与柯尔伯格的道德发展阶段论的相异之处至少也有三：①两人使用的研究方法有差异，皮亚杰用对偶故事法，柯尔伯格用两难故事法。②对个体品德发展阶段的划分有一定的差异，皮亚杰将人的道德发展分为四个阶段，柯尔伯格将人的道德发展分为三水平六阶段。③柯尔伯格将"习俗"一词引入其理论中，皮亚杰没有这样做。

---

① TISAK M S & TISAK J. Children's conceptions of parental authority，friendship，and sibling relations. Merrill – palmer quarterly，1990（36）：pp. 347 – 368.

② WALKER L J & TAYLOR J H. Family interactions and the development of moral reasoning. Child development，1991（62）：pp. 264 – 283.

③ LEON M. Rules mothers and sons use to integrate intent and damage information in their moral judgments. Child development，1984（55）：pp. 2106 – 2113.

图3-14 美国著名心理学家柯尔伯格

2. 柯尔伯格对皮亚杰的超越

柯尔伯格之所以能后来居上，主要是其理论有两个特色：

一是认为人类的品德不是有无的问题（如赞赏某人有道德而批评某人无道德），也不是归类的问题（如称赞某人诚实而批评某人虚伪），而是随年龄经验的增长而逐渐发展的。经过多年的实证研究，柯尔伯格发现在品德发展过程中，人类的道德思想遵循一种普遍性的顺序原则而改变（就这一点而言，柯尔伯格的观点具有文化普世性的色彩，蕴含的是一种绝对主义道德观念）。例如，若批评某人有私心，不能说这种人与有公德心的人分属两类，只能说这种人在道德发展上尚未达到公德心的水平。① 可见，在柯尔伯格看来，个体的品德虽不可作"有无"看待，却可作"高低"看待，这一见解对理解个体品德的发展水平有启示。不过，在看待中国人的品德发展水平时，还宜增加"公德与私德"这个维度或视角，这也表明品德的发展的确受个体所处文化因素的影响。

二是柯尔伯格将"习俗"（convention，指风俗习惯②）一词引入其理论中，这比皮亚杰来得高明。事实上，如果皮亚杰也这样做的话，以皮亚杰的聪明才智、长寿与勤奋，可能就没有后来者柯尔伯格的发展空间了。当然，历史是不能假设的。众所周知，英文"morality"一词起源于拉丁语"mores"，后者意为风俗与习惯（参见"道德学习"一章）。可见，从"morality"本源于"mores"的事实看，"morality"之内本就有"习俗"或"道德习俗"的含义，只是后来人们才将"morality"与"mores"分作二词使用，此时"mores"的含义有三：①指群体或社会体现道德观的风俗与习惯；②道德观念；③风俗与习惯。③ 柯尔伯格继承此传统，将"习俗"引入其理论，其目的主要有三：①想说明道德判断不单纯是一个是非对错的问题，而是在面对道德情境时，个人从人、己、利、害以及社会规范等多方面综合考虑所作的价值判断。②证明道德是相对的。因为不同社会的习俗显然不完全相同。就这一点而言，与维果斯基类似，柯尔伯格也承认社会文化历史因素对人的心理与行为的影响，蕴含的是一种相对主义道德观，这对今人理解道德的相对性有一定的启示意义。例如，"谦虚"一向被中国人视作传统美德，而美国等西方发达国家的人由于没有类似中国人崇尚谦虚的文化，虽被告诫在国外旅行时要做到"谦虚谨慎"，④ 却很少将谦虚视作美德，相反，他们崇尚的是个人英雄主义。现在中国人在看待"谦虚"这个传统美德时态度也在发生变化。2003年9月23日《扬子晚报》在A12版上就刊登了《上海修订〈中学生守则〉》的新闻，据该新闻讲，《上海市中学生守则（试行）》已出台，试行守则共20条，去除了诸如"生活俭朴""谦虚"等旧内容，而加入了"珍爱生命""文明上网""远离毒品""保护环境""诚实守信""热爱科学""养成健康生活方式""尊重外宾、增进国际理解、维护国家尊严"等新内容。由于去除"谦虚"等旧内容，还引起了一场要不要将"谦虚"从《中学生守则》中去除的争论。③对道德是否可教与可学这

---

① 张春兴. 教育心理学. 杭州：浙江教育出版社，1998：142.
② 夏征农，陈至立. 辞海：第六版缩印本. 上海：上海辞书出版社，2010：2042.
③ 陆谷孙. 英汉大词典. 2版. 上海：上海译文出版社，2007：1257.
④ 例如，美国国务院制定的《美国人海外旅行行为准则》之一就是："无论你心里怎么想，你的言谈举止都应该谦虚谨慎。在许多国家，任何形式的炫耀都会被视为粗鲁无礼。"［读者，2007（14）：31］。

一难题作了巧妙回答。德性可以教、可以学吗？这在西方学术界曾是一个争论不休的话题，并产生了四种典型观点：德性既可教也可学、德性既不可教也不可学、德性可教但不可学与德性可学但不可教。柯尔伯格将"习俗"引入其理论，通过大量研究告诉人们，"习俗"是影响人的品德发展的重要因素之一，对于绝大多数个体而言，其所处"习俗"一旦发生改变，迟早会导致其品德发生改变。而"习俗"既可教也可学，这样，若想改变人们的某种德性，只要想方设法改变相应的习俗即可。这实际上就等于说，人的德性是可以通过教育而培养的，这就为道德教育提供了理论依据，[①] 并彻底化解了"德性是否可教可学"的上述争论。但不知何故，柯尔伯格的上述思想在当代中国学界少有人问津，一些人除了死死抓住柯尔伯格观点中存在"将习俗与道德混为一谈"的瑕疵外，并未真正理解柯尔伯格上述观点的奥妙。[②]

（二）关于品德的基本假设

作为皮亚杰道德认知理论的忠实追随者，柯尔伯格在研究儿童的道德发展时也继承了皮亚杰的"善即公正"和"品德发展水平与道德认知水平之间存在着正相关"等基本假设，并在以下三个方面发展了皮亚杰的思想：

1. 随着年龄的增长，个体的道德将由他律道德向自律道德发展

皮亚杰相信，随着年龄的增长，个体的道德将由他律道德向自律道德发展。柯尔伯格也赞同这个假设，并进一步将该假设细分为两个具体的假设：一是个体的道德类型与年龄有关，个体的年龄越大，越会作出自律的道德判断；二是道德类型与道德阶段有关，道德判断从他律类型向自律类型的发展过程与道德判断的个体自然成长过程即道德阶段的向上发展过程是一致的。

2. 个体所处社会文化环境对道德判断的自律发展有直接影响

柯尔伯格认为，民主、平等、合作和相互关联的社会文化环境和社会关系对自律道德判断的发展有积极的影响；与此相反，权威、社会等级制度森严以及一味重视服从的社会，会阻碍自律道德的发展。换言之，在合作与相互尊重的环境中，有利于形成自律道德；在限制或单方面尊重权威的环境中，则易于形成他律道德。

3. 道德发展的阶段水平或类型与道德行为之间存在着密切的关系

在柯尔伯格看来，道德发展的阶段水平或类型与道德行为之间存在着密切的关系。一般而言，拥有自律道德的个体比只具他律道德的个体更能够做到言行一致，更能自觉地遵守道德准则和道德规范；并且，属于自律道德的个体比属于他律道德的个体更能从内心证明是从正当的道德准则出发作出合乎道德规范的行为。

（三）道德两难故事法：一种研究儿童品德发展的经典方法

1. 为什么要用"道德两难故事法"而舍弃"对偶故事法"

在柯尔伯格看来，皮亚杰的对偶故事法在操作上不够严密，因为两个故事中有不同的情境，导致一些无关变量不易被控制。为了更客观地研究儿童的品德发展规律，柯尔伯格在对偶故事法的基础上发展出一种新的研究方法：道德两难故事法。柯尔伯格的道德两难

---

① 张春兴. 教育心理学. 杭州：浙江教育出版社，1998：143.

② 汪凤炎，郑红. 改变道德习俗：生活德育的最佳切入路径. 南京社会科学，2012（6）：113－119.

故事法直接来自皮亚杰主张用"间接方法而非直接方法"研究个体品德发展的思想。不过，柯尔伯格针对皮亚杰对偶故事法的局限，把皮亚杰的对偶故事改成了道德两难故事，道德两难故事保留了对偶故事的简捷形式和冲突性情境的特点。用道德两难故事对儿童进行道德判断谈话不再像对偶故事谈话一样采用二择一式的选择判断，而是采取一种"开放型"的手段：根据故事的内容提出一系列问题，在儿童对道德两难故事作出选择即判断的基础上，让儿童回答他作出这种判断的理由，然后从儿童陈述的理由中寻找其道德认知发展的规律。①

2. 何谓"道德两难故事法"

所谓道德两难故事法，指研究者根据所要研究的道德主题，事先设计并编写出一些包含道德价值内容的两难故事，组成不同的结构形式，要求被试辨认两难故事中人物言行的是非对错并说出自己的理由，从被试对特定行为情境的评价中去推断他们的道德发展水平。根据柯尔伯格实施道德两难故事法的具体过程，道德两难故事法的一般操作步骤是：①编制道德两难故事阶段。事先经过充分思考，设计出一个或几个充满道德两难情境的故事。②让被试了解两难故事。将这个充满道德两难情境的故事呈现给个体，请他们认真予以理解和领会故事情节。③回答问题阶段。等个体充分理解这个道德两难故事的内容后，再请个体回答一些基于这个道德两难故事情节所提出的问题。④推导个体的道德发展水平。分析个体对不同问题的作答情况，推导出个体的道德发展水平。

柯尔伯格共设计了9个两难故事，这些故事都包含两种尖锐对立的不同价值选择，所代表的冲突都是青少年关注的，引发的问题对个体在较高的发展水平上有意义。在这9个道德两难故事中，最著名的是"海因兹两难故事"，故事内容如下：

欧洲有个妇女患了一种特殊的绝症，生命垂危。医生认为只有一种药能救她，就是本镇一个药剂师最近发明的镭。药剂师制造这种药要花很多钱，而他索价还要高出成本的10倍。药剂师花了400美元制造镭，而一小剂药他竟索价4 000美元。病妇的丈夫海因兹到处借钱，试过各种合法途径，但他一共才借到2 000美元，只够药费的一半。海因兹不得已，只好告诉药剂师，说他的妻子快死了，请求药剂师便宜一点卖给他，或允许他赊账。但药剂师说："不行！我发明这种药就是为了赚钱。"海因兹试过了一切合法手段，但他都失败了。于是，一天夜晚他撬开药店的门，为他妻子偷来了药。

在这则故事之后，柯尔伯格要被试回答以下几个问题：

（1）海因兹应不应该偷药？为什么？

（2）海因兹偷药是对还是错？为什么？

（3）法官该不该判海因兹的罪？为什么？

（4）海因兹有责任或义务去偷药吗？为什么？

（5）你认为人们是否有必要竭尽全力地去拯救他人的生命？为什么？

（6）海因兹偷药是犯法行为，从道德的角度看这是正确的还是错误的行为？为什么？

（7）仔细回想故事中的困境，你认为海因兹最负责任的行为应该是做什么？为什么？

---

① 郭本禹．道德认知测量方法评介．教育理论与实践，1994（5）：53．

3. 九条理论标准

为了增强道德两难故事法的可操作性，柯尔伯格在吸取康德与皮亚杰等人界定道德判断两种不同的形式（即他律和自律）的基础上，详细阐述了九条区分这两种形式的理论标准。这九条理论标准不仅规定、区分了道德类型的两种形式的内涵，而且以这些理论标准为依据，将道德类型的内涵转化为具体的评分标准来测评道德类型。所以，这九条理论标准是准确把握柯尔伯格判断个体道德类型的重要理论框架。这九条理论标准分别为：

第一，自由（freedom）。自律的道德判断在作出"正当"或"有效"的判断时，依据自己内在的感受、良心，而不受外在权威或标准的束缚；相反，他律的道德判断在证明"正当"或"有效"时要参考外在标准，依赖于权威或法律。换言之，在作道德判断时，二者的立足点完全相反，前者更多的是从自身良心的角度出发，后者侧重于权威和法律的规定。以海因兹偷药的两难故事为例，自律的道德判断认为海因兹应该偷药，因为从一个人的良心出发，为了挽救一条生命他必须偷药；他律的道德判断认为海因兹不应该偷药，因为偷药触犯了法律，凡是犯法的事都是不对的。

第二，互相尊重（mutual respect）。自律的道德判断体现了和他人平等合作的意识：假若希望别人尊重自己，自己就要先尊重别人。在同辈关系中不难理解，同样的，在晚辈和长辈的关系中也是如此。例如，在子女和父母的关系中，子女要尊重自己的父母，父母也要尊重自己的子女，这种尊重是相互的。他律的道德判断表现为对权威、法律、权力等单方面的尊重，认为父母是长辈和权威，子女必须对他们无条件地尊重，父母则不必尊重自己的子女。

第三，可逆性（reversibility）。自律的道德判断是可逆的、平衡的，因为它明显地包括了某种相互的和互惠的角色承担的形式，所以，在特定的情境中，所有人都要相互考虑对方的利益、观点和要求，以便公正、公平地解决问题；他律的道德判断不包含如此明显的角色承担，而倾向于仅从一个观点考虑特定的道德问题。可逆性与相互尊重有一定的联系，但比相互尊重更进一步，不仅要求尊重别人，更重要的是要站在他人的角度考虑问题，即有明显的角色承担能力。

第四，建构性（constructivism）。自律道德判断反映了这样一种意识，即用以指导和制定道德决策的准则和法规是人们通过思维，在基于平等合作的理想社会群体中积极创造的，所以，这些法则、规则被视为可变的，能够根据特定的情境和环境加以调整；他律的道德判断反映了一种神圣的、严格的、不可变的准则和规则的观点。

第五，层次性（hierachy）。自律的道德判断蕴含一种明显的价值等级，强调的是道德价值和规定义务，而不单单出于实用主义的、描述的、后果论的或美学的考虑；他律的道德判断不能反映明确的价值等级，对道德两难的解决方式重在非道德的和实用主义的考虑。

第六，内在性（intrinsicalness）。自律的道德判断将人视作目的而非手段，具有一种人性关怀，是对道德人格、人的自主和人的尊严的尊重；他律的道德判断是一种实用主义、工具主义的观点，将人视为手段而非目的。

第七，规定性（prescriptivity）。自律的道德判断认为道德责任规定着一套道德义务和行为，而不管行为者的主观倾向和各种实用的考虑，道德责任是以内在冲动、道德需要或良心为基础的；他律的道德判断则反映了一种工具性的或假设的道德责任观。

第八，普遍性（universality）。自律反映了使用类化的或普遍的道德判断，以便于它们适用于相同的或类似情境中的每一个人；他律的道德判断被理解为相对工具性的自我利益。

第九，选择（choice）。在回答具体的道德两难问题时，作出自律道德判断的个体比作出他律道德判断的个体，更能从后习俗道德阶段的观点，选择通常认为是公正和公平的解决方式，并能证明这种解决方式的正当性。这九条理论标准中，"选择"标准比较特殊，更多的是强调内容而不是形式特征，所以具有较多的概率特征。

自由、互相尊重、可逆性和建构性标准来源于皮亚杰。皮亚杰认为自律本质上就是个体和他人之间的互相尊重，这种互相尊重和角色承担能力让个体以开放的视野来理解道德需求，而不必受外界权威、传统或法律的约束。等级性、内在性、规定性和普遍性标准来自康德。道德自律是康德道德原则的具体内容，在康德看来，行为者自己对自己颁布道德律令，不受客观外物或其他个体的影响。康德把自律界定为将任何或所有的个体视为目的而非手段，描述了在判断道德行为的合理性时所坚持的道德考虑的能力，这需要将自身从个人需求和实用主义的或美学的考虑中分离出来，从而认识该形势中的道德需求并将道德判断普遍化以适用到相同或相似的情境中。康德的道德自律为柯尔伯格的道德类型说提供了哲学上的启示。[①]

4. 具体操作

依柯尔伯格的理解，在实施两难故事时将上述九条标准贯彻其中，就能较准确地推导出被试的道德发展水平。为了增强读者的印象，下面举一个例子。

道德两难故事Ⅲ（又名"海因兹两难故事"）是一个经典的柯尔伯格式的道德两难故事，该两难故事有5个关键标准和2个非关键标准。其中关键标准（critical criteria）为：选择、层次性、内在性、规定性和普遍性。非关键标准（noncritical criteria）为：自由和互相尊重。关键标准设置的问题如下：①选择：海因兹应该偷药，或海因兹不应该偷药。由此导出的问题就是："你认为海因兹应不应该偷药？为什么？"②层次性：妻子生命的价值或生存的权利优先或重要于法律以及医师的财产权；或法律、药剂师的财产权重要于海因兹妻子的生命，海因兹应该为偷药的行为受到法律的制裁。由此导出的问题就是："你认为海因兹偷药是对还是错？为什么？""你觉得药剂师抬高药价的行为对吗？为什么？"③内在性：妻子、朋友、陌生人的生命都有其自身的价值，生命是无价的，应该被拯救，而不管其社会地位、潜在的生产力或个人利益怎样；或妻子、朋友、陌生人的生命没有价值，生命对于海因兹具有工具主义的私人的重要性、对社会具有工具性的价值。由此导出的问题主要有："假若海因兹不爱他的妻子，他们的感情不好，他还应该为她偷药吗？为什么？""你认为人们竭尽全力地去拯救别人的生命是否必要？为什么？""你认为海因兹妻子的生命、药剂师的财产权以及法律哪一个更为重要？为什么？"④规定性：海因兹有责任、义务去偷药挽救他妻子的生命，不管他是否爱她；或海因兹没有责任、义务去偷药挽救他妻子的生命，而且采取何种行动只取决于海因兹自己的情感。由此导出的问题就是："在药价太高没有钱买药的情况下，偷药是一个丈夫应尽的责任吗？""海因兹偷药是犯法行为，从道德的角度看这是正确的还是错误的行为？为什么？"⑤普遍性：假设在相同或相似情境中，海因兹为朋友或陌生人偷药在道德上是正当的；或假设在相同或相似情境中，海因兹为朋友或陌生人偷药在道德上是不正当的。由此导出的问题就是："如果患

① 魏静. 高中生道德类型与道德行为的相关研究. 南京：南京师范大学，2005：7-9.

病的人不是海因兹的妻子而是他最好的朋友，他应该为他偷药吗？为什么？""假若患病的人是一个陌生人，海因兹应该为他偷药吗？为什么？"非关键标准的问题设置如下：①自由：海因兹应该按照他的良心或他自己的道德选择来作出偷药的决定从而挽救妻子的生命，而不受外在的法律束缚；或海因兹受到法律、社会系统及其他外在影响的限制。由此导出的问题就是："在你看来，法律是什么？""人们应该在任何时候都遵守法律吗？为什么？"②互相尊重：海因兹应该尊重他妻子的生命就像他希望她尊重他一样，互相尊重要求人们把人看作目的，而不仅仅是手段；或将人看作手段而非目的。由此导出的问题就是："如果患病的人是一个作恶多端的人，海因兹应该偷药救他吗？""假若患病的人是一个对社会有贡献的人，海因兹应该为他偷药吗？为什么？"①

5. 道德两难故事法的得与失

道德两难故事法的优点主要有三：①道德两难故事谈话是一种开放型谈话，被试可以充分表述其价值选择即判断的理由。②道德两难故事法可以把道德判断的内容与形式或结构加以区分，通过控制内容来研究形式，从而揭示出道德形式的发展规律。被试的不同道德阶段反映了其道德判断的形式或结构的不同，而不是道德判断的内容的不同。按照具体的标准评分，这就克服了皮亚杰对偶故事法中存在的主观性和随意性的缺点。③柯尔伯格对计分方法作了详细的规定，据他报告其道德判断测量的信度和效度都很高。它是品德测评中的第一个规范化和标准化的测量，能够科学而客观地测量个体道德认知发展的水平和阶段。

不过，道德两难故事法也存在一些不足：①柯尔伯格所采用的标准评分系统过于复杂，他的道德判断测量手册共 1 000 多页，因此被人称为"心理学文献中最复杂的评分系统"。②道德两难故事法是一种个别谈话法，不是一种纸—笔测验，不但施测费时，且不适用于团体测验。③道德两难故事法采用的是"开放型"问题，尽管测验手册中有详细的评分规则和标准，但评分者难以掌握过多的规则和标准，因此要准确评分仍存在一定的困难。②

（四）柯尔伯格道德发展论的主要内容

柯尔伯格把儿童的道德发展看成整个认知发展的一部分，认为儿童的道德成熟过程就是道德认识的发展过程。与皮亚杰相似，柯尔伯格将儿童看作道德哲学家，认为儿童有自己的关于价值观问题的思考方式，能自发形成他们的道德观念，这些道德观念又形成有组织的思维方式。道德认知是对是错、善恶行为准则及其执行意义的认识，集中在道德判断上。道德判断是一个人根据道德原则对什么是正确的或错误的行为进行的判断，即道德评价。儿童的道德成熟首先是道德判断上的成熟，然后是与道德判断相一致的道德行为的成熟。同时，道德发展与认知发展密切相关。柯尔伯格曾说："因为道德推理显然也是一种推理，较高的道德推理要依赖较高的逻辑（按：理智）推理。因此，一个人的逻辑阶段决定了他所能达到的道德阶段的限度。"③ 所以，一个认知水平处于前运算阶段的儿童因其思维的不可逆性决定了他只能接受成人的单方面的道德强制。不过，不能由此推出道德思维只是理智思维在道德问题上的简单运用。柯尔伯格说："我们的理论主张，道德阶段和

---

① 魏静．高中生道德类型与道德行为的相关研究．南京：南京师范大学，2005：21 – 22.

② 郭本禹．道德认知测量方法评介．教育理论与实践，1994（5）：54.

③ 柯尔伯格．道德教育的哲学．魏贤超，等译．杭州：浙江教育出版社，2000：378 – 379.

逻辑阶段在结构上是类似的，但二者是不同的。道德阶段包含着运用可逆的公正结构、互惠和平等的结构形式去完成的社会角色承担（social role-taking）和角色承担之间的平衡。公正的原则包含着与逻辑类似的互换——运算；但公正原则并非逻辑关系在道德情景中的单纯运用。"[1] 这表明，虽然道德思维要以理智思维为基础，但同理智思维一样，道德思维本身就具有结构的特质，因为道德思维也是一种有组织的心理活动形式。所以，柯尔伯格说："正常的（道德）发展本身就有一个基本的认知—结构的组成部分。"[2] 可见，不能把柯尔伯格的道德判断发展阶段论看成皮亚杰的认知发展阶段论在道德领域的简单推广，应特别注意到：道德发展本身就存在着结构特质，它只是在这一点上同理智发展有着类似性而已。[3] 依柯尔伯格的观点，促进道德发展以促进儿童的思维与解决问题能力为基础，对道德发展阶段的划分依据是判断的结构而不是道德判断的内容。柯尔伯格说："我运用的是一个严格精确的阶段概念，这个概念来自皮亚杰和其他认知发展理论家的结构传统。"道德发展的机制是道德判断的认知结构的变化发展过程。柯尔伯格还相信，道德发展要经过各有恒定性质的不同阶段，处于不同发展阶段的个体或同一个体处于不同的发展阶段对道德问题的判断、推理有明显的区别。在柯氏理论体系中，道德发展的阶段概念是一个核心概念，他认为道德发展阶段具有四个基本特征：一是结构的差异性。处于不同发展阶段的个体或同一个体处于不同的发展阶段，其道德判断和推理的结构（思维模式）有不同类型，它们之间不是量的差异，而是质的差异。柯尔伯格正是按照这种结构的差异特征来划分个体的道德发展水平和阶段的。二是不变的顺序性。个体的道德发展遵循着由低级向高级发展的不变的、普遍的阶段顺序。文化和教育可以加快、延缓或阻止个体道德发展，但决不能改变其阶段顺序。三是结构的整体性。每个不同的、依序发展的思维模式形成了一个结构上的整体。在特定的道德任务中，一个特定的阶段反应不只代表与该任务相似的任务所决定的具体反应，而且代表了一种潜在的思维组织。四是层次的整合性。道德发展的阶段形成一种不断增加分化与整合的结构顺序，以逐步达成其共同的功能。前一阶段的思想总是融合或整合进下一阶段的思想中，并且为下一阶段所取代。新的阶段是从前一阶段中发展出来的，因而它是新旧结合的综合体。柯尔伯格在 1958 年的博士论文中首次提出了儿童道德判断的六种类型，这就是他关于道德发展的最初阶段模型，此后他不断修订。20 世纪 80 年代初对其理论作全面总结时，柯尔伯格按照道德判断结构的性质不同，将个体的道德发展划分为三级水平、六个阶段，提出了他的最全面的阶段模型，详见表 3 - 3：

① 柯尔伯格. 道德教育的哲学. 魏贤超，等译. 杭州：浙江教育出版社，2000：379.
② 柯尔伯格. 道德教育的哲学. 魏贤超，等译. 杭州：浙江教育出版社，2000：379.
③ 柯尔伯格. 道德教育的哲学. 魏贤超，等译. 杭州：浙江教育出版社，2000：378 - 380.

表 3 – 3   柯尔伯格关于个体品德发展的三级水平与六个阶段①

判断水平		发展阶段		心理特征	儿童对偷药故事可能的反应
零（自出生至2岁以前）	阶段零	0	前道德阶段	既不理解规则，也不能用规则和权威判断好坏。使他愉快的或兴奋的就是好的，使他痛苦的或害怕的就是坏的。没有"义务、应该、必须"等概念，即使是在外在权威的意义上也是如此；行为受他自身能做什么或想做什么支配	
一（2～9岁）	前习俗水平（根据行为直接后果和自身利害关系判断好坏是非）	1	服从与惩罚取向	儿童评定行为好坏着重于从表面看行为的结果，认为受赞扬行为就是好的，受惩罚行为就是坏的，于是，盲目服从权威，旨在逃避惩罚	赞成：他可以偷药，因为他先提出请求，又不偷大的东西，不该受罚；反对：偷药会受到惩罚
		2	相对功利主义取向	儿童评定行为的好坏主要看行为后果是否符合自己的需求和利益。凡是对自己有利的就是好的，否则便是不好的。好与坏都以自己的利益为根据，是朴素的利己主义阶段	赞成：他妻子要这种药，他需要同他的妻子共同生活；反对：他的妻子在他出狱前可能会死，故对他没有好处
二（10～20岁）	习俗水平（据行为是否有利于维持习俗秩序，是否符合他人愿望进行道德判断）	3	好孩子取向	儿童心目中的道德行为是取悦于人的、有助于人的或为别人所赞赏的行为。他们从行为者的意向去评价行为，寻求别人认可，凡是成人赞赏的，自己就认为是对的，否则就是不对的	赞成：他只不过做了好丈夫应做的事；反对：他这样做会给家庭带来苦恼和丧失名誉
		4	遵守法规取向	相信准则和法律维护着社会秩序，遵守社会法规，认定规范中所定的事情是不能改变的，不能因处境特殊而感情用事	赞成：不这么做，他要为妻子的死负责；反对：他要救妻子的命是自然的，但偷东西犯法

---

① 柯尔伯格. 道德教育的哲学. 魏贤超，等译. 杭州：浙江教育出版社，2000：20 – 23，280 – 282.

判断水平	发展阶段		心理特征	儿童对偷药故事可能的反应
三 （20 岁以上）	后习俗水平（能摆脱外在因素，着重根据个人自愿选择的标准进行道德判断）	5 社会法制取向	知道道德法则只是一种社会契约，是为维持社会秩序而经大家同意所建立的，只要取得大家的共识，社会规范是可以改变的，不能以不变的规则去衡量人	赞成：法律没有考虑到这种情况； 反对：不论情况多么危险，都不能采用偷的手段
		6 普遍伦理取向	已具有抽象的以尊重个人和个人良心为基础的道德概念，认为个人一贯依据自己选定的道德原则去做就是正确的。换言之，个人的伦理观念用于判断是非时，具有一致性与普遍性	赞成：尊重生命、保存生命的原则高于一切； 反对：别人是否也像他妻子那样急需这药，要考虑所有人的生命价值

注：表中三期所列年龄不是严格划分的，只是大概而言。

（五）柯尔伯格道德发展理论的主要贡献及在德育上的意义

1. 形成了一个研究个体品德发展阶段的重要模式

柯尔伯格采用道德两难故事法对品德发展问题的一系列研究，扩展了皮亚杰关于儿童道德判断研究的理论，在发展心理学中形成了一个研究品德发展阶段的重要模式，使道德现象得到了比较客观的科学证明，有助于将品德发展的理论用到学校道德教育中去，有助于道德教育的实施。事实上，柯尔伯格批判传统道德教育中刻板灌输、强迫执行、盲目顺从、机械重复等方法，重视社会环境对儿童道德发展的影响作用，强调儿童道德判断能力的重要作用等观点，适合时代发展的要求。因此，他的理论和实践在全世界产生了广泛而深入的影响，如美国 20 世纪 70 年代之后掀起的"认知发展教育运动"。

2. 揭示了人类道德认知发展的两大规律

柯尔伯格通过大量研究尤其是一些实证性研究，揭示出人类道德认知发展的两大规律：一是从他律向自律方向发展的规律。这一规律与孔子自叙的心路成长历程相吻合。孔子说："吾十有五而志于学，三十而立，四十而不惑，五十而知天命，六十而耳顺，七十而从心所欲，不逾矩。"既然个体品德的形成与发展遵循先他律后自律的规律，那么，在道德教育中，在设置德育的目标、选择德育的内容、采取德育的方法时，都要依此规律行事，才可能取得事半功倍的效果。同时，在培养学生的自律行为时最有效的做法之一就是从培养学生的他律行为入手，逐渐培养学生的自律行为，这对自律意识较差的个体而言更是如此。二是循序渐进的规律。柯尔伯格的研究表明，个体的品德发展是一个分阶段、循序渐进的过程；换言之，循序渐进是个体的品德发展遵循的又一规律，道德教育也要循序渐进，切不可"揠苗助长"。[①]

---

① 张春兴. 教育心理学. 杭州：浙江教育出版社，1998：149.

3. 让人清楚地看到了道德判断与道德行为之间的关系

柯尔伯格的研究清楚地告诉人们，一种行为是否是道德行为要看进行这种行为之前有无道德判断：若有，则是道德行为；若无，则不能用"道德或不道德"的视角来衡量。这就将道德行为与一般行为（如偶然性行为或反射行为）区别开来。同时，也让人清楚地意识到，不能简单地将利他行为等同于道德行为；否则，可能就会犯泛道德主义的错误。何谓利他？在心理学界主要有两种观点：一是强调从动机的角度来理解利他，二是主张从行为角度来理解利他。假若给"利他"下一个动机或意图性的定义，那么，如果一个人的行为动机或意图是向另一个人施加积极影响，他的友好行为就被认为是"利他的"。在这个意义上，真正的利他主义者的行为主要是出于对别人的关心，而不是期望以助人、分享或安慰得到任何有积极结果的关注。如果要给"利他"下一个行为性定义，利他就是给别人带来好处的行为，而无论行为者的动机如何。从这个意义上可以将利他主义与亲社会行为看作同义词。很显然，动机性定义下的利他不考虑行为结果的好与坏，行为性定义下的利他不考虑行为前是否有良好的动机。道德行为强调既要有道德的动机又要有道德的结果，这样，只有在行为性的利他行为之前加一个道德判断，这种利他行为才算是道德的；若一种利他行为之前没有道德判断，即使就结果而言，这是一种利他行为，但这种利他行为也不等同于道德行为。例如：

情境 A：同在某公交车站等车的张三与李四互不相识，这时，李四的仇人王二正躲在离该公交车站不远的地方，准备用弹弓射李四的眼睛以报复李四，就在王二的弹子飞向李四的眼睛的同时，碰巧张三突然插到李四的面前，张三的后背恰好挡住了飞来的弹子。

情境 B：同在某公交车站等车的张三与李四互不相识，这时，李四的仇人王二正躲在离该公交车站不远的地方，准备用弹弓射李四的眼睛以报复李四，就在王二的弹子飞向李四的眼睛的同时，碰巧被张三看见，张三来不及通知李四躲避，就勇敢地跑到李四的面前，用自己的后背挡住了飞来的弹子。

俗话说，"不怕不识货，就怕货比货"。假若问："张三在情境 A 与情境 B 中的行为都是一种道德行为吗？"对于这个问题，一个人只要稍具智慧，就会说："张三在情境 A 中的行为虽属利他行为（即巧合式利他行为），却不能算作一种道德行为，因为在此行为之前没有道德判断；而张三在情境 B 中的行为是一种真正的道德行为，因为在此行为之前有一个道德判断，随之产生了一个想救人的道德动机与道德行为。"由此可见，道德认知在一个人的品行修养中所占的重要位置，从这个意义上说，"美德即知识"是一个合情合理的命题。同时，依据柯尔伯格等人的思想，真正的道德行为强调既要有道德的动机又要有道德的结果。这样，如果一个人先对其所遇到的情境作一个较清晰或很清晰的道德判断，然后再做出某种利他行为，或者在作出一个较清晰或很清晰的道德判断的同时，随即做出相应的某种利他行为，那么，这种行为才可能称得上是有道德的行为；与此相反，假若一个人未对其所遇到的情境作任何程度的道德判断，他在其后所做出的任何行为，即便其结果是利他性的，也不能将这种行为称作有道德的行为，而只能将之视作"空心的利他行为""巧合式利他行为"或"歪打正着式利他行为"，这三种行为看似有道德的行为实非有道德的行为，因为做这类行为之前缺乏一个道德判断。所谓"空心的利他行为"，是指一种内心并无相应的道德认识或道德判断，只是机械地或条件反射地做出来的单纯利他行为。例如，智能机器人按人的指令成功将一个人从危险的地方救出来，此智能机器人的行为就属一种"空心的利他行为"。所谓"巧合式利他行为"，是指一个人无意中做出的、恰巧对他人或社会有益的行为。因此行为之前没有道德判断，故不是真正的道德行为。所谓"歪打正着式利他行为"，是指一个人本意（或动机）是想伤害对方，但其所做出的伤害对方行为的结果在客观效果上却起到了利他作用。例如，历史上罪恶的贩卖黑奴活动，让许多非洲黑人死于非命，但是，不可否认，极少数被贩卖到北美洲的黑奴的后代，由此而在美国过上了幸福的生活。但人们却不可因此而发出"还是贩卖黑奴的制度好"的感叹！由此可见，"歪打正着式利他行为"与"巧合式利他行为"的相似之处主要有二：一是二者在客观上都是利他的，二是这两种利他行为之前都不包含道德判断。"歪打正着式利他行为"与"巧合式利他行为"的明确区别是："歪打正着式利他行为"之前包含一个邪恶的动机；"巧合式利他行为"之前只有一个"非道德性认识"，却并不包含邪恶的动机。[①]

4. 个体的品德具有浓厚的主体特征，因此道德教育必须吻合儿童的心理发展

"儿童是道德哲学家"是柯尔伯格的一个基本命题。柯尔伯格相信儿童有自己的关于价值观问题的思考方式，能自发形成他们的道德观念，这些道德观念又形成有组织的思维方式。既然个体的品德发展具有浓厚的主体特征，因此，道德教育必须配合儿童心理发展就是情理中的事情了。

（六）对柯尔伯格道德发展阶段论的主要质疑

1. 柯尔伯格只研究了道德领域中的一个重要问题——公正问题

在皮亚杰和柯尔伯格眼中，道德判断发展的中心原则是公正；换言之，在作道德判断前都假定公众是以"公正"作为道德取向的。这一观点招来学人的质疑，其中最著名的批评者之一是吉利根（Carol Gilligan）。吉利根是柯尔伯格的弟子与同事之一，且是女弟子、女同事。她在参与柯尔伯格的研究过程中深深体会到，柯尔伯格的两难故事讲的都是公正问题，两难故事中的主角都是男性，这有性别偏见。作为一个女性被试和女性研究者，吉利根对于柯尔伯格的两难故事中所提问题的反应可能与男性被试或男性研究者有不同的看法；说得直率些，假若说男性被试或男性研究者较为关注公正问题的话，那么女性被试或女性研究者就更为关注关爱（caring）之类带情感性的主题和对他人负责任的道德规范。例如，吉利根在运用柯尔伯格的海因兹偷药故事进行研究时就发现，被试除了有以"公正"为道德取向这一类反应外，也有以"关爱"为取向的另一类反应。比如，有的被试在陈述海因兹不应该偷药的理由时说："因为如果他侥幸成功地偷到了药，也未必能救活妻子；若被抓住，我想他妻子更没希望用上这药。这两种选择都无助于海因兹的妻子。"表明该被试关注的是当事人的选择是否会解除海因兹妻子的痛苦，这是一种"关爱"而非"公正"的取向。吉利根又将"豪猪和鼹鼠的故事"呈现给 11~15 岁的美国儿童：

一只豪猪为了寻找避寒的地方，向一窝鼹鼠提出请求，希望能搬进鼹鼠们住的岩洞里去，鼹鼠们同意了。但是，岩洞很小，鼹鼠不久就发现，只要豪猪一动，它身上的刺就扎到它们。最后，鼹鼠要求豪猪搬走，可是豪猪不肯，说："既然是你们鼹鼠不满意，那你们搬走好了。"

---

① 汪凤炎，郑红. 荣耻心的心理学研究. 北京：人民出版社，2010：49-50.

　　吉利根发现，男孩子大多倾向于选择公正原则来解决问题，他们会说："那是鼹鼠的家，没有什么可说的，让豪猪离开。"不过，女孩子则不同，她们更倾向于寻找让双方都高兴与满意的解决方法，例如"用毯子将豪猪的刺裹起来"①。吉利根后来将她的这一看法不断加以系统研究，撰写并出版代表作《不同的声音》(*In a Different Voice*)② 一书。吉利根及其合作者经过一系列研究，提出了关爱道德取向理论，得出三点主要结论：第一，在道德判断和推理中存在公正和关爱两种典型的道德取向，女性是典型的关爱取向，男性是典型的公正取向。第二，男性更重视诸如公平和尊重他人权利这样的抽象、理性的道德原则，女性看待道德时更倾向于关注人类的幸福。第三，女性关爱道德的发展具有自己的特点，它一般要经过自我生存定向、善良、非暴力道德三个发展水平。水平一：自我生存定向。当个体的道德发展处于这一水平时，自我是其关心的唯一目标，自我生存的观念最为重要。只有当自己的需要之间发生冲突时，道德思考才会产生，道德是对自己强加的约束力。水平二：善良，即自我牺牲。这是女性作为照顾者和保护者在习俗水平上的观点。道德判断起源于社会规范和大多数人的意见。关心他人尤其关心他人的情感，关心冲突伤害的可能性成为这一水平中人们所关注的中心。水平三：非暴力道德。个体利用非暴力原则解决自私和对他人负责之间的冲突，自己与他人之间的道德平等通过平等地运用避免伤害的禁令而获得，关爱成为普遍的义务。吉利根的关爱道德取向理论在一定程度上揭示了道德发展的性别差异，提出了判断品德发展水平的第二个重要维度，这不仅是对传统道德发展理论的重要修正，也为人们针对不同性别的学生开展道德教育提供了一条重要思路。③于是，吉利根的思想逐渐被学人所认同，结果导致西方道德心理学的最新发展趋势之一是道德主题朝多向度发展，公正、关爱和宽恕成为当代道德心理学领域的三大研究主题。

　　2. 柯尔伯格只研究了禁令取向的道德推理，没有研究亲社会道德两难情境的道德推理

　　与吉利根的视角不同，美国的艾森伯格（Nancy Eisenberg，1989）注意到，柯尔伯格研究所用的两难故事在内容上主要涉及法律、权威或正规的责任等问题。例如，在海因兹偷药故事中，海因兹必须在违法和履行丈夫的责任之间作出选择。她认为这些问题在一定程度上会限制儿童的道德推理，使他们的推理局限于一个方面，即禁令取向的推理（prohibition oriented reasoning）。为了弥补这一不足，艾森伯格设计出不同于柯尔伯格两难情境的另一种道德两难情境，即亲社会道德两难情境，以此来研究儿童的道德判断发展。亲社会道德两难情境的特点是一个人必须在满足自己的愿望、需要与满足他人的愿望、需要之间作出选择。例如，一名同学面临这样的情境：他必须在自己学习与帮助学习困难的同学并牺牲自己的学习时间之间作出选择。经过大量研究，艾森伯格总结出儿童亲社会道德判断发展的五个阶段。阶段一：享乐主义、自我关注的推理。助人与否的理由包括个人的利益得失、未来的需要或者是否喜欢某人。阶段二：需要取向的推理。他人的需要与自己的需要发生冲突时，儿童开始对他人的需要表示出简单的关注。阶段三：赞许和人际取向、定型取向的推理。儿童在分析助人与否的理由时，涉及好人或坏人、善行或恶行的定型印象、他人的赞扬和许可等。阶段四：移情推理。儿童分析助人与否的理由时，开始注意与行为后果相关联的内疚或其他情绪体验，初步涉及对社会规范的关注。阶段五：深度内化

---

① Dennis Coon. 心理学导论——思想与行为的认识之路. 郑钢，等译. 北京：中国轻工业出版社，2004：130.

② 卡罗尔·吉利根. 不同的声音. 肖巍，译. 北京：中央编译出版社，1999.

③ 皮连生. 教育心理学. 3 版. 上海：上海教育出版社，2004：236.

推理。儿童决定助人与否，主要依据内化的价值观、责任、规范和改善社会状况的愿望。艾森伯格的亲社会道德发展阶段理论得到一些跨文化研究的支持，这表明她的观点具有一定的普遍适用性。该理论提示人们：儿童面临的情境不同，产生的道德认识、道德情感、道德意志和道德行为都可能存在差异，对儿童进行道德教育要注意因势利导，针对不同的情境采用不同的策略。①

3. 柯尔伯格只是通过研究言语反应来考察人的道德发展水平

许多研究者认为，柯尔伯格只通过研究抽象和假设的两难故事情境中的言语反应来考察人的道德发展水平，这些反应没有真正揭示被研究者全面的道德人格中的深层结构，因为对抽象描述的、假设的两难情境的反应可能不能保证在更复杂的具体情境中对两难情境反应的推论。同时，言语反应与实际生活情境中作出的决定和采取的行动之间并不存在稳定的正相关，柯尔伯格的两难故事法过于依赖被试的言语能力，忽略了意会知识的重要性。为了应对这一批评，柯尔伯格的学生莱斯特（James Rest）领导明尼苏达大学道德研究小组的专家经过多年研究，在柯尔伯格道德两难故事法的基础上设计了一套道德测量的客观工具，即确定问题测验（defining issues test，简称 DIT），现在已在第一版（DIT-1）的基础上开发出了最新的第二版（DIT-2）。该测验是纸笔形式的团体测验，能考察被试的道德认知发展水平和道德推理能力，它不但有较理想的信度和效度，而且能较好地克服两难故事法的主观性和随意性较大以及记分较烦琐等缺陷，是目前测量个体道德判断水平的一种较理想的工具。

4. 柯尔伯格只研究了道德发展的一般性问题，没有考虑道德发展的特殊性

哈桑（Hartshorne）和梅（May）等的研究强有力地表明，对于具体道德问题，个人是以不同的方式作出思考的，个人不会用任何前后一致的普遍的方式思考道德问题。不过，假若因此说道德思维是"情景相对性的"或"情景特定性的"，那么，要么必须完全放弃阶段的概念，要么不得不承认个人可以同时在不同阶段上思考各种不同的道德问题。诺曼·威廉斯在英国法明顿信托研究中心（the Farmington Trust Unit in England）的研究倾向于表明，道德思维是有点情景特定性的。但是，他也相当有把握地争辩说，一种朝向道德思维的普遍性发展的趋势也是道德发展的一个特征，这是道德教育应该注意的一个重要方面。后一个观点可以很好地同我们对道德概念的哲学分析联系起来，这种分析看来暗示着约定俗成的道德先于普遍化的道德。从比较适合于柯尔伯格分析的意义上看，这可能暗示着，假若道德思维是比较特殊的而不是普遍的，那么，个人就可以在一个阶段思考一种问题，同时在另一个阶段思考另一些问题。这是一个尚未解决的问题——至少我们现在并不知道任何对柯尔伯格模式中的普遍性和特殊性所作的研究。不过，可以根据柯尔伯格的分析性模式来决定人们占优势的思维阶段这一事实似乎表明，道德思维具有相当的普遍性。另外，在道德问题或情境中某种新的局部的不一致性将会有助于更清楚地确定人们的思维特征。我们在此只能说，像其他所有有价值的理论一样，柯尔伯格的理论引起了需要进一步研究的问题。②

5. 没有证据证明"三水平六阶段"模型普遍有效

柯尔伯格的模式的另一个缺陷是，它没有澄清道德发展的这些阶段是否可以被看作是

---

① 皮连生. 教育心理学. 3 版. 上海：上海教育出版社，2004：237-238.
② 霍尔，戴维斯. 道德教育的理论与实践. 陆有铨，等译. 杭州：浙江教育出版社，2003：106-107.

具有严格顺序的，即获得一个新的思维方式，就要求抛弃前一个思维方式；或者是否可以被看作是渐进的，从而获得一个阶段就会包含着对先前那个阶段的一种继续。追随皮亚杰的某些思想，柯尔伯格起初的观点是，这些阶段是有顺序的，每个阶段是相互排斥的；但是，这个观点在他的研究中肯定比他实际表达的更为含蓄一点。对这种认知发展理论作出更大贡献的艾里沃特·杜里尔（Elliot Turil）教授曾就这一问题做了一些研究，他在研究中争辩说，从一个阶段向下一阶段的转变，包含着对先前那个阶段的一种重新构造和取代。因此，尽管在重新构造与取代之间的差异是完全不明显的，但这也在一定程度上显示出道德发展上那种可能的累积性质。诺曼·威廉斯所坚持的是一个几乎相对立的观点，但他没有比柯尔伯格及其同事更好地证明他的结论。根据威廉斯的说法，道德思维的最后那个阶段是，"特定个人具有一些关于某种既定情形的既不相同但又同时并存的道德思维方式的一个阶段"。辛普逊不仅指出柯尔伯格的证据是不充分的，研究技术是成问题的；而且指出，柯尔伯格所借助的抽象的道德原则（公正、平等、生命的价值等）是文化上的偏见。[1] 另外，柯尔伯格也没有向世人提供充足的证据证明阶段六的存在。一些追踪研究的结果显示，很少有人达到阶段五，没有证据表明阶段六会随着阶段五之后出现。[2] 同时，作为理论上的建构，在阶段六之后是否还有阶段七，这也是一个值得进一步思考的问题。

6. 柯尔伯格将"习俗"与"道德"相等同

新柯尔伯格学派认为，柯尔伯格可能犯了一个错误：将习俗等同于道德。事实上，道德是习俗（即道德习俗），但习俗却不一定是道德。如，"用筷子吃饭"和"女人穿裙子"都是习俗，却不能将"用刀叉吃饭"和"男人穿裙子"视作两种不道德的行为。为了避免再犯此类错误，新柯尔伯格学派主张在研究道德时要将道德与习俗分开。笔者以为，在一定意义上说，将习俗与道德分开，有利于克服泛道德主义的倾向；并且能通过缩小道德教育领域的途径，进而实际上提高道德教育的效果。不过，若将道德完全与习俗相分离，易让人产生"道德不是习俗"的误解。有鉴于此，最妥当的做法是：

第一步，先将习俗分为道德习俗（与道德有关的习俗）与非道德习俗（与道德无关的习俗）。在认识到道德习俗与人的道德品质之间密切相关的同时，不能将所有的习俗都视作道德，更不可将一些明显与道德无关的非道德习俗误作道德习俗，否则，不但对育德无益，甚至还可能产生某些意想不到的不良效果。

第二步，将道德习俗分为好的道德习俗与恶的道德习俗。凡是有益于绝大多数人（包括自己与他人）、仁爱且正义的、能使社会和自然界健康生存与可持续性发展的道德习俗，都是好的道德习俗；反之，凡是有损于绝大多数人（包括自己与他人）、不仁爱且非正义的、有碍于社会和自然界健康生存与可持续性发展的道德习俗，都是恶的道德习俗。例如，"平等待人"就是好的道德习俗，"女子无才便是德"就是恶的道德习俗。在好的道德习俗的长期熏陶下，有益于人的善良德性乃至美德的形成；反之，在不良道德习俗的长期熏陶下，会助长人的恶性。

第三步，在此基础上，要准确看清道德习俗与人的品德生成的关系。不同的人有不同

① 霍尔，戴维斯. 道德教育的理论与实践. 陆有铨，等译. 杭州：浙江教育出版社，2003：107 – 108.

② WALKER L J, DE VRIES B & TREVETHAN S D. Moral stages and moral orientations in real-life and hypothetical dilemmas. Child development, 1987, 58（3）：pp. 842 – 858；WALKER L J & TAYLOR J H. Stage transitions in moral reasoning：A longitudinal study of developmental processes. Developmental psychology, 1991, 27（2）：pp. 330 – 337.

的个性、不同的世界观、不同的人生观、不同的价值观、不同的信仰、不同的兴趣与爱好，因此，面对自己所处的道德习俗，不同的人应对的方式自然也不尽相同，绝不可像经典行为主义心理学家那样，将人视作"空心的有机体"，进而忽视人的主观能动性，将人视作完全被动地由环境所决定。但是，也不可矫枉过正，过于强调人的主观能动性，忽视环境在塑造人的心理与行为中的重要性，否则会陷入主观唯心主义的泥潭。因此，在剖析道德习俗与人品德生成之间的关系时，宜作具体分析。概要言之，当人面对自己所处的道德习俗时，从变与不变的角度看，有两类应对方式：一类是个体的品行随道德习俗的变化而变化；另一类是个体固守自己已有的品德及相应的行为方式，不随道德习俗而变。相比较而言，前者占大多数。

（1）多数人的品行随道德习俗而变。

①从时代与地域角度看，多数人的品行随道德习俗而变。

若综合达尔文的进化论和维果斯基的文化历史学派的精义看，与动物类似，人也是自然界进化的产物；不过，与动物不同，人更是社会文化历史的产物。这样，在通常情况下，绝大多数正常成人和青少年的道德品质都是随其所处道德习俗而生成相应的道德品质的。若结合时代与地域来看，可以明显发现多数人的品行随道德习俗而变。具体地说，将时代与地域进行排列组合，可以得出四种情况：第一，不同时代、不同地域。生活在不同时代、不同地域的人们，由于其所处道德习俗的不同，往往推崇和拥有不尽相同的道德品质。第二，不同时代、同一地域。生活在不同时代、同一地域的人们，由于其所处道德习俗随着时代的不同而发生了变迁，往往推崇和拥有不尽相同的道德品质。例如，流行于清代的道德习俗与流行于新中国的道德习俗有本质的差异，导致生活在清代的中国人与生活在新中国的中国人，在道德品质上存在本质差异。第三，同一时代、不同地域。生活在同一时代、不同地域的人们，由于文化背景的不同，导致其道德习俗也不同，其道德品质也有较大差异。就同一国家而言，若两个地区的道德习俗不同，生活在这两个不同地域的人们所推崇和拥有的道德品质也不尽相同。第四，同一时代、同一地域。生活在同一时代、同一地域的人们，由于大家所处道德习俗大体相同，多数人所推崇和认可的道德品质是类似的。

②从个体角度看，多数人的品行随道德习俗的改变而改变。

从个体的角度看，多数人的品德是随道德习俗的改变而改变的。正所谓："习与性成。""习俗移人，贤智者不免。""橘生淮南则为橘，生于淮北则为枳，叶徒相似，其实味不同。所以然者何？水土异也。今民生于齐不盗，入楚则盗，得无楚之水土使民善盗耶？"① 此种现象可用斯金纳（B. F. Skinner）的强化理论、班杜拉（A. Bandura）的社会学习理论、塔杰菲尔（Tajfel）与特纳（Turner）的社会认同理论（social identity theory）②、斯达纽斯（J. Sidnius）与普拉图（F. Pratto）的社会优势理论③以及费斯廷格（L. Festinger）的认知失调理论等加以解释。在此意义上可说，绝大多数人都是环境的产物，能够不太受其所处环境影响且做到"特立独行"的人毕竟是极少数。也正由于此，对于那些能够做到"出淤泥而不染"的人，人们才会生出由衷的尊重。

---

① 晏子. 晏子春秋. 汤化，译注. 北京：中华书局，2011：403.

② TAJFEL H & TURNER J C. The social identity theory of inter-group behavior. In S. Worchel and L. W. Austin（eds.），Psychology of intergroup relations. Chicago：Nelson-Hall，1986；pp. 7 - 24.

③ 李琼，刘力. 低地位群体的外群体偏好. 心理科学进展，2011（7）：1063 - 1064.

当然，个体在某种道德习俗里生成了某种德性后，当身处新的道德习俗之后，若德性慢慢发生了与新道德习俗相一致的变化，对于这种情形要区别看待，判断标准是看改变后的道德习俗与改变前的道德习俗相比，哪一个更合乎人性，哪一个更有助于人类的可持续性发展。较之改变前的道德习俗，若是改变后的道德习俗更合乎人性、更有助于人类的可持续性发展，那么，若一个人的品性随新道德习俗而发生改变，便叫"英雄识时务""与时俱进"，显示出此人思维灵活，判断道德方向准确，且有主见。在改革开放不断深入推进的当代中国，此类人越多，越有利于改革开放又好又快地向前发展。与此不同，较之改变前的道德习俗，若是改变后的道德习俗更不合乎人性、更无助于人类的可持续性发展，那么，若一个人的品性随新道德习俗而发生改变，便叫"墙上草，风吹两面倒""做人缺乏原则性"，显示出此人缺少主见，没有洞察力，不能准确判断道德方向，难成大器又难担重任。

同时，有人会说：一个人的德性若随道德习俗而变，说明其德性仍不稳定，仍未真正内化，充其量只停留在道德行为的改变上，还未达到生成道德信仰的水平。这种说法有一定道理，但不全对。一方面，对于大多数独立人格尚未真正形成的人而言，正由于其独立人格尚未形成，故其德性具有可塑性，易随道德习俗而变，这正说明其德性仍不稳定（具有弹性），仍处于他律水平，仍未真正内化并达到自律水平。古今中外的无数事实告诉人们，大多数人在大多数时候都未形成独立人格，[①] 故他们的道德品质主要是他律的，深受其所处的外在环境的影响。正是看到了这一事实，发达国家才普遍信奉人性本恶，于是注重法律、各类管理制度和社会保障制度的建设，以此来约束国民的言行，促进国民良好道德品质的生成与发展，收效甚佳。与此相反，在古代中国，虽然"千里之行，始于足下"的名言妇孺皆知，但至少在论道德修养的"大道"上却多未体现此思想，只在一些"细枝末节"上贯彻了它。结果，由于一些人"立意太高"，一味要求绝大多数人的道德品质都要能"一步登天"，达到像颜回那样"一箪食，一瓢饮，在陋巷，人不堪其忧，回也不改其乐"[②]，或孟子所说的"富贵不能淫，贫贱不能移，威武不能屈"的自律且超稳定水平，进而偏执于要求人们加强自我心性修养，却不重视外在的制度建设，但最终能够达到像颜回那样有高水平的道德品质的人毕竟是凤毛麟角，绝大多数人的道德水准都不高，并最终导致整个社会的道德沦丧，由此而演绎出一幕幕王朝更替的悲喜剧，却没有找到一条让中国长治久安的发展道路。这是值得今天的中国人深刻反思的。另一方面，也有少数独立人格已真正形成的个体，当其面对新道德习俗时，经过自己的深思熟虑，然后主动放弃原有的德性，自愿、自觉地生成新的德性。此时，若是像蔡元培那样主动放弃旧道德，自觉与时俱进，就属"英雄识时务"的做法；若像康有为那样由"改良派"而变为"保皇派"，甘愿逆时代而行，就属"拉历史倒车"的做法。

这表明，在个体品行随道德习俗而改变的人群中，有些人是被动、不自觉地"随风转"，有些人是自觉、主动地变。在这两种情形中，前者的德性不但发展水平普遍不高，而且普遍不稳定；后者的德性却不能轻易说其不稳定，也不可轻易说其德性水平已很高。只有像蔡元培那样的人，才能说其道德品质已达高水平，并且很稳定。之所以说蔡元培的道德品质已达高水平，是因为他能做到与时俱进，在鱼目混珠的时代，能够认准时代发展

① 汪凤炎. 从五因素交互作用论看德育的作用. 南京师范大学学报（社会科学版），2006（6）：90–94.
② 杨伯峻. 论语译注. 2版. 北京：中华书局，1980：50.

的正确方向，并自觉、自愿与时代保持一致；之所以说蔡元培的德性很稳定，是因为当他一旦树立起为国为民谋福祉的志向后，就终身坚守之，践行之。若像康有为那样的人，才能说其品德发展水平不高且不稳定。之所以说康有为的道德品质不算高，是因为他不能做到与时俱进，在鱼目混珠的时代，没能认准时代发展的正确方向，最终作出了错误的选择；之所以说康有为的德性不算稳定，是因为他的言行左右摇摆，其德性发展有倒退的倾向。

（2）极少数人的品行虽不随道德习俗而变，却要辩证看待。

生活中也有极少数人的品行并不随道德习俗而变，对于这一事实也要辩证看待。

一方面，根据辩证唯物主义和历史唯物主义的原理以及维果斯基所创立的文化历史学派思想的精义可知，这些人所拥有的品行仍是在一定的道德习俗影响下而形成的，因为任何人都绝不可能完全脱离道德习俗而"独自"生成某种德性。从这个意义上说，任何时候都不可否认道德习俗对个体品德所起的重要影响，否则，就会陷入"天赋道德说"或神秘主义的泥潭。

另一方面，个体在某种道德习俗里生成了某种德性后，当面临道德习俗的巨大变化时，若仍固守原来的德性，而不随道德习俗改变，对于这种情形也要区别看待，判断标准仍是看改变后的道德习俗与改变前的道德习俗相比，哪一个更合乎人性，哪一个更有助于人类的可持续性发展。较之改变前的道德习俗，若是改变后的道德习俗更合乎人性、更有助于人类的可持续性发展，在此背景下，若一个人仍固守旧道德习俗里习得的道德品质，这种旧道德品质虽然很稳定，却显得不合时宜。如，作为商朝遗民，伯夷、叔齐死守"诸侯伐君为不仁"的道德规范，错误地认为周武王灭商是"以下犯上"的不道德行为，进而誓死不做周朝的臣民，也不吃周朝的粮食，而隐居在首阳山，以采野果为生，最终饿死，[①] 这就显得与时不合。好在伯夷、叔齐只是采取隐居深山的方式来表达自己的不满，并最终饿死，除此之外并未采取其他措施去对抗新兴的西周王朝，从而赢得了后人的同情。拥有此类落后道德品质的人若过于坚持己见，进而竭力排斥、打击新生事物，就属顽固不化，必然会成为新生事物的阻碍者，变为社会前进的阻力。像清朝末年的一些顽固守旧分子，信奉"天不变，道亦不变"，顽固守旧，最终被历史所淘汰。与此不同，较之改变前的道德习俗，若是改变后的道德习俗更不合乎人性、更无助于宇宙苍生的可持续性发展，在此背景下，若一个人坚守原先道德习俗里习得的道德品质，不同流合污，就显得其道德人格极高尚。一些肩负起中国"脊梁"的文化精英，往往能够信守中国优秀传统道德习俗所认可的优秀道德规范，并以此为行动指南而让自己逐渐习得相应的优秀道德品质，无论自己所处的习俗有多庸俗，仍不改其志，做到"富贵不能淫，贫贱不能移，威武不能屈"且"美人不能动"，这类人就是推动中国前进的动力，像孔子与孟子等人便属此类人中的佼佼者，历史也终将记住他们。[②]

顺便指出，由于人的道德发展与习俗密切相关，导致人的道德发展还有四大规律：①共性与个性的统一；②可塑性与稳定性的统一；③历史性与时代性的统一；④本土性与国际性的统一。

---

① 司马迁. 史记. 裴骃，集解. 司马贞，索隐. 张守节，正义. 北京：中华书局，2005：1688.
② 汪凤炎，郑红. 改变道德习俗：生活德育的最佳切入路径. 南京社会科学. 2012（6）：113－119.

三、艾里克森的人格发展八阶段理论

艾里克森（E. H. Erikson，1902—1994）是当代最著名的新精神分析派学者之一，其建构出的人格发展八阶段理论对当代教育心理学和发展心理学产生了较大的影响。

（一）艾里克森对弗洛伊德思想的继承与发展

艾里克森不同于弗洛伊德的地方主要有三：第一，他的人格发展理论不是基于异常者的心理特征建立起来的，而是依据一般心理健康者的人格特征建立起来的。第二，不像弗洛伊德那样持早期决定论的看法，艾里克森将人生全程看作一个连续不断的人格发展过程。第三，与弗洛伊德将生物性的本我的性冲动作为人格发展动力的看法不同，艾里克森将社会性的自我成长看作人格发展的动力。这样，假若说弗洛伊德解释人格发展的理论可以看作是一种个体的性心理发展论（或本能论）的话，艾里克森解释人格发展的理论则可以看作是一种个体的心理社会发展论。①

（二）艾里克森人格发展八阶段理论的主要内容

新精神分析派对品德发展也有自己的理论研究，不过其考察角度与皮亚杰、柯尔伯格、班杜拉不同。新精神分析派的品德理论与其人格理论是密切联系的。新精神分析理论主张品德或道德是人格的一部分，个体的人格发展过程也是其品德发展过程。它重视文化社会因素在人格形成和发展中的作用，将注意力放在人自己和社会上，并强调人格特征的可变性，认为人格在一生中都发展变化着，儿童早期的失败可以在以后的成功中得到补救，这样就为人格的培养提供了希望。新精神分析派的代表人物之一是艾里克森，艾里克森通过临床观察和经验总结，提出道德或人格发展八阶段理论，将人一生的人格发展分成八个阶段，其中前五个阶段与弗洛伊德的人格发展阶段论的划分是一致的，后三个阶段则是艾里克森独创的，如表3-4所示：

表3-4 艾里克森的人格发展八阶段理论示意表

期别	年龄	发展危机	发展顺利者的心理特征	发展障碍者的心理特征
婴儿期	出生至1.5岁	信任对不信任	对人信任，有安全感	面对新环境时会焦虑不安
学步儿童期	1.5～3岁	自主对羞怯和疑虑	能按社会要求表现目的性行为	缺乏信心，行动畏首畏尾
游戏期	3～6岁	主动对内疚	主动好奇，行动有方向，开始有责任感	畏惧退缩，缺少自我价值感
学龄期	7～12岁	勤奋对自卑	具有求学、做事、待人的基本能力	缺乏基本生活能力，充满失败感

---

① 张春兴.教育心理学.杭州：浙江教育出版社，1998：127.

（续上表）

期别	年龄	发展危机	发展顺利者的心理特征	发展障碍者的心理特征
青春期	12～19 岁	同一性对角色混乱	有了明确的自我观念和自我追求的方向	生活无目的无方向，时而感彷徨迷失
成年早期	19～34 岁	亲密对孤独	与人相处有亲密感	与社会疏离，感到寂寞孤独
成年期	35～60 岁	发展对停滞	热爱家庭、关心社会，有责任感和义务感	不关心别人与社会，缺少生活意义
成年后期	60 岁以上	完善对失望	随心所欲，安享晚年	悔恨旧事，失望、沮丧

根据表 3－4 所示，艾里克森认为人格发展的八个阶段是以不变的顺序逐渐展开的，而且在不同的文化中普遍存在，每个阶段能否顺利地度过是由社会环境决定的。艾里克森认为，人最初的本性既不好也不坏，但有向任何方面发展的可能性。人格或品德的发展是一个有阶段的过程，人格发展的每一个阶段都由一对冲突或者两极对立所组成，并形成一种危机。危机的积极解决能增强自我，使人格得到健全发展，有利于个人对环境的适应；危机的消极解决会削弱自我，使人格不健全，阻碍个人对环境的适应。并且，前一阶段危机的积极解决会增加后一阶段危机积极解决的可能性，前一阶段危机的消极解决则会减小后一阶段危机积极解决的可能性。每一次危机的解决都存在着积极因素和消极因素，根据其中的哪一种因素多而被称为积极的解决或消极的解决。当积极因素的比率大时，危机就能顺利地解决。一个健康人格的发展必须综合每一次危机的正反两个方面，否则就会有弱点。例如，成长过程中有一点不信任等消极因素，不能认为是不好的。艾里克森还指出，不仅所有的发展阶段是依次地相互联系着的，而且最后一个阶段和第一个阶段也是相互联系着的。例如，老人对死亡的态度会直接影响幼儿的人格发展。他说："如果儿童的长者完美得不惧怕死亡，儿童也不会惧怕生活。"人格的发展阶段以一种循环的形式相互联系着，一环扣一环，形成一个圆圈。同时，假若一个个体在每一阶段都能保持向积极品质方面发展，就是顺利完成了该阶段的任务，从而形成健康、成熟的品格；反之，如果不能向积极品质方面发展，就会产生心理—社会危机，或出现情绪障碍，从而导致病态和不健全人格。这八个阶段分别是：

（1）婴儿期：信任对不信任（infancy：trust vs. mistrust，出生至 1.5 岁）。艾里克森认为，信任感是一个人形成健康人格的基础，这种信任感是在出生的头两年发展起来的。一个婴儿出生后最迫切的需要是父母爱他、照顾他，因此，这一阶段儿童的基本矛盾是：信任与不信任的矛盾。儿童通过感官领会世界，从母亲及家庭成员的形象中去信任世界（在艾里克森看来，在此阶段最有影响的人是妈妈或类似妈妈的人）。在此阶段，如果他们能得到合理的照顾、哺育、关切与爱抚，就会感到世界是个安全且可信赖的地方，于是发展其对他人信赖的人格；反之，假若父母对他照顾不周、哺喂习惯欠缺或对其态度恶劣等，就会使他们对周围环境产生猜疑，产生不信赖他人的人格，对人产生害怕和怀疑心理并延续到以下各阶段。假若这一阶段的危机得到积极解决，就会形成希望的美德；如果危机消极解决，就会形成惧怕。艾里克森也相信，信任与不信任的问题不是在第一年都能解决的，而是在以后的阶段仍然可能变化和发展。同时，由于不信任感是人们对于危险的准备和不快事情的预期，因此，它不一定都是不必要的。不过，人应该朝着该信任的就信任、不该信任的就不信任的方向发展，二者应保持一定比例，信任感应多于不信任感。

（2）学步儿童期：自主对羞怯和疑虑（toddler：autonomy vs. shame & doubt，1.5~3岁）。这一阶段儿童的主要矛盾是：自主与羞怯、疑虑的矛盾。在此阶段，儿童的依赖性逐渐减少而自主性逐渐增强，他们开始出现一种自控或影响环境的能力，相应地，这个阶段的儿童开始试探自己的能力，许多事情喜欢自己动手，不愿他人干预。如果这种试探得到成人的允许，父母在安全范围内允许儿童自由行动，鼓励儿童做力所能及的事，鼓励儿童在活动中获得成功，儿童会逐渐体会到自己的能力，出现自主的感觉，而养成自主发展的人格；反之，假若父母过于溺爱与保护，对他们的独立行动表现得不耐烦，横加干涉，批评过多，孩子就会对自己的能力表示怀疑，感到羞怯，儿童的依赖性就会长期存在下去。所以，假若这一阶段的危机得到积极解决，就会形成自我控制和意志的美德；如果危机消极解决，就会形成自我疑虑。

（3）游戏期：主动对内疚（play age：initiative vs. guilt，3~6岁）。这一阶段的基本矛盾是：主动与内疚的矛盾。这个阶段的儿童活动更为协调，语言更为生动，想象更为丰富。假若父母肯定和鼓励儿童的主动行为和想象，对儿童提出的智力上表现出主动性的问题耐心地给予回答，不嘲笑、不禁止幻想性游戏，那么儿童的主动性就会得到充分发展；反之，如果父母和教师对儿童在智力和行为方面的主动性表现冷漠，甚至经常讥笑和限制儿童的主动行为和想象，儿童就会缺乏主动性，发展拘谨、压抑与被动而内疚的人格。如果这一阶段的危机得到积极解决，主动超过内疚，就会形成方向和目的的美德；假若危机消极解决，就会形成自卑感。

（4）学龄期：勤奋对自卑（school age：industry vs. inferiority，7~12岁）。这一阶段的主要矛盾是勤奋和自卑。学习成为这一阶段儿童的主导活动。因而，假若说在前三个阶段对儿童影响最大的是家庭因素，那么，在这一阶段对儿童影响最大的就是学校因素了。儿童在这一阶段最重要的是"体验以稳定的注意和孜孜不倦的勤奋来完成工作的乐趣"。他们所追求的是自己的工作获得成就与成绩所得到的认可和赞许。如果儿童能够得到老师的支持，并且经常获得成功的经验与赞许，儿童的勤奋感就会增强，再接再厉，培养起乐观进取和勤奋的人格；反之，假若对儿童教育不当、儿童屡遭败绩或其成绩受到冷漠的对待，儿童就会自视不如他人，使他们对自己能否成为一个对社会有用的人缺乏信心，从而产生自卑感。如果这一阶段的危机得到积极解决，就会形成能力的美德；假若危机消极解决，就会形成无能。

（5）青春期：同一性对角色混乱（adolescence：identity vs. role confusion，12~19岁）。这一阶段的主要矛盾是：自我同一性与角色混乱。自我同一性（self-identity）指青少年对自己的本质、信仰和一生中的重要方面前后一致且较完整的意识，也就是个人的内部状态与外部环境的整合和协调一致。12~19岁的年轻人，发展的任务是建立自我同一性和防止自我同一性混乱。个体进入青年期，其意识分化为理想自我和现实自我，要建立自我同一性，就要使理想自我和现实自我达到统一。为此，或者努力改变现实自我，使之与理想自我相一致；或者修正、改变理想自我，使之符合现实自我。青年自我同一性的建立和其以前发展阶段所建立起来的信任感、自主感、主动感关系密切。个体如果顺利地完成了以前的发展任务，自我同一性就容易建立，并顺利进入成人期；否则，自我同一性就难以建立，而是导致自我同一性的混乱，[1] 也就是产生角色混乱或消极同一性。角色混乱指个体不能正确地选择适应社会环境的角色；消极同一性指个体形成与社会要求相背离的同一性。如时间混乱——缺乏时间观念；自我肯定的困惑——怀疑自己对自己的认识与别人对自己的印象是否一致；工作瘫痪——不能认识努力工作与预期效果之间的联系，对成就不抱期望，于是松劲或不坚持努力；两性混乱——不愿接触异性或乱搞两性关系；权威混乱——不了解领导和被领导的统一关系，产生对立或盲从。

（6）成年早期：亲密对孤独（young adulthood：intimacy vs. isolation，19～34 岁）。这一阶段的主要矛盾是亲密与孤独。这一时期是人们进行求爱和过早期家庭生活的时期，在这一时期，个体往往十分关注镜像自我，关注印象管理，关注自身的前途和发展。过去所达到的同一性加上这个阶段从事工作、从事生产活动的特点，就出现了人与人之间的新关系，此时亲密的含义既包括爱情也包括友谊。如果一个人乐于与人交往，建立友谊，分享苦乐，他就不会失掉自己；如果一个人不能在朋友之间、夫妻之间建立一种友爱关系，他就会产生孤独感，就不会产生与任何人分享苦乐、互相关心的感情。与此阶段密切联系的是友谊、性、竞争和合作中的伙伴。假若这一阶段的危机得到积极解决，就会形成爱的美德；如果危机消极解决，就会形成混乱的两性关系。

（7）成年期：发展对停滞（adulthood：generativity vs. stagnation，35～60 岁）。这一阶段的主要矛盾是发展对停滞。发展表现为对他人、对事业、对未来的关心和投入；反之，那种只关心个人的需要和舒适的人就陷入自我专注状态，产生停滞感。在这里，发展不仅指生育后代，还包括通过活动创造事物和思想，当然以前者为主。假若一个人能形成积极的自我同一感，并且过着充实和幸福的生活，他们就试图把这一切传给下一代，或直接与儿童发生交往，或生产和创造能提高下一代精神和物质生活水平的财富。假若这一阶段的危机得到积极解决，就会变得关心的美德；假若危机消极解决，就会变得自私自利。

（8）成年后期：完善对失望（late adulthood：integrity vs. despair，60 岁以上）。前七个阶段都能顺利度过的人具有充实幸福的生活，对社会有所贡献，他们有充实感和完善感，这种人不惧怕死亡，他们在回忆过去的一生时，自我是整合的、完善的；反之，当一个人回顾自己的一生时感觉到过去失去了很多机会，走错了方向，想重新再开始又感到为期太晚，就会经常体验到失望，他们对死亡没有思想准备。然而，当个体面临失望时，常常会从两个方面进行自我整合：一是肯定自己一生中的成绩，以弥补失望之感；二是以洒脱的态度接受自己生命将走到尽头的事实，并产生将自己的知识传授给后人的责任感。假若这一阶段的危机得到积极解决（即整合成功），就形成智慧的美德；如果危机得到消极解决（即整合失败），就会形成失望、毫无意义甚至是绝望感。[2] 这表明，在艾里克森眼中，智慧实际上是指个体对人生所持的一种内含爱心且超然脱俗的理智生活态度或生活方式。所以，通常情况下，一个人的智慧只有在其生命发展周期的第八个阶段才会出现，是个体成功解决因死亡威胁所产生的心理危机之后的产物。[3]

---

① 朱智贤. 心理学大词典. 北京：北京师范大学出版社，1989：996.

② ERIKSON & ERIK H. Identity and the life cycle. New York：International Universities Press，1959.

③ 侯炜. 中国人的智慧观. 南京师范大学基础心理学专业博士学位论文开题报告，2007 - 12 - 10.

（三）人格发展八阶段理论对道德教育的启示

1. 发展期中危机重重，自我成长不易

艾里克森的阶段划分和发展任务是否切合实际还有待进一步的检验。不过，他将人的道德品质作为人格整体的一部分来考察，这种整体观值得重视，他尝试揭示心理、情绪、品德的发展，试图找出各阶段的主要矛盾，探索矛盾的产生、解决及其与社会化、教育的关联，这不但与经典精神分析学家相比有明显进步，而且对于今人正确认识自我发展历程也有较大的启示意义。大家知道，关于儿童与教育的关系，过去主要有两种观点：一是儿童中心论，主张一切顺其自然；二是社会文化中心论（教师中心论），主张按社会要求严格训练。这两种取向都有失偏颇。艾里克森指出各时期的发展危机，无疑是跳出了以往这两种取向之争，改而从个体自身在自我发展时所产生的心理困境入手，提出了一种合乎实际的解释。根据艾里克森的观点，这些发展危机是事实性的、普遍性的、人人都能体验到的。当然，发展危机也就是发展转机。艾里克森的这一观点，用学术的语言将中国人的一句俗语阐释得颇为透彻：人生顺境十之一二，逆境十之八九。这表明，无论是从经验总结的角度看，还是从学术研究的角度看，人在一生的发展历程中是危机重重的，自我成长的确不容易，所以，每个人既要有"常想一二，不思八九"的良好心态，善待自己的人生之路，也要尽己所能，帮助他人健康成长。

2. 教育既可能是发展的助力，也可能是发展的阻力

依艾里克森的解释，适当的教育是促进个体人格健康发展的助力，而错误的教育则会阻碍个体人格的健全发展。这一见解对于当代中国人正确认识教育在个体人格发展中所扮演的角色具有一定的启示意义。[①]

---

① 张春兴. 教育心理学. 杭州：浙江教育出版社，1998：137 – 139.

第三篇　学习理论

　　"学习理论"（learning theories）是教育心理学中最核心、最具特色且分量最重的内容。顾名思义，学习理论是关于学习的理论。一般而言，一个完整的学习理论主要包括两大部分：一是经典实验；二是在经典实验基础上概括出来的核心思想。核心思想至少又包括三个方面的内容：①对于学习实质的看法；②对于学习过程的解释；③对于学习规律的见解。有些甚为关注教育实践的心理学家（如斯金纳）还会在此基础上将自己的学习理论运用到教育实践中，从而提出一些具操作性的教学模式或方法；也有些心理学家甚为关注学习的迁移问题，从而提出自己关于学习迁移的看法。同时，虽然现在的心理学家对学习的看法基本上已达成共识；但是，无论是在历史上还是在当代教育心理学界，不同心理学家对学习者在学习中所扮演的角色，学习历程或学习过程（learning process）中知识怎样获得和行为怎样发生改变，以及学习的内容、学习的方式、学到了什么、怎样研究学习等问题，历来存在着多种不同的解释，从而在西方心理学界出现了著名的三大学习理论，它们之间的主要差别可列表如下：

西方三大学习理论对"学习"的看法

	行为主义者的观点	认知主义者的观点	人本主义者的观点
对学习者的认识	早期的行为主义者和新行为主义者认为学习者是被动的，其行为完全是由外界环境所控制的；换言之，将学习者看作一个"空心的有机体"（empty organism）。班杜拉则有限度地承认学习者这个主体在学习过程中的作用	学习者是学习的主体，学习者已有的知识背景在其后继的学习中扮演非常重要的角色	学习者是学习的主体，学习者对学习内容与其需要之间关系的认识深深影响着其后的学习
对学习过程的认识①	将学习看作个体在活动中受外部因素影响而使其行为改变的历程，一句话，将学习看作"因行动而学到行为"，这就是教育上所谓的外铄的看法	将学习看作个体对事物经认识、辨别、理解而获得新知识的过程，一句话，将学习看作"由既知而学到新知"，这就是教育上所谓内发的看法	将学习看作个体随其意志或情感对事物自由选择从而获得知识的过程，一句话，将学习看作"因需求而求知"，这也是教育上所谓内发的看法

---

　　① 张春兴. 教育心理学. 杭州：浙江教育出版社，1998：170.

	行为主义者的观点	认知主义者的观点	人本主义者的观点
对学习内容的认识	学习的内容主要是一系列刺激与反应之间的联结；换言之，将行为视作学习的内容	在认知结构主义者看来，学习的内容是知识，并且是客观的知识；在建构主义者看来，学习的内容虽是知识，却是主观的知识	理想的学习内容在学习者看来是对其人格健全发展有意义的东西，这些东西从种类上讲，既包括知识，也包括行为，还包括情感与态度等
对影响有效学习的因素的认识	一般都力倡强化是影响有效学习的重要因素，只不过，典型的行为主义者一般只重外在的直接强化，而新的新行为主义者（如班杜拉）更注重替代强化与自我强化。同时，桑代克重视"效果律"（"直接强化"）与"练习"对学习的影响；斯金纳重视"操作"和"直接强化"对学习的影响；班杜拉重视"间接经验"对学习的影响	一般都重视学习者已有的认知结构在学习新知识中所扮演的重要作用。除此之外，布鲁纳强调知识的结构性，重视"做中学"；建构主义者强调协作与对话在学习中的重要作用	力倡学习内容对学习者健全人格发展所具有的意义，认为这是影响学生进行意义学习的关键因素；同时也重视"做中学"
对学习方式的看法	早期的行为主义者和新行为主义者一般主张直接学习；新的新行为主义者主要强调间接学习（观察学习）	布鲁纳主张发现学习是主要学习方式；奥苏贝尔力倡接受学习是主要学习方式；在建构主义者看来，建构学习是主要学习方式	意义学习是最有效的学习方式
对学习结果的认识	学得行为，即习得新的行为方式或使现有行为方式朝预期方向发展	获得知识，使已有认知结构在量上或质上得到提升	健全人格的养成
对教师在学生学习中所扮演角色的认识	早期的行为主义者和新行为主义者都主张教师是保证学生进行有效学习的最有力的指导者；换言之，在学生学习的过程中，教师扮演着举足轻重的主导者的角色。班杜拉既强调教师的重要性，也注意到学习者这个主体的作用	在布鲁纳与建构主义者眼中，教师只是学生进行有效学习的促进者；在奥苏贝尔眼中，教师在学生的学习中扮演举足轻重的主导者的角色	教师只是学生进行有效学习的促进者、侍者
对研究路径的主张	早期的行为主义者和新行为主义者都主张通过严格的实验法来研究动物的学习规律，然后将其类推引用来解释人的学习。新的新行为主义者主张以人为研究对象来研究人的学习规律	主张以人为研究对象来研究人的学习规律，反对以动物为被试来研究人的学习规律的做法	主张以人为研究对象来研究人的学习规律，反对以动物为被试来研究人的学习规律的做法

人类的学习是一件非常复杂的事情，上述三大学习理论中的每一种学习理论都只是揭示了学习的某一方面或某几方面的规律，因此，理性的态度是博采众家之长，依据教育实际情况灵活运用各家的学习理论。[①] 鉴于行为主义学习理论和认知主义学习理论的长处是具有科学精神和较强的可操作性，而人本主义学习理论具有人文关怀精神，在实际的教育情境中，妥当的做法应该是：以人本主义学习理论为理念，主要按行为主义学习论和认知派学习论进行教学设计，以实施教学，从而将学生培养成既有科技知识又有人文精神的社会主义事业接班人；同时，教育者如果能融会贯通三大学习理论的精神实质，定能兼顾科学技术的教育取向与人文社会观点的教育取向、知识学习的教育内涵与健全人格养成的教育内涵之间的辩证关系，而不至于顾此失彼。三大学习理论对学习方式与方法从不同角度做了许多有益的探讨，揭示了各种各样的学习方式与方法，如桑代克提出了尝试错误学习，与此相对应，苛勒则提出了顿悟学习；斯金纳重视直接学习，与此相对应，班杜拉则重视间接学习；布鲁纳强调发现学习的重要性，与此相对应，奥苏贝尔则主张接受学习；此外，斯皮罗将学习分为初级学习与高级学习，罗杰斯将学习分为无意义学习与意义学习等。针对这诸多不同的学习方式与方法，对于学生而言最佳的学习策略就是根据自己的学习情况与学习内容的具体特点，灵活采用不同的学习方式。

第四章　行为主义学习理论

【内容摘要】

行为主义学习理论的典型、核心观点是：将学习看作个体外显行为改变的历程，对学习时个体内在的心理历程是否改变一般不予解释；而个体外显行为的改变主要显示在刺激与反应之间的联结。行为主义学习理论只是一个总称，在这个名称之下包含有很多观点不尽相同的理论。本章首先主要论述其中最具代表性的三种学习理论——桑代克的试误学习理论、斯金纳的操作条件作用学习理论和班杜拉的社会学习理论，然后简要探讨行为主义学习理论在教育上的应用。在探讨行为主义学习理论时，既注重挖掘其内在的逻辑发展线索，又强调准确而深刻地阐述其思想观点，还特别注意揭示其观点的现代教育价值。

【核心概念】

试误学习、准备律、练习律、效果律、操作性行为、强化、直接强化、正强化、正强化物、负强化、负强化物、一级强化、一级强化物、二级强化、二级强化物、强化程序、普雷马克原理、直接学习、间接学习、观察学习、综合模仿、象征模仿、抽象模仿、替代性经验、替代性试误、替代反应、替代强化、自我强化、自我效能、掌握学习、皮格马利翁效应、奖赏、赏识、惩罚、剥夺式惩罚、施予式惩罚

【思考题】

1. 简要述评试误学习理论。

---

① 衡量一学说好坏的标准有二：一是理论内部的一致性如何，二是解释力的大小。一般而言，一种学说，假若其理论的内部一致性越高，且解释力越大，就说明这种学说的质量越高，反之亦然。

2. 在心理学见解上，华生与巴甫洛夫有何异同？

3. 在学习领域，"如来佛的手掌"是指什么？为什么会有这种说法？

4. 强化有哪几种？请结合事例分别简要谈谈在教育上如何用好它。

5. 请简要谈谈小艾尔伯特实验的功与过。

6. 简要述评社会学习理论。

7. 比较经典条件反射与操作条件反射。

8. 谈谈你对掌握学习的见解。

9. 试比较斯金纳学习观与班杜拉学习观的异与同。

10. 根据行为主义学习理论，谈谈你对惩罚教育和赏识教育的认识。

11. 概要谈谈行为主义学习理论的核心观点及其现代价值。

12. 在行为主义学习理论中，有哪些人看重直接经验在学习中的作用？其核心观点有哪些？有哪些人看重间接经验在学习中的作用？其核心观点有哪些？你是如何看待直接经验与间接经验在学习中的作用的？

13. 请简要谈谈榜样示范法发生作用的心理学原理。

14. 请简要阐述程序教学的基本原则。

15. 有人说"惩罚实是负强化，奖赏实是正强化"，你赞成这种说法吗？为什么？

在西方教育心理学史上对学习理论做较系统研究的，就流派而言，要数行为主义心理学最早，且成效显著。行为主义学习理论（behavioral learning theory）的典型、核心观点是：将学习看作个体外显行为改变的历程，对学习时个体内在的心理历程是否改变一般不予解释；而个体外显行为的改变主要显示在刺激与反应之间的联结。个体对原本不反应的刺激产生反应，就表示其产生了学习。换言之，把个体学到的行为解释为刺激与反应之间关系的联结，认为某一刺激原本不能引起个体某种固定的反应，但经过条件作用之后，个体就会在该刺激出现时作出某种固定反应（如某人走到路口见红灯停见绿灯行便是）。①这一观点最早出自桑代克，为行为主义心理学家所继承，并成为行为主义学习论的一个基本特点：其学习论也多围绕 $S-R$ 之间联结的形成规律而展开。这样，在很大意义上讲，以刺激—反应学习论来指称行为主义学习论似乎更合适。下面将桑代克等人有关学习的观点归于行为主义学习论的一种，正是基于此种意义，才能对这样一个事实作出解释：行为主义创始人华生（J. B. Watson）拒绝承认桑代克为行为主义者，理由是桑代克的学习理论中含有意识的成分（用行为主义者的眼光看，像桑代克的效果律就有此嫌）；换言之，桑代克虽不是华生所认为的行为主义者，但桑代克的学习理论也将学习解释为刺激与反应的联结，并且，其学习理论的精神实质与行为主义学习理论的精神实质是息息相通的，就这些事实而言，可将桑代克的学习理论归为行为主义学习理论。行为主义学习理论只是一个总称，在这个名称之下包含有很多观点不尽相同的理论。因为仅就行为主义心理学本身的发展而言，就大致可分为以下三个阶段：

以创始人华生为代表的早期行为主义是第一阶段，其特征为：客观主义；以刺激和反应的术语解释行为，将学习解释为刺激代替；强调联结学习；环境决定论。

以斯金纳为代表的新行为主义（或叫极端行为主义）是第二阶段的行为主义，主要特

① 张春兴. 教育心理学. 杭州：浙江教育出版社，1998：172.

征为：强调刺激与反应之间的中介变量；允许在经验事实的基础上，对行为的内部动因进行推测；以操作主义观点解释中介变量；将学习解释为反应强化。

第三阶段的行为主义则是以班杜拉为代表的新的新行为主义，作为一种新的新行为主义，其社会学习论的观点介于行为论与认知论之间，将学习看作个体向别人行为模仿的过程，它的特征为：充分重视认知、思维等心理因素在行为调节中的作用；把认知、思维看成是积极、主动的过程；强调研究方法的客观性；主张学习可由观察模仿而产生。①

在教育上，经典条件作用理论用以解释习惯的形成与情绪学习；操作条件作用理论根据实验结果提出了连续渐进法，用强化原则解释多种复杂行为，从而塑造个体的行为。从总体上看，行为主义学习理论强调外在环境对学习的影响，因此，在教育上他们多主张奖励与惩罚。下面阐述几种最重要且对教育影响较大的行为主义学习论。

课外阅读：John B. Watson 于 1913 年发表的《一个行为主义者眼中的心理学》

行为主义者主张心理学是一门科学，科学的研究只限于以客观方法处理客观资料。内省不是客观的方法，用内省法所得到的意识经验更非客观资料。行为主义心理学的核心主张有四：①强调心理学只研究那些能够由别人客观观察和测量的外显行为；②个体的反应是构成行为的基础，集多个反应即可知行为的整体；③个体行为不是与生俱来的，不是由遗传决定的，而是受环境因素的影响而习得的；④经由对动物和儿童实验研究所得到的行为的原理原则，便可推论解释一般人的同类行为。

第一节　桑代克的试误学习理论

桑代克的研究领域广泛，包括动物的学习、人类的学习、教育过程、教学原理和英语学习的性质等，因其对教育心理学的贡献巨大而深刻，故享有"教育心理学之父"的美誉。

一、对哲学研究取向下的教育心理学思想的创新

桑代克之所以能在教育心理学的研究中开辟出一条崭新的、不同于前人的研究路径，从很大意义上说，是因为他善于通过自己的独特思考，对哲学取向下的教育心理学思想作一番深刻反省，并在反省的基础上作许多新的探索，从而为教育心理学的发展开辟了一片新天空。

（一）能用实验法研究学习吗

虽然教育心理学的思想源远流长，但在桑代克之前，人们一般都是用经验总结法和思辨法去研究学习的。毫无疑问，无论过去、现在，还是将来，经验总结法和思辨法都是研究学习的两种有效方法。但学习本身丰富多彩，如果仅仅是使用这两种方法去研究学习，也会带来一定的弊端，如难以真正研究学习背后隐藏的心理机制等。同时，桑代克对一些

---

① 叶浩生．西方心理学的历史与体系．北京：人民教育出版社，1998：180.

人用轶事法和自然观察法研究动物心理的做法也持激烈批判态度，轶事法倾向于以某一特例来推断动物的心理，他嘲讽这种研究"告诉我们的不是动物的心理学，而是对动物的赞语，它们谈的都是动物的智慧，而从没谈过动物的愚蠢"①。自然观察法对各种条件不加以控制，桑代克认为它有三个缺点："①只研究一个事例，所以结果不一定是真实的典型；②没有重复的观察，各种条件也不是完全控制的；③对所研究的动物以前的历史也不知道。"② 在对旧式研究方法进行批判的同时，桑代克又在思考新的研究方法。受早期心理学家如冯特等人用实验法来研究人的心理现象这一做法的启发，桑代克开始思索：既然感觉之类的心理现象能用实验法来研究，那么"学习"能否用实验法来研究呢？正是由于有了这种怀疑，桑代克开始尝试着用实验法这一"新方法"来研究学习。

（二）能用动物作被试来研究人类学习的规律吗

长期以来有一个假设一直在中西思想界盛行，并且事实上也一直在阻碍心理学的研究，那就是：人与动物存在本质的差异，二者之间存在不可逾越的鸿沟。根据这一假设，人是有自由意志的，可以对自己的行为负责，是可以通过合乎情理的思维来控制自己的行动的；而动物只有生物学意义上的机械与简单的自动化动作，动物的行为是受条件反射与本能控制的。这个观念深深根植于人的思想中。直到达尔文（C. R. Darwin）才对此提出质疑。他在 1859 年出版的《物种起源》（*The Origin of Species*）一书中提出了以自然选择为基础的进化说，在人与动物之间架起了一座沟通的"桥梁"。当物种进化的问题被作为广泛研究对象后，以心理进化的可能性为主题的科研便只是一个时间问题了。事实上，达尔文在 1872 年出版的《人与动物的情绪表达》（*The Expression of the Emotions in Man and Animal*）一书中就已考察了心理进化的问题。例如，人的愤怒表现方式与低等动物愤怒的表现方式有明显的关联。

虽然达尔文的思想直接促成了进化心理学（Evolutionary psychology）于 20 世纪 80 年代的诞生（代表人物有 David Buss、Jerome H. Barkow、Ledaosmides 和 John Tooby 等人）和发展，为现代心理学的发展开辟了一个广阔的空间，不过，达尔文当时在人与动物之间架起的沟通"桥梁"还不是很通畅，原因是位于人这端的"桥墩"太高，而位于动物那端的"桥墩"太低，导致"桥面"太陡峭。其后，为了提高沟通人与动物二者关系的桥梁通行的"便捷性"，学术界出现了两种不同的研究进路：①降低位于人这端的"桥墩"，从而使"桥面"变得更平坦。这种做法的实质是将人动物化（brutalize human），认为人类的行为主要是受反射、躯力、本能或以往的经验等因素制约的，其代表人物是精神分析学派的开创者弗洛伊德。虽然弗洛伊德在精神分析领域取得了巨大的成就，其研究成果对其后的哲学、文学与艺术等都产生了深刻而持久的影响，不过，由于弗洛伊德的研究成果主要不是运用实验法取得的，自然被崇尚实验法的主流心理学所排斥。②抬升位于动物那端的"桥墩"，从而使"桥面"变得更平坦。这种做法的实质是将动物人性化（humanize the animals）。达尔文的弟子罗曼尼斯（G. J. Romanes）依此进路写出了《动物的智慧》（*Animal Intelligence*，1882）一书，但此书未采用科学的研究方法，故对主流心理学没有什么大

---

① 张述祖，等．西方心理学家文选．北京：人民教育出版社，1983：81.
② 张述祖，等．西方心理学家文选．北京：人民教育出版社，1983：83 – 84.

的影响。① 桑代克依此路径严格按实验法的程序来研究动物（主要以小鸡和猫为被试）的学习，并于 1898 年以《动物智慧：动物联想过程的实验研究》（*Animal Intelligence: Experimental Study of the Associative Processes in Animals*）在哥伦比亚大学获得博士学位，这是心理学史上第一个以动物为被试的实验研究。通过开展动物学习的实验，从中概括出学习的规律，并将之类推到用来解释人的学习，不但提出了联结主义学习理论，更重要的是，其所运用的实验法对后继的教育心理学的研究范式产生了持久而深刻的影响。

（三）完整的学习理论应包括哪些核心内容

在桑代克之前有无数学人曾对学习作过研究，以中国为例，从先秦以降至清代，代代皆有教育大家出现，他们都曾对学习的原则和方法等问题提出过许多至今仍有见地的观点。但毋庸讳言，在学习问题上先哲们大多未提出一个结构清晰、内容完整的学习理论。在国外，早在 19 世纪末 20 世纪初便出现了一些教育心理学方面的书籍，但其内容多取自普通心理学与儿童心理学，缺乏自己独特的内容体系。桑代克看到了这一现象，不但尝试构建教育心理学自己的内容体系（详见第一章），还努力建构学习理论的完整体系。自桑代克在其著作中将学习理论分为对学习实质的看法、对学习过程的看法和对学习规律的看法三大部分，对后来的学习理论体系产生了深刻影响。

二、动物实验

为了便于研究，桑代克做了一个迷箱，后人一般称之为"桑代克迷箱"（如图 4 - 1 所示）。在实验时，桑代克将一只饿猫关进迷箱里，迷箱外放一只食盘，盘内有一条鱼。箱内设有一种能打开门闩的装置，绳子的一头连着门闩，另一头安有一块踏板。猫只要按下这块踏板，门就会被打开，猫就能跑出来吃到放在门外盘中的鱼。猫被放入迷箱后一般先是表现出明显的不安，并想逃出迷箱。它试图从迷箱的栅栏空隙处钻出来，它抓、咬栅栏板条，从空隙处伸爪子去抓每一件它能够得到的东西，乱抓箱内的东西。它挣扎的耐力是惊人的，可以连续 10 分钟抓、咬、钻、挤，在冲动式挣扎中抓遍整个箱子。它可能一下子抓到箱内的门闩或踩到台板或触及横条，结果箱门被打开，猫得以逃出箱外并能吃到放置箱于门外盘中的鱼……逐渐地，所有那些不成功的冲动都将被排除，而引导成功动作的特殊冲动由于导致快乐将被牢记。直到多次尝试以后，猫一被放入迷箱后就会立即以一种确定的方式去触发机关，然后就能跑出来吃到鱼，桑代克认为，至此这只猫已产生了学习。②

① 施良方. 学习论——学习心理学的理论与原理. 北京：人民教育出版社，1994：27 - 28.
② 桑代克. 人类的学习. 李月甫，译. 杭州：浙江教育出版社，1998：3.

图 4-1　桑代克迷箱之一

三、试误学习理论的主要内容

根据桑代克多次的动物实验，他提出了名为尝试与错误说的系统的学习理论，其要点有三：

（一）学习即形成联结：学习的实质

在桑代克看来，学习的实质就是形成一定的联结（connection）。他说："学习即联结，心即是一个人的联结系统。""这些系统，下至二十六个字母，上至科学或哲学，其本身都是联结造成的。""人之所以善于学习，即因他养成这许多结合。"桑代克认为，联结同"结合"（bond）、"连锁"（link）、"关系"（relation）或"倾向"（tendency）是一个意思，指的都是某情境（situation）仅能唤起某些反应（response），而不能唤起其他反应的倾向，一句话，个体所学到的就是一连串刺激—反应联结的组成。桑代克对学习实质的认识与华生的行为主义是不同的。桑氏的联结说充分肯定了"脑内状态"的作用，这与华生完全抛弃意识、心理活动的行为主义形成鲜明对照。并且，人类的学习在相当大的程度或范围内就是一种联结，这种联结可分为两种：一种是人为的联结，另一种是非人为的联结。所谓人为的联结，是指在学习中学习者头脑里并不具备或并没有提供与所要学的新观念一致的概念或经验，新观念的获得完全靠人为地建立联系。事实表明，无论人们怎样按部就班、怎样循序渐进，新学习的观念也很难在已有观念中寻找到一一对应的固着点。因此，人为的联结就是学习中必不可少的了。当人们学习一门新知识、新学科时，有些基本的概念或符号必然需要人为的联结。一个从来没有接触过外语符号的人去学外语，对外语的基本字母或单词的最初掌握就只能靠人为的联结，因为在学习者的头脑中找不到任何一点关于外语学习的准备性知识。况且人类的学习常常是根据自身生存和发展的需要进行的，而并非根据头脑中"已经知道了什么"进行，在这样的情况下，人为的联结愈显得重要。说到人为联结的学习很容易使人将其理解为机械学习。不错，机械学习的确是一种人为联结的学习，但人为联结学习绝不等同于机械学习。因为人为联结学习除包括机械学习外，还可以理解为一种发现学习、创造性学习。譬如将两个或多个没有任何逻辑意义的事物或符号按某种规则联结在一起便构成某种新事物或新符号，在学习和问题解决中是屡见不鲜的。这其实就是人们常常说的有机组合。爱因斯坦说"组合作用似乎是创造思维的本质特征"①，而被组合的事物或符号之间并不一定要有什么逻辑意义或关系，它们的结合完全是一种人为的联结，完全是"为了更经济地满足人类的需要"。② 炼钢工人的安全帽与电扇有什么逻辑意义呢？可有人将其结合在一起设计出带电扇的安全帽。这样的事例太多了，如将摩托车与电车组合，研制出电动摩托车；汽车与轮船组合发明了水陆两用车；自行车与摩托车组合，制造出机动脚踏车；汽车与火箭组合，成为流线型火箭赛车等。不仅实物组合如此，观念的联结也是如此。所以，科学家范奇说："所谓创造，不过是已有的要素的重新组合；所谓创造性，乃是进行这种组合的能力。"③ 由此可见，在学习和问题解决中，人为的联结是必不可少的，这种人为联结只有用桑代克的联结说才能得到合理解释，认知心理学的学习理论对此无能为力。人为联结型学习包括各种联想式、渗透式学习，这样的学习虽并不按逻辑意义进行，但也非用机械重复一句就可以概括，它更多地采用变式重复。同时，人为联系的学习亦能促进非人为联系即实质性联系的学习。中国古代学者常说"书读百遍，其义自见"，便是这个道理。当然，本书所说的人为联结的学习与桑代克的联结学习是有所不同的。人为联结本身就意味着主动性，也就是说人能主动寻找联结的情境，甚至主动设计或创造联系的情境，而桑代克实验中的动物则完全是被动的。另一是非人为联结的学习。这就是奥苏贝尔所说的意义学习（详见下文）。在意义学习中，新的学习材料所代表的观念与学习者认知结构已有的适当观念之间建立实质性的非人为联系，这种实质性联系指一种非词语层面上的联系，可以用不同形式的等值语言表达，所引起的心理内容或意识内容的实质不变。所谓非人为联系是指一种非任意、性质的联系，是指新旧知识以某种合理的或逻辑为基础的内在联系。其实，实质性联系必然是非人为的联系，同样非人为联系也必然是实质性联系，二者具有等价意义。可见，奥苏贝尔的意义学习与桑代克的联结说非但不矛盾，而且完全可以得到解释，奥氏的意义学习不过是桑代克联结学说的特例，它只不过是一种非人为的联结。本书这样说并无将桑代克的联结说与认知说完全等同之义，只是想说，桑代克的联结说已在较大的范围内揭示出学习的实质，至少比目前一些人的认识要广泛一些。

同时，桑代克关于学习实质的看法不但可以用来较好地解释教育实践和生活中一些基本的学习现象（如人们的红灯停绿灯行的行为方式）与技能学习，而且后人从这一观点出发，得出这样一个宝贵的启示——学习即形成联结，只不过在理解这种联结时可不必将其局限于"刺激—反应之间的联结"，而是可以拓宽到诸多领域。从广义学习的角度看，学习从某种程度上说的确是形成某种联结，即学习实际上是将所学知识以某种或某几种恰当的方式——联结起来，形成一系列的"知识链"或"网状知识结构"。④ 若对"学习即形成联结"持这种见解，不但有助于提高学习的效果，甚至可以将"创造"也视作一种联结。如枯藤、老树、昏鸦、小桥、流水、人家、古道、夕风、瘦马、夕阳、断肠人等，本是人所皆知的平常事情，但是，一旦将其巧妙地联结在一起，就变成了千古绝唱："枯藤老树昏鸦，小桥流水人家，古道夕风瘦马，夕阳西下，断肠人在天涯。"一个不善于做巧

---

① 姜念涛．科学家的思维方法．昆明：云南人民出版社，1984：109.

② 姜念涛．科学家的思维方法．昆明：云南人民出版社，1984：109.

③《综合课与小学生心理素质协同发展和培养的实验研究》课题组．学会创造．长沙：湖南少年儿童出版社，1995：50－51.

④ 后来，布鲁纳和建构主义者对学习结果的看法，实际上就是按此路线进行的。

妙联结的人用这些名词可能只能写出流水账式的句子。一个是"千古绝唱"，一个是"流水账"，相差何止十万八千里！从这个意义上说，一个善于学习的人和一个不善于学习的人之间的差别就在于：前者善于将所学知识做各式各样的巧妙联结，后者只能将所学知识做一种或几种惯常的联结。

（二）尝试错误：学习过程

桑代克认为，学习的实质是形成联结，而获得联结的方式是尝试错误。具体地说，所有的学习都不是突然发生的，而是通过一系列尝试错误的过程逐渐达到的；换言之，在学习开始之初，个体一般处于盲目而被动的地位，犹如猫初次待在迷箱中一般，个体的每个刺激—反应的联结几乎都是先经由错误的反应，然后，经过不断尝试后逐渐变成错误的反应多而正确的反应少，再经过进一步的不断尝试后逐渐变为正确的反应多而错误的反应少，再经过进一步的不断尝试后逐渐达到只有正确的反应而没有错误的反应的地步。通过这种历程的学习方式，叫做尝试与错误学习（trial-and-error learning），简称试误学习。桑代克认为，动物的基本学习方式是试误学习；人类的学习方式较之动物的学习方式虽然要复杂一些，但试误学习仍是人类的主要学习方式。尝试错误说是从动物实验中得出的，桑氏因此受到许多批评：从动物实验所获得的理论类推人类的学习难免机械；混淆了人的学习与动物学习之间的本质差异，因为人类的学习要比动物的学习复杂许多。这类批评在一定程度上是正确的。但是，如果将试误学习视作是人类的重要学习方式之一，而不是人类唯一的学习方式，那么，试误学习说就从一定程度上揭示了人类学习的规律。因为虽然人类的学习方式是多种多样的，不过，无论从学理上讲还是从事实上说，"尝试错误"的确是人类学习的一种重要方式，尤其是当人们在遇到从未解决过的新问题时更是如此。正如泰戈尔所说："真理之川是从他的错误之沟渠中流过。"在人类历史的长河中，对某一真理的认识往往经过许多代人艰苦尝试错误的过程，这方面的例子不胜枚举。人类文明的历史从某种意义上说就是一部尝试错误的历史。正如詹姆士·H.鲁宾逊所说："如果人类未曾不断尝试错误，迎接失败的挑战，也许人类至今还是茹毛饮血的灵长动物也说不定。"[①]历史的有趣就在于"今天被认为是合乎真理的认识，都有它隐蔽着的、以后会显露出来的错误方面"（恩格斯语）。所以从某种意义上说，人类的认识离不开尝试错误。这样看来，桑代克的尝试错误说是对人类认识活动的一次成功的概括。不但从人类主体的角度看是如此，从个体的角度看，个体的学习在某种意义上也是一个尝试错误的过程。个体探索未知世界的尝试错误过程是显而易见的。"九〇二"农药实验902次，前901次都失败了。爱迪生为研究电灯而实验的次数就更多了。爱迪生以自己的切身体验说道："失败也是我所需要的，它和成功对我一样有价值。我只有在知道一切做不好的方法以后，才知道做好一件工作的方法是什么。"[②] 爱迪生这段话是对尝试错误的最好注释！一个人在学习面对陌生的学习情境时，尝试错误是唯一可供选择的途径。例如，假若请一个读者解决下面这个问题，而此问题是此读者以前从未解答过的，那么，笔者可以大胆地说，他在解答这一问题的过程中将会明显地体现出尝试错误的过程。笔者曾10余次将这个问题呈现给南京师范大学不同年级的教育硕士研究生，结果发现他们正确解答这个问题的时间平均要4分钟。

①　亚历斯·奥斯本. 我是最懂得创造力的人物. 严厉，编译. 厦门：鹭江出版社，1989：12.

②　姜念涛. 科学家的思维方法. 昆明：云南人民出版社，1984：29.

题目：三个传教士与三个野人在一个渡口过河，他们找到了一条船，但船太小，一次最多只能容纳两个人过河。但是，假若岸上的野人数量或船上的野人数量比传教士多，野人就会将传教士吃掉。找出一个最简单的过河方案，以保证所有的传教士和野人都能平安过河。假定船上的乘客在进行下一步活动之前都得先上岸，并且每次过河船上至少要有一个人。（Reed et al.，1974，p. 437）[①]

答案：他们过河的步骤如下（一般要经过多次尝试错误才可获得）：

第一回合（有两种选择）：先过一个传教士和一个野人，然后，野人上岸，传教士划船回来；结果，河这边有三个传教士和两个野人，河那边有一个野人。（或者，先过两个野人，然后，一个野人上岸，一个野人划船回来；结果，河这边有三个传教士和两个野人，河那边有一个野人）

第二回合：两个野人一起过去，然后，一个野人上岸，一个野人划船回来；结果，河这边有三个传教士和一个野人，河那边有两个野人。

第三回合：两个传教士一起过河，然后，一个传教士上岸，一个传教士与一个野人一同划船回来（此步最为关键）；结果，河这边有两个传教士和两个野人，河那边有一个传教士与一个野人。

第四回合：两个传教士一起过河并都上岸，然后，叫一个野人划船回来；结果，河这边有三个野人，河那边有三个传教士。

接下来的做法就很容易了。（略）

当然，人类学习中的尝试错误与动物的尝试错误有本质的不同。动物的尝试错误是为适应环境的需要，是被动的，而人类的尝试错误是一个主动的过程。人们尽可以发挥自己的主观能动性，将尝试错误的次数降到最低程度。在尝试错误的过程中，人可以借助经验尽快地找到正确答案。

（三）学习定律

在试误学习过程中，影响刺激与反应关系能否建立的法则有三，在桑代克看来，人与动物的学习方式虽然有所不同，但这三大学习定律对人与动物的学习都具有适用性。

第一，准备律（law of readiness）。桑代克观察到，在他的实验过程中，为了保证学习的产生，猫必须处于饥饿状态，假若等猫吃饱了再放进迷箱，猫很可能只会睡觉，而不会表现出任何想逃出迷箱的行为。这样，对学习的解释必须包括某种动机原则，这就是桑代克的准备律：学习者是否对某种刺激作出反应，与他是否已做好准备有密切关系。用今天的眼光看，"准备律"的提出有助于正确认识学习过程，只不过桑代克所讲的准备状态主要指一种动机状态，而不是指知识的准备状态，换言之，桑代克只认识到"动机状态上的准备"，没有涉及"知识结构上的准备"。后来，认知心理学的学习论才弥补了这一不足，即在强调"动机状态上的准备"的同时，又力倡"知识结构上的准备"，如奥苏贝尔非常强调先备知识的重要性。再加上皮亚杰强调个体身心上的准备，即个体生理上的成熟和认知发展水平上的准备，至此，对学习上的准备律的认识才算全面。

第二，练习律（law of exercise），也叫用进废退律。它包括使用律（law of use）和失

① S. Ian Robertson. 问题解决心理学. 张奇，等译. 北京：中国轻工业出版社，2004：47.

用律（law of disuse）。桑代克认为，一个已形成的联结如果加以应用，这种联结的力量就会增强（使用律）；反之，一个已形成的联结如果不加以应用，这种联结的力量就会减弱（失用律）。桑代克后来又认为，练习本身不是一种很有效的方式，许多试验表明，单是练习不会无条件地增强刺激与反应之间联结的力量。一般说来，只有当学习者发现重复练习能获得满意的效果时，练习才会有助于学习，没有强化的练习是无意义的，这样，练习律就被消融于效果律中了。这启示人们，现在有些教师尤其是中小学教师强迫学生机械地抄字上百遍，结果等学生将辛苦抄完的作业交给教师后，教师看也不看或只数一下页码就了事，而不向学生指出好在哪里或差在哪里，这样做除了增加学生的学习负担和让学生产生厌学情绪外，没有任何积极意义。

第三，效果律（law of effect）。桑代克认识到，为了保证猫的学习的发生，食物是必需的。试想，假若饿猫好不容易从迷箱中跑出来，迎接它的不是一盘鱼而是一只面露凶相的大狼狗，下次将饿猫放进迷箱，猫还愿意想方设法跑出来吗？答案显然是否定的。可见，只有当反应的结果是令个体满意的，在类似的情境中个体重复这个反应的概率才会增加；假若反应的结果是令个体不满意的，那么这种行为反应就会减弱而不是增强。同时，满意或不舒适的程度越高，刺激—反应联结就越增强或越减弱。这就是桑代克所讲的效果律。在桑代克的早期著作中，效果律包括奖赏与惩罚。后来，桑代克通过实验发现奖赏对控制行为更有帮助，于是在其后期著作中舍弃了惩罚，而只讲奖赏。

四、对试误学习理论的简要评价

在教育心理学史上，桑代克不仅对学习的实质、过程、规律和迁移（桑代克提出的"相同要素说"留待第七章探讨）以及智力（桑代克提出的"智力的三因素说"——把智力区分为抽象智力、具体智力和社会智力三种成分，已在《普通心理学》中阐述，这里不多讲）等问题提出了自己独到的见解，而且还有两大突出贡献：一方面，桑代克是世界上第一个以动物为对象系统进行学习研究的人。桑代克的有关学习的经典实验先于巴甫洛夫的条件反射研究两三年：以动物为实验研究对象，有系统地研究动物的学习行为，从而建构了教育心理学上最早也最有系统的学习理论。这一做法打破了理智与本能、人类与动物的二元论（在这一点上，弗洛伊德走得更远）。桑代克认为人与动物的基本学习方式都是一样的，即通过试误来学习，仅仅是复杂程度不同而已，这实际上是达尔文的生物进化论在心理学上的进一步延伸。另一方面，桑代克是将传统哲学教育心理学转化为科学教育心理学的第一人。在这方面，桑代克主要做了两件对后来教育心理学走向有重要影响的事情：一是确定用实验法来研究学习现象，并通过自己卓有成效的研究让后人信服实验法确是一种研究学习现象的有效方法；二是确定了教育心理学的基本框架结构，使得教育心理学的理论架构至今仍保留着较强的桑氏色彩。这样，"教育心理学"的名称虽非始自桑代克，但学界人士一般尊称他为"教育心理学之父"。桑代克的科学态度提升了教育心理学在心理科学中的地位。不过，就学校教育的特殊性而言，过分强调实验法难免脱离教育的实际需要。

桑代克学习理论中的最大不足，是将学习看作一种盲目的行为，主张动物与人的学习规律是基本相同的，进而将从动物身上得到的学习规律类推到用来解释人的学习，这显示出一定的动物化倾向，是一种机械学习观，忽视了人的学习的主动性与能动性。因为在现实生活中，虽然人类有一些盲目的行为，动物学习的某些特点也的确与人类的学习有某种程度的相通之处，但是，人更多的行为带有明显的目的性，人更多的学习规律可能是动物的学习所不具有的。另外，"初生之物，其形必丑"。桑代克毕竟是世界上最早尝试根据动物实验来揭示人类学习规律的人，因而，他对于人类学习的心理机制的解释可能过于简单，忽视了人类学习的复杂心理过程与意识水平，没有重视人类学习的目的性与主观能动性，从而受到后来者的批评。

第二节　斯金纳的操作条件作用学习理论

斯金纳（Burrhus Frederic Skinner，1904—1990）是美国当代著名的心理学家，新行为主义的代表人物之一，在前人的基础上，斯金纳建立起自己独具特色的操作条件作用学习理论。并且，与其他行为主义者相比，斯金纳更重视将自己的强化原理应用于人类实践的诸多领域，如教育、心理治疗、社会控制甚至动物训练等方面，著有《沃尔登第二》（*Walden Two*）、《超越自由与尊严》（*Beyond Freedom and Dignity*）等。斯金纳，1950年当选为美国国家科学院院士，1958年获美国心理学会颁发的杰出科学贡献奖，1968年获美国总统颁发的美国最高科学荣誉——国家科学奖。1990年8月10日美国心理学会授予斯金纳"心理学毕生贡献奖"荣誉证书，8天后（8月18日）斯金纳去世。

一、从桑代克、巴甫洛夫、华生到斯金纳

（一）怎样将华生的行为主义思想贯彻到对学习的研究中

华生于1913年在《心理学评论》杂志上发表了一篇题为"一位行为主义者眼中的心理学"的论文，正式宣告行为主义心理学的诞生，并标志着行为主义革命的开始。1914年，华生出版了他的第一本系统阐述行为主义的专著《行为：比较心理学导言》，又获得了良好反响。1915年，37岁的华生被选为美国心理学会主席，这从一个侧面说明了华生的行为主义受到了当时心理学界的欢迎。作为行为主义心理学的创始人，华生既是反结构主义心理学的健将，也是反对弗洛伊德"行为来自无意识的理论"的健将，是倡导心理学视同自然科学最得力的人，也是主张教育万能的人，因为他相信人类所有行为都起源于学习和条件反射。尽管华生比桑代克年轻，但在20世纪20年代他的名声比桑代克要高得多。

由于华生与巴甫洛夫之间有一些共同之处——都试图以科学主义的方法清除唯心主义的观点，注重物质刺激在引起有机体行为反应中的作用，从哲学上讲两者都应归于机械唯物主义的范畴——因此，在20世纪初，华生以巴甫洛夫的经典条件作用原理为其所倡导的学习理论的根据。虽然如此，二人之间也有不同之处：①巴甫洛夫重视动物与人的行为和神经系统的关系，他是通过研究条件反射来探讨大脑皮层的活动的；而华生只注意到肌肉与腺体的生理学，完全忽视大脑皮层的心理学。②巴甫洛夫认为人的高级神经活动和动物的高级神经活动虽有联系，但二者之间有本质的区别，即只有人才具有第二信号系统；而华生则混淆了人与动物的界限，抹杀了人类思维的特点。③巴甫洛夫不否认意识，华生

则根本否认意识的存在。①

虽然华生对小艾尔伯特开展的情绪实验研究可视作华生学习理论的重要内容之一（详见下文），并且，当年华生对小艾尔伯特进行的情绪实验研究本来一切顺利，可惜，由于小艾尔伯特的中途退出，致使此项实验最终半途而废。华生从中汲取教训，决定以自己为被试来开展对"爱"的研究，这虽再也不会出现"因被试中途退出而导致实验无法开展"的局面，但由此又引起家庭纠纷，最终导致华生于 1920 年因轰动当时的离婚案而与妻子离婚，并被迫过早地离开了心理学界，彻底结束了自己如日中天的心理学事业，余生转入广告行业。由于华生突然地且过早地离开了心理学界，没有来得及按其思想建构出一整套的行为主义学习理论，这无论对华生本人而言还是对行为主义心理学家而言，乃至对整个心理学界而言，都是一大憾事！

华生的"未竟"事业由斯金纳来出色地向前推进着。斯金纳读过华生的《行为主义》，非常推崇华生所强调的科学、客观、控制、预测等行为主义心理学传统，并以此思想为指导，尝试构建出一整套典型的行为主义学习理论。斯金纳从华生身上吸取教训，彻底放弃了华生以人为对象研究学习的传统；与此同时，受桑代克和巴甫洛夫以动物为被试研究学习所获巨大成功的激励，于是，重回桑代克开拓的用动物作被试研究学习的传统，这便是斯金纳以动物作被试研究学习的内在心理根源。本来，华生以人为被试研究学习，迟早会看到认知因素和情感因素等意识层面的东西对行为的重要影响，这极有可能让行为主义观点变得更具包容性和科学性，说不定，认知行为主义会由此诞生。可惜，由于华生突然且过早地离开了心理学界以及斯金纳的这一转变，让这种可能性的转变胎死腹中！

（二）桑代克迷箱可以改进吗？桑代克的效果律用来解释学习妥当吗

对于桑代克以动物为被试然后用实验的方法来研究学习的做法，斯金纳本人颇为认同，但是，在桑代克做试验时，每次都必须将跑出迷箱的猫捉回来，以便开展后续的研究，这颇麻烦。同时，放在箱外的鱼也必须看好，不能让箱外的其他猫或动物吃掉。再者，还要保证箱外没有大狼狗之类的动物出没，否则，也会影响箱内猫的行为反应。所以，斯金纳在借鉴桑代克迷箱的基础上，经过改良，制造出了斯金纳箱。认识到这一点，就能合情合理地解释这一现象：斯金纳箱与桑代克迷箱之间并没有本质区别，从斯金纳箱里可看到桑代克迷箱的影子。斯金纳箱与桑代克迷箱相比，只有两点小的区别：一是斯金纳箱比桑代克迷箱更加精巧，使用起来更加方便。这很好理解，毕竟桑代克迷箱在先，是首创，"初生之物，其形必丑"，而斯金纳箱制作在后，当然可以做得更加精巧些。二是在斯金纳箱里多半是以小白鼠或鸽子为研究对象，在桑代克迷箱中被试往往是猫，这可能与两人对动物的喜好有关。

但是，用一个典型行为主义者的眼光看，桑代克学习理论中所讲的效果律是一个主观色彩颇浓的词，不适合行为主义者的口味。因此，像华生一样，斯金纳也非常反对桑代克的效果律，尝试用更为客观、可操作的术语即强化来取代桑代克的效果律等主观色彩颇浓的术语。在斯金纳看来，桑代克所做的饿猫学会逃出迷笼实验实为操作条件反射学习实验，猫的行为不必用效果律解释，而是可以用操作强化原理解释。

---

①　高觉敷. 西方近代心理学史. 北京：人民教育出版社，2001：261 – 263.

（三）仅用巴甫洛夫的经典条件反射理论来解释人的学习够吗

巴甫洛夫因对消化系统研究所作的杰出贡献于 1904 年获诺贝尔生理学或医学奖（斯金纳也在这一年出生），这对巴甫洛夫本人是一个极大的正强化，因此，他更愿意做一名生理学家，而不愿意别人将他看作心理学家，巴甫洛夫本人也没有概括过他的学习律。不过，巴甫洛夫将较精确而又客观的方法引入对动物学习的研究中，将生理与心理统一起来，对高级心理活动进行了卓有成效的研究，对教育心理学乃至整个心理学的发展都作出了巨大贡献。并且，巴甫洛夫的经典条件作用原理本身就是一种学习理论，对后来的各种学习理论也产生了深远影响。根据巴甫洛夫的实验可以概括出以下几个学习律：强化律、习得（acquisition）律、消退（extinction）律、泛化（generalization）律、分化（discrimination）律和高级条件作用（higher-order conditioning）律。[①] 这在《普通心理学》里已有详细论述，为免重复，这里不作展开论述，只强调两点：①虽然巴甫洛夫自己未明确提出"强化"的概念及相关原理，不过，他的经典条件反射实验清晰地告诉人们，强化是影响经典条件反射能否建立的关键因素。因为在桑代克的实验中，"食物"虽然也是保证猫的学习发生的重要条件之一，但作为"效果律"的食物是在猫做出预期行为（即"逃出桑代克迷箱"）之后才呈现的；与此不同，在经典条件反射实验中，作为起强化作用的食物是与本无法引起无条件反射的"自然刺激"（即"条件刺激"，如音叉）同时呈现的，由于音叉与食物同时呈现，导致狗因"条件刺激"（音叉发出的声音）而产生了条件反射（即分泌唾液）。这样，巴甫洛夫实验中所诞生的强化律成为现代学习理论的重要组成部分之一，对斯金纳等后来者研究动物和人类的学习产生了深远影响。从一定意义上说，今人在研究学习时都无法跳出"强化律"这个"如来佛的手掌"。因为，尽管潜伏学习和内隐学习的存在，表明强化并不像行为主义者说的那样是学习的必要条件，不过，个体若想长期且高效地学习，尤其是若想长期且高效地学习到系统且复杂的知识，就一定需要有强化，只是强化类型——外在强化/内在强化（自我强化）、直接强化/间接强化（替代强化）、一级强化/二级强化等——须因人、因时、因地、因事做出最佳选择或组合而已：例如，对于物质财富或精神财富不够富有的人而言，外在强化、直接或间接强化、一级或二级强化都是激励其努力学习和工作的一个有效条件，对于物质财富或精神财富超级富有的人而言，内在强化才是激励其努力学习和工作的一个有效条件。又如，内心不够强大的人需要有外在强化来激发其自信，内心足够强大的人可以通过自我强化来加强自信；善于观察学习的人可以用替代强化激励他，对年少的个体可以用一级强化激励他。总之，除非个体已心死，否则，只要他还想追寻人生的价值或意义，就总会有他想要却未能得到或未能充分满足的东西，这些东西便成为能够对他起强化作用的强化物。对于绝大多数人而言，只要强化类型运用得当，就能让其习得或形成你所期望的行为，反之，若无强化的配合，在多数情况下，你很难高效地让个体习得或形成你所期望的行为。几乎所有的学习理论都会论及强化，只是所看重的强化类型有一定差异而已。②斯金纳读过巴甫洛夫的《条件反射》，巴甫洛夫的经典条件反射实验及其相关思想毫无疑问都对斯金纳的思想产生了深刻影响。当然，二人所讲的条件反射既有相通之处，也有一定的区别。二者的相通之处在于：一是机制或原理相同，即都是神经系统的两个兴奋灶之间建立了暂时性联系，是后天

---

① 黄希庭. 心理学导论. 2 版. 北京：人民教育出版社，2007：312-315.

学得的反射；二是都依赖于强化。二者的差别主要有五点：①含义不同。经典条件反射是指个体在无条件反射的基础上，通过中性刺激与无条件刺激的多次结合，使个体在中性刺激下产生与无条件刺激相似的反应。[①] 与此不同的是，斯金纳的操作条件反射是指在一定的刺激情境中，个体的某种反应结果能满足其某种需要，以后在相同或类似的情境中，该反应的反应概率就会提高的现象。②形式上有区别。经典条件反射是通过训练将条件刺激（中性刺激）与无条件刺激联系起来，使条件刺激也能引出与无条件刺激产生的无条件反射相同的条件反射；而操作条件反射是通过训练将"随意"操作和奖赏联系起来，以引出特定的操作。可见，在经典条件反射中，第一个事件是无条件刺激，其后紧跟着的是一个条件刺激与奖赏，由此让有机体体验到相应的愉快后果，此愉快后果会让有机体遇到条件刺激时产生一个本该由无条件刺激引起的反射。在操作条件反射中，第一个事件不是无条件刺激，而是有机体的"随意行为"，其后紧跟着的也不是一个条件刺激，而是奖赏，由此让有机体体验到行为的愉快后果，此愉快后果会提高有机体重复先前行为的概率。[②] 所以，假若说在经典条件反射中，行为是发生在刺激之后，那么，在操作条件反射中，行为是发生在刺激之前，二者在"顺序"上有一定差异。同时，在经典条件反射中，中性刺激与无条件刺激的匹配，再加上强化的诱导，便可导致学习的发生；在操作条件反射中，行为的后果影响随后的行为，这便产生了学习。③使用领域有所不同。经典条件反射主要研究应答性行为，这样，自主神经系统的条件反射能由经典条件反射训练方法引起；操作条件反射主要研究操作性行为（自主性行为），这样，随意神经系统的条件反射则由操作条件反射训练方法而引起。④无条件刺激的明朗度不同。在经典条件反射里，无条件刺激很明确：食物引起了狗的唾液分泌；在操作条件反射里，无条件刺激不明确，是什么因素促使白鼠和鸽子去触动按键？对于这个问题不能给予明确的回答，一般只能认为是机体自身的一些因素促使机体操作动作的。⑤动物的反应有被动与主动的差异。在经典条件反射中，动物往往是被动接受刺激的，不能发挥动物的主观能动性，动物只能是一种被动的适应。在形成操作条件反射过程中，动物是自由活动的，通过自身的主动操作来达到目的，这样，较能发挥动物的主观能动性，对动物而言，是一种主动的适应。

巴甫洛夫的经典条件反射主要适用于人的"应答性行为"，但在斯金纳看来，人的行为中除了有应答性行为外，更多的是操作性行为。用经典条件反射来解释人的操作性行为妥当吗？斯金纳的答案显然是否定的。这是斯金纳独具慧眼之处。当然，斯金纳也参照了巴甫洛夫的思想，只不过二人的思想之间也存在上文所讲的五个差异。另外，在巴甫洛夫的著作里，都是将狗的唾液分泌叫做反射(reflex)，如无条件反射（unconditioned reflex）与条件反射（conditioned reflex）。斯金纳在采用巴甫洛夫的理论后，多以"反应"（response）代替"反射"一词。

二、经典实验

20 世纪 30 年代后期，斯金纳改进了桑代克的迷箱实验，设计了"斯金纳箱"，并用来研究小白鼠与鸽子等动物的学习。它是一只箱子，可以让一只小白鼠颇为舒服地生活在

---

① 黄希庭. 心理学导论. 2 版. 北京：人民教育出版社，2007：312.
② 黄希庭. 心理学导论. 2 版. 北京：人民教育出版社，2007：317 - 318.

里面。箱子的一面内壁上装有一个操纵杆，操纵杆与一提供食丸的装置相连，只要杠杆一被压动，一颗食丸便滚进食盘里（如图4-2所示）。把饥饿的小白鼠置于箱内，小白鼠在箱子里爬来爬去，当它碰巧将爪子放在操纵杆上压下时，供食装置就会自动掉下一粒食丸，并自动落入食盘，让小白鼠吃到。箱子的另一面与外面的一些设备相连，这些设备会自动画出一条线，一分钟一分钟地显示出小白鼠压下杠杆的次数，从而自动记录小白鼠的行为。这比桑代克的迷箱更为有效，更容易收集到数据。小白鼠经过多次尝试，逐渐知道了通过不断按压杠杆来获得食物的方式。至此，就可以认为小白鼠学会了按压杠杆以获得食物，按压杠杆变成了取得食物的手段或工具。通过更为复杂的设计，动物还可学会分化行为，例如，当灯亮时按压杠杆得到食物，而灯灭时按压杠杆得不到食物，所以，动物学会了只在灯亮时按压杠杆。

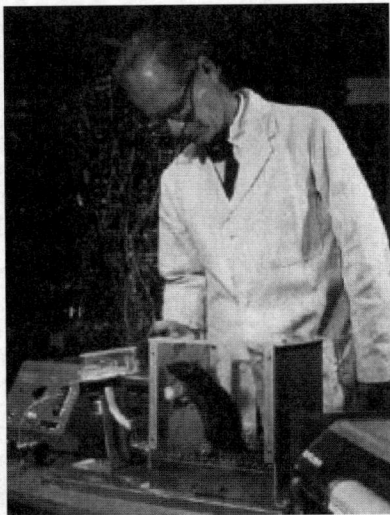

图4-2　斯金纳箱

三、操作条件作用学习理论的主要内容

（一）赞赏环境决定论

斯金纳将重点放在探讨外部环境刺激是怎样和有机体的反应能力联系在一起的。斯金纳箱的一个特点是，动物可以反复作出斯金纳称为"自由操作的反应（free-operant responding）"。所谓"自由"，指动物的行为是不受限制的；所谓"操作"，指动物的反应是主动作用于环境的。[①] 斯金纳箱设计简单，但含义复杂：说明了个体的一切行为改变（学习）都取决于其本身对环境适应的结果，是受外在因素控制的，是没有自由的。与此类似，斯金纳主张人也要受到环境条件的制约，不可能是绝对自由的，这促使他重视对影响学习的环境因素的探讨。因此，斯金纳的学习理论被人叫做环境决定论。[②]

（二）用强化律代替桑代克的效果律

斯金纳认为存在两种类型的行为（或反应）：应答性行为（respondents）和操作性行为（operant）。应答性行为是由已知的刺激引起的行为或反应，巴甫洛夫的经典条件作用研究的就是这类行为或反应；操作性行为不是由已知的刺激引起，而是有机体自身发出的行为或反应，斯金纳认为自己的操作条件作用研究的就是这类行为或反应。应答性行为包括所有的反射在内，如用针刺一下手，手就立刻缩回；当遇到强光时眼睛就会立刻收缩等。操作性行为一开始不是与已知的刺激相联系，因而是自发的行为。斯金纳认为，人们日常生活中的大部分行为都是操作性行为，例如读书写字、步行上学、回答问题等。影响行为巩固或再次出现的关键因素是行为后所得到的结果，即强化（reinforcement）。这样，

---

①　施良方. 学习论——学习心理学的理论与原理. 北京：人民教育出版社，1994：118.

②　张春兴. 教育心理学. 杭州：浙江教育出版社，1998：187.

任何作为强化的结果而习得的行为，都可以被看作操作条件作用的例子。① 理所当然的结果是，强化在斯金纳的学习理论中占有极其重要的地位，是他学习理论的基石和核心。行为之所以发生变化就是因为强化作用，要对行为加以控制只需控制强化即可。当然，斯金纳的强化概念不是从天而降的，而是改造桑代克效果律的结果。

1. 强化物与强化的类型

斯金纳认为，行为之后给予奖赏能使个体感到满足（这是桑代克效果律的含义）是主观性的解释，主观的满足不能用科学上客观的方法予以测量，他用了一个客观、中性的概念——强化，并给"强化"下了一个操作性定义：② 在条件作用中，凡能使个体操作性反应的频率增加或维持的一切刺激，都是强化。产生强化作用的刺激，叫做强化物（reinforcer）。强化物与强化分为以下四类。

（1）正强化物与正强化。

正强化物指当个体反应后在情境中出现的任何刺激（如食物），其出现有助于该反应频率增加者。例如，当饥饿的小白鼠按开关时得到食物，食物便是正强化物。由正强化物所形成的强化作用叫正强化（positive reinforcement）。用正强化的方法可以塑造想建立的行为：当适当的行为出现时，立即给予一个好的刺激（如喜欢的食物），促使这种行为重复出现，保持下来。

（2）负强化物与负强化。

负强化物指当个体反应后在情境中已有刺激的消失（如停止电击），而其消失有助于该反应频率增加者。例如，当处于电击状态下的白鼠按开关时停止电击，停止电击就是负强化物。由负强化物所形成的强化作用叫负强化（negative reinforcement）。因此，用负强化可以巩固一种适当的行为。当符合要求的行为出现时，立即取消原来给予的不愉快刺激，如批评、限制等，以增加该行为重复出现的频率。如小孩子一旦从将房间弄得又脏又乱，转变为将房间收拾得十分整洁，这时就取消不让他出去玩的禁令。③

（3）一级强化物与一级强化。

根据斯金纳的观点，强化有一级强化与二级强化之分，并且，一般是从一级强化发展至二级强化。

一级强化物（primary reinforcer）指一般只直接满足人与动物的基本生理需要的刺激物，它包括所有在没有任何学习发生情况下也起强化作用的刺激物。像食物、水、温暖、安全和性等。由于一级强化物的出现而对反应所起的强化作用称为一级强化（primary reinforcement）。在通常情况下，除去"基本需要已得到充分满足的人"（像比尔·盖茨之类的人）与"基本需要虽未得到很好满足但自我心性修养已达极高境界的人"（像颜回与庄子之类的人）等两类人群外，对于其他人，若想对其建立某种条件反射，或提高其行为的

---

① 施良方. 学习论——学习心理学的理论与原理. 北京：人民教育出版社，1994：121 – 122.

② 操作性定义（operational definition）这个概念最早由物理学家布瑞格曼（Bridgman）提出。他主张，科学上的概念或术语，为了避免含糊不清的缺陷，最好能以我们"所采用的测量它的操作方法"来界定。它可弥补概念性定义（conceptual definition，指用抽象性描述而不用"我们所采用的测量它的操作方法"来界定概念的内涵的方式）的不足（黄一宁. 实验心理学：原理、设计与数据处理. 西安：陕西人民教育出版社，1998：60）。例如，若将智力定义为"抽象思维的能力"，这是概念性的定义；若将智力定义为"根据比纳量表或韦氏量表所商量得的分数"，就变成操作性定义了。

③ 张春兴. 教育心理学. 杭州：浙江教育出版社，1998：185 – 186.

积极性，只要恰当选择好一级强化物，那么，一级强化对其都是非常有效的。

（4）二级强化物与二级强化。

二级强化物是指经学习而间接使有机体满足的刺激物。如果一个中性刺激物和一级强化物反复结合，它自身就能获得强化的功能，此时，此种中性刺激物就变成了二级强化物（secondary reinforcer）。可见，二级强化物之所以具有强化作用，是由于它是以前条件作用学习得来的。像金钱对婴儿而言并不是强化物，不过，假若小孩一旦知道钱能买零食或玩具时，它就能对儿童的行为产生强化效果，此时，钱就成了二级强化物。由于二级强化物的出现而对反应所起的强化作用称为二级强化（secondary reinforcement）。

斯金纳认为，对于人类来说，二级强化物包括对大量行为起强化作用的许多刺激，诸如特权、社会地位、权力、财富和名声等，这些大多是由社会文化所决定的，它们构成了决定人类行为的极有力的二级强化物。[1] 如果将这些二级强化物作一分类，大致可以分为三种类型：一是社会强化物，如权力、表扬、微笑、关注、尊重等；二是活动强化物，如玩玩具、做游戏或从事有趣的活动等；三是符号（或代币）强化物，如小红花、分数、钱财等。[2]

在通常情况下，除去"年幼者"与"重度弱智者"外，只要恰当选择二级强化物，那么，二级强化对绝大多数人群都能起到强化作用。当然，选用强化物要有针对性，因为对甲有效的强化物可能并不适用于乙；并且，不可过度使用强化物，否则，强化物会失去原有效力。

2. 强化原理与强化程序

强化的基本原理是：一种行为假若得到奖励，那么这种行为重复出现的频率就会增加；反之，得不到奖励的行为重复出现的频率会降低。同时，强化时可以适当运用普雷马克（Premack, D.）于 1965 年提出的普雷马克原理（Premack principle）：用高频行为（喜欢的行为）作为低频行为（不喜欢的行为）的有效强化物；或者说，用个体喜欢的活动去激励个体参与不喜欢的活动。由于祖母对付孙子常用这种方法，故又称祖母原则。如："你先吃了这些饭菜，然后你就可以去玩了。"

强化程序（schedules of reinforcement），指采用强化原理从事操作条件作用学习实验时，在提供强化物的时间上做各种不同的安排，从而观察个体正确反应出现的概率与强化实施之间的关系。[3] 斯金纳认为，将强化作不同的安排，将会收到不同的效果。根据其实验研究，斯金纳提出了一整套强化程序，如图 4 - 3 所示：

① 施良方. 学习论——学习心理学的理论与原理. 北京：人民教育出版社，1994：124.

② 黄希庭. 心理学导论. 2 版，北京：人民教育出版社，2007：318 - 319.

③ 张春兴. 教育心理学. 杭州：浙江教育出版社，1998：188.

强化安排

连续强化安排（每一次正确反应之后都给予强化）　　间歇强化安排（并不是每一次正确反应之后都给予强化）

比例强化安排（根据一定比例给予强化，例如，每6次正确反应给予1次强化）　　间歇强化安排（根据一定时间间隔给予强化，例如，每6分钟正确反应给予1次强化）

固定比率强化安排（如每6次正确反应后给予1次强化）　　变化比率强化安排（如在30次正确反应期间给予5次强化，至于强化何时给予，那是随机的）　　固定时间间隔强化安排（如每隔正确反应6分钟给予1次强化）　　变化时间间隔强化安排（如在正确反应的30分钟期间给予5次强化，至于强化何时给予，那是随机的)

图 4 - 3　斯金纳强化安排示意图①

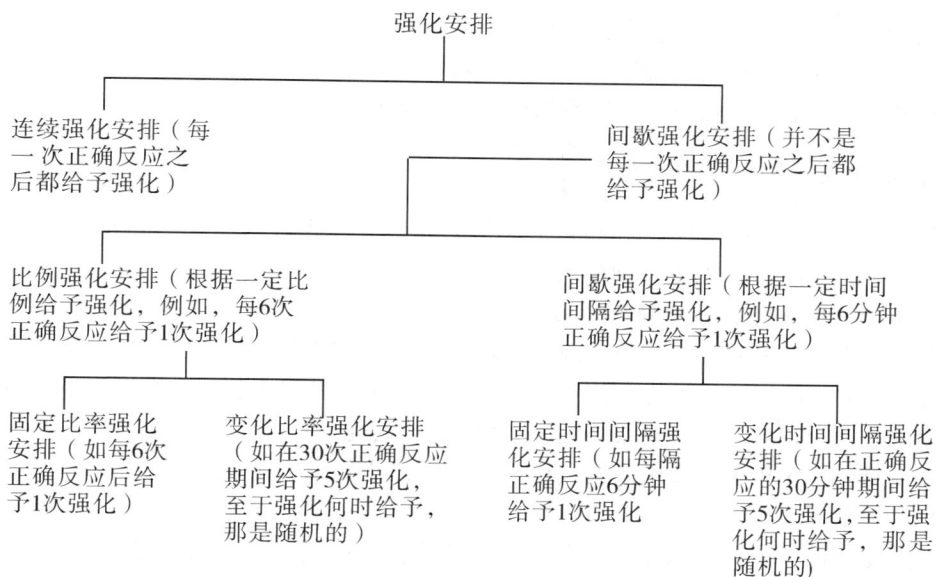

　　需要指出，强化程序不同，不但实验设计不同，而且效果也不同。斯金纳与费斯特（Ferster）合著的《强化程序》（*Schedules of Reinforcement*，1957）一书，研究了 20 多种强化程序的效果。通过研究发现：第一，不同强化类型对习得速度有影响。一般而言，假若是初学者，最好对其进行连续强化（也就是每出现一次正确反应都得到强化），学习的速度就会快一些。假若最初学习时使用间隔强化，学习就会困难些，速度也就慢一些。第二，不同强化类型对反应速度有影响，不同强化程序会导致不同的反应模式。强化程序对反应速度的影响归纳起来有以下几点：①一般而言，比例强化比时间式强化导致的反应速度要快些。因为特定时间间隔内，假若按反应出现的比例给予强化，反应加快会得到更多次数的强化；在时间式强化计划中，快速的反应可能使不固定间隔的强化提前，但对固定间隔的强化没有影响。②在固定时间间隔的强化程序中，每次强化之后反应速率会立即变慢。这可能是由于强化后不管是否立即作出反应，不到强化时间都是得不到强化的。反应的速率是从这一次强化后到下一次强化前逐渐加快的。那么为什么是逐渐地提高，而不是在下一次反应前突然加速呢？斯金纳认为，这可能是由于有机体不能精确辨别时间的缘故。固定比率强化和固定时间强化也导致不同的结果。在固定比率强化中，强化次数与反应次数之间的比率高，强化后反应概率一般不会减慢；若比例很低时，每次强化后反应会有较长时间的停顿，这种停顿往往是整个反应的停止。一段时间过后再以和刚刚强化时相当的速度作出反应直到得到下一次强化。第三，强化程序的不同对消退速率的影响也不同。在强化一旦消失时，运用间隔强化程序比运用连续强化程序建立的操作反射消退要慢一些；采用固定强化程序（固定间隔或固定比率）比采用变化强化程序（变化间隔或变化比率）建立的操作反射消退更快；在比率强化程序中，强化次数和反应次数之间的比率越高，消退速率也就越快。鉴于以上分析，最佳的训练组合也许是：最初时使用连续强化

---

① 施良方. 学习论——学习心理学的理论与原理. 北京：人民教育出版社，1994：125.

的安排，然后是固定间隔强化的安排，最后是变化比例强化安排。① 换言之，假若是让学习者学习新任务，就要对其进行连续强化，随着学习的进行，比较正确的反应优先得到强化，逐渐转移到固定间隔强化，最后采用变化比率强化。

（三）操作条件作用的形成过程

操作条件作用的形成过程也叫行为塑造（shaping）或行为矫正（behavior modifica-tion）。这一研究开始于行为主义创始人华生。

1. 小艾尔伯特实验：一项经典情绪实验研究

华生认识到，在聋哑人、婴儿和某些病态的被试者中，口头报告的言语方法不能使用；同时，对动物的实验当然也不能用言语方法。为了弥补口头报告法的不足，华生在借鉴巴甫洛夫思想的基础上，主张条件反射法是研究心理的一种重要方法，并与雷纳（Rayner）一起于 1919 年尝试用此法进行了著名的"小艾尔伯特恐惧实验"。

（1）理论假设。

华生假设一种刺激自动地导致一个人产生某种特定的情绪反应（如恐惧），如果这种情绪反应每次重复时都伴随着某种事物（如一只白鼠），那么，此事物（如白鼠）就可能在你的大脑中与此种情绪反应（如恐惧）建立起联系，即你最终会条件反射性地习得此种情绪反应（如害怕白鼠）。这意味着，虽然人们天生并不害怕白鼠，但这种害怕可通过建立条件反射而习得，这就是"小艾尔伯特实验"需要验证的理论假设。

（2）被试的信息。

被试艾尔伯特（Albert B.）是日托中心的一个健康、正常的白人孤儿，当时他只有 9 个月大，体重是 21 磅（约 19 斤）。研究人员和医护人员认为他在心理和生理上都很健康。

（3）实验过程。

第一步，选定中性刺激。

为了了解艾尔伯特是否害怕某种特定刺激，实验者给他呈现白鼠、猴子、狗、有头发和没有头发的面具以及白色羊绒棉。研究者密切观察艾尔伯特对这些刺激的反应，结果发现：艾尔伯特对许多动物和物体都感兴趣，愿意接近它们，并不时触摸它们，从来没有表现出丝毫的恐惧。因为这些东西不引起恐惧，所以可以将它们看作中性刺激。

第二步，选定无条件刺激。

所有人，特别是婴儿，都会对突然发出的巨大声音产生恐惧反应。因为这种反应是无须学习就会发生的，所以巨大的声音被看作是"无条件刺激"。在本实验中，实验者在艾尔伯特身后用锤子敲一根 1.2 米长的铁棒，这种声音的突然出现使他受到惊吓而哭泣。

第三步，建立条件反射。

一开始，艾尔伯特对白鼠很感兴趣并试图触摸它，当他正要伸手时，突然敲响铁棒，突如其来的响声使艾尔伯特十分惊恐，这一过程重复了 3 次。一周以后，再次重复同样的过程。在白鼠与声音的配对呈现 7 次后，不出现声音，单独向艾尔伯特呈现白鼠时，艾尔伯特也会对白鼠产生极度恐惧。他开始号啕大哭，转身背对白鼠，向远离它的方向移动，他爬得飞快，以致研究者不得不冲过去抓住他，以免他从桌子的边缘掉下来。对于一种物体从没有恐惧到产生恐惧只有短短一周的时间。

---

① 施良方. 学习论——学习心理学的理论与原理. 北京：人民教育出版社，1994：127-129.

随后，研究者想要探讨这种习得的恐惧是否会迁移到其他物体上（即"泛化"）。一周后，对艾尔伯特的再次测试发现，他仍旧对白鼠产生恐惧。接着，研究者欲测试这种恐惧是否泛化：他们呈现给艾尔伯特一种与白鼠相似的动物（白兔），结果，艾尔伯特马上出现消极反应，即尽可能地远离动物，低声抽泣，然后大哭起来。研究者让他触摸兔子时，他却把脸埋在垫子里，然后用四肢将自己支撑起来，边哭边爬走了。而在这种条件反射建立以前，艾尔伯特并不怕兔子；并且，研究者也没有让他将兔子与恐惧建立特定的条件反射。同一天，研究者依次给小艾尔伯特呈现狗、白色皮毛大衣、一袋棉花、华生头上的灰白头发和一个圣诞老人的面具，他对所有这些东西都感到恐惧。5 天后，再次对艾尔伯特进行测试，下表中列出了这一天物品的呈现顺序。

实验中的物品呈现顺序表

序号	呈现的刺激	观察到的反应
1	积木	像平常一样玩积木
2	白鼠	害怕、后退（没有哭）
3	白鼠 + 噪音	害怕并哭泣
4	白鼠	害怕并哭泣
5	白鼠	害怕、哭泣并离开
6	兔子	害怕，但不像前面表现得那么激烈
7	积木	像平常一样玩积木
8	兔子	与 6 相同
9	兔子	与 6 相同
10	兔子	有点儿害怕，但还想触摸它
11	狗	害怕，回避
12	狗 + 噪音	害怕并离开
13	积木	像平常一样玩积木

同时，华生想知道在条件反射中习得的情绪反应是否会从一种情境迁移到另一种情境。如果艾尔伯特对这些动物和物品的恐惧反应只发生在实验室而不发生在别的地方，那么其研究成果的价值将大大减弱。为了验证这一点，在进行上表测试的同一天，研究者将艾尔伯特带到一个完全不同的房间，那里灯光更明亮，在场的人更多。在这种新环境中，艾尔伯特仍然明显对白鼠和兔子感到恐惧，只是不像以前那么强烈。

华生和雷诺想要做的最后一个实验是观察艾尔伯特新习得的情绪反应是否会持续一段时间。但不久，艾尔伯特被人收养并即将离开医院，因此所有测试终止了 31 天。31 天后，给艾尔伯特呈现圣诞老人的面具、白色皮毛大衣、白鼠、白兔和狗，艾尔伯特仍然对这些东西感到十分恐惧。

华生和他的同事还计划对艾尔伯特建立新的条件反射，以消除他的这些恐惧反应。但遗憾的是，艾尔伯特在接受可能的治疗之前，离开了日托中心，全家搬到别的地方去了，矫正实验没能进行。华生认为，这项实验表明，艾尔伯特的条件情绪反应将会在相当长一段时间里存在，虽然其强度会有所减弱，但是这种条件反应会在其一生中始终存在，并改变他的个性。

（4）实验结论。

虽然恐惧是人与生俱来的一种情绪，不过，一个人恐惧什么，不恐惧什么，却是后天通过条件反射建立的。并且，通过条件反射习得的恐惧还可迁移到类似的物体或环境中。尽管这一实验严重违反伦理道德，却令人信服地说明可以通过条件反射让人对某种事物产生特定的情绪。扩而言之，学习实质上是通过建立条件作用，形成刺激与反应之间联结的过程。[①]

2. 操作条件作用的形成过程：具体观点

斯金纳主张"教育就是塑造行为"。于是，在借鉴华生等人做法的基础上，通过自己的深入研究，斯金纳对操作条件作用的形成过程作了颇具操作性的阐述。

（1）小步子塑造。

斯金纳在训练白鼠或鸽子之前一般要给白鼠或鸽子禁食 24 个小时或更长的时间，以增强驱力。而且，斯金纳训练动物最初大多是从小步子塑造入手的。小步子塑造，简称塑造，指通过小步反馈帮助个体达到预期目标的过程；换言之，即在训练个体学习从没学过的动作技能时采用的强化技术。它先把一种要求习得的复杂行为反应分解为若干比较简单的反应，先对个体很容易做到的动作进行强化，然后逐渐对越来越难的动作强化，让个体逐步学习，逐步掌握操作技能。行为塑造技术主要包括连锁塑造（chaining shaping）与逆向连锁塑造（reverse chaining shaping）两种做法：连锁塑造是按"顺序"教授个体学会复杂的技能。例如，要训练老鼠按压头上方的杠杆，一开始可对它的任何抬前爪的动作进行强化，然后必须抬高至少一厘米，接着两厘米等，直至碰到杠杆。逆向连锁塑造是按"倒序"教授个体学会复杂的技能。

心理学家已用小步子塑造法对心智发展严重滞后的儿童进行说话训练，一开始对儿童发出的任何声音进行强化，然后渐渐对越来越复杂的声音进行强化，最后对他发出的越来越像教师让他重复的话语的声音进行强化。马戏团的驯兽师就是用小步子塑造法训练大象直立、狗替主人捡回东西、海豚钻火圈等。可见，小步子塑造技术的核心思想是：用较少的力量、一小步一小步地循序渐进，通过强化使之坚持到底，最终会克服很大的困难、完成艰巨的任务。小步子塑造技术后来用在心理治疗上就是著名的系统脱敏法。限于本书旨趣，这里不多讲。

（2）消退。

斯金纳的"消退"概念类似巴甫洛夫的"消退"概念，其含义是：在特定情景下，假若个体作出以前曾被强化过的反应，却没有得到通常的强化，那么，此个体下次遇到类似情境时就较少可能再做同样的事情。这表明与经典条件作用一样，操作条件作用也不是永久的，如果停止对已学会的行为强化，这种行为就可能消退。

（3）泛化和分化。

操作条件作用中的泛化和分化与经典条件作用中的泛化和分化很相似。在相似情景中，人们做出某一情景中学会的行为，如一个人在酒吧说一个笑话获得满堂笑声，他就会在饭

① WATSON J B & RAYNER R. Conditioned emotional reactions. Journal of experimental psychology，1920，3（1）：pp. 1 – 14；伯恩，埃克斯特兰德. 心理学原理和应用. 韩进之，等译. 上海：知识出版社，1985：131.

店、晚会甚至别人的婚礼上说同样的笑话。分化是一种行为在某一场合得到强化，而在另外的场合得不到强化，比如上例中那个人会知道笑话不适合在教堂或严肃的商业会议上讲。

四、对操作条件作用学习理论的简要评价

（一）斯金纳的操作条件作用学习理论的优点

第一，鉴于经典条件反射理论难以解释所有的学习现象，斯金纳设计了用以研究操作性条件作用的实验装置——斯金纳箱，并根据自己的实验结果提出了操作条件反射的学习理论，用以解释那些在有机体自发发出的行为的情况下所产生的学习。这种理论避免了经典性条件反射理论的局限，对学习现象有更广泛的解释意义。此学习理论最大的贡献在于，斯金纳通过对操作条件所作的深入细致的研究，提出了操作条件作用的基本原理，并将操作条件作用视作他的学习理论的基石，将很多其他的概念、原理的解释置于操作条件作用之上，使人们能够较有效地预测和控制行为。

第二，斯金纳细致研究了"两对半类型的强化"。"两对"指正强化与负强化、一级强化与二级强化，"半对"指外在强化（没有探讨内在强化）与直接强化（没有探讨间接强化），并对各种强化程序安排的效果作了较为科学而又详尽的考察。从某种意义上说，斯金纳的强化理论是桑代克效果律的进一步延伸和发展，斯金纳实验研究已证明，妥善安排强化，其效果确实是存在的，而且效果是在造成有利于被称为学习的那种变化的条件下产生的。同时，只要安排好强化的程序，人们可以能动地去塑造有机体的很多种行为。强化理论在一定程度上揭示了人的学习规律，并已被广泛运用到教育和商业等领域。

第三，斯金纳对直接经验的重视从一定意义上说有其合理之处，它特别适合用来解释知识学习，尤其是程序性知识的学习。因为知识学习尤其是程序性知识学习的关键在于"做中学"，一个人只要多做某事，往往都能熟能生巧；与此相反，任何一个个体在学习某一内容时若没有相应的直接经验，常常体会不深，印象也不深刻。以硕士研究生学"教育心理学"为例，直接从本科考上的硕士研究生由于没有工作经验，往往对"教育心理学"的一些内容体会不深，不知道哪些有用，哪些可以少花一些时间；相反，教育硕士由于多是来自中小学的骨干教师，他们往往已有多年的教学经验，再重回大学校园来学习"教育心理学"，其学习心得常常要比应届研究生更加深刻。又如，谈虎色变，亲身经历者与未亲身经历者的体会肯定是不一样的。

第四，斯金纳主张人要受到环境条件的制约，不可能是绝对自由的，并重视对影响学习的环境因素的探讨，此观点与做法都有一定的价值。因为在通常情况下，多数人的行为的确深受其所处环境（包括自然环境与人文环境）的影响，这就是所谓的"近朱者赤，近墨者黑"，能够做到"出淤泥而不染"的人毕竟是少数。

第五，斯金纳客观的研究精神和尊重事实的科学态度也是值得后人学习的宝贵精神财富。

（二）斯金纳的操作条件作用学习理论的缺陷

斯金纳的操作条件作用学习理论有四个明显的不足：

一是过于强调外显行为的塑造，难以解释人类的复杂学习。斯金纳用操作性条件作用来解释人类所有的行为、所有的学习（包括行为动作、学术活动和社会关系等），认为只要强化安排合理，就可以塑造或去除人的任何行为，这过于夸大了强化的作用。因为人的

认知、思维过程和情感过程远比外部可观察的行为复杂得多，而这并非用"强化物"这把"万能钥匙"就能一一开启的。

二是只重视与强调直接经验在学习中的作用显得有些偏颇。我们虽不否认直接经验在学习中的重要价值，但是，人类的学习本身是颇为复杂多样的，过于强调直接学习这一种学习方式难免会导致偏执一端。正是由于对斯金纳过于重视直接学习的"不满"，才有了后来班杜拉的重视"间接学习"学习理论。

三是未探讨自我强化与替代强化。斯金纳的研究对象是一只关在斯金纳箱中的小老鼠，其行为早已被斯金纳设计好，故此时小老鼠既无自我强化的动机，也无自我强化的条件，自然无法展现自我强化的行为出来让斯金纳观察到，结果，斯金纳只重视探讨外在强化，没有探讨内在强化（即自我强化），因为一旦强调内在强化，势必要承认个体的主体性，那个体就不再是"空心有机体了"。同时，由于斯金纳一般只在斯金纳箱内放置一只老鼠进行实验，而一只"孤独"的老鼠因身边没有同伴，自然既无法产生观察学习，也无法产生替代强化，所以，斯金纳也就忽视了替代强化这种强化类型。

四是机械环境决定论的倾向。斯金纳因为有机械环境决定论的倾向，相信学习全是在控制环境下自动产生的，这样，在斯金纳看来，促进学习的最有效条件就是对学习的外在情境作精心、系统的安排，尤其是强化方式要作精心的安排。这就过于重视环境在学习中的作用，而忽视了学习者的主体性、兴趣、爱好和已有知识经验等"内在因素"，从而不易解释何以有些人"出淤泥而不染"的事实。正由于此，才有了认知派学习理论的兴起，从一定意义上说认知派学习理论就是在反对行为主义"空心有机体"的旗帜下诞生的。[1]

第三节　班杜拉的社会学习理论

社会学习理论（social learning theory）的代表人物是生于加拿大、后成为美国著名心理学家的班杜拉（A. Bandura，1925—　）。虽然班杜拉与斯金纳同属行为主义学习理论的阵营，并且二人均重视用实证的方法研究学习，都重视探讨强化与学习的关系，看重环境对学习的影响，但是，作为一种新的新行为主义，班杜拉的观点介于行为论与认知论之间，将学习看作个体向别人行为模仿的过程。

一、对经典行为主义和新行为主义学习理论的质疑

班杜拉之所以主张社会学习理论，从逻辑上讲，是从他对早期的经典行为主义和新行为主义学习理论的质疑开始的。

（一）学习是否真如斯金纳所说的那样仅是一种直接学习

依斯金纳的观点，学习主要是一种直接学习。班杜拉对此观点不以为然。在他看来，人类的学习方式是多种多样的，除直接学习外，可能还有其他的学习方式。

---

① 张春兴. 教育心理学. 杭州：浙江教育出版社，1998：190 - 191.

（二）强化是否真的是影响学习的必不可少的重要因素

依斯金纳的解释，强化是影响学习发生的必不可少的重要因素。当个体在某一具体情境中做出某种行为（操作）后，假若得到及时的强化，那么，其在今后遇到这一具体情境时做出同类行为的可能性就会增大；反之，当个体在某一具体情境中做出某种行为（操作）后，如果没有得到及时的强化，那么，其在今后遇到这一具体情境时做出同类行为的可能性就会大大减弱，甚至先前建立的同类刺激与反应的联结也会减弱或消失。事实果真如此吗？班杜拉对此持怀疑态度。

（三）强化真的只有直接强化这一种类型吗

依斯金纳的解释，强化不但是影响学习发生的必不可少的重要因素，而且一定是以直接呈现的方式出现，并且是由他人所给予的。情况果真如此简单吗？假若说强化在学习过程中扮演重要角色（请注意，这种表述只是说明强化在学习过程中起作用，并不意味着没有强化就没有学习），那么，除直接强化（指个体直接体验到自己行为后果而受到的强化）的方式外，有没有其他的强化方式？强化是不是一定需要由"他人"给予？在班杜拉看来，这些问题都值得进一步思考。

（四）假若个体在接触到某一情境之后，其外显行为没有发生明显的改变，他果真就没有"学习"吗

无论是早期的行为主义者还是新行为主义者，一般都将"外显行为的改变与否"作为判断学习是否发生的重要标志。虽然托尔曼提出了"潜伏学习"的概念，但这个概念的提出实际上也强调将"行为潜能的变化与否"作为判断学习是否发生的重要标志。换言之，在强调"个体在接触到某一情境之后，其心理或行为要有所变化"并将之作为衡量学习是否发生这一方面是一致的。当个体在接触到某一情境之后，假若其外显行为没有发生明显的改变，他就没有"学习"。学习的发生与否果真只能以"外显行为的改变与否"作为判断标准吗？对此，班杜拉持不同意见。

（五）人的一切行为是否果真都是由环境所决定的

依华生与斯金纳的主张，人只是一个"空心的有机体"，其一切行为都是由环境所决定的。这就是教育心理学历史上著名的极端环境决定论和教育万能论。班杜拉受认知派心理学和人本主义心理学的启示，相信人绝不是一个"空心的有机体"，而是一个内涵丰富的人，人的内心状态会深深影响人的学习过程。

二、经典实验

班杜拉等人对学习问题的研究主要集中在模仿学习、抗拒诱惑和言行一致等方面，所采用的方法主要是实验室研究。

模仿学习的实验研究是班杜拉和麦克唐纳（McDonalad）在1963—1968年做的。他们先用道德判断故事测量5～11岁学生的道德判断发展水平，然后，将儿童分为三个水平相等的组进行不同的实验处理：第一组，若儿童所作出的道德判断比初测时稍有进展就予以

表扬、奖励，即进行积极强化。第二组，儿童在评价一个故事时，有一个比儿童道德水平高的成人为儿童作榜样，当儿童所作出的道德判断比初测时稍有进展同样给予积极强化。第三组与第二组类似，但儿童不受到积极强化。经过训练，这些儿童在另一个成年人的要求下再评价另外 12 个成对的故事，这次既无榜样，也不给予表扬或批评。结果发现：初测时三个水平相等的组对后来 12 个成对故事的评价，第二组和第三组的成绩远远超过第一组，而第三组稍高于第二组。可见，第二组、第三组儿童道德判断水平的迅速提高是由于成人判断的榜样起了积极的作用，而表扬的作用在此不十分显著。研究者认为，儿童的道德定向（判断）不像皮亚杰所说的有明确的年龄差异，而更重要的是个体差异，后者主要是由于不同的社会学习和不同的成人及同辈榜样的影响造成的。

攻击性行为的实验是班杜拉和罗斯在 1965 年做的。他们选择 66 名 4 岁的儿童作为被试，将其随机地分成三组，每组 22 人，测试不同组的儿童观看电影中的同一攻击行为的不同对待结果。第一组是攻击—奖赏组：一个成年人采取攻击行为后，另一个成年人对他奖赏，称赞他为勇敢的胜利者，并给他巧克力糖和汽水等食品。第二组是攻击—惩罚组，一个成人采取攻击行为后，另一个成人对他进行指责，骂他是暴徒，打他并迫使他低头逃跑。第三组是控制组，一个成年人采取攻击性行为后，既没有受到奖赏，也没有得到惩罚。然后，实验者把儿童带到与电影里相同的实验情境中，让儿童玩 10 分钟，通过单向观察屏观察儿童的行为。结果发现，与其他两组相比，攻击—惩罚组几乎没有人模仿攻击性行为。他们认为替代惩罚降低了对攻击行为的模仿。但是，如果给以足够的诱因，如告诉儿童凡是能模仿观察到的行为可以得到果汁和一张优美的图片，结果三组间几乎没有区别。这就说明学习在没有直接强化的情况下仍能够进行。

抗拒诱惑的实验是华尔特等人在 1963 年进行的，其说明了这样一种观点：人的道德行为也表现在能否抗拒各种外界诱惑，而对诱惑的抗拒可以通过榜样的影响加以学习和改变。实验采取了三个步骤：先挑选一批来自低收入阶层的 5 岁男孩，让他们参观一间放有玩具和字典的房间，成人的指导语是"这些玩具不准玩，但可以翻翻字典"。然后，将儿童分成三组：第一组是榜样—奖励组，让儿童观看一部短片，影片中有一男孩在玩一些被告之不许玩的玩具；不久男孩的妈妈进来了，夸奖了男孩并和他一起玩被禁止玩的玩具。第二组是榜样—指责组，也看了与第一组大致相同的影片，但影片中男孩的妈妈进来看到孩子违反了禁令就严厉训斥他，男孩显出害怕的样子。第三组是控制组，不看电影。实验的第三步是对所有男孩进行抗拒诱惑的测验：每个男孩都在上述的房间内单独待 15 分钟，其活动可以通过单向玻璃被观察和记录。结果发现：第一组儿童很快屈从于诱惑，其潜伏期只有 80 秒；第二组儿童能克制 7 分钟左右，有的甚至整个实验时间都服从禁令；第三组儿童平均克制 5 分钟左右。研究者认为，榜样的示范活动具有一种"替代强化"作用，在很大程度上影响着儿童对诱惑的抗拒能力。

社会学习论的另一个实验是米切尔等人的言行一致研究，揭示了成人言行不一致对儿童品德形成和发展的影响。研究者认为，要提高儿童的道德水平，成人和教师不能只进行口头指导，还要给儿童树立以身作则的榜样，包括同伴中的榜样；否则，即使道德水平较高的儿童也会受到不良影响。

班杜拉认为，儿童观察榜样的行为表现并加以模仿的过程，受到观察者的内部和外部因素的影响。外部因素指榜样的示范特征及其后果。榜样可以是活的榜样或真实的榜样、符号性榜样和诫例性榜样。一般来说，榜样的地位越高，越具权威性，就越容易被模仿；

榜样与观察者越相似，被模仿的可能性就越大；攻击性行为易被模仿；受奖励的行为更容易被模仿。内部因素指观察者的动机和认知水平。儿童不是被动地接受外界刺激的作用，而是积极地对这种刺激作出选择、组织和转换。因此，与观察者自我判断相符的行为容易被模仿，不符合观察者动机倾向的行为容易被拒绝和排斥。总之，在儿童的行为（包括道德行为）形成过程中，个人、环境、行为是相互作用的，个人行为是内部过程和外部影响复杂的相互作用的产物。儿童不是一个机械的刺激接受体，他们能够对作用于自己的外部环境的刺激进行选择、组织和加工，并以此来调节自己的行为。

三、社会学习理论的主要内容

根据诸多实验的研究结果，班杜拉建构起社会学习理论的理论大厦，其核心主张主要是：

（一）学习理论的三元取向

班杜拉认为，心理学的一个中心议题是研究人类行为的起因。为了实现这个目的，许多心理学家提出了不同的解释。有些心理学家如早期行为主义者将重点放在探讨外部环境刺激是怎样和有机体的反应能力联系在一起的，有些心理学家如人本主义心理学家将重点放在探讨有机体行为的内部动因是什么。这两种观点都是一种单向决定论（unidirectional determinism），因为他们将环境刺激或内在素质看作单向地引发有机体的行为。[1] 事实上，个人和环境的因素并不能独立发挥作用，两者是相互决定的，而且人也不能视为独立于行为之外的原因。班杜拉说："行为、人的内部因素、环境影响三者彼此相互联结、相互决定。这一过程涉及三个因素的交互作用而不是两因素的结合或两因素之间的单向作用。我们曾经指出，行为和环境条件作为交互决定的因素而起作用。人的内部因素（即观念、信仰、自我知觉）和行为同样是彼此交互决定的因素。"这表明，在班杜拉心中，人的行为并不是像斯金纳所说的那样，完全是由环境所决定的，而应作这样的理解：行为、环境和个人内在诸因素（包括个体的期待、信念、目标、意志、情绪和情感等）三者之间是相互影响、交互决定的，它们构成一种三角互动关系。正由于该学习理论中包含环境、个人与行为三项因素，所以，班杜拉的学习理论又叫做学习理论的三元取向。如图 4-4 所示：

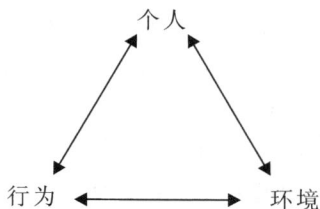

图 4-4 个人、行为和环境三者的交互作用示意图

三元取向的学习理论表明班杜拉对人性的理解也与斯金纳有一定的差异：一方面，班

---

[1] 施良方. 学习论——学习心理学的理论与原理. 北京：人民教育出版社，1994：376.

杜拉承认人有一定的选择能力与判断能力，是自己命运的主人，这就促使他强调与重视研究人的自我调节能力与自我效能等主题；另一方面，班杜拉也继承斯金纳等极端行为主义者的合理思想，主张人也要受到环境条件的制约，不可能是绝对自由的，这促使他重视对影响学习的环境因素的探讨。

（二）学习的产生得自于观察与模仿：对学习实质的看法

在班杜拉看来，学习的产生非系于强化，而得自于观察与模仿。个体的大多数行为（包括道德行为）既可以在社会交往中通过对榜样的观察而获得，也可以通过对榜样的观察而改变。通过对榜样的观察而获得的行为改变不同于学习者对刺激作出反应的直接学习，而是一种间接的或替代的学习。班杜拉所说的榜样有两种：一种是真实的榜样，即让活生生的榜样在观察者面前做真实的行为操作。真实的榜样生动有趣，容易引起并保持观察者的注意；并且，真实的榜样本身可以随时间变化或使行为简化，或重复示范来突出重要部分。另一种是符号性榜样，即通过传播媒介来呈现的榜样。传播媒介有图片、幻灯、录音、录像、电影、卡通片、文字说明等。在班杜拉看来，个体的道德行为的形成和不良行为的矫正都主要是通过观察榜样进行的。因此，观察学习（observational learning）是人类的重要学习方式。

何谓观察学习？它又称无尝试学习、不需要练习的学习、社会学习（social learning）、模仿学习或替代性学习（vicarious learning），指学习者通过对榜样人物的行为及结果的观察而进行的学习，这种学习不需要学习者亲身经历刺激—反应之间的联结，是一种只从别人的学习经验即学到新经验的学习方式。班杜拉将学习者通过对刺激作出反应并给予直接强化而完成的学习叫直接学习或亲历学习（enactive learning），将在社会交往中的观察学习叫间接学习。班杜拉虽不否认亲历学习，认为人可以通过直接经验得到学习，不过，在他看来，间接学习更符合人类学习的实际，因为人有通过语言和非语言形式获得信息以及自我调节的能力，使得个体通过观察他人（榜样）所表现的行为及结果，不必事事经过亲身体验，就能学到复杂的行为反应；也就是说，在观察学习中，学习者不必直接作出反应，也无须亲身体验强化，只要通过观察他人在一定环境中的行为，并观察他人、接受一定的强化便可完成学习。因此，与斯金纳强调直接经验、直接学习、直接的试误、直接反应和由他人所给予的直接强化不同，班杜拉重视替代性经验（vicarious experience）、替代学习、替代性试误（vicarious trial and error）、替代反应（vicarious responding）、间接强化与自我强化。所谓替代性经验，指学习者通过观察被模仿者的行为所获得的奖惩结果而产生的一种认知或情感性的体验。在班杜拉看来，亲身经历的经验固然重要，但替代性经验同样具有强大的功能。所谓替代性试误，指学习者可以通过观察被模仿者的试误行为而产生一种行为的自我完善现象。在班杜拉看来，正确行为的习得不一定非要通过亲身的不断尝试错误，实际上也可以通过模仿的方式获得。所谓替代反应，指学习者受到榜样行为的暗示而表现出来的一种和榜样行为相似的反应。这种反应不是通过自己的直接行为训练所习得，而是通过观察榜样的行为过程得到的。所谓间接强化，也叫替代强化，指观察者通过看到他人受强化而间接地受到相应的强化，不是他自己直接受到强化。所谓自我强化，指自己给予自己的强化，这种强化不是由他人给予的。班杜拉相信，个体能通过观察他人的行为得到某种认知表象，并以之指导自己以后的行为，这样就使得他减少了不必要的尝试错误。

教育心理学新编（第五版）

班杜拉认为，观察学习有四个特点：第一，观察学习不一定具有外显的行为反应。班杜拉认为人们可以通过观察他人的示范行为，在自己尚未表现行为时就已经学到了如何去做，这样就可能避免许多不必要的错误。他指出，如果只能通过尝试错误的方式去学习，个体的生命就会有危险，例如学习游泳、驾驶汽车等。第二，观察学习并不一定要依赖直接强化。因为观察者仅仅通过观察别人的行为就能学习到复杂的行为过程，所以，不需要亲自体验强化。班杜拉认为，强化在观察学习中并非关键因素，没有强化，观察学习照样可以发生。第三，观察学习具有认知性。个体通过观察他人的行为就能学到复杂的反应，这种学习无疑具有认知性。班杜拉认为，观察学习基本上是认知过程。观察者需要利用内部的行为表象来指导自己的行为，学习活动必然包含内部的认知过程。第四，观察学习不是机械式的反应。按斯金纳的解释，个体在刺激情境中所学到的不是自主性反应，而是机械式反应。既然个体学到的是机械式反应，结果自然是，不同个体在相同的刺激情境中学到的必是同样的反应。这也就是斯金纳主张学习理论应具备"客观"与"预测"的条件。班杜拉反对这种机械论的看法，他认为，即使众人所观察的情境相同，其所表现的反应也会有差异，因为每个人的反应都是经过他的认知判断而后才表现于外的，这样，一个人在学习情境中观察模仿时，从接受刺激到表现出反应之间有一段起中介作用（mediation）的内在心理历程。一个人的内在心理历程不同，决定了其模仿学习绝不是机械式的反应，而是一种带有主体色彩的主观性反应。① 同时，在班杜拉看来，观察学习在个体的人格与品德发展中发挥着重要作用，理由主要有三：①观察学习比试误学习更有效。当观察者通过观看榜样行为而学习时，他们节省了由他们自己尝试学习同样技能时产生的那些不必要的错误。②许多复杂的行为大概是永远都学不会的，除了通过榜样来学习，例如儿童学习语言。③观察学习使得儿童在榜样只是自寻其乐而并不想教他们什么时的情况下学到很多东西。当然，儿童观察并试图模仿的某些行为并不是大人想让他们学习的，如抽烟、骂人等。

（三）模仿学习的方式

班杜拉将模仿学习分为四种类型：

（1）直接模仿（direct modeling）。直接模仿是一种最简单的模仿学习方式。人类生活中的基本生活知识与技能都是经由直接模仿学习来的。

（2）综合模仿（synthesized modeling）。它是一种较复杂的模仿学习方式，学习者经综合模仿历程而学到的行为未必直接得自某个楷模，而是综合多次所见而形成自己的行为。

（3）象征模仿（symbolic modeling）。它指学习者并非模仿楷模人物的具体行为，而是模仿其性格或行为所代表的意义。如电影中所描述的英雄人物，他们的行为背后所暗藏的勇敢、智慧、正义等性格，即旨在引起儿童的象征模仿。

（4）抽象模仿（abstract modeling）。指学习者观察学习所学到的是抽象的原则，而不是具体的行为。如解算术题时，学生从教师对例题的讲解中学到解题的原则，就是一种抽象模仿。②

（四）观察学习的心理过程

班杜拉对观察学习心理过程的研究受到了信息加工认知心理学的影响，他按信息加工

---

① 张春兴. 教育心理学. 杭州：浙江教育出版社，1998：195.
② 张春兴. 教育心理学. 杭州：浙江教育出版社，1998：194 – 195.

的模式对观察学习的心理历程进行了分析，认为观察学习的心理历程由四个相关联的子阶段构成，每个子阶段又包括一些影响它们的变量：

第一阶段是注意阶段（attention phase）。注意阶段是指学习者对被观察的对象的特征进行有选择的观察。注意是观察学习发生的前提条件。为了能够凭借观察进行学习，学习者需要以某种方式注意榜样行为的重要特征，并加以正确的知觉，否则，仅是呈现榜样行为是不会产生观察学习的。人虽然经常置身于大量的示范影响之下，但从中深入观察什么，能够吸取什么，是由注意过程决定的。观察经验的类型和数量，是由制约注意过程的许多因素进行调整的，其中包括观察者自身的特征和被示范对象或事件本身的特性。例如，动画片突出了人物的特征，容易吸引幼儿与小学生的注意；文字描述的内容常常只能被有文化的年龄较大的学习者注意。

第二阶段是保持阶段（retention phase）。保持阶段是指将观察到的信息转化为符号的形式并贮存在长时记忆中。通过注意阶段注意到的东西，必须用符号加以编码和贮存，至少要保持到作出这种行为反应时为止，否则，不会产生观察学习。这样，在保持阶段观察者一般需要将注意到的榜样行为转换成表象或言语符号保持在自己的记忆中，形成榜样行为的内部形象，这些记忆编码在日后便能指导操作。同时，练习也能成为一种重要的记忆支柱，经过观察而学到的示范行为只有经过认知上的练习（复述）或实际上的演练操作后才能保持长久记忆。

第三阶段是再生阶段（reproduction phase）。再生阶段是指将符号化的内容转化为相应行为的过程。一个人可能已注意到榜样行为并适当保持了编码符号，不过，若没有相应的动作能力，就不可能再现这种行为。可见，在这一阶段，观察者需要将以符号形式编码的示范信息转化成适当行为。这是一种由内到外、由概念到行为的过程，这一过程以内部形象为指导，把原有的行为成分组合成新的反应模式。

第四阶段是动机阶段（motivational phase）。社会认知论区分了学习（行为的习得）与行为表现，认为人们并不把自己学到的行为全部表现出来。假若已习得的示范行为将导致有价值的结果，就会增强观察者产生同样行为的倾向；如果习得的行为将导致惩罚或无报偿的结果，就会抑制或削弱观察者发生这种行为的倾向。因此，若要一个人表现出所习得的行为，就必须有适当的诱因动机。如外部刺激、替代诱因和自我诱因所造成的直接强化、替代强化和自我强化，对促进观察者将由观察而学会的行为表现出来，都具有动机作用的功能。

上述四个阶段的划分不是绝对的，例如，动机阶段可以贯穿观察学习的全过程。同时，这四个阶段犹如一个串联电路，要想电流顺利通过，四个开关都要同时接通；同理，要想观察者习得榜样行为，这四个阶段必须同时顺利通过，如图4-5所示。可见，既然一个完整的观察学习有上述四个阶段，那么，缺少其中的一个或多个阶段，观察学习都不可能产生。

楷模行为表现 → 注意阶段 → 保持阶段 → 再生阶段 → 动机阶段 → 经模仿学得行为

图4-5 观察学习四阶段

（五）最容易让儿童产生模仿的人的类型

第一类，儿童心目中最重要的人最易被儿童所模仿。这一现象启示人们，在家庭教育中父母要互相配合，使双方都成为子女心目中最重要的人，这样，子女就会对父母双方的教导表现出较大的认同感。假若父母平时不注意细节，让孩子知道在家庭中是父亲或母亲"说了算"，那么，可能会造成另一方的权威性在孩子心目中大打折扣，甚至其所说的话并不被孩子认可。第二类，儿童最喜欢模仿与自己同性别的人。这种现象可以用社会文化来解释，因为一般而言，社会文化多赞成同性别人群之间的相互模仿，而不认可甚至强烈反对异性人群之间的相互模仿。如在中国社会里，儿童从小一般接受的教育是：男孩就要像个男孩，女孩就要像个女孩。因此，一个男孩表现出顽皮、贪玩等行为方式，犹如一个女孩表现出文静、体贴一样，被许多中国人看作是天经地义的。假若一个男孩像女孩一样说话，人们就会有意无意地说这个男孩"娘娘腔"，这是一种不好的评价。当然，自时下兴起"超级女声"现象后，在青少年人群中兴起一股"中性热"或"去性别化热"。这一现象可以用下一类标准来解释。第三类，曾获得荣誉的人、出身高贵和富有家庭儿童的行为最易被儿童所模仿。用中国人的话说，这就是中国先哲早就看到的"上为下效，君行臣甚"的模仿规律。第四类，同辈团体内有独特行为但曾受到惩罚的人，并不是一般儿童最喜欢模仿的对象。因为儿童的品德发展水平多数处于习俗水平的"好孩子取向"与"遵循法律法规取向"，因此，同辈团体内有独特行为但曾受到惩罚的人，一般就不是儿童最喜欢模仿的对象。第五类，同年龄同社会阶层出身的儿童，彼此间较喜欢相互模仿。所谓"物以类聚，人以群分"，"染于苍则苍，染于黄则黄"，说的就是这个道理。

（六）自我效能理论

自我效能（self-efficacy）是班杜拉于 1977 年提出的概念。自我效能指个体对自己能否成功地完成某项任务的主观判断、评价和信念。班杜拉经常交替使用两个名词：一是自我效能知觉（perception of self-efficacy），二是自我效能感（sense of self-efficacy）。这反映了自我效能的两层意思：自我效能知觉是对自己能否胜任某项工作的评估，自我效能感是对自己胜任某项工作的体验。班杜拉在 1980 年发表的《人类行为中的自我效能机制》演说里指出，一个人的自我效能会影响其思维模式、行动和情绪的激活；换言之，自我效能是人类行为的强大力量，控制和调节人们的行为。班杜拉通过研究发现，人们选择投入某项工作的关键因素不是能力的水平，而是对能否胜任的评估，自我效能影响个体的行为选择与努力程度。自我效能感相当于人们通常所说的自信心，但自信心是一个经验性概念。班杜拉较具体地分析了自我效能的情绪和知觉特征，并且通过实验探讨了形成自我效能的途径，有助于人们在实践中有意识地采取具体行动有效地促进自我效能。

在班杜拉看来，人的行为是受两个因素影响或决定的：一个是行为的结果因素即强化，另一个是行为的先行因素即期待。与传统行为主义不同的是，班杜拉并没有将强化看成决定行为的唯一因素。他承认强化能够激发和维持行为动机以控制和调节人的行为，但他同时认为，没有强化也能够获取有关信息，形成新的行为模式。行为出现的原因不是随后出现的强化，而是人在认知之后产生的期待。班杜拉将期待分为两种：一种是结果期待，是指人对自己的某一行为会导致某一结果的推测。如果个体预测到某一特定行为会导致某一特定的结果，那么这一行为就可能被激活和被选择。例如，学生认识到只要上课认真听讲，就会获得他所希望的好成绩，那他就很可能认真听课。另一种是效能期待，指个体对自己能否实施某种成就行为的能力判断，即人对自己行为能力的推测。当确信自己有能力进行某一活动时，他就会产生高度的"自我效能感"，并会去进行那一项活动。例如，学生不仅知道注意听讲可以带来理想的成绩，而且还感到自己有能力听懂教师所讲的内容时，才会认真听课。显然，自我效能感产生于某一活动之前，是对自己能否有效地作出某一行为进行的主观推测。以往行为主义者的动机理论研究停留在强化的提供方面。在班杜拉看来，人们知道行为可能带来良好的结果后，也并不一定去从事某种活动或作出某种行为。比如每个学生都知道好的成绩会获得好的结果，但当学生感到无能为力时，他就不会作出某种努力学习的行为。所以，当有了相应的知识、技能和目标时，自我效能感就成了行为的决定因素。

班杜拉指出了五种影响自我效能知觉的因素：过去行为的成败经验、通过观察示范行为获得替代性经验、语言说服、情绪和身体状态、归因。通过这些途径可以有意识地培养起自我效能感。在这五种因素中，最重要的影响因素有两个：①个体的成败经验。个体成败的经验有两类：一类是个体成败的亲身经验或直接经验。这是影响自我效能感形成的最主要因素。一般说来，成功的经验会提高自我效能感，反复的失败会降低效能期待。不断成功会使人建立起稳定的自我效能感，这种效能感不会因一时的挫折而降低，而且还会泛化到类似的情境中去。另一类是个体成败的替代性经验。这类经验是行为者通过观察示范者的行为而获得的间接经验，它对自我效能感也具有重要影响。当一个人看到与自己能力水平差不多的示范者（榜样或范型）在某项活动中取得了成功，就会增强自我效能感，认为自己也有能力完成同样的任务；看到与自己能力不相上下的示范者遭遇了失败，就会降低自我效能感，觉得自己取得成功的可能性也很小。这种替代性成败经验对自我效能感的影响是通过两种认知过程实现的：一是社会比较过程，即行为者采用与示范者比较的方式，参考其表现以判断自身的效能，当然这种比较有可能是客观的、准确的，也有可能是主观的、不准确的。比如，一个学生与另一个同学比较，认为自己的能力与他差不多，但实际的情况可能相差很远，这都无关紧要，只要该生主观上认为两人的能力相差不多就会影响他的主观效能感。二是提供信息的过程。行为者可能从示范者的表现中学到有效解决问题的策略或方法，了解解决问题的条件，这些都会对自我效能感产生一定影响。②个体的归因方式。自我效能与归因有密切关系。一方面，不同归因会影响自我效能感。假若引导学生将成功归因于内部的或可以控制的因素，如能力或努力，将有助于学生自我效能感的提高。另一方面，自我效能感也影响归因。假若一个人对某件事有颇强的自我效能感，那么，他将很可能将成功归因于自己的能力或努力，将失败归因于自己缺乏努力；反之，如果他对做某事缺乏自我效能感，他很可能将成功归因于运气等不可控的因素，而将失败归因于自己缺乏能力。从这个意义上说，奥苏贝尔与加涅主张在某些条件下调动学生积极性的最好办法不是从动机入手，而是从认知入手，是颇有道理的。

提高学生自我效能感最重要的措施是设法鼓励和帮助学生投入行动，在实际的成功基础上形成自我效能知觉。为了能够让学生尽快真实地感受成功，必须帮助学生提出具体的行为目标，并且将目标分成几小步以便逐步实现。同时，假若教师将课上好，让学生感觉学有所得，使他们感到自己有能力学好某门功课，学生的这种自信将有助于他们更加努力地投入学习。自我效能感也可以通过训练而提高。舒克（1981）以算术成绩极差的小学高年级儿童为实验对象，对自我效能感进行了研究。他为这些差生安排了一个星期的训练，在每次训练中他先让儿童分别学习算术的自学教材，然后由榜样演示如何解题，榜样在解题时一边算一边大声地说出正确的解题过程，最后再让学生自己解题。在学生自己解题前，他让其把所有的题看一遍，并判断一下他们能有多大把握来解每一道题，以此来了解学生解题的自我效能感。结果发现，经过训练，儿童的自我效能感逐渐得到增强，与之相应，儿童解题的正确性和遇到难题时的坚持性也得到了提高。

四、对社会学习论的简要评价

（一）与斯金纳学习理论的主要差异

稍加比较可知，班杜拉的学习理论与斯金纳的学习理论主要存在五大差异：①对待学习者的态度不同。在斯金纳眼中，人只是一个"空心的有机体"；班杜拉则主张人是一个内涵丰富的人，人的内心状态会深深影响人的学习过程。②所重视的学习类型不同。斯金纳重视直接学习，班杜拉重视观察学习。③对待强化的种类与态度不同。斯金纳重视直接强化，并将之作为影响学习的最主要因素；班杜拉虽重视间接强化，但又认为即使没有强化，学习照样会发生。④斯金纳将外显行为的改变与否作为判断学习是否发生的标志，班杜拉则不然。⑤斯金纳多用动物实验来研究学习，班杜拉直接以人为被试来寻求其学习理论的实证依据。

（二）社会学习论的主要优点

班杜拉的学习理论主要具有六个优点：第一，班杜拉在其观察学习的研究中注重社会因素的影响，改变了传统学习理论重个体轻社会的思想倾向，把学习心理学的研究同社会心理学的研究结合在一起，对学习理论的发展作出了独树一帜的贡献。第二，班杜拉吸收认知心理学的研究成果，把强化理论与信息加工理论有机结合起来，改变了经典行为主义重刺激—反应而轻中枢过程的思想倾向，使解释人行为的理论参照点发生了重要转变。第三，班杜拉强调学习过程中的社会因素和认知过程在学习中的作用，进而注重以人为实验对象，改变了行为主义以动物为实验对象，把由动物实验中得出的结论直接推广到人类学习现象的错误倾向。第四，班杜拉对观察学习即广义的模仿学习作了较系统的研究，赋予了古老的、广义的模仿概念新的意义，使观察学习由经验层次向科学层次发展，使观察学习模式同经典条件反射和操作条件反射一起被称为解释学习的三大工具。第五，班杜拉的概念和理论建立在丰富坚实的实验验证资料基础上，其实验方法比较严谨，结论比较有说服力。他具有开放性的理论框架，在坚持行为主义立场的同时，积极吸取认知心理学的研究成果与研究方法，并受人本主义心理学若干思想的启发，涉及观察学习、交互作用、自我调节、自我效能等重大课题，突出了人的主动性、社会性，受到心理学界的广泛赞同。第六，充分强调了观察学习在儿童道德行为形成中的重要性，提出"道德观念和行为经过后天的观察学习可以形成和改变"的观点，强调教师言行一致和为学生树立榜样的重要性；强调父母教育方式对儿童品德形成的影响，例如父母常用体罚"教育"孩子不去打架，结果无意间使孩子们的打架变本加厉；强调社会环境中的影视和书刊等传播媒介对儿童道德发展的影响，例如电视和电影中的暴力行为往往会增长儿童在日常生活中的暴力倾向。

（三）社会学习论的主要缺陷

当然，班杜拉的观察学习理论也有其明显的不足：第一，正由于班杜拉的理论具有开放性特征，导致它缺乏内在统一性的理论框架。其理论的各个部分如何彼此关联，怎样使其成为一个有内在逻辑体系、结论与方法井然有序的宏大框架，仍是一个待解决的问题。尤其是将其忽略的方面补充发展起来，使其成为更广阔解释能力的心理学理论，还需要做很多工作。第二，它坚持环境论观点，轻视儿童自身的认知结构在观察学习过程中的作用，低估了发展变量的重要性。它未涉及道德判断的顺序问题，当然也未考虑以什么为前提促进其发展。在班杜拉等看来，儿童的道德判断并不是年龄的特别产物，只要控制影响道德行为的榜样、强化等环境变量，就能使儿童的道德行为不断变化和发展。这种无视道德发展阶段性、顺序性的观点，显然不符合儿童道德发展的实际情况。第三，班杜拉的实验研究有其进步和创新的一面，但实验室中的榜样对儿童道德发展的影响，不能完全解释实际生活中儿童道德行为和道德习惯的形成，因为实验室中包含着人为的遵从压力，使得榜样的效果比在实际生活中要大些。第四，班杜拉虽然没有否认通过直接经验得到的学习，不过，由于他过于强调间接学习（观察学习），相对而言就轻视了直接学习的重要性，在纠正斯金纳过于重视直接学习而忽视间接学习的不足方面有矫枉过正之嫌。总结斯金纳与班杜拉二人对待直接学习与间接学习的不足之处，今人宜辩证地处理直接学习与间接学习的关系，不能非此即彼。第五，一般而言，个体在成长过程中已习得丰富的做人经验，而观察学习可以起到画龙点睛的作用，所以，班杜拉的观察学习理论能较好地解释道德学习（反过来说，若个体暂未掌握足够的做人经验，观察学习也不会有效）。但是，在技能学习（程序性知识学习）中，个体对新技能往往毫无经验，此时，学习的关键在于"做中学"，而不是"观察中学"。"观察"虽有助于技能学习，不过，仅有"观察"而不"亲身去做"，不可能真正掌握新技能。因此，若仅以观察学习为主要学习方式，效果一般不佳。例如，从未开过小汽车的人没有半点开车经验，当他到驾校学习开车技能时，若教练仅让他坐在副驾驶位置观察自己如何开车，他肯定是学不会开车的。可见，观察学习不能用来妥善地解释技能学习。

第四节　行为主义学习理论在教育上的应用

自第二次世界大战后，行为主义心理学理念对教育心理学的发展产生了深远影响。在行为主义心理学家中，极端行为主义者斯金纳的操作条件作用学习理论在其中扮演了十分重要的角色。用今天的眼光看，行为主义学习理论以其操作性强的显著特点在教育上仍有多方面的应用价值。为了避免重复，本书将"运用行为主义学习理论培养个体的良好行为方式"放在第九章予以论述，本节论述其他几个主要方面。

一、程序教学与电脑辅助教学

（一）程序教学

1. 程序教学的由来

程序教学的提出，源于1953年斯金纳去他女儿就读学校的一次参观。在参观期间，斯金纳发现在算术课上，虽然很多孩子都愿意回答问题，但并不是每个孩子都有机会；并且，学生每次回答问题后老师也不一定及时给予反馈。因此，教师本身的教学水平、心情等对课堂质量影响很大。对此，斯金纳批评说："糟糕得很，他们正在那里毁灭心灵，我可以干得好得多。"于是，斯金纳开始致力于教育改革，希望能够对学生的反应及时提供

教育心理学新编（第五版）

反馈并予以强化。然而要达到这个目的，光靠教师的那点儿时间和精力是不够的，有必要使用机械装置，即利用机器辅助教学。斯金纳于 1954 年发表一篇题为"学习的科学和教学的艺术"的论文，[①] 阐述了操作条件反射原理的细节，描绘了在学校环节中促进人类学习的自动教学方法。这篇论文为程序教学提供了理论基础，并唤起了人们对它的热情。

2. 程序教学的内涵与操作过程

程序教学（programmed instruction），指一种让学生以自己的速度和水平进行学习的个别化教学方法。它是斯金纳于 1954 年提出的，其后像一股旋风席卷了美国教育界，曾风行一时。按斯金纳的本意，不应叫程序教学，而应叫程序学习（programmed learning），意指学生可根据改编后的程序教材，自己进行学习。

程序教学运动的始创者通常被认为是教学机器的发明人、美国心理学家普莱西（S. L. Presser）。普莱西是世界上第一台教学机器的发明者。1924 年，普莱西根据桑代克学习理论中的练习律、效果律、近因律理论设计了一台可以进行测验、记分和教学的简单仪器，并在之后的几年中不断加以改进和完善。当年普莱西曾以此为盼，希望引起"教育上的产业革命"。不过，由于当时社会上对其需求不强烈，加之机器性能有限，普莱西的愿望最终没能实现。

对程序教学贡献最大的是斯金纳。20 世纪 50 年代中期，斯金纳根据操作条件反射原理，在普莱西教学机器的基础上，设计了新一代教学机器，即程序教学机。斯金纳设计的教学机器是通过安排适当的强化列联，以建立特殊形式的行为。所谓强化列联，指任何一种复杂的行为形式，只要先塑造出它的简单要素，然后将它们组合成一个连锁式的程序，就能通过操作性条件作用而形成或消退。当时有人劝斯金纳不要用"教学机"这个名称，改用一个让人较容易接受的名称，但斯金纳反驳道："洗衣服的机器叫洗衣机，缝衣服的机器叫缝纫机，为什么教学的机器不能叫教学机？"

程序教学机是一台外形像小盒子的装置，如图 4-6 所示：

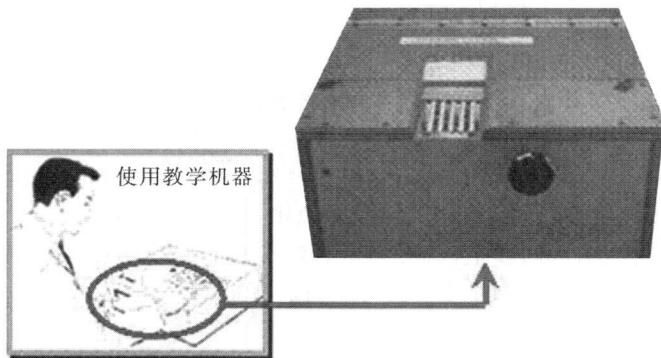

图 4-6　程序教学机示意图

根据图 4-6 所示，程序教学机内装有精密的电子和机械仪器。它的构造包括输入、输出、贮存和控制四个部分。教学材料分解成由按循序渐进原则、有机地相互联系的几百

---

① SKINNER B F. The science of learning and the art of teaching. Harvard educational review, 1954 (24)：pp. 86 – 97.

甚至几千个问题框面组成的程序。每一个步子就是一个框面，学生正确回答了一个框面的问题，就能开始下一个框面的学习。如果答错了，用正确答案纠正后再过渡到下一个框面。框面的左侧标出前一框面的答案，成为对该框面问题的提示。一个程序学完了，再学下一个程序。

程序教学就像一个自我教学的程序包。它以精心设计的顺序呈现主题，要求学习者通过填空、选择答案或解决问题，对问题或表述作出反应，在每一个反应出现之后及时反馈。学生能以自己的速度进行学习。这种程序能够融入书、教学机器或计算机，那些推崇程序教学的人强调，它能增强课堂学习，以小步子呈现哪怕是最困难的课，以便学生能以自己的速度学习。斯金纳的程序教学为直线式程序：程序材料以一种直线方式呈现，学完第一步进入第二步，所有的学习者都以同样的顺序学习这些材料。为了避免任何错误，程序的每一个小段都包括一小片知识，直线式程序中的小段很少超过2个句子。后来，格若德（N. A. Growder）在斯金纳直线式程序的基础上发展出了分支式程序：程序的材料以各项可选的路径来呈现，学生的反应决定了后面学习的路径。可选的路径即"分支"，是对学生在完成程序中可能出现问题的预测。这些分支允许回答问题不正确的学生返回并复习有关概念的信息，并且发现为什么不正确。不犯错误的学生永远看不到这些分支，能跳到程序中的后一个框面中。分支式程序和直线式程序相比，每个框面将呈现更多的信息：每个框面包含2~3个段，而不是1~2个句子，而且分支式程序中构建的每一个反应，都将引向程序中不同的页面或框面。程序材料并非只限于直线式或分支式的形式。例如，还有"发现法程序"，它呈现一个实验或问题，后面列出一个多项选择疑问，要求学生抽出一个结论、假设或概括。如图4-7所示[①]：

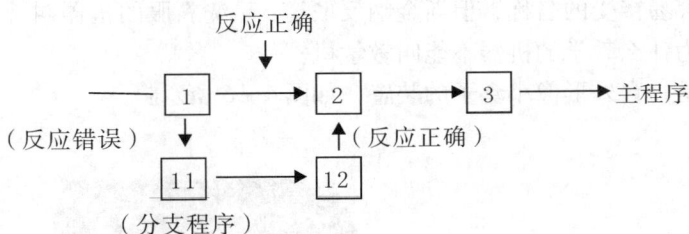

图4-7　程序教学示意图

斯金纳指出了课堂需要教学机器的原因：第一，课堂中在反应与其强化之间时间间隔一般较长；第二，许多课堂并没有频繁地使用强化；第三，在教授复杂技能时往往缺乏有组织的教学序列。斯金纳认为教学机器能处理这些问题。程序教学最重要的工作是编程序（programming），将原属课本式的教材，按一定的顺序改变为编程教材，以便实施程序教学。

3. 程序教学的原理与原则

程序教学的构想基本上是想让学生在自动的情境下，每个人均能确实学到预定要他学习的知识或技能。从编写程序教材到实施程序教学，其所依据的原则与学习心理学原理可

---

① 邵瑞珍.教育心理学：修订本.上海：上海教育出版社，1997：343－344.

归纳为以下五点①：

（1）小步子原则。

首先要确定学生的起点行为（entry behavior）和终点行为（terminal behavior），前者指开始学习时学生既有的先备知识或技能（如学乘法之前必会加法），后者指经过练习后预定学生能学到的是什么（如学会乘法）。然后，将教材所包含的完整教学内容细分成很多小单元，并按各小单元的逻辑顺序依次排列，形成由易到难的很多层次或步骤；最后，使程序中的每一步骤代表一个概念或问题，每一问题需预先确定正确的答案。第一个问题的答案是学习第二个问题的基础，第一与第二个问题的答案是学习第三个问题的基础，层层递进，如同登阶梯一般。这种设计是根据斯金纳操作条件作用学习理论中的连续渐进法的原理，目的是使学生能够循序渐进。

（2）积极反应原则。

程序教学不主张完全以教师授课的方式进行教学，而是主张以问题的形式，通过教学机器或教材向学生呈现知识，使学生对问题作出积极的反应。即通过程序教材和教学机器，要求学生能自己动脑、自己动手去学习。

（3）及时强化（反馈）原则。

程序教材可采用测验的形式，也可做成其他形式，以便于使用教学机。对每一个问题的回答，可采用填空、是非或选择方式。回答之后立即出现正确答案，使学生立即知道其反应是否正确，这样不但使学生从反馈中得以核对自己的反应，而且使学生的反应及时得到强化。这种设计是根据斯金纳学习理论中的后效强化原理。通过一次次的强化，能够激发学生的学习兴趣，使他们能够稳步前进。

（4）自定步调原则。

程序教学的实施原则上是一种个别化教学方式，以学习者为中心，不强求统一进度，鼓励每一个学生按自己的步调进行学习作业。这样学生可按各自不同的思维方式、速率来处理问题，而不受其他人的影响，可免除班级中因学习速度不同而产生的情绪压力。

（5）低的错误率原则。

要求在教学过程中使学生尽可能每次都作出正确反应，尽量避免学生出现错误的反应，因为错误的反应会得到令人反感的刺激，过多的错误会影响学习者的情绪和学习的速度，少错误或无错误的学习可以增强学生学习的积极性。斯金纳之所以持此见解，是因为经典行为主义与新行为主义学习理论的一个重要理念是：个体在学习中发生的错误是没有任何益处的，错误只会浪费个体完成任务的时间，降低学习的效率，因此，一个高效学习者在其学习过程中应尽量避免错误的发生。可见，他们没有认识到学习中的错误也有其应有的价值，因为从学生的不同错误类型里往往容易找到学生学习时存在的问题，也能由此推导出学生对所学知识的掌握程度。对于学习中的"错误"所具有价值的认识，要等到维果斯基和布鲁纳等人的研究得到普遍认可后才会加以重视。

4. 程序教学的优缺点

在斯金纳的推动下，20 世纪 50 年代末至 60 年代初成了教学机器的黄金时期，数十种教学机问世并进入实用阶段。程序教学之所以能取得一定的成功，是因为与传统班级教学

---

① 张春兴. 教育心理学. 杭州：浙江教育出版社，1998：200；路海东. 教育心理学. 长春：东北师范大学出版社，2002：54 –55.

相比，程序教学的确有许多优点：①程序教学所使用的程序教材可以集中全国最优秀的教师来编写。②可以使学生的每一步学习行为都受到及时强化，学习效果的及时强化能加强学生学习的动力，而在班级教学中行为与强化之间间隔时间很长，因而强化效果大大削弱。③教学机器允许学生按自己的学习基础和程度来自定步调进行学习，即使一度离校的学生也能在返校后以他辍学时的水平为起点继续学习，这能使教材掌握得更牢固，提高学生的学习责任心。④采用教学机，教师就可以将一个很复杂的知识整体按教学内容安排成一个一个连续的短小易懂的程序内容，并设计一系列强化关联。⑤学习时手脑并用，能培养学生的自学能力。因为是学生自己操作进行学习，大大激发了他们的兴趣，而不是被动地、一味地接受。⑥教学机器可记录错误数量，从而为教师修改教学机程序提供依据，这有利于提高教学的效果。

不过，综合许多对程序教学的研究，可以得出三点结论：①对中小学学生的一般学业成绩来讲，程序教学未必显著优于传统教学。②对不同的学生而言，程序教学的效果因人而异：能力较强且个性较独立的学生，比较适宜采用。③程序教学似乎只在算术、阅读和拼写等方面效果好，而在能力与创造性的培养上却先天不足。究其原因，程序教学过分重视科学方法，在学生独立学习时，缺乏师生互动因素。但教学不是一种纯粹的科学活动，而是一种融科学与艺术于一体的活动，这意味着程序教学无法取代教师的人格教育活动。再者，在教学上没有任何单一方法是最有效的。教学时教师必须考虑到教的是什么科目、教的是什么样的学生和用什么方法等方方面面的问题。同时，让学生长期独立学习，其动机与耐心很难维持。

此后，随着人们期望值的不断提高，教学机器所要承担的教学内容越来越复杂、功能越来越多，开发技术的局限进一步显现出来。到了 20 世纪 70 年代，教学机器的研发速度日趋缓慢，而随着计算机技术的成熟，人们开始放弃传统的电子机械方法，转向用计算机来实现程序教学，此想法很快获得成功。结果，程序教学就逐渐演变成现在流行的计算机辅助教学（computer-assisted instruction，简称 CAI）。

（二）计算机辅助教学

随着计算机技术的发展，计算机辅助教学作为一种个别化教学技术越来越受到了人们的重视。所谓计算机辅助教学是指将计算机作为一个辅导者，呈现信息，给学生提供练习他所学东西的机会，评价学生的成绩以及提供额外的教学。有时人们也把它称为"以计算机为基础的教育"（简称 CBE）。在欧洲，计算机辅助教学也被称为计算机辅助学习（简称 CAL）。目前，随着多媒体技术、通信网络技术的发展，人们把以计算机为核心的所有个别化教学技术都称为信息技术（简称 IT）。

在许多方面，CAI 和程序教学一样，应用的是行为主义的原理。随着 CAI 的发展，尤其是多媒体的发展，人们越来越认识到认知心理学对 CAI 的重要性，逐渐开始强调知识结构、认知学习、自我调控的学习、元认知控制、知识的非线性关系等因素在 CAI 中的应用。和传统的教学相比，CAI 具有这样几个优越性：第一是即时反馈，第二是以生动形象的手段呈现信息，第三是自定步调、学习者控制等。CAI 的发展经历了研究实验和推广应用的阶段。较为著名的 CAI 系统有 PLATO 计划：20 世纪 70 年代发展的著名的 PLATO IV 系统，它以两台大型机为中心，通过数据通信与 300 多个终端相联系，形成了一个大型的 CBE 网络系统。到 20 世纪 80 年代，系统所提供的教学软件已达 1 万学时，涉及 200 门左右的课程，从幼儿教育到研究生课程，每年的教学能力相当于有 24 000 个学生的四年制学院的教学总量。另一个较著名的 CAI 系统是 YICCIT 系统（分时会话式计算机控制教学电视系统）。这种结构和控制方式对后来的计算机辅助教学系统的设计思想有很大的影响。近来，CAI 的发展表现出三个趋势：一是综合化，二是网络化，三是智能化。CAI 在教学中的模式有六种：①操练与练习。这种模式由计算机向学生逐个显示习题，要求学生联机解答，然后计算机给予反馈。②个别辅导。这种模式模拟教师对学生的个别化指导情境，即让计算机扮演授课教师的角色。③对话。这种模式是通过 CAI 与学生的频繁对话达到个别指导的目的，它表现人机之间的真正对话，与苏格拉底倡导的"谈话法"相似，因此又称"苏格拉底教学模式"。④模拟。所谓模拟指利用模型模仿真实现象的过程（自然或人为的现象），此法利于培养学生解决问题的能力，受到广大教师和学生的欢迎。⑤游戏。游戏是利用计算机产生一种带有竞争性的学习环境，把科学性、趣味性和教育性融于一体，起到"寓教于乐"的作用。⑥问题解决。问题解决是指在各学科教学中运用计算机作为解决各种计算问题的工具，使学生在短期内就能解决较多的与实际背景较为接近的问题。除了用作教学的目的，计算机也能用于管理的目的，确定错误率、学生的进步、班级的平均水平，根据对学生不足的诊断而布置学习任务等。近年来，CAI 在中国受到了广泛重视，国家教委作出了相应的规划，许多大公司也参与了进来，这对 CAI 在中国的发展起到了一定的推动作用。可以预见，随着人工智能在硬件和软件上的进一步发展以及智能手机的进一步发展与普及，计算机辅助教学会有越来越大的应用前景。

二、掌握学习

在 20 世纪 60 年代的教育心理学界，兴起两种均以斯金纳学习理论为根据的教学理论与方法，即掌握学习（mastery learning）与凯勒计划（Keller plan）。凯勒计划也叫个人化系统教学法（personalized system of instruction，简称 PSI），由美国心理学家凯勒（Keller）1968 年倡议而得名。凯勒计划的理论依据也是斯金纳操作条件作用的原理，在实施时也采取精熟学习的原则。与掌握学习不同的是，凯勒计划采用辅助员制（proctoring），让成绩好的学生辅助成绩差的学生。实施凯勒计划的教学程序是：①先将教材分为多个小单元，并制定出明确目标和建议程序。②学生根据自己的步调学习，学完后回到班上参加测试，测试之后让学生立刻获知测验结果，从反馈中得到强化：如达标，给予鼓励；如未达标，教师或"监督者"会要求学生重新复习该单元，并再次接受测试。每个单元的测试成绩预定超过 80 分者为及格，及格后才能开始下一单元的学习。③学生中学习快且成绩优异者可充任辅助员角色，从旁辅助学习落后的学生，使其赶上进度。④各单元的测试都通过之后，其分数之和就代表该学生的学期成绩。⑤教学全程以自学辅导方式为主，教师在上课时间很少讲解课业，多是讨论学习方法和鼓舞士气。据研究表明，凯勒计划较适合于年级较高、学习自觉性较强的大学生的学习，在小学生和依赖性较强的学生中实行起来比较困难；另外，它与课程时间安排和评分的传统概念的冲突也是迫切需要解决的问题。① 掌握学习的精神实质对当代中国教育仍有较大的借鉴意义，下面就对它作较详细的探讨。

---

① 张春兴. 教育心理学. 杭州：浙江教育出版社，1998：203.

（一）历史背景

在布卢姆（B. S. Bloom）看来，传统教育存在两大不足：一是教育理念上的不足。教师在新学期开始时常有这样的预期：班上有 1/3 左右的学生可能会学得很好，1/3 左右的学生可能会学得不好，另外 1/3 左右的学生可能会学得一般。这种预期通过教学与评分制度传给了学生，结果造成一种"自我实现的预言"：对学生的分等接近于原先的预期。布卢姆认为，这种预期将教师和学生的目标固定下来了：好学生总是好学生，差学生总是差学生。这是过去教育制度中最有害的一面，因为它既减弱了教师和学生双方的志趣，也削弱了学生学习的动机，使一批学生的自我形象遭到摧毁，他们疏远学校，给社会造成弊端。在布卢姆看来，假若学校要使绝大多数学生都获得成功学习的经验，则教师、学生和学校领导的态度必须作出重大改变。由于学校教师在给学生评分时一直使用正态曲线，以至于大家对它深信不疑。但是，对于就近入学（随机分配）的学校，虽然学生的智商是呈现正态分布的，不过，只要恰当注意教学的主要变量，就有可能使绝大多数学生（90% 以上）都达到掌握水平（得 100 分），结果学生的成绩就不再呈正态分布，而呈向右缓偏的偏态分布。掌握学习就是要研究达到这一目的的途径，来制定相应的策略。[①] 对于已经通过考试选拔的学校，若是名校，进入该校的学生绝大多数本来就是非常优秀的，若恰当注意教学的主要变量，更是有极大可能使绝大多数学生达到掌握水平（得 100 分），结果，学生的成绩就更呈向右陡偏的偏态分布。[②] 如果教出呈正态分布成绩的学生，实际上意味着将一部分学生教笨了。二是教学方式上的不足。具体地说，传统教学方式有两大缺点：①教师通常采用大单元教学，总是在教到半学期甚至一学期才举行考试。假若学生考试失败了，教师和学生自己都不能确切知道失败的原因在哪里。②大单元之后才考试，如果大单元中包括数个小单元，而且各个单元之间具有前后层次关系时，前面小单元未学好，就注定了以后会越学越困难（因为在一般情况下，教学内容之安排有一个潜在假设，后面的内容是以学生掌握了前面的内容为基础、为前提的，若学生未掌握前面所学的内容，紧接着就学后面的新内容，则此假设就不能满足，学生当然会发生学习困难），导致学生中出现"优者越优，差者越差"的现象。这两个缺点的存在，导致在实际的学校教育中，只有少数人是优秀者，而多数人都是教学过程中的失败者，使得很多学生既不能因教育而学到知识，而且更未能因教育而养成继续接受教育的能力。[③]

（二）掌握学习的主要内容

为了弥补上述不足，布卢姆参照卡洛尔（Carroll）的构想，再根据斯金纳操作条件作用学习中连续渐进法的原理，于 1968 年提出了掌握学习理论，其核心内容如下：

1. 掌握学习的基本构想

掌握学习的基本构想是：假设绝大多数学生只要条件适当是可以掌握任何学习单元的。这样，假若对所有不同能力的学生，提供其各自所需的学习时间，则每个学生的学业

---

① 施良方. 学习论——学习心理学的理论与原理. 北京：人民教育出版社，1994：364.
② 试卷的难度要适度，若难度过低，易出现"学生的成绩虽呈向右陡偏的偏态分布，但并未反映出学生的真实学习能力"的尴尬局面。
③ 张春兴. 教育心理学. 杭州：浙江教育出版社，1998：202.

成就都能达到精熟的程度。因此，掌握学习是一种旨在使学习材料为每个学生所掌握的一种有效的学习方式。通常认为一个学生能够顺利地通过规定学习单元80%～90%的测验题目，就表明该生已掌握了这个单元的内容，可以进入另一个单元的学习。如果该生的学习成绩低于规定的掌握水平，就应该重新学习这个单元的部分或全部内容，然后再接受测验。

2. 掌握学习的理论基础

美国心理学家布卢姆是掌握学习的倡导者，但掌握学习的理论基础出自心理学家卡洛尔的《学校学习新模式》（1963）一文。把时间作为课堂上的一种心理学习变量，可直接归因于美国学者卡洛尔的学校学习模式，卡洛尔的构想是对传统教育理念的挑战。在传统上，总以为学生在校求学时，其成绩的高低决定于其智力或学习能力的高低。卡洛尔认为智力或学习能力只是反映在学习速度上的指数，每个学生都有学习能力，不同的只是学习所需时间多寡而已。假若将学生的学习能力看作学习速度的指数，对全体学生学习同样教材的结果而言，就没有所谓成就优劣之分，而只有学习快慢之别。传统教学方式下，之所以有些学生成绩落后，主要是教师对学习速度不同的学生，以同样时间教同样教材的缘故。如果让不同的学生都有充分时间从事学习，就可能使每个学生都能学好他的学业。卡洛尔采用以下函数式表示上述概念：

$$学习程度 = f\left(\frac{实际用于学习的时间量}{学习需要的时间量}\right)$$

此公式表明，就某一特定学习任务而言，学生的学习程度是学生实际用于学习的时间量和其学习所需时间量之间的比例函数。这里，学生实际用于学习的时间量是指学生指向于学习任务并积极专注于学习的时间，它取决于允许学习的时间、毅力和能力倾向三个变量。而掌握学习任务所需时间取决于能力倾向、学生理解教学的能力和教学质量三个因素。这样，每个学生学习某一特定学习任务的学习成绩将随其实际用于学习的时间量（分子）与学习需要时间量（分母）的比值变化而不同。假若每个人实际用于学习的时间量与其学习需要的时间量相吻合，每个人都会达到相同的学业成绩。

$$学习程度 = f\left(\frac{允许学习的时间；毅力；能力倾向}{教学质量；学生理解教学的能力；能力倾向}\right)$$

由这个公式可以看出，影响学习程度的变量主要有五个（其中两种能力倾向为一个变量）：

（1）允许学习的时间。允许学习的时间的总量是有限的，因为每昼夜的物理时间只有24小时，且不可能都用来学习（吃饭、睡觉等也需要时间）；同时，"减负"是当代中国教育界的共识，也不可能过多地延长学生的学习时间。

（2）毅力，指学生愿意积极学习的时间。布卢姆和卡洛尔对毅力的解释与众不同。他们这样做的用意是：试图将学生花在学习上的时间与学生积极学习的时间区别开。因为，假若学生需要花一定的时间才能掌握某门学科，但他花在积极学习上的时间少于需要的时间，就不可能达到掌握的水平。布卢姆认为，学生的毅力是与学习态度和兴趣联系在一起的。为什么有些学生对学习外语没有毅力，而对学习打乒乓球有毅力，这和学生的兴趣有关。布卢姆也注意到，当学生发现自己努力会有奖励时，他很可能对该学习任务花更多时间；相反，假若学生在学习上受到挫折，他必然会减少用于其学习的时间。虽然学生承受挫折的程度可能不同，不过，布卢姆相信，假若学习任务对学生来说太痛苦，他们迟早会放弃该任务的。布卢姆强调，重要的是通过提高教学质量来减少掌握某一学习任务所需要的毅力的量，而不是通过各种手段使学生增强学习的毅力。人们没有任何理由将学习弄得很难，迫使学生有坚忍不拔的毅力才能掌握。所以，毅力本身并非什么大的优点，教学的艺术在于使学生花适当的时间就能掌握教学内容。布卢姆的这一见解对于纠正当代中国基础教育的课程内容偏难的弊病有一定意义。

（3）教学质量。布卢姆与卡洛尔将教学质量定义为：教学内容各要素的呈现、解释和排列程序与学生实际状况相适合的程度。布卢姆认为教学的要素是：向学生提供线索或指导；学生参与学习活动的程度；给予强化以吸引学生学习；反馈—矫正系统。由于每个学生在完成某一学习任务时，其认知结构各有特点，使他们对教师提供的线索或指导等有不同的需求，故教师应寻找对学生最适合的教学质量。因此，假若每个学生都有一个了解该生实际情况的个别辅导者，那么他们大都能掌握该学科。布卢姆强调，教学质量主要是根据每个学生的学习效果来评价，而不是根据某些学生的学习效果来评价。因此，不能仅凭培养了一两个尖子学生或出了几个后进学生就对教学质量的好坏作出判断。

（4）学生理解教学的能力。布卢姆和卡洛尔认为它是指学生理解某一学习任务的性质和他在学习该任务中所应遵循的程序的能力。理解教学的能力主要决定于学生的言语能力。目前绝大多数学校都采取班级授课制，一个教师面对几十个学生。假若学生善于理解教师讲课和教科书的内容，学习就很少会遇到困难；反之，困难就会很多。只有改进教学，如通过小组交流、个别对待、有效地解释教科书、视听方法的运用与学习性游戏等系列教学，才能使每一个学生提高言语水平，并发展其理解教学的能力。

（5）能力倾向。布卢姆承认学生的能力倾向确实存在着差异甚至巨大的差异，而且这种差异和学习的结果（尤其是学习的速度）有关。不过，布卢姆和卡洛尔对能力倾向的定义也独树一帜：能力倾向是学生在适应教学质量、理解教学之后，掌握学习任务所需要的时间量。这样，只要有足够的时间，所有学生都能掌握学习任务；换言之，能力倾向只是学习速度的预兆，而不是学生可能达到的学习水平的预兆。[①]

同时，由上述公式还可看出，为了提高学生的学习程度，若分子值不变，就必须努力缩小分母的值；反之，若分母值不变，就必须努力增大分子的值。一般而言，好学校会在努力缩小分母值上下功夫，差学校会在想方设法扩大分子值上下功夫。相比较而言，在努力缩小分母值上下功夫才是"正招"。因为分子的值是相对固定的，伸缩空间相对有限，所以，要提高学习程度，只有适当减小分母的值，这就要求提高教学质量。

3. 掌握学习的实施措施

为了改变传统教学方式的不足，布卢姆提出包括九点原则的教学策略：①据课程内容所需要掌握的程度划分教学目标，并对教学目标进行分类。②根据教学目标将教材分为多个小单元，每一（或两）周教完一个单元就举行测验。有人可能会担心，这样做会不会有考试太多之嫌。我们认为，考试本身没有错，过去、现在乃至于将来的教育都需要考试，

---

① 施良方. 学习论——学习心理学的理论与原理. 北京：人民教育出版社，1994：366－370.

关键是考核标准要合理，否则就会出问题。如现在的职称评定，其标准就有问题，既不利于学人的健康成长，也不利于国家整体学术水平的提高（现在中国的科研论文在数量上有大幅度提高，在国际学术榜上的排名却有所下降，就给我们敲响了警钟）。③根据学生的特点和教学内容选择教材，并对教学方法进行选择。④在进行单元教学之前，先通过一定的测试确定学生的基础和存在的问题。⑤根据每个学生的实际情况，因材施教，帮助他们按照各自的进度进行学习。⑥针对教学目标，使每次测验的题目不要太难，让所有学生都能达到 80% ~90% 正确无误的精熟程度。有人会说，这样做会降低教学质量，因为降低了教学难度。事实不尽然。当代中国的基础教育的内容既不太合乎学生的身心发展规律，也不合乎开发学生潜能宜遵循可持续性发展原则。因为如前所论，在当代中国的基础教育中往往存在各年级课程内容难度系数普遍偏大的弊病，导致中国的学生自小学（甚至幼儿园）起直到高中毕业止都有不同程度上学习负担过重现象，这本是一种揠苗助长、有百害而无一利的做法。笔者回想自己童年所走过的求学经历，虽然生活上没有现在的孩子那么舒适，但也没有学习负担过重的切身体会。⑦每次测验后都让学生核对成绩，成绩达不到精熟程度者即给予额外时间补习（个体或团体方式）。补习后再测验，直到达到精熟程度后才进行下一单元的学习。⑧学生中学习较快者在等待时间施予充实教学，以扩大或提升其知识的范围或学习能力。⑨在学期结束举行期末考试时，试题包括全学期学过而且也学会的多个小单元。因而在成绩上预期会有 80% 的学生获得优秀的成绩。

综合许多对掌握学习效果的研究可以得出三点结论：①这种模式的优势在于能真正做到使教学适应学生的心理特点和个别差异，有利于学生能力的发展和个性的形成。②在中小学教学上，短期实施较长期有效。原因是素以团体教学为主的中小学很难长期配合不同学生所需要的不同学习时间。③掌握学习可帮助学生克服学习困难，增加成就感，经过此种训练的学生在求学态度上较积极。① 布卢姆的掌握学习在国外曾产生一定影响，被誉为"乐观的教学理论"，自 20 世纪 80 年代传入中国以来，被改造为中国特色的"目标教学"，在中国也有一定的影响。

三、强化思想与教育

用今天的眼光看，行为主义学习理论最大的贡献之一，是对强化进行了卓有成效的研究，并广泛应用于人类的学习和动物学习中。就动物学习而言，现在很多驯兽师在训练动物时基本都要运用强化的原理。对人类的学习而言，除去"基本需要已得到充分满足的人""基本需要虽未得到很好满足但自我心性修养已达极高境界的人""基本需要虽未得到很好满足但个性极古怪的人"和"重度弱智者"等四类人群外，对于余下人群，只要妥当运用，外在强化（包括一级强化和二级强化）都能起到积极效果；至于内在强化（自我强化）②，无论哪种类型的人，只要他妥善运用，都能起到积极效果。下面重点探讨正负强化在教育中的运用。

---

① 张春兴. 教育心理学. 杭州：浙江教育出版社，1998：202－203.
② 一般是从外在强化发展至内在强化。

（一）负强化思想与教育惩罚教育

1. 惩罚的内涵及其与负强化的区别和联系

惩罚（punishment）是指为减少或消除某种不良行为再次出现的可能性而在此行为发生后所跟随的不愉快事件（一般做法是施加一个令人痛苦或厌恶的刺激，或者剥夺一个令人愉快的刺激），它往往作用于学生的不当行为发生之后，目的在于否定这一不当行为，制止他继续做出该类不当行为，或者降低他继续表现该类不当行为的频率。[①]

在通常情况下，惩罚不同于负强化，二者之间至少有三个主要差异：①二者的定义不同。依斯金纳的操作条件学习原理，负强化是消除伤害性或讨厌的刺激以增加合乎要求反应出现概率的过程，它与惩罚的定义是不同的。②二者的目的不同。实施负强化的目的是加强某种适当行为。与此不同，实施惩罚的目的是制止某种不当行为的再次出现，或者降低他继续表现某种不当行为的频率。③二者所包含的刺激物的性质不完全相同。负强化物往往都是个体不想要的"不愉快刺激物"，如电击、刑期、罚做作业等；而在惩罚中，只有施予式惩罚里施加的刺激才是个体不想要的，至于剥夺式惩罚里被剥夺的刺激则是个体想要的。

当然，惩罚与负强化之间也并非截然分开，二者之间关系密切：一方面，惩罚是负强化发生的前提，没有惩罚就没有负强化。因为个体只有从惩罚中（包括自己受罚时所产生的体验式学习或从别人受罚中所产生的观察学习）知晓某个或某些刺激物是令其生厌的刺激物后，才能从"有效消除此类厌恶刺激物"中产生负强化；反之，若事先不知个体厌恶哪些东西，或者个体不将你眼中的厌恶刺激物视作厌恶刺激物，你就既无法对他实施惩罚，也无法对他进行负强化。另一方面，惩罚只有具有负强化的意义，才能产生最佳教育效果。这是说，假若学生因犯错而受到惩罚，事后不但不再犯错，而且在同样情境下学到以适当行为替代不当行为，则这种惩罚在性质上就有负强化的意义。例如，学生写错字后，教师罚学生重写，结果学生不但不再将此字写错，而且将其写得既正确又美观，这种"重写"（惩罚）在性质上就有负强化的意义。此时，惩罚因具有了负强化的意义，便产生了最佳教育效果。[②]

2. 惩罚的得与失

虽然关心、爱护学生是教师的天职，但这并不意味教育手段只能是鼓励、奖励或赏识，惩罚也是一种重要的教育手段，没有惩罚或没有赏识的教育均不是完整的教育，古今中外的教育实践也有力地证明了这一点。惩罚至少具有两大积极功能：一是矫正。当孩子的行为与学校或家长的要求不一致时，教师或家长对其惩罚，使其懂得行为界限，明确是非观念和权利与义务的关系，懂得为自己的过失负责，从而增强责任感，这是惩罚的矫正功能。二是威慑。孩子的认识、态度、观念和行为方式等的形成并不一定非要得之于自己亲历奖惩的直接体验，观察模仿学习也是孩子的重要学习方式之一，这样，孩子可以通过观察别人的行为表现方式及行为结果间接学到很多东西。孩子在看到某人做了某件事情后受到惩罚，他自己就会"学乖"，不去做这件事情。如某个学生上课做小动作，教师惩罚该学生，其他学生便不敢再做小动作。这就是惩罚的威慑功能，也就是中国人常说的"杀

---

① 皮连生. 学与教的心理学. 2 版. 上海：华东师范大学出版社，1997：210-213.

② 张春兴. 教育心理学. 杭州：浙江教育出版社，1998：186.

鸡儆猴"。"杀鸡"之所以能"儆猴"，是因为"猴"从"鸡"身上产生了观察学习；不过，"杀鸡儆猴"的目的是降低某种行为再次发生的频率，所以，它不是替代强化。

当然，惩罚是一把双刃剑，能育人也能毁人。因为惩罚有自身的弱点：①它并不能去除不良反应或使不良反应不再存在，而只是使某种不良行为减少或延缓发生。②它常常只是消极地限制某些行为，而不能向人们指出适合该情境的正确行为，尤其是当受罚者不能明确从自己的受罚行为中推导出正确行为时更是如此。具体地说，在一个简单的受罚情境中，受罚者一般能够从自己的受罚行为中推导出正确行为反应。不过，在一个复杂的受罚情境中，受罚者常常不能从自己的受罚行为中推导出正确行为反应。因此，妥当的做法是，当学生在一个复杂的情境中受罚后，教师一定要及时帮助学生习得正确应对该情境的反应方式。③惩罚时的那种攻击性态度与行为方式有时会给受罚者提供不好的示范，受罚者常常会由此而学会某种攻击性态度和攻击行为，并以此去攻击他人。④惩罚不当易给受罚者造成某种身心上的伤害。① 这样，惩罚用得好则峰回路转、柳暗花明，用不好则事与愿违，甚至贻害无穷。过去人们多用体罚，并且往往态度粗暴，从而不但降低了惩罚的教育意义，还使惩罚招来许多"恶名"。

3. 科学实施惩罚必须遵循的原则

在教育上怎样更合理地运用惩罚，从而做到既最大限度地消除惩罚所潜藏的消极后果，又能制止孩子的不当行为，还能让其积极地产生负强化作用，从而培养良好的行为，就是大家所关心的事情。② 若想惩罚具有这种效果，借鉴张春兴和瓦尔特斯（Walters）等人的观点，③ 再结合我们自己多年的教学心得，实施惩罚除了"少用抵罪性惩罚，适当多用报应性惩罚"外，还要遵循以下原则：

（1）先教后罚。

苏格拉底有句名言："美德即知识。"这句话虽有将美德与知识等同之嫌，但也揭示了一个不争的事实：一个人之所以会犯错误，在通常情况下往往是出于无知的缘故；换言之，他不知道那样做是错的，若知道那样做是错的，他一般就不会去做。④ 同时，人之常情：人们知道了什么该做，什么不该做，一旦自己做了不该做的事情时，他就会觉得受到惩罚是理所当然的，从而不会产生抵触情绪。既然如此，在制定惩罚制度与开放实施惩罚之前，家长或教师应与孩子进行细致、耐心、全面、认真的交谈与沟通，这样不但能够增进彼此的了解，还能让孩子清楚知道自己应该做什么，不应该做什么，应该怎么做，应达到什么要求或标准，让孩子知道惩罚是为了不惩罚等。只有这样做才能让孩子充分了解惩罚的行为标准，从而避免不必要的犯错和由此带来的惩罚；也只有这样做才能够让孩子预见惩罚，不至于在受到惩罚时还不知道自己错在哪里；而当孩子一旦能预见做了某件事就会受到惩罚时，在通常情况下，他兑现遵守家庭规则或学校规则的承诺，也就不会再去做这件事，这就能达到防患于未然的目的。因此，通过先教后罚的方式，让惩罚变得可以预

---

① 朱智贤. 心理学大词典. 北京：北京师范大学出版社，1989：70.

② 张春兴. 教育心理学. 杭州：浙江教育出版社，1998：186.

③ 张春兴. 教育心理学. 杭州：浙江教育出版社，1998：186；佚名. 奖惩孩子十大忠告. 参考消息，2003-05-30；路海东. 教育心理学. 长春：东北师范大学出版社，2002：369-370.

④ 经济学家张维迎认为，多数人的无知和少数人的无耻，是导致人类犯错误的两大心因［读者，2012（8）：29］。其实，除此之外，导致一些人犯错误还有三个重要心因，分别是贪欲、情绪表达不当（无耻也可归入此类）与意志品质不佳（如意志薄弱等）。

见，也是可以预先加以避免的，这样才能收到防患于未然的效果；也只有这样做才能使孩子知道惩罚他是应该的，目的是让他改正错误。而一旦孩子做了违纪行为，家长或教师在实施惩罚之前，必须做到惩罚与说理相结合，先让学生清楚地认识到违纪行为的严重性，然后再给予相应的惩罚，这时孩子一般心服口服。惩罚之后要给予学生积极的帮助，即给他们提供一个可选的积极的行为方式，使他不仅不再犯错，而且能在同样情境下学会以适当的行为替代不当行为。另外，通过相互沟通，还能了解孩子对惩罚的看法和评价，以便及时予以调整。

（2）非不得已，不使用惩罚。

这一原则是说，惩罚只是迫不得已的"下下策"，不到万不得已的时候最好不要使用它。尽管惩罚往往能迅速而有效地制止问题行为，但如前文所论，惩罚也有"与生俱来"的弱点。若滥用惩罚，不但易降低教师在学生中的威信，使学生产生怨恨情绪，从而诱发攻击性或退缩性问题行为，而且往往由于暂时抑制了表面的问题行为，而忽视导致问题行为的内在心理因素，常常是"治标不治本"，容易阻碍学生人格的健全发展。所以，家长或教师在实施惩罚之前一定要反复自问三声：在处理这件事情时，是不是到了只能用惩罚的时候？若发现还有其他良策，那就不宜用惩罚。

（3）惩罚时要适当尊重受罚者的人格。

惩罚要适当尊重受罚者的人格，为此，惩罚时要做到两点：①在任何情况下都不使用有损受罚者人格尊严的惩罚方式。②只要个体未犯弥天大错，一般在惩罚前宜先向受罚者作诸如此类的声明：你的本质是不坏的，只是一时糊涂才犯了错，所以，惩罚只是就你的错误行为本身而言的，并不指向你内在的优秀品质。

（4）惩罚只限于知过能改的行为。

不是任何"过失"行为都要受到惩罚，惩罚只限于知过能改的行为，知"过"不能改的行为，例如心理疾病患者产生的过错行为、因身心有缺陷而无法做某种行为等，不能用惩罚，只能用其他方法教育。

（5）多用剥夺式惩罚，少用乃至不用施予式惩罚。

依惩罚方式是施加一个令人痛苦或厌恶的刺激还是剥夺一个令人愉快的刺激的差异，可以将惩罚分为剥夺式和施予式两种。剥夺式惩罚（removal punishment），也叫负惩罚，指在个体做了某种不良行为后，教师或家长剥夺其喜爱的某种刺激，以减少此不良行为再次发生的可能性。如孩子没有按时保质保量做完功课，家长就不让其上网玩自己喜爱的游戏，这就属于一种剥夺式惩罚。施予式惩罚（presentation punishment）也叫正惩罚，指在个体做了某种不良行为后，教师或家长对其施加某些痛苦或厌恶的刺激，以减少此不良行为再次发生的可能性，如批评、警告、记过或开除等，过去常用的体罚孩子（俗称"硬暴力"）或挖苦孩子（俗称"软暴力"），也都属施予式惩罚。

剥夺式惩罚之所以优于施予式惩罚，是因为前者不但将主动权"交给"了孩子本人，而且通过"钓胃口"的方式更容易激发学生的学习动机。并且，前者只是暂时剥夺孩子的某种需要，对孩子的肉体与心灵都不会造成负面的伤害；后者若用得不妥，不但容易让孩子"伤筋动骨"，更易给孩子造成心灵上的创伤，同时，使用诸如"开除"之类严厉的施予式惩罚措施，只是将犯错误的孩子从一个小群体中排除出去，这样做有时不但不能促使其改正错误，反而可能会使其产生"破罐子破摔"心理甚至反社会行为，这就完全失去了惩罚本有的教育意蕴。

（6）做到知彼知己。

《孙子兵法·谋攻》说："知彼知己，百战不殆；不知彼而知己，一胜一负；不知彼，不知己，每战必败。"①此法则也适用于指导我们科学地使用惩罚。这意味着，要想科学地使用惩罚，一方面要充分了解自己，包括自己的个性、自己在学生心目中的地位、自己拥有的资源等；另一方面是要充分了解学生，包括学生的兴趣、爱好、需要、人格特征、家庭情况等。只有做到知彼知己，才能在学生犯错后需要惩罚他时，有的放矢。

（7）针对学生的个别差异选择具有针对性的惩罚方式。

有学生被教师当众惩罚或批评，自感羞辱万分，再无脸面见人，回家自杀了；有学生被教师当众惩罚或批评，知耻而后勇，发奋图强，最终考上了某名牌学校或取得佳绩。例如，当得知生物学成绩在全年级 250 名学生中最差的约翰·格登爱好自然科学时，其老师加德姆惊讶地说："如果你在大学选择自然科学专业，那将是一种浪费时间的做法，因为凭你的天赋，你完全不可能在自然科学方面取得任何成绩。"进入牛津大学读书后，每当实验失败时，格登就会回想起加德姆的话，随即在心里产生一种强大的动力，就这样，经过多年努力，2012 年 10 月 8 日，格登与日本的山中伸弥共同获得了 2012 年度诺贝尔生理学或医学奖。② 同样是羞辱性语言，结果却大相径庭。这告诉人们一个道理：惩罚应以受罚者为中心而不是以惩罚者为中心，在惩罚学生时一定要考虑学生的个性差异，依其性格、气质等特点采取具有针对性的惩罚措施，做到因人因时因地而宜。具体地说：第一，要考虑学生的个性特点选择具有针对性的惩罚方式。例如，对内向、自尊过强的孩子可采用间接迂回的惩罚方式，必要的时候可进行隐性惩罚，如事发时的一个眼神、事后的单独谈话等；对性格外向、开朗的孩子可采取选择性的惩罚，像罚站、罚背诗、罚值日、罚跑步……让其自选其一，这样将主动权交回学生，让学生有选择地对自己进行惩戒，在适度的惩罚中让其明白什么是不当行为。第二，要考虑到孩子的年龄与成熟程度，以便选择适当的惩罚方式来让孩子改正错误。第三，要考虑孩子的家庭情况后再选择适当的惩罚方式。如有的学生家境较差或是单亲家庭，若其成绩不理想，最好应多与他谈心，真诚地帮其找出导致学习困难的原因，并给予必要的关心与帮助，这样做往往能触动其心灵，促使其认真学习；对待家境较差的学生，最好不要给予经济性惩罚，否则会给其带来更大的精神压力；对待来自单亲家庭或父母不和睦家庭的孩子，一般不宜再用冷漠的批评等惩罚方式，否则，会让其更加体会不到"人间的温暖"，从而容易产生偏激或自闭之类的行为方式。有的学生家境颇富裕或家庭充满了温馨，若其成绩不佳，宜采取剥夺式惩罚，让其失去一些平时举手可得的"方便"或习以为常的"关爱"，然后要其通过自己的努力而争取重新拥有，这样往往能促进其学习；对待家境富裕的学生，最好也不要给予经济性惩罚，因为他不太在乎。第四，要针对不同的时间、场合和违规程度，灵活选择不同的惩罚方式，不能一成不变、千篇一律。例如，对于故意违纪的学生与过失违纪的学生，对于初犯和屡犯，惩罚的程度及方式都应该有所区别。

（8）惩罚原因要讲清楚。

在惩罚前一定要以适当方式向孩子解释一遍惩罚的原因，使其心悦诚服，这一点对于大多数教师和家长来说是最容易被忽视的。教师和家长往往认为孩子做了错事，惩罚他还

① 李零. 吴孙子发微. 北京：中华书局，1997：48.
② 田野. 一句话成就了诺贝尔奖得主格登. 读者，2012（22）：16–17.

需要讲理由吗？其实，讲清楚惩罚的原因可以使孩子明白为什么被惩罚，由此可以使孩子心服口服，甘心接受惩罚，这样的惩罚效果会更好，并且可以防止孩子下次再犯相同的错误；否则，孩子并不理解自己为什么会受罚。假若连续对孩子进行惩罚又没有向孩子说明原因或理由，孩子就有可能只对惩罚作出反应，但不清楚自己为什么会受到惩罚，若果真如此，惩罚就达不到预期的教育效果。因此，家长或教师要切记，在自己情绪激动或愤怒的情况下，不要惩罚孩子，否则，不但容易出偏差而伤害孩子，也不易让孩子心服口服，还给孩子起了一个极坏的示范作用。

（9）惩罚要言出必行，并做到及时施惩。

惩罚要言出必行。如果你警告过孩子当他犯某一种过错时要惩罚他，那么，一旦他犯了，你就要履行你的诺言去惩罚他；绝不能看到孩子哀求的表情、可怜兮兮的样子，就于心不忍，半途而废，这样做等于取消惩罚，而且容易使孩子以此经验为例，以后遇到类似情况会越加装出一副"可怜相"来争取大人的同情，而不再思考如何改过，这样就收不到令行禁止的效果。

要及时惩罚。惩罚应该在孩子出现违规行为时及时采取，不要等到孩子违纪行为发展到不可收拾的地步才采取严厉的措施，如开除等，那样惩罚也就没有太大的教育价值了。有些妈妈常常对孩子说的"等你爸爸回家后有你好看"的口头禅，并不适合用来教育孩子，对于孩子而言，尤其是小孩子，大多没有时间观念，一旦时过境迁，孩子对其错误的行为表现就会有所遗忘，等到他被惩罚时，早忘了遭罚的原因，这样做的结果是很糟糕的。同时，从心理学角度看，惩罚的心理机制实际上是一种条件反射，在条件反射中，条件刺激和无条件刺激相匹配，其间隔时间越短，则往往效果越好。所以家长或教师一旦发现孩子的行为有错，只要情况许可，就要掌握住时机，立即予以相应的惩罚。因为此时、此地、此事形成的某项行为导致了惩罚，往往能给孩子最强烈的印象。并且，当孩子刚开始有某种错误的行为表现时，由于错误行为还未定型，此时纠正起来也较为容易。一旦"习与性成"，形成了错误的行为方式甚至错误的人生观与价值观，再想去予以纠正，花大力气也不见得会产生明显效果。因此，教师或家长掌握先机，防微杜渐，往往可以收到事半功倍的效果。万一当时的情境（如有客人在场或正在公共场所）确实不允许立即作出反应，事后则应及时地创造条件尽可能使孩子回到与原来相似的情境中去，家长和孩子一起回顾和总结当时的言行，使他意识到当时的错误行为，并明确要求他改正。

（10）恩威并重。

严能生威，爱能亲人。惩罚强度应适当，太轻当然无效，过严也会抑制正常的行为。在日常生活中一定对孩子要关爱有加，但孩子如有缺点或犯错误，教师或家长一定要指正并督促其改过，绝不可睁一只眼，闭一只眼，姑息迁就，放任自流。严和爱是一个有机的统一体，教师或家长只有在日常生活中对孩子既严格要求又尊重关心，才能建立一个情理交融的师生关系或亲子关系，才能使自己产生一种亲和力，树立和巩固起备受敬畏的威信。因此，惩罚应基于爱和尊重，通过态度和蔼与满怀深情来实施，效果更佳。

（11）惩罚要做到公平、公正。

有研究者就"我心中的理想教师"做过调查，"对人对事公平合理"被学生列入理想教师的标准之一。可见，教师只要采取"对事不对人"的态度，对待做了违反校规校纪事情的学生都一视同仁，而不论他是班长还是一般学生，也不论他的成绩好坏，这样才可让学生从心底产生一种平等的心理，对教师采取的惩罚措施才会心悦诚服。因此，对每一个学生来说，公正公平是惩罚的前提。那么，何谓公平、公正呢？

公平，是指个体或组织按同一原则和标准对待相同情况的人和事。类似于俗话说的"一视同仁""一刀切"或"一碗水端平"。依此定义，假若一个人或一个组织能够做到按同一原则和标准对待相同情况的人和事，那么，此个人或组织就做到了"公平"待人处事。① 根据此定义，任何一个学生犯了同样的错误都给予同样的惩罚，那是公平。

公正，是指个体或组织基于关爱他人或其他组织并充分考虑不同人或不同组织的个别差异的前提下，灵活制定或运用原则和标准对待人和事，以便对他人或组织的正当权益进行合理分配并予以充分保障，用以保证他人或其他组织能更好地生存与发展。根据此定义，对于同等程度的错误，为了最大限度地促进学生的发展，针对不同学生的具体情况而给予不同程度的惩罚，那是公正。

由此可见，"公平"与"公正"不是同一个概念。并且，公正虽以公平为基础，但公正高于公平。因为公正之内一定包含"善"，其在伦理道德层面上一定是"正确的"，所以，"公正"是一个褒义词。与此不同的是，"公平"仅指个体或组织按同一原则和标准对待相同情况的人和事，因此，"公平"本身仅仅只是一个中性词。于是，若此"原则和标准"本身是合理的，那么，"公平"就是"合理"的；反之，如果此"原则和标准"本身是不合理的，那么，"公平"就是"不合理"的。

（12）善用"虚实相间"策略。

所谓"虚实相间"策略，指在惩罚学生时，为了让此种惩罚尽可能地具有负强化的意义，先明确地告诉学生，会视学生在第一次受罚中的表现情况而决定是否要实施第二次惩罚。例如，学生写错某个字后，教师罚学生重写该字，若想学生今后不但不再将此字写错，而且还能将字写得美观，即要想让"重写"（惩罚）具有负强化的意义，若能善用"虚实相间"策略，往往收效甚佳。假若教师说："张三，这个字你写错了，我罚你重写20遍。"这就属典型的惩罚。这种做法下，张三虽然会将字重写20遍，却不见得会用心记住这个字的字形特点，也不见得会将此字写好，因为张三可能仅仅是迫于教师的压力而敷衍地将此字抄了20遍。如果想让惩罚具有负强化意义，那么，这时就可用虚实相间的策略，具体做法至少有二：一是"做加法"。教师可以说："张三，这个字你写错了，我罚你重写，你先写10遍给我看看，如果写得好，就可以了，否则，就还要罚你再写10遍，甚至更多遍。"二是"做减法"。教师可以说："张三，这个字你写错了，我准备罚你重写20遍，不过，你先写10遍给我看看，如果写得好，那就不用继续写后10遍了，否则就必须写20遍。"一般情况下，张三为了避免让自己重写20遍，一定会将此字认真地重写10遍，并牢牢记住这个字的字形特点。可见，在后两种做法中，虽然只是重写了10遍，但其效果一定比纯粹只罚学生抄20遍的效果要好。

也许有老师会说，你想用抄20遍的方式来吓唬犯错学生，万一唬不住他怎么办？若果真出现这种情况，说明老师自己未做到知彼知己。一旦老师能够做到知彼知己，碰到那些更顽皮的学生，可以说一个一定能镇住他的大数字来镇住他，让他不敢以身试法。

（13）惩罚不可没完没了。

家长或教师要明确，惩罚的目的是让孩子最终经过努力"避免"惩罚，而非一定要让学生不断去"体验"惩罚。这样，惩罚的开始和结束都要明确，不要让家中或学校一整天

---

① 夏征农，陈至立．辞海：1999 年版缩印本．上海：上海辞书出版社，2002：542.

甚至几天都充满了敌对、威胁或怨恨的气氛，惩罚完毕，孩子明白错了，一切便算过去；同时，在惩罚过程中，假若孩子确实真诚地认识了错误，又有改正的表现时，则应给予肯定，及时取消或从轻惩罚。

（14）适度以趣施惩。

以趣施惩，指以孩子的兴趣爱好为内容进行惩戒的一种惩罚方式。当一个学生只是在错误的时间或地点做了一件就行为本身而言并没有什么不好的事情时，一般可以采用以趣施惩的做法。例如，教师在上课时发现一个学生在底下偷看其刚刚收集到的几张新邮票，这时，教师就不宜采取没收或当场将其邮票撕毁等不恰当的惩罚措施，而应想到集邮行为本身并没有什么不好，它可以让学生学到许多知识，学生只是不该在上课时看邮票。如果教师想到这一层，然后罚这个学生利用课余时间写一篇有关怎样集邮的小文章，学生可能更易接受这种惩罚。以趣施惩实际上是让学生在惩罚中做自己喜爱的事情，往往是一个颇受学生"欢迎"的惩罚方式。当然，在惩罚之前，教师必须充分了解学生的情感、意志、兴趣、爱好，这样才能使惩罚措施有的放矢，才能让学生在惩罚中认识自我，提高自我。

（15）适度允许将功补过。

在实施惩罚之前，家长或教师有时可以向孩子提供一种不受惩罚的选择，这种选择包括孩子做出良好表现，尤其是作出与导致他受到惩罚的不良表现相反的表现，假若孩子做了这种选择，家长或教师就取消对其的惩罚，这就是俗称的"将功补过"。当然，如果家长或教师经常原谅孩子，惩罚也就失去了意义，因为孩子知道他最终可以逃避惩罚。所以，这一原则要适度使用，不可滥用。

（16）应观察孩子是否想通过不合适表现引起大人或教师的关注。

有些孩子在平时可能是被忽略的对象，于是想通过犯错误引起大家对他的注意。如果是这样，由于孩子的这些表现而对其进行惩罚是十分有害的，因为孩子的目的就是让大人或教师对他倾注更多的关注。如有位学生，上课经常交头接耳，违反课堂纪律。于是，教师找他谈心，发现该生之所以这样做，主要是想引起教师的注意，希望教师也能给"差生"一点关注。这时教师如果不分青红皂白地对他实施惩罚，往往会使他们产生"阴谋得逞"的快感，或是产生强烈的逆反心理。所以，当孩子作出不恰当的行为后，教师或家长应仔细地观察孩子是否想要通过不合适的表现引起大人或教师的关注。假若是这样的话，教师或家长先宜假装未看见，对他的这一行为采取不理不睬的"冷"处理，他就会自觉无趣而予以放弃；随后，教师或家长再选择一个适当的时间和地点，与孩子进行倾心交谈，委婉地指出他这样做的方式不对，并与他们交流一些更为妥当、有效的引起人们注意的方法。与此同时，教师或家长在随后的生活中要更加关心爱护这类孩子，不让其有失落感，并教育班级或家庭中其他成员去亲近他，不歧视、疏远他，以免使其产生孤独感。如此"多管齐下"，才能使孩子内心体会到其实父母或教师还是关心自己的，并认识到自己以前冒失行为的不当之处，这样，在今后的生活中，孩子自然不会再作出类似举动。

（二）正强化思想与赏识教育

"以人为本"的思想在当代中国教育中的一大体现就是，学生的主体人格越来越受到学校教育的细心呵护。于是，赏识教育现成为当代中国教育界普遍认可的一种教育形式。

1. 什么是赏识与赏识教育

何谓"赏识"？赏识，指认识到人的人品、才能或作品的价值而加以重视或赞扬。[①] 也可以将"赏识"理解为欣赏和认识，包含肯定、信任、鼓励和赞扬等。赏识教育是指教育者在教育过程中运用欣赏、鼓励的态度去看待、评价受教育者的一言一行，承认受教育者的个体差异，允许受教育者的失败，以重塑受教育者的自信，发现和发挥受教育者的长处与潜能，使其最终走向成功。

奖赏（reward）是指为增加或增强某种良好行为再次出现的可能性而在此行为发生后所跟随的愉快事件（一般做法是撤销或减少一个令人痛苦或厌恶的刺激，或者给予一个令人愉快的刺激），它往往作用于学生的良好行为发生之后，目的在于肯定这一良好行为，鼓励他继续表现该类良好行为。奖赏与惩罚都是教育学生所用的手段。奖与惩的实施都是在学生表现过某种行为之后，但二者的目的是不一样的：奖赏作用是在学生的良好行为之后，肯定他的行为，鼓励他继续表现该类行为；惩罚作用是在学生的不当行为之后，否定他的行为（一般为不适当的行为），制止他继续表现该类行为。

2. 赏识教育的功能

（1）赏识教育的积极功能。

赏识教育的积极功能可用强化原理和美国著名心理学家罗森塔尔（Robert Rosenthal，1933— ）提出的罗森塔尔效应（Rosenthal effect）——也叫"皮格马利翁效应"（Pygmalion effect）加以说明。从强化角度看，学生或子女得到老师或家长等的赏识，这本身就是一种良好的正强化，自然易产生良好的教育效果。罗森塔尔效应则是一种期望效应，最早由罗森塔尔等人于1968年在《课堂中的皮格马利翁》一书中提出。其认为教师对学生的期望，会在学生的学习成绩等方面产生效应。例如，教师寄予很大期望的学生，经过一段时间后进行测试，发现其学习成绩比其他学生有明显提高。[②] 罗森塔尔效应揭示出赏识之所以能够产生积极功能的心理学原理在于：赞美、信任和期待具有一种强大的心理能量，它能改变人的心理与行为，并使其向好的方向发展。当一个人获得另一个人的信任、赞美时，他便感觉获得了社会支持，获得了一种积极向上的动力，从而增强了自我价值，使自己变得更加自信、自尊；与此同时，为了达到对方的期待以维持这种社会支持的连续性，避免对方对自己的失望，他会努力朝着对方期待的方向前进，结果就使自己变得越来越优秀了。这意味着自尊心和自信心是人的精神支柱，是成功的先决条件之一，对一个人传递积极的期望，就会使他进步得更快，发展得更好；反之，向一个人传递消极的期望则会使人自暴自弃，放弃努力。因此，通过适当的奖励或赏识可以造就出优秀的学生；换言之，好学生常常是"夸奖"或"赏识"出来的。

（2）赏识教育的消极功能。

假若运用不当，赏识教育也可产生某些消极功能。例如，易让学生产生强烈的虚荣心甚至过度自恋；易让学生的自尊心盲目夸大，变得更加脆弱，不能接受他人合理的批评；易让学生重新退回自我中心阶段等。美国斯坦福大学心理学家卡罗尔·德韦克（Carol Dweck）的研究也表明：从小被夸"聪明"的孩子在成长过程中易表现出与他人竞争的强烈意识。但是，由于"聪明"属于天生素质，当"聪明"孩子比不过"更聪明"的孩子

---

① 夏征农，陈至立. 辞海：第六版缩印本. 上海：上海辞书出版社，2010：1635.

② 夏征农，陈至立. 辞海：第六版缩印本. 上海：上海辞书出版社，2010：1427.

时，若不能及时认清自我，调整自我，给自我合理定位，往往会给其自尊带来巨大伤害；同时，"聪明"孩子在面对困难时一般不敢轻易接受挑战，因为他们害怕自己失败了，别人会怀疑自己不聪明，这同样伤自尊（丢脸面）。① 另外，一些中国人常将"聪明"与"勤奋（努力）"对立起来，认为聪明者无须勤奋仍聪明，勤奋者必不太聪明，故要"笨鸟先飞"。这样，一旦学生被贴上了"聪明"的标签，就不能光明正大地勤奋学习了，只能悄悄地勤奋学习，这既易给他们带来心理压力，也极易影响他们与同学的关系。

3. 正确开展赏识教育必须遵循的原则

依奖赏方式是撤销或减少一个令人痛苦或厌恶的刺激还是给予一个令人愉快的刺激的不同，可以将奖赏分为正奖赏和负奖赏两种：正奖赏，指在个体做了某种良好行为后，教师或家长给予其一个令人愉快的刺激，以增加此良好行为再次发生的可能性，如表扬、物质奖励和提干等。负奖赏，指在个体做了某种良好行为后，教师或家长撤销或减少一个令人痛苦或厌恶的刺激，以增加此良好行为再次发生的可能性。假如学生按时保质保量做完功课，老师就将其先前因过错所得的"仙人球"减掉 1 个。由此可见，正强化与正奖赏至少有三个相同之处：①二者的定义有相通之处；②二者的目的相同，即都是肯定个体的行为，鼓励个体继续表现该类行为；③二者所包含的刺激物的性质也类似，即二者都包含一些个体想要的愉快刺激物。这样，正强化的性质类似于正奖赏。同时，负强化与负奖赏至少也有三个相同之处：①二者的定义有相通之处（详见前文）；②二者的目的相同，即都是肯定个体的行为，鼓励个体继续表现该类行为；③二者所包含的刺激物的性质也类似，即二者都包含一些个体不想要的、令人痛苦或厌恶的刺激物。这样，负强化的性质类似于负奖赏。所以，根据行为主义学习理论中有关正强化和负强化思想的精神，再适当借鉴认知派学习理论和人本主义学习理论的精义，若想最大限度地发挥赏识教育的积极功能，避免因滥用奖赏或错用奖赏所带来的消极后果，一般而言，实施赏识教育或奖励要遵循以下十三个原则，其中，"做到知彼知己"与上文所讲类似，"合理运用正奖赏与负奖赏"的原则一点就通，故不多讲，下面只论余下的十一条原则。②

（1）以人为本。

实施赏识教育或奖励要遵循以人为本的原则，为此切勿使用"缺德"的奖励或激励手段，因为以带有歧视意味的手段对学生进行激励，某些学生可能产生被歧视感，即便他们多少能受到一些激励，同时也难免产生屈辱、抵触甚至仇恨的情绪，结果自然会伤害学生的心灵。

（2）先教后奖。

适当奖励有助于使孩子遵守良好行为规范。不过，与惩罚教育类似，在实施赏识教育之前，家长或教师应对孩子进行细致、耐心、全面、认真的交谈，以便让孩子清楚地知道自己应该做什么，不应该做什么，应该怎么做，应达到什么要求或标准等。只有这样做，才能使孩子充分了解奖励的行为标准，知道怎样做了才会得到奖励或赏识；也只有这样做，才能使孩子知道奖励自己是为了鼓励自己表现得更好。

（3）奖励或赏识要做到实至名归。

奖励要与孩子的实际付出的劳动相一致，做到实至名归，使孩子体验到"一分付出，

① 孟书子. 认识自己. 读者，2015（13）：65.
② 佚名. 奖惩孩子十大忠告. 参考消息，2003－05－30.

"一分收获"的道理。为此，家长或教师要尽量避免因自己一时"心血来潮"就无端给孩子奖励的做法。

（4）灵活使用正常奖励与意外奖励。

在正常情况下奖励应该是学生可以得到的，而不能总是可望而不可即。不过，对于孩子有可能做到但需要费很大力气才能做到的事情来说，意外的奖励会产生十分积极的效果。

（5）物质奖励与精神奖励宜交替使用。

对孩子来说，最大的奖励往往是得到他人的称赞或肯定，尤其是得到自己心目中的权威人物的赞赏；并且，精神奖励既不需要什么成本，还能帮助孩子树立尊严与自信，减少甚至防止孩子对物质的贪求。因此，不要总是考虑给孩子物质奖励，实际上，感情和精神上的鼓励对孩子往往是最合适且有效的。当然，有时恰当的物质奖励对孩子的健康成长也有一定益处，尤其是当孩子年幼而不甚了解某些精神奖励的内涵时更是如此。例如，当下南京一些幼儿园教师喜欢在孩子手上或脸上贴一个或几个小红星，以此来表示对孩子"表现好"的奖励，这种做法之所以能收到一定的成效，其缘由就在此。这里也需特别强调三点：

第一，小红星对孩子具有激励作用，其重要原因不在小红星本身，而在于小红星是由孩子所看重的教师给予的；若是一个陌生人给孩子一个甚至一些小红星，孩子一般也不会太感兴趣。这从一个侧面再一次证明，对孩子而言，仍是精神奖励优于物质奖励。

第二，根据斯金纳的一级强化物与一级强化以及二级强化物与二级强化的思想，假若一定要给孩子尤其是年幼儿童某种物质奖励，一般宜给一些在其日常生活所需要的实物，像一支铅笔或一本孩子早就想看的图画书等，而不宜直接给大额的现金，因为年幼儿童或是由于不能理解大额现金的价值，从而不能产生相应的激励作用；或是会因此而养成错误的金钱观念，结果将贻害无穷。

第三，物质奖励要适度。物质奖励毕竟属于外在奖励，它的最大缺陷是：容易让孩子对物质奖励本身产生兴趣，而对学习或健康成长本身则不感兴趣，这就与奖励的初衷相去甚远。所以，物质奖励的原则是：尽量少用，切不可太过频繁；做到适可而止，不宜用太昂贵的东西进行奖励。

他山之石：谁想过这样去奖励孩子呢？

很明显，奖励不仅仅是获得更多的物质，还是一种良好价值观的体现和塑造。中国幼儿园和小学教师奖励孩子，一般采用小红花、五角星与盖印章，积累到一定数量之后可以兑换小礼物，这样的奖励起初虽有用，但物质奖励很大程度上不利于孩子建立内在驱动力。西方国家教师的奖品并不仅限于奖状或口头表扬，而是花样繁多，且尽量避免以物质驱动孩子，更多的是以责任感、荣耀感、集体荣誉、成就感、自主选择、获得更多的自由来驱动孩子，帮助孩子建立内在的驱动力，值得我们学习和借鉴。

（1）坐老师的座位——体验权威感和荣誉感。

（2）照顾1天班里饲养的小动物——培养孩子的责任感。

（3）和他喜欢的人一起午餐——享受自主选择的权利。

（4）教师给学生家长打表扬电话——与家长分享进步和成就的快乐。

（5）排队时站在最前面——享受因个人努力而获得的荣耀。

（6）减少作业量——享受因个人努力而获得的特殊权利。

（7）挑选午餐音乐，让学生从家里带来磁带或CD——享受自主选择快乐。

（8）把班里的录音机带回家一晚——享受因个人努力而获得的特权。

（9）使用彩色粉笔——享受因个人努力而获得与众不同的荣耀。

（10）邀请校外嘉宾来班里做客——享受因个人努力而获得的荣耀。

（11）随时可以喝水——享受因个人努力而获得的自主选择和更多自由的快乐。

（12）随时可以用卷笔刀——享受因个人努力而获得自主选择和更多自由的快乐。

（13）把班里饲养的小动物带回家一晚——享受因个人努力而获得的特权。

（14）在低年级做服务——培养孩子的责任感。

（15）给图书管理员做助手——培养孩子的责任感。

（16）邀请其他班的一个朋友来班里共进午餐——享受因个人努力而获得自主选择的权利。

（17）给老师选择一本书，让老师读给大家听——体验权威感和自主选择。

（18）按自己的意愿换座位——享受因个人努力而获得自主选择和更多自由的权利。

（19）把动物玩具放到桌子上——享受因个人努力而获得更多自由的权利。

（20）跟老师共进午餐——体验权威感和荣耀感。

（21）获准用班里的录音机录一个故事——体验权威感和荣耀感。

（22）在游戏中做主持人——体验权威感。

（23）获得更多休息时间——享受因个人努力而获得的特殊权利。

（24）读书给低年级的学生听——体验权威感和责任感。

（25）休息时第一个挑选活动器材——享受自主选择和更多自由的快乐。

（26）为班里选择课堂上观看的电影——体验权威感。

（6）自我奖励与外在奖励相结合。

自我奖励也叫内在奖励，即自己给自己奖励的一种奖励形式。外在奖励，指机构或他人（如家长或教师等）给予个体的奖励。一般而言，外在奖励虽然能够增强获奖者的荣誉感，但也存在让获奖者养成他律取向的做人方式和处事方式以及过于重视奖励本身的弊病；自我奖励虽然不太适合自律取向过弱的个体（如年幼儿童），不过，它却具有易让养成自律取向的做人方式和处事方式以及重视学习或健康成长本身的长处。所以，正确的做法是，灵活使用自我奖励与外在奖励，切不可偏执一端。与此同时，采取适当方法逐渐引导学生对学习的目的产生正确的认识。学生一旦正确认识到学习对自我成长的益处，自然会逐渐转向重视自我奖励了。

（7）结合"过程"与"结果"来实施奖励。

家长或教师宜结合过程与结果来对孩子实施奖励。在一般情况下宜优先考虑"过程"，只要孩子为实现某一积极目标而作出了自己的努力，无论结果成功与否，家长或教师都宜对孩子实施恰当的奖励。当然，如果孩子通过自己的努力而获得了成功，哪怕是一点点成功，家长或教师也宜对孩子进行恰当的奖励。

（8）使用奖励应考虑学生的个性差异。

例如，有的学生家庭经济条件较差，若其表现好，适当给予物质奖励而不是口头表扬之类的"空头支票"，可能更易调动学生学习的积极性；相反，有的学生家境颇富裕，若其表现好，适当给予精神性奖励，可能更易调动学生学习的积极性，若给予物质性奖励，他不太在乎，就达不到激励其学习动机的作用。

（9）赏识教育尤其适合身心有缺陷的个体。

身体有缺陷、心理有缺陷或身心均有缺陷的个体，在日常生活中较之身心正常的个体更易遭受挫折或遇到困难，也易受到来自他人或有意或无意、或大或小的伤害；同时，他们的每一个成功，都往往会付出比正常人更多的艰辛。所以，赏识教育尤其适合身心有缺陷的个体。

（10）切勿在奖励或表扬某些人的同时伤害了其他人。

教师在奖励或表扬某些人的同时，切勿伤害到其他人。例如，假若老师在夸奖人时用如下之类的说法："同学们，在这次期末考试中，我们班除了张三和李四同学外，其他人都取得了优秀成绩，为班级赢得全年级第一立下汗马功劳！"那么，虽然班上其他同学得到了奖励，但张三和李四却受到了伤害，这对他们二人的成长极有可能产生负面影响。

（11）赏识或奖励要做到公平、公正。

根据上文所讲的公平、公正的定义，任何一个学生取得同样的成绩都给予同样的赏识或奖励，那是公平。对于同等程度的进步（例如都是考了满分），为了最大限度地促进学生的发展，针对不同学生的具体努力情况而给予不同程度的赏识或奖励，那是公正。

第五章 认知主义学习理论

【内容摘要】

认知主义者主张将学习看作个体对事物经认识、辨别、理解从而获得新知识的过程。在此过程中，个体所学到的是思维方式，即认知心理学家所讲的认知结构。个体在学习情境中运用其已有认知结构去认识、辨别以至于理解各个刺激之间的关系，增加自己的经验，从而扩大或提升自己的认知结构。因此，在认知主义人士看来，学习的产生是内发的、主动的和整体性的。认知主义学习理论也经历了一个不断发展的过程，本章在论述早期认知主义学习理论、传统认知主义学习理论和新认知主义（建构主义）学习理论时，不但强调、揭示其内在的发展线索，更注重阐述其思想的现代教育价值。

【核心概念】

顿悟、认知地图、潜伏学习、认知结构、发现学习、认知表征、接受学习、符号表征学习、概念学习、命题学习、结构良好领域的知识、结构不良领域的知识、初级学习、高级学习、先行组织者、意义学习、机械学习、合作学习、情境学习、问题中心学习、质询学习

【思考题】

1. 请简要谈谈你对顿悟学习和潜伏学习的看法。

2. 请举例谈谈布鲁纳结构教学观在教育上的应用。

3. 请运用奥苏贝尔认知同化学习理论的思想谈谈你对讲授法的认识。

4. 请谈谈如何根据信息加工学习理论有效地组织教学。

5. 请结合实例谈谈你对建构主义学习理论的看法。

6. 当你预知学生有可能会将你所授的内容建构成四不像的"鱼牛图"时，你一般会运用什么有效办法来尽量避免此种情况的发生？

7. 请简要述评认知结构迁移理论。

8. 请用认知主义学习理论的有关思想谈谈你对"高分低能"的看法。

9. 建构主义学习理论对传统认知学习理论的超越主要体现在哪几个方面？

10. "什么是仁？"针对不同学生的提问，孔子给出的答案不同，并未给"仁"下一个统一的定义。有人说这是孔子学说的一个明显缺陷，也有人说这是孔子因材施教的一个具体体现，请谈谈您对此问题的看法及教育心理学方面的依据。

11. 在认知主义学习理论中，有哪些人更看重直接经验在学习中的作用？其核心观点是什么？有哪些人更看重间接经验在学习中的作用？其核心观点是什么？您对此有何评价？

12. 什么是先行组织者？什么是抛锚式教学模式？二者之间有何异同？

13. 对比桑代克、斯金纳、托尔曼与柯勒四人所做的动物学习的实验后有何启示？

14. 在让学生开展小组合作学习时应注意哪些问题？

行为主义者将学习看作刺激与反应联结的过程，在这个过程中个体学到的主要是可以观察、测量到的外显反应，而该反应之所以成为习惯，是由后效强化所致；学到的个别反应经组合之后而成整体行为，这样，学习的产生是外控的或外铄的，是被动的，是积少成多的，也是渐进的。行为主义心理学家对学习的这一基本看法虽然能有效地用来解释行为的习得，但不能很好地用来解释知识的学习与健康人格的养成。在日常生活中，知识的学习与健康人格的养成毫无疑问也是非常重要的。同时，行为主义心理学家不太重视探讨学习的内部心理机制也受到后来的心理学家的批评。这样，在行为主义心理学的学习理论还颇流行的时候，一些有见地的心理学家就开始尝试用新的路径来研究学习现象，并提出了不同于行为主义学习理论的新的学习理论，其中最著名的有两种：一是认知主义的，二是人本主义的。本章先讲认知主义的学习观。认知主义者主张将学习看作个体对事物经认识、辨别、理解从而获得新知识的过程；在此过程中，个体所学到的是思维方式，即认知心理学家所讲的认知结构（cognitive structure）。个体在学习情境中运用其已有认知结构去认识、辨别以至于理解各个刺激之间的关系，增加自己的经验，从而改变（扩大或提升）自己的认知结构。因此，在认知派人士看来，学习的产生是内发的、主动的和整体性的。从逻辑的角度看，行为主义学习论是将学习看作归纳的过程，而认知主义学习论是将学习看作演绎的过程。在 20 世纪 60 年代以前行为主义盛行之际，认知主义学习论的理念是被忽视的。在今天看来，这两派学习理论各有价值：认知主义学习论有助于人们了解在教育上怎样扩展学生的认知结构，以促进其主动求知能力；行为主义学习论有助于人们了解在教育上怎样分析教学情境，怎样配合教材的不同单元设计教学进度，从而循序渐进地达到教学目的。[①] 与行为主义学习理论相似，认知主义学习理论也经历了一个不断发展的过程。大致说来，也可将认知主义学习理论的发展分为三个不同阶段：以格式塔心理学的学习理论和托尔曼的学习理论为代表的早期认知学习理论阶段、以布鲁纳与奥苏贝尔为代表的传统认知派学习理论、以信息加工学习理论和建构主义学习理论为代表的新的认知派学习理论。只不过，和行为主义学习理论相对较明晰的学派特色相比，认知主义学习理论的"流派"色彩显得相对模糊些。

第一节　早期的认知学习理论

认知主义学习理论的核心观念不是突然降临心理学界的，和其他事物的发展相类似，它也有一个历史渊源。用现代认知派学习理论的眼光去反观心理学发展史，一般认为可以将格式塔心理学（也称完形心理学）的学习理论和托尔曼的符号学习理论作为早期的认知学习理论。

一、格式塔心理学的学习观

（一）经典实验

格式塔心理学家也是基于自己的实验而提出自己的学习理论的。这些经典实验主要有

---

① 张春兴. 教育心理学. 杭州：浙江教育出版社，1998：210.

惠特海默（M. Wertheimer，1880—1943）进行的似动研究和柯勒（W. Köhler，1887—1967）进行的黑猩猩学习实验等。鉴于柯勒的实验与学习问题有直接的联系，而其他实验是更基础的实验，这里仅介绍柯勒的实验。

柯勒在特纳利夫岛上对猩猩解决问题的情景作了细致研究。他给猩猩提出如下问题：猩猩能够看到香蕉，但仅凭自己的双手够不着，只有通过运用它们经验中不曾有过的新方法才能获得香蕉。例如，将香蕉挂在猩猩跳起来也够不着的铁笼子的顶上，笼子里面事先放了几只木箱子，猩猩只有把这些箱子移到香蕉下面叠起来并爬上去才能拿到香蕉；或者，将香蕉放在笼子外面，只有把笼子边上的两根竹竿接起来才能拿到香蕉，如图 5 - 1 所示：

图 5 - 1　猩猩在制作"双节棍"（Köhler，1925）

柯勒发现，猩猩不是通过尝试错误的方式逐渐学会如何拿到香蕉的，而往往是突然学会解决这类问题的。有时候猩猩看上去似乎无法通过它所熟悉的方法拿到香蕉，便蹲在那里，好像是在思考问题的解决办法，然后突然觉察到了解决的办法。柯勒认为，用"知觉重组"或"认知重组"可以很好地描述这类学习情境。因为猩猩突然觉察到了箱子与香蕉之间的关系，意识到箱子不是随便放在那里的，而是可以用来作为爬上去取香蕉的支撑物；当猩猩蹲在那里没有作出积极尝试的时候，它在经历一个知觉重组的过程，一旦完成了知觉重组，往往能立即找到解决办法。[①] 这不是说只有这种突然的、完全顿悟的、戏剧性的例子才可以用完形心理学的术语来解释。试误学习过程也可以被解释成一系列小的、部分的顿悟。在柯勒看来，重要的是要作出这样的安排：使动物可以一下子看到影响问题解决办法的所有必要因素。只有这样，动物才有可能把这些要素（或者说部分）组成一个适当的完形。用柯勒的眼光看，行为主义者所设计的实验情境正好与此相反，白鼠在迷宫

① 施良方. 学习论——学习心理学的理论与原理. 北京：人民教育出版社，1994：148 - 149.

里无法看到各种转折与目的箱里食物之间的关系，只好通过试误来发现这种关系，这导致白鼠的知觉重组必将是渐进式的，因为在这种情境里不可能产生其他种类的知觉重组。知觉重组的突然性程度取决于问题的性质和呈现的方式。结果，用"知觉重组"或"认知重组"就可以解释各种各样的学习了。① 用今天的眼光看，柯勒的上述分析颇有道理，它启示人们：①若学习情境太封闭或太狭隘，让人看不到影响问题解决办法的所有必要因素，这不利于顿悟学习的产生。与桑代克箱中的猫、斯金纳箱和托尔曼迷宫中的鼠相比，同样在解决问题，但猩猩幸运得多。实验的安排使它有洞察全局的机会。这意味着，让个体看到影响问题解决办法的所有必要因素，有利于顿悟的产生。②在柯勒的实验中，猩猩较悠闲，能"从容"地制作"双节棍"，而在桑代克、托尔曼和斯金纳的实验中，可怜的猫或鼠因太饿，急着要找东西吃，这也影响了它们的学习效果（关于这点，在"对托尔曼认知学习理论的简要评价"中有更详细的阐述）。这表明，对人的学习而言，导致其情绪不稳定或焦虑的一个重要因素是"穷"。让学习者没有太大的生存压力，使其心情放松（而不是情绪高度紧张），进行无目的的休闲式学习（至少是不太功利的学习），将有助于顿悟的发生。毕竟，对多数人而言，人穷不但志短，人穷还会变笨。同时，若事先未经过科学且有针对性的训练，对多数个体而言，"情急生智"是小概率事件，"情急生愚"或"忙中出错"才是大概率事件。③柯勒以黑猩猩作为实验对象，而桑代克、斯金纳等人以猫、鼠、鸽作为实验对象，这是导致完形心理学与行为主义心理学对学习的看法有差异的第三个根本原因。因为黑猩猩的"智商"比猫、鼠、鸽的"智商"要高许多。犹如法国著名生理学家弗卢龙（Pierre Flourens，1794—1867）力倡大脑机能统一说而法国医生弗里奇（Gustav Fritsch，1838—1927）等人主张大脑机能定位说一般，因为前者以老鼠为研究对象，后者以人为研究对象。老鼠的脑未有大的分化，故机能统一；人脑有大的分化，故机能定位。这两件事启示后人：无论采用哪种研究方法，为了保证研究结果的可靠性与稳定性，除了必须严格按规范的程序开展研究外，还必须保证研究对象的一致性。它对教育与学习的启示是：不同个体有较大的差异性，须因材施教或因材而学才能达到最佳效果。

（二）格式塔心理学学习论的基本观点

根据上面的经典实验，再加上完形心理学家所做的其他实验，完形心理学对学习提出了一整套自己的观点，其要点如下：

1. 学习就是构造一种完形

格式塔心理学家对学习实质或学习结果的看法，一般倾向于使用"完形"（gestalt）方面的术语，主张学习实质或学习结果就是构造一种完形，或者说是知觉重组或认知重组。柯勒曾说："学习在于发生一种完形的组织，并非各部分的联结。"② 言下之意，学习不是形成刺激与反应之间的联结，而是学习者通过觉察特定情境中的关键性要素，了解这些要素是怎样联系的，识别其中内在的结构，然后将之作知觉上的重组的过程。从这个意义上说，学习与知觉、认知可视作同义词。与其他学派的心理学家一样，格式塔心理学家也承认，通过学习，会在头脑中留下记忆痕迹，记忆痕迹是因经验而留在神经系统中的。不过，格式塔心理学主张，这些痕迹不是孤立的要素，而是一个有组织的整体，即完

① 施良方．学习论——学习心理学的理论与原理．北京：人民教育出版社，1994：149.
② 莫雷．教育心理学．广州：广东高等教育出版社，2002：98.

形。这样，学习主要不是加进新痕迹或减去旧痕迹的事情，而是要使一种完形改变成另一种完形。这种完形式的改变可以因新的经验而产生，也可以通过思维而产生。格式塔学习理论所重点考察的正是发生这种知觉重组的方式。在格式塔心理学家看来，一个人学到些什么直接取决于他是怎样知觉问题情境的。假若一个人看不出呈现在自己面前的问题，看不出各种事物之间的联系，那么他对事物的知觉就仍处于无组织的、未分化的状态，这时实际上也就未发生学习。一个人学习的方式往往是从一种混沌的模糊状态转变成一种有意义的、有结构的状态，这就是知觉重组的过程。可见，在完形心理学家眼中，知觉重组是学习的核心，真正的学习都具有类似的特点。需指出的是，学习并不是将以往无意义的事情任意地联结在一起，知觉重组或认知重组的前提是认清事物的内在联系、结构与性质。①

2. 刺激与反应之间的联结是以意识为中介的

与 $S-R$ 范式的学习理论主张刺激和反应之间的联结是直接的、无中介的观点相反，格式塔心理学的学习论认为，刺激与反应之间的联结是间接的、以意识为中介的。换言之，学习是学习者主动地去构造一种完形，学习者的主动构造作用在学习过程中起到了重要的作用。这种构造作用后来发展成为中介变量、认知地图、图式、认知结构等概念，成为认知范式的学习理论有别于 $S-R$ 范式的学习理论的一个主要标志。

3. 学习是由顿悟而实现的

对于学习过程的看法，与桑代克和早期的行为主义学习理论的观点截然相反，完形心理学认为学习是由顿悟（insight）实现的，不是由渐进式尝试错误的过程实现的。从一定意义上讲，这是完形心理学家对学习研究的一大贡献。在完形心理学家看来，问题是完形上的缺口；问题解决是对情境的整体理解，是旧结构的豁然改组或新结构的豁然形成，强调问题解决过程的"顿悟"性。顿悟指个体突然觉察到问题的正确解决办法。顿悟的产生是由于学习者重新组织或重新构建有关事物的形式而实现的。这表明产生顿悟的学习者是用一种新的方式来看待整个情境的，这种方式包括对逻辑关系的理解及对目的和手段之间关系的觉察。因为是真正理解了事物之间的关系，顿悟学习有三大显著优点：

（1）通过对问题情境的内在性质有所顿悟的方式来解决问题，不但可以避免与这一问题情境不相干的大量随机的、盲目的试误行动，也有助于把学习所得迁移到新的问题情境中去顿悟。这意味着，某一类问题一旦获得顿悟式解决，被试从此再解决此类问题时便不易再犯错误。② 因此，王守仁说得好："学问也要点化，但不如自家解化者，自一了百当。不然，亦点化许多不得。"③

（2）既是由顿悟获得的，这种顿悟学习本身就有奖励的性质。完形心理学家相信，真正的学习常常会伴随着一种兴奋感。当学习者了解到有意义的关系，理解了一个完形的内在结构，弄清了事物的真相，会伴有一种令人愉快的体验；换言之，达到理解水平本身就具有自我奖励的作用。例如，一些人对智力拼图、字谜填空玩得津津有味。有时看上去不大可能完成，但越是这样，当他们突然发现解决办法时，就越会有一种获得顿悟的快感。完形心理学家认为，这是人类所能具有的最积极的体验。因此，完形心理学家对教育中滥用各种外部奖励的做法持批评态度。当然，在没有其他诱因动机时，在不可能用顿悟的方

① 施良方. 学习论——学习心理学的理论与原理. 北京：人民教育出版社，1994：150 – 151.
② 施良方. 学习论——学习心理学的理论与原理. 北京：人民教育出版社，1994：151 – 152.
③ 王守仁. 王阳明全集：上册. 吴光，等编校. 上海：上海古籍出版社，1992：114.

式来理解学习时，也不妨使用一些外部奖励。不过，作为教育者要意识到不加区分地使用奖励物可能会使学生分心，不把心思用在学习上，只关心能得到什么奖励，不可能达到对问题情境有顿悟的理解。这一对奖励的看法至今仍有借鉴作用。[①]

（3）顿悟学习的结果是不容易遗忘的。现在心理学一论及记忆主题时必提及著名的艾宾浩斯遗忘曲线，不过，在完形心理学家看来，人类所学习的内容都是有意义的。无意义音节的遗忘曲线在人类学习中并没有太大的指导意义。事实是，个体通过顿悟习得的内容一旦掌握后，在正常的情况下终身都不会遗忘。用现代信息加工心理学的术语说，个体通过顿悟获得的知识进入了其长时记忆，在正常情况下将永远保留在学习者的头脑中。这样，通过顿悟获得的学习结果与死记硬背的结果之间所遵循的遗忘规律几乎完全不一样：前者不易遗忘，后者遵循艾宾浩斯遗忘曲线所反映的"先快后慢"的遗忘规律，如图5-2所示。

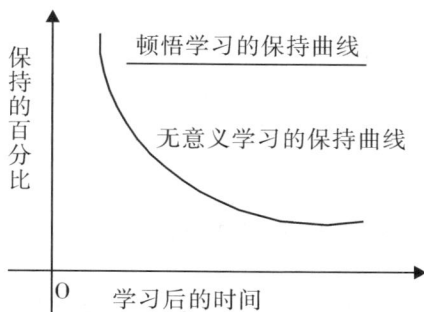

图5-2 顿悟学习保持曲线与无意义学习保持曲线的比较 [②]

因此，为了提高学生的学习效率，措施之一就是要使学生真正理解所学习的内容，进而达到顿悟，而不是简单地要学生死记硬背一些"考试要点"，或简单地通过"题海战术"，机械地让学生做大量的练习题，后两种做法可能也会取得某种短时功效，但得不偿失，毕竟它既会增加学生的学习负担，又因学生没有真正地理解从而会很快地遗忘掉。在这方面惠特海默的研究对当代中国人仍有较多启示。惠特海默认为，一些教师过于注重机械记忆，不惜牺牲学生的理解能力。他在《创造性思维》一书里区别了两种类型的问题解决办法：一类是具有首创性的和顿悟式的解决办法；另一类是不适当地应用老规则，不能真正解决问题的办法。惠特海默曾举了一个例子：一位在病房里值夜班的护士到了深夜11点时将一个患者叫醒，并说："现在到了你该吃安眠药的时间了。"这是典型的不考虑与问题情境有关的特征而机械运用规则进而导致愚蠢行为的事例。由此可见，顿悟学习非常关注具体问题情境的具体特点，进而灵活地采用适合具体问题情境的新方法。同时，在惠特海默看来，顿悟学习的核心是要把握事物的本质，而不是无关的细节。遗憾的是，一些教育工作者看不到这一点。惠特海默还主张，学校学习的目的是要把习得的内容迁移到校外情境中去。通过机械记忆习得的内容只能被用于非常具体的情境中，即应用于类似最初学习时的情境中，只有通过顿悟理解的内容才能成为学生知识技能的一部分，随时可用于任何

---

① 施良方. 学习论——学习心理学的理论与原理. 北京：人民教育出版社，1994：155 - 156.
② 施良方. 学习论——学习心理学的理论与原理. 北京：人民教育出版社，1994：154.

情境中的类似问题上去。① 从这个意义上说，造成过去中国有些学生在学习中存在"高分低能"现象的一个重要原因是，教师只教给学生一些无关的细节，而未让学生把握住事物的本质；与此同时，学生只通过机械学习来死记教师所教的内容，从而无法产生顿悟学习。

4. 创造性思维就是打破旧的完形而建立新的完形

在格式塔心理学家看来，创造性思维就是打破旧的完形而建立新的完形。例如，当你遇到如下问题时，假若仅在原来的图形上思考，那么始终不能妥善解决此问题，而一旦你跳出原有的框架，建立新的图形，问题马上就获得圆满解决。

题目：在由 16 根火柴搭成的 5 个正方形的图形里（如图 5-3 所示），移动其中的 3 根火柴（条件有三：一是不能将这 3 根火柴去掉；二是不能将这 3 根火柴与其他火柴重叠放；三是不能将这 3 根火柴像杆子一样单独放在某处），使其变成 4 个正方形。

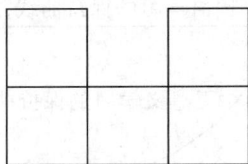

图 5-3　由 16 根火柴搭成的 5 个正方形

答案之一（答案不止一个，这仅是正确答案之一，为节省篇幅，也为了做到触类旁通，其他答案在此处就不列了，请读者自己去思考）：

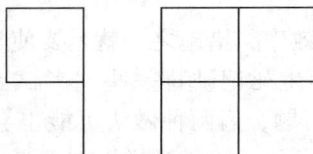

图 5-4　由 16 根火柴搭成的 4 个正方形

如果将格式塔心理学家关于创造性思维的这种见解作如下解释，则是非常有价值的：将人脑中已有的知识点比作一块块积木，这些积木的数量虽然是有限的，但如果能不为旧的陈见或定势所限，一定能组合出无穷的图形来（即创造）。据报道，当年美国实施的阿波罗登月计划没有使用一项新技术，全是已有技术的拼装，却能完成一项全新的任务（人类首次登上月球）。同时，格式塔心理学关于创造性思维的这一见解对于当代中国教育如何培养人的创造性思维或进行潜能开发也有很大的启示意义。因为长期以来，中国有较浓厚的权威思维的文化氛围，在这种文化氛围中成长的中国儿童或多或少地存在着推崇权威的思维方式，不敢轻易对已有的"定论"说"不"，久而久之，也就限制了中国人的创新思维与潜能开发。从这个意义上说，在当代中国要培养儿童的创造性思维或开发儿童的潜能，关键措施之一是采取有效措施让儿童善于打破心中的"旧的完形"，"旧的完形"打破一个，儿童的创造性思维或潜能就发挥一层；"旧的完形"去得干干净净，儿童的创造

①　施良方. 学习论——学习心理学的理论与原理. 北京：人民教育出版社，1994：151－155.

性思维或潜能也就充分展现出来了。

5. "问题"就是"障碍","智慧"就是凭借中介物清除障碍的过程

在完形心理学家看来，"问题"就是"障碍"，智慧①就是凭借中介物清除障碍的过程。例如，在柯勒所进行的黑猩猩学习实验中，猩猩所遇到的问题是：能够看到香蕉，但香蕉的位置太远或太高，自己仅凭手是够不着的。在这里香蕉的位置太远或太高就是一种"障碍"，要解决这类问题就必须去掉这层"障碍"。猩猩向人们展现出来的智慧就是：巧用几根中空的、粗细不一的管子，或通过叠放箱子，取到仅凭手无法取到的香蕉。若将完形心理学家对智慧的这种思想做进一步引申，一般地，在清除障碍的过程中，个体越善于利用中介物来清除障碍，并且走过的这一心路历程的时间越短，个体的智慧也就越高。这为在教育中培养人的智慧增加了可操作性。

（三）对格式塔心理学学习理论的简要评价

格式塔心理学的学习理论的贡献是多方面的，除了对智慧和创造性思维作了独到的解释，它还有以下主要贡献：第一，它坚持用整体观的视角来审视人的学习，力倡"整体大于部分之和"的教育理念，这对纠正行为主义学习理论中存在的"整体等于部分之和"的教育理念有一定的积极意义。第二，将顿悟学习视作人类学习的重要方式，这更能反映人类学习的特性。第三，看到了中介变量在学习过程中的作用，肯定了人类学习的能动性，对于纠正行为主义学习理论用刺激与反应的直接联结来看待学习的观点有一定的促进作用，并为以后的认知主义学习理论的发展奠定了基础。

用今天的眼光看，格式塔心理学的学习理论也有一定的不足：第一，不如行为主义学习论完整而具体。行为主义学习论的实质是讲渐悟，渐悟可详细探讨其心路历程，即可以告诉个体怎样才能达到悟，这样，行为主义学习理论往往具有操作性强的特点。完形心理学重视顿悟学习，注定了其学习理论不可能比行为主义学习论完整而具体，这也是情理中的事情，因顿悟不可言说。事实上，凡是重顿悟学习的人一般不过多阐述顿悟。如佛教讲开"天眼"，认为"天眼"一开就无所不知，无所不晓，此"天眼"用今天的眼光看实际上就是顿悟，佛教认识到顿悟的存在，但限于当时的知识水平，不能用心理学的知识来很好地说明，结果就用了"天眼"这一带神秘色彩的字眼。陆九渊推崇顿悟，自己就不喜著书，不像爱言渐悟的朱熹那样勤于著书，结果朱熹的思想广为流传，陆九渊的思想影响范围最初相对较小。第二，假若说行为主义学习理论过于强调试误学习有失偏颇的话，那么格式塔心理学的学习理论过于强调顿悟学习也有偏颇之嫌。因为顿悟是有条件的，这条件便是：学习情境的设置要具有完整性或整体性，要难度适中，要使学习者能够知觉到。但是，在实际的学习中某些情境不可能一下子把握，有些情境甚至很难把握。在这种情况下必然要经历一个尝试错误的阶段，经过一番尝试错误把握了整个情境之后，顿悟才会发生。可见，在任何陌生学习的初始阶段必然有一个尝试错误的阶段，特别是在一些问题解决的学习中，某些情境因素常常是很隐蔽的，非经一翻尝试错误不能把握。因此，渐悟与顿悟实际上是一体两面，在一般情况下，是先有尝试错误后有顿悟；只是在特殊情境里才有不需尝试错误的顿悟。概要地说，这种特殊情境主要有三：①所遇问题是先前曾解决过的或与先前曾解决过的问题相类似，故不需尝试错误就可凭"直觉"（intuition）解决，

---

① 完形心理学所讲的"智慧"相当于今人所说的"聪明"或"聪明才智"，与本书后文所讲的具备德才一体素质的智慧是不一样的。

这实是一种迁移。②将尝试错误的过程放在脑中进行，而不将之外显为具体的试误行为。如有的人长于心算，你要他算一个较复杂的计算题，可能从表面上看他能一下子讲出正确答案，仿佛是顿悟而成，实际上仍是先有尝试错误后有顿悟。③所遇问题虽是崭新的难题，却能因一时的"灵感"所发而将之顺利予以解决。犹如爱因斯坦因一时"灵感"所发而提出著名的"相对论"一般。不过，爱因斯坦之所以能够提出著名的"相对论"，也不是偶然的"灵光一闪"，而是由于他在此之前已有深厚的学术积累，后者恰恰也是一种渐悟的过程。正由于此，现在也有学者主张将试误与顿悟结合起来以揭示学习过程的实质。如中国台湾的王克先说："从学习历程看，试误说与领悟说是一体的两面……领悟是学习的结果；试误是学习的过程。无论人类或动物的学习中，同含有领悟与试误两种现象；在领悟之前必有试误，在试误之后才有领悟。"① 此看法与朱熹关于学习过程乃积累与贯通相结合的见解暗合。在朱熹看来，学习过程或问题解决过程是一个由积累而贯通的过程。据《朱子四书或问》卷二《大学或问》，朱熹曾说："一物格而万理通，虽颜子亦未至此，惟今日而格一物焉，明日又格一物焉，积习既多，然后脱然有贯通处耳。""穷理者，非谓必尽天下之理，又非谓止穷得一理便到，但积累多后，自然脱然有悟处。"朱熹的积累与贯通说对于纠正现代教育心理学中关于学习过程存在的尝试错误说与顿悟说的争论颇有启示，因后两种学说各执一端，都有偏颇。同时，因为顿悟有助于提高人的学习效率，所以也一向为许多学人孜孜以求。一般而言，人文学科领域的学习更容易达到顿悟的境界。因为人文学科的学人面临的多是一些"老问题"，且多是涉及"人心"的问题，假若一个人对人性与人生有较深刻的把握，他往往能做到"一理通而万理明"，犹如禅师悟道后对佛理豁然贯通一般。理工科领域的学习，尤其是涉及一些复杂领域的学习与探索时，学人常常较难达到顿悟的境界，而只能做到渐悟。这是因为理工科的学人一般总是与崭新的疑难与不确定性打交道，面临的多是一些新问题，且多是远离人心的"物理"② 问题，这样，他们往往只能做到在自己熟悉的一片小领域中是一个专家，稍为偏离其研究的领域，他就可能是一个外行。即便像爱因斯坦这样百年难得一遇的大科学家亦是如此。又如，据《扬子晚报》报道，诺贝尔奖获得者、著名美籍华人、实验物理学家丁肇中教授在为南京航空航天大学师生作题为"国际空间站上的 AMS 实验"的学术报告后，按惯例，丁教授要回答学生的一些提问。在回答学生提出的"您觉得人类在太空能找到暗物质和反物质吗""您觉得您从事的科学实验有什么经济价值""您能不能谈谈物理学未来 20 年的发展方向"三个问题时，丁教授一连说了三个"不知道"！这简短而朴实的解释，虽让在场所有同学感到意外，但不久就赢得了全场的热烈掌声。这正应了"知之为知之，不知为不知，是知也"这句千古名言。③

二、托尔曼的认知学习观

美国心理学家托尔曼（E. C. Tolman，1886—1959），其学习理论被看作认知主义学习理论的重要来源之一。

---

① 王克先. 学习心理学. 福州：福建少年儿童出版社，1987：94.
② 指关于客观事物的道理，而不是通俗意义上讲的"物理反应"的那种"物理"。
③ 陈军. 三个"不知道"，为何引来热烈掌声. 扬子晚报，2004 – 11 – 15.

（一）托尔曼对早期行为主义学习理论的质疑

第一，学习是否真如桑代克等人所说的那样，开始于一系列盲目行为？在桑代克眼中，当个体面临一个新的情境时，起先会表现出一定数量的盲目行为，犹如猫第一次被放进陌生的桑代克迷箱时所展现出来的一系列盲目行为一般。对于桑代克的这一看法，托尔曼是持怀疑态度的。在他看来，虽然一个人在面临一个新的学习情境时，刚开始其行为可能具有一定的盲目性，但是，假若由此得出一个结论，认为人的学习均开始于一系列盲目的行为，然后再经由不断地尝试错误而习得正确的行为方式，这种观点就有失偏颇，它与人的生活实际是不符的。因为在现实生活中，人的大多数行为（包括学习方式等）都是有明确的目的的。第二，强化真的是影响学习的必不可少的重要因素吗？在典型的行为主义者眼中，强化是影响学习的一个必不可少的重要因素。托尔曼对此也持怀疑态度。第三，外显行为没有发生相对持久的改变，学习就没有发生？在典型的行为主义者眼中，假若个体在接触某一情境后，其外显行为没有发生相对持久的改变，学习就没有发生。托尔曼对此也持质疑态度。第四，行为的改变真的是由养成了行为的习惯所致？在典型的行为主义者看来，行为的改变是由于个体养成了相应的行为习惯，即通过一系列的强化，使某一种刺激与某一种反应或某一系列的刺激与相应的反应之间联结变得越来越坚固所致。托尔曼对此持不同看法。第五，学习的实质是刺激（S）与反应（R）之间的直接联结？在早期行为主义者看来，学习的实质是 S 与 R 之间形成直接的联结，中间不需要任何中介物。托尔曼对此说法也不太认同。

（二）经典实验

为了证实自己上述诸种怀疑是有根据的，托尔曼设计了一些巧妙的试验来探索动物在学习过程中的认知变化，其中以"三路迷津"学习最为著名。实验情境见图 5 – 5。在迷津中有 3 条通道可以到达食物箱，通道 1 最近，通道 3 最远。实验研究白鼠在三路迷津中的取食行为。实验发现，让白鼠有机会走过迷津中的每一条通道，使其熟悉迷津的整个环境之后，白鼠表现出对通道 1 的最高偏好，这表明白鼠在情境中学习到通道 1 是最近的。随后，将通道 1 阻塞（如图 5 – 5 中的 A 处），发现白鼠迅速从通道 1 返回，选择通道 2，这表明白鼠在情境中学习到了通道 1 和 2 之间的关系。其后，再将通道 2 阻塞（如图 5 – 5 中的 B 处），发现白鼠再次从通道 2 返回，迅速选择通道 3，这表明白鼠在情境中学习到了 3 条通道之间的相对关系，换言之，动物不仅习得关于目的物的意义，也习得关于刺激情境的意义，这就是位置学习（place-learning）。[①] 实验中，托尔曼还随时阻塞 3 条通道中的任意一条，来测试白鼠的位置学习效果。结果发现，白鼠能够根据受阻情境，在迷津中随机应变，选择最佳的取食路线。

---

① 施良方. 学习论——学习心理学的理论与原理. 北京：人民教育出版社，1994：302.

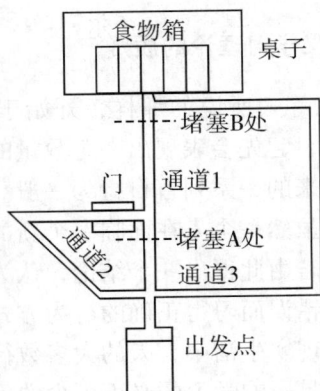

图 5 - 5　白鼠学习方位的迷宫图

为了验证潜伏学习的存在,托尔曼等人于 1930 年进行了一项经典的实验研究。他们让 3 组白鼠在一个复杂迷宫中每天走一次。甲组不给食物(无食物奖励组),乙组每天给食物(有食物奖励组),甲、乙均为控制组。丙组为实验组,开头 10 天不给食物,第 11 天才开始给食物奖励。实验结果如图 5 - 6 所示,随着练习次数的增加,白鼠在到达目标箱前所犯的错误次数都逐渐减少。乙组有食物奖励,逐渐减少错误比甲组快,但实验组丙自给食物奖励后,其错误下降比乙组更快。托尔曼由此得出结论:丙组在开头 10 天的练习中虽然没有奖励食物,但在每次练习中同样探索迷宫的每一部分,形成了认知地图,只是没有表现在外部行为中而已。托尔曼把这种现象称为潜伏学习。这一实验表明,强化并不是产生学习的必要条件,学习完全可以在无强化的情况下发生。①

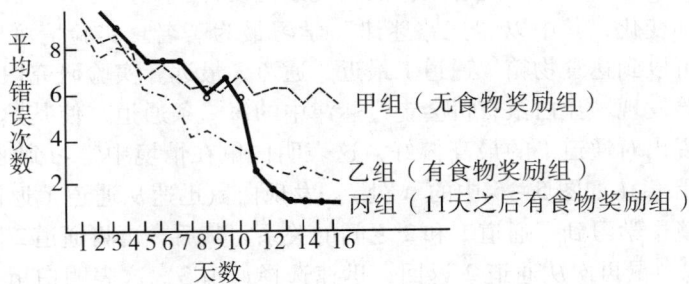

图 5 - 6　托尔曼的潜伏学习研究成果

为了验证行为的改变并不是由于养成了行为的习惯所致,托尔曼的学生麦克法兰(Macfarlane,1930)做了一个有趣的实验——训练白鼠在迷津里游泳。这种迷津与心理学家们通常训练白鼠的迷津没有什么不同,只是里面灌满了水。白鼠在通道里只能游泳摸索,游到目的箱后可爬上去获得食物。白鼠学会游到目的箱后,就把迷津里的水抽干了,然后把白鼠放进去。结果发现白鼠是跑到目的箱,而不是游到目的箱。托尔曼提醒人们注意,游泳和奔跑是两种完全不同的反应。很显然,白鼠学到的不是对特定刺激作出的特定反应,而是某种比较抽象的和整体性的东西——迷津本身的空间布局,换言之,白鼠习得

---

① 施良方. 学习论——学习心理学的理论与原理. 北京:人民教育出版社,1994:306 - 307.

的是迷津的地图，即托尔曼所讲的认知地图。托尔曼等人又进行了一系列有关空间习惯（spatial habit）与动作习惯（movement habit）的实验。这类实验使用的是一种简单的"T"字形迷津。白鼠从南面的起点箱出发向东走就能吃到食物。只需训练几次，白鼠就能完全学会。这里，白鼠学到的是向右转弯的习惯，还是知道食物在东边？为了回答这个问题，测验时把"T"字形迷津颠倒过来，起点在北面。假若白鼠习得的是动作习惯，它应该向右转弯，走向西边；假若习得的是空间习惯，它应该走向东边。实验结果表明，绝大多数白鼠都走向东边，即习得的是空间习惯，不是动作习惯。① 根据上述实验结果，托尔曼提出了自己对学习的看法。

（三）主要观点

托尔曼的认知学习观的主要观点有四点：

1. 学习是一种有目的的行为

托尔曼认为，对动物行为的观察表明，动物的行为一般都指向某种目标。他相信人的学习也是一种有目的的行为，进而不同意桑代克等人认为学习是盲目的观点。

2. 学习出现的原因是形成了认知地图

为了解释动物在迷津实验中展现出来的学习，托尔曼新造了认知地图（cognitive map）的概念来表明动物在这类实验中所习得的东西。对走迷津的动物而言，认知地图就是动物对迷津的表象或对迷津的内部表征；对人类而言，认知地图是指个体表征现实世界中的事物及其相互关系的内部表象。动物学习的不是一连串的刺激与反应，其实质是脑内形成了认知地图。一旦白鼠将迷津的位置信息纳入自己的认知地图中，它就会明白食物在哪里、哪几个通道不通、哪些通道通向目的箱，结果，白鼠就知道应该如何走，而不需要凭借任何一种固定的位移系统来做到这一点，这实际上是要用位置学习来替代桑代克等人所讲的反应学习（response learning）。这个过程是主动且独立的，而不是被动地需要依靠某些固定的运动系统来实现的。位置学习存在的事实表明，对环境条件的认知是达到目的的手段和途径，学习出现不全是早期行为主义心理学家所说的那样由形成行为习惯所致。

3. 潜伏学习是一种重要的学习方式

托尔曼相信潜伏学习（latent learning）是学习的一种重要方式。潜伏学习，又称隐匿学习，指动物在没有强化的条件下，学习也会发生，只不过其结果不甚明显，是"潜伏"的；一旦受到强化，具备了操作的动机，这种结果才明显通过操作而表现出来。可见，潜伏学习的特点有二：一是潜伏学习是在没有强化的条件下发生的，故而学习的结果不太明显，是"潜伏"的；二是一旦受到强化，具备了操作动机，这种"潜伏"学习结果就明显通过操作而表现出来。潜伏学习的存在，表明强化并不像行为主义者说的那样是学习的必要条件。托尔曼的潜伏学习的概念得到学人的普遍承认，导致后来学习的定义发生了相应的改变，即普遍重视"行为潜能"是否已发生变化。

顺便指出，有人弄不清潜伏学习和内隐学习之间的区别。其实，如上所论，二者在定义上是有区别的。根据定义，潜伏学习在未得到强化前，其学习结果暂时处于潜伏状态，不过，一旦得到强化，其学习结果便能立即呈现出来。与此不同，内隐学习的结果有时连学习者自己都不知晓，其变化是不知不觉发生的，因学习者自己都不知晓，故无从通过强

---

① 施良方. 学习论——学习心理学的理论与原理. 北京：人民教育出版社，1994：300－301.

化让其展现出来，只能事后通过行为结果反推个体是否发生了内隐学习。

4. 认为学习的结果不是 S 与 R 的直接联结，主张将 $S-R$ 公式改为 $S-O-R$ 公式

华生提出的 $S-R$ 公式有一个致命缺陷，不能较好地用来解释人的复杂行为背后的心路历程，尤其是不能较好地用来解释人的行为的个性差异。因为按 $S-R$ 公式，不同的人遇到同一个刺激，应该作出相同的反应。而稍有心理学常识的人都知道，除了简单的行为（如见到红灯停，见到绿灯行）和简单的心理现象（如对颜色的感知）外，人类其他多数心理与行为都带有浓厚的个性差异，假若不引进代表有机体内部变化的"O"这个概念，是很难解释这一现象的。从这个意义上说，托尔曼借鉴伍德沃斯（Robert Woodworth，1869—1962）主张将 $S-R$ 公式改为 $S-O-R$ 公式的观点，并发展出"中介变量"思想，是一大贡献，也符合"外因通过内因而起作用"这条著名的辩证唯物主义原理。

（四）对托尔曼认知学习理论的简要评价

托尔曼学习理论的主要贡献体现在如下几个方面：第一，认知地图和中介变量等概念的提出，实际上已蕴含后来的认知学习观的思想，从而为心理学提供了崭新的认知范式。现代认知心理学吸收了他关于人类学习的认知观点和客观的研究方法——如借鉴托尔曼的认知地图概念而提出心理学色彩更浓的认知结构概念等，以至于托尔曼被认为是认知心理学的开山鼻祖。同时，假若将"认知地图"概念作一番新的诠释，就可以较好地解释专家与新手的差异：大凡在某个领域称得上是专家的人物，一般对此领域都有较好的"认知地图"，即熟悉此领域中存在的"多种正确通道"，从而在遇到此领域的问题时能很快找到最经济且最正确的解决途径，正是在此意义上专家往往有"快手"之称。这就是《庄子》"庖丁解牛"所讲的道理：庖丁因有多年宰杀牛的经验，熟悉牛身上的筋骨之所在，能够做到顺着牛身上的筋骨来宰杀牛以取牛肉，当然既快又准，且不伤刀刃。反之，大凡对某个领域不熟悉的新手，由于未对此领域形成较好的"认知地图"，自然不熟悉此领域中存在的"多种通道"，这样，一旦遇到此领域的问题时，新手的反应往往可能不知"从何下手"或只能尝试错误，除此别无他法。所以，用认知地图的眼光看，培养专家的过程实际就是让一个新手逐渐熟悉某一领域进而形成对此领域有良好"认知地图"的过程，良好认知地图一旦形成，此人也就成了此领域的专家。第二，巧妙的实验设计。托尔曼凭借一些精心构思的巧妙实验设计，为自己的一些核心假设提供了实验上的依据，不但增强了其学习观点的科学性与说服力，而且也启示后来的心理学研究者，在对某些心理现象做实证研究时，不要太强调仪器的高、精、尖，而要通过"修炼内功"，在实验设计上多下功夫。第三，对潜伏学习所做的大量研究为人们正确认识和对待潜伏学习与内隐学习提供了科学依据。用潜伏学习和内隐学习的眼光看，中国古代对小学生进行的"包本"教育法（即将一本经典书籍如《论语》背熟后再背另一本经典书籍如《孟子》的读书方法），从学习方式上看可能是一种"机械学习"，但也可能于事实上起到潜伏学习和内隐学习的效果，为其后的教育打下良好的基础，便于其后的融会贯通。像冯友兰等国学大师在谈起自己的早期求学经历时，对于通过"包本"教育法而打下的良好国学基础多是持肯定的态度。同时，从一定意义上讲，一个人在其一生中所接触的任何事物都会在他心中留下印迹（反映），都是一种潜伏学习。形象地说，一个人就像一台计算机，环境不断向其输入信息，这些被输入的信息或许一时如泥牛入海，杳无音信，但终有一天会被打印机打印出来。这种思想对早期教育和正确理解"潜移默化"等都有启示。

托尔曼学习理论的不足主要体现在三个方面：一是理论体系不够完善，因为他本人不太注重理论建设。二是迷津实验有可能影响动物智力的正常发挥。在托尔曼的动物试误学习的实验国，迷津箱的隔层的壁较高，不少盲路又是分歧地纵横着，饥饿逼得老鼠不得不四处乱窜。老鼠偶然也抬起头来，但它所能看到的只是又高又硬的壁，好不容易找到门，它就毫不犹豫地跑进去，这时它似乎一点也不考虑这个门所引导的是盲路还是通路。饥饿加囚笼似的迷津箱使老鼠没有冷静地去观察环境的机会和心境。于是它惶急地冲进盲路，又惶急地退出来。有时它甚至固定在一处焦急地回旋着。很显然，这些实验的安排事先就激起了老鼠的不安情绪。与此不同，在柯勒所描写的动物顿悟学习的实验中，猩猩看到挂着的香蕉，又看到放在旁边的箱子和竹竿，于是它搬动箱子，站在上面，再接上竹竿，就把香蕉打下来了。同样是在解决问题，但猩猩幸运得多。实验的安排使它有洞察全局的机会，更重要的是它似乎没有老鼠的惶急而不安定的情绪状态。现代心理学家在讨论智力问题时，不是也逐渐注意到智力的效率（efficiency of intelligence）的重要性吗？影响智力效率高低的一个主要因素是情绪的稳定状态。在情绪不稳定的情景下，智力也就无从发挥其效率了。如果老鼠和猩猩都有智力，那么在这两个实验安排中，它们所得到的智力的效率的条件，显然不公平。[①] 三是有些观点有偏颇之嫌。如托尔曼过于强调空间习惯而轻视动作习惯的观点就有失偏颇。后来曾有人（Kendler and Gasser，1948）对托尔曼的实验作了进一步的验证，结果发现，假若给白鼠训练 20 次以下，白鼠习得的是"空间习惯"；如果训练 20 次以上，白鼠习得的则是"动作习惯"。这里的要点在于，位置学习确实发生了。这一事实本身就是对传统刺激—反应学习理论的一个挑战，并表明托尔曼提出的位置学习是有根据的。有机体最初倾向于作出空间反应；假若反复训练，就会使这种行为成为一种自动化的动作，从而作出动作反应。[②]

第二节 布鲁纳的认知结构学习理论

认知结构学习理论（cognitive structure learning theory）兴起于 20 世纪 50 年代末期。当时美国的教育正按行为主义学习理论如火如荼地进行着，没想到 1957 年 10 月 4 日苏联首先发射了世界上第一颗人造卫星。此消息迅速震惊了全球，以"轰动 20 世纪的新闻""科技新纪元""苏联又领先了""俄国人打开了通往宇宙的道路"作标题的新闻在世界各大报刊显要位置上刊登出来。美国（包括美国教育界）随即开始了检讨，检讨的结果认定美国太空科学之所以落后，实乃中小学科学教育失败所致，而美国的中小学教育之所以失败，直接原因是指导中小学教育实践的行为主义学习理论。美国学人通过深刻反省后一致认为，行为主义学习理论尤其是斯金纳的操作条件作用学习理论，只能教学生在环境的控制下，被动地、机械地学习一些固定的零碎知识，不能让学生学到随机应变、主动思考去解决问题的能力。这样，行为主义帝国迅速被瓦解。1967 年奈瑟尔（Ulric Neisser，1928—2012）著《认知心理学》一书，标志着认知心理学的诞生。在此背景下，久被冷落

---

① 李心天，汤慈美. 丁瓒心理学文选. 北京：人民教育出版社，2009：170–171.
② 施良方. 学习论——学习心理学的理论与原理. 北京：人民教育出版社，1994：301–302.

的认知结构学习论重新为人所重视。① 顾名思义，认知结构学习理论的基本特征是：既强调学生已有的认知结构是学习新的知识的重要先决条件之一，又认为学习的实质在于主动地形成或提升自己的认知结构。认知结构学习理论的代表人物有二：一是布鲁纳，二是奥苏贝尔。下文先讲布鲁纳。

推荐链接：通过互联网等方式，检索并阅读1957年10月4日苏联首先发射世界上第一颗人造卫星后世界各大报刊刊出的相关新闻。

一、对已有学习理论的质疑与借鉴

（一）对行为主义学习理论的质疑

幸运之神之所以降临美国哈佛大学教授布鲁纳（J. S. Bruner）而不是别的心理学家，除了1957年苏联首先发射世界上第一颗人造卫星从而为布鲁纳的事业发展提供了一个偶然机遇外，② 更重要的是布鲁纳自身努力的结果。虽然今人不能完全推知布鲁纳当年以与主流心理学研究取向（当时，主流心理学的研究取向是行为主义一统天下）不同的认知取向来研究心理学的初衷是什么，但从其后的研究历程可以看出，早在行为主义学习理论还风光无限的时候，布鲁纳就以其独到的才智洞察到行为主义学习理论的不足，并力图通过新的路径来为学习理论开辟一片新的天空。他这种敢于挑战权威的勇气与善于挑战权威的智慧，本身就是一笔值得后人尤其是一贯习惯于权威崇拜的中国人学习的宝贵精神财富。具体地说，在布鲁纳心中，对行为主义学习理论的质疑主要有以下几个方面：

1. "行为"真是学习的焦点吗

在早期的行为主义者和新行为主义者眼中，"行为"（后扩大到包括"行为潜能"）是学习的焦点，衡量个体是否发生学习的最重要标志，是个体的行为或行为潜能发生相对持久的改变。事实果真如此吗？布鲁纳对此持怀疑态度。在他看来，对于学习的结果而言，行为（包括行为潜能）的改变固然很重要，但认知的改变更重要。例如，一些中国人到美国留学，也会逐渐养成美国人的生活方式（包括科研方式），可是，如果这种改变仅停留在"行为"的层次，没有达到"认知"的层次，那么，一旦回国，要不了多久，他们就又变回一个"地道的中国人"。所以，个体经由练习或经验而引起的内心尤其是思维的变化，才是更重要的，它才是学习的真正实质。从这个意义上说，布鲁纳对学习的认识较经典行为主义者要深刻得多。假若说经典行为主义者所持的是一种外铄式学习观，那么，布鲁纳所持的就是一种内在型学习观。为此，自1951年开始，布鲁纳就从事儿童思维的研究，并于1956年出版《儿童思维之研究》，这为其提出自己系统的学习理论打下了坚实基础。

2. 能以从动物身上得到的学习规律去推知儿童的学习规律吗

无论是早期的行为主义者，还是新行为主义者，他们热衷的一般都是：通过在实验室

---

① 张春兴. 教育心理学. 杭州：浙江教育出版社，1998：211.
② 假若没有1957年苏联首先发射人造卫星，或许至今美国的教育仍受行为主义学习理论的深刻影响，那么，处于非主流研究取向的布鲁纳也就不可能如此出名，如此引人注意。

对动物（多以猫、小白鼠或鸽子为研究对象）的学习现象的研究，从中得出一些学习规律，然后将之类推为解释人的学习规律。对于这一研究路线，布鲁纳也是持怀疑态度的，换言之，能以从猫、老鼠或鸽子身上得到的学习规律去推知儿童的学习规律吗？在布鲁纳看来，这绝对是不妥当的做法。布鲁纳强调，要想了解儿童的学习行为与学习规律，就必须到教室去研究他们，而不是以在实验室内研究老鼠或鸽子的学习现象去推论、解释儿童的心理。

3. 学习过程真的仅是尝试错误吗

无论是桑代克还是斯金纳，实际上都将学习过程仅仅看作一种尝试错误的过程，在这一学习过程中，个体的行为受其所处的环境的影响很大。换言之，他们没有看到个体自身的主动探索在学习中的重要作用，由此降低了学生创造性学习的成分，使学生的多数学习行为都被看作一种"应答性行为"。毫无疑问，这种对学习实质的理解，以及按此理念改造的学校教育，不太利于提升学生的综合素质，尤其不太利于促进学生创造性思维的发展。布鲁纳强调学生的主动探索在其学习中的重要性、主张发现学习等，正值美国教育界极力谋求改革中小学教学以期提高科学教育素质之际，布鲁纳这些思想自然备受重视。

4. 学习中出现的错误真的一无是处吗

经典行为主义与新行为主义学习理论的一个重要理念是：个体在学习中发生的错误是没有任何益处的，因为错误会浪费个体完成任务的时间，会降低学习的效率，因此，一个高效学习者在其学习过程中应尽量避免错误的发生。事实果真如此吗？为什么人们又常说"失败是成功之母"？看来，这个问题必须深究。

（二）对格式塔学习理论的借鉴

布鲁纳与完形心理学家都主张学习不是简单地在强化条件下形成刺激与反应的联结，而是有机体积极主动地形成新的完形或结构；与完形心理学不同的是，在学习结果上布鲁纳用"认知结构"这一概念取代了完形心理学的"完形"概念。从实质来看，"认知结构"与"完形"是类似的，都是指反映外界事物整体联系和关系并赋予其意义的一种模式。不过，在完形心理学的论著中，"完形"概念较抽象、含糊；布鲁纳的"认知结构"指科学知识的类目及其编码系统，类目既可以是概念，也可以是原理，其编码系统的构成明确清晰。在学习过程上，格式塔心理学家认为完形的形成机制是人脑先天具有的组织与趋向整体的作用；布鲁纳认为这是人具有分类的能力，可以通过类目化活动即分类活动将事物分门别类地组织起来形成整体，同样，布鲁纳关于学习过程内部信息加工活动的界定也更为具体明确。格式塔学派关于学习过程的"组织"作用来自他们知觉研究中对有机体知觉组织的探讨，而关于学习过程内部信息加工活动的理解则来自对人的思维的研究。20世纪50年代中期布鲁纳及其同事进行了经典的思维研究，他们发现人具有分类的能力，分类是人的一项最基本、最普遍的认知活动，认知过程的基本操作就是对外界事物的类别化和概念化。布鲁纳认为分类具有五种认知功能：一是对表面不同的事物作出相同的反应，使复杂环境简化。二是使人认识事物，因为不能分类则不能认识事物，也不能交流知觉经验。三是减少必要的经常性学习，其方式有二：不必有实际的新的学习便能认识对象；个人可以超越给定的信息。四是为工具性活动提供方向。五是有助于将事物相互关联，进行分类。正是因为分类具有如此重要的作用，引起了布鲁纳的高度重视，并将它加以发挥推广到人的学习领域，将学生学习活动过程看作分类或类别化活动。概要地说，布鲁纳认为，学生的知识学习主要是通过类别化的信息加工活动，积极主动地形成认知结构或知识的类目编码系统的过程（学习的实质）。[①]

二、认知结构学习理论的核心内容

（一）个体通过认知表征获得内部信息加工系统

布鲁纳认为，个体通过认知表征（cognitive representation）获得内部信息加工系统，学习是借助于学习者的内部信息加工系统而实现的。认知表征指学习者通过知觉将外部事物转化为个体内在心理事实的过程。认知表征方式会随着个体年龄的增长而发展，表现为三个阶段：第一阶段是动作表征（相当于皮亚杰提出的感知运动阶段）。在此阶段，儿童依靠动作作用于事物或环境来认知世界，获得知识。第二阶段是映象表征（相当于皮亚杰提出的前运算阶段）。在此阶段，儿童能运用表象来表现他们的世界所发生的事情，同时能记住过去发生的事件，并能根据可能再发生的事去想象，从而获得知识。第三阶段是符号表征（相当于皮亚杰提出的形式运算思维阶段）。在此阶段，儿童能运用符号（主要是语言）来再现他们的世界，从而获得知识。

通过认知表征获得的知识在头脑中形成编码系统，这是人类学习的一个重要特征。由于环境不断变化和重组，人们对其信息加以组合的方式也会作相应的变化。在布鲁纳看来，学习就是个体内部编码系统的形成，并通过它与同类事物联系起来赋予意义的结构。

（二）关于学习过程的见解

1. 学习过程是类目化过程

布鲁纳认为，对纷繁复杂的事物进行分类是人类思维的基本任务，只有经过分类人们才能对世界有明确而有条理的认识。因此，学习的实质在于学习者主动地进行加工活动，形成认知结构，而认知结构的主要成分是类别编码系统。学习过程主要是类目化的过程，学习者在学习过程中主要进行的信息加工活动是一种类目化活动，通过这种类目化活动将新知识与原有的类目编码系统联系起来，不断形成或发展新的类目编码系统。布鲁纳相信，人们和周围世界的所有相互作用都涉及对现有类别有关的刺激输入进行分类，假若刺激输入和人们知识结构中已有类别全然无关，那么它是很难被加工的。所以，人们根据自己已有的类目编码系统和环境相互作用，或借助已有的类别来处理外来信息，或由外来信息形成新的类别，这种将事物置于类目编码系统之中的活动，称为类目化活动。学习者通过类目化活动对学习材料所揭示的规则、现象、事物正确地进行类目化（概括化），把输入的刺激归为某一类，并根据这一类别及其他相关的类别作出推理，以便在具体知识的基础上形成一般编码系统。

布鲁纳相信，一切知识都是按编码系统排列和组织起来的。具体的知识描绘客观事物的具体特征，揭示较低级的规则，它常常受制于具体对象和特殊情境；只有当学生熟练掌握了许多具体知识时，才有可能把它们重新组织起来构成较高层次的规则，形成一般编码系统，获得一般知识。一旦形成一般编码系统，信息纳入一种有组织、有层次的结构中，学习知识的问题就不再是学习具体的类别，而是掌握编码系统的问题，这时候每一类别及

---

① 莫雷. 教育心理学. 广州：广东高等教育出版社，2002：105－106.

各类别之间的相互关联使人能够超越给定的信息，举一反三，触类旁通，经过组织的结构化知识也更利于保持和提取。所以，布鲁纳认为一般类别编码系统在人的认识和学习过程中有着十分重要的地位，学习的实质就在于形成类别编码系统，学习的过程实际上就是分类（或类目化）的过程。根据上述观点，布鲁纳进一步提出，这种类目化过程应该是自下而上的，从具体的、特殊的、包摄水平低的类目，到一般的、概括的、包摄水平高的类目，类目编码系统的形成应该是从低层次的类目到高层次的类目。因此，为了促进学生有效地进行类目化活动以形成类目编码系统，应该向他们提供较低层次的类目或事物，让学生自行去发现高层的类目编码，这就是布鲁纳力倡"发现法"学习的主要缘由。①

2. 发现学习是学习知识的最佳方式

布鲁纳主张，学习知识的最佳方式是发现学习。发现学习（discovery learning）是指以培养探究性思维方法为目标，学生利用教材或教师提供的条件自己独立思考，自行发现知识，掌握原理和规律的学习方式。

布鲁纳认为，虽然学生所学习的知识都是经过人类长期实践已经知晓并证明了的事物，不过，学生依靠自己的努力独立地认识和总结出原理、规律，这对学生而言仍然是一种"发现"（准确地说是一种与类创造相似的"类发现"）。在他看来，学生的这种发现（类创造）和科学家在科学研究领域里对人类以前未知的现象、规律进行探索而获得的新知识的发现（真创造），其本质是一样的，都是把现象进行重新组织转换，超越现象本身，在更一般的层次上进行类别组合，从而获得新的编码系统，得到新的信息或领悟。布鲁纳曾说："不论是在校儿童凭自己的力量所做的发现，还是科学家努力于日趋尖端的研究领域所作出的发现，按其实质来说，都不过是把现象重新组织或转化，使人能超越现象再进行组合，从而获得新的领悟而已。"②

（1）发现学习的特点。布鲁纳认为发现学习具有如下特点：

第一，发生较早。学龄前儿童获得初级概念的主要手段就是通过对具体事物归类而发现概念的一般属性，尽管这种学习不一定是以语言符号为中介，而可能是动作思维或形象思维的结果。发现学习是概念形成的典型方式。

第二，发现学习的内容是尚无定论的实际材料，而不是现成的结论，学生不能通过教师或教科书上所讲的内容来获得知识，找出规律和原理，而必须是独立地分析事物的各种属性和联系，发现其中的规律和原理。

第三，学习的过程较为复杂。学生面临的是一些显得无序的实际材料，并没有现成的方法可以照套，而是需要学生自己对材料所提供的信息加以重新组织、转换，使之与已有的认知结构发生联系，提出种种假设并加以检验，将新的发现纳入认知结构中或重构已有的认知结构。整个过程要经过复杂的独立思考、发现、整合、内化等环节，有时候可能还需反复试验、多次转换。然而，正是因为这种复杂性、探索性，发现学习能够更好地激发和培养个人主动探索知识及其结构的精神，使学习者成为自主独立的思考者、学习者与问题解决者，更快地适应社会要求。

第四，特别强调学生的主动探索，认为从现象中发现其原理原则，才是构成学习的主要条件。换言之，学习的主要内容必须由学生自我发现。发现学习的一般过程包含两个不

① 莫雷. 教育心理学. 广州：广东高等教育出版社，2002：108 – 109.

② 莫雷. 教育心理学. 广州：广东高等教育出版社，2002：109.

同的时期：首先，学生需对给定的材料重新安排，使之与已有的认知结构相统一，并进一步组织或转换这个综合体，以便发现手段与目的中间的隐蔽关系，或创造出所需求的成品。其次，将发现的内容与认知结构中的有关方面融为一体，贮存起来，以便日后能再现与利用。发现不只局限于发现人类尚未知的事物的行动，也包括用自己头脑亲自获得知识的一切形式。发现学习强调的东西有二：一是注重学生掌握学科的结构；二是注重学生掌握学习该学科的基本方法，其中发现的方法与发现的态度是最为重要的。这样，发现学习必然会强调学习的过程，而不是学习的结果。

第五，直觉是发现学习的前奏。在学生发现答案之前，鼓励学生根据自己的知识与经验对问题情境作一番直觉。当然，直觉未必一定获得正确答案，但敢于运用直觉者其心智运作一定较为活跃。在进行直觉时，一旦发现解决问题的线索，此直觉就变成了发现学习的前奏。布鲁纳在重视培养学生的分析思维和逻辑思维的同时，又重视培养学生的直觉，这是有价值的见解。

第六，探索中发现的正误答案同具反馈价值。按经典行为主义和新行为主义学习理论的说法，个体在学习情境中表现正确反应后立即获得强化是构成学习的主要条件。布鲁纳不赞成此观点，他认为学生在探索性的反应之后是否立即获得强化并不重要；同时，强化也不一定是外在强化（如他人给予的奖惩），学生在发现问题时从错误调整到正确认知的过程，这本身就是一种强化，并且学生一旦发现错误而自行改正之后，其所产生的内在强化远比外在奖赏更有价值。这样，在发现学习论者看来，"发现自己的错误"和"发现正确答案"对有效学习而言是同等重要的。布鲁纳指出："在未经学生自己探索尝试之际，即将答案告诉学生的教学方式，不是囫囵吞枣、半知半解，就是因知之不详而迅速遗忘。"（Bruner，1964，p.315）①

（2）发现学习的优点。基于上述特点，布鲁纳认为发现学习的方法主要有五大优点：

第一，经常对学生进行发现学习的训练，有助于学生养成发现、创造的欲望与精神，从而有助于激发其智慧潜能，培养学生的直觉。发现的实质是重新整理或改造证据，以使一个人能够超越如此重新结集的证据，达到新的洞察力。重新组织已有的经验和现有的信息，使信息之间、信息与认知结构之间能从多个角度，按多种不同的归类规则发生关系，这实际上是一个培养学生综合分析、抽象概括、系统化等多项思维方式的活动。在此过程中学生的各项智慧技能会得到极好的锻炼和提高，而且它往往不是依据合乎逻辑的方式、依据既定的套路去进行组织，而是需要学生采取跃进、越级、猜测等方式来进行直觉，而这种直觉无论是对于日常生活还是科学发现都是很宝贵的智力活动方式。所以，发现学习过程的复杂性、思维方式的灵活性、独立性等对于提高学生智慧潜力大有益处。

第二，发现法有助于培养学生的内在动机。在发现学习过程中，学生能够在发现中受到知识和知识结构本身的规律性所具有的魅力的影响，培养起对知识与学习过程本身的兴趣。学生通过大量艰苦的脑力劳动，积极地探索，能够体会到发现新知识的喜悦，从主动发现过程中获得成就感，这本身就是一种很好的内强化，从而不必再依靠外在赏罚去维持其动机与兴趣，这有利于学生有效地摆脱外部动机的作用而自觉学习，也有利于增强学生主动学习的心向和学会知识的信心，形成独立自主地学习知识的习惯与愿望，所有这些都

① 张春兴. 教育心理学. 杭州：浙江教育出版社，1998：215－216；莫雷. 教育心理学. 广州：广东高等教育出版社，2002：110.

有助于提高学生学习的内在动机。

第三，有利于培养学生发现的技巧。一个人只有主动、积极地进行独立的思考，自行通过解决问题的练习和努力去发现，才能学会发现的方法，逐渐掌握寻找新知识的科学方法，在此基础上一个人只有拥有相当的实践经验才有可能从中总结学习和发现的方式，将它们提炼成技巧，在以后的情境和问题中自觉地加以迁移，一句话，发现学习有助于学生掌握"点石成金"的那个"指头"。

第四，有利于知识的记忆保持和提取。学生通过自己的努力而自行发现和自行组织的知识，有助于学后长期记忆，用孟子的话说就是，"君子深造之以道，欲其自得之也。自得之，则居之安；居之安，则资之深；资之深，则取之左右逢其原，故君子欲其自得之也"。用认知心理学的话说，学生在发现学习中要对材料进行大量的组织与重组工作，并找到最合理的组织方式，将材料、知识安排到认识结构中去，这种经过自己亲自发现而组织起来的信息，是最易检索的。

第五，学生养成独立自主的学习习惯之后，有助于以后的独立求知和研究。[①]

3. 学习过程的三个环节

布鲁纳分析了学习知识的具体环节，认为学习每一门学科都包括三个"几乎同时发生的过程"，即新知识的获得过程、知识的转换过程和对知识的评价过程。

一是新知识的获得。它是指个体运用已有的认知经验，使新输入的信息与原有的认知结构发生联系，理解新知识所描绘的事物或现象的意义，使之和已有的知识建立各种联系。这种新知识常常是与一个人已有知识相悖的（如"白乌鸦"与"乌鸦"是相悖的），或是已有知识的一种替代（如"犬"是"狗"字的替代），或是已有知识的提炼（如，先知道 $2+3=3+2$，$5+6=6+5$，后学得交换律 $a+b=b+a$；先知道苹果、梨等名称，后学得"水果"的名称）。无论新旧知识关系如何，对新知识的理解都会导致对旧知识理解的进一步加深。

二是知识的转换。它是指对新知识进一步分析和概括，用获得的新知识对原有的认知结构进行重构，运用外推（extrapolation）、内插（interpolation）或转换（conversion）等方法，将知识整理成另一种形式，获得超越给定信息的更多信息，以适应新的任务。转化的目的在于推导出更多的知识，其实质是对新知识所描述的现象或事物从不同的角度进行类目化（归类），并从与之发生相属关系的类别的相应规则中获得更多的信息。

三是对知识的评价。它是指对新知识转化过程和结果的检阅与验证。通过评价可以检查我们对新知识的分类是否正确，运用推导出的信息解决问题是否合适，处理知识的方式是否适合于这项任务，以及新形成的认知结构是否合理。因此评价常常是对新知识合理性的判断。

布鲁纳相信，学习任何一门学科，都有许多前后衔接的学习过程，每次新知识的学习也都会经历这种获得转化和评价的环节。如果这三个环节能够合理进行，对新知识的学习就可以举一反三，在新情况中能够顺利进行迁移，同时学习者的认知结构将会得到合理的建构并不断完善，具有更大的理解新知识的潜能。[②]

---

① 莫雷. 教育心理学. 广州：广东高等教育出版社，2002：110 – 111.

② 莫雷. 教育心理学. 广州：广东高等教育出版社，2002：111.

（三）学习的结果是形成和发展金字塔形的认知结构

布鲁纳认为，学习的结果是形成各学科领域的类别编码系统，在认知结构上则是形成与发展"金字塔形认知结构"——在知识结构的顶端是最一般、最抽象、包容性最广的概念和原理，在其下依次是抽象程度逐步降低、包容性逐渐减少、越来越具体的知识。认知结构既是在先前学习活动过程中逐步形成的，又是理解和学习新知识重要的内部因素和基础。因此，布鲁纳非常强调认知结构的形成和对学生现有认知结构的了解在知识学习中的重要作用。要了解布鲁纳的学习理论，必须准确把握他讲的认知结构这一概念的内涵。

布鲁纳关于认知结构的看法是与其对人类认知过程的研究密切相关的。他在研究人的知觉过程时发现：人类知觉物体时并不仅仅被客体的物理特征和观察的客观条件决定，而在很大程度上受到个人因素的影响，如个体已有的认识经验、期待和需要状况等。其中归类与推理活动在知觉中有重要意义。在布鲁纳看来，人们是根据类别或分类系统和环境相互作用的，客观世界由大量不可辨别的物体、事件和人物组成，人类认识客观世界时，不是去发现各类事件的分类方式，而是创建分类方式，借此以简化认识过程，适应复杂的环境。当然，类别的确立并不是随心所欲的，它必须建立规则，并符合客观世界的实际情况。人们在知觉新客体时，或是借助已有的类别来处理外来信息，或是由外来信息形成新的类别。因此，知觉一件事物，实质上就是主动地对它进行归类，而一旦将它划归为某一特定的类别，我们也就同时要根据已有经验中（或已有分类系统中）关于这一类别的固有的属性和规则，对该物体应该具备的其他特征作出预测，并对于应该如何对它进行反应作出推断，这就使得个体可以超越知觉所获得的有限的、具体的信息，而对新的客体与情况达到更深入、更全面的认识。可见，分类既是人类认识活动的依据，又是认识活动的结果，是布鲁纳知识和认知结构思想的基础。

布鲁纳认为，认知结构指由个体过去对外界事物进行感知、概括（即归类）的一般方式或经验所组成的观念结构，它可以给经验中的规律以意义与组织，并形成一个模式，它的主要成分是"一套感知的类别"。可见，构成认知结构的核心乃一套类别以及类别编码系统。布鲁纳所讲的类别有两部分内容：一是指有相似属性的对象或事物，比如鸟、动物、麻雀等都是不同的类别；二是指确定某事物属于该类别的规则，即归类的依据。所有类别的概括水平是不同的，有些是具体类别，它们所包含的对象的范围较小，能描绘事物的具体属性，如梨、萝卜等；有些是一般类别，它们的概括水平较高，范围广泛，描绘事物的一般属性，揭示现象的普遍规律。类别与类别之间还含有一定的联系，根据这些联系可以对类别作出层次和关系的结构化安排，这就是对类别的编码。经过编码的许多类别构成类别编码系统，在一个编码系统中越是较高级的类别，它越能超越较低级类别的具体性，具有更大的普遍适用性，结果，此种认知结构就呈现出金字塔的形状。[①] 图5-7是一个动物的类别编码系统，它是科林斯和奎琳（A. M. Collins & M. R. Quillian, 1969）提出来的，科林斯和奎琳的观点验证了布鲁纳的上述观点。

---

① 莫雷. 教育心理学. 广州：广东高等教育出版社，2002：107-108.

科林斯和奎琳的实验简介及由实验推断出的网络结构图

　　语义网络（semantic network）说的基本思想是：可以将一个人的陈述性知识看作一个由结点（nodes）和连线（links）构成的网络，其中，一个结点代表一个概念，一个连线反映了它所连接的两个概念之间的某种关系。两个结点和一条连线共同构成了一个命题，反映了一个想法或观念，它是能够评价是非对错的最小的意义单元。根据语义网络假说，一些学者提出可以用概念图（concept map）来反映学习者的知识结构，即用结点和连线来说明学习者所具有的概念理解及其内部关系。① 科林斯和奎琳根据语义网络假说设计出三级问题，概括水平分别是0级、1级、2级。如"金丝雀是金丝雀吗？""金丝雀是鸟吗？"和"金丝雀是动物吗？"这三个问题，其中第一个问题概括水平最低（被定为0级），第二问题较高（被定为1级），第三个问题最高（被定为2级）。然后测验被试作出判断的反应时，被试对三个层级的问题作出判断反应时明显不同，0级所用时间最短，1级其次，2级所用时间最长。由此，科林斯等假定，这是由于贮存在知识网络中的事实的距离不同，提取它们的反应时间也将不同。研究表明，随着问题的级别提高，被试判断问题真伪的反应时间就越长。如不同的动物知识的概括水平不同。在每一概括水平上贮存了可以用来区分其他水平的物体的属性。例如"有皮"是所有动物的属性，贮存在最高水平。用这一属性可以把动物和矿石（没有皮）等区分开。又如，"有羽毛"是所有鸟的属性，贮存在比"动物"低一级水平上，可以被用来区分鸟与非鸟的动物（如鱼、狗等没有羽毛）。其语义网络结构可以用图5-7表示②：

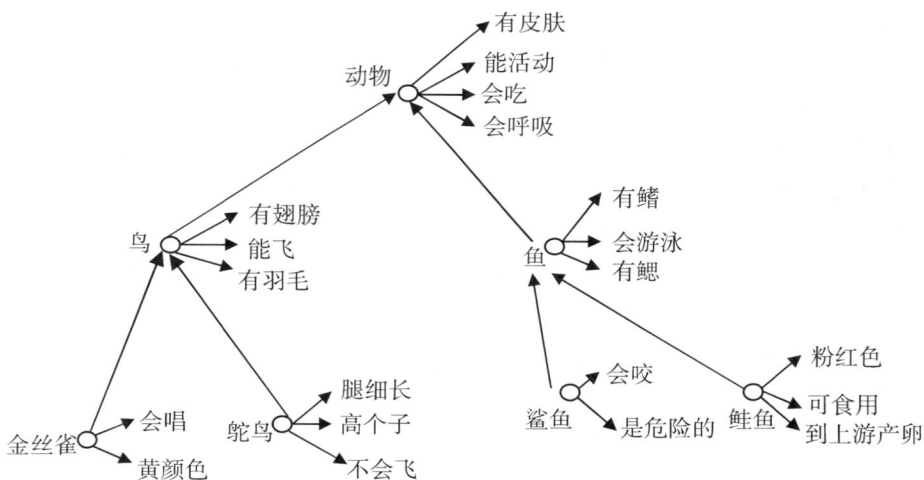

图5-7　语义网络模型片断（Collins & Quillian，1969）

　　科林斯和奎琳所建构的"语义网络模型"虽然能很好地解释范畴大小效应，却不好解释熟悉效应、典型效应和否定效应。熟悉效应（familiarity effect）指对一范畴或概念的熟悉成员的判断要快于陌生成员的判断的现象。例如，根据科林斯和奎琳所建构的"语义网络模型"可知，金丝雀到"鸟"的距离与鸵鸟到"鸟"的距离几乎是相等的，若人的认

---

① 陈琦，刘儒德. 教育心理学. 2版. 北京：高等教育出版社，2011：142.

② 邵瑞珍. 教育心理学：修订本. 上海：上海教育出版社，1997：68.

知结构果真是金字塔形，那么个体将金丝雀和鸵鸟视作鸟的概率是同等的，但事实上由于多数人一般更熟悉金丝雀，故较之鸵鸟，他们更易将金丝雀视作鸟。并且由于熟悉效应的存在，有时人们判断一个包含直接上级概念的句子要慢于判断一个包含更高的上级概念的句子。例如，判断"鸵鸟是鸟"的时间要慢于判断"鸵鸟是动物"的时间。典型效应（typicality effect）指对一范畴或概念的典型成员的判断要快于非典型成员的判断的现象。例如，尽管金丝雀与鸵鸟都属"鸟"，但对于"鸟"而言，金丝雀比鸵鸟更典型，故多数人一般更易将金丝雀视作鸟。否定效应指判断同一范畴的两个词比判断不同范畴的两个词需要花费更长时间的现象。例如，"判断金丝雀和鸵鸟都是鸟"的时间往往要慢于"判断金丝雀和鲨鱼不属同一物种"的时间。并且，对伪句的判断和对真句的判断一样，也有范畴大小效应。例如，"判断鲨鱼是动物"的时间要快于"判断鲨鱼是鱼"的时间，与此相类似，"判断鲨鱼不是动物"的时间要快于"判断鲨鱼不是鱼"的时间。[①]

（四）促进学习的条件

1. 知识的呈现方式

新知识的学习必须借助学习者现有的知识经验与认知结构才能顺利进行。因此，要使学习者顺利地学习新知识，必须选择和他当前的智力水平相适应的形式来呈现新知识。所谓新知识的呈现形式是指提供知识的技术或方法。布鲁纳认为人类有三种成功地理解知识的手段：动作再现表象、图像再现表象和符号再现表象。动作再现表象是指借助动作进行思维；图像再现表象是指以表象作为思维的工具；符号再现表象是指以符号（通常是语言符号）作为思维的中介物。一般而言，以语言符号再现表象呈现的知识常常是通过逻辑推理而进行学习。这三种再现表象系统也是人们借以认识和表征外部世界的三种信息加工系统。尽管在个人智力发展史上，它们出现顺序依次是动作→表象→语言，不过，它们之间并不能彼此代替，而是相互补充，各有所长。布鲁纳相信，对于不同年龄、知识背景的学生和不同学科性质的知识而言，以哪一种形式呈现知识会直接影响学生获得知识的难易程度和正确性；对于一个特定的学生而言，某一项知识假若能以合适的形式呈现出来，就应该是可以被学习者理解的。所以，对于不同知识水平的学生而言，同一个原理可以用不同的方式呈现出来，以便他们能有效地学习。比如一些教学原理，小学时可以用直观的形式学习，中学时可以进行简单的论证，大学时则可以以合理体系进行学习[②]，这就是布鲁纳主张螺旋式课程设置的重要依据。

2. 学习情境的结构性是有效学习的必要条件

发现学习只有在具有结构性的学习情境下才会产生。结构（structure）是指知识构成的基本架构。假若教材的组织缺乏结构性，或学生本身缺乏认知结构的基础知识，发现学习是不可能产生的。为此，他重视各门学科的基本结构，认为良好的教材知识结构有利于学生认知结构的建立，并对此提出了五个方面的心理依据：一是有助于理解学科的知识内容；二是有助于记忆的保持与检索；三是有助于学习的迁移；四是有助于培养学科兴趣；五是有助于儿童智慧的发展。

---

① MEYER D E. On the representation and retrieval of stored semantic information. Cognitive psychology，1970，1（3）：pp. 242 – 300.

② 莫雷. 教育心理学. 广州：广东高等教育出版社，2002：112.

3. 学习的内在动机

对于学习的动机问题，布鲁纳更倾向内部动机的激发和维持。布鲁纳相信，学习过程是一个积极主动的过程，学习者在学习过程中的主动性体现在他必须主动地让新知识与已有的经验和认知结构发生联系，对新现象进行归类和推理。其中定势和内部动机起着重大激励作用。布鲁纳注意到，在学习过程中，如果学生形成一种将新知识与以往知识联系起来并根据原有认知结构对新知识加以组织的积极的观念和相应的心理准备状态（定势），与那种认为学习内容是没有结构的、与以往学习无关的态度相比较更能有效地提高学习和理解新知识的效果。

同时，布鲁纳认为，所有学生几乎都具有学习新知识的内在愿望，这些内在愿望包括：①好奇心，即在学习中表现出的求知欲；②成功感，即学生总是对他能胜任的活动倍感兴趣，而且也只有在学习过程中经过努力达到了对知识的真正占有，最能让学生产生自豪感、满足感，维持高昂的学习积极性的动力；③人际交往中互惠的需要，它们对学习活动有长久的维持力。至于外部动机的激励作用，比如奖励与惩罚、竞争中的失败和成功等，布鲁纳认为它们对于知识的学习，尤其是对少年儿童而言，虽然可能是有作用的，但是不宜过分重视。总之，布鲁纳认为最好的学习动机莫过于对所学习的知识本身具有内在的兴趣，有新发现的自豪感和自信心，这是知识学习成功的关键。布鲁纳很重视对学习结果反馈在提高学习效率中的作用。他相信反馈的时间和步调是影响学习成功的重要因素，有效的反馈应出现在学生将自己的试验结果与假设相比较的时候，在此之前的反馈会干扰学习的进行，或不能为学生所理解，在此之后又不能及时矫正学习中出现的问题，起不到相应的作用。另外，反馈是否有用与学生的动机强度有关，在高焦虑的学习过程中反馈信息几乎不起作用，仅仅告诉学生"对"和"错"而不指出其原因对于学习也无益，尤其是只告诉学生"不对"，除了可能伤害学生心理之外无一益处。布鲁纳还认为，矫正性反馈信息有可能造成学生对教师评价的依赖性，教师应该考虑使学生能养成自我矫正的习惯。①

三、认知结构学习理论在教育上的应用

在教育实践上，布鲁纳的学习理论有四大贡献：

（一）结构教学观

布鲁纳强调教学活动应该能最大限度地促进学生主动地形成认知结构，其教学思想最重要的有二：一是结构教学观；二是发现法教学模式。这里先讲前者。在布鲁纳看来，学习的结果是形成金字塔形的认知结构，于是，他强调在学科知识的教学过程中促使学生掌握学科基本结构的重要性，认为教学的最终目标是促进对学科结构的一般理解。所谓学科的基本结构，包括基本概念、基本原理及其内部规律。布鲁纳提倡将学科的基本结构放在编写教材和设计课程的中心地位，认为理解学科的基本结构至少有如下益处：第一，更有利于学生理解学科的具体内容，因为多数具体问题只是一些原理、法则的具体化或变形而已。第二，更有助于学习内容的记忆。一门学科的基本结构实际上是一种概括化较高、并

---

① 莫雷. 教育心理学. 广州：广东高等教育出版社，2002：112 - 113.

已结构化、系统化地储存知识的较完整网络，它本身就有简化记忆、利于检索和提取信息的作用。第三，有助于迁移。在布鲁纳看来，所谓迁移，可以看作将习得的编码系统应用于新事例，而学科的基本知识结构化显然本身就包含了对该学科所研究对象的一般编码系统，这个一般编码系统已经超越了许多具体事例的特殊性和情境性，具有强大的概括力和解释力，所以也是最容易被迁移的知识。第四，有助于激发学生的学习动机和学习兴趣。布鲁纳认为好的学科结构本身就具有巨大吸引力，能使学生产生强烈的兴趣和求知欲，让学生认为这些知识是值得学的，并从学习过程中主动进行自我激励获得自我效能感。第五，有助于儿童智力的发展。布鲁纳相信，好的学科结构可使任何科目都能按照某种正确的方式教给任何年龄阶段的儿童。布鲁纳认为编排教材的最佳方式是以"螺旋式上升"的形式呈现学科的基本结构，一方面便于儿童尽早学习学科的重要知识和基本结构，避免浪费年青一代宝贵的学习时间；另一方面也有利于学生认知结构形成的连续性、渐进性。他认为，儿童的能力倾向特别是自然科学方面的智能是能较早给予发现与培养的，而任何学科的基本结构都具有普遍性与很强的基础性和再生性，所以，人们可以将学科的基本概念和原理分别以动作再现表象、图像再现表象、符号（语言）再现表象三种不同的形式加以呈现，以适应于不同年龄、不同智力发展水平的学生的学习能力。随着年龄的增长，教学涉及的原理、概念可能相同，但教材表现形式的直观程度逐渐降低，抽象程度不断提高，从而体现出教材的"螺旋式上升"的标志。这样就有可能打破小学、中学、大学在同一门学科的基本结构的学习和教学上的界限，使学生既能一步步地在较低层次上为后继的学习提供可靠而充分的知识准备，又能一步步地在较高的认识层次上掌握知识，逐渐形成学科的研究对象的一般编码系统。[①]

例如，过去在语文课上，中国的语文老师一般是按以下六步来教授课文的：第一步，预习。先要求学生回家预习下一课将要上的课文，在预习过程中若发现生字或生词，要求学生先自己去查字典或词典。第二步，导语。在正式上课后先讲一段与此课文有关的"导言"，或通过提问来检查学生的预习情况。第三步，识字词。切入正文，先教学生认识生字与生词。第四步，写段落大义。教学生分析段落大义，并写出段落大义。第五步，概括中心思想。教学生概括课文的中心思想。第六步，布置课后作业。这样教虽然有利于学生识字词等基本功的提高，但对于提高学生的创作能力与口头表达能力帮助不大。假若按布鲁纳的结构主义教学法来教，其步骤一般是：第一步，先请学生找出文章的基本结构，并要求学生用符号将这一基本结构表达出来；第二步，教学生根据这一基本结构来概括相关课文的结构，起到举一反三的作用；第三步，请学生根据这一基本结构，变换其中的"材料"，写出与此课文结构相类似的新文章；第四步，请学生变换基本结构，写出与此课文的基本结构不完全相同的新文章。如果在语文课时坚持按这种方式教学，不但能提高语文课的生动性与情感性，还能大大提高学生的写作水平，因为写作的关键是要构思巧妙，即俗话说的情节取胜。教学生抓住文章的基本结构，运用各种不同的结构，学生就可以写出相应的文章，这就是所谓的以不变应万变的"点石成金"式的教育方法。下面讲一例按结构教学观进行教学的实例，相信读者在看过之后可以加深对结构教学法的认识。

---

① 莫雷. 教育心理学. 广州：广东高等教育出版社，2002：113-114.

按结构教学观教《孔雀东南飞》一文

一个老师在教学生学习《孔雀东南飞》一文时，若按如下步骤来教，就是结构教学模式：

第一步，找出课文的基本结构。先请学生找出《孔雀东南飞》一文的基本结构，并要求学生用符号将此文的基本结构表达出来。通过深读发现《孔雀东南飞》的基本结构是：先讲两个有情人 A 与 B 之间的恩爱情感；然后制造时机让第三者 C 插入其中，目的是试图将 A 与 B 分开；最后，因为 C 的大力阻挡，使 A 和 B 最终不能"有情人终成眷属"，这是悲剧结局（假若让 A 或 B 重新破镜重圆，这就是好事多磨式的大团圆的喜剧结局）。同时，请学生记住，大凡以爱情为主题的悲剧文章一般都是这种基本结构。

第二步，以回忆的方式达到触类旁通的效果。请学生回忆自己所学或所接触过的课文，看看其中有没有与此结构类似的课文。

第三步，请学生根据这一基本结构，将《孔雀东南飞》中的 3 个主人翁换成别的人物角色，尝试写一篇与《孔雀东南飞》结构相类似的小作文。通过练习进一步巩固学习结果，并增加感性经验。

第四步，请学生变换基本结构，写一篇与《孔雀东南飞》基本结构不完全相同的新作文，以起到举一反三的效果。如，可以提醒学生，《孔雀东南飞》中所蕴含的基本结构颇为简单，只有 3 个主人翁；在新作文中可以增添明线与暗线的写法，明线写一对主人翁的悲剧故事，暗线再写另一对主人翁的悲剧故事，如此等等。通过变式练习进一步提高学生写这类作文的能力。

（二）发现法教学模式

布鲁纳的学习理论为启发式教学法确定了理论基础。因此，在一般教学原理上，发现学习论也叫发现教学法或启发式教学法。布鲁纳曾说："教学生学习任何科目，绝不是对学生心灵灌输些固定的知识，而是启发学生主动去求取知识与组织知识。教师不能把学生教成一个活动的书橱，而是教学生学习如何思维；教他学习如何像历史学家研究分析史料那样，从求知过程中去组织属于他自己的知识。因此，求知是自主性的活动历程，而非只是被动地承受前人研究的结果。"（Bruner，1966）[①] 为此，他力倡发现法教学模式，希望以此来改革教学，提高学习效率。

发现法教学模式是根据发现学习而提出的，其指导思想是：教师不应当让学生处于被动接受知识的状态，教师要为学生提供一定的材料，创设问题情境，引导学生独立地发现解决问题的方法，从中发现事物之间的联系和规律，获得相应的知识，形成或改造认知结构。发现法教学没有一个固定的程序和模式，灵活性和自发性都很大，具体采用什么材料和组织形式要视不同学生的特点和不同学科的知识的具体内容而定。布鲁纳认为，发现法教学模式的特点是：①教学是围绕一个问题情境展开，而不是围绕某一个知识项目展开。②教学中以学生的"发现"活动为主，教师起引导作用。而在传统课堂教学中，一般是以教师的讲课为主要活动。③没有固定的组织形式。其最大优点是能最大限度地发挥学生在学习中的主体性和创造性。

---

① 张春兴. 教育心理学. 杭州：浙江教育出版社，1998：213 – 214.

布鲁纳提出了发现法教学的基本步骤：①提出明确使学生感兴趣的问题。②让学生对问题体验到某种程度的不确定性，以激发探究。③提供解决问题的各种材料和线索。④协助学生分析材料和证据，提出可能的假设，帮助学生对材料、线索进行分析。⑤协助、引导学生审查假设得出的结论。一般引导学生对有关假设进行比较，找出最佳或可行的方法去解决问题。

在发现法教学过程中教师的主要任务是：①鼓励学生有发现的自信心。②激发学生的好奇心，使之产生求知欲。③帮助学生寻找新问题与已有经验的联系。④训练学生运用知识解决问题的能力。⑤协助学生进行自我评价。⑥启发学生进行对比。由此可见教师的主要任务在于引导学生去发现和对其发现技巧与方法的培养，而不是直接去教给学生解决问题的方法。①

（三）重视对直觉的培养与训练

直觉是指一种未经有意识的逻辑推理过程便能突然发现问题正确答案的能力。在科学发明和创造中，直觉起着十分重要的作用。著名科学家凯利洛夫曾说，直觉是"创造思维的一个重要组成部分""没有任何一个创造性行为能离开直觉活动"。② 著名物理学家玻恩也说："实验物理的全部伟大发现都是来源于一些人的直觉。"③ 据爱因斯坦本人自省，他创立相对论主要就是凭借想象和直觉，因此，他对想象和直觉给予了极高的评价，并直截了当地说："我相信直觉和灵感。"④ 所以，一些科学家认为，想象力和直觉都是智慧本质上固有的能力。布鲁纳既然强调直觉是发现学习的前奏，自然非常重视直觉和对直觉的训练，1959 年 9 月在他主持召开的有 35 位科学家、教育家参加的著名的伍兹霍尔会议的讨论中，第四组就专门讨论了"直觉在学习和思维中的作用"。⑤ 布鲁纳在《教育过程》中说："分析思维是以一次前进一步为其特征的。步骤是明显的，而且常常能由思维者向别人作适当报道。在这类思维进行的过程中，人们能比较充分地意识到所包含的知识和运算。它能包含仔细的和演绎的推理，因为它往往使用数学或逻辑明确地进行计划。或者，它也可能包含逐步的归纳和试验过程，因为它利用了研究设计和统计分析的原理。"直觉"不是以按仔细的、规定好的步骤前进为其特征的"，"直觉总是以熟悉牵涉到的知识领域及其结构为根据，使思维者可能实行跃进、越级和采取捷径，多少需要以后用比较分析的方法——不论演绎法或归纳法，重新检验所作的结论"。通过直觉，"人们可以不必明显地依靠其分析技巧而掌握问题或情境的意义、重要性和结构"，"直觉的形式很快产生假说，且在知道观念组合的价值之前，便发现观念的组合"，等等。布鲁纳十分反对学校教育中贬低直觉的价值。他认为，应当做更多的工作发现从最早年级起便开始发展学生的直觉天赋的方法。他说："在我们向学生提示演绎和证明这种更传统的和更正式的方法以前，使其对材料能有正确的理解，可能是头等重要的。"为此，布鲁纳既强调要培养学生对直觉的运用，又强调要改进教师对直觉的运用，要把发展直觉作为教师的一个目标。布鲁纳认为教师应当对具有直觉能力的学生予以赞许，教师本人也要力求成为直觉的模范，因为

① 莫雷．教育心理学．广州：广东高等教育出版社，2002：114 – 115.
② 周义澄．科学创造与直觉．北京：人民出版社，1986：19.
③ M. 玻恩．我这一代的物理学．侯德彭，等译．北京：商务印书馆，1964：183.
④ 爱因斯坦．爱因斯坦文集：第 1 卷．许良英，等编译．北京：商务印书馆，1977：284.
⑤ 周义澄．科学创造与直觉．北京：人民出版社，1986：344.

"不愿或不能表现他自己的直觉能力的教师要他在学生中鼓励直觉，就不大可能有效"。

（四）学习情境结构理念使后人重视教材的结构性

布鲁纳提出了教学设计的四大法则：一是要想让学生在学习情境中经由主动发现原则而获得知识，教师必先将学习情境和教材性质解说得非常清楚。二是教师在从事知识教学时，必先配合学生的经验，将所授教材作适当组织，使每个学生都能从中学到知识。三是必须针对学生的心理发展水平和认知方式对教材的难度与逻辑上的先后顺序作适当安排，从而使学生的知识经验前后衔接，以便产生正迁移。依此原则，布鲁纳提出了螺旋课程（spiral curriculum）的构想。布鲁纳认为学生不可能事无巨细地掌握一切知识，这既不可能也不必要。在教学中只能让学生掌握一门科学的基本结构或基本概念和基本原理。在他看来，个体掌握的知识的概括水平越高，越能上升为基本概念或原理，就越有利于迁移和运用。这样，作为反映学科基本结构的教材就应当把反映该学科发展水平的最基本的概念和原理作为主体，因为概念和原理越基本，它们对于解决新问题、掌握新内容的适用性也越大。并且，布鲁纳不仅注意到作为教材必须反映本学科的基本结构，而且也强调应当反映学习者的心理结构和心理发展水平，只有两者有机匹配才能收到良好的效果。布鲁纳的所谓"螺旋式"课程组织即教材应根据儿童或学习者三种不同智慧发展水平（动作的、表象的、符号的）对学科的基本概念和原理加以编撰和组织。将课程的基本原理内容在不同阶段的教材中随年龄的升高在抽象程度更高的水平上反复出现，多次循环，借以增强其结构性，从而呈现一种螺旋式上升的趋势，以便学生学习。这就是所谓教材的"螺旋式"组织。例如，代数中的交换律、分配律和结合律，是代数这门学科的基本结构，小学低年级学生完全能够掌握这些基本的原理。事实上，儿童在幼儿园玩跷跷板时就知道，假若对方比自己重，自己就得往后移；假若对方比自己轻，就得往前移，否则就不可能玩跷跷板。根据这个原理，布鲁纳设计了一个天平，让8岁的儿童借助动手操作、视觉映象和符号来掌握代数的基本结构。四是在教材难易安排上，必须考虑学生学习动机的维持。太容易会使学生缺少成就感，太难会使学生产生失败感，适度的调适才能维持学生的内在学习动机。[①]

四、对认知结构学习理论的简要评价

（一）辩证看待"发现学习"

发现学习在教师公认的教学技巧中具有重要地位，被称作一种有效的学习方式或方法。发现学习有很多优点，这在前文已有论述。不过，发现学习和发现教学法也不可能"尽善尽美"，自身也有不足之处，需限制使用：第一，发现教学法的运用必先具备两个先决条件——学生必先具有相当的先备知识、技能和学生必须有乐意独立学习的意向。这两个条件缺一不可，否则学生就不能主动进行发现学习。美国在20世纪60年代初不顾学生的智力成熟水平、学科的性质及内容的深浅，将发现学习无限制地推广运用，曾产生不良后果，中国教育界应引以为戒。第二，由于忽视知识系统讲授的重要性，通过发现教学法难以让学生在短时间内掌握较系统而全面的知识体系，从而降低了教学的实际效果。第

---

① 张春兴．教育心理学．杭州：浙江教育出版社，1998：217.

三，在运用发现教学法进行教学时，假若学生在自行探索问题答案时常常遇到困难，而教师又不能及时提供有效的指导的话，学生容易感到气馁，进而极易降低其求知动机。第四，"一切真知未必都需自我发现""按发现方式进行学习太浪费时间"，也是人们对发现学习的惯有批评。第五，片面强调发现学习法，忽视教师在教学中的主导作用也是其不足之处。第六，因班级中或团队中各个儿童的智力水平有差异，每个人的生活经验也不同，这样，在对某个问题进行发现学习时必定有些人相对快一些，甚至经常快一些，有些人可能会慢一些，甚至会经常慢一些，结果，率先发现的智优者的表现常对思维较为缓慢者造成极大的心理压力。①

（二） 结构主义教学观既有优点也有局限

结构主义教学观的优点在前文已讲，这里就不再赘述，只补充两点：一方面，科学知识与常识水平的知识之间的一大差别是科学知识往往具有良好的结构性与系统性，而常识水平的知识一般具有零散性，从这个意义上说，结构主义教学观只要运用得好，几乎适合所有科目的教学。另一方面，由于一些学科（如人文社会学科）往往受个体的世界观、人生观和价值观等因素的影响较大，尚未形成共同的"范式"（库恩语），处于"前科学"阶段，自然而然地，不同个体或社会对这类学科的"基本结构"往往持有多元看法，导致较难找到一个让绝大多数人都认可的、共同的"基本结构"，学生自己更是难以准确地从不同的观点中发现其基本原理与结构，因此，在这类学科的教学里进行结构主义教学有一定的难度。

（三） 螺旋课程的得与失

根据笔者多年的教学经验和思考，布鲁纳的螺旋课程构想不太适合科技知识的学习而较适合道德学习。理由是：科技知识的内容丰富多彩，在科技知识教学中，与其花费大量时间与精力来进行教学设计，以使处于前运算阶段或具体运算阶段的儿童掌握属于形式运算阶段的个体的知识点，不如等个体的思维发展至形式运算阶段时，再教给他这些知识，这样一来个体就能轻轻松松地学习。但笔者特别赞成在德育中按螺旋课程进行课程设计，因为一个国家或地区的核心价值观只有保持相对的稳定性与连续性，才既易被当地人所接受，又能更好地指导当地人学会待人处事。

（四） 促进了对错误管理的研究

与行为主义学习理论不重视研究"错误"的理念相反，布鲁纳主张"探索中发现的正误答案同具反馈价值"，布鲁纳的这一见解与日常生活常识更相符，日常生活的许多实例告诉人们："失败是成功之母""吃一堑，长一智"。受布鲁纳这一思想的影响，当代教育心理学的一个重要研究主题就是：积极探讨如何更有效地从学习所犯的错误里获益。②毕竟"人非圣贤，孰能无过"，能从自己或他人所犯的错误里吸取教训，从而做到"有则改之，无则加勉"，毫无疑问将有助于一个人心智的健全发展，这也是一个智慧者应有的做法。与此相反，愚蠢的人往往不善于从错误中吸取经验教训，屡错屡犯。与此相类似，

① 张春兴. 教育心理学. 杭州：浙江教育出版社，1998：218.

② STEVEN J LORENZET, EDUARDO SALAS & SCOTT I TANNENBAUM. Benefiting from mistakes：the impact of guided errors on learning, performance, and self-efficacy. Human resource development quarterly, 2005 （16）：p. 301.

一个会学习的人一般善于从自己所做的错题中积累经验教训，做到以后再遇到类似的题目时绝不再犯；而一个不会学习的人往往不善于从自己所做的错题中积累经验教训，以后再遇到类似的题目时仍然重蹈覆辙。所以，人们要正确理解"失败是成功之母"一语的内涵。因为"母"有"亲母"与"继母或后母"之别，这一字之差，"差之毫厘，谬之千里"！一般而言，母亲对自己的亲生子女常常既真心疼爱、爱护有加，又真心渴望亲生子女的日子能够一天胜过一天。与之不同，继母常百般刁难非亲生子女。与此类似，"失败是成功之母"中的"母"也有"亲母"与"继母或后母"之分。一个人在失败后，若能及时进行自我反思，善于自问如下问题，"是哪些因素导致我这次做这件事失败了""在这些导致失败的因素中，属于我自身的因素有哪些？属于外在的因素有哪些""失败的后果是什么？我从这次失败中能够获得哪些经验与教训""别人为什么做这件事情能够成功？他们成功的原因是什么""接下来我该怎样进行补救""以后遇到类似事情时，我如何做才能避免重蹈覆辙"等。然后根据上述提问，鼓足干劲，采取切实行动，而不仅仅是停留在不着边际的想法上。若果真如此对待失败，就能够收到"失败是成功之亲母"的效果。反之，一个人失败后，若既不善于及时进行自我反思，也不采取切实的行动加以补救，而是听之任之，当时懊悔，过后就忘；或者，失败后只知怨天尤人，怪这怪那，就是不反思自己的过失……此时，"失败是成功之后母"。这就意味着，此人从失败中很难获得成功的资本，而常常是一败就彻底断送自己的大好前程；或者，一生都是一个倒霉蛋，一败再败，甚至最终付出生命的代价，却一次也尝不到成功的滋味，最后抱憾死去，人生最大悲伤之一莫过于此！

顺便提一下，从心理健康教育的角度看，除致命错误外，其他错误往往至少蕴含四个价值：①看犯错者的自我是否有一个坚强的内核。犯错后很容易招来他人的批评甚至严厉攻击，若犯错者的自我有坚强内核，往往不会轻易动摇自己的主见，也不会伤害自尊与自我，反之，若他的自我没有坚强内核，就很容易由此伤及自尊，甚至丧失自信，变得随波逐流，或恼羞成怒，进而非理性地攻击自我或他人。②看犯错者的心灵深处有无内隐自卑。有内隐自卑的人在犯错后极易激活其内隐自卑心理，流露出自卑心态，反之，无内隐自卑的人在犯错后虽遇小挫折，但仍自信满满。③看犯错者和周边人有无完美主义。有完美主义的人犯错后易过分自责，并由此产生强烈的焦虑情绪，往往于事无补；有完美主义的人也很难容忍他人的过错。反之，相信"孰能无过"的人往往会以较理性、宽容的态度对待自己和他人所犯的过错。④看犯错者心理抗压能力的强弱。心理抗压能力弱的人在犯错后易成惊弓之鸟，甚至自暴自弃，与此相反，心理抗压能力强的人在犯错后会及时反省错误，从中找出犯错的原因，并及时采取正确的应对措施，做到"吃一堑，长一智"，并由此而成长。①

第三节　奥苏贝尔的意义—同化学习理论

美国教育心理学家奥苏贝尔（Ausubel，D. P.，1918—2008）是当代美国著名的教育心理学家之一，他能在大家林立的美国教育心理学界有一个立足之地，自成一家之言，主

---

① 2016年10月3日摘自陈爱国发至"中国本土心理学"微信群上的微信，引用时作了一些修改。

要是因为他的研究思路与前人相比有自己的独到之处。

一、对先前学习理论的质疑

（一）发现学习真的是最佳学习方式

随着布鲁纳的声誉在美国如日中天（许多美国人士都将布鲁纳视作继杜威之后最有影响的教育家之一），布鲁纳所力倡的发现学习也"所向披靡"。但是，就在人们热衷于以发现学习来指导自己的教学或学习时，美国教育心理学界有一人保持自己清晰的头脑，对"什么是最佳学习方式"进行了一系列有益的探索，并基于自己的探索最后提出了自己的意义—同化学习理论，这个人就是奥苏贝尔。由于奥苏贝尔重视学生已有的先备知识在后继学习中的重要作用，相应地，他力倡意义学习是学习的最佳方式，并尝试用同化论来揭示意义学习的心理机制，因此，可以用意义—同化学习来概括他的学习观。

（二）什么因素是影响学习的最重要的因素

对于什么因素是影响学习的最重要的因素，先前的学习理论各有自己的解释，其中最著名的观点有二：一是依典型的行为主义学习理论的见解，强化是影响学习的最重要的因素。二是依布鲁纳的观点，学习情境的结构性是有效学习的必要条件。事实果真如此吗？奥苏贝尔对此持怀疑态度。

（三）学习的心理机制到底是什么

学习的心理机制到底是什么？是如斯金纳所说，个体形成了操作条件反射？还是如托尔曼所说，在脑海中形成了"认知地图"？还是如布鲁纳所说，在脑海中进行类目化的过程？奥苏贝尔对此有自己不同的看法。

（四）从动物身上得出的学习理论能有效地用来解释人的学习吗

典型的行为主义者喜欢通过动物实验来研究人的学习，对于这种做法，奥苏贝尔持与布鲁纳类似的怀疑的态度。奥苏贝尔的学习理论是在学校教学情境中所建构起来的，这与行为主义者通过动物学习的研究而建立学习理论的做法不同。

二、意义—同化学习理论的核心内容

（一）意义接受学习：学习的最佳方式

1. 什么叫意义接受学习

意义接受学习（meaningful reception learning），简称意义学习（meaningful learning）或接受学习（reception learning），是指学生将以定论形式呈现给自己的新的学习材料与其脑海中原有认知结构联系起来，通过理解所学材料的意义进而掌握新的学习材料，使新的学习材料所代表的观念与学习者认知结构已有的适当观念之间建立实质性的、非人为联系的一种学习方法。非人为的联系是指新知识和认知结构中的有关观念建立起合理的或合乎逻辑的联系；实质性联系是指新的符号和符号所代表的观念与学习者认知结构中的已有表象、已有意义的符号、概念或命题建立的联系。可见，意义接受学习的实质是新旧知识同化的过程，其结果会导致学习者原有认知结构的重组，因此，该学习理论也叫"认知结构同化理论"。在意义学习中，学习内容是由老师以定论形式呈现的，不依靠学生的独立发现，在这一点上奥苏贝尔的接受学习与发现学习相对。

2. 接受学习与发现学习的异同

接受学习与发现学习之间的区别很容易理解。在接受学习中，学习的主要内容基本上是以定论的形式传授给学生的，对学生而言，学习不包括任何发现，只要求他们将教学内容加以内化（即把它融化到自己的认知结构中），以便将来能够再现或派作他用。发现学习的基本特征是，学习的主要内容不是现成地给予学生，而是在学生内化之前，必须由他们自己去发现这些内容；换言之，学习的首要任务是发现，然后便同接受学习一样，把发现的内容加以内化，以便以后在一定的场合下予以运用。发现学习只是比接受学习多了前面一个阶段——发现，其他没有什么不同①。如图 5 - 8 所示：

布：学生自主发现──→知识──→消化──→融进原有认知结构中，使原有
　　　　　　　　　　　　　　　　或内化　认知结构在量上或质上得到提升
奥：教师呈现──→知识──→消化──→融进原有认知结构中，使原有
　　　　　　　　或内化　认知结构在量上或质上得到提升

图 5 - 8　布鲁纳的发现学习与奥苏贝尔的意义学习

3. 接受学习一定是机械学习而发现学习一定是意义学习吗

发现学习常常被人认为是有意义的，而接受学习常被人认为是机械学习，奥苏贝尔认为这种看法没有科学根据。因为"发现学习与接受学习"和"意义学习与机械学习"并不是两对可以简单地进行一一对应的学习方式。所谓机械学习（rote learning），指学习者并不理解所学材料的意义，而仅对其死记硬背的一种学习方式。机械学习的出现有两种情况：一是所学材料本身有意义，但学习者缺乏必要的先备知识，无法理解（如让小孩学习难懂的古诗词）或不设法理解所学的新内容，从而导致机械学习的发生；二是所学材料本身就没有意义，如记电话号码、历史年代等，从而只能进行机械学习。在奥苏贝尔看来，无论是发现学习还是接受学习，都可能是机械的，也都可能是有意义的。假若教师讲授得法，并不一定会导致学生机械接受学习；同样，发现学习也并不一定是保证学生有意义学习的灵丹妙药。如果学生只是机械地记住解决问题的"典型的步骤"，而对自己正在做什么、为什么这样做却稀里糊涂，他们也可能得到正确的答案，但这种发现学习并不比机械学习更有意义。奥苏贝尔的合作者诺瓦克在《教育理论》一书中用双维坐标的图解方式说明接受学习、发现学习与意义学习、机械学习之间的关系：

---

① 施良方. 学习论——学习心理学的理论与原理. 北京：人民教育出版社，1994：232 - 233.

意义学习	澄清概念之间的关系	设计良好的视—听教学	科学研究
机械学习	讲解或呈现教材	学校实验室实验	大多数常规"研究"或理智生产过程
	记乘法口诀表	运用公式解题	试误"迷箱式"的解决方法
	接受学习	指导的发现学习	自主的发现学习

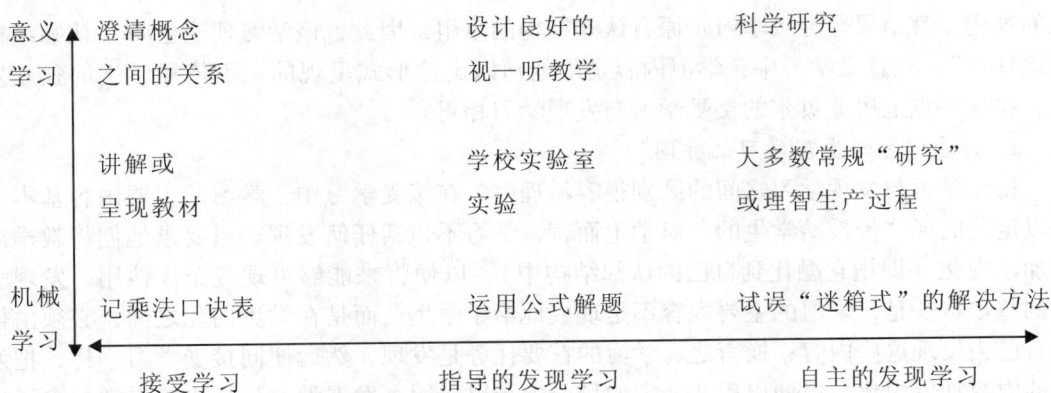

图 5-9　接受学习、发现学习与意义学习、机械学习之间的关系示意图[①]

由于非人为的实质性联结或联系是一种非任意性质的联系，奥苏贝尔认为这种联系的建立是有条件的，这些条件也就是意义学习的条件：①学习材料本身必须具备逻辑意义，对学生有潜在意义；②学习者原有的认知结构中必须有能同化新知识的适当观念，从而能将新知识与自己已有认知结构中的有关旧知识相联系；③学习者必须具备有意义学习的心向或态度，愿意把新知识与认知结构中原有的适当观念关联起来。这三个条件缺一不可，否则就会导致机械学习；而任何学习只要符合这三个条件，都是意义学习。奥苏贝尔的这一观点让人对意义学习与机械学习的认识有了深刻而全面的理解，这是奥苏贝尔的一大贡献。用今天的眼光看，若想让学生产生意义学习，教师与学生都要妥善地解决好两个问题：一个是能不能的问题，即学生有没有能力去学习某一新知识；另一个是愿不愿的问题（也就是学习动机问题），即学生有没有兴趣去学习某一新知识。只有这两个条件同时具备，学生的学习才是最有意义的，也是最有效的。

课堂教学所采用的有意义学习活动多偏重于接受学习，这是有原因的。因为发现学习费时太多，一般不宜作为大量获取信息的主要手段；同时，在一些学习情境中，学生必须用语言来处理各种复杂的、抽象的命题。诚然，纯粹言语形式的学习会使学生在理解方面带来一些问题，但只要在讲授教学中提供各种具体的经验，就可以弥补这方面的不足。所以，奥苏贝尔主张学校宜采用意义接受学习。

（二）先备知识：影响学习的最重要因素

奥苏贝尔通过自己的系统研究后坚信学生已有的先备知识在其后继学习中的重要性。奥苏贝尔在其著作《教育心理学：认知取向》的扉页上，写上了一句代表他中心理念且已成为教育心理学史上至理名言的话："如果要我只用一句话说明教育心理学的要义，我认为影响学生学习的首要因素，是他的先备知识。研究并了解学生学习新知识之前具有的先备知识，配合之以设计教学，从而产生有效的学习，就是教育心理学的任务。"[②]

（三）意义—同化学习的种类

用今天的眼光看，奥苏贝尔对意义学习的分类主要是针对陈述性知识而言的，虽然奥

①　施良方. 学习论——学习心理学的理论与原理. 北京：人民教育出版社，1994：234.
②　张春兴. 教育心理学. 杭州：浙江教育出版社，1998：219.

苏贝尔本人没有明确这样说。依奥苏贝尔的见解，意义学习由简到繁包括五种类型：

1. 符号表征学习（representational learning）

符号表征学习指学习单个符号或一组符号（主要是词）的意义，或者说，学习这些符号代表什么。符号表征学习的主要内容是词汇学习（vocabulary learning），即学习单词代表什么。在任何言语中，单词可以代表物理世界、社会世界和观念世界的对象、情境、概念或其他符号，这种代表关系是约定俗成的。对于刚接触某种语言的个体来说，某个词代表什么，他们最初是完全无知的，他们必须学会这些单词代表什么。这种学习的心理机制是，符号和它们所代表的事物或观念在学习者认知结构中建立相应的等值关系。例如，当幼儿正注视一条狗时，家长说："这是一条狗。""狗"这个词最初对幼儿来说是没有意义的，但在听到家长的话时，儿童认知结构中的两种内部刺激同时被激活了：一是狗的视觉映象，二是听到"狗"这个词引起的内部刺激。通过讲话和手势（如手指着狗），家长向孩子表明，"狗"这个词代表实际的狗。因此，儿童给"狗"这个词赋予的意义，就是由实际的狗引发的认知内容（视觉映象）。在符号（"狗"这个词）与实物（实际的狗）多次配对后，只出现符号，也会引起对狗的视觉映象。这时，"狗"这个词引发的认知结构内容与实际的狗引发的认知结构的内容基本上是一致的。

2. 概念学习（concept learning）

意义学习的另一类较高级的形式叫概念学习，概念学习的实质是掌握同类事物的共同的关键特征。例如学习"圆"这一概念就是掌握所有圆的共同关键特征，而与它的大小、形状、颜色等特征无关。如果"圆"这个符号对某个学习者来说已经具有这种一般意义，那么它就成了一个概念，成了代表概念的名词。奥苏贝尔认为概念的关键属性可以通过两种途径获得，这两种途径也被视作概念学习的心理机制：

一是概念形成（concept formation）。它要求学习者通过直接接触大量的同类事物的不同例子，经过假设、检验和概括等思维活动，从而抽象出同类事物的共同关键属性。任何概念就其最初的形成方式而言，都是经由"概念形成"的路径而获得的，由此形成的概念若不准确，其原因主要有二：①人们受种种条件的限制，在概念的形成过程中，直接接触的同类事物不够全面。如起先人们只见过黑鸦，未见过白鸦，于是将此鸟命名为"乌鸦"，"乌"者，黑的意思。但现在随着人们视野的扩大，发现也有白乌鸦，因此，只有修改原有乌鸦的概念，使人树立起对乌鸦的正确态度：乌鸦一般是黑的，但也有白乌鸦。②虽然直接接触的同类事物较为全面，但在抽象出同类事物的共同关键属性时发生错误，将非共同关键属性当成共同关键属性。例如，何谓"人"？人们对这一概念的认识就经历了一个不断深化的过程。起初有学人认为，人是两足无毛直立行走的动物，结果有一个喜欢恶作剧的人将一只拔光了毛的公鸡放在此学人面前，两足无毛直立行走的公鸡当然不是人。后来，随着研究的深入，出现了各种关于"人"的定义，加深了人们对"人"的认识。

二是概念同化（concept assimilation）。它是指用定义的方式直接向学习者呈现概念的关键特征（这种关键特征是前人通过概念形成途径获得的），学习者只需将呈现的概念的关键属性与他的认知结构中原有的有关概念同化，即可以理解新概念。概念同化主要包括三种基本方式：下位学习、上位学习和并列结合学习。其详细内容将在下文探讨，这里不多讲。需要特别指出的是，概念学习和概念名称（或概念词）的学习是两种性质不同的意义学习。获得概念，不论是经过概念形成方式或概念同化方式，其最终结果都是理解一类事物的共同的关键特征或本质特征。而概念名称学习属于符号表征学习，即用符号代表概念。同一个概念可以用不同符号代表，如狗的概念可用"狗""犬"或"dog"代表。同一符号表示的概念也可以发生变化，例如"圆"这个符号，对于未学习有关平面几何知识的儿童来说，他们没有将平面上的图形和立体的球形分化，只有圆的模糊概念；在小学学过有关圆的几何知识以后掌握了圆的本质特征，"圆在同一平面上而且圆周到圆心的距离处处相等"；进中学后经过系统的平面几何知识学习，他们才有圆的精确定义："圆是一动点绕一定点等距离运动一周的轨迹。"

3. 命题学习（propositional learning）

命题是以句子的形式来表述的。如"老虎会吃人"就是一个命题。命题可以分为两类：一类是非概括性命题，只表示两个或两个以上的特殊事物之间的关系，如"北京是中国的首都"，这个句子里的"北京"代表特殊城市，"中国的首都"也是一个特殊对象的名称，这个命题只陈述了一个具体事实；另一类命题表示若干事物或性质之间的关系，这类命题叫概括性（generalization）命题，如"三角形的面积等于底乘高除以2"，这是普遍的结论。不论表示特殊关系的命题或是表示一般关系的命题，它们都是由单词联合组成的句子代表的。这样，在命题学习中也包含了符号表征学习和概念学习。由于构成命题的单词一般代表概念，相应地，命题学习的实质是学习若干概念之间的关系，或者说，学习由几个概念联合所构成的复合意义。命题学习在复杂程度上高于概念学习。如果学生对一个命题中的有关概念没有掌握，他就不可能理解这一命题，可见，命题学习必须以概念学习为前提。

4. 概念和命题的运用

上面三类是意义—同化学习的基本类型。在此基础上是概念与命题在简单情境中的运用。例如，当知道三角形的内角之和等于180度以后，在已知三角形中两个内角度数的前提下，可以求出第三个内角的度数。

5. 问题解决与创造

问题解决是概念与命题在复杂情境中的运用。当学习者遇到的情境越复杂、与原先学习的情境越不相似时，问题解决的难度就越大，要求的创造性程度也就越高。关于问题解决与创造这一主题在下文有专章论述，这里不多讲。

（四）认知结构迁移理论：一种新颖的迁移理论

该理论并不否认原先理论所提出的迁移模式，但是，对于"旧学习"的含义，奥苏贝尔赋予了新的解释。他认为旧的学习不仅是最近经验的一组"刺激—反应"的联结，而是指学习者过去经验所积累的，按一定层次和结构组织起来的适合当前学习任务的知识体系——认知结构。在奥苏贝尔看来，认知结构指学生头脑中的知识结构，是由外在知识内容转化而来的。认知结构有广义与狭义之分：广义的认知结构指学习者头脑中的全部知识内容和组织；狭义的认知结构指学习者在某一特殊学科领域内的知识的内容和组织。迁移的发生就取决于学习者原有认知结构的可利用性、辨别性和稳定性的程度。认知结构的可利用性是指认知结构中是否有适当的起固定作用的观念可以利用；可辨别性是指新的学习内容与同化它的原有观念的分化程度；稳定性是指原有起固定作用的观念的稳定和清晰的程度。迁移的认知结构说认为，学习迁移的发生并不是原有知识经验直接与新的"刺激—反应"成分发生相互作用，迁移的发生是有媒介的，这个媒介就是认知结构。新近学习对于迁移的作用是通过影响原有认知结构的有关特征，从而间接引起迁移的发生。因此，奥苏贝尔特别强调在新学习之前设计一个"先行组织者"。总之，认知结构说强调在新学习之前设计"组织者"，其目的是为新的学习提供观念上的固定点，增加新旧知识之间的可辨别性，在新的学习任务与学习者原有认知结构之间架设一个桥梁，以促进迁移的发生。

（五）学习的结果是形成良好的认知结构

既然迁移的发生取决于学习者原有认知结构的可利用性、可辨别性和稳定性的程度，那么，为了提高学习效果，最佳的学习结果就是形成良好的认知结构。综观奥苏贝尔的学习理论，良好的认知结构应具有四个特征：

1. 要有类似观念（即可利用性）

当学习者面对新的学习任务时，假若他的原有认知结构中具有吸收并固定新观念的类似观念，那么，这个原有的认知结构就是一种良好的认知结构；反之，如果他的原有认知结构中没有具有吸收并固定新观念的类似观念，那么，对这个新的学习任务而言，这个原有的认知结构就不是一种很好的认知结构。在奥苏贝尔看来，学生对教材进行机械学习的主要原因之一，就是在学生脑海中还没有具备相应的类似概念之前，就要求他们学习新内容。

2. 要有相当的区分度（即可辨识性）

当学习者面对新的学习任务时，原有起固定作用的观念与要学习的新观念之间的差异要清晰可辨，因为这种分辨越清晰，越有助于新观念的学习与保持。这样，假若原有起固定作用的观念与要学习的新观念之间的差异越大，那么这个原有认知结构就越好；如果原有起固定作用的观念和要学习的新观念之间的差异越小，那么这个原有认知结构就越差，从而可能干扰后继的学习。

3. 要有相当的稳固程度（即稳定性）

当学习者面临新的学习任务时，其认知结构中原有起固守作用的观念若越巩固，那么这种认知结构就是好的；反之，如果其认知结构中原有起固守作用的观念本身就不巩固，那么这种认知结构就是不好的。在奥苏贝尔看来，对教材进行机械学习的主要原因之一，就是在学生原有的起固定作用的概念还没有稳固之前，就要求他们学习新的内容。犹如地基还未打牢，就急着要在上面盖高楼，高楼的质量当然成问题。

4. 要有良好的结构性（即结构性）

如果原有的认知结构具备良好的结构性，那就是一个好的认知结构，反之，假若原有的认知结构不具备良好的结构性，那就是一个不好的认知结构。

（六）同化论：意义学习的心理机制

奥苏贝尔认为，同化是意义学习的心理机制。"同化"一词的基本意义是接纳、吸收和合并为自身的一部分。在生理学中指机体吸收食物并使之转化成原生质。德国教育家赫尔巴特（J. F. Herbart）最早用这一概念来解释知识的学习。他认为学习过程是新观念进入原有观念团内，使原有观念得到丰富和发展，从而为吸收新观念做好准备的统觉过程，即原有观念同化新观念的过程。皮亚杰用这一概念解释儿童的认知发展。皮亚杰主张心理同生理一样，也有吸收外界刺激并使之成为自身的一部分的同化过程，不同的只是涉及的变化不再是生理性的，而是心理机能性的。皮亚杰用同化和顺应来说明儿童认知发展的内部机制。奥苏贝尔扩大了"同化"一词的内涵，将皮亚杰讲的"顺应"的含义也纳入"同化"一词中。奥苏贝尔认为，同化理论的核心是相互作用观，其核心要点有：第一，强调学习者的积极主动精神，即有意学习的心向。第二，认为学生能否学得新知识，主要取决于他们认知结构中已有的有关概念。换言之，新知识必须在学习者的已有认知结构中找到适当的同化点，才可能被学习者进行进一步的加工。第三，意义学习是通过新知识与学生认知结构中已有的有关概念的相互作用才得以发生的，新旧观念相互作用的结果，导致新旧知识的意义的同化，即由潜在意义的观念转化为实际的心理意义，与此同时，原有认知结构发生变化。这种变化既有质变又有量变。具体地说，奥苏贝尔用同化的思想系统地解释命题知识的学习。由于命题是由概念构成的，而概念的定义本身也是一种形式的命题，这样，命题知识的同化过程也包含了概念的同化过程。意义—同化学习理论强调，在新知识的学习中，认知结构中原有的适当观念起决定作用。这种原有的适当观念对新知识起固定作用，故称这种观念为起固定作用的观念（anchoring idea）。新的命题与认知结构中起固定作用的观念大致可构成三种关系：①原有观念为上位的，新学习的观念是原有观念的下位观念；②原有观念是下位的，新学习的观念是原有观念的上位观念；③原有观念和新学习的观念是并列的，构成并列结合的关系。在这三种关系中，学习的内部和外部条件不同，新旧知识相互作用的过程和结果也有很大不同，因此，原有观念主要是通过三种不同的方式对新观念进行同化（如表5-1所示）。在今天看来，奥苏贝尔提出的这几种同化模式较具体地描述了人的认识是如何通过不同的内外因素的相互作用而产生新的认识图景的，体现了外因是变化的条件、内因是变化的依据的辩证思想。下面分别论述这三种形式的同化学习：

表5-1　意义学习中的同化形式①

知识学习类型		同化模式
下位学习 （类属学习）	派生的下位	原有观念 A 新学习内容 →　a_5　a_1　a_2　a_3　a_4 在派生类属中，新知识 a_5 是与上位概念 A 相联系的，a_5 是 A 的另一个事例，或进一步扩充。A 这一概念的关键属性没有改变，但新的例子与它们有关
	相关的下位	原有观念 X 新学习内容 →　Y　　U　　V　　W 在相关类属中，新知识 Y 不仅与上位概念 X 相联系，而且是 X 的扩充、修饰或限定。下位概念的关键属性可能因新的相关下位而得到扩充或修饰

① 施良方. 学习论——学习心理学的理论与原理. 北京：人民教育出版社，1994：242.

知识学习类型	同化模式
上位学习（总括学习）	新学习内容 ⟶ A 原有观念　a₁　a₂　a₃ 在上位学习中，已有概念 a₁、a₂ 和 a₃ 被认为是新概念 A 的具体事例，因此也是与 A 相联系的。上位概念 A 是根据一组新的、能包摄这些下位概念的关键属性来下定义的
并列结合学习	新学习内容 A→B→C→D 原有观念 在并列结合学习中，新概念 A 是与已有概念 B、C 和 D 相联系的，但 A 并不比 B、C 和 D 包摄性更广些，或更具体些。在这种情况下，新概念 A 具备某些与这些已有概念共同的关键属性

1. 下位学习（subordinate learning）

奥苏贝尔等认知心理学家多认为，在观念的抽象、概括和包容的水平方面，认知结构倾向于按层次组织。新的命题的意义的获得，最典型的反映是新旧知识之间构成一种类属关系。如果认知结构中原有的有关观念在包容和概括的水平上高于新学习的知识，新知识与旧知识所构成的这种关系是一种类属关系，又称下位关系，那么，这种学习便称为下位学习。这种类属过程多次进行，就导致知识不断产生新的层次，结果，知识也就不断分化与精确化。类属学习的效率取决于认知结构中原有的起类属作用的观念的稳定性和巩固程度。认知心理学假定，这种概括和包容水平较高的观念一旦形成，便具有以下特点：①对后继的学习任务特别适合并有直接关系；②具有足够的稳定性，有利于牢固地固定新学习的意义；③围绕一共同的知识点组织有关的知识，使新知识彼此联系，又使新旧知识相互联系；④能充分解释新学习的材料的细节，使这些任意的事实细节具有潜在意义。在奥苏贝尔看来，实际学习中，新教材与学生已有概念之间最普通的一种关系就是新学习的内容从属于学生认知结构中已有的、包摄性较广的概念。下位关系有两种形式：一种是派生的下位（derivative subordination），如果新的学习材料是作为原先获得的类属概念的特例，或作为原先获得的命题的证据或例证而加以理解时，那么这种学习就是派生下位学习。这种学习的新材料可以直接从认知结构中原有的具有更高包容性和概括性的概念或命题中推衍出来，或者本身就蕴含其中，也就是说，新知识只是旧知识的派生物。派生下位学习所派生出来的意义出现很快，学习比较省力。例如，学生通过学习圆、正方形、长方形、菱形这些轴对称图形的特性，已形成了轴对称图形概念，"轴对称图形"这一概念如果较为稳定，它就可以成为后续学习的一个类属概念。在学习等边三角形时，"等边三角形也是轴对称图形"这一命题纳入或类属于原有轴对称图形概念，新的命题很快获得意义，学生立即能发现等边三角形具有轴对称图形的一切特征。这种类属作用的结果，不仅使新的命题获得了意义，而且使原有概念或命题得到了充实或证实。可见，这种派生的下位学习相对来说比较容易，而且只需少量认知活动就能领会其意义。另一种是相关的下位（correlative subordination）。新材料虽然类属于学生原有的具有较高概括性的概念中，但新材料能够扩展、修正或限定学生已有的观念，使学生已有的观念得到扩展、精确化、限制或修饰，在这种条件下产生相关的下位学习。例如，过去已经知道"挂国旗是爱国行动"，现在学习一个新命题"唱国歌是爱国行动"。新命题类属于原先的"爱国行动"中，结果新命题获得意义，原有的"爱国行动"被扩展或深化。在这类学习中，新学习的材料与一些具有较高包容性和概括性的类属如"爱国行动"结合，发生相互作用。但前者的意义并未完全蕴含在后者之中，也不能为后者所代表（如表 5 - 1 所示）。

　　需要指出的是，两种下位学习的结果对原有的类属概念的影响是不一样的。在派生下位学习中，新知识纳入原有的旧知识中，原有的概念或命题只是得到证实或说明，本质未变。如"等边三角形"类属于轴对称图形中，轴对称图形的本质特征未变。但在相关的下位学习中，每次新知识类属于原有的概念或命题中，原有的概念或命题便得到扩展、深化、精确化或修改，如"唱国歌""保护环境""节约能源"等新知识类属于"爱国行动"，原有的"爱国行动"概念不断地得到扩展和深化。所以，原有概念或命题是否发生本质属性的改变，是区分上述两种类属过程的关键。

　　2. 上位学习（superordinate learning）

　　当学生原有认知结构中已经形成了几个概括性程度较小的观念，现在要在这几个小观念的基础上学习一个包容程度更大的命题时，便产生上位学习或称总括学习。在对被提供的材料进行归纳组织或把部分综合成整体时，都需要进行总括学习。总括学习在概念学习中比在命题学习中更为普遍。例如，儿童在知道"乒乓球""排球"和"足球"等概念之后，再学习"球"这个总括性的概念时，新学习的概念总括了原有的概念，新的概念就具有了意义。当然，一旦"球"的概念形成以后，再学习篮球、台球等概念时，这里的学习又转化为下位学习了。奥苏贝尔认为，在教学生掌握一般的、包摄性更广的命题时，除了要唤起学生已有的有关概念之外，还需要为学生提供一些他们还不曾了解的事例，以便使学生较全面地掌握该命题。[①]

　　3. 并列结合学习（combinatorial learning）

　　当新的命题与学生认知结构中的原有观念既不能产生从属关系，又不能产生总括关系时，它们在有意义学习中可能产生联合意义，这种学习称为并列结合学习。许多新命题和概念的学习都导致这类意义。这些命题和概念是有潜在意义的，因为它们是由一些已经学习过的观念合理结合而构成的，这些观念与整体的有关认知内容一般是吻合的，因而能与认知结构中的有关内容的一般背景联系起来。它们与上位命题或下位命题不同，不能与认知结构中有关的观念相联系。在并列结合的命题学习中，由于只能利用一般的和非特殊的有关内容起固定作用，这样，对于它们的学习和记忆都比较困难。学生在数、理、化以及社会科学中学习概括的许多例子，都是并列结合学习。如学习质量与能量、热与体积、遗传结构与变异、需求与价格等概念之间的关系，就属于并列结合学习。假定质量与能量、热与体积、遗传结构与变异为已知的关系，现在要学习需求与价格的关系，这个新学习的关系虽不能类属于原有的关系之中，也不能概括原有的关系，但它们之间仍然具有某些共

---

① 施良方. 学习论——学习心理学的理论与原理. 北京：人民教育出版社，1994：240 - 241.

同的关键特征，例如后一个变量随前一个变量的变化而变化等。根据这种共同特征，新关系与已知的关系并列结合，新关系就具有了意义（如表 5 - 1 所示）。

三、意义—同化学习理论在教育上的应用

奥苏贝尔认为，意义学习只能产生于在学生已有充分的先备知识基础上教他学习新的知识。因此，在教育上，教师对学生经验能力的了解并给予清楚的讲解引导，是形成有效教学的必要条件。同时，既然只有当所学事物必须对学生具有意义时，才能产生意义学习，那么，教师就要想方设法让学生了解所学事物的意义，只有配合学生能力与经验的教学，学生才会产生意义学习。再者，既然学习的结果是形成良好的认知结构，那么，教学的目标就是培养学生良好的认知结构。为了实现这几个目标，奥苏贝尔的理论对学校教学提出了两个重要的建议：

1. 在安排学习内容时，要注意渐进性

在低年级的教学中，要先传授给学生一些具体的材料（这样才符合学生的心智发现规律，因这时的儿童的思维发现水平多处于前运算阶段或具体运算阶段），以便学生掌握；在高年级的教学中，要尽可能先传授学科中具有最大包摄性、概括性和最有说服力的概念与原理，以便学生能对学习内容加以组织与综合。奥苏贝尔认为，在高年级的教学中，为了使学生有效地进行有意义的学习，教学过程中应该遵循逐渐分化和整合协调的教学原则。逐渐分化的原则（principle of progressive differentiation）是指学生应该先学习包摄性最广、概括水平最高、最一般的观念，然后逐渐学习概括水平较低、较具体的知识，对它加以分化。这种顺序是与人类认知结构中知识的组织和储存方式相吻合的。奥苏贝尔认为学生对各学科的知识的组织是按包摄性由高到低的层次进行的，而且从包摄性广的知识中掌握分化的知识即下位学习，要比从包摄性窄的知识掌握概括水平更高的知识即上位学习要容易得多。整合协调原则（principle of integrative reconciliation）是指对认知结构的已有知识重新加以组合，经过类推、分析、比较、综合，明确新旧知识间的区别和联系，消除可能产生的混淆，从不同角度以不同的关键特征为根据，在各项新旧知识点之间建立精细的联系，使所学知识能综合贯通，构成清晰、稳定、整合的知识体系。例如学生不仅能从营养学的角度将黄豆和洋葱归入蔬菜，使之成为蔬菜这一知识系统的具体内容，也要能从植物学的角度懂得黄豆是植物的种子，而洋葱是植物的茎。奥苏贝尔认为，根据"逐渐分化"和"整合协调"的原则，教材内容的最好编排方式是：每门学科的各个单元应按包摄性程度由大到小的顺序排列，这样前面的单元可以与后面的单元构成上位对下位的关系，也就可以为后面知识的学习提供理想的固定点。每个单元内的知识点之间也最好是按逐渐分化的方式编排，使学生能通过最简单的下位学习来理解新知识，也使知识结构不断分化、丰富。[①]

2. 讲解式教学

奥苏贝尔所提供的讲解式教学在实际教学进程中可以分为两个阶段：

第一阶段，提供先行组织者（或称先行组织者的教学策略）。在奥苏贝尔看来，意义学习的实质就是新知识、新概念在学习者头脑中与原有知识结构建立起实质性（而非人为

---

① 莫雷. 教育心理学. 广州：广东高等教育出版社，2002：123.

性）联系的过程。教学设计时的教学任务分析就是，要使学习者在学习之前就对新学习材料具有充分的潜在意义。为此，奥苏贝尔根据"逐渐分化"和"整合协调"这两个教学原则，提出了"先行组织者"（advance organizer）的教学策略，主张教师有必要在讲授新的学习内容之前向学习者提供"先行组织者"，这是奥苏贝尔对知识教学的一大贡献。所谓"先行组织者"，指先于学习任务本身呈现的一种引导性的、起组织作用的材料。它比即将要学习的新材料本身具有更高的抽象性、概括性和包摄性，以便为学生即将学习更分化、更详细、更具体的新材料提供固定点；还有助于学生觉察出自己已有的认知结构中与新知识有关的其他知识，提醒学生主动将新知识与这些知识建立各方面的意义联系，从而可以从不同角度对理解新知识提供帮助。奥苏贝尔主张，教师在讲授新知识之前要以学生既有的先备知识为基础，为此，宜先用学习者能理解的语言和方式来向学生提供一些"先行组织者"，以便给学习者在学习新知识时提供一个较好的固定点或提供一个清晰而具体的架构，将它与原有知识结构联系起来，使之成为引导学生进入新知识学习的准备。奥苏贝尔认为，先行组织者在三个方面有助于促进学习和保持信息：①假若设计得恰当，它们可以使学生注意到自己认知结构中已有的那些可起固定作用的概念，并把新知识建立在其之上；②它们通过把有关方面的知识包括进来，并说明统括各种知识的基本的原理，从而为新知识提供一种框架；③这种稳定的和清晰的组织，使学生不必采用机械学习的方式。[1]先行组织者有两类：一类是说明性组织者（expositive organizer），亦称陈述性组织者，其目的是为新的学习提供一个适当上位的类属者，它与新的学习内容产生一种上位关系；另一类是"比较性组织者"（comparative organizer），它通过比较新知识与认知结构中类似的或邻近的知识的异同，从而增强新旧知识的可辨别性，促进对新知识的有意义的学习，保证学生获得精确的知识。一般而言，学生在学校里的学习多数是有系统的学习，出现全新知识的时候不多，倒是知识之间容易混淆的情况很常见。所以，提供比较性组织者是教师经常用到的教学策略。提供先行组织者的方式可以灵活多样，比如上新课之前先作口头的介绍，概括前后学习内容的异同或联系，也可以详细讲解一个作为先行组织者的一般性的原理或概念，再转入新知识的学习中。奥苏贝尔曾用实验来研究先行组织者在知识学习中的作用，结果证明，合理地使用先行组织者不仅可以促进知识的学习，也有利于知识的保持。其他大量的短期和长期的实验研究也证明这种教学策略在分析教学任务等方面是具有指导意义和参考价值的。[2]

第二阶段，呈现学习材料。教师呈现教材的方式，可以讲解为主，讨论电影、电视为辅，无论采取何种形式，教师必须随时引导学生注意，而在讲解时用语要清楚准确，不致使学生难懂、误解或产生歧义。这样，教师在讲解教材时，宜遵守两个原则：一是逐渐分化，从一般概念的说明逐渐进入详细内容的讲解，在此过程中，教师可采取举例或类比等方式，使学生了解新知识与其既有先备知识的异同。二是整合协调，将分化后的知识再前后连接起来，成为一个有组织的、具有统筹性与调和性的知识整体。至此，对学生而言，在他的心理上即产生了意义学习。

---

① 施良方. 学习论——学习心理学的理论与原理. 北京：人民教育出版社，1994：251.

② 莫雷. 教育心理学. 广州：广东高等教育出版社，2002：124.

四、对意义—同化学习理论的简要评价

（一）对意义学习宜一分为二地看待

一方面，奥苏贝尔力倡意义学习，摆脱机械学习研究的旧框架。因为许多学科的材料都是具有一定的组织体系的，其中有部分内容（特别是一些理论性材料、简单知识或一时难以发现的知识）不一定需要学生的亲身实践与独立发现，通过有意义的接受学习就可以掌握。在这一点上，有意义的接受学习是一种有效的手段，它比发现学习更为经济实惠。另一方面，奥苏贝尔过于强调意义学习而排斥发现学习，这实际上就否定了直接学习（或直接经验）在学习中的重要性。事实上，实际生活中的许多问题需要通过发现学习才能解决，并且只有通过亲自发现得来的知识才更容易记牢、更容易理解。同时，默会知识理论（详见第七章）告诉人们，实践性教学、直接经验的获取在教育过程中具有不可替代的作用。再好的讲解式教学，即便是启发式的教学，也不能代替学生通过实践或亲身参与的方式，去学习和获取对他们的成长与发展极为重要的个人实践知识，即默会的知识。而依据奥苏贝尔的学习理论，教学实践依然还是传统的"三中心"：教师中心、书本中心、课堂中心。相应地，学生所要学习的知识主要来自教师、书本和课堂，只有能够言传的知识才是真正的知识，课堂教学忽视了默会知识的学习，忽视了学生默会能力的培养。默会知识理论告诉人们，人类的学习至少有四种形式：①从明确知识到明确知识（言传）；②从明确知识到默会知识（内化）；③从默会知识到明确知识（外显）；④从默会知识到默会知识（意会）。根据这种"新"学习观，我们可以看到活动式教学与传统的接受式教学具有同等的重要性。活动式教学的主要特点在于：①强调实践、操作及自主探索行为，强调从做中学，从行动中学习；②重视人际交往互动和学习共同体的作用，突出情感体验的作用；③注重对策略性知识的默会学习。[①]　可见，辩证的态度应是：兼顾发现学习与意义学习的长处，而努力克服其短处。或许可以运用意义学习来让学生学习简单的知识、理论性的知识；而通过发现学习来让学生学习技能，学习复杂的知识。

（二）同化理论初步揭示了意义学习的心理机制

稍有点心理学知识的人都知道，意义学习的效果要优于机械学习，那么，意义学习的心理机制是什么？这个问题长期以来一直困扰着学术界。奥苏贝尔通过自己的研究，将意义学习的心理机制第一次较清楚地揭示在人们的面前，使得后人在看待意义学习时，既知其然，又知其所以然，这就大大提高了人们对学习实质的认识。当然，若用后来的信息加工学习理论的视角看，奥苏贝尔对意义学习心理机制的阐述颇为宏观，对意义学习的内部心智加工过程讲得颇为简略，显得哲学味颇浓，而操作性欠佳，从而为信息加工学习理论的产生与发展留下了生存的空间。

（三）为讲解式教学"正"了名

一段时间以来，人们一讲到讲解式教学，就将其与"灌输"和"机械学习"联系起来，仿佛只要是讲解式教学，结果必然是灌输学习或机械学习。这种情形在当代倡导素质

---

①　陈明贵. 试论默会知识及其教育学意义. 高等教育研究学报，2007，30（4）：33.

教育的中国尤甚。一些文章在批判应试教育的弊端时，几乎都不约而同地将矛头对准了讲解式教学，使得讲解式教学落得"老鼠上街，人人喊打"的悲惨命运。奥苏贝尔通过自己深刻而系统的研究，让人们清楚地意识到，讲解式教学不一定是灌输教育，也不一定是机械学习，讲解式教学只要上得好，即根据学生已有的先备知识而细致地展开，一样能收到意义学习的效果，这就给讲解式教学"正"了名。现在只要熟悉教育心理学的人都知道，鉴于陈述性知识学习的重要性，讲解式教学仍是一种重要的教学方式（详见第十一章）。

（四）宜灵活看待"逐渐分化"和"整合协调"原则

我们承认学生对各学科知识的组织是按包摄性由高到低的层次进行的，这种顺序也与人类认知结构中知识的组织和储存方式相吻合，但是，从认识论的角度看，人类的认识一般是遵循由简单到复杂、由具体到抽象的顺序的，若先让学生学习包摄性最广、概括水平最高、最一般的观念，他们怎么可以理解？怎么可能产生意义学习？因为脑中无相应的认知结构。因此，本书认为，依据奥苏贝尔意义学习理论，基本的学习和教学方法应是"逐渐概化"的原则，即学生应该先学习包摄性最小、概括水平最低、最具体的观念，然后逐渐学习概括水平较高、较抽象的知识，对它加以概化。这种顺序既与人类认知结构中知识的组织和储存方式相吻合，也与人类的认知规律相吻合。同时，针对具体学生的认知结构的特点，可以适当运用"逐渐分化"的原则。同时，根据上述"逐渐概化"的原则，教材内容最好的编排方式是：每门学科的各个单元应按包摄性程度由小到大的顺序排列，这样前面的单元可以与后面的单元构成下位对上位的关系，也就可以为后面知识的学习提供理想的固定点。每个单元内的知识点之间最好也按逐渐概化的方式编排，使学生能通过上位学习来理解新知识，使知识结构不断概化、抽象，变得越来越简洁。这种安排教材内容的方式也与中国古人讲的"先约后博，由博返约"的学习原则与方法是相吻合的。

（五）"循序渐进"与"渗透、跳跃"要兼顾

假若说典型的行为主义者声称强化是影响学习的最重要因素，布鲁纳声称学习情境的结构性是有效学习的必要条件，那么，奥苏贝尔则非常强调学生脑海中已有的先备知识在学生学习中的重要作用。这三种观点都有一定道理，也都有失偏颇，今人若能采用整合化的观点，将它们整合起来看，则要辩证得多。同时，奥苏贝尔强调要"根据学生原有知识进行教学"，这话在一定的范围内是正确的，并且与中国历代教育家所倡导的循序渐进、温故知新等思想相吻合。按照奥苏贝尔的观点，教师在传授任何新知识时，必须全面了解学生现有的认知结构，即掌握学生原有知识结构中对学习新知识具有哪些"可利用性""可辨别性"和"稳定性"的观念，否则教学便无法进行，也不应该进行，这无疑是正确的。

但奥苏贝尔却忽略了另一方面，那就是学生的学习除了循序渐进、按部就班获得知识以外，还有一种渗透式、跳跃式获得知识的途径。所谓渗透式、跳跃式学习，就是让学生学习一些与自己能力相差较远或根本就不懂的东西，通过多次接触，一点点熟悉起来并掌握它。这种渗透式、跳跃式学习往往开始时在学习者的认知结构中找不到可利用的观念。著名物理学家杨振宁教授在谈到东西方教学的异同时就非常明确地提到这个问题。他认为，东方式的学习或教学主张循序渐进，这有利于获得系统知识与扎实的理论功底，也有利于学生应付考试；西方教学较多地采用渗透式、跳跃式，不是按照学生已有知识结构中的可利用观念进行教学，而是通过让学生对某些陌生领域知识多次接触、多次翻阅，渗透

到头脑中来①。

我们主张，在教学中对这类学习方式也不能置之不理，这种渗透式、跳跃式学习虽不利于掌握系统知识，也不利于学生应付考试，但是这种学习方式对培养学生的研究能力十分重要。奥苏贝尔是产生于美国文化背景下的教育心理学家，他的学习理论是针对布鲁纳"发现学习"的缺陷提出的，其目的是要矫正西方教学中存在的轻视知识的系统学习、轻视循序渐进学习的弊病。奥苏贝尔作为一名西方教育心理学家，看到了西方教学过分重视渗透式、跳跃式学习，而忽视系统知识的传授，忽视循序渐进的学习所造成的不良后果，因此大声疾呼要循序渐进，要按照有意义接受的方式获得系统的知识，形成良好的认知结构，这是可以理解的。但是作为一种理论，在强调循序渐进接受知识的同时，又走向了另一个极端，即轻视渗透式、跳跃式学习在学生学习中的作用，这也是应当注意的。在中国，历代教育家都将循序渐进作为一个重要的教学原则，都重视循序渐进地获得系统知识，早在两千多年前战国时期的孟子就以流水为喻说明学习必须"盈科而后进"，"揠苗助长"的故事更是对循序渐进学习最形象、最生动的反例说明。所不同的是，中国学者对循序渐进接受学习的认识多停留在经验水平，虽历经两千余年亦未能达到奥苏贝尔学习理论的深度、系统性和可操作性，但其基本思想是一致的，所以中国教育界很容易接受奥苏贝尔的学习理论。不过，我们希望今天中国人在接受奥苏贝尔思想精髓的同时，也不要忽视渗透式、跳跃式学习的作用。杨振宁教授主张，最理想的教学是把循序渐进和渗透、跳跃结合起来。

（六）重逻辑思维而轻直觉

按照奥苏贝尔的三种同化模式——下位学习、上位学习、并列学习——进行教学，对培养学生的逻辑思维无疑是十分有益的。在教学中自觉遵循这三种同化模式，确实有利于获得有层次的知识结构，即"金字塔形认知结构"。但是，人的大脑不仅具有逻辑思维的功能，而且具有直觉的功能，逻辑思维和直觉对于提高人们的聪明才智具有同等的价值。奥苏贝尔对于布鲁纳重直觉的思想矫枉过正，重逻辑思维而轻直觉，这也是有失偏颇的。按照奥苏贝尔的教学模式很难培养直觉。根据脑科学的研究，人的分析思维或抽象思维是大脑左半球的功能，而直觉是大脑右半球的功能。这意味着，按照奥苏贝尔的学习模式进行教学对于开发学生大脑左半球是有积极作用的，但该理论无法承担开发大脑右半球的任务。所以奥苏贝尔理论仍然无法解决目前中国中小学教育中大脑左半球负担过重而右半球利用不足的问题，而这一问题恰恰是当代教学改革的一个主题。因此，对于奥苏贝尔的学习理论也要辩证地看待。

（七）重概念、原理与理智因素，轻感性知识与情感因素

奥苏贝尔根据其意义学习的原理，主张学校的首要工作是向学生传授明确、稳定而有系统的"知识群"，学生的主要任务是以有意义接受学习的方式获取和牢固掌握有组织的学科与知识。这些"知识群"是特定文化中那些最重要的观念，即人类社会千百年来所积累的科学文化中的"要素"，学校学习的价值在于能够增进对这些观念的理解。奥苏贝尔的这些思想运用到具体教学中，就是教师要注重基本概念、基本原理的教学。从现代认知

---

① 杨振宁教授谈学习方法. 光明日报，1984－05－08.

心理学角度看，掌握教材中的概念、规则或原理乃发展学生智力的基础。注重知识的概念与原理并没有错，问题是掌握概念、原理的标准并不一定适用于一切课堂教学。事实上，对于科学类的课程可以将重点放在概念、原理的掌握上，因为一门科学知识就是由一系列概念、原理组成的。但对艺术类或操作类的学习，如语文课中诗歌、小说、散文等教学，音乐课中的音乐欣赏以及乐器练习，美术课中书法、绘画的鉴赏与基本功训练，体育课中体操以及各种球类的训练等就不可能以概念、原理的掌握为教学重点，反倒是更多地依赖于学习者的直接感性经验。奥苏贝尔的学习理论恰恰忽视了这一点，他不分专业、不分学科笼统地主张课堂教学的重点是掌握基本概念和原理，未免以偏概全，有悖于课堂教学的实际。

同时，奥苏贝尔的学习理论十分重视学习者的理智作用，即教者时时处处要知道学习者"现在已经知道了什么"，并据此引导学生按照三种同化模式进行有意义的接受学习。学习者或教者在整个学习或教学过程中一直都在理智的支配下这无疑是正确的，但根据人本主义学习理论（尤其是人本主义者所倡导的意义学习），还应当看到情感因素在学生学习过程或教师教学过程中的作用。美国教育心理学家林德格兰（Lindgran）曾说："当我们认为教育全是一种智力的或认知的经验时，我们常常相信情绪和情感在课堂里是不占位置的，但是现在占压倒优势的迹象是生活中的感情方面——情绪和情感——不能被排除。"事实上，不存在没有热情的智力，也不存在没有智力的热情，在课堂教学中不能无视情感的作用。情感交织在人的思维中，或为刺激，或为障碍。苏霍姆林斯基曾形象地将情感比作学生获取知识的肥田沃土。他在《帕夫雷什中学》里写道："情感如同肥沃的土壤，知识的种子就播种在这个土壤上。种子会萌发幼芽来：儿童边认知边干得越多，对劳动快乐的激动情感体验得越深，他就想得更多，他的求知渴望、钻研精神、学习劲头就越强烈。"教学实践告诉人们，许多课堂教学任务都是在师生情感的相互感染和共鸣中完成的。但这些东西在奥苏贝尔的学习理论中都被忽视了，这使得奥氏的学习理论从一定意义上说让人觉得冷冰冰。

第四节　信息加工学习理论

一、信息加工学习理论的兴起

信息加工学习理论（information-processing theory of learning）主要是将个体在学习时从接受刺激到表现反应的内在心理活动，视作信息处理的历程。它开始于 20 世纪 50 年代之初，盛行于 20 世纪 60 年代以后。其兴起的原因主要有二：一是内部原因。即对先前学习理论本身反思的结果。概要地说，先前学习理论的一大不足是对学习的心智加工过程阐释得不够翔实。例如，奥苏贝尔的同化论，粗看颇有道理，细看语焉不详，显得操作性不太强。那么，学习的心智加工过程到底是什么样子的呢？这是信息加工学习理论着重要探讨的问题。二是外部原因。这主要是受计算机科学发展的影响。由于计算机科学的发展，心理学研究者才有可能通过计算机来模拟人的心智操作；换言之，只有当计算机科学发展到了一定程度后，才能为心理学家尝试揭示出人的心智加工过程提供必要的物质手段（即计算机）、技术手段（即编程）与较成熟的研究视角（即信息加工的视角）。信息加工学习理论的代表人物有西蒙（Herbert A. Simon，1916—2001）、安德森（John Robert Anderson，1947—　）和加涅（E. D. Gagne）等人，下面就以他们的观点为代表论述信息加工学习理论的核心主张。

二、信息加工学习理论的核心主张

（一）学习的实质是对信息进行心智加工

信息加工心理学的主要特征之一就是将人与计算机类比（如图 5 - 10 所示），试图揭示人的内部的加工机制。将此观点类推到学习上，信息加工学习理论主张学习的实质就是对信息进行心智加工。

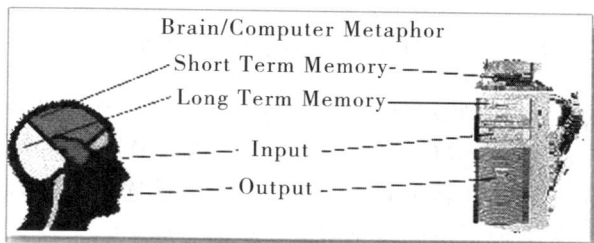

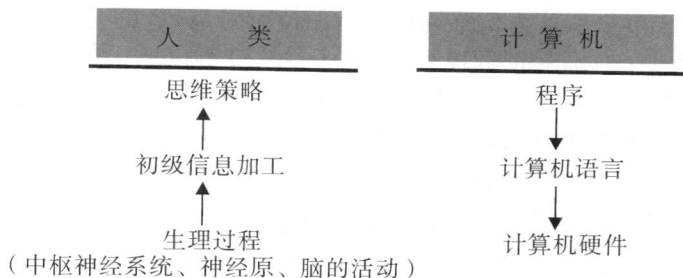

图 5 - 10　人与计算机类比示意图

（二）学习过程是对信息进行心智加工的过程

信息加工学习理论主张，在研究学习时不但要能复制与控制行为，更要能揭示学习的内部加工过程。根据此思路，信息加工学习理论认为，学习的过程就是对信息进行心智加工的过程，并提出了多种模型来解释这一心智加工过程，有代表性的观点除了第二章中介绍的加涅的信息加工模式外，更新颖、更详细的一种观点如图 5 - 11 所示：

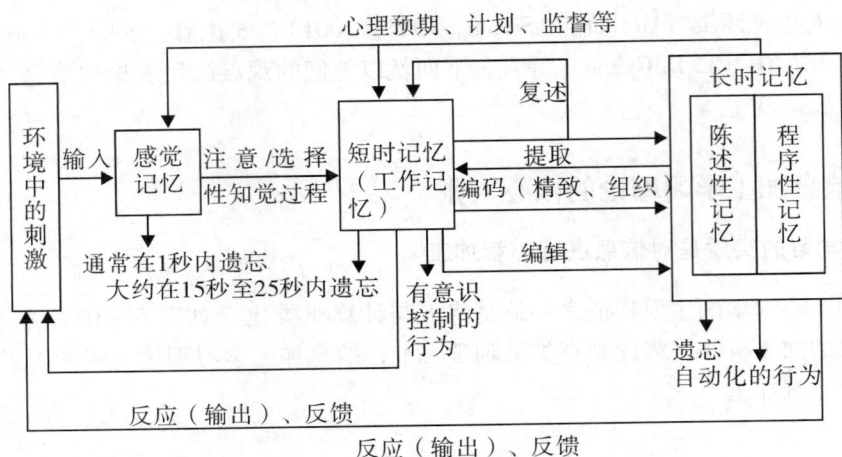

图 5 – 11　学习与记忆的信息加工心理历程示意图

根据图 5 – 11 所示，环境刺激若想进入人的学习视野，首先必须经过感觉登记（sensory register）。感觉登记又称感觉记忆。顾名思义，感觉记忆和感觉有关。在感觉中有感觉后象的现象。感觉后象是指在客观刺激停止作用后，感觉并不立刻消失，而要滞留一瞬间。这种刺激停止作用后暂时保留的感觉印象，从信息加工的观点看，就是感觉记忆，即外界刺激以极短的时间一次呈现后，一定数量的信息在感觉通道内迅速被登记并保留一瞬间的记忆。[①] 心理学界一般认为，感觉记忆指保持时间不超过 1 秒或 2 秒的记忆。因此，感觉记忆的特点有四：①保持时间极短，一般认为在 3 秒以下；②在记忆中仍然保持着刺激本身原来的形式，犹如照相或录音一般；③感觉记忆在瞬时间能储存大量的信息，这样，大凡进入感官的信息都能被登记；④感觉记忆中的一部分信息由于模块识别而被传送到短时记忆中，并在那里赋予它意义。感觉记忆是记忆系统对外界信息进行进一步加工之前的暂时登记，是世界呈现给我们信息的第一个储藏室。

进入感觉记忆的信息必须经过"注意"（attention）或"选择性知觉过程"这一心智加工后才能进行短时记忆（short-term memory，简称 STM）以便作进一步的心智加工，否则通常就会在 1 秒之内迅速消失或遗忘。

短时记忆又称工作记忆，指个体对刺激信息进行心理加工、编码、短暂保持和容量有限的记忆。工作记忆模型包括中央执行系统、语音环路和视空间模板。[②] 工作记忆好像一个由意识控制的工作平台，既加工那些受到注意后经感觉记忆转入的信息，又加工个体所需要的来自长时记忆中的信息。短时记忆的特点有二：①保持时间在 1 分钟以内；②记忆的容量是有限的，其容量一般认为只有 7 ± 2 个组块的长度。组块（chunking）是一个重新组织项目的过程，基于相似性或其他组织原则进行组织，或者基于存储在长时记忆的信息将它们组成一些更大的模块（Baddeley，1994）。

进入短时记忆的信息只有经过"复述"、"编码"（encoding）或"编辑"（editing）等心智加工后才能进入长时记忆作进一步的心智加工，否则通常就会在 15 至 25 秒内被遗忘掉。其中，"复述"（定义详见"学习策略"一节）是信息进入长时记忆的关键。"编码"

[①]　孟昭兰．普通心理学．北京：北京大学出版社，1994：184.

[②]　BADDELEY A D. Working memory. Science，1992（255）：pp. 556 – 559.

指准备将信息存入长时记忆中的过程，包括对信息进行精致和组织。"精致"指将获得的信息与已有知识联系起来，以促进理解与记忆。"组织"指以某种符合逻辑的方式将信息按一定层次关系联系起来，以促进学习和记忆。"编辑"指通过练习使工作记忆中的陈述性知识转换为程序性知识。

　　长时记忆（long-term memory，简称 LTM）是指那些在记忆中通常保留很长时间甚至一生的记忆。由于长时记忆中信息的储存特征不同，长时记忆包括陈述性记忆和程序性记忆等两种类型。陈述性记忆（declarative memory），又称外显记忆（explicit memory），是指个体对陈述性知识的记忆。陈述性记忆的特征是：在需要时可将记得的事实陈述出来，说明什么是什么，什么不是什么。根据所记信息性质的不同，可将陈述性记忆分为两类：一是情景性记忆（episodic memory），它指有关个人生活经验上的记忆，故又称为自传式记忆（autobiographical memory）。二是语义性记忆（semantic memory），它指个体对周围世界中一切事物的记忆。语义性记忆是人类一切知识的基础，凡是语言、文字、概念、原则等知识与应用，无不有赖于语义性记忆。程序性记忆是指个体对程序性知识的记忆。程序性记忆属于内隐记忆。长时记忆的特点有二：①保持的时间较长，保持时间持续 1 分钟以上的记忆都是长时记忆，长时记忆保持时间长的甚至可保持终身不忘；②记忆的容量是无限的。当然，长时记忆的信息只有被恰如其时地提取出来，有效学习的一个过程才算圆满结束。所谓"提取"指从长时记忆中激活或回忆知识的过程。对陈述性知识而言，提取可使知识在工作记忆中活跃起来；对程序性知识而言，提取可使某些行为自动执行。不过，进入长时记忆的信息并不等于进了"保险箱"，若编码编得不好或提取线索不足等，仍可能会引起遗忘，并产生舌尖现象（tip-of-the-tongue phenomenon，简称 TOT）。舌尖现象指如下尴尬经验：提笔忘字，或者话到嘴边却说不出来。也可能形成艾宾浩斯（H. Ebbinghaus，1850—1909）遗忘曲线：遗忘在学习之后立即开始，遗忘的进程是不均衡的，有"先快后慢"的特点。同时，巴特莱特（F. C. Bartlett）在他的经典著作《记忆：一个实验和社会心理学研究》（*Remembering*：*A Study in Experimental and Social Psychology*，1932）中最早证明了存储在长时记忆中的信息会发生内容上的变化，这是记忆内容的质的变化。它告诉人们：从长时记忆中提取出来的信息常常不是原封不动地重现原来的刺激，而是会出现提取出的信息与原来的材料不符合的情况，这种现象称为记忆扭曲（memory distortion）。记忆扭曲的方式主要有两种类型：①量变，即或将事实简化，或将情节减少；②质变，即添油加醋，甚至无中生有。长时记忆中出现记忆扭曲是一种常见现象。在司法领域，记忆扭曲现象若未及时发现，易造成冤案。

　　信息加工学习理论认为，在诸阶段之间所产生的心理作用，主要是经由译码、输入、编码、解码、输出等过程完成的。

（三）学习的结果是在人脑中形成知识的表征

　　信息加工学习理论认为，学习的结果是在人脑中形成知识的表征，并长久地保持，以备将来之需。依安德森等人的观点，知识可以分为陈述性知识与程序性知识，它们的表征方式是不一样的（详见第七章）。同时，上文所讲的"学习与记忆的信息加工心理历程示意图"还启示人们：①在学习中常常可获得陈述性知识与程序性知识等两类不同的知识；②对工作记忆中的陈述性知识进行编辑，可在长时记忆中创建新的程序性知识，这表明陈述性知识与程序性知识之间可实现转化。

（四）在信息加工的不同阶段有不同的心理规律

1. 人类加工信息的能量是有限的

这一见解可能是用信息加工方式来研究学习过程的最有见地的成果之一。这一论点原先是从香农（C. Shannon）等人设计的电话通信系统的模式中产生的。一根电缆在某一时刻只能从事有限的通信系统，因为它传递信息的能量是有限的。信息加工论者由此得到启示：人的信息加工能量可能也是有限的。人的能量有限观，对注意和记忆领域的研究影响最大。例如，一个人在某一时刻只能将焦点集中在某些刺激上，这就必然会摒弃其他刺激。短时记忆和长时记忆之间的区分，主要是基于能量的差异：一般认为，长时记忆贮存信息的能量是无限的，短时记忆一次只能记住 7 ± 2 个组块。现在许多认知心理学家都认可"人类加工信息能量有限"这一假设。[①] 既然如此，人们就应珍惜宝贵且有限的心智资源，将它用到正处，千万不要浪费。

2. 通过感觉记忆的信息只有通过注意之后才能进入短时记忆

认知心理学家认为，保持在感觉记忆中的信息假若不被个体所"注意"，就会很快被个体遗忘，而不会进入短时记忆作进一步的信息加工。因此，要想已进入感觉记忆的信息能够进入短时记忆去作进一步的加工，个体必须及时对它们予以注意。

3. 记忆取决于信息编码，回忆部分取决于提取线索

记忆信息加工有点类似档案分类系统，首先要对外来信息的轻重缓急加以分类整理，并且，所使用的分类方法和程序必须始终一致。编码是一个涉及信息觉察，从信息中抽取一种或多种分类特征，并对此形成相应的记忆痕迹的过程。信息编码的方式对以后提取该信息的能力有很大影响。假若一个人的知觉有误、分类特征不清或形成的记忆痕迹和客观事物相差很远，那么，他在提取信息时就会非常困难。研究表明，信息编码具有以下几个规律：①对信息编码的方式常常取决于学习任务的性质。假若学生了解某门学科的要求，他们一般会以最能满足这一要求的方式来编码。如，教师若告诉学生这门课的考试形式是选择题，学生就会以便于再认的方式来编码，而不是以有助于问题解决的方式编码。②编码涉及组块问题。所谓组块，就是在记忆中将许多小单位组合成较大单位的信息加工过程。心理学家相信，尽管人们记忆同时出现的一系列信息的能力是有限的，不过，假若将一些信息组织成块，就可以大大提高记忆能力，并且，组块中所包括的信息量可以是大不同的。同时，假如将信息组织成有意义的组块，不仅可以增加信息摄取量，而且还有助于保持记忆。③编码过程常常涉及信息的积极转换或改变。有时需要把听觉信息转换成语义代码等。所以，编码是一种主动加工的过程，而不仅仅是消极地将外界信息机械地记入脑中。[②] 对贮存的信息进行适当编码之后，假若没有恰当提取信息的线索作为条件，一个人仍是难以回想起某一事件的。例如，在高校生活的人一般都有过这样的经历，若想到图书馆去找一本自己需要的书，若不借助于图书的索引号，只是凭自己的经验去"瞎找"，有时是很难找到自己所需要的书的。同理，一个人在回忆时，假若提取线索不明确或没有有效的提取线索，常常会有这样的体会：明明某种经验就在脑中，一时就是想不起来。

① 施良方.学习论——学习心理学的理论与原理.北京：人民教育出版社，1994：286 - 287.
② 施良方.学习论——学习心理学的理论与原理.北京：人民教育出版社，1994：287 - 289.

4. 短时记忆的信息只有通过"复述""编码"或"编辑"才能进入长时记忆

进入短时记忆的信息如果没有经过个体的及时"复述""编码"或"编辑"，它们也不会进入个体的长时记忆进行进一步的信息加工，而只有进入长时记忆的信息，个体才有可能对它们进行长时间的保持以备将来的提取。所以，个体要想提高学习的效果，就必须采取有效措施对进入短时记忆的信息进行有效的复习，使之顺利进入长时记忆并进行加工。

三、信息加工学习理论在教育上的应用

在教育上，信息加工学习理论对人类的知识学习乃至对认知和社会发展等各方面，提供了最具科学性的解释。根据该理论，在教育上要做到：

第一，既然人类加工信息的能量是有限的，在教学中教师就不能在同一时间向学生尤其是低年级的学生呈现过多的信息量，否则，学生学习的结果必然是像猴子掰玉米一样，掰一个丢一个。因此，为了提高教学效果与学习效果，教师在任何一个单位时间内提供给学生的新知识点的数量都要适度；同时，要适当给学生留有心理加工或思考的时间。

第二，既然进入感觉记忆的信息只有通过注意之后才能进入短时记忆，在教学中教师就要采取多种有效方式随时唤起学生的注意；同时，学生自己也要通过各种方式来提高自己的注意力，否则，势必会影响教学与学习效果。

第三，既然记忆取决于信息编码，回忆部分取决于提取线索，这就意味着影响有效学习的因素主要包括外部输入的信息的组织方式，在短时记忆加工中新旧信息的相互作用以及伴随而来的知识编码方式。因此，为了提高学习效率，呈现给学生的教材就要有条理，同时，学生自己也要善于将脑海中的知识组织得有条理，尤其是善于将一些知识点进行"组块"，而不是简单地机械记忆，这将有助于学生在短时间内学到更多的知识。

第四，既然短时记忆的信息只有通过"复述""编码"或"编辑"才能进行长时记忆，所以，教师帮助学生组织有效的"复述""编码"或"编辑"，必能促进其学习的效果。

第五，既然有效反馈有利于提高学习效率，因此，教师要经常将学生的学习进展情况以恰当的方式反馈给学生，这样才能提高教学效果与学习效果。

第六，既然心理预期（期待）在调控个体的心智加工过程中扮演重要角色，那么，在实际教学过程或学习过程中教师和学生都要充分运用心理预期的作用来调控学习，以便充满发挥学习的效果。

四、对信息加工学习理论的简要评价

（一）信息加工学习理论的优点

1. 为研究人类的学习增添了一个新的研究视角：信息加工的视角

信息加工学习理论为研究人类的学习增添了一个新的研究视角——信息加工的视角。人们利用信息加工的视角，借助计算机模拟的方法，可以对人类的学习有更多的了解，这是行为主义和传统的认知学派学习理论所不能做到的。

2. 使人们对学习的内部加工过程有了更准确、全面的把握

信息加工学习理论可以用来解释人类的许多思维过程，使人们对学习的内部过程有更准确、全面的把握，这对提高学习的效果将发挥积极作用。这在上文已有论述，这里不再赘述。

（二）信息加工学习理论的不足

信息加工学习理论主要有两大不足：一是信息加工学习理论较多地关注知识的学习，较少地关注情感、意志对教学或学习的作用。二是将人类心理与人工智能作类比的不足。信息加工学习理论的基本观点是将人类心理与人工智能作类比，这种做法受到一些研究者的批评。塞尔（John R. Searle）认为，如果把计算机的计算看作人类认知的加工，那就等于说拥有了正确的程序就拥有了人类心灵。然而，在塞尔看来，计算机的程序纯粹是句法的，按照程序的计算，不过是运用形式规则按符号的形式特点进行的操作。句法规则本身对于语义理解是不充分的，或者说，计算机程序在性质上是形式化的，它不足以容纳人类心灵的意义理解或意向性活动。因此，拥有了正确的程序并不等于拥有了心智。进而，塞尔提出，形式计算理论从根本上来说对心理学的研究是没有价值的，它无助于对人类认知过程或心理过程的说明和解释。塞尔设计了一个"中文屋"（Chinese room）思想实验，用以证明人工智能与人类心理的截然不同的性质。[1] 这个思想实验是针对有研究者确定计算机能够像人一样理解故事而设计的。塞尔假定他本人被锁在了一间中文屋中。他只懂英语，对汉语则一无所知，那么对他来说，汉字符号就等于一些无意义的字符。屋中存有一批汉语，这相当于计算机的数据库存储的脚本（script）。屋中的塞尔拥有一本英语写的规则书，他能理解其中的规则，这相当于计算机的程序。现在屋外递进一批汉字符号，这相当于输入。他能按规则要求将递进的汉字符号与原有的汉字符号相匹配。当然，他只能以形状来辨别这些符号。然后，屋外又递进一批汉字符号和英语指令，这相当于有关故事的问题和要求回答。塞尔将其与前两批汉语相匹配，再把一些汉字符号递出屋外，这相当于对问题的回答。假定另一种情况是屋中的塞尔接触的符号不是汉语，而是他能理解的英语，即英语的脚本、英语的故事、英语的提问，以及他也是用英语回答的问题。这时，屋外看到答案的人会认为，汉语的回答和英语的回答没有什么区别，同样符合要求。按照图灵检验，屋中的塞尔在两种语言条件下都理解了故事。然而，汉语回答和英语回答却存在着根本的差异。在汉语的例案中，中文屋中的塞尔是对语言符号按句法进行的操作。尽管他给出了正确的答案，但他根本不理解汉语。也没有可能通过程序（操作规则）来理解汉语；在英语的例案中，中文屋中的塞尔本人就是懂英语的人，他不仅了解句法，而且理解语义。塞尔认为，汉语的例案表明了计算机的所作所为。计算机的程序是句法的，它是按程序对符号形式进行的操作。因此，尽管它得出了结果，但实际上它什么也没有理解。英语的例案则表明了人的所作所为。人与计算机不同，尽管人得出的是与计算机同样的结果，但人理解了语义内容。塞尔的思想实验引起了广泛讨论，但大多涉及的是人造机器能否具有与人同样的心智。实际上，还可以从另外一个角度看这个思想实验，即人类心理是否具有与计算机同样的信息加工性质。运用信息加工的观点来研究人的认知活动和过程，是认知心理学采纳的基本研究定向和策略。应该说，借助于计算机类比，使得心理学研究取得了巨大的进步。认知心理学之所以取代行为主义成为心理学的主流，重返对人的内在

---

① SEARLE J R. Mind, brains, and programs. Behavioral and brain science, 1980（3）：pp. 417-457.

心理意识的研究，就在于引入了信息加工的观点。把人的内在心理看作输入和输出之间的信息加工过程，使心理学家有可能对其进行客观的揭示和科学的了解，这有一定的合理性。但是，通过塞尔的思想实验能够了解到，计算机的符号操作过程着重的是符号形式的计算，而不是符号内容的理解，或者说是从原本一体的句法和语义中分离出了句法部分。那么，认知心理学在按照同样的方式探讨人的认知过程时，也是把人的完整心理的一个层面分离出来进行细致的考察。尽管这丰富和加深了对人类心理的某种了解，但也阻碍和限制了对人类心理的完整把握。杰肯道夫（R. Jackendoff）就曾指出，认知心理学目前的研究在身心关系之外又引出了一个心心关系问题，即计算的心灵（computational mind）和现象的心灵（phenomenological mind）。显然，认知心理学揭示的只是计算的心灵，而与现象的心灵还有相当的距离。并且，也许正是由于计算机类比的限制，心理学很难跨越这两者之间的障碍或界限。①

第五节　建构主义学习理论

伴随着心理学家对人类认知规律研究日益深入，伴随着世界各国教育都越来越重视创新学习与彰显学生主体性的思潮（这是建构主义学习理论兴起的教育背景），认知主义学习的一个重要分支——建构主义学习理论自 20 世纪 90 年代以来越来越引起人们的重视。

一、建构主义学习理论兴起的背景

（一）对知识与认识的新理解：哲学背景

建构主义（constructivism）是相对于客观主义的一种认识论，对哲学、历史学、文学乃至社会政治都有一定的影响。建构主义经历了一个较长的产生、形成和发展的历史演变过程。建构主义有广义和狭义之分。狭义的建构主义主要是指兴起于 20 世纪 90 年代的建构主义，下文若无特别说明，则所讲的建构主义学习理论即指狭义的建构主义学习理论，即现代建构主义的学习理论。广义的建构主义思想有着深厚的思想渊源。有学者认为，古希腊哲学家普罗泰戈拉的"人是万物的尺度"这一著名命题中其实含有后世建构主义思想的渊源。概要地说，古希腊的主观唯心主义哲学、怀疑论、不可知论是建构主义的最早源泉。然而，激进建构主义者冯·格拉塞斯费尔德明确认为，建构主义的思想起源是 18 世纪初意大利学者维柯。维柯（G. Vico，1668—1744）是意大利著名的历史学家、哲学家，是一位勇于创新的百科全书式学者。其主要代表作有《新科学》《论我们时代的研究方法》《论从拉丁语源发掘的意大利人的古代智慧》等。维柯对后来的建构主义产生较大影响的思想可以概括为四个方面：①主张区分"自然科学"（naturwissenschaften）与"精神科学"（geisteswissenschaften）的不同，后者在德文中本有"道德科学"（moral science）之义，现在则称为"人文科学"（human science）或"社会科学"（social science）。维柯之所以有这种主张，是因为他看到人类并不像动物那样纯粹是自然的产物，人类有理性，而且创造了文化；假若人们不顾人类的理性与文化而硬要用纯粹自然科学的方法来研究人

---

① 葛鲁嘉. 心理文化论要——中西心理学传统跨文化解析. 大连：辽宁师范大学出版社，1995：89 – 92.

类，必然会造成一些后遗症，如，迟早会将"人"客体化，进而或是简单处理或是干脆舍弃一些存在于人生的形而上学的问题。① ②人类历史是人类自我创造的过程。换言之，人类创造历史的同时，也创造了自身。维柯认为人类自我创造是一种"诗性智慧"，需要丰富的想象力。人类文化起初的所有知识都是用诗的隐喻和寓言的话语来描述的，这种诗性智慧是世界各民族最原始、最本原的智慧。维柯在《新科学》中写道："诗性的智慧，这种异教世界的最初的智慧，一开始就要用的玄学就不是现在学者们所用的那种理性的抽象的玄学，而是一种感觉到的想象出的玄学，像这些原始人所用的。这些原始人没有推理的能力，却浑身是强旺的感觉能力和生动的想象力。这种玄学就是他们的诗，诗就是他们生而就有的一种功能。"② 维柯进一步认为："民政社会的世界确实是由人类创造出来的，所以它的原则必然从我们自己的人类心灵各种变化中就可找到。"③ ③提出了"真理即创造"的著名论断。维柯对真理的态度是：人们应当创造真理而不是发现真理，因为创造力才是人的真正本性。这一论断不仅改变了长期以来人们所持的人类活动及其历史无法得到科学认识的看法，也为一种新的真理观——建构主义的真理观，奠定了思想基础。④人只能认识他自己所创造的东西。维柯主张：人能够认识人类历史，是因为人创造了人类历史，而上帝能认识自然界是因为上帝创造了自然界。④ 其后，哲学家康德（Kant，1724—1804）进一步拓展了建构主义思想。康德主张，主体不能直接通向外部世界，只能运用内部建构的基本认知原则（范畴）来组织经验，发展知识。康德认为，人们无法知道世界的本来面貌，也没有必要去推测它，人们所知道的只是自己的经验。进入 20 世纪 50 年代以后，受库恩等人思想的影响，非理性主义逐渐在科学哲学领域盛行，库恩强调科学共同体的信念在科学革命中的决定作用，相信科学的发展是非理性的，认为科学只是解释世界的一种范式，知识只是个人的理解。由是，理性主义的绝对地位被逐渐击破，重视主体性、实践性、相对性的"新"的知识观日渐为许多心理学家所接受。⑤ 因此，如果将建构主义者的观点浓缩为一句话，那就是："知识是相对的。"具体地说，建构主义者认为，世界是客观的，但知识并不是对现实世界的客观反映和准确表征，它只不过是人们借助于符号系统对客观现实作出的一种解释、一种假设，它并不是问题的"最终答案"，知识不是一劳永逸的、静止不变的，知识有其发展性、演化性，人类只能逼近而永远不可能得到最终答案，因此，知识不存在绝对的终极真理。同时，知识不可能以实体的形式存在于具体个体之外，而总是内在于主体，换言之，尽管人们通过语言符号赋予了知识一定的外在形式，甚至这些命题还得到了较普遍的认可。不过，这并不意味着学习者会对这些命题有同样的理解，事实上人们都在以自己的方式认识和解释世界，因为每个人的主观世界不同，结果每一个具体的个体对世界的解读实际上也是不一样的。因此，在认识论上，建构主义者认为，认识并非主体对于客观实在的简单、被动的反映（镜面式反应），而是一个主动的建构过程，即所有的知识都是建构出来的。⑥ 在建构过程中，主体已有的认知结构发挥了特别重要的作用，而主体的认知结构亦处在不断的发展之中。例如，可以想象，一个从未见

---

① 黄光国．知识与行动：中华文化传统的社会心理诠释．台北：心理出版社有限公司，1995：12 – 13.
② 维柯．新科学．朱光潜，译．北京：商务印书馆，1989：182 – 183.
③ 维柯．新科学．朱光潜，译．北京：商务印书馆，1989：154.
④ 郭本禹．当代心理学的新进展．济南：山东教育出版社，2003：298 – 299.
⑤ 莫雷．教育心理学．广州：广东高等教育出版社，2002：126.
⑥ 郭本禹．当代心理学的新进展．济南：山东教育出版社，2003：308 – 309.

过苏州的意大利人，在读了《马可波罗游记》后，假若要其根据书中的描述说出或画出自己心目中的苏州的大致形象，他一定会将苏州描述成像威尼斯式的苏州。建构主义还经常喜欢举德国的一个关于"鱼牛"的童话来说明个体脑中原有的"知识背景"在建构新的知识过程中所发挥的重要作用：

在一个小池塘里住着一条小鱼和一只青蛙，它们是一对好朋友。小鱼和青蛙听说外面的世界好精彩，都想出去看看。但是，小鱼因为自己不能离开水而生活，只好让青蛙独自去了。这天，青蛙回来了，小鱼迫不及待地向青蛙询问外面的情况。青蛙告诉小鱼，外面有许多新奇有趣的东西。"比如说牛吧，"青蛙说，"这真是一种奇怪的动物，它的身体很大，头上长着两个犄角，吃青草为生，身上有着黑白相间的斑点，长着四只粗壮的腿，身后还长有尾巴……"小鱼惊叫道："哇，好怪哟！"同时脑海中随即浮现出它心目中的"牛"的形象：一个大大的鱼的身子，头上长着两个犄角，嘴里吃着青草……

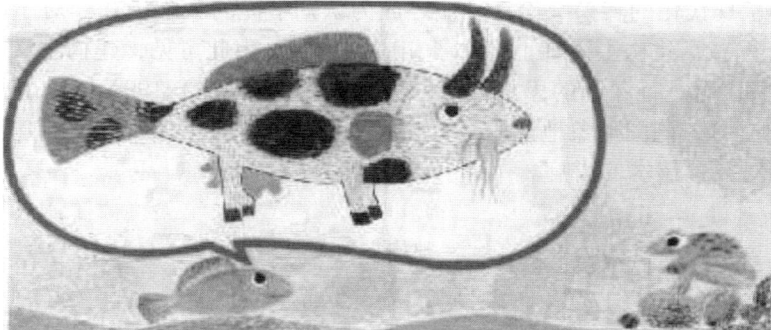

图 5 - 12　小鱼脑海中浮现的奶牛示意图

（二）对已有学习理论的继承、质疑与发展：心理学背景

假若说哲学思想领域对认识与知识的新解释是建构主义学习理论兴起的重要外在思想根源之一的话，那么，一些认知心理学家对原有学习理论的继承、质疑与发展，则是建构主义学习理论兴起的重要内部因素。

1. 对已有学习理论的继承与发展

建构主义学习理论不是"空穴来风"，是在已有学习理论尤其是传统认知主义学习理论的基础上的进一步发展，因此，建构主义学习理论在"破"原有学习理论的同时，对原有学习理论的精髓也有所继承与发展。①皮亚杰与维果斯基都可视作建构主义的重要先驱。尽管皮亚杰特别强调每个主体的创造，而维果斯基更关心社会文化的创造即知识的工具（主要包括文化和语言）的传递，但在基本方向上，皮亚杰和维果斯基都是建构主义者，只不过，皮亚杰强调的是个人建构，而维果斯基重视的是社会建构，他们二人的思想对后来的建构主义学习理论产生了重要影响，并开启了建构主义的两大倾向：个人建构主义与社会建构主义。同时，维果斯基强调社会文化、对话等因素在学习中的重要作用的观点，皮亚杰的同化、顺应和平衡等核心概念也都为建构主义学习理论所继承与发展。②20世纪60年代以后兴起的以布鲁纳和奥苏贝尔等人为代表的传统认知主义学习理论（相对于建构主义学习理论而言）的精髓也为建构主义者所继承与发展。布鲁纳和奥苏贝尔等传统认知派学习理论重视以人（而不是动物）为对象来研究学习（尤其是知识的学习）、重视学生已有知识背景在学习新知识过程中的重要作用、强调学生在学习过程中的主动建构、主张用同化思想来解释学习的内在心理机制等，这些思想在建构主义者身上都得到了较好的继承与发展，这些共同之处，使建构主义学习理论与传统认知主义学习理论之间一脉相承。③建构主义者还吸收了行为主义学习理论的一些精髓思想。例如，行为主义所重视的科学研究范式为建构主义所继承。又如，斯金纳学习理论非常重视直接经验在学习中的作用，后被强调间接经验在学习中的作用的班杜拉的社会学习理论所批评，斯金纳的此思想曾一度被学人所质疑。但是，建构主义者"慧眼识珍珠"，重新重视直接经验在学习中的重要作用，于是，经过"否定之否定"，直接经验在学习中所起的重要作用重新又被学人所看重，并普遍强调真实情境在学习中的重要作用。④人本主义学习理论强调以学生为中心的教育理念和意义学习的思想也被建构主义者所提倡。⑤建构主义者甚至还借鉴了一些"古老"的教学方法和学习方法。像师傅带徒弟式的教学与学习方法也为建构主义者所继承，并作了现代化的转换与诠释，使之成为认知学徒的教学模式。对于以杜威为代表的"做中学"思想，建构主义者也都作了相应的吸收。由此可见，建构主义学习理论绝不是"横空出世"，而是有深厚的思想渊源。乔纳森（Jonassen）1992年提出了一个二维图（如图5-13所示），该图形象地说明了行为主义、认知主义、客观主义和建构主义之间的关系以及它们对教育技术的影响。

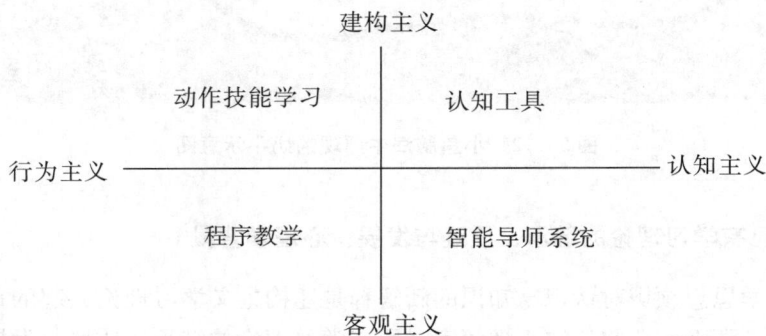

图5-13　乔纳森的二维图

2. 对已有学习理论的质疑与超越

（1）对传统认知派学习理论的质疑与超越。

　　如果说传统认知派学习理论更倾向于客观主义，那么，建构主义则更倾向于主观主义，进而一般反对客观主义的传统。具体地说，建构主义者对传统认知派学习理论的质疑与超越可归纳为以下几个主要方面：

表 5 - 2　建构主义学习理论与传统认知派学习理论的对比

	传统认知学习理论	建构主义学习理论
人脑	信息加工学习理论的一个核心观点是：人脑与电脑是异质同构的，可通过研究电脑的信息加工过程进而推知人脑的内部心理加工过程	反对将人脑比作电脑，因为它从本质上看仍是行为主义的观点，这样做易忽视人脑的主动建构的特性，易将人当作被动的机器人或小白鼠看待，不利于揭示人的学习的真正本质
知识观	知识是客观的、具有普遍性意义的	知识是主观的、相对的，不相信有所谓定论形式的知识
学习者已有知识背景	布鲁纳和奥苏贝尔（尤其是奥苏贝尔）都重视学生脑海中已有的认知结构在学习新知识过程中的作用，不过，在他们心中，学生脑海中已有的认知结构在同化新知识过程中仅起"地基"和"桥梁"作用，用奥苏贝尔的话说，主要是起到一种"先行组织者"的作用	除了在同化新知识过程中起"地基"和"桥梁"作用外，还能起理解、选择、诠释、建构新意义等作用。这样，由于每一个学生脑中原有的知识背景不同，即便在课堂上一起听同一老师的同一门课，课后在每一个学生脑海中所形成的知识不但不可能完全相同，甚至与教师所呈现的知识也不完全相同，故他们重视生成性学习
学习性质	都强调学习是个人行为，只不过，布鲁纳主张学习是独自探索、发现的过程；奥苏贝尔主张学习是意义接受的过程	学习是高度化的社会行为
学习内容	普遍性知识（去情境），其中，奥苏贝尔相信有"定论"形式的知识	提出情境原理，主张情境性知识
教学方式	布鲁纳：教师向学生提供结构良好的知识，以促进学生的发现；奥苏贝尔：教师以定论的形式将知识呈现给学生	教师向学生提供主观的知识，让学生自己去分析其合理性、自己去建构、自己去生成
学习方式	发现学习（布鲁纳）；意义接受学习（奥苏贝尔）	初级学习和高级学习（斯皮罗）、生成性学习（维特罗克）
学习过程	消化并吸收的过程，以便将新知识准确而有效地放入已有的认知结构中，以提升原有的认知结构	主动建构的过程，倡导生成性学习、情境性学习

（续上表）

	传统认知学习理论	建构主义学习理论
影响学习的主要因素	布鲁纳重视真实情境的结构性、错误和失败的意义与评价；奥苏贝尔重视先备知识	提出协商原理，强调师生间、学生与学生之间的协作和对话
学习结果	形成金字塔形认知结构。但它存在两个弱点：①不好解释熟悉效应、典型效应和否定效应；②随着个体知识的日益丰富，金字塔形认知结构会越"建"越高，这样，当个体提取越下一层次的知识时，所花时间不但会越来越多，而且更易发生错误，降低学习效率	为了克服"金字塔形认知结构"存在的两个弱点，主张学习结果是围绕关键概念建构起网络结构、环形结构或球形结构的知识体系。这样，随着个体知识的日益丰富，虽然环形或球形的认知结构势必会越变越大，不过，站在环形或球形中心的个体到任何一个知识点的距离仍是大致相等的，这利于又好又快地提取知识，自然就会提高学习的效率

（2）对行为主义学习理论的质疑与超越。

在典型的行为主义者眼中，学习者都是一个个"空心的有机体"，这样，不同的学生在同一个情境中习得的是同一类行为反应，这就是教育上有名的环境决定论。建构主义者对行为主义者的这种观点不以为然，而坚信：由于每个学生在事实上都不可能是一个个"空心的有机体"，而是有一定的知识背景，有一定的兴趣与爱好，有不同的学习风格，因此，即便学习情境相同，不同的学习者的学习结果也都不会完全一样，而是千差万别的。

（三）计算机技术与网络技术的发展：技术背景

上述两方面的背景是建构主义学习理论兴起的重要思想根源，现当代计算机技术（包括计算机硬件与软件技术）与网络技术的充分发展为建构主义学习理论的建立提供了充分的技术保障。事实表明，计算机的发展与普及、计算机网络和多媒体技术的逐渐成熟与日益普及，是支撑建构主义学习理论在 20 世纪 90 年代以后蓬勃发展的重要技术因素。

二、建构主义学习理论的分歧及四大取向

（一）建构主义学习理论的分歧

有浓厚认知倾向的心理学家在以下四个问题上存在分歧：

1. 知识是由外部输入的还是由内部生成的

个体的知识是怎样形成的？它是由外部输入的，还是由内部生成的？假若知识是由外界输入个体学习者头脑中的，这就意味着学习过程是要接受来自外部的刺激或信息，接受作为人类现有认识成果的知识体系。如果说知识是由个体生成的，那意味着学习就是学习者运用自己的头脑形成对事物或现象的解释和理解的过程，就是探索问题的解决途径的过程。在这个问题上，主要存在三种见解：

一是外部指引观。典型者如信息加工论者认为，外部世界的现实和真相将指引知识的建构，知识是个体通过建构对外部世界的精确心理表征而习得的，假若知识准确反映外部

现实，在这个意义上它就是正确的。

二是内部指引观。典型者如皮亚杰理论主张，新知识是通过转换、组织与重新组织旧知识而建构起来的，知识不是现实的反映，而是随着认知活动生长和发展的一种抽象，知识不是真的或伪的，它只是随着发展变得更为内部一致和更有组织。

三是内外指引观。典型者如维果斯基和班杜拉的观点。他们认为，知识是通过内部认知因素和外部环境因素相互作用而产生和发展起来的，知识反映外部世界，但受文化、语言、信念、与他人相互作用的影响，并且要通过这些影响的过滤。①

2. 世界是否可知

在"世界是否可知"问题上也有三种见解：①包括皮亚杰和维果斯基在内的大多数心理学家主张人们不能直接知觉世界，必须通过人的理解加以过滤才能知觉世界，他们不谈精确的概念，只谈符合逻辑的或良好的理解，相信人们之所以了解世界，是因为知识的建构是一个理性的过程，有些建构优于其他建构。②信息加工论者相信世界是可知的，个体之外存在着客观现实，并且个人能够把握它。③更为极端的建构主义者认为世界是不可知的，知识是个人在一定文化和社会环境中建构起来的，他们并不关心世界的精确与"真实"的表征。

3. 知识是情境性的还是普遍性的

有些人（如皮亚杰和布鲁纳）认为，知识是普遍性的，具有泛情境性。在一定情境下习得的知识并不局限于该情境中的应用，在一定的练习条件下，它们可以实现普遍的迁移。也有些人——如布朗（J. S. Brown）、简·拉夫（Jean Lave）和温格（Etienne Wenger）——主张知识是情境性的（situated knowledge），这样，学习原本是社会性的，并体现在一定的文化情境中，在此时此地是正确的东西，换在彼时彼地可能就是谬论。由于知识离不开学习得以发生的具体情境，在课堂上学习的东西难以迁移和应用于课堂之外的环境，为避免此情况的发生，就有必要创造与现实生活相似的真实情境以开展情境性学习（situated learning）。根据拉夫和温格在1991年出版的代表作《情境学习：合法的边缘参与》（*Situated Learning：Legitimate Peripheral Participation*）一书中的主张，情境性学习强调两条学习原理：一是在知识实际应用的真实情境中呈现知识，把学与用结合起来，让学习者像专家、"师傅"一样进行思考和实践；二是通过社会性互动和协作来进行学习。可见，情境性学习更像一种师徒关系，在此新手由于有专家的指点和示范，逐渐承担更多的责任，直至能独立工作。②

4. 如何看待"个体"与"社会"

建构主义者虽都重视学习中的"相互作用"，不过，根据 Driver（1995）的观点，知识的建构主要有三种类型：①个体的建构，它重视个体与其物理环境的相互作用；②个体间的建设，它重视儿童—儿童、儿童—成人之间相互作用的建构；③在更大社会文化背景下的公共知识建构。不同倾向的建构主义对这三者的重视程度是不同的。是将学习看成个体与物理环境相互作用的过程，还是更关注学习中的社会性相互作用？在"个体—社会"这一连续体上，不同的建构主义表现出明显的差异。有人更关注个体学习者的知识建构，他们沿着皮亚杰的路线，深入揭示个体在与客体的相互作用中形成、改造自己的知识经验

---

① 陈琦，张建伟. 建构主义学习观要义评析. 华东师范大学学报（教育科学版），1998（1）：65.

② 皮连生. 教育心理学. 3版. 上海：上海教育出版社，2004：76–78.

的过程，即使谈到"他人"时，也主要把"他人"理解为与一般物理客体相同的对象，而不是理解为与学习者一样的认知主体。有人更重视学习的社会的一面。他们继承维果斯基的观点，主张人的高级心理活动源于社会性相互作用，既重视合作、讨论在学习中的作用，又重视人类现有的社会文化知识在个体学习中的作用，并强调把社会文化知识内化为个体的经验。①

（二）建构主义学习理论的四大取向

由于存在上述分歧，导致建构主义流派纷呈，按不同标准划分可以将之分为不同的取向。有人将建构主义分为六种不同的倾向：激进建构主义（radical constructivism）、社会建构主义（social constructivism）、社会文化认知的观点（social cultural cognition）、信息加工的建构主义（information-processing constructivism）、社会学建构论（social constructionism）和控制论系统（cybernetic system）。② 也有人将建构主义区分为激进建构主义和社会建构主义。综合起来看，建构主义学习理论大致有四大取向③：

1. 激进建构主义

激进建构主义是在皮亚杰思想基础上发展起来的建构主义，以格拉塞斯费尔德和斯特菲为代表。激进建构主义有两个基本特征：一是突出强调认识活动的建构性质，认为一切知识都是由主体主动建构起来的，人们不可能只是通过感知被动地接受知识，人的认识活动本身就是一个"意义赋予"（sense making）的过程，即主体依据自身已有的知识和经验建构出对外部世界的意义。二是对认识活动的"个体性质"的绝对肯定，认为各个主体必然具有不同的知识背景和经验基础（或不同的认知结构），因此，即使就同一个对象的认识而言，相应的认识活动也不可能完全一致，而必然具有个体的特殊性。在激进建构主义者看来，个人的建构有其充分的自主性，是一种高度自主的活动，也就是说"一百个人就是一百个主体，并会有一百个不同的建构"。正是在这样的意义上，激进建构主义也常常被称作"个人建构主义"（personal constructivism）。激进建构主义深入研究了概念的形成、组织与转变，不过，这种建构主义主要关注个体与其物理环境的相互作用，对学习的社会性重视不够。

2. 社会建构主义

社会建构主义是在维果斯基理论的基础上发展起来的一种建构主义，以鲍尔斯、费尔德和库伯等人为代表。社会建构主义也在一定程度上怀疑知识的确定性和客观性，不过，较之激进建构主义的观点显得较温和。在社会建构主义看来，世界是客观存在的，对每个认识世界的个体来说是共通的，知识是在人类社会范围里建构起来的，又在不断地被改造，以尽可能和世界的本来面貌相一致，尽管可能永远达不到一致。同时，社会建构主义的另一核心与特色在于对活动的社会性质的明确肯定，认为社会环境、社会共同体对于认识活动有重要作用，个体的认识活动是在一定的社会环境中得以实现的，所谓"意义赋予"包含"文化继承"的含义，即经由个体的建构活动所产生的"个体意义"事实上包

① 陈琦，张建伟. 建构主义学习观要义评析. 华东师范大学学报（教育科学版），1998（1）：66.
② 陈琦，张建伟. 建构主义学习观要义评析. 华东师范大学学报（教育科学版），1998（1）：61 – 63.
③ 冯忠良，等. 教育心理学. 北京：人民教育出版社，2000：164；路海东. 教育心理学. 长春：东北师范大学出版社，2002：77.

含了对于相应的"社会文化意义"的理解和继承。可见，虽然社会建构主义也将学习看成个体建构自己的知识和理解的过程，但它更关心这一建构过程的社会的一面。他们主张，知识不仅是个体和物理环境相互作用并内化的结果，而且在这一过程中具有社会建构的性质，因为语言等符号在其中扮演了重要的角色。正是由于学习者在自己的日常生活、交往和游戏等活动中形成了大量的个体经验（"自下而上的知识"），它从具体水平向知识的高级水平发展，走向以语言实现的概括，具有理解性和随意性。在人类的社会实践活动中形成了公共文化知识。在个体的学习中，这种知识首先以语言符号的形式出现，由概括向具体经验领域发展，所以也可以称作"自上而下的知识"。儿童在与成人或比他成熟的社会成员的交往活动（尤其是教学活动）中，在他们的帮助下，解决自己还不能独立解决的问题，理解体现在成人身上的"自上而下的知识"，并以自己已有的知识为基础，使之获得意义，从而把"最近发展区"变成现实的发展，这是儿童知识经验发展的基本途径。

3. 社会文化取向

社会文化取向（social cultural approach）与社会建构主义有很大的相似之处，它也深受维果斯基学说的影响，也将学习看成建构过程，关注学习的社会性方面。不过，与社会建构主义不同的是，社会文化取向主张心理活动是和一定的文化、历史和风俗习惯背景密切联系在一起的。知识和学习都是存在于一定的社会文化背景中的，不同的社会实践活动是知识的来源。这样，它着重研究不同文化、不同时代与不同情境下个体的学习和问题解决等活动的差别。他们借鉴文化人类学的方法，研究一定文化背景下的个体为达到某种目的而进行的实际活动，并认为这些实际活动是以一定的社会交往、社会规范、社会文化产品为背景的。个体以自己原有的知识经验为基础，经过一系列的活动，解决所出现的各种问题，最终达到活动的目标。他们认为，学习应该像这些实际活动一样展开，在为达到某种目标而进行的实际活动中，解决遇到的实际问题，从而学习某种知识。学生在问题的提出及解决中都处于主动地位，而且在其中可以获得一定的支持。这种观点提倡师徒式教学，就像工厂中师傅带徒弟那样去教学。

4. 信息加工的建构主义

前文所讲的信息加工论不属于严格的建构主义，理由是：虽然信息加工论主张认知是一个积极的心理加工过程，学习不是被动地形成 S－R 联结，而是包含了信息的选择、加工和存储的复杂过程，在此意义上，信息加工论比行为主义学习理论前进了一大步。不过，信息加工论假定，信息或知识是事先以某种形式存在的，个体必须首先接受它们才能进行认知加工，那些更复杂的认知活动才能得以进行；同时，信息加工论只是强调原有知识经验在新信息的编码表征中的作用，而忽略了新经验对原有知识经验的影响。信息加工的建构主义比信息加工理论前进了一步，尽管它仍然坚持信息加工的基本范式，但完全接受了"知识是由个体建构而成的"观点，强调外部信息和已有知识之间存在双向的、反复的相互作用，新经验意义的获得要以原有的知识经验为基础，从而超越所给的信息；而原有经验又会在此过程中被调整或改造。当然，信息加工的建构主义并不接受"知识仅是对经验世界的适应"原则，因此它常常被称为"温和建构主义"。斯皮罗（Spiro）等人1990年提出的弹性认知理论（cognitive flexibility theory）就是这样一种建构主义理论（详见下文）。

三、建构主义学习理论的基本内容

对于学习的看法，综合不同建构主义的主要观点，可以从中得出以下七个基本内容：

（一）学习内容是主观的知识、情境性知识

建构主义主张知识是主观的、情境性的，这种相对主义知识观影响到其对教学内容的看法。按照建构主义的观点，课本知识只是一种关于各种现象的较为可靠的假设，而不是解释现实的"模板"，这些知识在被个体接受之前，它对个体而言毫无权威可言，不能把知识作为预先确定了的东西教给学生（典型者如奥苏贝尔），不要用人们对知识正确性的强调作为让个体接受它的理由，不能用科学家、教师、课本的权威来压服学生，学生对知识的"接受"只能靠他自己的建构来完成，以他们自己的经验、信念为背景来分析知识的合理性。知识在各种情况下的应用并不是简单的套用，具体情境总有自己的特异性，相应地，学习不是教条式的掌握，而需要把握它在具体情境中的复杂变化，使学生的学习走向"思维中的具体"。①

（二）学习过程是学生主动建构自己知识的过程，学习者是学习的主体

建构主义者主张，学习不是像早期行为主义者所说的是一个简单的"由外至内"的外铄过程，学习实际上是学习者运用自己已有的经验去主动而积极地建构对自己富有意义的内部心理表征的过程。学习者对外部世界的理解是他通过自己主动而积极的选择、加工与建构的结果，而不是被动地接受别人呈现给他们的东西。换言之，学习过程不是知识由教师向学生的传递过程，而是学生主动建构自己知识的过程；学习者不是被动的信息吸收者，相反，他要主动地建构信息的意义，这种建构不可能由他人代替。因为每一个学习者不但都有不同于他人的知识背景，而且每个人看待问题与选择信息的视角也不可能完全相同，这就决定了每个人的建构都是一个独特的信息加工过程。这意味着学习过程是主动的意义建构过程，而不是行为主义学习理论所描述的 S－R 过程，也不仅仅是信息加工学习理论认为的旧知识对新知识的同化过程。知识的意义不是简单地由外部信息决定的，外部信息本身没有意义，意义是学习者通过新旧知识经验间反复的、双向的相互作用过程而建构起来的：学习者以自己原有的经验系统对新信息进行编码和吸纳，建构自己对知识的理解，同时，旧知识又因新经验的进入而发生调整、改变和结构重组。前者也就是皮亚杰所指的同化，是认知结构数量的扩充（图式的扩充），后者也即顺应，则是认知结构性质的改变（图式的改变）。新旧知识经验的相互作用正是知识建构的机制。由此可见，与传统认知主义学习理论相比，建构主义强调了学习过程的独特性和双向建构性，并主张学习者是学习的主体，所以，要给学生足够的自主空间。②

建构主义者认为知识是个体对现实世界建构的结果。根据这种观点，学习发生于对规则和假设的不断创造。而当学习者对现实世界的原有观念与新的观察之间出现不一致，原有观念失去平衡时，便产生了创造新的规则和假设的需要（J. Brooks，1990）。可见，学

---

① 陈琦，张建伟. 建构主义学习观要义评析. 华东师范大学学报（教育科学版），1998（1）：64.
② 莫雷. 教育心理学. 广州：广东高等教育出版社，2002：129－130.

习活动是一个创造性的理解过程。相对于一般的认识活动而言，学习主要是一个"顺应"的过程，即认知结构的不断变革或重组，而认知结构的变革或重组又正是新的学习活动与认知结构相互作用的直接结果。按照建构主义的观点，"顺应"或认知结构的变革或重组正是主体主动的建构活动。建构主义强调学习者的积极主动性，强调新知识与学习者原有知识的联系，强调将知识应用于真实的情境中而获得理解（Good & Brophy，1994）。例如，美国心理学家维特罗克（Merlin. C. Wittrock，1931—　　）于 1974 年在《教育心理学家》杂志上发表《作为生成过程的学习》[①] 一文，正式提出了"生成学习理论"（theory of generative learning），其核心观点便是：学习的实质是一个主动建构和生成意义的过程。同时，维特罗克提出的学生学习的生成过程模式较好地说明了学习的这种建构过程：学习的生成过程是学习者原有的认知结构，即已经储存在长时记忆中的事件和脑中的信息加工策略，与从环境中接受的感觉信息（新知识）相互作用，主动地选择信息和注意信息，以及主动地建构信息的有意义的过程。

　　课外阅读：用建构主义的眼光看，下面这则小故事蕴含什么道理

　　宋代著名学者苏东坡和佛印和尚是好朋友，一天，苏东坡去拜访佛印，与佛印相对而坐，苏东坡对佛印开玩笑说："我看见你是一堆狗屎。"佛印听完后不但不生气，反而微笑地回答："我看你是一尊金佛。"苏东坡觉得自己占了便宜，内心颇为得意。回家以后，苏东坡向妹妹提及此事，苏小妹听完后说："哥哥你吃亏了。佛家说'佛心自现'，你看别人是什么，就表示你看自己是什么。"

（三）学习是一种高度化了的社会行为

　　根据建构主义的基本立场，教师和学生之间以及学生和学生之间的相互作用（即交流与合作）对学习活动有重要影响。因为：①学习者并不是白板一块，他们在以往的学习和生活中已形成了一定经验和命题网络结构，这些原有认知结构和信念对他们建构新知识有特别重要的作用，新知识经验正是在旧有知识经验基础上生长出来的。同时，不同的人由于自己脑海中的原有知识背景不同，观察问题与解决问题的视角不同，对同一个问题的看法往往有差异，但在学习者的共同体中，这些差异恰恰构成了一种宝贵的学习资源，学习者以自己的方式建构对事物的理解，导致不同的人看到的是事物不同的方面，通过学习者的协作和对话以共享不同个体的思维成果，达到对知识较为全面和丰富的理解。打一个比方，两个人各有一个苹果，互相交换之后，当然各人仍只有一个苹果；但是，两个人各有一种观点或思想，彼此交换后，则每个人都各有两种思想或观点。②将学习视作一种高度化了的社会行为，有助于促进个体大脑的发展。例如，有研究表明，长期在"贫瘠环境（impoverished environment）"（即独处环境）和"丰富环境（enriched environment）"（即群居环境）两种情境下，老鼠的大脑发育有显著差异，其中，前者的大脑发育显著低于后者的大脑发育水平（如图 5 - 14 所示）。③将学习视作一种高度化了的社会行为，更加符合人的社会属性。④将学习视作一种高度化了的社会行为，有利于发挥整体性的社会环境和文化传统对个人学习活动的积极影响；并且，通过学生之间的相互合作学习，有助于培养

---

①　WITTROCK M C. Learning as a generative process. Educational psychology，1974（11）：pp. 87 - 95.

彼此的合作精神，有助于发挥每个学生自身的优势。正因为如此，建构主义者非常强调学习的社会性。受此思想的影响，近年来小组合作学习受到普遍的重视，因为它为更充分地去实现"社会相互作用"提供了现实的可能性。正是基于这样的认识，人们提出了"学习共同体"的概念，也就是说，学习不能被看作孤立的个人行为，学习者不是"单干户"或"个体户"，而是"学习共同体"的共同行为。建构主义者强调学习是一种高度化了的社会行为的观点，对于当代中国人培育合作精神具有启发意义。因为中国有一些人在平日缺乏合作精神，从而招来"一个中国人是条龙，三个中国人是三条虫"的批评。建构主义者强调学习是一种高度化了的社会行为的观点，对于中国人正确看待小组合作学习也有一定的借鉴意义。

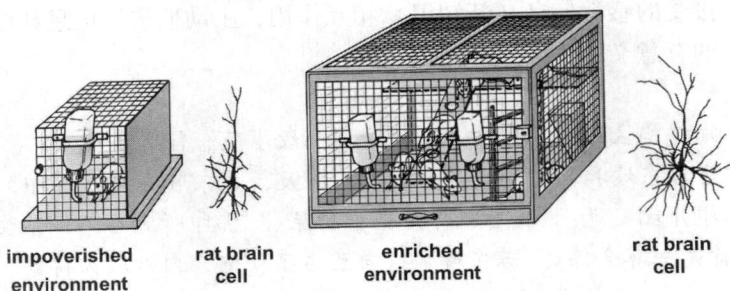

impoverished environment rat brain cell enriched environment rat brain cell

图 5-14 "独处"与"群居"情境下老鼠的大脑发育对比示意图

需要指出，在运用小组合作学习这一学习方式时，若运用不当，容易产生一些隐患，需及时化解：第一，是只学会了"片断性知识"还是学会了"全局性知识"？有时，小组中的每一个学习者只学会了"片断性知识"，对于"全局性知识"则一无所知。犹如在一些现代流水作业中大多技术工人只会做某个片断的工艺一般。克服这一隐患的恰当对策是：根据学习目的和学习内容灵活采取对策。就学习目的而言，假若只要求每一个学生掌握某一工艺里的某一环节，那么学生一旦学会自己所需掌握的片断性知识也就达到了学习目的。如果要求每一个学生都需要掌握某一学科领域里某一主题的"全局性知识"，这时就要进一步考虑涉及这一主题的"全局性知识"的性质：假若涉及此主题的"全局性知识"均是陈述性知识（详见下文），那么，每一个学生通过自主发现，一旦掌握了自己学习任务内的"片断性知识"，就可以交流各自的学习心得，从而让每个学生最终均掌握住"全局性知识"，而不必让每个学生都去自主发现每一个环节的陈述性知识，毕竟陈述性知识可以通过讲授法进行有效的传授。如果涉及此主题的"全局性知识"均是程序性知识，那么，每一个学生假若不对全部流程都系统地做一遍或多遍，往往只能掌握自己学习任务内的"片断性知识"，对于其他同学完成的"片断性知识"就会知之甚少甚至一无所知。毕竟学习程序性知识的最佳方式一般是"做中学"，而不是"坐着听他人空讲"。第二，是形成正向支持还是形成负向依赖？通过合作学习理应增进每位参与者的正向支持，而不是负向依赖。第三，每位个体的努力是否可估且公正？在开展合作学习时，不能将任务一分了事，而必须做到让每位参与者的努力都是既可以计算又大体相当的，从而尽量避免出现有人过分劳累、有人过分轻松的情形。第四，是否有面对面的交流？在开展合作学习时，面对面的交流是重要的一环。第五，有无必要开展社交技能的指导？一旦发现参与合作学习的某位学生缺乏社交技能，就必须给予相应的指导，以增进合作学习的效果。否则，会让不善于与人交流的人缺乏合作学习的兴趣，进而削弱合作学习的效果。第六，对合作学习的进程是否进行了反思与监督？为了及时了解合作学习的进展情况，必须引导学生对合作学习的进程进行反思，老师也要适当加以监督；否则，若合作学习出现上述问题时，就无法做到及时发现、及时调整。第七，小组成员之间是否"同质"？若小组成员彼此在看问题的视角、已有知识背景、兴趣与爱好等方面存在高度的同质性，其学习效果就不可能高效。解决办法是：重新编组，在新小组中插入适量的异质性成员。第八，是否会产生"团队迷思"？美国心理学教授詹尼斯（I. Janis）通过研究"猪湾登陆"（The Bay of Pigs Invasion）等许多失败的案例，发现它们有一个共性，那就是形成"团体迷思"（group think）。它指团队的成员之间由于产生了"领导或同伴的意见是正确的"之错觉，从而产生盲目的众从或从众效应，于是，成员倾向于让自己的观点与领导或团队其他成员保持一致，导致一些值得争议的观点、有创意的想法或客观的见解，或者无人提出，或者即便提出也遭到领导或团队其他成员的忽视或否定，由此而令整个团体缺乏不同的思考角度，无法对问题进行客观分析与正确决策，结果共同作出愚蠢决定的一种心理与行为方式。为了破除团体迷思，必须坚守"和而不同"的原则，切不可无原则地一味盲从。这样，如果你是一个小组或组织的成员，无论何时，你都要讲出你的看法——哪怕这看法不是很中听。假若你领导着一支小组或团队，请你指定某人唱反调。他将不是小组或团队里最受欢迎的人，但也许是最重要的人。[①]

（四）学习的结果是围绕着关键概念建构起网络结构的知识

传统认知派学习理论一般认为学习的结果是形成或提升学生脑海中的认知结构，这种认知结构是高度结构化的知识，并且是按概括水平的高低分层次排列的，犹如金字塔一般。建构主义认为学生学习的结果不是加涅所讲的直线结构或布鲁纳与奥苏贝尔等人讲的层次结构，而是建构围绕着关键概念的网络结构知识。假若学习者果真按建构主义者的这种观点去组织自己脑海中的知识，就能使知识具有多个线索，不但利于提取，也利于发散思维，从而有利于创新精神的培育。

（五）影响学习的因素

在建构主义者看来，影响学习的主要因素是先前知识经验的作用、真实情境的作用、协作与对话的作用、情感的作用、错误和失败的意义与评价的作用等。在这诸种因素中，对先前知识经验重视主要是受到皮亚杰、维果斯基和奥苏贝尔等人思想影响的结果；对真实情境、错误和失败的意义以及评价作用的重视，主要是受到杜威和布鲁纳等人思想的影响；对情感的重视，主要是受到人本主义学习理论的影响。相对而言，强调协作与对话的作用，是建构主义学习理论对影响学习因素的较新颖而重要的看法。

（六）将学习分为初级学习与高级学习

斯皮罗（Spiro，1991）等人对学习类型进行了重新解释。他们认为人的学习可以分为"初级学习"和"高级学习"两种类型。初级学习是学习的低级阶段，在该阶段，学习过

① 罗尔夫·多贝里. 请人唱反调. 朱刘华，译. 特别关注，2014（2）：24.

程主要是一种掌握结构性知识的过程，学习者由此获得的往往是普遍而抽象的事实、概念和原理，以便在其后的测验中能将所学的东西按原样再现出来。初级学习所涉及的知识内容往往都是结构良好领域（well-structured domains）的知识，即有固定答案的知识。高级学习主要是获得非结构性的知识和经验的过程，学习者由此获得的是与具体情境相关联的知识，这些知识是在解决问题的过程中不断建构出来的；换言之，在高级学习中，学生不但要深刻掌握概念的复杂性，而且要能将它们广泛而灵活地运用到具体情境中，这时所涉及的是大量结构不良领域（ill-structured domains）的知识。所谓结构不良领域的知识，指生活中较复杂的知识，它一般没有现成的固定答案，必须经过个体的深加工后才能理解与运用。概念的复杂性和概念与实例间的差异性是结构不良领域知识的两个主要特点。斯皮罗认为结构不良领域知识是普遍存在的，只要将知识运用到具体情境中去，都有大量的结构不良的特征。所以，在解决实际问题时往往不能靠简单地提取出某一个概念原理，而是要通过多个概念原理以及大量的经验背景的共同作用而实现。因此，20 世纪 90 年代以来的建构主义者大都重视情境性学习（与此不同的是，皮亚杰和布鲁纳等人认可泛情境性学习）。

（七）对迁移提出了自己的理论观点

在建构主义看来，任何知识都具有一定的内涵、逻辑外延（潜在应用范围）和心理外延（主观上的应用范围），知识的内涵决定它潜在的逻辑应用范围。但是，对于一个学习者来说，知识的潜在应用范围只有一部分是可能被实现的，这就是学习者主观上的应用范围，即心理外延。所谓学习迁移，实际上就是知识在新条件下的重新建构，这种建构同时涉及知识的意义与应用范围两个不可分割的方面。知识的意义要通过知识应用来理解，知识被应用得越多、越多样化，知识的逻辑外延就越多地变为心理外延，学习者对知识的理解就变得越深刻，也就越能灵活地应用知识。因此，建构主义的迁移观特别强调知识学习的情境化，学习中学习者学到的不只是一个个知识本身，而且还获得了每个知识的应用条件，这些是产生迁移的关键。于是，建构主义者认为教学应让学生在各种实际情境中从多角度反复地应用知识，进一步深化对知识的理解，扩大知识的心理应用范围，进而促进迁移的发生。

虽然建构主义的迁移理论也强调学习者的主观建构，但是由于其过分夸大了情境的重要性，以至于忽视了学习者主观的抽象过程对于学习迁移的意义，这正是其理论的相悖之处。因此，有人也将这种迁移理论称为情境性理论。

四、建构主义学习理论在教育中的应用

建构主义者以其对学习的理解为基础，对教学过程中的教学目标、教师的作用、促进教学的条件、教学方法、教学设计等问题提出了自己的观点，进而形成了建构主义的教学观。

（一）提供了一些新的教育理念

1. 对教学过程的新认识

建构主义对教学过程的新认识主要体现在四个方面：①主张教学过程并不是向学生传递客观知识的过程，而是教育者根据明确的知识目标，指导和促进学生按自己的情况对新

知识进行建构活动，最后用多种方式建构起关于知识的意义的过程。为此，建构主义者相信，只有运用不同的例子、比喻、类比来解释教学内容，才能使学生获得多种表征教学内容的方式；如果学生对复杂的教学内容只获得一种模型、一种类比或一种理解方式，那么，当他们将这种单一的表征方式运用于不同的情境时，他们常常是简单化的。②主张以学生为中心进行教学。即在教学时要充分考虑学生带到教学情境中的已有知识、态度与信念，主张将学生自己努力求得的理解放在教学的中心位置。③注重在复杂情境和真实情境中进行教学。建构主义者认为，不能只教给学生基本技能与过分简单的解题技巧，而强调开发围绕复杂问题或现实问题的学习活动，尽量创设能够表征复杂知识的结构，创设与学生学习有关的社会化的、真实的情境，使复杂问题中包含学生将其所学用来解决现实世界的真实任务和活动，以确保每一位学生都能经历解决复杂问题的过程，并促进学生主动积极地建构自己的知识，因为学校之外的世界很少只需要基本技能与按部就班就能解决问题。用此思想来观照传统教学模式，传统教学模式或方法的根本缺陷之一在于只教给学生基本技能与过分简单的解题技巧，而将生活中真实问题本有的复杂性与情境性都一一抽离掉，导致学生在面临真实生活中的复杂问题时往往不知从何处入手，这是导致一些学生产生"高分低能"现象的原因之一，是当代中国教育应予以反思的。④强调协商与合作式学习。许多建构主义者认可维果斯基的观点，相信高级心理过程的发展需要经过社会协商与相互作用；同时，建构主义者又认为，学习者以自己的方式建构对于事物的认识，导致不同人看到的是事物的不同方面，不存在唯一的标准的认识。因此，合作学习备受建构主义者的青睐，他们主张教学的主要目的之一是发展学生形成并捍卫自己观点的能力，同时又能尊重其他人的观点并与他人共同协商与合作，共同建构意义，以使自己对事物的认识更加全面而丰富。这表明，建构主义者所讲的协作学习与人本主义学习理论所讲的合作学习并不是完全相同的两个概念。

2. 对教学方法的新认识

建构主义学习理论影响人们对教学方法的看法：①教师不能无视学生的旧有经验径直地教，而是要把学习者旧有经验作为新知识的生长点，关注学生的心理结构和信念基础。②教学不是简单的知识呈现和传递，而是知识的转换和处理，通过教与学的互动、学习者共同体之间的交互学习以建构完整的知识经验。因此，建构主义提出了"情境、协作、会话、意义建构"四大要素，强调学习的主动性、情境性和社会性。国内有学者将这四大要素组合概括为建构主义的教学模式："以学生为中心，在整个教学过程中由教师起组织者、指导者、帮助者和促进者的作用，利用情境、协作、会话等学习环境要素充分发挥学生的主动性、积极性和首创精神，最终达到使学生有效地实现对当前所学知识的意义建构的目的。"[①] ③对初级学习与高级学习宜采用不同的教法。用斯皮罗等人有关初级学习与高级学习的思想来看传统教学模式，传统教学模式或方法的根本缺陷之一在于混淆了高级学习与初级学习之间的界限，将初级学习阶段的一些教学策略应用于高级学习阶段的教学中，由此导致教学的客观主义倾向和简单化倾向，这种教学具有如下两种典型偏向：一是将事物从复杂的情境中隔离出来进行学习，认为对事物的孤立认识可以推广到其他任何情境之中；二是将整体分解为部分，将本来连续的认识过程分解为一个个局部的环节，认为局部认识的组合即整体认识。这种教学必然会使学生对知识的理解简单片面，这是妨碍所学知

---

① 何克抗．建构主义的教学模式、教学方法与教学设计．北京师范大学学报（社会科学版），1997（5）：75.

识在具体情境中广泛而灵活迁移的主要原因，也是造成过去中国有些学生在学习中存在"高分低能"现象的一个重要原因。建构主义之所以要主张随机进入教学，正是为了克服这种教学的客观主义倾向和简单化倾向，寻求适合于高级学习的教学途径。用斯皮罗等人的这一思想比照极端建构主义的思想，极端建构主义者的根本缺陷之一同样在于混淆了高级学习与初级学习之间的界限，将高级学习阶段的一些教学策略应用于初级学习阶段的教学中，由此导致教学的主观主义倾向和相对主义倾向，而事实上，由于在知识这一大家庭中必然存在一些较客观的知识，例如，"南京师范大学随园校区位于南京市鼓楼区宁海路与汉口西路交汇处"就是一个客观的知识。因此，在初级学习阶段，学生的主要学习任务是通过机械学习和意义学习熟练掌握这些客观知识，以便在必要的时候将之提取出来。换言之，在初级学习阶段学习的主要方式是"记忆"而不是"建构"，"建构"是高级学习的主要方式。将"记忆"当作一切学习的主要方式，或将"建构"当作一切学习的主要方式，都是顾此失彼的错误学习方式。

3. 对学生与教师角色地位的新认识

依建构主义学习理论，教学中应以学生为中心，学生不是外部刺激的被动反应者，更不是知识的容器，而是知识的主动建构者，任何人都不能代替他完成对知识的意义建构。因此，教师不应被看成"知识的传授者"，而应成为学生学习活动的促进者。教师只是学生主动建构知识的支持者和帮助者，教师要彻底摒弃以教师为中心、强调知识传授、把学生当作知识灌输对象的传统教学模式，重新审视教学过程中教师、学生和教材三要素的功能结构和相互作用关系。依建构主义学习理论，在肯定学生的主体地位的前提下，教师应在教学活动中充分发挥如下几个方面的作用以促进学生的学习：①教师应努力调动学生学习的积极性，激发学生学习的内外动机；②教师要发挥教学活动组织者的作用，包括根据教学的具体情况在"小组学习""个人学习"和"全班讨论"等多种形式之中适当地进行组织，培养出一个好的"学习共同体"，创造一个良好的学习环境等；③教师应当发挥"启发者""质疑者"和"示范者"的作用，教师要善于引起学生观念上的不平衡；④教师应努力帮助学生获得必要的直接经验和先备知识；⑤教师应充分注意各个学生在认识上的特殊性和差异性，以便因材施教。

4. 对促进教学条件的新认识

建构主义认为，学生主体、实际情境、协作学习和充分的资源是促进教学的重要条件。学习要以学生为中心，注意学生主体的作用，不能将学生看成"空心的有机体"，教师的作用只在于协助学生建构意义。同时，学习情境要与实际情境相符合，因为只有在实际情境中，才能使学生接触结构不良领域的问题，才能使学生进行高级的学习。再者，学习要注重师生之间及学生与学生之间的协作，强调讨论和合作学习。最后，要注重教学环境的设计，为教育者提供充分的资源。

（二）提供了多种具启示意义的教学模式

建构主义者批评传统教学使学习去情境化的做法，提倡情境性教学（situated or anchored instruction），认为学习应在与现实情境相类似的情境中发生，学习内容要选择真实性任务，以解决学生在现实生活中遇到的问题为目标，指导学生探索并解决问题。根据建构主义的学习理论，老师要超越单纯讲座或讲授式的教学方法，灵活采用一些"新"的教学模式来进行创新式教学。

1. 抛锚式教学模式

建构主义者相信，学习者要想完成对所学知识的意义建构，最佳方法是让学习者到现实世界的真实环境里去感受、体验，而不是仅仅听取别人对于这种经验的讲解。[①] 根据这一思路，建构主义者设计出抛锚式教学模式（anchored instruction）。抛锚式教学模式也称情境教学模式，指以问题为中心，将知识抛锚在一定的问题情境中，以激发学生的好奇心和创造力的教学模式。它是由美国温特贝特大学匹波迪教育学院认知和技术小组开发的。抛锚式教学模式的明显特点有二：一是学习与教学活动应围绕某一个"锚（anchor）"来设计。"锚"是指支撑课程与教学实施的支撑物，它通常是一个故事、一段历险，或是学生感兴趣的一系列问题情境。二是抛锚式教学模式的内容包括有利于学生进行探索、进而解决问题的丰富信息资源。由此可见，抛锚式教学模式与奥苏贝尔的先行组织者教学策略的相通之处是：①二者都主张在教授新知识前为学生提供一个有助于学生理解新知识的背景知识。②二者都赞赏学习的主动性，鼓励学生去主动建构。③二者的理论依据之一都是意义学习理论。抛锚式教学模式与奥苏贝尔的先行组织者教学策略的相异之处主要有三：①新知识与先行组织者和锚之间的关系不同。先行组织者教学策略强调提供的先行组织者是处于即将教授的新知识之上的上位知识，以便学生在学习新知识时能够产生下位学习。抛锚式教学模式中的"锚"只是支撑课程与教学实施的支撑物，它与即将教授的新知识之间既可以是上位关系，也可以是下位关系，还可以是平行关系。从这个意义上说，先行组织者教学策略是抛锚式教学模式的一个特例。②先行组织者与锚对学生的吸引力不同。先行组织者比随后将学习的新材料本身具有更高的抽象性、概括性和包摄性，学习者不一定能及时理解它，自然也不一定马上就对它感兴趣；"锚"通常是一个故事、一段历险，或是学生感兴趣的一系列问题情境，较之先行组织者，"锚"对学生的吸引力一般会更大。③二者的目的不尽相同。提供先行组织者的主要目的是帮助学生更好地理解和掌握随后将要学习的新材料，产生意义学习；"抛锚"的主要目的是激发学生开展探究学习，提高学生解决实际问题的能力。

在抛锚式教学模式中，"锚"的识别和设计相当重要，因为所有学习与教学活动的探索与展开、学生所有问题的解决都围绕"锚"来进行。"锚"的运用具有如下优势：①具有丰富信息的支撑物，为改变课堂教学的实践提供了台阶，所以，围绕支撑物组织教学较易于管理。②围绕支撑物组织教学有利于激发学生原有的经验，从而有利于学生产生意义学习。③支撑物为学生和社区其他成员积极参与知识的共享提供了一个共用平台。不同的学生可以从同一个原始情境出发，提出不同的问题以及解决的方案。新问题的提出往往受到他人的重视并激发出浓厚的兴趣。④支撑物的利用促进了师生之间、同学之间和学生与家长之间的交流。例如，邀请家长进入课堂与学生共享支撑物，在解决复杂问题的过程中发现在有些领域可以为学生提供补充信息。⑤支撑物可以为学生敏感的、形成性的评价奠定基础，有助于保证所有的学生尽自己的可能学到最多的知识。

抛锚式教学模式的教学操作可分为五个阶段：①教师介绍学习目的，呈现学习内容。在这一阶段教师以简洁语言向学生介绍学习目的，运用多种方式向学生呈现将要学习的新内容，这样，学生就能对将要学习的新内容有一个整体把握，进而明确学习的目的。②将不同类型的"锚"呈现给学生。"锚"的呈现方式是多种多样的，可以运用交互式录像、

① 莫雷. 教育心理学. 广州：广东高等教育出版社，2002：134.

计算机软件等来呈现有利于学生进行问题解决的情境或历险故事等。不过，简单的"锚"也可以通过师生故事讲述、学生参与扮演戏剧角色、教师绘制的图画等方式呈现。各种"锚"的呈现为学生营造一个有意义的、有故事情节的逼真的学习情境，成为学生进行问题解决的平台，使学生易于进入问题解决的情境，主动参与，主动学习。③识别问题、分解问题，制订问题解决计划。呈现给学生的"锚"中一般会包含一些具有挑战性、开放性的问题。在这一阶段学生可以独立地识别出要解决的问题，并将其分解，初步拟订出问题解决的计划，自觉生成问题，主动地学习；遇到难度较大的问题也可以在老师的帮助下逐步进行。教师一般不直接将现成的问题呈现给学生，而是在学生逐步探索的过程中根据学生的需要向其提供帮助，为其解决问题搭建脚手架，留给学生解决问题的足够空间，以便制订出问题解决的多种计划和策略。④将学生分组，进行问题解决。包含在"锚"中的问题一般有一定难度，仅有自主的、个别的学习常常不可能很好地解决问题，因此，在问题解决过程中合作学习是必要的。⑤教师进行整体评价。该模式的根本目标不是提高学生在测验中的分数，而是对学生解决问题的整个过程进行过程性评价。[①]

2. 认知学徒教学模式

"认知学徒"是指通过允许学生获取、开发和利用真实领域中的活动工具的方法，来支持学生在某一领域中的学习。这一模式主张通过在真正现场活动中获取、发展和使用认知工具，来进行特定领域的学习，强调要把学习者和实践世界联系起来。该模式是由布朗等人于1989年在《教育研究者》杂志上发表论文《情境认知与学习文化》提出来的。一般认为，认知学徒模式具有三个特点：①该模式重视学生解决问题的方法，这有利于解决"只会记住概念事实而不会解决问题"的老大难问题。②该模式强调学习活动的认知和元认知作用。③认知学徒强调用扩展的技术来培养学习者的自我校正和自我监控技能。培养学习者的元认知技能有两种基本的方式。一种方式是鼓励学习者对专家和新手的作业差异进行反思，在一个共同的问题解决情境中，通过录音或录像技术，把专家解决问题的关键环节保留下来，使学习者的注意力集中在专家和自己作业的不同特征上，并观察专家作业的每一个细节，使之成为他们不断调整自己作业的基础。另一种方式是让学习者在完成一项复杂的任务时，通过小组讨论解决问题和教师、学生之间的相互作用，使学习者从别人那里得到启发，从而对自己的认知过程进行反思。

认知学徒模式的具体操作程序一般分为四步：第一步是示范。在示范过程中，要使学生明确：并不是教师所讲的每一个策略都是有效的，有些策略只在特定条件下才能使用；专家在解决问题时也不都是一帆风顺的，这对培养学生的自信心很重要。比较而言，教科书上提供的解题过程或常规教学中教师在课堂上演示的习题解答过程大都是成功的，并没有包括一些毫无结果的探索过程。这些解题过程既没有探究问题解决各种可能的解法，也没有对探究过程进行必要的评价。当给定的一个问题示范结束后，教师要进行事后分析。教师不再重新描述问题解答的整个过程，而仅仅示范其中的一部分，特别是问题解决中的一些关键环节，像如何根据问题的性质选择合适的启发式策略，作出改变解题路径的原因和跟问题有关的各种知识间的内在联系、逻辑关系以及如何把它们有机地连接起来等。认知学徒模式的示范将学生的注意力放在问题解决的关键环节上，这种技术不仅可以把学生的注意力放在问题解决中的元认知方面，而且当学生自己完成家庭作业时，还可以

① 郭本禹. 当代心理学的新进展. 济南：山东教育出版社，2003：316–319.

使学生把自己的解题过程同专家的进行比较，为他们进行自我诊断、自我校正提供了基础。第二步是指导。教师的示范全部结束后，学生开始以小组的方式或师生讨论的形式解决某个问题。这时教师扮演一个教练或指导者。教师在学生中间来回走动，观察学生的解题过程，给学生提供"脚手架"，提供帮助和支持，如指导他们怎样作出决策、哪些路径可以走、什么时候什么情况下可以改变路径等。"脚手架"既可以采用建议的形式，也可以采用物理支持的形式，如给学生提供一些线索卡片或仪器模型等。指导的目的是帮助学生注意到任务或问题中他们没能注意到的地方，或是提醒学生任务中已经知道但临时被他们忽略了的地方。指导过程中教师可以向学生问以下一些问题：你正在做什么？为什么要这样做？怎样做才能更成功地发现问题的答案等。问这些问题可以使学生对问题解决中的认知过程和反思过程进行控制与调节。通过师生间的相互作用，教师给学生提供提示和反馈，使学生在理解目标的过程中学会整合各种知识和技能；同时，教师也对学生在解题过程中所遇到的困难和所缺乏的知识作出诊断，为下一步的教学提供依据。第三步是消退。教师逐渐减少对学生的支持和帮助，直到学生能够完全独立解决问题为止。消退的目的是把调控责任由教师逐渐转向学生，使他们逐渐地能够独立解决问题。这种转变又促进了学生的自我效能感，使他们将解决问题的成功归因于自己的努力和对策略的良好的运用。另外，教师在指导过程中要培养学生的探究技能，这也有助于逐步消除教师的指导和帮助。最后一步是练习。让学生自己独立练习解决问题，以巩固和强化教师所教的内容。[①]

3. 随机进入教学

随机进入教学（random access instruction）是指学习者可以随意通过不同途径、不同方式进入同样的教学内容的学习，从而获得对同一事物或同一问题的多方面的认识和理解。[②] 它的基本思想源自建构主义的代表人物斯皮罗等人提出的"弹性认知理论"。这种理论的宗旨是要提高学习者的理解能力和他们的知识迁移能力（即灵活运用所学知识的能力）。随机进入教学对同一教学内容，在不同时期、不同情境下，为不同的目的、用不同方式加以呈现的要求，正是针对发展和促进学习者的理解能力和知识迁移能力而提出的，也就是根据弹性认知理论的要求而提出的。

斯皮罗等人认为，人的认知随情境的不同而表现出极大的灵活性、复杂性、差异性，不存在放之四海而皆准的知识，同样的知识在不同的情境中会产生不同的意义。不仅不同的主体对同样的知识会建构出不同的意义，即使同一个主体在不同情境中、不同条件下对同样的知识也会建构出不同的意义。所以，教育是一门"艺术"，而不是一门"科学"，必须针对不同学生的具体情况进行因材施教，而不可抹杀不同学生的个性，更不可对有不同个体差异的学生开展整齐划一的标准化教育。从这个眼光看，注重标准化的"科学教育模式"只适合初级学习，因为它存在着客观主义倾向和简单化倾向。为了克服"科学教育模式"的这种弊病，必须寻求适合于高级学习的教学途径，让学习者在学习过程中对信息意义的建构可以从不同角度入手，从而获得不同方面的理解。据此，他们提出了"随机进入教学"，具体操作如下：第一步，呈现情境。向学习者呈现与当前学习内容相关联的情境。第二步，随机进入学习。向学习者呈现与当前所选内容的不同侧面的特性相关联的情境，引导学习者自主学习。第三步，思维发展训练。随机进入学习的内容比较复杂，所研

---

① 郭本禹. 当代心理学的新进展. 济南：山东教育出版社，2003：320-323.

② 莫雷. 教育心理学. 广州：广东高等教育出版社，2002：133.

究的问题往往涉及许多方面，在这类学习中教师应特别注意发展学生的思维能力，引导学生发展元认知能力，使学生意识到自己在问题解决过程中所运用的认知策略的优劣；帮助学生建立思维模型，培养学生的发散思维能力等。第四步，协作学习。围绕通过不同情境所获得的认识、所建构的意义展开小组讨论。第五步，效果评价。对学习效果进行评价。这些要素或环节之间也没有固定的顺序，在实际进行的随机进入教学中往往整合为一体。随机进入教学的基本特征是在不同情境，从不同角度建构知识的意义和理解，由此获得可广泛而灵活迁移的、高级的、非结构性的知识。这是一种旨在获得高级知识、培养认知弹性的教学。随机进入教学与情境教学具有内在的一致性。

概言之，斯皮罗等人（1991）根据对高级学习的基本认识，提出了"随机进入教学"，认为对同一内容的学习要在不同的时间多次进行，每次的情境都是经过改组的，且目的不同，分别着眼于问题的不同侧面，以便学习者从不同角度建构对所学知识的意义。具体地说，由于事物的复杂性和问题的多面性，要做到对所学知识的全面理解是非常困难的，为此，教学中要注意对同一教学内容，在不同的时间、不同的情境下，为不同的教学目的、用不同的方式加以呈现。例如，"什么是仁"，针对不同学生的提问，孔子给出的答案不同，终其一生也未给"仁"下一个统一的定义。这正是孔子因材施教的一个具体体现，显示出孔子高超的教学艺术。同时，学生可以随意通过不同途径、不同方式进入同样内容的学习。当然，为了高效开展"随机进入教学"，教师要对所授知识内容提供足够的变式，即知识的呈现方式应该是多维度、非线性的超文本结构，以多种方式来表征知识和知识间的相互关系，以便学习者随机进入、随意组装，从而建构知识的完整意义。这种教学具有学习的独立自主性和知识、教学序列的可重组性，与传统的线性教学相比，更符合发散性思维的训练要求；学习者可以不受教师特定的教学序列和知识序列的线性局限，突破常规的知识功能固着和思维惯性，在多维度非线性的知识空间中随机进入，充分张扬自己的思维个性。这样，建构主义的随机进入教学模式有利于发散思维的培养。[①]

4. 支架式教学

根据欧共体"远距离教育与训练项目"（DGXIII）的有关文件，支架式教学（scaffolding instruction）被定义为："支架式教学应当为学习者建构对知识的理解提供一种概念框架（conceptual framework）。这种框架中的概念是为发展学习者对问题的进一步理解所需要的，为此，事先要把复杂的学习任务加以分解，以便把学习者的理解逐步引向深入。"[②]

"支架"的概念来源于建筑行业的"脚手架"（scaffolding）。当建筑工人建造大楼时，会在大楼四周搭建脚手架，为工人的工作提供支持；当大楼建造好后，脚手架就不大需要了，可以逐渐撤去。支架式教学模式的理论基础是维果斯基的"最近发展区"理论及"辅助学习"（assisted learning）思想。维果斯基认为，在最近发展区，虽然学生自己难以完成学习任务，但在成人的指导下或与更优秀的同伴合作时，他们就能胜任学习任务。促进儿童认知发展的支架是由更有能力的个体提供的、旨在帮助儿童成功完成最近发展区任务的支持机制。当儿童能力有所发展时，就可以逐渐撤去支架，促进儿童由最近发展区水平向独立解决问题水平的转化。支架式教学从维果斯基的思想出发，借用建筑行业使用的"脚手架"作为基础知识概念框架的形象化比喻，其实质是利用基本知识概念框架作为学

---

① 郭本禹. 当代心理学的新进展. 济南：山东教育出版社，2003：323－324.

② 莫雷. 教育心理学. 广州：广东高等教育出版社，2002：133.

习过程中的"脚手架"，这种框架中的概念是为发展学生对问题的进一步理解所需要的，即该框架应按照学生智力的"最近发展区"来建立，可通过这种脚手架的支撑作用不停顿地把学生的智力从一个水平提升到另一个新的更高水平，真正做到使教学走在发展的前面。支架式教学是通过一套恰当的概念框架而帮助学习者理解特定知识、建构知识意义的教学模式，借助于该概念框架，学习者能够独立探索并解决问题，独立建构意义；同时，强调通过教师的帮助（支架）将学习的任务逐渐由教师转移给学生自己，最后撤去支架，使学生达到独立学习的目标。具体地说，学习不是知识的传递而是学生自我建构知识的过程，教师只是学生建构知识的辅助者，学习者必须始终处于主动的地位，其他人无法代替他自主学习。建构主义提出的支架式教学体现了以学生为中心的教学原则，教师在教学中的作用就是搭建一个学习的"脚手架"，便于学生一步步攀升，随着学生的进步，支架也逐渐减少。教学知识的呈现顺序和结构不是便于教，而是便于学。教师要彻底摒弃以教师为中心、以学生为知识灌输对象的传统教学模式，鼓励和增强学生学习和解决问题的自主权，学习的自主性是创造的基础。

支架式教学的构成要素或基本环节可分为如下三个方面：第一，进入情境。教师首先必须使教学内容保持适当的难度水平，与学生的能力、知识水平形成积极的不匹配状态。随后，将学生引入一定的问题情境，并提供解决问题必要的工具。第二，搭建支架，引导探索。这是教师引导学生探索问题情境的阶段，在这一阶段要完成三件事情：①教师要帮助学生确立目标，为学生探索问题情境提供方向。②教师要围绕当前学习的内容，为学生提供探索该学习内容所需要的概念框架，这种概念框架应置于学生的"最近发展区"，并有助于学生认识和解决所面临的问题。学生借助支架建构出一个稳定的理解，最终独立地完成任务。③支架式教学的基本特征是重视社会交互作用和文化在知识理解与意义建构中的作用，认为儿童认知能力的发展不仅是一个个体的过程，还是一个社会和文化的过程。所以，教师可以通过做演示、提供问题解决的原形、为学生的问题解决过程提供反馈等形式，引导学生探索问题情境；并且，要通过师生的相互作用增强各种联系，如不同学生对任务表征的联系、过去和现有知识的联系以及知识与活动的联系等，这是达到发现学习效果的关键性因素。毫无疑问，这种教学模式是社会建构主义教学观的集中体现。当然，教师的引导应随着学生解决问题能力的增强而逐步减少，最终要使学生达到独立发现的地位，将监控学习和探索的责任由教师向学生转移。这意味着，在支架式教学中，教师要适当控制指导量，否则，既易越俎代庖，又易让学生囫囵吞枣。第三，独立探索。本阶段教师要放手让学生自己决定探索的问题和方向，选择自己的方法，独立进行探索。这时，不同的学生可能会探索不同的问题。①

那么，怎样在具体教学中搭建支架呢？在依据皮亚杰的认知发展理念构建的课堂里，学生可能会花更多的时间进行独立的、自我发现的活动；而在依据维果斯基的认知发展理念构建的课堂里则更支持指导性的参与（guided participation）这种教学策略，即由老师来构建学习活动，给儿童提供适合儿童现有能力的有帮助性的暗示或指导，然后引导儿童进步，逐渐地使学生自己提高心智能力。同时，老师还要尽量组织、安排能力水平不同的学生进行合作性学习，通过这种学习，儿童可以互相鼓励、互相支持，这是儿童在"最近发

---

① 莫雷. 教育心理学. 广州：广东高等教育出版社，2002：133－134；郭本禹. 当代心理学的新进展. 济南：山东教育出版社，2003：324－325.

展区”内发展的一种最有效的方式（Das，1995）。其主要理念是，团队里能力稍弱的成员更可能从能力更强的、充当教师角色的同伴的指导中获益（Palincsar，Brown & Campione，1993）。合作性学习对儿童认知发展的促进效果已被越来越多的研究所证实。另外，维果斯基学派的教学观对搭建支架的强调还表现在要逐渐让学生对自己的学习承担越来越多的责任。例如，在交互式教学中，教师引导小组中的学生对阅读材料进行提问，之后逐渐把引导讨论的责任转移到学生身上（Palincsar，Brown & Martin，1997）。撒普和加利莫（Tharp & Gallimore，1998）在他们称为“辅助性发现”的方法中强调了支架式教学。这种方法要求教师明确地教授学生，使学生在解决问题的过程中运用自言自语。[1]

奥姆罗德（J. E. Ormrod）列举了一些在不同情境中经常用到的支架：①与儿童一起制订一个解决新问题的方案；②以儿童易于模仿的方式演示如何完成任务；③简化任务；④将复杂的任务分解为几个更简单的小任务；⑤通过提问，让儿童以适当方式思考如何完成任务；⑥将儿童的注意维持在任务的相关方面；⑦激发并维持儿童完成任务的动机；⑧提示儿童完成任务的目标。

5. 自上而下的教学设计（top-down instruction）

美国传统的教学设计理论主要是以斯金纳的学习理论为基础发展起来的，其基本指导思想是教学工作要通过适当的强化以控制相应的学习过程，从而获得所希望的教学结果。在教学设计上，斯金纳主张将知识分解为一个个小的单元，让学生按照一定的程序一步一步地学习，并通过这些单元知识的简单组合自下而上地获得较高层次的整体知识。加涅提出的学习的层级说也认为知识是有层次结构的，教学要从基本的子概念、子技能的学习开始，逐级向上，逐渐学习到高级的知识技能。建构主义认为学习是学习者以自身已有的知识和经验为基础的主动的建构活动，这与传统的教学设计理论中对学习的控制性原理是相对立的。建构主义者批评传统的自下而上的教学设计，主张自上而下地展开教学进程，即在教学过程中，首先选择一些与儿童生活经验有关的整体性的任务并呈现有关的问题，让学生尝试进行解决，然后让学生单个或在小组中通过探索，自己发现要完成整体任务须首先完成的子任务，以及完成各级子任务所需的基本知识技能，在掌握这些知识技能的基础上，最终使问题得以解决。

五、对建构主义学习理论的简要评价

（一）建构主义学习理论的贡献

建构主义学习理论是传统认知主义学习理论在当代的一种新发展。该理论强调学习过程中的积极主动性、对新知识的意义的建构性和创造性的理解，促使在学习问题上发生三大重心的转移：从重视外部输入到关注内部生成、从关注个体的学习到关注“社会化”的学习、从“去情境”的学习到“情境化”的学习。同时，它提出了“情境原理”和“协商原理”两条学习原理，前者重视真实情境对学习的重要影响；后者强调学习的社会性质，重视师生之间、学生与学生之间的社会相互作用对学习的影响。再者，它将学习分为初级学习和高级学习，又重视生成性学习，强调学生通过高级学习建构网络结构知识，并在教学目标、教师的作用、促进教学的条件以及教学方法和设计等方面提出了一系列新颖

① 罗伯特·斯莱文. 教育心理学——理论与实践. 姚梅林，等译. 7 版. 北京：人民邮电出版社，2004：34.

而富有创见的主张。这些观点和主张对于进一步认识学习的本质，揭示学习的规律，深化教学改革都具有积极意义。具体如下：

1. 拓展了学习研究的领域

早期的行为主义学习理论和早期认知主义学习理论囿于实验室中的人工任务研究和动物学习研究，这种学习远离自然情境和生活情境。建构主义学习理论从产生起就不仅重视学校、课堂中的学习，而且重视日常生活中的学习，从而使其自身有更好的生态效度。这不但对教育、教学实践有更好的指导意义，而且也拓展了学习研究的领域，从而丰富了学习理论。

2. 深化了关于知识、学习的本质性认识

如何看待知识、学习，一直是哲学、心理学、教育学讨论的基本问题。客观主义认为知识是独立于认识者而对客观世界的准确反映，学习是学习者对外部知识的刺激—反应或信息加工的过程。建构主义放弃了客观反映论的认识论信条，认为知识是主体以已有的经验图式建构客观世界的过程，学习是一种自组织的认知结构的改变过程。建构主义关于知识、学习的这种认识论立场实现了由客体到主体、由外部向内部的认识论倒转。

3. 推动了认知科学、教育信息技术的发展

建构主义学习理论非常重视以认知科学特别是认知神经科学作为其理论基础，如认知神经科学的信息封闭系统、非特殊编码模型、自我生成模型等对建构主义产生了重要影响，而建构主义所提出的问题又丰富、推动了这些模型的发展。同时，建构主义学习理论与教育信息技术一直存在一种互动关系：多媒体教育信息技术借助于建构主义理论的教学设计思想，开发了人性化和高效率的教学软件；建构主义学习理论在多媒体教育信息技术的支持下，将自身的学习、教学理念转化成教学行为、教学产品，从而使建构主义产生了广泛的影响。

4. 提供了多种具启示意义的教学模式与学习方式，促进了教学改革与学习革命

建构主义研究者十分重视建构主义学习理论同教育教学实践与学习的密切结合，他们成功开发了抛锚式、认知学徒式、支架式、随机进入式等多种教学模式以及合作学习、情境学习、问题中心学习与质询学习（inquiry-based learning）[①] 等多种学习方式，这些教育模式与学习方式特别适合用来教授与学习无标准答案的知识和训练学生的思维技能，用在那些动手能力强或善于交际的学生身上效果一般也颇佳。目前欧美国家的中小学在上述基础上还在探索更多样化的教学模式，推进了基础教育的教学改革，对传统教学模式产生了前所未有的冲击，这正是当前教育界言必称"建构主义"的原因之一。[②]

5. 建构主义学习理论正在改变学习的五大主题

自 20 世纪 70 年代以来，随着认知主义学习理论和建构主义学习理论逐渐深入人心，导致人们对学习的五大主题的认识都发生了深刻变化，进而改变了人们的教育、教学观念，从要求学生勤奋学习和看重练习（掌握）转向重视理解（建构）和知识的运用（创新）上，人们对学习的五大主题的新认识分别是：

（1）对记忆和知识结构的新认识。建构主义学习理论不再将记忆看作是简单的联想，

---

① 质询学习是指老师抛出一个启发性问题，让学生去寻找证据与探求答案，随后对学习过程予以反思的一种学习方式。

② 郭本禹．当代心理学的新进展．济南：山东教育出版社，2003：326 – 327.

而是认为记忆与知识结构中不仅包含知识，也涉及情感和意义。知道学习者是怎样组织信息结构，有利于人们把握隐含于有效理解和思维的条理化的知识性质。

（2）发现专家和新手在问题解决和推理等方面存在明显差异。当代认知心理学的一项重要研究就是研究专家学习与新手学习的同与异，发现在如何获得寻找问题空间的技能以及在不同情境中如何使用学习策略等方面，新手与专家之间有明显差异。

（3）对儿童入学前就具有的知识和技能的新认识。运用创造性的评价方法，研究婴儿和幼儿在控制情境中的反应，揭示了儿童入学前就具有的知识和技能的某些发展特点，发现了儿童的（先天）的学习素质和后天出现的组织与协调信息、作出推论、发现问题、提出解决策略的能力之间的关系。所以，教育者们正在重新思考儿童入学时就具有的能力和技能对学校学习的有利影响。

（4）对元认知和自我调节能力的新认识。通过对个体的元认知和自我调节能力的研究，发现个体一旦学会预测结果、事先计划、分配个体的时间、向自己作解释以便提高理解、记住并充分把握失败的原因、激活背景知识等策略，就能够学会控制自己的行为，这些控制活动促使自我监控和对个体行为的总体控制。

（5）对文化体验与社区的新认识。参与社会实践是儿童早期学习的一种基本形式，这一学习方式早在儿童进入学校之前就已发生。尤其是在良好家庭环境和社会环境的支持下，儿童和成人共同参与活动，通过这些共同参与式的活动，儿童便能逐渐理解文化的标准、规范的意义和结构。[①]

（二）建构主义学习理论的局限

建构主义学习理论也引发了诸多批评：

（1）主观经验主义倾向。

建构主义只承认主观经验世界的知识建构，无视客观世界的真实存在。特别是激进建构主义强调知识只能来源于个体主观经验建构，认为世界的真实性是不得而知的，这使人与世界、人与社会、人与人的关系变得主观经验化，具有狭隘的、唯我论的主观经验主义倾向。

（2）实用主义倾向。

建构主义认为学习者是一个自我建构知识以适应环境的自生产系统，即认识的功能是适应，认识是用来组织经验世界，不是用来发现本体的现实。它从实用主义的立场出发，认为"认识""学习"的功能在于生物学意义上的适应，这样认识的最终目的不在于追求真理，只是一种实用的考虑。

（3）相对主义、怀疑主义倾向。

建构主义不承认真理的客观性，认为每个人只能建构出他自己经验的世界，以人的"相对意义赋予"取代"客观真理性"，于是，建构主义就走向了怀疑主义；同时，建构主义过于强调"主体建构"，易陷入相对主义的泥潭。[②]

（4）太看重"（先备）知识"的价值，没有看到"言语的局限性"和"先备价值观、

---

①　J. 布兰思福特，等. 人是如何学习的. 程可拉，等译. 上海：华东师范大学出版社，2002：1 - 2.

②　陈琦，张建伟. 建构主义学习观要义评析. 华东师范大学学报（教育科学版），1998（1）：67 - 68；郭本禹. 当代心理学的新进展. 济南：山东教育出版社，2003：327.

教育心理学新编（第五版）

兴趣、爱好等"对学习新知识的影响。

对于人而言，当甲听到乙所描述的新鲜事物之后，脑中浮现出一幅四不像的"鱼牛图"时，其原因可能是以下三种之一，或者是这三种里任意两种的排列组合，也可能三种兼有：①先备知识对学习新知识产生了消极影响。先备知识对学习新知识既可能有积极影响，也可能有消极影响，当甲听到乙所描述的新鲜事物之后，脑中浮现出一幅四不像的"鱼牛图"时，这可能是甲脑海中先备知识对其学习新知识产生了消极影响。②言语的局限性所致。依后文所讲"知识的分类"里的观点，言语只能用来准确表达"明确知识"，却无法有效表达默会知识，从这个角度讲，可能乙用讲授法向甲描述此新鲜事物时，没有将某些关键信息准确表达出来，从而让甲产生了误解。其实，在中国，人们早已认识到言语有时不能真正将说话人的意思准确表达出来的局限，进而主张"得意可以忘言"。③先备价值观、兴趣、爱好等道德性因素与情感性因素对学习新知识产生了消极影响。不但先备知识会对学习新知识产生影响，个体脑海中的先备价值观、兴趣、爱好等道德性因素与情感性因素对学习新知识同样会产生影响，甲在听到乙所描述的新鲜事物之后，脑中浮现出一幅四不像的"鱼牛图"，这也可能是甲脑海中"原有价值观、兴趣、爱好等"对其学习新知识产生了消极的影响，即甲乐意或出于习惯而产生了四不像的"鱼牛图"。

从这个意义上说，想要甲不再产生"鱼牛图"，适当的做法至少有六种，若能将这六种做法融会贯通起来，效果更佳：①情境性教学。它是通过回到真实、典型的原生态情境或模拟尽可能逼真的原生态情境开展教学，做到真实性、形象性、体验性和趣味性的有机统一以及知行统一的一种教学模式或教学方法。例如，如果能够想方设法让鱼到奶牛生活的原生态情境里去走一走，看一看，相信鱼就会对奶牛的长相形成准确的印象。从这个意义上说，当教师在教某一情境性知识时，如果有条件，就要尽量让学生在产生这一知识的原生态情境里去学，自然效果要好得多。当然，如果真实的原生态情境不能贸然进入或无法进入时，就可模拟或创设尽可能逼真的原生态情境开展教学。例如，太空的生存环境恶劣，不能让宇航员贸然进入，这样，先在实验室中建立尽可能逼真的太空模拟环境，让宇航员在此先练习，等练习好、适应好后再进入太空，就大大提高了宇航员在太空中的生存率。又如，由于时间的单维性，人们无法回到"历史"中，这样，在历史教学中可以通过创设尽可能逼真的原生态情境以提高教学的效率。②在讲授的同时辅之以模具教学。开展情境教学与学习往往要耗费大量的人力、物力和财力，当经费不充足时，模具教学就可派上用场了。它是通过模具直观、形象地表征知识，以提高教学和学习效率的一种教学策略或方法。例如，如果将一幅真实的奶牛图或奶牛模型给鱼看，鱼就不会产生鱼牛图的表象了。同理，如果有可能，教师在教授知识时尽量向学生提供必要的、恰当的模具，并提供必要的、恰当的示范，将有助于提高教学效果。当然，模具教学一般只适合传授用具体概念表征的知识，不适合传授由抽象概念表征的知识。③师生之间多进行相互交流，及时予以相互反馈。如果鱼将其脑海里的奶牛图反馈给青蛙，青蛙肯定会及时帮助鱼纠正其对奶牛的错误印象。从这个意义上说，师生之间进行平等的协商与对话，及时予以相互反馈，往往是提高教学效果与学习效果的重要手段之一。④不断进行自我反省。采取妥善方式或方法提醒学生，不但学生脑海中原有知识会对其学习新知识产生积极或消极的影响，而且学生脑海中原有价值观、偏见、兴趣、爱好等道德性因素与情感性因素也会对其学习新知识产生积极或消极的影响，为此，要求学生在学习某一新知识时，自觉反省自己脑海中原有价值观、偏见、兴趣、爱好等道德性因素与情感性因素在其中扮演了什么角色，以尽量减少原有价值观、偏见、兴趣、爱好等道德性因素与情感性因素在学新知识时所产生的负面影响。⑤学生与学生之间进行平等的协商与对话。假若不同学生能够组成"异质型学习小组"（不是同质型学习小组），大家彼此交流自己对同一个问题的不同看法，然后相互虚心学习，常常能够做到取长补短，也是提高教学效果与学习效果的重要手段之一。在这方面，《学记》说得好："独学而无友，则孤陋而寡闻。""盲人摸象"的寓言故事也告诉人们，每个人摸到的部位不一样，对大象的认识自然就存在偏差，但是，假若大家摸完大象后，将自己的观点加以交流，在交流心得时彼此能够虚心接纳对方的意见，然后加以恰当的整合与调整，就有可能对大象产生一个完整而准确的印象。⑥及时在实践中进行检验。"实践是检验真理的唯一标准"，学习者将所学内容及时在实践中进行检验，往往是纠正偏差和错误的有效做法之一。

第六章　人本主义学习理论

【内容摘要】

　　人本主义学习理论主张将学习看作个体因内在的需求而求知的过程，在此过程中个体所学到的不仅仅是知识或良好行为方式，更重要的是促进学习者人格的健全发展与完善。同时，人本主义学习理论将学习分为无意义学习与意义学习两种方式，并对意义学习的特点和促进意义学习的条件作了较系统的阐述，深化了人们对学习实质的看法。人本主义强调学生中心的教育理念，构建具有人本主义色彩的教学模式，对于当代许多国家的教育改革都起到了或大或小的作用。本章在论述人本主义学习理论时，先简要阐述了人本主义兴起的缘由，然后揭示了人本主义学习理论的内在思想发展线索与人本主义学习理论的核心内容，最后比较了中西方人本主义教育理念的异同，揭示了人本主义学习理论的现代教育价值。

【核心概念】

　　"第三势力"、无意义学习、意义学习、学生中心、被动学习、主动学习、愉快学习、刻苦学习

【思考题】

1. 请简要谈谈人本主义学习理论的核心观点及其现代价值。
2. 请简要谈谈罗杰斯的意义学习与奥苏贝尔心中的意义学习之间的区别。
3. 请联系实际谈谈促进意义学习的条件。
4. 用人本主义学习理论审视当前中国的教育现状，其中存在哪些优点与不足？
5. 如何有效处理为学生提供良好学习环境和逆境出人才的关系？
6. 如何依据人本主义学习理论来预防中小学生自杀现象？
7. 主要诞生于美国的人本主义学习理论与中国的人本主义教育传统之间有何异同？

第一节　人本主义心理学的兴起

一、人本主义心理学兴起的缘由

　　20世纪中叶一些心理学家逐渐认识到行为主义心理学没有恰当地探讨人类的思维能力、情感体验与主宰自己命运等问题，过于关注严格的研究方法，忽视了人之所以成为人的实质性的东西，将人与猫、白鼠、鸽子等动物混同，将对猫、白鼠、鸽子的研究结果直接应用于人类学习，使心理学在研究人的心理与行为时出现了明显的机械决定论与动物化的倾向。精神分析心理学既有明显的生物还原论倾向，又只关注有心理障碍或心理疾病的人，不关注心理健康的人，而现实生活中心理健康的人占据多数。出于对行为主义心理学与精神分析心理学研究中存在的严重贬低人性和非人化倾向的"不满"，20世纪60年代，

美国心理学界出现了一场针对行为主义心理学与精神分析心理学的变革运动，这就是著名的人本主义（humanism）[①] 心理学运动。美国人本主义心理学会于 1962 年成立，成立之后的第一任主席是布金陶（Bugental），这标志着人本主义心理学已得到心理学界同仁的认可。在心理学历史上，相对于处于第一势力的行为主义心理学和处于第二势力的精神分析学派而言，人本主义心理学号称"第三势力"（third force psychology）。用人本主义心理学奠基人之一马斯洛（A. H. Maslow，1908—1970）的话说，人本主义者要在心理学中发动一场革命，就像当年伽利略、达尔文、爱因斯坦、弗洛伊德和马克思所引起的革命一样，要形成知觉和思维的新方式、对人和社会的新形象、对伦理观与价值观的新看法以及新的运动方向（Maslow，1968）。人本主义心理学最初并不是从对学习与学习过程的研究中形成的，而是在一些从事心理学应用的工作者——临床心理学家、社会工作者和心理咨询工作者的研究中产生的。对人本主义心理学有卓越贡献的代表人物首推马斯洛和罗杰斯（C. R. Rogers，1902—1987）二人。由于大多数人本主义心理学家并不是以研究学习为己任，人本主义心理学并没有提出一种系统的学习理论。相比之下，罗杰斯对学习的论述较多，他的《自由学习》一书多次再版，专门探讨学习的问题，他也参与了与其他学习理论的论战。本章在论述人本主义心理学的学习理论时主要以罗杰斯的思想为重点，同时兼顾其他人本主义心理学家对学习的主张。[②]

二、人本主义心理学的基本主张

综观一些著名人本主义心理学家的论述，人本主义心理学的基本主张可以概括为五个方面：①心理学的研究应以正常人的心理为主要对象，着重探讨人类不同于动物的一些复杂心理，诸如动机、欲望、价值、快乐、幽默、情感、生活责任、生命意义以及爱情、嫉妒、仇恨等真正属于人性各种层面的问题，所以，心理学的研究除了消极地解决人类的问题外，更要积极地充实人的生活，谋求人的幸福。②对人性持乐观态度，相信人性是善的，且具有无限发展的潜能，强调人人都有追求自我实现的基本动机，因此，人本主义者一般反对行为主义将人性等同于动物性和精神分析学派将人性看作本恶的，而是像中国的孟子那样相信人人生而有善根，并且，人的行为既受后天环境的影响，也受到个体的知觉、自我与责任的影响，只要后天环境适当，引导个体生发出一颗健全的心灵，个体的人性就会自然地生长与完善。这表明，人本主义者不但重视环境对人的心理与行为的影响，也强调人的主观能动性。同时，人本主义者主张对人性的了解与研究不能只靠对动物实验研究的结果来推论，否则会忽视人与动物的根本区别。③尊重个人心理与行为的完整性，这样，研究人类的行为单凭对外显行为的观察是不够的，必须了解其内在的心理历程，必

---

① 在西方，"人本主义""人道主义"和"人文主义"有时都用"humanism"一词表示，"人道主义"有时也用"humanitarian"这个词表示。"人道主义"起源于欧洲文艺复兴时期，是针对基督教的"神道主义"而形成的一种思想，它的核心是重视人的幸福；后来延伸为扶助弱者的慈善精神。"人本主义"较"人道主义"的范围要大一些，它是一种偏重于个体，以提高个体的尊严与价值为核心的"人类中心主义"思潮。英国《大不列颠百科全书》对"人文主义"的定义是："humanism"指一种思想态度，它认为人和人的价值是首要意义，通常认为这种思想态度是文艺复兴文化的主题……凡重视人与上帝的关系，人的自由意志和人对于自然界优越性的态度，都是人文主义。从哲学上讲，人文主义以人为衡量一切事物的标准（简明不列颠百科全书：第 6 卷. 北京：中国大百科全书出版社，1986：761）。

② 施良方. 学习论——学习心理学的理论与原理. 北京：人民教育出版社，1994：400 - 402.

须注意到其主观经验；同时，对心理学研究主题的选择必须以符合人类自下而上意义为原则。④理论心理学与应用心理学之间不是截然分开的，而是彼此连续的，甚至有部分是重叠的。⑤尊重个体心理的差异性与独特性。这样，心理学研究者在分析与处理研究资料时必须考虑到受试者的个别差异，不能太重"平均数"，因为实证研究中的"平均数"一般研究的只是一群人的平均心理，对理解单个人的心理与行为规律用处不大。①

第二节　人本主义学习理论的基本观点

一、对已有学习理论的质疑

（一）个体一定要通过强化才愿意学习吗

在已有学习理论中或多或少都隐含这样一种思想或倾向：人其实是不太能自愿去学习的，要促使一个人去学习，一定要妥善解决好一个"愿不愿"的问题。因此，在人本主义学习理论诞生之前，无论是行为主义学习理论还是认知主义学习理论，其心中都有意无意地重视强化在学习中所起的重要作用，认为只有通过适当的强化（包括外在强化与自我强化），个体才可能愿意去学习。事实果真如此吗？人本主义心理学家对此持有不同看法。在人本主义学者看来，人性本善，只要从学生的主观需求入手去安排学习的内容与方法，学生自然愿意学习。正由于此，人们一般倾向于认为人本主义心理学的研究取向是由内而外的，与此相反，行为主义心理学的研究倾向是由外到内的，是客观观察。

（二）学习的结果只是行为（行为潜能）的改变或认知结构的改变吗

行为主义学习理论主要关注学生行为或行为潜能的改变，而不关注学生的内在心理历程是否发生改变以及如何发生改变；同时，行为主义学习理论有将人与动物混同以及将人物化的倾向，体现在对人的学习的研究中，行为主义学习理论有较明显的忽视人性教育的倾向。传统认知主义学习理论只关注学生的知识学习，说到底，与行为主义学习理论关注学生行为的改变之间并没有本质的区别：二者都没有真正将人作为整体的人来看，而仅仅关注到人的某一方面；二者都没有真正将学习者看作有血有肉、有情有义的高级生物，而是将人予以物化，只不过，假若说行为主义者将人看作像鸽子一样较低级的动物，那么传统认知主义就是把人看作智商颇高的理性动物。对于行为主义与认知主义的这种看法，人本主义者是坚决反对的。人本主义心理学家认为，心理学应该探讨的是完整的人（the whole person），而不是将人的各个从属的方面（如行为表现、认知过程、情绪障碍）割裂开来加以分析。1962 年成立的美国人本主义心理学协会（AAHP）第一任主席布金陶在1967 年出版的《人本主义心理学的挑战》（*Challenges of Humanistic Psychology*）一书中主张人本主义心理学的目标，"是要对作为一个活生生的人所涉及的方方面面进行全面的描述"。他主张，一种有效的心理学必须探讨人的情感、对经验的看法以及在特定情境里的行为。人本主义心理学家对那种忽略学生的个性和感受、只要求学生适应学校的美国传统教育深感不满，认为教育应当改革，应从学生的心理需要出发，以学习者为中心，发挥学

---

① 张春兴. 教育心理学. 杭州：浙江教育出版社，1998：258 – 259.

生的潜能，培养学生的创造性，培养健康、充实、快乐的人。因此，人本主义者力倡教育与教学过程要促进学生个性的发展，发挥学生的潜能，培养学生学习的积极性与主动性。

（三）促使学生有效学习的因素是什么

在行为主义学习理论者看来，促进有效学习的因素主要在学习者的外部，概言之，主要是学习者所处的环境、能不能得到强化以及得到强化的类型，假若将这些外部因素控制好，有效学习也就发生了。在认知主义学习理论者看来，促进学习者进行有效学习的最主要因素是学习者脑海中原有认知结构的数量与质量，假若学习者脑海中有必要的用来同化（包括皮亚杰所讲的顺应）新知识的认知结构，就为意义学习打下了良好的基础。人本主义心理学家对这两种观点不以为然。在人本主义心理学家看来，要理解人的行为，必须理解行为者所知觉的世界，即能够从行为者的角度来看待事物。在了解人的行为时，重要的不是外部事实，而是事实对行为者的意义。假若要改变一个人的行为，首先必须改变他的信念与知觉。当一个人看问题的方式不同时，他的行为也就不同了。这表明，人本主义心理学家试图从行为者而不是从观察者的角度来解释和理解行为。他们所关注的是个人的感情、知觉、信念和意图——这些是使一个人不同于另一个人的内部因素。在他们看来，假若学习内容对学生没有什么个人意义的话，意义学习就不大可能发生，所以，他们强调无条件积极关注在个体成长过程中的重要作用，他们感兴趣的是自我概念的发展、人际关系的训练以及其他情感方面的内容。[①]

（四）能以动物的学习规律类推人的学习吗

人本主义心理学家强调人都有自发追求满足高级需要的动机，如友爱、认知、审美和创造的倾向，即人的价值的实现或人性的自我实现，这与动物完全不同（至少动物是没有自我实现需要的）。于是，他们反对以动物实验结果推论人类的学习，主张要对学生的人格发展进行整体分析和个案研究，提倡在社会教育和自我教育共同作用下促使学生的社会化，将学生培养成为德、智、体全面发展的人。相应地，人本主义反对行为主义者的惯用做法：将研究动物学习所得的学习原理类推到人类学习领域，用以解释人类的学习。人本主义者强调要了解人类的学习规律，就必须直接研究人类的学习，这一观点与行为主义学习理论相对，与认知主义学习理论有相通之处。

二、人本主义学习理论的核心内容

（一）人类生来就有学习的潜能

与精神分析学派人性本恶的观点相对，人本主义者深信人性本善，相信每个人不但都具有天赋的内在发展潜力，而且每个人生来就对世界充满了好奇心，进而都具有学习的潜能。因此，学习是人固有潜能的自我实现过程，人本主义强调人的尊严和价值。

（二）因需求而求知：学习的实质

人本主义心理学家一般将学习看作个体随其意志或情感对事物自由选择从而获得知识

---

① 施良方. 学习论——学习心理学的理论与原理. 北京：人民教育出版社，1994：402.

的过程，换言之，他们将学习看作"因需求而求知"，这就是教育上所谓的内发。例如，马斯洛就主张学习要靠内发（即内在学习），而不能外铄，学习不能完全由外在环境控制，只能靠个体内在自我的主动学习，学习的活动应由学生自己选择与决定，教师的任务是辅导而非强制。人本主义对学习实质的这一主张，既与行为主义学习论的外铄论不同，也与认知主义学习论的内发论有差异，因为人本主义的着眼处在于学生的主观需求，不主张客观判断教师应教学生什么知识，而是强调帮助学生去学习他喜欢且认为有意义的知识，这里重点解决的实际上是"愿不愿学习"的问题，而传统认知主义学习理论讲的意义学习实际上主要解决"能不能有效学习"的问题。

（三）达成自我实现，成为一个完整的人：学习与教学的结果与目的

人本主义心理学家既反对行为主义学习理论将学习视作形成一定刺激与反应之间的联结的观点，也不同意认知派学习理论关于建构知识结构的主张，而是认为：个体经学习而成长，其最终目的与结果是达成自我实现，成为一个完整的人（the whole person）、一个充分起作用的人，也就是使学生整体人格得到发展。在人本主义心理学家看来，在学习情境中个体所学到的并不只是知识或行为，而是兼有知识之外个体的自我成长。自我成长中带有感情与意志的成分。鉴于世界迅速变化这一客观事实，他们进一步指出，只有学会如何学习和适应变化的人，只有意识到没有任何可靠的知识、唯有寻求知识的过程才可靠的人，才能适应社会的激烈变化而生存下来，并能充分实现自我，所以，一个具有极高适应变化的能力、具有内在自由特性的人是当今学习的最终和唯一合理的结果。具体来说，就是要使学生通过学习成为这样的人：能从事自发的活动，并对这些活动负责的人；能理智地选择和自定方向的人；是批判性的学习者，能评价他人所作贡献的人；获得有关解决问题的知识的人；更重要的是，能灵活和理智地适应新的问题情境的人；在自由地和创造性地运用经验时，融会贯通某种灵活处理问题方式的人；能在各种活动中有效地与他人合作的人；不是为他人赞许，而是按照他们自己的社会化目标工作的人。正如马斯洛所说："教育的主要目标是帮助发展人的个性，协助个体把自己作为一个独特的人来认识，帮助学生实现他们的潜能。"罗杰斯也说："现代世界中，变化是唯一可以作为确立教育目标的依据。这种变化取决于过程而不是静止的知识。"康布斯说："教学的基本目的就是帮助每个学生发展一种积极的自我观念，不仅让学生知道'我做什么'，而且让学生知道'我是谁'。这不仅影响到他们的才能、理想和情感，而且常常决定他做什么。"

（四）学习的类型、特点和条件

为了达到上述学习和教学目标，人本主义心理学家反对传统的"无意义学习"，倡导"有意义学习"，并进一步阐述了有意义学习的特点和条件。

1. 学习的类型

人本主义学习理论强调学习的产生并非决定于外在客观的刺激情境，而是决定于个体本身对环境的知觉而后主观的自愿性选择，认为有价值、有效果和有益处的知识是比较容易学习和保持的。人本主义者反对传统的向学生灌输知识和材料的"无意义学习"，而特别强调学习内容对学生的个人意义，注重学生的需要、愿望和兴趣等非智力因素，主张进行与学生个人密切相关的"意义学习"；换言之，认为提高教学效果的一个重要途径是使学生进行意义学习。罗杰斯认为，根据学习对学习者的个人意义（personal significance），

可以将学习分为两大类：一是无意义学习，也叫认知学习，它指那种仅仅涉及经验积累与知识增长，而不涉及个体感情或个人意义，是一种"在颈部以上发生的学习"，因而是与完整的人（具有情感和理智的人）的养成无关的学习。在无意义学习中，对学习者而言，学习内容一般是没有生气、枯燥乏味、无关紧要的东西，所以，学习者不但学起来非常吃力（因为不感兴趣），而且容易遗忘所学的内容。在罗杰斯看来，现代教育的一大悲哀在于认为只有认知学习才是最重要的。二是意义学习（significant learning），它指一种涉及学习者成为完整的人，使个体的行为、态度、个性以及在未来选择行动方针时发生重大变化的学习。[①] 这种学习往往是以学生的经验生长为中心，以学生的自发性和主动性为学习动力，把学习与学生的愿望、兴趣和需要有机地结合起来，因而它必是有意义的学习，必能有效地促进个体的发展。罗杰斯对学习类型的这一看法对于纠正当代中国教育界中普遍存在的重智育轻德育、体育与美育的现象具有一定的启示作用。同时，若将罗杰斯的这一观点与奥苏贝尔的观点相比就会发现：虽然二人都主张意义学习而反对机械学习，不过二者的观点"名同而实异"，这主要体现在两个方面：一方面，二者的定义不同。两种"意义学习"的定义在前文已有阐述，稍加比较便知，它们的内涵是不同的。奥苏贝尔所讲的意义学习（meaningful learning）主要强调新知识与学习者脑海中原有的认知结构要有密切的关系，这样，假若学习者有意义学习的心向，就易产生意义学习，这之中主要讲的仍是怎样有效地进行知识的学习这一问题，强调的是新旧知识之间的联系，它只涉及理智，而不涉及个人意义，用罗杰斯的话说，这仍只是一种"在颈部以上发生的学习"；罗杰斯讲的意义学习，强调的是学习内容与个人之间的关系，认为学习内容要对学习者的健全人格（包括德、智、体等多方面）的发展有意义。用罗杰斯的意义学习观审视奥苏贝尔所讲的意义学习，奥苏贝尔所讲的意义学习有时可能仍是一种无意义学习，因为有时学习者虽然脑海中具有同化新知识的良好认知结构，但其对将要学习的新内容可能一点兴趣也没有。另一方面，两种"意义学习"的旨趣不同。罗杰斯主张通过意义学习来促进学习者人格的全面发展；奥苏贝尔主要关注通过意义学习来更好地学习知识尤其是陈述性知识，而不太涉及人的品德与情感领域的学习。从这两点看，罗杰斯对意义学习的看法要比奥苏贝尔的观点稍胜一筹。

2. 意义学习的特点

在人本主义心理学家看来，意义学习具有五个特点：①全神贯注。学习涉及了个人的意义，导致学习者整个人包括情感与认知都投入学习活动。②自主自发。意义学习以人的自主学习潜能的发挥为基础，学生由于自己内在的愿望主动去探索、发现和了解事件的意义，因此，意义学习必是自我主动发起的，即使推动力或刺激来自外界，要求发现、获得、掌握和领会的感觉还是来自内部的。这样，在人本主义者看来，有效学习的过程必是一种自我主动的学习。③全面发展。意义学习是渗透性的，会影响到学习者的态度、认识、情感、行为和生活，使人在态度、认识、情感、意志、行为和个性等方面都发生变化，所以，意义学习过程不仅包括认识过程，也包括情意过程，还涉及学习者个性的发展，能促进学生的全面发展。④自我评估。意义学习是由学生自我评价的，因为学生清楚这种学习是否满足自己的需要，是否有助于弄清他想要知道的东西。罗杰斯说："意义学习把逻辑与直觉、理智与情感、概念与经验、观念与意义等结合在一起。当我们以这种方

---

① 施良方. 学习论——学习心理学的理论与原理. 北京：人民教育出版社，1994：402–403.

式学习时，我们就成了一个完整的人，即成了能够充分利用我们自己所有阳刚和阴柔方面的能力来学习的人。"罗杰斯又说："在教学过程中，教师应尊重学生的个人经验，帮助学生理解教学内容对个人的意义，那么，他们就会'愿意学习，想得到发展，寻求发现，希望独立，要求创造'。"⑤自我实现。意义学习以学会自由和自我实现为目的。

3. 促进意义学习的条件

罗杰斯指出，学生要实现有意义学习，从而达到自我生长、自我实现，成长为一个充分起作用的人，必须依靠一定的条件。人本主义心理学家提出促进意义学习的基本条件有九个：

第一，相信人性本善，且人人皆有天赋的学习潜力，这是人本主义学习理论的基本假设与基本前提。

第二，强调以学生为中心的教育理念，突出学习者在教学过程中的中心地位。罗杰斯猛烈批评传统教育方式，因为传统教育的主要特征是：教师是知识的拥有者，学生是被动的接受者；教师是权力的拥有者，学生是服从者；教师可以通过各种方式（如考试甚至嘲弄）支配学生的学习。罗杰斯主张要废除传统意义上教师（teacher）的角色，以促进者（facilitator）取而代之。这样，教师最富有意义的角色不是权威，而是"助产士"与"催化剂"，教师应由衷地相信学生具有潜在的能力，教师的任务不是教学生改造行为（这是行为主义者所强调的），也不是教学生怎样学习知识（这是认知学派所关注的），而是要为学生提供学习的资源、学习的手段、学习的气氛、学习的方法，由学生自己决定如何学习。①

第三，当学生觉察到学习内容与他自己的目的有关时才会产生意义学习。在罗杰斯看来，一个人只会有意义地学习他认为和保持或增长自我有关的事情。②例如，两个生物系大四学生都选修"教育心理学"这门课，一个学生通过前一段时间的教育实习，已经深刻体会到教育心理学对教师专业修养的重要性；而另一个学生只是为了获得学分而选修这门课，如果说选修这门课和他的目的或增强自我有任何相关的话，那就是：为了获得毕业证书，他必须修完这门课。由此而引起的学习上的差异是不言自明的，前者从事的是一种实用的学习，后者则是学会怎样熬过这门课。与这一学习原则相关的另一个要素是学习速度的问题。当学习者具有某种目的并认为学习有助于达到这一目的时，学习速度就会加快。人们只要看看考生为准备研究生入学考试而学习的速度就可以明白这一点。据罗杰斯估计，当学生认为学习内容与达到自己目的有关时，学习各个科目的时间就会大大减少。这样，在教育过程中要采取措施让学生觉察到学习内容与自我的关系，一个人只会有意义地学习他认为与保持或增强"自我"有关的事情，而这种相关性将直接影响到学习的速度和效果。这与奥苏贝尔的意义学习论观点有别，让人进一步深化与完善了对意义学习的看法。换言之，只有同时解决好"愿不愿学习"（这是罗杰斯非常强调的）与"能不能学习"（这是奥苏贝尔特别重视的）这两个难题，真正的意义学习才能发生。当然，若过于强调"只有当学生觉察到学习内容与他自己的目的有关时才会产生意义学习"，也易让学生用功利的眼光看待学习与学习内容，结果自然易让学生产生异化，这与人本主义强调"以人为本"的初衷似有南辕北辙之嫌。看来，为了切实落实人本主义的教育理念，还须

---

① 施良方. 学习论——学习心理学的理论与原理. 北京：人民教育出版社，1994：411 - 412.

② 施良方. 学习论——学习心理学的理论与原理. 北京：人民教育出版社，1994：406 - 407.

深刻领悟《庄子·人间世》里"人皆知有用之用，而莫知无用之用也"[①] 一语里蕴含的哲理，妥善处理好"有用"与"无用"的关系，在重视有目的的学习的同时，适度提倡无目的的学习。

第四，涉及改变自我概念（即改变对自己的看法）的学习是有威胁性的，并往往受到抵制。自我概念是指一个人的信念、价值观和基本态度。当学生的自我概念遭到怀疑时，他往往采取种种防御的做法。这样，为了促进学生有效地进行意义学习，教师不宜轻率地对任何一个学生的自我形象作出否定的评价，而要学会尊重、悦纳不同人格类型的学生。

第五，在较少威胁的教育情境下才会有效学习。罗杰斯十分强调学习氛围对学生的影响。例如，一个有口吃的学生若常常因担心自己的缺陷会被学生讥笑而感到不适应或受到威胁，阅读能力肯定不会有长足的进步。但是，假若在一种相互理解和相互支持的环境里，在没有等级评分和鼓励自我评价的环境里，就可以消除上述这些外部威胁，同时也不会出现因恐惧引起的心理崩溃，从而使阅读取得进展。因此，只有当外部威胁降到最低限度时，学生才比较容易觉察和同化那些威胁到自我的学习内容，也只有当对自我的威胁很小时，学生才会用一种辨别的方式来知觉经验，学习才会取得进展。[②] 为此，一种自由、民主、和谐、融洽、真诚、充满着关爱与理解的学习氛围，是促进学生进行有效的意义学习的重要外部环境。这一观点与中国古代大教育家的见解相暗通。正如王守仁所说，教育要想取得良好的实效性，就必须顺导人的性情去施教，通过"歌诗"等多种方式来诱导人生发出良好的品行；假若违背人的性情去强行开展教育，致使学生将学校视作"牢房"而不肯入，将老师视作"仇人"而不肯见的话，学生不愿意学习是可想而知的。[③]

第六，主动自发全心投入的学习才会产生良好效果。当学生负责任地参与学习过程时，就会促进意义学习。罗杰斯认为，当学生自己选择学习方向、参与发现自己的学习资源、阐述自己的问题、决定自己的行动路线、自己承担选择的后果时，就能在最大程度上从事意义学习。证据表明，这类参与学习比消极被动的学习有效得多。同时，罗杰斯反复强调，学习不应该只发生在"颈部以上"，只有全身心投入的学习，才会对学生发生深刻的影响，因为只有涉及学习者整个人（包括情感与理智）的自我发起的学习，才是最持久、最深刻的。这样，当学生尝试着自己得出的新观念、学习一种难度较高的技能，或从事艺术创作活动时，就会产生这类学习。在这些创造性的学习中，学生是不由自主地投入学习。在这些学习情境中的一个要素是，学习者认识到这是他自己的学习，他可以一直学下去，也可以中途而止，不需权威人士来决定。[④]

第七，自评学习结果可养成学生独立思维与创造力。当学生以自我批判和自我评价为主要依据，把他人评价放在次要地位时，独立性、创造性和自主性就会得到促进。罗杰斯指出，创造性才能只有在自由的氛围中才会开花结果。假若以创造性研究为目标，那么，外部评价大多是无效的。明智的父母也认识到这一点。假若要使儿童成为一个独立自主的人，必须从小就给他机会，不仅让他有机会自己判断，允许他犯错误，而且还要让他自己评价这些选择和判断的结果。家长可以提供信息和行为方式，不过，必须让儿童或青少年

---

①　陈鼓应．庄子今注今译．2版．北京：中华书局，2009：156.
②　施良方．学习论——学习心理学的理论与原理．北京：人民教育出版社，1994：408－409.
③　王守仁．传习录·训蒙大意示教读刘伯颂等．孙爱玲，译注．济南：山东友谊出版社，2000.
④　施良方．学习论——学习心理学的理论与原理．北京：人民教育出版社，1994：410.

评价自己的行为，得出自己的结论，决定适合他们自己的准则。在学校或家庭里依赖他人评价的学生，很可能要么是始终习惯于依赖他人而显得不成熟，要么是全然反抗所有外部的评价和判断。① 这种培养创造力的观点虽与完形心理学的观点不尽相同，但对于当代中国人同样有相当的启示。因为长期以来中国的儿童多是伴随着"不"的声音长大的，这于无形中给儿童的心灵增添了一层层障碍，犹如春蚕"作茧自缚"，使一些中国儿童逐渐丧失了独立思考的习惯。所以，在当代中国，要培养儿童的创造性思维或开发儿童的潜能，除了借鉴西方学者的观点外，还需考虑到中国文化的特点。说得明白点，要想培养中国学生的创造性思维，关键措施之一是采取有效措施让儿童"去掉思想包袱"或"去茧"，"茧"去一层，儿童的创造性思维或潜能就发挥一层，"茧"去得干干净净，儿童的创造性思维或潜能也就充分展现出来了。

第八，强调要注重从做中学。在罗杰斯看来，大多数意义学习是从做中学的，促进学习的最有效方式之一是让学生直接体验到面临实际问题、社会问题、伦理和哲学问题、个人问题和研究的问题等。这可以通过设计各种场景，让学生扮演各种角色，以便让学生对各种角色有切身的体会；也可以通过安排一些短期强化课程，让学生到第一线去，直接面临教师、医生、农民等所面临的问题。这些做法都是极其有效的，因为学生现在是在处理他们正在体验到的问题。②

第九，在知识外重视生活能力学习，以期更好地适应复杂的社会。罗杰斯指出，静止地学习信息在以往的时代里可能是适合的，但在现代社会，变化是生活中最重要的事实，采用以往的学习方式无法使学生面对当前的处境，对于不断变化的社会来说，采用新的、富有挑战性的学习始终是必需的，因此，在现代社会中最有用的学习是了解学习过程，对经验始终持开放的态度，并将它们结合到自己的变化过程中去。这对爱将自己置于"象牙塔"的中国学子无疑有较大启发。所谓"书呆子"，就是那种只知死读书，不问世事的人。因此，据说以前像上海之类的大城市有这样一句教训女孩的话："你要不听话，让你嫁个博士。"可见，在当时中国人的心目中博士不但没有钱，更缺乏生活的本领与情趣，只会在一个极窄小的领域钻"牛角尖"。这样，与上述两大学习理论相比，人本主义学习理论有两大特色：不像行为主义和认知心理学那样从验证性研究中得到原则后做成推论，而多半是根据经验原则提出观点与建议；同时，与行为主义和认知心理学的学习理论不同，它不是限于对片面行为的解释或限于对语文学习的解释，而是对学习者整个人成长历程的解释。这样，从全人教育取向看，人本主义心理学的学习理论特别有价值。

第三节 人本主义学习理论在教育上的实践

一、提出一些具浓厚人本色彩的教育理念

（一）在平常教学中培养健全人格

人本主义心理学家主张将健全人格的养成作为学校教育的基本理念，认为教育的理想

---

① 施良方. 学习论——学习心理学的理论与原理. 北京：人民教育出版社，1994：410.
② 施良方. 学习论——学习心理学的理论与原理. 北京：人民教育出版社，1994：409–410.

是于平常教学中将一个个活生生的个体培养成躯体、心智、情感、精神、心力融于一体的人，换言之，主张既用情感的方式也用认知的方式将学生培养成情知合一的人、了解自己并悦纳自己的人、了解群己关系的人、了解社会规范的人、了解个人的权利与义务的人、慎重考虑自己前途的人、建立适当价值观念的人。为达到此目标，人本主义重视的是教学的过程而不是教学的内容，重视的是教学的方法而不是教学的结果。这种教育理念对当代中国的教育富有启发性：教育不是制造"机器"，而是培养人才。因此，教育既要重视知识的传授，更要重视积极情意的养成，以此塑造完整的人格，否则会出问题，如有的学生只知读书，却人格怪僻。这就是中国传统教育一向推崇人师而贬低经师的道理之所在。

（二）推行以学生为中心的教育理念

在人本主义学习理论之前，教育中处于主流地位的是强调师道尊严的教师中心理念，在这种理念的支配下，教师在制定教学大纲、确定教育内容和选择教育手段与方法等时往往只从自身考虑，不太考虑学生的兴趣、爱好、已有知识背景在学习中所起的作用。与此相反，人本主义者根据自己对人性的了解来认识学习的本质与过程，认为人的本质是积极向上、能自我实现的，学习是人固有潜能的自我实现过程，因此强调学习过程是学习者通过自我指导，实现自我发展的过程，主张以学习者为中心，激发学生的学习积极性，让学生自我指导、自由学习；同时，人本主义者根据人本的准则来考虑学习的条件，强调人的尊严和价值；强调要关注学生的情感、需要与愿望；重视个人的选择、个别差异与自我概念；充分尊重、了解与理解学生；创设自由的、宽松的、快乐的学习气氛，让学生处于一个和谐、融洽、被人关爱和理解的氛围中；强调无条件积极关注在个体成长过程中的重要作用。所有这些做法都在很大程度上尊重了学生的心理需求，从而易激发学生的学习动机与学习积极性，从这个意义上说，人本主义学习理论非常重视学习动机问题。

（三）培养团体精神的合作学习

人本主义者所讲的合作学习具有五个主要特征：一是分工合作；二是密切配合；三是各自尽力；四是社会互动；五是团体历程。开展合作学习的步骤是：第一步，选定题目；第二步，团体设计；第三步，执行计划；第四步，资料整理；第五步，提报结果。为此，人本主义者注重培养学生的沟通技巧、人际关系之适应及尊重他人的态度，在教学上重视自由学习与合作学习。人本主义的这一思想对于中国当代教育有一定的启示意义。如何培养独生子女的团队精神或合作精神，无疑是中国教育需要完成的一项重要任务，因为大量事实表明，与人共事的能力是一个合格的现代人必备的素质之一。

（四）推崇人性中心课程

人本主义者将课程的重点从教材转向个人，从"学问中心课程"转向"人性中心课程"，以人的能力的全面发展为目的，主张开设知识课程、情意课程、自我实现课程；主张课程内容要适合学习者的兴趣、能力及需要，要与学习者的生活经验和社会状态密切相连；强调在课程的设置上，既要重视科学主义取向的课程设置，更要重视人文学科的课程设置，因为在人本主义心理学家看来，历史、文学、哲学、艺术等人文学科比科学学科更能深刻揭示人的本性，通过这些学科的学习，人对自己的认识更加全面、深刻和真实。同时，主张课程结构要具有"统合"观念，认为教材的逻辑结构要与学习者的心理发展相吻合，情感领域（包括情绪、态度与价值）和认知领域（理智的知识与能力）之间要整合，相关学科在经验指导下要整合。"统合"课程观强调打破过去教材被人为设定的固定界限，强调知识的广度而非深度，关心知识的内容而非形式，弥补了传统课程的不足。人本主义心理学家关于课程的上述观点对当代中国的课程建设与课程改革都有一定的启发价值。

（五）提倡情感型的师生关系

人本主义者主张教师的主要任务不是教学生如何塑造自己的行为（这是行为主义者所强调的），也不是教学生如何学习知识（这是传统认知主义者所重视的），而是在扮演教学角色的同时，更要成为一位真诚地与学生建立积极友谊关系的人，才能与学生真诚互动，进而提高学生的学习效果。为此，教师的个人人格特质中必须具备亲切和热心的素质，因为亲切与热心是颇受学生喜爱的；教师必须为学生提供各种学习的资源，为学生提供一种促进学习的良好气氛，让学生自己决定如何学习。因此，罗杰斯猛烈批判传统教育，"教师是知识的拥有者，而学生只是被动的接受者；教师可以通过讲演、考试甚至嘲弄等方式来支配学生的学习，而学生无所适从；教师是权力的拥有者，而学生只是服从者"。人本主义者主张废除"教师（teacher）"这一角色，代之以"学习的促进者（facilitator）"，认为教师不是选择者、组织者、计划者、指导者、决定者和评价者，而是学生的促进者、鼓励者、帮助者、辅导者、合作者和朋友，是尽职于学生的"侍者"（servant）。这种情感型的师生关系有助于教师转变角色，建立平等、民主的师生关系。

二、构建出人本主义的典型教学模式

根据其对学生学习的性质和条件的基本观点，人本主义心理学家提出了一些课堂教学设计模式，主要有以下三种：

（一）以题目为中心的课堂讨论模式

以题目为中心的课堂讨论模式是人本主义心理学家将精神分析心理学家、群体心理治疗专家科恩 1969 年创建的"以题目为中心的相互作用心理疗法"应用于学校教育而形成的一种教育模式。其主要做法是：围绕一个题目进行群体讨论，让师生之间、学生之间相互作用，相互促进。这要求教师提出有利于促进课堂讨论的课题，找到讨论的课题与群体中正在发生的问题的接触点；要善于运用各种方式促进课堂讨论，教师要在教学中体现一种真正的人本主义的能力，如能允许其他人提出不同的意见，表现对学生真诚的尊重，能采纳相反建议等。该模式运用的原则是：一是强调学生将情感与思想乃至全身心都投入课堂的群体讨论中，要求发言者结合他最近在生活中用到的问题进行讨论，使讨论对每个人更有意义、更加可信。二是强调学生在课堂群体讨论中的个别性与独特性，强化每个学生发现自己的自主权；鼓励学生在讨论中表现自身的与众不同，教师要表现出对每个学习者的见解都有兴趣，力图使课堂情境对每一个学生都富有个性化的意义；主张每个人都应用"我的感受"与"我确信"这种措辞参与讨论。三是不要长时间集中于某一个讨论题目，以免产生饱和的状态与疲劳，允许学生偶然地离题，使他们较好地注意核心题目。[①]

---

① 莫雷. 教育心理学. 广州：广东高等教育出版社，2002：161.

（二）自由学习的教学模式

自由学习的教学模式是一种更为自由的教学模式，罗杰斯认为，教师应最大限度地给予学生选择与追求有意义的学习目标的自由，因此提出了这一教学模式。他认为这种模式比较适合大学的教学，其主要做法如下：第一，学生参与决定学习的内容与授课方式。学生可以决定他们希望授课的形式、时间、主题、讲授材料，教师请学生提出他们希望的授课方式与希望学习的内容。第二，学生选择信息源。学生的学习可采用不同的方式和从不同的信息源来获取学习的内容。如郊游、专家咨询或与学者的交流，以及使用录音、录像等视听设备。利用哪种方式，从哪种信息源获取知识，应依学生的意愿而作出决定。课堂发言是学生学习的一种重要方式。罗杰斯认为，每个学生都有自己擅长的一面，通过这种方式学生可与其他学生分享学习收获。教师在此时的作用是对讨论时时加以引导，避免给发言的学生以过多的压力。第三，师生共同制定契约。自由学习并不意味着教师撒手不管。教师干预学生学习的教学方法是契约法，这种方法鼓励学生与教师达成一个口头或书面的契约，指明学生在这一学期所要做的工作的种类与数量，以及圆满地完成这些工作所能得到的分数。罗杰斯认为它会给学生带来一种秩序感和安全感。第四，课堂结构安排的变通性。罗杰斯主张安排不同类型的课堂结构，甚至同一种类型的课堂结构也可作出不同的安排，以吸引不同兴趣与需要的学生自由地参与，这是意义学习与快乐学习的目的。第五，由学生进行学习的评定。教师与学生应预先理解什么样的操作水平（如写作水平、解题水平等）将会得到什么样的分数，然后由学生自己评定分数，如对写作的评分中要求学生根据自己的写作基础与自己的工作的详细评价进行评分，由学生决定是否喜欢接受评分的指导者。当教师对一个学生的工作评价明显不同于这个学生的自我评定时，便举行会议共同解决这个问题。[①]

（三）开放课堂教学模式

开放课堂教学模式是韦伯于 1971 年提出的，适用于年龄较小的儿童。英国最早尝试了这种模式，随后又受到美国教育界的重视，目前已逐渐在美国学校得到较普遍的应用。给开放课堂下一个精确定义颇难，但可以描述。开放课堂的典型特点是无拘无束，不拘形式。在实施开放课堂的学校里，学生并不需要将自己限制在某个课堂或中心区域，走进教室以后可以做他想做的事，学他想学的任何科目。在开放课堂内学生自由地从事能激发他们兴趣的活动。上课不是活动的限制性范围，即使在下课铃响过之后大多数学生仍然可以继续他们的活动。在休息时间里学生可从事任何自己希望从事的活动。开放课堂的教师的作用是鼓励和引导学生的活动，为此，教师的首要任务是在适当的时间促进儿童与学习的真正材料发生接触，为了完成这个任务他们必须对儿童进行精确的观察，建立每个儿童的档案，推荐有利于儿童的活动，还必须准备如何给儿童鼓励与支持，在儿童作决断的时刻给予儿童认知的输入。这种认知的输入是催化性的，符合教育规律的，有助于儿童获得更多的知识。[②] 结合美国学校实施开放课堂所取得的经验与教训以及中国儿童的身心发展特点和中国当代教育的实际情况，在中小学要慎用开放课堂的教学模式，因为它有三大缺

① 莫雷. 教育心理学. 广州：广东高等教育出版社，2002：161 – 162.
② 莫雷. 教育心理学. 广州：广东高等教育出版社，2002：162 – 163.

陷：一是不利于学生在短时间内学到系统的知识；二是容易让学生产生偏科现象，即只选择自己感兴趣的课程上；三是容易让自制力较弱的学生"钻空子"，以开放课堂之名行不专心学习或逃课之类的"实"。不过，开放课堂的教学模式比较适合高校学生的学习。借鉴开放课堂的教学思想，高校宜允许学生自主地选择专业和选择课程，这样做既会提高学生学习的主动性与积极性，也能促使教师重视教学，还会使那些只会教"屠龙术"的老师越来越少（因学生不选他的课，他就无法生存下去）。这种结果无论是对学生而言还是对国家而言，都有百利而无一害。

第四节　对人本主义学习理论的简要评价

一、人本主义学习理论的贡献与不足

（一）人本主义学习理论的贡献

人本主义学习理论的贡献是多方面的，除了提出了人们耳熟能详的学生中心的教育理论外（详见前文），它的最主要贡献主要有以下两点：

1. 重视人的全面发展

人本主义者将学习与人的整体发展联系起来，强调学习的目的是促进学生人格的全面发展，使学习者成为一个具有适应环境变化能力、具有内在自由特性的人，使学习与教学的目标发生了重大变化，从过去主要关注学生知识的增长到既关注学生知识的增长又关注学生情感与品德的健全发展，这就对只注重学科知识学习与教学的传统教育理念提出了挑战；同时，人本主义注重学习与学习者个人意义的关系，强调意义学习，对于传统纯粹从认知的角度进行学习分类是一种突破。

2. 提出了一些颇具新意的学习观与教学模式

人本主义者重视学习者的内心世界；对无意义学习与意义学习所做的不同于奥苏贝尔的新解释；对学生的本质持积极乐观的态度；强调以学生为中心，激发学生的学习积极性，让学生自我指导、自由学习；构建出典型的人本主义教学模式；主张创设自由的、宽松的、快乐的学习气氛，让学生处于一个和谐、融洽、被人关爱和理解的氛围中等。他们对学习与教学问题所提出的这些新见解，有助于人们消除行为主义和精神分析学派对学习的片面看法，丰富了学习理论，加深了人们对学习和教学问题的看法。

这样，人本主义学习理论的基本观点有力地冲击了行为主义与精神分析等学派对教育心理学理论与实践的消极影响，促进了教育革新，为学习与教学的研究和实践提供了富有启发意义的新观点及新思路。

（二）人本主义学习理论存在的不足

1. 片面强调学生天赋潜能的作用

人本主义学习理论的一个核心假设是：人性本善，并有求知的本能。这种假设无视人的本质的社会性，这是一种片面强调遗传决定发展的观点，忽视了环境与教育的作用。实际上，人是社会关系的总和，学生要在家庭、学校与环境中接受社会文化的影响，才能成为一个既有社会性又有独特个性的人。过分强调天生潜能的自我实现，只会导致放任自流式的自由学习。同时，该理论过分强调学生的中心地位，进而过于突出学生个人的兴趣与爱好，强调要以学习者的自由活动为中心，只注重学习与教学要符合学生个人自发的兴趣与爱好，忽视了教学内容的系统逻辑性，低估了教师在学科学习过程中所起的重要作用，从而降低了教育与教学的效能，影响了教育与教学的质量。

2. 降低了教师在教育中的作用

为了突出学生在教育中的中心作用，人本主义大大降低了教师在教育中的作用，主张教师是尽职于学生的"侍者"，这种观点与先前两大学习理论有较明显的教师中心论①的观点相比，同样是没有正确处理好教师与学生在教育中所扮演的角色。用辩证的眼光看，以教师为中心的教育的长处是看到了教师在教育中所起的主导作用，不足之处在于未看到学生在教育中所处的主体地位。一种教育若过于强调教师的中心地位，势必会不顾学生的身心发展特点，而完全按照教师的主观愿望进行，这就为"填鸭式"的灌输性教育方式大开方便之门，看不到学生的兴趣、动机和认知结构等个性特征在教育中所起的作用，必将降低教育的效果。以学生为中心的教育的长处是看到了学生在教育中所处的主体地位，不足之处在于未看到教师在教育中所处的主导作用。一种教育若过于强调学生的中心地位，势必会降低教师在教育中所起的重要作用，而成为一种"放羊式"的散漫教育，这与教育（狭义的）是"教育者按照一定的社会要求，向受教育者的身心施加有目的、有计划、有组织的影响，以使受教育者发生预期变化的活动"（广义的教育是指一切能增进人们知识、技能、身体健康以及形成和改变人们思想意识的活动）②不相符。在这个问题上，当代中国的一些教育心理学论著中往往有类似"学生是学习的主体，而教师在学生的学习过程中起主导作用"的说法，这种表达方式从表面上看似乎是将学生与教师在教育中扮演的不同角色分开了，实际上若细究，它是在玩文字游戏。假若承认教师与学生同是人的话，就没有理由说学生是"学习的主体"，而教师只是"主导"却不是"主体"，这在逻辑上说不通。可能较稳妥的解决办法是引入"时间"因素来谈这个问题，进而在教育中要贯彻双主体的教育理念（详见第二篇 人的心理发展与教育）。

3. 人本主义学习理论欠缺"操作性"

与前面两大学习理论相比，人本主义学习理论由于太重"人文关怀"而缺少严格意义上的科学研究，导致人本主义学习理论欠缺操作性，这主要体现在三个方面：第一，人本主义学习理论的概念不够明确；第二，人本主义学习理论一般只作陈述概念性的结论；第三，人本主义学习理论缺乏客观测量的依据。一句话，人本主义未能树立科学心理学的形象。③ 当然，上述评价只是站在科学主义心理学视角和想立竿见影的功利主义视角立论的，这种评价可能显得有失公正。

4. 忽视了"逆境出人才"的道理

西方人本主义学习理论强调要为学生的心智成长和人格完善创造一个良好的外部环境，这种观点有一定的合理之处。但是，凡事"过犹不及"，人本主义的这一观点过于强调了"顺境出人才"的道理，而忽视了"逆境出人才"的道理。古今中外的诸多事实都

---

① 行为主义学习理论强调环境的重要性，势必导致其强调教师的重要作用；认知主义学习理论中，奥苏贝尔主张认知同化学习，比主张发现学习的布鲁纳更为重视教师在教育中所起的重要作用，不过，即使是布鲁纳也强调教学情境的结构性，而这往往取决于教师的适当安排，所以，布鲁纳同样重视教师的重要作用。

② 南京师范大学教育系. 教育学. 北京：人民教育出版社，1984：18－19.

③ 张春兴. 教育心理学. 杭州：浙江教育出版社，1998：281.

表明，适当的顺境与逆境都可能有助于人才的生成。这里强调的是"适当"二字：一方面，家庭、学校和社会为孩子的健康成长创造适当的顺境，当然有助于孩子身心的健康成长，不过，若是"太顺了"，孩子一直得不到挫折的锻炼，对其身心健康成长也不是什么好事情，毕竟"温室里培育出来的花朵"经不起严寒的打击。从这个意义上说，现在中国有些独生子女就是由于从小生活的环境太优越了，不但导致其耐挫力水平明显下降，而且容易让他们养成乐于享受的心理，这不但易增加父母的负担，更不利于中国社会的长治久安与和谐发展。另一方面，长时期、过于恶劣的生活环境可能会将学生压垮，[①] 即便一时没有将学生压垮，也会对其造成长久的心理创伤，这是某些出身贫困家庭的学生更易出现心理问题（如过于自卑）的原因之一。可见，过于恶劣的生活环境是阻碍个体和群体健康成长和成才的"拦路虎"。不过，俗话说，"穷人的孩子早当家"，这又是一些来自贫困家庭的孩子读书更刻苦、更勤奋的原因之一。因此，科学的态度是：适度的顺境与适度的逆境对人才的成长都有好处，不宜强调一方而忽视另一方；同时，只要教育适当，顺境是不会出败家子的，败家子是不当教育的结果，不是顺境的结果。至于逆境，只要不过于恶劣，对于那些抗压能力强的个体的成才而言，可能不是坏事；但是，如果过于恶劣，那就一定会阻碍人才的成长。

二、中西方人本主义教育理念的比较

在中国悠久的教育传统中，在以孔夫子为代表的历代教育大家的精髓教育思想中，一直蕴藏着深厚的人本主义教育理念，那么，中国自有的人本主义教育理念与美国人本主义学习理论之间有何异同呢？

（一）中西方人本主义教育理念的相通之处

既然都叫人本主义，中西方的人本主义教育理念就有一定的相通之处：第一，都主张性善论。支撑西方人本主义学习理论的重要理论依据之一是性善论，正由于相信人性本善，相信人人都有求知求善的潜能，如果创造一个适当的环境，人们率性而行，往往都是在做有益处的事情，于是，教育自然要以人为本；与此相类似，中国文化的精髓之所以一向有人本主义教育传统，也是由于有许多人信奉以孟子为代表的性善说，相信"人之初，性本善"的道理。第二，都看到了人的独特价值，并以此将人与其他万物区别开来。中国人本主义教育理念强调人与万物的区别，认为万物以人为贵。正如荀子在《王制》里所说："水火有气而无生，草木有生而无知，禽兽有知而无义，人有气、有生、有知亦且有义，故最为天下贵。"认为人贵于万物的缘由，主要是人在有气、有生和有知的基础上，还有"义"这种社会性心理素质。这里，荀子看到了人与其他事物的区别和联系。正由于中国文化里一向有人贵论的思想，才使中国人不至于人禽不分、人兽不分和人物不分，这与西方人本主义心理学反对在人的研究中出现的人性兽化和机械化的倾向有一些相通之处。[②] 第三，都主张要平等对待学生，尊重学生的兴趣与爱好等个性差异。西方人本主义

---

① 一个典型个案是：家境清贫没有阻碍哈佛大学教育学院博士生杨艳对学业的追求，但生活压力却给了她过于残酷的负担，在巨大的精神压力下，她的身体每况愈下，于2015年11月13日疑因忧郁症猝逝，年仅33岁。

② 高觉敷. 西方心理学的新发展. 北京：人民教育出版社，1987：369 – 444.

学习理论非常强调要尊重学生的兴趣和爱好等个性特征，强调要平等对待学生。与此相类似，在儒家"人本"教育思想的影响下，一些教育大家主张师生关系是一种相互平等、相互尊重、相互关心、相互爱护、相互学习的关系，反对教师以教人者自居，盛气凌人，包办代替，从而使学生人云亦云，亦步亦趋。如《墨子·兼爱上》说："若使天下兼相爱，爱人若爱其身，犹有不孝者乎？视父兄与君若其身，恶施不孝？犹有不慈者乎？视弟子与臣若其身，恶施不慈？"《学记》说："是故学然后知不足，教然后知困。知不足，然后能自反也；知困，然后能自强也。故曰：教学相长也。"率先提出了"教学相长"的命题。此思想一直为后人所继承。韩愈在《师说》一文里就声称："弟子不必不如师，师不必贤于弟子。闻道有先后，术业有专攻，如是而已。"《吕氏春秋》则提出了"视徒如己"的命题。《吕氏春秋·诬徒》说，"视徒如己，反己以教""爱同于己者，誉同于己者，助同于己者"。

（二）中西方人本主义教育理念的相异之处

中国文化里的人本主义教育理念和美国的人本主义心理学毕竟是在两种不同文化背景下产生的，二者也有一定的区别：

1. 二者所讲"人本"中的"人"不一样

中国本土的人本主义教育理念主要是从"人类整体"出发去探讨人与物、人与禽兽的共性与异性问题，以突出人类自身的价值；但是，当处理人与人之间的关系时，在漫长的古代历史上，中国人实际上主要是"官本位"和"长者本位"的等级理念，且等级森严，而非"以人为本"。与此相一致，中国传统文化虽然向有尊崇"人"的传统，不过，倍受青睐的是"集体人""类人"或"抽象人"，至于占人口绝大多数的普通人的人格与权利则遭受"灰姑娘"般的歧视与冷遇，结果，普通百姓只能以"草民"自称，多数官员则养成权威人格，并且，许多中国人心中都有深深的恋权情结。西方人本主义心理学主要是从"个人"出发去研究人的本性及其与社会生活的关系，在人本主义心理学中，倍受青睐的是实实在在的"个人"，"个人"的人格与合法权利得到充分的保障。看来，融会中西人本主义教育理念之长的新人本主义教育理念应该是兼顾"集体人"与"个人"的价值，不要顾此失彼。

2. 对教师地位的看法不同

中国本土的人本主义教育理念在强调要尊重学生、平等对待学生和充分发挥学生的主观能动性的同时，也主张要充分发挥教师在学生学习中所起的"引路人"的作用。如，《老子·二十七章》说："不贵其师，不爱其资，虽智大迷；是谓要妙。"假若一个人不尊重老师，就是聪明人也会成为大糊涂，更何况一般的人呢？可见，老师在个体心智成长过程中扮演重要角色。据《朱子语类》卷十三记载，朱熹也说："某此间讲说时少，践履时多，事事都用你自去理会，自去体察，自去涵养。书用你自去读，道理用你自去究索，某只是做得个引路底人，做得个证明底人，有疑难处同商量而已。"明确主张教师是一个"引路底人""证明底人"，与学生之间是平等的关系。与此不同的是，西方人本主义心理学为了突显其学生中心的教育理念，有将教师降为学生学习中的"侍者"身份的思想。本书认为，在教育中过于强调教师的作用，进而将教师视作决定学生学习内容与学习方式等的"主人"，这种不尊重学生主体性的教育理念固然不对；但是，在教育中过于强调学生的作用，进而仅将教师视作学生学习的"侍者"或"仆人"，这种不尊重教师主体性和于无形中降低了教师在学生学习中的重要作用的教育理念也是欠妥的。可见，在对待教师角色的重要性这一问题上，中国本土的人本主义教育理念更为妥当些。

3. 对"逆境"与"人才成长"关系的看法有差异

主要诞生在美国的人本主义教育理念，与美国相对富强的经济环境相适应，特别强调要为学生的心智成长和人格完善创造一个良好的外部环境，较为忽视"逆境出人才"（详见前文）；与此相反，中国传统社会主要是农业社会，生产力的相对落后和封建统治者的残酷剥削等，导致中国传统社会的经济常常是一种匮乏型经济，在此种环境下生长起来的中国式的人本主义教育理念则较为强调"逆境出人才"，《孟子·告子下》有一段传颂至今的至理名言："舜发于畎亩之中，傅说举于版筑之间，胶鬲举于鱼盐之中，管夷吾举于士，孙叔敖举于海，百里奚举于市。故天将降大任于是人也，必先苦其心志，劳其筋骨，饿其体肤，空乏其身，行拂乱其所为，所以动心忍性，曾益其所不能。人恒过，然后能改；困于心，衡于虑，而后作；征于色，发于声，而后喻。入则无法家拂士，出则无敌国外患者，国恒亡。然后知生于忧患而死于安乐也。"① 受此言论的深刻影响，绝大多数中国人普遍认可艰苦环境磨炼法在锻炼意志和促人成才上所扮演的积极功能，"生于忧患，死于安乐""宝剑锋从磨砺出，梅花香自苦寒来"之类的谚语向人讲述的都是这个道理。

综上所论，中西人本主义教育理念各有优缺点，可以相互取长补短，中国学人宜妥善地吸收二者的精髓思想，去掉其中的不合理因素，树立更加完善的人本主义教育理念。②

① 杨伯峻. 孟子译注. 2版. 北京：中华书局，1960：298.
② 汪凤炎，郑红. 中国文化心理学. 5版. 广州：暨南大学出版社，2015：412–414.

第四篇　育智的心理

如果读者问："为什么教育心理学要探讨知识的学习?"我的回答是："因为当代中外教育都重视知识的教学与学习。"如果问："为什么当代中外教育都重视知识的教学与学习?"我的回答是："因为就个体而言，这事关一个人智慧的生成；就一个国家或地区而言，这事关一个国家或地区的智慧发展水平。"如果问"为什么人需要智慧?"我的回答是："智慧是人之所以为人的重要内在依据。正如《荀子·非相》所说：'今夫猩猩形笑亦二足而毛也，然而君子啜其羹，食其肉。故人之所以为人者，非特以二足无毛也，以其有辨也。'东汉王充在《论衡·辨祟》里说：'夫倮虫三百，人为之长。人，物也，万物之中有知慧者也。'同时，智慧能帮助人们更好地适应复杂的外部世界，进而有助于人们过上幸福的生活。"如果问："智慧的生成与知识的学习之间有什么关系?"我的回答是：这就涉及智慧与知识的关系问题了，关于这个问题，像中国的孔子、老子、庄子与惠能等，西方的皮亚杰、艾里克森（E. H. Erikson），以巴特斯（P. B. Baltes）为首的柏林智慧模式（the Berlin model of wisdom）、新皮亚杰主义者（new Piagetism）和斯腾伯格（R. J. Sternberg）等已进行或正在进行探讨，[①]尽管各家观点有一定差异，不过，大多数人都持类似见解：虽然一个人拥有丰富的知识不一定就有高超智慧，毕竟智慧与知识不是一回事，但是，一个无知之人绝不可能拥有高超智慧。[②]既然如此，教育心理学自然要深入研究知识的学习，以便帮助人们更好地习得智慧。当然，在当今知识爆炸的年代，若想最大限度地提高知识教学的育智效果，不能将知识教学简单地理解为仅是向学生传授知识，知识教学的正确含义本是"引导学生怎样有效地获取高价值的知识"，从而既让学生养成积极主动学习知识的习惯，又让学生学会如何独立自主地、创造性地学习知识的有效方法。要达到这双重目的，教师要准确把握学生的认知发展规律，以此作为影响知识教学的重要内因之一。并且，教师对知识的类型、知识表征（representation）、知识教学的策略和问题解决等都要有系统的理解。鉴于认知发展规律已在前文作了详细论述，本篇只用两章篇幅来探讨培育个体聪明才智的心理，其中，用一章探讨知识的学习，用另一章专论问题解决与创造力的培养。

---

① 汪凤炎，郑红. 智慧心理学的理论探索与应用研究. 上海：上海教育出版社，2014：123–187.
② 汪凤炎，郑红. 智慧心理学的理论探索与应用研究. 上海：上海教育出版社，2014：197–204.

第七章　知识学习

【内容摘要】

　　本章先探讨了知识与智慧的含义、分类及相互关系的问题，然后分别阐释了陈述性知识的学习与程序性知识的学习，最后讨论了知识学习的迁移问题。本章第一个亮点是对智慧的含义及类型提出了全新的见解，并首次提出了智慧的德才合一理论；第二个亮点是对知识的分类提出了颇具启发意义的看法；第三个亮点是对"高分低能"现象作了全新解释；第四个亮点是对认知策略的学习作了操作性较强的阐述；第五个亮点是首次将知识学习的迁移与道德学习的迁移相分开。

【核心概念】

　　知识、技能、习惯、智慧、人慧、物慧、德慧、陈述性知识、程序性知识、明确知识、默会知识、直接知识、间接知识、主观知识、客观知识、个人知识、公众知识、命题、命题网络、图式、概念、规则、动作技能、熟练技能、习惯、言语指导、示范、练习、整体练习、部分练习、身体练习、心理练习、模拟练习、实际练习、高原现象、迁移

【思考题】

　　1. 请先简要谈谈知识与智慧的联系与主要区别，然后谈谈如何才能做到"转识成智"。

　　2. 什么是人慧与物慧？人慧与物慧概念的提出有何现实意义？

　　3. 为什么要对知识进行分类？如何对知识进行科学分类？

　　4. 陈述性知识和程序性知识是怎样表征的？

　　5. 陈述性知识和程序性知识的学习阶段有何不同？

　　6. 请简述阐述陈述性知识与程序性知识的联系与区别。

　　7. 请简要阐述知识与技能的区别与联系。

　　8. 请简要述评加里培林的"智力活动按阶段形成的理论"。

　　9. 什么是"高原现象"？它的主要成因是什么？

　　10. 有人说"知识就是力量"，有人说"知识不是力量"，您对此问题有什么看法？

　　11. 试用知识学习的有关思想谈谈你对"高分低能"的看法。

　　12. 迁移有哪些经典理论？又有哪些新近发展出来的理论？

　　13. 知识教学中如何促进学生的迁移？

第一节　知识与智慧

　　在开始"知识学习"之前，先简要阐述知识与智慧的关系颇有必要，它既有助于人们正确认识知识与智慧之间的关系，也有助于人们正确认识知识的学习。

一、知识及其分类

（一）什么是知识

20 世纪 50 年代以前，由于行为主义盛行，主流心理学几乎不关注"知识"的研究，这是因为行为主义心理学家反对研究人脑的内部状态，自然就不会去研究知识。只有在行为主义心理学衰落后，心理学家才开始关注人心理的内部机制。在心理学界（不同学科常常从不同角度来定义知识），皮亚杰对知识作了较权威的界定："知识是主体与环境或思维与客体相互交换而导致的知觉建构，知识不是客体的副本，也不是由主体决定的先验意识。"与此相适应，现代认知心理学一般将知识定义为：主体通过与其环境相互作用而获得的信息及其组织。这样，贮存于个体脑海中的知识就是个体的知识；用一定方式记录下来且贮存于个体外的知识就是人类的知识或公众的知识。[①] 根据这个定义，"知识"的范围极广，从安德森所讲的知识分类角度看，既包括陈述性知识也包括程序性知识；从波兰尼所讲的知识分类角度看，既包括明确知识也包括默会知识；从获取知识的方法看，包括用各种方法（如思辨法、观察法、实验法、问卷法等）所获得的知识。因此，人们常说的"文盲"只是缺乏文字知识，从而既无法用文字将自己的所知表达出来，也无法识别由文字记载的知识。不过，"文盲"虽无文字知识，却可有丰富的人生知识与默会知识。这种知识观其实是中国古代的一贯传统。例如，据《邵雍集·伊川击壤集》卷八记载，邵雍在《知识吟》中说："目见之为识，耳闻之谓知。奈何知与识，天下亦常稀。"[②] 既然"目见之为识，耳闻之谓知"，那么，一个人只要不是天生的既盲又聋的残疾人，便都能通过自己的眼睛观察而不断增长"见识"，通过耳听而不断积累"闻知"。

（二）四种类型的知识分类

当今世界处于知识日新月异的时代，各式各样的知识种类繁多，而且累积与更新的速度都可谓每时每刻呈几何级速率的增长。这样，任何一个人，哪怕是才华横溢的人，都不可能穷尽所有的知识领域而成为一个在每个领域都非常精通的"百科全书"式的学者。现实生活中的人才是分类的，各有各的专长，在一个领域是专家的人，换到另一个领域可能就是"门外汉"，真所谓"隔行如隔山"。于是，为了让人更准确地把握不同类型知识的特点及体现在教学方法或学习方法上的差异，让人更准确地把握不同类型知识之间的关系，尽量避免"高分低能"现象的产生以及充分保证每个人都尽可能成为某一领域或多个领域的人才等。简言之，为了提高知识教学或知识学习的效率，对知识的教学或学习就不能不分类。事实上，学校教知识也都是将知识分类来处理的。怎样将广义知识进行分类呢？不同人有不同见解。如，《墨子·经说上》说："知，传受之，闻也；方不障，说也；身观焉，亲也。"在这里，墨家按获得知识的不同方式，明确将"知"分为传闻之知、说知和亲知三种类型："传闻之知"指得自他人传授的认知或知识；"说知"指超越一般的可见之物或媒介，通过推论获得的认知或知识；"亲知"指个体自己通过亲身观察事物或

---

① 邵瑞珍. 教育心理学：修订本. 上海：上海教育出版社，1997：58.

② 邵雍. 邵雍集. 郭彧，整理. 北京：中华书局，2010：297.

亲身实践而获得的认知或知识。① 同样是按获得知识的方式分，也有人将知识分为直接知识和间接知识两种类型：前者指来自个体通过亲身观察事物或亲身实践后获得的知识，相当于中国古人所说的"亲知"；后者指来自书本或他人经验的知识，相当于中国古人所说的"闻知"。按知识的复杂程度高低分，可将知识分为结构良好领域的知识与结构不良领域的知识（详见"认知主义学习理论"一章）。按知识的主客观程度分，可将知识分为主观知识与客观知识两种：主观知识一般指个体对事实的主观解释和建构。当它缺少足够的证据时，类似于"意见"。客观知识一般指有足够证据、反映客观规律的知识，它往往不以个人的意志为转移，类似于"真理"。当然，若按极端建构主义者的主张，世上本无客观知识，所有知识都是人为建构出来的，即都是主观知识。我们认为，虽然主客观知识之间并无明显界限，是相对的，但是，对知识作主客观划分还是有助于人们准确把握知识的多样性和建构出的知识必须符合客观规律的一面。按知识的所有权分，可将知识分为个人知识和公众知识：个人知识指个人拥有的知识，它常具有明显的个体差异性，并随个体的消亡而消亡。公众知识指人类共同拥有的知识，它具有明显的约定俗成性；如果载体足够结实、稳定，那么，公众知识不但不会随个体的消亡而消亡，甚至即便人类消亡，它也可以继续存在着等。出于本书旨趣，下面重点探讨常见的关于知识分类的四种观点。

1. 按科目分类

自小学的分科施教到大学的分专业施教（实质仍是分科施教），都是先将知识分科而后教学生学习。这种知识分类的标准是以社会需求为原则，以逻辑为基础的。

2. 依心理学规律分类

认知心理学家在探讨怎样以心理学为基础教学生更有效地学习知识时，提出了一种新的知识分类的标准。依认知心理学家的见解，一个人长期记忆中所贮存的信息大致可分为情节记忆与语意记忆，并且，布鲁纳和奥苏贝尔的学习理论特别强调学生已有认知结构是帮助他们学习新知识的基础，这种认知结构也就是信息加工理论中所指的长期记忆的内在结构。由此推论，长期记忆的内在结构已将输入的知识（信息）作了分类处理，分类之后自然可供作吸收新知识的基础；换言之，情节记忆可帮助学习新的情节性知识，语意记忆可帮助学习新的语文性知识。学校教育所传授的知识大都是以语文为基础的，因此，怎样培养学生学习由语文构成的知识就是学校教育的一大任务。安德森（1980，1983）最早将语文知识分为两类：一是陈述性知识（declarative knowledge），指有关事实性或资料性知识；二是程序性知识（procedural knowledge），指按一定程序理解操作从而获得结果的知识。从性质上看，前者是解决"世界是什么"（"knowing what"）问题的知识，它是一切知识的基础；后者是解决"怎样做"（"knowing how"）的知识，其本质上是一套控制个人行为的操作程序，包括外显的身体活动与内在的思维活动。② 其后，著名教育心理学家梅耶（R. E. Mayer）和加涅在研究知识学习时也主张将知识分为陈述性知识和程序性知识两大类。对于陈述性知识心理学家容易取得共识；但关于程序性知识心理学家持有不同看法。加涅认为，程序性知识本质上是由概念和规则构成的；由于运用概念和规则办事的指向性不同，程序性知识又可分为两个亚类：一类是运用概念和规则对外办事的程序性知

① 燕国材. 心理学思想史·中国卷. 长沙：湖南教育出版社，2004：88.

② ANDERSON J R. Cognitive psychology and its implications. San Francisco：W. H. Freeman，1980：p. 82；ANDERSON J R. The architecture of cognition. Cambridge，M. A.：Harvard University Press，1983.

识，加涅称之为智力技能（intellectual skill），主要用来加工外在的信息；另一类是运用概念和规则对内调控的程序性知识，加涅称之为认知策略（cognitive strategy），主要用来调节和控制自己的加工活动。加涅对智力技能的主张，其优点在于指出智力技能的本质是程序性知识，而不是陈述性知识；其弱点在于加涅将运用概念和规则对内调控的程序性知识从智力技能中分离了出来，故而加涅所讲的智力技能的内涵较小。实际上，根据中国人一贯所主张的"知人者智，自知者明"的传统，加涅所讲的认知策略实际也是一种（待己的）智慧，并且，加涅在界定智力技能时，也未看到在解决简单问题和复杂问题时个体内在心智加工过程的本质区别。梅耶认为，策略性知识和程序性知识是一种并列关系，不是一种智力技能；策略性知识（strategic knowledge）是关于如何学习和如何思维的知识，是关于如何使用陈述性知识和程序性知识（智力技能）去学习、记忆、解决问题的一般性方法。它不仅包含加涅的认知策略，而且包括对自己的认知活动进行调节和控制的元认知策略（meta-cognitive strategy）。可以说，加涅认为智力技能和认知策略的区别在于对外办事和对内调控，而梅耶认为程序性知识（智力技能）和策略性知识（认知策略和元认知策略）的区别在于特殊技能和一般方法。综合各家的看法，一般而言，陈述性知识与程序性知识之间的联系与区别如下：

（1）陈述性知识与程序性知识的联系。

一方面，任何知识在其开始阶段都是陈述性知识，这样，任何程序性知识之中都必然包含部分陈述性知识：先经语文陈述知识的内容，然后再按程序动作获得学习的结果。所以，陈述性知识的获得常常是学习程序性知识的基础或前提，因为在一般情况下只有先知道"是什么"，才能学会"怎么做"。另一方面，程序性知识获得后也为获取新的陈述性知识提供了可靠保证，因为程序性知识包括智力技能、认知策略与动作技能，它们三者的习得往往能为后继的陈述性知识的学习打下良好基础。可见，陈述性知识与程序性知识有时也并不是截然分开的。

（2）陈述性知识与程序性知识的区别。

第一，从定义看，陈述性知识是关于"是什么"的知识，这类知识主要用来回答事物是什么、为什么和怎么样的问题，可用来区别和辨别事物，也叫描述性知识。程序性知识是关于"怎样做"的知识，主要是用来解决做什么和怎么做的问题，程序性知识实质上是一套关于办事的操作步骤和过程，也叫步骤性知识或过程性知识。程序性知识与实践操作密切联系，具有动态性质。特别要强调的是，在实际教学中，若教师或学生理解不透彻，在程序性知识的教学、学习或考试时仍仅停留在"知"的层面，就极易将"关于'怎样做'的知识"理解成陈述性知识，结果一定仍是"知"而不能"行"。为了凸显"知识"与"技能"二者的区别，当下中国教育界继续普遍使用"知识"与"技能"这两个概念。其实，若将陈述性知识理解为"个体能用口头言语或书面语言表达出来的知识"，而将程序性知识理解为"个体能正确做得出来的知识"，并在教学、学习或考试中时时注意这两种知识之间的区别：陈述性知识重在"知"；程序性知识重在"做"或"行"，如果仅仅用口头言语或书面言语将操作程序表达出来，却不会做，它仍然是陈述性知识，而不是程序性知识。那么，完全可以用"程序性知识"来替换"技能"这个概念。

第二，从测量学的观点看，陈述性知识的提取线索是有意识的，因而是能直接陈述的知识，可以通过"陈述"或"告诉"的方式测量；程序性知识也叫操作性知识，它往往只能借助于某种具体作业形式来间接推测其存在，换言之，只能通过观察人的行为间接测量。

第三，从心理表征看，前者主要以概念、命题和命题网络的形式表征；后者以产生式和产生式系统表征。

第四，从激活和提取的角度看，前者激活速度慢，其提取往往是一个有意识的搜寻过程；后者激活速度快，能相互激活（特别是当某项技能达到自动化水平之后更是如此）。

第五，从输入与输出的角度看，前者是相对静止的，其输入与输出相同，即其运用形式常常是输入信息的再现。如输入的是"北京是中国的首都"，输出的仍是"北京是中国的首都"。后者常常是一个动态操作过程，其输入与输出不相同，即其运用常要对信息进行加工或运算，结果往往得出不同于输入刺激的信息。如对"$2/9 + 5/8 = ?$"这一问题的解决，先要通分，然后才得到"$61/72$"。

第六，从学习的要点与目的看，学习陈述性知识的关键是运用记忆术理解并牢牢记住它们，以便在需要用时能顺利提取出来。由于陈述性知识一般通过记忆获得，学习这类知识的目的主要是获得语义，因此，有的心理学家也把它称为记忆性知识。学习程序性知识的关键是通过变式练习，熟练掌握相应的操作方法。

第七，从学习与遗忘的速度看，学习陈述性知识主要是一个记忆过程，相对而言，习得的速度快，遗忘也快。程序性知识的学习在本质上是获得一套控制个人行为的操作程序，由于外显动作技能相对于内隐智力技能（含认知策略）而言要容易学习一些，这样，在学习程序性知识时，学习动作技能的速度要快一些，学习智力技能的速度要慢些，但是，它们一旦学会就成为人的一种技能，遗忘也慢些，有些技能甚至能持续到一个人的终身而不忘。[1]

第八，从明言知识和默会知识的角度看，陈述性知识中，多数属明言知识，也有少量的默会知识；程序性知识中，有些完全能用明言知识表述出来，它就不包含"默会知识"的成分，有些只能用明言知识表达其中的一部分内容，余下内容则属默会知识。

综上所论，陈述性知识与程序性知识二者之间虽有联系，但也有较大区别。从陈述性知识与程序性知识的区别角度看，过去教育的一大缺陷是将程序性知识按陈述性知识去教，自然容易让学生产生"高分低能"现象。假若一个人能将陈述性知识与程序性知识适当地分开教或分开学，自然有助于其减少"高分低能"现象的产生。若再结合加涅等人有关学习分类的观点和安德森等人有关知识分类的观点，可将广义知识作如下分类：

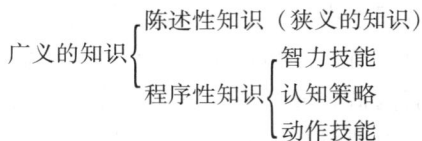

图 7 - 1　广义知识的分类图

在心理学和教育学中，以往有关知识与技能的划分始终是一个难题。人们多是从常识出发，用"知"与"会"来区分知识与技能。现代认知心理学的两大类知识的划分既与人们的常识相吻合，也为较严格地区分知识与技能奠定了科学的基础。用信息加工心理学的眼光看，目前中国教育界流行的与"技能"相对的"知识"实际上是指陈述性知识，

---

① 　邵瑞珍. 教育心理学：修订本. 上海：上海教育出版社，1997：95.

它实际上是一个狭义的知识概念，而"技能"概念与程序性知识概念相暗合，指在练习基础上形成的按某种规则或操作程序顺利完成某种心智任务或身体协调任务的活动方式。技能具有三个特点：①技能是通过学习或练习而形成的，不同于本能行为；②技能是一种活动方式，是由一系列动作及其执行方式构成的，属于动作经验，不同于认知经验的知识；③技能中的各种动作要素及其执行顺序要体现活动本身的客观法则的要求，不是一般的习惯动作。在信息加工心理学中，技能也被看作知识的一种类型，这样，此处讲的知识是广义的，不仅从一个人会说什么来判断他是否有知识，还包括从他会做什么来判断他是否有知识。所以，信息加工心理学的知识观与当前中国教育界流行的知识观已有较大不同。信息加工心理学扩大"知识"的内涵，使之包括陈述性知识与程序性知识两大内容，从而将习惯上讲的"知识"（狭义的）与"技能"统一起来，形成一个颇完整的知识分类理论。这一理论背后隐藏的基本假设主要有四：①人类一切后天习得的能力都是由知识构成的，可以用广义知识来解释人类习得的能力。②若要坚持用知识来解释能力的话，就必须建立新的知识观，新的知识观里既要包括一般意义讲的知识（狭义的），还要包括技能，乃至认知策略。③不同类型的知识在人脑中表征与贮存的方式不同、习得的过程不同、影响不同，知识学习的条件也不同。[①] ④要清晰阐明如何将陈述性知识转化为程序性知识。如第五章所论，"学习与记忆的信息加工心理历程示意图"便已启示人们：对工作记忆中的陈述性知识进行编辑，可在长时记忆中创建新的程序性知识，这表明陈述性知识与程序性知识之间可实现转化。并且，正如下文所述，通过适当的变式练习也能将陈述性知识转化为程序性知识。

同时，熟练技能和习惯之间既有联系也有区别。二者的联系是：都是自动化了的动作系统。二者的区别主要有五：①二者的定义不同。熟练技能即高级水平的技能，它是通过练习而巩固的、自动化了的动作方式，其动作执行达到了高度完善化和自动化的程度。自动化并非无意识，而是指它的执行过程不需要意识的高度控制，可以将注意分配于其他活动。操作熟练的内在机制是在大脑皮层中建立了动力定型，即大脑皮层建立了概括的、巩固的暂时神经联系。并且，熟练技能是指实现某种行动的方式，它不一定与人的需要联系在一起。与熟练技能不同，习惯是完成某种自动化行为的需要。习惯了的自动化行为已经变成了人的需要，如果这种需要得不到满足，就会引起不愉快的情绪。②二者的形成方式不同。习惯可以在无意中，通过简单的重复而形成；熟练是按照一定的目的并以一定方式组织起来的练习而形成的。③习惯有好坏之分，熟练技能有高低之分。根据对个人和社会的意义来分，习惯有好坏之分，有些习惯是对个人和社会有益的；有些习惯是对个人和社会有害的。熟练技能的水平有高低之分，却无好坏之分。④熟练技能既与一定的情境相联系，也和一定的任务相联系；习惯只与一定的情境相联系。这意味着，熟练技能主要是由任务始动的，而习惯只是由一定的情境始动的。⑤熟练技能要与一定的客观标准、别人的示范、技术指标或者活动的产品作对照，而习惯只和先前的动作方式作对照。因此，在练习过程中，技能逐渐向一定的标准动作模式发展，变得越来越规范；而习惯则越来越保持原来的动作系统，并逐渐固定化、定型化，所以，习惯往往容易染上"保守"的色彩。[②]

再者，根据学习的结果与学习的过程这两个维度，可以用表7-1描绘陈述性知识与

---

① 邵瑞珍. 教育心理学：修订本. 上海：上海教育出版社，1997：63.

② 叶奕乾，何存道，梁宁建. 普通心理学. 4版. 上海：华东师范大学出版社，2010：234-235.

程序性知识学习的阶段和类型之间的相互关系。该模型可以解释学生绝大多数知识的学习，不过，也有例外。如母语的学习就是个例外，母语作为一种技能，其早期的学习来自模仿，是先习得了技能，但一般说不出语言规则。

表 7-1　广义知识学习阶段与分类模型①

学习阶段	新知识的习得阶段	知识的巩固与转化阶段	知识的提取与应用阶段
陈述性知识与程序性知识的学习类型	注意与预期→激活原有知识→选择性知觉→新知识进入命题网络作进一步的加工	若是陈述性知识，那么就通过复述与精加工等策略，使之与原有的知识融为一体，形成新的认知结构	陈述性知识被提取出来，回答"是什么"问题
		若是程序性知识，就通过变式练习，使命题转化为产生式或产生式系统	①运用习得的概念和规则对外办事（智力技能）②运用习得的概念和规则对内调控（认知策略）③运用习得的操作程序完成某种身体协调任务（动作技能）

3．按知识的价值分类

从知识的价值看，若从"有无价值"的角度划分，可以将知识粗分为有价值的知识（有用的知识）与无价值的知识（无用的知识）两类；在有价值的知识中，若依"价值的大小"的标准进一步去划分，可以将有价值的知识粗分为非常有价值的知识、有中等强度价值的知识和有少量价值的知识三类。非常有价值的知识和有中等强度价值的知识往往是当今社会最需要的一些知识，是最具创造性和产生经济价值与社会价值的知识，从一定角度上看还是在现实中起支配地位的知识。无价值的知识正好与之相反。也需指出，虽然从一定意义上讲热门专业往往是社会需求的集中体现，从而往往也成为有用知识的体现，不过，不能因此得出热门专业等同于有价值知识的结论，只要符合两个条件的知识——一是有高度的创造性，二是对经济或社会的发展有高度价值，都可以将之归为有价值的知识。因此，不可把那些为民族、人类文化的传承与发展而甘愿坐冷板凳的人叫做迂腐。②

4．按知识是否可明言分类

据《庄子·天道》记载：轮扁曰："臣也以臣之事观之。斫轮，徐则甘而不固，疾则苦而不入。不徐不疾，得之于手而应于心，口不能言，有数存焉于其间。臣不能以喻臣之子，臣之子亦不能受之于臣，是以行年七十而老斫轮。古之人与其不可传也死矣，然则君之所读者，古人之糟粕已夫！"③王守仁也说："用功到精处，愈着不得言语，说理愈难。若着意在精微上，全体功夫反蔽泥了。"④ 这表明《庄子》和王守仁已无意中触及默会知识的存在。不过，当时的人们或是未深究，或是觉得《庄子》和王守仁的这一说法有神秘

---

① 皮连生．教育心理学．3 版．上海：上海教育出版社，2004：92-93．
② 吴甘霖．用智慧统率知识——21 世纪的智慧宣言：下．读者，2002（7）：60．
③ 陈鼓应．庄子今注今译．2 版．北京：中华书局，2009：386．
④ 王守仁．王阳明全集：上册．吴光，等编校．上海：上海古籍出版社，1992：115．

色彩。毕竟，长期以来，人们多认为只有那些可以用某种方式或手段加以明确表述的知识才算知识，那些无法明确表达的意识则不能算是知识。但是，波兰尼（Michael Polanyi，1891—1976）第一个提出了"默会知识"（tacit knowledge）的概念，指出人类的知识有两种：一种是明确知识（explicit knowledge），也叫明言知识（articulate knowledge），指那些可以用书面文字（written words）、图表（maps）或数学公式（mathematical formulae）等手段清晰表达的知识。人们通常所讲的知识一般都属于明言知识。二是默会知识，也叫非明言知识（inarticulate knowledge），指那些个体已知道但不能用书面文字、图表或数学公式等手段清晰表达的知识。例如，我们在某个行动中所拥有的无法清晰表达的知识就属于默会知识，它是另一种形式的知识。[①] 波兰尼特别指出："当我说到不可表达的知识时，应从字面意义上去理解，而不应被视为神秘经验的名称……我所说的'不可表达'只是意味着我知道并能描述的某种东西，尽管这种描述比通常的情形更不准确甚或非常模糊。"[②] 由此，波兰尼讲了一句名言："我们知道的要比我们能说的多。"在波兰尼看来，"明确知识可以说只是冰山的一角，而默会知识则是隐藏在冰山底部的大部分。默会知识是智力资本，是给大树提供营养的树根，明确知识不过是树上的果实"，"默会知识是自足的，而明确知识必须依赖于被默会地理解和运用。因此，所有的知识不是默会知识就是植根于默会知识。一种完全明确的知识是不可思议的"。这表明，默会知识是明确知识的基础，一切明确知识都有默会的根源。从根本上讲，语言符号的使用（包括赋义和理解活动）本身就是一种默会行动。

波兰尼指出，与明确知识相比，默会知识具有下列特征：①默会性。明确知识是可以明确表达、定义的知识；默会知识往往只可意会，无法言传，它主要蕴含在人的实践过程中，也存在于人的预感、直觉、情感、价值和信仰中。默会知识往往是通过"做中学"而获得的（一般是不可教的），通常透过高度互动式对话、说故事和分享经验等方式传播。Karl. M. Wiig 认为默会知识是一种存在于个人心智，很难或不可能与他人分享的经验。它内化并嵌入人们的意识，拥有者常在没有认知和了解的情况下使用。②非逻辑性。它指默会知识很难通过语言、文字或其他符号进行明确的逻辑论证与说明。在这个意义上，波兰尼又将默会知识称为"前语言的知识"（pre-verbal knowledge），将明确知识称为"语言的知识"（verbal knowledge）。波兰尼甚至还认为，默会知识是人类和动物共同具有的一种智力活动，是人类非语言智力活动的结晶。③个体性。明确知识可以通过正规的形式进行传递，能够同时为不同的人所分享，具有一种公共性。默会知识不能以明确的、显性的、正规的形式加以传递，因为它是一种连知识的拥有者和使用者也不能清晰表达的知识，所以默会知识具有个体性，是一种个人知识（personal knowledge）。④非批判性。明确知识既然是人们通过明确的推理而获得的，自然也能够通过理性过程而加以反思和批判。默会知识是通过个体的感官或直觉获得的，不能通过理性过程加以批判和反思。波兰尼甚至将明确知识称为批判的知识，将默会知识称为非批判的知识。⑤情境性。默会知识的获得总是与特殊的问题或任务的情境联系在一起，是对这种特定问题或任务情境的一种知觉综合把握。在问题或任务情境没有出现时，人们甚至感觉不到它的存在，但当相同或相似的问题或任务情境出现时，附着于个体的默会知识就会自然地被唤醒，悄无声息地再现于问题的

---

① POLANYI & MICHAEL. The study of man. London: Routledge & Kegan Paul Ltd. , 1959: p. 12.
② 迈克尔·波兰尼. 个人知识——迈向后批判哲学. 许泽民，译. 贵阳：贵州人民出版社，2000：129 - 130.

解决中。⑥社会文化性。默会知识比明确知识具有更强烈的文化特征，与一定文化传统中人们所分享的概念、符号、知识体系分不开。明确知识往往传达的是一些明确的社会规范，而支配人们实际行为的往往是那些植根于社会文化传统的"潜规则"。⑦层次鲜明性。默会知识并非只有一种形态，根据其能够被意识和表达的程度可以划分为不同的层次。

有人会问：默会知识是一种无意识吗？要弄清这个问题，先要讲明何谓无意识。在心理学中，"无意识"主要有三种含义，有三个英文词汇分别与之对应，译成汉语则统称"无意识"：①"unconscious"，汉语也译作"潜意识"。作为弗洛伊德的用语，它指那些被个体压抑从而让其没有意识到的情感与记忆。潜意识学说被认为是心理学最伟大的发现之一，精神分析学的创始人弗洛伊德是对潜意识进行系统研究的第一人。在弗洛伊德看来，不符合社会道德规范的欲望和令人焦虑的记忆是潜意识（无意识）的主要内容。①②"subliminal perception"，汉语也译作"阈下感知"，它指刺激太弱，未达到人的绝对感觉阈限（absolute sensory threshold）之上，人们无法觉察到或没有意识到。③"subconscious"，它指某个刺激的值虽然已在个体的绝对感觉阈限之上，但落在个体的注意焦点之外，导致此个体未觉察到。需指出，在心理学界，那些不同意弗洛伊德理论的人，一般多用"subconscious"而不是"unconscious"来指"无意识"。处于此种无意识状态时，注意水平很低，人们几乎是不知不觉地进行着某种活动。一般地，人们在做自己非常熟悉的事情时，往往是无意识的；当一个人全神贯注于某事的同时需要做另一件事情，往往是无意识的；当人们在特殊情形下，意识无暇顾及，本能性地作出反应，一般也是无意识的。一句话，此种无意识层次的活动一般遵循自动化的序列程序。稍加比较可知，默会知识与无意识是两个完全不同的概念。克莱蒙特（John Clement）在实验的基础上将知识划分为"无意识的知识"（unconscious knowledge）、"能够意识到但不能通过言语表达的知识"（conscious but non-verbal knowledge）与"能够意识到且能够通过言语表达的知识"（conscious and verbally described knowledge）。通过这种划分，克莱蒙特认为，在默会知识和明确知识之间存在着一种"连续性"或"谱系"现象，而不是截然不同的两极。综上所论，默会知识与明确知识之间的主要区别可以概括为如下几个方面：

表 7-2　默会知识与明确知识之间的主要区别

默会知识	明确知识
默会性	明确性
个体性	公共性
非逻辑性	逻辑性
非批判性	可批判性、可反思性
情境性	泛情境性

（三）知识分类宜遵循的路径

根据上述分析，在对广义知识进行分类时，至少在理念上必须想到合理的知识分类要

① 弗洛伊德. 精神分析引论. 高觉敷，译. 北京：商务印书馆，1984：15.

分四步走：

　　第一步，先将知识分为有价值的知识与无价值的知识，进而将有价值的知识再分为有大用的知识和只有小用的知识。只有对个体有大用的知识才需进一步分类，至于诸如"屠龙术"之类的无用知识，既然无用，也就不用分类，更不用学了。从这个意义上说，造成过去中国有些学生在学习中存在"高分低能"现象的原因之一，是学生在学校里花大量精力学了一些用处不大甚至无用的知识，而有用的知识却没有学好，可是，现实生活是需要有用知识的。若果真如此，那么，消除"高分低能"现象的有效措施之一就是重新谨慎审视学生的课程设计，去除其中一些用处不大或者无用的科目，使学生将宝贵的且有限的心智资源都尽可能投到学习有用的课程上来。需指出两点：第一，虽然要判断某一知识是有用知识还是无用知识，尤其是有大用的知识还是只有小用的知识，在实际操作过程中会有一定困难，但人们仍应作出选择。若两个事物的价值相差太大，人们一般会很容易作出选择价值大事物的决定。通常只有当两个事物的价值差不多却不可同时拥有时才会产生抉择上的困难，此时，值得借鉴的一条经验是"51%原则"，即假若你认为 A 与 B 两类知识对你的成长都有用，不过，你却由于种种原因而不得不从中选择其一而放弃另一个时，你就要斟酌一下 A 与 B 两类知识价值的大小，假设你认为 A 类知识的价值是 49% 而 B 类知识的价值是 51% 时，根据"51%原则"，你就宜毫不犹豫地选择 B 类知识，而舍弃 A 类知识，然后尽心尽力地努力学习 B 类知识，不要瞻前顾后。如果这样，你肯定将有所收获。同时，在做这一选择时，不能过多指望心理学的帮助。因为现在的主流心理学遵循的是科学主义研究取向，它主要关心"是什么"的问题，不太关心"应该怎么做"，也不能太指望心理学能告诉你这方面的做法。第二，既然知识有价值大小之分，便要正确看待培根（Francis Bacon）提出的"知识就是力量"一语。从全人类的角度看，随着人类掌握的有关宇宙和人生的知识越来越多，对宇宙和人生的理解也就越系统、越深刻、越准确，改造世界的能力也就越大。从个体角度看，个体拥有知识的多寡与其能力的大小之间并不一定呈明显的正相关，有的人"学富五车"却最终一无所成，有的人目不识丁却成就斐然。造成这种结果的原因很多，包括个体所掌握的知识的类型、个体的思维方式、个体所处的时代、个体的寿命长短等。仅从知识本身看，"知识"的英文为 knowledge，其中，第一个音节"know"是"知道""精通"，并由此产生有独到见解的"真知灼见"；①中间的"l"是"热爱"（love）、是"学习"（learn）、是"生活"（live）；② 末尾是"edge"，是"边缘、领先"。③这意味着，若想让知识产生力量，第一步是个体要具备足够的高价值度、高度、深度、广度、精度和新度的"六度"型知识，从而能对问题产生真知灼见；随后，要热爱自己的真知灼见、反思自己的真知灼见，在生活中活学活用自己的真知灼见，只有这样做才能让自己处于领先（leading edge）的地位，才能让知识成为一种力量。与此类似，中文的"知识"一词也告诉人们，只有"知"与"识"相结合，才能让自己处于领先的地位，才能让知识成为一种力量。反之，由于知识的含义太宽泛，一个人若仅仅是习得如下四种知识，则无法产生力量，尤其是无法产生巨大的力量：①当知识仅指"知道"时。例如，科举制度在哪年废除的？一个知道很多事实而不知如何处理的人，现在人们已经不叫他为

①　方柏林. 知识不是力量. 上海：华东师范大学出版社，2011：3.
②　方柏林. 知识不是力量. 上海：华东师范大学出版社，2011：5.
③　方柏林. 知识不是力量. 上海：华东师范大学出版社，2011：3.

"知识分子"，而称之为"知道分子"。知道而无见识，徒增谈资，于世无益。②当知识仅指"常识"时。掌握一些人人都知道的常识，并不能让自己处于领先地位。① ③当知识仅停留于"意见"时。"意见"若无实证数据的支撑，是对是错都难确定，怎能产生力量？④当拥有的知识已"陈旧过时"时。陈旧的知识几乎毫无用处，何来力量？另外，"知识"仅是一个中性词，这样，"知识就是力量"是中性表述。一个人若将其拥有的丰富实用知识用于为绝大多数人谋福祉，便能生出巨大的正能量；反之，若仅为自己或自己的小集团谋私利，并为此而不惜侵害他人的合法权益，就会生出巨大的破坏力。

第二步，将有大用的知识分为不同的专业或科目。因为在当今社会，社会分工、科学分化与分科教学都已成为习惯，不可能在短时间内取消，这样，知识的分类不可能完全取消这一环节。至于选择专业的标准，一定要记住：只要是国家和社会所需要的专业，无所谓冷热之分，只有学得精与学不精之分。一旦学精了，必是"行行出状元"。而要学精，当智商、外在环境等类似时，最重要的是自己对它要有兴趣，这个兴趣往往又是由先前自己在此领域所取得的成功所激发的。

第三步，脑海里要有这样一个清晰的认识：在有用的专业或科目的知识中，既有明确知识，也有默会知识；换言之，不能忽视默会知识的价值。

第四步，在第一、二、三步的基础上，再依心理学的见解，将有用的、可清晰表述的专业或科目的知识进一步分为陈述性知识与程序性知识（这种分类具有较强的科学依据，且操作性较强），以便促进学生能更好地学习有用的知识。依心理学的原理，学习陈述性知识的关键在于记忆，以便将所学内容记住，从而在随后需要时能有效地提取出来；学习程序性知识的关键在于会"做"，以便在以后遇到相应的情境时能将它做出来。同时，对于默会知识，则主要采取"师傅带徒弟"与"做中学"的方式进行学习。波兰尼十分强调传统手工业时代的学徒制形式在当代教育中的借鉴作用。他认为：当科学的内容在全世界成千上万所大学被教授时，科学研究不可能详细描述的技巧却一直未能渗透到大学教学中来。不能够详细描述的技巧也不能通过规则的方式加以传递，因为它并不存在规则。它只能通过师傅带徒弟的方式加以传递。服从权威是学习默会知识的最佳策略。你听从你导师的指导，通过与他竞争，科研新手就能不知不觉地掌握科研技巧，包括那些连导师也不是非常清楚的技巧。这种默会技巧只有通过一个人对另一个人无批判的模仿才能被消化。若一开始就提"批判性吸收"，因为你并不比权威高明，所以，你的"批判性吸收"往往会导致你作出错误选择，结果常常是"取不到真经"。那么，学徒制方式传递默会知识的实践效果究竟如何呢？美国学者哈里特·朱克曼通过对杰出科学家之间的关系进行研究发现，截至1972年，92名美国诺贝尔科学奖获得者中有48名曾经作为老一辈诺贝尔奖获得者的学生、博士后或同事。这些诺贝尔奖获得者从师傅那里学到什么呢？根据朱克曼的调查，他们学到的不是明确知识，而是不能编辑整理的思维和工作方法等默会知识。有专家认为，大学生特别是研究生在进入某一学术领域的过程中，一般会接触到两种默会知识，一种是从这一学术领域的长期经验中产生的默会知识，这是一种实用的几乎是下意识的知识，其核心是调控科学论文发表的能力；另一种默会知识是大学生特别是研究生自己在研究生期间的科研实践中获得的，如直觉力、想象力、研究技巧、合作能力等。这些例证不仅表明了默会知识的重要性，也表明亲密的师徒关系是默会知识传递的有效形式。因此，

---

① 方柏林．知识不是力量．上海：华东师范大学出版社，2011：3.

大学教学改革除了需要进一步要求学生系统地掌握相关专业的理论知识外，关键是要让学生进入科学共同体或研究小组，实际参与导师的科学研究，进而通过与导师或权威人士亲密接触，获得课堂上所学不到的科研中的默会知识。① 从这个意义上说，造成过去中国有些学生在学习中存在"高分低能"现象有两个重要原因：一是混淆了陈述性知识与程序性知识之间的差别，将程序性知识当成陈述性知识学了；二是混淆了明确知识与默会知识之间的差别，只注重明确知识的学习，忽视了默会知识的学习。因此，学生当然不会做，自然"高分低能"。

二、智慧及其分类

在日常生活里，很多人弄不清智慧与本能、智力、聪明、能力、渊博知识、善良、智慧者之类概念之间的联系与区别，常常将智慧等同于智慧者、高智力、能力、思维方式、聪明或渊博知识。甚至在一些中西方经典工具书里，在对"智慧"进行解释时也往往将智慧看作某种能力、某种知识或某种思维方式。② 在中西方心理学史上虽也有一些颇具影响力的"智慧"观，如中国古人提出了"知而获智"的智慧观，③ 西方现代心理学家更是提出了五种经典智慧观，分别是：皮亚杰的智慧观、艾里克森的智慧观、柏林智慧模式的智慧观、新皮亚杰主义的智慧观与斯腾伯格的智慧观。④ 在这些智慧观里，除了斯腾伯格的智慧观明确将智慧从智力和知识里区分开来，其余的智慧观也多存在将智慧等同于某种能力、某种知识或某种思维方式等的弊病。这实际上是没有看到智慧的独特性之所在，因此，为了让人们更好地看到智慧的独特性以及影响智慧生成的心理因素与外部环境因素；为了让人们将智慧与单纯的善良、知识、聪明或创造性相区分，以便让智慧保持适当的边界，而不是使之"无所不包"，笔者力倡"智慧的德才一体理论"，其主要观点包括相互关联的四个内容：①对智慧的新界定；②对智慧结构的新看法；③对智慧的新分类；④对影响智慧生成与发展因素的新看法。其中，在影响智慧生成与发展的因素方面，主张五因素交互作用论，此观点在"人的心理发展与教育"一章里已作阐述，下面只论余下的三个要点。⑤

（一）"智慧"的内涵：从德才一体的角度界定

笔者对"智慧"的最新定义是：

个体在其智力与知识的基础上，经由经验与练习习得的一种德才一体的综合心理素质。个体一旦拥有这种综合心理素质，就能让其睿智、豁达地看待人生与展现人生，洞察生活中形形色色的人与事；当其身处某种复杂问题情境时，就能让其适时产生下列行为：个体在其良心的引导下或善良动机的激发下，及时运用其聪明才智去正确认知和理解所面

---

① 陈明贵. 试论默会知识及其教育学意义. 高等教育研究学报, 2007, 30（4）：34.
② 汪凤炎, 郑红. 品德与才智一体：智慧的本质与范畴. 南京社会科学, 2015（3）：127 – 133；汪凤炎, 郑红. 智慧心理学的理论探索与应用研究. 上海：上海教育出版社, 2014：192 – 194, 196 – 204.
③ 汪凤炎, 郑红. "知而获智"观：一种经典的中式智慧观. 南京师大学报（社会科学版）, 2009（4）：104 – 110.
④ 汪凤炎, 郑红. 五种西式经典智慧观的内涵及得失. 自然辩证法通讯, 2010, 32（3）：93 – 97.
⑤ 汪凤炎, 郑红. 智慧心理学的理论探索与应用研究. 上海：上海教育出版社, 2014：185 – 304.

临的复杂问题，进而采用正确、新颖（常常能给人灵活与巧妙的印象）且最好能合乎伦理道德规范的手段或方法高效率地解决问题，并保证其行动结果不但不会损害他人的正当权益，还能长久地增进他人或自己与他人的福祉。[①]

根据此定义，若用一个示意图来表示智慧，则如图 7-2 所示：

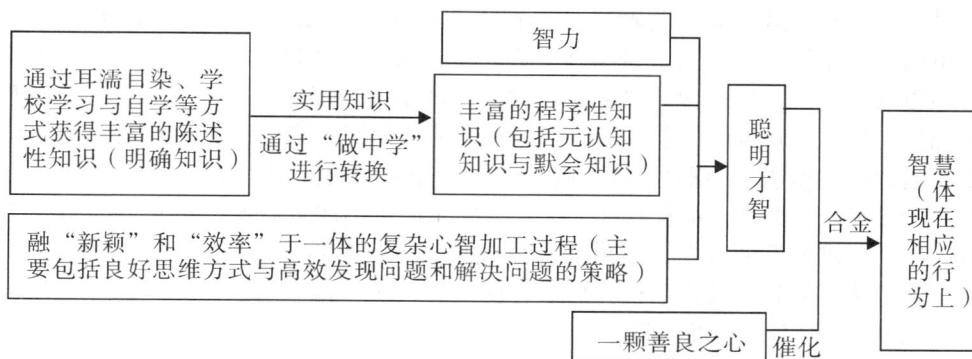

图 7-2　智慧的内涵示意图[②]

根据图 7-2 所示，假若用一个公式来表示智慧，那么，这个公式就是：

$$W = f\,(C \times C)$$

其中，"W" 为英文 "wisdom" 的首字母，意指 "智慧"；"f" 为 "function" 的首字母，意指函数关系；第一个 "C" 是 "conscience" 的首字母，意指 "一颗善良之心"；第二个 "C" 是 "cleverness" 的首字母，意指 "聪明才智"，尤其是指聪明才智中的 "创造性" 或 "创造力"（creativity）；"×" 表示 "乘" 的关系。

由智慧公式可知，德才一体方是智慧，智慧是良好品德与聪明才智的完美合金。于是，评判个体或群体的某种心理与行为是否属于智慧的三个关键词或标准分别是："聪明才智" "善" 以及 "将德与才结合在一起思考问题和解决问题的习惯与能力"。其中，衡量个体的聪明才智时，要综合考虑个体的年龄、性别、受教育水平、个体所扮演的角色、个体的创造性大小、是着眼于整体还是局部利益、是着眼于长期还是短期利益以及是否把占人家便宜或奸巧看成聪明等多种因素后才能作较准确评定。一般而言，个体的言行中展现的创造性越大，或者着眼于整体和长期利益，在 "聪明" 度上越易获得更佳的评价。同一件事情，或者包含类似创造性水平的两件事情，如果年龄较小的儿童做了能获得 "聪明" 的好评，那么成人做了则不一定能获得 "聪明" 的好评；如果女性做了能在 "聪明" 度上获得较高评价，那么男性做了一般不易获得像女性那样的好评；如果受教育水平较低的人做了能在 "聪明" 度上获得较高评价，那么受教育水平较高的人做了一般不易获得像受教育水平较低的人那样的好评；如果一个扮演小角色的人做了能在 "聪明" 度上获得较高评价，那么一个扮演大角色的人做了一般不易获得前者那样的好评。同时，万不可将 "占人家便宜或奸巧看成聪明"，因为此类小聪明不但极易让自己犯 "缺德式愚蠢" 的错误，还易破坏社会的诚信体系，最终让大家都生活在彼此猜忌、防范、围堵、监督的不良

[①]　汪凤炎，郑红．智慧心理学的理论探索与应用研究．上海：上海教育出版社，2014：189.
[②]　汪凤炎，郑红．智慧心理学的理论探索与应用研究．上海：上海教育出版社，2014：189.

社会环境中，不但降低了生产力，而且也让大家彼此工作被动，心情不愉快。与此相反，当彼此信任度越高时，管理就越少，彼此方便，成本自然下降，工作也越愉快。[1] 同理，衡量个体的"善良品质"以及"将德与才结合在一起思考问题和解决问题的习惯与能力"时，也要综合考虑个体的年龄、个体所扮演的角色、个体所处的时代背景和具体情境的实情状况、个体行为的动机、个体行事的手段和个体行为的结果等多种因素后才能作较准确的评定。

可见，真正有智慧的人，关键之处不在于他能解决问题，而在于他总能正确地做事情。这里的"正确"虽然也含有做事情的方式、方法合乎客观规律因而能将事情妥善解决之义，但更重要的是，它还含有"善"的含义，即事情处理好后，其结果要能增加绝大多数人的福祉。从这个角度看，若仅一味强调将事情处理好，为此不惜牺牲他人尤其是绝大多数人正当利益的做法，绝不是智慧的做法，也不值得提倡。像中国历史上的吴起与李斯之徒，虽然才高八斗，却将品德视作毫无用处的东西，不注重修德，只知道运用自己的聪明才智一味地追求所谓的事功，结果前者虽成长为一代名将，后者也曾贵为秦国的宰相，但最后二人都不得好死，其人品也为后世有良知的人所不齿。所以，《孝经·圣治章》说得好："子曰：……不在于善，而皆在于凶德，虽得之，君子不贵也。"[2]

（二）对智慧结构的新看法

根据上文所论，"良好品德与聪明才智的合金"乃智慧的本质；同时，一套独特的发现问题与解决问题的策略以及相关的能力，实际也可看成一套独特的思维方式。这样，若将"图7-2　智慧的内涵示意图"作进一步的归纳与细化，可以将智慧的结构作图7-3表述：

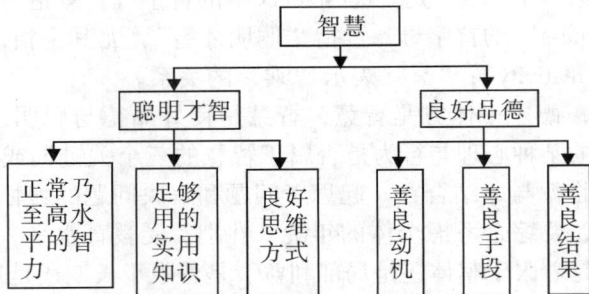

图7-3　"智慧的结构"示意图[3]

根据图7-3，可以将智慧的结构作如下细致阐述。

1. 智慧内必须含有足够的聪明才智

若将智慧中的聪明才智作进一步分解，它主要由三部分构成：①正常乃至高水平的智力；②足够用的实用知识（包括元认知知识与默会知识在内）；③良好思维方式（内含善于发现问题与高效解决问题的策略）。因此，个体的聪明才智主要是在其液态智力的基础上，对经由后天学习而获得的晶体智力、实用知识与良好思维方式进行恰当整合后形成与发展起来的。

---

① 庄佩璋. 中国式的聪明. 读者，2015（12）：42-43.
② 胡平生. 孝经译注. 北京：中华书局，1996：20.
③ 汪凤炎，郑红. 智慧心理学的理论探索与应用研究. 上海：上海教育出版社，2014：195.

2. 智慧内必须含有足够的善

由于某一国家或地区在某一特定历史时期存在的伦理道德规范往往都既具有一定的文化相对性，也有一定的文化普适性，因此，能够称得上是智慧尤其是大智慧的问题解决方式，一定是合乎具有超时空特点的伦理道德规范要求的。这意味着，智慧不仅包含丰富多彩的聪明才智，而且包含一颗善良之心，即个体在待人处事时要心存善良与公正的动机；并且，从长远的眼光看，其目标的最终指向应是为大众尤其是为全人类谋福祉。从这个角度看，即便是其内蕴含有融新颖、有效率、巧妙于一体的复杂心智加工历程的程序性知识，也不一定就能够称得上是智慧，因为它还可能只是一种"冷冰冰的东西"，从而既可助人为善，也可为虎作伥；只有当它再加上善良之心（内含善情或人文关怀）这个"药引"或"催化剂"，并指向为大众尤其是为全人类谋福祉时，才能最终"修成正果"，即转换成智慧。所以，从构成成分角度看，若将智慧中善的成分作进一步区分，它一般是由道德认识、道德情感、道德意志和道德行为四部分组成。若综合考虑独特性（是指事物本身具有独特属性或个性，能凭此将自身与其他事物明显区分开来）、经济性（是指在确定德目时，要坚持以较少的数量、较少的层次达到最佳的呈现或表达效果）与本土性和国际性相结合（是指在确定德目时，既要体现本土意识、本土特质和本土创造的精神，又要体现开放性、与时俱进性和国际性精神）三个原则，从良好品德角度看，智慧中的善主要体现在节制、责任、诚信、仁爱、公平与公正上。犹如用三原色就能搭配出五彩世界，用这五种美德进行不同的排列组合，也能构成人类社会全部的美好德性。若将智慧中的善作类型划分，主要有动机上的善（善良动机）、效果上的善（具有利他或既利他又利己的效果）与手段上的善三种。[①]

（三）"人慧"与"物慧"："智慧"的一种新分类

假若借鉴中西方学人对智慧的已有分类思想，[②] 并充分考虑中国古今教育实践的得与失，将智慧分为"人慧"与"物慧"两大类型，不但是一种既具科学性又非常吻合中西方文化传统的智慧分类，而且有助于人们正确开展智慧教育。

相对于才能的多样性而言，道德有更大的一致性，因此，依据智慧里所包含的才能或能力的性质不同，或者，依据个体所要解决的问题的性质，可以将智慧分为"人慧"与"物慧"两大类型："人慧"（wisdom in humanities and social sciences）是指个体在解决人文社会科学领域的复杂问题时展现出来的智慧。因这类智慧往往与人心有关，故简称人慧。与之相对的是"物慧"一词，因此类智慧常常是个体或集体在研究客观事物的规律（简称"物理"，此"物理"不是指作为一门独立学科的物理学）或运用从客观事物身上获取的规律时展现出来的智慧，故简称物慧。人慧与物慧既然同属于智慧下面平行的两个子类，二者之间显然也有一定的联系：从本质上看，二者都是良好品德与聪明才智的合金，所以，二者之内都蕴含一定的良好品德。只不过，二者所涉及的聪明才智的性质不同而已：人慧里所蕴含的聪明才智主要体现在人文社会科学领域，物慧里所蕴含的聪明才智主要体现在研究自然科学方面。所以，若用一个平面图来示意二者之间的联系与区别，则如图 7-4 所示：

---

① 汪凤炎，郑红. 智慧心理学的理论探索与应用研究. 上海：上海教育出版社，2014：195-227.
② STERNBERG R J. A balance theory of wisdom. Review of general psychology, 1998, 2 (4)：pp. 347-348；陈浩彬，汪凤炎. 智慧：结构、类型、测量及与相关变量的关系. 心理科学进展，2013, 21 (1)：110.

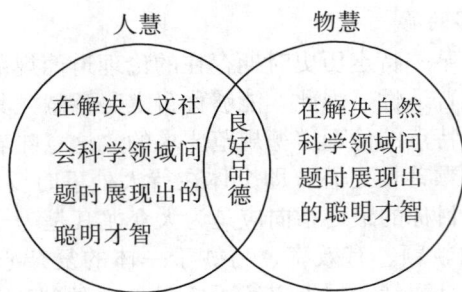

图7-4 人慧与物慧的平面关系示意图

如果用一个立体图来示意人慧与物慧二者之间的联系与区别，则如图7-5所示：

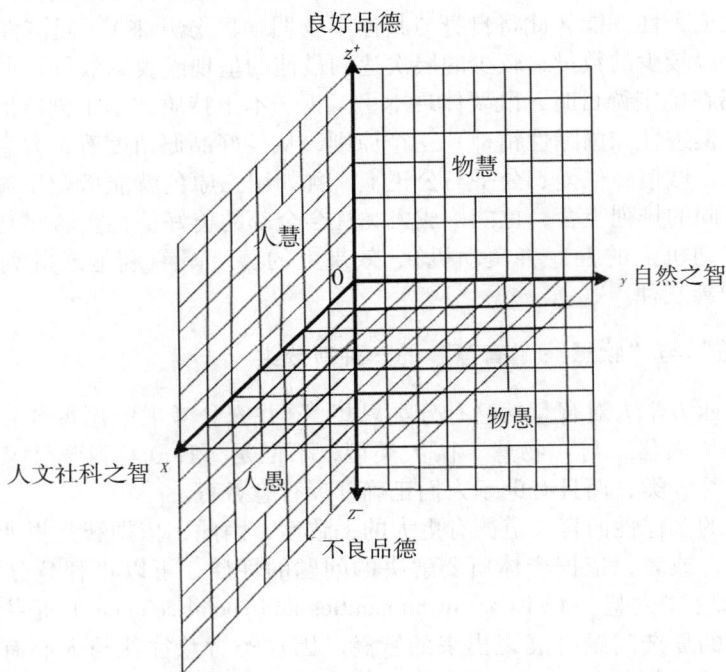

图7-5 人慧与物慧的立体关系示意图

根据图7-5所示，在这个三维坐标图中，可以用 x 轴代表个体在人文社会科学领域展现出来的聪明才智（简称"人文社科之智"），并且，从里（起点是"0"）往外，其人文社科之智越来越高；用 y 轴代表个体在自然科学领域展现出来的聪明才智（简称"自然之智"），并且，从左（起点是"0"）往右，其自然之智越来越高；用 z^+ 轴代表个体的良好品德，并且，从下（起点是"0"）往上其良好品德发展水平越来越高；用 z^- 轴代表个体的不良品德，并且，从上（起点是"0"）往下表示个体越来越缺德。坐标轴上的"0"，从道德角度看，代表个体的行为处于前道德阶段[①]；从人文社科之智或自然之智的角度看，代表个体的人文社科之智或自然之智是0。这样，由 x 轴与 z^+ 轴组成的平面 xz^+ 便代表人

---

① 汪凤炎，郑红，陈浩彬. 品德心理学. 北京：开明出版社，2012：100-101.

慧，它类似于心理学上讲的个体在人文社会科学领域展现出来的正创造力（positive creativity），并且，平面 xz^+ 的面积越大，表示个体的人慧水平越高；由 y 轴与 z^+ 轴组成的平面 yz^+ 便代表物慧，它类似于心理学上讲的个体在自然科学领域展现出来的正创造力，并且，平面 yz^+ 的面积越大，表示个体的物慧水平越高；由 x 轴与 z^- 轴组成的平面 xz^- 便代表个体在人文社会科学领域展现出来的负创造力（negative creativity）或人愚，并且，平面 xz^- 的面积越大，表示个体在人文社会科学领域展现出来的负创造力或人愚水平越高；由 y 轴与 z^- 轴组成的平面 yz^- 便代表个体在自然科学领域展现出来的负创造力或物愚，并且，平面 yz^- 的面积越大，表示个体在自然科学领域展现出来的负创造力或物愚水平越高；由 x 轴与 y 轴组成的平面 xy 则代表聪明才智，并且，平面 xy 的面积越大，表示个体的聪明才智越高。之所以将平面 xy 作为底面，是由于聪明才智是个体做人（含修德）、做事的前提。[1]

正因为人慧与物慧之间存在一些天然的联系，假若一个具有人慧的人继续学习和钻研理、工、农或医等纯粹自然科学方面的知识，并善于在研究过程中做到"人法自然"，自然也能更好地促进其人慧的不断完善；更进一步言之，如果一个人慧者能够在理、工、农或医等纯粹自然科学方面取得一定的造诣甚至很高的造诣，并将其用来为绝大多数人谋福祉，他就会使自己最终发展成为一个兼具人慧与物慧的智慧者。与此类似，一个具有物慧的人如果继续学习和钻研人文社会科学领域的知识，并将之身体力行之，同样也能更好地促进其物慧的不断完善；更进一步言之，假若一个物慧者能够在人文社会科学领域的某一方面或多个方面取得一定造诣甚至很高的造诣，并将其用来为绝大多数人谋福祉，他同样也会使自己最终发展成为一个兼具人慧与物慧的智慧者。[2] 由此可见，智慧的类型与发展水平是多种多样的，不同类型与水平的智慧的不同排列组成，更是能生出纷繁复杂的智慧子类型（如图 7-6 所示）。因此，"智慧的德才合一理论"里实蕴含"多元智慧观"。

---

[1]　汪凤炎，郑红 . 品德与才智一体：智慧的本质与范畴 . 南京社会科学，2015（3）：132.
[2]　汪凤炎，郑红 . 智慧心理学的理论探索与应用研究 . 上海：上海教育出版社，2014：228-236.

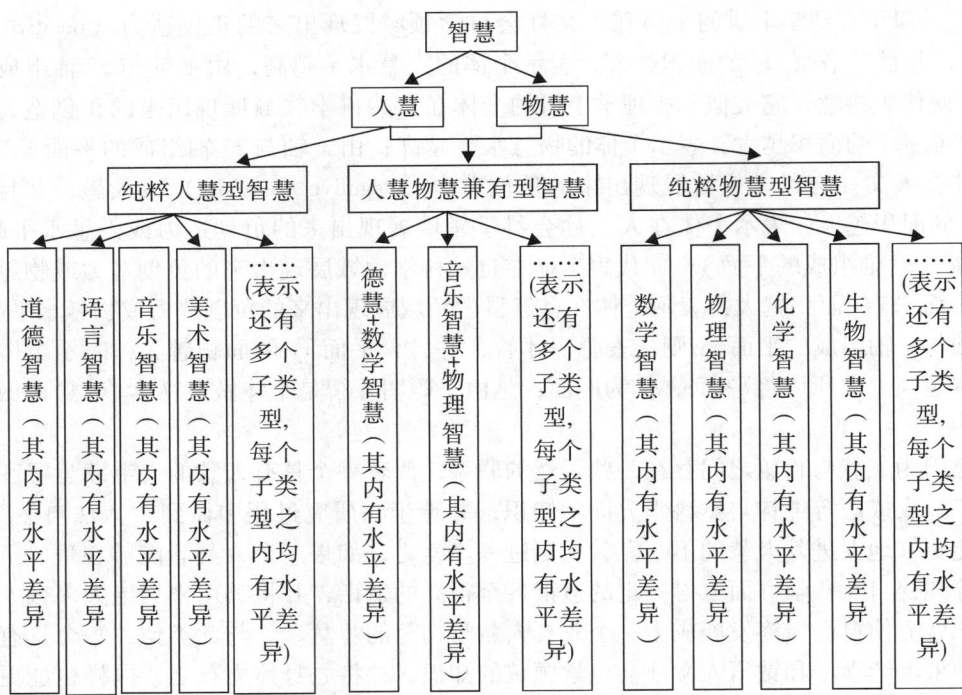

图 7 - 6　多元智慧示意图

　　需要指出四点：①根据图 7 - 6 所示，任何一种聪明才智只要与良好品德形成"合金"，便能生成一种新的智慧子类型，不过，这里讲的"一种聪明才智"一般是指个体聪明才智中占主导地位的聪明才智，而不是指个体身上唯一的聪明才智；换言之，个体若拥有聪明才智，其聪明才智往往是一个"聪明丛"（也可叫做"能力丛"）、"聪明束"（也可叫做"能力束"）或"聪明集"（也可叫做"能力集"），其中常常有一个占主导地位的聪明才智，由它决定个体的智慧类型。例如，一个拥有道德智慧的人，其身上占主导地位的聪明才智虽然一定是做人方面的聪明才智，但是，这种做人方面的聪明才智也往往需要以一定的语言才华为基础，否则很难做到善与人沟通，这必将制约其做人方面聪明才智的恰当展现。不过，只要此人是以道德智慧见长，而不是同时兼有道德智慧与语言智慧，那其语言才华一定比不上其做人才华，而只能从属于其道德才华。蕴含在智慧其余子类型身上的聪明才智也存在类似情况，限于篇幅，不再多讲。当然，如果一个人同时兼有两种或多种智慧子类型，那么，其"聪明丛"中便同时拥有两种或多种占主导地位的聪明才智。②尽管古代中国人普遍有"道德高于于技术"的观念，当代中国人则普遍持有"重理轻文、重技术轻基础"的观念，但实际上这两种观念都是片面的，今人万不可受上述错误观念的影响，进而持有"德慧高于物慧"或"纯粹人慧型智慧低于纯粹物慧型智慧、纯粹物慧型智慧低于人慧物慧兼有型智慧"的错误观念。因为只有在同一种智慧类型之间才能比较量的大小，不同智慧类型之间不具可比性；并且，每一种智慧类型只要发展到极致，都是大智慧。③与多元智慧相一致，现实生活里智慧者的类型实也是多种多样的。这样，多元智慧理论就可为个性教育、职业生涯规划和智慧管理提供扎实的理论依据。④从智慧教育的角度看，一个人能够做到具有真智慧固然很好，能够最终成为一个大智慧者那自然是更好。不过，任何一个人的品德发展总有一个循序渐进的过程，不同人之间的智商有高中低之别，不同的人所拥有的知识经验与机遇也有多寡之分。一句话，由于主客观方面的因素不同，不能要求人人的品德都很高尚，更不能要求人人的才智都获得高水平发展。这就意味着，不能将智慧教育的目标只锁定在培育大智慧者上，还宜将培育小智慧者作为其目标之一，对于教育对象是年少的儿童的学前教育和中小学教育以及教育对象是智能不足者的特殊教育而言，一般更是只能将培育小智慧者作为其教育目标。①

三、知识与智慧的联系与区别

（一）知识与智慧的联系

智慧的组成成分之一是知识，因此，智慧主要是在知识的基础上，通过"转识成智"的方式而逐渐生成的。并且，个体一旦习得智慧，又能反过来指导其更好地掌握知识和运用知识。正如英国当代哲学家怀特海（Whitehead）所说："智慧是掌握知识的方式。它涉及知识的处理，确定有关问题时知识的选择，以及运用知识使我们的直觉经验更有价值。这种对知识的掌握便是智慧，是可以获得最本质的自由。古人清楚地认识到——比我们更清楚地认识到——智慧高于知识的必要性。"②

（二）知识与智慧的区别

"智慧"与"知识"之间存在七个重要区别：

第一，二者的心理成分不尽相同。"知识"既可以是陈述性的，也可以是程序性的；同时，知识既可以是明言知识，也可以是默会知识。与此不同，"智慧"是良好品德与聪明才智的合金，其内既有强烈的认知色彩，也蕴含浓厚的伦理道德色彩和人文关怀，即蕴含善良情绪与情感以及善良意志。同时，就知性的一面而言，智慧之内虽包含陈述性知识，但智慧的实质本是程序性知识，并且其内包含元认知知识与默会知识。正如杜威所说："智慧与知识不同，智慧是应用已知的去明智地指导人生事务之能力。"③ 说得形象些，假若说"智慧"中的"智"所包含的程序性知识的主体属于明言知识与理性的范畴，那么，"智慧"中的"慧"所包含的程序性知识则更多地属于默会知识。④

第二，二者获得的方式或方法不尽相同。对于知识而言，其中的陈述性知识部分主要是依靠书本知识的学习和教师（广义的，包括各级各类学校中的教师、家庭教育中扮演教师角色的家长和社会大教育中扮演教师的人员）的传授获得，其中的程序性知识（包括默会知识）主要在技能学习与教师或师傅的传授中获得。与此类似，由于"智慧"中的"智"所包含的程序性知识的主体属于明言知识与理性的范畴，因此，它也主要是通过书本知识的学习、技能学习与教师的传授中获得的；不过，由于"智慧"中的"慧"所包含的程序性知识更多地属于默会知识，所以，它的习得必须更多地诉诸个体心灵的感悟，从而带有强烈的个人色彩与风格。⑤ 同时，智慧中的善良情绪与情感以及善良意志的获得，则主要是依靠个体平日的道德学习以及修身养性获得的。

① 汪凤炎，郑红．智慧心理学的理论探索与应用研究．上海：上海教育出版社，2014：260–268.
② 怀特海．教育的目的．徐汝舟，译．北京：生活·读书·新知三联书店，2002：54.
③ 杜威．人的问题．傅统先，等译．上海：上海人民出版社，1965：4.
④ 张红．做个有智慧的班主任．班主任，2011（4）：1.
⑤ 张红．做个有智慧的班主任．班主任，2011（4）：1.

第三，二者习得的速度不同。一般而言，习得知识的速度相对要快一些，其中，尤以陈述性知识的习得速度最快，程序性知识的习得速度相对要慢一些。不过，较之知识，智慧的习得速度普遍要慢一些，因为它不但要求个体要习得程序性知识（包括默会知识），还要习得善良情绪与情感以及善良意志，并把它们融会贯通。

第四，二者的价值度不同。"知识"既可以是有用的或有价值的，也可以是无用的或无价值的；在有用或有价值的知识中，有的知识有大用或大价值，有的知识只有小用或小价值。"智慧"里包含的知识的主体一定是有大用或大价值的。

第五，二者的抽象与概括程度不同。知识重分析与抽象，重有分别的领域，所把握的是一件件事实和一条条的定理。智慧重综合，以把握整体；重"求穷通"，以打通宇宙人生的根本原理。① 正如亚里士多德所说： "（智慧由普遍认识产生，不从个别认识得来）……智慧就是有关某些原理与原因的知识。"② 这意味着，智慧是对事物本质和发展规律的把握，谁能够把握事物最普遍、最基本的事理和规律，谁就是智慧者。

第六，二者的性质不同。"知识"虽包含自然科学知识与做人的知识，但只要其还只是"知识"，就主要停留在认知领域，且更偏向于一个中性词；同时，知识有陈述性与程序性之分，只有程序性知识才与行联系紧密，而其中的陈述性知识与行的联系较松散。这意味着，在陈述性知识学习里，"知"与"行"既可以合一，也可以分离；在程序性知识学习里，"知"与"行"必须合一。与知识不同的是，智慧是良好品德与聪明才智的合金，其内既有强烈的认知色彩，也蕴含浓厚的伦理道德色彩和人文关怀，所以，智慧是一个褒义词。并且，智慧不但是知行合一的概念，其内还一定包含受正义社会推崇的行为模式。③

第七，二者所包含的心智加工方式不尽相同。"知识"里蕴含的心智加工方式既可以仅仅是记忆，也可以包含记忆与创新；而"智慧"里蕴含的心智加工方式虽有记忆，但更有创新。

这样，虽然在一些情况下，具有渊博知识的人往往也有较高智慧，但仍不能将智慧与"渊博知识"相等同。正如赫拉克利特所说："博学并不能使人智慧。"④ 因为一个人脑中拥有渊博知识，只表明此人的知识在数量上是非常多的，但是，从知识的内容上看，这类渊博知识既可能是纯粹的科学技术知识，也可能是包含科学技术知识和做人知识在内的完整知识；从知识的性质上看，这类渊博知识既可能是丰富的陈述性知识，也可能是丰富的经过转换之后的程序性知识；从知识的价值上看，这类渊博知识既可能是大量的无用陈旧知识、无实用价值的知识，也可能是大量的新知识、实用知识；从知识的心智加工方式上看，一个人既可以仅用记忆来加工知识，也可以用包含记忆与创新的方式来加工知识；从知识的用途上看，一个人既可以将其拥有的渊博知识用作为自己谋私利，也可以将其用作为大众谋福祉。一个人如果只拥有大量科学技术知识，却缺乏必要的做人知识，是不能很好地促进其智慧发展的，"科学是一把双刃剑"和"马加爵事件"等事实证实了这个道理；一个人拥有大量无用的陈旧知识或无实用价值的知识，不但不能促进其智慧的发展，

---

① 冯契. 冯契文集：第一卷. 上海：华东师范大学出版社，1996：418－420.
② 亚里士多德. 形而上学. 吴寿彭，译. 北京：商务印书馆，1959：2－3.
③ STERNBERG R J. A balance theory of wisdom. Review of general psychology，1998，2（4）：p. 350.
④ 北京大学哲学系外国哲学史教研室. 西方哲学原著选读. 北京：商务印书馆，1981：26.

反而可能使其越学越笨，"屠龙术"之类的典故讲的就是这个道理；一个人即使拥有大量的新知识或内含实用价值的知识，若只将其停留在陈述性知识的层面，而不将其作程序性知识的转换，或者只用"记忆"（而不用创新方式）来加工其知识，那只会使自己变成"活动的书橱"，同样不可能拥有真正的智慧，"纸上谈兵"之类的典故讲的就是这个道理；一个人即使拥有大量实用的程序性知识，也知道加以创造性的运用，但如果只将其用作为自己谋私利，而不将其用作为大众谋福祉，更是不可能真正拥有智慧，秦桧和希特勒之徒的行径无可辩驳地证实了这个道理。所以，从知识分类的角度看，人们只有将大量实用的、本属陈述性知识的"完整知识"——既有做人的知识，也有科技知识，作根本的转换，使之成为程序性知识（包括元认知知识与默会知识），并加以创造性的运用，或者，既注重学习大量实用的、有关做人与做事方面的明确知识，也注重学习大量实用的、有关做人与做事方面的默会知识，并加以创造性的运用；同时，又将这种经过创造性的转换之后的程序性知识的目的指向为绝大多数人谋福祉，只有这样做，才能使自己的"知识"变成智慧，即"转识成智"。人也正是在这种创造性的"转识成智"过程中，达到物我两忘、天人合一的境界，获得身心、德性和人格等方面的自由发展。① 可见，既不能简单地以知识来释智慧，更不能仅以"明确知识"来释智慧，从而忽略"默会知识"在成就个体智慧中的作用。

第二节 陈述性知识的学习

一、陈述性知识的表征方式

陈述性知识是指需要个体有意识地回忆出来的知识。这是从外在行为表现的角度定义的，并未涉及陈述性知识的本质。进一步追问，人为什么能陈述出已经学过的知识？要回答这一本质性的问题，就要深入探讨陈述性知识的实质。陈述性知识的实质涉及它们在人们头脑中的表征方式。在当代信息加工心理学中，知识的表征是一个核心概念。知识"表征"可以理解为知识在大脑中的储存和组织方式。心理学家一般认为，陈述性知识主要以命题、命题网络或图式来表征。

1. 命题

命题这个术语来自逻辑学，指表达判断的语言形式。例如："五星红旗是中华人民共和国的国旗"这个句子就是一个命题。在认知心理学中，命题指语词表达的意义的最小单位。一个命题是由一种关系和一组论题构成的。关系一般用动词、副词和形容词表达，有时也用其他关联词如介词表达；论题一般指概念，通常用名词或代词表达。如：小红给小王一个好玩的玩具。这个句子可以分解成两个句子：①小红给小王一个玩具；②这个玩具是好玩的。句子①②各表达一个命题。句子①里的论题是"小红、小王、玩具"，关系是"给"。句子②的论题是"玩具"，关系是"好玩的"。因此，整个句子是由两个命题构成的（如图7-7所示）。可见，命题虽用句子表达，但命题不等于句子，命题只涉及句子所表达的意义。

---

① 冯契. 冯契文集：第一卷. 上海：华东师范大学出版社，1996：418-420.

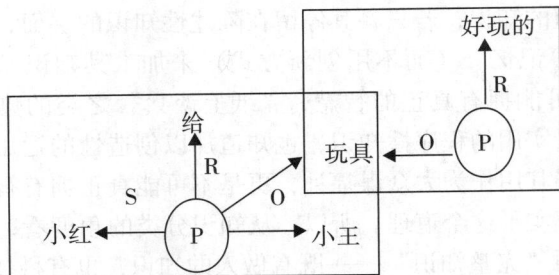

小红给小王一个好玩的一玩具

S代表主体，O代表客体，它们都是论题；R表示关系

图7-7　"小红给小王一个好玩的玩具"分解成两个命题示意图

认知心理学家之所以将命题视作陈述性知识的一种表征，是鉴于人们在长时记忆里保持的不是句子，而是句子所表达的意义。这可以用实验来证明。例如，J. D. Bransford & J. J. Frank（1971）曾做过这样一个实验。第一步，给被试呈现7个句子："蚂蚁吃了桌子上的甜果酱。""石头滚下山并压坏了小屋。""厨房里的蚂蚁吃了果酱。""石头滚下山并压坏树林边的小屋。""厨房里的蚂蚁吃了桌子上的果酱。""小屋在树林边。""果酱是甜的。"第二步，隔一段时间后再向被试呈现下面3个句子，并要求被试再认出已学过的句子是哪几个。这3个句子分别是原先学过的："厨房里的蚂蚁吃了果酱。"新的："蚂蚁吃了甜果酱。"不可能的情形："蚂蚁吃了树林边的果酱。"第三步，分析结果。结果表明，被试几乎不能区分第一个和第二个句子，认为他们实际上已学过这两个句子；不过，他们很有信心地确认其没有学过第三个句子。这个实验表明，人的长时记忆里保持的是句子的意义，而不是原先学习的句子本身。原因在于：第一句是实际学过的；第二句虽未学过，但可以由已学过的命题组成；第三句是由已学过的词构成的，但不能组成已学过的命题。因为上述第一步中呈现的7个句子可以分解为两组命题，每组由4个命题构成：

第一组是：　（吃了；蚂蚁、果酱）　　　　（甜的；果酱）、

　　　　　　（在……上；桌子、果酱）　　（在……里；厨房、蚂蚁）

第二组是：　（滚下；石头、山）　　　　　（压坏；石头、屋）、

　　　　　　（在……边；屋、树林）　　　（小的；屋）

这里，括号里分号前的词，表关系，分号后的词表论题。① 既然人们在长时记忆里保持的往往不是句子本身，而是句子所表达的意义，那么，为了让学生有效地学习知识，就必须注意两点：一是对于那些必须一字不动地记住的知识（如记唐诗或数学公式等），必须提醒学生通过过度学习，完完整整地将其牢记下来，以便需要运用的时候准确地提取出来；二是对于那些不需要一字不动地记住的知识（如文章的中心思想等），要鼓励学生通过理解之后再去记忆，而不能简单地让学生死记硬背，毕竟这样背起来费力，而且也不合

---

① 邵瑞珍. 教育心理学：修订本. 上海：上海教育出版社，1997：64-65.

乎人类学习知识的心理规律。

2. 命题网络

如果几个命题中具有共同成分，通过这种共同成分可以把几个命题彼此联系组成命题网络。如上面两个命题中有共同成分"果酱"，通过它可以将两个命题联系起来：

$$蚂蚁 \leftarrow P1 \rightarrow 果酱 \leftarrow P2 \rightarrow 甜的$$
$$\downarrow \qquad\qquad \downarrow$$
$$吃了 \qquad\quad 是$$

如前文所论，科林斯和奎琳的一个经典实验支持了"知识是以命题网络的层次结构加以贮存的"这一观点。

3. 图式

在不同心理学家的眼里，图式（schema）有不同的含义。皮亚杰最早提到图式。他认为"图式是一种内化的动作。婴儿最初的图式是吮吸图式。由于同化与顺应的作用，儿童原有的图式得到扩大、调整，形成新的图式以适应变化的环境"。英国心理学家 F. C. 巴特利特将图式看作过去的反应或经验的一种积极的组织。将图式推广到成人的高级心理活动，如言语材料的记忆，认为图式可对获得的材料进行重建和改造。现代图式理论的一个主要代表人物 D. E. 鲁梅哈特认为，图式是表征储存在记忆中的一般概念的数据结构，这种结构具有网络形式，人在记忆中储存的一般概念的各个成分是相互联系的。鲁梅哈特将这些被表征的概念成分看成图式的变量。例如，在"购买"概念的图式中，其变量就是买方、卖方、商品和货币等，这些变量是相当抽象的，这样，"购买"的图式可用于各种不同的购买情境。同时，图式具有等级结构，高一级的图式可包含低一级的图式，一个图式可由子图式的网络构成。例如，一张脸的图式可由眼、耳、口、鼻等部分的子图式构成，而这些子图式又各由其他成分构成。这个等级结构处在动态过程之中，它包括自上而下的加工和自下而上的加工；低一级的图式被激活后可驱动上一级的图式，上一级的图式也可驱动下一级的图式。所以，图式也是一种计算方式，它可对加工的资料进行匹配和评价，以求得对情境的理解和解释。现代图式理论认为，图式在知觉、记忆和思维等认知活动中均有重要作用。图式概念与框架、脚本等概念均相近，其基本思想是一致的。[1] 安德森认为：命题主要表征小的知识单元，图式主要表征较大的、有组织的知识单元。例如，人们有关酒店的知识，如果用"酒店是顾客吃饭或住宿的建筑物"这一命题表征，不足以表征与"酒店"有关的全部知识。仅仅列出这些事实也不足以把握它们相互关联的结构。像"酒店"这样的观念是由它们的许多属性组合而成的。人们对有关这些属性组合的知识贮存方式称为图式。现代认知心理学认为，用图式表征一类事物，不仅包含了该类事物的命题表征，如"酒店是顾客用餐和住宿的建筑物"，这句话基本上是一种命题表征，而且也包含了该类事物的知觉信息的表征，如有关酒店的大小的表征主要是一种知觉形象表征。因此，图式不是命题的简单扩展，而是对同类事物的命题的或知觉的共性的编码方式，图式是为新信息的输入提供有意义的解释其相互关系的有关信息框架，具有一般性和抽象性，而不是具体的或特殊的。进而，现代认知心理学将图式分为两类：一类是关于世界是什么即

---

[1] 荆其诚. 简明心理学百科全书. 长沙：湖南教育出版社，1991：496.

客体的图式。如人们关于酒店、植物、文物等的图式。房子的图式表征如下（安德森）：

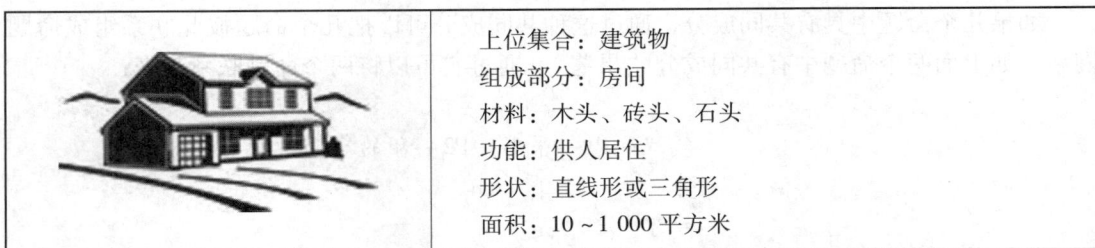

	上位集合：建筑物
	组成部分：房间
	材料：木头、砖头、石头
	功能：供人居住
	形状：直线形或三角形
	面积：10～1 000 平方米

图 7 - 8　房子的图式

另一类是关于怎样做事的图式。如人们进酒店用餐、去医院就诊、上电影院看电影的图式。后一类图式又称脚本（script）。脚本是一套经过熟练预演、具有高度联结、保存在记忆当中的概念集，通常包括因果联结、目标与行为计划。如"去舞厅跳舞"这个脚本一般可以分解成如下的阶段：到舞厅所在地、购票、进场、跳舞、退场，如图 7 - 9 所示。由于这样的步骤多次重复出现，人们头脑中形成了有关去舞厅跳舞的定型图式。香克和阿伯尔逊（R. C. Schank & R. Abelson，1977）把这种表征反复出现的事件的图式称作脚本。事件的图式与客体的图式一样，也有上下位的层次组织。如"去舞厅跳舞"是娱乐活动的下位例子，"购票"也可成为跳舞的一个子图式。

到舞厅所在地 → 购票 → 进场 → 跳舞 → 退场

图 7 - 9　"去舞厅跳舞"脚本

二、陈述性知识学习的类型与过程

（一）陈述性知识学习的类型

陈述性知识学习是获得语义，用奥苏贝尔的话说就是获得言语意义，用加涅的话说就是获得言语信息。加涅将言语信息由简到繁分为三类：一是符号（labels）学习，也就是学习与记住事物的名称。二是事实（facts）学习，也就是前面讲的命题学习。三是有组织的知识学习，即学习由许多单个事实连接成的大的整体，相当于前面讲的网络学习。奥苏贝尔对知识作了类似的区分。他认为，最简单的知识是建立事物与符号的表征关系；较复杂的知识是获得同类事物的概念；更高一级的知识是习得表示事物之间关系的命题。最后，学习者头脑中的原有命题和新学习建立联系，从而组成命题网络。奥苏贝尔将这种命题网络称作认知结构。奥苏贝尔在其意义—同化学习理论中谈及"知识"的这些构成成分时，未区分陈述性知识与程序性知识。不过，奥苏贝尔的理论主要用于解释以语言文字符号表示的"意义"怎样被个体习得、保持和提取，可以将奥苏贝尔的这一知识分类看成对陈述性知识的分类，相应地，奥苏贝尔对意义—同化学习种类的看法一般也被视作对陈述性知识学习种类的看法。为免累赘，这里不再多讲。

（二）陈述性知识学习的过程

陈述性知识的学习可以分为三个阶段：

第一阶段是对新知识或信息的理解与获得。这一阶段的学习实质是，新知识或信息进入短时记忆，与长时记忆中被激活的相关知识建立联系，从而出现新的意义的建构。具体地说，陈述性知识的学习是一个获得语义的过程，奥苏贝尔的解释就是有意义的同化过程。现在人们一般认为，可借助奥苏贝尔的同化学习理论来阐明陈述性知识学习过程的内在心理机制。因奥苏贝尔的同化理论在前文已有论述，这里不再多讲。

第二阶段是对新知识或信息的保持或遗忘过程。这一阶段的学习实质是，新建构的意义贮存在长时记忆中，假若没有复习或新的学习，这些意义会随时间的推移而出现遗忘。具体地说，新知识的获得也就意味着意义的获得。新意义获得以后，新旧观念的相互作用并未停止，因为新知识不是原封不动地贮存在认知结构中的，要经过进一步的加工和组织以构成新的认识结构，即对认知结构网络的每个节点进行一次又一次的编码。新意义的保持是新旧观念相互作用的继续。保持的反面是遗忘，遗忘指已经获得的意义的可利用性的下降。那么，可利用性的内在心理机制如何呢？奥苏贝尔的同化论有一个基本的假设：在新意义刚刚获得以后及保持的早期，新观念既与同化它的原有观念相关联，又可以从原有观念中分离出来，即新旧观念之间存在着可分离性。这种可分离性是指新观念能够从由新旧观念组成的复合观念结构中单独分离出来。同化论进一步假设：新旧观念的相互作用既有保持性同化的一面，也有遗忘性同化的一面。在知识的组织过程中，较巩固的观念倾向于替代或者擦去较不稳定的意义的痕迹。所以，在保持的后期，新观念的可分离强度会逐渐下降，直到下降到某一最低值——新观念不能从复合观念中分离出去。这时，人们便说新观念被遗忘，或者说不能被利用，也就是说新观念已还原为原有观念。依奥苏贝尔的观点，新旧观念的不同关系在知识的保持和遗忘过程中以两种方式呈现出来：①保持和遗忘的单向过程。保持和遗忘的对象自始至终是新获得的意义，不管这个新观念是派生的下位观念，还是相关的下位观念，或者是并列的观念，遗忘总是朝着由新观念向原有观念的还原。显然，单向过程主要体现在下位学习和并列学习的同化模式中。②保持和遗忘的双向过程。保持或遗忘的对象并不总是新获得的意义。具体地说，在保持的早期，仍然是新观念向原有观念还原，因为在上位学习中，新观念尽管是上位观念，却很不稳定。随着新的上位观念进一步分化和巩固，还原方向开始逆转，即由原有下位观念向新的上位观念还原。显然，这一过程主要体现在上位学习的同化模式中。综上所述，人的短时记忆是有限的，所以知识只有经过加工和组织进入认识结构网络，才能有效地保持。认识结构的重新组织必须以知识的进一步概括化为前提，知识的概括化又以遗忘知识的个体细节为代价。这种以高知识概括性为目的的遗忘，称为有意义遗忘。可见，知识的保持过程同时也是一个有意义遗忘的过程。有意义遗忘的利弊在不同的学习类型中是不同的：在派生归类学习中，新知识的遗忘对于学习并无实质性损失；在相关归类学习、并列学习以及上位学习的初期，新知识的遗忘对学习造成真正的损失。一般来说，有意义遗忘的基本原则是，新的不稳定的观念倾向于朝同化它的较稳定的原有观念还原，下位观念倾向于朝上位观念还原，结果就导致知识按层次组织在认知结构网络中。因此，在下位学习中，概念不但获得了新意义，而且原有起归类作用的概念也得到充实和修正，促进认知结构的分化。在并列学习和上位学习中，除了获得新意义之外，认知结构原有因素也经历了新的组合而获得新的意义，即促进了认知结构的重建。可见，知识的保持过程也是认知结构不断分化、重建的过程。

第三阶段是意义的提取与运用。也就是在必要的时候将贮存于大脑中的陈述性知识提取出来加以利用的过程。这一过程很好理解，这里就不多讲了。

三、促进陈述性知识学习与保持的策略

（一）提高学生对陈述性知识的理解力

学习陈述性知识的关键虽是一个记忆问题，不过不能将陈述性知识学习的过程简单地理解为仅是一个背诵的问题。因为就陈述性知识本身而言，既有简单的陈述性知识，更有复杂的陈述性知识；既有本身没有任何意义的陈述性知识，更有本身就有丰富意义的陈述性知识。因此，如果在教学或学习过程中能采用一些得力措施提高学生对陈述性知识的理解力，自然有助于学生学习陈述性知识。因为依据奥苏贝尔等人的学习理论和大量的实践经验，机械识记的效果不如意义识记的效果好。那么，怎样提高学生对陈述性知识的理解力呢？以下几个策略被证明是有效的：

第一，关键特征策略。概念的本质特征称作关键特征（critical features）或标准属性。研究表明，关键特征和无关特征的数量与强度影响对学习材料的理解：学习材料中无关特征的数量和强度越大，越容易造成概括时的困难；相反，关键特征越多、越明显，理解新知识越容易。通过告诉学生怎样注意关键属性，怎样减少无关属性的干扰，可以使学生较容易地习得概念。同时，让学生自己用言语来表述概念的相关属性，能更好地习得概念。而在具体概念的教学中，学生若能用手摆弄或操作实物或模型，比只让他们观看更容易习得概念。另外，既然有大量实在属性的概念问题比缺乏实在属性的概念问题更容易解决些，那么教师在进行陈述性知识的教学时，就要尽量多地给予学生有关概念的实在属性，而不要孤立地教概念。

第二，对比策略。在学习某一陈述性知识时可以适当地向学习者提供一定数量的肯定例证与否定例证，以便于学生通过比较一些典型的肯定例证与否定例证，从而顺利进行分化，以提高对概念认识的准确性。肯定例证（positive instances 或 positive examples），也叫正例，指一切包括概念的本质特征和符合规则的事物。否定例证（negative instances 或 nonexamples），也称反例，指一切不包括概念的本质特征、不符合规则的事物。不过，概念的正例除了包含关键特征外，还包含无关特征，如圆的大小、颜色和方位都是无关特征。概念的反例虽然不具有概念的所有关键特征，但概念的正例和反例在无关特征方面可能有许多相同。研究表明，在学生学习某一概念的过程中，当正面的事例与反面的事例有明显的区别时，在正面的例子都非常一致的情况下，最容易习得概念。同时，学生从正面事例中获取的信息比从反面事例中获取的信息更多些。因此，在一般情况下，同时呈现若干正面例子似乎更有利于学生学习概念。再者，并排地呈现正面和反面的例子，学生容易看出概念的本质属性与非本质属性，进而容易习得概念。

第三，变式策略。变式指只是概念的非本质特征发生了改变，而保留了概念的本质特征的事物。例如，对于人而言，中国人、美国人、男人、女人、老人、小孩都是它的变式。在学习某一概念时若能及时向学生提供一些典型的、特殊的变式（变式的运用并不是越多越好，少而精的几个变式的效果往往比多个同类变式效果好得多），有助于学生理解

教育心理学新编（第五版）

这一概念的本质特征，自然有助于学生对此概念的识记与保持。同时，为了保证所提供的变式能同时处于工作记忆中以利于概括化的发生，最好采用连续出现多个变式的方法。

第四，反馈策略。在学生学习陈述性知识时教师给予学生的反馈越完整、越及时，学生的学习效果越好。

第五，同化策略。在学生学习概念时必须为他们提供足够的时间来同化给予他们的信息，这样，学生对于所学的知识就有足够的时间进行心智加工，学习效果一般也较好。从这个意义上说，如果教师切实贯彻这一策略有助于缓解当代中国基础教育中存在的学生学业负担过重的现象。

（二）提高学生对陈述性知识的记忆力

既然一切知识在其习得阶段都是陈述性知识，而学习陈述性知识的关键或诀窍说到底是一个记得牢与不牢的问题。一个人对其所接触的陈述性知识若记得牢，即记得既准确又能保持时间长，那么在需要运用时自然能有效地提取出来；反之，若记得不牢，那么在需要运用时也就难以有效地提取出来。例如，在做填空题时，如果一个考生对这些知识点都记得牢，填起空来自然既快又准确；反之，若记不牢，自然也就不能填出来，或是会填出五花八门的答案。那么，怎样提高学习者对陈述性知识的记忆力呢？关键是要掌握一些好的记忆方法（记忆术）或高效记忆策略。所谓高效记忆策略，其标准为：记得快、记得准、记得久。这些高效的记忆策略除了在"普通心理学"里所讲的一些记忆术（如自然语言媒介法、地点法、视觉心像法、联想法和过度学习法等）外，教育心理学家还根据陈述性知识自身的特点，提出了一些更具针对性的措施。在教育心理学家看来，陈述性知识大致可分为两类：一类是简单的陈述性知识，它主要由机械性的、彼此无逻辑关系的材料所构成；另一类是复杂的陈述性知识，它主要由合乎语文法则的意义性材料所构成。促进这两类陈述性知识记忆与保持的策略是不同的：

1. 促进简单陈述性知识学习与保持的策略

简单的陈述性知识主要是符号表征学习和概念学习。这类学习的难点不在于理解而在于保持，因为它们的遗忘速度快，而且遗忘率高（类似于无意义音节的学习）。这样，促进简单陈述性知识学习与保持的常用策略主要有动机性策略、复述策略、精加工策略与组织策略四种，其中，动机性策略是指教师在教学过程中运用各种手段去激发学生的学习动机，使其明确新知识的意义与价值，这样，学生学习起来才有内在动力；其余三种策略在前文"学习策略"一节中有详细论述，这里不多讲。

2. 促进复杂陈述性知识学习与保持的策略

在复杂的陈述性知识的学习中，学习的实质是习得言语材料中的意义。假若意义以命题网络或认知图式贮存，则能持久保持且易于提取与应用。在复杂知识学习里同样利用上述策略，不过除动机性策略外，其他策略应用的目的与条件是不同的：①复述策略。在复杂知识学习里，复述策略包括边看书边讲述材料；在阅读时做摘录、画线或圈出重点等。②精加工策略。在复杂知识学习里，精加工策略包括释义、写概要、创造类比、用自己的话写出注释、解释、自问自答等技术。例如，研究表明，做笔记有助于指引个人的注意，有助于发现知识的内在联系，有助于建立新知识与旧知识之间的联系。③组织策略。在复杂知识学习里，可以采用列课文结构提纲与画网络图的方法对材料进行组织（参见第二章相关内容）。

第三节　程序性知识的学习

一、程序性知识的表征、分类与学习过程

（一）程序性知识的表征

1. 产生式

现代认知心理学家认为，表征程序性知识的最小单位是产生式（production）。产生式这个术语来自计算机科学。信息加工心理学的创始人西蒙和纽威尔（A. Newell）认为，人脑和计算机一样，都是"物理符号系统"，其功能都是操作符号。计算机之所以具有智能，能完成各种运算和解决问题，是由于它贮存了一系列以如果/则（if/then）形式编码的规则。同理，由于人经过学习，其头脑中贮存了一系列以如果/则形式表示的规则，这种规则称为产生式。产生式是所谓条件—活动（condition - action）的规则（简作 C - A 规则）。C - A规则与行为主义的 $S - R$ 公式有相似之处，但也有原则上的区别。相似之处是每当 S 出现或条件满足时，便产生反应或活动；不同的是，C - A 中的 C 不是外部刺激，而是信息，即保持在短时记忆中的信息，A 也不仅是外显的反应，还包括内在的心理活动或运算。

2. 产生式系统

简单的产生式只能完成单一的活动。有些任务需要完成一连串的活动，因此需要许多简单的产生式。经过练习，简单产生式可以组合成复杂的产生式系统。这种产生式系统被认为是复杂技能的心理机制。如果说若干命题通过其共同的观念而形成命题网络，那么产生式通过控制流而相互形成联系。当一个产生式的活动为另一个产生式的运行创造了所需要的条件时，则控制流从一个产生式流入另一个产生式。当产生式经过练习达到十分熟练的程度，甚至达到自动化的程度，就能变成一种产生式系统，实际上也就成为人们所说的一种技能了。H. A. 西蒙等人对专家和新手解决一般动力学问题做的一个实验证明了这一观点。在实验中，给予专家和新手的问题是：一颗子弹射出的速度为 400 米/秒，枪膛长半米，假定子弹在膛内做匀加速运动，求子弹在膛内的平均速度。研究者对专家和新手解题以后回答的问题和口头报告的分析发现，新手解决问题所花的时间是专家的 4 倍，新手会出错，专家没有类似的错误。尽管专家与新手在有的方面是一致的，比如他们都从阅读问题开始，都能加快用哪个方程，都能解决这个问题等。但专家解题时是两步或几步合成一步，解题时并不具体想某个公式、定律或方程式；而新手总是先从以前学过的公式、定律中选择某一公式进行解题。因此，专家的言语记录比新手的言语记录短得多，专家说话的速度也比新手快一倍，而说话的数量只是新手的一半。这是由于他们对问题所需要的一系列产生式规则已异常熟悉，看到题目即可不加思索，立即作出相应的操作运算。

（二）程序性知识的分类

依据不同的标准，可以将程序性知识分为不同的亚类。

1. 专门领域的程序性知识与非专门领域的程序性知识

根据一般与特殊维度，可以区分专门领域的程序性知识与非专门领域的程序性知识。例如，对于一个中国的工程技术人员而言，其专业知识就属于专门领域的程序性知识；而

会写汉字就属于非专门领域的程序性知识。

2. 自动化的程序性知识（熟练技能）与受意识控制的程序性知识

根据自动与受控维度，可以区分自动化的程序性知识（熟练技能）与受意识控制的程序性知识。例如，对于一个正常的中国成人而言，说汉语是一种自动化的程序性知识。不过，假若他英语学得不精通，那么他就只能在意识控制下说英语，而不能自如地说英语。

3. 智力技能与动作技能

根据智力与动作维度，可以区分智力型的程序性知识（智力技能）与动作型的程序性知识（动作技能）。具体地讲，尽管技能都可以用程序性知识来解释，不过，人们完成的任务不同，其中所涉及的技能也有差异。例如，解答"假若 $10 + x = 30$，问：$x = ?$"这种问题，人们可以用心算进行解决。但是，对于"在没有桥或船的情况下，我们必须执行渡河的任务"这样的问题，就不能在脑中执行，也不能在口头上执行，而必须通过习得的肌肉能力（游泳）才能执行和完成。前一类任务是智力任务，后一类任务是身体的肌肉协调任务。相应地，技能也可分为两类：一是智力技能，也叫心智技能，指通过练习形成的、借助于内部言语或表象等在头脑中进行认识活动的心智操作。智力技能存在"对象具有观念性""执行具有内潜性"和"结构具有简缩性"等特点。另一是动作技能（motor skill），也叫操作技能或运动技能，指人类有意识、有目的地利用那些具备流畅、合乎规则和精确等特征的身体动作（借助于骨骼肌和相应的神经过程）去完成一项任务的能力，并且，它是人类通过练习获得的。因此，凡是个体与生俱来的能力，只能称作本能，不能算作动作技能。如眨眼之类的不随意动作便不能算作动作技能。[①] 动作技能具有客观性、外显性、展开性的特点。

智力技能与动作技能的区别是：前者主要表现为内隐的思维操作活动，后者主要表现为外显的骨骼肌的操作活动。当然，二者之间也有密切联系：感知、记忆、想象、思维是动作技能的调节者和必要的组成部分；外部动作是智力技能的最初依据，也是智力活动的经常体现者。在完成复杂的活动时，人总是手脑并用的，既需要智力技能，也需要动作支持。随着认知心理学的发展，新近认知心理学又将智力技能分为两类：一类用于对外办事，另一类用于对内调控。这一划分主要源于加涅的学习结果的分类：言语信息、智力技能与认知策略。加涅认为，"认知策略是学习者用以支配自己的心智加工过程的内部组织起来的技能"。由此可见，加涅在智力技能中划分出一种特殊的智力技能，即认知策略，这样，加涅的三类认知结果中的"智力技能"的含义缩小了，专指对外办事的技能。

（三）程序性知识的学习过程

程序性知识学习也分为三个阶段：

第一阶段与陈述性知识的学习相同。例如，在英语学习里，学习"将 they go to the library yesterday，改成合适的时态"，这就是一种典型的程序性知识的学习（或智力技能的学习）。学生要顺利完成这一任务就必须知道英语里动词时态的规则，在这里是将动词改为过去式的规则。而知道某一规则或陈述该规则与应用这一规则支配自己的行为并不是一回事。因此，程序性知识学习的第一阶段是陈述性的，换言之，程序性知识学习的前身是陈述性知识。

---

① 皮连生. 教育心理学. 4 版. 上海：上海教育出版社，2011：179.

第二阶段，通过应用规则的变式练习使规则的陈述性形式向程序性形式转化，这是程序性知识学习的最关键一步。拿"英语动词一般现在时态改为一般过去时态"来讲，学生通过老师讲解或阅读教材知道了一般现在时改为一般过去时的规则，并能陈述这些规则，再通过大量的句子变化的练习，每当看到"yesterday"和"some years ago"之类表示过去某时刻的词时，能立即根据规则将句子中的动词改为适当的过去式。此时，相应的规则已经开始支配学生的行为，规则开始向办事的技能转化。既然练习是促使陈述性知识向程序性知识转化的关键步骤，那么，该怎样有效地提高练习效果呢？首先，精讲与多练要相结合。"精讲"就是教师上课要突出重点、难点，讲关键、讲主干、讲方法；"多练"不是搞题海战术，而是通过典型变式的练习或操作等学习活动，增加学生灵活应用知识的机会。精讲多练的关键是教师要转变"讲得越多、越细，学生就掌握得越好"的观念。其次，练习形式多样，注意举一反三。为了防止练习的刻板僵化而导致学生产生干扰现象，在练习中教师要特别注意变式练习。通过适量变化的练习，引导学生概括出一类课题的共同特征和共有的一般方法，使学生掌握其原理和规则，把所学的陈述性知识转化为程序性知识，达到自动化。再次，练习要适量适度，循序渐进。练习量太少，不足以使程序性知识达到自动化；练习量太多，易让练习者身心疲惫，进而产生厌学情绪，导致练习效果下降。因此，要提倡适量、适度的练习。练习要适合学生认知发展水平，从易到难、从简单到复杂地进行。只有当学生通过练习对基本知识达到熟练掌握程度，获得成功的喜悦感和价值感后，学生练习难题的条件才真正成熟，更加有信心地喜爱练习。最后，要注意引导学生对练习的思路和方法进行反思与总结，这样才能达到举一反三甚至举一反十的效果。

第三阶段，规则完全支配人的行为，技能达到相对自动化的程度。这是程序性知识发展的最高阶段。例如，作为一名中国老师，我们已熟练掌握汉语，可以随口说出规范的汉语，或用汉语写出合乎规则的文章，而不必有意识地去考虑有关规则。作为一种特殊的程序性知识的认知策略的学习也是如此，必先知道要学习的认知策略是什么；然后通过应用有关策略的练习，使有关学习、记忆或思维的规则支配自己的认知行为；最后能在变化的条件下顺利应用有关规则支配与调节自己的认知行为，达到提高学习与记忆效率的目的。

二、智力技能的学习

（一）智力技能的分类及三种基本智力技能学习的过程与条件

1. 智力技能的分类

加涅将智力技能分为五个亚类：①辨别：区分事物之间的同与异的能力；②具体概念：识别具有共同特征的同类事物的能力；③定义性概念：运用概念的定义特征对事物分类的能力；④规则：运用单一规则办事的能力；⑤高级规则：同时运用几条规则办事的能力。这五种智力技能的习得有着如下的层次关系：高级规则学习以简单规则学习为先决条件，规则学习以定义性概念学习为先决条件，定义性概念学习以具体概念学习为先决条件，具体概念学习以知觉辨别为先决条件，这是加涅的智力技能层次论的核心思想。[①]

① R. M. 加涅. 学习的条件和教学论. 皮连生，等译. 上海：华东师范大学出版社，1999：55.

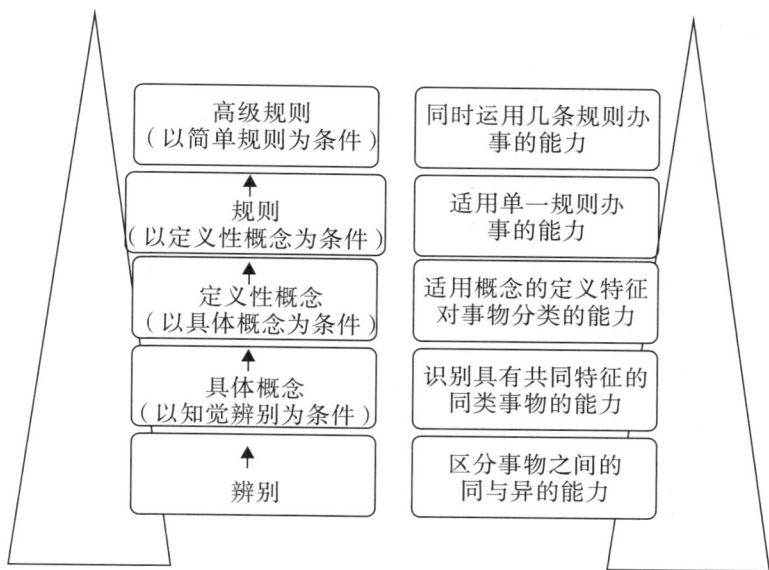

图 7 - 10　加涅的智力技能层次示意图

加涅的智力技能层次论有明显的优点：它清楚地揭示出智慧的发展轨迹，即高一层次的智力技能的确是在低一层次的智力技能的基础上发展起来的，从而为人们通过教育手段培养人的智力技能提供了具操作性的途径：从培育学生的辨别能力入手，继而让学生掌握丰富的概念（包括具体概念和定义性概念）和规则，再通过变式练习，学会在不同情境中灵活使用自己所掌握的概念和规则，这样，智力技能也就逐渐生成了。当然，加涅的智力技能层次论也存在明显的不足：将人的高一层次的智力技能看作由低一层次的智力技能按一定方式"组合"或"组装"起来的，这之中蕴含较浓厚的机械论和"整体等于部分之和"的思想，从而带有较浓厚的行为主义心理学的色彩，但现在人们越来越多地相信"整体大于部分之和"，换言之，虽然高一层次的智力技能的确是在低一层次的智力技能的基础上发展起来的，不过二者之间不是简单的"组合""组装"或"累加"的关系，实际上是由量变到质变的关系。

2. 三种基本智力技能学习的过程与条件

现代认知心理学认为，概念和规则既是陈述性知识的核心成分，也是程序性知识的核心成分。在程序性知识中，概念与规则既是智力技能的核心成分，也是认知策略的核心成分。概念与规则的学习以辨别学习为前提条件，这里先探讨辨别、概念与规则的学习过程和条件，至于认知策略稍后再作探讨。

（1）辨别技能的学习。

辨别（discrimination）指对个体刺激的不同物理特征作出不同反应的能力，它是智力技能学习的基础。学生能学到辨别刺激的不同而给予不同的反应，或是从众多刺激中辨别出相同的刺激，他的学习才会达到准确精密的程度。正常儿童都具有进行辨别学习的神经生理基础。人有惊人的知觉辨别学习的能力，并且一些研究表明，儿童的知觉辨别学习多半是在无意中自发进行的。所以，有的心理学家认为，严格地说，这种能力不是习得的，而是在发展过程中自然"获得的"。

虽然有许多知觉学习任务是在未经专门教学的条件下实现的，但到了学龄期，儿童在语文识字、外语语音和词汇学习以及其他许多学科的学习中仍有辨别学习的任务。因此，在学校教育中，辨别能力的培养常常是教学尤其是小学低年级教学的主要任务之一。从物体形状、颜色、大小、轻重的辨别，到文字与符号（如 + 、 - 等）的辨别都是儿童必须学习的。既然辨别技能的学习是学生的主要学习任务之一，为了提高辨别技能学习的效果，教师需要知道促进辨别学习的内外部条件，以便采取相应的教学方法。依加涅的观点，影响辨别学习的内在条件，是个体必得经由感官觉察到刺激，而且能辨别各刺激之间相同或相异的特征。这种内在条件虽不能直接观察，但可由个体表现的外显反应来确定。因此，在教儿童辨别学习时，要想了解儿童是否具有这种内在条件，要求他指出刺激的异同特征是必要的。如教汉语拼音 Zhen 与 Zheng 的区别时，老师提供这两个音的标准读音，要求学生立即辨别出教师读的是哪个音。在教学中安排外在条件时，教师可按学习原理中的两项原则来处理：一是当儿童作出正确反应时，立即给予适度的强化（表示赞赏）。教师对学生的反应及时作出对与错的反应，这样，学生的辨别就会出现分化与精确化。二是让正确的反应多加几次练习，以避免遗忘。吉布森（E. J. Gibison）的知觉实验表明，在没有外部反馈信息或强化的条件下，单纯重复观察图片，有时也能提高知觉辨别能力。

（2）概念的学习。

第一，概念与概念学习的含义。

西方文化传统一直有一个重要假定：有根据的知识必须依赖概念和包含了类概念的原理，而这种类概念具有一种抹杀特殊事物的独特性的作用。① 概念（concept）是人脑对具有共同关键特征的一类事物的概括性认识，是思维的最基本的单位。事物之所以能分成不同的类别，是由于它们具有共同特征（或本质属性）。根据此定义，任何一个单一事物都不可能作为概念，如"地球""天安门"代表的是单一事物，不代表概念；同时，概念是抽象的，不具体指称某个具体的实物。如"鸟"这个概念，并不指某种具体的鸟，而是抽象的，泛指所有"两足、有喙、有羽毛、卵生的脊椎动物"。大多数概念都包含四个方面：概念名称、概念定义、概念属性和概念例子。下面用"圆"说明概念的这四个方面：其一，概念名称。概念名称指人们用以代表或命名同类事物的符号。例如，如果"圆"一词代表一般圆，那么它就是一个概念名称。其二，概念定义。概念定义指对同类事物所具有的共同的本质特性的概括，一般以言语的形式来描述。例如，圆是平面上到一定点的距离相等的点所组成的封闭图形。其三，概念属性。概念属性指概念的一切正例所具有的共同的本质特征，也称关键特征（critical features），也就是通常所说的概念的内涵。例如，"圆"的概念属性或关键特征有：①在平面上；②封闭的；③到一定点的距离相等。一切圆的正例都包含了这一概念的关系特征，一切圆的反例都不会完全包含这些特征。概念的正例除了包含关键特征外，还包含无关特征，如圆的大小、颜色和方位都是无关特征。概念的反例虽然不具有概念的关键特征，但概念的正例和反例在无关特征方面可能有许多相同。其四，概念例子。概念例子指概念的可觉知的实际例子。它分为正例与反例两种类型（详见前文）。

概念学习就是能概括出同类事物的共同本质特征。辨别是反映事物的差异，概念是反映事物的共同点。由于事物不仅在本质特征上有共同点，在非本质特征上也有共同点，这就给概念学习带来了困难。所以，习得一个概念不仅要求学生学习与掌握一类事物的共同

① 安乐哲. 自我的圆成：中西互镜下的古典儒学与道家. 彭国翔，编译. 石家庄：河北人民出版社，2006：263.

本质特征，而且要求他能排除非本质特征。同时，依奥苏贝尔的观点，概念的关键属性可以通过概念形成与概念同化两个途径获得。

第二，概念的种类。

依不同的标准分，可以将概念分为不同的种类。最常见的一种分法是将概念分为两大类：一类是具体概念（concrete concept），指事物的共同属性可以以具体事物显现的概念。如以颜色（如红花）、形状（如三角形）等作为概念，其属性都可以用一个具体事物呈现出来，那么，这类概念就是具体概念。另一类是定义概念（defined concept），也叫抽象概念，指概念的本质属性不能具体显现，只能用概念性的语文含义来表示的概念。像民主和快乐等概念都属于定义概念，定义概念的学习比具体概念的学习要困难得多。

第三，概念的结构。

对于概念的结构，学术界主要存在两种观点：一是特征表说。它主张概念是由定义特征和概念规则两个因素构成的。定义特征是概念的实例共同具有的特征，是概念的重要特征；特异特征是概念的次要特征。所谓概念规则是指一些定义特征之间的关系或整合这些定义特征的规则。概念规则有肯定、否定、合取、析取、关系等。肯定是指概念中具有某种特征。这类概念叫肯定概念，如"正义"。否定是指概念中不具有某种特征。这类概念叫否定概念，如"非正义"。合取指概念中的每个特征必须同时具备。例如，"毛笔"这个概念，只有"用毛制作的"和"写字的工具"这两个特征同时具备才是完整概念，这两个特征缺一不可，这类概念称为合取概念。析取指概念中的各个特征可能有两种或多种组合方式，使用时可以只选其一，也可以兼具。例如，"侵权行为"这个概念，"非法侵犯他人、社团的利益和权利的行为"是"侵权行为"，"非法侵犯国家的利益和权利的行为"也是"侵权行为"，当然以上三种情况兼具时也是"侵权行为"。这类概念称为析取概念。根据事物或事物属性之间的关系如"较大""较小""以前""以后""上方""下方"等所形成的概念称为关系概念。特征表说认为，人们头脑里的概念就是由定义特征和概念规则有机结合而成的。二是原型说。它主张概念主要以原型即它的最佳实例来表示的，人们主要是从最能说明概念的一个典型实例来理解概念的。例如，在思考涉及鸟的概念时，人们往往会想到麻雀，不大会想到鸵鸟和企鹅。这说明麻雀和鸵鸟是不能在同等程度上表示鸟的概念的。但鸵鸟、企鹅毕竟也属于鸟类。因此，人对一个概念的理解不仅包含着原型，而且也包含范畴成员代表性的程度。所谓范畴成员代表性的程度是指属于同一概念的同类个体可容许的变异性，亦即其他实例偏离原型的容许距离。用反应时作指标的实验发现，被试对语句"椅子是家具"回答"对"所需时间少于回答语句"床是家具"所需的时间。根据这类实验，罗施（E. Rosch）认为，概念的原型是概念的一种实例，与同一概念的其他成员相比，它具有它们中更多的共同属性。概念容许其实例在一定范围内发生变异，但原型是核心。原型为这些各具特点的众多实例组成一个整体提供了基础。概念就是由原型和范畴成员代表性的程度这两个因素构成的。

第四，影响概念学习的条件。

影响概念学习的内在条件中，具体概念的学习以辨别能力为基础，先能辨别事物的特征，才会将特征归类成为共同属性而形成概念。影响具体概念学习的外在条件是教师是否提供具体事物让学生去按属性进行辨别。上自然课采用标本或带学生去实地参观，目的均在提供机会有助于学到具体概念。对于定义概念的学习，其内在条件是在给予概念的定义之前必先了解儿童是否了解定义的语文意义。教师在用语文解释时采用儿童容易了解的词汇，才能使儿童学到定义性的概念。影响定义概念学习的外在条件是提供具体活动作为示范，使儿童学到抽象的定义概念。以学习"民主"一词为例，若只采取"民主就是人民自己做主"的定义来解释，儿童可能不能了解民主的真谛。假若在教师指导下，让全班学生按民主程序开班会讨论与他们生活有关的问题，他们就会在会议过程中学到民主的初步意义。

第五，概念教学的策略。

程序性知识在开始阶段也是陈述性知识，在学习程序性知识中的诸多概念时，学习陈述性知识的策略同样是适用的。但是，学习程序性知识中的概念与学习陈述性知识中的概念的最大不同点是：在程序性知识的概念学习中，不论用何种方式教授概念，学生理解了概念并能用语言陈述同类事物的共同本质特征时，仅表明智力技能完成了它的陈述性知识阶段的学习。程序性知识中的概念作为一种智力技能的本质特征，在于它们能在不同于原先的学习性情境中应用。因此，促进程序性知识中的概念学习的关键一步是，通过变式练习学会在不同情境中灵活地使用这个概念，使概念由陈述性形式转化为支配人的行为的程序。只有做到这一步方才真正掌握了这个概念。在陈述性知识的概念学习中，相对而言要简单许多，只要有充足证据表明学生理解了概念并能用语言陈述同类事物的共同本质特征时，就说明此学生已掌握了这个概念的内涵，如果他能将这个概念准确记住，那么在要用的时候自然能准确提取出来。

（3）规则的学习。

规则（rule）指将数个概念合在一起作为一个完整意义的表达。加涅认为，规则包含两类概念：一类是情境性的，它们代表情境的某个方面；另一类是转移性的，它们代表操作或运算（operation）。例如，在"功＝力×位移"这个规则中，"力"和"位移"属于情境性概念，"×"代表转换性概念。规则同概括性命题一样，都是几个概念之间的关系的陈述。这些陈述对教师或科学家来说是有意义的，对初学者来说可能是无意义的，或只是部分有意义的，其学习的过程也是习得语言陈述的命题意义的过程，所以同样可以用奥苏贝尔的同化论来解释规则的学习。规则与概念一样，也有适合它应用的情境，这些情境就是能体现规则的例子或情形。如体现"加法交换律"的例子有"7＋9＝9＋7"等。规则作为一种智力技能，其学习的实质是学生能在体现规则的变化的情境中适当应用规则，使规则由陈述性形式转化为支配人的行为程序。

规则学习主要有两种形式：一是从例子到规则的学习。也叫样例学习。是指从学习具体事例中找出解决问题的条件，根据条件采取"行动"。这样，通过所蕴含的"条件—行动"产生式的一步步学习，最终形成解决问题的产生式系统。样例学习是通过阅读样例题，认知其中蕴含的产生式系统的过程来实现的。所以，在样例学习中，样例题处于十分关键的地位。样例题就是一套通向问题解决的解题程序。它的编制应符合产生式原理，即根据条件采取行动，使学习者首先学会认识条件，然后选择适当行动。样例学习可以通过样例题把解决问题的正确途径直接呈现在学习者面前，即呈现一个智力技能习得所必要的信息或步骤，而将一些无关的信息排除在学习者知觉范围之外。这样，可以引导学习者的思路，减轻认知负荷，并能促进学习者对产生式"条件"的认知和概括，从而最终掌握一般的产生式规则。通过样例学习，学习者可以创造出新的适应性产生式系统，在解决相似问题方面，其智力技能的操作水平有较大提高。当然，要使学习者的智力技能能够移植内化，也同形成动作技巧一样，必须通过一定时间与次数的练习，才能从试练发展到熟练。

二是从规则到例子的学习。这是下位学习的一种形式，就是先为学习者提供一个解决问题的产生式系统，即解决问题的方法和步骤，然后让学习者根据这个产生式系统解决具体问题。其教学方法简称规—例法。随着学生年龄的增长和年级的升高，规—例法的教学应用的范围越来越广。例如，在平面几何教学中，当学生掌握圆周角概念、圆周角定理和弦切角概念以后，学生可以通过从规则到例子的学习，迅速习得弦切角定理。

规则学习的内在条件是规则学习之前必先对规则中各个概念有所了解。影响规则学习的外在条件是教师在教儿童学习某项规则时，必须先行了解儿童是否已经学到该规则中的所有概念。以学习形容词为例，最基本的规则是"加在名词之前形容其状态的字为形容词"，在学习这一规则之前，教师必先确定儿童是否已具备了"名词"的概念。

（二）关于智力技能形成的理论

智力技能是如何形成的？对于这个问题，学界有不同观点。除去上文所讲加涅的观点外，下面再介绍两种观点。

1. 加里培林的"智力活动按阶段形成的理论"

根据加里培林提出的"智力活动按阶段形成的理论"，智力活动是一个从外部的物质活动向内部的心理活动转化的过程，即内化的过程。这个内化过程一般要经历下列五个阶段：

第一阶段是智力活动的定向阶段。这是智力活动的准备阶段。在该阶段学生要了解熟悉智力活动的任务，知道做什么和怎么做，在头脑中构成智力活动本身和结果的表象，对智力活动进行定向。在这一阶段教师应向学生提供智力活动的样本，指出智力活动的操作程序以及关键点。以进位加法教学为例，它的定向是在演示这种运算时使学生知道运算的目的是求两个数量之和，知道运算的客体是事物数量，运算的关键点是进位、为什么要进位以及如何进位等。

第二阶段是物质活动或物质化活动阶段。该阶段就是借助于实物或实物模型、图表、标本等进行学习。如小学生学习加法时利用小石子、小棍、手指来完成计算活动。学生审题、解题时，教师要求他们用文字、图表等形式列出题目的条件、问题，来培养学生的智力活动。这一阶段在智力活动的形式上具有重要作用，只有物质或物质化的活动形式才是完备的智力活动的源泉。因为在很多情况下物质化的形式是最易理解和最方便的教学手段。特别是当学生所学习的对象超出他们的感性认识范围而使他们难以理解时，利用物质化的东西显得更为重要。此阶段的关键是"展开"与"概括"。展开指将智力活动分为大大小小的操作单元，全部展示给学生观察了解。展开是智力活动进行压缩的基础，展开工作做得越好，以后压缩越容易。概括指在学生初步掌握展开的外部操作的直观水平上形成关于智力活动的较为概括的表象，要求学生把操作与言语结合起来（即边做边说），以促使智力活动向第三阶段转化。

第三阶段是出声的外部言语活动阶段。该阶段智力活动已摆脱了实物或实物的替代物，代之以外部言语为支持物。本阶段是外部的物质活动向智力活动转化的开始，是智力活动在形式上发生质变的重要阶段。

第四阶段是无声的外部言语阶段。这一阶段的特点在于智力活动的完成是以不出声的外部言语来进行的，只看到嘴动听不到声音，如学生心算。与前一阶段相比，此阶段看似很简单，只是言语减去声音而已，其实不然，它要求学生对言语机制进行很大改造。即在出声言语时是眼、口、耳、脑同时协调活动，这一阶段要改为仅是眼脑同时活动，这种言语形式要求学生进行专门的练习。

第五阶段是内部言语活动阶段。这是智力活动形成的最后阶段。其主要特点是智力活动的压缩和自动化，智力活动似乎不需要意识的参与，脱离了自我观察的范围，言语的结构与机制都发生了重大变化。在结构上，外部言语必须符合语法，连贯流畅、清晰易懂，内部言语常常被压缩得不合语法，可以用一个词或词组代替一个句子或想法，是片断和简约的；在机能上，外部言语是与他人交际的手段，是指向别人的，而内部言语与外部言语相比有根本区别，所以，一旦智力技能形成达到内部言语活动阶段，人们就觉察不到自己智力活动的过程。例如"9＋2＝？"学生熟练掌握进位加法的运算技能后，会一口报出答案，运算过程已经简化和自动化，他已觉察不出运算的过程，只觉察到运算的结果。

加里培林关于智力活动按阶段形成的理论，对于人们了解智力技能的实质和形成规律无疑具有启发意义，尤其对教师培养和训练学生的智力技能具有不容忽视的指导作用。然而这一理论也存在一些问题，如阶段的划分不尽完善、合理，特别是后面三个阶段实际上描述的是智力技能"内化"的三种水平，而且都是借助言语来实现的，所以，有的阶段可以合并或省略；并且，如何建立有利的教学条件促进阶段之间的转移，有待进一步的实验和研究。①

2. 冯忠良的智力技能形成三阶段论

冯忠良通过教学实验，在继承加里培林和安德森等人思想的基础上，主张智力技能的形成分为原型定向、原型操作与原型内化三阶段论。

原型定向指了解心智活动的实践模式，使主体知道该做哪些动作和怎样去完成这些运作，明确活动的方向。在此阶段教师应注意三个问题：①让学生了解活动的结构，使学生对活动有一个完整的印象；②让学生了解围绕各个动作的结构而形成的各种规定的必要性；③采取有效措施发挥学生的主动性、独立性，激发学生的学习需要。②

原型操作指依据智力技能的实践模式，把主体在头脑中建立起来的活动程序计划以外显的操作方式付诸实施。在此阶段教师应注意四个问题：①让心智活动的所有动作以展开的方式呈现；②注意变更活动的对象，采用变式加以概括；③注意活动的掌握程度，适时地向下一阶段转化；④动作的执行注意与言语相结合。③

原型内化指智力活动的实践模式向头脑内部转化，由物质的、外显的、展开的形式变成观念的、内潜的、简缩的形式的过程。在此阶段教师应注意四个问题：①动作的执行应从外部言语开始，再逐步转向内部言语；②开始时，操作活动应在言语水平上完全展开，再依据活动的掌握程度简缩；③要注意变换动作对象，对活动方式进行概括；④要注意适时地实现转化。④

① 王光荣. 文化的诠释——维果茨基学派心理学. 济南：山东教育出版社，2009：177.
② 冯忠良. 结构化与定向化教学心理学原理. 北京：北京师范大学出版社，1998：293－295.
③ 冯忠良. 结构化与定向化教学心理学原理. 北京：北京师范大学出版社，1998：296－298.
④ 冯忠良. 结构化与定向化教学心理学原理. 北京：北京师范大学出版社，1998：298－300.

（三）智力技能形成的特征及智力技能的培养

1. 智力技能形成的特征

智力技能一旦形成，至少具有三个重要特征：①从心智活动的方式看，智力活动的各个环节联合为一个有机整体。在智力技能形成过程中，开始时活动的各个环节是孤立的，一些概念混淆不清，经过反复学习，活动的各个环节逐步地联合形成一个有机整体，概念之间的混淆现象减少，以至于最后消失。②从心智活动的调节看，心智活动已经不需要意识的过多控制就能自动进行。在智力技能形成过程中，开始时智力活动不熟练，智力活动的展开是全面、完整和详尽的，需要较大的意志努力，神经活动的能量消耗比较大。经过反复学习后，智力活动熟练化，意志努力减少，神经能量消耗也减少，智力活动达到自动化。③从心智活动的品质看，思维的广度和深度、独立性和批判性、灵活性等都大为增强。在智力技能形成过程中，开始时思维不够敏捷、灵活，缺乏深度和广度，独立性也不强。经过反复练习，这些思维品质都起了变化，思维的广阔性、深刻性、敏捷性、灵活性、独立性和批判性都有了提高。①

2. 智力技能的培养

若想高效培养个体的智力技能，至少必须做到四点：①遵循加里培林的智力活动按阶段形成的理论。根据智力活动按阶段形成的理论，在教学时首先应明确地给学生的活动定向，如交代学习内容（包括揭示课题与交代新旧知识的联系点），简述学习该内容的意义、价值及学习的程序等。定向活动要注意使学生产生完备的定向映像，要使学生知道学什么、怎样学，并产生积极的学习愿望。其次，把教学内容分为学生能够接受的几步可操作的环节，以直观示范或讲解的方式详尽地揭示学习过程，指导学生进行一些相应的操作，并注意操作活动掌握的程度。最后，适时地给学生创造有声言语表达的机会，当学生能较为清楚地、流畅地口述内部操作时，要注意及时引导学生向不出声的言语转化。当学生智力活动达到一定的熟练程度后，应对学生作业的速度提出明确的要求。② ②注意原型的完备性、独立性与概括性。智力技能的培养开始于主体所建立起来的原型定向映像。在原型建立阶段，一切教学措施都要考虑到有利于建立完备、独立而具有概括性的定向映像。所谓完备性，指对活动结构（动作的构成要素、执行顺序和字形要求）要有清楚了解，不能模糊或缺漏。所谓独立性，指应从学生的已有经验出发，让学生独立地确定或理解活动的结构及其操作方式，而不能是教师给予学生现成的模式。所谓概括性，指要不断变更操作对象，提高活动原型的概括程度，使之具有广泛的适用性，扩大其迁移价值。有研究表明，定向映象的完备性、独立性与概括性不同，则活动的定向基础就有差异，就会影响到智力技能最终形成的水平。③ ③熟练掌握心智活动规则和课题解答程序。鉴于观察、记忆、想象和思维是智力技能的主要成分，因此通过学生掌握观察、思维等程序，可促使智力技能的形成。对于年龄较小的学生，教师可直接制定出要求学生掌握的程序，如指导学生观察时，要求儿童按从整体到部分、从全貌到细节进行有序的观察。儿童学习解答应用题时，要求学生按读题（该题讲什么）、审题（辨认已知条件和求解的问题）、分析数量关

---

① 许其端．中学教育心理学．上海：华东师范大学出版社，1997：179－180.
② 张大均．教学心理学．重庆：西南师范大学出版社，1997：311－312.
③ 冯忠良．结构化与定向化教学心理学原理．北京：北京师范大学出版社，1998：311.

系（确定已知条件与问题的相互关系）、确定运算方法、计算出得数、验算及反思六个环节进行解答。对于年龄较大的学生，教师应引导学生自己总结出学习的程序。实际上儿童掌握了学习的程序，也就在一定程度上掌握了学习的方法，发展了智力技能。④创设条件，提供应用智力技能的机会。给予学生一定的负荷，可使学生智力、情感和意志力都得到磨炼。一定难度的任务可促使学生"跳一跳"，通过努力克服困难获得成功。这样既增加智力活动的机会，又能使学生产生克服困难获得成功的情感体验，从而激发其向新的智力任务挑战，如此产生良性循环。①

三、动作技能的学习

（一）动作技能的种类

据不同的标准，可以把动作技能分成多种类型。

1. 连续性动作技能与非连续性动作技能

根据"连续与非连续"这个维度，可以将动作技能分为连续性动作技能和非连续性动作技能等两种类型。连续性动作技能是指以连续方式完成一系列动作的动作技能，如弹琴等。在这种动作技能里，动作与动作之间没有明显可以直接感知的间隔。非连续性动作技能是由突然爆发的动作所组成的动作技能，如射击等。在这种动作技能里，动作与动作之间存在可以直接感知的间隔。②

2. 封闭性动作技能与开放性动作技能

根据"封闭性与开放性"这个维度，可以将动作技能分为封闭性动作技能和开放性动作技能等两种类型。封闭性动作技能是指可以不参照环境因素，而主要依靠内部的、由本体感受器输入的反馈信息而执行的技能，如体操等。因此，封闭性动作技能一般是自我调节的，较少受外部情境控制。开放性动作技能是指动作随外界环境变化而作相应变化的技能，如打乒乓球、开汽车、打活动靶等。开放性动作技能一般较多受外部情境的制约，需要根据外部情境中的信息不断调整操作者与外部关系。③

3. 精细动作技能与粗壮动作技能

根据"精细与粗壮"这个维度，可以将动作技能分为精细动作技能和粗壮动作技能等两种类型。精细与粗壮是指与动作技能有关肌肉的性质和数量。粗壮动作技能是指一种运用大肌肉且往往是全身性运动的动作技能，如打网球、跑步、游泳、举重等。精细动作技能指主要运用关节和手指运动的动作技能，如写字、织毛衣等。

4. 工具性动作技能与非工具性动作技能

根据"工具性与非工具性"这个维度，可以将动作技能分为工具性动作技能和非工具性动作技能等两种类型。工具性动作技能是指操作某种工具的动作技能，如用钢笔写字等。非工具性动作技能是指不需要操作某种工具，仅表现为机体的一系列骨骼、肌肉运动的动作技能，如唱歌、跳舞等。④

---

① 成正方. 教育理论. 天津：南开大学出版社，2005：209.
② 皮连生. 教育心理学. 4 版. 上海：上海教育出版社，2011：180.
③ 皮连生. 教育心理学. 4 版. 上海：上海教育出版社，2011：180.
④ 彭聃龄. 普通心理学. 修订版. 北京：北京师范大学出版社，2004：474 – 475；叶奕乾，何存道，梁宁建. 普通心理学. 4 版. 上海：华东师范大学出版社，2010：238.

5. 内反馈型动作技能与外反馈型动作技能

根据"内反馈与外反馈"这个维度，可以将动作技能分为内反馈型动作技能与外反馈型动作技能等两种类型。一般而言，反馈可分成外反馈与内反馈两种：外部反馈指操作者以外部介质（如某种机械——如计算机与信号灯等——发出的信号，教师、教练或示范者的指点，录像等）为信息源，并通过视觉、听觉等实现的反馈。内部反馈指操作者通过自身肌肉或关节提供的动觉反馈，它们是动作的自然结果。相应地，外反馈型动作技能是指操作者通过外部反馈信息而实现的动作技能，如抄写、滑雪、打球等都属于外反馈型动作技能。内反馈型动作技能是指操作者通过内部反馈信息而实现的动作技能。这种技能闭眼也能完成，如熟练打字、闭眼在纸上写字等就属于内反馈型动作技能。

6. 简单动作技能与复杂动作技能

根据"简单与复杂"这个维度，可以将动作技能分为简单动作技能与复杂动作技能两种类型。简单动作技能指仅包含简单加工的动作技能。复杂动作技能指包含复杂加工的动作技能。例如，如果说驾驶飞机是一种复杂动作技能，那么，驾驶汽车就是一种简单动作技能。

（二）动作技能的结构

1. 动作技能的构成成分

对于动作技能的成分，学界有不同观点。加涅（1999）认为，动作技能包括两个成分：①描述如何进行动作的规则；②因练习与反馈而逐渐变得精确和连贯的实际肌肉运动。[1] 也有人主张动作技能包括动作或动作组、知觉能力与体能等三个成分：①动作或动作组。就其难易程度来说，动作又可以分为反射动作、基本—基础动作、技巧动作。反射动作是最简单的单元动作，基本—基础动作是由一系列的反射动作组成的，跑、跳、滚、抓等动作都是基本—基础动作。技巧动作又是由一系列的基本—基础动作组合而成的。基本—基础动作大都是比较普通的动作，但技巧动作带有较明显的专业性或行业性。比如，打乒乓球与打篮球，开车与刺绣工，其技巧动作是不一样的。每一专业或行业所特有的技巧动作群组成了该专业或行业的动作语汇（movement vocabulary）。就动作本身而言，反射动作是个体成熟的自然结果，主要受遗传的影响，而非学习的结果；基本—基础动作也主要是内部发展与成熟的结果，但训练能使之精确、熟练，它是先天与后天共同作用的结果；技巧动作则主要是习得的，专业或行业的动作语汇是教学的重要目标。②知觉能力。在完成动作技能任务时，知觉的参与是必需的。知觉的部分缺失往往会造成不能完成某些动作技能，因此，知觉是动作技能的组成部分之一。知觉能力包括动觉、听觉、视觉、触觉辨别的能力，其中手眼协调、手脚协调、身体平衡对完成动作技能有重要意义。某些专业或行业的技巧动作有特殊的知觉要求，如对飞行员的距离知觉能力和注意分配能力有很高要求。知觉的另一个重要作用是发现并有效利用反应所需的线索。知觉测验往往作为专业动作技能测验的一项重要内容。③体能。有些动作任务的完成需要一定的体能，体能也是动作技能的组成部分之一。体能主要包括耐力、力量、韧性、敏捷性等。[2]

由于"结构"（与"功能"相对）是指系统内各组成要素之间的相互联系、相互作用

① 皮连生. 教育心理学. 4 版. 上海：上海教育出版社，2011：179.
② 梁宁建. 心理学导论. 2 版. 上海：上海教育出版社，2011：439.

的方式，是系统组织化、有序化的重要标志，系统的结构可分为空间结构和时间结构。任何具体事物的系统结构都是空间结构和时间结构的统一。[①] 这样，两相比较可知，关于动作技能的成分，加涅的观点更可取，"主张动作技能包括动作或动作组、知觉能力与体能等三个成分"的观点更像是探讨影响动作技能形成的因素。

2. 动作技能的学习层级

动作技能学习从简单到复杂，可以分为以下三个层级。

（1）动作语汇的获得。

这一学习层次相当于智力技能中的"概念的获得"。与每一门学科都有一系列概念体系相似，每一专业或行业的动作技能都有其一整套技巧动作群，也就是动作语汇。掌握这些动作语汇对于掌握相应的动作技能具有重要意义。当然，获取动作语汇并不等于掌握了动作技能，因为动作技能是通过反复练习而获得的，而不仅仅是掌握动作语汇。

（2）连锁与辨别。

连锁主要是指基本—基础动作与反射动作的连接；辨别则需知觉的参与，将不同的动作区别开来，以使动作技能达到精确的水平。这一学习层次相对简单，因为它们的神经联系大都是先天的，从内部发展起来的。对于专业或行业训练来说，这一层次的学习主要是使基本—基础动作获得"意义"，即该动作对本专业或本行业有何作用，在什么时候驱动这些动作。

（3）问题解决。

这一学习层次相对较繁杂，它指用一定的策略、技巧动作、知觉能力、体能去解决一个较复杂的动作问题。动作任务的解决往往是以各种简单学习为前提的。学习者是否具有一定程度的策略水平？他的动作语汇是否足够丰富？是否能正确辨别线索？是否有完成任务所需的敏捷性和力量？这些都将影响其解决问题的合理性、可行性、有效性和经济性。[②]

（三）动作技能形成的阶段与特征

1. 动作技能形成的阶段

动作技能的形成是通过练习从而逐步地掌握某种动作方式的过程。一般而言，动作技能的学习需要从领会动作要点和掌握局部动作开始，到建立动作连锁，最后达到自动化。依费茨（Fitts, T. M.）与波斯纳（Posner, M. I.）提出的动作技能形成理论，动作技能学习是一个质变过程，可分为"认知阶段""联系形成阶段"和"自动化阶段"三个阶段。[③] 此观点与安德森主张认知技能学习要经过"认知阶段""联结阶段"和"自动化阶段"等三个阶段[④]有一定的相通之处。另外，冯忠良提出了一个动作技能形成的四阶段模型，这四个阶段依次是：操作的定向、操作的模仿、操作的整合与操作的熟练。读者一看便明，限于篇幅，这里不多讲。综合费茨与波斯纳等人的观点，动作技能由初步学会到熟练掌握，需要经过相互联系的四个主要阶段。

① 夏征农，陈至立. 辞海：第六版缩印本. 上海：上海辞书出版社，2010：599.
② 路海东. 教育心理学. 长春：东北师范大学出版社，2002：151 – 152.
③ 皮连生. 教育心理学. 4 版. 上海：上海教育出版社，2011：182 – 183.
④ J. R. 安德森. 认知心理学. 杨清，张述祖，等译. 长春：吉林教育出版社，1989：284 – 298.

（1）动作的认知阶段。

认知阶段也称知觉阶段。学习者在这一阶段首先要凭借对示范动作的观察、对刺激情景的知觉形成一个内部的动作意象，以此作为实际执行动作时的参照。所以，这一阶段主要是理解动作技能的结构，即动作连锁系统，形成目标意象（goal-image）和目标期望（goal-expectancy）。目标意象主要指学习者在头脑中形成一个对自己解决问题的目标模式反应和动作形式的表象，即明确解决问题的目标模式。目标期望是指学习者对自己的作业水平的估价，即明确自己能做得如何。这两种期望对动作技能的学习起着定向作用。[1]

当然，要形成目标意象，学习者除了要回忆先前已经学会的、作为动作连锁组成部分的分解下属动作，还要对相关线索和信息进行适当编码。线索和信息的编码可以是形象或抽象的，可以是视觉或语词的，可以是有意义或孤立的。为了形成有利于动作技能学习的目标意象，学习者一般用自己擅长的方式对线索进行编码。这意味着不同学习者的编码策略与方式是不同的。儿童通常利用视觉表象进行编码，成人能够将视觉表象和语词联系起来进行共同编码（common coding）。在形成目标意象的过程中，学习者不仅借助于对现有任务的知觉和有关线索来编码，也可借助于先前的有关经验。这表明，学习者通常还从长时记忆中激活有关信息，并有效地检索、提取出来以帮助编码。[2]

在认知阶段，学习者不仅形成目标意象，还依据自己以往成功和失败的经验，依据自己的能力和目前任务的难易，形成对自己作业水平的期望。这一期望既表现在质的方面——动作质量的好或坏，也表现在量和范围上——能完成动作的多寡。通常而言，有明确目标期望的学习比目标期望模糊的学习更有效。[3]

认知阶段的主要特点是学习者忙于领会技能的基本要求，掌握技能的局部动作，一般注意范围较窄，精神和全身肌肉紧张，动作不稳定、速度慢、动作呆板而不协调，出现一些多余动作，不能察觉自己动作的全部情况，难以发现错误和缺点。

（2）动作的分解阶段。

在这一阶段，传授者将整套动作分成若干分解动作，学习者则初步尝试，逐个学习。即把组成新运动技能的动作整体逐一分解，并试图发现它们是如何构成的，最后尝试性地完成所学新技能中的各个动作。在这个时期，学习者的注意力只能集中于个别动作上，不能统观全局和控制动作的细节。这是由于对被分解的动作生疏，动作程序之间还未形成有机地联系，初看起来既不连贯又顾此失彼。同时，新动作和日常生活中形成的习惯动作不相符合而发生矛盾，对新动作有干扰作用。以骑自行车为例，整个骑车动作可先分解为脚蹬动作和手握把动作，学习者初学时只能逐个去练习。但这两个分解动作是连不起来的，不是忘了脚蹬，就是忘了扭把，动作不协调，不能掌握平衡，而且精神紧张，双眼总是盯着前轮，不敢远视，控制不了自己的动作。[4]

（3）动作的联系阶段。

在这一阶段，尝试执行每一个分解动作，并将其联系起来形成动作连续体；在执行动作连续体时，不断排除动作之间的相互干扰；开始从外部反馈调节过渡到内部反馈调节，

①　皮连生. 教育心理学. 4 版. 上海：上海教育出版社，2011：182.
②　皮连生. 教育心理学. 4 版. 上海：上海教育出版社，2011：182-183.
③　皮连生. 教育心理学. 4 版. 上海：上海教育出版社，2011：183.
④　叶奕乾，何存道，梁宁建. 普通心理学. 4 版. 上海：华东师范大学出版社，2010：241-242.

即初步建立起内在动觉的反应线索。由于即便是一个简单的动作，所包含的刺激与反应也非常复杂，所以动作的联系阶段比想象的要复杂得多。例如，用"五笔"打出"程"这个字，学习者必须知道并打出"禾""口""王"，而且打出"禾"时又必须成为打出"口"的刺激，这便是加涅说的要建立动作连锁。[①]

在这一阶段，学习者已经逐步掌握了一系列局部动作，并开始将这些动作联系起来，但是各个动作结合得还不紧密。在从一个环节过渡到另一个环节，即转换动作的时候，常出现短暂的停顿。学习者的协同动作是交替进行的，即先集中注意一个动作，然后再注意做出另一个动作，反复地交替，进行不同的动作。这种交替慢慢加快，技能结构的层次不断提高，然后逐渐形成整体的协同动作。

在这一阶段，必须排除过去经验中的习惯干扰。例如，已经学会按中国内地规则开手动挡汽车的人，若到中国香港去开手动挡汽车，他必须排除用右手换挡的习惯干扰，学会用左手换挡，因为香港的汽车是按英式规则行驶的，方向盘设在汽车的右边，而不是像中国内地那样设在汽车的左边。动作技能相互干扰，会对新的动作技能的掌握起阻碍作用。

这一阶段的主要特点是：技能的局部动作被综合成更大的单位，最后形成一个连贯的动作技能的整体；行为稳定、迅速，动作协调；学习者视觉控制作用逐渐减弱，而肌肉感觉的自控作用逐步提高，动作间的相互干扰减少，紧张程度有所减弱，多余动作趋于消失；学习者开始在不知不觉中运用微妙的线索。[②]

（4）动作的自动化阶段。

动作技能形成的最后阶段是动作的协调和完善阶段，并最终形成产生式系统，达到自动化水平。此时，一长串的动作系列已联合成为一个有机的整体并巩固下来，各个动作相互协调似乎是自动流出来的，无须特殊的注意和意识控制；并且，学习者的多余动作和紧张状态已经消失，能根据情况的变化，灵活、迅速而准确地完成动作。可见，自动化阶段的行为特征是：行为控制从意识向无意识转化，抗干扰性大大加强；外在反应线索愈趋减少和微弱，内部动觉成为主要的反应线索，即肌肉动作反应本身得到反馈而成为新的刺激；随着练习的深入，控制行为的方法由外转内；动作技能的行为获得充分稳定性；行为已具有协调化模式，形成内在动力定型。

当然，研究表明，对任何动作技能掌握的熟练程度都是相对的。许多体育技能的训练表明，一个运动员需要多年的练习才能达到自己的最高水平；要保持这一最高水平同样需要大量的练习。诱因的大小对技能的改进也有很大影响。对明星运动员给予重金或高报酬，就是为了促使他们不断研究新技术，不断创造新的运动纪录。[③]

2. 动作技能形成的特征

动作技能总是在人们完成某种操作或动作时表现出来的。操作或动作是可以观察的外显活动，其执行的速度、精确性、力量或连贯性均可以测量。心理学家总是将达到较高速度、精确性较高、轻松、连贯的操作或动作称为熟练的操作或熟练的动作。动作技能形成的标志是达到熟练操作水平。熟练操作一般具有以下六个特征。

---

① 皮连生. 教育心理学. 4 版. 上海：上海教育出版社，2011：183.
② 叶奕乾，何存道，梁宁建. 普通心理学. 4 版. 上海：华东师范大学出版社，2010：241 – 242.
③ 皮连生. 教育心理学. 4 版. 上海：上海教育出版社，2011：183 – 184.

（1）动作速度越来越快、准确性越来越高、稳定性和灵活性越来越好。

随着动作技能的逐渐熟练，动作的速度、准确性和灵活性都会发生相应的变化，这主要体现在三个方面：

第一，动作的速度越来越快。动作速度指肢体在单位时间内所移动的距离或所完成的动作的数量。单位时间内移动的距离越远或所完成的动作次数越多，则表示动作速度越快，意味着动作熟练程度越高，反之亦然。它有三个明显表现：①立即反应代替了笨拙的尝试。②错误被排除在发生之前。③局部动作综合成大的连锁，形成了协调化运动模式。开始学习动作技能时，学习者的动作是不协调的；在熟练期，学习者形成了协调化的运动模式。①

第二，动作的准确性越来越高。动作准确性是指肢体动作达到预期目的或要求的程度。凡是能够达到预期要求或目的的动作，就是准确的动作；反之亦然。

第三，动作的稳定性和灵活性越来越好。初学某种技能的人，动作是不稳定的，这种不稳定既表现在个别动作的准确性上，也表现在动作之间的转换和过渡上。当技能形成后，它就会以相对稳定的方式表现出来，成为某种稳定的动作模式。动作技能的灵活性一般是指动作技能的各要素能随主客观情境的变化而变化的特点。动作技能的各要素能随主客观情境的变化而作出既好又快的相应变化，就表明动作的灵活性越好；反之亦然。动作技能一旦达到熟练程度，各个动作之间的干扰消失，衔接连贯、流畅，高度协调，多余动作消失。

（2）从只能利用明显线索发展到可以利用细微线索。

任何动作都受情境中的线索（cue）指导。线索可以是看到、听到或触到的。有的线索乃是有助于人辨认情境或指引行动的体内外刺激。指导动作的线索大致可分为三类：第一类是基本线索，即人要进行成功反应所必须注意的线索；第二类是有助于调节反应的线索；第三类是无关的线索。在动作技能形成初期，学习者只能对明显的基本线索发生反应，他不能觉察到自己动作的全部情况，难以发现自己的错误。随着练习的增多，学习者能觉察到自己动作的细微差别，能运用细微的线索，使动作日趋完善。技能相当熟练时，人能根据微弱的线索进行动作。这时熟练者头脑里已储存了与特有的一系列线索有关的信息，当某一线索出现之后，就能进行一系列的反应。优秀运动员对微弱的线索有敏锐的感知觉。例如，一位优秀的乒乓球运动员可以通过对方移动时所产生的风声、地面震动的触觉和对方呼吸的声音来判断对方移动的位置和球的变化。②

（3）动作控制的方式发生重要变化。

随着动作技能的逐渐熟练，个体控制行为的方法也会发生较大的变化，这主要体现在三个方面：

第一，行为控制从有意识控制向无意识控制转化。在动作技能形成初期，内部言语起着重要的调节作用，这时动作技能的各种动作都受意识的调节与控制。假若意识控制稍有减弱，动作技能就会停顿甚至出现错误，在这种情况下，学习者显得很紧张就是很自然的了。随着动作技能的形成，意识对动作的控制逐渐减弱，并转由自动控制所取代。在熟练期，整个技能或技能中的大多数动作逐渐成为一个自动化的动作系统。人们在完成一种熟练

---

① 皮连生. 教育心理学. 4 版. 上海：上海教育出版社，2011：181 – 182.
② 皮连生. 教育心理学. 4 版. 上海：上海教育出版社，2011：181.

技能时，只关心怎样使技能服从于当前任务的需要，而不关心个别动作的进行。由于动作系统的自动化，扩大了人脑加工动作信息的容量，此时已完成动作的紧张程度也就得以缓和了。

第二，从依靠外反馈特别是视觉反馈来控制行为向凭借记忆图式来控制行为转化。在动作技能形成初期，学习者依靠外反馈，特别是视觉反馈来控制行为。随着动作技能的形成，运动控制逐渐开始不依赖于视觉反馈，而是通过像运动程序的记忆图式来控制行为。

第三，动觉反馈作用的加强。在技能形成中，反馈对技能动作的学习和完善起着重要的调节作用。在技能形成的初期，内反馈与外反馈都很重要，但来自外界的视觉反馈起着更重要的作用，人们根据动作反应后所看到或听到的结果，对反应进行调整和校正，使动作朝向所要达到的目标。随着动作技能的形成，外部感觉的控制作用逐渐为动觉的控制所代替，动觉反馈在动作技能的调节中便起着越来越重要的作用。同时，不需要视觉的专门控制和意识的控制；并且，视觉注意范围扩大，能准确地觉察到外界环境的变化并及时调整动作方式。例如，一个人刚学打字，他的动作是在视觉的严密控制下进行的。他注视要打的文件和打字机上的每一个键，一个一个地按键把字打出来。待打字的技能熟练了，他就能够摆脱视觉的控制而熟练地操纵打字机了。所谓盲打，正标志着打字技能的形成。由此可见，反馈方式的变化，是技能形成的又一重要标志。[①]

（4）形成运动程序的记忆图式。

一系列局部动作联合成为一个完整的动作系统，即一种协调化的运动程序的记忆图式。

动作技能是由一系列动作构成的。技能动作的协调化运动程序表现在两个方面：①连续性的统一协调，这是动作在执行时间上的协调。走路时先动一足，后动另一足；打拳时先打一式，接着打另一式，前后连贯，一气呵成，这是时间上的协调或连续性的统一协调。②同时性的统一协调，这是动作在空间上的协调。如走路时，移步配合上手的摆动。许多技能既需连续性的统一协调，又需同时性的统一协调，从而构成一个协调化的运动程序的运动图式。

形成运动程序的记忆图式是完成技能的重要条件。日本学者调枝（1972）用投球时建立手眼的协调，研究了连续性统一协调与运动成绩之间的关系。实验分甲、乙两组。甲组被试在训练抓球时，要求眼睛注视自己的目标；乙组在训练抓球时，眼睛只注意球。运动成绩用投球的准确度和反应时作指标。结果表明，在训练实验的时间内，甲组的动作准确度明显地优于乙组；甲组的反应时逐渐变化，而乙组的反应时几乎没有变化。这说明，建立连续性的统一协调对改善技能水平产生了积极的作用。[②]

（5）在不利条件下能维持正常操作水平。

表现出同样操作水平的人，其熟练程度可能不同。检验谁是最熟练操作者的最佳方法是：看谁在条件变化时能保持正常的操作水平。紧急情形的突然出现可能使不熟练者手足无措，但能使熟练者的技能发挥至巅峰。[③]

---

① 彭聃龄. 普通心理学. 修订版. 北京：北京师范大学出版社，2004：477－478.
② 彭聃龄. 普通心理学. 修订版. 北京：北京师范大学出版社，2004：477－478.
③ 皮连生. 教育心理学. 4 版. 上海：上海教育出版社，2011：182.

（6）动作效能越来越好。

动作技能形成后，动作效能越来越好，心理消耗和体力消耗降至最低，表现为紧张感、疲劳感减少，动作具有轻快感；同时，在不利条件下能维持正常操作水平。[①]

（四）动作技能形成的理论

1. 行为主义学派的理论

行为主义学派的理论是建立在经典条件反射和操作条件反射的基础上的。巴甫洛夫认为，动作技能是先行动作通过条件反射建立起暂时神经联系并变成后继动作的信号来实现的。在斯金纳等人看来，"强化"在动作技能形成过程中扮演着重要角色。机体的某些活动产生积极的后果，行为受到强化，逐步巩固下来，以后成为它的全部行为储备中的一部分，这些活动便获得了习惯强度。此后，只要呈现适当的环境刺激，活动便会可靠地出现。这种理论将复杂的动作技能形成的本质看成一系列刺激与反应的联结的形成。[②]

2. 认知心理学的理论

认知心理学家用信息加工的观点来解释动作技能的形成。

认知心理学家在承认动作本身是一系列刺激反应联结的同时，更强调动作技能的学习必须有感知、记忆、想象、思维等认知成分的参与。如加涅（Gagne，R. M.，1968）认为，可以用刺激—反应公式的连锁反应系列来解释动作技能的形成，此观点被称作连锁反应理论。

韦尔福德的动作技能形成模型将动作技能的形成分为三个连续的阶段：感觉接受阶段、由知觉到运动的转换阶段、效应器阶段。如图 7 - 11 所示：[③]

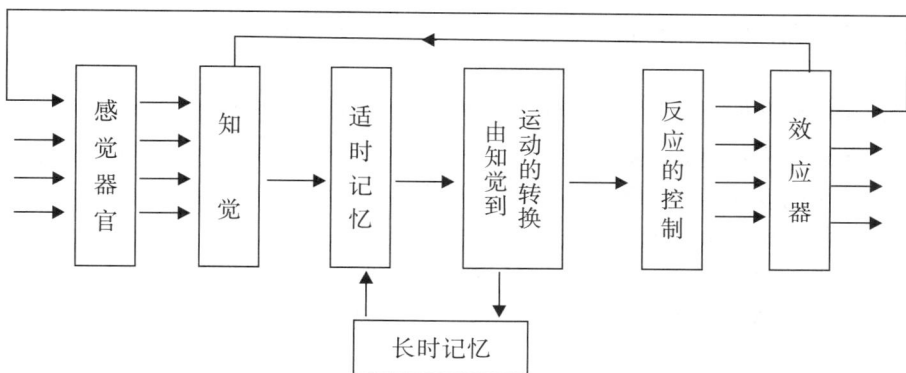

图 7 - 11　韦尔福德的动作技能形成模型

费茨和波斯纳以及安德森都主张技能的学习要经过三个阶段，在上文已有论述，这里不多讲。

（五）动作技能的培养

如何有效培养个体的动作技能？这就涉及影响动作技能形成的因素。影响动作技能形

---

① 彭聃龄. 普通心理学. 修订版. 北京：北京师范大学出版社，2004：477 - 478.

② 彭聃龄. 普通心理学. 修订版. 北京：北京师范大学出版社，2004：476 - 482.

③ WELRORD A T. Fundamentals of skill. London：Methuen，1968.

成的因素有很多，主要包括两个方面：一是个体自身方面的因素，如个体的智力发展水平、个体拥有知识经验的丰富程度、个体学习动作技能的态度（认真程度）、个体对动作技能的兴趣爱好、个体的身体条件（体能）、个体的知觉能力、个体的思维方式与个体的练习方式等。二是个体所处的外部环境方面的因素，包括文化因素、管理制度、教育环境与教育方式、方法（包括言语指导、示范、练习的安排、反馈的提供等）等。[①] 其中，"体能"与"知觉能力"等在上文已作探讨，"个体的智力发展水平"等因素一点就明，限于篇幅，下面只重点阐述"言语指导""示范"与"练习"等因素。

1. 理解任务的性质和学习情境

辛格等人的研究（1982）表明，动作技能的学习首先必须正确理解学习情境和任务性质，并由此形成一个基本判断，继而采取一定的策略。动作技能通常是以完成一定的任务为目标的，并在一定的学习情境中进行。因此，教师首先要指导学生理解学习任务，并在此基础上形成一定的作业期望，从而激发学习动机。其次，教师应向学生明确提出学习应达到的目标，并提出切实可行的期望。一般说来，有明确目标和期望的学习较目标模糊、无明确期望的学习有效。

2. 言语指导

言语指导是指导者在动作技能学习之初以言语描述或提示的方式向学习者提供有关动作技能本身的重要信息。言语指导在动作技能形成过程中是不可缺少的，它既可影响学习者对动作技能学习标准或目标的认知，又可影响学习者对动作技能各子部分的学习。

进行言语指导时要注意三点：①要注意言语的简洁、概括与形象化，并要防止信息负担过重；②不仅要讲解动作的结构与具体要求，也要讲解动作所包含的基本原理；③不仅要讲解动作的物理特性，也要指导学生注意、体验执行动作时的肌肉运动知觉。[②]

3. 示范

示范是将动作技能演示给学习者看。示范可由老师做，也可由学习者的同学来做，还可用录像、照片等来示范。准确的示范在动作技能的形成中具有导向功能，有利于学习者不断调整头脑中的动作表象，形成准确的定向映像，进而在学习动作技能时可以调节动作的执行，并最终做出规范的动作。

示范的有效性取决于许多因素，如示范者的身份、示范的准确性和完整性以及示范的时机等；同时，教师在示范之初应放慢速度，分解动作，并简明扼要地讲解一些操作原理，尤其是动作概念。[③]

4. 练习

（1）什么是练习。

任何新的、较复杂的动作技能都是通过练习而形成的，练习是形成各种动作技能不可缺少的关键环节。练习指以掌握一定动作（或活动）方式为目标所进行的反复操作过程。练习不是单纯的反复操作，而是以掌握一定的活动方式为目标的反复。促使动作技能发展的基本条件是练习，练习包括重复和反馈。"重复"是练习的显著特征，但没有明确的改善动作技能的目的，又没有提供反馈信息时的重复不能称作练习。

---

① 皮连生. 教育心理学. 4 版. 上海：上海教育出版社，2011：184 – 185.
② 皮连生. 教育心理学. 4 版. 上海：上海教育出版社，2011：185
③ 皮连生. 教育心理学. 4 版. 上海：上海教育出版社，2011：186.

（2）什么是练习曲线。

麦克唐纳（McDonald）认为，动作技能的练习过程可以通过练习（学习）曲线加以描绘。练习曲线是指在连续多次练习中发生的练习量（次数）与练习成绩（时间、正误率）之间的函数的图解，一般用横坐标表示练习量，用纵坐标表示练习成绩，就可以描绘出任何动作技能的练习曲线（学习曲线）。麦克唐纳正是根据这种描绘将学习曲线划分为六个阶段：A 为无进步阶段；B 为迅速进步阶段；C 为学习速度逐渐减慢阶段；D 为高原阶段；E 为再次缓慢进步阶段；F 为进步再次减慢，并临近极限阶段（如图 7 - 12 所示）。

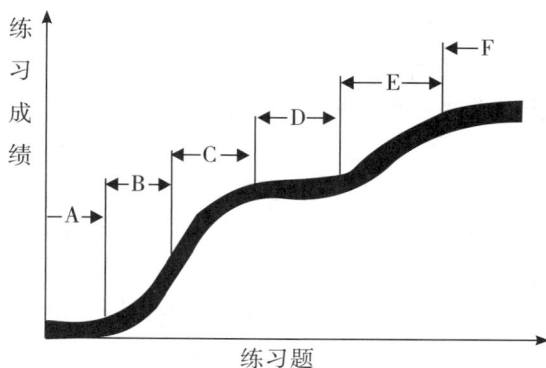

图 7 - 12　学习曲线的各个阶段（麦克唐纳，1959）

（3）练习曲线的一般发展趋势。

在动作技能形成过程中，由于各种原因，其形成进程可能是不完全一样的，但也有某些共同的规律，具有一般的发展趋势。

①练习成绩的逐步提高。

练习成绩随练习进程而逐步提高的情况又有四种不同的表现形式，从而形成四种类型的练习曲线。

第一种是练习进步先快后慢。即学习动作技能的初期，学习成绩急剧上升，随着学习的进展，成绩上升的趋势逐渐减弱。造成这一情况的原因：一是在练习初期，学习者受新鲜感与好奇心等强烈动机的驱使，在学习初期成绩迅速提高。此后，随着练习时间的增长，学习者对所学动作技能的新鲜感与好奇心逐渐消失，热情下降，导致成绩的提高速度逐渐缓慢。二是练习开始时，学习者可以利用先前已掌握的知识经验与技能来帮助其练习新的动作技能，这种正迁移促进了成绩的提高。以后，随着练习时间的增长，新旧技能之间的差异越来越大，学习者仅靠旧有技能已不能满足建立新技能的要求，要使技能有较快的进步，必须寻找新的途径，建立新的联系，但这种努力往往不是能够立竿见影的，由此导致练习进步就不太显著了。三是复杂动作技能可以分解成一些比较简单的局部动作，在练习初期，由于这些局部动作较简单，又可以单独进行练习，因此容易掌握，成绩提高较快；在练习的后期，主要是建立复杂的协调动作，这比掌握局部的动作当然要慢一些，所以成绩提高就慢一些。

第二种是练习进步先慢中快后慢。即学习初期进步缓慢，经过多次练习到了一定程度后学习成绩急剧上升，以后的进步又逐渐变缓慢了。

第三种是练习进步先快中慢后快。即学习初期进步很快，学习中后期进步停顿下来，过了这一阶段，进步又较快。

第四种是练习成绩进步先后比较均匀。即练习成绩的进步没有明显的先快后慢或明显的先慢后快现象。这种情况很少见。

②练习曲线的起伏现象。

产生练习曲线起伏现象的原因可以概括为两个方面：一是练习者心理状态的影响，如注意力是否集中、态度是否积极、情绪有无波动；二是客观条件的变化，例如练习环境、练习工具和指导者的指导方式的改变等。

③高原现象。

高原现象指在动作技能形成过程中，练习到一定阶段，其作业可能出现进步的暂时停顿现象。表现为练习曲线在上升到一定高度后就保持或稳定在一定的水平，暂时不再继续上升，甚至有所下降；但随着进一步的练习，突破高原期这个"瓶颈"后，练习曲线仍可有所上升。

概括起来，高原现象产生的原因主要有七种：第一种，当成绩达到一定水平后，若想继续进步，往往必须改变现有活动的结构与方式，代之以新的活动结构与方式。可是，受到旧技能结构的限制无法突破，于是，旧的技能结构往往会限制以新的方式来组织动作，从而限制了技能水平的提高。这是高原现象出现的根本原因。所以，要提高技能水平，就要不断改组旧的技能结构。第二种，练习（学习）进行到一定阶段后，练习的热情减低，兴趣下降，甚至产生厌恶、抵触情绪，或者身心疲劳等，都会影响练习的态度和投入。第三种，练习者意志品质差，缺乏继续提高的勇气和信心。第四种，练习者产生了自满情绪。第五种，练习者可能正在进行潜伏学习。第六种，练习方法不当，一时无法突破困难。第七种，练习者缺乏高科技手段的支持。

④动作技能的极限。

在动作技能发展的最后阶段，出现成绩的相对稳定而不再继续提高，人们称它为动作技能发展的极限。可以肯定地说，一个人能够学到的动作技能的数量是没有极限的，一个人在掌握某种动作技能后，对其完善程度也没有明显的极限。当然，生理极限是不可否认的。另外，年老、体衰也易使动作技能的改善达到极限，但在那以前，主要的极限是一个人是否愿意去练习和练习是否得法的问题。

⑤练习进程中的个别差异。

练习进程虽有上述的一般发展趋势，但也有一定的个别差异。它一点就明，此处不再多讲。[①]

（4）高效率练习的条件。

一般而言，随着练习次数的增多，作业的精确性、速度、协调性等会逐步提高。但是，并非任何练习都会取得良好的效果，要想做到高效率练习，必须满足如下一些条件：第一，要明确练习的目的和要求。有目的和要求的练习比盲目练习的效果要好。第二，在指导中将讲解和观察结合起来，这样做效果会更好。第三，要根据具体情况采用恰当的练习方式。练习方式有多种，采取何种练习方式直接影响着动作技能的学习效果。

根据练习时间分配的不同，可分为集中练习与分散练习。学习一种技能时，在一段时间内反复进行练习，练习中间不安排休息时间或只有短暂的休息，叫集中练习。假若在练

① 梁宁建. 心理学导论. 2版. 上海：上海教育出版社，2011：442－444.

习期间插入较长的休息时间，这种练习叫分散练习。研究表明，对于连续的动作技能的练习，分散练习优于集中练习。①

根据练习内容完整性的不同，可分为整体练习与部分练习。所谓整体练习是指把某种技能当作一个完整体加以练习的练习方式。部分练习，也叫分解练习，指先将某个动作技能分解成若干个有机组成部分，然后逐一加以练习的一种练习方式。一般而言，当一种动作技能容易分解为个别、局部的动作时，采用分解练习的效果好。对于某些难以分解成局部动作的技能而言，用整体练习的效果好。同时，技能较简单时，用整体练习效果好；技能复杂时，用分解练习效果好。②

根据练习途径的不同，可分为身体练习与心理练习（mental practice）。身体实际进行活动的练习，叫身体练习。心理练习是指个体的身体并无明显的外显活动，而是在脑海中反复思考并运用表象练习某种动作技能的一种练习方式。心理练习不受时间、地点、器械的限制，身体也不易疲劳。③通过心理练习，个体可以获得有关某种动作技能的一些练习技巧。当然，心理练习不能取代身体练习。因为心理练习毕竟只停留在脑海中，若沉迷于心理练习，易犯"眼高手低"的错误。

根据练习情境真实性程度的不同，可分为模拟练习与实际练习。模拟练习是指个体在模拟情境中进行的练习。实际练习是指个体在真实情境中进行的练习。通过模拟练习，个体可以获得有关某种动作技能的一些练习技巧。像考"驾照"时，无论是"电子路考"还是"大路考"，考生一般都会先通过一定的模拟练习，然后才上考场。当然，由于真实情境是千变万化的，模拟情境再逼真，也无法取代真实情境；并且，个体在模拟情境中和真实情境中的心态也有一定差异，例如，军事演习就属于模拟练习，而上战场参加真实战斗就属实际练习，二者显然有差异。因此，模拟练习并不能替代实际练习。若沉迷于模拟练习，易脱离实际，难以真正提高技能的质量。

练习还可分为有反馈的练习与无反馈的练习。研究表明，有反馈的练习对技能的形成效果好。因为准确的结果反馈可以引导练习者矫正错误动作，强化正确动作，并鼓励练习者努力改善其操作。

第四，适度进行过度学习。为了促进动作技能的形成，适度进行过度学习是非常必要的。但值得注意的是，并非过度学习的量越大越好，过分的过度学习甚至会导致相反的结果，使个体疲劳、没有兴趣，使错误动作定型化等。

第五，要妥善处理练习速度和准确性之间的关系。研究表明，开始练习时注意准确性比注意速度有更好的效果。但不能机械地理解这一规律，也要辩证地看待准确性与速度的关系。

第六，善用迁移规律，避免干扰作用。④关于这方面的内容将在下文探讨，这里不多讲。

① 皮连生. 教育心理学. 4 版. 上海：上海教育出版社，2011：187.
② 彭聃龄. 普通心理学. 修订版. 北京：北京师范大学出版社，2004：481.
③ 皮连生. 教育心理学. 4 版. 上海：上海教育出版社，2011：190.
④ 叶奕乾，何存道，梁宁建. 普通心理学. 4 版. 上海：华东师范大学出版社，2010：245–256.

四、认知策略的学习

（一）认知策略的一般概念

认知策略指由个人自主控制其内在心理活动历程从而获得新知识的一切方法。教学生学习认知策略无疑是一件非常重要的事情，甚至可以说教学生学习认知策略胜过教其学习知识。因为只要学到了认知策略，学生就会有自行学习新知识的能力。认知策略学习的过程一般包括三个阶段：第一阶段是陈述性知识阶段，即学习一些有关认知策略的知识。第二阶段是变式练习阶段，即通过变式练习，学会在不同情境下如何使用适当的认知策略。第三阶段是反省认知阶段，即在大量变式练习的基础上，让学生体会到不同认知策略适当运用与不适当运用的条件，从而能在新情境中迁移。可见，假若说学习其他类型程序性知识的关键在于变式练习阶段的话，那么，学习认知策略的关键在于反省认知阶段，个体只有通过有效的反省认知，才能将外化的知识内化为自己的认知策略。

一些研究与事实都表明，相对而言，认知策略的学习有较大的难度，这是由于认知策略学习具有其自身的特殊性：①认知策略是对内控制的技能，它涉及的概念与规则反映人类自身活动的规律，而人类认识活动潜藏于人的内部，无法从外部直接观察到，这类概念和规则难以通过直接演示的方法教给学生，所以，认知策略教学的一个难点是教师怎样通过具体实例向学生示范策略应用的情形。②认知策略涉及的概念与规则一般都带有很高的概括性，在应用时有很大的灵活性，初学者一时难以准确把握。③认知策略的学习需要一定的思维水平的支撑，儿童由于其思维发展水平处于较低阶段，这就制约了其学习认知策略的能力。④认知策略中有一个极重要的成分：反省认知成分，这就决定了认知策略的习得不仅包括具体方法、技术的掌握，还要学会监控自己的策略执行情况，并了解不同策略适用的条件与情境。这样，假若学习者由于种种原因导致自身的反省认知能力不强，自然也就不易有效地学习认知策略。

由此可见，学习认知策略需要一定的内外部条件。它所需的内在条件有：一是学生要有一定的先备知识；二是反省认知要发展到一定的水平；三是学生的动机水平要保持在一个恰当的水平；四是要具备一定的智力技能。在外在条件方面，一是教师所提供的教材要适合学生的能力经验；二是教师适时提供练习机会且给予指导与反馈，让学生通过练习掌握认知策略在不同变式中的灵活运用。为提高练习效果，教师设置的练习应该数量适当、难度适当、安排合理。在学习之初练习的速度要慢，问题要精，具有典型性，一次练习时间不宜过长，采用短间隔分散练习比较合适。等一个新的步骤完全程序化之后，再用较大量的练习来进行加深、巩固、提高和熟练化的训练，这时练习要变换多种题型，逐渐加大力度，以增进认知策略使用的灵活性和熟练性。同时，提供反馈是保证认知策略使用准确性的有力手段。反馈的一般原则是及时、准确。反馈信息应该侧重对操作过程中细节的解剖和分析，让学生明白自己错在哪一步，这一步的错误是由于条件项的判断失误，还是操作步骤重复、错漏，抑或是运算出现了问题，而不能仅仅为回答一个"对"和"不对"。三是要采用适当的分解性策略。在教学过程中要注意将完成某类任务的完整认知策略过程分解为几个阶段，总结并训练学生掌握每个阶段上的最佳运算方式和可能运算方式，再将它们连贯起来。这种分解式的训练比笼统的综合训练更能促进学生学会建立子目标的策略，增强解决问题的能力并防止学生形成不当的程序组合。为此，在认知策略的教学中，应该重视向学生演示认知策略操作的、展开的、完整的、精细的过程，以帮助学生明确工作程序及其操作步骤。示范的讲授应注重认知策略执行过程的演练、分析和评价。四是适当使用条件化策略。要使所学的认知策略在需要时能迅速、顺利、准确地提取和执行，就必须为所学的认知策略建立一个"触发条件"，使之随时处于良好的备用状态。教师应注意经常提醒和帮助学生进行这种将认知策略"条件化"的工作，即明确认知策略的条件项。当条件项一出现时，学生就自动地使用相应的认知策略。所有这些都有助于学生学习认知策略。

（二）学生需要掌握的认知策略

在认知教学历程中，应该教学生学习哪些认知策略呢？根据加涅与一些教育心理学家的建议，主要应教思维等四大方面的策略，因思维策略将在下文进行论述，而记忆策略在上文和"普通心理学"里都有论述，下面主要论述其他两大策略：

1. 学习组织知识的策略

在知识爆炸的时代，若想提高自己的学习效率与智慧水平，最有效的路径不是单纯地追求知识量上的积累，而是学会组织知识的策略。打个较形象的比方，一个人脑海中的知识犹如七巧板里的 7 块板子，组织知识的方法则犹如七巧板的拼法，会拼之人可以运用有限的 7 块板子拼出多个不同的图形，而不会拼的人可能只能拼出 1～2 个图形；同理，会组织知识的人可以将自己掌握的有限知识发挥最大功用。那么，组织知识的策略有哪些呢？现在学界对于这个问题没有一个共识，主要还是停留在理念上，具体操作性不强。不过，一个人如果理解了这个理念的价值，一定会根据自己的实际情况与所学知识的具体特点，自觉地去有效组织自己的知识。同时，根据笔者平日教学的经验，假若在平日教学中适当加以训练，如要求学生将所学的知识用自己的口语或文字加以新的组织，从而转化成自己的知识；培养学生读书时做摘要、听课时做笔记的习惯等，都有助于提高学生组织知识的能力。

2. 学习元认知的策略

（1）元认知的含义。

美国心理学家弗拉维尔（Flavell）于 1976 年在《认知发展》一书中明确提出了元认知的概念及含义。元认知（metacognition），又译作反省认知，是指个体对其自身认知过程和认知结果进行自我反省、自我控制与自我调节。认知指向外部的客观世界；元认知则指向个人自己的内部认知过程，以认知过程本身的活动及其结果为对象。例如，汪老师今天上课时布置全班同学这样一个学习任务：利用课余时间将已学过的《孔雀东南飞》一文背诵下来，每个学生都要自我检查，直到自我感觉会背为止，并强调老师第二天要检查学生的背诵情况。第二天上课时，汪老师果然点了两个学生起来背诵此文。假若点同学 A 起来背诵，能够流畅地将全文背出，说明 A 同学对自己元认知的认知是好的。如果要同学 B 起来背诵，发现 B 同学背不出来，这时老师就要结合平时 B 同学的学习和生活情况作进一步分析，看看 B 同学为什么背不出来。这时，一种可能是：B 同学对自己元认知的认知是不准确的。它又可细分为两种情况：①自己以为自己已背会了，事实上是自己不会背；②没有考虑到自己独自一人背诵时的情景与在上课时的背诵情景有一定的区别。具体地说，B 同学可能没有意识到这样一个情况，才会对自己元认知的认知发生错误：独自一人背诵时，因为不紧张，故易背出，在上课时背，心里可能会紧张，这样，若想在上课时背出，一定要比独自一人背时再多背几遍，比如，若读 5 遍就可以在独自一人时将全文背出，那么至少要读 7 遍才可能在上课时将全文背出。若果真是这样，说明 B 同学的元认知不好，需要采取一定的手段与方法来提高 B 同学的元认知水平。当然，也有另一种可能：心存侥幸心理，以为全班有那么多同学，老师点到自己的概率非常小，于是课后没有好好背诵；或者学习态度不端正，故意欺骗老师。若是这后一种情况，那就不是其元认知不好，而是一个学习态度的问题，就需要道德教育或心理辅导去予以解决了。一般认为，元认知包括元认知知识、元认知体验和元认知监控等三种成分。

元认知知识是存储在长时记忆中的有关认知的知识，即关于什么因素或变量以什么方式起作用（或相互作用）来影响人的认知活动的过程与结果的知识、信念。元认知知识又可分成三部分：①关于认知者认知特点的知识。即个体具有的有关自己和他人作为认知着、思维着的认知加工者的一切特征的知识。首先是关于个人内在认知活动特点的种种知识，如某个学习者认识到自己的口头语言表达能力不如书面表达能力。其次是个体自己与别人之间认知活动差异的知识，如我发现张三的记忆力比我好，但推理能力不如我等。再次是关于个人认知水平和影响它的各种主观因素的知识，如认识到自己因缺少某方面知识而不能顺利完成某方面的任务等。②关于认知材料、任务特点的知识。即关于不同的认知材料和任务目标对认知活动的不同影响的知识，如对性质、长度、熟悉度、结构特点、呈现方式或组织形式不同的材料对认知活动影响的知识。③关于认知策略的知识。认识到某些认知策略对解决某些问题特别有效，而对解决另一些问题则无能为力等。

元认知体验指伴随认知活动产生的认知体验和情感体验，包括对某个事件知与不知的体验，如对某事我感到知道得很清楚，而对另一件事我却感到很迷惑；还包括对成功与失败的体验，如对某事我预感到不会成功，对另一件事却感到做得不错。元认知体验对认知活动能否继续进行有着极大的作用。当我体验到我所做的无论如何也不会成功时（究竟成功与否还不一定）就会停下不干，当我体验到我所做的事一定会成功并很有价值时，我就会坚持下去。

元认知监控指个体在认知活动过程中能不断评价认知过程，获得认知活动质量的信息，找出认知偏差，并能适时地调整计划，选出恰当的策略。它主要包括：①制订计划。在认知活动开始之前，个人根据认知任务的要求，在头脑中构想出可能的解决方法，并估计其有效性，选择出可能最有效的方法，制订出解决问题的计划，并预计结果，选择策略，构想出多种解决问题的可能方法并预估其有效性。②实际控制。在认知活动的实际进行中及时监视、评价、反馈认知活动的各种情况，一旦发现问题立即修正，调整认知策略。③检查结果。主要指个人根据有效性标准评价各种认知策略的效果，根据认知任务的目的要求评价认知活动的结果，正确估计自己是否完成任务，以及完成任务的水平和程度。④采取补救措施。根据认知活动结果的反馈信息调整自己的行为。

在实际活动中三种元认知成分是相互联系、相互制约、相互影响的。元认知知识有助于元认知监控的实现，这是由于元认知知识既有助于学习者自觉监视、评价、选择、修正或放弃认知的任务或策略，也有助于引起相应的元认知体验；元认知体验对元认知知识和元认知监控也有重要作用；元认知监控通过元认知知识和元认知体验而进行，又使学习者产生更丰富的元认知体验，获得元认知知识。三者的有机结合便构成了个人元认知结构中的统一整体。

（2）元认知的功能。

元认知在学习中的作用有启止作用、变通作用、增效作用。元认知水平高则学习的自控能力、自觉性、目的性、计划性、灵活性和领悟性均强，并善于选择适合自己的学习目标、途径、策略，学习能力强。

（3）元认知的特点。

元认知不是天生就有的，而是认知能力发展到一定阶段的产物。元认知是人在长期的认知活动中从无到有、从弱到强、从部分到整体发展起来的。大量的研究表明，元认知能力可以通过后天的培养而提高。教师要培养学生的元认知就必须正确认识元认知的发展特点，遵循元认知的发展规律。元认知的发展具有以下特点：①随认知水平的提高而提高，随年龄的增长而增强。人的认知活动是随年龄增长从无到有、从少到多逐渐增加的。因此元认知也从无到有，随着年龄的增长而增强。②从外控到内控。在元认知还未充分发展之前，个体对认知活动的监控能力差，认知活动通常要在教师、家长等人的直接监督、指导下进行，离开成人的指导和监督，他们的认知活动往往会偏离目标。随着认知活动的深入进行，个体逐渐认识了学习材料的性质，认识了自身的认知特点，逐步了解了相关的认知策略，自我调控的经验也逐渐增多，对认知活动的调控也逐渐从外控发展为内控。③无意识到有意识，再到自动化。儿童元认知的发展一般要经历无意识到有意识再到自动化的过程。最初，他们往往由于无意识或不自觉的自我监控获得了成效而强化了再次的体验与监控，从而逐步从无意识转化为有意识。随着这种意识的逐步增强，这种最初需要很强意志力，需要足够注意的自我认识、自我监控会变得娴熟起来，最后达到几乎不需意志力或仅需少量注意就能操作的自动化程度。④从局部到整体。在元认知发展初期，儿童由于经验的缺乏，对认知活动的自我观察和监控常常只能针对活动中的某一环节、某一局部进行。随着儿童元认知知识与体验的增加，他们的自我观察、自我监控才逐渐从某一环节扩展到认知的全过程。正因为元认知的发展有这样一些特点，教师在培养学生的元认知时不能一蹴而就，而应遵循元认知发展的规律循序渐进地进行。在学生的认知能力较低的情况下，教师要加强对学生认知活动的指导和监控，丰富学生的认知策略，为学生创造运用元认知策略的机会，使学生获得成功的体验，促进儿童的元认知从某一环节扩展到认知活动的全过程，促进学生的元认知向自动化程度发展。具体地说，教师在教学中可以从以下几个方面培养学生的元认知。

（4）元认知的培养。

第一，引导学生认识元认知的重要作用，主动培养元认知。培养学生具有良好的反省认知的意识与习惯。一旦学生养成良好的反省意识与习惯，做到凡事都会去反省，时时反省，而不是三天打鱼两天晒网，并且是客观、理智地去反省自己与他人言行的得与失，而不是带有主观色彩如情绪色彩的反省，自然会逐步提高自己的元认知水平。大量的研究表明，元认知可以通过后天的培养而提高。教师必须使学生认识到元认知在学习中的重要作用，才能促使学生主动培养元认知。教师要指导学生运用元认知策略，使学生在学习上获得一定的成功，丰富学生的元认知体验，使学生认识到学习的成功或失败不仅仅在于智商的高低和努力的程度，更重要的在于人的元认知能力的强弱，在于是否学会了学习。通过成功的体验，学生就能进一步认识到元认知的重要作用，主动培养元认知。例如，在总复习中，教师可以引导学生分析当前的学习任务，制订周密的复习计划，预测每章复习所用时间，选择适当的学习策略，制订具体的复习步骤和复习时间表，然后按计划进行复习。

在复习中，教师引导学生对复习过程进行监控，根据复习中存在的问题，及时调整认知策略，调整复习计划，使学习活动顺利进行。由于学生制订了周密的复习计划，又对复习过程进行了有效的监控，有效避免了复习的盲目性，提高了复习的效率和学习成绩。这种成功的体验会促进学生在学习过程中自觉运用元认知计划策略、监控策略和调节策略，发展学生的元认知能力。

第二，丰富学生的元认知知识和体验。元认知是认知能力发展到一定阶段的产物，元认知必须在具体认知活动中才能发展。通过某种认知活动总结出适合该活动的知识和策略，以后再遇到类似的认知活动就可以根据认知个体和认知任务的特点制订计划，选择这些有效策略，按预定的计划进行认知活动。正因为在认知活动中要不断选择、采取各种认知策略，如果个体缺乏这些认知策略，元认知的水平也不会高。因此要发展学生的元认知就必须向学生传授元认知的有关知识，提高学生的认知能力。教师可以针对某一具体的学习任务，向学生讲述自己怎样明确学习任务的要求，怎样掌握学习材料的特点，怎样把握自己的认知特点，怎样制订完成任务的计划，怎样执行计划，在执行计划的过程中怎样进行监控，怎样评价自己的认知结果，怎样改进自己的学习方法等。教师要指导学生掌握一定的元认知策略，如计划策略、监控策略、调节策略等。教师可以通过语言将自己对某个问题的思维过程展示给学生，如叙述自己解决某个化学方程式问题时想到了哪些解题方法，哪一种是首选方法，自己是怎样运用这些方法的。教师要引导学生学习增进记忆的策略，学习组织知识的策略，学习反省认知的策略。在复习阶段，教师可以指导学生进行及时复习、分散复习，指导学生采用多种方式复习。在学生掌握认知策略的同时，教师要引导学生合理选择和运用这些策略，发展学生的元认知。在丰富学生的元认知知识时要注意两点：一是引导学生全面把握学习任务，正确认识学习材料的特点。在学生运用认知策略时，教师要引导他们明确学习任务的要求及任务要达到的目标，明确每种学习材料在整个学习任务中的地位，认真分析学习材料的性质、结构、难度，从而合理分配学习的时间和注意力。二是引导学生合理使用认知策略。在完成某项学习任务之前，教师要引导学生充分认识自己的认知特点，如认识自己善于视觉学习，还是善于听觉学习；是早晨的记忆效果好还是晚上的记忆效果好；同时要引导学生根据学习任务的要求，根据自己的认知特点，根据学习材料的特点考虑有哪些策略可以使用，选择哪种策略最好。要让人知道常见的影响反省因素，如课题难度的性质、大小等。

第三，采用一定的方法，训练学生的元认知。元认知训练不局限于某种方法，从一定意义上说，凡是有利于促进学生反思自己的思考过程并进一步调节自己思考策略的手段都是训练元认知的方法。常见的培养元认知的有效方法有二：一是自我提问法。它是指在元认知的训练中，学习者自己提供一系列供自己进行自我观察、自我监控、自我评价的问题清单，从而不断提高自己的反省能力的训练方法。自我提问法的优点是能调动学生的主体作用，有助于学生将外部要求内化；缺点是一些研究表明，在刚开始时学生一般不习惯于停顿下来做自我提问。因此，合理的做法是：在做自我提问法训练之前，先对学生进行他人提问的训练。二是他人提问法。他人提问法是指在元认知的训练中，教师通过向学生提供一系列供其观察、监控和评价的问题清单，不断引导和促进学生自我反省，从而提高学生元认知能力的训练方法。他人提问法的优点是便于初学者习得元认知能力；缺点是需要一个外在的"他人"来为学习者提供一个供反思用的问题清单，从而不便于学习者随时随地进行自我反省。当然，他人提问法和自我提问法也不是截然对立的，而是可以转换的。

当一个人将他人提供的问题清单尝试用自己的话说出来时，他人提问法就逐渐向自我提问法过渡了。

准备"教育心理学"讲义时的提问清单

第一阶段：查找资料阶段

①有关这一主题的论著找到了几本/篇？有遗漏吗？在这些论著中，最近5年出版或发表的论著有几本/篇？中文论著有几本/篇？译著或外文原版论著有几本/篇？

②仔细阅读这些论著了吗？

③这些论著在探讨这一主题时有什么特点？有什么异同之处？有什么不足之处？

④ 从什么角度、以怎样的结构来组织这些材料更容易出新意？

⑤ 在这一主题上，自己有什么与现有论著不同的见解？

第二阶段：撰写讲义阶段

①将有关这一主题的最新研究成果都尽可能概括进去了吗？

②讲义的结构简明吗？语言清晰、流畅吗？

③讲义的理论深度适度吗？有效地联系了实际的教育情境吗？

第三阶段：讲完之后的反思阶段

①学生在课堂上听课的反应是怎样的？他们听懂了吗？他们感觉有新意吗？他们感觉有启发吗？

②在上课过程中，自己又有什么新的想法？自己感觉这样讲有什么优点，又有什么不足？怎样进一步去完善？

③这个主题属于什么类型？它有什么特点？它能为以后撰写其他主题的讲义提供什么启示？

假若一个人在准备教育心理学的讲义时，自己提出上述问题清单来供自己反思，那就是自我提问法；反之，若是他人给其提供了上述问题清单来供其反思，那就是他人提问法。一个人若能时时按上述清单去作自我反省，那么其讲义一定要不了几个轮回就会写得颇为精彩，其上课的效果也一定是一次比一次好；反之，如果一个人在撰写讲义时不作上述反省，那么，即使他写过多个讲义，上过多遍教育心理学课程，可能也只是简单的重复，没有实质上的提高。

第四，按阶段有针对性地加强对学生元认知操作的指导。教师在学生认知活动的进展过程中按阶段有针对性地对学生进行元认知指导。学习活动开始前教师要引导学生制订出切实可行的学习计划，指导学生运用元认知计划策略。教师要让学生明确学习任务的要求，认清学习材料的特点，把握自己的学习特点，设置合理的学习目标，作出详细的时间安排，选择合适的学习策略，制订出能达到目标的具体的实施步骤并预计计划的执行情况和学习的结果。在学习活动中，教师要指导学生运用元认知监控策略和调节策略；要引导学生进行领会监控，控制自己的学习速度，认识每一步是否达到了预定的目标，有无偏离目标的情况存在；要引导学生进行策略监控，审视所用策略的有效性；要引导学生进行注意监控，充分抑制分心现象的发生，有选择地对主要信息加以注意。针对认知活动中出现的偏离预定目标、认知策略不怎么有效的情况，教师要指导学生运用调节策略，及时调整学习计划，调整、修正认知策略，对未达到的局部目标采取一定的补救措施。学习活动后，教师要注意指导学生对自己的学习情况、学习效果进行检查和评价，对学习中出现的错误和问题认真分析并及时纠正，采取可行的补救措施。要引导学生深入反思，积累经验，吸取教训，思考更好的学习策略。

第五，创设练习和反馈的机会，促进学生正确评价自己的元认知水平，发展元认知能力。教师必须为学生提供运用元认知策略的机会才能促进学生掌握元认知策略。教师可以给学生布置某项学习任务，让学生在完成任务的过程中监控自己的认知活动。教师可以让学生记学习日记，在日记中叙述今天学习的主要内容，列出有关知识点和各知识点之间的联系，列出自己困惑的问题，将一些容易混淆的概念进行比较。在学生回答问题时，教师要让学生说出他自己是怎么想的、为什么这样想，要启发学生通过出声思维，用语言将思维过程详细、清晰地描述出来，展示自己解决问题的过程，引导学生有意识地运用元认知监控策略。要发展学生的元认知能力就必须为学生提供反馈的机会，使学生能正确评价自己，发展自己的元认知能力。正确认识自己是一件困难的事情，如自己擅长什么，自己的能力到底怎样，这些问题有时候自己也不能作出客观的回答。在教学时常常会发现这样的情况：有的同学自认为这个单元的知识已经掌握了，考试却一塌糊涂。能正确评价自己的认知活动，正确评价自己的元认知水平十分重要。因此教师必须为学生提供反馈的机会，使学生能正确评价自己的认知活动，发展自己的元认知能力。教师可以设计一些反馈练习题，让学生在完成某项学习任务后，做练习进行自我反馈。引导学生思考自己原以为掌握的怎么样，而实际掌握的情况如何，为什么会出现这种认识上的偏差。教师可以要求某同学描述自己的认知过程，叙述自己解决某个新问题时，想到了哪些策略，哪个是首选策略，哪些是补救策略，自己怎样运用这些策略。同时引导其他同学对其认知过程进行评价，从而使学生能正确认识和评价自己的认知活动，采取相应的措施改进自己的认知活动。教师也可以请某个同学讲述自己的认知特点，引导其他同学进行科学的评价，使该同学能正确认识自我，扬长避短，丰富自己的元认知知识。教师还可以向全体同学呈现一个新的学习任务，让同学评价这一任务的难度，阐述自己解决这一问题的计划与策略，并进行相互评价。总之，在教学过程中，教师应给学生提供一个和谐、民主的环境，让每个人都能自由地评价别人的学习方法和策略，也可以由别人进行评价，为学生提供一种训练和评价元认知的学习环境。

（5）引导学生采用新的学习方式，提高元认知能力。

在教学中教师要积极引导学生采用自主学习、合作学习、探究学习等新的学习方式，提高学生的元认知能力。

第四节　知识学习的迁移

学习的目的在于运用。学生怎样将学校里学到的内容迁移到新的情境中去，是教育工作者和心理学家最关心的问题之一。为了最大限度地提高学习的效率，"为迁移而教""为迁移而学"得到广大师生的认同。不过，现有教育心理学论著在讲迁移理论时，一般主要是针对广义知识尤其是其中的程序性知识的学习而言的①，很少有专论品德迁移的理论。本书认为，知识的迁移与品德的迁移是两个有本质区别的事情，因此将它们分开论述，本节主要讲知识学习的迁移，品德学习的迁移留待下文探讨。

一、迁移的含义与种类

（一）何谓迁移

在多种内容的学习中，一种学习对另一种学习的影响随处可见。早期的学者在论及迁移时一般是指前面的学习对后来的学习的一种积极影响。当代颇流行的观点认为，迁移是指一种学习对另一种学习的影响②。本书认为，将迁移定义为"前面的学习对后来的学习的一种积极影响"，它肯定了迁移是一种学习对另一种学习所产生的"积极影响"，但不足之处在于仅仅看到了前面的学习对后来的学习的积极影响，而没有看到后来的学习可能也会对前面的学习产生积极的影响，这种定义于实际上缩小了迁移的内涵。将迁移定义为"一种学习对另一种学习的影响"，这一定义的优点是扩大了迁移这一概念的内涵，从而可以解释学习中出现的各种迁移现象，其不足之处是将一种学习对另一种学习所产生的"消极影响"也看作迁移，混淆了迁移与干扰两个概念的内涵，是泛滥使用"正""负"概念在教育心理学中的一种体现，这样做的结果是使"为迁移而教""为迁移而学"的口号陷入了尴尬的局面，难道人们还要"为干扰而教""为干扰而学"吗？这不但于学理上说不通，对于实际的教育也缺乏指导意义。基于这种思考，本书将两种或两种以上学习之间的相互影响称作学习的相互作用。按学习的相互作用的性质，可以将学习的相互作用分为两大类：一是学习的正相互作用，也就是习称的迁移，指一种学习对另一种学习的积极影响。二是学习的负相互作用，也就是习称的干扰，指一种学习对另一种学习的消极影响。现代认知心理学认为，学习者在进行新的学习前所掌握的知识，叫做源知识（它既可能是通过先前的学习获得的，也可能是在日常生活中通过模仿等方式获得的）；学习者将要学习的新知识，叫做目标知识。如果学习者将源知识有效地运用到目标知识的学习中，并促进了目标知识的学习，那就说明发生了迁移；反之，假若源知识阻碍了目标知识的学习，那就说明发生了干扰。本书讲的迁移实指正迁移。在本书看来，没有所谓的"负迁移"，因为所谓的"负迁移"实是干扰；也没有所谓的"零迁移"，"零迁移"说明根本未迁移。当然，迁移并不局限于知识领域，在情感、动机、兴趣、态度、品德以及行为方式等领域也同样能够发生迁移。人们平时所说的"爱屋及乌"就属于情感的迁移；学生因为喜欢某个老师而对该老师所教的学科感兴趣，这是兴趣的迁移等。迁移的思想最早可以追溯到中国的孔子。据《论语·述而》记载，孔子说："举一隅不以三隅反，则不复也。"这就是强调迁移的作用。还有"闻一知十"等言论说的也都是迁移。在近代，第一次采用"迁移"这个概念的是英国的学者洛克（John Locke）。他认为要使一个人有良好的推理能力，一定要让他及早习惯于推理方法，借以训练他的心智，主张人人都有必要学习数学，因为

---

① 陈述性知识学习的要点是通过记忆尤其是理解性记忆将所学内容记住以便在需要用时将之有效提取出来，这样，学习陈述性知识的关键是要"记得牢"，"记得牢"自然在需要用时就提取得出来，从一定意义上说，这里并没有多少迁移现象。

② 邵瑞珍. 教育心理学：修订本. 上海：上海教育出版社，1997：219－220.

一旦学会了数理的逻辑推理方法，他就可以把这种数学的推理方法迁移到其他的问题上。

（二）迁移的分类

迁移既然是指一种学习对另一种学习的积极影响，那么可以根据不同的标准将它分成不同的种类：①按迁移发生的领域分类。各个领域的学习都可以发生迁移的现象，因此，依迁移发生的领域分，可将迁移分为知识学习的迁移、品德学习的迁移、态度学习的迁移和行为方式学习的迁移等。②按迁移产生的方向分类。依迁移产生的方向分，可将迁移分为顺向迁移和逆向迁移。顺向迁移指先前的学习对后面的学习所产生的积极影响；逆向迁移指后面的学习对先前的学习所产生的积极影响。③按迁移发生的水平分类。按迁移发生的水平分，可将迁移分为横向迁移和纵向迁移。横向迁移又称水平迁移，指在内容和程度上相似的两种学习之间的迁移，如学习三角方程式后能够有助于物理课学习计算斜面上下滑物体的加速度。纵向迁移也称垂直迁移，指不同难度、不同概括性的学习之间的迁移，如运用三角形面积公式来推导梯形面积。④按迁移的内容分类。依迁移的内容可将迁移分为一般迁移和特殊迁移。一般迁移是指原理原则的迁移。例如，学习哲学原理对具体实践具有指导作用。特殊迁移是指某一种学习对另一种学习有直接的、特殊的适应性，是特定事实与技能的迁移。例如，英语语法的学习可以直接迁移到英语写作和口语表达中来。⑤辛格莱和安德森对迁移的分类。辛格莱和安德森在对知识进行分类的基础上结合迁移对象的特点将迁移分为陈述性知识向程序性知识的迁移、陈述性知识向陈述性知识的迁移、程序性知识向陈述性知识的迁移、程序性知识向程序性知识的迁移（见表7-3）。这种迁移分类的模式在国外产生了很大反响。

表7-3 不同类型知识的迁移

迁移类型	含义	举例
陈述性知识向陈述性知识的迁移	一种事实性知识向另一种事实性知识的迁移	近代历史知识的学习对古代历史知识学习的影响
陈述性知识向自动化基本技能的迁移	事实性知识向动作技能的迁移	语法知识的学习对语言表达能力的影响
陈述性知识向认知策略的迁移	事实性知识向策略性知识的迁移	理解乒乓球大小对球速的影响，将有助于选择采用何种发球方法
自动化基本技能向陈述性知识的迁移	动作技能向事实性知识的迁移	英文打字技能的熟练，影响对五笔输入法规则的学习
自动化基本技能向认知策略的迁移	动作技能向策略性知识的迁移	开车技能的自动化有助于预测各种驾驶情境
自动化基本技能向自动化基本技能的迁移	一种动作技能向另一种动作技能的迁移	学会仰泳对学习蝶泳的影响
认知策略向陈述性知识的迁移	策略性知识向事实性知识的迁移	学会总结文章段落大意对理解学科内原理或观点的影响

（续上表）

迁移类型	含义	举例
认知策略向自动化基本技能的迁移	策略性知识向动作技能的迁移	学会制订计划将有助于修理电视机
认知策略向认知策略的迁移	一种策略性知识向另一种策略性知识的迁移	编写程序的方法（如流程图）将有助于安排学习活动

二、解释知识学习迁移的理论

在解释广义知识学习的迁移时，不同心理学家提出了各式各样的迁移理论。依据产生时间的不同，可以将之归为传统迁移理论与当代迁移理论两大类。

（一）传统迁移理论

知识学习迁移问题涉及的是源知识与目标知识，相应地，研究知识学习迁移首先要研究的是源知识和目标知识各自的有关特征、关系以及两者的特征和关系之间的关系。传统迁移理论正是在这种观念的指引下通过实验而提出的，其代表性理论主要有以下几个：

1. 相同要素说

自17世纪开始，欧洲教育界受形式训练说（theory of formal discipline）的影响，相信迁移是无限的。形式训练说认为，通过一定的训练可以使心的各种官能得到发展，从而转移到其他学习上去。形式训练说以流传甚久的官能心理学（faculty psychology）为理论依据。官能心理学认为，人的心灵（mind）由认知、情感、意志等不同官能组成，各种官能就像身体的各种器官一样，各自赋有与生俱来的能力。通过某些特定学科的学习可以训练或增强这些官能。据认为，数学有利于训练推理能力、几何学有助于训练逻辑思维、拉丁语和希腊语对训练记忆力大有好处。在学校教育中传递知识远不如训练官能重要，因为学生在校学习的时间是有限的，而知识浩如烟海，教师不可能把所有的知识都传授给学生。不过，假若学生的官能由于训练而得到发展，任何知识随时都可以去吸收。所以，教育对学生的价值不在于传授学生多少具体的知识与技能，而在于提供其训练的机会，以发展其官能。一个人只要官能得到充分发展，将来学习任何知识都可收到举一反三的效果，在此思想的影响下，人们一般相信在教育过程中掌握知识是次要的，官能的发展才是最重要的，知识的价值在于作为训练官能的材料。形式训练说的倡导者之一洛克就说过："我只认为研究数学一定会使人心获得推理的方法，当他们有机会时，就会把推理的方法移用到知识的其他部分去……所以，学习数学有无限的用处。"形式训练理论作为一种学习迁移的学说源于古希腊罗马，形成于17世纪，盛行于18、19世纪，但在20世纪初以后，不断遭到来自心理学实验结果的驳斥。

对形式训练说的致命打击来自"教育心理学之父"桑代克的两项实验。桑代克对形式训练说持怀疑态度，为了证实自己的怀疑，1901年桑代克与伍德沃斯（Woodworth）做了一项实验。在实验中，桑代克训练大学生判断大小和形状不同的纸张的面积。首先，让被试估计127张长方形、三角形、圆形和不规则图形的面积。这一事先测验旨在了解被试判断面积的一般能力。然后，给每个被试估计90个面积从10平方厘米到100平方厘米不等

423

的平行四边形的面积。接着，把被试分成两组：要第一组被试判断 13 个类似于前面训练过的平行四边形的长方形的面积；要第二组被试判断 27 个三角形、圆形和不规则图形的面积。受过平行四边形面积的训练，有助于学生更好地判断长方形的面积，而对估计三角形、圆形和不规则图形的面积没什么帮助。桑代克的结论是：如果在两种学习情境之间要有任何迁移的话，那么这两种情境必须是非常相似的（Thorndike and Woodworth，1901）。在此实验的基础上，桑代克提出了有关学习迁移的相同要素说（theory of identical element）：只有在原先的学习情境与新的学习情境有相同要素时，原先的学习才有可能迁移到新的学习中去；而且，迁移的程度取决于相同要素的多寡，也就是说，相同要素越多，迁移的程度越高，相同要素越少，迁移的程度越低。在桑代克看来，如果由于一种学习活动而使另一种学习活动较容易些，那仅仅是因为这两种活动有某种重叠。学习始终是具体的，而非一般的；倘若看上去好像是一般的，那是由于新的情境包括了原来学习情境中的许多要素。这表明，只存在特殊的迁移，不存在一般的迁移。从一种学习情境迁移到另一种学习情境中去的程度，取决于两种情境中的共同要素，即个体在某种刺激情境中学到的刺激—反应，将有助于其他类似情境中学习新的刺激—反应联结。例如，一个人儿时学会骑小自行车，有助于其长大后学骑大自行车，但与其学骑马无关。这种解释叫做训练迁移的相同要素说。1924 年，桑代克对 8 500 名中学生的学业成绩与智商分数之间的迁移作了深入调查。三年之后，他又对另外 5 000 名学生重复进行了这一实验。桑代克设想：如果某些学科在"发展心智"方面比其他学科更有效的话，那么这一事实必然会反映在智力测验上。然而实验表明，学习传统学科（如拉丁语、几何学、英语和历史等）的学生，并没有比那些原来智商相同、选修实用学科（如算术、簿记和家政等）的学生在理智能力上有更大的提高（Thorndike，1924，1927）。因而期待通过某些学科来使心智得到更大促进的希望破灭了。最终，相同要素说推翻了过去教育上所持无限迁移的形式训练说，这是桑代克在学习理论上的一个贡献。训练迁移的相同要素说从一定程度上揭示了迁移的规律，从而对后来的迁移理论有很大的影响。依此理论，在知识学习中，推断一个人在情境 A 中习得的学习规律能否用于情境 B 的学习，从客观因素上看，要看情境 B 与情境 A 之间是否有相同的要素以及相同要素多寡的程度。假若情境 A 与情境 B 之间有足够多的相同要素，并且在情境 B 中的反应与情境 A 类似，那么就具备了迁移的客观条件。然后，只要学习者本人有迁移的倾向与善于总结规律的良好学习策略，迁移就必定会发生。在教学时，教师或学生若能将不同的问题依一定的方式归类，将有助于迁移的发生，进而有助于提高学习效率。因为将问题归类，概括出其本质特点，其覆盖面更广，容易产生"万变不离其宗"的效果；同时，以后再遇到类似问题时，实际上进行的是下位学习，学习起来当然容易些。

2. 奥斯古德的相同要素说

桑代克是迁移共同要素说的创始人，奥斯古德（C. E. Osgood）是这个学说的集大成者。1949 年奥斯古德在前人研究的基础上，将桑代克的相同要素说进一步发展，认为只有当两种学习有共同成分的时候，一种学习才能影响到另一种学习而产生迁移。他提出了著名的三维迁移模式即奥斯古德曲面（见图 7 – 13）。三维迁移曲面图实际上是对前后学习的"刺激—反应"中包含共同元素的不同状况产生的迁移效应的全面总结，它分别考虑了刺激的相似性与反应的相似性两个维度的不同组合而产生的迁移效应，并用三维曲面图将这些迁移效应描述出来。

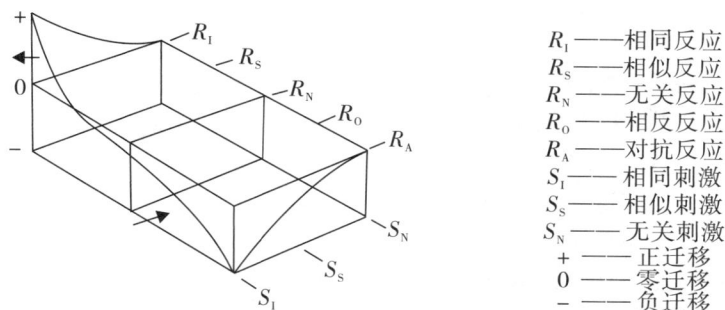

R_I——相同反应
R_S——相似反应
R_N——无关反应
R_O——相反反应
R_A——对抗反应
S_I——相同刺激
S_S——相似刺激
S_N——无关刺激
+——正迁移
0——零迁移
-——负迁移

图 7 - 13 奥斯古德迁移的三维曲面模型

图中以粗线勾画的面即是三维迁移曲面。正负迁移通过零迁移水平面来分界，在该水平面之上为正迁移（+），在该水平面之下为负迁移（-），与该水平面相交则迁移为零（0）。从 R_I 到 R_A 表示新旧课题之间学习反应相似性的变化，从相同的反应（R_I）到对抗反应（R_A）。从 S_I 到 S_N 表示新旧课题之间刺激相似性的变化，从相同刺激（S_I）到无关刺激（S_N）。正负迁移的数量是刺激条件和学习反应两者相似性变化的函数。

根据三维曲面模型，人们可以清楚地看到：如果先后两个学习材料刺激相同（S_I），两种学习反应亦相同，则会出现最大的正迁移（+）；假若两种学习材料刺激无关（S_N），两种学习反应亦无关（R_N），则会出现最小的负迁移（-）；如果先后两种学习材料刺激相同，反应由相似（R_S）到不同（R_O）乃至对抗（R_A），则迁移由正到负，直到最大的负迁移。如果前后两种学习材料刺激不同，反应由相同到不同，以至对抗，迁移效果为零。如果两种学习反应相同，刺激由不同到相似以至完全相同，则两种学习的正迁移从零到最大；假若两种学习反应不同或对抗，刺激由不同到相同，则负迁移由最小到最大。虽然奥斯古德的迁移三维曲面模型是在总结配对联想学习中大量的实验材料基础上提出的，但是对现实生活当中作为程序性知识的动作技能的学习迁移现象也同样具有一定的解释性。例如，对于写钢笔字和写毛笔字，这两种动作技能的学习属于学习材料刺激相似，反应也相似的学习。因此，钢笔字写得好的人，他能够把对字体结构框架的把握迁移到毛笔字的书写当中，从而能够更快地写好毛笔字，即出现正迁移。相同要素说看到了学习情境因素对于迁移发生的影响，对进一步深入开展迁移的研究作出了重要的导向。但它只注重学习情境客观方面的特点对迁移的影响，忽视了学习者作为迁移主体特点对迁移的作用，否认了迁移中复杂的主体认知因素的作用，并使迁移的范围大为缩小，这种迁移理论明显表现出机械、片面的色彩。[1]

3. 泛化理论

学习迁移的泛化理论（generalization theory）是美国心理学家贾德（C. H. Judd）基于他做的一个射击水下靶子的实验结果提出的。1908 年，贾德以五、六年级学生作为被试，分两组对比。在射击开始之前，他给一组学生充分讲解光的折射原理，而对另一组则不讲。然后开始用标枪射击，靶子位于水下 4 英寸处，如图 7 - 14 所示：

---

[1]　莫雷. 论学习迁移研究. 华南师范大学学报（社会科学版），1997（6）：50 - 58.

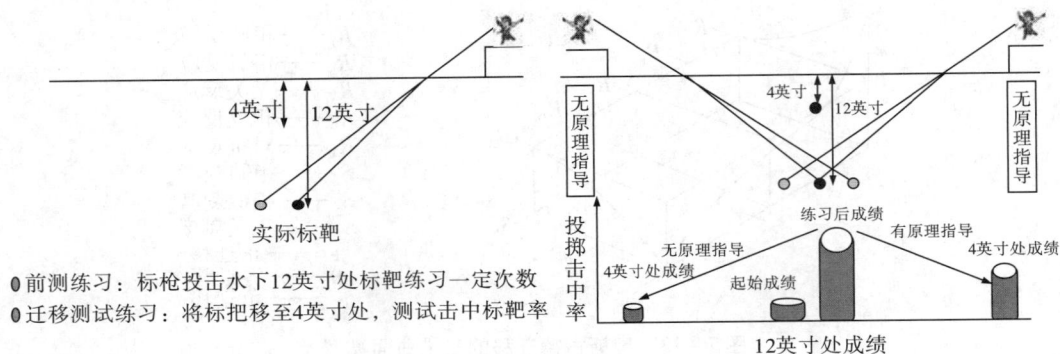

图 7 - 14　贾德的泛化理论实验示意图

结果是学过与未学过光折射原理的学生，其成绩大体相同。也就是说，理论学习对实验操作似乎没有起作用。随后改变实验条件，将靶子移到水下 12 英寸处。这时两组射击成绩差异明显表露出来。没有学过光的折射原理的学生表现出极大的混乱，他们无法利用射击水下 4 英寸靶时的经验，错误持续发生。而另一组学生迅速适应了水下 12 英寸的射击条件，成绩不断提高。贾德认为，桑代克所强调的共同元素并不是迁移发生的充分条件，它只是迁移的必要条件。虽然说两个学习活动之间存在的共同要素是迁移发生的前提，但是，产生迁移的关键却是学习者在两种活动中概括出它们之间共同的、一般的原理。所谓泛化理论，就是指学生能够把自己在一种情境中得到的经验加以"泛化（generalize）"，并把它们运用到另一种情境中去。因此，为了使学生能够迁移，应该把重点放在让学生思考可能被泛化到各种新情境中去的那些特征上。与相同要素说相比，贾德的泛化理论从本质上讲其实也强调了新旧学习的共同要素，不同的是，前者强调的只是泛泛的内容上的共同要素，而后者却更进一步，认为这种共同要素是学习者概括出的经验和原理，不仅看到了学习情境的特点对迁移发生的影响，而且更强调了作为学习主体的人在学习迁移过程中认知的能动作用。从这个角度来说，贾德的泛化理论使人类对学习迁移的研究上升到了一个更高层次，不仅给迁移的共同要素研究注入了新的内容，而且使得迁移研究的重点由对迁移情境的关注转向了对学习者心理活动尤其是高级心理活动的关注——这是迁移理论研究的一个质的转变。

4. 关系转换说

关系转换说（transposition theory）是格式塔心理学家关于学习迁移的观点。格式塔心理学的基本观点是强调行为和经验的整体性，认为迁移发生的关键并不在于掌握原理和经验的概括化，学习迁移实际上是一个转换或者说关系转换的问题。在他们看来，一种情境中手段—目的的整体关系是迁移的基础，换言之，产生迁移的原因并不是两种情境之间存在着作为零碎成分的相同要素，而是由于两者之间存在着相同的关系、型式或完形，学习者对两种学习情境中共同关系的"顿悟"，特别是对手段—目的之间关系的觉察，顿悟情境中的一切关系才是获得迁移的根本。关系转换理论是建立在柯勒（K. Kohler）1918 年从事的转换实验（transposition experiment）基础上的。在实验中，他训练猩猩和小鸡分辨两种深浅程度不同的灰颜色，当它们选择深灰色时即可得到食物强化。假定浅灰色是 A，深灰色是 B。经过多次尝试后，柯勒增加了一种新的、更深的灰色（C）。结果发现动物立即对 C 作出反应，而不是对 B 作出反应。由此可见，两种情境确实存在某种共同的东西，但不是共同的刺激要素，而是两种情境之间共同的关系或完形。在实验中小鸡等学会的是对刺激之间的相互关系作出反应，不是对刺激的外在特征作出反应，而且转换现象受原先学习内容的掌握程度、诱因大小和练习量的影响。原先学习的内容掌握好、诱因大、练习量增加，转化现象较易产生。所以，在格式塔心理学家看来，通过理解而不是机械记忆来学习的好处之一是，理解可以转化到各种情境中去，不大会导致错误地运用所学到的知识。今天看来，格式塔心理学家关系转换说与贾德的泛化理论有相通之处——他们都强调了迁移主体的认知因素在迁移中的关键性作用。并且，他们都肯定了"共同因素"是迁移产生的重要前提，只不过格式塔心理学家对"共同因素"的理解已经不是贾德所说的"原理""经验"，而是更深入、更具体的"关系"。顺便提一下，关系转换理论与中国古人的悟论有相通之处。中国古人喜欢用"顿悟"来解释学习迁移现象，这就是俗话说的"触类旁通"。在这方面顾颉刚先生为人们提供了一个很好的"样本"。顾颉刚曾对冯友兰说：

他在北大当学生的时候，喜欢看戏……他所感兴趣的是戏中的故事。同是一个故事，许多戏种中都有，不过细节不同。看得多了，他发现一个规律：某一出戏，越是晚出，它演的那个故事就越详细，枝节越多，内容越丰富。故事就好像滚雪球一样，越滚越大。由此他想到，古史也有这种情况。故事是人编出来的，经过编的人手越多，内容就越丰富。古史可能也有写历史的人编造的部分，经过写历史的人手，就有添油加醋的地方，经的手越多，添油加醋的地方也越多。这是他的《古史辨》的基本思想，这个思想，是他从看戏中得来的。[1]

5. 学习定势说

1949 年，哈洛（H. F. Harlow）用猴子进行辨别训练，如图 7 - 15 所示。猴子要学会对两个不同物体（例如，圆柱和方块）下面哪一个会有食物作出选择。第一轮实验呈现34 个问题，每次呈现两个物体，猴子只能选择其中之一，如果下面有食物，就作为奖励。这 34 个问题各呈现 50 次，食物始终放在同样的物体下面。猴子能够学会这种选择，因为它们后来选择的正确率（80%）明显高于最初的选择（50%）。然而，哈洛并不是要表明猴子能够学习，而要表明猴子能够学会如何学习。这就是说，他要表明学习一组问题可以使学习第二组问题更容易些，使学习第三组问题比第二组问题更快些。在第二轮实验中，哈洛给猴子 200 个新问题，各呈现 6 次。猴子的成功率明显高于第一轮。最后，在第三轮实验中又给猴子 112 个新问题，各呈现 6 次，猴子的正确率达 90%。显然猴子已经学会了如何解决这种问题。学习定势就是指学会如何学习。据哈洛报告，2 ~ 5 岁的儿童也同样显示出这种学会学习的现象。[2]

---

① 冯友兰. 三松堂自序. 北京：生活·读书·新知三联书店，1984：328.

② HARLOW H F. The formation of learning sets. Psychological review, 1949（56）：pp. 51 - 65.

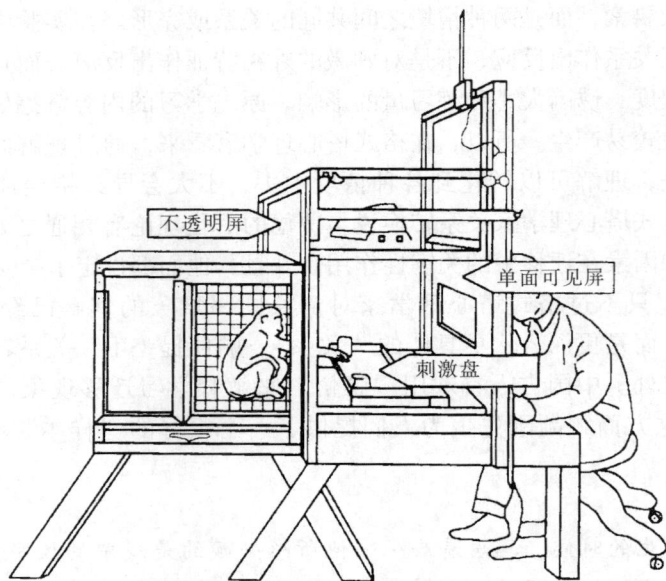

（a）

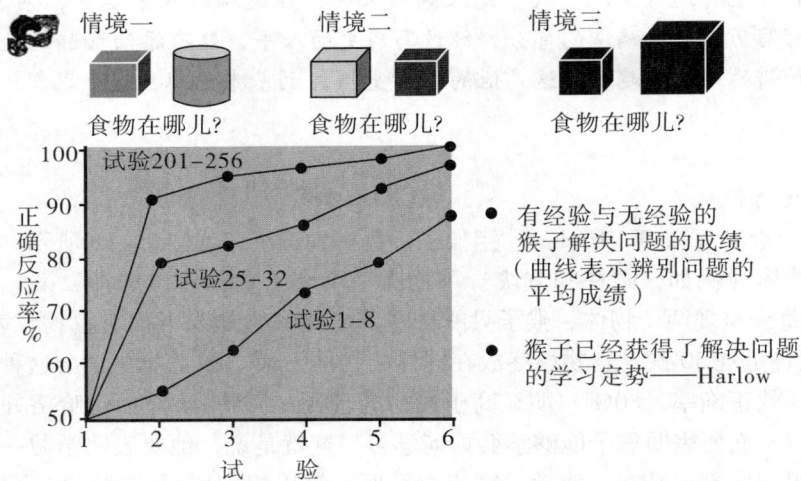

（b）

图 7-15　哈洛的猴子觅食实验装置（a）与猴子觅食实验结果（b）

哈洛根据实验结果发表了论文《学习定势的形成》[1]，提出了迁移的定势说（learning set theory），认为迁移取决于通过练习而获得的定势或学习能力。学习定势就是先前习得的态度倾向对解决新问题的影响，换言之，是指先于一种活动而指向该活动的一种心理准备状态。这种影响可能是积极的，也可能是消极的。如果先行学习为后继学习准备了迁移的条件，或使后继学习处于准备状态，这就有利于迁移。在先行学习中改进学习的一般方法也会在后继学习中促进迁移的发生。学习定势理论可以被看作转化理论的一种替代，他

① HARLOW H F. The formation of learning sets. Psychological review, 1949（56）: pp. 51-65.

不认为是通过突然顿悟来解决新问题的。事实上，在哈洛看来，从一种情境迁移到另一种情境上的是一个人学会如何学习的能力。因此，学习定势是一种策略的迁移。同时，虽然学习定势说具有经验上的可信度，但是完全建立在动物实验基础之上的这种迁移理论其生态效度和科学性到底有多大是值得怀疑的。

6. 分析—概括说

分析—概括说是苏联心理学家鲁宾斯坦提出的一种学习迁移理论。鲁宾斯坦认为，学习的迁移在于通过对两种学习情境的综合分析，概括出两者之间本质上相同和相似的条件，这种综合分析和概括是迁移发生的基础。学习的迁移取决于对两种学习情境的分析程度。为了支持自己的学说，鲁宾斯坦做了著名的"梯形实验"。在实验中，让被试证明的基本课题是梯形的两个对角线之间的三角形 ABD 和 ACD 等积。为了研究学习的迁移，在被试证明基本课题的过程中，让他们证明一个辅助课题"长方形 ABCD 的两个对角线 AC 和 BD 相等"，如图 7-16 所示：

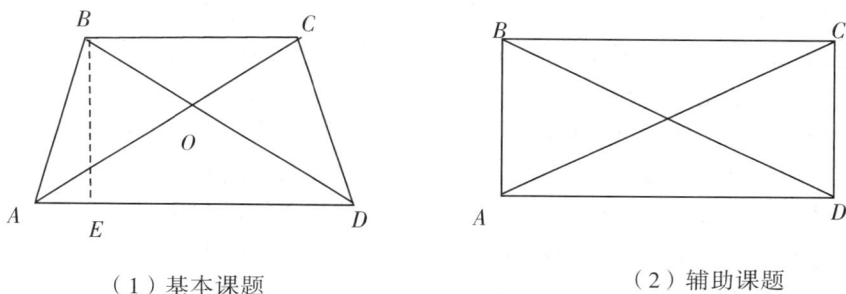

（1）基本课题　　　　　　　　　　　　（2）辅助课题

图 7-16　鲁宾斯坦的"梯形实验"

辅助课题是在被试证明基本课题过程中的不同阶段分别提出来的，对第一组被试，在他们证明基本课题的早期阶段提出；对第二组被试，则在晚期阶段提出。第一组被试把辅助课题作为独立的、与基本课题无关的课题来解决，在解决辅助课题以后，他们就回头来解决基本课题。并且，大部分被试一开始就把解决基本课题的活动与辅助课题的解法联系起来，利用三角形 ABD 和 ACD 的共同底边 AD。这个共同底边是解决两个课题的共同环节，将其分解出来也就是进行了概括。第二组被试是在证明基本课题的晚期阶段接触到辅助课题的。由于他们对于基本课题经过了充分的分析，所以一接触辅助课题就能把它的条件同基本课题的要求联系起来，立刻从解决的环节中分出一个环节作为解决基本课题的本质环节：AD 是三角形 ABD 和 ACD 的共同底边。概括是在解决辅助课题的过程中立刻完成的。可见，概括不论是由于分析两个课题的条件或体系中逐渐完成的，还是在解决辅助课题中立刻完成的，都取决于对基本课题分析的程度。[①] 鲁宾斯坦的分析—概括在某种程度上说也强调一种共同的要素，但是，这种共同的要素既不是共同要素说所强调的泛泛的内容上的共同要素，也不是泛化理论所强调的原理和经验，更不同于关系转换说所强调的"关系"，而是一种学习反应发生条件的概括。同时，分析—概括说强调了学习主体的主观认知作用在学习迁移中的作用。

---

① 李伯黍，燕国材．教育心理学．3 版．上海：华东师范大学出版社，2010：204.

（二）当代的迁移理论

学习迁移问题包括学习者、旧的学习情境和新的学习情境三者之间复杂的相互作用。早期的迁移理论正是从迁移过程的不同方面揭示迁移的规律，并且绝大部分研究都没有超越相同要素说的理论框架：凡要研究迁移必先给予一定的训练；凡用来研究迁移的材料，必有一定的相似性；凡要实现迁移，必须在学习或训练过程中对材料进行某种抽象或概括。其他一些影响迁移的条件都是围绕这三个方面起作用的。[①] 从这个意义上说，相同要素说是关于迁移的一个经典学说，其他迁移理论都是对它的补充和完善。传统迁移理论的特点之一是强调两种学习情境具体内容的相似性，而对学习者的主观作用置之不理。这样，在复杂多变的现实学习情境中，建立在简单实验条件下的传统迁移理论的生态效度就非常低了。随着认知心理学的发展，人们对学习迁移的研究也有了一些新的手段和思路，他们采用认知的观点和术语来解释迁移发生的本质，对传统迁移理论所强调的相似性内涵进行了更深入全面的探讨，并提出了不同的理论，从而使迁移理论取得了长足的进步，当然，也还存在一些不足之处：第一，现有理论都有其适用的条件和范围，它们都只能解释某一特定范围内的学习迁移现象。认知结构的迁移理论只适用于解释陈述性知识的迁移，产生式迁移理论只适用于解释程序性知识的迁移，策略性知识的迁移也只有元认知迁移理论可以给予合理解释，所有理论都缺乏系统性和完整性。第二，已有的迁移研究主要局限于知识学习，而忽略了态度学习、品德形成和动作技能获得过程中的迁移研究。第三，对主体因素和情境因素及其相互作用以及非智力因素对迁移的影响研究有待进一步深入。因此，要想更好地了解人类复杂学习过程中的迁移现象，以上问题还有待学者们进一步深入研究。在当代迁移理论中，奥苏贝尔的认知结构迁移理论和建构主义迁移理论在前文已有论述，下面只论余下的几种：

1. 产生式理论

辛格莱与安德森通过大量的迁移实验研究提出"迁移的产生式理论"。该理论的基本观点是：两种技能学习之间发生迁移的程度是随其共有的产生式的多少而变化的。他们认为前后技能学习迁移发生的原因不能用桑代克所强调的 S - R 连接的共有数量来解释，而应当用他们之间共有的产生式的数量来解释。当两个任务之间存在共同的产生式，或者说两个任务的产生式有交叉重叠，迁移就会发生，重叠越多，迁移量越大。在迁移的过程中，有两个关键条件制约着迁移的发生。第一个条件是学习者能否在先前学习中概括出产生式并形成产生式系统。这里的产生式是并不是具体条件下的"条件—动作"，而是从许多这样具体的"条件—动作"产生式概括出的一般性 C - A 规则。这是迁移发生的必要条件，但这不构成迁移发生的充分条件。要使迁移发生还需要另一个条件，即学习者将所形成的一般性产生式和产生式系统"规则化""自动化"。只有学习者对所形成的产生式规则熟练掌握并能熟练操作，才会出现有效的迁移。所以说，一般性产生式的概括和自动化是技能迁移发生的充要条件。辛格莱与安德森的迁移理论实际上是用现代的技术手段对学习的内容的共同元素作出确定的定义，他们对共同元素的分析方法与桑代克是近似的，注重两次学习内容上的交叉、重叠，从一定意义上说，产生式的迁移理论就是共同因素说的现代翻版。但是，产生式理论所强调的共同要素更侧重于认知的成分，他们利用现代科学

---

① 杨卫星，等. 迁移研究的发展与趋势. 心理学动态，2000（1）：46 - 53.

技术手段对较高级的学习活动的共同元素进行分析，探讨高级学习活动的共同元素的迁移效果，尤其是对认知技能的迁移情况能够给予较好的解释。产生式迁移理论对教学的启示是：既然两项任务共有的产生式数量决定迁移水平，要实现"为迁移而教"，就应重视教材的选编、教法的选择和练习的设计。具体地说，教材选编应考虑循序渐进的原则，教学的前后两个单元要有适度的重叠。正如加涅所说："在设计教材时，最要紧的是教材应能使学生避免因跳跃知识学习过程中的必要步骤而出现错误。"同时，既然共同的产生式就是共同的规则，即共同的概念或原理，相应地，必须注重概念和原理的教学。因此，教学中学习内容必须经过充分的练习，这样许多基本技能可以成为自动技能而不必有意地注意，这才更利于促进新任务的学习。

2. 元认知迁移理论

加泰勒等人认为，具有较高元认知水平的学习者能够在面对新的问题情境时主动分析新认知情境的特定任务和目标，结合自身原有知识水平，选择最有效的认知策略，并在执行认知策略的过程中不断地进行监视、反馈，及时地修正和调节原有的认知策略以达到认知活动的目标。可以说，利用元认知技能学习或解决问题的过程本身就是一种迁移的过程，是一种认知策略的迁移过程。虽然严格地来说，元认知也属程序性知识，但它与一般智力技能有所不同。元认知的价值存在于改善个体的认知加工过程之中，通过加工、处理陈述性知识和程序性知识才能得以实现。因此，元认知迁移理论所强调的认知策略迁移对于个体学习的意义是可想而知的。根据元认知迁移理论，认知策略的成功迁移是指问题解决者能够确定新问题的要求，选择已获得的适用于新问题的特殊或一般技能，并能在解决新问题时监控它们的应用[①]。例如，人们在平时学习当中会不断反问自己"在这个问题上我已经具备了哪些相关的知识""我的计划还有哪些问题""这个知识点我理解透彻了吗"等。元认知迁移理论认为，认知策略要达到可以在多种情境中迁移的程度，一个重要的条件是学习者的元认知水平。许多研究表明，元认知水平的提高可以改善学生对策略的使用和对学习的监控、调节，从而达到认知策略迁移的目的。由于元认知迁移理论最大的特点在于强调认知策略和元认知在学习和问题解决中的重要作用，因此元认知迁移理论也称为认知策略迁移理论。元认知迁移理论对教学的启示是：要让学习者"学会学习""学会思维"，除了要重视陈述性知识和基本技能的迁移之外，更应重视策略性知识的学习，为此，教材选编应适当增加反映策略性知识的要求，同时应以策略性知识教学实验中积累的经验来训练教师和学生，以使策略性教学达到持久迁移的目的。

3. 认知迁移理论

认知迁移理论（cognitive transfer theory）是美国学者罗耶（J. M. Royer）提出的一种观点。他根据目前流行的各种人类学习与记忆的信息加工理论，概括出了所谓的认知迁移理论。首先，这种理论所依赖的基本假设是：人类的记忆是一种高度结构的贮存系统；人类是以一种系统方式贮存和提取信息的。因此这种理论不那么重视环境刺激方面的因素，而是强调记忆表征的性质。其次，认知迁移理论假设知识结构的"丰富性（richness）"并不始终是一致的，所谓"丰富性"是指知识结构内各单元（units，如交节点、命题等）之间交互联结的数量。也就是说，知识结构的某些部分可能是与单元之间的大量交互联结错综复杂地联系在一起，而某些部分可能只是与相对少量的交互联结有联系。除了上述两

---

① 龚少英. 学习迁移研究的历史与发展. 内蒙古师范大学学报（哲学社会科学版），2001（4）：47.

个基本假设，认知迁移理论还有一个基本前提：领会（comprehension）是学习迁移的必要条件，但不是充足条件。我们在没有领会的情况下也可以习得信息，如通过机械记忆。然而，我们回忆或使用未被领会的信息的条件是极为有限的，如在机械背诵后立即回忆或使用。所以，若要形成学习迁移，首先必备的一步是领会。根据这些假设和前提，认知迁移理论认为，迁移的可能性取决于在记忆搜寻过程中遇到相关信息或技能的可能性。这样，教育的问题便成了如何增加学生在面临现实生活问题时提取在课堂里习得的相关材料的可能性。由于提取的可能性与交互联结的数量直接有关，因此任何增加交互联结网络的丰富性的教育方法都会有助于增加迁移的可能性。

三、影响知识学习迁移的因素

（一）来自学习者的因素

就学习者而言，除了其智力水平会影响迁移外，重要的还有以下几个方面：

第一，学习者的学习心向。学习者在学习过程中，若有积极的想迁移的心向，易迁移；反之，不易发生迁移。

第二，学习者已有知识的丰富程度与概括水平。许多实验和事实都证明，具体而丰富的经验对于迁移的产生是非常必要的，迁移往往随着练习中所提供的具体事例的数量增加而增加。专家之所以具有较强的迁移能力，除了具有高水平的认知结构以外，拥有大量的具体经验也是其中的原因之一。[①] 同时，学习者已有的知识的概括水平越高，越容易发生迁移。依奥苏贝尔等人的见解，贮存于学生长时记忆中的原有知识是其学习新的内容的重要内部条件。原有知识的概括、抽象能力越强，对事物本质的把握就越深刻，在学习新知识时容易发生下位学习。下位学习是很容易发生迁移的，自然迁移的范围也就越广，效果越好；而那些具体的、肤浅的概括，由于概括水平较低，对本质把握不够，知识迁移的范围就越窄，效果越差。

第三，学习者的认知技能和策略。学习对象的共同要素、已有经验的概括水平都是影响迁移的重要条件。但是，如果客观存在的共同要素没有被学习者概括内化，或者学习者所拥有的、具有潜在可迁移性的经验不能够被激活、应用，那么条件最终也不能促进迁移的发生。在充分条件下实现迁移的另一个重要因素就是学习者主观认知技能和策略的运用。具体来说有两方面的内容：一是分析概括的能力。学习者分析概括能力的高低是决定迁移能否产生的重要因素之一。分析与概括能力高的学习者能有效地根据自己已有的知识经验对当前复杂的问题进行分解，概括出问题所隐含的原理、规则，新旧学习情境之间本质上相同和相似的条件，加强对新旧知识之间关系的识别，促进迁移的产生。因为学习者平时如果善于将所学的知识作抽象度较高的加工，不但易产生下位学习，而且能提高其理论思维的水平和逻辑能力，这样自然容易产生迁移现象。二是元认知水平。在学习过程中，元认知策略的使用可以使学生意识到学习的目的、要求和任务以及自己原有的能力、知识水平、学习风格等影响学习的因素；体验到自己所拥有的可选择的学习方法，以及方法的适用范围和条件，自觉地选择、安排、调整并使用最佳的学习方法，提高学习的效果，并更好地实现迁移。

---

① 冯忠良，等．教育心理学．北京：人民教育出版社，2000：278．

第四，定势的作用。Dorsey 与 Hopkins 曾经做了一个有关定势作用与学习迁移的相关研究。他们以大学生为被试，通过各种测验材料，如阅读理解能力测验、拉丁派生词组成的词汇测验、同几何学有关的项目测验来测量大学生先前学习经验对当前学习材料的迁移作用。实验分两个组，一个实验组和一个控制组。在测验前，主试给两组被试一定的训练，包括阅读技术、大学拉丁语、画法几何学等。不同的是，实验组除了给予相关训练以外，还给他们一些建议：①在测验时应用你再学习分段时所熟悉的方法；②用你的拉丁文知识来辨别测验中的词汇意义；③用你的画法几何知识回答这些问题。而对控制组则没给以任何建议。结果，测验成绩实验组明显高于控制组。该实验说明了鼓励学生建立学习的心向，将有利于习得经验的迁移。当然，定势的作用也是双向的，如果新旧学习活动的思路是一致的，定势的作用就会促进迁移的发生；反之，定势不但不会产生迁移，而且会妨碍学生创造性的思维，对学习产生干扰。

（二）来自教育者的因素

在教学过程中，教师有意识地引导学生发现不同知识之间或情境之间的关系，启发学生去概括总结，指导学生运用已学会的原理或规则去解决具体问题，要求学生将所学知识做到举一反三，常常教会学生学习的策略或方法等，均有助于学生的知识迁移；反之，则可能阻碍学生知识学习的迁移。

（三）来自学习对象的因素

1. 学习材料的性质

学习材料的性质是影响迁移的因素之一。不同类型的学习材料发生迁移的难易程度是不同的。一般而言，在知识学习领域学习迁移的现象易产生；在情感与品德学习领域学习迁移的现象较不易产生。在知识学习领域，相对而言，陈述性知识的学习比程序性知识的学习更难发生迁移；在程序性知识的学习中，动作技能的学习最易发生迁移，智力技能的学习次之，认知策略的学习最不易发生迁移。即使是同一性质的学习材料，其内部的组织结构和逻辑层次不同，也会影响迁移的发生：具有较好组织和逻辑结构的学习材料可以使知识与知识之间形成相互联系，这些联系将有利于学生在头脑中形成良好的知识结构，因此，那些具有整体性、连续性和概括性的学习材料有利于学习迁移的发生；同时，那些包含了正确原理、原则，能够在日常生活中随处加以运用的知识，既可以提高学生的学习兴趣，也容易使学习者积累丰富的迁移经验，从而有利于知识的迁移。

2. 学习内容、情境或目标的相似性

早期的迁移理论有一个共同特点，即都强调了新旧学习的共同要素在学习迁移中的重要作用。只是不同的研究者所强调的共同要素不尽相同：桑代克强调简单的内容相似性；贾德强调原理概括的相似性；格式塔学派强调情境关系的相似性；鲁宾斯坦强调反应发生条件的相似性。概括起来主要有三个方面的内容：一是学习内容的相似性。学习内容的相似性有多层水平，它包括形式上的相似、结构的相似，深层结构和原理的相似，不同水平的相似性对学习迁移的作用不一样。二是学习情境的相似性。学习情境如学习的场所、环境的布置、教学或测验人员以及学习时个体情绪、态度的相似性越大，越能够给学习者提供与原有学习相同的线索，从而促进学习或问题解决中迁移的发生。三是学习目标的相似性。学习的认知加工过程会受到活动目标的制约，新旧学习的学习目标是否一致、相似将

在一定程度上决定加工过程是否相似，进而决定迁移能否产生。

四、知识学习迁移能力的增强

学校教育的价值并不单单在于"授之以鱼"，简单地给学生传授知识、技能，更重要的是"授之以渔"，教会学生学习，培养和发展学生的迁移能力。美国学者埃德加·富尔在《学会生活》一书中指出："未来的文盲将不再是不识字的人，而是没有学会学习的人。"可见，促进学生学习迁移策略的研究具有重要的现实意义。

（一）确立合理的教学目标

教学目标是教学过程的起始环节，也是非常重要的环节，它贯穿着教学的全程，并指导教学的进行。因此，确立合理的教学目标对于教学本身的意义是显而易见的。长期以来我们设计教学目标都仅从静态的内容性质的角度来进行，主要涉及知识、动作技能和态度情感三个领域的内容。但是这种教学目标的设计与教学、学习的动态特点显然是不相符的。好的教学不仅应该让学生掌握当下的知识，更重要的是要使学生学会通过自己已有的知识经验来学习当下知识，即让学生学会迁移。一个好的教学必须是能够发展学生迁移能力的教学，将"为迁移而教"作为教学目标之一应该是无可争辩的。将"为迁移而教"作为教学目标之一并渗透到知识、动作技能、态度情感三大领域中具有重要的意义。"为迁移而教"作为教学目标不仅符合教学过程的动态特点，而且可以实现教学本身的应然价值；同时，迁移目标的引入使得教学目标由一维结构变成了立体结构，进而增强教师教会学生迁移的意识，使他们在具体的教学中不仅重视教学的内容，更重视学生学习的效果；不仅注重学习的量，更重视学生学习的质。当然，将"为迁移而教"作为教学目标也会激励学生的迁移学习意识，使得学生在自己的学习中有意识地通过迁移来学习新的知识。

（二）科学精选教学材料

在教学过程中教师不可能将一门学科所有的知识都传授给学生，学生也不可能毫无选择地学习所有内容。因此，要使学生用有限的时间和精力来掌握尽可能多的有用的知识经验，教材就必须科学精选。精选教材至少要把握两条原则：一是学习材料要具有时代性。现代科技和知识的发展日新月异，知识更新速度之快难以想象。因此，教师要及时关注最新的科学成果和时代信息，不断地更新教学材料，使教学材料最大限度地与时代同步。相对陈旧的教学材料而言，具有时代特征的教材一方面可以提高学生的学习兴趣，另一方面还能够让学生学习前沿的知识，不断更新知识结构，实现更广泛的迁移。二是教学材料要具有迁移的价值。这就要求所选的材料既要包括基本的原理，又要有典型的实例和丰富的变式练习。只有这样，教师在教学过程当中才能够有"理"有"据"，有助于学生超越仅仅简单累积起来的事实性知识，为学生学习迁移的发生创造最有效的条件。

（三）合理组织教学内容

对精选的教学材料如何组织编排才能发挥教学内容的最大可迁移性呢？这就要求教学内容在编排的时候要从促进迁移的角度出发，以最优的知识结构、最佳的呈现顺序来帮助学生乃至教师实现迁移。具体来说，有以下三条原则[①]：结构化原则、一体化原则和网络化原则。结构化是指教材内容的各构成要素具有科学的、合理的逻辑联系，能体现事物的各种内在关系，如上下、并列、交叉等关系；一体化是指在组织教材内容时，既要防止教材中各种要素之间的相互割裂、支离破碎，又要防止相互干扰或机械重复，使各种构成要素能整合为具有内在联系的有机整体，从而有利于学生合理知识结构的形成；网络化是指教材各要素之间上下左右、横纵交叉联系要沟通，要突出各种基本经验的连接点、连接线，为迁移的产生提供直接的支撑。

（四）有效设计教学程序

合理编排的教学内容是通过合理的教学程序得以实施的。良好的教学程序能够促进学生迁移能力的发展。因此，有效地设计教学程序对于教学来说格外重要。良好教学程序的设计要把握以下两点原则：一是知识的传授要遵从一般到个别、抽象到具体的组织原则。首先是宏观学科内容上的安排，要明确什么内容放在前面，什么内容放在后面，注意知识的前后联系；然后是微观的课堂教学，每节课教学内容的设计应该结合教学对象的特点来确定具体教学的程序，将概括性高、派生性强、迁移价值最大的知识，如概念、原理等放在整堂教学的最前面，为学生学习迁移的发生做好充分的知识准备。二是要注意知识的纵向和横向联系。在进行新知识的教学中，教师不但要关注学生当下知识的学习，而且要注意新旧知识经验的联系与贯通，注意把各独立的教学内容整合起来，注意各门学科的横向联系；重视简单的知识技能与复杂的知识技能、新旧知识技能之间的联系。强化学生对新旧知识经验之间的联系与分化，促进学生良好知识结构的形成，提高学生习得知识的迁移范围和价值。

（五）教会学生学习与迁移

许多研究和实际的教学都表明，很多学生虽然拥有解决问题所需的知识，但是缺乏必要的学习方法，致使迁移受阻，变成人们常说的"读死书"的人。要促进学生迁移能力的发展，最关键的还是在于教会学生学习，学会迁移主要应从两方面入手：一方面，要培养学生的迁移意识。教师应该通过各种形式让学生懂得什么是迁移，发现迁移的规律；另一方面，教师应该培养学生的迁移能力。培养迁移能力的过程是一个循序渐进的过程：首先，要在教师的指导下发展学生理解一般性原理的能力。对原理进行背诵、识记并不能说明真正理解了原理，教学不能满足于学生对原理的简单背诵，应该通过对原理的应用练习，让学生理解原理是如何在迁移中起作用的，并让学生用自己的语言或主要用自己的语言重新阐述原理的意义，达到对原理的真正理解。其次，在多情境中应用教学知识，帮助学生积累迁移的经验。学习迁移的发生除了依赖于旧学习情境中知识、技能的学习程度以外，也依赖于新、旧学习情境的相似程度。某个学生虽然学会了当下的知识，但并不能保证在任何情况下学生都能"学以致用"，将其迁移到以后的学习和实践情境当中去。因此，为了促进学生迁移，教师教学就应当注重情境性。即在多种情境中教会学生对知识的应用与变通，尤其是当下知识在将来情境中的应用，为学生积累迁移经验提供机会，并使学生的"感性迁移体验"通过实际应用教学上升为"理性体验"。再次，当学生具有了基本的

---

① 冯忠良，等．教育心理学．北京：人民教育出版社，2000：283.

理解一般性原理的能力，并具有丰富的迁移体验以后，教师就应该培养学生独立分析、概括的能力。传统的、当代的迁移理论都从不同的角度强调了主体对新旧学习共同要素的概括能力，可以说概括是迁移的核心。学生只有具备了独立分析和概括问题的能力，才能够在复杂的学习情境中把握知识之间的联系，找到新旧学习情境的共同点，进而产生迁移。最后，培养学生的迁移能力还应该帮助学生形成良好的认知策略和元认知策略。在教学中教师既要善于把学习的方法教给学生，又要鼓励学生自己总结出适合自己的学习经验，并在同学之间相互交流。这些策略性知识的掌握可以改善认知过程，提高思维品质，有助于促进学生迁移能力的发展。学生一旦掌握了这种策略，就能在各种场合下运用它们，而不是只把它们与特定的情境联系起来。事实上，迁移是问题解决的核心。

第八章　问题解决与创造力培养

【内容摘要】

　　本章内容分为问题解决和创造力培养两个部分。在问题解决中主要探讨了问题与问题解决的界定、问题的分类、问题解决的几种具有代表性的模式，包括问题解决的早期模式和现代模式，此外，还探讨了影响问题解决的因素等。在创造力的培养中，先对创造和创造力进行了界定，其次阐述了创造过程的各种观点，然后阐述了影响创造的诸因素，最后探讨创造力的培养问题，主张通过创设有利于创造性发挥的环境、激发创造动机、培养创造素质等方式开发学生的创造力。本章的最大亮点是对创造力培养提出了具有启示意义的做法。

【核心概念】

　　问题、问题解决、界定清晰的问题、对抗性问题、语义丰富的问题、常规问题、开放性问题、真问题、假问题、定势、功能固着、酝酿反应、创造、创造力、正创造力、负创造力、创造过程、创造技法、发散思维、增加学识法、希望点列举法、缺点列举法、扩加法、缩减法、类比思考法、联想思考法、移植思考法、头脑风暴法、戈登技术、反事实思维、独立思维、权威思维、批判性思维

【思考题】

1. 什么是问题？问题是如何进行分类的？
2. 什么是问题解决？问题解决有哪些特点？
3. 心理学界对问题解决过程有哪些主要看法？
4. 请试分析与评价问题解决的模式。
5. 请结合具体事例谈谈影响问题解决的心理因素。
6. 促进问题解决应当掌握哪些策略？
7. 如何界定创造力？创造要经历哪些过程？
8. 有哪些心理因素影响创造力？
9. 衡量创造性思维质量高低的标准是什么？宜采取哪些措施提高学生创造性思维的质量？

　　思维与问题解决本是普通心理学研究的两个传统主题，教育心理学之所以也关心这两个主题，是因为当代教育最关注的两个方面是如何高效培育学生的创造性思维与问题解决能力。因此，教育心理学研究这两个主题，目的是为培育学生的创造性思维与问题解决能力提供科学指导。

第一节　问题解决

一、问题与问题解决

（一）问题及其分类

1. 什么是问题

"学问"一词表明，有"学"便有"问"，有"问"才有"学"。那么，什么是能催生"学问"的问题？如前文所论，无论是加涅将学习按水平从低到高依次分为连锁学习、辨别学习、具体概念学习、定义概念学习、规则学习与解决问题的学习等六种类型，还是奥苏贝尔将意义学习由简到繁分为符号表征学习、概念学习、命题学习、概念和命题的运用、问题解决与创造等五种类型，其内都蕴含一个共通的精义思想：应将问题解决和概念与原理的简单应用或在熟悉情境中的应用区别开来，因为后两种应用的结果并不能让人习得新的概念、新的规则（包括高级规则）或新的解决问题的策略。所以，现在教育心理学界一般认为，"问题解决"的英文是 problem solving，这里讲的问题是指疑难问题（problem），即给定信息与目标之间有某些障碍需要被克服的刺激情境。它只能是那些通过一定的思维方式、间接运用已有知识来解决的情境，而不是指个人直接运用已有知识（即仅凭记忆）就能解决的问题（question）。例如，"你吃了早餐吗"这类问题你只要从记忆中提取出信息即可，无须思维活动的参与。这类问题用英文表示是 question（简单问题）。而"早餐为什么有利于身体健康"这类问题，你记忆中未必有现成的答案，于是你感到困惑，设法寻求问题的解决，这就产生了问题解决的思维活动。这类问题才是 problem（难题）。信息加工心理学家（Newell & Simon，1972）认为，所有的问题都含有三个基本要素或成分：①一组给定的已知条件。也就是一组已知的关于问题条件的描述，其中一般包含不完全的信息或令人不满意的状态，这是问题的初始状态。②期望达到的目标。指关于构成问题结论的描述，也就是问题要求的答案或目标状态。③障碍。在给定的已知条件与期望达到的目标之间存在一些障碍，解决这些障碍的方法不是显而易见的，必须通过一定的思维活动才能找到答案，达到目标状态。这三部分加在一起定义了问题空间（problem space）。你可以将解决问题看成走迷津（问题空间），从你所在的位置（初始状态）到你想要去的位置（目标状态），做一系列的转弯（允许的操作）。

2. 问题的种类

为了便于人们认识不同问题的不同性质，进而采用不同的措施予以解决，根据不同的标准，心理学家将问题分为不同的类型。个体一旦知道问题有不同的类型，在有选择的情况下，便可根据自身条件选择那些自己最善于应付的问题去解决它；若无法选择，则要有针对性地加强训练，提高自己解决问题的能力。

（1）界定清晰的问题与界定含糊的问题。根据问题的明确程度，可分为界定清晰的问题（well-defined problem）和界定含糊的问题（ill-defined problem）。界定清晰的问题是指初始状态（initial state）、目标状态（goal state）以及由初始状态如何达到目标状态的一系列过程都很清楚的问题。界定含糊的问题是指问题的初始状态或目标状态没有清楚地说明，或者两者都没有明确地说明，这些问题具有很大的不确定性。有人根据问题的起始状态、中间状态和目标状态把问题分为四种类型，如图 8 - 1 所示：

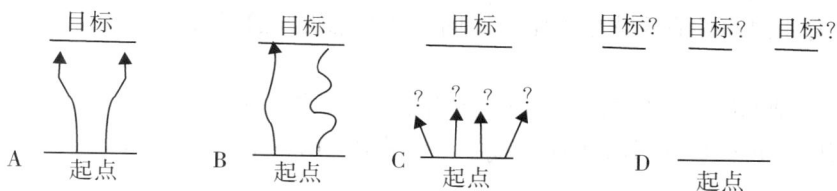

图 8 - 1 四种问题类型

其中 A、B、C 是明确问题，而 D 则是模糊问题。图中 A 表示问题空间起始状态和目标状态明确，而且达到目标的两条途径都是相同的。B 表示问题起点和目标明确，但有两条效率不同的达到目标的途径。C 表示问题空间的起点和目标都明确，但不知如何达到目标。D 表示问题空间只有起始状态明确，目标和达到目标的途径都不明确。明确问题对于创造力开发的价值在于解决问题手段或途径的选择，即学习者要有选择新方法、新途径解决问题的意识，至于目标则是十分明确的，没有创造发挥的余地，所以这类问题培养学生创造力的价值在于中间环节，教育者应帮助学生学会利用解决问题的中间环节培养学生的创新思维和创新能力。对于模糊问题则无论在目标和手段上都需要学习者进行独特的选择建构，因此充分利用模糊问题训练学生的创造力也是完全可能的。

（2）对抗性问题与非对抗性问题。根据在问题解决时问题解决者是否有对手，可分为对抗性问题（adversary problem）与非对抗性问题（non-adversary problem）。在解决对抗性问题时，人们不仅要考虑自己的解题活动，而且还要考虑受对手解题活动的影响，如象棋、围棋、桥牌、扑克等游戏都属于对抗性问题。非对抗性的问题是指解决问题时没有对手参与的问题，如解决代数问题、几何问题等都属于非对抗性问题。

（3）语义丰富的问题与语义贫乏的问题。根据在问题解决时解题者具有的相关知识的多少，又分为语义丰富的问题（semantically rich problems）和语义贫乏的问题（semantically impoverished problems）。如果解题者对所要解决的问题具有很多相关的知识，这种问题称为语义丰富的问题。如心理学家解决心理学方面的问题，这种问题对他们而言就是语义丰富的问题。假若解题者对要解决的问题没有相关的经验，这种问题对他而言就是语义贫乏的问题。

（4）常规问题与非常规问题。按照解决问题的手段可以将问题划分为常规问题和非常规问题。常规问题是指那些用常规手段即可以解决的问题。只要问题解决者按照人们惯用的手段和方法，按固定程序操作就能够使问题得到解决。解决常规问题主要依赖从他人那里模仿得来的方法和手段。非常规问题是指那些需用非常规手段才能解决的问题。非常规问题的特点是不能按照人们惯用的解决问题的方法和程序予以解决，而必须寻找新的方法和程序解决问题。解决常规问题虽然不能直接带来创造价值，但它却是积累经验、建构合理的认知结构不可缺少的。常规问题对于培养人的思维习惯甚至积累创造能力都是非常必要的。而且人们不理解或不能解决常规问题，也就不可能很好地解决和把握非常规问题，因为常规问题与非常规问题的区分本身就是相对的。

（5）封闭性问题与开放性问题。将问题分为封闭性问题和开放性问题是按照解决问题的答案是否唯一划分的。封闭性问题也叫闭锁性问题，是指解决的问题只有唯一固定的答案。开放性问题是可以有多种答案的问题。封闭性问题培养学生的集中思维，开放性问题则培养学生的发散思维。集中思维和发散思维都是创造思维所必需的两种互补性思维。但目前中国教育中过多地看重集中思维或求同思维而忽视发散思维或求异思维，这是必须努力改善的。

（6）呈现型问题、发现型问题和创造型问题。美国芝加哥大学心理学教授 J. W. 盖泽尔斯曾经按层次和水平将问题分为呈现型、发现型和创造型三类，如图 8-2 所示：

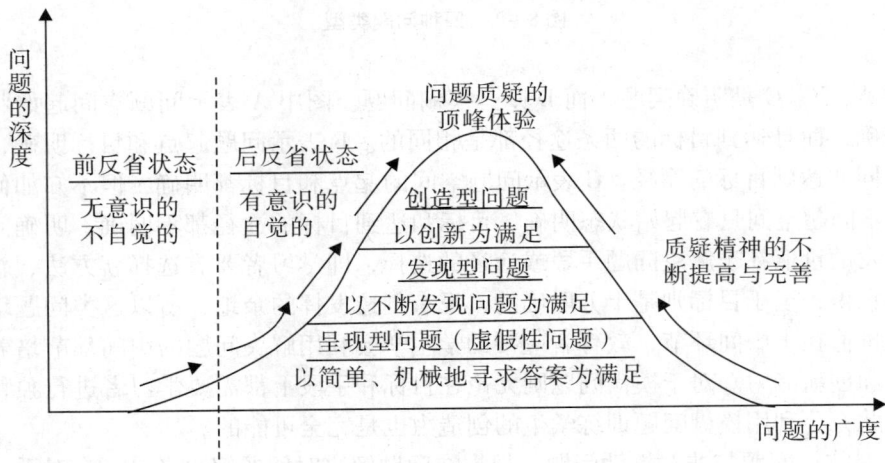

图 8-2　问题质疑深化图

呈现型问题是一些给定的问题（由教师或书本提出），答案是现成的，求解的思路也是现成的，问题解决者只要按图索骥就能获得标准答案，不需要也无机会去想象或创造。因此，有人将"呈现型问题"称为"虚假性问题"。因为问题解决者不能主动参与建构问题，并且这类问题的答案常常是唯一的，容易压抑求异、质疑的精神，妨碍创造性的发挥。发现型问题是一些由问题解决者自己提出或发现的，而不是由教师或教科书给定的问题。发现型问题虽然并不一定产生创造性见解，这种问题也并没有超出人类认知的视野，但要通过学生自己的独立思考才能获得。因此，它比呈现型问题的层次更高，也更有价值，训练学生思维的主要是这类问题。创造型问题是人们从未提出过的问题。爱因斯坦所说的"提出一个问题比解决一个问题更重要"，指的就是这类问题。他的相对论的创立就是从这样一个问题开始的："如果我以光速 C 和光线一道运动，我观察到的光线是不是仍将是静止在空间的振动着的电磁波呢？"在爱因斯坦之前从未有人提出这样的问题，这一问题本身就具有科学创新的价值，是对牛顿以来经典物理学的一次突破。

（7）真问题与假问题。从真与假（或伪）的角度看，问题有真伪之分。真问题指现实生活里真实存在的问题。一旦找到真问题并予以解决，将会增进人们对该问题的认识和增强解决类似问题的能力。正如李政道所说："一个人想做点事业，非得走自己的路。要开创新路子，最关键的是你会不会自己提出问题，能正确地提出问题就是迈开了创新的第一步。"[①] 假问题指现实生活里本不存在，而是个体虚拟出来的问题。解决假问题不但不

① 卞毓方. 管窥李政道. 读者，2010（22）：18.

能增进人们的认识，还会浪费人的心智资源。遗憾的是，目前一些学生在做研究（如毕业论文）时，不去努力观察、体验生活，不去认真追踪本学科研究的最新发展动态，只关起门来"闭门造车"，找一些假问题作为自己的研究选题。它的常见做法是：信奉盲目的"拿来主义""炒剩饭"与"拉郎配"（详见第一章），通过这三种方式获得的问题往往都是假问题。

（二）什么是问题解决

问题解决是指人们在日常生活和社会实践中，面临新情境、新课题，发现它与主客观需要的矛盾而自己却没有现成对策时，按照一定目标，运用各种心智操作，使问题获得解决的过程。问题解决通常是经过思维的中介作用而达到的。

问题解决的历程固然因问题的难易与问题解决的人数[①]等的不同而有一定的差异，但不论学习的领域如何，也不论问题的情境怎样，仍有相同之处；换言之，问题解决具有四个基本特点：①指解决初次遇到的新问题。如果不是第一次试行解答，而是第二次、第三次甚至多次解答过，就称不上问题解决，只能说是一种"练习"。②目的指向性。问题解决具有明确的目的性，它总是要达到某个特定的终结状态。③一系列的心智操作过程。问题解决的过程必须将以前的知识重新组织，经过一系列的心智操作过程才能完成。如果仅仅是照套学习过的原理就能解答，则只是一个原理和概念的具体运用，不能算作问题解决。④问题一旦解决，人的问题解决能力将有所提高，能获得新概念、新规则（包括高级规则）或新的问题解决策略，它们在以后的问题解决或学习中可以直接加以运用，而不需再重复其证明过程。可见，问题解决是一种高级形式的学习。

二、问题解决的模式

（一）20 世纪 80 年代之前的问题解决模式

1. 教育学家关于问题解决模式的见解

1910 年杜威（J. Dewey）在其名著《我们怎样思维》一书中，按逻辑分析提出了解决问题的五步模式：第一步，困惑。开始意识到问题的存在，产生困惑感。第二步，诊断。识别出问题，确定疑难的关键之所在，并将之进行界定。第三步，假设。搜集材料并对之整理，提出各种解决问题的可行方案，形成种种假设。第四步，推断。对各种假设分析评鉴，推断种种假设可能出现的结果，接受和拒绝试探性的假设，并从中选择最佳方案。第五步，验证。进行验证，证实、驳斥或改正假设，形成和评价结论。[②] 杜威的五步模式是从人类特别是学生的问题解决的实验与教学中概括出来的，虽然受到一些学者的中肯批评，但杜威的"五阶段说"在当时冲击了以知识传授为主的教育模式，强调让学生行动起来，在做中学，从而受到教育界人士的广泛重视。同时，"五阶段说"描述了问题解决的一般过程，且简便易行，具有较强的可操作性，产生了巨大、持久的影响。正如奥苏

---

① 根据问题解决的主体的人数不同，可以将问题解决分为独自进行问题解决与合作进行问题解决等两种类型：前者指一个人进行问题解决；后者指由两个或两个以上的人合作进行问题解决。

② 杜威. 我们怎样思维·经验与教育. 姜文闵，译. 2 版. 北京：人民教育出版社，2005：88 – 93.

贝尔所说,"六十多年来并没有人对杜威1910年的描述作过明显的改进"①。至今仍被人们看作一种经典的问题解决的方法。

2. 心理学家关于问题解决模式的见解

在许多心理学家看来,问题解决的过程实际上也就是学习过程,因此,前文所讲的桑代克所主张的尝试错误说和柯勒所主张的顿悟说都可看作问题解决的模式。稍后,英国心理学家华莱士在1926年提出了与杜威见解类似的四阶段模式,经常被引用于创造性问题解决的过程中,这四个阶段分别是准备阶段、酝酿阶段、明朗阶段和验证阶段(详见下文)。此后40余年的时间里心理学家关于问题解决的研究进展甚小。导致出现这种情形的内因主要是:早期的心理学研究者缺乏学习分类观,混淆了人的学习与动物学习的区别以及人类低级学习与高级学习的区别,自然不能有效地研究问题与解决问题。随着20世纪60年代以来对学习分类研究的不断深入(详见第二章"学习的分类"一节),人们逐渐清晰地意识到人的学习与动物学习之间的异同以及人类低级学习与高级学习之间的异同,认识到不同类型的知识在解决不同问题过程中的不同作用,进而将问题作了简单问题(question)与难题(problem)之分,从而使问题和问题解决的研究有了新突破。其中,有代表性的一项研究是,奥苏贝尔和鲁宾逊(F. G. Robinson)以几何问题的解决为原型,于1969年提出了一个问题解决的模式——奥苏贝尔与鲁宾逊的问题解决模式,如图8-3所示:

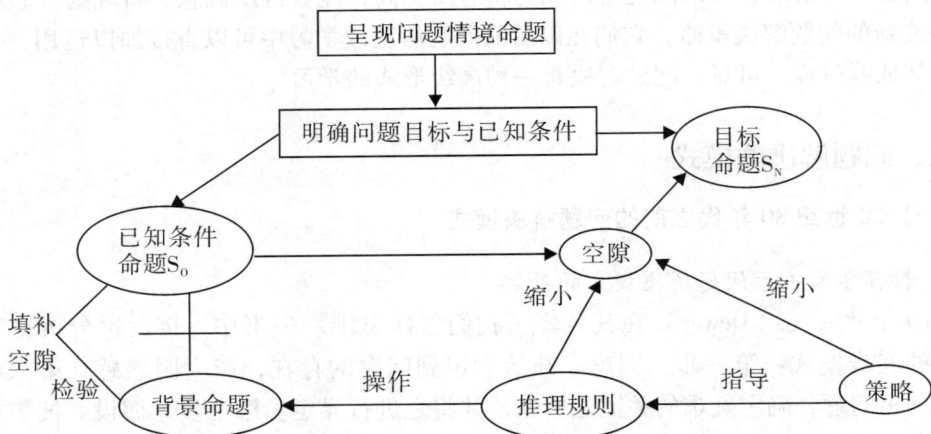

图8-3 奥苏贝尔与鲁宾逊的问题解决模式示意图

这个模式的特点是不仅描述了问题解决的一般过程,而且指明了解题者原有知识结构中各成分在问题解决过程中的不同作用,为培养问题解决能力指明了方向。在他们看来,问题解决经历四个阶段:第一阶段是呈现问题情境命题(problem-setting proposition)。奥苏贝尔认为,问题是由有意义的言语命题构成的,其中包含了目标和已知条件。不是任何情境都能构成问题,一组命题之所以构成问题情境,是因为从已知条件到问题之间包含了认知空隙,学生已有知识结构中没有现成可以用于达到目标的步骤和方法。第二阶段是明

① 奥苏伯尔,等.教育心理学:认知观点.佘星南,等译.北京:人民教育出版社,1989:698.

确问题目标与已知条件。问题情境命题是客观存在的刺激材料，它们可以激发学生回忆有关的背景命题。学生把这两种命题相联系，从而理解问题的条件和要达到的目标。这是一种有意义的接受学习形式。第三阶段是填补空隙过程。此乃问题解决过程的核心。学生看清了"已知条件"（他当时的状况）和目标（他必须达到的地方）之间的空隙或差距，填补空隙涉及下述的知识与加工过程。一是背景命题（background propositions）。背景命题指学生认知结构中与当前问题的解答有关的事实、概念和原理。学生在各门学科的学习中，系统地积累了许多这样的事实、概念和原理。当学生遇到新问题时，随之而来的常常是要学习新的命题、定理与法则，但为了解决当前的问题，则必须从已有知识的贮备中取出一组或多或少明确规定的命题。二是推理规则（rules of reference）。推理规则是作出合理的结论的逻辑规则。在明智的论争或进行逻辑思维的过程中，都存在着各种外显的或内隐的规则。例如，在几何证明题中，必须利用已经被证明了的定理进行推理，这里必须遵守推理的规则。三是策略。解决问题的策略，通常指选择、组合、改变或者操作背景命题的一系列规则，以便填补问题的固有空隙。策略的功能就在于减少尝试与错误的任意性，节约解决问题所需的时间，提高解答成功的概率。策略指出一连串步骤，从差距的一端向另一端移动，其方向或是逆向，即从要求达到的终端开始，向后一步一步地倒退，酷似任务分析；或是顺向，即从已知条件开始前进，直到终点。第四阶段是解答之后的检验。问题一旦得到解决，通常便会出现一定形式的检验，查明推理时有无错误、空隙填补的途径是否最为简捷以及可否正式写下来供交流之用，等等。奥苏贝尔曾考察这一问题解决模式在学校其他学科方面的适用性。他发现，有些学科并没有出现与数学及自然科学相同的问题解决过程，它们的内容并未按顺序组织起来，也缺乏有组织的原理。然而，这个问题解决模式对于非自然科学方面的教师分析高层次的任务是有益的。奥苏贝尔和鲁宾逊问题解决模式强调原有知识结构在解决问题中的作用，而且该模式把原有知识分解为背景命题、推理规则和策略。从这一点来看，该模式对问题解决能力的实质性分析超出了早期的认知观，与信息加工观相接近。[①]

（二）新近关于问题解决的模式

1. 信息加工的问题解决模式

从信息加工视角研究人类问题解决的三位代表性人物是纽威尔、肖（J. C. Shaw）和西蒙，他们在 1958 年建构了"通用问题解决程序"。他们认为，问题解决就是搜索问题空间，寻找一条从起始状态通向目标状态的道路，或应用算子（operator）使起始状态逐步过渡到目标状态。信息加工理论将问题解决看成信息加工系统最初的信息经过加工转换成最终的信息状态的过程。信息加工理论从信息加工转换的角度来分析问题解决的过程，对人们理解问题解决的本质是有一定意义的，但毕竟人类信息加工与计算机信息加工还是有本质区别的，所以现代认知派心理学家兴利除弊地发展了自己的观点，他们既不利用动物也不借助于计算机，而是研究人类解决某类问题的实际过程。他们并非仅仅停留在对表面现象的描述上，而是在认知的层次上及在综合试误说、顿悟说和信息加工论的基础之上，使用诸如"认知结构""图示激活""问题表征"等术语对问题解决的各阶段进行更深入的描述，更真实地反映了人类解决问题的动态过程，对问题解决技能的培养和教学具

---

① 邵瑞珍. 教育心理学：修订本. 上海：上海教育出版社，1997：123 - 125.

有更好的指导意义。综合上述诸种关于问题解决过程的理论模式，认知心理学一般将问题解决的过程划分为下面四个阶段，当然，这几个阶段并不是固定不变的，也可能从后一阶段返回到前一阶段。据此编写的计算机程序成功地模拟了人类解决问题的思维过程，在解决密码算题、进行逻辑证明和下国际象棋等不同类型的问题上都已取得成功。

第一阶段，理解并表征问题。指确定问题到底是什么，并找出相关信息而忽略无关信息，从而形成问题空间。所谓问题空间，就是问题解决者对客观问题的主观陈述，这种陈述过程实际上是按照自己理解的方式对问题在头脑中进行重新记载和储存。这就是所谓的问题内在表征，当然这种表征并不排斥运用外部操作参与完成。一般说来，这种表征包含初始状态、中间状态和目标状态等三种状态。初始状态是指问题被认识时，问题解决者所处的情境；中间状态是指在实现从初始状态向目标状态的转变过程中，由操作引起的种种状态；目标状态是指问题解决者所要寻求的最终结果。问题解决的任务在于要找出一种能把初始状态转变为目标状态的操作（或称算子）序列。正确表征问题的最重要一点在于问题解决者能否把握问题的关键信息，不被无关信息或欺骗性文字蒙蔽。因此，教师绝不能忽视这看似简单而直接的问题解决的第一步。通常情况下，学生不能正确理解和表征问题，主要有以下几个方面的原因：①缺乏明确问题的经验；②缺乏相关领域的专业知识；③急于得出答案；④具有辐合思维倾向——指人的思维只朝向一种问题解决的方法，与之相反的是发散思维。在实际的问题解决中，学生常常一看题目就很快能明白问题是什么，这主要是因为他们头脑中已有的相应图示被迅速激活，自然会联想出一个顿悟式的解决方案，直接进入第三阶段，即尝试解答阶段。如果没有现成的图式可循，就须先进入第二阶段——寻求解答的阶段。

第二阶段，寻求解答的阶段。在寻求解答的阶段，问题解决者需要一系列的算子，因为问题解决的过程就是利用算子从初始状态转变到目标状态的过程。算子指问题解决者把一种问题状态转变为另一种问题状态的认知或操作活动。有些算子可随问题空间的形成而获得，有些则需进行选择。当问题空间较小时，如三个圆盘的河内塔问题，正确的算子易于选择；当问题空间较大时，如象棋或围棋，则难于选择正确的算子，需应用一定的问题解决策略来进行。问题解决策略就是人们在解决问题过程中所运用的方案、计划或办法，它决定着问题解决的具体步骤。选择操作和确定问题解决策略密不可分，问题解决总是由一定策略来引导搜索的，因此可以将选择操作阶段同时看作确定问题解决策略阶段。纽威尔和西蒙（1972）认为，在问题解决过程中有两类通用的解决问题的策略：算法策略和启发式策略。算法策略（algorithm strategy）就是在问题空间中随机搜索所有可能的解决问题的方法，直至选择一种有效的方法解决问题。简而言之，算法策略就是将解决问题的方法一一进行尝试，最终找到解决问题的答案。算法策略的优点是它能够保证问题的解决，但是采用这种策略在解决某些问题时需要大量的尝试，因此费时费力；并且，当问题相当复杂、问题空间很大或者限定尝试次数时，人们很难依靠这种策略来解决问题；另外，有些问题也许没有现成的算法或尚未发现其算法，对这种问题算法策略将是无效的。启发法（heuristics method）是人根据一定的经验，只根据目标的指引，试图不断地将问题状态转换成与目标状态相近的状态，从而只试探那些对成功趋向目标状态有价值的算子。启发法不能完全保证问题解决的成功，但用这种方法解决问题较省时省力。常用的启发式策略有四种：

（1）手段—目的分析。

所谓手段—目的分析（mean-end analysis）是将需要达到的问题的目标状态分成若干子目标，通过实现一系列的子目标最终达到总目标。它的基本步骤是：①分析问题的初始状态和目标状态。②将问题的总目标分解为若干个子目标（每个子目标就是一个中间状态）。③找出完成第一个子目标的方法或操作，将初始状态向第一个小目标推进。④达到第一个子目标后，再选择手段向第二个子目标推进，如此循环往复，直至解决问题。如果某一手段行不通，就退回原来状态，重新选择手段，直至最终达到总目标。手段—目的分析是一种不断减少当前状态与目标状态之间的差别而逐步前进的策略。不过，有时人们为了达到目的，不得不暂时扩大目标状态与初始状态的差异，以便最终达到目标。在日常生活中，手段—目的分析是人们比较常用的一种解题策略，它对解决复杂的问题有重要的应用价值。

（2）逆向搜索。

逆向搜索（backward search）就是从问题的目标状态开始搜索直至找到通往初始状态的道路或方法。逆向搜索更适合于解决那些从初始状态到目标状态只有少数通路的问题。

（3）爬山法。

爬山法（hill climbing method）是类似于手段—目的分析法的一种解题策略。它是采用一定的方法逐步降低初始状态和目标状态的距离，以达到问题解决的一种方法。这就好像登山者，为了登上山峰，需要从山脚一步一步向上爬一样。爬山法与手段—目的分析法的不同在于后者包括这样一种情况，即有时人们为了达到目的，不得不暂时扩大目标状态与初始状态的差异，以便最终达到目标。

（4）目标递归策略。

所谓目标递归策略，就是从问题的目标状态出发，按照子目标组成的逻辑顺序逐级向初始状态递归。

总之，任何一个问题要得到解决，总要应用某个策略，策略是否适宜常决定问题解决的成败。但具体应用哪种策略，则既依赖于问题本身的性质和内容，也依赖于个体已有的知识和经验。

第三阶段，执行策略或尝试某种解答的阶段。指问题解决者实际运用算子来改变问题的起始状态或当前的状态，使之逐步接近并达到目标状态。这个阶段也叫执行策略阶段。选择了解答方案之后，自然要尝试这种方案。一般来说，简单的问题只需少量操作，选定的策略就能顺利实施；而复杂的问题则需一系列操作才能完成，有时甚至选定的策略也无法实施。在执行解答方案时，学生常常会犯错误。研究表明，学生常常是很有逻辑地或很有规律地犯"聪明的"错误。例如，在做减法时，总是用大的去减小的，而不管谁是被减数，谁是减数。因此，教师对学生在运算或解答过程中出现的错误仅仅做到一般性的提醒和向学习习惯与学习动机做归因，可能是不够的。

第四阶段，评价结果。指问题解决者对算子和策略是否合适、当前状态是否接近目标状态、问题是否已经得到解决等作出评价。例如，当前状态被评价为目标状态，则问题得到解决，否则需进一步选择算子和改变策略，甚至需重新表征问题空间。这一步看似简单，但也容易出现问题。因为学生往往会把得出一个或一组数据作为目标，而不管这一个或一组数据是否合理或说明问题，就急匆匆去做下一个问题了。年龄越小的学生越是如此。

2. 吉尔福特智力结构问题解决模式

1986 年美国著名心理学家吉尔福特在智力三维结构模型的基础上探讨了人类问题解决全过程。他在《创造性才能》一书中提出了智力结构问题解决模式（structure of intellect problem-solving model）。这一模式是以记忆贮存为基础，因为记忆为问题解决的心理操作提供各种信息，记录问题解决过程中的各种情况，并且对其不断进行评价。在记忆贮存的基础上，来自环境和来自身体的信息经注意过滤器后，利用记忆贮存对进入头脑的信息进行认知，即辨别其存在和认识其性质。然后找出问题解决的办法，即运用求异与求同两种思维形式。来自记忆贮存的许多信息沿途都在受到评价，因此，在获得理想的问题解决办法之前，可能会有一系列循环往复。这个模式的突出特点不仅在于它以智力结构模型为基础，结合信息加工过程，还在于它将问题解决和创造性有机地连在一起，使其成为一种有独特价值的问题解决模式，如图 8-4 所示：

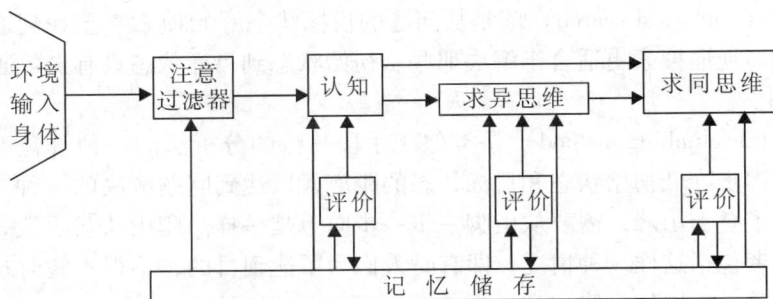

图 8-4　吉尔福特智力结构问题解决模式

（三）问题解决的通用模式

从上述几个富有代表性的问题解决模式中可以看出，早期心理学家所关注的问题解决大都集中在固定的问题或有明确答案的问题上，大都没有将问题解决看成一种创造活动，而是看成寻找固定答案的程序活动。大概正因为如此，奥苏贝尔和鲁宾逊将问题解决列为有意义学习的第五级，低于创造性学习。许多问题解决者由于受这样一种观点的支配，忽视问题解决过程中的创造性因素，似乎问题解决与创造的关系不大。因此，在问题解决模式中过多地强调记忆，尤其是长时记忆在问题解决中的作用，忽视了最不应当忽视的思维在问题解决中的作用，仅吉尔福特的智力结构问题解决模式对此有所改变。我们认为由于问题解决者的固定偏见所形成的定势，使问题解决模式没有很好地体现创造成分，对人的创造性的培养没有发挥其应有的作用，这是应当加以改变的。同时，从上述问题解决的各种模型可以看出问题解决的过程是分阶段的。中国心理学界在研究各种观点之后一般倾向于把解决问题的通用思维过程分为发现问题、明确问题、提出假设和检验假设四个阶段。这四个阶段在解决简单问题的时候可能并不明显，往往在发现问题的同时就明确了问题，在提出假设的时候就进行了推论性检验。但是在解决比较复杂的问题时，特别是解决创造性问题时，它们是明显存在的。不过，它们的出现不是简单的、线式的，而是反复的、交错的，并可能会出现多次的反复循环。

1. 发现问题

问题解决是从发现问题开始的。问题只有在被发现之后才能引起人们解决问题的思维活动。问题本身是客观存在的，有的问题较为明显，容易被发现；有的问题则比较隐蔽，不易被人发现。有人善于提出问题，有人对问题熟视无睹。研究表明，发现问题的能力是个体思维发展水平的重要标志。爱因斯坦说过，提出问题比解决问题更重要，因为后者仅仅是方法和实验的过程，而提出问题必须找到问题的关键、要害。一个人能否敏锐地发现问题，往往决定着他活动的水平和效率，甚至事业的成败。就个体而言，能否发现问题主要取决于三个因素：①个体活动的积极性。主体活动的积极性越高，接触面越广，就越能发现常人所发现不了的问题。②个体的求知欲望。有强烈求知欲望的人，不满足于对事物的一般了解，喜欢刨根问底，常能在别人习以为常的现象中发现问题。③个体的知识经验。知识经验愈丰富，视野就愈开阔，就愈容易发现问题；知识经验不足，就会影响问题的发现。

需要指出，据笔者多年的读书经验与育人经验，中国学子在解决问题过程中最关键的一步是发现问题。问题一旦被正确发现或准确提出来，在很多情况下解决起来就是一个相对容易的事情。因为在当前中国的教育中，许多问题可能都被家长或老师限定了，造成一些学生"不想""不敢"或"不会"发现问题。

所谓"不想发现问题"，其含义是一些学生虽然已拥有发现问题的能力，但是为了偷懒或不给自己添麻烦，遇到事情时不愿多想，巴不得没有问题，即便有问题，也不愿提出来。对于这类学生，若想增强其问题意识，有效方法之一便是适当地采取各种强化措施激发学生自觉发现问题的意识，使学生愿意去发现问题。

所谓"不敢发现问题"，其含义是一些学生虽然已拥有发现问题的能力，但是迫于教师或家长等权威施加的有形或无形的压力，明知有"问题"却不敢提出。因为在中国的一些所谓"权威"眼中，学生一旦善于发现问题，常常会被他们认作给自己"找麻烦"，进而时常会绞尽脑汁长给这些问题意识很强的学生"穿小鞋"。结果，一些学生通过观察学习逐渐意识到"听老师的话"的"好处"，老师怎么说，他就怎么做，即便真有问题，也"不敢"提出来了。对于这类学生，若想增强其问题意识，有效方法之一是：要逐渐健全学校的相关规章制度，既保证教师的合法权利不受侵犯，也要保证学生的合法权利不受侵犯，让学生能过上安全、健康、快乐的学校生活，只有这样做，才有助于学生敢于提出自己的问题。

所谓"不会发现问题"，其含义是一些学生缺乏发现问题的能力，虽然想提出问题，却不知道怎样发现问题。对于这类学生，就要教会他们一些常用的有效发现问题的方法。这些有效发现问题的常用方法有五种：①增加学识法。通过好学增强自己的学识，这是发现问题的有效方法之一。古人说得好："学然后知不足。"一个人通过学习，获得的知识越多，就越容易发现这样一个事实：不同学人对同一个问题经常会提出一些不同见解，甚至相互矛盾的见解。在这种情况下，自然就容易发现问题了。同时，一旦自己的学识增多了，就能善用追问策略，例如，追问他人所用某个概念的定义、追问他人作出某个判断的理由、追问他人所说几个不同事情之间的联系，等等，① 这样自然易发现新问题。②培育好奇心、想象力与怀疑精神。想方设法培育个体的好奇心、想象力与怀疑精神，凡事多想

---

① 袁岳. 提问有方法. 特别关注，2015（4）：31.

或多问几个"为什么""怎么样",是帮助学生做到善于发现问题的又一个有效方法。③缺点列举法。缺点列举法的基本假设是：世界上任何事情都不可能十全十美，都存在这样或那样的缺点，都有值得改进的地方，尤其当一个事物本身还不够好或一件事情做得还不够好时更是如此。缺点列举法就是通过发现事物的缺陷，列举缺点，从而发现问题的方法。缺点列举法既可以个人运用，也可以集体运用。个人运用，首先是寻找目标，然后发现缺点，进行改进。集体运用，也是先要寻找缺点，然后集体攻关，其具体步骤是：第一步，围绕某一主题开一次小型会议，集体列举缺点，列举得越多越好。会议的成员一般在5～10人之间。第二步，对列举缺点进行编号，记录并分出主次。第三步，提出改进措施。④希望点列举法。希望点列举法是从人们的希望出发，并依据希望提出问题的方法。它与缺点列举法的根本区别是：缺点列举法从事物的原型出发进行列举，而希望点列举法从个体的愿望出发进行列举，这样，后者比前者具有更高的要求、更大的主动性和灵活性。希望点列举法既可以个人运用，也可以集体运用。在集体运用时可遵循下列步骤：第一步，按照事先认定的主题召开希望点列举会议（每次5～10人）。倘若与会者会前有所准备当然更好。第二步，发动与会者提出各种各样的希望点，并将即时记录公布于众，以便避免重复，促进相互启发。时间可由主持会议的人依据具体情况而定。列举的希望点越多越好。第三步，会后整理，从中选出当前可能实现的若干项进行研究，制订出具体的革新方案。希望点列举法应用的范围很广。但在集体应用时应当注意，切忌批评指责别人的观点，而自己希望的都可列举，多多益善。⑤学会换一种思路或角度看待问题。在思考某一问题时，有时沿着惯常思路去思考不易发现问题，这时，换一种看问题的角度或思路就易发现问题。

2. 明确问题

问题解决的第二个阶段是明确问题。明确问题就是认清问题的关键。只有认清问题的关键，思维活动才会有明确的目标，才能有条不紊地围绕问题的核心展开。要明确问题就必须分析问题。任何问题都包括要求和条件两个方面，这是问题构成的最普遍的形式。要求是指问题解决要达到的目标，条件是指问题解决过程中所能利用的因素和必须接受的限制。分析问题就是要分析问题的要求和条件，找出它们之间的联系，把握问题的实质，确定解决问题的方向。例如，有一个用20个硬币围成的正方形（如图8-5所示），请你挪动其中的任何一个而使其四边的硬币数相等。这里的要求是使四边的硬币数相等，条件是只能挪动一个硬币。经过思考你就会发现：问题的关键是从右上角取出的那一个硬币必须当成两个使用，即它应既是"左边"的一个，又应是"下边"的一个。明确了问题的关键，办法会随之而来：只要将从右上角取出的那个硬币重叠地放在左下角那个硬币上就行了。如果对问题的要求和条件理解得不正确，解决问题的思维活动就会误入歧途。

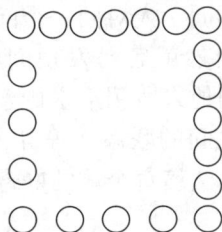

图 8-5　巧取硬币

3. 提出假设

问题解决的第三个阶段是提出假设。提出假设就是提出解决问题的可能途径、方法和策略。学生提出的解题设想、教师制订的教学计划、医生选定的治疗方案，在正式实施之前都具有假设的性质。提出假设是具有创造性的阶段，也是解决问题的关键步骤。没有假设，问题就无法解决，提出假设是科学发展的必由之路。一般而言，对同一个问题个体往往会提出多种假设，这就需要进行选择，以确定最佳方案。最佳方案的产生不在于假设的数量，而在于假设的合理性即假设的质量。不过，质量和数量是紧密地联系在一起的。良好的假设常常是从众多的假设中挑选出来的，所以思路开阔、能够提出多种假设的人一般是善于解决问题的。提出假设的数量和质量取决于两个条件：一是个体思维的灵活性。思维越灵活，越能多角度地分析问题，就越能提出众多合理的假设。二是个体已有的知识经验。与问题解决相关的知识经验越丰富，就越有利于扩大假设的数量并提高其质量。

4. 检验假设

问题解决的最后一个阶段是检验假设。检验假设就是通过一定的方法来确定假设是否合乎实际、是否符合科学原理。检验假设的方法主要有两种：一是直接检验，即通过实践来检验。实践是检验真理的唯一标准。一个假设在付诸实施之后如获得预期的结果，它就是正确的；否则，它就是不正确的。二是间接检验，即通过推论来检验。直接检验虽然可靠，但局限性很大，有些假设不可能或不允许进行直接检验。例如，军事指挥员的作战计划、外科医生的手术方案、教师课前对教学程序的安排等，一般都不能采取实践检验的策略。在确定这些计划、方案和安排的时候，都必须进行可行性检验。这种检验是在当事人头脑中用推论的方式进行的。通过推论淘汰错误的假设，保留合理的假设，选择最佳的假设，这是人们在问题解决过程中最常用的检验方法。当然，间接检验的结果是否正确，最终还是要由直接检验的结果来证明的。

三、问题解决的影响因素

问题解决受多种因素的影响，有客观因素，也有主观因素，有些因素能促进问题的解决，有些因素则妨碍问题的解决。

（一）影响问题解决的环境因素

"文化传统"和"自由"是影响问题解决的两个重要环境因素，这两个因素留在下文"影响创造力的因素"中进行探讨，这里不多讲。

1. 问题情境

问题情境是个体面临的刺激模式与其已有知识结构所形成的差异。一般而言，如果呈现的刺激模式能直接提供适合于解决问题的线索，就有利于找到解决问题的方向、途径和方法；反之，如果刺激模式掩蔽或干扰了问题解决的线索，那就会增大解决问题的难度。如图 8－6 中的 a、b 两图，已知圆的半径为 2 厘米，求圆外切正方形的面积。这两个图的已知条件是相同的，但图 b 比图 a 的问题较容易解决。这是因为在图 b 中人们很容易发现圆的半径为正方形的边长的 1/2，而在图 a 中由于半径和正方形分开，人们便不易发现圆的半径和正方形的关系。这里的难易差别是由呈现的刺激模式造成的。在学习和日常生活中，也经常出现本来是简单而熟悉的问题，由于问题呈现的方式有了改变，而干扰或阻碍问题解决的情况。

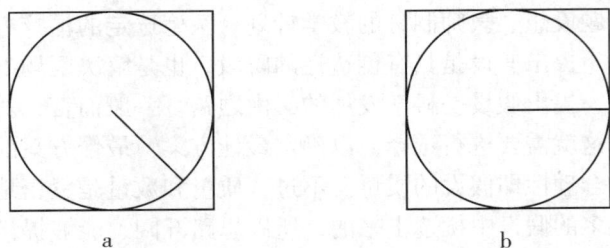

图8-6　刺激呈现模式对问题解决的影响

2. 原型启发

在问题解决过程中，原型启发具有很大作用。所谓启发，是指从其他事物上发现解决问题的途径和方法。对解决问题产生启发作用的事物叫原型。自然现象、日常用品、机器、示意图、文字描述、口头提问等，都可以作为原型，对问题的解决产生启发作用。据说，鲁班就是被丝茅草割破手后，才灵机一动，发明了锯子；贝尔从耳朵的生理结构受到启示，发明了电话受话器；莱特兄弟从飞鸟和一架装有螺旋桨的玩具中受到启发，发明了飞机。科学上的许多创造发明都得益于原型启发。原型之所以能起到启发作用，是因为原型与要解决的问题之间存在着某些共同点或相似处。通过联想，人们可以从原型中间找到解决问题的新方法。现在发展仿生学，目的就是向生物寻找启发，通过模拟实现新的技术突破。当然，某种事物对问题的解决者是否具备原型启发作用，一是看原型与要解决的问题有无特征上的联系或相似之处，相似性越强，启发作用越大；二是看主体是否处于积极的思维状态，如果主体能积极主动地联想和类比推理，对原型与要解决问题之间的相似性进行移植和改造，那就可能产生解决问题的新方案。假若问题的解决者思维状态过于紧张，可能就不太容易发现相似点。也需指出，原型有时也可能限制人的思维的广阔性。所以，要辩证地看待原型在问题解决中的作用。

3. 人际关系

"一个好汉三个帮，一个篱笆三个桩"之类的谚语明白无误地告诉人们，一个人拥有良好的人际关系，往往有助于其解决面临的各类问题。

（二）影响问题解决的个体因素

影响问题解决的个体因素众多。例如，个体的动机水平、个体的智力与智慧水平、个体的认知风格、个体的人格特征和个体的价值观等不仅直接影响着问题解决的动力，而且也制约着问题解决的方向和效果。这些内容在"普通心理学"课程里已有论述，这里不多讲，只选择其中的几个要点略作说明。

1. 知识经验

任何问题解决都离不开一定的知识、策略和技能，知识经验的不足常常是不能有效解决问题的重要原因。例如，有这样一个问题：一只熊从P点出发，向南走1里，然后转向东走1里，再转向北走1里便回到了它出发时的P点。问这只熊是什么颜色？如果不具备一定的知识，你不仅无法解决这个问题，而且会感到这个问题很荒谬。但是，如果你具备了必要的有关知识，你就会感到这个问题是合理的，而且会认定 *P* 点是北极的顶点，这只熊是白色的。这些知识是：地球是圆的；在北极的顶点上向南走 1 里，转向东走 1 里，再左转向北走 1 里便可以回到原出发地；北极的熊是白色的，而南极的熊则不是。有些问题的解决需要专门领域的知识、技能和策略，专门的知识经验对于解决问题至关重要。这方面的研究集中体现在专家（具备某一领域的丰富知识经验并经过长期专业训练的人）和新手（具备某一领域的必要知识经验但未经过长期专业训练的人）差异的研究上。研究发现，专家和新手的知识结构特征不同。专家记忆中的知识是经过很好地组织的，在搜寻解决问题的途径时能很好地得到运用。在解题策略上，专家运用的是从已知条件前进到目标的策略；新手则倾向于从要求解的问题倒退到已知条件的策略来解题。同时，专家更多地利用直觉即生活经验的表征来解决问题；而新手则更多地依赖正确的方程式来解题。研究还发现，专家不仅具有丰富的陈述性知识，而且他们的心智技能和认知策略的特点也不同于新手。在解题方式上，专家常常以更抽象的方式表征问题，他们一般不需要中间过程就能很快地解决问题；而新手需要很多中间过程，并且需要有意识地加以注意。格拉泽和齐（R. Glaser & M. T. H. Chi, 1988）对有关的研究作了系统的概括，他们认为，专家与新手解决问题的能力差异表现在六个方面：①有意义的知觉模式的差异。专家具有较大的有意义的知觉模式。如围棋高手一眼能看出多个棋子的位置，而新手或许一眼只能看到一两个棋子的位置。②短时记忆与长时记忆的差异。专家在他熟悉的领域，其短时记忆的容量大，也有较优越的长时记忆的能力；新手则反之。③技能执行速度的差异。专家在基本技能方面的掌握已达到高度熟练的程度，甚至达到自动化水平，故而解决问题时需要的时间短；新手则反之。④用于表征问题的时间差异。在解决常规问题时，专家比新手快得多。但在解决困难的新问题时，专家用于表征问题的时间比新手要长一些。原因是他们有更多可利用的知识，他们需要思考与当前问题最相关的是什么知识。⑤表征的深度差异。当遇到一个新问题时，专家能很快抓住问题的实质，根据问题的内在结构表征问题。⑥自我控制技能的差异。专家倾向于更频繁地检查自己对问题的解答，而且这种检查的效果比新手好。可见，专家与新手解决问题的能力差异可以归结为他们在掌握的结构化、组成图式的知识、熟练的技能和灵活的解题策略上的差异，换言之，可以归结为解题者在掌握的陈述性知识、作为程序性知识的智力技能与作为特殊程序性知识的认知策略上的差异。既然如此，某个领域内的新手若想尽快成为此领域的专家，就必须按专家的知识特点对自己进行训练。

同时，知识的表征方式也能影响问题的解决。例如，9 点连线图问题（如图 8 - 7 所示）。

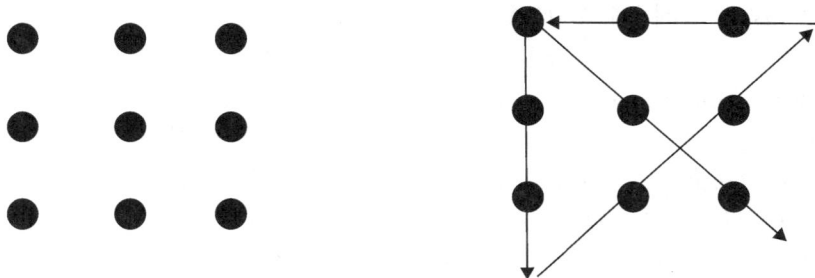

图 8 - 7　九点连线图

实验时要求将图中的 9 个点用不多于四条的直线一笔连在一起。人们常常不能成功地解决这一问题，其原因在于，9 个点在知觉上组成了方形，人们总是试图在这个方形的轮廓中连线，这样，知识的表征方式阻碍了问题的解决。如果在实验前告诉被试，连线时可以突破方形的限制，被试的成绩就会得到很大的提高。

2. 定势与功能固着

（1）定势。

人在解决一系列相似的问题之后会出现一种易于以惯用的方式解决问题的倾向，这就是定势。定势作用有时可以促进问题的解决，因为借助于它可以减少尝试错误的过程。不过，定势作用也往往阻碍问题的顺利解决，尤其是当前后两次遇到的问题情境类似，但解决问题的方式不同甚至恰好相反时更是如此。例如，中国内地交通的一项基本规则是车子与行人都走路的右边，但在中国香港则是车子与行人都走路的左边。这让初到香港的许多内地人士一时都难以适应。又如，"两个 1 组成的最大数字是 11，三个 1 组成的最大数字是 111，问：4 个 1 组成的最大数字是多少"，若回答是"1111"，那说明就受到了定势的影响，正确回答是"11 的 11 次方（11^{11}）"。可见，当一个人连续用同样的方法解决某类问题并屡获成功之后，在解决与之相类似的新问题时，便会习惯性地采用原先的方法而不去作别的尝试。顺便指出，定势作用造成的思维惰性有时是颇顽固的。因此，假若一个人发现自己在解决问题时钻了"牛角尖"，那么就应该努力使自己挣脱出来，寻求新的解决方案。

（2）功能固着。

功能固着是一种从物体的正常功能的角度来考虑问题的定势。也就是说，当一个人熟悉了一种物体的某种功能时，就很难看出该物体的其他功能，而且最初看到的功能越重要，就越难看出其他的功能。在邓克尔（Duncker）的著名"蜡烛问题"实验中，桌子上有三个硬纸盒，盒里分别装着图钉、火柴和蜡烛。要求被试用桌子上的这些物品，将蜡烛垂直地竖立在木板墙上。解决的方法很简单：把硬纸盒钉在墙上，再以它为台基竖立蜡烛。但许多被试不会如此解决问题，因为他们看到的是装着东西的纸盒，于是他们只把纸盒当作容器而看不出纸盒还有别的用途。而当问题情境稍微进行变更，把纸盒里的图钉、火柴和蜡烛等倒出来，把它们和空纸盒一起放在桌子上，则绝大多数被试能正确地解决问题，因为他们看到的是空纸盒，于是对纸盒的其他功能作了更广泛的思考与理解。

3. 酝酿效应

当一个人长期致力于某一问题解决而又百思不得其解的时候，如果他暂时停下对这个问题的思考去做别的事情，几小时、几天或几周之后，可能会忽然想到解决的办法，这就是酝酿效应。例如，法国著名数学家彭加勒为了解决不定三元二次方程式的算术转换问题，曾经夜以继日地思考，但未获得成功。后来他干脆丢下这个问题不想，到海边小住。一天早上他在散步时心中顿起一个念头，认为不定三元二次方程式的算术转换跟非欧几何上的转换是相同的，于是问题得到了解决。酝酿之所以有利于问题的解决，可能与对定势的克服有关。在解决问题的初期，人们往往以某种方式或依靠某种知识结构进行思维。如果最初的这种心理状态是适当的，被试就可能解决问题；假若不适当，被试的解决步骤将始终是不恰当的，问题就不能解决。如果暂时停止对那个问题的思考，人们就有可能打破原来不恰当的思路，从而形成解决问题的合理步骤。

4．情绪状态

情绪状态影响问题解决的效果。就情绪强度而言，在一定限度内，情绪强度与问题解决的效率成正比，但情绪过于高昂或过于低沉，都会降低问题解决的效率。相对平和的心境有利于问题的解决。同时，情绪的性质也影响到问题解决。一般地，积极的情绪状态有利于问题解决，消极的情绪状态则不利于问题解决。

四、问题解决的策略

问题解决的策略既是妙用知识的技巧，也是思维的策略。除了上文所讲的纽威尔和西蒙等人所提出的策略，还有一些来自生活的人生智慧。一般而言，在明确了某一个问题后，运用纽威尔和西蒙等人所提出的策略来解决问题非常有效；但是，在确定人生大方向之类的问题时，来自生活的人生智慧更具实用性。

1．辩证地看待自己所拥有的长处，既不自卑也不自傲

从正面说，指按自己的思维长项来寻找自己的学习定位与创造定位，这样做既有助于培养自信，又能充分发挥自己的才华。爱因斯坦的思考方式偏向于直觉，于是选择理论物理作为事业的突破点，取得了相对论的成就；爱迪生偏向于观察，于是选择发明，成为"世界发明大王"。从反面讲，既不自卑也不恃才自傲，不能将自己的长处变成自己的弱点，在自己的长处上"栽跟头"。《淮南子》卷一《原道训》说："夫善游者溺，善骑者堕，各以其所好，反自为祸。"说的就是这个道理。

2．学会寻弱，切勿盲目跟风

在当今世界，几乎没有什么全新的领域，所有领域均有许多人在做，因此一个后来者若想早日干出成绩，就不能盲目跟风，而必须学会先分析自己所从事领域的具体情况，摸清此领域在当前存在的弱点，摸清哪些问题既重要又是别人研究的薄弱环节，从而找到自己学习和创造的突破口。如美籍华人、诺贝尔物理学奖获得者李政道就通过这种方式，仅用了几个月，就找到了一种新的孤子理论，用来处理三维空间的亚原子问题，于是，在这个领域里，他便从一无所知一下子赶到别人前面。

3．学会聚焦，拒绝蜻蜓点水

贝索是爱因斯坦的朋友，被誉为"相对论的助产士"。他知识渊博、思维敏捷，但一辈子却没有什么建树。为什么？因为他兴趣过于分散，到处蜻蜓点水，没有将知识与能力聚焦。与此相反，爱因斯坦的知识未必有他渊博，但紧紧围绕相对论等一些关键问题进行学习与思考，所以才取得举世瞩目的成就。[①] 所以，《老子·八十一章》说得好："知者不博，博者不知。"[②]

4．学会变通地使用知识，不要死守知识

这体现了创造性思维中的变通性。在知识爆炸的时代，任何一个人所掌握的知识都是有限的，只有具备变通、灵活地使用知识的能力，而不是死守某一知识在某一方面的价值，才有可能将知识的利用价值发挥到最大程度。在教育心理学上，这就是所谓的学习迁移。《庄子·逍遥游》的一则出售"防手开裂药物"的故事表明，同样一种知识，假若一

---

① 吴甘霖．用智慧统率知识——21世纪的智慧宣言：上．读者，2002（6）：48.
② 陈鼓应．老子注译及评介：修订增补本．北京：中华书局，2009：348.

个人会加以灵活运用，其价值是不可估量的；假若只是死用知识，可能就越学越"笨"。

5. 学会适时放弃，切忌"什么都要"的心理

2002 年偶读一篇题为"有一种智慧叫放弃"①的文章，用故事的形式将此中的道理形象地说了出来。

五、促进问题解决的教学策略

问题解决是运用学得的规则解决问题的心理历程。经过问题解决所学到的不再是单一规则的运用，而是多个规则的相互配合。显然，在提供问题让学生解决之前必须确定学生对解决该问题所需要的各项规则已经了解，这是问题解决学习的内在条件。影响问题解决学习的外在条件，是教师在提出问题时必须先对问题情境有所说明。教师必须针对学生对问题理解的程度，给予适度的解释，以使学生的先备知识与问题情境相衔接，然后才能期望学生将已知的有关规则适当地配合运用在问题关键上而获得解决。问题解决的能力是可以通过学习提高的，通过适当的教学策略可以帮助学生有效地提高解决问题的水平。一般说来，采取以下几种措施可以有效提高学生的问题解决水平。

（一）促进学生形成合理的知识结构

知识的质量集中体现在知识的合理性程度上。现代心理学认为，合理的知识结构有利于同化旧有知识或概念、形成新的观念或概念。合理的知识结构一般包括四个特点：①具有高度准确性、着眼于联系的概念。创造离不开概念的结合，概念越明确，联系功能越强。新的观念就越容易形成，创造性思维就越容易展开。②具有双重知识结构。包括按逻辑关系建立的微观结构和在此基础上建立起来的以主题为中心的从一般到特殊的宏观结构。这样的结构因加强了联系的可能而更有利于创造。③具有大容量的知识功能单位。知识功能单位指的是一组在内容上有必然逻辑关系的信息。知识功能单位容量越大，思维的跨度越大，跳跃性越强，创造的可能性也就越大。④具有大量程序性而不仅仅是陈述性知识。陈述性知识往往就事论事；而程序性知识则要求明确条件的线索，相对来说，其实用性较广，迁移性较强，这既有助于问题解决，也有利于创造。由此可见，知识结构越合理，知识的质量越高，解决问题的能力就越强，创造力也就越强。因此，在教学中教师应当通过不断改进教学促进学生形成合理的知识结构。

（二）帮助学生掌握问题解决的策略

要提高学生解决问题的水平，帮助学生掌握和运用问题解决的策略是不可缺少的教学手段。20 世纪 70 年代以来的大量研究表明，问题解决能力的提高直接依赖于问题解决策略的训练。通过对解决问题过程的理论分析和对成功的与不成功的解题者的比较观察，心理学家提出了帮助学生提高解决问题能力的几个基本步骤：第一步，建立接纳意见的气氛。教师应鼓励学生积极地投身于问题解决的活动之中，创造性地看待问题，要让学生有时间酝酿和讨论。如果学生觉得他们的想法会受到教师的认真考虑并有可取之处，他们就会更愿意投入问题解决的活动中来。因此，教师要注意创设一个接纳学生意见的氛围，增

---

① 老丁. 有一种智慧叫放弃. 故事会，2002（2）：30.

强学生参与解决问题活动的动机。第二步，鼓励学生仔细地界定问题。学生在试图解决问题之前必须正确理解问题。教师应鼓励学生对问题进行简要的陈述和明确的界定，并让学生进行练习，检查他们对问题的目标状态、已知条件及其相互关系是否理解，以培养学生仔细界定问题的习惯。第三步，教育学生分析问题的方法。教师应通过具体实例向学生示范如何分析问题，教育学生区分重要信息和次要信息；然后让学生考虑并写出他们面临的问题是什么，必须使用哪些条件，以及运用它们来解决问题，学会对问题的解决作出规划。第四步，鼓励学生从多角度提出假设。在明确问题的基础上，教师应鼓励学生从不同的角度尽可能多地提出各种假设，而不要对这些想法进行过多的评判，以免过早地局限于某一解决问题的方案中。这时，重要的是数量而不是质量。第五步，评价每个假设的优缺点。学生提出多种假设后，教师应引导他们考虑各种假设的意义，评价其可行性。当几种解决问题的方案都可行时，它们之中必定有一个是耗时最少的。同时，也要引导学生把时间价值、金钱投入和道德要求结合考虑，以帮助学生选择最好的假设。第六步，考虑影响解决问题的因素。教师应让学生了解习惯定势、功能固着、酝酿效应、动机情绪、知识经验、问题情境等对问题解决有什么影响，发挥这些因素的积极作用和克服其阻碍作用的有效策略是什么。第七步，提供问题解决的机会并给予反馈。问题解决能力的提高是不断地解决问题的实践的结果。教师应提供各种机会让学生实际地解决现实生活和学习中的问题，使学生在成功地解决问题的过程中得到满足；同时，教师应对学生问题解决的情况给予反馈，帮助学生分析存在的障碍，并教授他们克服障碍的方法，以促进其解决问题能力的提高。[①]

（三）使学生养成活学活用知识的习惯

通过教学活动使学生养成活学活用知识的习惯，对于培养他们问题解决的能力是非常有帮助的。活学活用知识不但帮助学生不断改组知识、重新表征知识，而且它本身就是问题解决的过程，甚至是一种创造过程。许多创造其实不过是对已有知识的改组或重建；或将此领域的知识运用于彼领域，或将彼领域的知识运用于此领域，结果产生了"他山之石，可以攻玉"之效。因此，教师在教学中不仅要将知识准确系统地传授给学生，而且要帮助学生改组和重建自己的知识，不断地扩大知识的迁移和应用领域或范围。通过这种持之以恒的训练，学生解决问题的能力以及创造能力一定会得到提高。

第二节　创造力的培养

一、创造与创造力

"创造"在学术界是一个颇有争议的概念，有人侧重创造的过程，有人侧重创造的结果，亦有人强调其所发生与发展的来源。目前比较趋于一致的看法是：创造（creativity）是指人们运用新颖的方式解决问题，并能产生新的、有社会价值的产品（包括物质的和观念的产品）的心理过程。它是问题解决的最高形式。与此相对应，创造力指人们根据一定

---

①　伍新春．高等教育心理学．2 版．北京：高等教育出版社，1999：253.

目的，运用各种信息，生产出某种新颖、有社会价值的产品的能力。要准确理解创造与创造力这两个概念，必须抓住它们的两大核心特质，这两大核心特质是它们与其他相近概念的根本不同，也是从概念上判别创造与创造力的基本标准：①新颖性（originality）。新颖性意味着：创造性思维和产品相对于创造者自身或创新环境而言应具有新颖、独特的品质。①依"新"的程度不同，可以将创造分为两种：第一，真创造，指最终产生了对人类来说是新的和有社会价值的成品的活动，如重大发明、创造和革新等；第二，类创造（类乃类似之义），指思维成品对个人来说是新的而对人类来说是已知的创造。类创造与真创造的创造过程在本质上是相同的，所不同的是产品的层次差别。从整个人类的视角看，类创造是手段，真创造才是目的。假若对"新"作上述理解，那么创造和创造力就不仅表现在较为罕见的真创造之中，也表现在更为常见和普遍的类创造之中，相应地，创造和创造力就不再是什么神秘的事情，就不再像过去那样被认为是极少数人的天赋或极少数天才的"专利"，而与多数人无缘，恰恰相反，任何身心健康的人都有创造力。正如吉尔福特（J. P. Guilford）所说："迄今人们获得的最有意义认识之一是，创造力再也不必假设为仅限于少数天才，它潜在地分布在人口中间。"于是，培养学生的创造力或创造精神就成为教育所追求的重要目标之一。②适宜性（appropriateness）。适宜性可归纳为：创造性思维和产品对创造者自身或问题情境具备"有用性"（useful）或是对创新环境"有价值"（valuable）。这意味着创造性思维和产品要"有社会价值"，否则，精神病患者的一些奇异想法也是"创造"了。当然，这里所说的产品是指以某种形式存在的思维成果，它既可以是一种新概念、新设想、新理论，也可以是一项新技术、新工艺、新产品。另外，由于"社会价值"不好认定，Sternberg 等人干脆主张创造力是指个体产生新颖且有适宜性思想或产品的能力。其中，当产生的新思想或产品仅对当事人或当事人所属小集团具有实用价值但对多数人或整个社会却造成伤害时，这种创造力就叫负创造力；如果产生的新思想或产品不但不会损害他人的正当权益，还能长久地增进他人或自己与他人及整个社会的福祉，这种创造力就叫正创造力。②

与创造、创造力密切相关的一个概念是创造性思维。有人认为，创造性思维是创造（力）的核心；也有人主张，创造性思维就是创造性或创造力。所谓创造性思维（creative thinking），是指个体在已有经验的基础上，发现或发明新的且有价值的事物或方法的一种思维方式。创造性思维具有以下四个特点，对创造性思维质量的高低，一般也是通过这四个指标来评价的：①流畅性。流畅性（fluency）指单位时间内产生观念数量的多少，所以也称思维的丰富性。在同样的单位时间（如 1 分钟之内），一个人产生的观念越多，其思维流畅性越大。②变通性。变通性（flexibility）也叫思维的灵活性，是指摒弃旧的思维习惯而开创新的解决问题的方法的能力。变通性用来衡量思维活动能否触类旁通、举一反三，是否具有变异性，能否多角度、多方向思考问题的灵活程度。③新颖性。衡量创造性思维质量高低的最重要指标是新颖性（originality，也译作"独特性"）。新颖性是指对问题能提出越乎寻常的、独特新颖见解的能力。这体现了创造性思维超乎寻常的新奇程度。在评价一个人创造性思维能力大小时，除了要看他思维的流畅性与变通性外，更要看他的思维结果是否新颖、独特。例如，对砖头的用途，就流畅性来看，也许一个人能想出许多

① 贡喆，刘昌，沈汪兵. 有关创造力测量的一些思考. 心理科学进展，2016，24（1）：31.

② STERNBERG R J & LUBART T I. Investing in creativity. American psychologist, 1996, 51 (7): pp. 677 – 688.

砖头的用途；从变通性来看，也能从不同角度来列举，但如果所想出的这些用途都太一般、太普通，那依然不能说他的创造性思维是高质量的。而在"曹冲称象"中，曹冲把石头作为称象的工具，就显得十分独特了。④敏感性。敏感性是指能及时把握住独特、新颖观念的能力。创造性的观念常常不是任何人都可以随心所欲加以控制的，它需要我们有敏锐的感受性。富有创造性思维的人也是善于评价和及时把握独特、新颖观念的人。例如，发明家对新点子非常敏感，而保守者对新事物不敏感。

二、创造的过程

创造常常不是一蹴而就的，它是一种艰苦的劳动过程，从具有某种创造意识的新思想的萌发到具有一定社会价值的新产品的诞生，在心理上要经历一定的阶段。对此，许多学者都做过阐述，仁者见仁，智者见智，其中最著名的当属四阶段论，即将创造过程分为四个阶段的一种观点，其主要代表是英国心理学家华莱士（G. Wallas）。华莱士在对大量科学家、艺术家创作时思维活动过程的分析，以及对他们的日记、传记和回忆录进行研究的基础上，于1926年提出了迄今为止在心理学界影响最大并被普遍接受的创造过程四阶段论。他认为，任何创造活动的过程都包括准备阶段、酝酿阶段、明朗阶段和验证阶段。

第一阶段是准备阶段。在此阶段中创造主体首先要明确解决的问题，然后在此基础上围绕问题收集有关资料，以及前人对同类问题或相关问题的研究成果。同时，试图使获得的资料信息概念化和系统化，并开始尝试和寻找初步的解决方法，但未能得到解决，处于僵持状态。例如，青年时期的爱因斯坦就因为物理学中的基本问题感到不安，尤其是光的速度问题。他日夜思考这个问题，长达7年之久。当他考虑到时间概念时，忽然觉得萦回在头脑里的问题可能获得解决了。这时他只经过5周的时间就完成了世界闻名的相对论研究。关于相对论的研究论文虽在几周的短时间内写出，可是从开始想到这个问题，直到全部理论的完成，其中经过7年的准备工作，这不是白费的。

第二阶段是孕育阶段，又叫潜伏阶段、酝酿阶段或沉思阶段。处于这一阶段的创造主体对第一阶段获得的资料信息进行了深入的探讨和思考，如果思路阻塞，可将问题暂时搁置，这时人的思路似乎中断，实际上仍在潜意识中进行。潜意识的参与是该阶段的最大特点。著名哲学家、数学家罗素的一段话有助于人们对孕育阶段的理解。他说："我发现，如我要写一篇题目比较难的文章，最好的计划是努力加以思索——尽我一切可能努力思索，用几个小时或者几天，最后再命令工作转入潜在状态。几个月之后，我有意识地再回到这个题目，发现工作已经完成了。在我发现这个技巧之前，我往往因为毫无进展而连着几个月忧心忡忡。解决问题并不能靠忧虑，那几个月的时间等于白费。现在，我可以将这几个月用在其他的追求上了。"

第三阶段是明朗阶段，又叫灵感期、顿悟期或豁朗期，是新思维、新观念、新形象产生的时期。进入该阶段创造主体感到要解决的问题一下变得豁然开朗。例如，在西西里岛上有一个脍炙人口的传说。公元前3世纪，国王亥厄洛要金匠给他造了一顶纯金王冠。他怀疑金匠做了手脚，有的原料不是纯金，而是夹杂了部分白银。国王要数学家阿基米德确定事实真相。阿基米德苦苦思索了好长时间，还是没有找到检验的方法。在一次洗澡时，他突然看见自己的身体使一些水漫出了浴盆，顿时恍然大悟。要确定王冠是否货真价实，只要看看王冠所漫出的水量是否与同等重量的纯金漫出的水量相同即可。如果不同，那么王冠中一定掺了假。想到这里，阿基米德跳出浴盆，光着身子向家中跑去，一边跑一边喊："我找到了！我找到了答案！"这就是著名的阿基米德定律的雏形。可见，明朗阶段的到来既具有必然性又具有偶然性。说具有必然性，是因为明朗阶段是创造主体长期艰苦劳动、深思熟虑的必然结果。正如俄罗斯著名画家列宾所说，灵感是对艰苦劳动的奖赏。又如柴可夫斯基所说，灵感是一位客人，他从不拜访懒惰的主人。阿基米德之所以能在步入浴盆的那一刹那间发现浮力定律，是因为他早就在数学、力学等方面有精深的造诣，同时他对解开金冠之谜进行了长期思考，没有上述这些条件，他就是十次、百次步入澡盆也悟不出浮力定律。同时，明朗阶段的出现也具有偶然性。它往往因受到某一原型的启发或在某种紧张之后的松弛状态下忽然闪现在人们的头脑中。在明朗阶段，创造主体常常伴随着强烈而明显的情绪变化，这一情绪变化是面临问题解决的一刹那出现的，是突然的、完整的、强烈的，给创造主体以极大的快感。

最后阶段是验证阶段，又叫验证期，即将准备阶段所提出的假设和明朗阶段所获得的思维成果进行具体的运用和检验。这种证实可采用两种形式：一是逻辑推理的形式，二是通过实验或实践活动。当然，最终的证实要靠人类的实践。正如列宁所说："人的和人类的实践是认识的客观性的验证、准绳。"验证阶段是创造过程不可缺少的阶段，只有经过这个阶段，才能知道提出的假设是否具有真理性，如果发现错误则必须及时修正补充。英国著名数学家、哲学家罗素说："如果一个命题没有根据来证实它是真的，就不要相信它。"如爱因斯坦曾预言光的射线在一个较大的物体上，由于引力的作用而弯曲。这一预言在天文学家观察 1919 年日全食特殊天象时得到证实，随后才普遍被人们接受。恩格斯曾高度评价元素周期律的发现，不过，元素周期律也是在被实践和实验证明后才得到人们的认可的。

三、影响创造力的因素

（一）影响创造性思维的个体因素

1. 个体的智力与创造力

对于智力与创造力的关系，学术界有两种截然不同的看法。一种观点认为，创造力不仅是智力的组成部分，而且是智力的最高层次。苏联学者及西方大部分学者大都持这种观点。另一种观点认为，智力与创造力的相关程度很低，二者关系不大。这是一部分西方学者所持的观点，可见对此问题是有争论的。为什么会出现上述分歧呢？这有两方面的原因：一方面，由于目前智力测验的项目狭窄，还主要局限于语言和逻辑运演方面的是非正误，较少测验想象、理解和创造方面的水平。换言之，创造力还有一些智力测验所没有测验或无法测出的品质，正是由于这些品质的参与，才实现单纯智力无法完成的创造。[①] 另一方面，创造力比起智力，受到兴趣、爱好、情绪、意志、动机等意向的制约更大，受到客观环境的影响也较深。[②] 目前比较一致的看法是，创造性与智力的关系是一种既相对独立又在一定条件下相关的非线性关系：①低智商不可能有高创造性；②高智商可能有高创造性，也可能只有低创造性；③低创造性者的智商水平可能很高，也可能很低；④高创造

---

① 邵瑞珍. 教育心理学：修订本. 上海：上海教育出版社，1997：146.
② 丁润生，胡金贤，等. 无尽的宝藏——智力开发学研究. 重庆：重庆出版社，1988：67-68.

性者必须有高于一般水平的智商。① 这种非线性关系可用图8-8表示：

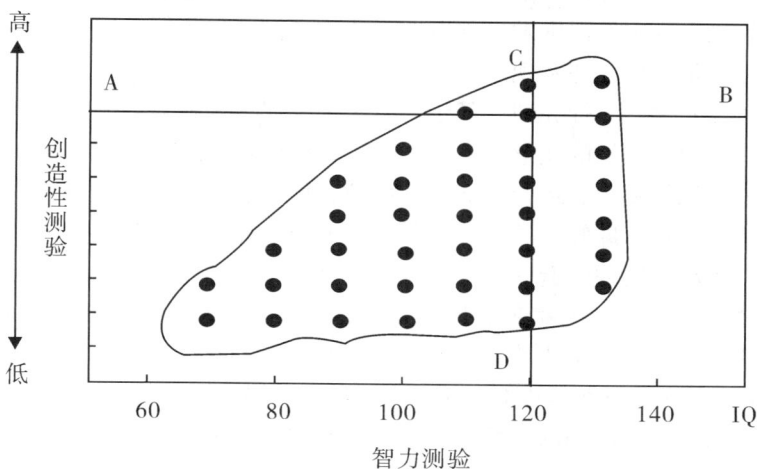

图8-8 智力与创造力的关系

德尔斯和盖尔的研究发现，智商在120以下的儿童，没有发现有高创造才能的，智商在130~140的儿童，创造力也很低。推孟等对1 000多名高智商者的发展情况进行了长达40年的追踪研究，发现其中也有没有高创造才能的。吉尔福特对智商在70~140的中学生进行创造性测验，然后把两个测验的得分按代数原理找出它们的坐标点，发现这些点汇集在一个三角形地带上。② 这种非线性的分布表明，高智力只是创造力的必要条件，而不是充分条件。反之，高创造力却是高智力的充分条件，因它本身已体现高水平的智力。③ 既然创造力是高智力的充分条件，体现着高水平的智力，那么在教学中就应当从培养创造力入手，特别是从通过培养学生的创造思维入手，培养、开发学生的智力，这比笼统地谈培养、开发智力更具实际意义和可操作性。

2. 个体的知识与创造力

无数事实表明，知识经验与人的创造活动是相关的，这种相关包括两个方面：一是正相关，二是负相关。所谓正相关是指知识经验可以促进创造活动的顺利完成；所谓负相关是指知识经验对创造活动发生阻碍和干扰，致使创造活动无法顺利完成。一般说来，知识与创造是呈正相关的，知识越丰富越有利于创造。这种相关可以从三个方面体现出来：①知识为创造力的发挥提供原材料。人的大脑绝不会无缘无故地产生创造，也就是说人的大脑不能无中生有。知识经验是创造力的原材料，丰富的知识是创造力的源泉，只有在丰富的知识经验的基础上，人们的大脑才能开出智慧之花，结出创造之果。人类的历史表明，创造本不是什么神秘的事，它只不过是对人头脑中已有知识经验在较深层次上的改组或重建，知识是这种改组或重建的原材料。没有知识或知识不丰富，创造力就难以得到发展。②知识对创造力的启迪作用。知识不仅为创造力提供原材料，而且能够对创造力起到

---

① 黄希庭. 心理学与人生. 广州：暨南大学出版社，2005：217-218.
② 韩进之. 教育心理学纲要. 北京：人民教育出版社，1989：204-205.
③ 丁润生，胡金贤，等. 无尽的宝藏——智力开发学研究. 重庆：重庆出版社，1988：68.

启迪和激发作用。人们在解决问题的过程中百思而不得其解是常有的事，但在山重水复疑无路的时候往往因偶然接触到的某一信息而茅塞顿开。在人类的创造史上，从前人或他人那里获得某种信息受到启发而迸发出创造性火花的事例屡见不鲜。1895 年，伦琴发现了 X 射线，启发了克勒尔，促使他发现了"铀射线"。克勒尔的发现又启发了居里夫妇，致使他们发现了放射性元素——钍和镭。其中，后一种发现都是在对前一种发现了解的基础上实现的。③创造常常是知识的变形、组合、交叉、移植。创造其实常常就是对头脑中已有知识或将获得的知识的变形、组合、交叉、移植，详见后文。在某些条件下，创造力与知识经验又是呈负相关的，即知识越丰富，其对人的创造能力束缚越大，而较低限度的知识或信息却可产生较高程度的创造。在人类历史上许多重大的发明创造常常是由某些知识甚少的"外行"做出的，其原因就在于此。因为知识甚少者往往没有知识丰富者那样多条条框框，容易摆脱习惯思维（或思维定势）的束缚而产生创造性成果。德国著名数学家希尔伯特（D. Herbert）在评价相对论时曾说："为什么在我们这一代爱因斯坦说出了关于空间和时间的最有卓识、最深刻的东西？因为一切有关空间和时间的哲学和数学他都没有学习过。"法国生理学家 C. 贝尔纳说："构成我们学习的最大障碍是已知的东西，而不是未知的东西。"著名物理学家法拉第没有受过正规的大学教育，因而在电磁学研究中较少受超距作用传统观念的束缚，有时甚至故意与超距作用思维相悖："在法拉第的论证中，'力线'代替了数学分析，因为他没有机会得到有关数学分析的知识。"法拉第非但没受到复杂数学知识的迷惑，反而独辟蹊径，显示出难以估量的创新勇气和准确无误的物理直觉。对此，爱因斯坦有一段富有启发意义的话："人们不禁会去深思，倘若法拉第受过正规的大学教育，他能发现电磁感应定律吗？他没有背上传统思想的包袱，常常把'场'作为实在的一个独立元素引进来可以帮助他整理经验事实。法拉第的实验发现给人的影响是极其深刻的，这些发现与他的理论观念也完全相称。法拉第只受过很少的教育，实际上也不太懂数学，所以他不能称为理论物理学家。但事实上，为了在一个错综复杂的物理现象中想出一副理论图像，复杂的数学知识往往是完全不必要的，有时甚至是有害的，探索者也许会在复杂公式的密林中迷失方向。"

创造活动与知识经验可能存在正相关，也可能存在负相关，在教学中教师要千方百计地帮助学生形成正相关而避免负相关。为了达到此目的，既要不断帮助学生改组和活用知识，更要努力提高学生知识的备用水平。拉法格曾这样评价马克思："马克思的头脑是由数不清的自然知识、社会知识和哲学武装起来的，他的头脑像一艘停泊在港口的升火待发的军舰，只要一接到命令就可以驶向思想的海洋。"这充分说明马克思头脑中不仅知识丰富，而且这些知识具有高度的准备性。那么，在教学中如何培养学生知识的准备性品质呢？这是一个很复杂的问题，大致可以从两个方面入手：一要尽量为学生摄取利用率高的知识提供条件；二要帮助学生形成为迁移、创造而学习的意识，要让学生懂得学习知识不仅仅是为了考试，或简单记住这些知识，更是为了运用，为了创造。有了这种创造意识或创造心向，就会大大提高知识的准备性水平。

3. 个体的直觉与创造力

创造仅仅依靠智力是不够的，智力属于理性的活动，它是为生命适应环境而存在的。按照生命哲学家的理解，智力通常仅适用于确定的环境，作用于确定的事物。智力只能表达生命的部分意义、表层意义。叔本华认为，人的智力所用之处只局限在自然所指定的场合，也就是理解事物间的相互关系，以及认识个体的意志和事物之间的关系而已。在生命

教育心理学新编（第五版）

哲学家看来，非理性的直觉对于创造和生命的意义似乎比理性操纵的智力的意义大得多。直觉就是直接意识，是把自己置身于对象之内，因此它不需要其他中介物的干扰。用柏格森的话说，就是在心灵与心灵之间不需要插入"棱镜"进行"折射"。换句话说，直觉是心灵与心灵的直接交流，或者说交流者将自己对象化到交流对象中去，因此它不占有空间，也不需要语言，是一种"物我同一"或"物我两忘"的状态。这种状态对于创造极其重要。爱因斯坦认为，直觉和灵感在其创造活动中曾发挥过重要作用。直觉之所以长期没能引起人类的重视，原因之一就是人们往往将直觉看成神秘的自在之物，它最多只是某些天才的偶然闪现。也就是说，它并非生命的必然存在。生命哲学家的贡献就在于打破了这一神话，发现了生命与直觉的密切关系。柏格森认为，直觉并非神秘的自在之物，也不是某些天才的心灵所特有的禀赋，它是在任何生物中都能想象得到的一种精神力量；换言之，直觉与生命本身是同一的，以致凡有生命之处也就有直觉。在动植物界直觉是以本能的面貌出现的，而在人类社会它却能够存在于意识层面。所以，生命哲学家常常将直觉界定为"本能的意识化"。柏格森认为，直觉是一种特殊的本能，它是生命活动极其简单和普遍的存在。但人们之所以感觉不到直觉的存在，是因为受到理智的遮蔽，只有在极少数时刻、在注意力十分集中的时候才能体验到与生命存在的这种同一。

在生命哲学家看来，直觉之所以能在更高层次上实现创造，是因为：①直觉通过文本理解的多样性实现创造。直觉是一个不能用单一的几何式定义把握的概念。柏格森认为，直觉的多义性就像斯宾诺莎的"本质"、亚里士多德的"形式"，各人有各人的理解。叔本华的"直觉"和谢林的"直觉"不一样，他自己的直觉就更不一样。但在柏格森看来，直觉有一个基本的意思，即直觉地思维也就是在绵延中思维。理智通常从不动之物开始思维，尽可能并列地以不动性来重新构造运动。直觉从运动开始思维，像实在自身那样来安排和想象它。"在直觉中，我将不再从我们所处的外部来了解运动，而是从运动所在的地方，从内部，事实上就是从运动本身之中来了解运动。"在生命理论看来，许多学习内容并不必要，也不可能下一个几何式的定义。非要勉强定义，势必破坏文本的丰富性和生动性，丧失对文本多样化理解的机会。显然对文本进行多样化的理解正是创造所需要的。②直觉通过把握非语言的心理内容而实现创造。语言只能表达浮现在意识层面的东西，所以对于非理性的生命内容或对于意识层面以下的深度内容语言是无能为力的。创造不仅需要调动浮在意识层面的生命内容，更要开发意识层面之下的生命内容，创造常常需要意识与潜意识的相互配合，仅仅靠意识层面的语言往往不能实现创造性思考，产生创造性火花。而达到潜意识的生命深处的工具恰恰就是直觉或体验。③直觉是通过获得内在知识而实现创造。按照生命哲学的观点，人的知识可以划分为两类：一类是外在知识，另一类是内在知识。外在知识是仅停留在认知层面的知识，是一种受理性支配、功利化的知识。这种知识是对外在世界和外在自我的认识。这种知识的获得只需服从理智的思维习惯，按照分析与综合、抽象与概括的方法就可以完成。而认识内在的生命、绵延，或真正的自我，则必须摆脱理性思维的习惯力量，走一条相反的路，即直觉之路。只有将人的心灵从理性思维的习惯方向扭转过来，超出感性经验、理性认识和实践的范围之外，抛弃一切概念、判断、推理等逻辑思维形式，甚至不用任何语言符号，才能消除一切固定、僵滞的认识的可能性。④直觉通过把握运动与变化实现创造。直觉可以把握动态的、流变的、不确定的事物，而理智只能把握静态的、凝固的、确定的事物。理智不能把握生命，不能把握流变，只能外在地比较事物的异同而不能深入事物的本质。理智具有实践价值（理智能够满足人们的功利需要），直觉可以获得实在性知识，理智仅仅获得功利性知识。直觉与生命具有同一性。理智具有抽象性和固定性。创造的基本特征就是不断实现对既定事物，甚至是对自身生命的超越。齐美尔曾用两个特别的命题来说明这种创造：即"生命比生命更多"（Leben ist Mchr-Leben）和"生命超出生命"（Leben ist Mehr-als-Leben）。所谓"生命比生命更多"，是指生命是一个生生不息的创造过程，只要有生命存在，它就产生某种活生生的东西，即每时每刻在产生自身。所谓"生命超出生命"，是指生命过程不仅是不断地保持生命自身，不断壮大、发展生命自身，创造更多的生命来时时更新自己，而且还能够创造出非生命的东西，这些东西又具有它们自己的规律和意义。也就是说，只有生命才具有超越生命的能力。齐美尔认为，每一种生命形式都是独一无二的，每一种生命形式都有属于自己的独特创造。因此，我们的人格在成长中创造，又在创造中成长，有无数发展的可能性。生命的这种动态性、流变性，这种不确定性和不可预知性恰恰是生命所固有的创造性的体现，而这些特征是无法运用理性分析的方法来把握的，只能凭借直觉或体验才能认识。所以，在教育中仅仅开发智力是远远不够的，甚至是一种舍本逐末的工作。因为智力只能停留在生命的表层，无法深入生命的深处，所以教学不仅要开发智力，更重要的是开发直觉，即尽一切可能让学生的直觉得以充分表现。在生命哲学家看来，一切创造、艺术、审美等都属于直觉。传统教学的误区就是重小智而弃大智。因此，教学改革不是在"智力开发"这个狭小的范围内打转，必须冲破这种思维上的定势，将直觉与体验教学提到应有的高度，在教学中注重开发学生的直觉。在教育中要发挥直觉的作用就要做到：第一，减少用纯逻辑思维的方式对待一切学习内容。柏格森认为"以纯逻辑形式出现的思维"不能阐明生命的真正本质。他说："善于计算的智者却无法了解运动的节奏，以及内在形式。"柏格森认为纯逻辑的思维形式最多只能适用自然科学的教学而无法把握生命。第二，要让学生学会将经验梳理成关系。詹姆士认为，当经验被梳理成关系时就具有了可体验性。由此可见，直觉与体验并不神秘，它只不过是将分析换了一个方向。第三，重视学习过程，善于将自己置于所认识的对象之中。按照柏格森的理解，直觉是一个过程性方法，对于不确定的过程只有依赖直觉才能把握。再有，直觉所得到的结果并不像因果分析那样可以复归于前提。同时只有学会善于将自己置于认识的对象之中，才能真正摆脱因果律的束缚，享受到物我同一与物我两忘的精神的快乐。

4. 个体的人格与创造力

心理学家们普遍发现，创造人格对创造思维及创造性有巨大影响，一般认为创造力比智力在更大程度上依赖于人格因素。巴隆（Barron）在研究创造型科学家时发现的共同特征为：高度的自我力量和情绪的稳定性，独立自主的强烈需要，控制冲动的高水平；超常的智力，喜爱抽象思维；在人际关系中喜爱独处，爱好次序、精确，对矛盾、预期和明显的障碍表现出极大的兴趣等。[①] 中国学者对创造型青少年学生个性特征的研究也表明，创造力与人格关系十分密切：[②] 青少年创造发明获奖者（以下简称小发明者）高三年级中占有 13 个个性特点的平均分数明显高于普通中学同年级者，其中差异显著者的特点是独立性、责任心、自我期望、自制力，差异非常显著的是自信、勤奋、有恒心适应性、情绪稳定、求知欲、机敏、独创性和精力旺盛；高二年级有 9 个个性特点的平均分数明显高于普

① 潘洁，金炜. 试论创造性思维理论中的几个问题. 心理科学通讯，1982（5）：41.
② 钱曼君，等. 创造型青少年学生个性特征的研究. 心理科学通讯，1988（3）：45.

通中学同年级者，其中差异显著的特点是自我期望、精力旺盛、领导欲望，差异非常显著的是勤奋、有恒心、独创性、求知欲、好胜心、好幻想；初三年级有 13 个个性特点的平均分数明显高于普通中学同年级者，其中情绪稳定、求知欲、独创性、热爱生活和自制力这些特点的差异显著。既然创造力、创造对人格有如此密切的依赖关系，那么在教学和教育中可以通过培养创造思维和创造力来培养学生的人格，甚至可以说培养创造力、创造思维的过程就是良好人格的培养过程。大量研究表明，在人格的各种特质中，责任心、自信心、独立性、宽容性、坚韧性和合作精神对创造是最为重要的。

（二）影响创造性思维的环境因素

1. 文化传统与创造

个体所处的文化传统对其创造性思维有着一定的影响。以中国人为例，生活于春秋战国时期的古人，身处不断变新的文化环境中，激发无数学人争相展现自己的创造性思维，结果产生了中国历史上著名的百家争鸣时代。与此相反，自秦汉至清代止，先是秦始皇焚书坑儒，后是独尊儒学，导致绝大多数中国古代读书人只能"我注六经"或"六经注我"，无法产生根本性的创新。

2. 自由与创造

马克思认为，没有思想的自由，"其他一切自由都成为泡影"，"自由自觉的活动恰恰是人类的特性"。[①] 可见，人首先是要拥有自由，然后才能进行选择和创造。爱因斯坦认为，任何一项伟大的发明创造都来源于独立的个性。文艺复兴时期之所以产生了那么多前所未有的创造，就是因为人的个性独立得到了充分的张扬。个性独立的条件就是自由。卡尔·雅斯贝斯说："在几百年的时间里，人们愈益清楚地看到，精神创造的工作必须由那些从内心深处获取主要动力的人来承担。"[②] "人不是一种代代重复自身的完成了的生命，也不是一种向人明白地显示其自身的生命。人'打破'了恒久重复的、消极的同一循环。他依赖于他自身的主动性，由此，他的生命进程便走向了一个未知的目标。"[③] 从心理学角度看，儿童天生是自由的，儿童的天性就是无拘无束，就是"乐嬉游而惮拘捡，如草木之始萌芽，舒畅之则条达"[④]。教育不是要去除这种天性，而是要保护这种天性，要启迪儿童表现这种天性。雅斯贝尔斯主张："儿童在日常生活的无拘无束中，通过与类似的团体交往，语言交流的方式以及教育者传授的人类现实状况，而获得历史性精神和生命意识之流。"[⑤] 按照雅斯贝尔斯的观点，学生对知识内容、行为规范的掌握尽管离不开教师的作用，但最终必须是自己自由生成的。当然这种生成并非学生孤立完成的，而是在主体间的交流活动、在类似团体交往和语言交流中完成的。因此，在学习者没有获得充分自由时，一切外在实施的创造力培养训练方案都没有多大意义，特别是那些仅仅停留在认知层面的所谓创造力训练更是于事无补。所以要开发学生的创造力首先必须把自由还给学生。自由是创造的前提和条件，自由先于创造，没有自由作为基础，创造根本无从谈起。

① 王怡. 无权势者如何思考. 东方杂志, 2003 (3): 35-37.
② 卡尔·雅斯贝斯. 时代的精神状况. 王德峰, 译. 上海: 上海译文出版社, 2003: 149.
③ 卡尔·雅斯贝斯. 时代的精神状况. 王德峰, 译. 上海: 上海译文出版社, 2003: 172.
④ 王守仁. 王文成公全书. 北京: 商务印书馆, 1934: 82.
⑤ 雅斯贝尔斯. 什么是教育. 邹进, 译. 北京: 生活·读书·新知三联书店, 1991: 51.

四、创造力的培养

要想培养人的创造力，就必须解决两个问题：一是想不想（或敢不敢）创新的问题，实际上这要解决的是创新意识的问题。假若一个人没有创新意识，或者即便有强烈的创新意识，但不敢于创新，那么哪怕他有像爱因斯坦般的创新能力，也是不会去从事创新活动的。二是能不能创新的问题。它要解决的是创新的能力问题。假若一个人空有创新的意识，但没有将之付诸实践的相应能力，那么他至多也只能停留在做"白日梦"的幻想阶段。在崇尚个人主义的西方发达国家（像美、英、法等国家），它们几乎没有什么限制人的创新意识的文化氛围或制度，相应地，在这些国家培养人的创新性思维的关键就落在解决"能不能创新的问题"上，因此，这些国家才盛行诸如"头脑风暴法"之类的旨在提高人的创造力的方法。可是，中国儿童往往是伴随着"不"的声音长大的，在进入幼儿园和小学后这种情形尤甚。这使得当代中国的多数儿童从接受各式教育开始就逐渐习得了"尊敬权威""尊敬师长""尊敬长辈"之类的为人处世的做人法则。结果，原本具有一定批判意识与创新意识的"初生牛犊"伴随着"作茧自缚"过程的不断延续，其独立人格意识、批判意识、创新意识与反省意识等也就慢慢减弱，甚至最后消失得无影无踪，而只知"唯命是从"。与古人稍有不同的是，因"父母迁就独生子女"和"孝的精神力行不畅"等因素的影响，如今的一些子女多不太听从父母的教导。于是，这个"命"往往是指"师命"或"领导的命令"。这样，当代中国教育界乃至全社会，若想真正将党中央、国务院提出的教育创新的精神落到实处，关键措施之一就是通过制度创新为保持和培养个体的创新意识营造一个良好的外部环境，然后再通过种种措施去提高个体的创造意识和创新能力。基于这种思考，培养学生创造力的完整路径是：先环境后个体；在个体层面，动机与心理素质要兼顾，"一个都不能少"。下面就按这个路径作完整阐述。

（一）环境：创设有利于创造力发挥的环境

为了证明环境是影响个体创造力生成与发展的重要外部条件，可以做一个思想实验：

研究人员事先养一群同一种族、年龄相当的健壮猴子，数量在20只以上。同时，在一个面积至少100平方米的房子内事先布置一个非常适合猴子生活的环境，并在适当的位置装上摄像头，以便研究人员能够全方面观察房内每一个地方的环境和可能发生的事情。再在房顶上挂上几挂香蕉，香蕉上事先安装一个自动发射与控制的机关，假若到时有猴子胆敢去取此香蕉吃，那么，在猴子碰到香蕉的同时，此机关就立即发出一个指令，此时所有在房内的猴子同时都会立即被淋浴器喷出的冷水淋湿。当这些准备工作都完成后，从猴群中随机挑出六只猴子，将它们依次编号为A、B、C、D、E、F后放入房内。过不了多久，总会有一只猴子去试图取下香蕉来吃，当它试图伸手取香蕉时，所有猴子都会立即被淋浴器喷出的冷水淋湿。用不了多久，当观察人员发现这样一种行为方式稳定出现时，就知道6只猴子都已知道香蕉是不能碰的了：每只猴子在自由玩耍的同时，会经常用眼睛观察房间顶部悬挂的香蕉，看看是否有其他猴子会去取，假若有某只猴子想去取时，其他猴子会立即加以劝阻；若这只猴子不听劝阻，其他5只猴子会强行将它拖开。此时，将编号为A的猴子取出，从猴群里随机挑一只猴子，将它编号为a，然后放入房内。毫无疑问，新来的猴子 a 看见香蕉也想取下来吃。但当它往上爬时，其他 5 只猴子会制止它接触香蕉，因为这 5 只猴子知道，一旦这只新来的猴子 a 伸手拉香蕉，所有猴子都会被淋浴器喷出的冷水淋湿。不久，这只新来的猴子 a 也知道香蕉是个禁忌，必须服从另外 5 只猴子的命令。此后，依此类推，新猴子 b、c、d、e、f 不断被放入，而每放入一只新猴子的同时，都取出一只原来的猴子，每次替换猴子的时候，这样的教训都会重新上演一次。很快，最初在笼子里的 6 只猴子全都被替换出去，而香蕉仍然完好无损——虽然后来的猴子从未被冷水淋湿，但它们从不询问不能碰香蕉的原因，它们只管服从。[①]

"六只猴子"的思想实验表明，前辈定下的一些规则，后来者迫于前辈的压力，会不分青红皂白地将它继承下去。同理，依苏联著名心理学家维果斯基（Vygotsky）的"社会文化历史"理论、斯金纳的学习理论和班杜拉的观察学习理论，家庭文化、学校文化和社会文化对儿童认知发展能够产生深刻影响，当家长在为家庭设计管理制度、班主任在为班级设计管理制度、校长在为学校设计管理制度和国家各级领导干部在设计各级国家管理制度时，若努力设计一整套有利于个体生成创造力的管理制度和文化氛围，那么就容易让生活在这个家庭、班级、学校或国家的个体及其后来者通过观察学习和强化很好地继承这个有利于个体生成创造力的管理制度和文化氛围，自然而然地就更容易生发出创造力。反之，若家长、班主任、校长或国家各级领导干部想方设法设计一整套旨在压抑个体创造力生成与发展的管理制度和文化氛围，那么生活在这个家庭、班级、学校或国家的个体不但不容易激发出创造力，即便将非常有创造力的爱因斯坦式的人才放进来，久而久之，其创造力也会被压抑得无影无踪。[②] 所以，就学校教育而言，教师既是知识的传授者，也是创造教育的实施者。为了开发学生的创造力，教师宜从以下几个方面为学生创设有利于其创造力发挥的环境：

1. 教师自己应尽量展现出创造性

一些研究表明，当一个人在高创造性的同行身边工作或学习时，会表现得更具独创性，创造力发挥得更加自然，更富有想象力。所以，教师的身教重于言教，教师自己在学生面前应尽量展现出创造性，这样可有效激发学生的创造性。

2. 给学生留出一定的时间让学生进行酝酿

为赶时间或按要求匆忙作出的问题解决方案一般只能应急，不大可能有创造性。创造性活动是需要花费时间的，创造性思维常常需要等待机会，使原有方案被推翻或得到改造，瞬间的顿悟一般也是经过相当长时间的酝酿之后才可能出现的。

3. 要尽可能扩展问题的设定范围

教师在教学中应善于提出各类问题，启发学生独立思考，尽可能寻求多种解决方案。[③]

4. 为学生营造一个能支持或高度容忍标新立异者和偏离常规者的环境

为学生营造一个能支持或高度容忍标新立异者和偏离常规者的环境，让学生感受到"心理安全"和"心理自由"。要鼓励学生进行质疑与争辩，自由讨论。为了创造自由的、

---

① 此思想实验的原型出自美国西点军校实验室所做"猴子实验"［赖瑞·杜尼嵩（Larry Donnithorne）. 西点铁则：成功者必读的 22 条军规（*Laws of West Point*）. 龙靖，译. 台北：智言馆，2005：5.］，这里在引用时有所改动。

② 汪凤炎，郑红. 智慧心理学的理论探索与应用研究. 上海：上海教育出版社，2014：477 – 478.

③ 库恩. 心理学导论——思想与行为的认识之路. 郑钢，等译. 北京：中国轻工业出版社，2004：416.

无拘无束的环境，托兰斯提出了五条原则：①尊重与众不同的疑问；②尊重与众不同的观念；③向学生证明他们的观念是有价值的；④给以不计其数的学习机会；⑤使评价与前因后果联系起来。一味地要求学生做"言听计从"的"好孩子"，一味地要学生死守规则，一味地要求学生追求唯一的标准答案，这类做法往往与培养学生的创造力水火不相容。

5. 善用强化

教师在激励学生时要兼用外在强化与内在强化、物质强化与精神强化，切不可一味地只用物质强化与外在强化，否则，易让学生逐渐养成急于功利的心态。

（二）个体：培养具创造力的主体

为了提高学生的创造力，要想方设法调动学生的主体性与积极性，这就要求教育不能仅仅注重知识的传授与学习，还要注重正确价值观、态度、情感的教育与学习；为了保证学生有良好的创造力，则要从培育创造动机与相应的心理素质入手。

1. 动机：培养人的创新意识

第一，以"正面教导"的方式替代过去的"反面警告"的教育方式。合理合宜的做人方式是要做人中人，这就少不了要教会人掌握一定的社会行为规范。而以怎样的方式去教会人掌握一定的社会行为规范是大有学问的。纵观古今中外的教育方式，概括起来大致有两种：一种是以"反面警告"的形式教，即明确告诉人们不要做什么，一旦一个人知道了什么不能做，并按这些规则去约束自己的言行，那么他一定就会成为一名合格的社会成员。中国传统的教育方式多是这种模式。另一种是以"正面教导"的方式教，即明确告诉人们什么该做，一旦一个人知道了什么该做，也就意味着他已知道与此规则相反的事情就不能去做。假若一个人按这些"该做"的规则去引导自己的言行，他也一定会成为一名合格的社会成员。现代西方发达国家由于普遍信奉人本主义教育观，多采取这种教育方式去教育儿童。虽然，从学理上看，这两种教育方式是殊途同归的，但是，大量事实表明，这两种教育方式培养出来的人的心理习惯与行为方式是不太一样的：在"不"的声音中长大的个体容易养成尊重权威、自我克制、长于记忆等心理习惯与行为方式，从整体上看缺乏创新精神；在正面教育的方式下培养出来的个体容易养成自我作主、自我负责、长于创新的心理习惯与行为方式。要培养个体的创新意识，宜以"正面教导"的方式替代过去的"反面警告"的教育方式。

第二，激发学生的问题意识。创造动机、创造活动源于问题意识。问题意识就是对问题的敏感性、感受性。英国科学哲学家波普尔认为，科学的第一个特征就是"它始于问题，实践及理论的问题"。"科学只能从问题开始"，"科学知识的增长永远始于问题，终于问题"。牛顿在他的《光学》的结论部分，一连提了31个问题。法国著名作家巴尔扎克说，"打开"一切科学的钥匙都毫无异议地是问号，我们大部分伟大发明都应该归于"如何"。中国现代著名学者胡适1932年6月为北京大学毕业生开的三味"防身药方"中，第一味就是"问题丹"。他说："问题是知识学问的老祖宗；古往今来一切知识的产生与积聚，都是因为要解答问题。""试想伽利略和牛顿有多少藏书？有多少仪器？他们不过是有问题而已。有了问题而后他们自会造出仪器来解答他们的问题。没有问题的人们，关在图书馆里也不会用书，锁在实验室里也不会有什么发现。""而脑子里没有问题之日，就是你的知识生活寿终正寝之时！"因此，学校教育必须向学生强化问题意识，让学生的头脑充满问号，而不是充满句号。问题意识有两个基本的来源：一是好奇心；二是怀疑精神。

2. 心理素质：培养高创造力所需要的心理素质

培养高创造力所需要的心理素质，从正面说，就是培养促进高创造力发展的心理素质；从反面讲，就是要人去除妨碍高创造力发展的负面心理因素。具体地说：

（1）培养学生养成良好的心态。

从一定意义上说，心态决定行为。大量研究表明，创造力高的人往往乐观自信，意志坚强；相反，缺乏创造力的人往往自信心不足，缺乏意志力。既然如此，平日的教育就要注重培养学生养成积极的心态，消除消极的心态，这不仅是心理健康教育的要求，也是培养学生创造力的要求。为了让每一位学生都尽可能养成良好的心态，切实可行的做法之一是，根据学生的特点，分类培养学生。依据加德纳的多元智力理论，每个人的智力类型是不一样的；同时，人的智力发展水平也是不一样的；再者，人的能力表现还有早晚的差异。因此，教育不能贪图省事，不能片面追求"效率"，用一个"模子"来培养人，要做到"能谈辨者谈辨，能说书者说书，能从事者从事"（《墨子·耕柱》），鼓励学生"八仙过海，各显神通"。学生有了学习的乐趣，有了成功的体验，一般都能逐渐养成良好的心态。

（2）运用思维规律培养和开发创造力。

创造思维是由五对思维要素构成的，即发散思维与聚合思维、直觉思维与分析思维、纵向思维与横向思维、逆向思维与正向思维、潜意识思维与显意识思维。显然，在这五对思维成分中每一对都相辅相成、相互补充才能产生创造。因此，教师在教学中就要充分运用这些成分的互补律来培养学生的创造能力。

第一，用发散思维与聚合思维的互补性开发学生的创造力。发散思维与聚合思维是美国著名心理学家吉尔福特在"智力结构的三维模式"中明确提出并予以界定的两种思维类型。所谓发散思维，又称扩散思维、求异思维、辐射思维，是指依据思维任务，利用已知信息沿着不同方向、不同角度、不同范围进行思考而获得大量的、独特的新信息的思维。聚合思维，又称收敛思维、求同思维、集中思维等，是指依据思维活动任务，从已知信息中产生逻辑结论，从现成资料中寻求正确答案的一种有方向、有范围、有条理的思维。人们运用发散思维进行多向尝试并寻求到多种答案后，必须经过聚合思维的选择才能确定最佳方案或有实际意义的方案。完整的创造思维不仅包括发散思维，还必须包括聚合思维。发散思维是构成创造思维最重要的成分，以至一些心理学家用它来代表创造思维，或说在许多场合一些心理学家将其看成创造思维甚至创造力的代名词。的确，当解决问题中受到某种固定偏见、定势束缚时，人们要战胜偏见、摆脱定势，就必须依靠发散思维。有人认为第谷与开普勒的区别就在于前者缺乏发散思维，而后者富有发散思维，以致行星运动的三大定律被知识、技术远逊于第谷的开普勒所发现。但我们不能据此得出结论说创造思维等于发散思维，人们发现人类的创造活动不仅与发散思维有关，与聚合思维也有莫大的关系。完整的创造思维应包括发散思维和聚合思维两个方面。只有二者相互协调、相互补充才能产生高质量、高水平的创造思维，才能保证顺利完成各种复杂的创造活动。创造思维的确需要发散，但从哪儿发散，总得有一个明确的问题情境或目标，也就是说在发散前必须寻找到发散点。这个发散点很重要，它是否有意义、有价值直接关系到创造成果的大小。而这个发散点要靠聚合思维，综合已知的各种信息才能得到。因此，在发散思维之前要经过聚合思维找到发散点，然后在此基础上进行发散，寻求多种设想、途径和方法。当人们运用发散思维经过艰苦的工作之后搜索到许多新设想、新途径、新方法，究竟哪些是最佳方案可以付诸实践并能取得最佳效果呢？此时还要借助聚合思维对发散思维所获得的多种答案进行选择和判断以确定其价值，然后加以实施。在教学中既要注意培养学生的发散思维，使他们不被已有的偏见束缚，同时也应注意培养学生的聚合思维。例如，在教学中教师可以采用一题多解、一文多做、一物多用等方式培养学生的发散思维，同时也要培养学生善于从"多解、多做、多用"中寻找最佳方案或最佳答案。只有这样，学生的创造思维水平和创造能力才能不断迈向新台阶，不断进入新天地。

第二，运用直觉思维与分析思维的互补性开发学生的创造力。根据思维结果是否经过明确思考步骤和主体对其思维过程有无清晰的意识，可将创造思维分为直觉思维和分析思维。所谓直觉思维，是指人脑基于有限的数据和事实，调动一切已有的知识经验，对客观事物的本质及其规律作出迅速的识别、敏锐的洞察、直接的理解和整体判断的思维。再进一步说，直觉思维是一种未经有意识的逻辑推理过程而对问题答案突然领悟或迅速作出合理的猜测、设想的思维。在科学发明和创造中，直觉思维起着十分重要的作用。直接思维与分析思维的区别如表8-1所示。

表8-1　直觉思维与分析思维的区别

直觉思维	分析思维
无明确规则，具有非逻辑性，有预测性	按一定规律，具有严密的逻辑性和非预测性
直接的、跳跃的，省略中间步骤	间接的、阶梯式的，经过一系列中间推理过程
主体不能意识到，不能用语言清晰表达其思考过程	主体能意识到，可用言语清晰表达其思考过程
自然过程短，无须主体意志努力	有目的活动，需要主体付出意志努力
具有快速性、自动化特征	逐步推理，速度较缓慢
思维结果具有或然性	思维结果具有确定性

直觉思维与分析思维是协调互补、相互促进的。直觉思维是创造思维最重要的组成部分。特别是当信息不足时，或对问题情境难以清晰把握时，唯一的办法就是凭直觉思维大胆提出假设或进行猜测。因此，在教学中，既要让学生遵循严格的逻辑规律，按照逐步推理的方式进行思维，也要注意培养学生在知识或信息不足时，亦能根据有限的数据和事实对事物的本质和规律进行迅速识别、敏锐洞察、直接理解和整体判断，即进行直觉思维的培养，从而使学生这两种思维得到协调发展。

第三，运用纵向思维与横向思维的互补性开发学生的创造力。根据创造思维进行的方向可以将思维划分为横向思维与纵向思维。所谓纵向思维，是指在一种结构范围内按照有顺序的、可预测的、程式化的方向进行的思维。纵向思维是遵循由低到高、由浅入深，由始至终按照逻辑规律在同一知识领域或实践领域运演的。学生学习某门功课所采用的大都是这种思维样式。所谓横向思维，是指突破问题的结构范围，从其他领域的事物、事实中得到启发而产生新设想的思维方式。横向思维不一定按某种顺序，同时也不能预测，不受范式的约束，甚至有意摆脱某种范式。中国古代《诗经》中的"他山之石，可以攻玉"，便是这种思维最准确、最生动的写照。英国著名的思维科学家爱德华·波诺曾对横向思维与纵向思维进行了区分。现将其列表如下：

表 8 – 2　横向思维与纵向思维的区别

纵向思维的特点	横向思维的特点
做选择：通过排除其他途径选择出一条途径	促生成：试图开辟其他途径
分析性	启发性
按部就班	可以跳跃
每一步都必须都正确无误	不一定每一步正确无误
使用否定来堵死某些途径	没有否定
思维时集中于一点，而排除一切不相干的东西	思维时欢迎偶然闯入的东西
范畴、类别及名称都是固定的	范畴、类别及名称都是不固定的
遵循最有希望的途径	探察最无希望的途径

　　横向思维与纵向思维既具有不同作用又相互补充。横向思维可以改变解决问题的一般思路，常常从其他领域中得到解决问题的启示，因此，横向思维在创造活动中常常起着巨大的作用。例如，文艺复兴时期意大利著名画家达·芬奇用数学知识表现绘画中的明暗向背，运用生物学解剖知识塑造马的形象，从而引起了西欧绘画史上的一场革命。但不能据此认为一个创造者只要具备横向思维就够了，而不必具备纵向思维。纵向思维可以对横向思维进行补充和完善。因此，横向思维与纵向思想的有机结合是创造思维所必需的。在教学中既要加强培养学生的纵向思维，即引导学生善于按照事物发展的逻辑顺序，在同一知识领域按部就班，循序渐进，必然有助于思维水平的提高。同时还要注意加强培养学生的横向思维，即引导学生善于多方面地从其他有关，甚至无关的知识领域中吸取营养，受到启发，从而创造性地解决自己所要解决的问题。如果一个学生既善于纵向思维，又善于横向思维，并且二者又能配合默契，那么他的创造思维水平就一定很高，对问题的解决也一定能得心应手。

　　第四，运用逆向思维与正向思维的互补性开发学生的创造力。按照人们对某一问题思考的方向，可以将思维划分为逆向思维和正向思维。所谓正向思维，是指人们在解决问题时沿特定的、习惯的方向所做的单向度的、简单的思维。所谓逆向思维，是指从与正向思维或传统的、习惯的思维相反方向（从对立的、颠倒的角度）的双向度或多向度的思维。逆向思维常常从相反的视角如上下、左右、前后、正反等认识和解决问题，常常别开生面、独具一格取得突破性的思维成果。我国著名快速计算专家史丰收在小学二年级时看着老师在黑板上演算，便想：对于数字的读写，大都是从左到右，从高位到低位，为什么运算时却偏偏从右向左、从低位到高位呢？于是反其道而行之，也从高位起进行运算，从而将读、写、看统一起来，终于发明了速算法。军事上的"声东击西""欲擒故纵""空城计"，数学上的"反证法"都是逆向思维的具体表现。总而言之，逆向思维与正向思维不可分，二者的有机结合构成了创造思维。在教学中一定要重视培养学生的逆向思维，也一定要重视培养他们的正向思维。在学习中如果一个学生善于沿着相反的方向，逆流而上进行思考，往往会取得出奇制胜的创新。但是，学习中不能总是逆向思维，一般地说，很多情况下都需要开展正向思维，这种轻车熟路地习惯化、自动化了的思维方式，往往也能顺利地获得预期结果。只是当沿着一个方向思考、久久找不到突破口时，才需要转入逆向思维。可见，在教学中要善于引导学生把这两种思维巧妙地结合起来，就可以提高教学质量，发展学生的创造思维。

第五，运用潜意识思维和显意识思维的互补性开发学生的创造力。按照人们对自己思维的意识程度，可将创造思维划分为潜意识思维与显意识思维。这实际上是根据弗洛伊德的精神分析学派的观点划分的。所谓显意识思维，是指人们能够意识到的思维。按照弗洛伊德及精神分析学派的观点，显意识思维是指思维者能够意识到的思维，它只是人整个精神活动处于心理表层的一个很小的部分。所谓潜意识思维，是指心理活动深层不被人意识到的思维。潜意识思维不像显意识思维那样遵循着正常的逻辑轨道，而是不断地、无规则地流动、跳跃、弥漫、渗透和交融。现代思维科学研究表明，某些在显意识思维过程中不能组合加工的信息，则可能在潜意识思维中得以组合加工。所以，潜意识思维在创造活动中具有不可忽视的作用。创造过程的孕育阶段实际上就是潜意识思维在发生作用。因此，做梦常常能激发创造，如德国化学家凯库勒在梦境中发现苯的环形结构。1856年冬天的一个夜晚，他在火炉前打瞌睡，很快就进入了有许多原子排成蛇形的队伍在跳舞的梦境中。突然间有一条蛇用口咬住自己的尾巴形成一个圆圈，在他面前旋转起来。凯库勒惊醒了，突然领悟到：苯的分子化学结构式可能是一个圆形，他由此继续研究，终于提出了苯分子的化学结构式。在教学中教师应当善于把学生的这两类思维结合起来。长期以来只强调意识思维在教学中的作用，忽视了潜意识的功能，总认为教学是一种有目的、有计划的活动，只有激发起学生的显意识思维的积极性，才能保证教学的有效进行。一些学校流行的加班加点，使学生的神经整天处于高度紧张状态，这种做法就是过分重视显意识在学习中的作用而忽视潜意识作用的典型事例。殊不知学生在学习过程中其潜意识的作用也是不可低估的，保加利亚的洛扎诺夫的暗示外语教学法的巨大成功就说明了这一点。研究表明，潜意识思维能够对从显意识思维所获得的信息进行重新整理和加工，产生意想不到的创造。潜意识思维看起来似乎难以在教学中进行操作，其实不然。例如，教师在学生运用显意识思维达到紧张状态时，暂时将问题搁置起来，休息一下，即给潜意识活动提供一个机会，然后再解答，可能会收到意想不到的效果。只有两种思维的相互配合、协调活动，才能使学生能够比较轻松地坚持学习。如果一味地让学生诉诸显意识思维，那学生就会很容易疲劳，甚至产生厌学情绪。在教学中教师不仅要考虑到每一对成分之间的协调互补，还要考虑到五对成分之间的协调互补。

（3）帮助学生掌握一定的创造技法。

换个角度看，上文所讲的"缺点列举法"和"希望点列举法"也是两种创造技法：前者指把某件事物的具体缺点或使用不便的内容一一列举出来，然后找出改革方案，进行发明创造的一种方法；后者指希望某件事物能够精益求精，从而列举出相应的希望，然后找出实现方案，进行发明创造的一种方法。除此之外，常用的还有以下几种：

第一种，局部改变法。它是指改变事物的局部结构或属性以适应不同问题情境的需要的方法。

第二种，分解思考法。它是指将整体化为局部或把大问题化为小问题的思考方法。

第三种，核检表法。它是指将某事物的属性和特征全部列举出来，逐一核查此事物的属性可否改变及如何改变，从而产生创造的方法。此方法在面临较大问题而不得要领时，尤其适用。具体地讲，可以有如下做法：变换颜色、变换体积、变换形式、变换材料、增多或减少某一属性、重新组合已有的属性。

第四种，逆向思考法。逆向思考法，亦称反向思考法，是指从对立的、颠倒的、相反的角度去思考问题，获得创造成果的方法。逆向思维能迅速突破传统思维定势，获得认识上的重大突破。因为这种思维方法本身就是朝着与传统思维相反的方向进行的，往往是对传统思维方式的挑战。当按传统思维方式不能解决问题时，答案很可能在相反的方向上。使用逆向思考法可沿两条途径进行：一是沿着与已有事物相反的结构和形式去设想。具体可采用上下颠倒思考、前后颠倒思考、左右颠倒思考、大小颠倒思考的方法。二是通过倒转现有事物的因果关系来引发新的发明。需要指出的是逆向思维方法所得结论并不具有必然性。在许多情况下逆向思考并不能得出结果。同时要注意，逆向思维必须以客观原型为依据，以客观规律为准绳，不能以主观意志为转移，不要认为"对着干"就是逆向思维。

第五种，扩加法与缩减法。扩加法是通过夸大对象的某种性质特征或在原有对象中加入某种成分或特征而产生创造的思考方法。它有两种方式：一种是夸大或增加对象某种特征的尺寸和数量而产生的创造；另一种是在对象中加入不同成分而产生的创造。缩减思考法是通过缩小对象的性质、特征或减去它的某些部分或某些性质而产生创造的方法。它包括以下几种具体形式：①简化。在创造活动中为了突出事物的某种特性常常简化某事物的结构，简化之后非但没有影响该事物的性能，相反，某种性能和作用倒因此而增强。作家在创作时使用的白描手法就是一种典型的简化。②缩小。将事物的原型按比例或要求缩小也是一种有效的创作方法，如制造钢笔的工厂发明了袖珍型钢笔。③减低。在原事物的基础上减低高度、减低利润、减低成本、减低速度等达到创造新思路的目的。④减短。将事物原型减短而产生的创造。美国奇异公司的工程人员，减短光线的波长，使用特殊的玻璃，制造出太阳灯（杀菌灯）。这种杀菌灯便是利用太阳最短光波，杀菌能量达 95%。⑤减轻。减轻事物原型的重量而产生的创造。意大利的发明家曾用此法发明了轻型火车。⑥节省。这是指因节约时间和省略材料而生产的创造。首先表现在节约时间方面。能有效地节约时间就等于延长生命，这本身就是一种创造，如现代的快速冷冻技术、快速干燥处理法本身就为顾客节省了大量时间。其次表现在节省材料方面。有一位眼镜制造业者采用节省法将装有两个镜片的防尘眼镜节省为一片，发明出安全性更高的防尘眼镜。省略分全部省略和部分省略。全部省略的最好例子就是无内胎的轮胎。部分省略的实例就更多了。⑦相除。这是指从事物的原型中除掉或除去无关部分或不喜欢的部分。例如，科学家将蓖麻油的味道除去，制造出无味的蓖麻油。⑧分割。将原有事物原型分成几个部分。例如，鸡肉商通常把一只鸡分成几部分，把鸡脚卖给喜欢吃鸡脚的人，鸡腿则卖给喜欢吃鸡腿的人，各取所需，皆大欢喜。①

第六种，类比思考法。类比思考法是根据两个或两类事物之间的某些方面的相同或相似点而类推出它们在其他方面也可能相似或相同的方法。具体包括直接类比法、间接类比法、因果类比法、象征类比法和综合类比法等。

第七种，联想思考法。联想思考就是由一件事物而想到另一件事物的能力。焦点联想思考法是以某一事物、某一词汇或某一个问题为焦点，然后分析这一事物或问题的周围环境，以此为启发所进行的强制联想。

第八种，移植思考法。移植思考法是将事物或事物的特征、原理和方法，从此处移向彼处而产生创造的方法。例如，若能从变色龙身上汲取灵感，设计并生产出变色黑板或变

---

① 燕良轼. 创新素质教育论. 广州：广东教育出版社，2002：253－255.

色手机之类的东西，就属移植思考法。移植思考法的具体操作方式有：①同一领域的移植，包括从一个物体的这一部分移向另一部分；从一个物体移向另一物体。②不同领域的移植，包括原理、方法、技术手段和功能的移植。使用移植最重要的是克服功能固着和心理定势。

第九种，组合思考法。组合思考法是将事物不同元素重新加以组合或排列而产生的创造方法。具体有成对组、同物自组、重新组合、内插组合、用途组合、方便组合等。组合法的优点在于，它能利用有限信息进行无限创造。例如，古老的欧几里得几何学以及19世纪出现的非欧几何学与16世纪诞生的物理学，在三百多年时间里看不出有什么联系。20世纪初，爱因斯坦发现几何学与物理学中的引力场干系甚大：引力场中的许多物理量都可以在黎曼几何中找到相应的几何量。引力场理论同黎曼几何，在爱因斯坦那里简直成了一对难分难离的好友，二者并肩携手，托出精妙绝伦的广义相对论之花。文学上典型形象的塑造往往是靠组合实现的。猪八戒、美人鱼等艺术形象都是由组合实现的，甚至可以说没有组合就没有艺术形象。

第十种，头脑风暴法。头脑风暴法（brain storming）是奥斯本（Osborn，A. F.）于1938年提出来的，其核心思想是：在集体解决问题的课堂上暂缓作出评价，以便于学生进行高度充分的联想，从而踊跃发言，进而提出多种多样的解决方案。为此，教学活动要遵守5个规则：一是自由发挥原则。创造一种自由、活跃的气氛，欢迎大家自由发挥、各抒己见，以便提出各种想法。二是以量求质原则。即鼓励各种想法，多多益善。因为想法数量越多，出现高明方法的概率便越大。三是延迟评判原则。必须到最后阶段才对各种意见或方案进行评判，在此前不批评、不评价任何意见或方案，哪怕它一眼看上去就非常荒谬可笑。不过早评判，大家才会无拘无束地提出不同寻常的想法。四是追求独特原则。鼓励大家提出与众不同、新颖、独特甚至怪诞的想法。五是综合改善原则。将多个想法综合在一起，常能产生一个更佳的想法。为了便于主持人启发大家思考，防止冷场，研究人员应将启发性问题排列成表，在讨论中使用。例如，有一个启发性问题表上列出了这样9个项目：①提出其他用途，如教室不仅可用作学习场所，也可以用作招待所；②应变，从不同方面想问题，如管理学校可以同管理工厂或监狱一样；③改进，如改变班级的构成，改进教学方法或改进处理纪律问题的方法；④扩大，如班级和教师人数，作业和奖罚的量都可以增加；⑤缩小，如班级规模、作业量可以减少；⑥替代，如一位教师可以被另一位教师替代，整个班级或其中部分学生可以与其他班级交换；⑦重新安排，如座位可以重排；⑧逆转，如可以让学生担任教学工作；⑨合并，如将前面几个人的意见综合成一种解答方案，或者教学可以与娱乐合二为一。研究表明，通过头脑风暴法的训练，学生在创造性测验中的创造性分数确实有所提高。需指出，有些人——像达·芬奇、笛卡尔、牛顿与爱因斯坦等——只有在独处、其思绪不被干扰时才能产生强大的创造力。所以，在科学研究中，合作仅是一种工具，不是规则，须时刻提防因"为合作而合作"所产生的不良后果。

第十一种，戈登技术。美国学者戈登（Gordon）1961年提出了一种与头脑风暴法不同的培养创造能力的技术。运用头脑风暴法时，主持人在讨论问题之前会向与会者或学生提出完整和详细的主题。但在使用戈登技术时，只提出一个抽象的主题，先让大家围绕此主题自由联想，然后再引导大家追求最卓越的设想。例如，当要讨论停车的问题时，先只提出"如何存放东西"之类的问题，要求大学生思考存放东西的各种方法。答案如下：把东西放进袋子里、把东西堆成堆、把东西排成排、把它们装入罐头、把它们放入仓库、用传送带把它们送入贮藏室、把它们割断、把它们折起来、把它们放进口袋、把它们放进箱子里、把它们拆开和把它们放上架子等。随后，主持人缩小问题范围，如提出"要存放的东西很大"。然后，进一步缩小问题的范围，提示"东西不能折起来，也不能切断"，等等。应指出的是，上述训练方法的指导思想是将创造性当作像游泳或射击一样的技能，可以通过直接训练获得和提高。不过，这种指导思想本身就是片面的，它把创造性看成某种独立的技能或能力，而不是把创造性看作以发散思维为中心的、发散思维与聚合思维相结合的一种智力活动。同时，它们只注意到认知活动的方式而忽视了认知活动内容的积极作用，忽视了已有认知结构的可利用性。

（4）培养良好的思维方式，去除不良思维方式。

思维方式是一种重要的学习策略，它的好坏关涉一个人解决问题的能力高低。对于中国学人而言，除了要去除定势与从众的思维方式，除了要学会上文讲的诸种思维策略，除了要善于反省新手与专家之间的差异、善于捕捉灵感等外，更重要的是要做两件事：

一方面，要去掉反事实思维。个体一旦沉迷于反事实思维（counterfactual thinking），就会阻碍其智慧的生成与发展。反事实思维由美国著名心理学家、诺贝尔经济学奖获得者Kahneman 和他的同事 Tversky 于 1982 年发表的《模拟式启发》（*The Simulation Heuristic*）一文中首次提出。它是基于"人类是非理性的"假设而提出的。[①]"反事实"的字面意思是"与事实相反"，Kahneman 等学者将"反事实"定义为"过去结果不真实的替换式"。反事实思维是个体对不真实的条件或可能性进行替换的一种思维过程；换言之，反事实思维通常是个体在头脑中对已经发生了的事件进行否定，然后假定出现了原本可能发生但现实并未发生的情况的一种思维过程。它在头脑中一般是以反事实条件句（counterfactual conditionals）的形式出现。反事实条件句也叫"虚拟蕴涵命题"，它具有"如果……，那么……"的形式。例如："如果 2007 年在南京贷款买了 5 套学区房，现在就发财了。"可见，反事实思维包括两个部分：虚假的前提（"如果 2007 年在南京贷款买了 5 套学区房"）和虚假的结论（"现在就发财了"）。个体在进行反事实思维时会对已发生事件的前提进行增添、删减或替代，相应地，可将反事实思维分为三种类型：①加法式（additive）。在前提中添加事实上未发生的事件或未采取的行动而对事实进行否定的反事实思维。例如："要是当时好好努力，这次就能考个好成绩。""好好努力"事实上并没有发生，是在事后添加上去的。②减法式（subtractive）。在前提中减去某些因素而对事实进行否定的反事实思维。例如："如果没有背这么重的包，我现在就可以跑得快点了。"③替代式（substitutional）。在前提中假设出现某种替代性因素而对事实进行否定的反事实思维。例如："如果平时好好学习而不是贪玩，这次我就能获得校长奖学金了。"[②]

另一方面，要学会独立思考，多些批判性思维，努力去除权威思维方式。正如爱因斯坦所说："发展独立思考和独立判断的一般能力，应当始终被放在首位，而不应当把获得专业知识放在首位。如果一个人掌握了他的学科的基础理论，并且学会了独立地思考和工作，他必定会找到他自己的道路，而且比起那种主要以获得细节知识为其培训内容的人

① KAHNEMAN D & TVERSKY A. The simulation heuristic. New York：Cambridge University Press，1982. pp. 201 – 208.
② 陈俊，贺晓玲，张积家. 反事实思维两大理论：范例说和目标—指向说. 心理科学进展，2007，15（3）：416 – 422.

来，他一定会更好地适应进步和变化。"①

独立思维指个体自立自主地思维，其思维方式与思维的内容等均不受他人或外在力量的支配。批判性思维（critical thinking）指为决定相信什么或者做什么而作出合理反省与决定的思维。② 从实质上说，批判性思维就是提出恰当的问题和作出合理论证的能力。③ 因此，拥有良好批判性思维的人不但不易被各类无事实根据的假说或观点迷惑心智，还善于发现各类无事实根据的假说或观点中存在的破绽，从而能有效抵制、消除各种缺乏事实依据的假说或观点的不良影响。正因如此，批判性思维往往与独立思维有相统一的地方，一个拥有良好批判性思维的人往往是一个善于进行独立思考的人。同时，由于构成批判性思维的基本要素是断言（claims）、论题（issues）和论证（arguments），所以，识别、分析和评价这些构成要素是批判性思维的关键。④ 其中，"断言"指表达意见或信念的陈述。它有"真"有"假"。"论证"指由断言按一定结构形成的两部分，其中一部分（前提）为另一部分（结论）的真提供理由。"论题"指因探究问题而提出的断言。⑤ 那么，如何培养批判性思维呢？

第一，要引导个体树立深思熟虑的思考意识与态度，尤其是要树立理智的怀疑和反思精神，这是培养批判性思维的开端。⑥ 因为在现实生活中，缺乏批判性思维的意识和理智的怀疑与反思精神，是一些人丧失批判性思维的重要心因。⑦

第二，要帮助个体养成清晰性、相关性、一致性、正当性和预见性等良好的思维品质，这是培养批判性思维的基础。⑧ 其中，"清晰性"是为了摆脱思维混乱，因此，"清晰性"意味着思考问题要"有层次""有条理"以及"能清楚、准确地使用概念和语言"。⑨ "相关性"是为了避免思维毫无目的性以及让思维摆脱情感纠缠，所以，"相关性"意味着"围绕手中的问题进行思考"与"在思考问题时一般要诉诸逻辑推理，有时也用直觉，但不能诉诸情感心理"。⑩ "一致性"是为了避免思维过程出现自相矛盾。⑪ "正当性"是为了消除不可靠的观点、想法或信念的干扰，所以，"正当性"就意味着"要使用真实可信且数量足够的证据，并遵循合理的逻辑推理来证实或证伪自己或他人的观点"。⑫ 确凿的证据和有力的推理使确信你所提出了合理理由的人，不得不在一定程度上也确信你的结论的可靠，否则，他就会被指责为无理取闹。⑬ "预见性"是为了杜绝盲目行动，这样，"预见性"就意味着"观点的实用性"和"行动的主动性"。⑭

第三，要引导个体学习面对相信什么或者做什么而作出合理决定的一系列知识、技术

① 爱因斯坦. 爱因斯坦文集：第三卷. 许良英，等编译. 北京：商务印书馆，1979：147.
② ENNIS R. Critical thinking：a streamlined conception. Teaching philosophy，1991，14（1）：p. 6.
③ 谷振诣，刘壮虎. 批判性思维教程. 北京：北京大学出版社，2006：2.
④ 摩尔，帕克. 批判性思维：带你走出思维的误区. 朱素梅，译. 北京：机械工业出版社，2012：6.
⑤ 摩尔，帕克. 批判性思维：带你走出思维的误区. 朱素梅，译. 北京：机械工业出版社，2012：21.
⑥ 谷振诣，刘壮虎. 批判性思维教程. 北京：北京大学出版社，2006：3.
⑦ 谷振诣，刘壮虎. 批判性思维教程. 北京：北京大学出版社，2006：13.
⑧ 谷振诣，刘壮虎. 批判性思维教程. 北京：北京大学出版社，2006：3.
⑨ 谷振诣，刘壮虎. 批判性思维教程. 北京：北京大学出版社，2006：4－6.
⑩ 谷振诣，刘壮虎. 批判性思维教程. 北京：北京大学出版社，2006：6－8.
⑪ 谷振诣，刘壮虎. 批判性思维教程. 北京：北京大学出版社，2006：8－9.
⑫ 谷振诣，刘壮虎. 批判性思维教程. 北京：北京大学出版社，2006：10－11.
⑬ 谷振诣，刘壮虎. 批判性思维教程. 北京：北京大学出版社，2006：25.
⑭ 谷振诣，刘壮虎. 批判性思维教程. 北京：北京大学出版社，2006：11－12.

和方法（包括必要的逻辑学知识、辩论技术、发现问题和解决问题的方法等），并结合大量的思维训练学会如何在日常生活实践中熟练运用这些知识、技术和方法，这是培养批判性思维的核心。[1]

第四，要有一颗宽容、公正、勇敢、恬淡的心。只有这样，才能公正地权衡反方的论辩和证据，[2] 才能在压力面前仍坚持批判性思维，才能既容得下他人对自己的批评，不至于在他人一丁点的批评声中就丧失理智，又能在他人赞美时不至于迷失方向。

（三）教育：加强教学的创造性

要培养学生的创造能力，还要不断地改进教学方式，使教学本身具有创造性：

第一，运用适合创造性培养的教学模式进行教学[3]。创造性培养的教学模式主要有两种：一是"集体研究制"。它是戈登和他的同事发明的一种培养创造力的新方法。其理论基础是创造力不是一种神秘的、天生的、纯个人的能力，而是一种可以通过集体培训而得到提高的能力。戈登进一步指出，要通过"集体研究制"的方式进行创造力的训练必须注意三个方面的问题：①要从意识层面来认识创造过程，同时制定出一些增强创造力的具体办法。②创造力是新的心理形式的发展。从根本上讲创造过程是一个情绪的过程，但仍不能低估理智的作用，它是一个需要非理性因素去推动智力活动的过程。③必须提高对情绪性的非理性因素的认识，以提高解决问题的概率和对非理性因素的控制能力。戈登认为隐喻活动可以实现对非理性因素的控制，并且隐喻是培养创造的主要途径。应用"集体研究制"进行教学有两种模式：模式甲要求学生以一种更新的、更富有创造性的眼光来看待习以为常的事物，具体做法是用类推来拉开概念间的距离，其步骤为：第一步，要求学生描述他们正面临的情境或所要讨论的问题；第二步，由学生提出各种直接类推，选出一个并依此展开进一步的讨论；第三步，学生通过移情"移入"刚才选定的类推；第四步，要求学生对第二步、第三步进行描述，提出几个强迫突出的成对词，并从中选出一个；第五步，要求学生根据强迫冲突的成对词，再次进行直接类推；第六步，让学生使用最后得到的类推，回到最初的任务或问题上去。模式乙要求学生把新的、不熟悉的观点变得更有意义，即把陌生的东西变成熟悉的。其步骤是：第一步，教师提出一个新的话题并提供有关信息；第二步，教师提出直接类推，有学生对这一类推进行描述；第三步，教师使学生"移入"这一类推；第四步，学生确定这个类推的两个事物间的相似之处并加以解释；第五步，要求学生指出新东西的哪些方面不适合做类推；第六步，回到原来的话题，让学生用自己的话进行阐述；第七步，由学生提出的类推，探讨两事物间相似的与不同的地方。显然，两种模式的区别在于它们对类推的用法不同。在模式甲中，学生进行一系列不受逻辑限制的类推，逐次拉开概念间的距离，进行自由联想；在模式乙中，学生要把两个不同的观念联系起来，并在类推过程中找出它们的共同之处。二是帕尼斯创造性问题解决的教学模式。这一模式特别强调问题解决者在选择或解决方案之前应尽可能地想出多种多样的方法。这个模式有两个基本假设：一是认为每个学生都具有不同程度的创造力，也可以通过实例和练习增加创造的行为。而知识在创造力的培育中仍非常重要，一个人如果没有预

---

① 谷振诣，刘壮虎. 批判性思维教程. 北京：北京大学出版社，2006：3.

② 斯特拉·科特雷尔. 批判性思维训练手册. 李天竹，译. 北京：北京大学出版社，2012：3.

③ 李伯黍，燕国材. 教育心理学. 2 版. 上海：华东师范大学出版社，2001：316 – 318.

先储备的知识则不能创造。二是认为教师能够而且应该教导创造行为，为了安排一种易于学习创造行为的气氛，教师必须建立一个能自由表达的环境，鼓励幽默，也酝酿一些想法，以及要求思维的质和量。根据帕尼斯的研究，创造性问题解决的步骤要能够按部就班，循序渐进，其教学模式如图8-9所示：

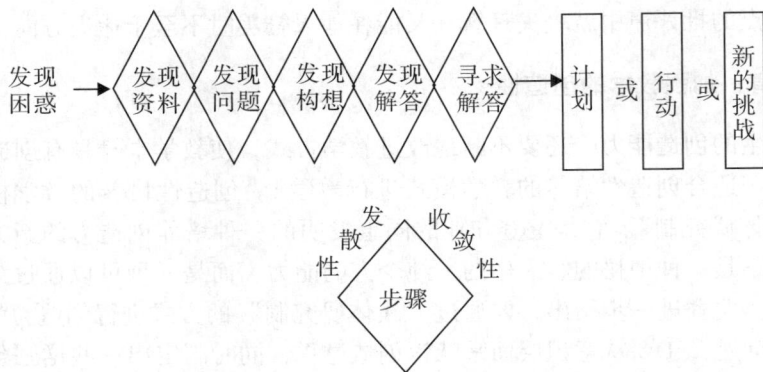

图8-9　帕尼斯创造性问题解决的教学模式

第二，要尽可能超越给定信息。创造力的核心就是要超越给定信息或已知信息。创造就是利用已有信息创造出新信息、新产品、新成果。创造性教学与其他教学的一个根本不同就在于它旨在培养学生利用给定信息获取新信息的能力，而不是把获得给定信息当成目的。所以教师的教学在时间、条件许可的情况下，要帮助学生最大限度地超越给定信息，利用给定信息创造新信息。当利用的给定信息越少而获得的新信息越多时，创造教学便获得了最大成功。

第三，发挥直觉在教学中的作用。传统教学之所以不能很好地开发学生的创造力，一个重要的原因就是在教学中过分追求因果律，过分重视分析思维的作用。直觉注意的是事物的整体，而不是分割事物，它是心灵对心灵的直接注视。布鲁纳和生命哲学家都大声疾呼：给直觉一个地盘！当前教学给直觉的地盘都太少了，以至学生大脑左半球长期处于高负荷运转状态，而大脑右半球则处于基本闲置状态。因此，教学改革的关键在于给学生提供充分的直觉空间。在生命哲学家看来，要恢复直觉的地盘只能采用矫枉过正的手段，即抛弃一切概念、判断、推理等逻辑思维方式，甚至语言符号。这显然是一种不切实际的过激的观点，但他们主张恢复直觉地盘的思想和主张对现行教学却具有重要的启发意义。现行的教学所要做的一项重要工作就是走出理智遮蔽的误区，找回直觉所应占有的地盘。在教学中尤其在人文科学的教学中，要把概念、判断、推理等逻辑思维方式限定在一个适当的范围内，留出充分的时间帮助学生去理解、体验与直觉。在教学中，尤其在人文学科的教学中尽量避免概念、判断、推理等一花独放的课堂气氛，要使学生学会从联想、想象与直觉中获得欢乐。当然这项工作是十分艰巨的，但对教育教学改革的意义却是巨大的。

第四，帮助学生形成建构主义的知识观与学习观。传统教学之所以不能很好地开发学生的创造力，原因之一就是教育者把知识看成是绝对的、凝固的、静止的、一成不变的，知识是对客观世界准确、真实的反映，知识一旦获得就具有真理性，就可以终身受用，放之四海而皆准。要开发学生的创造力必须改变这种传统的知识观与学习观，妥善借鉴建构主义的知识观与学习观。建构主义认为，知识只是一种解释、一种假设，不是问题的最终答案，不是对现实的准确表征。课本知识只是一种关于各种现象的较为可靠的假设，不是解释现实的模板。科学知识包含真理性，但不是绝对正确的答案，这就是所谓知识相对论。知识取决具体学习情境的学习历程，它不是精确概括世界的法则，而是针对具体情境再创作。总之，知识具有相对性、主观性、参与性、过程性等特点。与此相对应的是建构主义的学习观。建构主义的学习观认为，学习并不是简单的信息积累，而是包含新旧经验冲突而引发的观念转变与结构重组。学习是意义的生成与建构：学习是学习者个人主动建构意义，而不能由他人代替。意义不是简单地由外部信息决定的，而是通过学习者通过新旧知识经验间反复的双向的相互作用过程建构而成的。教学要把学生的经验作为新知识的生长点，引导学生从原有的知识经验中生长出新知识；教学不是知识的传递，是知识的处理与转换。

第五，加强教学的艺术性。艺术比科学更能反映生命的本质，而生命的本质是创造，因此艺术比科学更能体现创造性。艺术能真正摆脱因果律的束缚；艺术能使人享受真正的人生欢乐；艺术能给生命以新的形式；艺术教学可以增加学习者的参与度；艺术可以使真理得以保护和发展。在教学中可以运用多种形式开发学生的创造力。一方面，要使教学活动有新颖性，即教学活动要立意新、内容新、方法新；另一方面，要使教学活动富于变化。即使是新内容、新方法，也要根据不同的教学对象、不同的教学情境灵活地进行教学。因为学生是在不断变化的，同一个学生去年与今年在心理水平、知识视野上都有很大不同，不同年龄、不同年代的学生的差异更大，而且这些差异也处在不断变化中，所以教学也要根据学生特点而变化。

第五篇　育人的心理

如果只传授学生知识，不教学生做人的道理、不考虑学生的学习动机，就会给教育与人的发展带来致命内伤。正如爱因斯坦所说："我确实相信：在我们的教育中，往往只是为着实用和实际的目的，过分强调单纯智育的态度，已经直接导致对伦理价值的损害。"① 其直接造成的严重后果是容易将人异化为机器，将教育过程视作生产智能机器人的过程。这或许就是时下经常听到的人们对教育的批评：传授给学生一些小智（仅有聪明才智），却让学生丢了大慧（真正的智慧）。为了纠正教育中存在的这种偏差，让人清楚地认识到智慧的实质以及物慧与人慧的联系和区别，体现本书所讲的促进人的身心健全发展的新教育理念，就专设一篇探讨育人的心理（狭义的）。不过，读者于此千万别误解，以为育人就不需要"开智"，就不需要"知识"，事实上，假若一种教育只重道德学习，只重情感的培养，只重动机的激发，而不去开民智的话，那么与专重知识传授的教育相比也仅是半斤对八两，都是不健全的教育。因此，从广义的育人心理看，上篇所讲的育智的心理也是育人的心理的一部分。

第九章　道德学习

【内容摘要】

本章对品德与道德的内涵及其联系与区别、品德的心理结构、品德形成与发展的心理机制、品德培育路径、育德方法、品德测量、品行不端的防治和道德学习的迁移过程等与道德学习有关的几大主题进行了深入细致的探讨，与已往同类著作相比，本章的第一个亮点是对品德的内化机制提出了新看法，主张品德的内化机制包括模仿尤其是象征性模仿、同化与顺应和评价等三个阶段。第二个亮点是在弘扬中国传统德育心理学思想精髓的基础上，对品德培育的路径、育德的方法、品德的测量、品行不端的防治等问题都提出了新看法。第三个亮点是通过理论阐释与初步验证研究表明良心新论是一种适合解释道德学习迁移的理论。

【核心概念】

广义道德、狭义道德、品德、品德的心理结构、内求说、外铄说、慎染说、顺应自然说、道德认识、道德情感、道德意志、道德行为、内化、道德自我（良心）、羞耻心、品

---

① 爱因斯坦. 爱因斯坦文集：第三卷. 许良英，等编译. 北京：商务印书馆，1979：293.

行不端、榜样示范法、破窗理论

【思考题】

1. 什么是绝对主义道德？什么是相对主义道德？你对它们的看法是怎样的？
2. 在道德教育中为什么需坚持"德得相通"的理念？
3. 请简要谈谈道德学习与知识学习之间存在的主要差异。
4. 请谈谈你对品德形成与发展的心理机制的看法。
5. 请谈谈你对品德心理结构的看法。
6. 请结合具体实例谈谈你对育德方法的看法。
7. 宜采取哪些方法进行品德考评？品德考评中宜注意什么问题？
8. 请结合具体实例谈谈你对品行不端的防治的看法。
9. 请结合自己的生活经历谈谈你对道德学习迁移的看法。
10. 在营造良好道德习俗时，为什么要充分发挥官员、名人、父母和教师四种人群的作用？
11. "打铁还需自身硬"，若要预防教师队伍中出现腐败现象，一名合格教师应该具备哪些核心心理素质？

假若一个人连做人都做不好，他的智力再发达，能力再超群，对社会、对他人都是有害无益的；尤有甚者，一个品德恶劣的人才能越高，对社会、对他人的危害会越大。所以，推行"做人"教育是当务之急。在"做人"教育中最核心的内容就是塑造良好的个性和品德。本章主要从心理学角度论述学生品德形成的过程和规律（有些内容在第三章已有论述，这里不多讲），阐明某些具体教育措施和方法的心理学依据。

第一节　品德及其结构与培育路径

一、品德与道德的界定

日常生活中人们并没有特别地对品德与道德进行区分，往往将品德与道德当作同一个概念使用。不过，在科学研究中，品德与道德是两个既有密切联系又有所区别的概念，在谈论道德教育或品德的学习之前必须对品德与道德的含义作一番考察，否则"名不正则言不顺"。正如柯尔伯格所主张的那样，必须先考虑道德的定义和实质，然后再探讨道德形成的机制，不能不管道德的定义而直接来谈道德教育，对于后一种做法柯尔伯格是持批评态度的。他说："人们一般认为，只要心理学告诉我们道德教育和学习的恰当方法就可以促进道德教育……我对这些问题的回答较为温和。在一些父母问我'该怎样帮助我们的孩子获得美德'时，我不得不像苏格拉底那样回答：'你一定认为，我知道美德是如何获得的。事实是，在我们还根本不知道美德是否可以被教之前，我还不知道美德到底是什么东西。'如果我不能说明美德的定义或道德教育的目的，我还能对教授美德的手段提供什么建议吗？看起来，似乎我们必须对道德教育完全保持沉默，否则就必须对美德的性质一言不发。"①

（一）什么是品德

何谓品德？2009 年版《辞海》的解释是："品质道德。如品德高尚。"② 此种解释太简单了。还不如 1999 年版《辞海》的解释好："品德是'道德品质'的简称，在中国又称德行或品行、操行，它指个人在道德行为中所表现出来的较为稳定的心理特征，是一定社会的道德原则和规范在个人意识和行为中的体现，因而是个人道德面貌的标志。"③ 正如黑格尔所说："一个人做了这样或那样合乎伦理的事，还不能说他是有德的，只有当这种行为方式成为他性格中的固定因素时，他才可以说是有德的。"品德与性格既有联系又有区别，某些性格既是人表现在对现实的稳定的态度和与之相适应的行为方式上的心理特征，也包含一个人有关道德和伦理方面的行为倾向，因此，性格与品德有重叠的部分；但品德与性格又有区别，品德只属于同道德伦理有关系的范围。当人们谈论有道德价值或处理是非、好坏和善恶的问题时，如说某人有说谎、欺诈和偷窃的行为，这时说的是品德，不是性格特征；当人们从一个人对人对事的专断和顺从、内向和外倾等一类品质评价一个人的社会行为时，这时说的是性格。

从现代心理学对于品德的这一界定看，中国传统文化对"德"的界定至今仍有意义。何谓德（悳）？清人段玉裁在《说文解字注·心部·悳》里的注是："内得于己，谓身心所自得也；外得于人，谓惠泽使人得之也。俗字叚德为之，德者，升也。古字或叚得为之。"这表明，在中国传统文化里，多数学者都认可从两个层面来界定品德：一是从内化的层面看，主张品德包含内化过程："内化"指个体将外在要求转变为内在素质的过程，也就是"内得于己，谓身心所自得也"，它强调的是一种个人的内心修养，认为一种道德规范只有被个体内化才能变成个体的品德，才能让个体真正有所"收获"，并从内心中真正产生出一种幸福感（内在强化）。二是从外化的层面看，主张品德也包含一种外化的过程："外化"指将内化所形成的道德品质用行为展现出来的过程，也就是"外得于人，谓惠泽使人得之也"，它强调的是要处理好自己与他人、他物的关系，主张已被个体内化的品德还需外推于人（德行）并使他人也"得到"，从而不但使自己的道德修养获得外在的"印证"，也使自己的做人方式真正得到他人的认同，这有利于自己产生真正的归属感（外在强化）。这一观点可概括为"德得论"。稍加比较可知，中国传统文化对德的此种定义相当于现代教育心理学中讲的"品德"一词的含义，并且其中有明显的"德得相通"或"德福一致"的思想："德得相通"指一个人的道德修养与其所得之间存在明显的正相关关系，它的两个典型表现是"好人有好报"和"恶人有恶报"。与此相反，"德得不通"指一个人的道德修养与其所得之间不但不存在明显的正相关，甚至反而存在明显的负相关关系。它的两个典型表现是"好人没好报"和"恶人获利"。"德得相通"中因蕴含既利己也利人的互惠互利思想，与今天强调"人本"德育的思想相通，易为人们所亲近和认同。

---

① KOHLBERG L. Education for justice: a modern statement of the platonic view. In Sizer N., Sizer T. (ed.). Moral education: five lectures. Cambridge, M. A.: Harvard University Press, 1970: pp. 57–58.

② 夏征农，陈至立. 辞海：第六版缩印本. 上海：上海辞书出版社，2010：371.

③ 辞海编辑委员会. 辞海：1999 年版缩印本. 上海：上海辞书出版社，2002：301.

（二）什么是道德

在汉语里，先有"道"与"德"二字，然后才有"道德"一词。"德"在甲骨文里已出现；在殷代，"德"字一般写作"𢛳"①，其内无"心"符，暗示"德"字在产生之初并没有善恶之类的道德意蕴；② 从一定意义上说，具伦理道德意蕴的"德"字是西周人新创的字，体现在字形上，西周初期的金文德字已写作"𢛳"，加了"心"符。据《论语·述而》记载，孔子主张"志于道，据于德"。这里的"道"指理想的人格或社会图景，"德"指立身根据和行为准则。因儒家以仁义为道德的主要内容，故也以仁义道德并称。③ "道"与"德"紧接在一起使用，可追溯到老子所著的《道德经·五十一章》："'道'生之，'德'畜之，物形之，势成之。是以万物莫不尊'道'而贵'德'。'道'之尊，'德'之贵，夫莫之命而常自然。"④ 这句话中的"道"指事物运动变化所必须遵循的普遍规律或万物的本体，"德"和"得"意义相近，指万物从"道"那里获得的特殊规律或特殊性质；对于"道"的认识修养有得于己者，亦称为"德"。⑤ "道"与"德"的连用始于荀子的《劝学》："故学至乎礼而止矣。夫是之谓道德之极。"⑥ 在西方，"道德"（morality）一词起源于拉丁语的"mores"，意为风俗与习惯（详见"人的心理发展与教育"一章）。这与荀子所讲"道德"的含义有相通之处，因为"礼"也是约定俗成的。正如《管子·心术上》所说："礼者，因人之情，缘义之理，而为之节文者也。故礼者，谓有理也。理也者，明分以谕义之意也。故礼出乎义，义出乎理，理因乎宜者也。"⑦ 据《朱子语类》卷四十二记载，朱熹也说："所以礼谓之'天理之节文'者，盖天下皆有当然之理。今复礼，便是天理。但此理无形无影，故作此礼文，画出一个天理与人看，教有规矩可以凭据，故谓之'天理之节文'。"⑧ 这是说，为了维护良好的社会秩序，以便达到和谐共存，人在与万物（其内自然也包含"人"，尤其是"他人"）相处时必须遵循一定的规矩，以便规范和约束自己的心理与行为。其中，抽象的规矩就是"天理"，将"天理"具体化，就是"礼"。所以，"天理"与"礼"的关系实是一里一表的关系，二者本息息相通。正因为如此，早在《左传·昭公二十五年》里就声称："夫礼，天之经也，地之义也，民之行也。"将"礼"的存在以及人们依礼而行视作天经地义的事情。可见，一旦能正确做到"以礼待人"，不但能正确做到"以人情待人"，而且实是在"以德待人"。

由于道德与习俗紧密相连，因此"道德"有广义与狭义之分。广义道德指一套依靠社会舆论、习俗制定与传承，并为传承此种社会舆论、习俗的人群所普遍认可的行为应当如何的规范，⑨ 用以表征和传承某种或某套价值观，约束人的心理与行为，调节人与人之间以及人与万物之间的利益分配。何谓"狭义道德"？在一切依靠社会舆论、习俗制定与传

① 《汉语大字典》编辑委员会. 汉语大字典：第二版九卷本. 成都：四川辞书出版社，武汉：崇文书局，2010：904.

② 张持平，吴震. 殷周宗教观的逻辑进程. 中国社会科学，1985（6）：78.

③ 夏征农，陈至立. 辞海：第六版缩印本. 上海：上海辞书出版社，2010：334.

④ 陈鼓应. 老子注译及评介. 北京：中华书局，1984：261.

⑤ 夏征农，陈至立. 辞海：第六版缩印本. 上海：上海辞书出版社，2010：334.

⑥ 王先谦. 荀子集解. 沈啸寰，王星贤，点校. 北京：中华书局，1988：12.

⑦ 黎翔凤. 管子校注：中. 梁运华，整理. 北京：中华书局，2004：770.

⑧ 黎靖德. 朱子语类：三. 王星贤，点校. 北京：中华书局，1994：1079.

⑨ 王海明. 道德哲学原理十五讲. 北京：北京大学出版社，2008：2.

承，且用来调节人与人之间以及人与万物之间利益分配的规范中，凡是有益于绝大多数人（包括自己与他人）、仁爱且正义的社会和自然界健康生存与可持续性发展的规范，都是道德或道德的；反之，就是不道德或不道德的。[①] 两相比较可知：从大小角度看，广义道德包含狭义道德；从善恶角度看，广义道德无善恶之分，狭义道德均是善的。

既然有广义道德，就需简要探讨两个问题：①如何判断某种道德习俗的善与恶？这须根据仁爱原则、公正原则和功利原则进行综合判断：从长远眼光与更大范围（不是仅局限于自己或自己所处的小集团）看，完全符合这三个原则的道德习俗是上佳道德习俗，符合其中两个原则的道德习俗是中等道德习俗，符合其中一个原则的道德习俗是末等道德习俗，完全不符合这三个原则的道德习俗是恶的道德习俗。[②] ②道德是相对的还是绝对的？一种观点认为，所有道德都是绝对的，放之四海而皆准；换言之，存在判断伦理道德问题的绝对标准，它不受时代、社会与个人的影响。正如《汉书·董仲舒传》所说："道之大原出于天，天不变，道亦不变。"绝对主义道德的优点是突出道德的权威性及判断善恶标准的统一性，从而对人的心理与行为具有巨大的约束力。绝对主义道德的缺点至少有三：一是道德的合法性不容置疑，导致某些吃人道德长期存在。二是优势文化所倡导的道德处于绝对优势地位，弱势文化所倡导的道德若与它矛盾，则无生存的空间，结果扼杀了多元道德观产生的可能性。三是当两个或两个以上各自宣称自己所倡导的价值观或道德观绝对正确且不容置疑的文化发生碰撞时，极易产生三种不良后果：要么坚持道义和真理在己方，进而与一切"异端"为敌，对他们极其冷漠，甚至为此不惜发起战争；要么陷入不知所措的迷茫，导致价值观混乱，甚至出现分裂人格；要么放弃自己曾长期信守的道德观，转而改信另一种道德观，导致自己成为一个"无根"的人。另一种观点认为，所有道德都是相对的，每种道德只适用于某种特定文化，不存在判断伦理道德问题的绝对标准。相对主义道德的优点至少有三：一是为各种道德观留下了生存空间，促进了多元道德观的产生；二是可以满足不同人的不同需要；三是可以减少吃人道德的存在。相对主义道德的缺点至少有二：一是它导致道德的权威性下降，进而导致道德对人心理与行为的约束力下降；二是它助长了多元道德观的存在，导致道德标准多样，于是，一些人无法正确选择。对于"道德是相对还是绝对的"这个难题，正确的回答是：有些道德是绝对的，也有些道德是相对的。那么，如何筛选？从理论上讲，主要有两种做法：一是从实然角度出发，提取最大公约数。具体做法是：通过深入分析当今世界各国、各地区存在的伦理道德观，从中提取出最大公约数，它们就是绝对道德；余下的则是相对道德。它的优点是思路明确，且易操作；缺点是可能有重大遗漏，即某种道德观可能极其重要，但在现行道德观中却找不到，并且工作量极大。二是从应然角度出发，重新建构。具体做法是：通过深入分析与论证，重新建构出绝对道德与相对道德的思想体系。它的优点是易建构得非常圆满；缺点是不易操作，且易脱离实际。

（三）品德与道德的关系

由上述定义可看出，品德与道德关系密切。

品德与道德之间的联系主要表现在：第一，品德的内容来自道德，个人品德是社会道

---

① 汪凤炎，郑红．荣辱心的心理学研究．北京：人民出版社，2010：52 – 54.
② 汪凤炎，郑红．智慧心理学的理论探索与应用研究．上海：上海教育出版社，2014：221 – 227.

德的组成成分，是社会道德在个体身上的具体表现，离开社会道德也就谈不上个人品德，同时，个人品德的发生发展与社会道德一样都受到社会发展规律的制约。第二，品德的形成不是由遗传获得的，而是在后天的社会条件中，主要是在社会道德舆论的熏陶和学校道德教育的影响下，在家庭成员潜移默化的道德感染下，通过自己的实践活动形成和发展起来的。用中国先人的话说，品德指个体心中所得到的"道"，即个体闻道（德）而心有所得谓之（品）德，将品德视为个体的内在品质。如《朱子语类》卷第三十四说："道者，人之所共由，如臣之忠，子之孝，只是统举理而言。德者，己之所独得，如能忠，能孝，则是就做处言也。""道，是日用常行合做底。德，是真个有得于己。"第三，个人品德虽然不可避免地要受到社会道德风气的影响，但是它对社会道德风气也能产生一定的反作用，事实上社会道德本身就是由许许多多的品德集合构成的。特别是一些优秀代表人物的品德，作为一种道德品质的典范，往往能超越个体的存在，外化为社会道德，常常对整个社会道德风气产生十分深远的影响。品德虽与道德关系密切，但品德又不等同于道德。

品德与道德的主要区别在于：第一，道德是依赖于整个社会存在的一种社会现象，它依赖于整个社会的存在，却不以某一个体的存亡为转移；品德则是依赖于某一个体存在而存在的一种个体现象。第二，道德的内容反映整个社会生活的要求，特别是一定经济基础的反映，它的内容全面而又完整；品德的内容往往只是道德规范的部分体现，是社会道德要求的局部反映。第三，道德是一定社会生活的产物，道德的发展完全受社会发展规律的支配，它随社会的发展而发展；品德是社会道德在个体头脑中的反映，品德的形成和发展不仅要受社会发展规律的支配，还要服从于个体的生理、心理活动的规律。第四，道德是哲学、伦理学与社会学研究的对象；品德则是教育学与心理学研究的对象。

（四）道德与法律的关系

道德与法律之间关系复杂。道德与法律之间相通的地方是：二者都是调节人与人之间以及人与万物之间利益分配的行为规范系统。道德与法律之间至少有五个显著区别：其一，定义不同，导致二者的实质有差异。根据上文对道德的定义可知，道德是一套主要依靠社会舆论监督来分配利益并衡量人的价值观好坏的约定俗成、人为的规则系统。与此不同，法律的含义有三：①最广义的法律与法同义。②较狭义的法律专指宪法性法律和普通法律。③最狭义的法律专指普通法律，常与宪法并列使用。[①] 何谓"法"？国家制定并认可，并由国家以强制力保证其实施的行为规范的总和。与最广义的"法律"通用，包括宪法、法律（狭义）、行政法规、规章、判例、惯例、习惯法等各种成文法与不成文法。[②]其二，二者的来源不同。道德一般是约定俗成的；与道德并列使用的法律显然是指最广义的法律，它是由国家制定并认可的。其三，二者背后依靠的力量不同。道德主要依靠社会舆论的监督；法律依靠国家政权的强力支持。其四，二者的使用领域和目的有一定差异。道德主要是用来判断人的言行的善恶的，主要是用以惩恶扬善，常常也能起到维护社会稳定和国家政权稳定的效果；法律主要是用来判断人的行为是否违法，用以维护国家政权和社会的稳定。其五，不遵守二者所产生的后果不同。不遵守道德一般不会受到法律的制裁，只会招来社会舆论的谴责；若此个体良心未泯灭，还会招来良心的谴责，导致良心上

---

① 夏征农，陈至立．辞海：第六版缩印本．上海：上海辞书出版社，2010：458．

② 夏征农，陈至立．辞海：第六版缩印本．上海：上海辞书出版社，2010：454．

的愧疚与不安等。法律的实质是权利与利益的分配：明文规定个体、组织和企事业依法有权做某事或无权做某事。对于个体、组织和企事业依法有权做的事情，若他们不去依法行使这些权利，既是他们自己的损失，也易给他人、社会和国家带来损失；对于个体、组织和企事业无权做的事情，若他们做了，相关司法部门就会依法对他们做出相应惩罚。但不遵守法律是否受到良心的谴责，则要看此法律是良法还是恶法以及个体道德修养境界的高低。一般而言，只有在法治社会，才能做到法律与优良道德的较完美统一；在专制社会（往往也是人治社会），因法律多是恶法，往往与优良道德相背。这样，若个体认定自己违反的是恶法，不但不会在良心上产生愧疚，反而觉得自己是在伸张正义；反之，若个体认为自己违反的是良法，也会受到良心的谴责。

二、品德的心理结构

（一）何谓品德的心理结构

1．内部与外部的关系

从内部与外部的关系角度看，过去既有学者主张从品德的内部去研究品德的结构，也有学者主张从品德赖以生存的外部环境入手去研究品德的结构。毫无疑问，品德的形成与发展离不开外部的客观环境。但在本书看来，将外部环境纳入品德的结构中，这实际上混淆了"系统"与"结构"之间的区别。在我们看来，称得上是某个事物的"结构"的东西，一定是这个事物本身所固有的，而不是"人为"地从外面加上去的，"人为"地加上去的东西不能称作"结构"；同时，"结构"是隐含在事物的内部的，而不可能是展现在事物的外部的。展现在事物的表面的东西只能称作事物的"款式"或"形状"，在探讨事物的结构时不能混淆"内部结构"与"外在形状"之间的关系，错将"款式"当作"结构"。例如，不同的桌子可能有不同的形状，但只要称作"桌子"，就必须有一个共同的内部结构。为什么人们不会将桌子看成椅子呢？就是因为二者之间的基本结构不同。同理，在探讨品德的结构时，严格意义上说，只能将品德的内在的东西视作品德的结构。从这个意义上说，品德作为一种心理现象，其结构也就是一种心理结构，"品德的结构"与"品德的心理结构"实际上是同义词组，为行文简洁，本书多用前一个词组。也正由于品德的结构是内在的，从严格意义上说，在探讨品德的结构时，是不宜将外显的"道德行为"作为品德的结构的。但品德是一种心理现象，它像其他心理现象一样不具有形体性，限于科技发展水平，至今人们仍不能直接将它呈现在面前进行研究，而只能通过人的外显行为进行间接研究；并且，品德作为一个内隐的东西，也只有通过一个人的外显行为进行间接的评判。基于品德的这一独特之处，在探讨品德的结构时，可以权将"道德行为"作为品德的结构之一。但是，"系统"就不同，它既可以指一个事物与其赖以生存的外部环境所组成的相对稳定的关系，也可以指一个事物作为一个整体而言其内部各子成分之间所组成的相对稳定的关系。就前者而言，任何一个事物若想在这个世界上存在，都必然会与其周围环境组成一个相对稳定的系统；就后者而言，任何一个事物内部各子成分之间都组成一个有机的内部系统。可见，如果是研究品德的系统，就可以将品德赖以生存的内外部环境加以综合考虑。

2．个别与一般的关系

从个别与一般的关系角度看，"结构"有基本结构与具体结构之分。一类事物所共同拥有的结构可以称作这类事物的基本结构；在一类事物中某个具体事物所独有的结构可以称作这个具体事物的具体结构。从逻辑上说，事物的具体结构可能是千差万别的，正基于此，才构成了客观世界中事物的丰富多样性。但是，一类事物的基本结构只有一个，不可能有多种。犹如世上的人有千千万万，但人的基本生理结构却只有一个，不可能是一个人就有一个独特的基本生理结构。从这个意义上说，品德作为一种客观存在，其内部也只能有一种基本结构，不可能是多种多样的基本结构。研究品德的结构重点也宜放在研究品德的基本结构上面，不宜放在研究某一个人的品德的具体结构上面。因为不同的人可能其品德的具体结构是不一样的。当然，对于品德的这一基本结构的构成到底是怎样的，不同时代的人由于研究的水平与视角不同，可能有不同的看法，不过，多种看法只表明人们对品德的基本结构的研究还不够成熟、不够准确，并不表明品德真的就有多种基本结构。

3．静态与动态的关系

从静态与动态的关系角度看，过去既有学者主张从静态角度来研究品德的结构，也有学者主张从动态角度来研究品德的结构。笔者以为，虽然从理论上讲，运动是绝对的，静止是相对的，因此从学理上说，研究品德的结构也要考虑静态与动态的关系，但是这绝不意味着品德同时拥有静态结构和动态结构等两个结构。品德的基本结构只有一个，而且起初是静止的，只有当一个活生生的人拥有品德时，才能激活品德的静止结构，使其处于不断运动之中，这时运动着的已是品德的"机能"，而不再是品德的结构本身，品德的结构本身只是品德发挥其机能的"载体"而已。一个人如果认为品德有静态与动态两个结构，就有将"结构"与"机能"相混淆之嫌。例如，不能说死人有一个基本生理结构，活人有另外一个基本生理结构，死人与活人的基本生理结构是一样的，不同的是，死人的基本生理结构完全处于静止状态，没有相应的"机能"，而活人的基本生理结构处于不断运动变化之中，发挥着相应的生理机能。

4．形式与内容的关系

从形式与内容的关系角度看，过去既有学者主张从形式的角度来研究品德的结构，也有学者主张从内容角度来研究品德的结构。笔者以为，品德的结构不同于品德内容，品德的内容具有一定的文化差异性，且具有较强的发展性，从品德的内容去研究品德的结构容易将品德的结构看成具有时代差异性和文化相对性的东西，这不利于对品德结构的认识。因此，从形式的角度来研究品德的结构可能更稳妥些。

5．持久与短暂的关系

从持久与短暂的关系角度看，"结构"有持久结构与临时结构之分。一类事物长时间之内拥有的结构可以称作这类事物的持久结构。一类事物临时、短时或阶段性地拥有的结构可以称作这类事物的临时结构或短暂结构。以青蛙的身体结构为例，其临时结构是生命处于蝌蚪阶段时拥有的结构，其持久结构是蝌蚪变成青蛙后拥有的结构。对于青蛙而言，蝌蚪拥有的结构之所以是临时结构，是因为此结构只具"过渡性质"，迟早会被真正的青蛙结构取代。青蛙之所以叫青蛙，是因为其拥有青蛙的结构，而不是因为其拥有蝌蚪的结构。因此，从学理上说，研究品德的结构也要考虑持久与短暂的关系，毕竟任何一个人的品德发展都会经历一个逐渐发展与成熟的过程。但是，这绝不意味着这两种结构拥有同等的重要性。在研究品德的结构时，虽然也要研究个体处于年幼时期的品德结构，但更应将研究重点放在正常成人所持久拥有的品德结构上。理由有二：一是后一种结构不但是前一种结构成长的自然归宿，而且在人的一生中持续的时间更长，发挥的作用更大。二是只有像青蛙之类的事物才在其成长的阶段拥有两种或多种截然不同的结构，人不是青蛙，无论是人的基本生理结构还是人的基本心理结构，虽然在年少时与年长时其成熟度有所不同，但却是"异质同构"的，即年幼者的基本生理结构与年长者的基本生理结构是大致相同的，不同的是二者的质量与机能而已；年幼者的基本心理结构与年长者的基本心理结构也是大致相同的，不同的也只是二者的质量而已。

根据上述分析，本书认为，品德的结构是指品德的组成成分，是指个体品德的结构体。道德品质的结构是作为个体心理现象的形式而言的，具有普遍性、规律性，不为时代、民族或阶级所决定。

（二）品德心理结构观

1. 几种具代表性的品德心理结构观

到目前为止，关于品德心理结构的观点尚未形成比较一致的结论，具有代表性的观点有如下几种。

（1）三要素论：西方学人的品德心理结构观。

该观点将品德看成道德认识、道德情感和道德行为的统一体。道德认识，是指个体对客观存在的道德关系、原则、规范和道德活动的认识，包括道德概念、道德命题和道德规则的掌握，道德信念的产生，道德评价与道德判断力的发展等。[1] 道德情感，亦称"道德感"，是指人们对道德行为的一种或好或恶的内心感受。即对符合道德准则的行为感到满意、愉快，对不符合道德准则的行为感到义愤、内疚。[2] "道德行为"一词有广义与狭义之分，"广义的道德行为"与"非道德行为"相对，是指人们在一定的道德意识支配下表现出来的能够进行道德评价的行为，是行为主体自由选择的结果，应负道德责任。它包括有道德的行为和不道德的行为。有益于他人或社会的行为，是有道德的行为；反之，是不道德的行为。不涉及他人和社会的利益，没有道德意义的行为，或不是在道德意识支配下的行为，称为非道德行为。[3] "狭义的道德行为"，是指"有道德的行为"，即个人在一定的道德认识指引下和道德情感激励下，表现出来的有益于他人和社会的行为。本书若无特别说明，所用"道德行为"均指"狭义的道德行为"。目前国际流行的心理学文献大都采用三要素论，正如美国品德心理学著作所写的那样："纵观品德的研究，一般都是将它分成道德观念、道德情感和道德行为。"美国传统的品德心理学和苏联的品德心理学基本上都持这样的观点。三要素论认为道德情感是发动道德行为的重要因素，没有为别人着想的关怀，不具有体谅、理解他人的情感，就不可能产生有道德的判断和有道德的行动；道德行动是德育的目的，为了达到这个目的，关键是要把发展道德情感与发展道德判断力以及引导做出有道德的行为这三者统一起来。

（2）品德的心理结构：中国学人的观点。

对于品德的心理结构，中国心理学界同仁的看法不一，主要有三种代表性的观点：一是二要素论，认为品德的基本结构是"知"与"行"，即任何道德品质都包含道德认识和道德行为倾向。二是三要素论，受西方品德心理学的深刻影响，西方的三要素论也得到中

---

[1]　辞海编辑委员会．辞海：1999 年版缩印本．上海：上海辞书出版社，2002：301.

[2]　辞海编辑委员会．辞海：1999 年版缩印本．上海：上海辞书出版社，2002：301.

[3]　辞海编辑委员会．辞海：1999 年版缩印本．上海：上海辞书出版社，2002：301.

国教育心理学界一些同仁的认同。例如，潘菽在其主编的《教育心理学》一书中就明确主张，任何一种品德结构都包含有一定的道德认识、道德情感和道德行为方式三种基本成分，将道德意志包括在道德行为的训练中。三是四要素论。这是中国学界的典型观点。他们认为完整的品德心理结构应包含道德认识、道德情感、道德意志（指人们在决定道德行为的过程中表现出的顽强坚持精神。作为构成个体道德品质的因素之一，是道德认识向道德行为、道德品质转化的关键。[①] 包括道德动机斗争、作出道德判断与选择、按照道德选择去行动等三种成分）和道德行为四种成分。四要素论不仅反映了中国心理学家对"意志""行为"和"习惯"等心理现象的见解，而且也体现了中国心理学家对中国古代心理学思想的继承。早在2 500年前春秋时期的孔子就将道德品质划分为道德认识、道德情感、道德意志和道德行为四种成分，并将其形成看作一个过程。孔子是提出关于品德结构及其发展思想的先驱。

2. 知情意行心：融会中西的新品德心理结构观

在当代教育心理学界包括德育界，对品德心理结构的主流观点是四要素论，这种品德心理结构观虽有一定的优点，但也存在两个不足：一是未妥善处理品德各心理成分之间的关系，即受西方分析思维的影响，在将品德的心理成分细分为道德认知、道德情感、道德意志和道德行为的同时，没有看到四者之间的相互关系。二是未突显道德自我（或叫良心）在品德心理结构中的核心价值，从而易使人机械地理解和使用道德规范、易让人丢失自己的道德自我。为了弥补这两大不足，在品德的心理结构问题上，本书主张"五因素论"，即认为品德的心理结构包括道德认知、道德情感、道德意志、道德行为与道德自我（良心）五种成分。这五种成分中，前四种成分的含义与上文"四要素论"中的四种成分的含义是相通的，第五种成分指良心，类似于现代教育心理学中所讲的道德自我（moral self，其含义详见下文）。"五要素论"坚信品德各心理成分之间存在密切的相互关系，即强调道德认识与道德行为之间的统一关系、道德情感与道德智慧之间的统一关系和品德与理智之间的统一关系；在此基础上，又主张道德自我对其他四种心理成分具有调节与统摄作用。

三、品德的培养路径

西方心理学家在研究品德形成的过程时往往采用分别研究的方法，就品德构成的几个要素——认知、情感、意志、行为的形成过程分别进行探讨，这样的思路有助于揭示品德形成的几个成分各自的学习规律，有助于指导教育实践。在具体路径上，西方学人多力倡品德形成与发展过程遵循的路径是：知→情→行。依此路径德育过程一般是：提高道德认识、丰富道德情感、训练道德行为。与此不同的是，在具体路径上中国先人提出了与西方学人小同而大异的观点，主张品德形成与发展的过程宜遵循的路径是：行→知→情（含意）→心→行；依此路径德育过程一般是：训练道德行为、提高道德认识、丰富道德情感、锻炼道德意志、培育道德自我、自觉践履道德行为。将中国先人这方面思想的精髓作现代诠释，对于纠正当代中国德育中存在的知行脱节的弊病有较强的现实意义。因此，下面就以中国传统的德育路径为主体，适当借鉴西方德育思想的精髓，简要谈谈笔者对品德培养路径的看法。

---

① 辞海编辑委员会. 辞海：1999年版缩印本. 上海：上海辞书出版社，2002：301.

（一）"子能食食，教以右手"：训练道德行为

道德行为是实现道德动机的手段，是一个人的道德认识的具体表现与外部标志，它主要是通过练习或实践掌握行动技能与养成习惯的途径而形成起来的。道德动机与道德行为之间的联系不是一对一的简单关系。为了实现某种动机，一个人可以根据不同的情境采取不同的行为。[①] 品德的培养只靠动机教育与行动方式的指导还不够，必须通过不断实践形成一定的道德行为习惯。道德行为习惯是一个人由不经常的道德行为转化为道德品质的关键因素，是个体将其道德认识与道德情感外化为一定的道德行为，这是道德品质形成的难点所在。因此，道德行为的训练主要包括三方面内容：一是道德行为方式的掌握，二是道德意志的培养，三是道德行为习惯的养成。[②] 因道德意志的培养在下文予以阐述，这里只论余下的两个问题。

1. 道德行为方式的掌握

良好的道德应该是道德动机与行为方式的统一，但在实际中并不尽然。有些学生虽然有良好的愿望和热情，甚至也有决心和毅力，但由于不善于分析具体情况，不善于组织自己的行为，没有掌握适当的行为方式，有时就不能取得预期效果，甚至会带来相反的效果，出现道德动机与行为效果不一致的现象。因此，教师应当在肯定学生道德动机的同时，注意帮助学生掌握行为的方式、方法。苏联心理学家斯拉文娜的研究表明，对儿童进行行为方式的指导很有必要。例如，让小学三四年级的学生给幼儿园的小朋友做一套方块玩具，而且只选择那些愿意接受这项社会委托，即具有做好事的社会动机的学生当被试。研究者交代清楚任务之后就让学生回家制作并要求分期分批地交出成品。这时将被试分为两组：第一组只告诉他们交出的日期；第二组除此之外，还指导他们如何安排时间和组织自己的行为方式。结果在五次共制作100块方块的任务中，第一组只完成了51%，第二组完成了76%。同样的实验在小学一年级学生中进行时，第一组只完成36%，而第二组完成75%。实验结果表明，在要求学生完成有道德意义的任务时，光有动机教育是不够的，而必须加以行为方式的指导，学生的年龄越小，这种行为方式的指导就越有必要。

2. 道德行为习惯的培养

道德行为的训练仅仅停留在掌握行为方式的水平还不够，教育者还应当让学生通过行为方式的不断练习，养成道德行为习惯。道德行为习惯是一种稳固的动力定型，它可以使人的道德行为更加自动化、经常化；尤其重要的是，要在习惯化的道德情境中仍能主动地表现出良好的行为。正是在这个意义上，俄国教育家乌申斯基说，良好的习惯是存放在神经系统中的道德资本，这个资本不断增值，人的一生都会享受它的利息。苏霍姆林斯基认为："由道德概念通向道德信念的通道是以行为和习惯为起点的，而这些行为和习惯则是充满深切情感并含有孩子对待他所做的事和他周围发生的事情的个人态度。"[③] 总之，良好的习惯是一个人由不经常的道德行为转化为某种品德的关键因素。在教育中一般主要采取下列几种形式培养学生的道德行为习惯：一是从小做起，持之以恒。道德行为习惯的培养要从个体小时候做起，切实贯彻"蒙以养正"的原则。因为对于年幼儿童而言，向他们

① 潘菽. 教育心理学. 北京：人民教育出版社，1980：158－159.
② 潘菽. 教育心理学. 北京：人民教育出版社，1980：171－172.
③ 苏霍姆林斯基. 帕夫雷什中学. 赵玮，等译. 北京：教育科学出版社，1983：200.

灌输一些做人的大道理是没有什么效果的，因为他们不能理解，不如结合儿童的日常生活来训练他们的道德行为来得实在。这正如《朱子语类》卷七所说："古者初年入小学，只是教之以事，如礼乐射御书数及孝弟忠信之事。自十六七入大学，然后教之以理，如致知、格物及所以为忠信孝弟者。"于是，德育的开始点应是训练个体的日常生活习惯，从此入手来训练他们的道德行为习惯，并强调要根据个体的不同身心发展水平采取相应的行为训练方式，将践履视作德育的起点与终点，有终身教育的思想，以使德育贯穿于个体心理发展过程的始终，经过这样的反复强化提高育德的效果。也许有人会说，"知"是德育的起点，因为德育是从知到行、知行合一的过程。这种观点值得商榷。儿童依"告知"的指令去做某事，此时的"知"并非"真知"，而是一种机械、盲目的"知"；只有明白（或理解）了"告知"的指令的真正内涵之后，再按此指令去做，才是真知，这种"真知"只有通过"行"之后才可获得。所以，在德育中，是行在先，而非知在先。"行→知→意→心→行"的德育模式符合人类道德从他律到自律发展的规律。二是行为重复。创设道德情境和良好条件以便让良好行为经常重复发生，不过也要注意杜绝不良行为重复发生的现象。三是行为模仿。提供良好的榜样，让学生进行模仿，但要注意不让学生模仿不良的行为。四是有意练习。组织各种有益活动，让学生进行行为练习，以培养良好的行为习惯。在活动中要注意让学生明确练习的目的与要求，不间断地坚持下去；还要让学生了解练习的效果或成绩，分析成功或失败的原因。五是与坏习惯作斗争。教师要注意及时纠正学生中的某些不良习气，防止其养成坏习惯；对已经形成的坏习惯，要帮助其及时克服。这一切不仅靠教师本人的努力，而且要在良好的班集体中才能顺利实现。所以，要对学生进行有效的道德行为训练还必须建立一个良好的班集体。

（二）"若讲得道理明时，自是事亲不得不孝"：形成道德认识

个体只有知道了该如何行动和了解到为何要这样行动，才有可能自觉地做出相应的行为。正如孔子所说："知者不惑"（《论语·子罕》），即个体只有在认识与掌握道德规范之后，其言行才不会被外物所迷惑。《朱子语类》卷九说："若讲得道理明时，自是事亲不得不孝，事兄不得不弟，交朋友不得不信。"同时，个体若掌握了丰富的道德知识，也可自觉地为自己的言行定下一定的规矩，而不必依靠外在的强制力量来迫使个体产生道德的行为。这正如朱熹在《白鹿洞书院教条》里所说："苟知理之当然，而责其身以必然，则夫规矩禁防之具，岂待他人设之而后有持循哉？"所以，在大学阶段（16～17岁起）的德育中，中国先哲非常重视道德认识的形成在品德形成中具有的重要作用。要想形成一定的道德认识，就必须掌握一定的道德知识、产生一定的道德评价能力和树立一定的道德信念，因为掌握道德知识是形成道德认知的一个前提条件。道德评价是个体道德认识的主要表现形式，也是其道德认知逐渐形成的主要标志。道德信念是系统化了的、深化了的道德知识，是道德认知发展的最高形态，也是个体道德生活的指南。可见，道德知识的掌握、道德评价能力的发展和道德信念的产生是道德认知的三个基本环节。

1. 道德概念的掌握

学生对道德知识的理解常常以掌握道德概念的形式表现出来。道德概念反映社会道德现象的一般特征和本质特征，它是对具体道德现象的抽象概括。掌握道德概念是形成道德认识的必要前提。道德概念的形成是一个理性化过程，即从具体到抽象的过程。儿童最初的是非、善恶、美丑等道德概念是与具体的道德现象联系在一起的。他们从大量日常的、

具体的道德现象中获得丰富的感性知识，并从成人、教师那里获得有关评价，从而形成初级的道德概念。此时教育者向青少年提供大量的、典型的、能够起到榜样（示范）作用的具体道德知识是十分必要的。随着感性知识的丰富，认知水平的提高，学生就会通过抽象、概括，逐渐达到对社会道德现象及道德规范的本质特征的理解。他们开始能以比较抽象的道德规范来评价行为的是非、善恶、美丑，并能在类似的道德情境中发生迁移。此时，教师不仅应当向学生提供必要的具体事例，而且要运用变或规律，突出道德现象中蕴含的本质特征，恰当地给道德现象下定义，从而准确把握道德概念的实质。

在掌握道德概念的过程有两种倾向应当注意：一是注意克服"意义障碍"。在某些情况下，学生虽然领会了某些道德要求，但并不一定立刻接受它们，甚至拒绝它们。他们有时表现出"忽视"，有时表现出"对立情绪"，严重时甚至拒绝接受来自教育者的一切要求，即所谓"逆反心理"。研究表明，这是在学生身上出现了某种"意义障碍"。意义障碍指学生头脑中所存在的某些思想或心理因素阻碍他们对道德要求、道德意义的真正理解，从而不能把这些要求转化为自己的需要。"意义障碍"产生的原因有：①道德要求不符合学生原有的需要；②教师提出要求比较频繁而又不严格检查执行；③由于学生经验有限，对道德要求的实质产生误解；④教师提出要求时采取了强制方式，触犯了学生的自尊心；⑤学生感到教育者处理问题不公正或没有起到表率、示范作用等。二是防止错误概念产生。学生在掌握道德概念的过程中由于产生客观的种种原因常常会出现一些错误或糊涂的道德概念。例如，一些中小学生把尊敬老师误认为是"逢迎""拍马"；把向老师汇报某同学的错误行为说成是"出卖同学"；把不守纪律当作"英雄行为"，等等。[①] 有人对中国大学生关于"道德"概念掌握的情况调查发现，答案不正确的很多，例如，把"道德"理解为"孝敬父母""对朋友真诚""尊重法律""人的政治思想觉悟、科学文化知识""是通过各种方式和社会的一种联系"，等等。[②] 研究表明，当这些不正确的道德概念和观念是学生自己独立思考获得或是许多同伴共同的见解时，纠正起来就比较困难。因此，教育者一定要防止这些错误观念的产生，一旦产生要采取有力措施迅速加以纠正。

2. 道德评价能力的提高

道德评价能力是指学生应用已掌握的道德规范，对自己或别人行为的是非、善恶等进行评价的能力。我国古代教育家就非常重视道德评价，如孔子就经常针对不同对象，采取不同的评价方法对学生进行道德评价，以促进、巩固和纠正学生的道德行为。孔子还注重引导学生进行自我评价，循循善诱地引导学生自觉地发扬自己道德上的优点，纠正缺点。现代心理学研究表明，学生的道德评价能力是逐步发展起来的，它发展的基本规律有四个：一是从"纪律"到"自律"。儿童从仿效别人的评价发展到独立地评价。一般说来，低年级学生只能模仿、重复成人和教师的评价。他们往往以成人的是非为是非。凡是成人夸奖或要求的就容易被认为是好的，凡是受成人惩罚的就容易被认为是坏的。随着年龄的增长，他们开始逐渐形成自己的评价标准，逐渐学会独立地进行道德评价。二是从"效果"到"动机"。儿童的道德评价从注重行为的效果的评价转向重视行为动机的评价。一般说来，低年级儿童最初比较注重对行为效果的评价，以直接后果如何来衡量行为的是非好坏。随着年龄的增长、年级的增高，他们逐渐开始注重对动机的分析。到了高年级他们

---

① 潘菽. 教育心理学. 北京：人民教育出版社，1980：164.
② 徐长松，黄成惠. 大学生心理概论. 上海：上海科学技术出版社，1988：191.

能够逐渐把道德动机与行为效果结合起来进行评价。三是从"对人"到"对己"。儿童的道德评价是从评价他人发展到评价自己的。一般说来，低年级儿童往往注重对别人的评价，但不会评价自己。例如，有些儿童批评其他同上课搞小动作、吃零食，可是就在他批评别人不久后自己也犯了相同的错误。但随着年龄的增长、年级的增高，他们开始从评价别人中学会评价自己，不仅能够评价自己的行为，而且逐渐学会关心自己的内心活动。但总的说来，少年学生对别人的评价比较深刻而且严格，对自己的评价却比较笼统、模糊。真正的自我评价能力要到青年初期才能比较自觉地发展起来，并在此基础上形成自我检查、自我调节、自我控制的能力。四是从"片面"到"全面"。儿童的道德评价是从带有较大片面性的评价发展到比较全面地进行评价的。一般说来，低年级学生的道德评价带有较大片面性，他们往往抓住一点，不及其余，绝对地肯定或否定，一好百好，一坏百坏。他们的评价容易受个人情绪影响，尖锐、直率，具有不稳定性和情境性。进入青年初期以后，学生逐渐学会全面、客观地评价自己和别人。他们逐渐学会区分主要与次要，并能将一贯与偶然、动机与效果、成绩与错误等联系起来进行分析，同时还能适当考虑表达自己意见的方式和方法。

3. 道德信念的确立

当人们坚信某种道德观念的正确性并将其当成个人行动准则，无论是自己执行或看见别人执行时都产生肯定或否定的情绪体验时，道德观念就转化为道德信念。道德信念是道德动机的高级形式，它可以使学生的道德行动表现出坚定性与一贯性，从而成为道德品质形成中的关键因素。个体的道德信念是在社会生活条件下，特别是教育教学条件下，学生通过自身的实践、交往与学习中逐渐形成与发展起来的。概括地说，学生道德信念的形成可以分为几个具体阶段，即无道德信念阶段、初步道德信念阶段和自觉稳定道德信念阶段。无道德信念阶段是指小学低年级学生，此时他们尚不能明确意识到学习的社会意义和自觉履行职责。他们做出的许多符合道德准则的行为是出于家长、教师的要求或本身的兴趣。初步道德信念阶段是指在小学的中高年级产生的认真完成学业和保持良好纪律的愿望。但这些愿望的自觉性和坚定性均处于较低水平。自觉稳定道德信念阶段是指小学高年级或中小学阶段开始出现的自觉的、稳定的对事业、对集体、对他人、对自己的行为准则。中学时期是道德信念形成的时期，是开始以道德信念来指导自己行为的时期。① 与道德信念密切联系的是道德理想。道德理想是人们对未来的道德面貌的稳定追求。道德理想来自自己的道德信念，人们对道德理想的持续追求又会进一步坚定道德信念。道德理想与道德信念一样，包含对所追求道德目标深刻的情感体验，它也是一种高级的道德动机，对道德行为的产生具有定向作用，并对道德行为的坚定性和一贯性具有特别重要的意义。一般说来，学生道德理想的发展经历着具体形象理想、综合形象理想、概括性理想三种水平。小学生只具有一些比较模糊的对未来生活的想象，还未树立道德理想。初中低年级或小学高年级学生开始具备具体形象理想。此时学生把某些具体人物形象作为自己道德理想的目标。在成人和教师的影响下，学生开始把某些英雄人物奉为楷模（榜样），并在言谈举止中加以模仿。这些英雄人物既可以是现实生活中的，也可以是历史上或文艺作品中的。这样发展下去，到了初中高年级、高中低年级时，学生便开始进入综合形象理想的水平。此时学生已能够将许多英雄人物或理想人物的形象和特点加以综合，并以这些综合的

① 林崇德. 中学生心理学. 北京：北京出版社，1983：246-247.

形象作为自己的奋斗目标。再发展下去，到了高中高年级，学生的道德理想就进入概括性理想阶段。此时学生不仅能把理想人物的概括形象作为自己道德理想的目标，而且能在一定程度上摆脱人物形象的影响，而以抽象的道德规范的理论观点支配自己的道德理想，以此进行道德评价，指导自己的道德行为。[①] 一些研究表明，初中阶段是学生道德信念和道德理想的关键时期，教育者应采取多种方式帮助学生确立正确的道德信念，树立正确的道德理想，尤其应当注意建立良好的班集体，形成健康向上的集体舆论。

（三）"唯仁者能好人，能恶人"：丰富道德情感

道德情感是道德行为的内部动力之一，也是一种自我监督和自我检查的力量。道德情感可以从内容和形式两方面进行分类。在道德情感的内容上，可分为公正感、责任感、义务感、自尊感、羞耻感、友谊感、荣誉感、集体主义情感、爱国主义情感等。在道德情感的形式上，可分为直觉的道德感、形象性的道德感和伦理性的道德感。直觉的道德感是由具体情境而引起的，以迅速产生为特点，对道德行为具有迅速定向的作用。例如，人们常由于莫名其妙的不安感或突如其来的羞辱感迅速制止和做出某种举动，而事后才意识到这种举动的是非曲直。形象性的道德感与具体的道德形象相联系，通过形象思维发生作用的一种道德情感，如儿童看一本小说或一部电影后，小说或电影中的人物会引起儿童的情感共鸣。伦理性的道德感是在道德理论基础上产生的自觉的、概括性的道德情感，它具有稳定性、深刻性和持久性等特点，是最高形式的道德情感。例如，爱国主义情感就属于这一类形式，它是和爱父母、爱家乡、爱母校、爱国旗、爱祖国的文化历史和山川地理、爱党、爱人民，以及对敌人的仇恨、对工作的高度责任感交织在一起的，并在此基础上形成的情感。

道德情感作为品德结构的组成部分之一，在品德形成中具有两大作用：一是激发、引导道德认识。道德情感对道德认识有激发作用，促使一个人积极接受某种道德教育，努力掌握有关的道德知识，并推动道德知识转化为道德信念，道德情感的这种激发作用常常是道德教育成败的关键。并且，道德情感对道德认识有一种引导作用。个体接受某种道德概念或准则之前总带有某种倾向性，这种倾向性促使个体乐于接受某种道德概念或准则，拒绝另一些道德概念或准则。这种对道德认识的倾向性是已有道德情感所起的引导作用的表现。二是调节、控制道德行为。道德情感对道德行为的调节和控制是通过情感的信号功能和感染功能实现的。情感通过信号功能传递信息，沟通思想。一个人可以通过他人的情绪、情感表现了解他人的愿望和需求，并据此做出相应的情绪、情感反应，并推动自己采取相应的道德行动。个体对自己和他人道德情感的知觉和理解也有重要意义。个体对他人的道德情感的认识水平明显地影响着个体的道德行为。一些研究发现，那些能精确地分辨别人有什么感情的小学生更能与他人合作。有关研究还发现，罪犯的道德情感认识能力低于普通人。在道德情感中有一种移情现象，移情是自我与道德行为之间重要的中介变量，只有当个体能从受困扰的人的角度看待其所处的情境，他才能明确当事人的情绪所表达的意义，从而产生与此相应的情感体验，在这种移情作用下，个体更易于做出利他的道德行为。为了丰富个体的道德情感，许多学人又提出了一些具体方法，如顺导性情法等，这些方法留待下文再详细论述。

---

① 华东六省一市教育学院. 教育心理学. 福州：福建教育出版社，1983：114.

（四）"故天将降大任于是人也，必先苦其心志"：磨炼道德意志

人的道德面貌是以行为举止来表现和说明的，也是在实际行动中形成的。一般说来，道德动机和行动效果是统一的。但有时由于个体不善于组织自己的行动，也可能导致两者不一致。个体具有一定的道德动机，在懂得道德行动方式之后，有时也往往不能立即或坚持执行决定，甚至还会产生不符合道德要求的行动。在此种情况下，道德意志起着特别显著的作用：一是促使人们在遇到道德动机冲突时能按照道德规范要求，以道德动机战胜非道德动机，自觉确定道德行为的目的。二是积极调节人的心理活动，使人自觉抗拒来自内外部的各种诱惑，排除各种内忧外患，执行决定，实现既定的道德目标。

道德意志的形成一般要经历决心、信心、恒心三个阶段：第一阶段是决心。下决心要经过一系列复杂的心理活动，经历不同的动机斗争，以道德动机战胜非道德的动机，确定行为目的，选择方法。第二阶段是信心。人们在下决心后还要树立信心。树立信心也包括一系列复杂的心理活动。人们在一定的道德认识和道德情感的共同作用下，特别是根据自己一定的道德信念和道德理想，坚信行为目的的正确性，并预计到这个目的完全有把握实现，这就树立了信念。第三阶段是恒心。有了决心和信心之后，能否付诸行动并持之以恒坚持执行下去要靠恒心。人们要形成良好的品德就必须有长期努力、持之以恒的精神准备，既要抗拒那些足以将自己的品德引向歧途的诱惑，又要克服那些来自主客观的各种障碍和困难。为了实现自己的道德理想，必须当行则行，当止必止，以顽强的毅力将道德行为坚持到底。道德意志过程的三个阶段是互相促进的。一般说来，决心越大，信心越足，恒心也就越持久；反之亦然。在教育工作中，教师应当按照意志的基本过程，有目的、有计划地培养学生的道德意志。

相对于西方而言，中国人更为注重磨炼意志在品德形成中的重要作用，并提出了三种具体的方法：一是艰苦环境磨炼法。即利用艰苦环境来磨炼自己的道德意志，如《孟子·告子下》曾说："故天将降大任于是人也，必先苦其心志，劳其筋骨，饿其体肤，空乏其身，行拂乱其所为，所以动心忍性，曾益其所不能。"二是追求高级需要法。即当有两个或两个以上的欲望在心中同时产生时，要努力克制低级的需要，而去追求高级的需要，以此磨炼自己的道德意志。关于这点，《孟子·告子上》中有一段对后世影响巨大的名言："鱼，我所欲也，熊掌亦我所欲也；二者不可得兼，舍鱼而取熊掌者也。生亦我所欲也，义亦我所欲也；二者不可得兼，舍生而取义者也。"三是保持恒心法。中国人多相信有恒心是有意志的一种表现，力倡通过保持恒心来磨炼道德意志，如《荀子·劝学》曾说："锲而舍之，朽木不折；锲而不舍，金石可镂……是故无冥冥之志者无昭昭之明，无惛惛之事者无赫赫之功。"

（五）培育"良心"：培育道德自我

在品德形成与发展过程的看法上，中国人的可贵之处不仅在于有意或无意地阐述了品德形成的四个过程：道德行为的训练、道德认识的形成、道德情感的培养和道德意志的锻炼，而且向前迈进了一步，突出了培育"良心"——培育道德自我的重要性。正如陆九渊在《与郭邦瑞》中所说："良心正性，人所均有，不失其心，不乖其性，谁非正人。纵有乖失，思而复之，何远之有？不然，是自昧其心，自误其身耳。"在中国人看来，培育道德自我既是形成和发展品德的重要方法，更是一种重要的修心育德方法。那么，如何才能

有效培育个体的良知呢？这方面的内容在拙著《良心新论》里有详细探讨①，本章下文也有论述，为免重复，这里不多讲。

第二节　品德的形成与发展过程

一、品德的形成与发展：理论解释

个体的品德是怎样形成与发展起来的？在当代西方心理学界有三种典型的理论解释，这就是以皮亚杰与柯尔伯格为代表的道德认知发展理论、以班杜拉为代表的社会学习理论和以艾里克森为代表的人格发展八阶段理论，这些理论观点在前文都已有详细论述，这里不多讲。中国文化一向重视道德教育，再加上中国学人对人性的看法不一，导致中国文化对品德的形成与发展提出了不同的看法，大致可分为三大类：一是内求说；二是外铄说；三是顺应自然说。

（一）内求说

内求说的主要代表是孟子及其信徒，其核心观点是：将成善的依据置于人心之中，人只需内求本心，就可不断发展自己的品德。这种观点将成善的路径指向人心，可以将它们概括为内求说。内求说由孟子明确提出，孟子持人心本具善端说，认为人善的根源在于人心，只是由于外界环境的影响人才走向恶的。换句话说，人善的根源在于人性，是先天就有的、内在的，恶的根源在于环境，是外在的、后天的。一个人要修善、要成德，最根本、最重要的方法就是通过后天长期不懈的心性修养过程，发展人心中固有的善端，将人心中的四个善端变成现实的品德就可以了，不是从外面向人性中加"善"。这样，修心即修德，修德亦即修心，二者之间是一而二、二而一的关系。孟子认为将人心本具的善端发扬光大的途径主要有两条：一是"扩而充之"的路径，这是从正面说的。人心既本具善端，一个人品德形成与发展的过程也就是将本心中固有的善端发扬光大的过程，这个过程也就是率性而行的过程；换而言之，仁义礼智是理想人格的基本规定，而这种规定一开始就以萌芽的形式存在于每一个主体之中，并成为主体自我实现的内在根据，所谓"成人"，无非就是这种先天潜能的展开。假若一个人不能完成这一过程，就是对先天潜能的自我否定（自贼）。潜能之于人，犹如源泉之于水流，它为理想人格的发展提供了无尽的源头。用孟子的话说："凡有四端于我者，知皆扩而充之矣，若火之始然，泉之始达。苟能充之，足以保四海；苟不充之，不足以事父母。"二是"求其放心"的路径，这是从反面说的。人本有的善良之心一旦因为种种原因而放却或丢失，就应将它找回来。孟子在《告子上》中说："仁，人心也；义，人路也。舍其路而弗由，放其心而不知求，哀哉！人有鸡犬放，则知求之；有放心而不知求。学问之道无他，求其放心而已矣。"需要说明的是，从表面上看，这好像是一种求于"外"的途径，实则不然。理由主要有两个：①就"心"的来源看，孟子认为它是人生而就有的，仍是在于"内"的，只是个体由于多欲等缘由，暂时

---

① 汪凤炎，郑红．良心新论——建构一种适合解释道德学习迁移现象的理论．济南：山东教育出版社，2011：380－420.

将此心给遗忘了。②在孟子看来，求放心的主要方法是下面要讲的"思考"和"寡欲"，这实际上都是内求的方法。指明了这两条路径之后，接下来的具体做法有两种：一是思考。孟子在《告子上》里说："仁义礼智，非由外铄我也，我固有之也，弗思耳矣。故曰'求则得之，舍则失之'。"关于这点，在后文有详细论述，这里不多讲。二是寡欲。指个体要节制自己的情欲。孟子在《尽心下》里说："养心莫善于寡欲。其为人也寡欲，虽有不存焉者，寡矣；其为人也多欲，虽有存焉者，寡矣。"可见，孟子的德育心理学思想较为重视"知耻""改过迁善"，要求人们努力恢复本善的人性；在道德修养的方法上偏重于存心养性、寡欲、自反等，注重内省。依孟子的观点，社会上之所以会有坏人，是某些本具善端的人不能扩充本心、存心养性、求放心和寡欲的结果。孟子的上述观点为其后中国历代多数学者尤其是宋明学者所继承和发展，成为一种主流观点。

内求说的理论基础是人心本具善端说，该观点的最大特色与长处在于较注重启发个体的自觉之"心"，以使个体自觉地将本心中固有的、先验的德端作自我扩充，张扬了主体性在品德心理形成与发展中的重要作用，使之成为引导与推动人们提升品德境界、完善自我的内驱力。该观点的最大不足之处在于过于强调内求，必然忽视外铄在修德中的作用。另外，以孟子为代表的唯悟论虽重思，但他们讲的思主要是一种直觉思维，不是逻辑思维，这与西方唯理论者（柏拉图和康德等）重视逻辑思维不一样。强调直觉思维在修德中的作用是内求本心说的一大优点，但忽视逻辑思维在修德中的作用则是其一大缺点。

（二）外铄说

外铄说主要包括以荀子为代表的性伪说、以墨子为代表的慎染说和以王廷相为代表的学习说等三种观点。它们的共同之处在于：将成善的依据置于环境与教化，主张个体必须通过选择或创造良好的环境来培育自己的品德。因这三种观点将成善的路径指向外部的环境与教育，相对于内求说而言，可以将它们概括为外铄说。

1. "人之性恶，其善者伪也"：性伪说

性伪说以荀子为代表。荀子持人性只具恶端说，认为人的本性是恶的。人的本性只具恶端，人要成善就需要来自外在的社会道德规范的制约。换句话说，人恶的根源在于人性，是先天就有的、内在的，善的根源在于环境和教育，是外在的、后天的。既然人的善心与善行主要是通过"伪"而习得的，一个人要修善、要成德，要化"本然的我"为"理想的我"，最好的办法就是改造本然之性。《荀子·性恶》说："故圣人化性而起伪，伪起而生礼义。""凡所贵尧、禹、君子者，能化性，能起伪。""伪"指人为，个体只有不断地学习、积累善性与善行，才能达到化恶为善的目的。在荀子看来，认识和掌握社会道德规范并将之内化为个体自己的主观意愿为必要之事，这一过程就是一个积与习的过程。于是，荀子重视学习，突出后天教育、习染对人性的改造之功效。他继承并发展了孔子"性相近也，习相远也"的思想，在《性恶》篇中认为："人之性恶，其善者伪也……今人之性，固无礼义，故强学而求有之也；性不知礼义，故思虑而求知之也。"由于道德知识是社会道德要求转化为个人内在品质的首要环节，是道德品质形成的基础，因此荀子主张人要好学才能"化性起伪"，积礼而成德，而不能任性而行，停留于恶，甚至走向更恶。《荀子·儒效》说："涂之人百姓积善而全尽谓之圣人。彼求之而后得，为之而后成，积之而后高，尽之而后圣。故圣人也者，人之所积也……居楚而楚，居越而越，居夏而夏，是非天性也，积靡使然也。故人知谨注错，慎习俗，大积靡，则为君子矣；纵性情而不足问学，则为小人矣。"荀子讲的积、习过程，也就是个体不断与自己的本恶之性作斗争、克己自制、积伪成善的过程，此中也隐含"知识即美德"的思想，认为知识与美德是成正比的，知识越多，道德水平就越高。[①] 为了让人们准确理解"化性起伪"观点和"既然人性本恶，那人为什么又可为善"，荀子还对"性"与"伪"作了明确的区分。《荀子·性恶》说："凡性者，天之就也，不可学，不可事……不可学、不可事而在人者谓之性，可学而能、可事而成之在人者谓之伪。是性、伪之分也。"认为"性"只是一种原始的材料，"伪"是经过礼义加工的"成品"。荀子将人先天的本性（性）与后天的习性（伪）作出区分，这是难能可贵的。至于性与伪的关系，《荀子·礼论》说："性者，本始材朴也；伪者，文理隆盛也。无性则伪之无所加，无伪则性不能自美。性伪合，然后圣人之名一，天下之功于是就也。"认为人先天的生性（性）是后天习性（伪）形成的基础，后天的习性是在先天的生性基础上通过习而形成的，只有"性伪合"，人然后才可成为人格完善的圣人。既看到了人的生性是人形成个性心理的自然前提，又强调了教育的作用，此观点与现代心理学对这一问题的看法有相通之处。

性伪说的实质是：改造人本性中固有的恶端，重新塑造出人的善心与善行。此观点与孟子的观点是针锋相对的，孟荀之争实际上是善恶的内外之争。在中国思想史上，性伪说遇到的最大难题是：主张人的善心善行乃"由外入者，假学以成性者也。虽性可学成，然要当内有其质，若无主于中，则无以藏圣道也"[②]。事实上，像孟子之类持善端说的人在批驳荀子之类持恶端说或告子之类持性无善无不善说的人时往往会说，假若人心中本没有善端，那么即使给其提供一个良好的后天育德环境，也是不能使其内心生出高尚的品德来的。打一个通俗的比方，即便甲像孔夫子那样善教，并且甲拥有良好的教育资源，甲也不可能将一头猪教成道德高尚的猪。这一批驳颇有道理。用心理学的眼光看，若人性中本无"善良的种子"，无论后来如何进行道德教育，的确无法将人培育成有道德的人。犹如人体内本没有"生出翅膀的基因"，无论一个人后天在名师的指点下如何刻苦练习用翅膀进行飞翔，都不可能让其长出翅膀并飞上蓝天。正因为如此，即便是荀子，他其实也承认遗传的作用，相信只有"性伪合"，人然后才可成为人格完善的圣人（详见上文）。这个道理在近现代心理学界其实也被许多大家所认可。虽然至今心理学研究者仍未找到一种能够记载心理遗传信息的诸如 DNA 之类的物质，不过，通过对抱养子女与其亲生父母和养父母的关系的研究、通过对某些心理疾病的家谱学研究等都已证明，人的某些心理的确是可以遗传的。这样，即便是极力主张用"科学"方法来研究心理现象的心理学家，虽然可能会以种种方式反对在心理学上使用诸如"本能"之类的概念，但在其实际建构起来的理论体系中，仍不得不以"改头换面"的方式（如巴甫洛夫用"无条件反射"、皮亚杰用"图式"）来承认"本能"的存在。人之所以能够接受道德教育，能够进行道德学习，并逐渐成长为一位有道德的人，重要前提之一便是人心之内要有孟子等人所主张的"善端"。正由于人心有与生俱来的善端，再加上后天的良好道德教育或道德学习，一个自然人才能逐渐成长为一个道德高尚之人。

当然，这并不意味着我们认可性善论而反对性恶论。事实上，鉴于人性的复杂多样性，在人性假设上，我们反对单一因素论与调和论的观点。所谓"单一因素论"，指假设

---

① 王易. 论荀子的"性恶"伦理思想. 中国人民大学报刊复印资料（伦理学），1998（1）：47.
② 郭象，成玄英. 南华真经注疏. 曹础基，黄兰发，点校. 北京：中华书局，1998：298.

人性里只包含一种成分的观点。像孟子的性善论与荀子的性恶论，或者，将人假设为单一的"政治动物"（或称"政治人"）、"理性动物"（或称"理性人""知性人"或"智性人"）、"经济人""道德人"或"自我实现的人"之类的观点，都属典型的单一因素论，因其过于简单，实难解释复杂的人性。所谓"调和论"，指先假设人性里包含两种或多种成分（如善与恶等），然后以"和稀泥"的方式将它们予以调和的观点。像世硕的人性有善有恶论就属典型的调和论，因其没有理清性善与性恶之间的关系，实也难以解释复杂的人性。在人性假设的问题上，我们力倡"新复杂人"假设，以区别于管理心理学家雪恩（E. H. Schein）于 1965 年出版的《组织心理学》（*Organizational Psychology*）一书中提出的"复杂人假设"。"新复杂人"假设的含义主要有二：一方面，从类主体的角度看，人性中包含有非伦理道德性成分、伦理道德性成分和"白板"等三种成分。所谓"非伦理道德性成分"，指与伦理道德无关的成分。人性中本有的知性成分或智性成分，就属于典型的非伦理道德性成分。例如，皮亚杰认为，个体身上展现出来的最早图式来源于先天遗传，它在本质上属于一种认知结构。人与生俱来就拥有这种最早的图式，表明人性里有非伦理道德性成分的存在，它为人类后天的认知发展准备了起码的前提。所谓"伦理道德性成分"，指与伦理道德有关的成分。像孟子等人所说的人性里本有的"四善端"以及荀子等人所讲的人性里本有"性恶"的成分，这都表明人性里含有伦理道德性成分。所谓"白板"，是指人性中"预留"了一块未开垦的处女地。为什么人性中会有一块未开垦的处女地呢？这是因为，人脑的发展潜能是巨大的，不可能像一般动物那样全由本能所决定（动物的后天行为基本上是本能的自然展开，故其发展的潜力是有限的，学习的能力也是有限的），换言之，人脑不可能被"非伦理道德性成分"与"伦理道德性成分""塞得满满的"，毫无"空隙"可言，而是有一定的潜在发展空间，这一潜在发展空间不仅为人类后天的认知发展提供了余地，也为人类后天的品德发展提供了余地。这样，与一般动物相比，人类的学习能力是巨大的，适应环境的能力也是巨大的；同时，在人类的进程中，人类的遭遇与生命问题，既有相对永恒的一面，也有日新月异的一面。如今人面对的网络世界以及由此而生出的网络德育问题，就是祖先从未遇见的新问题，这个新问题迫使人们去寻求、去制定新的道德规范，由此就可能在人性中生出新的智性与德性。另一方面，从个体的角度看，在不同人身上，非伦理道德性成分、伦理道德性成分和"白板"等三种成分的比例是不一样的，正所谓"人心不同，各如其面。"人性中善端与恶端是怎么来的？从类主体的角度看，人性中的善端与恶端就其最初来源而言是天赋的，即人与生俱来的，这是人之所以为人、人区别于万物的一个重要标志。并且，人类祖先们最初的良心一旦形成，就能够通过类似集体无意识的形式予以代代相传，潜藏在其后世万代子孙的心灵深处，从而形成孟子所讲的"良端（良心的种子）"。当然，这种遗传主要是一种"心理形式"与"心理机能"的遗传，兼有一定的"心理内容"的遗传，不过，后者的变迁速度较之前者相对要快得多，结果，虽然人类祖先与今人都讲良心，但二者所包含的道德观念却是既有相通之处更有较大差异的。从个体的角度看，其心中的善端与恶端就其最初来源而言同样是"天赋"的，即通过文化心理遗传的途径而获得的。可能在人的基因里不但储藏有大量有关生理素质的遗传"密码"（即"DNA"），而且可能储藏有大量有关心理素质的遗传"密码"，只是前者现已获得了大量的科学证据予以证实，而后者为目前的科学水平所限还不足以提供充足的证据予以证实而已。因此，如果进化论的遗传学理论是正确的话，就可以设想，人的一些良情或恶情也是可以通过所有者一代代地遗传给后人的。[①]

2. "染不可不慎"：慎染说

何谓"染"？从心理学角度看，《正字通》的解释颇具代表性。《正字通·木部》说："染，习俗积渐曰染。"用通俗的话说，个体所处的日常生活环境对个体品性的熏陶或潜移默化就是染。慎染，即小心熏染。慎染说是指谨慎对待环境和教化对个体品性的影响的一种观点。在中国思想史上慎染说几乎得到了大家的一致认可，换句话说，虽然大家对"人是否天生具有德性"这一问题的看法不同，但大家多赞成慎染说。例如，以主张人心本具善端说闻名于世的孟子在《告子上》中就认为环境对个体品性的形成与发展影响巨大："富岁，子弟多赖；凶岁，子弟多暴，非天之降才尔殊也，其所以陷溺其心者然也。"朱熹在《孟子集注·告子章句上》中说："富岁，丰年也。赖，藉也。丰年衣食饶足，故有所顾藉而为善；凶年衣食不足，故有以陷溺其心而为暴。"可见，在孟子看来，尽管人人都具有共同的善端，但每个人所处的环境不同，其所形成的品德也会有所不同。说得具体点，孟子认为物产丰富的年代，人们易获得必要的生活资料，故易养成善的品质；在物产贫乏的荒年，由贫困所迫，道德一般甚至缺德的人往往易铤而走险[②]。这表明孟子已认识到环境对人的品德的形成具有一定影响，在德育过程中要尽可能为个体创造一个较理想的育德环境。不过，孟子在《尽心下》里又说："周于利者凶年不能杀，周于德者邪世不能乱。"[③] 意即，财产富足的人即便遇到荒年也不会窘困，道德高尚的人即便遇到乱世也不会胡来。综合起来看，孟子既看到环境对一般人品行的影响，又看到真正道德高尚的人的优良道德品质已成为其自身人格特质的一部分，不会受到外界环境的干扰。这启迪今人：对于道德修养一般的人而言，其品行受到环境因素的影响较大，为防止他们出现情境性作恶甚至情境性犯罪，千万不要贸然让他们进入易引诱人作恶甚至犯罪的情境；同时，不宜对他们提诸如"做人要像柳下惠那样做到坐怀不乱"之类的过高道德要求（即便提了，也做不到），而是要重视良好道德习俗的营造，以促进道德修养一般的人不断提升自己的道德素质。对于道德修养高深的人而言，其品行不易受外界不良环境的干扰，所以，只有让人将优秀道德品质稳定为人格特质，而不仅仅停留在道德认知、道德情感或道德行为的改变上，道德教育才能产生稳定且持久的效果。荀子虽然主张人性本具恶端说，但他也赞成慎染说。《荀子·劝学》说："蓬生麻中，不扶而直。白沙在涅，与之俱黑。兰槐之根是为芷。其渐之滫，君子不近，庶人不服，其质非不美也，所渐者然也。故君子居必择乡，游必就士，所以防邪辟而近中正也。"这段话明明白白地告诉人们，既然什么样的环境造就什么样的品性，一个有德的君子就应主动为自己选择一个好的环境。告子主张人性无善无不善说，依告子的观点，某些人之所以为善人，另有一些人会成为恶人，全是后天习染的结果。通俗地讲，一个人是为善还是为恶，全赖自己的道德修养功夫所定，这表明告子实也赞成慎染说。在诸多见解中，尤以墨子的观点最具代表性。墨子基于人心无善无不善观，在个体品德的形成与发展问题上主张慎染说。据《墨子·所染》记载："子墨子言见染丝者而叹，曰：染于苍则苍，染于黄则黄，所入者变，其色亦变。五入必，而已则

① 汪凤炎，郑红. 荣耻心的心理学研究. 北京：人民出版社，2010：191–206.

② 也有学者释"赖"为"懒"。"富岁，子弟多赖"，意即丰收的年代，少年子弟多半懒惰（杨伯峻. 孟子译注·告子章句上. 北京：中华书局，1960：261）。不过，考虑到孔子有"富而后教"的思想，以及中国向有"仓廪实而知礼节，衣食足而知荣辱"的警句，我们以为朱熹的注释较为合理，所以此处采用了朱熹的观点。

③ 杨伯峻. 孟子译注. 2版. 北京：中华书局，2005：327.

为五色矣，故染不可不慎也！非独染丝然也，国亦有染。舜染于许由、伯阳，禹染于皋陶、伯益，汤染于伊尹、仲虺，武王染于太公、周公。此四王者所染当，故王天下，立为天子，功名蔽天地。举天下之仁义显人，必称此四王者。夏桀染于干辛、推哆，殷纣染于崇侯、恶来，厉王染于厉公长父、荣夷终，幽王染于傅公夷、蔡公谷。此四王者，所染不当，故国残身死，为天下僇……非独国有染也，士亦有染。其友皆好仁义，淳谨畏令，则家日益、身日安、名日荣，处官得其理矣，则段干木、禽子、傅说之徒是也。其友皆好矜奋，创作比周，则家日损、身日危、名日辱，处官失其理矣，则子西、易牙、竖刀之徒是也。"既然个体所处环境的好坏与其品行的发展息息相关，好的环境易使人养成好的品行，而坏的环境易使人养成坏的品行，那么个体就应善待环境和教化，以便利用好的环境和教化来塑造出良好的品行。

3. "诸凡万物万事之知，皆因习、因悟、因过、因疑而然"：学习说

学习说以王廷相为代表，他在《雅述·上篇》里说："婴儿在胎中自能饮食，出胞时便能视听，此天性之知，神化不容已者。自余因习而知，因悟而知，因过而知，因疑而知，皆人道之知也。父母兄弟之亲，亦积习稔熟然耳。何以故？使父母生之孩提，而乞诸他人养之，老而惟知所养者为亲耳。涂而遇诸父母，视之则常人焉耳，可以侮，可以詈也。此可谓天性之知乎！由父子之亲观之，则诸凡万物万事之知，皆因习、因悟、因过、因疑而然，人也，非天也。"可见，王廷相虽主张人心本具善端说，也赞成仁义礼智由人心所生，但是在人"心"的来源上，他与孟子等唯心主义学者的看法截然不同：前者主张人心"皆人之知觉运动为之而后成也"，即人的心理（包括人的品德）都是后天通过学习形成的，一个人知爱其父母兄弟，亦是"积习稔熟"而已，不是天生的；后者则力倡人的心理是天生的，将"知爱其亲"之类的"知"看作不学而能的"知"。

（三）顺应自然说

顺应自然说主要是指以老子为代表的人法自然说与李贽的童心说等两种观点。在他们看来，无论是内求式修德或是外铄式修德都是一种"人为"，不合自然之道，于是他们主张个体若想修养道德，既无须内求，也无须外铄，他（或她）只要能顺应自然，就至善至美了。例如，《庄子·外篇·缮性》说："缮性于俗学，以求复其初；滑欲于俗思，以求致其明；谓之蔽蒙之民。"李贽在《焚书·童心说》里说："童子者，人之初也；童心者，心之初也。夫心之初易可失也。然童心胡然而遽失也？盖方其始也，有闻见从耳目而入，而以为主于其内而童心失。其长也，有道理从闻见而入，而以为主于其内而童心失。其久也，道理闻见日以益多，则所知所觉日以益广，于是焉又知美名之可好也，而务欲以扬之而童心失；知不美之名之可丑也，而务欲以掩之而童心失……童心既障，于是发而为言语，则言语不由衷；见而为政事，则政事无根柢；著而为文辞，则文辞不能达……"认为用世俗的学问来修身养性，以求复归到本初的"童心"；用世俗的思想来迷乱情欲，以求获得明达，这种人是愚人。老、庄的这种观点既不属内求说，也不属外铄说，而是一种"第三力量"。

二、品德形成与发展的心理机制

真正的品德既包括内化也包括外化，相应地，品德形成与发展的机制也包括内化机制

与外化机制。内化是外部物质动作向内部精神（即心理）动作转化的过程。涂尔干最早提出"内化"概念。就品德而言，内化的实质是将外在的道德行为内化为内在的道德品质；外化是指个体将已经内化了的道德品质自主地转化为外在道德行为的过程。不过，鉴于真正内化了的品德一定会外化，学者对品德的内化机制的探讨更为关注。

（一）品德形成与发展的内化机制

关于态度改变和品德形成的心理机制，西方学者观点不一。如皮亚杰虽未明确而系统地探讨品德形成与发展的心理机制，但从他的发生认识论原理中很容易推导出"主体建构说"，即与人的认知形成过程相类似，人的品德也是在遗传的基础上，通过主体与环境的互动过程而由主体自己建构出来的；美国心理学家班杜拉主张用模仿—内化说来解释品德形成与发展的心理机制，等等。其中，尤以美国社会心理学家凯尔曼（H. C. Kelman）提出的态度改变三阶段观点最有代表性。在凯尔曼看来，态度改变须经过三个阶段：第一阶段是依从阶段。它是指个人为了获得奖励或避免惩罚，按照社会的要求、群体的规范或别人的意志而采取的表面服从的行为。处于这一阶段的个体的态度和行为特点是：①态度或言行的改变是想获得某种奖励，或者是为了逃避某种惩罚。②表面顺从他人，但内心并不相信他人。③顺从行为常常是不稳定的，有人监督就规规矩矩、"绝对服从"，没有人监督就可能不顺从。第二阶段是认同阶段。它是指个体既不是因屈从于社会压力，也不是出于不自觉的模仿，而是为了与他人或团体形成一种满意的一致性关系（self‑defining relationship），从而自觉地接受他人的观点、信念、态度与行为影响，使自己的态度和行为逐渐与他人或某个团体的态度与行为相接近。他人或团体的观点、信念、态度和行为对个体是否有吸引力，是个体能否产生认同的重要条件；而认同又是内化的前提，是形成与转变个体的信念和态度的重要环节。第三阶段是内化阶段。它是指真正从内心深处相信并接受他人的观点，彻底转变自己的态度。这意味着把外部的新思想、新观点、新行为归于自己的思想体系之中，成为自己态度的一个组成部分。内化阶段是人们的态度真正形成或彻底转化的阶段，也是人的态度最稳定、最持久、较为系统的阶段。[①] 根据凯尔曼的态度改变的三阶段理论进行推论，个体的品德的改变也经历依从、认同和内化三个阶段。这意味个体品德的改变也是从依从开始的，从被迫服从到逐渐形成习惯，就转化为自觉服从。当然，品德的改变除开始于强制顺从之外，也可能从不知不觉地模仿他人的态度开始。社会生活实践表明：许多人的态度、品德的形成和转变，并不一定受外界强制力量的影响，而常常是从无意识地模仿父母、教师、成人及自己崇拜的对象的态度、言行开始的。这是形成和改变自己态度的一种最常见的形式。

关于品德形成与发展的心理机制，中国学术界常见的观点主要有三种：第一种观点主张，品德不是天生的，它是儿童在社会生活的人际关系中通过模仿、顺从、认同和内部化接受外界的某些行为规范，产生道德观念，并在它的支配下出现特定的行为；经舆论或自我强化，逐渐建立占优势的道德观念动机和行为方式之间的稳定联系或形成道德习惯的结果。[②] 从总体上看，这一观点是有道理的，不过它太概括、太抽象，既不便于具体操作，

---

① KELMAN H C. Compliance, identification and internalization: three processes of attitude change. Journal of conflict resolution, 1958, 2（1）: pp. 51 −60.

② 中国大百科全书·心理学. 北京：中国大百科全书出版社, 1991: 235.

也没有真正揭示出个体品德形成与发展所具有的阶段性特点。第二种观点主张，品德的形成是个体自身与环境（包括社会舆论和教育等）相互作用下道德规范内化的过程，是个体在群体生活与社会交往中通过自身的道德实践由被动到主动形成道德行为习惯的过程，而不是道德规范从内部自然展现的过程，也不是被动接受外部灌输的结果。这个过程主要包括：心理准备、道德信念的形成、道德意志力与道德行为习惯的培养等几个阶段。[①] 这一主张中，强调个体品德的形成是个体自身与环境相互作用下道德规范内化的过程；强调个体品德的形成既"不是道德规范从内部自然展现的过程，也不是被动接受外部灌输的结果"；强调道德行为习惯的养成在个体品德形成中的重要作用，这种"建构论""反内部自然展现论""反灌输论"和"习惯论"的观点与我们的主张是一致的。不过在这一主张中，将个体品德形成的心理过程分为"心理准备、道德信念的形成、道德意志力与道德行为习惯的培养等几个阶段"，这是值得商榷的，因为它没有真正揭示出个体品德的内化过程。第三种观点主张，态度与品德都是由认知、情感和行为倾向三个成分构成，所以在学习的机制上有相同之处，通过对态度学习机制的分析有助于认识道德学习与培养机制，进而认为，态度与道德学习的一般过程都可以用美国社会心理学家凯尔曼（1961）提出的态度改变三阶段理论——态度的变化经历依从、认同和同化三个阶段予以解释。[②] 我们认为，"通过对态度学习机制的分析有助于认识道德学习与培养机制"，这种看法有一定道理；但是，不能从这里作进一步引申，以为可以用"依从、认同和内化"这三个阶段来解释道德学习的内化过程，毕竟在心理学上，态度指个体对某一对象所持的评价和行为倾向。[③] 态度和品德是两个不同的概念，指称的是两种不同的心理现象。简而言之，本书不完全赞成现有的关于品德形成与发展的心理机制的看法。

在借鉴前人思想精华的基础上，基于自己的思考，我们认为，道德内化过程可以分为三个阶段，如图9-1所示。

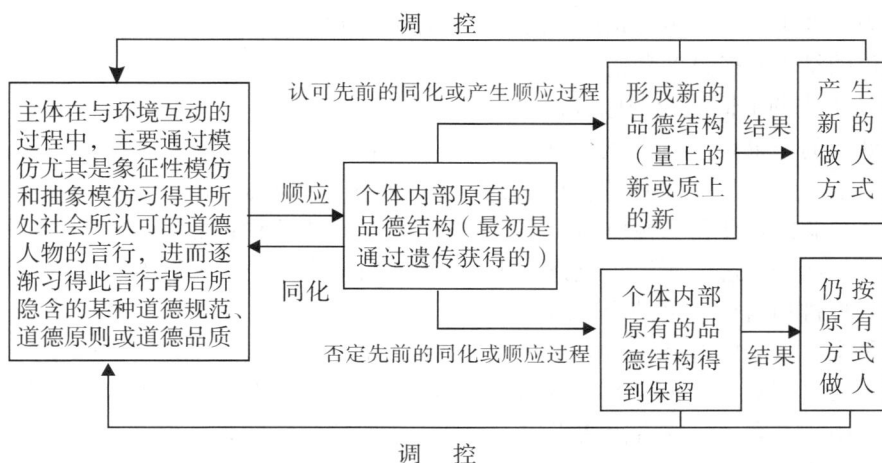

图9-1 品德的内化过程示意图

---

① 邵瑞珍. 教育心理学：修订本. 上海：上海教育出版社，1997：200.
② 丁家永. 现代教育心理学. 广州：广东高等教育出版社，2004：142.
③ 朱智贤. 心理学大词典. 北京：北京师范大学出版社，1989：658.

根据图 9 - 1 所示，道德内化的三个阶段分别如下：

1. 模仿尤其是象征性模仿和抽象模仿阶段

道德内化的第一阶段主要是模仿尤其是象征性模仿和抽象模仿。道德品质是一种内在的东西，依班杜拉的社会学习理论，个体通过直接模仿或综合模仿得到的至多只是某种道德行为，而不是道德品质。个体的道德品质是个体在与环境互动的过程中，主要通过象征模仿和抽象模仿其所处社会所认可的道德人物的言行逐渐建构起来的。也就是说，个体通过反复、自觉或不自觉地模仿道德楷模人物的言行，从而逐渐获得这一道德行为背后所隐含的道德规范、道德原则和道德品质。这就是中西伟大哲学家在阐述品德形成与发展过程时大都注重践履在其中所起重要作用的缘由。

2. "同化"或"顺应"阶段

道德内化的第二阶段主要是"同化"或"顺应"。虽然皮亚杰主要是用同化与顺应来解释个体的认知发展现象，虽然我们一再强调知识学习与道德学习是两种性质有较大差异的学习[①]，但是，我们仍然相信，只要将皮亚杰的同化与顺应这两个概念稍加调整，去除其中较浓厚的生物学与认知色彩，赋予其道德意蕴，仍能较合理地用来解释道德学习。因为在我们看来，知识与品德在认知结构上大致存在类似的结构。依这种理解，我们将道德学习中的同化（assimilation）界定为：外界道德规范因素纳入个体已有的品德结构之中，以加强和丰富个体的品德结构，引起个体品德结构的量的变化，使个体适应环境。将道德学习中的顺应（accommodation）界定为：个体心中原有的品德结构不能有效地同化某种道德规范，必须建立新的品德结构或调整原有的品德结构，引起品德结构的质的变化，使个体适应环境。可见，个体主要通过象征模仿获得的某种道德品质，一定要通过同化或顺应的方式，才能将之纳入自己原有的品德结构中，从而使原有的品德结构或在量上，或在质上不断得到提升。

3. 评价阶段

道德内化的第三阶段主要是评价阶段。个体通过对上述两个阶段所发生的事情作一番评价，评价的结果一般是两种情况：认可或否认。

（1）认可先前的同化或顺应过程。

假若评价的结果是认可上述的同化或顺应过程，那么就会使个体产生新的品德结构（量上的新或质上的新），个体的品德会在新的水平上重新获得平衡（equilibration）。此时，依个体品德结构变化的性质的不同，个体一般会产生四种截然不同的情感体验与相应的做人方式，而若引进"量"的概念，那么这四种不同性质的品德结构及其相应量上的不同增减的多种排列组合，更是能生出无穷的变式：

①如果个体认为原有品德结构在性质上已是善的，只不过是小善（从数量上而言）或是初级的善（从发展水平而言），而同化或顺应的结果是在善的方向继续扩大了善，即由小善发展出中善或大善，或者由初级的善发展出中级或高级的善，那么个体内心就会产生愉悦、心安、堂堂正正、做人成功等正面的情感体验，自然而然地，个体的品德水平就会得到显著提高，个体就会按高水平品德的新方式做人，进而逐渐让自己变成一个更有良心的人。

②假若个体认为原有品德结构在性质上存在重大缺陷，虽有善但更有恶，而同化或顺

---

① 汪凤炎，等. 德化的生活——生活德育模式的理论探索与应用研究. 北京：人民出版社，2005：276 - 283.

应的结果是弃恶从善，那么个体就会在良心上经历一段痛苦的失衡（disequilibration）状态，个体内心就会产生自责、内疚、忐忑不安、羞愧等负面的情感体验，这会在个体的心理上产生一种紧张力，迫使个体进一步采取某种补救措施，以便做到迷途知返，知错就改。当个体改过自新、重新做人之后，良心又会重新恢复平衡状态，此时，个体的品德水平也会得到一定的提高，甚至得到显著的提高，个体就会重新选择按有良心的人的方式行动，也就会逐渐变成一个有良心的人或很有良心的人。正基于此，中国民谚才说"浪子回头金不换"。

③如果个体认为原有品德结构在性质上虽是善的，但这种善从未或很少能给自己带来什么益处，于是同化或顺应的结果是使其良心由善转恶，那么个体内心就会产生"原来自己真是一个傻瓜"之类的感觉，自然而然地，个体的品德水平就会不升反降，个体就会按低水平良心的人行动，结果就会使自己由一个有良心的人慢慢沉沦下去，若不迷途知返，最后甚至有可能演化成为一个大恶人。

④假若个体原有品德结构在性质上已是恶的，并且个体内心并不以此为耻，反而以此为荣，此时，同化或顺应的结果就是在恶的方向更加沉沦，虽然其在心理上也处于平静状态，但这种平静属于"麻木不仁"，其良心中本有的善念会继续减少，若不迷途知返，最后可能会泯灭良心，朝着不归路一直走下去，"不见棺材不落泪"。

（2）否认先前的同化或顺应过程。

如果评价的结果是否认上述的同化或顺应过程，那么个体就会继续保持其原有的品德结构。因此，个体的品德结构虽然没有在量上与质上得到更新，但是个体的良心仍会重新恢复平衡状态，结果个体一般仍会按原有方式做人，只不过原来是有品德的人则继续做有品德的人，原来是没有品德的人则继续做没有品德的人。

道德内化的上述三个阶段在不同的人身上甚至在同一个人的不同年龄阶段或处于不同的道德情境中都可能有所不同，有些时候这三个阶段可能是同时进行的，有些时候这三个阶段可能是依次进行的。但可以肯定的是，在通常情况下，通过上述三个阶段，个体的品德尤其是其道德自我也就逐渐丰满、成熟起来。从这个意义上说，柯尔伯格提出的"儿童是道德哲学家"的命题是有启示意义的，它告诉人们，儿童能够通过其社会经验形成一定的思维方式，并通过自己的经常性思考，逐渐理解诸如公正和良心之类的道德概念，进而形成在专业道德哲学家的著作里可以看到的道德思想体系。另外，如果将"模仿尤其是象征性模仿和抽象模仿阶段"视作"行为认同"，将"同化或顺应阶段"视作"认知认同"，将"评价阶段"视作"情感认同"，那么，这与科技知识学习中常见的"认知认同→情感认同→行为认同"的过程有明显差异。造成这种差异的主要原因是：道德学习重在践行，而不在认知，故有"桃李本无语，树下路自成"的说法。与此不同，科技知识学习中的陈述性知识只需知即可，程序性知识（含默会知识）才重行。不过，即便是程序性知识，除了其中的默会知识外，其余的在第一阶段仍是陈述性知识，故在学习科技知识时，一般将认知或认知认同放在首要位置。

（二）品德的外化机制

20 世纪 70 年代末 80 年代初，美国心理学家 J. 莱斯特（J. Rest, 1983）在已有研究的基础上深入分析了特定的道德行为何以产生的问题，并指出凡是知行合一的道德行为必定包括四个成分过程（four major component processes involved in the production of moral be-

havior），在 1983 年的文章里，莱斯特所讲的这四种成分分别是"道德敏感性"（moral sensitivity）、"道德判断"（moral judgment）、"道德动机"（moral motivation）和"道德品格"（moral character）。① 在 1984 年的文章里，莱斯特将其原先的观点作了修改，主张这四种成分分别是：成分 I，其内主要包括"对人的知觉、观点采择与推测行动的结果等"（C－I includes person perception, role taking and imagining consequences of action, etc. ）；成分 II，其内主要包括"对各类道德诉求的评价"（C－II involves assessing the relative strength of competing moral claims）；成分 III，其内主要包括"选择道德行为的途径"（C－III entails actually choosing to do the moral line of action instead of doing other actions that serve other values）；成分 IV，其内主要包括"实施意图时需要的技巧和自我调整策略"（C-IV involves self-regulation and executive skills to carry out the intention）。② 根据上文所论，若从"过程"（processes）而不是"成分"（component）的角度看（事实上，莱斯特在其文中并不严格区分"过程"与"成分"两个词，而是交互使用它们），莱斯特所讲的成分 I 类似于"理解道德情境阶段"、成分 II 类似于"道德判断或抉择阶段"、成分 III 类似于"寻找出适当的道德行为途径阶段"、成分 IV 类似于"采取实际行动阶段"。根据莱斯特的见解，再结合我们自己的思考，我们认为，品德外化的过程实际上就是品德发生作用的过程，它的心理运行机制如图 9－2 所示。

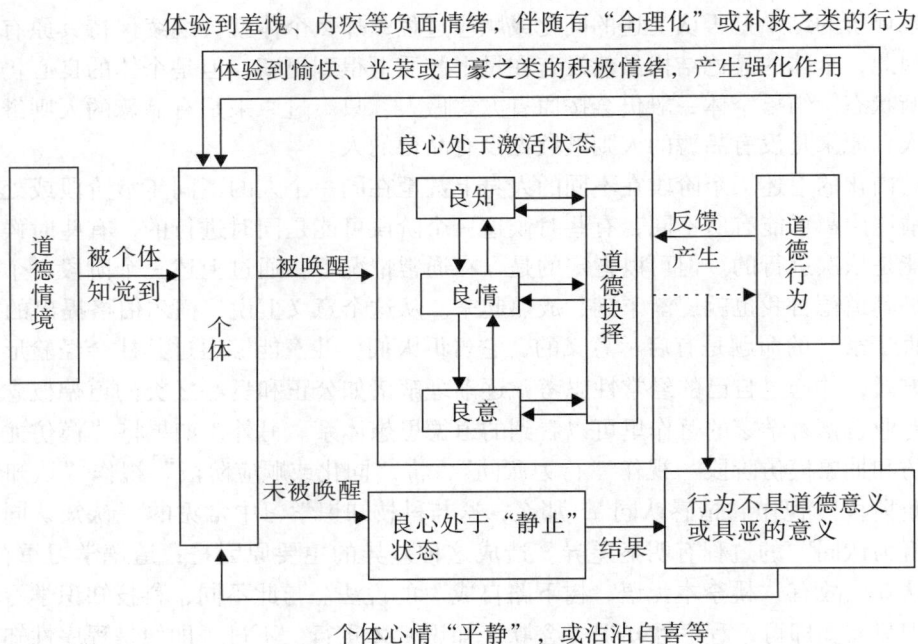

图 9－2　品德发生作用的心理过程示意图之一

① REST JAMES, THOMA STEPHEN & EDWARDS LYNNE. Designing and validating a measure of moral judgment：stage prefe-rence and stage consistency approaches. Journal of educational psychology, 1997, 89（1）：pp. 5－28.

② REST JAMES. Research on moral development：implications for training counseling psychologists. The counseling psy-chologist, 1984, 12（3－4）：pp. 19－29.

根据图 9-2 可知，品德发生作用的过程可以分为以下四个阶段：道德认知阶段、狭义良心觉醒阶段、道德抉择阶段和展现道德行为的阶段。这四个阶段相互联系和相互制约，它们犹如串联电路的四个开关（如图 9-3 所示），只有当它们同时被接通时，"电流"才能顺利通过，与此同理，只有四个阶段顺利完成，品德才能充分发挥作用，完整的道德行为才会顺利展现出来；缺少其中的一个或多个阶段，道德行为最终是无法展现出来的。

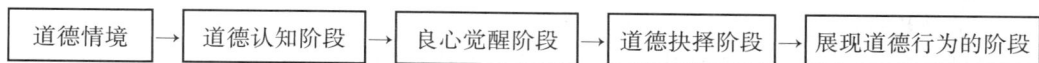

道德情境　→　道德认知阶段　→　良心觉醒阶段　→　道德抉择阶段　→　展现道德行为的阶段

图 9-3　品德发生作用的心理过程示意图之二

当然，这四个过程不是一种线性的决策模型，每一过程因为正负反馈的作用会相互影响。下面根据图 9-3 所示，再结合图 9-2 以及美国心理学家莱斯特的见解，将品德发生作用的四个阶段详细阐述如下：

1. 道德认知阶段

品德发生作用的第一个阶段是道德认知阶段，也称发现道德情境阶段。一个人面临某个具体的情境，首先必须理解这个情境，即弄清发生了什么，当事人有哪些，当事人当时的身心状况怎样，当事人当时的心情或意图是什么，自己能做些什么，预测各种行动可能带来的后果是什么，等等。假若这时个体能在处于一个具体情境时考虑到上述这些问题，那么他就已进入道德认知阶段，这是个体品德能否发生作用的第一个关键阶段。假若个体没有将此情境知觉成道德情境，或者即使将其知觉成一个道德情境，但没有产生正确的道德认知，那么就无法真正进入道德认知阶段，后面的心理过程也就无从谈起了。①

2. 良心觉醒阶段

当个体已知觉到眼前的情境是一个道德情境时，个体的良心是否被唤醒，这是个体品德能否发生作用的第二个关键阶段。

如果个体的良心没有被唤醒，那么个体的良心就处于"静止"的状态，自然就没有进入这个阶段。于是，个体自然也就对眼前的道德情境无动于衷，结果个体自然无法做出道德行为；更有甚者，不但不会展现出道德行为，反而会做出恶的行为来。此种情况若经常发生，个体的良心由于经常得不到触动，就会使个体的良心更加沉沦，甚至最终完全丢失。

假若个体的良心被激活，个体的良心就处于觉醒状态。此时，个体就会产生程度高低不一的道德敏感性（意识到自己的行为对别人权益产生什么影响的能力）和道德推理能力（推断别人思想情感的能力），而这种道德敏感性和道德推理能力的高低对于此人形成相应的行为动机起着一定的作用。研究表明，一个人对道德情境的理解能力越强，对情境的道德敏感性越高，对情境的道德推理能力越强，他就越会敏感地意识到自己的行动对他人带来的影响，这会促使他去突出情境的某种道德意义，这对形成行为动机起一定的作用，结果他产生道德行为的可能性就越大；反之，一个人对道德情境的理解能力越差，对情境的

① REST JAMES. Research on moral development：implications for training counseling psychologists. The counseling psychologist，1984，12（3-4）：pp. 19-29.

道德敏感性和道德推理能力越低或越缺乏，他就越不能敏感地意识到自己的行动对他人带来的影响，这会导致他无视情境的某种道德意义，结果他产生道德行为的可能性就越小。品德心理学的两项研究成果证明了这一点：一是对情境含混不清的被试较对情境有清晰了解的被试的助人行为要少；二是移情在品德中是一个重要因素。[①]

当个体的道德敏感性与道德推理能力达到一定的程度时，个体的良心、良情或良意就处于激活状态，它们引导个体进行一定的道德抉择，于是品德活动就进入了第三个阶段——道德抉择阶段。

3. 道德抉择阶段

在对情境作出判断后，个体进而要决定是否按道德判断行事去作出道德行动计划，这时个体的良心就进入了道德抉择阶段，这是一个道德决策的过程，它要考虑的主要问题之一是：采取哪一种行为显得更加有爱心或更加公正？在抉择时，个体据以作出判断的价值取向有时并不占优势，而另一些非道德的价值观念可能极富诱惑力，这些会影响个体作出相应的道德抉择，从而使个体不能把对情境的理解和判断付诸行动。可见，道德抉择主要是与各类动机斗争的过程，这种斗争有时会很激烈。具体地说，当一个人意识到许多不同的可能行为结果时，许多动机就被激活了，但是不同的动机可因具体情况改变而相互取代。在动机取代过程中，个体甚至会出现这种情况：宁可牺牲自己的利益或忍受痛苦，也要选择道德动机。这里必然会出现一个问题：什么东西激发个体的道德行为？结合莱斯特的研究与我们自己的观察与研究，这些因素可以概括为如下四个方面：[②]

（1）良心。良心指一个人对自己或他人的行为、意图或品格所作出的合乎一定社会所认可的伦理道德规范的认知能力。它包括个体对道德、法律法规的理解，对合作意义或人际关系的理解，由于进化使利他主义变成了可遗传的东西进入良心之内（即与生俱来的、作为德之端绪的是非之心），等等。强大良心产生的力量常常是推动个体做出道德行为的重要因素之一。当然，当个体的良心尚不稳定、尚不清晰或者产生的力量不够大时，从此类良心里一般是难以产生相应的道德行为的，尤其是当个体预测需要付出较大代价甚至极大代价才能完成一个道德行为时更是如此。正是考虑到这种情况，所以在良心与道德行为之间才用"……→"表示，以此表明二者之间的关系并不是非常固定的，即从良心里不一定能导出道德行为。

（2）良情。良情即善良情绪或情感[③]的简称，指那些能从正向维度或负向维度增进个体道德素养或让个体趋善避恶的情感。它包括羞愧感、内疚感、罪过感；对法律、苍天或上帝等的恐惧；由于进化使利他主义变成了可遗传的东西进入良情之内（即与生俱来的、作为德之端绪的恻隐之心）；移情或同情心（它是利他动机的基础）；对那些比自己更伟大的事物的敬畏和遵从，如对国家或集体的献身精神、对神的尊敬；对自我完整的关心和对个人社会地位的体验；等等。这些良情一旦积累到足够的强度，并且在良心的指导下，

---

① REST JAMES. Research on moral development: implications for training counseling psychologists. The counseling psychologist, 1984, 12 (3-4): pp. 19-29.

② REST JAMES. Research on moral development: implications for training counseling psychologists. The counseling psychologist, 1984, 12 (3-4): pp. 19-29.

③ 在现代西方心理学里，人们较多使用"emotion"（情绪）一词，而较少使用"feeling"（情感）一词；在当代中国心理学界，常认为"情感"比"情绪"更高级。为了融通这两种观点，本书不严格区分"情绪"与"情感"，而是将之作为可以换用的一对概念使用。

往往能够有效地激发起个体产生相应的道德行为。当然，当个体的良情尚不稳定、强度较小或者没有良心的指导时，从此类良情里一般也是难以产生相应的道德行为的，尤其是当个体预测需要付出较大代价甚至极大代价才能完成一个道德行为时更是如此。同样是考虑到这种情况，所以在良情与良心行为之间也用"……→"表示，以此表明二者之间的关系并不是非常固定的，即从良情里不一定能导出道德行为。

（3）善良意志。这里讲的"善良意志"，含义与康德所讲的"善良意志"不尽相同，是指品德中的意志成分，即一个人的道德自我控制能力，以及一种按照自己的道德信念去坚定地从事趋善避恶行动的坚强信念。善良意志一旦激活，常常也是推动个体做出道德行为的重要因素之一，对于那些对善持坚定信仰的人更是如此。当然，当个体的善良意志尚不稳定或产生的力量不够大时，从此类善良意志里一般也是难以产生相应的道德行为的，尤其当个体在艰难环境里尝试做道德行为时更是如此。正是考虑到这种情况，所以在善良意志与道德行为之间才用"……→"表示，以此表明二者之间的关系并不是非常固定的，即从善良意志里不一定能导出道德行为。

（4）道德行为习惯。个体以往经过多次强化或模仿而形成的道德行为习惯，一旦遇到适合它的情境，马上就会被自然唤醒，促使个体做出相应的道德行为。[①] 当然，当个体的道德行为习惯尚不稳定，或者其内并没有包含相应的道德认知时，从此种道德行为习惯里一般也是难以产生相应的道德行为的。正是考虑到这种情况，所以在道德行为习惯和道德行为之间才用"……→"表示，以此表明二者之间的关系并不是非常固定的，即从道德行为习惯里不一定能导出道德行为。

4. 展现道德行为的阶段

在道德抉择基础上，个体要把道德意向变为具体的道德行为，实施道德行动计划，如果一切顺利，个体就进入展现道德行为的阶段。道德行为的实施不仅需要个体明确具体的行动步骤，而且要求个体对实施中的困难有充分的估计，并以坚定的意志去加以克服，完成道德行动。所以，这一阶段虽主要是实施道德行动，但个体对这个行为的认识（道德认识）程度以及由此产生的相应情感（道德情感）的强度大小与相应的意志（道德意志）的持久程度，往往会对道德行动产生较大的影响。因此，在这一阶段，个体的自我力量或自我调节技能的强度是一个重要的影响因素。研究表明，同处于柯尔伯格（L. Kohlberg）道德发展第四阶段"法律与秩序"实验的被试中，测得自我力量较强的人比较弱的人更少欺骗行为，因为自我力量强者具有信念的力量；反之，自我力量弱的人虽有同样的道德信念，但不能照自己的信念行事。[②] 当个体意识到自己已做出相应的道德行为时，个体一般就会体验到愉快、光荣或自豪之类的积极情绪，进而产生强化作用，个体的品德水平会得到一定程度的提升。假若个体最终因"一念之差"而没有做出相应的道德行为，那么个体的品德虽曾发生一定的作用，但最终仍是"功亏一篑"，结果个体一般会体验到羞愧、内疚等负面情绪，并伴随"合理化"或补救之类的行为。

---

① REST JAMES. Research on moral development: implications for training counseling psychologists. The counseling psychologist, 1984, 12 (3－4): pp. 19－29.

② REST JAMES. Research on moral development: implications for training counseling psychologists. The counseling psychologist, 1984, 12 (3－4): pp. 19－29.

三、影响品德形成和改变的一般条件

（一）影响品德形成和改变的外部条件[①]

外部条件指学生自身以外的一切条件，一般包括家庭、社会、学校、班集体与同伴小群体等因素，它们对个体品德的形成与改变有重要影响。

1. 家庭教养方式

学生的品德受到自己所处的家庭教养方式的深刻影响，不同的家庭教养方式会对儿童的道德认知、道德情感、道德意志、道德行为与道德自我等产生不同的影响。美国心理学家佩克（R. Peck）等人的研究表明，学生的品德特征和家庭的教养方式紧密相关，如过分严厉与放任型的教养方式都会对儿童的品德产生不良影响，而信任与民主型的教养方式会对儿童良好品德的形成起促进作用。

2. 社会风气

假若说年幼儿童的品德主要受家庭教育的影响，那么伴随着儿童年龄的增长，社会风气（主要是道德习俗）对他们的影响将会越来越大。社会风气是由社会舆论、大众传媒、成人尤其是各级各类官员和各类名人的榜样示范等构成的。学生的生活世界不可能与社会相分离，他们的道德理想、信念与价值观正处于形成过程中，属于可塑性较强的时期，既容易接受良好社会风气的影响，也容易接受不良社会风气的影响。根据美国帕克（Parke）等人的研究，在其他生活条件相似的情况下，观看过暴力电影的学生比其他学生有更多的攻击性行为出现。需要指出三点：①青少年由于其自身的道德自我的发展尚未成熟，较之成人更不善于作出正确的选择，所以容易受不良社会风气的影响。因此，教育者要特别重视社会风气对青少年学生的影响。②"德得相通"的社会风气有利于儿童和青少年良好品德的形成与发展，反之，"德得不通"的社会风气不利于儿童和青少年良好品德的形成与发展。③从影响因素角度看，对于绝大多数人而言，"改善道德习俗"是提高德育效果的最佳切入点。顺便指出，就德目而言，"平等"与"责任"是提高德育效果的两个最佳抓手。

3. 榜样和同伴作用

青少年的态度和道德行为在很大程度上是由他们的同伴集体的行为准则和风气决定的，社会心理学称这种现象为模仿与从众现象。中国先哲像孔子等人以及现代心理学家像皮亚杰、柯尔伯格和班杜拉等人的研究都表明，青少年的模仿能力比较强，他们的品德往往是通过模仿身边人（如家长、教师或同伴等）的行为而形成的。榜样对学生品德的形成起着潜移默化的作用，社会、家庭以及学校和班集体等方面的成员都可成为学生的模仿对象。从众是指个人的意见、态度和行动因受多数人的意见、态度与行为的影响而改变。一个良好的班集体对学生优良品德的形成和不良品德的改变有极为重要的作用。如果一个班集体有共同的目标、严明的纪律，学生之间和师生之间关系和谐、融洽，集体成员奋发向上，那么个别品德不良的学生由于受到良好的集体气氛的感染，会很快变好，或者至少不敢调皮捣乱，因为他的这种行为极其孤立，得不到别人的附和（强化），久而久之便会消

---

① 邵瑞珍. 教育心理学：修订本. 上海：上海教育出版社，1997：189；皮连生. 学与教的心理学. 2版. 上海：华东师范大学出版社，1997：195-197；丁家永. 现代教育心理学. 广州：广东高等教育出版社，2004：143-145.

退。同时，青少年随着年龄的增长逐渐与父母疏远，他们喜欢和同伴交往，希望得到同伴小集体的认可和接纳。假若父母和教师的价值标准不符合他们同伴小集体的标准，他们宁愿冒犯教师和父母而不愿得罪"朋友"。青少年中的非正式团体在小学与初中阶段差不多是清一色的同性群体，即男生与女生分开的群体，到了高中，由于生理逐步成熟，当他们产生了异性爱的时候，就出现了男女混合群体。这些非正式的小团体无论是思想健康的或不健康的，都对青少年品德的形成和改变有重要影响。

4. 适时的批评和鼓励

在教育过程中，教师和家长可通过对学生的道德行为的强化来进行调控与引导。合理的批评和鼓励会促进学生良好品德的形成，尤其是对于低年级学生而言更是如此。因为他们辨别是非的能力有限，其品德的形成更多地依赖于他们心目中权威人物的引导。教师和家长所提倡、鼓励的人和行为常常成为学生模仿与学习的对象，而教师与家长所反对与批评的不良行为往往成为他们努力克服的东西。所以，教师与家长可通过批评和鼓励来塑造学生良好品德。

（二）影响品德形成和改变的内部条件[①]

影响道德学习的内部条件是指学生自身的各种因素，像智力水平、年龄、性别、教育程度以及其他各种心理因素。在各种内部条件中，影响道德学习最主要的有如下几个心理因素：

1. 认知失调

勒温（K. Lewin，1890—1947）、皮亚杰、费斯廷格（L. A. Festinger）和海德（F. Heider）等人的研究都表明，人类具有一种维持平衡和一致性的需要，即力求维持自己的观点、信念的一致，以保持心理平衡。当认知不平衡或不协调时，如新出现的事物和自己原有的经验不一致，或者自己的观点与他人的、社会的观点或风气不一致等，这时内心就会有不愉快或紧张的感受出现，个体就试图通过改变自己的观点或信念，以达到新的平衡。可见，认知失调是品德改变的先决条件。

2. 态度定势

个体由于过去的经验，对所面临的人或事可能会具有某种肯定或否定、趋向或回避、喜好或厌恶等内心倾向性。这种事先的心理准备或态度定势常常支配着一个人对事物的预料与评价，进而影响着是否接受有关的信息和接受的量。对教师有消极的态度定势，则教师的教诲和要求可能会成为耳边风，甚至引发冲突。帮助学生形成对教师、对集体的积极的态度定势或心理准备是使学生接受道德教育的重要前提之一。

3. 智力水平

智力水平与品德的关系是复杂的。例如，有人对 500 名有法庭记录的青少年犯的智商进行测量，结果发现他们的智商分布与随机抽样的儿童的智商分布相似，但他们的平均智商低 8 ~ 10 分；而且在他们当中，相对而言，智商低的较多，智商高的较少。不过，在智商全距的各种水平上都有青少年犯。许多研究比较一致地发现，考试作弊和智商水平成负相关。智商水平越高，考试欺骗行为越少。心理学家认为，智商低且成绩不良的学生由于

① 邵瑞珍. 教育心理学：修订本. 上海：上海教育出版社，1997：189；皮连生. 学与教的心理学. 2 版. 上海：华东师范大学出版社，1997：195 - 197；丁家永. 现代教育心理学. 广州：广东高等教育出版社，2004：143 - 145.

失败的经验导致他们企图通过欺骗来提高自己的成绩。可是，聪明和品德不是同一回事，当测验涉及非知识性问题时，智商和欺骗行为的上述关系便消失或下降。聪明用得不当，往往会使欺骗行为更狡诈。

4. 教育程度

道德行为是价值内化的结果。青少年的道德认识和道德判断不仅与智能有关，也随着年级升高、教育水平的提高而进步。而据柯尔伯格等人的研究，人的道德观念可以迁移到道德行为上，这就意味着教育程度是影响品德形成与改变的因素之一。低年级学生或文化水平不高的成人常常因道德观念水平低，为细小的事感情冲动，做出不道德的行为。当然，教育程度与品德发展水平之间的关系也是颇复杂的，在生活中文化水平低甚至一字不识的人展现出高尚的道德品质的例子也比比皆是。

5. 道德认知发展水平

品德的形成与改变取决于个体头脑中已有的道德准则和规范的理解水平与掌握程度，取决于已有的道德判断水平。根据皮亚杰和柯尔伯格等人的研究，要改变或提高个体的道德水平，必须考虑其接受能力，遵循先他律而后自律的渐进的原则。否则，一味向他们灌输大道理，即使他们能够熟记这些大道理，也不能被他们的认知结构同化，自然也不能作为一种内在的道德信念来指导行为。实施道德教育时，不应只注意道德教育的形式进行道德说教，而应结合学生的实际生活和切身体验，晓之以理。

第三节　品德的考评

在很大程度上讲，过去一段时间中国德育的实效性不高的重要原因之一在于品德考评出了问题：一是从思想观念看，多将道德知识与人的德性联系起来，以为道德知识的丰富必然会提升人的德性，在品德考评里注重道德知识的掌握。二是从具体方法上看，多用他评法来考评人的品德，这容易产生三个流弊：既易让人觉得修德是一件做给别人看的事情（作秀），也易使教师和学生在不同程度上产生"德育只是为了使学生获得一个分数"的误会，还使德育要彰显个体的主体性的思想落不到实处。为了改变这种局面，本书主张品德测量应回到被测者的生活中去，因为生活即德育；同时，应该采取切实有用的方法来对人的品行进行考评，有鉴于此，下面在探讨品德的考评时力图突出实用性强的特点。

一、他评法

他评法指主考者（通常是教师或家长）运用某种方法来对他人（通常是学生或子女）的品行进行考评的方法，主要包括察言观行法、问答鉴别法、情境测验法与观人类推法四种。

（一）"听其言而观其行"：察言观行法

察言观行法是指主考者通过观察一个人的言行来对此人品行进行考评的方法。许多事实都表明，主考者若善于运用察言观行法，常常能对一个人的品行作出较为真实的评判。那么，怎样做才能称得上是善于察言观行呢？要保证察言观行法的可靠性，观察者必须做到：一是事先要制定一个合理合情的观察目的，既不能太高，也不能太低；二是要在学生的日常生活中进行，以便保证观察情境的自然性与真实性；三是要事先定下客观的、具操作性的、细化的评价标准；四是要长期观察，避免偶然性，所谓"日久见人心"；五是做尽可能全面而客观的跟踪记录，不能凭孩子的某一言行或短时期内表现出的某些言行就作出判断。

（二）"欲审知其德，问以行"：问答鉴别法

问答鉴别法是指通过主考者提问而被测者作答的方式来对被测者品行进行考评的一种方法。要保证问答鉴别法的可靠性，主考者必须做到：一是要想方设法在孩子心中树立起自己的权威性，并且这种权威性必须是以德服人的结果，这样，假若主考者本人是孩子崇拜的对象（如孔子之于其弟子），那么孩子也就多能将心中所想的如实说出来，于是他们的答案也颇为真实。二是事先要制定一个合情合理的考核目标，既不能太高，也不能太低。三是要在孩子的日常生活中进行，以便使问答鉴别法能在较为自然的情境下进行。四是制定较客观的、具操作性的、细化的评价标准。五是主考者要有鉴别真伪的能力，这样，即使孩子偶尔不据实回答，主考者也可以对虚假答案及时予以识破。

（三）"故君子远使之而观其忠"：情境测验法

虽然察言观行法和问答鉴别法均是考评他人品行好坏的重要方法，但由于人的心理与行为表现之间关系非常复杂，有时通过日常生活的察言观行与一般的问答鉴定很难准确考评出他人的品行。但是，通过设计某种非常情境，观察被试在此种情境下的反应，有时反而很容易将被试的真实品德考评出来，这就是所谓的情境测验法。它指一种通过有目的地创造某种情境，用以观察被测者在这种情境下的行为反应，从而对被测者品行作出鉴定的考评方法。依情境的真实程度，情境测验法一般可以分为两种：

一是真实情境测验法。中国先哲所讲的九征法一般都是通过真实情境来考评人的才能与品行，今人只要稍加转换，仍可以适当运用到当代的品德考评中。依《庄子·列御寇》的记载，九征法的具体内容是：通过设置将一个人放到远处使用的情境来观察他是否忠诚（"故君子远使之而观其忠"）；通过设置将一个人放在身边使用的情境来观察他是否恭敬（"近使之而观其敬"）；通过设置派一个人去处理复杂事务的情境来观察他的能力大小（"烦使之而观其能"）；通过向一个人突然提问的方式来观察他的智慧如何（"卒然问焉而观其知"）；通过设置迫切任务命人限期完成的情境来观察他的守信程度怎样（"急与之期而观其信"）；通过设置委托一个人管理财产的情境来观察他是否廉洁（"委之以财而观其仁"）；通过设置告诉一个人一件危急事件的情境来观察他的气节如何（"告之以危而观其节"）；通过设置让人醉酒的情境来观察他的仪态好坏（"醉之以酒而观其侧"）；通过设置让一个人与男女混杂相居的情境来观察他洁身自爱能力如何（"杂之以处而观其色"）。由此可见，除了"卒然问焉而观其知"相当于上文讲的问答鉴别法外，其余八征法都相当于现代的情境测验法；并且，用九征法测量到的心理品质，除了第三、四征是测量人的能力与智慧外，其他均是测量人的品性好坏的。

二是虚拟情境测验法，像柯尔伯格等人所用的两难故事法，就是一种典型的虚拟情境测验法。不过，需要指出的是，虽然柯尔伯格所取得的丰硕研究成果证明"两难故事法"的确是研究人的品德发展水平的一种有效方法，但"两难故事"毕竟只是虚构的故事，不

是被测者的真实生活，用虚构的故事来测量被试真实的品德，从方法论上讲有缺陷。它既易让人说空话（只说不做），也易降低测量的信度与效度（尤其是与利害挂钩时更是如此），因为测过一遍后，别人一旦了解了其中的原理，若再重测，易"就高不就低"，只挑能反映高水准道德境界的答案说。

要保证情境测验法的可靠性，必须做到：一是最好要通过实验设计，对情境做严格控制，以使一因对一果。二是情境设计要巧妙。三是一定要与其他方法配合使用。因为有时候一个人在某一特定的情境里能表现好，在日常生活里却不能将好的品质持之以恒。犹如有些领导在"代理"期间表现突出，一旦"扶正"，就露出本来面目。又有些时候一个人在特定的情境里易紧张，从而"投你所好"，结果不能将自己的德性真实地展现出来。所以，情境测验法也不是万能的，还必须结合其他方法来综合考察。

（四）"不知其子，视其父"：观人类推法

观人类推法，即观此人的德行以类推彼人的德行的一种品德考评方法。在具体使用过程中主要有两种变式：一是通过观察自己的品行来类推他人的品行。如老子的以身观身法就属此。《老子·五十四章》说："故以身观身，以家观家，以乡观乡，以国观国，以天下观天下。吾何以知天下然哉？以此。"主张要从我个人观照他人，从我家观照他人的家，从我的家乡观照他人的家乡，从我的国家观照他人的国家，从我的天下观照他人的天下。用现代心理学视角看，以身观身法的理论依据是：只要是人，必然会有相类似的心理与行为，通过反思自己的品行可推知他人的品行。此法的优点是看到了人心具有相似的一面，使人容易用同情的眼光去看待他人品行上的得与失，这与孔子的"己所不欲，勿施于人"的思想有相通之处。它的缺点是没有看到人心也有独特的一面，以身观身，既易以君子度君子或以小人度小人，也易发生以君子度小人或以小人度君子的错误。二是指若想测评甲的德行，可先考评与甲经常交往的乙的德行，再从乙的德行来推测甲的德行。这是一种迂回式的品德考评方法。此方法虽不是直接就甲本人的德行进行考评，但有时也不失为一种品德考评的好方法。《孔子家语·六本》说："孔子曰：'不知其子，视其父；不知其人，视其友；不知其君，视其所使；不知其地，视其草木……'"这里孔子所讲的就是观人类推法。它的理论依据是，在相类似的环境熏陶下的人们易形成相类似的德性，因此，若想考评甲的德行，可通过观察与甲同处于一个环境的乙的德行来类推甲的德行。需要指出的是，尽管居于同一环境的人们易形成相类似的心理特点与行为方式，但也应看到人并不是环境的机械产物，即使是在完全相同的环境下成长起来的不同个体之间，其心理与行为仍会有差异，这就是人的心理的复杂性所在。所以，用这种观人类推法来考评一个人的品行，弄得不好易发生张冠李戴或拉郎配式错误。

二、自评法

俗话说，"人心险于山川，难于知天"（《庄子·列御寇》），他评法设计再精巧，主考者经验再丰富，有时仍难以对他人的品性作出准确的考评，所谓"人心隔肚皮，做事两不知"。但一般而言，个体对自己的言行往往心知肚明，只要善于自我考评，极易发现自己德行上的优点与不足之处。同时，人贵自知，《老子·三十三章》说："知人者智，自知者明。"因此，本书不但主张要用他评法去对他人的品行进行考评，而且也提倡要通过自

我反省来进行自我考评，即个体通过对自己的德行作自我反省途径来作出评价，以便不断完善自己的道德修养，提升自己的道德境界。大致说来，主要有两种自评法：一是内省式自我考评法，二是观照式自我考评法。这两种自评法的相通之处是都要经由修养者的自我内省才能实现，它们的细微区别在于：相对而言，前者可以无明确的外在标准，即可以全以修养者的良心为评判标准进行自我考评，后者则有一外在的评判标准。

（一）"吾日三省吾身"：内省式自我考评法

内省式自我考评法是指个体通过自我反省的方式来对自己的品行进行鉴定的一种考评方法。正如曾子所说："吾日三省吾身：为人谋而不忠乎？与朋友交而不信乎？传不习乎？"这样做的目的无非是想通过反省自己，找出自己言行上的不足并改正，慢慢地自己的品性也就得到提高了。内省式自我考评法的优点是：针对性强；易深入而细致地开展；易激发道德修养者本人的主动性和自觉性；不受时空的限制，可随时随地进行，从而易提高品德考评的效果。但是，该法得以实现的一个基本前提是自我考评者本人要有较完整而清晰的道德自我，否则此法不易施行，像儿童，其道德自我尚处于萌芽或初始发展阶段，就不宜采用此法来考评，所以它有一定的适用范围，若超出其范围而强行为之，则易流于形式。

（二）"以人为镜，可以知得失"：观照式自我考评法

观照式自我考评法是指自己以他人为镜进行自我观照，以检验自己德行高低的一种品德自评法。唐太宗李世民说："人以铜为镜，可以正衣冠；以古为镜，可以见兴替；以人为镜，可以知得失。"这段话成为延续至今的至理名言。观照式自我考评法既有一定的外在标准，又是一种自评法，相对于内省式自我考评法而言，它更易施行，因为它虽然也需要考评者本人具有一定的道德自我，但其要求比内省式自我考评法要低得多，所以它的适用范围更广，并且也具有针对性强和易深入而细致地开展等特点。当然，作为一种自评法，它毕竟还是需要自评者本人的道德自我必须能达到一个最低的限度，即见到贤者或不贤者均能"幡然悔悟"，若是"无动于衷"，此自评法就难以施行。再者，它需要一外界刺激来激发修养者以自评，相对于内省式自我考评法而言，此法多少带有一点被动的色彩。也需指出，此种以他人为镜来达到认识自我的方法，至今仍受到人们的重视。美国学者库利（C. N. Cooley）曾提出"镜中我"（looking-glass self）理论，"镜中我"指人们通过观察别人对自己的行为反应而形成的自我概念。人们正是从他人对自己的言行中了解别人对自己的看法，帮助自己认识自我形象，并以此为基础进而调节自己的种种活动，简而言之，人们正是以他人的看法为镜子而认识自己的。用库利的话来说："人们彼此都是一面镜子，映照着对方。"① 歌德在《塔索》一剧里也有类似的著名台词："只有在人中间，人才能认识自己；只有生活才能教会人去认识自己。"可见，观照式自我考评方法是一种正确认识自己、不断完善自己品德的方法。

① C. N. 库利. 人类本性与社会秩序. 北京：华夏出版社，1989：108－119.

三、品德考评中应注意的几个问题

第一，应将测量放在日常生活中进行。人的品性一旦形成，就具有一定的稳定性，并且会在其日常生活中通过其言与行有意无意地表露出来。同时，本书赞成生活即德育的思想，因此，本书力倡将品德考评方法放在孩子的日常生活中进行，主张品德考评要回到孩子的真实生活中去。

第二，测量方法设计要巧妙。考虑到人品性本身的复杂性，在品德考评时要在方法设计和考评工具上苦下功夫，设计巧妙的考评方法（如运用情境测验法和自评法等），筛选最易测到人品性的事物作为考评的工具，这样才能在一定范围内将人的品性考评出来。

第三，定性考评与定量考评相结合。《孟子·梁惠王上》说："权，然后知轻重；度，然后知长短。物皆然，心为甚。"西方学者说"凡是存在之物皆有数量"，而"凡有数量之物皆可测量"。由此可知，从一定意义上说，若要提高品德考评的科学性，就必须有一定的量化标准。不过，人的品德本是一个整体，人的品性与其外在行为表现之间关系也是复杂多变的，并非简单的一对一关系，为了避免将被测者当作物或肢解的人而不是一个完整的人看的错误做法，达到对被测者的言行作一同情式理解，以便做到"己所不欲，勿施于人"，在品德考评时又不宜过于强调量化，而要充分发挥主考者自己的人生阅历在考评中的作用，以期能对被测者的品性作出一综合性的、较符合实际的评价。综合起来看，品德考评宜定性与定量相结合，不宜厚此薄彼，更不能过于"迷信"数据，否则容易生出一些流弊。

第四，文字考评与非文字考评要兼顾。从一定意义上说，"美德即知识"是有一定道理的，因为一个人若想做有道德的人的一个重要前提是他要知道什么是有道德，什么是没有道德。而且柯尔伯格等人的研究指出，一个人的道德认知水平的高低在许多时候的确与其道德发展水平有一定的关联。因此，在品德考评时就要采取必要的做法将一个人的道德认知水平考评出来。同时，正如中国先哲一贯所强调的，知识与品德之间并无必然的正相关关系，一个人掌握了丰富的道德知识并不意味着其品德就真的得到了提升。就道德修养而言，与其掌握一大堆空洞、抽象的道德知识，还不如在实际的生活中踏踏实实地做人来得实在。在品德考评方法上又要适当运用非文字的考评方法，如察言观行法和情境测验法等。综合起来看，今人在品德考评时，妥善的做法或许是灵活运用文字考评法与非文字考评法，在对一个人的品性进行考评时，既注重其是否了解其道德认知发展水平，更注重其实际的言行表现，从而尽量杜绝双重人格的产生。

第五，应加强自评的力度。人的心理深藏于人的脑海之中，尽管时至今日，科学技术已有相当大的发展，但科学家仍未发现或发明一种能将人的心理直接测量出来的仪器，这导致目前的任何心理测量（含品德测量）均不是一种诸如物理学测量物体的长度那样的直接测量（如木工要测量一张桌子桌面的长度，可以用尺子直接去测量它），而只能是一种间接测量：通过人的外显行为去间接推测其背后的心理状态，从而限制了他评法的效果。而一个稍有自我意识的人，对自己的言行往往心知肚明，只要善于自我考评，极易发现自己德行上的不足；同时，对于个体而言，道德品质不但是一种内在于人心中的重要素质，是人的一种价值规定，而且也是个体行为的规范，是个体进行道德评价的标准。所以，本书特别强调要发扬中国向来重自评的传统，力倡学生尤其高年级的学生要通过自评法来考评自己品德修养的得失，以期做到有则改之，无则加勉。提倡要自评自纠，极易唤醒品德修养者的道德自我，并使修养者随时随地都能检讨自己在品德修养上的得与失，从而能充分发挥主体自觉在自我品德修养中的重要作用，也继承了中国自古以来道德教育中盛行的"学者为己"（德育的目的是提高自己的道德境界）的优良传统，对于纠正他评法中存在的"作秀"行为、提高品德的自律性，毫无疑问都具有积极作用。

第六，要谨慎解释与慎用考评结果。品德考评往往涉及对一个人品性的看法与态度，有时甚至会跟一个人的未来发展紧密相连。依据柯尔伯格的见解，一个人的品德发展水平与其认知发展水平有一定的关系，并且一个人的品德即便暂时处于与其年龄不相符的低水平阶段，但只要采取适当的方式，仍可以使其品德向高一阶段甚至更高阶段或最高阶段发展。中国古人也有"浪子回头金不换"的说法。因此，考评者一定要谨慎解释考评结果，不要简单地给人下定论尤其是下不好的定论。同时，也要慎用考评结果，毕竟品德考评也是心理测量的一种，而它只是间接的考评，或多或少、或大或小，都可能有一定的误差。

第四节　品行不端的防治

品行不端是指个体具有的不符合社会道德要求的道德品质与道德行为，表现为个体经常违反道德准则或犯有较严重的道德过错，有的甚至处在犯罪的边缘或已有轻微的犯罪行为。在生活中尽管品行不端的学生是极少数，不过应引起教育者的重视。假如不对这些学生进行及时引导，很有可能会进一步演变成犯罪。近年来青少年的犯罪率有所提高，犯罪年龄趋于低龄化，就表明了这一点。

一、品行不端形成的原因

（一）客观原因

第一，来自家庭方面的原因。这主要有五种：一是家庭成员的溺爱、迁就。二是家庭对孩子要求过高、过严，又缺乏正确的教育方法。三是家庭成员教育的不一致性。这种不一致性表现在家长对子女要求前后不一致，如前面批评的事情后面又默许了。仅仅凭个人情况来处理和教育子女；或者，家庭各成员由于阅历不同、文化素养不同，甚至思想意识、世界观的不同而经常对子女提出一些不一致或相互矛盾的要求。其结果要么使子女无所适从，要么使子女养成多重人格。四是家长缺乏表率作用。五是家庭结构的剧变。如父母经常吵架、父母离异等，都可能使儿童心灵受到创伤而引起性格变异。

第二，来自社会方面的原因。影响学生品德形成的社会环境有两个方面：一是广义的社会环境，是指整个社会关系和社会风尚。二是狭义的社会环境，即指除学校和家庭以外的环境，主要包括学生的朋友、邻居、社区，以及影响个体的各种社会活动等。就广义的社会环境来说，长期封建社会遗留下来的某些腐朽思想、现实生活中的某些不正之风对学生可能产生的侵蚀和影响也不能低估。处于成长发展中的青少年缺乏较全面、深刻的分析能力，一些思想不健康甚至低级趣味的文艺作品也可能对学生的品行发展产生副作用。另外，"破窗效应理论"（Break Pane Law，简称"破窗理论"，由 Philip Zimbardo 于 1969 年提出)① 告诉人们，环境可以对一个人产生强烈的暗示性和诱导性。个体若长期生活在一个不良的环境里，也容易滋生不良品行。

第三，来自学校方面的原因。学校是专门的教育场所，学生的品德主要是通过学校教育来获得的。但由于某些教育工作者存在某些错误观念或方法上的偏颇，也会在一定程度上间接地造成或助长学生的不良品行。如有的教育工作者不能很好地理解全面发展的教育目的，片面追求升学率，忽视或放松学生的品德教育。有的教师在师生交往中缺乏感情，不能了解到学生真实的内心世界，因此也不能自发地进行教育；有的教师对学生要求过高或过低，教育方法不适当，使学生产生厌烦反感的情绪，教育效果甚微；有的教师不能正确对待品行不良学生的"反复"过程，对矫正品行不良问题缺乏信心、恒心和毅力。此外，学校教育与家庭教育不一致，相互脱节，削弱了教育力量。一些个案材料表明，儿童说谎多半是由现实环境中存在不诚实、自私的坏榜样或提供了说谎机会造成的，其中家庭教育与学校教育方式的不当或不一致往往是主要的外部原因。②

（二）主观原因

任何外在因素最终都要通过内因起作用，品行不端的形成也是如此。在探讨不良品行产生的客观原因的同时，更应探讨其主观原因：①不正确的道德认识。儿童和青少年正处于品德形成的过程中，他们的道德认识还不明确、不稳定，一些学生不理解或不能正确理解有关的道德要求和道德准则，而且缺乏独立的道德评价能力，常常不能明辨是非、分清善恶。如把法违反纪律视为"英雄行为"，把敢打群架等同于"勇敢"。有的学生虽然知道什么能做，什么不能做，但这种认识没有转化为道德信念，一旦在有诱惑力的不良环境因素的影响下就可能走上邪路。②异常的情感表现。品行不良的学生由于长期处于某种错误观念的支配下，常常造成情感上的异常状态。他们往往对真正关心他们的老师、家长怀有戒心，甚至处于某种情绪对立中。个别学生性情暴躁、喜怒无常，特别是处于青春期时更容易产生某种情感障碍或心理疾病，从而导致行为上偏离学校的正当要求。③明显的意志薄弱。有些品行不良的学生并非在道德认识方面无知，这类学生往往对是非善恶是清楚的，但常常因意志薄弱而使正确的认识不能战胜不合理的欲望，故而发生不良行为。"明知故犯"的学生常常是意志薄弱者。④不良习惯的支配。某种偶然的不良行为，多次重复后，就形成了某种不良习惯，这些不良习惯就会在类似情境中再现，行为者也会因此而产生愉快的情绪体验。如某些学生由于偶尔违犯纪律或不遵守社会公德而没有引起家长或教师应有的注意，学生本人还引以为豪，长此以往必然形成不良习惯，不良习惯又支配不良行为，如此恶性循环，必然导致学生的品行不良。⑤某些性格缺陷。性格与品德的关系十分密切。学生某些性格上的缺陷会直接导致品行不良。比如，学生执拗、任性、骄傲、自私等消极的性格特点，很容易使他表现出无视他人和集体的利益，为个人私利而我行我素，甚至做出破坏集体纪律和违反社会公德的行为。⑥某些需要未满足。需要是人类一切动力的源泉，青少年处于迅速发展的时期，随着年龄增长，生活和实践领域的拓展，新的需要不断出现。但是在学校生活中，他们认为自己有些应该可以在学校满足的需要（如归

---

① 佚名. 破窗理论. 中国社会科学报，2011－06－28.

② 章志光. 心理学. 北京：人民教育出版社，1984：340－341.

属需要）没有得到满足，就会到校外去寻求这种满足，从而沾染了社会上的一些不良行为。[①]

二、品行不端的转化过程

（一）醒悟阶段

品行不端的个体一旦认识到自己的某些行为是违背社会道德规范的，那么，这时他就处于醒悟阶段。常用的引起醒悟的方法有三种：一是消除恐惧心理法。品行不端的个体往往担心自己的不良行为一旦被外人知道后会受到相应的惩罚，出于心理防御的需要，常常采取手段加以掩饰。针对品行不端的人的这种心理，教育者宜采取相应的措施消除他们的恐惧心理。例如，可以真心诚意地跟他们说一些诸如"金无足赤，人无完人"的道理，让他们懂得在人生的道路上，犯错误是难免的，只要能及时意识到自己所犯的错误并加以改正就可以了。这样做，往往可以消除品行不端个体的恐惧心理，坦承自己所犯的错误。二是真诚关心法。品行不端的人在生活中往往更多地受到谴责，被人瞧不起，不过，他们内心也与其他人一样有渴望他人理解、关心与尊重等需要，假如教育者能真诚地关心他们，平时多与他们进行心灵互动，给他们更多的关心和爱护，可以逐渐消除这些学生的敌对情绪，为进一步的转变奠定基础。三是自我反省法。一些品行不端的人往往意识不到自己的不良行为会给与自己有切身利益的人或事物带来不良的后果，假若教育者能够抓住时机适时引导，激发他们良心上的觉醒，往往可促使他们的醒悟。例如，有些品行不端并犯有较严重道德错误的人，当发觉教师为此伤心不已、父母为此而气病等情况时，往往会内疚与悔恨，从而进行自我反省，进而进入醒悟的阶段。

（二）转变阶段

当品行不端的个体产生了改过自新的心向与意愿，并且初步对自己的错误有所认识之后，在行为上会产生一定的转变。教育者必须清醒地看到这仅仅是开始，在整个转变阶段必然要经过不断反复的矛盾过程，最终才能成为一个新人。在转变阶段，品行不端的个体常有反复的现象。出现反复的情况有两种：一是前进中的暂时后退；二是教育失败后出现的大倒退。应该看到，品行不端是长期形成的，恶习深的个体往往上进心弱、意志力差，有时抵制不了诱惑，并抱有侥幸心理。避免反复的方法有两种：一是消极的方法，即使之回避或逃避原先的旧刺激，以免近墨者黑；二是积极的做法，即让他们在旧的、原先的刺激条件下接受考验。在考验的同时，教育者应向这些个体提供正反范例，提高他们的是非感。

（三）自新阶段

品行不端的个体转变之后，假若长时期内不再出现反复，或很少出现反复，就逐步进入自新阶段。进入这一阶段的个体，完全以崭新的面貌出现在社会生活中。对待这些个体，教育者要注意：一是避免歧视和翻旧账，给他们以信任和尊重，加倍关心他们的成长；二是更为积极地帮助他们形成完整的自我观念。一个具有完整的、健康的自我观念的

① 莫雷.教育心理学.广州：广东高等教育出版社，2002：367－368.

个体，能充分意识到自己过去、今天、明天的行为是自己生活史中的一个个篇章，无论过去的行为如何，都确实是自己的价值观念、信仰的表现，错的就是错的，对的就是对的。一个具有完整的、健康的自我观念的个体，敢于对自己的行为负责，并具有向上发展的意向，而不为别人的歧视所动。①

三、品行不端的预防原则

为了正确、有效地预防学生品行不端行为的产生，应坚持三条原则：

（一）"禁于未发"：预防为主

在防治品行不端时，本书主张继承发扬中国传统文化的一个优良思想，那就是要做到"禁于未发"，以预防为主。如孔子就赞成将预防为主作为防治品行不端的重要原则，为此，他要求弟子：凡事"非礼勿视，非礼勿听，非礼勿言，非礼勿动"。《墨子·修身》也说："谮慝之言，无入之耳；批扞之声，无出之口；杀伤人之孩，无存之心。"《学记》说："大学之法：禁于未发之谓豫，当其可之谓时，不陵节而施之谓孙，相观而善之谓摩。此四者，教之所由兴也。"认为事情尚未发生就预先防止叫做"豫"。此思想一直为后人所承继。据《河南程氏文集》卷六记载，程颐在《上太皇太后书》中曾说："古人生子，能食能言而教之小学之法，以豫为先。人之幼也，知思未有所主，便当以格言至论日陈于前。虽未晓知，且当薰聒，使盈耳充腹，久自安习，若固有之，虽以他言惑之，不能入也。若为之不豫，及乎稍长，私意偏好生于内，众口辩言铄于外，欲其纯完，不可得也。故所急在先入，岂有太早者乎？"陈献章在《程乡县社学记》中说："天下之事，无本不立。小学，学之本也。保自然之和，禁未萌之欲，日就月将，以训致乎大学，教之序也。"在防治不良品行的问题上，提倡"未病先治"，预防为主，这有一定的道理。因为与其等到不良品行产生后再花大力气去矫正，不如在其未发生之前就阻断为佳，更何况有些不良品行等到养成后再去矫正，谈何容易。

（二）"禁于微"：防微杜渐

无论是良好品行还是不良品行，都不是一朝一夕所能形成的，而是从细微处逐渐积累起来的，所谓"冰冻三尺，非一日之寒"。一个人若想防止自己产生不良品行，必须时刻严格要求自己，不放过任何细微处，努力将所有不良因素都禁于渐始之际。《淮南子·缪称训》说："君子不谓小善不足为也而舍之，小善积而为大善；不谓小不善为无伤也而为之，小不善积而为大不善。"这种观点至今看来仍有价值。心理学研究表明，个体的不良行为习惯多是于不知不觉中形成的。假若一个人能时时严于律己，"勿以恶小而为之，勿以善小而不为"，的确能有效地防止自己养成不良的品性。

（三）"蒙以养正"：从小实施正面教育

为了杜绝个体产生不良品行，中国人大多主张对个体实施教化时要做到"蒙以养正"：为培养个体具有良好的道德品质，对个体自小就要实施正面教育。这既是一条重要的育德

---

① 邵瑞珍. 教育心理学：修订本. 上海：上海教育出版社，1997：205－206.

原则，也是一种重要的育德方法。为什么要"蒙以养正"，理由主要有二：一是儿童的心理纯洁无瑕，对其进行正面的道德教育时，他们易于接受。儿童一旦长大成人，假若已养成了不好的品性，再去对其实行正面的道德教育，就会遭到他们已有错误观念的干扰与抵触，达不到预期的效果。王廷相在《雅述·上篇》里说："童蒙无先入之杂，以正导之而无不顺，受故易。可以养其正性，此作圣之功。壮大者已成驳僻之习，虽以正导，彼以先入之见为然，将固结而不可解矣，夫安能变之正。故养正当于蒙。"这一见解与现代教育心理学的有关研究结论相吻合。二是人的品性塑造易，改造难。王夫之在《俟解》里说："《易》言：'蒙以养正，圣功也。'养其习于童蒙，则作圣之基立于此。人之不幸而失教，陷入于恶习，耳所闻者非人之言，目所见者非人之事，日渐月渍于里巷村落之中，而有志者欲挽回于成人之后，非洗髓伐毛，必不能胜。"用反面教材教育人们，假若一个人从小未受到良好的道德教育，长大以后若再想改好，那就颇为困难，"非洗髓伐毛，必不能胜"。既然如此，在培育个体的品德时，就应做到"蒙以养正"。

四、矫正不良品行的方法

通过弘扬中国传统防治品行不端的优良做法，再借鉴西方现代三大学习理论的精髓思想，防治学生品行不端的有效方法主要有环境熏陶法、效仿榜样法、培育羞耻感法、追求高级需要法、磨炼意志法、自小实施正面教育法、适当奖励与惩罚法等多种，因环境熏陶法、效仿榜样法、培育羞耻感法、追求高级需要法、磨炼意志法、自小实施正面教育法、适当奖励与惩罚法在前文已作探讨，下面只论余下的五种：

（一）运用行为主义学习理论培养个体的良好行为方式

行为主义心理学最重行为的研究，作为行为主义心理学的有机组成部分之一的行为主义学习理论也特别重视对行为的研究，并提出了一些行之有效的培养学生良好行为方式的方法。从正面说，就是运用行为主义的学习原理来塑造学生的良好行为方式；从反面讲，可以运用行为矫正技术来矫正学生的偏差行为。现在很多研究与实践都表明，在教育中适当运用渐进强化的原理，可以有效地塑造学生的良好行为方式或矫正学生的偏差行为方式。中国古人所说的"西门豹之性急，故佩韦以自缓"，用现代心理学的眼光看也是一种行为矫正法。

（二）直接从自我观察学习入手培养人的自律行为

班杜拉在后来的研究中将其观察学习的含义作了进一步扩充，认为个体在观察别人行为而产生替代学习之外，也会经由自我观察而学到某种新的行为。自律是个人根据自己的价值标准评判自己的行为，从而规范自己去做自己认为应该做的事，或避免自己认为不应该的事。显然，培养学生行为自律是教育的主要目的之一。不过，在传统教育上教学生自律多是先由他律（管理）开始的，因为人们一般相信，个体人格成长与独立的历程多是先由他律学到自律（管多了，成了习惯，也就自律了），然后由自律学到自治的。但是，假如这种做法对主体意识不太强的儿童和自律性较低的个体颇为有效，那就可能不太适合主体意识较强的成人与自律性较高的个体。因为一般情况下这后两种人往往不太喜欢别人对自己指手画脚，而喜欢自己选择；同时，从他律行为入手培养人的自律行为的做法，假如做得不到位，往往容易招致不以人为本或不易彰显人的主体性之类的批评。班杜拉不采取由外控管理以养成学生自律的观念，他认为，自律行为也是经由观察模仿的历程养成的。他将观察学习四阶段中的动机阶段的意义延伸，从而发展成他的自律行为养成的三阶段理论（自律行为养成的心理历程）：①自我观察，是指个人对自己所作所为的观察。班杜拉认为，一个人通过认知过程，不仅能控制自己的生活，而且能对未来制订计划和确定目标。人之所以能坚持不懈、追求不息，就是因为人具有预期未来、树立目标、自我满足和自我批评的能力。②自我评价，是指个人经自我观察后，按照自己所定的行为标准评判自己的行为，来调节自己的行为，来奖励和惩罚自己。传统教育的主流观点一般相信，儿童用以评判行为（包括自己和别人）的标准是由成人教导的。班杜拉不赞成这种观点，而是主张一个人的自我评判标准也主要是经由观察学习向楷模学来的。概而言之，班杜拉认为在一个人的成长过程中，自我评判的标准主要通过三种途径获得：一是模仿。儿童多半是通过模仿父母、同伴或权威人物的示范行为获得评价标准。二是标准内化。在儿童成长过程中，由于父母、教师或其他年长者对符合他们信念和标准的行为予以奖励，不符合的予以惩罚，使儿童将这些信念和标准内化为自己的标准。三是榜样作用。儿童凭借榜样作用，学习怎样借助道德的要求或论点为自己的标准提供合理的依据。既然"楷模"在儿童生成自我评判标准的过程中起着重要的作用，那么，楷模在为儿童提供做人的"标准"时，既不能太高也不能太低，而要适中，否则对儿童的自我评价没有帮助。③自我强化，是指个人按自定标准评判过自己的行为之后，在心理上对自己所做的奖励或惩罚。此理论不但为教育尤其德育上强调"身教重于言教"（如孔子说的"其身正，不令而行；其身不正，虽令不从"）的原则提供了理论依据，更重要的是，它常被教育上用来解释学生行为自律的问题，依班杜拉的这一观点，从个体的自律行为入手去直接培养人的自律行为，可能有时也是一种更直截了当且有效的做法。① 正如苏霍姆林斯基所说："理想的德育，应该教给学生自警、自戒、自励等自我教育的方法，使学生在陶冶情操、磨砺意志的过程中形成'不教之教'的自律习惯。"②

（三）提高道德认识法

"美德即知识"的命题启示人们，在很多时候丰富人的道德认识的确可以使人少犯错误，尤其是一些低级错误。这样，妥善采取常用的说理法、故事启发法、小组讨论法或价值澄清（values clarification）法等方法以提高人们的道德认知水平，往往是防治品行不端的有效之举。

（四）改过迁善法

改过迁善法是指要求犯错误者纠正自己的不良品德，以使自己朝着善的方向发展的方法。它一般由两部分组成：一是消除一个或几个错误的行为；二是通过一定的练习，使自己的行为朝着与原来不良行为相反的或不相容的方向发展。"金无足赤，人无完人"，任何人都有缺点，都有犯错的时候，犯错不可怕，怕的是知错不改、明知故犯或屡错屡犯。改过法作为防治不良品行的重要方法，强调对待错误的态度是要做到知错即改，这是颇为实

---

① 张春兴. 教育心理学. 杭州：浙江教育出版社，1998：204 – 205.
② 朱永新. 新教育之梦. 北京：人民教育出版社，2002：22.

在的，也是人人都能做到的。毛泽东同志也曾说："我们曾经把解决人民内部矛盾的这种民主的方法，具体化为一个公式，叫做'团结—批评—团结'。讲详细一点，就是从团结的愿望出发，经过批评或者斗争使矛盾得到解决，从而在新的基础上达到新的团结。"①这是把马克思列宁主义与中国知错则改的优良传统相结合的产物，从而将中国传统美德发展至新的阶段。今天我国的德育工作者应将改过迁善作为一条重要的育德经验予以重视。改过迁善的思想还告诉人们，在一定情境里，要允许人们犯错误；对于犯过错误的人（只要不是犯了严重的错误或十恶不赦的错误）要持一种宽容的态度，要给予他们改过自新的机会，所谓"浪子回头金不换"。很多学生是属于"给我一点阳光，我就会灿烂"的群体，美国前总统林肯说得好："一个不犯错误的人通常不能成就任何事业。我的经验使我相信，没有缺点的人往往优点也很少。"② 在道德教育中，不要过于向个体尤其是青少年宣扬"一失足成千古恨"的思想。因为许多事实表明，"一失足成千古恨"的思想容易产生这样的负面影响：某些人为了不"失足"，往往养成对权威者（如家长、老师、领导等）言听计从的思维定势或"好孩子倾向"，这种人多存在"不求有功，但求无过"的心态，这就容易限制人们创造性思维的发展。同时，假如一个人一旦由于种种原因一时"失足"而得不到他人的理解与同情，往往容易走上"破罐子破摔"的道路，这既不利于个人的身心发展，也不利于社会的繁荣与稳定。

（五）防范协约法

防范协约法是指以书面形式在教育者与被教育者之间建立和实施的一种监督关系的矫正不良行为的方法。协约条文是根据学生的实际问题制定的。协约的内容必须清楚，对受教育者的责任、要求和行为者应该做什么、不应该做什么，甚至活动的时间、场所都有明确的规定，都在可控或可监督的范围内。协约的内容要付诸文字，避免发生歧义和误解。同时还要对协约的执行情况做详细记录，这本身就能起到强化作用。在执行中可根据实际情况进行适当的补充和修改。协约要在教育者与被教育者（或行为者）充分协商并获得共识的基础上制定并实施才能发挥应有的作用。只有在此种情况下行为者才能充分发挥积极性和主动性，调动其自控力来矫正自身的不良行为。

第五节　道德学习的迁移

学习的目的在于运用，道德学习也是如此。学生怎样将习得的德性在日常的生活情境中展现出来，这是德育所要解决的重要问题之一。"为迁移而教"的口号不仅适用于知识学习，同样适用于道德学习。与上文讲知识学习的迁移类似，本节在论道德学习的迁移时，这里的"迁移"也仅指正迁移，其含义是：一种道德学习对另一种道德学习所产生的积极影响。不过，针对道德学习的特殊性，个体若能将先前在某一具体情境或学习情境中习得的做人道理在其后的日常的生活情境中展现出来，也可看作一种迁移。在道德学习中，迁移是怎样发生的？关于这个问题，在现行的教育心理学论著中基本上都没有论及；

---

① 毛泽东. 关于正确处理人民内部矛盾的问题. 毛泽东选集：第 5 卷. 北京：人民出版社，1977：369.
② 佚名. 有些事并不像它看上去那样. 读者，2005（13）：41.

换言之，在现行的教育心理学论著中，虽然也提出了多种迁移的理论，不过这些理论主要都是基于对（科技）知识学习研究而提出的迁移理论，它们虽能较好地用来解释科技知识学习（简称"知识学习"）中的迁移现象，却不能直接用来解释道德学习的迁移。因为依加涅等人有关学习分类的思想和古今中外德育思想与道德实践，道德学习与知识学习是两种性质有颇大差异的学习：①学习内容不同。科技知识学习是求真的学习，道德学习是求善的学习。②学习结果有差异。科技知识学习的结果是获得科技知识，并且当所学知识是陈述性知识时，学习结果可仅仅停留在"知"的层次，只有当所学知识是程序性知识时，学习结果体现出"知行合一"才佳；道德学习的结果是获得道德知识，并适时展现出相应的道德行为，所以真正的道德学习一定是知行合一的。与此相一致，德育与智育之间有较大差别：智育的重点是授人以"知"，人们一旦"知"了，可以去"行"，也可以不去"行"。前者如学生掌握了英语的语法知识，在考试时就能将有关语法的题目做对；后者如一个人会写影评，但不一定会做导演，一个人会当教练，也不一定是个优秀运动员。德育的重点是让人去践履某种德性，重在"行"。因为一个人知道了该怎样做人的道理，并不意味着他一定会照着此做人道理去做人。在道德修养上，如果个体虽"知"却不能"行"，并不表明他拥有了"真知"。所以，德育应有不同于智育的方法，德育宜强调"行"。③学习特点有差异。科技知识学习有较明显的累加性，因为科技知识一般是随时间的推移而不断进步和稳步增长的；道德学习有较明显的反复性与长期性，因为即便是同一国家或地区的道德习俗，也会随着时间的推移而不断变化，出现较大的变异性。④黏合知与行的中介物有差异。在科技知识学习中，黏合知与行的中介物主要是变式练习；在道德学习里，黏合道德之知与道德之行的中介物主要是良心。⑤影响迁移的关键因素不同。在科技知识学习领域，影响迁移的最主要因素是学习内容、情境或目标的相似性；在道德学习领域，影响迁移的最主要因素是个体良心的觉醒。[①] 在这五点中，前四点都好理解，只详说第五点。在科技知识学习中，个体在 A 情境中习得的一套知识（广义的）能否有助于其在 B 情境里习得新的知识，最重要的前提条件之一就是：B 情境中是否有与 A 情境类似的要素以及这种相同要素有多少；一般而言，如果 B 情境里有相当多的与 A 情境类似的要素，个体就容易将其在 A 情境中习得的知识用来学习 B 情境的知识，迁移就容易产生；反之，假如 B 情境里很少有或根本就没有与 A 情境类似的要素，个体就不容易将其在 A 情境中习得的知识用来学习 B 情境的知识，迁移也就难以发生。事实上也是如此，这就自然产生这样一种结果：有关解释知识学习领域迁移的诸多理论从表面上看丰富多彩，但就实质而言，其实都是"相同要素说"的不同版本（或经典版，如桑代克的相同要素说；或现代版，如奥苏贝尔的认知结构迁移理论）。可是，用相同要素说却不能很好地解释道德学习中的迁移现象。为便于读者理解这一观点，不妨先运用皮亚杰的对偶故事法来做一个小测验，具体做法是：

第一步，请读者想象一下，如果您遇到下面"故事一"中所讲的情境，这时您最可能怎样做？（请从以下五个选项中选择一项最符合您真实想法的选项）

故事一：您正在街上走时，突然看到一个素不相识的老爷爷甲在过十字路口时被违章

① 汪凤炎，郑红．良心新论——建构一种适合解释道德学习迁移现象的理论．济南：山东教育出版社，2011：3-8．

汽车撞倒在地，场面一片狼藉，老爷爷甲正躺在地上痛苦地呻吟着，这时您一般会——

    A. 采取事不关己、高高挂起的态度，凑上去看热闹。

    B. 停下来看一下，但怕引起不必要的麻烦或怕耽误自己的"正事"，于是就走了。

    C. 打110，告诉警察此地发生了交通事故。

    D. 急忙赶至现场救助陌生人甲，同时可能既打120请求救助，又打110报警。

    E. 装作没看见，继续走自己的路。

第二步，请读者再想象一下，假设您遇到下面"故事二"中所讲的情境，这时您最可能怎样做？（请从以下五个选项中选择一项最符合您真实想法的选项）

故事二：您正在街上走时，突然看到最疼爱您的爷爷乙在过十字路口时被违章汽车撞倒在地，场面一片狼藉，您的爷爷乙正躺在地上痛苦地呻吟着，这时您一般会——

    A. 采取事不关己、高高挂起的态度，凑上去看热闹。

    B. 停下来看一下，但怕引起不必要的麻烦或怕耽误自己的"正事"，于是就走了。

    C. 打110，告诉警察此地发生了交通事故。

    D. 急忙赶至现场救助您的爷爷乙，同时可能既打120请求救助，又打110报警。

    E. 装作没看见，继续走自己的路。

依常理心推测，读者在遇到故事一所讲情境时，可能的举动大致是上述五个答案中的一种。如您可能担心会引起不必要的麻烦，于是看了一下，心里向肇事司机骂上几句，然后就走了；当然，您最可能的反应是C，即打110，告诉警察此地发生了交通事故。在故事二所讲情境中，可能您的第一反应就是，赶紧冲过去，了解您爷爷的伤势情况，然后立即送医院；同时，将肇事司机的车牌号记下来，并打110电话报警，您可能几乎是在同时做这三件事情，并且，内心充满了对您爷爷的关爱、担心之情。实际测量结果证实了这一推测。笔者曾将这两个故事先用 PowerPoint 放给教育硕士看，然后再请他们依自己真实的内心想法作答，先后总计问过 260 名学生，结果如下：

表 9 - 1　被试对于"故事一"和"故事二"的作答情况

	A	B	C	D	E	总计
故事一	23（9%）	49（19%）	147（56%）	31（12%）	10（4%）	260（100%）
故事二	0（0%）	0（0%）	0（0%）	260（100%）	0（0%）	260（100%）

从表9-1可知，被试在看过故事一所讲情境后，9%的人选择了A，19%的人选择了B，56%的人选择了C，12%的人选择了D，4%的人选择了E，答案多种多样，且选择C的概率最大。被试在看过故事二所讲情境后，100%的人选择了D，没有人选择A、B、C和E，答案明显一致。这种调查虽不太严密，因为调查对象的年龄多在22～35岁之间，职业主要集中在教育这一行业（教育硕士主要是面对中小学教师、教育行政部门和教育科研部门招生），但还是能从中看出这样一个结果：被试在面临故事一和故事二所讲情境时，其心理感受与行为方式有较大差异。在故事一与故事二中所讲的情境，情节除一点不同外

（即受伤者与被试的关系不同），其他条件都完全相同，为什么在故事一所讲的情境中，被试的反应可能是上述五种反应之一，并且被试最有可能选择答案 C；而在故事二所讲情境中，被试只会像答案 D 所写的那样去做呢？① 这是用形式各异而实质内容多是相同要素说的现有迁移理论无法解释的，唯一可以解释的是：一个人与另一个人之间的关系的亲疏程度，在很大程度上影响到此人的良心的觉醒程度，进而影响到一个人对待另一个人的行为方式。在故事二所讲情境中，受伤者是自己的亲人，立即触发自己的良心，于是，被试会立刻做出一个救人的选择与举动（知行合一）。在故事一所讲情境中，因受伤者是一个与自己素不相识的人，不易引起自己的同情心，不易触动自己的良心，于是被试可能就不会那么心情急切地想去救助受伤者了；或当被试看到甲的痛苦情景时，被试可能内心也想到应去救甲，不过，想到可能引起的不必要的麻烦（如可能警察来了，要你当目击证人，这样会花去你一些本可用于挣钱或休息的时间；或好心可能被人当作"冤大头"②），被试可能在事实上是不会做出亲自救人的举动的，至多是赶紧打 110 报警。从良心新论的角度看，被试之所以这样做，是因为被试的良心觉醒的程度不够，从而仍不会有相应的道德行为。因此，用心理学的眼光看，假如一个情境没有激发出旁观者的起码的道德认知与道德情感，没有唤醒旁观者最低限度的良心上的觉醒时，旁观者一般不会做出相应的道德行为。

既然道德学习与知识学习是两种性质有颇大差异的学习，那么不能简单地将解释知识学习的迁移理论用来解释道德学习的迁移。有鉴于此，笔者尝试提出用良心新论来解释道德学习的迁移现象，这种新观点是笔者在多年研究中国传统德育心理学思想和上"教育心理学"和"德育原理"课程的过程中逐渐总结出来的。良心新论的核心观点主要有四：①中式良心指一个人分辨是非善恶的智能，连同一种有爱心并最好能公正地行动或做一个善良并最好能公正的人的义务感或责任感（这种义务感或责任感在一个人做了好事时，常能使人从内心产生愉快或幸福感之类的积极情绪，而在做了坏事时，常能使人从内心体验到羞愧、内疚、悔恨或有罪之类的负面情绪）以及相应的行为方式。②从心理实在角度看，坚信人人生来都有良心之端绪；只不过从发展水平看，不同人由于其所处内外在主客观条件的不同，导致在现实生活中，不同人的良心发展水平有高中低的差异。同时，良心一旦觉醒就具有知情意行相统一的特点。③一个人的良心既能通过良好的道德教育或道德学习而不断发展与完善，也易被个体的贪欲或不道德的外部环境等因素遮住光芒。一个人良心的发展程度越高，其良心激活的阈限就越低，相应地，其良心的自觉程度也越高；反之亦然。④在道德学习中迁移之所以能发生，是因为个体良心的及时觉醒。一个人良心的觉醒才是促使他将以往习得的德性在日后生活情境中展现出来的心理机制。"良心上的觉醒"指一个人清醒地意识到从自己良心中发出的要求，进而以此要求去待人处世的自觉程

---

① 有人会说，道德本有熟人道德与陌生人道德之分，一个人若在"故事一"中选择 C，其做法也是道德的，进而是应受到社会承认的；当然，一个人若遇到"故事二"所讲情境时，选择 D 才是合情合理的举动。这一看法从一定程度上也是我们所认可的，换言之，我们也知道体现在中国人身上的德性往往有私德与公德之分。但是，这里的意思是，一个人遇到故事一所讲情境时，从其选择 C 还是 D 的答案中，常常可以看出其良心的发展水平与觉醒的程度，即在良心的发展水平与觉醒程度上，一个选择 D 的人显然比选择 C 的人要高。

② 曾经有过这样的新闻：大街上，一位老人被自行车撞倒，肇事者逃跑了。一位骑自行车的女孩停车上前扶助，不想竟被周围公众指认为肇事者，而受到帮助的老人居然不说明真相［新民周刊编辑部. 挑战我们的 8 个难题. 读者，2004（16）：27］。

教育心理学新编（第五版）

度。这意味着，当个体处于一个道德情境时，促使其将其在先前生活中习得的某种品性在其后的日常生活中较经常地展现出来而成为某种道德行为的重要前提，不在于前后两个生活情境相似程度的高低，而在于其良心要有不同程度的觉醒；一个人若根本就没有良心上的觉醒，是不可能在一个道德情境中做出相应道德行为的。同时，一个人在面临某种道德情境时，其良心觉醒程度的高低直接影响到其做出相应道德行为的快慢：其良心觉醒的程度越高，做出相应道德行为的时间就越短；反之，其良心觉醒的程度越低，做出相应道德行为的时间就越长。因此，用道德哲学和道德心理学的眼光看，弥合道德认知与道德行为之间间隔的重要手段就是良心的觉醒，一个人一旦有了良心上的自觉，自能打通道德认知与道德行为之间的间隔，必能做到知行合一，反之亦然。①

依良心新论，促进道德学习的迁移的策略就是培育人的良心，以便人们将自身的良心唤醒出来。扩而言之，整个道德教育的关键，都是要激活人的良心。培育和唤醒良心的方法（即育德方法），主要有两大类：一类是通过他育的方法进行培育与唤醒；另一类是通过自育的方法进行培育和唤醒。

一、通过他育法唤醒与培育个体的良知

它是指教育者通过教育的途径来培育和唤醒受教育者良心的种种方法。在具体实施过程中，可细分为以下几种做法。

（一）化育法

1. "化" 的含义

据《说文解字》解释："化，教行也。从匕，从人，匕亦声。"朱芳圃在《殷周文字释丛》里说："化象人一正一倒之形，即今俗所谓翻跟头。《国语·晋语》：'胜败若化.'韦注：'化，言转化无常也.'《荀子·正名》：'状变而实无别而为异者谓之化.'"从字义上看，"化"的含义众多，有近二十种，不过作为育德方法的一种的"化"，含义主要有以下几种：①感化；转变人心、风俗。《说文·匕部》："化，教行也。"②变化；改变。《易·恒》："日月得天而能久照；四时变化而能久成。"《淮南子·氾论》："法与时化，礼与俗成。"高诱注："化，易。"③随顺；仿效。《吕氏春秋·大乐》："天下太平，万物安宁，皆化其上。"④教化。《诗·周南·关雎序》："南，言化自北而南也。"⑤消化。宋代杨万里的《庸言》曾说："学而不化，非学也。"② 可见，化的内涵包含了四个要点：第一，化的落脚点是放在人"心"上的，人心真的得到转变，化就收到效果；人心未转变，化也就没起作用。第二，化的结果不但能使受教育者的心理发生变化，而且可使其行为方式乃至整个气质都发生改变。第三，化是在不知不觉中进行与完成的。因受教育者是在不知不觉中接受了教育者或环境的影响，从而于不知不觉中在心里与行为方式上发生了变化，这就是俗话说的潜移默化之义。第四，化的功效不是短时间所能取得的，要经过一个较长的过程。化作为一种育德方法，虽难以收到立竿见影的速成效果，但它对人的影响一

① 汪凤炎，郑红. 良心新论——建构一种适合解释道德学习迁移现象的理论. 济南：山东教育出版社，2011：56-379.

② 《汉语大字典》编辑委员会. 汉语大字典. 武汉：湖北辞书出版社，成都：四川辞书出版社，1992：46.

且产生，便会使人无论在心理上还是在行为方式上都能产生较深刻而持久的变化。正由于化具有上述特点，特别适合于用作育德的方法，这正是本书力倡将化育法作为育德的首要方法的重要内在原因。从教育心理学角度看，化既是一种利用人的无意识心理、暗示心理和模仿学习来转变人心的过程，也是一种以塑造理想人格为目的的人格教育，其实质是以人格教育统率道德与知识教育，注重个性的培养与塑造。化育的做法之所以常常能收到理想的效果，是由于"化"的心理机制主要是模仿与暗示，而它恰恰符合人们这样一种心理：人们尤其是有一定自我意识的人往往都有一定程度的自尊，故而一般不太喜欢别人当面教他怎样做人，因为假若一旦接受别人的"教导"，往往意味着自己先前的做人方式存在缺陷，从而伤及自尊。所以，德育工作者若天天跟学生讲诸如"你应该这样做"之类的话，必会引起学生的反感。但是，你若采取身体力行的示范法或暗示的方法间接告诉他该怎么做人，他可能更乐于接受，至少接受起来心里没有那么大的抵抗力。

2. "化"的具体方法

为了将化育美德的思想落到实处，在具体实施过程中可以采用如下做法：

（1）榜样示范法。

道德本身就是一种习俗（道德习俗），且是一套主要依靠社会舆论监督来分配利益并衡量人的价值观好坏的约定俗成、人为的规则系统，这样，最佳育德方法实是政府运用公权力来改造不良的旧道德习俗、营造优良的新道德习俗。不过，鉴于最佳道德学习方式实是观察学习，相应地，政府运用公权力来改造不良的旧道德习俗、营造优良的新道德习俗时若想取得持久的高效，那么，直接代表政府形象的各级各类官员及公务员必须身先士卒，做出好的表率。在此基础上，作为成功人士典范的各类名人、在学校教育中起主导作用的教师和在家庭教育中起主导作用的家长若也能树立良好榜样，则能让社会教化、学校教育和家庭教育产生合力效果，自然能加速不良的旧道德习俗的衰亡以及优良的新道德习俗在全社会的逐渐建立，公民的道德修养自然会逐渐提高，反之则反。这本是所有国家和地区育德方法和道德学习的共性所在。就中国而言，再加上"示范伦理学"是儒家伦理学的本色，就进一步凸显了榜样示范法在育德中的重要性。具体地说，规范伦理学的本质是找到规范或规则（包括普遍规则和特殊规则）作为个体行动的准则；同时，规范伦理学要求每个人要跳出具体的角色定位，在普世的公众生活中以普世的人（公民）来定位自己，强调每位公民都是一个平等的立法者和守法者。在此观念的深刻影响下，追求公平与普遍正义构成现代西方伦理思想的主流。与此截然不同，儒家伦理的本质不是规范伦理学，而是德性伦理学或示范伦理学。因为儒家伦理思想赖以产生的土壤是小农经济占主导的农业社会生活，它以小农经济、家庭生活中的具体角色，如父亲、母亲、丈夫、媳妇、儿女等的伦理来定位每位个体，强调伦理主体生活的情境性和特殊性。同时，"人治"的管理模式和专制思想在中国不但出现早，而且持续时间长，导致中国社会等级森严，许多人畏惧权力：作为臣民，畏惧君权；作为子女，畏惧父权；作为人妻，畏惧夫权。相应地，儒家伦理看重的不是去制定这样那样的规则、规范，而是强调在道德生活中树立榜样，并且通常是"在上位者"（有权者或权大者）给"在下位者"（无权者或权小者）树立榜样，因为它可收到《论语·颜渊》所说的"君子之德风，小人之德草。草上之风，必偃"[①] 的良好效果。因此，从某种意义上说，"示范伦理学"而非"规范伦理学"是儒家伦理学的本

---

① 杨伯峻. 论语译注. 2 版. 北京：中华书局，1980：129.

色，故儒家伦理的本色不在"规范"而在"示范"。按照儒家示范伦理的思路，你如果相信某种道德规范（如谦虚）是好的，不应命令别人都跟着你做，而是你先做给大家看。如果你果真真心诚意地践行它，别人自然也会跟着你去做，慢慢地它就成了人们行动的规范。在儒家示范伦理学的深刻影响下，中国人从小在生活中更多地不是从规则或规范里学会道德行为，而是从家人（尤其是父母）、教师、邻居、同伴、名人和官员以及历史生活的实例中学习和提升道德认知、道德情操、道德行为（包括道德行为习惯）与良心水平的。① 与此相一致，中国式伦理在很大程度上依靠榜样的示范，② 于是，自古以来，中国人特重身教法或不言之教法，它指教育者通过自己的身体力行向受教育者示范或利用榜样人物的言行向受教育者示范，让受教育者有意无意地接受并模仿示范者（榜样），以引起受教育者情感上的共鸣，从而激活或唤醒并发展受教育者的良心，使受教育者产生与示范者相类似品行的一种育德方法。通过榜样人物的言行、思想活动，将较抽象的道德标准人格化、具体化，使个体在富于形象性、感染性与现实性的范例中得到难忘的印象，受到深刻教育，往往可收到理想的教育效果。正如《论语·子路》所说："其身正，不令而行；其身不正，虽令不从。"《孟子·尽心下》也说："身不行道，不行于妻子；使人不以道，不能行于妻子。"③ 古今中外有许多事例都表明，榜样示范法是一个有效激活或唤醒、发展受教育者良心的方法。例如，中国现代著名学者梁漱溟先生一生致力于儒学研究，以历史上一些高风亮节的大儒为榜样，将儒家学问与儒家做人方式放在自己的日常生活中去身体力行，被人称为"最后的儒家"。而大儒一向坚守"富贵不能淫，贫贱不能移，威武不能屈"（《孟子·滕文公下》）的"大丈夫"人格，梁先生在其一生的历程中坚守这一做人风格，体现出一个中国知识分子高尚的精神境界，受到国内外学界人士的普遍赞赏。

　　需要再次强调的是，由于道德本是一种习俗（道德习俗），中国社会又普遍存在"上为下效，君行臣甚"（《抱朴子外篇·审举》）的现象，这样，若要充分发挥榜样示范法在传承优秀传统道德习俗、改变不良道德习俗、形成优良新道德习俗和培育个体优秀道德品质过程中的重要作用，除了要遵循观察学习的规律外，更要重视政府各级各类官员（包括政府机关中的领导与公务员、事业单位中的官员和国企中的官员）、各类名人、父母（家长）和老师等四类人所起的榜样示范作用。④ 其中，若某人既是官员（尤其是位高权重的官员）又是名人，则会产生叠加示范效应。从这个角度讲，如果说个体从小所处的家庭文化环境（主要是父母的教养方式）对个体身心健康有重要影响，那么，对个体道德发展影响最重要的因素则是以官员和名人为典型载体的社会文化环境。家庭和学校对个体的道德发展虽有影响，却不是最重要的。这是因为，依艾里克森的人格发展八阶段理论，任何一个人初生时都非常脆弱，且成长过程中困难重重，年少时只有得到家人（一般是父母）的精心照料与教育才能健康成长，成人后与年长时只有得到家人的理解与支持才易获得幸福感。与此不同，道德说到底是一套主要依靠社会舆论监督来分配利益并衡量人的价值观好坏的约定俗成、人为的规则系统，在"人治"社会中，官员尤其是掌握实权的官员手中掌握了丰富的优质资源，并可随意分配，投"上"之所好是获取最大利益的捷径，这样，扮

　　① 王庆节. 解释学、海德格尔与儒道今释. 北京：中国人民大学出版社，2004：247－250；王庆节. 作为示范伦理的儒家伦理. 学术月刊，2006（9）：48－50.

　　② 赵汀阳. 身与身外之物//黄平. 乡土中国与文化自觉. 北京：生活·读书·新知三联书店，2006：254.

　　③ 杨伯峻. 孟子译注. 北京：中华书局，1960：327.

　　④ 汪凤炎，郑红. 改变道德习俗：生活德育的最佳切入路径. 南京社会科学，2012（6）：113－119.

演"切蛋糕者"角色的官员与本身就体现社会所推崇的某种价值观的名人，他们的一举一动对普通百姓自然能产生"上行下效"的效果。只有认清这个重要区别，才能认清提升公民道德修养的最主要责任主体本应是各级各类官员和各类名人，其后才是家长与教师，万不可颠倒了主次。另外，对于有宗教信仰的人而言，神职人员自身的道德修养与传教方法对教徒的道德修养也能起到相当大的影响。一部漫长的中国古代王朝的兴衰史也证明了这一点：导致历代王朝灭亡的一个共同因素往往是"十个官员九个坏，至多一个是例外"。一旦奸诈和贪腐的官员得势，若不及时铲除，即便教师和家长仍努力进行道德教育，整个社会的歪风仍将愈来愈盛，王朝离灭亡的时间也就不远了。一项在江苏（代表发达地区）、新疆和广西（代表发展中地区）三地投放问卷 1 200 份、收回有效问卷 1 149 份的调查结果也表明，关于"你对哪些人的伦理道德状况最不满意"的调查发现令人沉思：政府官员高居榜首，达 74.8%；演艺娱乐界位居第二，达 48.6%；企业家居第三位，达 33.7%。这意味着，在政治、文化、经济上掌握话语权力的群体恰恰是伦理道德方面最令人不满意的群体，这种反差和异化的严重后果，是社会道德信用的丧失。① 同时，心理学研究也表明，在榜样示范法的运用过程中，最初易引起学生选择习得的行为是受老师表扬的具体行为，这是源于替代学习与替代强化的作用。若要学生将这一行为发展为利他行为习惯，所需要的外部条件是：让学生多次看到榜样行为及其后果，并对学生所表现出的类似榜样行为的行为及时进行强化，以提高其再次做出此行为的概率。所需要的内部条件是：让学生逐步形成利他的动机与信念。为此，可以妥善交替使用外在强化、替代强化和自我强化的方法。

（2）环境陶冶法。

它指通过利用或创设良好的环境（尤其是建立良好管理制度与道德习俗），营造具有道德意蕴的环境来熏陶个体的心灵，以激活或唤醒并发展个体良心的方法。用教育心理学的眼光看，它实际上是一种习见习闻法：通过反复、习以为常的方式，让受教育者在耳濡目染中获得一套合乎要求的道德规范与行为方式，以此来提升受教育者的品德。依环境的性质不同，它主要包括自然环境陶冶法和社会环境陶冶法两大类：前者如利用田园风光或观赏名山大川等陶情冶性，后者如利用家风、族风和社会风气等方式来冶性陶情。中国人常说的"不言之教""近朱者赤，近墨者黑"，美国学者班杜拉等人重视环境因素对人的心理与行为的影响，都是强调不同的环境在育德过程中具有不同的作用。

若综合中国大儒孟子与王阳明、西方哲学家休谟和康德以及现代心理学家皮亚杰与马斯洛等人的研究成果，便可推知，犹如人的视觉能力是先天的（即与生俱来的）而视觉经验是后天获得的一样，人的良知良能（知善知恶的能力）也是先天的，但人的道德经验是后天习得的。因此，假如后天的环境或习俗（如当年在延安等解放区盛行的优良革命作风）有利于人的先天道德能力的展现，人就会逐渐生出对他人的道德敏感性，慢慢变得越来越有良知。反之，如果后天的环境或习俗，像"文革"中出现的一些不人道行为、当代中国社会出现的"南京彭宇案"（2006 年 11 月 20 日）与广东佛山的"小悦悦事件"（2011 年 10 月 13 日）等不利于人的先天道德能力的展现，甚至到处充斥着丧尽天良的行为（如当年纳粹德国的党卫军用极其残忍的手段迫害和大肆屠杀犹太人），人就会逐渐丧失对他人的道德敏感性，慢慢变得麻木不仁，即道德冷漠。同时，如第三章所论，道德习

---

① 樊浩. 当前中国伦理道德状况及其精神哲学分析. 中国社会科学，2009（4）：35.

俗有好坏之分，并且无论是好的道德习俗还是恶的道德习俗，都是经由一些人反复去做，使之成为一种普遍发生的行为后才逐渐"沉淀"下来的。这意味着，某个个体偶然发生的道德行为或不道德行为均不能算作习俗，也无法成为习俗；不过，多个个体多次做出的偶发行为就可能成为一种习俗。所以，多次偶发的"好人有好报"现象，就可能演化成一种人人乐做善事的习俗，多次偶发的道德冷漠现象，就可能演化成道德冷漠的习俗。鉴于此，就要想方设法妥善保护每个人与生俱来的良知良能，尤其是要建立良好管理制度与道德习俗，营造具道德意蕴的环境，以激发每个人的良知良能，才能使每个人都逐渐变得越来越有良知。

具有道德意蕴的环境至少宜具备平等、尊重、关爱、公正、民主、自由等特点。在这种人文环境里，每个人不但都能悦纳他人，尊重他人的人格、他人的合理兴趣与爱好、他人的合理选择；而且也能悦纳自己，尊重自己的人格、自己的合理兴趣与爱好、自己的合理选择。每个人都既真心关爱他人，又都真心关爱自己。每个人都既尊重他人的自由与权利，又都合理使用自己的自由与权利。若果真如此，此种人文环境定能有助于发展、激活生活在此环境中的个体的良心。

（3）文艺熏陶法。

它指借助文艺作品来熏陶个体的性情，以此提升个体品德的一种育德方法。中国一向有通过文艺熏陶法来培育人的德性的做法。据《论语·泰伯》记载，孔子就提倡通过"兴于《诗》，立于礼，成于乐"的过程来修养道德品质。用教育心理学的眼光看，文艺作品之所以能熏陶人的性情，是因为它能以情感人，经过耳濡目染，潜移默化，可以影响、改善和充实人的心灵。因此，在育德过程中，宜善于借助于文学作品的艺术形象，借助于音乐，借助于棋、书和画等来化育学生，从而使本具情感的道德、道德教育进一步充满情调，有利于增强化育的效果。

3. 影响"化"的因素

化育虽是一种育德的好方法，若没有注意到影响化育的因素，只是于无意中进行化育或生搬硬套地去化育，最多只能收到事倍功半的效果；如果充分考虑到影响化育的诸因素，然后再有意采取化育的方法去育德，则会收到事半功倍的成效。那么，影响化育的因素有哪些呢？概括起来，主要有以下五种：

①时机适宜。化育要讲究时机，正如《孟子·尽心上》所说，化育他人时要做到"有如时雨化之者"。事实也表明，恰到好处地及时对人进行"点化"，的确可收到事半功倍的效果。②持之以恒。化育的功效不是一朝一夕所能形成的，为了提高化育的效果，在运用化育的方法时要做到持之以恒。孔子说："入鲍鱼之肆，久而不闻其臭；入芝兰之室，久而不闻其香。"关键在一个"久"字，非"久"不能达到这种效果。同理，道德教育或道德学习若想取得良好效果，以便变化他人或自己的"气质"，[①]一定要持之以恒地进行。正如陈献章在《梦记》里说："习之久，殆与性成。夫苟欲变之，非百倍其功，持之以久，不可使化而入。"这明白无误地强调化育美德要坚守持之以恒的原则。当然，"久"只是取得化育效果的一个必要条件，而不是充要条件。若没有其他条件的配合，单纯依靠"久"可能并不能取得理想的育德效果。同时，"久"易使人生厌，为此，化既要做到于

---

① 这里讲的气质指一个人的整体精神面貌，而不单纯指心理学上讲的"气质"，后者指个人生来就具有的心理活动的动力特征。

不知不觉中进行（潜移默化），让人不觉得久（即物理时间虽久，但心理时间不久），也要注意适宜的时机。③态度诚恳。为了提高化育的效果，实施化育者本人要做到心"诚"，只有这样做方能感动被化育者。正如《孟子·离娄上》所说："是故诚者，天之道也；思诚者，人之道也。至诚而不动者，未之有也；不诚，未有能动者也。"认为大自然的规律和现象是真实无欺的（如晴天即是晴天，雨天即是雨天），人要反躬自省，达到这种真实无欺的境界。天道用诚化育万物，人对己必须思诚才可产生真正的道德行为，对人必须用诚去感动他们。孟子这一思想正是当代中国的德育工作者所必须谨慎对待的。现在很多事例表明，德育实效性不高的一个缘由在于：一些实施德育的教育者本人态度不诚恳，要求受教育者的是一套，自己做的是另一套，引起受教育者的反感。要想提高化育效果，化育者本人一定要人品高尚，言行一致，唯此方能感动他人。正如中国俗话所说"心诚则灵""精诚所至，金石为开"。④顺导性情。只有根据学生的性情与兴趣来选择适合的化育方式，才能增强化育的效果。正如《淮南子·泰族训》主张："故因其性，则天下听从；拂其性，则法悬而不用。"现代很多有识之士也呼吁，德育一定要依据学生的性情特点进行，让学生在愉快中受到教育。⑤循序渐进。化育美德要坚持循序渐进原则。正如王充在《论衡·率性》里所说："夫人性犹蓬纱也，在所渐染而善恶变矣。"一个"渐"字点明要渐进，不能急于求成，否则，"欲速则不达"。朱熹曾说："夫童蒙之学，始于衣服冠履，次及言语步趋，次及扫洒涓洁，次及读书写字及有杂细事宜，皆所当知。"可见，朱熹主张在培养儿童的日常行为习惯时应遵循渐进的法则。吴澄在《自得斋记》中说："进之以渐，待之以久。"现代心理学研究表明，人的心理发展有一定的阶段性与顺序性，先哲主张以循序渐进的方式对个体进行化育，符合人的心理发展规律。

（二）觉悟法

1. 觉悟的含义与特点

在当今知识爆炸、信息高速公路飞速发展的时代，任何一个人单凭死记硬背是难以跟上时代发展潮流的。德育也是如此。面对众说纷纭的德育理论和瞬息万变的环境，一个长于进行德育的教师只有善于启发学生，才能使学生掌握点石成金的点金术；一个长于自我育德的人，也只有善于觉悟，才能触类旁通，收到举一反三，甚至举一反十的功效。正如刘壎所说："人患不能入悟境耳，果能妙悟，则一理彻万理融，所谓等级固在其间，盖一通而万毕也。"为了实现"为迁移而教"的目标，提高道德教育的实效性，同时让学生能灵活应对复杂多变的情境，不死守道德规范，在道德教育中要适当运用觉悟法。什么是"觉悟"？觉悟是一种身心方面的活动，它以来自生活中的诸种信息（如语言文字）为媒介，敲开心灵的混沌，激发个体的道德潜能，将诸种信息中所含的价值观和道德信念化为行动，进而全面提升个体的道德人格。也就是中国先哲一向所注重的修身之学，用《荀子·劝学》的话说，就是"入乎耳，箸乎心，布乎四体，形乎动静"的君子之学。正如朱熹在《论语集注·学而》中所说："学之为言效也。人性皆善，而觉有先后，后觉者必效先觉之所为，乃可以明善而复其初也。"[1] 觉悟作为一种育德方法具有六个主要特征：①觉悟无须形式上的逻辑分析，而是直接把握某种"做人的道理"，就可忽然觉悟。②通过觉悟获得的"做人的道理"是完整的做人道理，不像分析思维或逻辑思维那样是分阶

① 韦政通. 中国的智慧. 北京：中国和平出版社，1988：1－3.

段、分步骤地把握"做人的道理"。③通过觉悟获得的做人道理易作正迁移，可触类旁通。这表明觉悟对做人道理的掌握是一种"面"的掌握。正如晋人傅玄在《傅子·正心》里说："古之君子，修身治人，先正其心，自得而已矣。夫能自得则无不得矣，苟自失则无不失矣。"这与分析思维对做人道理的掌握是一种"点"的掌握有很大的区别。④通过觉悟获得的东西可终身"受用"。用现代心理学术语讲，通过觉悟获得的东西进入了人的长期记忆，不易遗忘，可以随时提取出来使用。可见，通过觉悟得到的东西不同于通过"记闻"获得的东西，因为后者会随着年龄的增长而慢慢忘记。正如王廷相在《慎言·潜心篇》里说："自得之学可以终身用之，记闻而有得者，衰则亡之矣，不出于心悟故也。故君子之学，贵于深造自养，以致其自得焉。"⑤通过觉悟获得的东西可增加自己的兴趣，能自得其乐。像张载在《经学理窟·义理》中就说："须是自求，已能寻见义理，则自有旨趣，自得之则居安矣。"这表明觉悟带有一定的情感色彩，个体觉悟的过程本身就是一种很好的内强化，所以个体能从中自得其乐。⑥觉悟是一种内化的技术，需经由自身的内化过程，所以它与体有关。因此，人们又多提体悟，典型者如老庄和佛家的内心体验论，内心体验论与荀子的经验论和孟子的唯悟论既有区别又有一定的相通之处。可见，觉悟作为一种认识手段，从思维方式上看属于一种直觉思想和整体思维，不是逻辑思维或分析思维，后者是一步一步地推向真理的。可见，觉悟与一般意义上讲的感性、知性甚至理性等认识手段有区分，因一般意义上讲的感性、知性甚至理性等认识手段多是以逻辑思维和分析思维为基础的。严格地讲，觉悟是指顿悟，而不是指渐悟，因为渐悟并未真正的觉悟。犹如说一个圈圆不圆一样，严格地说，任何人画一个圈，要么圆，即圈上的每一点到圈的中心的距离都相等；要么不圆，即圈上的每一点到圈的中心的距离长短不一；在圆与不圆之间，并无较圆或较不圆的说法，因后两种情况都是不圆的。不过，在习惯上人们认定某一个圈圆不圆时，并不作如此严格的二分式处理，而是分为圆、较圆、较不圆、不圆等多个种类。基于同样的理由，本书所讲的觉悟也不专指顿悟，而包括渐悟在内。同时，这里强调觉悟本指顿悟，也无忽视渐悟的意思。顿悟与渐悟的关系，犹如质变与量变的关系，没有渐悟的积累，顿悟是不会从天而降的。觉悟特别适合用作掌握做人道理的方法，因为有些做人的道理只可意会，难于言传。据《传习录上》记载，弟子问王守仁："仁者以天地万物为一体，何墨氏兼爱反不得谓之仁？"王守仁答道："此亦难言。须是诸君自体认出来始得……"禅宗弟子也强调一个人学禅是否果有心得，恰如人饮水，冷暖自知。"做人"的道理说起来容易，做起来难，强调体验（行中知）在育德中的重要作用。

2. 觉悟的培育

德育上讲的智慧主要是一种待人的智慧，即德慧，它与自然科学中讲的待物智慧（简称物慧）有本质区别，在德育中培育人的悟性的途径或方法虽与智育中培育人的悟性的途径或方法有一定的相通之处，如都要因材施教与启发诱导等，但是，也有根本的不同：在德育中培育人的悟性的关键途径之一是开启人的良心。具体地说，培育觉悟的方法有三种：①存心养性法。本书所讲的觉悟多是指一种道德直觉，而不是指理性分析（逻辑分析），此种道德直觉的产生，从很大程度上讲，要依靠个体良心的自觉。例如孟子所说："今人乍见孺子将入于井，皆有怵惕恻隐之心——非所以内交于孺子父母也，非所以要誉于乡党朋友也，非恶其声而然也。"认为任何人突然看到一个小孩子要跌入井里，都会有惊骇同情的心情，都会想到要去救他（直觉），并不必先通过理性思考落井之人值不值得救、怎样救和为什么要救等问题之后，再来决定救不救他。既然如此，在道德教育中，培育个体的觉悟能力的首要方法就是存心养性法，个体通过存心养性以保持自己心中的良心不致"泯灭"或"丢失"，自能觉悟。②践履法。"实践"（主要是道德实践）也是一种培育领悟力的有效方法。据《传习录上》记载，王守仁的弟子徐爱主要是通过"反身实践"，然后始信王守仁的学说"为孔门嫡传"，书中说道："爱……始闻先生之教，实是骇愕不定，无入头处。其后闻之既久，渐知反身实践。然后始信先生之学，为孔门嫡传，舍是皆傍蹊小径，断港绝河矣。"因践履法将在下文作详细阐述，这里不多讲。③启发诱导法。也叫及时点拨法。它指教育者通过一些日常生活中或大或小的事件，及时点拨受教育者，以激活或唤醒并发展受教育者的良心，培育学生的领悟力的方法。中国的教育大家们一向注重启发诱导法。据《论语·述而》记载，孔子曾说："不愤不启，不悱不发。举一隅不以三隅反，则不复也。"这表明，启发诱导法在运用时要掌握好时机，只有当受教育者内心有"求通而未得之意"时，再对他予以指导，才可以收到良好的效果。在当代，我国老一辈无产阶级革命家，像毛泽东、周恩来、朱德、刘少奇和邓小平等人，就常常以日常生活中的一些大、小事情为切入点，及时点拨教育身边的子女、家人或工作人员，使这些人都洁身自爱，做对国家和社会有用的人。又如，假如某一公交车（如南京市的 3 路公交车）上经常用小喇叭以柔和、甜美的声音播放"乘客，您好！请给老、弱、病、残、孕和带小孩的乘客让座，谢谢"这种委婉且善意的提醒，更易唤醒乘客良心上的自觉，从而有助于乘客做出让座的善举。

3. 觉悟的条件

觉悟的关键在于心要能开悟，因此要想提高学生觉悟的速度与水平，必须遵循两个原则：一是要因材施教。即根据不同学生的资质特点进行因材施教。正如王守仁在《传习录·下》里所说："与人论学，亦须随人分限所及。如树有这些萌芽，只把这些水去灌溉。萌芽再长，便又加水，自拱把以至合抱，灌溉之功，皆是随其分限所及；若些小萌芽，有一桶水在，尽要倾上，便浸坏他了。"二是要循序渐进。为了有效地提高受教育者的觉悟水平，在培育学生的觉悟力时，应循序渐进。如《学记》说："善问者如攻坚木，先其易者，后其节目，及其久也，相说以解；不善问者反此。"《二程遗书》卷八说："君子教人有序。先传以小者、近者，而后教以大者、远者，非是先传以近、小，而后不教以远、大也。"

除了教师要按一定方式来培育学生的领悟力外，就个体自身而言，还有多种因素制约着学生的觉悟能力。换句话说，一个人要想在修德过程中有所觉悟必须具备一定的条件：沿着资禀→志向→状态→学习这条逻辑线索看，首先，要有一定的智商，这不言而喻，不多讲。其次，志向要远大。修养道德是一个漫长的过程，不可能一蹴而就，为此，志向高低就成为影响觉悟的重要因素之一。一个人若志向远大，在修德过程中自能有所觉悟。正如张载在《经学理窟·义理》中所说："人若志趣不远，心不在焉，虽学无成。"再次，要去除欲望和陈见。为了避免陈见或欲望干扰人的思维，受教育者一定要先使自己的心处于"虚"或"静"的状态。像儒家提倡为学者要慎独和内省、道家提倡学道者要"心斋"和"坐忘"、佛家要求弟子修习禅定功法，其共同目的都是让人们去掉自己心中的陈见或欲望，让心处于清静的状态，这样才能自悟。可见，善于学习的人一定是懂得该放弃什么、选择什么的人。最后，不断积累经验与知识。一个人的觉悟能力不是天生的，而是通过积累大量的经验与知识之后才取得的，因此为学者在道德学习过程中应当做到持之以恒，不断积累。正如《荀子·劝学》说："锲而舍之，朽木不折；锲而不舍，金石可镂。"

俗话说："只要功夫深，铁杵磨成针。"

（三）情育法

情与德之间的关系不都是矛盾、对立的。只有恶情才是与德相矛盾的，善情如爱心与浩然正气本身就体现出一种德性，如爱心里包含"爱"这一德目，浩然正气里蕴含"正义"这一德目。同时，品德中本包含道德情感，因此也不能将情抽掉。再者，育德的关键是让受教育者心里能产生共鸣，这就要有"情"，否则就做不到。基于上述三个显而易见的理由，本书主张通过育情来育德，并提出如下几种常用的情育方法：

1. 顺导性情法

它是指根据受教育者的性情特点来选择适宜的德育方式，以提高受教育者品德修养的一种育德方法。只有根据学生的性情来选择适合的育德方式，才能提高情育美德的效果。正如王守仁在《传习录中·训蒙大意示教读刘伯颂等》中所说："大抵童子之情，乐嬉游而惮拘检，如草木之始萌芽，舒畅之则条达，摧挠之则衰痿。今教童子，必使其趋向鼓舞，中心喜悦，则其进自不能已。譬之时雨春风，霑被卉木，莫不萌动发越，自然日长月化；若冰霜剥落，则生意萧索，日就枯槁矣……"这段短文词浅义丰，今日读来真觉得是在读一篇教育心理学专文，其中所揭示的道理是深刻的：德育要想取得良好的实效，就必须顺导人的性情去施教，通过"歌诗"等多种方式来诱导人生发出良好的品行；假若违背人的性情去强行开展德育，其后果将适得其反。

2. 养气法

它是指通过培育浩然正气的途径来达到提高道德修养的一种方法。用心理学的眼光看，这是典型的以情导德法，即直接通过培育浩然正气之类的情感，使人产生相应的德性如正义的一种育德方法。此法由孟子明确提出。在《公孙丑上》一文里，孟子主张修德就要保养"浩然之气"（正气），因为"夫志，气之帅也；气，体之充也"。"气"在人的生命活动中的作用巨大，人的精神意志是"气"的统帅，能够主宰"气"的活动，个体要想提升自己的人格境界，就必须做到"善养吾浩然之气"，即培养高尚的道德情操。而"浩然之气""其为气也，至大至刚，以直养而无害，则塞于天地之间"，于是，孟子又提出了三种具体的养"浩然之气"的方法：一是"配义与道；无是，馁也"。主张这种"气"必须与正义和道理相配合，否则，就显得软弱无力。二是"行有不慊于心，则馁矣"。认为只要自己的行为中有一件事在心里感到欠缺，这种气也会变得很乏力。三是要"集义所生"。积少成多，不能揠苗助长。孟子的这些思想，当代中国的学人只要稍加变通，完全可以拿来作为重要的育德方法。

3. 榜样激励法

它是一种通过道德高尚的榜样人物来激发个体产生一定道德情感的育德方法。道德高尚的榜样人物本身是作为社会道德规范的体现者而存在的，通过这些榜样人物可以使人们更好地认识到一定社会的道德要求及其社会意义，扩大个人的道德经验。再者，榜样人物的一言一行具有生动性和感染性，易引起人们心理上的共鸣。于是，利用榜样人物来激起人们的道德情感，无疑是一种有效的育德方法，如舍身炸碉堡的董存瑞、宁死不屈的刘胡兰、甘作孺子牛的焦裕禄、甘于奉献的雷锋等，都是当代道德教育中的榜样人物，可以适当借助他们来激励学生的高尚道德情操。

4. 以理育情法

情感是在认识的基础上产生的，道德情感是在道德认识的基础上产生的，并随道德认识发展而发展。正如毛泽东同志所指出的："世界上绝没有无缘无故的爱，也没有无缘无故的恨。"一般说来，只有对某一道德规范认识深刻，对某一类道德概念掌握牢固，才有可能在此基础上产生丰富的心向往之的道德情感，这正所谓"知之深，爱之切"。许多道德情感的产生往往是以一定的道德理论为基础的。反之，如果缺乏对某些道德现象、道德原理的深刻认识，缺乏对某一类道德概念的深刻领会，也就不可能产生深厚丰富的情感。例如，一个对祖国的过去和现状了解甚微、缺乏常识的人，就不可能产生深厚的爱国主义情感。因此，丰富学生的知识、提高他们的道德认识水平是促使道德情感不断升华的一条重要途径。

5. 提供一套感情词汇，通过培养儿童道德意识来培育儿童的良心

假如希望孩子们能对他人富有同情心，对道德情境具有敏感的意识和觉悟，这就需要对他们进行教育。一种有效的方式是，给孩子提供一整套与道德情感有关的词汇，并且鼓励他们经常使用这些词汇。一旦他们通过实践理解了这些词汇的意义，就会产生较强的道德意识，能够懂得自己的感情，其同情心就会增强，相应地，其良心就向前发展了。美国华盛顿大学心理学家约翰·戈特曼通过对 120 个家庭长达 10 年的研究发现，父母担任"感情教练"[①]，运用感情辅导方法，就能使孩子更好地识别和掌握自己的感情。这样培养出来的孩子也更加有自信心，身心健康，其数学和阅读的成绩也很突出，社交技巧和能力很强。这种感情辅导方法的具体做法是：①注意孩子的感情，并且怀着同情心倾听他们诉说。家长用眼睛、耳朵和心灵，满怀兴趣和热情地倾听孩子的诉说，不时地用"真的""哦"或"哎呀"等话语，以鼓励孩子说下去。同时，要注意孩子的肢体语言，发现它所表达的是压抑、高兴、愤怒还是沮丧，在孩子出现不愉快的感情时，最好的方法是用话语淡化孩子的不良情感，例如，"这件事没有什么值得生气的"或"你长大了，别那么不开心"。②认识和了解孩子产生某种感情的原因。孩子也是人，自然也会出现某些感情问题，这时，家长不应不分青红皂白就予以训斥，或根据自己的理解随意地满足孩子。合理的做法是：通过耐心地询问孩子，有时甚至需要交谈好几个问题才能把事情搞清楚。例如，孩子说"我不想上学了"，这时父母要耐心地询问原因："你在上课时回答问题很紧张，因为你对这些问题还不太懂？""因为你的学习成绩不好，你的老师经常批评你吗？""你和同学的关系不融洽吗？"……最后，父母要询问孩子："我说得对吗？"③标明孩子当时的感受，并提供反馈。对孩子所表露出来的情绪，父母要用言语来进行描述，这样做证明你能理解孩子的感情，有时候父母的理解本身就能使孩子感到很舒心。这样还能帮助孩子掌握许多有用的感情词汇。例如，"你好像有些紧张""你生气了吗""你感到沮丧吗"，等等。④适当指导孩子找到解决自己感情问题的方法。父母在知晓孩子出现感情问题的原因之后，要用话语说明自己同情他的困难。例如，"我能理解你产生这种想法的原因""要是我处在那种情况下，我也会有同样的感受"。有时父母可以帮助孩子想出一些解决问题的方法，但更多时候，孩子只需要你理解他就足够了，最好让孩子自己想出解决问题的方法。但父母必须说类似这样的话："你想要我告诉你一些解决问题的办法吗？"上述方法和例子从一个侧面表明，孩子能否正确地辨别感情，能否获得较强的同情心，关键取决于他

---

① 我们认为，作为变式，也可由教师担任"感情教练"，从而将此法运用于学校的道德教育。

们是否掌握了较多的感情词汇。以下三个活动设计可帮助孩子逐渐掌握丰富的感情词汇。

●使用能帮助孩子认识感情的词汇和问题。例如，"你好像对这件事情有些紧张（焦虑，担忧），发生什么事了？""你的朋友真的很不高兴（生气、愤怒），你认为是什么事情使他这样的？"等到孩子掌握了这些词汇之后，就会经常提问："你怎么感觉呢？""你认为他怎么感觉呢？"

●带着感情吃饭。这个活动能帮助家庭成员在谈话时相互协调，同时学会表达自己的感情。例如，每周有一两次在吃饭时谈一谈最近的感情问题，例如"骄傲"，然后问："这个星期里，你什么时候感到最骄傲？"然后每个人轮流讲述自己的经历，开始时必须说："我这个星期最感到骄傲的时候是……"有些家庭甚至选出谁的经历最有趣（不同寻常、激动人心、与众不同等）。

●制作感情扑克牌。用剪刀把卡片剪成扑克牌大小，上面写上一些感情词汇，开始时先写基本的感情词汇，如开心、伤心、生气、惊讶、害怕、讨厌等，学会后再逐渐增加。然后帮助孩子从报纸杂志或网上找一些适当的图片来描述这些感情词汇，把图片贴在相应的卡片上。用这些卡片让孩子看图片，并猜出感情来。再以后，父母用语言说出这个感情词，让孩子用面部或身体表演出来；或者当孩子有这类感情体验时，和他一起讨论一下。年龄大些的孩子可以使用更多的感情词汇。每周制作几张卡片或做感情游戏。帮助孩子扩大感情词汇量。例如，想想同义词（怒气冲冲、怒火中烧、怒形于色），说出反义词（快乐、悲伤），说出你生气时的身体表现（双颊发烧、心跳加快、紧握双拳），描述你曾经见到别人生气的样子。[①]

6. 通过促进儿童对别人感情的道德敏感性来培养儿童的良心

道德敏感性是人的道德发展包括人的良心发展中的一个重要成分。虽然一些心理学家把它看作道德认知的四种主要成分之一，但它同样也是道德情感产生的一个重要基础，是良心觉醒和做出道德行为的一个前提条件。与道德敏感性相反的是"道德冷漠"。即对现实社会中一些不道德现象视若无睹，或者即使心里有气，也事不关己，高高挂起；更有甚者，一些人把这些不道德现象当作模仿的对象，发展到极端就会触犯法律。因此，从小培养孩子具有敏感的道德感受，看到别人痛苦时就视为自己的痛苦，并给予别人真诚的帮助，这对儿童的道德发展包括儿童的良心的发展是非常重要的。培养儿童道德敏感性的方法有：

（1）对儿童的敏感善良行为进行表扬。行为主义学习理论告诉人们，及时强化常常是一种颇有效的教育方法。当家长或教师注意到孩子有敏感善良的道德行为时，要及时给予表扬，让他知道家长或教师对他的行为感到高兴："王芳，你对小弟弟这么关心，我很高兴。你轻轻地拍拍他，帮他除去衣服上的脏土，你这样做很好。"

（2）对孩子的道德行为进行及时反馈。儿童从小形成敏感善良的行为，将会对他的一生产生重大的影响。因此，应告诉孩子，他们的道德行为所引起的实际效果："小宇，你刚才主动给奶奶打电话，关心她的近况，奶奶非常开心。"

（3）引起儿童对非语言感情线索的注意。非语言线索指人的面部表情、身体姿势和行

---

① 杨韶刚. 从同情心入手培养儿童的美德. 道德教育研究（交流参考资料），2004（2）：47－48.

为。在可能的情况下，向儿童指出你所关心的问题，可以使儿童敏感地注意到别人的感情："小宇，今天你在草坪上和老爷爷说话时，你注意到他的面部表情了吗？我觉得他有点困惑，好像是听力有些不太好。你以后和他讲话时，能适当大声点吗？或者靠近他的耳朵说话，行吗？""今天你和小吴一起玩的时候，你看见她脸上的表情了吗？她好像有心事。因为她老愁眉苦脸的，也许你该问问她有什么事情。"

（4）让孩子设身处地地思考别人的感受。充分利用书本、电视、报纸和现实生活中的情境，让孩子站在别人的立场上来体会一下别人的感受："2008年5月12日下午发生在四川省汶川的大地震，将当地一些村镇的许多房子都摧毁了，造成严重的人员伤亡和巨大的财产损失。在地图上，在这儿，看见了吗？你认为那里震后余生的人们会有怎样的感受呢？""当那个妈妈刚知道女儿已通过钢琴10级的考试时，她有什么感受呢？"这些问题会促使儿童定下心来考虑别人的感受，久而久之，就能培养儿童对别人需要的敏感性。

（5）通过提问，让孩子发现他人的需要和感受。结合现实，给孩子提出问题，可以帮助他们发现别人的需要和感情："你看那个躺在床上哭泣的小姑娘，你认为她怎么啦？""我看她是不高兴了。""你认为她怎样才会高兴些呢？"这样的提问式对话有助于儿童形成道德敏感性，能吸引他们关注别人的感情，并且猜测别人需要什么样的帮助。

（6）让孩子知道你有某种感受的原因。利用各种情境，告诉孩子你对某些事物的看法，以及产生这种感受的原因，既有助于让孩子知道你的感受，又有利于培养儿童的道德敏感性："我很沮丧。今天我在班上参加考试时，看到一些同学作弊，而我又没有办法制止他们。""我很高兴，经过5个星期的努力，终于把暑假作业全部做完了。"[1]

7. 通过培养同情心来发展良心

同情（sympathy），道德情感之一，是个人对他人的态度，具体表现为能理解他人的思想、感情和愿望，并给予道义上的积极支持。在人的心理发展过程中，同情现象出现得较早，将近1岁的儿童在与周围人交往时，就开始能对他人的情绪表露出直接的反应，如看到别人哭自己也哭了，看到别人笑自己也笑了。这虽然还很难说是道德的情感体验，但它却是发展同情的基础。没有对他人的同情、理解、尊重和支持，不承认他人的需要和利益，也就没有了道德。[2] 与此相类似的一个概念是同情感（feeling of sympathy），也称同情心，它是一种对他人的不幸遭遇产生共鸣及对其行动的关心、赞成、支持的情感。如人们对老弱病残者的关心，对鳏寡孤独及生活无着者的赞助，对因天灾人祸惨遭不幸者的支持，为含冤受屈者鸣不平等。它不仅是对弱者的同情，也包括对强者、正义者的支持，不仅是一种感情上的共鸣，也包括"助人为乐""伸张正义"的动机和行动。这是一种受人的立场、观点和思想觉悟制约的，由认识、感情、动机、行动交织在一起的高尚的道德情感。[3] 可见，"同情"与"同情心"之间虽有细微区别，但也可看作两个大致相同的概念，本章就在同一意义上使用"同情"与"同情心"这两个概念。既然没有对他人的同情、理解、尊重和支持，不承认他人的需要和利益，也就没有了道德。可见，同情是导致一个人做出某种道德行为的重要前提。事实上，清华大学学生刘海洋用硫酸去泼熊、云南大学大四学生马加爵因一点小事残忍地将三名曾与自己共同生活了将近四年的同学杀死，这类

① 杨韶刚. 从同情心入手培养儿童的美德. 道德教育研究（交流参考资料），2004（2）：48－50.
② 朱智贤. 心理学大词典. 北京：北京师范大学出版社，1989：675.
③ 朱智贤. 心理学大词典. 北京：北京师范大学出版社，1989：675.

悲剧的发生，从主观因素上讲，原因之一就是刘海洋等人缺乏起码的同情心，不能以同理心去对待动物或自己的同学；从客观因素上说，也从一定程度上暴露出过去中国德育存在着不太重视培育人的同情心的缺陷。

其实，无论从思辨还是从实证的角度分析，中西学人都确信恻隐心、怜悯心或同情心是个人道德意识的源头，是良心中最优先、最原始的成分。进化论者发现在动物那里最接近于"人类道德"的东西就是一种类似恻隐或同情的情感表现。假如一个人反观自身的品德形成与发展过程，那么同样会发现这样一个事实：一种首先是对亲近自己的人的关切之情，显然先于任何道德义务或道德原则的形成。同时，心理学家研究发现，人的同情心主要是在移情（empathy）的基础上逐渐发展起来的。所谓移情，又叫感情移入。它有两种含义：一是作为心理学一般用语，移情又被称为同理心，指在人际交往中，当一个人感知对方的某种情绪时，他自己也能体验相应的情绪，即由于对别人情绪的觉察而导致自己情绪的唤起，从而设身处地地从对方的角度去体察其心情。也有人认为，移情就是把自己置于另一个人的位置上的能力。社会心理学家索兰德认为移情是由于知觉到另一个人正在体验或要去体验一种情绪而使观察者产生的情绪性反应。索兰德让他的助手，在热疗器的不同热度下，表现出"痛苦的""中性的"和"愉快的"三种情绪。在被试观看"接受热疗的人"（即主试的助手）的时候，相继向他们发出三种指令：①想象自己处在他的地位时如何感觉；②想象他如何感觉；③密切注视他的生理反应。与此同时，由仪器测量被试掌心出汗、血管收缩等生理变化。结果表明，在执行主试的第一个和第二个指令时，在"痛苦的""中性的"和"愉快的"三种表情的作用下，被试的生理状态出现了明显的差异，而这种差异在第三个指令的要求下并不出现。索兰德的这一实验不但证明了移情作用的存在，也证明了移情的作用，即移情不仅能使个人把自己设身处地的想象成他人，从而得以识别并体验别人的情绪，而且对于社会知觉、人际交往都有重要意义，移情是一切助人行为的必要前提。二是作为精神分析学说的用语，指患者将自己在儿童时期对父母的情绪依恋关系，按照重复和被动强迫性等原则，转移到精神分析治疗者的身上，治疗者成了其双亲（父或母）的替身。[①] 作为"同情"基础的"移情"，用的显然是上述第一种含义。从心理学角度看，移情是自我与道德行为之间的重要中介变量，只有当一个人能从受困者的角度看待其所处的情境，他才能明确当事人的情绪所表达的意义，从而产生与此相应的情感体验。在这种移情作用下，他才更容易做出利他的道德行为。由此可见，移情是个体品德形成与发展的又一重要心理机制。既然移情的作用如此重要，一些心理学家进而研究了移情的发展水平或发展阶段，其中，美国心理学家马丁·霍夫曼（Martin L. Hoffman）的观点颇具代表性。马丁·霍夫曼以生活中的实际事例为依据，认为移情虽然是一种生物学倾向，是自然选择的产品，但就人类的移情而言，仍要依次经历五个阶段，并且认知发展是移情发展的主要原因，移情依次经历的五个阶段如下：

第一阶段：移情的泛化（0~1岁）。在这一阶段，儿童不会清晰分辨自己与世界，他不清楚自己的痛苦与他人痛苦的区别。这种早期移情的一个例子是，一个11个月大的女婴一看到小孩摔倒和哭叫，她自己就好像要哭，并将自己的大拇指放在嘴里，将腿埋在妈妈的大腿间。这是道德情感的萌芽。假若父母知道这一阶段孩子的心理特点，那么，在教育中父母就应该采取适当的措施。例如，安抚另一个哭泣的孩子，而不是只顾自己的孩

---

① 朱智贤. 心理学大词典. 北京：北京师范大学出版社，1989：845.

子，这样既解决了孩子的哭泣问题，也体现了父母的道德教育。

第二阶段：自我中心的移情忧伤（1 岁左右开始）。此时儿童开始关心（"同情式痛苦"）处于痛苦中的另一个人，当他看到另一个人处于忧伤的情绪状态时，就好像自己也处在忧伤中一样。例如，2 岁的儿童看见另一个孩子在哭，他会走上前去轻轻拍拍他的手臂。他也可能会走到自己的妈妈跟前，把妈妈领到这个哭泣的孩子跟前，让自己的妈妈安慰他，就像安慰自己一样。这说明孩子的移情能力得到进一步发展，但在自我与他人之间还缺乏明确的区分。作为父母应及时地鼓励和支持孩子的这种道德移情。

第三阶段：准自我中心的移情（2、3 岁~5、6 岁）。在这一阶段，儿童认识到忧伤是他人的，不是自己的，但把他人的内在状态与自己的相混淆，并试图为他人做一些事情来提供帮助或安慰。例如，"你看上去很不开心。你的汽车坏了，你可以玩这一辆。要不咱们一起玩"。同时，儿童能对有关另一个人情感的线索进行反应，对痛苦之外的各种情感进行移情（如背叛感、失望等）。这时，父母同样要及时对孩子给予鼓励，说一些赞扬的话，但不能越俎代庖。

第四阶段：真实的认知移情（6~10 岁）。在这一阶段，儿童能从别人的角度感受和观察事物了，能认识到别人需要帮助，并努力提供支持和帮助。例如，在乘电梯时，当他看到一个老人也要乘电梯，根据当时的情景，他心中可能会想，"看来这位老人需要他人帮助进电梯"，于是他就把住电梯门让老人安全走进电梯。同时，处于这一阶段的儿童不仅能在自己熟悉的情境中体验到移情，而且能够在自己不熟悉的人和群体（如穷人）生活的环境中体验到移情，当然，儿童的这种移情能力是以前期的移情水平为基础的，所以，千万不要忽视幼儿时期道德移情的培养，不能以孩子还小或是小事为理由，对孩子的一些残忍行为（没有移情）无动于衷和无所作为，否则必将影响其道德情感的健康发展。

第五阶段：超越性移情（10~12 岁）。对超出当前情境的另一个（一些）人的体验产生移情，包括对自己不认识或没有见过的人的移情，例如，对有病的人、经济困难或遭受灾难的人的移情，"非洲人看上去饥肠辘辘。如果我每星期寄出一部分零用钱，他们也许会感觉好些"。如果前面几个阶段发展良好，就能使儿童比较顺利地发展到这个阶段，并且成为其内在道德素质的一部分。①

既然人的同情心主要是在移情的基础上逐渐发展起来的，那么对儿童的良心乃至品德的培养就必须遵循这一自然顺序，在儿童理性甚至言语能力都尚未成熟的早年，就宜先培育儿童的恻隐心、怜悯心或同情心。② 正如孟子所说："恻隐之心，仁之端也。"当然，恻隐之心从性质上看是柔弱的，因为它只是人的"心肠一软，结果心灵突然一下子变得温柔起来"。性质上的柔弱导致恻隐之心从动力上看也是柔弱的，对于个体的道德行为而言，恻隐心只是一种最初的动力，并且这种最初的动力不一定是道德行为最主要的动力，因此，假如一个人不能及时抓住来自内心的片刻的"温柔"，它可能瞬间就会从你的心灵中像流星一样一去而不复返。正因如此，在思想史上，有一些学人将它视作只属于孩子、老人或女人的德性。如休谟就说："妇女和孩子们……是最受怜悯心理的支配的。当他们一见到白刃时，纵然刀是操在最好的朋友手里，他们也会晕倒，这种弱点也使他们极端怜悯

① 杨韶刚. 道德教育要从培养孩子的同情心开始. 家教周报，2004-04-15；陈会昌. 道德发展心理学. 合肥：安徽教育出版社，2004：242-244.

② 何怀宏. 良心论——传统良知的社会转化. 上海：上海三联书店，1994：88.

他们所看到的那些处于任何悲伤和苦恼中的人们。"① 中国也有人将之贬作"妇人之仁"。但是，人们永远不要因为自己心中的侧隐心、怜悯心或同情心而感到羞愧，好像它是只属于孩子、老人或女人的德性，相反，做人最可怕的一点正是自己的心灵变得"铁石心肠"，不再能对他人的痛苦产生及时而恰当的侧隐心、怜悯心或同情心。② 当然，为了使个体心中的侧隐心在其道德修养过程中发挥更为恰到好处的作用，侧隐心也要与理性作适度的融合，以使个体在向他人展现自己的侧隐心时方式更加妥当，从而容易被他人接受，而不是给被怜悯者带来自尊心上的伤害。或许正是由于看到了这一点，中国历史上的一些大哲学家才主张做人要"必仁且智"。

同时，通过让人反省自己的做人心得，或是通过角色扮演法和想象法等途径，先让人产生身临其境的感觉，产生类似体验，然后才可能使其体验到他人的难处，从而产生同情心，由此而唤醒或培育个体的良心，才能使个体在遇到具有道德意蕴的情境时做出合宜的道德判断乃至道德行为。因为据心理学家莫雷诺（Moreno）于20世纪30年代为心理治疗的目的始创角色扮演法的研究，以及后来许多心理学家在分析角色扮演技术的原理和推广方面所做的大量工作，角色扮演法在目前已成为心理学领域中公认的应用范围最广、实施最为容易且行之有效的方法之一。所谓角色扮演法，是指让受教育者临时扮演某一角色，从而于切身的体会中知觉到处于此角色中的他人的心境，逐渐生发出自己对处于此角色中的他人的同情与理解，由此激活或唤醒出受教育者良心的方法。角色扮演使人们能够亲身体验他人的角色，从而可以更好地理解他人的处境，体验他人在各种不同情境下的内心情感。心理学研究表明，只有一个人内心世界之中具有了与他人相同（或类似）的体验时，他才知道在与别人发生相互联系时该怎样行动与采取怎样的态度。可见，角色扮演在发展人们的社会理解力与改善人际关系方面有着重要作用。不仅如此，心理学研究还表明，由于扮演中真实、直接的情感体验的支持，所扮演的角色的某些特征最终能被"固定"在人们的心理结构当中，从而使人们的个性发生实质变化。这样，较长时间的角色扮演经验可以改变人们的心理结构，从而使人们的个性发生实质变化。例如，斯陶布（Staub，1971）曾用实验的方法检验了儿童扮演角色的活动对道德行为发展的影响。他先把儿童一一配对，然后让其中一个儿童承担需要别人来帮助他的角色。如他想搬一张凳子，可凳子太重，搬不动，或他恰好站在迎面飞来自行车的马路上。另一个儿童扮演帮助别人的角色，他要想出合适的方法来帮助别人，并且要表现出来。然后两个人交换角色。训练一周后，为儿童提供如下机会，以便测定儿童的助人行为是否有进步：①一个儿童在隔壁房间里从椅子上跌下来在哭；②一个儿童想搬一张对他来说很难搬得动的凳子；③一个儿童因为积木被另一个孩子拿走了而感到苦恼；④一个儿童正站在自行车道上；⑤一个儿童跌倒受伤了。

实验结果表明，受过上述互惠训练的儿童比起没有受过这种训练的儿童表现出更多的助人行为。③ 又如，索兰德的试验表明，在被试观看"接受热疗的人"在热疗器的不同热度下表现出"痛苦的""中性的"和"愉快的"三种情绪时，假如让被试想象自己处在"接受热疗的人"的角色来感觉或想象"接受热疗的人"如何感觉，在看到"接受热疗的

---

① 休谟. 人性论：下册. 关文运，译. 北京：商务印书馆，1980：407.
② 何怀宏. 良心论——传统良知的社会转化. 上海：上海三联书店，1994：73
③ 寇彧，等. 思想品德教学心理学. 北京：北京教育出版社，2001：213 - 214.

人"表现出"痛苦的""中性的"和"愉快的"三种表情时，被试的生理状态会出现明显的差异；而当只要被试密切注视"接受热疗的人"的生理反应，在"接受热疗的人"做出"痛苦的""中性的"和"愉快的"三种表情时，被试的生理状态并没有出现明显差异。最后，如上文所论，我们在调查"一个身心正常、年龄在 10～45 岁之间的个体，95% 以上的人其内心是否真的都知道在公交车上应给没有座位的老、弱、病、残、孕和带小孩的乘客让座的道理"时也发现，一些主动给老、弱、病、残、孕和带小孩的乘客让座的行人之所以会这样做，往往是由于他们自己曾有类似经历或体验，从而易以"己所欲，施之人"的方式待人。如有些已为人父母的成年人会说："我自己有这种体会，我在带小孩坐车时，若没有位置坐，也感觉很累。"其隐含的逻辑是：将心比心，别人带小孩乘车时若没有座位，也会觉得累，因此要给他让座。有的已为人母的女同志说："我怀孕时坐车，常常有人给我让座，因此我现在遇到孕妇时，若自己有位子，而她没有，则一般也会给她让座。"其隐含的逻辑是：我怀孕时坐车，常常有人给我让座，我深深体会到当时别人这样做时给我带来的便利之处，现在我也要以同样的方式对待别人，这是做人的基本道理。这两个研究都说明，鼓励孩子努力想象别人的感受是培养儿童具有同情心的一种有效方法。因为从教育心理学的眼光看，同情心或同理心才是促使德性得以作正迁移的心理基础或心理机制。换言之，正是由于人内心有同情心或同理心，才能使人增强他的良心感触，使其变得更富人情味、更宽容和怜悯、更能理解别人的需要，并且愿意在别人有困难时伸出手去援助；同时，才能使人普遍认同这样两种做人原则：一是中国文化一向推崇"己所不欲，勿施于人"的做人准则，这是一种消极的待人之道，是一种消极的"同情心"；二是基督教所教导的"己所欲，施于人"的做人准则，这是一种积极的待人之道，是一种积极的"同情心"。虽然这两种做人方式有主动与被动的差异，但其最终目的都是一致的，即都是告诉人们这样一个做人的"金科玉律"：要想他人怎样对待自己，自己先得以同一方式对待他人。霍夫曼也曾提出四种可能有助于促进利他动机的体验的假设：①允许儿童有正常的痛苦经历的体验，而不是保护他免受痛苦。②为儿童提供角色承担的机会，帮助他人以及负责地关心他人的机会。③鼓励儿童设身处地地为别人考虑。④长期接近那些表现利他行为的受人爱戴的榜样。① 霍夫曼关于我们怎样关心他人的论述虽是推测性的，不过却可以参考。同时，许多心理学家和教育家都坚信，人的同情心是可以培养的，进而提出了一些行之有效的方法。下面在借鉴前贤的基础上，再加上自己多年的做人体验②与研究心得，除了上文所讲的角色扮演法外，提出如下几种方法来培育个体的同情心：

（1）进行角色互换，讨论对方的感受。当孩子之间，或父母与孩子、教师与学生之间发生冲突时，可以要求当事人暂时停下来，要求他们站在对方的立场上来考虑问题。例如，两个孩子吵架了，家长可以说："假如你是亮亮，你认为亮亮总是欺负别人的原因是什么？"答："很可能他自我感觉很不好，欺负别人也许会使他感觉好些。"这样的角色转换可以使孩子站在不同的视角看问题，进而增强孩子的同情心。

（2）设身处地地为他人着想。例如，当孩子和同学一起玩，忘记告诉妈妈自己在哪

① R. S. 彼得斯．道德发展与道德教育．邬冬星，译．杭州：浙江教育出版社，2000：192.
② 既然德育是一种"成人"教育，而每个研究者都或短或长地走过一段人生历程，这是一笔宝贵的资源，因此，在研究德育时，我们一贯主张研究者要善于反省自己的做人经历，以便去体贴、验证自己的观点。

里。妈妈找不到孩子感到非常焦急。一般情况下，妈妈见到孩子后就会大发雷霆，而孩子可能会感到委屈。我们不妨让孩子设身处地地想一想："假如你是妈妈，天渐渐黑了，不知道自己的孩子在哪里，你会怎么想、怎么做？"这样做比简单地发火和生气要有效得多。

（3）先让孩子体验到自身的快乐与不幸，然后再让孩子去想象别人的感受，这时，孩子往往更易以同情心或同理心去对待他人的快乐与不幸。因为一个人只有先体验到自身的快乐与不幸，然后才能通过想象等路径体验到他人的快乐与不幸。正如亚当·斯密所说：

我们对自己所受到的伤害和不幸的感受，虽然通常会非常强烈，但也可能非常薄弱。对自己的不幸几乎没有什么感受的人，对他人的不幸必然也总是没有什么感受，并且更不愿意去解除这些不幸。对自己蒙受的伤害几乎没有什么愤恨的人，对他人蒙受的伤害必然也总是没有什么愤恨，并且更不愿意去保护他人或为他人复仇。对人类生活中的各种事变麻木不仁，必然会消减对自己行为合宜性的一切热切而又诚挚的关注。这种关注，构成了美德的真正精髓。如果我们对自己的行为所能产生的结果漠不关心，则我们几乎不会挂虑这些行为的合宜性。感受到落在自己身上的灾难所带来的全部痛苦，感受到自己蒙受的伤害所具有的一切卑劣性质，而更强烈地感受到自己的品格所要求具有的那种尊严，并不听任自己受其处境必然会激发的那些散漫的激情所摆布，而是按照他内心的那个伟大居民、那个神一样的人所指定和赞许的那些受约束的和矫正过的情绪来支配自己的全部举止和行为，这样的一个人，才是真正具有美德的人，才是热爱、尊敬和钦佩的唯一真正的和合宜的对象。麻木不仁和那种高尚的坚定，即以尊严和合宜的意识为基础的高贵的自我控制，两者绝不是完全相同的，后者依前者的发生程度而变，在许多情况下，其所具有的价值会全然丧失。①

因此，平日要注意适度让孩子亲身去品尝人间的快乐与痛苦，不能一味地为孩子创设一个只有"阳光"的环境。同时，假若孩子遇到一件快乐的事情，如在儿童节时收到舅舅寄来的礼物时，父母可以鼓励孩子给舅舅写一封感谢信，并让孩子想象舅舅在收到感谢信时的心情。"现在假设你是舅舅，当你收到这封信，读到上面的话时，你有什么感受呢？"以后还可以将这种方法运用到其他情境中："假如你是一位新来的同学，刚来到这个班级，谁也不认识，你会有什么感受？"经常对孩子这样提问，就能帮助孩子了解和体验别人的需要和感受，进而产生同情心。②

8. 以情育情法

以情育情法是运用情绪情感具有感染性的特点，教育者通过自己的高尚道德情感来感染受教育者，从而使受教育者也具有类似的高尚道德情感，进而让受教育者达到唤醒或生成良心效果的方法。

情感的显著特点之一是具有感染性，一个人的情感可以感染其他人，使其具有同样的情感，并与自己产生感情上的共鸣。正如《孟子·离娄下》所说："爱人者，人恒爱之；敬人者，人恒敬之。"中国历史上一些教育大家通过总结自己或他人的教育实践，清楚地认识到，师生之间具有良好的情感基础是道德教育成功的前提，师生之间的情感交流是道

---

①　亚当·斯密. 道德情操论. 蒋自强，等译. 北京：商务印书馆，1997：318.

②　杨韶刚. 从同情心入手培养儿童的美德. 道德教育研究（交流参考资料），2004（2）：47－50.

德教育的力量源泉。教师对学生真挚的爱会激起学生对教师的信任感、亲切感和爱戴感，从而乐于接受教师所讲的道理，即所谓"亲其师，信其道"；同时，教师的爱又是学生获得积极情感体验的重要来源。学生取得进步时能得到教师的及时肯定和表扬，遇到困难时能得到教师的关心和帮助，这些都会引起学生积极的情感体验。这些体验可激励学生奋发向上，也有利于他们的身心健康。因此，要培养学生高尚的道德情感，教师必须自己具有这种情感，要学生感动，首先就要教师感动，真情才能换取真情。

在休谟看来，由于爱而让人产生同情的倾向，因为"爱"是人与人之间关系中的一种联系和权利。休谟说："爱可以单独地被另外一种关系，即我们自己和对象之间的关系，刺激起来；或者更恰当地说，这种关系是永远伴有其余两种关系的。谁要是借任何关系与我们联系起来，谁就总是会依其关系的远近得到我们一份的爱，我们并不考察他的其他性质如何……不但血族关系有这种效果，任何关系也都无例外。我们爱同国人，爱我们的邻人，爱同行、同业，甚至爱与己同名的人。这些关系中每一种都被认为是一种联系，并给予人以要求我们一份爱的权利。"[1]休谟的这一看法至今看来仍是颇有见地的。生活中的许多真实事例也都表明，潜移默化法的确是一个有效的培育个体的同情心的方法。

9. 以境育情法

情感不仅具有感染性，而且具有情境性，情感总是在一定情境中产生的，道德情感也是在一定的道德情境中产生的。因此，创设良好的道德情境是诱发和培养学生积极健康道德情感的有效途径。例如，学校举行升旗仪式、游览名胜古迹、参观革命圣地等，都有助于培养学生的爱国主义情感。组织班级和团队活动，有利于培养集体主义情感。组织学生访问科学家、参观现代化工厂和实验室，能培养学生热爱科学、向往祖国昌盛发展的情感。总之，创造良好的道德情境是学校教育中培养学生道德情感不可缺少的措施。

10. 以行育情法

道德行为及行为效果对道德情感具有检验、调节作用。培养学生的道德情感，也应该引导学生尽可能多地参加实践活动。用良好的道德行为来培养和巩固道德情感。例如，教师要引导学生在行为上尊敬父母、师长，待人有礼貌，关心和帮助他人，从事家务劳动和力所能及的社会公益劳动，培养热爱劳动和劳动人民的情感。通过这些有目的、有组织的活动，让学生身体力行，有助于培养学生健康、积极的道德情感。

二、通过自育法进行唤醒与培育

《淮南子·诠言训》说："德可以自修。"王守仁说："哑子吃苦瓜，与你说不得。你要知此苦，还须你自吃。"[2] 可见，自育法是一种重要的唤醒或培育良心的方法。所谓"自育法"，是指一个人通过种种自我心性修养的方式来唤醒和培育自己良心的一种方法。自我心性修养作为一种育德方法，具有较强的针对性；直接从"心"上下功夫，不易流于形式；易发挥修养者自己的主动性；易将"学会选择"的思想落到实处等优点，易提高德育的效果。而中国过去一段时间的德育由于受过去"左"的思想的影响，较为重视通过开展大规模的如"学雷锋，树新风"之类的集体活动来育德，却忽略了个人默默无闻的心性

① 休谟. 人性论：下册. 关文运，译. 北京：商务印书馆，1980：388－389.
② 王守仁. 王阳明全集：上册. 吴光，等编校. 上海：上海古籍出版社，1992：37.

修养在提升其道德境界中所起的作用。这类集体活动虽说能解决一些普遍性的问题，也的确曾收到一定的成效。不过，它的不足之处也很明显：较难细致开展、缺乏针对性和易流于形式等。"雷锋无户口，三月里来四月里走"正是这种情形的一个写照。同时，在当代西方，道德观已经回归到个体的自我检视，对他人的批判不叫道德，对自己行为的反省才是。例如，苏格拉底被判处死刑时，学生要他逃走，他在服刑和逃跑之间，选择了饮下毒堇汁而死，因为他认为他的死刑是经过民主投票的，他必须遵守这样的道德意识，接受这样的结局。这才是道德！非如今日中国社会，不管是"大人物"还是市井小民，都在振振有词地指着别人骂：不道德！道德不是批判他人，而是自己对自己的评判。阮籍不在母亲丧礼上哭，别人由此说他不孝，而看到他吐血的只有一个朋友，于是这件事被记录在《世说新语》中。可见，阮籍不在母亲丧礼上哭不是没有道德，而是不想让道德情操变成一种表演。当道德成为表演，就是作假，就会让最没有道德的人变成最有道德的人，此时，语言、行为和良心便开始分离。① 所以，为了提高当代中国德育的实效性，在发挥集体活动和"他育"（强调个体的品德由他人通过种种方式或方法来培育）在德育中的重要作用的同时，也要适当借鉴中国传统修心育德思想的精髓部分和西方德育的精髓，重视个人的自我心性修养（"自育"），并将之作为一种重要的育德途径。在具体实施过程中，常用方法有以下三种：

（一）"致良知"

怎样高效率地让人将自己心中的良心彰显出来呢？王守仁给出的答案是：致良知（也叫"致良心"）。一个人若肯通过"致良知"，刮去蒙在"良知"上面的私蔽，便能为圣人。"致良知"至今看来仍有相当的道理，因此就有必要对其作细致的探讨。

王守仁之所以从圣人之学里独取"良心"二字立教，作为圣门口诀与真传（如其在《别诸生》诗中所说："绵绵圣学已千年，两字良知是口传"②即取此意），他在《寄安福诸同志》中说得非常明确："凡工夫只是要简易真切。愈真切，愈简易；愈简易，愈真切。"③当然，王守仁也不是从一开始就有此"高见"，而是其总结自己多年学圣的心路历程以及其多年学术积累的结果。据《王阳明全集》卷三十四《年谱二》记载：当王守仁五十岁时，"是年先生始揭致良知之教"④。王守仁一提出"致良知"之教，随即就声称"致良知"三字为其学说的"正法眼藏"："近来信得'致良知'三字，真圣门正法眼藏。往年尚疑未尽，今自多事以来，只此良知无不具足。譬之操舟得舵，平澜浅濑，无不如意，虽遇颠风逆浪，舵柄在手，可免没溺之患矣。"⑤ 王守仁又说："吾平生讲学，只是'致良知'三字。仁，人心也；良知之诚爱恻怛处，便是仁；无诚爱恻怛之心，亦无良知可教矣。"⑥ 由此可知，"致良知"是王守仁晚年提出的一个重要观点。王守仁的"致良知"思想是继承和发展《大学》与孟子思想的结果。《大学》主张"致知"的重要性："……欲诚其意者，先致其知；致知在格物……"王守仁认为，《大学》讲的"致知"中

---

① 蒋勋. 道德不是批判他人. 读者，2015（8）：42.
② 王守仁. 王阳明全集：上册. 吴光，等编校. 上海：上海古籍出版社，1992：791.
③ 王守仁. 王阳明全集：上册. 吴光，等编校. 上海：上海古籍出版社，1992：223.
④ 王守仁. 王阳明全集：下册. 吴光，等编校. 上海：上海古籍出版社，1992：1278.
⑤ 王守仁. 王阳明全集：下册. 吴光，等编校. 上海：上海古籍出版社，1992：1278 – 1279.
⑥ 王守仁. 王阳明全集：下册. 吴光，等编校. 上海：上海古籍出版社，1992：990.

的"知"就是孟子所说的"良心",进而将"致知"发展为"致良知"。① 何谓"致良知"？要理解它，关键在于理解其中的"致"字。王守仁主要是以"至之"解释"致"，②在王守仁看来，"致"的含义有二：一是"扩充"之义，即人应扩充自己的良心，使之达到最大限度。这主要是从内在心理的层面要人加强为善去恶的道德实践，此时，"致良知"意味着自己对自己的良心的发现、体验或觉醒。二是"行"之义，即将良心所知实实在在地付诸自己的行动中去。这主要是从外在行为的层面要人加强为善去恶的道德实践。③ 此时，"致良知"意味着一个人依自己的良心去行动。王守仁在《传习录中·答顾东桥书》里说："若鄙人所谓致知格物者，致吾心之良知于事事物物也。吾心之良知，即所谓天理也。致吾心良知之天理于事事物物，则事事物物皆得其理矣。致吾心之良知者，致知也。事事物物皆得其理者，格物也。是合心与理而为一者也。合心与理而为一，则凡区区前之所云，与朱子晚年之论，皆可以不言而喻矣。"合言之，王守仁所讲的"致良知"包含知与行两个方面，"知"是要人自己去体验、去发现自己心中的良心；"行"要人将"良知"贯彻到自己的日常行为中去，不能知行分离。这表明，王守仁所讲的致良知，并不仅仅是要人静心克欲，不管外事，否则就要流入佛老了，佛老常教人"出世"以修行；相反，王守仁积极要求人们要在世上磨炼，体现出儒家的入世精神。④

需要指出的是，在中国历史上，除了有人（如王守仁）明确力倡"致良知"的修养方法外，更多的人是用其他的方式或方法，如内省法、观照法、慎独法、求放心法、寡欲法等，来唤醒和培育自己的良心的。例如，曾子就是通过"吾日三省吾身"的方式来唤醒和培育自己的良心。考虑到这些内容许多读者都已熟悉，为免累赘，这里不多讲。

（二）"吾日三省吾身"：观照式自我反省策略

观照式自我反省策略指个体通过不断的反省活动，将自己的言行与一个或多个外在道德评判标准进行对比，以此方式来反省自己品行上的得与失，做到"择其善者而从之，其不善者而改之"，从而及时与自己的良心进行沟通，时时唤起或激活微弱的良心之声，以便进一步完善自己的良心的方法。这种策略一向为中国先哲重视。据《论语·里仁》记载，孔子明确提出了观照式自我反省策略，他说："见贤思齐焉，见不贤而内自省也。"这里，"贤者"和"不贤者"是个体进行自我反省的外在评判标准，个体将自己的言行与贤者和不贤者的言行进行相互观照，看看自己有没有与贤者类似的优点以及和不贤者类似的缺点。孔子的这一观照式自我反省策略为其后许多人所继承。如荀子在《修身》里说："见善，修然必以自存也；见不善，愀然必以自省也。善在身，介然必以自好也；不善在身，菑然必以自恶也。故非我而当者，吾师也；是我而当者，吾友也；谄谀我者，吾贼也。"提倡一个人在见到他人表现出来的善的行为时，要端端正正地反问自己；见到他人表现出来的不善的行为时，也要兢兢业业地检讨自己。通过观照式自我反省，假若发现这种善良的行为自己已具备，就继续保持；如果发觉自己已有此种不善良的行为，就要如同受到灾害似的痛恨自己，直到改正为止。《韩非子·观行》曾说："古之人目短于自见，

---

① 陈来. 宋明理学. 沈阳：辽宁教育出版社，1991：275.
② 王守仁. 王阳明全集：上册. 吴光，等编校. 上海：上海古籍出版社，1992：277 – 278.
③ 陈来. 宋明理学. 沈阳：辽宁教育出版社，1991：277 – 278.
④ 何怀宏. 良心与正义的探求. 哈尔滨：黑龙江人民出版社，2004：24.

故以镜观面；智短于自知，故以道正己。镜无见疵之罪，道无明过之恶。目失镜则无以正须眉，身失道则无以知迷惑。"唐太宗李世民也说："人以铜为镜，可以正衣冠；以古为镜，可以见兴替；以人为镜，可以知得失。"这段话成为延续至今的至理名言。可惜的是，自西式"科学"在中国昌盛以来，中国人处处都讲"科学"，导致在道德教育中自断一贯的优良传统，颇为忽视观照式反省策略在彰显道德自我中的重要性，从而降低了德育的效果。我们在这里主张，在未来的中国德育中，要继承中国传统德育思想的精华，具体做法之一就是继续提倡个体在日常生活中通过观照式反省策略，彰显自己的道德自我。

从德育心理学视角看，观照式自我反省策略的实质之一就是：一个人自觉地用"我的现实道德我"与"楷模（他人）的道德我"不断观照、对比，找出"我的现实道德我"与"楷模的道德我"之间的差距，从而不断修正"我的现实道德我"，使之不断趋向"楷模的道德我"。一旦"我的现实道德我"与"楷模的道德我"之间的界限完全消失，"我"也就获得了与道德楷模类似的高尚道德品质。若用现代心理学的术语来解释，这个过程就是班杜拉（Bandura）所讲的观察学习。

（三）"请教内心这个法官"：与良心对话策略

与良心对话策略指个体独自通过与自己良心进行对话，以便对自己的品行进行自我内省，做到有过则改，有善则继续保持，从而激活或是进一步完善自己良心的方法。它与上文所讲的"观照式自我反省策略"的相通之处是：都要经由个体自己的自我反省（类似当代心理学里讲的元认知）才能实现。二者的不同之处是：相对而言，"与良心对话策略"可以无明确的外在道德评判标准，全凭个体的良心为评判标准进行自我反省；"观照式自我反省策略"有一外在的道德评判标准。

综观古今中外学者的看法和许多生活实践，在道德领域，一个人要想使自己具有合宜的是非心、同情心或爱心，措施之一就是通过与自己的良心进行对话，从而将自己的良心彰显出来。正如亚当·斯密所说：

虽然在一些特殊的场合，良心的赞同肯定不能使软弱的人感到满足，虽然那个与心真正同在的设想的公正的旁观者的表示并非总能单独地支撑其信心，但是，在所有的场合，良心的影响和权威都是非常大的；只有在请教内心这个法官后，我们才能真正看清与己有关的事情，才能对自己的利益和他人的利益作出合宜的比较。[1]

当然，良心之声发自每个人的心灵深处，你只有在内心不断地与其对话，才能和良心沟通，才能及时唤起微弱的良心之声；并且只有你听到它，才能感受到它的约束力；听到它又能顺从它去做，你就会觉得心安与快乐，否则就会感到内疚与不安。[2]《论语·学而》记载："曾子曰：'吾日三省吾身：为人谋而不忠乎？与朋友交而不信乎？传不习乎？'"《孟子·离娄下》说："有人于此，其待我以横逆，则君子必自反也：我必不仁也，必无礼也，此物奚宜至哉？其自反而仁矣，自反而有礼矣，其横逆由是也，君子必自反也，我必不忠。自反而忠矣，其横逆由是也，君子曰：'此亦妄人也已矣。如此，则与禽兽奚择

---

① 亚当·斯密. 道德情操论. 蒋自强，等译. 北京：商务印书馆，1997：163.
② 韦政通. 中国的智慧. 北京：中国和平出版社，1988：63-64.

哉？于禽兽又何难焉？'"《荀子·劝学》说："君子博学而日参省乎己，则知明而行无过矣。"据吴兢的《贞观政要》卷二《求谏》记载，唐太宗李世民也常常运用反省策略来找出自己品行上的不足："朕每闲居静坐，则自内省。恒恐上不称天心，下为百姓所怨。但思正人匡谏，欲令耳目外通，下无怨滞。"据《传习录·上》记载，在王守仁看来，"己"有"躯壳的己"和"真己"之分。"躯壳的己"是指体现在人的耳、目、口、鼻、四肢中的自己，即"躯壳的己，岂不是耳目口鼻四肢?"可见，王守仁所讲的"躯壳的己"相当于"身体我"。"真己"是指体现在人的良心中的自己，即"所谓汝心，亦不专是那一团血肉。若是那一团血肉，如今已死的人，那一团血肉还在，缘何不能视听言动？所谓汝心，却是那能视听言动的。这个便是性，便是天理。有这个性才能生，这性之生理便谓之仁。这性之生理发在目，便会视；发在耳，便会听；发在口，便会言；发在四肢，便会动。都只是那天理发生，以其主宰一身，故谓之心。这心之本体，原只是个天理，原无非礼。这个便是汝之真己"。可见，王守仁所讲的"心"并不是指"心脏"，而是指人的"良心"，"良心"里所包含的自己才是"真己"，这表明王守仁所说的"真己"相当于现代心理学所讲的"道德我"。在王守仁看来，"躯壳的己"与"真己"的关系是："真己"是"躯壳的己"的主宰，"若无真己，便无躯壳。真是有之即生，无之即死"。但是，人之常情是"目便要色，耳便要声，口便要味，四肢便要逸乐"，一个人一旦过于贪求这些，就会导致一些严重后果，如"美色令人目盲，美声令人耳聋，美味令人口爽，驰骋田猎令人发狂，这都是害汝耳目口鼻四肢的"。为此，王守仁主张，人们若要保护好自己的"躯壳的己"，就必须依自己的良心来对外界的诱因作出合乎道德要求的判断、选择与行动，即"若为着耳目口鼻四肢时，便须思量耳如何听，目如何视，口如何言，四肢如何动。必须非礼勿视、听、言、动，方才成得个耳目口鼻四肢，这个才是为着耳目口鼻四肢"。王守仁主张修德者要用"良心"（即"真己"）来指导"躯壳的己"，这体现了儒家文化带有强烈的自律而不是他律的色彩，于是儒家也自然重视自我心性修养功夫，这是儒学的高明之处。

不但古人强调与良心对话的策略，今人亦然。中国当代著名教育家鲁洁教授也曾说："在我们每个人的生活经历中是否也出现过当服从良心内在道德律的'调遣'时的一种怡然自得、心底坦荡的美好体验，即使这是以牺牲了某些低级需要的满足为代价。相反，在遭受良心的谴责时，我们也会体验到胜过肉体痛苦的羞愧、悔恨，甚至形成某种生理上的障碍，这种体验还可能伴随人的一生。"① 从这些言论可知，良心对个体的心理与行为具有调节、监督、控制和评价的功能；并且，在日常生活中，良心对个体言行能否起调控作用和所起的调控作用的大小等，取决于个体能否及时唤起自己的道德自觉和所唤起的道德自觉的力量有多大，而与外界的强制力量无关。大量生活智慧告诉人们，良心对个体的言行具有巨大的影响（尤其在没有明显的外在力量干预的情况下）。俗话说，"天不怕，地不怕，就怕自己的良心来说话""做人只要做到问心无愧就可以了"，等等。这些言论都表明，有良心的人在遇到一个道德两难甚至三难、四难的情境时，哪怕自己"吃大亏"，甚至有时会牺牲自己的宝贵生命，但只要"问心无愧"（此处"心"，实是良心），往往都能做到无怨无悔，甚至视死如归。可见，一个人若能时时与自己的良心对话，不但能有效地激发出自己的良心来，而且能让自己在任何情境都能做出适宜的道德判断乃至道德行

① 鲁洁．超越与创新．北京：人民教育出版社，2001：280.

教育心理学新编（第五版）

为。换言之，也就使品德学习实现了迁移，因为我们深信，一个人的良心也主要是通过先前的道德学习或自我道德修养而逐渐形成的。另外，与良心对话的过程也常常是一个激活个体心中潜在的善性并使之复活并释放出来的过程。一个人不论过去是何等的不善，只要良心未泯灭，就有觉悟成善的可能，就能做到"放下屠刀，立地成佛"。

从德育心理学视角看，与良心对话策略的实质之一就是：一个人自觉地用自己"现实的我"与"道德的我"不断观照、对比，找出"现实的我"与"道德的我"之间的差距，从而不断修正"现实的我"，使之不断趋向"道德的我"。一旦"现实的我"与"道德的我"之间的界限完全消失，二者完全融合到一起的时候，品德修养也就达到了孔子所说的"从心所欲，不逾矩"的境界。用今天的语言来讲，此人的道德修养也就从道德自律阶段进入了道德自由的阶段。用现代西方哲学的语言来讲，致良知的过程还是一个人既将自己看作主体，又将自己视作客体，然后用"主体的我"来不断审视"客体的我"，使客体的我不断走向完善的过程。"客体的我"不断完善的过程，也就是"主体的我"不断自我实现的过程。我们强调反省，主张个体凡事在做之前都要先与自己的良心进行对话，弄清楚哪些该做、哪些不该做，以便使自己所做的任何事情都能对得起良心，达到"内省不疚"的君子境界。而个体一旦获得其本有的良心，"则是非美恶将有所甚明，而好恶趋舍将有不待强而自决者矣"①。用通俗的话说，就是"我有良心，岂能绝判断"。与良心对话策略的另一个实质是：强调个体在行动中要彰显自己的主体性，要学会独立思考并做出合宜的选择，而不要人云亦云，跟着他人走，此思想与当代的价值观澄清派有相通之处。价值观澄清派理论是当代西方重要德育理论流派之一，其认为，我们生活在一个纷繁复杂的社会里，在每一个转折关头或处理每件事务时都面临选择。人们在做出选择时从理论上讲是依据人们已有的价值观，但实际上常常不清楚自己所持的价值观是什么就已作出选择了。这种现象不仅年长者有之，年轻人亦有之，青少年表现得更为突出。因此，道德教育应创造条件，利用一些特别的途径和方法帮助青少年澄清他们选择时所依据的内心的价值观（内隐的价值观②），这对他们今后作出正确选择具有重要意义。于是，拉思斯（Louis E. Raths）、西门（Sidmey B. Simon）和哈明（Merrill Harmin）等人于 20 世纪 60 年代在美国倡导价值澄清派理论，1966 年拉思斯、西门和哈明三人合作撰写并出版了《价值与教学》（Values and Teaching），对价值澄清派理论作了系统论述，并提出了一个包括三部分七阶段的价值观澄清过程，并认为只有这七个阶段完全被经历之后才算真正澄清并获得了价值观。这三部分七阶段分别是：第一部分是"选择"，它包括三个阶段：①完全自由地选择；②从各种可能选择的范围内进行自由选择；③对每一种可选择途径的后果加以充分考虑后作出选择。第二部分是"赞赏"，它包括两个阶段：①喜欢这一选择并感到满足；②乐于向公众公开自己的选择。第三部分是"行动"，它也包括两个阶段：①按作出的选择行事；②作为一种生活方式不断加以重复。③ 稍加比较可知，与良心对话策略与当代西方价值观澄清派理论在精神上有相通之处，因两者的核心精神实际上都是要求修德者自己要学会在不同情境下选择适宜的行动方式，即都是为了张扬主体性在育德中的重要作用。可见，在

---

① 《陆九渊集》卷三十二《拾遗·求则得之》。

② 潜藏在个体心灵的深处、对个体心理与行为有实质性影响的价值观，叫内隐价值观；虽飘浮在个体的嘴上，却未对个体心理与行为产生实质性影响的价值观，叫外显价值观。除价值澄清法外，内隐联系测验也是了解学生内隐价值观的一种有效方法。

③ 拉思斯. 价值与教学. 谭松贤，译. 杭州：浙江教育出版社，2003：25 – 27.

道德修养中，与良心对话策略至今无疑仍是一种重要的修养方法。

（四）寡欲法

它指通过减少欲望或节制欲望来修身养性，进而提高自己德性的一种育德方法。心理学研究表明，不良的欲望往往会干扰个体良心的正常活动，这是导致个体产生不道德行为的根源；同时，不良的欲望往往能干扰人们正常的认知活动，导致人们在认知上发生偏差，产生偏见或错误的认识①，等等。寡欲法若运用得当，的确可以达到养性修心修德的目的。《孟子·尽心下》说："养心莫善于寡欲。其为人也寡欲，虽有不存焉者，寡矣；其为人也多欲，虽有存焉者，寡矣。"

（五）培育羞耻心法

它是一种通过培育个体具有一定羞耻心的途径来达到修心育德效果的方法。羞耻心（英文写作"chǐ"，不用"shame"），在宽泛的意义上说，也称"羞耻感"，或简称"羞""耻""辱"，是一个人因自我觉知到了自身素养或言行表现上的欠缺（前者如缺德或无能等，后者如说脏话或做了违反道德的行为等），或是认可他人对自身素养或言行表现上存在的欠缺及由此招来的谴责或批评，从而主动或被动地产生的一种指向自我的不光彩、不体面或自责的心理，通常表现为内心的不安、愧疚、难为情、难过、自责、悔恨等②；或是受到他人的侮辱，致使自己的自尊心或人格受到伤害而产生的一种指向自我的不光彩、不体面或愤怒的心理，通常表现为内心的愤怒、无脸见人、悲伤、自责等心理③；或是指个体纯粹只是因为与自己关系密切的人做出了某种不道德的事情后而让自己也感到不光彩或不体面的心理，通常也表现为无脸见人、悲伤、自责等心理④。假如说西方文化主要是一种基于"原罪说"基础之上的"罪的文化"或"内疚文化"（guilt culture），导致"内疚感"成为西方人的一种集体潜意识，那么中国文化可以说是一种基于"良心说"基础上的"耻的文化"（chǐ culture），潜藏在中国人心灵深处的一个"剪不断，理还乱"的"情结"是"耻的心态"。在中国传统文化里，人们多将羞耻感视作做人的起码的"底线"，一个没有羞耻感的人简直不能称为"人"。对于个人而言，知羞耻是做人的大节，一个人知耻才能有所为有所不为，若无耻则无所不为，任何伤风败俗之事都能做得出。对于民族与国家来说也是如此。人民知耻，社会风气才能美善。正是在此意义上，《管子·牧民》才说："四维不张，国乃灭亡……何谓四维？一曰礼、二曰义、三曰廉、四曰耻。"可是，当代中国的德育在较长一段时间内不注重培育人的羞耻感，使得现实生活中的某些人连一点羞耻感也没有，这不能不说是道德失落的原因之一。为提高德育的实效性，宜向全社会呼吁建立羞耻意识。

（六）慎独法

"慎独"指个体在独处时也能做到严于律己，无论在思想上还是在行为上都能不违背

---

① 罗国杰．中国传统道德：简编本．北京：中国人民大学出版社，1995：275.
② 这类羞耻心可称作"素养欠缺型羞耻心"。
③ 这类羞耻心可称作"受辱型耻辱"或"蒙羞"。
④ 这类羞耻心可称作"转移性羞耻"。

道义。慎独不仅仅是一种道德修养的方法，也是一种道德修养的境界。有个广为流传的故事很能说明慎独的境界。据《后汉书》卷五十四《杨震传》记载，东汉杨震调任荆州刺史、东莱太守，赴任途中路过昌邑，碰巧，昌邑的县令王密是杨震昔日的门生，曾受过杨震的举荐之恩。王密听说恩师路过昌邑，为了知恩图报，于深夜带着十斤钱币的礼物去拜访杨震，杨震谢绝了王密的礼物。王密说："现在已是深夜，无人知晓，还是收下吧。"杨震答道："天知，神知，我知，你知，怎能说无人知晓？"王密听到此话，惭愧地走了。[①]用今天的眼光看，慎独法实际上是一种自我约束的方法，它高扬了修德者的主体精神，对提升道德境界不失为一种值得提倡的方法。但在日常生活中，很多人的言行是领导在场与不在场时不一样，有人检查与无人检查时不一样，在人前与在人后不一样。此种事例正说明当代一些中国人缺乏慎独精神，做事是人前一套人后又一套，见人说人话，见鬼说鬼话，既欺人也自欺，这不能不说是德育低效的原因之一。今天的德育也应适当借鉴慎独修德法，以提高德育的实效性。当然，在运用慎独法时也应注意对象的合宜性，因慎独法得以实现的前提是个体要有较强的自制力和辨别是非的能力。所以，对自制力较差的个体如低年级学生要慎用，否则易流于形式。

（七）践履法

1. 中国传统德育思想的精髓是"生活即德育"

中国传统文化在本质上是强调知行合一的，一种思想学说与相应的一种生活实践融为一体。为了有效地探讨德育问题，先哲常从自己的生活实践出发，将反省自己的身心实践作为入手处，通过反复实践而有所体悟，然后将体悟到的东西回归实践，通过实践加以检验。通俗地说，任何一种思想或学说多半以生活实践为起点和归宿。中国传统文化的主流并没有像西方那样将生活的世界分为世俗的世界和意义的世界等两种世界，恰恰是主张修德要打通所谓意义世界和世俗世界之间的界限，并力倡将道德践履与个体的日常生活联系起来，融德育于个体的日常生活之中，认为"道，则人伦日用之间所当行者是也"（朱熹语）。主张个体修德要通过觉悟和践履等方式或方法以便做到"内得于己"；又强调个体还要将"内得于己"的德外推于人，以使他人也有所得（即"外得于人"），强调践履在修德中的重要作用，这一思想可概括为"生活即德育"。它是中国传统德育心理学思想中的一个最重要观点和最大特色，犹如一条红线贯穿于整个中国传统德育思想的始与终。假若只用五个字来概括中国传统德育思想的精髓所在，那就是"生活即德育"。因为所谓化育美德、觉悟美德、情育美德、修心育德乃至于践履美德，都必须在生活中进行，生活既是育德的最重要媒介和手段，也是育德的最终归宿和目的。这一思想与古人倡导"德者，得也"和德育是培养"做人"的主旨相通，与当代德育强调"学会生活"的主旨也不谋而合。反观今天中国的德育，似乎也将中国传统德育中固有的这一优良传统"遗弃"了。过去一段时间内，中国的德育主要在学校中进行，而学校中的德育又主要局限于学生的课堂学习上，课堂学习虽也可说是学生日常生活的一部分，但它毕竟只是学生日常生活的一小部分；假若学校只将德育局限于几节专门的德育课上，而其他课程又不予渗透的话，这种德育课在学生的日常生活中所占的比重就更微乎其微。这样做，从理论上讲，学校的德育仅局限于课堂上，没有贯穿于个体的日常生活中，就将德育与个体的其他日常生活分离

---

① 范晔. 后汉书：七. 李贤，等注. 北京：中华书局，1965：1760.

开来了；从实际上看，易给学生造成一种错误的心理，以为德育只是上几节课的事情，与自己的其他日常生活并没有多大关联，而学校开德育课的目的仅在于让学生获得一个德育分数而已。这种心理不但学生有，甚至部分德育老师也有，难怪有德育老师甚至在德育课上公开向学生讲："你们可以不认同我说的这些道理，但你们必须记住这些道理，否则将来的德育考试就难以过关。"于是学校德育课的效果多只停留在课堂上，并没有融进学生的其他日常生活中，这样的德育其实效性不尽人意也就在情理之中了。当个体所受的德育只在考试或考评上有用，与个体的日常生活没有关系时，这种德育就出了问题，我们应该改变育德与品德考评的方式和方法来适应21世纪的要求。从育德的方法上看，适当借鉴中国传统德育所强调的践履法无疑是解决当代德育中出现的知行脱节问题的有效途径之一。

2. 什么是践履

践履有广义与狭义之分。广义的践履是指一个人按一定的道德准则去做人。依践履时个体的自觉程度的不同，广义的践履可分为两个层次：一是低层次的践履，它指一个人依他人（通常是老师、家长或权威人物）的教导或模仿他人，在日常生活中机械地或一知半解地按一定的道德准则去做人；二是高层次的践履，它指一个人较准确地理解了某套道德准则，并在其日常生活中诚心实意地、持久地按此套道德准则去做人。在本书中，用"践履（狭义）"指称低层次的践履；用"觉行"指称高层次的践履。依这种理解，用道德教育的眼光看，"小和尚念经——有口无心"式的践履，对儿童而言仍是一种真践履，因为儿童的道德自我没有成熟到足以能让自己作出合理合宜的道德判断。"小和尚念经——有口无心"式的践履，对"知之甚少"的成人而言也仍是一种真践履，因为他们缺乏必要的"知"，只能先做机械的"行"。但是，一个成人在践履时若明知该怎样做人的道理，却故意去做"小和尚念经，有口无心"式的践履，那就是"假践履"。[①] 本书强调适当运用践履法来培育个体的品德，是因为笔者相信，使个体对某一做人方式或某一德目产生真实体验（而不是停留在口头上的体验或有口无心的体验）的主要载体在于"践履"，学生只有经过亲身的践履，在实践中增加感性认识，才能在实践中产生内心的感触，产生内心的共鸣。例如，在一堂主题是"学会帮助别人"的德育课上，老师推来一把轮椅，让每个学生轮流做一回双腿无法行动的"残疾人"，要求每个人不用双腿，而坐在轮椅上在校园里走一圈。经过此种"践行"，每个学生都切身体会到平时轻而易举的事情，如开门、上下楼梯，对于一个双腿有残疾的人来说是多么困难，有时不得不寻求并从内心渴望得到他人的帮助。此时，教师再及时点化："当你遇到困难时，你内心渴望得到别人的帮助；那么当别人遇到困难时，你该怎么办时？"学生们几乎异口同声地答道："应该帮助别人。"这堂课老师并没有将"为什么要学会帮助别人"的大道理一一讲给学生听，而是让学生亲身体验无助时的痛苦与得到帮助时的喜悦心情，并及时将学生的这种切身体验化为其内在素养，这种体验式、实践式的德育较之简单的说教，当然效果要好得多。又如，曾经下过乡的知识分子或本人就是来自农村的知识分子，对于当代中国农民的生活境况往往有切身的体会，从而一般能做到至少在道义上同情农民的艰难处境；与此相反，从未有过农村生活经历的大城市里的孩子，其中有一些人往往将农村想象为世外桃源，对于进城务工的农

① WANG FENGYAN. Confucian thinking in traditional moral education：key ideas and fundamental features. Journal of moral education，2004，33（4）：p. 446.

民工往往抱有一些不正确的看法。

　　3. 践行美德时须注意的事项

　　为了增强践行的效果，在践行美德中要注意六个问题：

　　第一，践行的目的是生成内在的德性，克服德育中存在的知行脱节的问题，而不仅仅是外在行为的改变。

　　第二，践行的方式只是要人在日常生活中将自己所遇到的每一件小事都尽可能做好，以便于日常生活里生成健全的人格，而不是要人特意去做某件或某几件事情。

　　第三，践履法若想有效，一定要从小开始，且持之以恒。正如孔子所说："少成若天性，习惯成自然。"培根也说："既然习惯是人生的主宰，人们就应当努力求得好的习惯。习惯如果是在幼年就起始的，那就是最完美的习惯，这是一定的，这个我们叫做教育。教育其实是一种从早年就起始的习惯。"①同时，中国有一句俗话说得好："说起来容易，做起来难。"践履道德也是如此。多数德行在践履时都需一定的意志力才能完成，更何况要一以贯之地践履德行，没有超强的意志力是做不到的。有一句名言也说："一个人做一件好事并不难，难的是一辈子做好事。"因此，每个人在践行时都宜认识到行的艰辛，为此要适当立长志，做到一以贯之地进行。

　　第四，本书特别强调守信在道德践履中的作用，因为诚信是做人之本，一个人只有表里一致、言行一致，于外，才容易获得他人的认可与尊重；于内，才不至于常常因心中有鬼而惴惴不安，只有如此，才可堂堂正正做人，不至于产生口是心非或"当面一套，背后一套"的虚假人格。

　　第五，在强调践履作用的同时，也认可学习有时有助于一个人的道德修养。因为从哲学根基上看，本书赞成重行的知行合一观，在强调"美德在践履"的前提下，本书也认同孔子的这一思想，即一个人若不好学多学以增加阅历，只盲目地践履德行，不但不会增强自己的品德修养，反而会导致诸多弊病。于是，本书也相信，一个人若只习惯于如此做，却不明白为何要这样做，他只能算作一般的人。《孟子·尽心上》说："行之而不著焉，习矣而不察焉，终身由之而不知其道者，众也。"言下之意是，德行高尚的人既会去践履道德，又知道践履的道理所在。这启示人们，就德育而言，只一味地要求学生去做，而不告诉他们为什么要这样做，也不能真正提升他们的道德境界。

　　第六，虽然我们不赞成"灌输"这一术语，但我们也不应该滥用它，以至于把这一术语作为对人们所不喜欢的任何教育体制的批评。这样，在使用"灌输"这一术语时，必须有一些限制。具体地说，根据上文对"灌输"的界定，给予年幼儿童一些合理合宜的道德训练不能完全称为灌输。早在儿童达到他们能够接受我们所说的道德教育，即学习作出他们自己的道德决定这一发展阶段之前，他们应该而且必须由他们的父母来教会许多行为。早期儿童的训练既是必需的，也是不可避免的。人们不是在道德的真空中长大的，他们是在家庭、学校和社区里成长的，而这些地方普遍地存在着一定的行为规范（有时称之为习俗）。父母向他们的孩子传递他们自己的生活方式，同时也传递有关他们行为的感情和信念。教师反复传授这种对于课堂的社会组织来说是必需的行为——他们这样做是正确的。当青年人开始有意识地为自己作出决定并承担责任时，他们往往并不超过（或反对）这一早期训练的经历。虽然对于不同的人来说，这种早期学会行为的重要性也是不同的，但人

　　① 弗·培根. 培根论说文集. 水天同，译. 北京：商务印书馆，1983：145.

们不应低估它的影响，正如克伯屈（W. H. Kilpatrick）所说，"我们不能等到儿童成熟得足以为他自己作出决定的时候才进行教育"。因此，将所有对儿童的训练都说成是"灌输"，这是一种不必要的混淆。合理的说法应如霍尔（R. M. Hare）所说，"只有当我们试图停止发展我们的儿童为他们自己进行思考的能力时才算灌输"①。

① 霍尔，戴维斯. 道德教育的理论与实践. 陆有铨，等译. 杭州：浙江教育出版社，2003：19-20.

第十章　学习动机：学习的动力系统

【内容摘要】

　　本章内容主要有三个方面：一是对动机与学习动机的含义、动机与学习之间的关系、几种与学习有关的主要动机、学习动机与学习效果等主题进行了探讨。二是较详细地分析了几种有代表性的学习动机理论。三是分析了在教学中激发学习动机的策略。本章的最大亮点是结合中国的文化特色来阐述动机理论及其对中国人的启示。

【核心概念】

　　动机、需要、学习动机、认知需要、自我提高的需要、自我实现的需要、成长需要、耶克斯—多德森定律、成就动机、习得性无助

【思考题】

　　1. 什么是学习动机？学习动机与学习效果的关系怎样？

　　2. 强化动机理论的主要观点是什么？在教学中应如何利用该理论激发学生的动机？

　　3. 成就动机理论的主要观点是什么？在教学中应如何激发学生的成就动机？

　　4. 归因理论的基本观点是什么？应如何引导学生进行积极而正确的归因？

　　5. 需要理论的基本观点是什么？在教学中应如何提高学生的自我效能感？

　　6. 在教学中如何有效激发学生的学习动机？

　　在日常生活中，人们往往将更多的人力与物力放在编写教材、建造校舍、聘用教师、装备教室等方面，而忽视学生的学习动机。其实，学习也像人类的其他行为一样，在绝大多数情况下都是在某些动机的推动下完成的。

第一节　学习与学习动机

　　动机（motivation）一词，来源于拉丁文 movere，意思是移动、推动和引起活动（to move）。现代心理学一般将动机定义为：引起、激发和维持个体进行活动，并导致该活动朝向某一目标的心理倾向或动力。与此相对应，学习动机（learning motivation）指推动、引导和维持学生进行学习的一种内部动力，是学习不可缺少的内在条件。一般认为，学习动机包括学生的求知欲、价值观、学习的自我效能感和学习成就归因等方面。

　　也有一些心理学家倾向于用满足需要来解释动机这一概念，人本主义心理学家马斯洛的需要层次说就是这种观点的代表。杨国枢教授认为，西方心理学中的各种需要概念大体上有两种用法：第一种用法重视它的动力性意义，把需要看作一种力或紧张；第二种用法

重视它的非动力性意义，把需要看作个体在某一方面的不足或缺失。[①] 这一分析颇有见地。根据杨先生的见解，第一种用法的"需要"实相当于"动机"，第二种用法的"需要"才相当于人们常说的"需要"（need），它是有机体内部的某种缺乏或不平衡状态，它表现出有机体的生存和发展对于客观条件的依赖性，是有机体活动的积极性源泉。

动机是用来说明个体为什么要从事某种活动，而不是用来说明某种活动本身是什么（what）或怎样进行的（how）。心理学家之所以使用"动机"这一概念，主要有以下五个目的：①将生物学与行为联系起来。作为一个生物有机体，个体体内有复杂的内部机制来调节身体的机能从而帮助自己生存。例如，今天早上你为什么要起床？你可能是饿了、渴了或感到冷了。对于各种情况，剥夺的内部状态会刺激你的身体作出反应，促使你采取行动来恢复身体的平衡状态。②解释行为的多样性。为什么几乎具有同样能力和知识水平的两个学生在一项竞赛中，一个完成得很好，而另一个却不好呢？当情境恒定（如相同的能力、技能、经验和机会）时，心理学家就会用动机这一概念来解释人们行为的差异。③从公开的行动推断内心的状态。当你看见某人在公园里大声读英语，你能解释这种行为吗？心理学家和外行人一样都通过观察行为来推断引起它的内部原因。④将责任感赋予行动。个人责任在法律、宗教和伦理学中是一个基本的概念。个人责任假定内心的动机和能力控制人的行为。当出现以下情况时，人们是可以少负甚至不负责任的：其一，他们没有故意导致负面结果的出现；其二，外部力量足够强大，能激发产生某些行为；其三，行为受到药物、酒精和疾病的影响。这样，动机理论必须能够区分导致行为产生的不同潜在原因。⑤解释逆境中的意志。心理学家研究动机的一个重要原因，是为了解释机体遇到困难时为什么还要坚持把行为继续下去。动机使得你即便筋疲力尽了也要按时工作或学习；动机帮助你坚持比赛并把你的能力发挥到极点，即使输了或意识到自己不会赢时仍然如此。[②]

一、动机与学习之间的关系

（一）动机与学习之间有关系吗

有些学习既不需要动机给予力量，也不需要内驱力的满足来加强。例如，巴甫洛夫的条件反射仅仅是凭借条件刺激与无条件刺激在时间上的多次暂时接近，再加上适当的外在强化即可形成。人类日常生活中的一些学习也可以在没有任何明确学习意向的情况下偶然发生，即于潜移默化中发生。对于那些没有组织的、短期的、知识的接受学习，也不一定非要动机的参与。因为这类学习与意义学习和问题解决的情况相比，一般不用付出太大的努力，也不大需要依赖学生已有的内驱力和动机、诱因条件和外部的奖励。

某些特定的学习事例可以在基本上没有动机的情况下发生，但要有效地进行长期的认知领域的学习，动机是绝对必要的。长期的认知领域的学习，如掌握某一门学科的知识，需要个体不断地作出积极的努力，把新观念材料组合到自己的参照系内。它要求个体具有集中注意力、坚持不懈以及提高对挫折的忍受性这样一些意志与情感方面的品质。一般情况下，一个人在做自己毫不感兴趣的事情时，他是很难作出长久努力的。一个毫无知识需求的学生对长期的有意义学习是不会作出努力的。他们表现出一种不能胜任有意义学习的

① 陈雪屏. 云五社会科学大辞典第九册：心理学. 台北：台湾商务印书馆股份有限公司，1970：184.
② 理查德·格里格，等. 心理学与生活. 王垒，等译. 16版. 北京：人民邮电出版社，2003：325.

心向，不能获得各种精确的意义，不能把新的材料同自己已有的观念组合起来，也不能根据自己特有的经验和词汇重新阐述新的命题。此外，他们也不会花费一定时间和精力去练习和复习。这样，他们所习得的知识就不巩固，也谈不上为接下来的学习打下基础。所以，长期的认知领域的学习首先要激发学生求知的欲望与动机。许多事例表明，造成学生学习困难的最大因素往往不是智力方面的而是动机方面的。虽然有时有些学生因为理解能力过低而不能领会教学内容，但导致学生成绩低下的原因更多的往往是因为他们缺乏学习的动机。

以往人们常常只注意动机对于学习的促进作用，认为"动机是学习的先决条件"，忽视了动机与学习之间的辩证关系。奥苏贝尔明确指出："动机与学习之间的关系是典型的相辅相成的关系，绝非一种单向性的关系。"这表明，动机以增强行为的方式促进学习，所学到的知识反过来又可以增强学习的动机。所以，对于那些尚无学习动机的学生来说，教学的最佳方法应当是，不管他们当时的动机状态如何，都要集中注意力以便尽可能有效地去教他们。学生尝到了学习的甜头就有可能产生要学习的动机。因此，在某些情况下，提高学习动机的最适宜的方式是将重点放在学习的认知方面而不是动机方面，凭借富有成效的教育成绩来增强学生进一步学习的动机。正如斯金纳所说："就学校而论，动机的问题，不是'传递'动机之事，而是安排好学习与研究的条件，使之起强化作用的问题。"

（二）动机对学习的影响

既然要想一个人有效地进行长期的学习，就必须有动机的参与，那么动机是以怎样的方式影响学习呢？心理学研究表明，动机变量不同于认知变量对学习和保持的影响。认知变量涉及学习中新旧知识相互作用的全部条件。在学习阶段，认知变量通过学习的同化方式影响着认知的相互作用过程，从而决定涌现出的新意义的准确性、清晰性与可辨别性。在保持阶段，这种变量仍旧通过同化机制发挥作用，在保持期间还持续地产生累积作用，由此决定了新获得意义的可利用性的相对程度。然而，典型的动机变量并不是直接参与认知的相互作用过程的，而是以间接的方式产生影响的。在学习的最初阶段，动机变量并不直接参与认知的相互作用过程，不影响任何基本的认知变量。相反，它们只是通过努力、增强注意与持久性以及对学习活动的及时准备，来加强和促进在学习期间这种认知的相互作用过程。形象地说，动机变量所起的作用，犹如"催化剂"，而不是"特效药"，它们对最初的学习只产生间接的增强与促进作用。不少心理学家认为，动机对于学习的促进作用，主要是以注意的加强为中介的。经验与实验早已证明，学习不良的主要原因之一在于没有自觉养成良好的注意习惯，注意广度不足，或由于学习的内在动机与外在动机未获得充分的发展。凡是学习上有成就的学生，总是不像一些有学习潜力但无甚成就的学生那样容易受分心刺激物的影响。同时，成就动机强的学生一般比成就动机弱的学生更能集中思考尚未弄清楚的问题。因此，只要学生的注意指向于教材的某些方面，就可在一定程度上推动他们的学习。而培养求知需要的学习情境之所以能促进学习，是因为借助于它可以引起和维持注意。这些学习情境包括新颖、不一致、令人惊奇、变化以及观念冲突等，即"认知不协调"。据研究，在已有的知识同新的学习任务之间具有中等程度的分歧、不一致或差距时，对引起学生的注意最为有效，特别是在学生对他所知道的东西感到不满足的情况下，更是如此。用皮亚杰的话说，如果新的学习任务需要儿童自己先做出某种程度的顺应，即已有的图式不完全适合于理解或解决问题，而需要加以细微变更，然后才能进行同化，那么，这些新任务对儿童来说，就最具有吸引力。教师在创设认知上的冲突时必须要考虑学科性质、学生集体特征等诸方面的问题。对于社会科学方面的课程，如政治课，就某一问题展开讨论是引发认知冲突的良策。而对自然科学方面的课程，进行实验演示，并启发学生对可能的结果进行预测和解释，将产生观念上的冲突，并促使学生去理解结果与预期不一致的原因。外语教学中设计恰当的问题有助于激发学生运用具体细节和例证来阐明自己的解释。动机除了通过加强努力、集中注意来对学习施加影响之外，还能通过降低在学习过程中通常所含有的那种一般的知觉和反应阈限，来动员个体立即对这种学习做好准备。其机制则是个体在回答"快点工作"这种指令时，他的反应时间缩短了。

（三）学习动机与学习效果

学习动机对学生的学习效果或工作效率的影响是不容置疑的，但这种影响究竟有多大呢？这种影响是积极的还是消极的呢？研究表明，这种影响取决于两个要素：一是取决于学习动机本身的强弱，二是取决于学习者行为的质量。

一方面，学习动机对学习效果或效率的影响取决于动机本身的强弱。一般来说，当学习动机过弱时，学习者对学习活动持漠然态度，学习效果或效率必然很低；当然，在动机强度过大时，学习者处于高度的紧张、焦虑状态，其注意和知觉的范围变得过于狭窄，也会限制正常的学习活动，从而使学习效率降低。例如，在高考前做了充分准备的学生，以其实际能力和水平完全可以考出一个好成绩，但临场发挥时处于高度紧张焦虑状态，唯恐考不好，结果限制了自己能力的发挥，反而降低了效率。这样的事屡见不鲜。所以，为了使行为卓有成效，应努力避免动机过强或过弱，使其处于最佳水平上，只有动机处于最佳状态时，在其他因素恒定的情况下才能最大限度地提高行为效果或效率。需要说明的是，学习动机强度的最佳水平不是固定不变的，它往往会因学习任务难度的不同而不同：在较容易的学习任务中，学习效率有随动机提高而上升的趋势；在较困难的学习任务中，动机最佳水平有逐渐下降的趋势。这表明，学习效率和学习动机强度的关系并不是一种简单的直线性关系，而是一种倒"U"形曲线关系，这种现象是耶克斯和多德森（Yerkes, R. M. & Dodson, J. D., 1908）通过动物实验发现的。如图 10-1 所示，随着课题难度的增加，动机最佳水平有逐渐下降趋势，这种现象叫耶克斯—多德森定律。

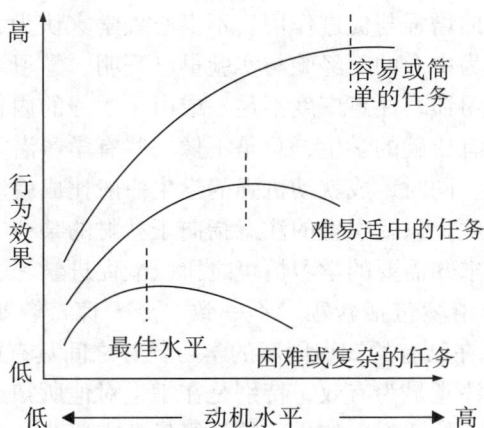

图 10-1 课题难度、动机强度和学习效率的关系

教育心理学新编（第五版）

瓦伦达心态

瓦伦达心态，也叫瓦伦达效应（Valenda effect）。瓦伦达是美国一个著名的高空走钢索表演艺术家，以精彩而稳健的高超演技闻名，此前他从未出过事故。因此，演技团决定派他在一个重要场合上场表演。瓦伦达知道这次上场的重要性：全场都是美国知名人物，若成功，不仅将抬高他在演技界的地位，还会给演技团带来巨大收益。因而他从前一天开始就一直在仔细琢磨，每一个动作、每一个细节都想了无数次。演出开始了，这一次他没有用保险绳。因为许多年以来他都有100%的把握不出错。但是，意想不到的事情发生了，当他刚刚走到钢索中间，仅仅做了两个难度并不大的动作之后，就从10米高的空中落下摔死了。事后，他的妻子说："我知道这次一定会出事。因为他在出场前总是不停地说：'这次太重要了，不能失败。'在以前每次成功的表演中，他只是想着走好钢索这事的本身，不去管这件事可能带来的一切。"瓦伦达如果不去想这么多走钢索之外的事情，以他的经验和技能是不会出事的。心理学家把这种为了达到某种目的，总是患得患失，导致不能专注做好眼前事情的心态命名为"瓦伦达心态"。

另一方面，学习动机对学习效果的影响还与个体行为的质量有关。动机必须以行为为中介对行为效果产生影响，行为质量对学习效果的影响至关重要。行为的质量又要受到一系列主客观因素制约，比如，一个人的学习动机对学习效果有多大影响，不仅取决于动机的强弱，而且取决于学习行为本身的质量。也就是说，学习动机只有通过学习行为才能发挥作用，影响学习效果。一个学习动机很弱的学生当然不会有高质量的学习行为发生，也不能获得很好的学习效果；但一个学习动机很强或达到最佳动机水平的学生，也不一定能表现出高质量的学习行为，从而获得好的学习效果。因为学习行为的质量不仅受动机影响，还受许多变量的影响，如学习基础、教师指导、学习方法、学习习惯、智力水平、个性特点、健康状况等的制约。只有把动机、行为、效果三者联系起来，才能看出动机与行为效果之间既一致又不一致的关系。现以"M"代表动机，"B"代表行为，"E"代表行为效果，可以得到四种常见的 M－E 的关系类型（见表10－1）。其中，"＋"表示好或积极；"－"代表坏或消极。

表 10－1　动机与行为效果的关系

	正向一致	负向一致	正向不一致	负向不一致
M	＋	－	－	＋
B	＋	－	＋	＋
E	＋	－	＋	－

从表10－1可以看出，在四种 M－E 关系类型中，有两种动机与效果的关系是一致的，另外两种动机与效果不一致。一致的情况是学习动机强，积极性高，行为质量也高，则效果好，这是正向一致；相反，动机弱，积极性不高，行为也不好，则效果差，这是负向一致。不一致的情况是：动机强，积极性高，如果行为质量不高，其效果也不会好，这是负向不一致。相反，学习动机不强，如果行为质量高，其行为效果也可能好，这是正向不一致。据此，可以得出这样的结论：学习动机是影响学习行为、提高学习效果的一个重

要因素，但不是决定学习活动的唯一因素。在学习中，激发学习动机固然是重要的，但改善各种主客观条件以提高学习的行为效果才是最关键的。只有抓住了这个关键，才能保持正向一致和正向不一致，消除负向一致与负向不一致，提高行为效果。

（四）动机与学习取向

学习动机与策略的结合构成学生的学习取向（learning approach）。心理学研究表明，可以把学生的学习取向分为三种类型：表层型、深层型和成就型。表层型学生的学习动机是外部的，他们的学习是由外部奖励推动的，学习目的往往是只求达到一个外在的目的（如拿到文凭），由此便决定了他们的学习策略常常是掌握需要考试的内容，考试要考什么，他们就学什么，与考试内容无关的东西，即便将来可能有用，他们一般也不愿多加涉及。深层型学生的学习动机是内在的，他们对学习的内容本身感兴趣，只有弄懂了学习的内容，发现了其深层的意义，才能满足他们的兴趣、好奇心与求知欲。由此便决定了他们的学习策略是寻求意义，发现教材内容的内在联系及其应用意义。有时他们的学习并不一定取得好成绩，他们对考试分数的高低看得不太重。成就型学生的学习动机是成就动机，他们学习重在结果而不是过程，在这一点上他们和表层型学生相似。他们对考试分数看得很重，追求高分，争取获得各种奖励，由此决定了他们的学习策略是最大限度地扩大获得高分的机会，于是，他们往往用最适当的时间和精力投入学习任务，假如教师鼓励精确回忆，他们将采用表层学习策略；教师鼓励深层学习，他们也可能采用深层学习策略。[①]

二、与学习有关的几种主要动机

激发学生的学习动机，是广大教育工作者所关心的问题，解决这个问题首先是要了解学生的需要和动机，即在学校情境中有哪些需要和动机可促使学生将自己的行为指向学习。综观奥苏贝尔与马斯洛等人的观点，再结合笔者多年的学习体会和教学经验，主要有以下三种需要和动机与学习密切相关。当然，与学习有关的这几类需要或动机通常因年龄、性别、社会地位、种族起源以及人格结构等因素的不同而有异。例如，"好孩子"的需要在儿童早期最为突出，是促进学习的主要动机之一。在此期间，他们主要是寻求以父母的赞许和认可为基础的派生地位，享受这种地位的乐趣。他们努力学习以求得好成绩，只是为了满足家长的要求，从而得到父母的赞许。到了儿童后期和青年期，"好孩子"的需要不仅在强度方面有所减弱，而且开始从父母转向同龄的伙伴。因此，在这期间来自同伴的赞许就成为一个强有力的动机因素。而当同伴对学业成就予以否定评价时，那么，希望得到同伴的赞许也就会压抑这方面的动机。

（一）认知需要

认知需要（cognitive need），指一种要求了解和理解的需要，要求掌握知识的需要，以及系统地阐述问题并解决问题的需要。它类似马斯洛需要理论中所讲的成长需要（growth needs）中的"认知和理解的需要"（马斯洛认为，成长需要包括认知和理解的需要、审美的需要与自我实现的需要等三种）。一般来说，认知需要多半是从好奇的倾向中

---

① 邵瑞珍. 教育心理学：修订本. 上海：上海教育出版社，1997：47-48.

教育心理学新编（第五版）

发展而来的。在对儿童的日常观察中可以发现，儿童很早就开始探索周围的世界，他们被新异的景象和声音刺激，不断地摆弄和考察他们的玩具或别的小东西。他们对环境中的新奇事物特别敏感，总是不断地向成人发问：这是什么？那是什么？这是为什么？那是为什么？有许多问题在成人看来可能比较天真可笑，但这充分体现出儿童的好奇心与探究环境的倾向性。当然，个体的这些倾向最初只具有潜在的而非真实的动机性质，还没有特定的内容和方向。潜在的动机力量要通过个体在实践中不断取得成功才能真正表现出来，才能具有特定的方向。由此可见，学生对于某学科的认知的需要或兴趣远不是自生的，主要是在后天的学习实践中发展起来的，有赖于特定的学习经验。在这里，认知需要与学习之间的关系是互惠的，认知需要对学习起推动作用，成功的学习又转而增强认知需要。并且，依马斯洛的需要理论，认知需要属于成长需要的一种，因而这种需要具有一个明显的特点：越是得到满足，越能激发更大的认知需要。也就是说，越是有知识的人，越觉得自己的知识不足，进而越发努力、自觉地求知。

在教学中要想引导学生持之以恒地努力学习，关键措施之一是采取有效手段来激发学生的认知需要；而要培养学生良好的认知需要，其诀窍就是要想方设法让学生在学习过程中能够不断地获得成功的学习经验，因为成功的学习经验会提高他们在随后学习中的期望值。还需强调的是，认知需要指向学习任务本身（为了获得知识），满足这种动机的奖励（知识的实际获得）是由学习本身提供的，因而也被称为内部动机，用以区别以学业成就之外的目标为动机指向，并以赢得学业成就之外的奖励为满足的外部动机，可见，对学习而言，认知需要常常是一种最重要和最稳定的动机。目前，教育心理学家越来越重视内部动机的作用，越来越强调以"了解和理解"激发进一步学习的动机的价值。他们指出，教育的主要职责之一是要让学生对获得有用的知识本身发生兴趣，而不是让他们为各种外来的奖励所左右。当然，在肯定认知需要这种内部动机在学习中的头等重要作用时，也不能忘记还有其他一些动机的作用，毕竟认知需要只是与学习有关的动机的一种。

（二）自我提高需要

自我提高需要（self-enhancement need），指个体因自己的胜任能力或工作能力而赢得相应地位的需要。它类似马斯洛需要理论中所讲的"尊重与自尊的需要"，这种需要从儿童入学开始就日益显得重要。自我提高的需要和认知需要不同，它并非直接指向学习任务本身。因为一定的成就总是能够赢得一定的地位，换言之，一个人赢得的地位通常是与他的成就或能力水平呈正相关，成就的大小决定着他所赢得的地位的高低；与此同时，一定的地位又决定着他所感觉到的自尊心，这种自尊心是赢得相应地位的直接反映，因此，自我提高的需要是将成就看作赢得地位与自尊心的根源，它明显属于一种外部动机。

对于学生而言，自我提高的需要既可促使学生把自己的行为指向当时学业上可能达到的成就，又可促使学生在这一成就的基础上把自己的行为指向今后在学术和职业方面的目标。可见，自我提高的动机既是学生在学习期间力图用学业成绩来取得名次的一种手段，也是他们在未来的学术生涯或职业生涯中谋求作出贡献和取得地位的一种手段。心理学家虽然强调内部学习动机的头等重要作用，不过，也不能小看外部学习动机在促进学习中的重要性。理由主要有二：①很少有人能持久地表现出充足的认知需要，以至于把掌握丰富的知识看作学习本身的目标，毕竟在漫长的学习过程中，能真正做到自始至终处于愉快学习境界的人很少，多数人都只能做到"学海无涯苦作舟"。②自我提高的需要既是取得相应资格与自尊感的先决条件，又是取得相应职业与地位的重要手段。所以，为了学生的学业成就，除了要激励其内部学习动机外，适当地激发他们自我提高的动机也是必要的。在学校里教师的赞许是对学生学业成绩的肯定，是对学生作出进一步努力以赢得更好成绩或更大成就的促进，能够满足自我提高的需要。

还可以合乎逻辑地指出，与学业上的失败相联系的那些有可能导致丧失自尊的威胁，也是可以促使学生在学业上作出长期而艰巨的努力的。过去心理学家在理论上总是否认并且忌用惩罚的威胁功能，认为惩罚会产生消极的动机效果。但在实际生活中，人们往往依靠它促使学生为了自己的名誉、学业名次、毕业文凭而去勤奋学习。毕竟单靠认知需要和为了获得预期的奖励而努力学习，尚不足以克服人的惰性和拖沓的倾向，更不能克服人对持久的、有规则的和有纪律的学习的厌倦。心理学研究证明：设想自己的大部分学生能在没有严格而明确的教学要求下自觉地进行学习，完成规定作业，安分守己地接受考核，这只是生活在幻想中的教师的希望。有些心理学家指出："考核的动机力量，更多的是在于失败的威胁，而不是在于成功的希望。"这是有一定道理的。由此可见，在严格而明确的教学要求的前提下，失败的威胁也是教师用以调动学生学习动机的一种策略。当然，在这样做时切不可走向极端，不应让学生一直遭到学业上的失败。假如一直得低分，学生就会产生学习焦虑，或导致极不实际的志向水平。焦虑会严重地伤害学生的自尊心，破坏学习情绪。所谓志向，是指一个人在已有经验的基础上对自己的奋斗目标持有较稳定的抱负与期望。一个人的成功或失败的体验，如果持久存在，会对他的抱负与期望产生累积性的影响。一般来说，经常成功的体验能导致志向水平的提高；经常失败的体验导致志向水平的降低，失败得越厉害，志向水平降得越低或提得特高，这种不切实际的志向水平，最终将引起回避和退缩反应，以至丧失学习的信心。同时，过分强调自我提高的动机作用还会助长功利主义的倾向。假如学生的学习动机主要在于取得外来的利益，那么，他们在结束一门课程之后就会很少考虑这种知识与后继课程的学习以及将来的工作成就的关系，从而不能意识到这门学科的价值；或者，他们在得到学分之后就感到满足，认为没有进一步学习的价值。结果，他们是不会产生持续而深入的学习愿望的。

（三）"好孩子"的需要

"好孩子"的需要（good-children need），指一个人为了赢得长者（如家长、教师或领导等）的赞许或认可而表现出来的将学习或工作做好的一种需要。它类似马斯洛需要理论中所讲的"归属与爱的需要"。如果一个学生求得学业成就并不是为了赢得地位，而是为了要从长者那里获得赞许或认可，那么就说明该学生"'好孩子'的需要"想要获得满足。一些学生之所以有"好孩子"的需要，往往是因为学生与长者在感情上具有依附性，长者是学生所追随和效法的典范；同时，学生在从长者那儿赢得的赞许或认可（如被长者视为可爱的、聪明的、有发展前途的人，而且受到种种优惠的待遇）中获得一种派生的地位。所谓派生地位，不是由他本身的成就水平决定的，而是从他所追随和效法的某个人或某些人不断给予的赞许或认可中引申出来的。享受到这种派生地位乐趣的人会有意识地使自己的行为符合长者的标准和期望（包括对学业成就方面的一些标准和期望），借以获得并保持长者的赞许，这种赞许往往使一个人的派生地位更确定、更稳固。麦基奇（W. J. Mcdeachie）等人1966年的研究表明，富于附属内驱力的学生因有高度的附属感（从其所依附的长者方面获得赞许的意向）而在班上做出较好的成绩，反之亦然。

需要指出，中国的学生由于生活在讲究"孝道"的文化传统里，相对而言，较之生活在没有明显"尚孝情结"的西方文化里的学生有更明显的"好孩子"的需要，换言之，"好孩子"的需要在当代中国学生尤其是一些成绩优秀的学生中普遍存在着。"好孩子"的需要对于促进中国学生刻苦努力地学习具有一定的积极意义；不过，一个学生若有太强的"好孩子"需要，可能从某种程度上说又容易降低其对学习、对知识本身的兴趣，一旦他将来"光宗耀祖"了，可能也就缺乏想进一步求知、进一步学习的内在动力了。从一定意义上说，这或许是当代中国的许多读书人缺乏"为知识而知识"的纯学术精神的深层心理原因之一。这是当代中国教育应设法予以解决的。

第二节　学习动机的理论

动机理论纷繁复杂，与学习动机有关的动机理论除了前文所讲的班杜拉的自我效能感理论外，重要的还有以下几种：

一、强化理论

行为主义者倡导强化理论（reinforcement theory）。典型的行为主义者认为，人类一切行为都是由刺激（S）—反应（R）构成的，在刺激和反应之间不存在任何中间过程或中介变量，既然不存在任何中间过程或变量，那也就不可能到中间过程或中介变量中去寻找行为的动力，只能到行为的外部去寻找。顺着这个逻辑，再加上受到巴甫洛夫经典条件反射学说和桑代克学习理论的影响，行为主义者尤其是典型的行为主义者一般将人类行为的动力归结为强化。在他们看来，人的某种行为倾向之所以发生，完全取决于先前的这种行为与刺激因强化而建立起来的稳固联系。当某种行为发生后给予强化，就可以增加该行为再次出现的可能性；与此相反，当某种行为发生后不予强化或是给予惩罚，就会降低该行为再次出现的可能性。例如，某学生在偶然一次考试中得了高分，家长、教师便及时进行表扬、奖励，就能够增加该学生在下一次考试中取得好成绩的可能性。所以，没有必要存在独立的动机理论，因为动机仅仅是学习产物。如果学生因学习而得到强化，他们就会有学习的动机；假如学生的学习没有得到强化，就没有学习的动机；如果学生的学习受到惩罚，则会产生避免学习的动机。按照这种观点，人类做出任何良好的行为都是为了获得报偿。因此，在活动中采用各种外部手段如奖赏、赞扬、评分、等级、竞赛等，是激发动机不可缺少的手段。后来，一些行为主义者受到认知心理学的影响，逐渐加重对行为的内部心理过程的探讨，于是强化的概念发生了变化，认为强化有外部强化与内部强化之分，前者是由外部或他人施予行为者的强化，后者是自我强化，即行为者在活动中获得了成功而增强成功感与自信心，从而增加了行为动机。无论是外部强化还是内部强化都有着正强化与负强化之分，并与惩罚有着千丝万缕的联系。一般说来，正强化和负强化都起着增强学习动机的作用，如在取得优异成绩时进行适当的表扬与奖励属于正强化，而取消讨厌的频繁考试等便是负强化。惩罚一般起着削弱动机的作用，但有时也会使人在失败中重新振作起来。

研究表明，教师的批评与表扬会影响到学生的成绩。例如，受表扬的学生和看到别的同学受批评的学生，成绩上升；看到别的同学受表扬的学生，则成绩下降。事实上，教师表扬所起的强化作用是受许多因素制约的。例如，教师对学生说："好好干！我知道你们努力做的话，是能够做好的。"对那些感到难以完成任务的学生来说，这番话是一种鼓励或强化；而对那些可以很轻松地完成学习任务的学生来说，这实际上类似于惩罚，因为教师这番话意味着他们必须经过特别努力才能完成任务。作为教育工作者需要注意的是，仅凭学生的行为来推断学生的动机往往是困难的，因为可能有许多不同的动机影响学生的行为。有时某种行为显然是由于某种动机引起的，但在更多的场合，学生的行为是受一系列动机影响的。此外，学生从事某种活动而不是另一种活动，取决于动机的相对强度。

行为主义（主要是指华生的经典行为主义和斯金纳的新行为主义）的强化理论的一大不足是：过分强调引起行为的外部力量，不太关注有机体内部发生的各种心理过程与相应的条件，忽视甚至否定人的学习行为自觉性与主动性（虽然这一错误倾向在班杜拉那里得到了部分纠正）。同时，一些研究表明，强化虽对人的行为有影响，但真正影响行为的不是强化，而是人们对强化的信念。人们参与活动是因为他们认为将能够得到强化，并看重强化。若以前的强化与现在的信念发生矛盾时，人们会按照自己的信念行动。再者，为什么有些学生在遭到挫折时仍能坚持学习，而有些学生就感到沮丧了呢？为什么有些学生为取悦教师、家长而学习，有些学生为得好分数而学习，有些学生则是由于对学习感兴趣而学习？为什么有些学生从原有水平看来发挥"超常"，而有些学生却发挥"失常"呢？这些问题都用学生的强化来回答，难免有牵强之感，人们需要寻找其他理论来解答，以求更合理的解释。

二、需要理论

有些心理学家倾向于用满足需要来解释动机这一概念。人本主义心理学家马斯洛（Abraham H. Maslow，1908—1970）的需要理论（need theory）是这种理论的代表。

（一）需要层次理论的核心观点

1. 人类的需要是一种似本能需要，是与生俱来的

似本能（instinctoicd）需要是一种内在的潜能或固有趋势。这种似本能需要在某种程度上是由体质或遗传决定的。因此人类的需要，即使是最基本的对食物的需要，也与动物有很大区别，"当我们沿着种系阶梯上升，口味变得越来越重要，饥饿变得越来越不重要。例如，对于食物的选择，猴子比白鼠更具有变易性，而人又比猴子更具有变易性"。似本能需要只有在适宜的社会条件下才会顺利表现出来。需要的层次越高，其表现和满足就越依赖于外部条件。需要的层次越高，与本能的区别就越明显，似本能的性质也就越突出。需要层次越高，其变易性、可塑性也就越大。

2. 人类的需要是一个层次分明的需要系统

人是一个一体化的整体，不能像传统的本能研究者那样孤立地、不分主次地研究人类的需要。鉴于人们有许多需要，那么，每个人在某种特定场合下想要满足哪些需要呢？马斯洛对此提出了需要层次说。他认为，人类的基本需要是按优势出现的先后或力量的强弱排列成等级的，即所谓的需要层次，如图10-2所示。

教育心理学新编（第五版）

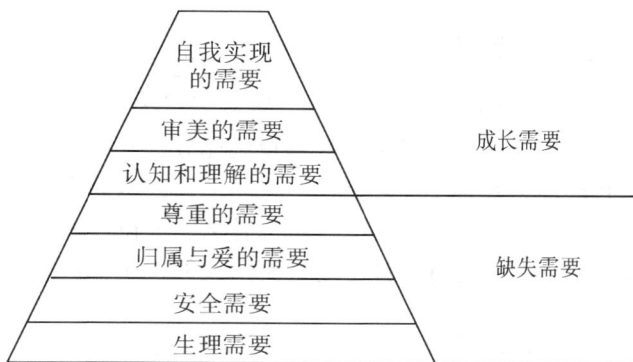

图 10 - 2 马斯洛的需要层次理论

根据图 10 - 2 可知，人类多种多样的需要可归纳为七个基本的层次：最低一层是生理需要（physiological need）。生理需要是指维持生存及延续种族的需要，如对食物、水分、氧气、性欲、排泄和睡眠等的需要。这是人类保存个体生命和群体生命的基本需要。如果没有这种需要，人类连生命都无法存在，更无法去谈其他需要，所以这种需要是所有需要中最基本、最原始，也是最强有力的需要，是其他一切需要产生的基础。第二层次的需要是安全需要（safety need）。安全需要是指希求受保护与免遭威胁从而获得安全感的需要，典型的安全需要有：①生命安全。每个人都希望自己的生命不受到内外环境的威胁，或者说希望在一个安全的环境中生长、发育、成熟、发展。即使那些探险的人或铤而走险的人也都希望尽最大的努力脱险。一个人有了病痛之后去求助医生也是出于生命安全的需要。②财产安全。每个人都不希望自己的财产受到他人的破坏，都希望一旦遭到他人的破坏能寻求保护。③职业安全。人们都希望自己所从事的职业有安全感，不固定的职业常常使人焦虑不安等。第三层次的需要是归属与爱的需要（belongingness and love need），指每个人都有被他人或群体接纳、爱护、关注、鼓励及支持的需要。人是具有社会性的动物，因此均具有团体归属感，因为社会是以群体的方式划分的，所以每个人都希望能够找到自己所属的社会群体，如家庭、学校、工作单位等。不仅如此，人们还希望在自己所生活的群体中得到接纳、爱护、关注、鼓励、支持、建立和谐关系等。第四层次的需要是尊重的需要（esteem need）。尊重的需要是在生理、安全、归属和爱的需要得到基本满足后产生的对自己社会价值追求的需要。尊重的需要包括自尊与他尊两个方面。自尊是指个人渴求力量、成就、自强、自信和自主等。自尊需要的满足会使人相信自己的力量与价值，使人在生活中变得更有能力，更富有创造性；相反，缺乏自尊会使人感到自卑，没有足够的信心去处理面临的问题。他尊是指个人希望别人尊重自己，希望自己的工作和才能得到别人的承认、赏识、重视和高度评价，也即希望获得威信、实力、地位等。他尊需要的满足会使人相信自己的潜能与价值，从而进一步产生自我实现的需要；反之，缺乏他尊会使人丧失自信心，怀疑自己的能力和潜力，不可能产生更高层次需求，即自我实现的需要。第五层次的需要是认知和理解的需要（need to know）。求知的需要又称认知和理解的需要，是指个人对自身和周围世界的探索、理解及解决疑难问题的需要。马斯洛将其看成克服障碍的工具，当认知需要受挫时，其他需要的满足也会受到威胁。如何找到食物，如何摆脱危险，怎样得到别人的好感等，都离不开认知。第六层次的需要是审美的需要（aesthetic need）。审美的需要是指对对称、秩序、完整结构以及对行为完美的需要。审美需要与其他需要是相互关联而不可截然分开的，如对秩序的需要既是审美的需要，也是安全的需要、认知的需要（如数学、数量方面）。最高层次的需要是自我实现的需要（self-actualization need）。当上述几种需要都获得基本的满足之后，就会产生最高层次的需要——自我实现的需要。所谓自我实现的需要即个人渴望自己的潜能能够得到充分的发挥，希望自己越来越成为所希望的人物，完成与自己能力相称的一切活动。一句话，人们的潜能得到了充分发挥。具体地说，就是一个人能够成为什么，他就必须成为什么，一位诗人必须写诗，一位画家必须绘画，一位作曲家必须作曲，这样才能令他感到最大的快乐，但满足自我实现需要所采取的途径却是因人而异的。

3. 人类需要的层次演进关系

（1）人类的需要是相互联系、彼此影响的，只有在低级需要基本得到满足后，较高层次的需要才会产生。马斯洛认为，上述七层次需要之间是相互联系、彼此影响的，并由低到高依次出现。只有当较低一级的需要得到基本满足之后，高一层次的需要才会产生，换言之，只有当生理需要得到基本的满足之后，才会产生安全需要；只有安全需要得到基本的满足之后，才会产生归属与爱的需要，以此类推，一直到自我实现的需要，如图 10－3 所示。

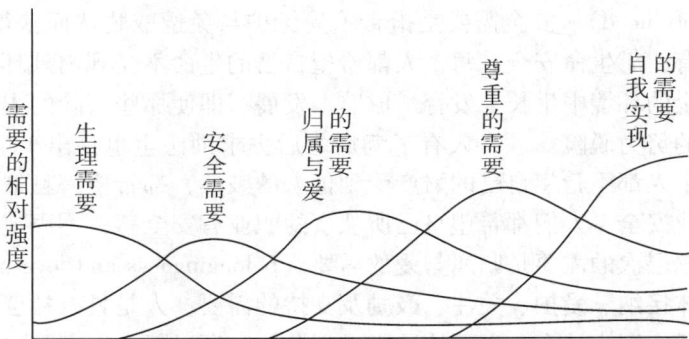

图 10－3　五种需要之间的关系示意图

这一观点与中国古代"衣食足而知荣辱，仓廪实而知礼节""糟糠不饱者，不务粱肉，短褐不完者，不待纹绣"不谋而合。这说明，人们在试图满足高一层次的需要之前，至少必须先部分满足低一层次的需要。一个处于饥饿状态或面临危险的人，一般不大关注维持一种积极的自我形象，但是，一旦他不再挨饿或没有危险后，他就会考虑到自尊的需要。

（2）人在某一特定时间和条件下往往有多种需要，但有一种需要占优势，它决定着人的行为。在婴儿期，占优势地位的需要一般是生理需要；在青少年时期，占优势地位的需要一般是尊重的需要；在青年中、晚期，占优势地位的需要一般是自我实现的需要。

（3）一种需要获得满足后它的作用就逐渐减弱，不再是积极的推动力了，另一种需要就会上升为优势需要，成为人们行为的新动力。当然，任何一种（新）需要浮现于意识中的或然性，取决于更具优势需要的满足或不满足状况。占优势的需要将支配一个人的意识，并自行组织去充实机体的各种能量；不占优势的需要则被减弱，甚至被遗忘或否定。当一种需要被满足，另一种更高级的需要就会出现，转而支配意识生活，并成为行为组织的中心。人是永远有需求的动物。

（4）新的需要的产生经历了一个从无到有、从弱到强、逐步演进的波浪式前进过程。

4. 人类的需要可分为高级需要和低级需要

生理和安全需要为低级需要，是人和动物所共有的；高级类人猿也许有爱的需要；而自我实现的需要则是人类独有的。同时，低级需要直接关系到个体的生存，如果这种需要得不到满足，个体将出现疾病或危机，如盐或食物的匮乏都会导致疾病。越是高级的需要，对于维持纯粹的生存也就越不迫切。但高级需要也不是与人的健康毫无关系的。这种需要的满足能使人健康、长寿、精力旺盛，产生更深刻的幸福感、宁静感，以及内心生活的丰富感。

5. 需要有缺失需要与成长需要之别

马斯洛需要理论中的一个重要思想，是缺失需要与成长需要之间的区别。缺失需要（deficiency needs），也叫基本需要（basic needs），指对生理和心理的安宁极为重要的那些需要。它既包括生理需要和安全需要等生物性需要或低级需要，也包括爱和自尊等心理性需要或高级需要。基本需要是个体在生活中因身体上或心理上的某种缺失而产生的需要：因饥渴而求饮食、因恐惧而求安全、因孤独而求归属、因免于自卑而求自尊等。马斯洛认为，基本需要必须得到适度满足，因为它们直接关系到个体的生存或心理的安宁；假若这种需要长期得不到满足，个体将会出现疾病、危机，甚至导致死亡。当然，不同的人对这些需要的重要性程度有所不同。有些人需要获得他人的爱抚或欣赏，有些人则更需要身体的舒适或安全；同样，人在不同的时候会有不同的需要。虽然人都必须首先满足缺失需要，但基本需要有一个共同特征，那就是一旦获得满足，其需要强度就会降低，因为个体在某一特定时刻所需要的目的物是有限的。无论个体饿到什么程度，三碗饭下肚之后，很快就解除了他的饥饿。

成长需要（growth needs），也译作生长需要，它虽然以基本需要为基础，但它同时对基本需要具有引导作用。成长需要不是维持个体生存所必需的，但满足这种需要能促进人的健康成长。成长需要包括认知和理解的需要、审美的需要和自我实现的需要。居于顶层的自我实现需要，对以下各层均具有潜在的影响力。与基本需要不同的是，成长需要不但不随其满足而减弱，反而因获得满足而增强，也即在成长需要之下，个体所追求的目的物是无限的。无论是求知还是审美，都是永无止境的。例如，一个人越是能够满足认知和理解的需要，越是有更强的动机去学习更多的东西。这是人类异于禽兽之处，这也是马斯洛需要理论的超越之处。

6. 各层次需要在全人口中所占比例与需要的级别成反比

马斯洛认为，在需要层次的金字塔中，各层次需要在全人口中所占比例与需要的级别成反比。换言之，越向下的层次在全人口中所占比例越大，越向上的层次在全人口中所占比例越小。自我实现的需要是人类基本需要中最高层次的需要，但不是每一个成熟的成年人都能自我实现，能自我实现的人是极少数，仅1%；而绝大多数人都停留于中间的某一层次，这就是马斯洛之所以要用一个金字塔的图形来描述需要的七个层次及其关系的原因所在。在马斯洛看来，导致绝大多数人不能自我实现的主要原因是：①自我实现是很微弱的似本能需要，容易被压抑、控制、更改和消失；②许多人不敢正视关于他们自己自我实现所需要的那种知识，对那种知识缺乏自知，使自己处于不确定的状态；③文化环境用强加于人身上的规范，阻滞一个人的自我实现；④自我实现者是由成长性需要而不是匮乏性需要推进的，其发展和持续成长依赖于自己的潜力。

（二）对需要层次理论的简要评价

马斯洛的需要层次论的主要贡献体现在：①它注重探讨社会正常人的需要，具有广泛的应用价值，从而在各行各业中得到广泛的应用。例如，需要理论在教育实践中得到了广泛的应用。教育实践证明，学生如果处于饥饿、不安全、得不到爱、缺乏自信心的状态，显然不可能把精力用于学习，更不可能进行创造性学习。但一般来说，学校里最重要的缺失需要是爱和自尊。如果学生感到没有被人爱，或认为自己无能，他们就不可能有强烈的动机去实现较高的目标。那些吃不准自己是否讨人（特别是教师）喜欢或自己能力如何的学生，往往会做出较为"安全"的选择，即随大流，为测验而学习，而不是对学习本身感兴趣。能够使学生感到很自在，被人所理解并受到尊重的教师，有可能使学生渴望学习，并愿意为创造性的和开放性的新观点承担些风险。所以，在马斯洛看来，要使学生具有创造性，首先要使学生感到教师会作出公正的、始终如一的反应，不会因自己出差错而遭到嘲笑或惩罚。对后进生的研究也表明，他们一旦解除了受歧视、孤独、焦虑的情绪，以尊重和爱的情感去感召他们，即"动之以情、晓之以理、导之以行"，树立他们的自信心，是可以逐步激发起他们上进的学习动机的。②马斯洛的需要层次论是一个有严格组织的层级系统，并按优势出现的先后排成一个系列，较系统地探讨了需要的性质、结构、发生、发展以及需要在人生中的作用，这些对于人们深入研究人类的需要是有启发的。③马斯洛的需要层次论比较客观、准确地揭示了人类需要产生的客观规律。

当然，需要层次理论也有一定的不足：①虽然马斯洛用"似本能"来代替"本能"的概念，用以说明人类的需要不同于动物的需要。但是他认为人类的基本需要是由体质或遗传决定的，是与生俱来的，不但把人的生物性需要和社会性需要混淆了，而且降低了社会生活环境在人的需要发生发展中的重要作用。马克思说："人的本质并不是单个人所固有的抽象物。在其现实性上，它是一切社会关系的总和。"[①] 人的需要不仅具有社会性，而且它还是人类社会历史发展的结果。马斯洛似乎也承认人的需要的社会性，把人和动物加以区分，但是他不是从人的本质的社会历史制约性而是从体质或遗传性出发，因而仍然错误地把人的需要的发展及实现看作人类生物特性的发展和实现。②马斯洛十分重视人的潜能和价值，认为自我实现的人是人类中潜能得到充分发挥的最好典范，是最有价值的人。然而他所讲的自我实现是个人的自我实现，仅仅是极少数人的自我实现。这种观点是难以苟同的。《共产党宣言》早已提出，理想社会将促使每一个人的潜能得到充分的发挥。因此，从我们的价值观来看，就不能以个人的自我实现作为最高的追求，而应以理想社会的实现作为我们追求的最高价值目标。就个人自我实现的社会内容来看，既有合乎历史发展潮流的，也有逆历史发展潮流的；前者推动社会的进步，后者阻碍社会的进步。因此就不能从抽象的人性出发来谈论个人的自我实现。个人的自我实现应当与理想社会的实现紧密结合起来。在社会主义制度的条件下，个人的自我实现必须与社会的需要结合起来，这才是最有价值的。③马斯洛把人类的基本需要分为高级需要和低级需要，有其合理的因素。但是，他强调的是需要由低级向高级发展，低级需要没有得到满足，就不会产生较高

---

① 马克思，恩格斯. 马克思恩格斯选集：第一卷. 中共中央马克思恩格斯列宁斯大林著作编译局，译. 北京：人民出版社，1966：18.

一级的需要，而没有充分认识到高级需要对低级需要的调节控制作用。虽然马斯洛也看到少数人为满足高级需要可以牺牲低级需要，但认为是个别例外的情况。人自然是需要吃喝的，但是人的生活并不是为了吃喝。当人在生活的过程中产生了各种高级需要之后，高级需要便经常对低级需要起调节控制作用，同时低级需要有赖于高级需要的保障和改进。马斯洛没有看到这种辩证关系。他自己也承认："我们并不充分了解殉道者、英雄、爱国者、无私的人的动机。"① ④在需要的研究方法问题上，马斯洛突破了弗洛伊德用临床法局限于对精神病人的研究和行为主义者用实验法局限于对动物的研究，采用现象学描述法对有成就的人进行整体分析，这无疑是一个进步。但是，这类研究在信度和效度上都有不少问题，对需要的研究不能仅停留在用现象学描述法或搜集名人的档案资料进行经验性的分析而放弃探索因果关系的科学证明。从这个意义上说，马斯洛对需要的研究也有较大的局限性。②

三、认知失调理论

维持积极的自我形象的需要是一个强有力的动力，人们的许多行为都是为了满足个人的准则。例如，假如学生相信自己是诚实的好学生，他可能会表现出诚实的品质，即便在没人看到的情况下也是这样，以便维持一种积极的自我形象。假若学生相信自己是有才能的，他就会试图达到较高的成绩水平。但是，现实生活有时迫使我们进入这样的境地：我们的行为或信念与自己积极的自我形象不一致，或与他人的行为或信念相冲突。费斯廷格（1957）的认知失调论（cognitive dissonance theory）是这样解释的：当一个人深信不疑的价值观或信念受到心理上相矛盾的信念或行为的挑战时，就会产生认知失调，进而体验到一种张力或不适，为了解决这种不适，这种失调会推动人做出消除失调以恢复平衡的行为：他可以改变自己的行为或信念，或寻找一种解决这种矛盾的理由或借口。例如，一个爱吸烟的人原本认为吸烟无害，如果得了病，医生说是吸烟造成的，这种吸烟有害与他爱吸烟之间出现了不协调。这时他就必须在戒烟与继续抽烟之间进行选择。如果他相信医生的话，改变原来的观点，他就会戒烟，认知失调感受消失；假若他不相信医生的话，仍然坚持吸烟无害，那么就继续吸烟，认知失调也会消失。

同理，在实际教育里，当学生取得的成绩与自我形象不符而产生不适时，认知失调理论就可以很好地用来解释了。例如，某个学生以往在数学测验中常常得100分（满分），这次得了60分，这与他的自我形象不一致。为了解决这种不快，他可能决定更努力地学习，争取以后再也不得这么低的分数。另一方面，他也有可能试图使自己的这个分数合理化，诸如"测验题目太怪了""老师没有说要测验""我当时身体不舒服""我实际上并没有尽力去做"等。这些借口使这位学生得60分合理化了。如果他以后连续几次得了不好的成绩，这时大概会说自己从未喜欢过这门课。所有这些看法上的改变和借口，都是为了避免"我是个好学生"与"我的成绩不好"这一矛盾产生的不快。

① 马斯洛. 动机与人格. 许金声，等译. 北京：华夏出版社，1987：347.
② 黄希庭. 心理学导论. 北京：人民教育出版社，1991：188－193.

四、归因理论

归因理论（attribution theory）的最早提出者是美国社会心理学家海德（1958）。他认为，人们都具有理解世界和控制环境这两种需要，使这两种需要得到满足的最根本的手段就是了解人们行为的原因，并预测人们将如何行动。他认为对行为的归因有两种：一种是环境归因（situational attribution），即将行为原因归为环境，如将行为的原因归为他人的影响、奖励、运气、工作难易等都是环境归因。假若把行为原因归为环境，个人对其行为结果可以不负什么责任。另一种是个人归因（personal attribution），即将行为的影响归因于个人，如将行为的原因归为人格、动机、情绪、态度、能力，努力等的影响。如果把行为原因归于个人，个人对其行为结果应当负责。此后，美国社会心理学家罗特（T. B. Rotter，1966）根据"控制点"（locus of control）把人划分为"内控型"和"外控型"。内控型的人认为自己可以控制周围的环境，不论成功还是失败，都是由个人能力和努力等内部因素造成的；外控型的人感到自己无法控制周围的环境，不论成败都归因于他人的压力以及运气等外部因素。

美国心理学家韦纳（B. Weiner）在吸收海德和罗特理论的基础上对行为结果的归因进行了系统的探讨，韦纳认为，对成功或失败的大多数解释都具有三个特征：①把起因看作内部的还是外部的；②把起因看作稳定的还是暂时的；③认为起因是可控制的还是无法控制的。于是，韦纳把归因分为三个维度：内部和外部维度、稳定性和非稳定性维度、可控和不可控维度。同时，韦纳将人们活动成败的原因即行为责任归结为六个因素：能力高低、努力程度、任务难易、运气（机遇）好坏、身心状态和外界环境等。能力、努力和身心状态归因于个人内部，任务难易、运气和外界环境归因于外部。但能力与努力不一样，能力是相对稳定的、不可改变的，而努力是可以改变的；同样，任务的难度实际上是稳定的特征，而运气则是不稳定的、不可预测的，见表 10 – 2。

表 10 – 2　三维度与六因素的结合

因素	稳定性		内外在性		可控性	
	稳定	不稳定	内在	外在	可控	不可控
能力高低	+		+			+
努力程度		+	+		+	
任务难易	+			+		+
运气好坏		+		+		+
身心状态		+	+			+
外界环境		+		+		+

同认知失调理论一样，归因理论的基本假设是：人们都试图维持一种积极的自我形象。因此，当发生好事时，他们很可能把它归因于自己的努力或能力；当发生坏事时，则认为这是由于一些他们无法控制的因素造成的。许多实验都证实了这一点。在实验时，让学生做一项工作，告诉一组学生"成功"了，告诉另一组学生"失败"了，而事实上这

教育心理学新编（第五版）

两组学生同样都做得很好。但听说自己"失败"了的学生会说，他们的失败是由于运气不好；而听说自己"成功"了的学生，则把成功归因于自己的技巧和能力（Kukla，1972）。一般来说，学生刚开始得到不好的成绩时，往往把它归因于外部的、不稳定的因素，一旦多次得到不好成绩后，他们会逐渐归因于内部的、稳定的因素。由此可见，归因理论的一个关键概念是控制的位置。如果学生认为成功或失败的控制位置在内部，就会归因于能力或努力；假若认为控制的位置在外部，就会归因于任务的难度、运气或他人的行动。控制的位置在解释学生学业成绩方面是非常重要的。不少研究者发现，在智力水平相同的学生中，认为控制的位置主要在内部的学生，比那些认为主要不在内部的学生的成绩更好些。他们还发现，除了能力之外，控制的位置是学生学习成绩的最重要的预测者。其中的道理很简单，如果学生认为在校学习是否成功取决于运气或其他外部因素，他们就不可能用功读书。

归因理论在实际应用中的价值主要有三：①了解心理与行为的因果关系。归因理论告诉人们，人类的任何行为都一定有其原因，人们会将自己在某种活动中的成功或失败自觉不自觉地归于某种原因，对这种因果关系的研究有助于对人的心理与行为进行更有效的把握。例如，一个教师往往会将资质中等而成绩甲等的学生归因为努力，把聪明而成绩优异的学生归因为能力，把经常因病缺课而成绩低落的学生归因为身心状况的问题。教师只有了解到学生成败的原因后才能对症下药，改进教学，从而达到因材施教的目的。②根据行为者的归因倾向预测他以后的动机。归因理论的一个重要价值就是人们可以根据某个行为者当前的归因倾向预测他未来在此方面的动机。稳定性维度似乎与对今后类似的任务的期待密切相关。如果学生将成功（或失败）归因于像能力或任务难度这样稳定的因素，那么他们可能会对今后类似的任务做出成功（或失败）的估计；假如他们将结果归因于努力、运气这类不稳定的因素，那么，在以后遇到类似的任务时，就可能会预期结果将有所改变。以两个同样获得考试成绩优秀的学生为例，若甲生把自己的成绩归因于能力，而乙生归因于运气，那么就可以想见在以后的课业学习中甲生比乙生可能会有更强的学习动机。因为甲生将自己的成功归因于能力，能力虽然也是不可控的因素，但能使他充满信心；乙生将成功的原因归于运气，运气是外在的不可控的因素，个人无能为力。乙生可能心存幻想，希望下次再碰上好运气。再如，两个同样失败的考生，若甲生将自己的失败归因于努力不够，而乙生却将之归因于试题太难，可以预测在随后学习中甲生的学习动机会强于乙生。因为甲生将失败的原因归为努力不够，努力是自己可以调节和控制的；而乙生将失败的原因归于试题太难，而这是外在的、不可控的因素，因此可以预测甲生在后来的学习中其动机可能远远大于乙生。同时，控制维度似乎与自信心和对前途的期待密切相关。如果学生将成功归因于像努力这种可控的因素，他们就会信心百倍，并预期今后会再次获胜；假若他们将成功归因于像运气这种不可控的因素，那么，他们就会产生感激之情，并希望今后仍能碰到好运；如果学生一贯习惯将失败归因于像能力（在西方心理学中指"智力"）这种不可控的因素，那么，他们就会听任失败，长期处于消极的归因心态会阻碍人格成长，表现冷漠、压抑、自暴自弃或"丧失动机"，心理学家通常把这种现象称为"习得性无助"（learned helplessness，简称 LH）。习得性无助感的概念最初是由美国学者塞利格曼等人（M. E. P. Seligman，1955）通过实验提出的。在实验中他们先将狗固定在架子上进行电击，狗无可奈何，因为它无法预料也无法控制这种电击。然后，再把狗放在一个中间用矮板墙隔开的实验室里，让它们学习回避电击。对于一般的狗来讲，是非常容易学会的，可是对于这些遭受过电击的狗来说，绝大部分却没有学会回避电击，它们先是乱抓乱叫，后来干脆趴在地板上甘心忍受电击，不进行任何反应。塞利格曼认为，这一实验结果表明，动物在有了"某些外部事件无法控制"的经验后，会产生一种叫做习得性无助感的心理状态，这种无助感会使动物表现出反应性降低等消极行为，进而妨碍新的学习。很多以人为被试的实验也得出了同样的结论。人们发现，习得性无助感产生后被试有三个方面的表现。一是动机降低：积极反应的要求降低，消极被动，对什么都不感兴趣。二是认知出现障碍：形成外部事件无法控制的心理定势，在进行学习时表现出困难，本应学会的东西也难以学会。三是情绪失调：最初烦躁，后来变得冷淡、悲观、颓丧、陷于抑郁状态。到了习得性无助感的状态，纵然轻易成功的机会摆在面前也鼓不起尝试的勇气。显然这对个体人格的成长是极为不利的。所以，帮助学生学会正确而积极的归因是每个教师应尽的责任。③归因训练有助于提高自我认识。让学生学会正确而有积极意义的归因是对学生进行心理教育的一项重要内容。学生学会归因的过程也就是提高自我认识的过程，通过归因训练可以帮助学生在从了解自己到认识别人的过程中建立起明确的自我观念。由此可见，归因训练首先在于培养学生自觉的归因意向，有了这种自觉归因意向的本身就表明学生有了自觉的自我意识；其次，重要的在于归因过程，通过这种过程培养学生的自我观念；再次，要培养学生正确而积极的归因，这样不仅在一项具体的活动中能够正确地认识自己与人行为原因的关系，而且能形成正确的自我意识，从而更好地知己与知人。因此，教师有必要对学生不正确的、消极的归因进行心理辅导，避免学生产生习得性无助感。

五、成就动机理论

如果说归因理论是从结果来阐述行为的激起，那么成就动机理论（theory of achievement motivation）是从原因来讨论行为的引发。成就动机（achievement motivation）的概念是默瑞（H. A. Murray, 1938）在 20 世纪 30 年代提出"成就需要"的基础上发展起来的。默瑞认为，人格的中心由一系列需要构成，其中之一即成就需要，这一需要使人表现出追求较高的目标，完成困难的任务，竞争并超过别人。20 世纪四五十年代，麦克兰德（D. McClelland）和阿特金森（J. W. Atkinson）接受默瑞的思想，并将其发展成为成就动机理论。麦克兰德通过实验研究发现，成就动机高的人喜欢选择难度较大、有一定风险的开创性工作，喜欢对问题承担自己的责任，能从完成任务中获得满足感；成就动机低的人倾向于选择风险较小，独立决策少的任务或职业。阿特金森于 1963 年将麦克兰德的理论作了进一步深化，提出了具有广泛影响的成就动机模型。他认为成就动机的强度是由动机水平、期望和诱因的乘积来决定的。其关系可用下述公式表示：

$$动机强度 = F（动机水平 \times 期望 \times 诱因）$$

其中，动机水平是一个人稳定的追求成就的个体倾向；期望是某人对某一课题是否成功的主观概率；诱因是成功时得到的满足感。在此基础上，阿特金森的另一主要贡献是区分了成就动机中的两种不同倾向：一是力求成功的需要，即人们追求成功和由成功带来的积极情感的倾向性；二是力求避免失败的需要，即人们避免失败和由失败带来的消极情感的倾向性。根据这两类动机在个体的动机系统中所占的强度，可以将人分为力求成功的人与力求避免失败的人两种类型，在力求成功者的动机成分中力求成功的成分多于避免失败的成分，在避免失败者的动机成分中避免失败的成分多于力求成功的成分。阿特金森认为，生活使人面临难度不同的任务，他们必然会评估自己成功的可能性。力求成功的人旨在获取成就，就不能不对任务的成功概率有所判断，进而选择能有所成就的任务。成功概率在50%的任务是最能调动力求成功者的积极性的，因为这给他们提供了最大的现实挑战；而那些根本不可能成功或稳操胜券的任务反而会降低他们的动机水平。与此相反，避免失败的需要强于力求成功愿望的人将心态定位在如何避免失败，所以他们往往倾向于选择大量非常容易或困难的任务，如果成功概率大约是50%时，他们会回避这项任务。因为选择容易的任务可以确保成功，避免失败；而选择非常困难的任务，即使失败了也可以归因于任务的难度或找到其他的借口，得到他人的理解和原谅，从而减少失败感。因此，追求成功的人成就动机高，倾向于选择中等难度的任务；避免失败的人成就动机低，倾向于选择很难或者很容易的任务。在教育活动中，要调动力求成功者的积极性，就应当提供新颖且有一定难度的任务，通过安排竞争的情境、严格评定分数等方式来激起他们的学习动机；而对于力求避免失败者，要安排少竞争或竞争性不强的环境，如果小有成功便立刻给予奖励或强化，评定分数也要适当放宽，并尽量避免在公开场合指责其错误。应该说力求成功的动机比避免失败的动机具有更大的主动性。因此，对学生除了尽可能让他们避免失败之外，还应立足于增加他们力求成功的成分，使他们不以避免失败为满足，而应以获取成功为快乐，这样才能真正调动一个人的积极性。

20世纪50年代末60年代初，麦克兰德在各种实验条件下对不同年龄、不同特征的被试的成就动机作了大量的研究。其中一个实验结果证实了上述观点。该实验是用5岁的儿童来当被试的。让一个孩子走进一间屋子，手里拿着许多绳圈，让他用绳圈去套房间中间的一个木桩。孩子们可以自由选择自己站立的位置，并且让他们预测他们能够套中多少绳圈。结果发现：追求成功的学生选择了距离木桩适中的位置，而避免失败的孩子却选择了要么距离木桩非常近，要么距离木桩非常远的地方。麦克兰德这样解释道：追求成功的孩子选择了具有一定挑战性的任务，但同时也保证了具有一定的成功可能性。因此，他选择了与木桩距离适中的位置也就是中等难度的任务。避免失败的孩子关注的不是成功与失败的取舍，而是尽力地避免失败和与此有关的消极情绪，因此，要么距离木桩很近，轻易成功，要么距离木桩很远，几乎没有成功的可能，这是任何人都达不到的，也就不会带来消极情绪。

阿特金森认为，具有较强的获得成功的愿望并不能保证具有成就行为，因为还必须考虑避免失败的动机。提高成就行为的最好方法是将获得成功的强烈愿望与失败的低恐惧结合起来。阿特金森的理论对教学和学习均有重要意义。如果学生认为任务太难，他就会因为对失败的高度恐惧以及成功的低期待而不去努力，或轻易放弃。增强对成功的期待，减弱对失败的恐惧可以提高动机。因此，教师应该对学生有积极的期待，给学生一定的指导，使学生付出适当的努力而获得成功。但是学生任务也不能过易，学生会对没有挑战性的材料感到厌烦。如果课程不能满足学生的不同需要，人们所期待的成就行为也难以展现。

对教育者而言，最重要的动机之一就是成就动机。成就动机的内涵在心理学界存在多种定义，这里取教育心理学中公认的定义：成就动机指个体在完成某种任务时力图取得成功的动机。它是一种社会性动机，在学习领域是以求得学业成就为目标的学习动机。实验表明，以成就为动机的学生坚持学习的时间会更长些，即使遇到挫折，也往往会归结为自己还不够努力。因此，为了提高学生的成就动机，可以采用一些方法进行成就动机的训练。例如，科尔布（D. A. Klob，1965）为了促进学生的学习，以高中学习后进生为对象，采取"暑假辅导班"的形式进行了六个星期的成就动机训练，不但提高了学生的成就动机水平，而且提高了学生的学习成绩。成就动机训练分为两种形式：一种为直接训练，学生直接接受研究者的训练；另一种是间接训练，先是教师接受研究者的训练，然后再由教师训练学生。进行训练时可以分成几个阶段：①意识化：通过与学生谈话、讨论，使学生注意到与成就动机有关的行为。②体验化：让学生进行游戏或其他活动，从中体验成功与失败、选择目标与成败的关系，成败与感情上的联系，特别是体验为了取得成功所必须掌握的行为策略。③概念化：使学生在体验的基础上理解与成就动机有关的概念，如"成功""失败""目标"等。④练习：为前两个阶段的重复。多次重复能使学生不断加深体验和理解。⑤迁移：使学生把学到的行为策略应用到学习场合，不过这往往是一些特殊的学习场合，这一场合要具备自选目标、自己评价、能体验成败的条件。⑥内化：取得成就的要求为学生自身的需要，学生可以自如地运用所学到的行为策略。很多研究证明，对成就动机进行训练是有效的。它的直接效果表现为受过训练的学生对取得成就更为关心，并能够根据自己的实际情况去选择所追求的目标。它的间接效果是能够提高学生各学科的学习成绩。这些效果在原来成就动机低而学习又差的学生身上更为明显。[①] 同时，据杨国枢等人的研究，成就动机有两种类型：一是社会取向的成就动机；二是个人取向的成就动机。前者在崇尚集体主义的中国很常见，后者在崇尚个人主义的西方国家如美国很常见。所以，在激发中国人的成就动机时不但要激发他们的社会取向的成就动机，还要适当激发他们的个人取向的成就动机。只有这样做才能有效地激发学生的学习动机，才能更好地体现"全人"教育的思想，而不易"异化"。

六、期望价值理论

期望价值理论（expectancy-value theory）的早期创立者们以 Lewin、Rotter、Atkinson 等为代表，他们将动机看作期望（达到目标的可能性）和价值（目标被需要和渴望的程度）的函数。期望和价值之间是负相关的关系：最不可能达到的目标具有最高的价值，即俗话所说"得不到的就是最好的"。某种程度上，期望与价值是对立的关系。美国心理学家弗罗姆在《工作与激发》（1964）一书中提出，激发力量取决于预期目标的效价乘以对现实目标的期望概率所得乘积，用公式表示是：

$$激发力量 = 效价 \times 期望概率（M = V \times E）$$

其中，效价是指达到目标对满足个人需要的价值。效价值可以为 0，可以为负数，也可以为正数。期望概率是指个人对实现目标可能性的估计。概率可以为 0，可以大于 0，可以为 1。根据期望价值理论，学生做某件事的动机取决于他对自己成功概率的估计，以

---

① 张大均．教育心理学．北京：人民教育出版社，1997：91 - 92．

及他对成功价值的评估。在这个公式中最值得注意的是"乘"，这意味着，假如学生认为成功的机会是零，那么成功的价值再大也等于零；反之，假若学生认为成功了也没有什么价值，那么成功的机会再多也等于零。换句话说，当效价与期望概率一项为 0 时，激发力量也为 0，学习者对此项活动没有产生激发力量；如果效价与期望概率的乘积为负数，其激发力量也为负数，即该项活动不仅没有激发力量，而且还会使学习者产生消极抵触的情绪，负值越大，越接近 -1，其抵触情绪越大；只有当效价与期望概率的乘积为正数时，才能真正产生激发力量，正值越大，越接近 1 时，其激发力量也越大。

同时，期望价值理论还告诉人们，在某些情况下成功的概率太高对动机也是有害的，只有当成功的概率处于适中状态时才会有最强的动机。例如，只有两个球队的水平相当时，他们才会尽力打球；假如双方水平相差太大，强队会觉得即使赢了也没有价值，因不太看重赢，故而不会努力打球；弱队虽很想赢，但终因赢的概率太小，即使努力也不可能赢，干脆就不努力。

近年来，以 Eccles 等人为代表的现代期望价值理论家逐渐认识到，期望与价值并不是相互对立的，不能太看重两者之间的依存关系。他们将期望与价值这两个概念分开来进行研究。Eccles 等人将研究的视角专注于具体的学习科目——如英语、数学的学习中出现的期望价值问题，在他们的研究中，最典型的一个问题是问被试："明年你在英语科目的学习上能做到多好？"有时也会这样问："你学习英语有多擅长？"由此可见，现代期望价值理论将"期望（expectancy）"概念与"能力信念（ability belief）"概念紧密联系在一起，有时甚至将两者混用。与此同时，现代期望价值理论把"价值"看作与任务有关的认知信念，并对价值类型进行了划分。学生能够认识到的学习价值类型主要有四种：①成就价值，如学习好能够体验到成就感；②内在价值，如从学习活动本身体验到的愉快感；③使用价值，如外语学习好了将来可以出国；④代价，这是一种反向的提法，指一个学生投入学习时不得不放弃的一些东西，如放弃上网打游戏。[①]

同时，动机心理学研究领域出现了许多以现代期望价值理论为主要理论依据的实证研究，其研究对象大多为儿童和青少年。这些研究大体上可以分为三大类：①"期望"和"价值"的正相关关系研究。在某些特定领域，期望和价值并非呈现出经典理论所指出的负相关关系，而是呈现出正相关的特性。期望和价值可以同时预测许多重要的学业结果变量，如课程选择、坚持性和学业成绩。一项实证研究表明，如果六年级学生相信他们在数学学习上能获得成功并且认识到数学的重要性，则可以预测他们在十二年级时将会选修高等数学课程。[②] ②"期望"和"价值"的纵深发展研究。纵向研究表明，随着儿童逐渐成长，期望、价值、学业成绩三者之间的关系变得越来越紧密，但在孩子们心目中"期望"和"价值"的内涵发生了显著的变化。从儿童期到青少年期，孩子们对成功的期望和对任务价值的积极认识都逐渐降低或变得消极起来。[③] 这些发展性的变化某种程度上是由于随着年龄增大，孩子们对自己的能力和认识越来越"现实"，而学校环境中的竞争性因素也

① DURIK, VIDA & ECCLES. Task values and ability beliefs as predictors of high school literacy choices: a developmental analysis. Journal of educational psychology, 2006, 98 (2): pp. 382 – 393.

② SIMPKINS, DAVIS-KEAN & ECCLES. Math and science motivation: a longitudinal examination of the links between choices and beliefs. Developmental psychology, 2006, 42 (1): pp. 70 – 83.

③ JACOBS, LANZA, OSGOOD, ECCLES & WIGFIELD. Changes in children's self-competence and values: gender and domain differences across grades one through twelve. Child development, 2002, 73 (2): pp. 509 – 527.

越来越多，导致消极认知上升，在从小学过渡到中学的过程中，这种状况尤其明显。③基于纵向研究的期望和价值出现序列研究。期望和价值谁先出现，谁后出现，也就是说，儿童到底是因为某项学习任务预期会成功而对此任务有较高的价值认识（期望—价值序列），还是因为一项学习任务有较高的价值，从而使儿童学会擅长此任务的学习（价值—期望序列）呢？研究结果支持前者，即期望—价值序列。

不管是经典期望价值理论还是现代期望价值理论，心理学家们在研究过程中对"期望"的重视程度都高于"价值"，对前者的研究数量也大大高于后者。但其实，"我想要学习吗"（价值问题）有时比"我有足够的能力去学习吗"（期望问题）更加重要。今后的研究重点应该转移到对"价值"的研究上来。有几项研究已经做出了前期探索，特别是在研究方法上，采用同伴提名法、价值确认法等间接研究的方法，都起到了良好的效果，为后人提供了借鉴：①同伴提名法。Graham 及其同事采用同伴提名法，对美国少数民族学生的学业价值观进行了研究，在研究中，请学生对他所羡慕、尊敬以及引以为榜样的同班同学进行提名。其研究逻辑是：一个学生羡慕、尊敬什么样的人，以及以什么样的人为榜样，可能反映了这个学生心目中的价值观。结果显示：美国非裔及拉丁裔中小学女生几乎都将学习成绩好的同班同学作为羡慕、尊敬的对象与榜样，但是，非裔及拉丁裔中学男生则更倾向于将学习成绩不好的同学作为羡慕与尊敬的对象。对此种现象的解释是：少数民族男生可能更多面临独特的压力，而这些压力对其成就价值观产生了破坏作用。[1] ②价值确认法。研究中要求中学生被试写下他们认为有价值的事情或事物。价值确认法是根据"认知失调理论"进行设计的，预设每个学生都有使自己的认知保持协调一致的倾向，如果一个学生经常在"写作"中充分地表述出自己喜爱某种价值信念，那么即便原先他可能并没有这种信念，最后也会慢慢形成这种价值信念。经过一学年的实验，与控制组相比，实验组学生（美国非裔中学生）显著改变了他们原有的"黑人在学习上不如白人有优势"的刻板价值信念，并且学习成绩也得到普遍提高——横亘于美国黑人与白人学生中的成绩鸿沟消失了。[2]

七、逆转理论

近年来，阿普特尔（Michael Apter，1989；参阅 Frey，1997）和他的同事们摒弃了紧张消除的观点，创建了新的动机理论——专门检验竞争性动机状态的逆转理论（reversal theory）。该理论假定有四对元动机状态，不同状态派生不同的动机模式。如表 10 - 3 所示：

① TAYLOR & GRAHAM. An examination of the relationship between achievement values and perceptions of barriers among Low - SES African American and Latino students. Journal of educational psychology, 2007, 99（1）: pp. 52 - 64.

② COHEN, GARCIA, APFEL & MASTER. Reducing the racial achievement gap: a social-psychological intervention. Science magazine, 2006（313）: pp. 1307 - 1310; COHEN, GARCIA, PURDIE-VAUGHNS, APFEL & BRZUSTOSKI. Recursive processes in self-affirmation: intervening to close the minority achievement gap. Science. 2009（324）: pp. 400 - 403.

表 10 - 3　四对元动机状态的基本特征

有目的的	超越目的的
严肃的 目标取向的 事先计划安排 避免焦虑 愿望达成——成就 顺从的	嬉戏的 活动取向的 为瞬间而活 寻求刺激 娱乐和享受 逆反的
服从的	反叛的
愿意墨守成规 保守的 愉快的 愿意与人相处 控制	愿意打破常规 激进的 愤怒的 愿意独往独来 同情
权力取向的	关怀取向的
将生活当作奋斗 意志坚强的 关心控制 重支配	将生活当作合作 感情脆弱的 关心友善 重情感
自我中心的	他人取向的
主要关心自己 自我中心 关注自身情感	主要关心他人 认同他人 关注他人情感

　　如表 10 - 3 所示，每对动机都是按相反方向对应排列的。该理论认为在任何时候，每对动机的两个状态中只有一个能被激活。如果把这个表通读一遍，你就会发现每对动机是怎样定义互不相容的动机状态的。例如，设想你正处在某个与工作有关的情境中，此时你想融入集体还是想独立？你只关注自己的感受还是也关注他人的感受呢？这个理论之所以叫逆转理论，就是因为它试图解释人类是如何从对立的一端转向另一端。以有目的和超越目的的状态为例，当你从事某项活动时，假若你的目的仅仅是享受这个活动本身的话，你就处于超越目的的状态；当你从事对你来说任何时候都重要的活动时，你就处于有目的的状态。具体而言，当你读一本书希望从中获取优异的考试成绩时，那你就处于有目的的状态；假若你学习之余小憩片刻，吃点小吃，听会儿刚买的音乐 CD，你基本上就进入了一种超越目的的状态。逆转理论认为你总是处于一种状态，而不能同时处于两种对立状态之中。逆转理论为动机的研究提供了一个新颖的视角。[①]

---

①　理查德·格里格，等．心理学与生活．王垒，等译．16 版．北京：人民邮电出版社，2003：326 - 327.

八、自我决定理论

自我决定理论（self-determination theory）由美国心理学家 Deci & Ryan 于 20 世纪 80 年代提出，它的核心观点是：

（1）人类生来具有三种基本的心理需要：胜任力（competence）需要、自主性（autonomy）需要和关联性（relatedness）需要。胜任力需要是指在与他人、任务或活动交互作用的过程中，个体感觉到自己能胜任、有能力的需要。自主性需要是一种控制感，指个体自主地和环境相互作用的需要。关联性需要是一种归属于某一群体的需要，类似于马斯洛的归属需要。胜任力需要和自主性需要构成了理解内在动机的基础。胜任力需要对于探究动机和应对挑战至关重要，不过，在人们体验到胜任力需要之前必须先体验到自主性需要。[①]

（2）人类的动机可以分为三种类型：动机缺失（amotivation，即 absence of motivation）、外在动机（extrinsic motivation）和内在动机（intrinsic motivation），这三种类型的动机在一个人的动机发展过程中可能是一个连续体，从动机缺失到外在动机再到内在动机，行为变得越来越内化。

（3）从外在动机到内在动机的内化过程中，根据动机内化的程度不同，可以将之分为四个亚型：外部调节（external regulation）、内摄调节（introjeced regulation）、认同调节（identified regulation）和整合调节（integrated regulation）。

从自我决定理论角度看，完全整合的外在动机与内在动机很难区分。一项活动中的外在动机与内在动机不是彼此对立的，某些外在动机与内在动机可以同时存在，并相互整合；事实上，在学校教育情境中，外源性控制因素是普遍存在的，也是不可避免的，将学习动机完全建立在内在动机基础上是不现实的，也是不科学的，内在动机与外在动机相整合的状态才是学习动机的最佳状态。Lin，McKeachie 和 Kim（2001）采用外在/内在动机问卷，对一所文科学院、一所综合性大学、一所社区性大学的 13 个班级大学生的学习动机进行了问卷调查，结果发现，高水平内在动机与中等水平外在动机相结合能最有效地促进学习。[②] 在现实情境中，如何整合内在、外在动机，以及如何促进外在动机的内化，是值得深入研究的问题。

自我决定理论借用了 Flow 体验（Csikszen tmihalyi，1990）这个概念作为衡量动机是否完全整合的标志。Flow 体验是指个体完全沉浸在某项活动中时所产生的独特体验，通常包含以下九个方面特征：①挑战—技能平衡；②行为意识统一；③明确的目标；④及时反馈；⑤注意高度集中；⑥控制感；⑦自我意识消失；⑧注意不到时间的流逝；⑨自带目的性体验。其中，第⑨项特征是指个体之所以发自内心地参与活动，是因为活动过程中所获得的快乐，而不是活动后的奖励。也就是说，在活动的过程中就达到了目的。Flow 体验的出现标志着个体完全摆脱外部控制，动机达到完全整合的状态。Csikszen tmihalyi 曾经指出，很多心理学家关心的是内部动机激发的行为，即哪些内在因素使得个体的行为发生，

---

① 皮连生. 教育心理学. 4 版. 上海：上海教育出版社，2011：303.

② LIN Y G，MCKEACHIE W J & KIM Y C. College student intrinsic and/or extrinsic motivation and learning. Learning and individual differences，2001，13（3）：pp. 251–258.

他们并不关心在受动机激发的行为过程中个体的感受如何。而 Flow 体验关心的则是在内部动机驱使下个体的主观体验特征，也就是"什么让个体认为行为本身就具有回报性"。正由于 Flow 体验将个体带入了"最佳状态"，才使得个体享受活动本身并且高效率完成当下任务。[1]

研究表明，Flow 体验与内在动机具有相互促进的关系。Kowal & Fortier（1999）的一项关于运动员的研究表明，内部动机是 Flow 体验的重要促进因素。[2] 此外，Abuhamdeh 和 Csikszentmihalyi（2012）指出，Flow 体验的某些维度，如注意集中与挑战—技能平衡也可以促进内部动机。还有更多的研究也证实了 Flow 体验与内在动机的这种相互作用关系。[3] Lee（2005）以 262 名韩国大学生为被试，考察了动机、Flow 体验和学业拖延症之间的关系。结果显示：虽然动机对学业拖延有显著的独立影响，但在考虑了 Flow 体验的影响之后，动机的影响作用变得不再显著。[4] 这项研究的主题虽然仅是探究学业拖延症与 Flow 体验的关系，但却从侧面说明了 Flow 体验对行为结果的影响可能比动机更为直接。动机作为一种深层心理机制，并非直接作用于个体的外在行为表现，而是通过 Flow 体验影响个体完成任务时的状态来干预任务完成情况。Liao（2006）通过建构模型来评估学生在远程学习中所经历的 Flow 体验，研究发现，强烈的学习动机可以激发学生学习的 Flow 体验，而体验到 Flow 的学生对远程学习抱以积极的态度，拥有更多的学习幸福感，因此能够更加积极主动地利用远程学习。[5]

九、对抗作用理论

心理学家所罗门（Richard Solomon）就药物成瘾与其他习得动机的过程，提出了对抗作用理论（opponent-process theory）：假如一种刺激引起了一种强烈的情绪（如害怕或愉快），那么在这种刺激结束时，会出现一种相反的"情绪后效应"。例如，假如你感到疼痛，那么疼痛结束时人就会体验到一种得到解脱的快感；如果一个人感到愉快，那么愉快结束时就会感到不舒服或渴望再次体验愉快。根据这一理论，当一个刺激反复出现时，人的反应会减弱并出现习惯化。例如，当跳伞者第一次跳向空中时，总是感到惊心动魄，但随着练习次数的增加，恐惧感就会降低，最后不再感到害怕，反而感到"兴奋"。同时，情绪后效应会随着练习次数的增加而增强。初学跳伞者在第一次跳伞后会体验到一种短暂而非常强烈的放松感，令人异常欣喜，这种感觉在跳伞后还会持续几个小时。一些人喜欢爬山、跳伞、跑马拉松、洗桑拿浴或冬泳等活动，他们的动机都可以用对抗作用理论来

---

① CSIKSZENTMIHALYI M. Flow：the psychology of optimal experience. New York：Harper and Row，1990：pp. 43 – 162.

② KOWAL J & FORTIER M S. Motivational determinants of flow：contributions from self-determination theory. Journal of social psychology. 1999，139（3）：pp. 355 – 368.

③ ABUHAMDEH S & CSIKSZENTMIHALYI M. Attentional involvement and intrinsic motivation. Motivation and emotion，2012，36（3）：pp. 257 – 267.

④ LEE E. The relationship of motivation and flow experience to academic procrastination in university students. Journal of genetic psychology，2005，166（1）：pp. 5 – 14.

⑤ LIAO L F. Flow theory perspective on learner motivation and behavior in distance education. Distance education，2006，27（1）：pp. 57 – 66.

解释。[1]

十、调节定向理论

长期以来，强调趋利避害（approaching pleasure and avoiding pain）的享乐主义原则（hedonic principle）在动机研究中占有主导地位，并成为很多心理学理论的潜在动机假设。不过，这一原则并没有说明人们如何趋利避害，也无法解释一些看似矛盾的现象，例如，为什么积极的反馈有时能提高任务表现而有时会起到阻碍作用，为什么目标期望和目标价值的最大化并非总能提高个体的目标承诺。Higgins（1997）超越享乐主义原则，提出调节定向理论（regulatory focus theory）对上述问题做了清晰回答。调节定向理论在一定程度上可以看作自我差异理论（self-discrepancy theory）（Higgins，1987）的发展；在调节定向理论的基础上，Higgins 后来又提出调节匹配理论（regulatory fit theory）（Higgins，2000；Higgins, Idson, Freitas, Spiegel & Molden, 2003），最终形成系统的自我调节理论体系，其核心观点如下：[2]

（一）区分出促进定向与预防定向两个调节定向

个体为达到特定目标会努力改变或控制自己的思想、反应，这一过程叫自我调节。个体在实现目标的自我调节过程中会表现出特定的方式或倾向，即调节定向。调节定向理论根据所服务的需要类型区分了两种不同的调节定向——与提高需要（advancement，即成长、发展和培养等）相关的促进定向（promotion focus）、与安全需要（security，即保护、免受伤害等）相关的预防定向（prevention focus）。两种调节定向在目标实现过程中的表征和体验模式完全不同：促进定向将期望的目标状态（desired end-states）表征为抱负和完成，在目标追求过程中更关注有没有积极结果，更多地体验到与喜悦—沮丧相关的情绪；而预防定向将期望的目标状态表征为责任和安全，在目标追求过程中更关注有没有消极结果，更多地体验到与放松—愤怒相关的情绪。例如，对于改善人际关系这一目标，促进定向的个体会将其表征为加强社交联系和避免失去社交机会，而预防定向的个体会将其表征为消除不利于社交联系的隐患和避免社会排斥。由此可见，促进定向和预防定向在服务的需要类型、对目标的表征、对结果的关注点、情绪体验等方面存在明显区别，并会产生独立的动机结果。

（二）相信调节定向与自我指导之间有密切关系

调节定向理论认为，个体儿时与照顾者的互动方式决定了其主导自我指导（self-guide）类型，进而影响个体的调节定向——理想型自我指导指向希望、愿望和抱负，涉及的是促进定向；应该型自我指导指向责任、义务和职责，涉及的是预防定向。可见，调节定向与自我差异理论中的"自我指导"有密切关系。但这并不意味着调节定向的形成就是自我指导类型的习得过程。调节定向既可以受个体的自我调节历史的影响，表现为一种长期（chronic）的人格特质；也可以受当前情境或任务的影响，表现为一种暂时性的动机

---

① 库恩．心理学导论——思想与行为的认识之路．郑钢，等译．北京：中国轻工业出版社，2004：472 – 473.
② 姚琦，乐国安．动机理论的新发展：调节定向理论．心理科学进展，2009，17（6）：1264 – 1273.

定向。不论长期的还是暂时的调节定向，其动机结果相似（Higgins，1997）。可见，调节定向这一概念比自我指导类型要宽。

（三）促进／预防定向和趋近／回避动机属于不同范畴

虽然促进定向和预防定向分别关注积极结果和消极结果的有无，与趋近积极结果和回避消极结果的快乐原则具有很高的相似性，但实质上两者属于不同范畴。促进／预防定向解释的是能产生更一般的趋近或回避需要的不同情境。趋近积极目标状态的动机既可以是促进定向的，也可以是预防定向的；同样，对于回避消极目标状态的动机也如此（如图 10 - 4 所示）。从这个角度看，调节定向理论解释了人们如何趋近积极目标状态和回避消极目标状态。例如，有两个人当前人际关系良好，并都想在一次晚宴中有出色表现（即都有趋近积极目标状态的动机）。其中，一个人将此视为进一步提升其社会影响力的机会，而另一个人将此视为维护当前已有社交联系所必需的。也就是说，虽然两个人都持有趋近动机，但第一个人更大程度上是促进定向的，而第二个人更大程度上是预防定向的，并且这两个人的动机与力求避免在晚宴上出丑的人的动机（回避消极目标状态的动机）存在显著区别。

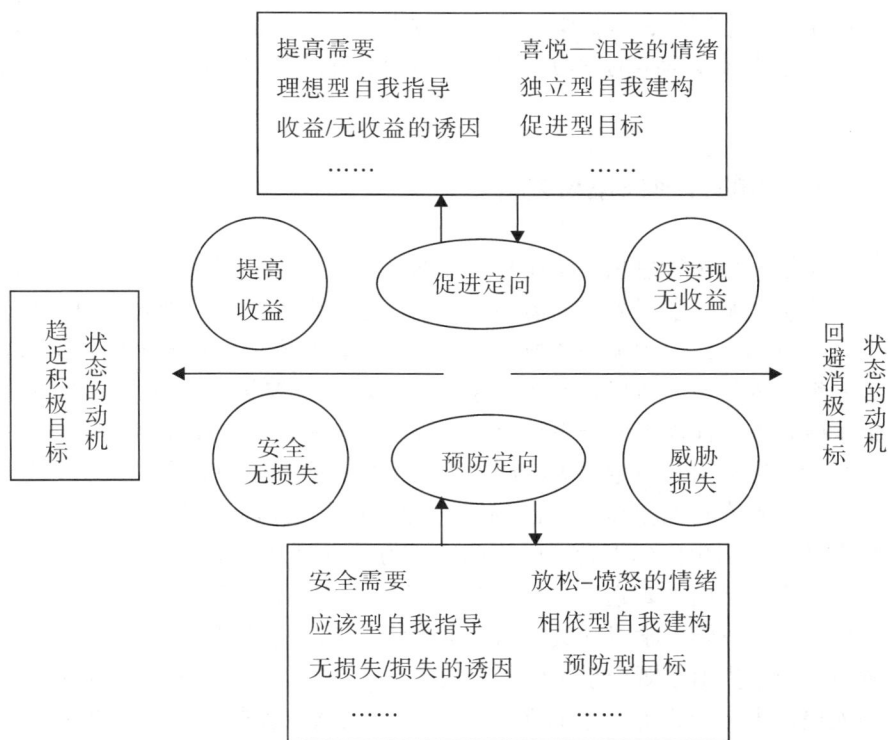

图 10 - 4　促进／预防调节定向的启动因素及与趋近／回避动机的关系①

---

① 姚琦，乐国安. 动机理论的新发展：调节定向理论. 心理科学进展，2009，17（6）：1265.

（四）调节定向与人格特质的关系

促进定向更关注有无好结果，而预防定向更关注有没有坏结果，这是否意味着促进定向的个体更乐观？Higgins 等研究者认为，有效的自我调节不论是促进定向的还是预防定向的，都会使个体产生自豪感（促进型自豪或预防型自豪），从而倾向于对未来持有积极的期望，因此，促进定向和预防定向都与乐观相关。但是对于不同调节定向的个体，成功对期望和动机的影响存在差异。预防型自豪者为了保持他们的警惕动机，可能压抑或有意降低乐观水平。因此，促进定向与乐观的相关强度高于后者。

第三节　学习动机的激发

学习动机的激发是指在一定教学情境下，利用一定的诱因，使已形成的学习需要由潜在状态变为活动状态，形成学习的积极性。激发学生学习动机的方式和手段多种多样，只要教师们有效地利用一些手段来调动学生学习的积极性，学生就有可能学得积极主动，并学有成效。大多数学习困难的学生都将失败归因于不可控制的能力因素，并因此不再作出努力。教师必须让学生明白，他们学业的成功或失败取决于自己的努力程度。那么，教师应如何在实际教学中激发学生的学习动机，使他们那种潜在的学习愿望变成实际的主动学习的行为呢？

一、尊重学生的合理兴趣与爱好

依人本主义学习理论等思想，学生接受学校教育的心理基础是：需要→价值→满足，即只有先引起学生对某一学习内容的需要，学生才会认识到此学习内容本身的价值，才会努力去学习。一旦学生认识到某一学习内容对于其心智的成长具有较大的价值或意义，他自然会全身心地投入学习。所以，激发学生学习兴趣的首要策略是尊重学生的合理兴趣，引导学生追求既合乎主体需求又合乎社会文化要求的爱好。从这个角度看，过去一段时间中国的教育之所以容易引起学生的厌学情绪，其中最重要的原因就是完全不尊重学生的合理兴趣与需要，只是家长或教师凭自己的"一厢情愿"去教育学生，不将学生当"有血有肉、有情有义"的活生生的人看，而简单地认为学生只是一个"空心有机体"，可以凭教育者的主观意志去自由"塑造"，这种将学生物化的做法自然易引起学生的反感。从全人教育的角度看，激发学生学习动机，消除学生厌学情绪的最根本的做法是尊重学生的合理兴趣，然后引导学生追求既合乎主体需求又合乎社会文化要求的爱好。在这方面，老达尔文为中国人提供了一个很好的教育个案。小达尔文从小就热衷于搜集植物和昆虫的标本，对硬币、图章、贝壳和化石等许多杂七杂八东西的收藏也极有兴趣。为此，影响了学习成绩的提高，遭到老师、校长的训斥。可是，老达尔文却理解孩子的兴趣和爱好，而且在行动上给予了热情的支持，他把花园里的一间小屋交给小达尔文，专门供他做化学实验。更难能可贵的是，老达尔文还鼓励儿子，要他把在生活中所观察到的一切情况详细地记录在日记里。后来，当老达尔文看了儿子的制作标本、文字记录和画下的插图，又向他提出了更高的要求："你不能仅把自己当作一个画家，要更多地使用文字而不是画笔与颜色。当你描述一种花、一种蝴蝶，甚至一种苔藓的时候，你必须使别人根据你的描述立刻辨认出这种东西是什么……"老达尔文不厌其烦地指导着儿子："要做到这一点，你就必须养成勤写日记的习惯，你还要不断地阅读名著，提高自己的观察能力，这样，你的写作水平才能真正得到提高……"正是在这样的家庭教育下，小达尔文最终成为进化论的奠基人。可见，当代中国的教育者在进行教育的过程中要切记"堵塞不如引导，打击不如鼓励"的道理。①

二、先满足缺失性需要，然后引导学生从基本需要提升到成长需要

根据马斯洛的需要层次理论，学生的需要是丰富多彩且具有一定层次性的，如果学生的缺失性需要得不到满足，很难让学生激发出以求知需要为基础的学习动机。换言之，在某种程度上，学生缺乏学习动机，宜归因于那些低级需要未得到充分的满足，因为可能正是这些因素成为学生学习和自我实现的主要障碍。例如，假如一个学生因家庭贫困而整天为必要的生活费而烦恼，怎能指望他专心学习，因此，要激发学生学习公共心理学的兴趣与动机，必须先满足学生的缺失性需要。正所谓"衣食足才知荣辱"。在缺失性需要得到满足后，再引导学生从缺失性需要提升到成长需要。按需要层次理论讲，成长需要的基本特点是：越满足越能激发满足者更大的动机。许多事例表明，依靠成长需要往往能激发一个人进行持久而高效的学习与科研。在这方面的著名个案之一是俄罗斯数学家格里戈里·佩雷尔曼。佩雷尔曼是 2006 年全球数学最高奖——菲尔茨奖得主之一，他自从在因特网上发表了三篇关于庞加莱猜想的重要论文之后便销声匿迹，并在获得 2006 年度菲尔茨奖后表示拒绝组委会的与会邀请，拒绝在会上发言，拒绝领奖。佩雷尔曼是一位很有个性的数学家。早在 1996 年，他获得了四年一度的欧洲数学协会颁发的杰出青年数学家奖，当时他就拒绝领奖。他不计名利、拒绝诱惑，只是埋头搞数学研究，深居简出，不向杂志投稿，回避记者的聚光灯。佩雷尔曼的朋友说："佩雷尔曼对物质享受毫无兴趣，他需要的是数学，而不是奖赏、金钱和职位。"更有多位学者及媒体称佩雷尔曼为"不被名利征服"的人。②

三、根据任务的难度，提出明确而又适度的期望与要求

一些研究表明，学生从事某项学习任务之所以失败，是因为搞不清楚要他们做什么。学生如果明确知道自己应该做些什么，教师将会怎样评价他们，以及成功后会得到什么结果，就能提高自己的学习动机。同时，依期望理论，教师向学生提出的要求既不能太高，否则学生将因感到无法达到而不愿去努力；也不能太低，否则会让学生觉得不值得去努力，这样也会降低其学习动机。因此，教师在每次上课时都宜向学生提出明确而适度的期望与要求。比如，可以在刚开始上课时，将本次课的基本要求和预期目标明确告诉学生，让学生做到心中有底，这样既容易激发学生的学习动机，也能降低其学习的盲目性。研究还表明，目标的可接受性也会影响到动机，如果学生接受教师或自己设定的目标，就能激

---

① 周惠斌. 打击不如鼓励. 扬子晚报，2003－09－25.
② 王晓河. 淡的意味. 读者，2007（10）：33.

发起学习动机，但如果学生拒绝他人设定的目标，又不愿自己设定目标，就无法激发学习动机。一般来说，如果目标是现实的、难度适中、短期内能实现、有意义，而且对目标的价值有合理的解释，学生就容易接受目标；假若与家人和同伴一道来设置目标，那么目标的可接受性就更强。

心理学家就如何帮助学生设置目标提出了五点建议：第一，尽可能让学生制定目标。因为学生自己制定目标有助于他们为实现目标而努力，实现个人价值并看到任务的用处。第二，如果学生自己不能设置目标，那么要引导学生与教师共同制定目标。可以给出若干个目标让学生选择，或选择先达到哪一目标，一定要向学生解释清楚教师选择的目标是适宜的。第三，使学生确信目标是可以达到的，为此，可以告诉学生其他人已达到此目标，并确保学生拥有达到该目标的资源，让学生知道别人相信他能成功。第四，指导学生将相对宽泛的总体目标分成多个具体的子目标，将一个长远目标分成多个近期子目标。例如，学生要完成一个科研项目，可以先制订计划，再向老师征求建议，收集资料，做实验，作演示，向全班同学及教师进行解释，修改结果，最后提交研究报告。第五，一定要给学生向目标迈进的反馈，最好是教会学生通过自我观察和自我表达来监控自己的进步情况，比如可以问"你觉得自己做了多少"，而不要说"你做得太粗糙了"，或者问"你觉得自己做得怎么样"，而不要说"很好，你已经大功告成"。①

四、有效利用反馈与评价

对学习目标达到与否的及时反馈或评价有助于激发动机。对年幼的学生来说，尤其是这样。事实上，每一反馈既起信息的作用，又起动机的作用。如果告诉学生做得对，他们不但知道将来该怎么做，还有助于他们把成功归结于自己的努力。同时，反馈的及时性也极为重要。假如学生这个星期做的作业到下个星期再给反馈，那么反馈的信息作用和动机作用就很难发挥了。因为学生由于不知道错在什么地方，仍然把错误的观念视为正确的；而且，对年幼或粗心的学生来说，一星期前的作业往往已被他们淡忘了，这时再给他们成绩很难激起他们的动机。所以，教师在上课时要注意及时给予学生清楚的反馈。同时，反馈告诉学生目前的努力距离目标有多远，学生可以更加努力或尝试采用其他策略，如果反馈告诉学生目标已经达到或已超过，学生就会感到满意或有胜任感，从而设置更高的目标。强调进步的反馈比强调差距的反馈更有效。有研究表明，对成人的反馈可以强调他们已经完成了设定目标的 75%，也可强调距离目标的完成还有 25%，前者使被试的自信心、分析思维和成绩都得以提高。大量的研究表明，有无反馈对学习者动机的激发水平是不同的。例如，以布克和诺维尔（W. F. Book & L. Norvell, 1923）的实验材料为例，就可以较好地说明反馈对激发学习动机的作用。其实验过程是，把 124 名大学生分为甲、乙两组，要求他们以最快的速度正确地做同样的练习（减法、乘法、写字母、找课文中的外国字），连续实验 75 次，每次 30 秒钟。在前 50 次练习中，对甲组采取三项措施：①知道每次实验得分；②不断予以鼓励，督促他们努力地做；③对发生的差错加以分析。对乙组则不采取上述的这些措施。在两组被试各练习 50 次后，把两组加以对换，即对乙组采取上述的这些措施，而对甲组则予以取消。在两组被试各练习 25 次后，把两组加以分析。实

①　吴庆麟. 教育心理学——献给教师的书. 上海：华东师范大学出版社，2003：317.

验结果表明，在前 50 次练习中，甲组的成绩高于乙组；而在后 25 次练习中，则乙组的成绩高于甲组，如图 10-5 所示。布克和诺维尔的研究表明，有关学习结果的反馈信息对学习动机具有激发作用，有利于提高学习成绩。①

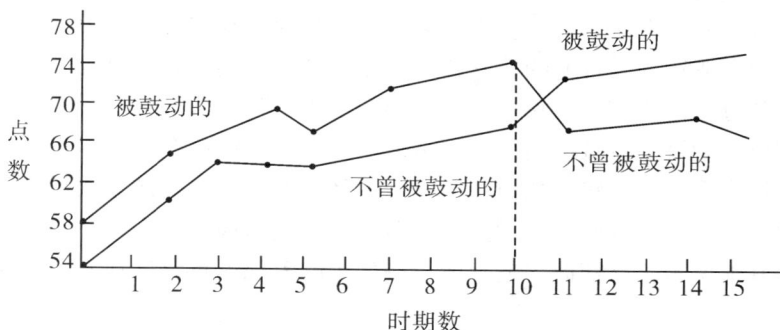

图 10-5 了确结果与不了解结果的成绩比较图

教师对学生的评定也是一种必要的反馈。虽然韦纳的归因理论是以认知论的观点建立的，但他在实际调查研究结果中却发现，教师在教学时给学生的反馈（尤其是在评定学生考试成绩时，对学生情绪的支持或拒绝）对学生的归因产生很大影响。在师生交感互动的教学过程中，教师的反馈如何影响到学生对自己的成败的归因，韦纳以下图的流程予以说明（如图 10-6 所示）：

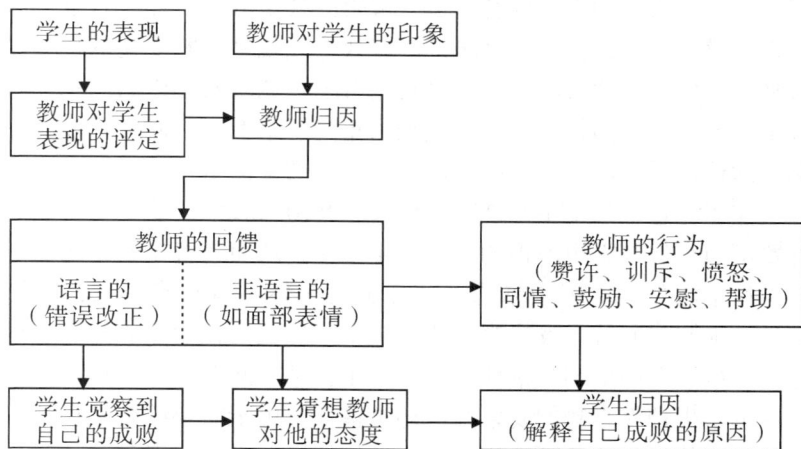

图 10-6 师生互动老师的回馈对学生归因的影响

从上图内容看，学生对自己成败的归因并非完全以其考试分数的高低为基础，而是受到教师对他成绩表现所作的反馈影响。可以预见的是，对某些缺乏信心、个性依赖性较大的学生来说，要想维持他的学习动机，教师在反馈中给予鼓励和支持，很可能比其他方法更为有效。凡有经验的教师都会体会到此点的重要。由此可见，身为教师者除教学知识之

① 李伯黍，燕国材．教育心理学．上海：华东师范大学出版社，1993：251-252.

583

外，必须注意到自己的行为及对学生的态度，随时随地都可能影响学生的学习动机。

还需指出，教师对学生的评定必须慎重，尤其要注意评定的方式。通过评定等级可以表明学生进步的大小，即评定的分数或等级并非表明个体的能力而是其进步快慢的指标。让学生明白等级评定的作用，并且教师在评定等级后再加上适当的评语，两者相结合，就会有良好的结果。有学者认为，在教学中某些不恰当的评价方式常常令学习者丧失信心而导致动机下降，最典型、最普遍的有三：一是绘制分数曲线。因为只有少部分学生位于曲线的顶端，大部分学生在该分数系统内与同伴进行比较时会认为自己是失败的。二是强调标准化成就测验上的百分位数排名。并不是每个学生的分数都在平均水平以上，许多学生的分数低于平均水平。三是将分数公布于众。由高分到低分分发试卷的做法，使许多学生公开经受失败的羞愧感。因此，教师应注意对学生的成功和失败采用不同的评价方法。如果不将学生与其他学生进行横向比较，而只将学生的表现进行纵向比较，并给予奖赏，其效果将会更好。

五、增加学习任务的趣味性

增强学习任务的趣味性是激发内部动机的有效策略之一。研究表明，增加学习任务的趣味性可以从三个方面着手：一是教师通过多种方式使学习任务本身发生变化。同样的学习任务采取不同的呈现方式，所引起学生的兴趣是不同的，通过变化可以引起学生的好奇心和注意力。研究表明，没有一种教学方式是绝对优于其他方式的，教师可以大胆地改变任务以保持学生的兴趣和注意力。这种改变很容易做到，有时略作改变就能产生明显的效果。事实表明，无论多么好的教学内容，多么有效的教学方法，如果日复一日、年复一年地重复，学生都会感到厌倦，克服这种厌倦的有效方式就是不断变化的任务与方法。二是注意选择能够吸引学生兴趣的材料。学习材料越有趣越能激发学生的内在动机。在内容的安排上应包含学生容易识别的特征，如在性别、年龄、宗教、种族和职业方面与读者相似的特征；从学生的认知需求出发，安排他们认为重要的生活事件，以及一些令人感兴趣的轶事和例子。但应当注意，给学生呈现有趣任务，必须与教学（或学习）目标相一致，因为有些材料处置不当，将使学生习得的内容发生变化，从而违背了本来的教学意图。三是鼓励学生参与设计学习任务。因为参与能使任务对个体本身具有意义，即使是采用讲授法，也应鼓励学生提问、回答、发表观点或交流个人经验。让学生表达自己的观点，可激发学生的兴趣。例如，在历史和政治课上，让学生就某一问题进行辩论，充分表达自己的观点，这可以帮助学生理解事物的复杂性。还有些任务由于需要综合运用多种能力并易产生成果，通过参与可使学生体验到自豪感，能更好地激励学生。又如，让学生出版一份报纸，这要求学生把数学（决定生产成本及报纸的定价）、社会学科（报道时事政治事件）、艺术（设计报头）和其他实践技能（如利用电脑进行文字处理）综合起来。也可通过角色扮演来学习社会学科，例如，让一个学生扮演在广场演讲"废除奴隶制度"的人，其他学生扮演市民，提出各种问题或反对意见。在高年级学生中，任务的意义依然重要，例如，教经济学原理，除了让学生阅读课文外，有许多方法可以使经济学更有趣，如给班级每位学生虚拟的 1 000 元购买股票，然后全班围绕这一任务讨论中国的经济状况、贸易平衡、世界大事以及其他影响股票价格的因素。类似的任务还有很多，教师只要动脑筋，可以设计出许多能激发学生动机的任务。①

六、合理奖惩，并通过奖惩营造积极上进的文化氛围

大量事实表明，合理奖惩，并通过奖惩营造积极上进的文化氛围，对提高学生的学习动机具有良好效果。当然，奖励和惩罚对于学生动机的激发具有不同的作用。一般而言，表扬与奖励比批评与指责能更有效地激发学生的学习动机，因为前者能使学生获得成就感，增强自信心，而后者恰恰起到相反的作用。心理学家赫洛克（E. B. Hurlook）曾于1925 年做过一个实验，他把106 名四、五年级的学生分为四个小组，各组内的能力相当，在四种不同的情况下进行难度相等的加法练习，每天 15 分钟，共练习 5 天。控制组单独练习，不给任何评定，而且与其他三组学生隔离。受表扬组、受训斥组和静听组在一起练习，每次练习之后，不管成绩如何，受表扬组始终受到表扬和鼓励，受训斥组都受到批评和指责，静听组则不给予任何评定，只让他们静听其他两组受到表扬或批评，然后探讨不同的奖惩后果对学习成绩的影响，结果如图 10 - 7 所示。

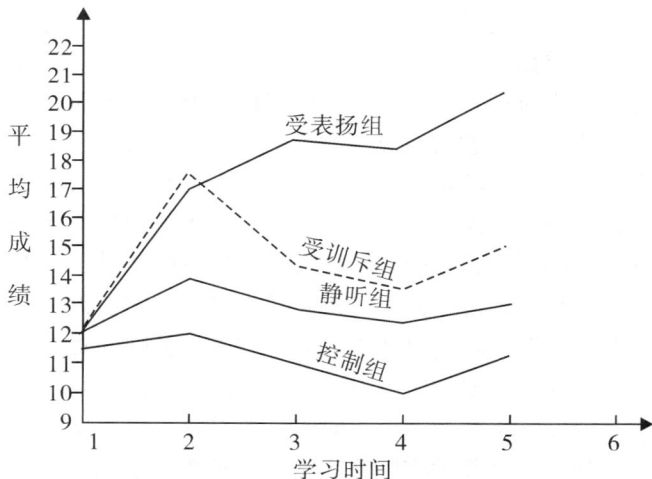

图 10 - 7　奖励与惩罚对学习结果的影响

从练习的平均成绩来看，三个实验组的成绩都优于控制组，这是因为控制组未受到任何信息作用。静听组虽然未受到直接的评定，但它与受表扬组和受训斥组在一起，受到间接的评定，所以对动机的唤醒程度较低，平均成绩劣于受训斥组。受表扬组的成绩优于其他组，而且一直不断地上升。这表明，对学习结果进行评价能激发学生的学习动机，对学习有促进作用；适当的表扬的效果优于批评，所以在教学中要给予学生表扬而非批评。

虽然表扬和奖励对学习具有促进作用，但使用过多或者使用不当也会产生消极作用。在教育中常见的表扬使用不当的做法主要有以下六种：①在课堂中有大量的表扬，却没有针对学生的正确行为，而经常给予了那些不值得表扬的行为。例如，许多教师仅仅表扬参与（如"我很高兴你参与了"），而不是表扬对教学过程的深入参与（如"你的确认真思

---

① 吴庆麟. 教育心理学——献给教师的书. 上海：华东师范大学出版社，2003：320.

考了这个问题"）。②当学生有进步、值得表扬时，却未能得到表扬。③给予的表扬基本上没有说明学生的什么行为值得表扬。④表扬的表述方式可能空洞、重复、信息性不强，如"做得好""太好了""不错""好……好……好……"等。⑤滥用外部奖励。它在短时间内可能具有促进学习的效果，但从长远看，却可能破坏学生的内在动机，并降低学习动机的强度。当然，班杜拉（1982）的研究表明，如果任务能提高个体的自我效能或自我价值感，外在奖励不会影响内部动机。同时，外部强化物究竟是提高还是降低内部动机，这取决于个体的感受与看法。摩根（Morgan，1984）认为个体如何看待奖励非常重要，当个体把奖励视为目标而任务仅是达到目标的手段时，内部动机就会受损；当奖励被看作提供有关成功或自我效能的信息时，内部动机则会提高。另外，对那些不需要奖赏就能得到自然强化的行为要慎用奖赏。⑥少用表扬。在竞争情境中，某些学生似乎永远得不到表扬，久而久之就会失去对学习的兴趣。

那么，该怎样合理使用表扬或奖励呢？根据布洛菲等人（Brophy，1983，1986）的观点，结合自己多年的教学体验，有效的表扬或奖励应具备下列八个关键特征：①表扬应针对学生的良性行为。②教师应明确学生的何种行为值得表扬，将注意的重点放在学生获得表扬的行为上。③表扬应真诚、发自内心，体现教师对学生所获得成就的关注。④表扬应具有这样的意义，即如果学生投入适当的努力，将来还有可能成功。⑤表扬应传递这样的信息，即学生努力并受到表扬，是因为他们喜欢这项任务，并想形成有关的能力，这样做常常能使表扬变成促使学生对学习任务本身产生兴趣的因素，进而促使学生的学习动机由外部动机向内部动机转化。⑥注意表扬或奖励频率。教师需要经常给学生一定的奖励，以使学生尽力而为。事实上，除非经常给学生以奖励，否则要他们只为最终的奖励而长期努力学习是不现实的。研究表明，无论这种奖励多么吸引人，如果不能经常得到的话，对行为是没有什么影响的。小的而又经常的奖励比大的但极少的奖励更具有诱因价值。⑦了解学生对奖励的估价。期望理论告诉人们，动机是学生对成功的估价和对成功概率的估计的产物。这意味着学生必然会对奖励作出估价。有些学生对教师的赞扬或分数不太看重，对教师写的评语较重视，因为后者要给家长看。这里要注意的是，教师应将奖励的重点放在学生的努力上，而不是放在学生的能力上。对学生的奖励应根据学生是否尽了力，是否在原有基础上有所提高。如果只是奖励成绩好的学生，必然会使成绩不好者失去信心，而成绩好的学生也会因表扬多了而不在乎。⑧使所有学生都有得到奖励的可能性（或使每个学生都有成功的经验），增强其自我效能。要使每个学生都知道，只要自己尽力而为，所有人都有机会得到奖励。对于那些在竞争中处于劣势的个体而言，教师应给予更多的关注与鼓励，设置情境使其有成功的体验，以免产生自暴自弃的心理。当然，也要注意，不能使有些学生感到不费吹灰之力就能得到奖励。但这一原则往往遭到目前流行的评分制度的阻碍，事实上，有些学生尽了力也得不到100分；有些学生没怎么下功夫也能得到好成绩。实际上这两种学生都不会尽自己最大的努力。教育者应该认识到，虽然并不是所有学生都能够获得高分，但所有学生同样有可能尽自己最大的努力，超过自己以往的成绩。因此，在采用目前的评分制度的同时，应辅之以适当的奖励标准，奖励那些尽了自己努力的学生很有必要。

七、利用竞争与合作

竞争与合作的科学利用对学生动机的激发也有一定影响。多伊奇（M. Deutsch, 1949）在勒温（Lewin, 1942）群体动力学理论的基础上提出了三种目标结构理论，即竞争型、合作型和个体化。

在竞争型目标结构（competitive goal structure）中，团体成员之间的目标具有对抗性，只有其他人达不到目标时，某一个体才有可能达到目标，取得成功；如果其他人成功了，则降低了某一个体成功的可能性。在这种情境中，个体重视取胜、成功有时更甚于公平、诚实，因此同伴之间的关系是对抗、消极的。研究表明，竞争型课堂结构激发以表现目标为中心的动机系统。在这种竞争情境中，学生所关注的是自己的能力。竞争情境的最大特点是能力归因，学生认为获胜的机会与个人的能力直接相关。当一个人认识到自己有竞争能力时，就会积极活动，争取成功。当其认为自己无竞争能力时，自尊就会受到威胁，因而会逃避竞争情境。在这种情况下，唯独最有能力、最自信的学生动机得到了激发，而能力较低的学生明显感到自己将会在竞争中失败，他们通常回避这种情境。一般来说，他们所采取的回避竞争和社会比较的方式是，选择极为简单或极为困难的学习任务，而回避中等难度的学习任务。然而，在实际教学情境中，中等难度的学习（即具有挑战性的学习）是最恰当的学习任务，可以使学生在已经掌握的知识基础上提高更快。虽然大量研究表明，竞争对学生的学习动机存在一定的消极影响，但完全取消竞争也是不现实的，关键是如何正确使用竞争手段。学习竞赛以竞赛中的名次或胜负为诱因，可以满足学生的附属和自我提高的需要，从而在一定程度上可以提高其学习积极性，影响其学习效果。当然，学习竞赛对于不同水平的学习者的影响不同。对于成绩中上的学生影响最大，因为他们通过努力可以不断提高名次。而对成绩极优或极差者，学习竞赛的影响甚微。因为优等生每次都取得好名次，从而认为自己无须努力也能成功，故激励作用不大；而差等生从来没取得过好名次，认为自己根本没有成功的希望，故竞赛对他们也没有什么作用。并且，学习竞赛往往是对不合作的一种无形的鼓励，不利于团结协作的集体主义精神的建立。可见，学习竞赛既有积极作用，也有消极影响，既不能简单地全盘肯定，也不能简单地全盘否定。如果在竞赛中不注意思想教育，把竞赛仅作为激励学生个人自尊心与荣誉感的措施，势必会产生消极影响；相反，如果能在竞赛中结合思想教育，使竞赛成为激励学生集体荣誉感与责任感的手段则是可取的。当然，要想发挥其积极作用，在竞赛标准上应体现出鼓励进步和团结互助，尽量多用集体或小组竞赛，而少用个人竞赛，并鼓励学生开展"自我竞赛"。这样，既有利于使先进更先进，后进变先进，团结友爱向前进，也有利于防止自卑心理、骄傲情绪和个人主义等不良倾向。

在合作型目标结构（cooperative goal structure）中，合作型课堂结构所激发的是以社会目标为中心的动机系统。团体成员之间有着共同的目标，只有所有成员都达到目标时，某一个体才有可能达到目标，取得成功；如果团体中某一人达不到目标，则其他人也达不到目标。在这种情境中，个体会以一种既有利于自己成功也有利于同伴成功的方式活动，因此同伴之间的关系是促进、积极的。在合作情境中常常出现帮助行为。帮助既是援助他人，也是承担合作学习中的工作，帮助和合作是不可分的。研究发现，取得成功的合作小组成员，都认为同伴的帮助是取得成功的关键因素。合作情境的另一明显特点是共同努力。学生之间存在着积极的相互依赖关系，他们共同努力，共享成功的奖励。在合作情境中，每个成员都尽全力为集体的成功而工作，积极承担集体义务。

个体化目标结构（individualistic goal structure）激发以掌握目标为中心的动机系统。个体化结构很少注重外部标准，强调自我发展和自身进步。由于个体化结构强调的是完成学习活动本身，即个体对学习本身的兴趣，而不注重他人是否完成任务，因此它强调只要自己努力就会完成任务，获得自我的进步和水平的提高。在这种情况下，往往将成功归因于自己的努力，产生很强的自豪感；失败则会产生内疚感，但也不会认为自己无能，而是通过增加努力或寻找更好的学习方法来争取下次的成功。由于个体化情境强调对学习任务的掌握，注重自己与自己比较，不在意别人的学习如何。因此学生坚信，只要自己努力就会成功。他们对自己表现出自信，相信自己的能力会不断提高。这种学生即使在遇到失败时，也不会否定自己的能力和水平，不会降低自我评价，而是认为自己努力不够或方法不对，坚持认为自己有能力获得成功。

总之，三种课堂结构都能在不同的方面激发学生的学习动机。但是大量的研究表明（Slavin，1995），合作型目标结构能最大限度地调动学习的积极性，更有利于激励学生的学习动机和改善同伴关系。不过，要使得合作学习有效，必须将小组奖励与个人责任相结合。换言之，当合作小组达到规定的目标时，必须给予小组奖励。这样，才能使小组成员感到有共同的奋斗目标，从而激发学习动机，提高学习成绩。同时，小组的所有成员必须都对小组的成功作出贡献。当每一名小组成员对小组的成绩都负有责任时，所有成员才会积极地参与小组的活动，使所有成员都有取得进步的机会。否则，极有可能产生责任扩散和"搭便车"现象。

八、增强自我效能感

增强学生的自我效能感，可以通过要求学生形成适当的预期来实现。为此，教师可以尝试让学生回答一些涉及"可能自我"（possible self）的观念性问题。设想可能自我可引发学生更高的成就动机。有研究者曾设计了一项训练计划，促使学生了解将来他们有可能从事的工作，并知道要获得这些职位至少要有中学毕业证书；此外，还让学生学会如何应付否定的或消极的反馈和失败，包括受到不公平的待遇等。该研究设计的宗旨是通过训练使学生逐渐坚定这一认识：自己可以控制将来的成功，只要有付出就会有回报。研究结果显示，与控制组（不接受训练）的学生比较，实验组的学生对将来成功可能性的期望更高，他们相信自己能获得较好工作和较高社会地位，如法官或外科医生等，而且学业成绩也获得了中等程度的改善。

增强自我效能感还可以通过提供挑战性任务来实现。虽然尝试容易的任务可能会较快取得进步，但学生较难从中了解自己解决挑战性任务的能力，反过来，如果尝试太难的任务，负面结果又会降低学生的自我效能感和长期动机。因此，只有当任务具有挑战性而又不是很困难，并且学生能从任务操作中获得有关自己能力的信息时，才有可能增强自我效能感。

是否每次完成任务的反馈都会影响学生的自我效能感呢？这要视学生先前是否具备较强的自我效能感而定。例如，一位大学生在撰写学年论文方面已经取得成功，并且对该任务有较强的自我效能感。大四时，一位新教授把他上交的第一篇论文仅评为"及格"，这是否会影响该学生撰写论文的自我效能感呢？可能不会，或者即使有影响，也会通过另一种解释加以消除，如"我没弄清楚教授到底需要我在论文里写什么"。但是在设置新目标或完成新任务时，有些反馈可能会对自我效能感和长期动机产生明显影响，如一位学生新近学习写诗，而第一首诗的成绩仅是"及格"，这可能会使他觉得自己不适合写诗，从而不再写诗。

九、进行适当的归因训练

归因理论告诉人们，在寻找自己成败的原因时，人们通常将导致自己成败的因素分为能力高低、努力程度、任务难易、运气好坏、身心状态、外界环境六个因素，这六个因素可归为三个维度，即内部归因和外部归因、稳定性归因和非稳定性归因、可控制归因和不可控归因。不同的归因方式会产生不同的动机效果，进而影响主体今后的行为。如一个人将自己的成功归因于努力，以后一般就会进一步努力；若将失败归因于自己能力低下，以后一般就不会去尝试。既然如此，教育也就可以通过改变主体的归因方式来改变主体今后的行为，这对于学校教育工作是有实际意义的。所以，激发学生动机需要正确引导学生对自己的成败进行归因，并适当对学生进行归因训练，同时要尽量避免让学生将失败归因于内部的、不可控的因素（如能力）而产生习得性无助。具体而言，可以从以下两个方面入手：

一方面，适当进行归因训练，促使学生继续努力。教师既要引导学生找出成功或失败的真正原因，即进行正确归因，更要根据每个学生过去一贯的成绩的优劣差异，从有利于今后学习的角度进行积极归因，哪怕这时的归因并不真实。积极归因训练对于差生转变具有重要意义。差生往往把失败归因为能力不足，导致产生习得无助感，造成学习积极性降低。因此，有必要通过一定的归因训练，使他们学会将失败的原因归结为努力，从失望的状况中解脱出来。在对差生进行归因训练时往往是使学生多次体验学习的成败，同时引导学生将成败归因于努力与否。按韦纳归因模式，努力这一内部因素是可以控制的，是可以有意增加或减少的。只要相信努力会带来成功，那么人们就会在今后的学习过程中坚持不懈地努力，并极有可能导致最终的成功。德韦克（1973）曾对一些数学成绩差又缺乏自信的学生进行归因训练。在训练中，让他们解答一些数学题。当他们取得成功时，告诉他们这是努力的结果；而当他们失败时，告诉他们这是因为努力还不够。经过一段时间的训练后，学生不仅形成了努力归因的思想，而且增强了学习的信心，提高了学习成绩。再如，香克（D. Schunk，1984）的研究表明，在归因训练过程中，一方面使学生感觉到自己的努力不够，把失败的原因归结为努力因素；另一方面也应对学生努力的结果给予反馈，告诉他们努力获得了相应的结果，使他们不断感到自己的努力是有效的。这样，他们才能真正从无助感中解脱出来，从而坚持努力去取得成就。

另一方面，让学生转向内控。根据归因理论，控制点的位置很重要，这对如何激发中国学生的学习动机具有启示意义。中国文化被描述为是以情境为中心的，其中，个体的行为常常取决于特定情境中的人际关系。这样，在内控—外控维度上，许多中国人有外控倾向。控制点问题与归因理论是有着密切关联的，归因理论所探讨的也正是个体将某个问题的产生与解决的责任归于内部还是归于外部的问题。中国人倾向于将问题的责任归因于外部因素，这实际上是一种防御机制；同时，中国人倾向于把成功和失败归因于人际间或人—物间的关系，这体现了传统的"缘"的观念。缘的观念起源于佛教，它被用来对人际交往的结果加以解释，它暗示着命运、先决作用和外在的控制。研究者发现，人们现在使用这样一种观念是将其当作一种决定人际关系状况的命定的力量，而且它又是对和谐的人际关系本身的一种描述。"缘"被认为是一种稳定的外在因素，它可以使人们将人际交往中的成功归因于外界的控制，而这样一种归因又可以使得人们对已有的结果不负责任，于是，"缘"的观念就有着一种维系和谐的人际关系的作用，它通过使人们不丢脸面而保护了个体，也不使别人失身份，并通过减少个体的自责和他人的责难而有助于个体理智地面对失败。研究者认为"缘"的观念作为一种防御机制是有助于精神健康的，但过度依赖它就会阻碍个体主动的应付行为。[①] 在中国传统文化的习染下，中国一些学生普遍相信"谋事在人，成事在天"的道理；同时，一些学生缺乏自信，而是需要用外在标准来衡量自己的价值，如用大量证书来证明自己是有才华的，于是一些学生习惯于外控，这不利于学生长久动机的保持。要采取适当的办法，让学生转向内控。

十、改变学生的消极动机模式

常用的改变消极动机模式的方法主要有二：一是通过改变目标来改变动机模式。德威克（C. S. Dweck, 1989）指出：以学习或能力提高为目标的学生与以超过同伴为目标的学生相比，前者消极动机模式很少出现。事实上，目标定向于学习或能力提高的学生在对失败的归因、分析等方面花费的时间很少，而更多地关注计划制订、策略实施等方面。目标的改变既可以直接针对个体进行，也可以通过创设合理的班级集体目标，从而间接地影响个体的目标定向。二是改变学生对能力概念的理解。研究表明，持有积极动机模式的学生更多地认为能力是可以通过学习提高的，而持有消极动机模式的学生则把能力视为固定不变的。德威克发现：视能力可改变的学生更有可能选择具有挑战性的任务。教师可以创设合理的课堂作业系列，通过对学生成功和失败的有效控制，同时引导学生正确地分析结果的产生原因，来逐步地改变学生对自我能力的理解。尽管有各种途径来干涉消极动机模式，但这些模式一旦形成，改变将是非常困难的。由于学生在各学科领域中年复一年地形成、修整、程序化各种产生式系统，并且程序性知识获取难，但一旦获取就很难消退，所以要想对这些已形成的动机模式有所改变，教师和学生都要付出大量的时间和精力。

---

① 迈克·彭，等. 中国人的心理. 邹海燕，等译. 北京：新华出版社，1990：174-175.

第六篇　教学心理

在影响学习的因素中，教师心理素质、教学设计、教学方法和个别差异等都占据重要位置，本篇就用一章的篇幅来详细探讨它们。

第十一章　教学心理学

【内容摘要】

教学心理学是教育心理学的重要组成部分，其内容主要包括四个方面：①教师心理的研究，主要探讨了教师的知识结构、能力结构、人格特征、教师威信、师生关系及教师的成长等问题；②教学设计研究，主要分析了教学设计的基本原理与程序；③知识教育中的教学策略研究，主要阐述了教学策略的含义、特征和种类等问题；④个别差异研究，内容包括个别差异的表现和如何针对个别差异进行教学。本章的最大亮点有二：一是对教师的知识结构提出了不同于前人的新看法；二是明确主张要将知识教学策略或方法与道德教育策略或方法分开。

【核心概念】

角色、教学设计、教学设计的艺术观、教学设计的科学观、教学目标、教学模式、兴趣、认知风格、学习风格、场独立型、场依存型、聚合思维、发散思维、教学组织形式、讲授式教学法、发现式教学法、灌输、个别差异、智力、智商

【思考题】

1. 请谈谈你对优秀教师应具备的心理素质的看法。

2. 请结合自己的亲身体验谈谈你对良好师生关系的看法。

3. 有人认为教授（professor）与教师（teacher）所扮演的角色是不同的，你赞成这种看法吗？为什么？

4. 一个完整的教学设计应该包括哪些因素？

5. 什么是教学策略？它有什么特征？

6. 德育与智育中的教学方法有何异同？

7. 学生的个别差异主要表现在哪些方面？如何开展个性化教学？

8. 请从教学设计角度谈谈制作 PPT 与板书之间的同与异。

9. 请你谈谈对慕课（massive open online course，MOOC）的看法。

学与教始终是教育心理学研究的基本问题，中国古代教育家就是将教与学相提并论的，所谓"教学相长"就充分体现了二者的相互依赖性。心理学既要研究学的过程和规律，也不能忽视对教的过程和规律的研究，可见，教学心理学与学习心理学既密切联系又相互独立，均是教育心理学的重要组成部分。

第一节　教师心理与教育

教师是教学过程的组织者和实践者，在教学过程中有着不可替代的作用。教师的知识结构、能力结构和人格特征等都对学生有重要影响。教师的心理素质直接关系到学生的心理素质，"明师出高徒"讲的就是这个道理。从诺贝尔奖的获奖效应中也可见一斑。1908年获奖的汤姆生的学生中就有8人获奖，这8人就包括著名物理学家卢瑟福，而在卢瑟福的学生中又有11人获奖。那么，一名合格的现代教师应当具备哪些基本心理素质？要想成为一个具有现代意义上的教师应当怎样获得这些心理素质呢？这是本节要探讨的问题。

一、教师的心理素质与职业角色

（一）教师的心理素质

1. 教师的知识结构

教师必须具备动态的具有自我更新、自我建构形态的知识结构，这种知识结构可以从知识的广度、知识的高价值度、知识的高度、知识的深度、知识的精度和知识的新度等六个维度加以约定，这"六度"的有机结合，就构成了教师的良好知识结构体系。

（1）知识的广度。个体的知识只有先有良好的广度，在此基础上才能够真正谈得上去追求知识的高价值度、高度、深度、精度和新度。同时，俗话说，"巧妇难为无米之炊""熟读唐诗三百首，不会吟诗也会吟""不怕不识货，就怕货比货"。从这个意义上说，对于一个现代教师而言，具备一定广度的知识是有必要的。知识的广度是指知识的广阔程度。假如一个人不但熟悉自己的专业，还广泛了解甚至熟悉邻近的诸种专业，那么此人的知识就具有良好的广度；反之，假如一个人不但不了解邻近的诸种专业，就算是本专业，也仅了解一个小的研究方向或领域，那么此人的知识的广度就太小了。从这个意义上说，若想成为一名合格的现代教师，仅仅具备某个方向的专业知识是远远不够的，必须对本专业知识都有较全面的把握，同时，还要对邻近学科给予必要的关注和了解。因为"各种科学之间是有内在联系的，为了解决某一个科学领域的问题，应该借助于其他有关的科学知识"（诺贝尔）。从科技史、艺术史上的许多发明创造来看无不如此。被誉为"炸药大王"的瑞典化学家诺贝尔对电学、光学、机械学、生物学、生理学等都有浓厚兴趣；达·芬奇在艺术、雕刻、生理学、建筑学、机械学、解剖学、物理学、天文学、地质学、工程学及航空学方面都有很高深的造诣。马克思曾说："凡是与人有关的，都是我所关心的。"怎样提高自己的知识广度呢？有效做法是平日做个有心人，让自己能够做到广泛看（多看）、广泛读（多读）、广泛听（多听）、广泛记（多记）、多角度进行思考（多思），只有这样，才能逐渐获得广博的知识。

（2）知识的价值度。知识的价值度是指知识的有用程度。如果一种知识具有较高或极高的理论价值或应用价值，或者兼具较高或极高的理论价值和应用价值，就说明此知识具有高价值度；如果一种知识仅具有较小的理论价值或应用价值，或者兼具一定的理论价值和应用价值，就说明此知识的价值度不高；如果一种知识既无理论价值又无应用价值，就说明此知识是无用的知识。现代教师若想提高自己的专业素养，有效做法之一是通过两种方式来不断提高自己所拥有的知识的价值度：一是学会对知识进行价值判断，进而不断学习高价值的新知识，以此不断更新脑海里价值度不断递减的旧知识；二是学会转换地使用知识，凭借此方式，可以充分发挥自己已拥有知识的最大价值。

（3）知识的高度。知识的高度是指知识的概括或抽象程度。如果一种知识具有较高或极高的理论概括水平或抽象程度，甚至已将其提炼或浓缩成了公理、定理、原理、规则、概念或公式等，就说明此知识具有良好的高度；反之，如果一种知识仅停留在具体事例、个案、故事或寓言等层面，就说明此知识的高度不够。现代教师所具有的知识必须有一定的高度，能够将人类的或自己所掌握的具体学科知识不断地上升为普遍原理。正如布鲁纳所说，越是能上升为普遍概念或原理的知识越有利于迁移和运用，也就越有利于创造。而能够使人的具体知识上升为普遍原理的学科莫过于哲学，人类任何创造活动都离不开哲学指导。恩格斯说："不管自然科学家采取什么样的态度，他们还是得受哲学的支配。"爱因斯坦说："如果把哲学理解为在最普遍的最广泛的形式中对知识的追求，那么，哲学就可以被认为是全部科学研究之母。""哲学的推广必须以科学成果为基础。可是哲学一经建立并被广泛接受之后，又会促进科学思想进一步发展，指出科学如何从许多可能的道路中选择一条道路。等到这种观点被推翻以后，又会有一种意想不到的全新发展，它又成为一个新哲学观点的源泉。"所以，一个教师若想不断提高自己所拥有知识的高度，一个有效的做法便是不断提高自己的哲学修养，以此来提高自己的理论概括水平，让自己在日常教学或学习里能够做到高屋建瓴地看、读、听、记和思。并且，教师一旦具有良好的哲学修养，不但能让其具有正确的教育观念，而且能够让其驾轻就熟地将具体事实知识上升为程序性知识和原理性知识，这样就大大地提高了知识的价值。

（4）知识的深度。知识的深度是指知识的深刻程度。如果一种知识不但具有表层结构，而且具有充满意蕴的深层结构，并且这种深层结构所蕴含的意蕴只有深入理解后才能体会和把握，就说明此知识具有良好的深度；反之，如果一种知识的意义让一个初学者都能一眼望穿，就说明此知识的深度不够。美国当代著名语言学者乔姆斯基（N. Chomsky，1928—　）认为，每一种语言的语法都包含一个规则系统来表达深层结构（deep structure）和表层结构（surface structure）：前者是人可以直接感知的结构，后者是人不能直接感知而只能根据间接材料假定其存在的结构。人从表层结构中只能得到句子的语音及表面的语法结构，句子的意义是从深层结构得来的。与此相类似，知识也具有表层知识（surface knowledge）和深度知识（deep knowledge）之分：前者是人可以直接感知的知识，相当于中国古人所说的"言"，后者是人不能直接感知而只能根据间接材料假定其存在的知识，相当于中国古人所说的"意"。人从表层知识只能得到句子的表面意义，句子的深层意义是从深层知识得来的。正因为如此，《庄子·外物》才说"得意可以忘言"。以文天祥的名句"留取丹心照汗青"为例，作为表面知识而言，"丹心"指"血红的心脏"，"汗青"指"新鲜竹子被晒出了水分"，"留取丹心照汗青"一语的含义是"留下一颗血红的心脏来照耀正在被晒出水分的竹子"。从深层知识角度看，"丹心"指"正义之心、忠诚之心"，"汗青"指"历史"，"留取丹心照汗青"一语的含义是"在历史上留下一颗忠诚之心"，以此来显示自己舍生取义的决心与高尚情操。现代教师所具有的知识必须有一定的深度，能够准确把握隐含在各类知识背后的深意。提高知识深度的有效做法有二：一是提高自己的史学修养。"深度"的重要来源之一是对历史的深刻理解。历史上许多发明创造都是批判地继承前人的成果。一个对历史无知的人的活动常常是盲目的，他的研究也不可能站在前人的肩膀上。教师也必须对所教学科历史的来龙去脉了如指掌，这样才有可能总结前人在这个领域的经验教训，才有可能发现新问题，产生新见解、新思路。二是做到深度阅读、深度思考、深度推理。教师要善于对自己所拥有的知识进行深入思考、深度加工，使其具有高度的可利用性和稳定性，能够用不同形式的等值语言表达，具有高度的可迁移性，只有这样做，才能有效克服知识的贫乏和浅薄。

（5）知识的精度。"博"为"专"提供知识背景和条件，但"博"不是天女散花，应围绕自己的专业展开，成为专业的外围与背景，与专业知识构成合理的结构，才有利于发挥所掌握的知识的作用。从这个意义上说，现代教师具备一定精度的知识同样是必要的。知识的精度是指知识的精确程度。如果一个人善于用界定清晰的术语、逻辑严谨的语句来表达其所掌握的知识，就说明其知识具有良好的精度；反之，如果一个人习惯用模糊的术语或言语来表述其所掌握的知识，就说明其知识的精度不高。教师对本专业的知识要精益求精，做到科学、准确。提高知识精度的有效做法至少有三：一是养成对自己所用核心术语下清晰定义的习惯，尽量不用或少用内涵模糊的术语；二是尽量用意义明确的语句，不用或少用模糊的语句；三是平日要做到仔细地看、仔细地读、仔细地听、仔细地做笔记、仔细地思考、仔细地推理。

（6）知识的新度。知识的新度是指知识的新颖程度。如果一个人既熟练掌握自己专业的最新发展动态，又善于用新视角来反思所掌握的知识，并及时更新自己的知识结构，做到与时俱进，就说明其知识具有良好的新度；反之，如果一个人死守旧知识，既不追踪、不了解自己专业的最新发展动态，也不善于用新视角来反思所掌握的知识，就说明其掌握的知识不够新颖。现代教师必须做到与时俱进，不断更新自己的知识结构，使自己的知识始终保持一定的新度。提高知识新度的有效做法有三：第一，注意跟踪本学科的最新发展动态，了解所教专业与相关学科的前沿或最新发展方向与趋势。第二，要善于从一个或多个新颖角度来看、读、听、思，做到"温故知新"。第三，要及时更新脑中的已有知识与观念。在大数据时代，信息/知识的增长日新月异，更新周期也不断缩短，教师要不断吸收学科前沿的新知识，自觉淘汰那些陈旧的、老化的、惰性的知识，这样才能不断地获得源头活水，不断从中获取创造的营养，才能让课常讲常新。

2. 教师的能力结构

优秀的教师没有知识是不行的，但仅有知识也是不够的，知识不仅需要通过能力才能获得，还要通过能力进行操作和加工才能真正发挥出应有价值。并且，优秀教师不能仅有一种能力，而须具备综合教育教学能力。后者是指教师根据教育教学的要求，综合运用各种教学信息、教学方法、策略和手段以完成教育教学任务的能力。教师教育教学的综合能力是多方面的，但最基本的包括以下六个方面：

（1）对信息和知识的辨别、判断和选择能力。大数据时代对人的能力提出的第一个挑战就是如何辨别、判断和选择信息/知识。大数据时代的信息/知识异常丰富，无处不在，无处不有，但不同信息/知识对学习者的意义和价值是不同的，并非所有信息/知识对构筑学习者良好的认知结构、对学习者能力的发展都有同等价值。如何辨别、判断和选择优质信息/知识，以最小精力获得最大成果成为学习者、教育者十分迫切的任务，这就需要学习者、教育者具有对信息/知识的辨别、判断和选择能力。教师有责任帮助学生判断信息/知识的价值，选择优质信息/知识进入加工系统，这样才能保证学生在最短时间内获得最有效的信息/知识。那么，教师怎样帮助学生判断和选择有价值的信息/知识呢？一方面，教师要帮助学生选择那些有利于其建构良好认知结构的信息/知识；换言之，教师要帮助学生选择那些负荷量大、生命周期长，并且能将人的思维引向深入的信息/知识。另一方面，教师要帮助学生选择那些利用率高、可迁移性大的信息/知识，去掉昙花一现的或惰性的或即将淘汰的信息/知识。

（2）对信息和知识的组织与加工能力。能力的形成离不开信息、知识，但绝不是信息/知识的被动接受或储存，而是信息/知识的主动组织、加工和改造。可见，教师既需要信息/知识，又要超越给定的信息/知识。要超越给定信息/知识，收到"1＋1＞2"的理想效果，教师就必须改变知识一进入头脑就固定不变的观念，有选择地对给定信息/知识进行简单加工或深层加工，即对信息/知识进行变形、重组、增减、扩缩、夸张、交叉、移植。因此，教师不仅自己要具备信息/知识加工能力，而且也要培养学生的这种能力。须特别强调的是：挖掘教材和处理教材的能力，是衡量教师对信息和知识组织与加工能力好坏的一个重要指标。教育就是要超越给定信息，要超越给定信息的前提就要准确把握给定信息。在教学中最基本的给定信息是教材，教材不仅包括知识信息、文化信息，而且包括凝结其中的方法论、道德准则信息和审美价值信息等；不仅包括显性信息，而且包括隐性信息。对这些信息进行挖掘和处理的本身就是一种探索和创造。如果说教师的教学活动是二度创造，那么教材的挖掘和处理就是第一度创造。因为对教材的处理不仅是对教材内容本身的加工，还要充分考虑学生的接受情况，学生已有的知识背景和文化观念、学生的个别差异，以及教学时间、教学资源的分配等。挖掘和处理教材的过程犹如一个导演要把文艺作品改编成影视脚本一样，既忠于原作又不囿于原作，是一种再创造的活动。教师的这种再创造不仅能在更高程度上唤起学生的求知欲，而且能唤起学生相应的情感和对创造价值目标的追求，从而调节自己的活动，创造新的价值。

（3）传递信息的能力。具有创造性的教师不仅具有准确的口头表达能力和书面表达能力，具有一般教师都应具备的表演和表现能力，即通过身体语言、面部表情、手势语言和娴熟的实验演示、教具示范、教学技能向学生传递信息，与学生进行交流与对话，更重要的是能够灵活地、创造性地根据不同的教育对象综合运用这些能力。特别是现代教学仪器的运用，能够对教学产生许多富有创意的效果。例如，现代图像技术运用于教学可以打破许多禁忌。传统的图像技术如录像机、照相机、摄像机等，都是靠真实的光线来制作的，而现代图像技术如合成图像、数字图像和虚拟图像是用数字、抽象的数字形式和模型，用语言或用"思想的光线"制作的。[①] 同时，板书也是教师必备的一项技能。板书是教师根据教学需要，在黑板上用文字、符号、图表等突出教学重点的教学行为方式。板书是直观性教学原则在课堂教学中的具体体现，是提高课堂教学效果的一种既有效又经济的手段。精心设计的板书至少具有三个特点：①符合教学内容；②简明扼要、重点突出；③具有良好的逻辑结构，使教学内容条理化、系统化、具体化。板书的形式多种多样，常见的有提纲式、对比式、词语式、线索式、图解式、表格式和问题式七种。板书写得好至少能收到

① R. 舍普，等. 技术帝国. 刘莉，译. 北京：生活·读书·新知三联书店，1999：98.

五个功效：①充分发挥教师的主导性，让教师能及时掌握课堂和教学进度；②板书能将证明和推理过程动态、直观、紧凑地呈现出来，从而让学生切身体验、觉察和领悟到证明和推理过程的精妙处，故特别适合数学之类存在大量证明和推理内容的课程；③工整且条理清晰、重点和难点突出的板书有利于学生做笔记，提高学习效率；④图文并茂的板书能活跃课堂气氛、陶冶学生的性情；⑤能不断提高教师的书写技巧，让教师逐渐写出一手好字。为了写好板书，板书时要遵循规范性、概括性、条理性、针对性、启发性、美观性六个原则。[①] 板书的缺点主要有三：①易耗费宝贵的教育时间，降低教学效率；②易形成"满堂灌"的教学，因为教师忙于板书，学生忙于做笔记，独立思考和相互交流的机会就自然减少甚至消失了；③除非使用"交互式电子白板"进行板书，否则，所产生的粉笔灰易污染教室环境，易增加师生患粉尘过敏之类疾病的概率。随着多媒体教学形式的出现与不断更新换代，善于制作 PPT 也成为教师的一项必备技能。PPT（Power-Point 的简称）是微软公司开发的演示文稿软件。PPT 课件教学是指教师利用 Microsoft Office PowerPoint 软件制作出多媒体课件，用以开展教学的一种教学行为方式。上述所讲的七种板书形式都能用 PPT 制作并展现，板书时须遵循的六个原则在制作 PPT 时同样宜遵循。板书所能达到的上述五个功效中，除了第二点和第五点 PPT 不易做到外，其余三点 PPT 均能做到。除此之外，PPT 教学还有六个优点：①精心设计、制作的 PPT 课件能更直观、形象地展现教学内容，充分调动学生的学习兴趣和积极性；②节省了教师板书的时间与精力，提高了课堂教学的效率；③增加了信息容量；④便于教师课后根据课堂教学效果及时调整课件，使 PPT 课件从形式到内容都越做越精；⑤便于保存和传承优秀教师的备课精髓；⑥清洁、卫生，不会产生粉笔灰，降低了师生患粉尘过敏之类疾病的概率。PPT 教学的缺点主要有五：①不易让学生切身体验、觉察和领悟到证明和推理过程的精妙处，进而不利于高效训练学生的证明和推理能力，故一般不太适合数学之类存在大量证明和推理内容的课程；②制作 PPT 需要花费教师大量的备课时间与精力；③过于花哨的 PPT 易分散学生的注意力；④灵活性稍差，无法像板书那样根据现场教学情境及时进行调整；⑤必须熟练掌握 Microsoft Office Power Point 软件，同时，必须有一套功能正常的多媒体教学设备，否则无法使用。可见，要想充分发挥板书和 PPT 的教学效果，关键是要综合考虑课程本身的特点、学生身心发展特点、教学设施和教师自身特点后做出恰当选择：①在同等条件下，对于那些更适合板书的课程要多用板书，不可图省事或以打着"须善用现代教学技术和手段"的旗号而滥用 PPT，对于那些更适合用 PPT 授课的课程自然要多用 PPT，不可打着"防止老师上课偷懒"或"美国一些著名高校的教授都用板书，故你们也须多用板书"的旗号强迫教师去板书；②一般而言，为了保护儿童的视力和让儿童将字写好，小学（尤其是小学低年级）宜少用 PPT，多用板书；③在没有多媒体教学设备的教室中教学，自然只能用板书了，切不可养成"不用 PPT 就无法教学"的习惯；④有些教师更偏好板书，有些教师更偏好用 PPT，在二者都可以的前提下，自然可以根据自己的喜好选择。另外，教学中若同时要用板书与 PPT 课件，须控制好二者在教学中的比例，教师既不能过于依赖 PPT 课件或追求华而不实的 PPT 课件，也不能只顾板书，而要有目的性、针对性、选择性地制作 PPT 课件或板书，充分发挥二者的优点。[②]

① 郭成. 课堂教学设计. 北京：人民教育出版社，2006：292 – 297.
② 王翔. PPT 课件与板书教学，孰轻孰重. 知识窗（教师版），2012（1）：12 – 13.

美国一所学校对利用黑板的八项规定

（1）检查板书字体的大小，确定坐在最后一排的学生能够看得清楚。

（2）利用上半部分，只有在确定后排的学生不会被前排同学挡住时，才使用黑板的下半部分。

（3）列出上课计划，将要讨论的问题写在黑板上，这样你对这些问题做出回答时，学生仍能够看到问题。

（4）在黑板上写字，背对着学生时就不要再讲课了。

（5）尽量课前在黑板上写好板书内容，使学生对将要上的课的内容有个大致了解。

（6）将学生的话写在黑板上。

（7）让学生有机会在黑板上写字。

（8）慎用黑板擦，在擦去学生所说或所写的观点之前，再进一步强调这些观点的价值。

（4）教学监控能力。它指教师在教学过程中将教学活动本身作为意识的对象，积极主动地对其进行计划、检查、评价、反馈、控制和调节的实施能力。教学监控能力的构成成分可以从三个方面加以考察：① 第一，从教学监控对象考察，可以把教师的教学监控能力划分为自我指向型和任务指向型两种监控类型。自我指向型的教学监控能力主要指教师对自己的教学观念、教学兴趣、动机水平、情绪状况等心理操作因素进行调控的能力。按照班杜拉的观点，可将教师的自我指向型监控进一步划分为三个有机联系的部分：自我检查、自我校正和自我强化。自我检查是指教师对自己的教学活动进行自觉检查、审视和评价的过程；自我校正是教师在自我检查的基础上，对自己教学活动存在的问题进行改进、纠正和调节的过程，它是教师教学监控能力的外在体现；自我强化是自我校正过程的延续，在这个过程中，教师主动地寻找自我强化的方式和手段，以期巩固自己已经出现的好的教学行为，防止原有问题的重新出现。任务指向型教学监控能力主要是指教师对教学目标、教学任务、教学材料、教学方法等任务操作因素进行调控的能力。这两类教学监控能力之间相互联系、相互影响。第二，从其作用范围看，教学监控能力可分为一般监控型和特殊监控型。一般监控型教学能力指教师对教师角色期待的监控，即教师按照教师角色期待调节和控制自己的能力，它是一种超越具体教学活动和具有广泛概括性的调控能力。特殊监控教学能力是指教师对自己教学过程中的各个具体环节进行反馈和调控的能力。它决定在具体教学活动中的自我调节和控制的行为。第三，从教学过程中不同阶段的表现形式的不同，可将教师教学监控能力划分为：计划与准备；课堂的组织与管理；教材的呈现；言语和非言语的沟通；评估学生的进步；反省与评价。

（5）组织沟通能力。信息社会的教育尤其需要人与人进行信息的沟通，学会沟通、学会合作成为当今教育的一项重要任务。教育的关键不在于教师为学生提供多少有用信息/知识，而在于教会学生如何获取有用的信息/知识、如何合理利用这些信息/知识。为了有效地获取信息/知识，学生必须学会沟通与合作，其中包括利用现代技术手段和工具进行沟通与合作，教师的主要任务就是有效地组织学生进行这种沟通与合作。因此，教师必须

---

① 林崇德，等. 智力的培养. 杭州：浙江人民出版社，1996：98.

具备组织沟通的能力。教师组织沟通能力的高低直接影响到学生沟通与合作的效果。组织沟通能力取决于两种具体能力：一是人际亲和能力。教师要有效地组织沟通，教师本人首先必须具备人际亲和能力，即要有凝聚力和向心力，或人际吸引力。教师要具备人际亲和能力的关键就是要坚持人本主义，充分尊重每一个人、关心每一个人、相信每一个人，善于发现人的价值，给学生提供充分发表自己见解的自由空间。教师必须与学生平等相处，参与学生的创造活动和学习活动，并通过不断实践，认真总结，这样才能提高教师的人际亲和能力。坚持以学生为本，这是提高教师人际亲和力的首要前提。二是恰当采用沟通策略的能力。要提高沟通能力，恰当采用一定的沟通策略十分必要。比如奥斯本"头脑风暴法"中一个最重要的原则和策略就是对成员所提出的答案延缓判断，以保证沟通的正常进行。教师可以根据不同创造活动的要求灵活采用各种策略，其目的就是让学生能畅所欲言，无所顾忌，能充分表达自己的观点和创意。

（6）教学科研能力。教育实践中随处可见的一种不良做法是教学和科研相脱离：或只重教学不重科研，或只重科研不重教学。脱离科研的教学往往造成大量活生生的科研资料、科研信息的流失，脱离教学的科研往往是关起门来做学问，对实际的教学帮助不大，这两者都造成教育资源的极大浪费。科学的态度是：教室不仅是教师传授知识之堂，而且是教育教学研究之堂。每一堂课、每一项活动既是为教学设计的，也是为科研设计的。教师在完成教学任务的同时，也在完成科学研究任务；学生在接受信息的同时，也要超越信息，创造出新信息。正如斯滕豪斯（Stenhouse）所说："教室正好是检验教育理论的理想的实验室。对那些钟情于自然观察的研究者而言，教师是当之无愧的有效的实验观察者。无论是从何种角度来理解教育的实际观察者，无论是从何种角度来理解教育研究，都不得不承认教师充满了丰富的研究机会。"①

3. 教师人格

教师人格指以教师角色为其重要的社会角色的教师主体，在其生理素质的基础上，在履行角色责任和义务中自觉形成的相应的和相对稳定的心理特征的总和。教师人格的研究历来受到重视。

（1）教师人格结构。一些研究表明，在教师的人格结构中"八心"特别重要，其中教师的关爱心、正义心、理智心与耐心一点就明，只论余下的"四心"：一是教师的自信心。自信心是个体对自己的信任程度。自信心建立在个体对自己能力估计和能力所能达到程度的科学判断的基础上。自信心是人精神生活中最重要的支柱，人可以失败，可以遭受挫折，但就是不能丧失自信心。不管人处于何种境地，只要还有生命，只要自信心还没有丧失，一切的希望都存在。如果丧失了自信心，即使你什么都拥有也毫无希望。作为教师要拥有对自己在教育和教学方面的自信，相信自己有能力胜任所承担的教学任务，相信自己有利于学生的发展。二是教师的责任心。对教师的日常观察和优秀教师的经验都表明，在具备一定的知识和能力之后，能对教育和教学工作产生重要影响的是教师的工作态度。态度负责、有强烈事业心的教师对教学和教育工作会表现出极大的热情，爱生乐教。他们的工作动机不是应付上级的检查，而是促进学生身心的全面发展、健康成长。一般学生都能很容易地分辨持不同工作态度的教师，并且留下持久的印象，这一点甚至会成为学生谈

<hr />

① 高慎英．教师成为研究者——"教师专业化"问题探讨．中国人民大学复印报刊资料（教育学），1998（7）：137.

论的话题。因此，负责的态度是教师人格特征的重要组成部分，陶行知说："教师得先肯负责，才能谈到循循善诱，师生合作。"三是教师的宽容心。教师必须具备宽容心才能为学生提供充分发表自己意见的自由空间，充分尊重学生，特别是要尊重那些不为世俗所理解的个性表现；当然，宽容并不等于放任自流，宽容既让学生享受到充分的民主、自由，又有融洽的合作与明确的责任，这样的教师深受学生的喜欢，不仅有利于发展良好的师生关系，更有利于学生的自我发展。四是教师的合群心。教师的合作精神、合作行为表现本身就为学生提供了暗示性榜样。"桃李本无语，树下路自成。"身教重于言教，教师身体力行的合作精神本身就是对学生合作精神潜移默化的教育；同时，教师若有合群心，就能通过发挥自身的凝聚力和向心力，把不同类型、不同个性、不同文化生活背景的学生组织起来，使之相互配合、相互协作，共同完成教育教学活动。如果教师离群索居、厌恶合作，就很难有兴趣组织学生合作。所以，教师的合群心是教师人格的重要组成部分。

（2）教师人格的作用。关于教师人格的作用古今中外都有很多的论述。其中被广泛接受的是乌申斯基的观点。他认为"教师人格对于年轻的心灵来说，是任何东西都不能代替的最有用的阳光；教育者的人格是教育事业的一切"，"任何章程，任何纲领，任何管理机构，不管它设想得多么精巧，都不能代替人格在教育事业中的作用"。[①] 第斯多惠更是用非常直观的方式阐述了教师人格的重要作用。他认为："一个名副其实的教师应以身作则，身体力行，主动号召学生积极行动起来；教师的一言一行都影响着学生，都给学生带来希望和活力。教师必须明确地认识到：①一个一贫如洗的人是绝不可能对别人慷慨解囊的。凡是不能自我发展、自我培养和自我教育的人，同样也不能发展、培养和教育学生。②教师只有先受教育才能在一定程度上教育学生。③教师只有诚心诚意地自我教育，才能诚心诚意地教育学生。"在他看来，教育的真谛是育人，教师育人的过程中应以自身的人格魅力和行为方式引导学生朝教师期待的方向前进。[②] 心理学家赞科夫列举了一个生动的例子：有一次，一批中年级的女学生到校长那里去"告状"，说一位女教师总把她们喊作"丫头们"，她们觉得这样的称呼是对她们的一种侮辱。校长觉得很奇怪，因为她有时也这样称呼她们，而且她的年龄和那位女教师一般大。可是学生们是这样解释的："您是另一回事，您可以这样称呼我们，我们对您绝不生气，可是她没有这种权力。"校长追问为什么，是不是因为她是校长，担任了领导职务就可以受到她们的原谅。女孩们回答说："不，问题不在于您是校长，而在于您可以像母亲那样，您就是再凶一些骂我们，我们也不会生气。可是她根本不像母亲，所以我们不高兴她这样称呼我们。"很显然，学生的不同反应，完全是教师个人的品格所决定的。[③]

（二）教师的职业角色

角色（role），又称脚色或社会角色，指个体在特定的社会关系中的身份及由此而规定的行为规范与行为模式的总和。要准确把握角色的内涵，必须掌握三个要点：第一，它是一套社会行为模式，每一种社会行为都是特定的社会角色的体现；第二，它是由人们的社会地位和身份所决定的，角色行为一般反映出个体在群体生活和社会生活中所处的位置；

---

① 乔建中. 中外教育经典名著速读. 南京：南京师范大学出版社，2004：91 - 92.
② 任钟印. 西方近代教育论著选. 北京：人民教育出版社，2001：367.
③ 陈永明，等. 教师教育研究. 上海：华东师范大学出版社，2003：68 - 69.

第三，它是符合社会期望的，按照社会所规定的行为规范、责任和义务等去行动的。① 韩愈在《师说》里说："古之学者必有师。师者，所以传道授业解惑也。"② 在这里，韩愈将教师的职业角色依其重要性的递减度分为三种，若将它们作现代性诠释，仍是现代教师宜扮演的角色。此外，再结合其他有关论述教师职业角色的言论看，教师的职业角色主要有以下五种。

1. 教师是一个"传道"者

儒家"道统"思想虽然首次由孟子在《尽心下》里明确勾画出，但在中国历史上，儒家最著名的"道统"说由韩愈在《原道》篇里提出。鉴于韩愈以继承和发扬以孔、孟为代表的儒家道统所自居，"道统"里的"道"显然主要是指儒学所推崇的"道"。在韩愈看来，儒家的道统经"尧以是传之舜，舜以是传之禹，禹以是传之汤，汤以是传之文武周公，文武周公传之孔子，孔子传之孟轲，轲之死，不得其传焉"③。韩愈以承接止于孟子的儒家道统为己任。不但如此，他还主张教师的首要角色是"道统的传授者"，其职责是向弟子准确传授儒家的道统，使之代代传下去，经久不绝。韩愈对教师角色的这一认识，若从具象的角度看有一定的偏颇，因它只推崇儒家道统，对于道家或佛家等其他流派的"道统"则持排斥态度，这既不利于学术的"百家争鸣"，也不利于开阔学生的视野。但是，若从抽象的层面看，如果将此"道"作"有关宇宙人生之根本规律"理解，认为身为人师者，最紧迫的任务是先向学生传授"有关宇宙人生之根本规律"，以便让学生能够正确看待宇宙人生，正确为人处世；在此基础上，如果学生学有余力，再教以其他学问。若作这种理解，那"传道"者显然既是为人师者应扮演的重要角色之一，也是为人师者应尽的责任与义务。一名教师只有自觉担当起"传道"者的角色，才能对教师职业生出一份自觉与自信，才能在各种诱惑面前保持一颗恬淡、坚韧的心。

2. 教师是一个"授业"者

"业"指"学业"。在韩愈看来，教师的第二个重要角色是"知识的传授者"，其职责就是向弟子传授文化知识，使学生在修身养性的同时，获得一定的谋生本领。这显然至今仍是教师理所当然应扮演的一个重要角色。因为千百年来，不管社会如何变迁，教师依然承担着知识传授、能力培养的重要使命，这也是学校和教师存在的价值之一。当然，作为一名现代教师，不但要传授给学生关于某一科目的科学知识（毕竟现代教师基本上都是分科的），更要传授给学生正确做人的知识。同时，教师的这一角色特征要求教师必须具有符合"六度"标准（详见上文）的知识系统。不过，随着信息时代的到来，传统意义上的教师无所不知、无所不通、无所不晓的角色期望与现实之间产生了一定的冲突。随着信息技术的发展，学生每日通过不同渠道接触信息成为一个难以把握的行为，学生知道而教师尚未了解的事情已经并不罕见，教师作为知识传授者的角色内涵在不断发生变化。当学生所问为教师所不知或不清楚之时，坦然说"这个问题，我还不清楚，待我查阅资料或请教有关专家后，我们再讨论"，非但不会影响自己的威信，科学的求知态度反而会影响学生的情感。当然，如果教师面对时代的发展不能做到不断提高自己，处处、时时难以回答学生的问题，就不是一个态度问题，而是其是否具备教师资质的问题了。

① 朱智贤. 心理学大词典. 北京：北京师范大学出版社，1989：348.
② 韩愈《昌黎先生集》卷十二《师说》。
③ 韩愈. 韩愈全集. 钱仲联，马茂元，校点. 上海：上海古籍出版社，1997：122.

3. 教师是一个"解惑"者

"惑"指"疑惑"。概而言之，它既可以是学生在修习学业过程中遇到的一些疑难问题，也可以是学生在人生成长过程中遇到的一些疑难问题。学生在学习、生活与成长过程中难免会有疑惑，有疑惑就需要有教师来解惑，因为"惑而不从师，其为惑也，终不解矣"①。所以，在韩愈看来，教师的重要角色之一是"学生的疑惑的解除者"，其职责就是要有爱心、责任与义务，智慧地帮助学生解除其在身心成长过程中所遇到的各种疑难问题。这就要求教师做学生值得信赖的朋友、知己，这样师生之间才能流畅地交流知识、情感、人生观与价值观等，教学相长在学校才真正具有了实际效用。自然而然地，学生一旦有疑惑，才会想到向教师求助。当然，师生之间的朋友关系不同于社会上的私人朋友和知己关系，应该保持一定的社会距离，这不仅是由师生各自不同的社会角色决定的，而且也是教师准则的一部分，毕竟过于亲密的师生关系既不利于教育与教学，也容易给人以庸俗的印象。同时，教师不仅要有丰富的知识与经验，也必须具备一定的与学生交流的技巧，即要有"心理医生"和"管理者"的素质。因为面对激烈的竞争，学生的心理压力越来越大，心理问题越来越多。出走、犯罪、自杀等悲剧时有发生，且有逐渐增多的势头。虽然不少学校有心理咨询教师承担着对学生进行心理健康教育和心理辅导的责任，但教师在教学过程关注学生的心理健康问题，不仅需要而且有着特殊的不可替代作用。因为教师不是以心理医生的角色，而是以专家、长者、朋友的角色对学生的心理施加影响。所以，普通教师也应该具备一定的心理学常识，了解常见的心理异常现象，以便及时发现问题；掌握心理疏导的技术，帮助学生减轻焦虑；倾听学生的心声，尤其是学业失败者的心声，关心学生情绪的变化等。当然，心理医疗者不是教师的主要角色，如果学生有了严重的心理障碍，应及时让学生找心理学专家治疗。

4. 教师是学生的"模范"

中国历来重视教师的楷模作用，认为无论是在做人方面还是在治学方面，教师对于学生来说都是一个重要的榜样，这就要求教师不仅是知识与社会道德准则的传递者，更是社会道德准则与核心价值观的体现者。换言之，教师应该是社会行为规范的代表，具有丰富的知识和高尚的道德素质，做学生的榜样。正如扬雄在《法言·学行》里说："师哉！师哉！桐（通'童'，引者注）子之命也。务学不如务求师。师者，人之模范也。"

5. 教师是一位"管理"者

在教学过程中教师应具有较强的组织管理能力。教师是社会的代言人，接受学校的委托对学生进行教育，教师不但要传递社会的价值规范，还要善于对学生的社会行为进行评判。教师要具备一定的教学组织管理能力，才能保证师生、生生之间进行有效的教学交流。教师在教学管理中拥有一定的权力（如成绩与评语等）和自主性，是有效行使管理角色职能的重要保证。但权力是带有强制性的影响力，教师对权力的运用必须注意科学、适当，切忌"以权压人""命令主义"。管理的目标是要创造一种和谐、民主、进取的学习环境。

综上所论，在看到教师角色重要性的同时，又不宜过于抬高教师职业的重要性，切不可用"教师是太阳底下最崇高的职业"之类的夸张语言来片面强调教师职业的神圣性，因为此说法其实说不通。教师很崇高，难道其他职业是卑贱的？只要是正当职业，都一样，

---

① 韩愈. 韩愈全集. 钱仲联，马茂元，校点. 上海：上海古籍出版社，1997：130.

也都是平等的。存在某种（正当）职业，只说明社会有某种需要。需要没有高低贵贱之分，所以教书匠也不比清洁工崇高。同样，无论从事何种（正当）职业，都要恪守职业道德。清洁工就该把地扫干净，教师就得把书教好。这是本分，没有崇高不崇高的区分。给"本分"贴道德标签，不是什么好事。你把某种职业抬得那么高，这个职业就给架在那儿下不来了。碰到有"恐高症"的，得吓死，没有的，也得累死。① 易中天认为每种正当职业都是平等的；无论从事何种（正当）职业，都要恪守职业道德。这两个观点都颇有道理。笔者自 2002 年春季学期给南京师范大学 2001 级教育硕士生（南京班）主讲"教育心理学"课程以来，直至现在，每逢论及"教师的角色"必也主张：对社会而言，职业只有正当与不正当之分，没有高低贵贱之分，所有正当职业只是分工不同，它们对社会的健康发展都有益；对学习者而言，专业没有冷热之分，只有学得精与学不精之分，任何正当专业只要学精了，都好找工作，反之，再热门的专业，学不精，照样不好找工作。不过，易中天认为"需要没有高低贵贱之分""尽本分没有崇高不崇高之分"，这两个观点值得商榷。因为稍知儒学（尤其是宋明理学）或心理学（尤其是马斯洛的需要层次理论）的人都知道如下事实：人的需要不但有高低之分，而且有好坏之分。关于这些内容，一点就通，这里不多讲。② 同时，虽然在现实生活中人们常说，尽到自己扮演的某种角色的职责本分只是"自己应该做的事情"，不值得多说。但若深究，须区分三种情况：一个人（尤其是一个身心已成熟的正常成人）在做人做事过程中，是在正常状态且要外在力量监督下才能基本上尽到自己扮演的某种角色的职责本分，还是在正常状态且无须外在力量监督下基本上都能尽到自己扮演的某种角色的职责本分，或是在绝大多数情况下尤其是在意识到有巨大压力前提下仍能自觉尽到自己扮演的某种角色的职责本分，这三者有差异：若是前者，那说明他已具备了他律型尽硬角色本分责任心③；若是中间者，那说明他已有一般水平的自律型尽硬角色本分责任心；若是后者，那说明他已有非常高水平的自律型尽硬角色本分责任心，那实在是一件不容易的事情，并不是人人都能做得到的。所以，一个人若像前者与中间者那样做人，他人与社会应给予肯定与赞赏；若像后者那样做人，他人与社会应给予高度的肯定与赞赏。从这个意义上说，我们赞成罗尔斯（J. Rawls）所主张的"不能把'本分'视作过于平常化"的观点。例如，据《左传·襄公二十五年》记载，齐臣崔杼杀死齐庄公，当时的史家即据实直书："太史书曰：'崔杼弑其君。'崔子杀之。其弟嗣书，而死者二人。其弟又书，乃舍之。南史氏闻太史尽死，执简以往。闻既书矣，乃还。""据事实写历史"虽是每一个史官的本分，但在上述例子中，史官不但无须外在力量的监督，且在清楚地意识到外在强大邪恶势力的打压下，仍能够做到自觉履行自己所扮

---

① 张斗和. 易中天妙解"教师"之职. 读者, 2012 (11): 21.

② 汪凤炎. 从心理学角度析理学中的理欲辩. 心理科学, 1999, 22 (2): 183–184; 汪凤炎. 从心理学角度再析理学中的理欲辩. 心理学探新, 2001, 21 (2): 8–12.

③ 责任（心）与角色关系密切。"硬角色"（the hard-role）是指道德与法律对角色应尽本分有强制性规定，一旦某个体扮演了此角色，就必须尽力去履行此角色应尽的本分，否则，轻则招来道德上的惩罚，重则招来法律上的制裁。与此相对，"软角色"（the soft-role）也叫弹性角色，是指道德或法律只对角色需尽的本分有一种指导性规定（不是强制性规定），愿意扮演此角色的个体必须尽力去履行此角色应尽的本分；若个体未尽力完成此角色应尽的本分，至多是不被人承认其拥有此角色，而不会招来道德上的惩罚或法律上的制裁。从"尽硬/软角色本分"这个角度看，可将人的责任心分为"尽硬角色本分责任心"与"尽软角色本分责任心"等两种子类型：前者是指一个人只将自己看成肩负某种或某几种硬角色的人，然后由此硬角色规定自己应肩负某种具体职责后，由此职责规定自己应尽本分的责任心；后者是指一个人将自己看成肩负某种或某几种软角色的人，由此而让自己肩负起由该软角色所规定本分的责任心。

演硬角色的本分，甚至为了履行自己所扮演硬角色的本分，前赴后继，宁死不屈。在此过程中展现出来的尽本分的执着与坚毅，绝不是每个人都能做得到的，它表明此史官的责任心已上升到很高水平，值得人们的尊重。说此史官有高尚的道德品质，就绝不是在给"本分"贴道德标签，而是实至名归。①

二、教师的威信与师生关系

（一）教师的威信

教师的威信是他们的教育教学行为对学生的影响所产生的众望所归的心理效应，把教育和教学对象紧密聚集在自己周围，是进行双向交流，完成教学任务的重要条件。教师的威信体现着对学生的凝聚力、吸引力、号召力和影响力。

1. 教师威信的构成

教师威信是开展有效教学的基础和前提。赫尔巴特说："绝对必要的是教师要有极大的威信，除了这种威信外，学生不再重视任何其他意见。"教师的威信主要包含三方面的内容：①人格威信。优秀教师表现出来的求真务实、爱岗奉献的人梯精神所折射出来的人格魅力是教师威信的重要来源。教师在教学和日常交往中表现出来的认真负责、维护和坚持真理、刚正不阿的人格以及以身作则的行为范式，不仅会给学生带来潜移默化的影响，而且会带来令人信服和敬重的威信之感。②学识威信。学识是人格完善的重要条件。虽然不同的时期有着不同的知识观，但知识对人及人格的重要意义从来都没有被否定。从这个意义看，教师应该有着丰富的人文知识素养。孔子云："文质彬彬，然后君子。"高尔基认为：人的知识愈广，人本身也就愈臻完善。后现代思想强调知识的相对性，强调不同知识的层叠、融合。教师只有具备了丰富的知识，才能做到融会贯通、举一反三，乃至信手拈来、旁征博引，也只有这样的教师才能给学生树立现实的榜样，激发学生的求知欲，影响学生知识、能力的发展和人格的完善。钱钟书之所以成为万人景仰的大师，就在于其博古通今、学贯中西的渊博，他在学生眼中就像是一本有着浓郁人文气息的、百读不厌的线装书。教师所表达出来的知识已经不是纯粹意义上的知识，它已经与教师那因为丰富的知识而升华的人格融为一体，不分彼此了。林肯曾说"四十岁的人应该对自己的相貌负责"。人的相貌是由遗传决定的，很大程度上个体是无法改变的，但可以通过他的知识、修养和气质来弥补自身相貌上的不足。因此，很难想象一个知识贫乏、表达苍白无力的教师怎么能吸引学生的兴趣，激发学生对知识的渴求，又怎能获得学生对他的尊重。③情感威信。一个教师如果对他的学生既当老师又做朋友，爱生如子，平等相待，从思想上、学习上和生活上予以关心爱护，学生就会对其产生信赖感。如果教师对学生怀着真挚的情感，为人谦逊，态度和蔼，就会使学生对其产生亲切感。在有了信赖感和亲切感后，教师对学生的影响力就大，教师的威信也就会无形地得到提高。

2. 影响教师威信形成的因素

教师威信的形成必须经历一定的过程。开始只在某一方面（某一学科）具有威信，以后逐步发展到在各个方面（品德、学识、能力等）享有威信。开始只在一部分或少数学生中威信很高，然后逐渐发展到在全体学生或绝大多数学生中享有威信。教师威信的形成有

---

① 汪凤炎，郑红. 论责任心的类型与层级. 心理学探新，2013，33（6）：483－488.

赖于一系列的主客观因素，其中最主要的还是教师自身的主观因素。

（1）客观因素。影响教师威信形成的客观因素包括社会、学生家长、学校领导、学生对教师的态度，其中最重要的是社会对教师的态度，因为大气候决定小气候，社会环境和氛围制约着每个人。比如在"文革"时期，无论如何主观努力，教师也很难有什么威信。要提高教师威信就要提高教师的社会地位，尤其是在物质生活待遇和工作条件上，使教师成为一种全社会关心、向往的职业。这样，教师在人们心目中的威信自然就会得到提高。

（2）主观因素。影响教师威信的主观因素是多方面的，它对教师威信的形成起着根本性的作用。主要包括四方面：①良好的道德品质、渊博的知识是教师获得威信的基本条件。教师崇高的思想和道德品质集中地表现为对学生的无条件积极关注，对自己所从事的工作有强烈的自豪感和责任感。要求学生做到的自己首先做到，要求学生不做的，自己坚决不做。只有这样，学生对教师才能心悦诚服。在教学中，教师能深入浅出、侃侃而谈，能帮助学生解决难点，能结合教学内容谈今论古，能介绍学科发展的新成果，有很高的智力、应付能力以及教育艺术和教育机智，就是学生理想的榜样，能被青少年看成智慧的化身，自然能在学生中享有崇高的威望。②在与学生长期交往中能适当满足学生的需要，对教师威信形成具有重大影响。教师的威信是在与学生长期交往中形成的。教师经常不断地满足学生各种合理需要，是教师能在学生中树立威信的心理基础。教师如果能爱护、关心、体贴学生，师生关系很融洽，教师威信就能迅速地在学生中树立起来。有威信的教师如果对自己要求不严，或是在与学生交往中犯有过错而又不认真改正，威信就会下降，甚至丧失；相反，威信不高的教师，由于努力改正与学生交往的办法，能很好地满足学生各种合理的需要，威信也就随之提高。③教师的仪表、生活、作风和习惯对获得威信有重要影响。④教师给学生的第一印象对教师威信的形成有一定影响。教师与学生第一次见面时，学生对新来的教师满怀热切期望和充满新奇感，这个时候学生对教师的一言一行都特别敏感。由此而产生的先入为主的印象及有关态度，往往成为影响教师威信的重要心理条件。如果教师开头几次课都做好了充分准备，态度沉着，自然而亲切，教学内容丰富，教育方法得当，能取得良好的首因效应，就能初步树立起威信。反之，如果没有充分准备，上课时表现过度紧张、语无伦次、举止呆板，或精神不振，不善于控制课堂纪律，不能机智地处理班级偶发事件，就会使学生大失所望。在大多数情况下，恢复丧失的威信要比获得威信困难得多。

总之，作为教师，都希望自己在学生心目中具有很高的威信。教师的威信只能依靠教师个人的学识才智、育人成果、社会贡献而获得，重在通过教育实践活动进行自我培养和提高。任何威信都有人际心理关系的内容，教师树立和提高自己的威信，有助于疏通与学生的心理关系，建立融洽和谐的人际心理关系。

（二）师生关系

师生关系历来是影响教学效果的因素之一，为了更好地发挥师生关系在教育中的积极功能，本书主张双主体的教育理念——在此教育理念中，教师是一生命主体，学生也是一生命主体，师生关系是一种生命与生命的关系，是教师生命主体与学生生命主体共同建构的关系，而不是传统教学所理解的主体和客体的关系。既然师生共历生命成长的过程，师

生关系的理解就有了许多新的内涵：①

1. 师生间互为目的

师生关系的前提是将人看成目的，只有将人视为目的才能从真正意义上尊重人、理解人，将人视为手段必然导致功利化和简单化。把人视为目的应该理解为把人作为一个整体看成目的，而不是把人的某一方面的功能看成目的。认知心理学把人的认知功能的提高视为目的，行为主义则把人的外显行为的训练看成目的，由于缺乏对人的整体性的认识，因而忽视了对人的生命的尊重。

2. 师生生命的相互摄养和创造

师生共历生命成长的过程也就是师生生命相互摄养和相互创造的过程。《学记》主张"教学相长"的观点就反映出师生生命的相互创造。陶行知在《创造宣言》中曾明确提出师生生命相互创造的观点，他说："教师的成功是创造出值得自己崇拜的人。先生之最大快乐，是创造出值得自己崇拜的学生。说得正确些，先生创造学生，学生也创造先生，学生先生合作而创造出值得自己崇拜之人。"在陶行知看来，教师并不是"燃烧自己而照亮别人的蜡烛"，而是一个通过创造而实现价值的人。

3. 教学是师生间的意义共建过程

在传统的教学中教师处于单极表演状态，课堂教学基本上是教师一言堂，课堂成了教师的讲演之堂，在教学中教师和学生是演员和观众的关系。这种关系必然剥夺学生对教学的参与权，学生只能像观看电影一样对教师的表演进行欣赏，而无法参与到演出的行列中来。虽然有时候也有师生的双边活动，但那不过是对教师单极表演的一种点缀。事实上，教师单极表演式的教学是对学生生命群体的一种漠视，这种漠视既不利于教师的成长，更不利于学生的成长。与此相反，生命教学是师生的共同表演。每一个教师、每一个学生都能在生命教学中找到自己的角色。教师与学生同台演出，共同参与。在生命教学中教师和学生都有同等的机会阐释自己对文本的理解，阐释的过程就是师生双方进行视阈沟通与视阈融合的过程，也就是师生意义共建的过程。这种意义是在教学过程中在师生共同参与下生成的，在这一过程中没有观众，每一个人都是演员，都是意义建构的参与者。

三、教师的成长

（一）教师成长的过程

教师成长大体经历四个阶段：

（1）适应阶段。这个阶段的教师刚刚走上教学岗位，他们尽管具有一定的专业知识和教育理论水平，但非师范专业的毕业生没有经过系统的教育实践培训，师范院校的毕业生尽管经过了一段时间的实习锻炼，但仍然缺乏教育实践经验。对新教师来说，缺少教学实践智慧和缄默知识是共同面对的问题。这个阶段关键是要实现两个转变：由学生向教师角色的转变和教学知识向教学能力的转变。因此，学校除了要加强教师的角色意识培养，使其明确教师的职责与要求，还要加强对新教师的角色行为的规范训练，在师德规范、教学规范、管理规范上下功夫，使新教师尽快进入角色，理解并掌握学校具体的教育教学管理规范，学习和掌握有关的教育教学技能技巧，成为适应型教师。

---

① 燕良轼. 教学的生命视野. 长沙：湖南师范大学，2005.

（2）分化定型阶段。在完成适应阶段之后教师就会出现分类、分化发展的情况，绝大多数教师会从全面掌握和提高自己的教育教学管理技能技巧入手，继续第一阶段的两个转变的进程，成为基本功扎实娴熟、教学经验丰富、教学实效明显的经验型教师，并从原有群体中分化出来，成为领导放心、合作教师欣赏、学生喜欢的教坛新星，至少也能成为一名胜任学校的常规教学工作的合格教师。而有些教师会在继续强化教学基本技能的同时，更侧重于系统的教育理论和专业知识的学习。这是一类很有发展潜力的好教师。但他们之中存在着一类教得不如说得好（对教学规律的流畅阐述）、写得好（如不断发表教学研究论文）的教师。在这一阶段教师分化成四类：教学技能较为缺乏却有较高知识和理论水平的教师、合格教师、知识型教师和经验型（实践型）教师。

（3）突破阶段。对知识型和经验型教师来说，他们不会满足于其现有的发展状态，还会继续努力向上突破。知识型教师要重在对所掌握知识的灵活运用，在教育实践过程中不断内化所学的知识，不断总结教学经验，结合教育理论的学习，树立自己的教育思想或信念，同时注意转化成自己的教学技能技巧。经验型教师则要在系统的理论学习上下基本功，不断提高自己的专业水平，把自己在教学实践过程中形成的教育实践智慧（缄默的知识）转化成明确的知识。这两类教师都要以自己的悟性为基础，以自己的教学个性类型为条件，通过系统的反思来整合，抓住薄弱点，把握关键期，突破高原期，从而实现理论与实践的第二次融合，成为准学者型教师。

（4）成熟阶段。要真正成为学者型教师光靠单纯的理论学习、技能诊断和发展、两种知识的整合是远远不够的。因此，准学者型教师要以自己的学科特点为基础，要研究自己的教学个性，要有创新意识和精神，不仅要形成自己独特的实践操作体系，更要形成自己独特的教学思想或教育理念，形成自己完整的教学体系和教学风格。个性化的教育科学研究是学者型教师成长的必经之路。系统的科学研究既指导教师的教学实践，又丰富和发展教师的教育教学理论，实践发展成理论，理论演绎成新实践。学者型教师不仅实现了先进的理论与科学的实践的融合，而且反过来推动了教育理论与教育实践的发展，学者型教师真正成为教育改革与发展的排头兵和领头雁。教师发展模型有二：由新教师→适应型教师→知识型教师→准学者型教师→学者型教师，成才时间相对较短，但难度较大；或由新教师→适应型教师→技能型教师→准学者型教师→学者型教师，成才时间相对较长，但难度较小一些。理想的中间路线实际上不存在，不同的教师要根据自身的不同情况和特点慎重设计自己的发展模式。

（二）教师成长的策略

为了让尽可能多的教师尽快成长为智慧型教师，必须掌握一定的策略，其中，除了"提高道德修养策略"（详见第二章）外，重要的还有以下四个：

1. 系统的理论学习

这里的理论既包括教育理论也包括本学科的专业理论。尽管理论主要是一种明确的知识，而且以陈述性知识为主，但掌握理论具有重要意义，它是个体社会化发展过程中不可或缺的重要内容，在个体生活中终身发挥着重要作用，它是教师思想的载体。更何况理论中还有一部分属于程序性知识，教师能力的形成和成果的取得都要以它为条件。实践证明，大量知识的掌握有助于教师的专业发展。但是，这些知识都不能自动转化为自己的缄默知识，必须通过自己的内化才能真正理解和接受，并发挥对教学实践的指导作用。有实践经验的教师只有与时俱进，不断地学习最新的理论知识，才能真正理解和解决不断发展的教育实践中所出现的各种问题。因此，教师必须终身学习，了解教育内容的物之理、教育对象的心之理和教育活动的育人之理，才能找到理论与实践的结合点，实现明确的知识与缄默的知识之间的沟通与转化，促进自己的专业发展。

2. 完善的技能训练

教育是一种信息传播的过程，是一种艺术再现的活动。苏联学者认为，专家技能可分技能、技巧和技艺三类。技能是针对特定的具体任务或问题，经过多次的练习而形成的确保达到规定目标并合乎规定标准的操作系统。技巧是在正常条件下花较少努力，甚至无须多少意识或注意的监督就能熟练自如顺利完成教学任务的自动化的操作系统。技艺是进一步完成更复杂任务的最优化的自动化的操作系统。要成为学者型教师必须使教学达到技艺的水平，能突破人类信息加工的一般限制，在完成基于先前刺激的操作之前，就开始对下一步操作有关的信息流进行加工，从而突破非并行（即交替的）信息加工的限制。技能的发展过程是操作自由度的提高和非肌肉力量的开发过程。教师的专业技能是在培养训练和自我的主动发展过程中逐渐形成的。专业技能的发展既表现为活动计划更精细，活动成效稳定地保持着高水平，即确定性，又表现为内在的活动指令与控制系统变得富有弹性，能够适应新的任务和情境的变化，即变异性。换言之，操作水平不断提高，心理负荷不断降低；工作结果趋于稳定，所能承受的影响因素的变化幅度和频度却可以越来越大；实践技能不断加强和丰富，经验也在持续地升华，理性认识不断提高。实践训练、知觉、知识与经验、能力是影响教师专业技能发展的重要因素，而知识经验与动手实践技能既是形成专业技能的条件，又是教师专业技能的基本成分。

3. 科学的自我反思

没有一个教师可以单靠培养和训练就成为学者型教师的。教师的教学经验反思是决定教师能否成为学者型教师的一个重要原因。对教学经验的反思，又称反思性实践或反思性教学，它是在对教学的道德责任以及技术性教学的实际效果的分析基础上发展起来的。反思教学旨在更好地意识并激活那些缄默的知识并加以解释、说明、评判、验证和发展，把它们变成一种明确的知识并成为支持性的理论，从而引导教师行为的变化，促进教师的专业发展。反思可分为对行动的反思和在行动过程中的反思两种，通过自我反思和对话的过程，整合了理论与实践、思想与行动、理想与现实并实现了两种知识的统一。反思尽管表面上看是一种个体的活动，却依赖一个合作群体的支持。反思要求教师既关注自己的实践，又关注实践的外在社会条件，要考虑学校、社区和社会背景中加强和阻碍学习的各种方式和因素。事实上，教师是在不同的时间、速度和知觉水平上进入行动、观察、分析和计划这一反思循环链的，教师的反思有五种不同层次：①快速反思。即时、自动地在行动过程中反思。②修正。有思想地在行动过程中进行反思。③回顾。及时在某一点上对行动进行非正式的反思。④研究。过了一段时间后对行动进行系统的反思。⑤理论重构与研究。在学术上对行动进行长期的反思。遗憾的是，一般教师总是满足于反思的快速和修正层次而鲜有深入，其实这五种反思对于教师的专业发展都十分必要。

4. 自觉的科学研究

教学研究是一种主观研究活动，这种研究建立在反思者及其指导者的个人经验、知识和价值观念的基础上，不同人的反思其结论的科学性与正确度是不同的。反思性教学不一定是好的教学，不加批判地接受来自教师反思的知识和行动也是有问题的。公开质疑多年来坚持的信念，自愿检验我们行为的结果，全身心投入各种教学努力，这无疑是一种有回报但更有要求的一种努力。因此，要成为一个学者型教师，单靠主观的反思是不够的，还得有大量的客观研究。如果说反思研究采取的是以教师个体的经验和材料为主的自然研究，研究方法是以行动研究法、经验总结法等为主要方法，那么这时还要推己及人，进行普遍的一般规律至少是类的研究，不仅研究对象范围要扩大，而且研究的程度也要加深，研究方法要以教育实验法等干预性的理性研究为主，强调定性与定量研究的有机结合。在研究过程中不仅丰富和完善原有的教育实践理论，将缄默的知识明确化、理论化，提高自己的研究意识和研究技能，发展自己的研究能力，而且有意识地用最新的教育理论来指导自己的教育实践，将系统的科学理论操作化、策略化，真正成为理论与实践结合的桥梁和纽带，并在此基础上不断创新，不断发展，形成自己独具特色的教育理论体系和教育实践流派，成为一个真正的学者型教师。

第二节 教学设计

一、教学设计的含义与观点

（一）教学设计的含义

教学设计（instructional design，ID），是根据教学对象，为达到一定的教学目的，运用现代教育心理学、传播学、教学媒体论等相关的理论与技术，在教学之前对教学内容和历程所作的计划、安排。可见，教学设计主要是要解决"教什么"和"怎么教"两个基本问题。具体地讲，教学设计是根据不同的教学目的选择、安排教学内容；然后，在教学目的已经确立、教学内容已经固定的情况下，对内容进行组织，并根据不同内容选择相应的方法和传媒，从而有效地实现教学目的的过程。根据加涅等人的观点，教学设计具有五个鲜明特征：①教学设计的目的在于帮助个别学生的学习。教学设计的目的不在于解决某校全部学生的学习问题，也不在于改进社会风气，而在于解决个别学生的学习问题，在于通过教学使每一个学生都达到教师所要求的教学目标。②教学设计应包括短期和长期两个计划。短期教学设计主要是指任课教师个人负责，只在教学之前对所教教材单元的一种预先筹划，其内容相对比较简单；长期教学设计就相对比较复杂，除任课教师之外，还包括与课程专业相关的其他教师，大家按一定的程序，以讨论的方式对教学活动进行计划、安排。③教学设计必须具备帮助学生身心健全成长的正面价值。教学设计并不是对学生学习活动的限制，而是在教学目标的引导下，激励学生的学习，促进学生身心的健全发展。④教学设计的完成必须有详细的步骤。在教学过程的设计中包括多个前后相连的步骤，从最初对教学目标的分析，到最后对目标是否达成的测评，每个步骤的设计都必须符合一定的要求；并且，每一个步骤的完成都应该有利于下一个步骤的开始。⑤教学设计是以人类的发展心理和学习心理为基础的。教学设计所要关心的，不仅是学生因学习和发展所获得的能力，还要进一步研究人类是如何获得该能力的。因此，教师不仅要深入了解教材，还要考虑在什么样的条件下，才能使学生喜欢并掌握教材中的知识。①

---

① 张春兴．教育心理学．杭州：浙江教育出版社，1998：438－439.

（二）教学设计观

随着心理学的发展和相关学科的进步，出现了一系列教学设计观，主要有三种：一是教学设计的艺术观。顾名思义，它主张将教学设计看成一门艺术。艺术是与科学（主要指自然科学）相对的，它有其自身特点。艺术务求吸引力、感染力，需要充分展示艺术家的个性和创造力。持教学设计艺术观的学者认为，教学的设计要务求吸引力、感染力，教学设计必须充分展示教师的个性和创造性。事实上，对于同样的内容，不同的教师设计会有不同的教学效果，不能把教学当成纯技术性的工作，教师仅具备知识经验是不够的，还应当具备艺术素养和艺术创造性。只有这样的教师才能做好教学工作。二是教学设计的科学观。它把教学设计看成一门科学。这种观点的盛行主要是在第二次世界大战后，行为主义的推波助澜，特别是斯金纳的操作条件反射理论和程序教学的实施使教学设计的科学观得以广泛推广甚至席卷全球，教学设计的科学观与教学设计的艺术观正好相反。"艺术"不是每一位教学设计者或教师都能掌握的，即使能掌握，掌握的程度也有相当大的差异；"艺术"也很难完全传授给别人，它需要接受者长期的摸索和领悟。教学设计的科学观则完全不同，它认为只要按照科学的本来面目设计出一定的程序、步骤，无论什么样的学生都能达到同样的教学效果。教学设计不是一门艺术，而是一门技术，程序教学就是一个典型的范例。三是教学设计的人的因素观。它指教学设计以人的因素为基本出发点。教师在教学设计中要考虑设计者和学生的特点，把人的因素放在教学设计的首要地位，一切教学内容、教学手段、教学方法、教学措施以及教学情境的安排都是为"人"服务的；同时强调人对环境具有重要的影响作用。持这种观点的学者认为，要提高教学设计的水平，首先必须提高有关人员以及教学机构的组织水平。现代西方人本主义教学观是人的因素观点的代表。此外，还有教学设计的工程学观、教学设计的问题解决观、教学设计的系统观和以学习经验水平为焦点的教学设计观，限于篇幅，这里就不多讲了。

二、教学设计的模型

一个完整的教学设计应该包括哪些因素？各因素在程序上又应该如何安排才最有利于教学目标的达成？对这些问题的思考其实就是对教学设计模式的选择，但在选择教学设计模式之前，教师必须对教学设计要素进行分析。

（一）教学设计的要素分析

1. 教学目标分析

教学目标（instructional goal），是指把教学任务按一定心理意义具体化为教学要达到的目标或结果。换言之，指在教学之前预期教学活动结束之后，学生从教学活动中学到什么，是知识与技能，还是态度与观念。教学设计是从教学目标确定开始的，没有一个清楚的目标就很难判断学生是否有所提高。教学目标的确定不仅给教师的教学和学生的努力指明了方向，也明确了教师测量和评价学生的知识、行为和态度的方式。在这方面具有代表性的观点是美国教育心理学家布卢姆和加涅等人提出的，其中布卢姆等人是按教育目标进行分析的，加涅是按教学结果进行分析的，前文第二章已有论述，这里不多讲，只提两点：一是从教学设计的角度看，加涅的五类教学结果可视为教学之前的教学目标（instructional objective），以之作为教学的依据，从而设置教学情境，以达到此等目标。从学生学习的观点看，这五类教学目标也可代表学生的学习结果。二是加涅对学习结果或对教学结果的分类与布卢姆对教育目标的分类的相同之处在于两者都是一种层级结构。

2. 教学任务分析

如果说教学目标的分析是确定通过一定的教学活动之后学生应达到的能力水平，那么教学任务的分析则是要具体说明这些能力或倾向形成或获得的过程和条件。对教学任务分析的看法有不同的观点，但以下几点是共同的：①要确定学生原有的基础。在进入新的学习单元时，学生原有的学习习惯、学习方法、相关知识和技能对新知识的学习的成败起着决定性的作用。同时，由于学生某些习得的知识或技能有严格的先后层次关系，即高一级知识或技能的学习常常以低一级知识或技能的学习为基础，教师在确定教学目标之后，接着必须分析并确定学生的起点状况。如果学生现有的能力起点达不到教学目标所要求的最低水平，就需要对学生采取相应的措施以提高他的能力，或者降低教学目标。②分析使能目标。在现有能力和预计达到的目标能力之间，学生可能还存在着许多没有掌握的知识和能力，而这些知识和技能的掌握又是达到目标能力的前提。以掌握这些前提性知识、技能为目标的教学目标称为使能目标。对使能目标的分析是为了进一步明确教学目标，使教学设计更加具有可行性。③分析支持性条件。任务分析除了必要条件（使能目标）的分析之外，还要进行支持性条件的分析。支持性条件与必要条件的区别在于：必要条件（即使能目标）是构成高一级能力的组成部分。支持性条件虽不是构成新的高一级能力的组成成分，但它像化学中的"催化剂"一样有助于加快或减缓新能力的出现。此外，在以学习陈述性知识为主要目标的条件下，学生原有的基本智慧技能则是学习的支持性条件。如学习地理知识时，学生识图的基本技能；在学习历史知识时，学生的基本阅读技能，都是陈述性知识学习的支持性条件。在任务分析时，教师也要对这些支持性条件进行分析。

3. 教学活动分析

学是一种活动过程，它是由若干要素构成的，对这些要素加以分析，无疑会促进教学工作者对教学任务的把握。在对教学活动要素加以分析的理论中以加涅和斯通最为典型。

加涅认为学生的学习过程可以分为八个阶段（详见第二章），以此为依据，教学过程也可以分为八个要素。这八个要素是：①建立预期。这一要素是以学习过程引起学习动机阶段为依据的。教师教学的首要任务就是引起学生的动机，促使学生建立期望。也就是教师要将设定的目标期望变成学习者的内部力量，促使他们主动操纵环境，实现目标，获得"报酬"。②引起注意和选择性知觉。这一要素是以学生的了解阶段为前提的，即教师要采用一切办法引导学生觉察，选择那些与学习目标有关的刺激或信息。也就是说，教师要帮助学习者把学习刺激从其他刺激中分化出来，或是把学习刺激的本质部分与其他部分区别开来。③进行编码。这一要素是与学习者的知识获得相一致的。即教师采用某种教学策略和方法帮助学生把所接受的知识信息进行有效贮存，以便提取。教师在教学中要恰如其分，用学生最有效接受的方式进行编码，以利于学习者感官通道的接受。④运用记忆规律。这一要素是针对学习者所处阶段而提出的，是要将所学知识或信息贮存到长时记忆中去。教师在教学上就是要帮助学生运用各种记忆规律，如有效识记的种种条件、保持和遗忘的特点、正确组织安排复习的各种条件、运用各种有效的记忆方法等，以使学生的知识或信息能够快速、准确、高效地进入长时记忆。⑤提供线索。这一要素是以学习者处于回忆阶段为依据的。学习的目的、教学的目的不仅是学生在头脑中储存多少知识，还要让学生对已存入头脑（长时记忆中）的知识或信息进行提取和运用。要运用知识就必须提取知识。作为教师要向学生提供利于回忆的线索，使学习者能根据这些线索在记忆库中搜索，

教育心理学新编（第五版）

从而迅速、准确、高效地提取自己所需的知识或信息。⑥运用迁移规律。这一要素是以学习者所处的概括阶段为依据的。学生在此阶段是将已学的知识和技能运用于各种新情境。教师要促进这种运用。在此阶段教师的主要任务就是"为迁移而教"，通过适当组织教材内容，适当运用教学策略和方法帮助学生丰富基本知识和提高概括能力，使学生养成一种学以致用的心向，从而促进学习者产生有效的正迁移而避免负迁移。⑦安排新的作业和操作活动。这一要素是根据学生的作业阶段提出来的。学习者通过作业或操作对自己所学知识或技能作出反应。作为教师，必须要安排布置适度、适量的作业或操作活动，促使学生通过作业或操作活动检验自己掌握教学内容的程度，而且做或操作活动本身也有利于所学知识、技能的掌握和巩固。⑧运用强化规律。这一要素是与学习者处于反馈阶段相联系的。在此阶段，学习者要将学习结果与设定的目标进行对照，看自己的作业或操作是否达到了预期目的。作为教师为促进学生的反馈就必须根据强化规律，掌握强化的时间、强度、程序、动因等变量，使学生从反馈（即将自己的作业或操作）与初始阶段的预期目标进行对比中获得一定程度的满足感，同时激发或维持学习者的学习动力。

斯通认为教学过程的重要因素有：①基本内容。指教学所涉及的主要概念、规则、公式和原理。②提供例证。为标示和证明教学基本内容而在教学活动中所使用的具体而直观的案例。③刺激呈现方式。选择一定的方式、方法使学生接收到例证所代表的教学内容的信息。这实际上是一个涉及教学媒体选择的问题。④学生的学习类型分析。斯通认为，加涅关于八种学习类型的论述可作为对这一要素进行教学任务分析的依据。⑤学生反应。要求学生以某种方式来说明自己的学习所得。⑥反馈。让学生了解自己学习的进展或有关的结果。⑦评析。为最后对学习结果进行测定而做好有关测验项目的准备工作。斯通认为，一个教师要很好地完成教学任务，顺利完成教学过程，就必须从以上七个方面着手进行分析。

4. 教材组织呈现分析

在教材组织呈现分析方面有代表性的观点是布鲁纳的螺旋式课程组织、加涅的层级组织和奥苏贝尔的先行组织者组织。这些观点在前文相关内容里都已作介绍，这里不多讲。

5. 教学媒体分析

教学传媒，即教学传播媒介，指在教学中教师运用的向学生运载传递信息的工具。任何教学信息都必须通过教学传媒（如课本、挂图、录音、录像等）才能为学生所接受。各种媒体都有其独特的特点和作用，没有任何一种媒体能够在所有方面都优于其他媒体，也没有一种媒体能对所有教学目标和学生产生最佳效果，因此，教学传媒的选择应遵循适宜、有效的原则。所谓适宜，就是教师在教学设计中一定要根据教学的目标、任务选择传媒，既要考虑学生的具体情况，如知识水平和发展水平来选择媒体，也要考虑教师本人的实际情况，如操作媒体的水平来选择传媒。所谓有效，就是要根据现有的经济条件选择能顺利高效完成教学任务的教学媒体，做到既经济又能达到好的效果。根据这两个原则，在媒体选择时需要考虑三类因素：①媒体的物理特性。不同的媒体在他们能够呈现传递的物理特性上是各不相同的，有些媒体只允许作视觉呈现，有些媒体只允许作听觉呈现，这样，具有视觉呈现特征的媒体显然可用于具体概念（形状、客体）和空间关系（距离和位置）。在这类媒体中，有些媒体还能呈现连续运动的画面，当需要将客体的动态特征作为显示的基本内容时，如要揭示暴风中云层的运动，这类动态画显然有其独到的优势。②学习任务。学习任务（学习结果）的类型不同，所需的支持条件也各不相同。各种媒体最明显的差异就是它们能否与学生发生相互作用。如在学习智慧技能中的具体概念或运动技能时，呈现这类学习的画面是教学中的一个重要方面；在学习言语材料（如历史）时必须选择能够呈现言语材料的媒体，或是书面的文字或是通过听觉渠道的言语；在为态度学习或转变选择媒体时，应考虑这类媒体呈现榜样人物以及榜样人物在个人方面的信息。③学生变量。在选择媒体时，要充分考虑学生的特征。学习风格各异的学生可能在与自己学习风格相宜的媒体呈现时才会有所获益。例如，对阅读能力低的学生尽量使用熟悉的词和句以降低阅读难度，尽可能使用图片或图解来呈现新概念、新规则及新的操作步骤。此外，年龄也是选择媒体所需考虑的一个重要因素。开始时，儿童通过与客体、动物或人的直接亲身接触来获取经验；随着年龄增长，他们逐渐通过图片和其他的模拟替代物来获取经验；最后，他们能通过抽象的信息符号获取知识经验。总之，在教学中，应根据学生的特征选择相应的媒体。可见，教师在教学中如何恰如其分地使用传媒是一个十分重要的问题，运用得好，事半功倍；运用得不好，事倍功半。

6. 教学形式和策略分析

在教学内容确定之后，教师必须要考虑使用什么样的形式才能有效地完成教学任务。一般而言，内容决定形式，但好的形式又能促进学生更好地理解内容。教学的形式多种多样，主要的或使用频率最高的是以下几种形式：讲解的形式、提问的形式、小组的形式或讨论的形式。每一种形式都有其优点与不足，教师在教学的过程中要根据实际需要，选择最合适的形式，不能为了追求形式而形式。教学策略指教师采取的有效达到特定教学目标的活动形式。教学设计的过程中，在完成教学目标和教学内容的设计之后，应该考虑"怎样教"才能实现教学目标，这就要进行教学策略的设计和选择。目前，应用得较多的教学策略是指导教学策略和发现教学策略。指导教学策略，就是教师按教学要求事先制定教学程序，学生在教师的系统讲授和直接指导下学习；发现教学策略，是让学生通过自己观察、操作、比较有关的学习材料来发现知识，获得概念、公式和原理。这两种教学策略各有其优劣，甚至一种策略值得肯定的地方恰好是另一种策略的不足。在实际教学中要考虑将二者结合起来运用，实现优势互补。

（二）教学设计的模型

一个完整的教学设计应包括哪些事项？各事项在程序上又应如何安排才会对教师的教学发挥引导作用？这是教学设计模型所考虑的问题。教学心理学家迪克与卡里（Dick & Carey，1985）经二十多年研究之后，在 1985 年所发展成的教学设计系统模式（systems approach model for design instruction）是公认的迄今为止最完整的教学设计模型，如图 11 - 1 所示：

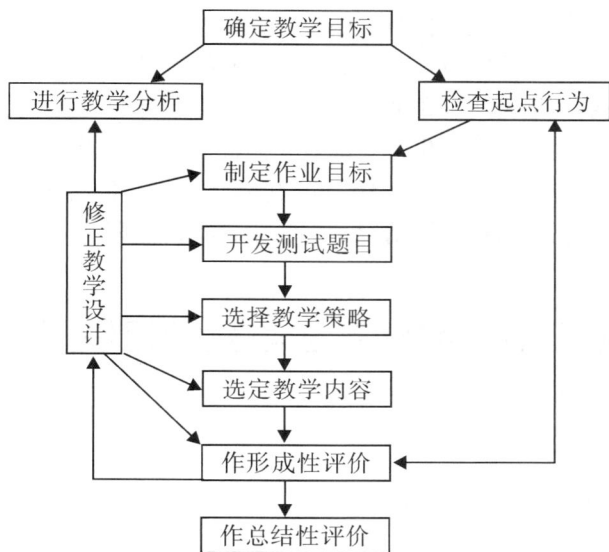

图 11 - 1 迪克一卡里的教学设计模式图

该模型包括九个步骤：①确定教学目标。教学设计的第一步是确定教学设计的目标，即在教学之前预期教学活动结束之后，学生从教学活动中学到些什么。一般是根据课程的需要、学生的能力与个别差异和教师的教学经验来确定教学目标。②进行教学分析。这是指在教学目标的指导下，对学生完成该目标所需要的基本知识和技能进行分析，以指导教学，促进教学目标的达成。在本设计模型里，教学分析和下一步检查起点行为实际上是同时进行，并无先后之分。③检查起点行为。在进行教学分析的同时，为了解学生是否确实具有学习新知识的相关知识和技能，就必须对学生的起点行为进行检查。所谓起点行为，是指学生学习新经验之前必须具备的基础性观念和经验。学生个别差异，就是学生在面临新的学习情境时起点行为不同的表现。教师必须对学生的总体情况和个别差异有大致的了解，才有可能为教学目标的实现和教学方法的选择奠定基础。起点行为的检查可以通过口头的方式，也可以进行纸笔测试。④制定作业目标。根据对教学的分析和学生起点行为的检查，结合教学目标，就可以制定作业目标，对学生在教学后可能习得的知识技能进行预先估计；同时，附带制定出学习成败的标准。⑤开发测试题目。根据作业目标和教学内容来编制学业成就的测试题。测试题目的编制应不超出作业目标的范围，并且在测验的编制和记分时应遵循标准参照测量的原则。这样，测量结果才能真实反应每个学生的学习状况，有助于教师掌握学生的个人情况，指导日后的教学活动。⑥选择教学策略。为促进学生学习，提高教学的效果，教师应该考虑对教学策略的选择。教学策略是教师在考虑教学内容和课程的情况下，针对不同的学生而对教学媒体的使用、师生互动等教学方式、方法的决策，其目的在于促进学生知识的内化。⑦选定教学内容。教学策略的选择是为一定的教学内容服务的，在实际的教学中，教学内容即指定的教材，其可供选择的可能性是比较小的。但教师在知识的灵活运用、教学媒体的选择、教学方法的采用等方面仍有着很大的选择余地。当然，教师亦可以考虑根据学生不同的学习状况，补充甚至开发教材。⑧作形成性评价。在学科教学尚未结束之前，为了解学生学习和进步情况所做的测量工作。进行形成性评价有利于教师随时掌握学生的学习状况，获得教学历程中连续的反馈，并据此修正教学过程；同时也有利于学生评价自己的学习，以肯定或修正以后的学习方式。在教学设计时应预先确定形成性评价的时机与方式。⑨作总结性评价。这是指在学科教学结束之后，为了解学生学习结果是否达到预期目标、是否符合作业目标所做的评价。其目的既在于评定教学的效果，又在于评定学生学习的效果。此教学设计模型是基于课程水平来考虑的，各步骤之间构成一个完整的教学系统，虽然略显重复，但有很强的可操作性。当然，真实的教学设计中教师仍要根据实际情况把握教学设计的过程。①

第三节　教学方法与教学组织形式

一、教学方法

（一）教学方法的概述

1. 教育方法的含义

教学方法，也称教学策略（instructional strategy），是指教师教学时有计划地引导学生学习，从而达成教学目标所采取的一切方法。根据加涅（1977）的观点，在教学过程中教师要注意九件教学事项（instructional event，指在教学历程中教师应该注意哪些事情）：①引起学生注意；②提示学习目标；③唤起旧有经验；④提供教材内容；⑤辅导学生学习；⑥展现学习行为；⑦适时给予反馈；⑧评定学习结果；⑨加强记忆与学习迁移。由此可见，教学是一种由师生共同参与的双向互动的活动，教师和学生都是教学的主体，教学活动的最终目的就是要使学生掌握一定的知识技能、形成一定的学习习惯、具备自我学习的能力，进而促进学生身心的健全发展。但在实际的教学活动过程中起主导作用的往往是教师。教师教什么、如何教直接影响学生学习的主动性和积极性，影响教学的效率和质量，也关系到教学目标能否实现，教学任务能否完成。优秀教师的教学经验告诉人们，教师成功的关键在于教学内容（教什么）和教学方法（如何教）的合理组合，即能否采取有效的教学方法进行教学。当然，在实际的教学活动过程中，由于具体的教学目标、教学内容及学生情况的差异，也就没有哪一种教学方法是适合所有情况的，教师应根据实际情况及自身的特点选择合适的教学方法。

2. 教学方法的特征

教学方法具有以下四个特征：①以学习理论为基础。教学方法通常是在一定的学习理论基础上形成的。例如，布鲁纳的发现教学法是以其认知结构学习理论为基础而提出来的。②情境性。教学方法是为一定的教学目标服务的，教学过程中每一次的教学情境都是特殊而具体的，教学方法也必然具有情境性。③可操作性。从根本上讲教学方法就是要解决"如何教"的问题，教学方法提供了教好学生的技术和方法，具有一定的实用性和可操作性。④灵活性。教学方法是实现一定教学目标的最佳方案，但在具体目标的实现过程中，教学方法和所要解决的问题间并不具有绝对的对应关系，在教学过程中要对具体教学方法进行灵活选择和创造。

---

① 毛晋平. 教学心理学研究的进展. 长沙：湖南师范大学出版社，2004：172.

3. 提高教学方法效果的策略

怎样做才能使一种教学方法成为高效的教学方法呢？一般而言这涉及策略问题，研究表明，以下四个策略的实施有助于教学方法的高效性。

（1）组织策略。组织策略是有关教学怎样进行，呈现什么内容以及如何呈现这一内容的策略。在宏观上，它包括：①一门课程或一个单元的教学范围，即根据教学任务、教材内容、教学对象的特点、学习目标之间的联系把教学内容划分成一定数量的可教、可学的单位。②教学内容的顺序安排。举例来说，与客观世界有关的内容可以按时间、空间和物理特征来组织，诸如教授历史可以按时间和年代来组织，教授地理可以按空间来组织，等等；与探究调查有关的内容可以按研究或调查的步骤来组织；与使用有关的内容可以按技能运用的程序来组织；与学习有关内容的可以按先决条件和相似性来组织；与概念有关的可以按学科结构来组织。微观的教学组织策略指的是一节课的详细教学步骤，即课的组成部分、各部分进行的顺序和时间的分配，其实也就是课堂教学活动的设计，如赫尔巴特把教学分为明了、联想、系统、方法四个阶段，他的学生加以发展使之变为预备、提示、联结、总括、应用五段教学法，以及中国由此发展而来的复习旧课、提示新课、讲授新课、复习巩固、练习等传统教学步骤。

（2）陈述策略。陈述策略的确定就是选定一种恰当的教学媒介以及合适的分组策略。这些选择可以是贯彻教学始终的，也可以因教学步骤而异。以教学媒介的选择为例，在计算机课上，导入的时候可以面向全体学生用录像带，教学过程中通过幻灯片来教授，结论部分由教师口头并配以打印材料来做。具体来说，陈述策略包括：①媒体的选择。随着现代科技的发展，教学中可选择的媒体越来越多。但各种教学媒体都有自己的功能和不可克服的局限，这决定了一种媒体只能适应某些教育情景。面对某一特定的学习任务和具有某特征的学习者，只有选择适宜有效的媒体，才可取得最优的教学效果。②分组策略，即教学组织形式的选择。一般分为集体教学和个别化教学两种形式。前者如班级授课，后者如程序教学、导听教学等。由于不同的教学组织形式对教学活动能产生不同的影响，或起促进作用，或起限制作用，这就要求教学设计者了解各种组织形式的特点，从而懂得如何扬长避短，取得现有条件下的教学最优化。

（3）管理策略。管理策略指在教学设计过程中对选择何种组织和陈述策略的决策，追求以最满意的方式使用现有的人力和物力资源。它扮演的是组织策略与陈述策略的协调者角色，对组织策略和陈述策略的运用进行计划、组织、协调和控制，以保证整个教学活动有序、高效。因此，可以把管理策略称为教学策略这首交响乐的总指挥。具体来说，它指导教学步骤的安排和陈述的方式，协调各种陈述方法的衔接，对如何组织和简化信息进行设计，使之成为可陈述的单位，并对如何以适时恰当的方式把这些信息传授给恰当的人进行设计。在微观上还包括具体的课堂控制策略等。教学策略的这三个组成部分不是彼此孤立的，它们之间有着非常密切的联系，任何一个教学策略要综合考虑这三个部分。组织策略中就要考虑媒体的选择，并极大地影响着分组策略；媒体选择时要考虑内容组织的顺序和教学步骤，而这两者要高效地发挥作用，还离不开有效的管理调控过程。目前，有些学者根据教学策略设计中对以上三个部分的偏向差异，将教学策略分为内容型、方法型、方式型和任务型四种类型。

（4）反省意识。反省意识是指教学主体反省和超越自己的教学计划、过程、方法等的意识，它已成为教学策略不可或缺、融为一体的一部分，也是教学策略之所以成为"策略"的关键特征。其特点是把要求学生"学会学习"与要求教师"学会教学"统一起来。教学策略的选择和使用同样需要不断反思，因为：①策略的选用并非一劳永逸的，教学活动的纷繁复杂、千变万化要求教师必须在教学前、教学时、教学后都要对教学进行反省或反思，根据变化的教学情境修改、补充、调整上述的组织、传递和管理策略。②"会反思的人才是成熟的人"，对教学的不断反思，把教师从冲动的例行的行为中解放出来，使之以审慎的意志的方式设计教学策略，从而达到不仅发展学生，而且全面发展教师，促使教师变得更为成熟的目的。③反思是促成理论向实践转化、实践升华为理论的重要一环。只重基础教学理论的研究而无视教学事实，这样构建的教学理论只是空中楼阁，无可操作性；而只顾教学事实不顾教学价值的教学理论，在指导教学实践时则容易丧失教学的策略性和教育性。反思成为联系这二者的桥梁，促成理论与实践、事实与价值的相互转化。

（二）知识教学中的两种最基本的教学方法

知识与品德属于两种不同性质的东西，在教学（乃至学习）过程中，若想取得事半功倍的效果，知识教学与道德教育中宜采用各具针对性的教学方法，而不应再像以前那样，盲目、简单地将主要用于知识领域的教学方法"迁移"到道德教育领域。因德育方法在前文已作论述，本小节只论知识教学的教学方法。到目前为止，在知识教学中有关教学方法的名目繁多，如讲授、讨论、提问、指导发现、教师中心法（包括小组讨论、游戏和模拟）、学生中心法（指各种个别化教学技术，如掌握学习、计算机辅助教学等）和班级中心法等。稍加分析可知，这些方法在分类上或多或少存在着交叉重叠，并且也不是在同一水平上来讲的，如有些方法是另一些方法的更具体技术。其实，根据学习的主要内容是接受的还是发现的这一标准，可以将教学方法简洁明了地分为两种相对独立的方法，即讲授式教学法和发现式教学法，这是两种最基本的教学方法。

1. 讲授式教学法

（1）什么是讲授法。

讲授式教学法简称讲授法，指教师通过直观演示、口头讲解、文字阅读等手段，有计划、有目的、有系统地向学生传授现成知识（一般多是"明确知识"）的一种教学方法。讲授法是以教师为教学活动的主导，有目的、有计划地组织整个教学过程的一种教学方法。讲授法本是一种历史悠久的传统方法，是教师向学生传授科学文化知识的重要手段。在讲授法中最常见和最主要的知识来源是教科书和其他参考资料、视听材料以及教师的个人经验。讲授法中最常用的技术是演讲，也可运用讨论、电影和学生报告的形式。在演讲式教学中，教师的职能是详细指定学生将要学什么，向学生提供学习材料，并力图使这些材料在速度和内容上适合每一个学生；同时，教师还要负责诊断学习者的困难，为他们提供适当的帮助。

不过，现代意义上的讲授法在继承传统讲授法的精髓的基础上，又与传统讲授法有两大根本区别：一是对教师地位的认识有差异。传统讲授法往往是一种强调教师具有绝对权威、绝对中心的教学法；现代讲授法在强调教师的主导地位的同时，也尊重学生的主体性。二是支撑的理论依据有差异。传统讲授法主要是在教师的经验指导下进行的，讲授得好与差从很大程度上说取决于教师教学经验的丰富程度与人格魅力的大小；现代讲授法主要是以行为主义学习理论、奥苏贝尔的学习理论、信息加工的学习理论、建构主义学习理论和人本主义学习理论为基础，从而具有颇强的科学性与可操作性。

为了与传统的讲授法相区别，现代讲授法也叫指导教学（direct instruction），或明示教学（explicit teaching，因其特别强调教师对教材的讲解）。在实际教学时指导教学的进行大致遵循以下六个步骤：第一步，采取一些手段（如提问等）诱发学生学习动机，使学生乐意学习新的课程内容。第二步，激活学生原有经验中与即将要学习的新内容有关的经验，以为新学习提供"先行组织者"（假如学生原有经验中没有恰当的相关旧经验，那么，教师就应主动为学生提供一个"先行组织者"）。第三步，明确而详细地讲解教材内容，并使之与学生的原有知识经验发生联系，生成新的意义。第四步，指导学生及时练习，用以强化刚刚建立的新联系，从而巩固知识。第五步，通过评阅练习，进行错误校正，并将相关信息及时反馈给学生。第六步，等学生基本掌握了学习内容后，让学生独立完成作业，学会灵活地运用所学的知识。

（2）讲授法的优缺点。

讲授式教学方法的主要优点有二：一是教师能够非常经济地在短时间内同时向许多人系统地传授知识（广义的），是向学生传播人类知识经验的最经济模式之一。在所要传授的内容还没有可资运用的书面材料的情况下，这一优点尤其突出。因为在讲授中教师可以亲自向学生呈现学科的基本内容，直接鼓励学生的学习热情。二是能用学生易懂的形式有效地概括学科的内容。讲授式教学方法比其他教学方法更容易掌握，而且安全可靠，从而在当今世界的许多国家广泛流行，影响很大。

讲授式教学法的主要缺陷有三：①过分强调教师的主导作用，有可能降低对学生的主体性和积极性的重视程度。事实上，对讲授法最多的指责是说它导致学生机械、被动地学习，是"填鸭式"的灌输学习。不过，"灌输"是个不太容易界定的概念，根据霍尔（Hall）等人的见解，大致而言，有两种观点：一是"内容"观，即灌输被看作任何一套信念的三番五次的重述，而在这么做时，对这些信念的根据却没有受到充分的公开检查。这里的一个主要思想是，被教授的学科的内容乃是一个既定的教条、一种价值倾向或一种世界观，而这些教条、倾向和世界观都是建立在某种没有理性根据的基础之上的。使教育沦为灌输的正是学科内容的教条性。如果人们把那种从根本上讲仅仅是建立在一些没有事实根据的假设基础之上的知识或见解当作真理而加以教授，那么他们就是在灌输。反而言之，只有当人们把那种被理性证明为正当的东西当作可靠的知识来教，人们才能避免灌输。这个观点的主要缺陷在于，人们往往不能确定某套信念是否确有根据，以及从理性上讲是否可靠。二是"意图"论，即灌输者需要人们接受他三番五次地重述的那些信念，而同时又不允许人们批评这些信念。在这种情况下，灌输就是教授一门学科的方法的事情，而不是内容的合理性问题。如果一个人所受到的教育说服他相信或接受教给他的东西，但不允许（或不是充分地鼓励）他探询这些东西背后的根据，人们就可据此说这个人在被灌输。反而言之，如果人们看到学生在自由考虑任何信念或理论的赞成意见和反对意见，那就避免了灌输。这个观点也有不足之处：假若说一个正在进行灌输的教师必须要有一种使他的学生不加批判地接受某些信念的意图，那么，任何实际上没有这种意图的教师就不能说是在进行灌输。然而，人们一般又相信，不管教师的意图如何，某些教育的努力确实构成了灌输。这表明灌输这个概念还涉及除此之外的其他东西。综合上述观点的长处，"灌输"的含义是：将特定的一套信念或教条当作必然的真理来加以教授，并且不容许受教育者的怀疑；相反，如果内容是人们普遍同意的，或者鼓励受教育者的质疑精神，那么就不是灌输。① 同时，依奥苏贝尔的观点，学习是有意义的还是机械的并不是决定于教学或学习的方式，而决定于是否满足有意义学习的心理过程和条件。因此，接受学习并不一定是被动的。由此可见，不能将讲授式教学法简单地指责为灌输，如果一个教师在讲授时，其讲授内容是人们普遍同意的，或者教师采取多种方法鼓励学生对所学内容采取谨慎的怀疑精神，那么就不是灌输。因此，只要教师正确运用这种方法，在教学过程中适当尊重学生的主体性，它确实是一种传授人类文化知识的极有效的方法。②在教学过程中学生的注意力会逐渐下降（特别是低年级学生），教师往往很难使学生的注意力在整个教学过程中一直保持相当高的水平。为了克服这一缺陷，师生必须进行适量的交互作用。例如，教师常在教学过程中穿插一些简短的提问或对话，以引起学生的思考或反应。③讲授法一般只适合传授明确知识，对于默会知识的传授则无能为力。

2. 发现式教学法

这是学生自学取向的教学方法，即教师不是将学习的内容直接提供给学生，而是向学生提供一种问题情境，教师扮演学习促进者的角色，引导学生向这种情境发问并自己收集证据，让学生从中有所发现的一种教学方法。发现式教学法以布鲁纳的认知结构学习理论和人本主义学习理论为基础，由于布鲁纳的大力提倡而风行一时。在实际教学时，运用发现式教学法要注意三个问题：一是让学生在教师引导下发现学习；二是让学生在合作学习中追求新知；三是有效地开展寓求知于生活的教学活动。

发现式教学方法的突出特点是，教师不是先提出一个概念再加以详细解释，而是先举出实例，然后让学生通过独立的思考从事例中发现"概念"。这一点与讲授法形成鲜明的对照。例如，在教数学规律的时候，教师不是先把数学规律教给学生，然后让学生做大量的相关练习以巩固知识，而是相反：先让学生做相关的练习，再引导学生得出相应的数学规律。"探究—发现"模式着眼于培养学生的归纳思维能力，符合人类思维发展的规律，有利于学生对知识的掌握，有利于激发学生的智慧潜力，有利于培养学生的自我激励的内在动机，有利于学生学会探索的技巧，有利于培养学生的责任心，而且发现学习的结果也有利于记忆的保持。发现法的最大缺点在于太耗费时间。其实，人类有着代代相传的宝贵文化遗产，放着前辈积累的知识不去学习而靠自己去独立发现，显然是不必要的，从这个意义上讲，发现法不如讲授法经济，因此，发现法不宜作为学校教育中教授学科内容的一种首要或唯一的方法。同时，它作为一种教学方法，不易为教师真正掌握，因而往往容易流于形式；还需指出，发现学习不一定就是有意义的，它也可能是机械的（详见第六章相关内容）。

3. 两种教学方法的选择是相对性的

讲授式教学法与发现式教学法这两种教学策略各有优劣，可以相互补充。实践表明，指导发现法（即将指导与发现结合起来）在很多方面优于纯粹的讲授式教学法和发现式教学法，在低年级阶段尤为明显。研究者在许多发现学习的实验研究中有意采用指导发现的实验处理：按照仔细规定的程序，向被试提供线索，把他们引上特定的道路，使他们沿着这条道路自行发现规律和获得解答。研究结果显示，这种方法在即时学习和日后迁移方面效果都很好。同时，实践与研究都表明，不同学科宜采用不同的教学策略，不能简单地赞扬一方而否定另一方，并且不同教学策略适合不同年级。奥苏贝尔指出，发现式教学法特

---

① 霍尔，戴维斯. 道德教育的理论与实践. 陆有铨，等译. 杭州：浙江教育出版社，2003：18－32.

别适合于学前儿童和小学低年级学生，适用于年长的学习者学习新学科或新教材的早期阶段。[1]

二、教学组织形式[2]

教学组织形式就是教学活动中师生相互作用的活动方式。它所涉及和所要解决的主要问题是教育者怎样把学生组织起来，通过教和学使师生紧密联系；怎样科学地利用空间、时间和其他教学条件来安排教学活动，使教师有效地教，学生有效地学，实现教学目标。辩证唯物主义认为，内容决定形式，形式又反过来作用于内容；形式具有能动性。同样，教学组织形式尽管被活动内容决定，但也可以反作用于活动内容，使活动内容有所改变并使教学活动发挥更大作用。由此可知，教学组织形式如何、组织得正确与否，直接关系着教学的规模、教学质量和教学目的的实现。在实际教学中，主要的教学组织形式主要有班级授课、小组教学和个别化教学三种形式，个别化教学将在下文探讨，这里只论余下的两种。

（一）班级授课

班级教学也称班级授课或集体授课，是最传统和普通的课堂组织形式。它是根据年龄或知识水平把学生编成固定人数的班级，由教师按照教学计划统一规定的内容和课时数并按课程表进行教学的教学组织形式。它有三个基本特点：①以"班"为人员单位，学生在班级中进行学习，班级人数固定且年龄和知识水平大致相同。②以"课时"为单位，大至一个学年、学期，小至一个学周、学日甚至一节课的教学过程，都是以课时为时间核算基本单位的。教师同时面对全班学生上课，有统一的起止时刻。③以"课"为活动单位，把教学内容以及传授这些内容的方法、手段综合在"课"上，把教学活动划分为相对完整且互相衔接的各个教学过程单元，保证教学过程的完整性和系统性。

班级教学的优势主要有：①一位教师同时教许多学生，教师一般按（假想或实际的）平均水平进行教学，以满足大多数学生的需求，扩大了单个教师的教育能量，具有规模效益。因此，班级授课可能是一个经济而有效的教学方法。当向全班教同样的技能或同样的课、布置作业、监考、给小组提希望、表达声明时，这种方法尤其方便。同时，这种方法能最有效地指导和管理大量的学生。②以"课"为教学单元，能在规定的时间传授较多的内容，可使学生的学习循序渐进，系统完整。③由教师有目的、有计划地精心设计、组织并进行的"课"，是以教师的系统讲授为主的，并兼用其他方法，有利于发挥教师的主导作用。④固定的班级人数和统一的时间单位，有利于学校合理安排各科教学的内容和进度并加强教学管理，可促使教学快速进行。⑤教师与学生直接面对面，可以及时收集反馈信息，加强师生间的相互交流，有利于及时调整讲授内容与方法。⑥班集体内的群体活动和交往有利于学生形成健康的人格，有助于学生增强集体感、建立班级精神，加速学生的社会化过程。例如，让全班同学在一起从事某个活动能增强他们对班级的归属感，并且有助于他们增强集体感和建立班级精神。通过一起学习、共享资源、设置学习环境方面的规则条例、交流思想，全班将学会合作。班级教学的局限性主要有：第一，从事班级教学的教

---

① 邵瑞珍. 教育心理学：修订本. 上海：上海教育出版社，1997：321－324.

② 皮连生. 教学设计——心理学的理论与技术. 北京：高等教育出版社，2000：186－191.

师倾向于把学生看作一个在一般能力、兴趣、学习方式和动机等方面同质的组，教学是针对假想的中等水平的学生，同时，它往往希望所有的学生都以差不多的方式学习和表现，并且根据全班的平均水平评价学生，选择教学方法和材料，确定学习进度等，可能只适合班上的部分学生，难以照顾学生的个别差异，不利于因材施教，不能满足不同学生的需要和兴趣，可能使每个学生的独特性被淹没在整个班级之中，这是班级教学形式最易遭批评的一个缺陷。第二，教学活动多由教师作主，学生学习的主动性和独立性受到一定程度的限制。第三，学生的学习主要是接受性学习，不利于培养学生的探索精神、创造能力和实际操作能力。第四，由于以"课"为活动单元，而"课"又有时间限制，往往将某些完整的教材内容人为地割裂以适应"课"的要求。第五，学生在大集体中较容易表现出问题行为。第六，不适宜完成动作技能目标，对情感、态度和品德领域的教学目标也效果甚微。

主要分为以下三种：

（1）课堂讲演。讲演是班级教学的主要授课形式，包括讲解法和演示法。讲解法就是教师向学生讲述事实、概念、原理，或描绘事物的现象以及发展过程和规律，或推导公式的由来的语言表述过程，它适应于各科教学。演示法是教师展示各种直观教具、实物或进行示范实验，使学生获得有关事物现象的感性认识的方法。在实际教学中讲解法和演示法常结合起来使用，以激发学生兴趣，加深学生对概念、原理的理解，人们一般称之为讲演法。

（2）课堂回答。课堂回答是教师根据学生已有的知识或经验，提问学生并引导学生经过思考，对所提问题自己得出结论，从而获得知识、发展智力的教学方法。在使用该方法时教师应注意五点：①做好充分准备。②向学生提问的问题要尽量多。③要面向全班同学提问，不能只限于少数几个同学，各个层次的学生都要照顾到，特别是胆小、不善发言的学生。④所提问题应难易适度，过难或过易都不利于调动学生的学习积极性。⑤针对学生回答问题的情况给予适当的反馈。

（3）课堂自习。课堂自习是以学生自身的独立活动为主的学习活动，一般是让学生做操练和练习，有时也让学生预习或复习功课。课堂自习大都是以做作业的形式进行的。要使学生从作业中受益，作业必须是课业的有意义延伸，教师要认真研究其规律性。为了达到满意的练习效果，应做到五点：①使学生明确练习的目的和要求，并在有关理论指导下进行练习。②及时反馈学生的练习结果，以便纠正。③练习方式可根据情况灵活掌握。④注意练习的循序渐进性。⑤做好练习总结。

（二）小组教学

班内小组教学是把一个班暂时分为若干个小组，由教师规定共同的学习任务，并由学生分组学习的班级教学形式。其特点是：在全班上课的基础上开展小组活动，班级仍然保留；小组不是永久性的，主要为具体的教学活动而组建，期限一般是几周或一个学期。在小组的构成上应将学习情况或性格特征不同的学生编排在一起，以便小组成员间互相取长补短。在小组人员的编排上一般以5～7人为宜，小组成员过多，积极活动的学生数就会减少；小组成员过少，则对提出观点的丰富性以及补充意见的多样性不利。偶数组和奇数组也有区别，偶数组较难一致，经常发生冲突情境和对抗。小组可以是学科小组也可以是活动小组，主要视学习任务、活动目的和性质而定。小组教学可以在任何年级和任何课中开展，但最适合各科新内容学习之后的强化巩固，即分组讨论。小组讨论是学生根据教师所提出的问题，在小组成员中相互交流个人的看法、相互启发、相互学习的一种教学方式。小组讨论的问题可以是教师提，也可以是学生提。在小组讨论中，学生彼此提问和回答问题，并且对彼此的回答作出反应。教师主要起监督指导作用，观察学生反应。教师要扮演较次要的角色，作为问题的调节者，要尽量让许多学生一起参加讨论，保证讨论不离题，并且帮助学生总结。同时，在分组时应考虑这样几个因素：①在某一个特定主题或活动中，根据特殊兴趣和技能建立成员关系；②对于具体的课或具体的内容（如不同的作业或练习），要按能力分组或在全班内重新分组；③融洽同学间的人际关系。④不管分组的基准是什么，任务都应当尽量具体，并且在学生的能力和兴趣范围之内，这样小组才能不需要老师的帮助就能自己学习。如此教师才能单独注意某个小组，或帮助个别学生。

小组教学的优点主要是可以给学生提供更多的直接参与学习的机会，有利于培养学生的参与意识和领导组织能力；师生之间、学生之间的相互作用可以促使学生民主与合作精神的形成；小组教学还特别有利于情感领域和动作技能教学目标的实现，如形成态度、某些动作技能的训练等。但是小组教学也存在一些缺点，主要是教学进度不容易控制以及教学目标难于一致。因此，教师在使用小组讨论的方式时最好根据自己的教育目标，考虑使用此法的利弊，因为在教学过程中有时小组讨论会适得其反。不过，以下几种情况特别适合于小组讨论且能取得理想效果：①在许多问题中有一些问题并不只一个答案。②虽然问题只有一个正确答案，但包含较难的概念，需要学生从不同的角度加以论证。③当学生试图理解一个与常识相反的困难概念时。

除了下文要讲的能力分组和同伴辅导外，常用的还有小组活动。小组活动要想取得理想效果，前提之一是要以一定的方式将小组组织好，常用的方式有：①以学习任务为定向的学习小组。目的是将小组成员集中起来完成特定的学习任务或计划。②教导式学习小组。目的是传授或澄清抽象的材料，考前进行复习或让学生就某一问题或观点展开讨论。③个别指导式学习小组。目的是强调学习以后的矫正、指导，或对个别学习者独立的学习进行评价。④苏格拉底式的学习小组。目的在于把师生汇聚在一起讨论教师提出的问题，答案经过开诚布公的师生交谈而获得。⑤合作式学习小组。目的是为完成共同的学习任务或学习目标，将学习程度不同的学习者组织在一起，通过成员共同的相互作用，调动每一个人的学习积极性和责任心，促进学业成绩的提高。⑥脑力激荡式学习小组。目的是将不同的个体组合在一起，针对某一富有创新意义的课题展开讨论，发表自己的观点。⑦漫谈式学习小组。目的是鼓励学生对与目前正在考虑的或与已学过的材料相联系的课题做自由的、不受任何约束的讨论。在多种多样的小组活动中，教师的角色从工程师或指导者变成了促进者或提供资源的人。有人把小组活动分成这样几类：一是帮助教师处理学习者的差异；二是给学生提供机会一起计划和发展具体的计划；三是增加学生的交往和社会化。总之，它们要达到认知、情感和社会性三方面的目的。根据教师和学生所扮演的角色、所承担的责任，教师可以用不同的方法来安排小组活动。这样的方法有许多种，如脑激励法、辩论、圆桌会议、综合报告等。安排小组活动的成功关键在于老师的组织方法，所有安排得当的小组活动都具有这五个特点：第一，任务结构使得小组学生成员之间进行合作。第二，学生根据小组的目标以自己的进度进行学习。第三，具有发展参与者社会和人际交往技能的机会。第四，具有根据小组成绩的奖励结构（它能鼓励帮助行为）。第五，组队策略的多样性。在各种情况下学生都能学会一起工作，学会欣赏个体差异的多样性，重视个人的长处等。由于参加各种各样的活动，学生往往能够相互帮助，有共同的体验，在理想状态下，他们应当体验同伴对他们的积极期望，学会体谅、合作和热情回报。如果小组组织得当并且角色和规则明确，那么积极的纪律（实际上是自我纪律）应当逐渐会演化成班级文化的一部分。最后学生应逐渐欣赏和更好地理解他人，包括他人的需要、兴趣和感情。所有这些新的小组学习体验都是很重要的。因为教育和工作环境越来越需要人们在一个程序、一个单位或一个部门一起工作。值得一提的是，合作学习以及人本主义教育所强调的无年级教学都属于小组教学的模式。小组教学能增强学生的合作性和社会技能，适当的小组经验能培养学生的民主价值观和对人际差异的欣赏，能提供兴趣上的挑战，容许学生以自己的速度学习，从心理上提供安全的情景来掌握材料，鼓励学生对班级活动作出贡献。把全班分成小组有助于教师通过提问、讨论、检查作业，检查某个小组，来监视学生的学习，评定学生的进步。

第四节 个别差异与教学

班级授课制所面临的难题之一就是学生的个别差异。教育是应该消除学生间的个别差异，还是应该尊重学生的个别差异让每个学生的特点都得到充分发展，一直存在争论。本节主要讨论学生的个别差异、如何了解学生的个别差异以及如何针对个别差异进行因材施教等问题。

一、个别差异的表现

个别差异究竟指什么？包括哪些内容？对于这些问题学者有不同的意见。这里主要借鉴皮连生的定义，只是略作改动而已：个别差异指不同个体之间在心理与行为方面表现出来的相对稳定的不相似性，主要包括智力差异、认知差异、性格差异、兴趣差异与性别差异等方面。个别差异不仅表现为人们是否有某方面的特点，而且也表现为同一特点的不同水平。个别差异在学生的学习活动中具体表现为学习方式的差异。

（一）智力、智力的稳定性与智力差异

1. 智力与智商

智力（intelligence）是一种一般的心理能力，与其他事物一样，包含推理、计划、问题解决、抽象思维、理解复杂思想、快速学习和从经验中学习等能力。[①] 一个人智力的高低通常用智商来表示，智商是测量个体智力发展水平的一种指标。斯坦福—比纳（Stanford－Binet）智力测验中的智商是智力年龄与实足年龄所得的商数，也称比率智商，计算公式为：

$$智商（IQ）= \frac{心理年龄（MA）}{实足年龄（CA）} \times 100（乘以100是为了消除小数）$$

---

① 理查德·格里格，等．心理学与生活．王垒，等译．16版．北京：人民邮电出版社，2003：264.

教育心理学新编（第五版）

韦克斯勒（David Wechsler，1896—1981）智力量表中的智商是离差智商。离差智商以智力的正态分布曲线为基础，将人们的智商看作平均数为 100、标准差为 15 的正态分布，它表明被试的分数相对地处于同年龄标准化样组的均数之上或之下有多远，即以离差大小表明智力高低，离差大且为正数者智商高，离差小且为负数者智商低。其计算公式为：

$$智商（IQ）= \frac{15 \times (X - \overline{X})}{S} + 100$$

其中，X 为某一年龄组的被试测验的原始分数，$\overline{X}$ 是该年龄团体的平均分数，S 是团体分数的标准差，$(X - \overline{X})/S$ 是标准分数（Z 分数），它是一种以标准差为单位的相对量数。"$+100$"是为了消除 0 与负数。

智力发展具有一定的稳定性和个体差异性。造成智力发展具有一定稳定性的原因主要有三：①遗传对智力的发展具有不可忽视的作用。②多数人所处的环境是相对稳定的，突如其来的环境巨变相对少见。③后天经验是一个积累的过程，先前经验为以后的发展提供了基础，因而最初发展较快、智力水平较高的个体很有可能在团体中持续保持领先地位。

2. 智力差异

由于不同个体所具有的遗传素质是有差异的，再加上不同个体具有不同的个性品质，正所谓"人心不同，各如其面"，并且每个个体所处的环境因素不可能完全相同，所经历的实践活动也千差万别，诸种因素交互作用的结果导致不同个体之间的智力具有明显的个别差异。

（1）智力发展水平上的差异。

智力发展水平的差异表现为个体差异和群体差异。对于智力水平的个别差异，中国人很早就已认识到。《论语·公冶长》记载："子谓子贡曰：'女与回也孰愈？'对曰：'赐也何敢望回？回也闻一以知十，赐也闻一以知二。'子曰：'弗如也，吾与女弗如也。'"颜渊能"闻一知十"，端木赐只能"闻一知二"。韦克斯勒通过长期研究，认为个体的智力发展在水平上存在一定的个别差异，各种智商在人群中所占的百分比如表 11 - 1 所示：

表 11 - 1　韦克斯勒智力类别分布表

IQ	类别	占全人口的百分数（%）
130 及以上	智力超优	2.2
120 ~ 129	智力优秀	6.7
110 ~ 119	智力中上—聪明	16.1
90 ~ 109	智力中等	50.0
80 ~ 89	智力中下—迟钝	16.1
70 ~ 79	低能边缘	6.7
69 及以下	智力欠缺	2.2

智力水平还表现出群体的差异，换言之，不同年龄组的群体其智力发展水平是有差异

的，从而使智力的发展有着年龄特征。从整体趋势看，个体发育的早期智力发展最快，以后逐渐减速，最后减退。根据 Bloom（Bloom 曲线）的研究，如果以 17 岁时的智力水平为 100 的话，儿童从出生到 4 岁已发展到 50，4~8 岁又获得 30，8~12 获得余下的 20。这表明，人类的智力在 0~12 岁之间是随着年龄的增长而增长的。到了一定年龄时智力增长趋于停滞，并保持较长时间的稳定，而后又随着年龄的增长而下降。有研究表明，26~36 岁保持稳定，而后缓慢下降，60 岁后迅速下降。

（2）个体智力表现早晚的差异。

个体智力表现也有早晚的差异，中国人早就认识到了这一点。如东汉王充在《论衡·实知》里就说："人才早成，亦有晚就。"三国时魏人刘劭在《人物志·七缪》里也说："夫人材不同，成有早晚。有早智而速成者；有晚智而晚成者；有少无智而终无所成者；有少有令材遂为隽器者。"

（3）智力类型的差异。

中外学者都认识到不同个体在智力类型上存在差异。当代美国心理学家加德纳（H. Gardner）将 intelligence 定义为"使个体能够解决问题或产生符合特定文化背景要求成果的一个或一组能力"（Walter & Gardner，1986）[①]，并以提出了一个超出 IQ 测验定义的多元智力理论（theory of multiple intelligence）而闻名世界。加德纳通过对脑损伤病人的研究及对智力特殊群体的分析，提出人类的神经系统经过一百多万年的演变，已经形成了互不相干的多种智力，每种智力都有其独特的解决问题的方法，都有其自身的符号系统；并且，不同智力类型在每个人身上的组合方式是不同的，有人可能在某一两个方面是天才，而在其余方面却是蠢材，有人可能各种智能都很一般，但如果他所拥有的各种智能被巧妙地组合在一起，则可能在解决某些问题时会显得很出色。那么，人类到底有多少种智力呢？在 1983 年出版的《智力架构》（Frames of Mind：The Theory of Multiple Intelligence）一书中，加德纳认为人类有七种不同智力；在《智力重构：面向 21 世纪的多元智力》（Intelligence Reframed：Multiple Intelligences for the 21st Century，1999）一书里，加德纳又加上了自然主义智力、灵性智力与存在主义智力。这样，加德纳主张的 10 种智力依次是：①语言智力（linguistic intelligence），指学习与使用语言文字的能力。它的中心成分是对词的声音、节律和意义的灵敏性，对不同语言功能的灵敏性。其代表人物是诗人和新闻记者。②逻辑—数学智力（logical-mathematical intelligence），指数学运算和逻辑推理的能力。它的中心成分是洞悉能力与灵敏性、逻辑与数字模式，把握较为复杂的推理。其代表人物是科学家和数学家。③空间智力（spatial intelligence），指凭知觉辨别距离判定方向的能力。它的中心成分是准确知觉视觉—空间世界的能力，对人的最初知觉进行操作转换的能力。其代表人物是航海家和雕刻家。④音乐智力（musical intelligence），指对节律、节奏的欣赏和表达的能力。它的中心成分是产生和欣赏节奏、音高和颤声的能力，对不同音乐表达形式的欣赏。其代表人物是作曲家和小提琴家。⑤身体运动智力（bodily-kinaesthetic intelligence），指支配肢体以完成精细的身体运动的能力。它的中心成分是控制身体运动和有技巧地运用物体的能力。其代表人物是舞蹈家和运动员。⑥人际智力（interpersonal intelligence），指与人交往且能与人和睦相处的能力。它的中心成分是对其他人的情绪、气质、动机和期望的辨别和恰当的反应能力。其代表人物是心理治疗师和推销员。⑦内省智力

---

① M. 艾森克. 心理学——一条整合的途径. 阎巩固，译. 上海：华东师范大学出版社，2000：666.

（intrapersonal intelligence），指认识自己并选择自己生活方向的能力。它的中心成分是对自己情绪的感知、区分，并以此指导行为的能力，对自己的力量、弱点、期望和智力的了解。其终端是详细的、准确的自我知识。⑧自然主义智力（naturalistic intelligence），指认识自然的智力，它是认识自然，并对我们周围环境中的各种事物进行分类的能力。它的中心成分是对种属不同的灵敏性和生物敏锐交往的能力。其代表人物是生物学家和环保主义者。⑨灵性智力（spiritual intelligence），指对事物本质的灵感、顿悟能力和直觉思维能力。它实际上是一种智力潜能，属于潜意识的范畴。⑩存在主义智力（existential intelligence），指沉思关于生命、死亡和终极目的（ultimate issues）等问题的能力。①

用加德纳的多元智力理论进行观照，中国历史上其实有多元智力和谐发展观。它指主张人的多种智力应和谐发展的一种智力观。它暗藏在中国古代教育家对教育内容的设计中。"六艺"在《周礼》中已有记载。《周礼·地官司徒》说："以乡三物教万民而宾兴之：……三曰六艺，礼、乐、射、御、书、数。"② 由此可见，"六艺"的含义之一便是指西周时期学校的教育内容，起源于夏、商。包括礼（礼仪制度、道德规范）、乐（音乐、诗歌、舞蹈）、射（射箭）、御（驾车）、书（文字读写）、数（算法）。③ 稍后，六部儒家经典成为中国传统教育的核心内容，它们自《庄子·天运》起，一直被人们习惯称为"六经"。"六经"指儒家六部经典，它们分别是：《诗》《书》《礼》《易》《春秋》和《乐经》（后世学者，或认为《乐经》因秦焚书而亡失；或认为儒家本来没有《乐经》，"乐"即包括在《诗》《礼》之中。据考证，以后说较妥）④。在《史记》中，"六经"又称"六艺"，于是，"六艺"的另一种含义便是指"六经"。据《史记·滑稽列传》记载："孔子曰：'六艺于治一也，《礼》以节人，《乐》以发和，《书》以道事，《诗》以达意，《易》以神化，《春秋》以道义。'"⑤ 再往后，教学内容又加上《论语》《孝经》和《孟子》等三部著作，从而构成儒学教育的完整内容体系，并在中国传统教育内容体系里一直处于主导地位，直到清朝灭亡为止才退出历史舞台。同时，古代文人雅士除了要通上述"儒经"（儒家经典的简称）外，还要通"琴棋书画"，从而展现出良好的品德修养与专业素养，否则，就不能算作真正的文人雅士。这样做的结果自然有助于提高个体的晶体智力，并且，其中蕴含有多元智力和谐发展观：主张人的多种智力应和谐发展的一种智力观。中式经典多元智力和谐发展观较之加德纳的多元智力理论更有合理之处：与多元智力理论类似，多元智力和谐发展观也看到了人的智力有多种类型；在此基础上，多元智力和谐发展观还主张体现在一个人身上，要求做到多元智力的和谐发展，从而使个体最终生成一个修养良好的读书人：个体通过学习"儒经"和书法艺术，可以发展自己的语言智力；通过学习"算数"与"围棋"，可以发展自己的逻辑——数学智力；通过学习"围棋"、书法、绘画艺术、骑马与驾车等，可以发展自己的空间智力；通过学习"音乐"，可以发展自己的音乐智力；通过学习骑马、驾车和射箭等技术，可以发展自己的肢体——动觉智力；通过学习《礼》和其他儒经以及学习儒家的修身养性功夫，可以发展自己的人际智

① GARDNER H. Intelligence reframed：multiple intelligences for the 21ˢᵗ century. New York：Basic Books，1999：pp. 1 - 292.

② 李学勤. 十三经注疏·周礼注疏：上. 北京：北京大学出版社，1999：266.

③ 夏征农，陈至立. 辞海：第六版彩图本. 上海：上海辞书出版社，2009：1431.

④ 夏征农，陈至立. 辞海：第六版彩图本. 上海：上海辞书出版社，2009：1429.

⑤ 夏征农，陈至立. 辞海：第六版彩图本. 上海：上海辞书出版社，2009：1431.

力；通过学习儒家的修身养性功夫，可以发展自己的内省智力、存在主义智力和道德智力；通过追求"天人合一"的境界和按"道法自然"法则对待自然，可以发展自己的自然主义智力与灵性智力。并且，从"琴棋书画，样样精通"一语看，中国古代教育大家多主张人的上述11种智力应和谐发展，不可偏执一端。因此，若用一个对联来描述中国古代的多数读书人，那么，上联是"琴棋书画门门精通"，下联是"诗词歌赋样样在行"，横批是"真正读书人"。与此相反，若用一个对联来描述当代中国的多数读书人，那么，上联是"琴棋书画门门欠佳"，下联是"诗词歌赋样样外行"，横批是"枉为读书人"。还需指出，儒家的六艺教育都只是手段，不是目的，儒家六艺教育的真正目的是培育个体的智慧尤其是德慧，其最高境界是培育出具"内圣外王"人格的大智慧者，以此实现儒家所倡导的"修身、齐家、治国、平天下"的目的。正因为如此，六艺之间并没有严格的主次之分，而是要和谐发展。可见，只要稍加变通，使之与时俱进，中式经典多元智力和谐发展观对于纠正当前中国教育中存在的过去偏向智育而忽视其他各科教育的做法，也具有极强的现实意义。与此不同的是，多元智力理论只告诉人们有语言智力等10种智力类型，却并没有提及要求人们要和谐发展这10种智力，更没有提及要求每一位学生都要和谐发展这10种智力。[1]

智力类型不但具有个别差异，还具有群体差异。它主要体现在三个方面：一是智力类型的性别差异。二是智力类型的年龄差异。依卡特尔与霍恩提出的液态智力和晶体智力理论，一般而言，年轻人较之年长者有更好的液态智力，年长者较之年轻人有更好的晶体智力。三是智力类型的文化差异。根据斯腾伯格（R. J. Sternberg）的智力理论，智力与文化关系密切，不同文化所需要的智力类型存在差异。既然如此，智力类型存在文化差异也就是必然之事了。[2]

（4）智力成分的差异。

对于智力的成分心理学界存在不同看法。中国心理学界一般主张智力由观察力、想象力、思维力、记忆力、注意力五个基本因素组成。这样，一方面，在不同学生身上就存在智力成分的差异：一是学生的注意力有强有弱。注意力强的学生能较好地集中注意。观察表明，注意力弱的学生有三种不同的表现：有的学生极易受外界刺激的影响，微小的外部动因都能转移他们对当下学习活动的注意；有的学生则由于缺乏明确和稳定的注意目标，经常有显著的分心状态；也有的学生迷恋着其他活动而不把注意力集中在学习上。二是学生的想象力存在个别差异。例如，在想象力的强度上，想象力强的学生想象表象生动鲜明，想象力弱的学生想象表象则比较模糊。此外，学生在想象的广阔性、丰富性、想象内容的创造性以及想象力是否符合现实等方面也存在很大的个别差异。三是学生的思维力存在差异。有的学生动作思维强，有的学生抽象思维强，有的学生善于作归纳推理，有的学生善于作演绎推理等。四是学生记忆力有不同表现：有的学生识记快，遗忘得慢；有的学生虽然识记慢，但不易遗忘；而有的学生虽然识记快，但忘得也快；记忆力薄弱的是那些要花很多时间识记，但遗忘也很快的学生。五是在感知和观察力方面存在差异。学生除在

① 汪凤炎. 中国心理学思想史. 上海：上海教育出版社，2008：292 - 294.

② STERNBERG R J. Culture and intelligence. American psychologist, 2004, 59 (5): pp. 325 - 338; STERNBERG R J & GRIGORENKO E L. Cultural intelligence and successful intelligence. Group & organization management, 2006, 31 (1): pp. 27 - 39.

观察的主动性和精确性上有差别外，还表现出知觉的主观型和客观型。客观型的学生感知事物精密而正确，主观型的学生对感知的事物带有情绪色彩，容易加进自己的翼侧和虚构，从而改变了客体的形象。另一方面，在不同年龄的群体中，其智力的不同成分的发展速度也不相同，如表 11 - 2 所示。从该表可知，概括、理解和推理能力随着年龄的增长而增长，但知觉速度和效率以及短时记忆、机械记忆能尽快达到高峰，随后随年龄的增长而下降。

表 11 - 2　智力的不同成分在不同年龄群体的发展速度

年龄（岁）	10 ~ 17	18 ~ 29	30 ~ 49	50 ~ 69	70 ~ 89
知觉	100	95	93	76	46
记忆	95	100	92	83	55
比较和判断	72	100	100	87	69
动作和反应速度	88	100	97	92	71

注：100 为最高水平，其他数字是其相对值。

（二）认知差异

个体的认知差异包括两个方面：一是认知发展水平的差异；二是认知风格的差异。认知发展水平的差异在介绍皮亚杰的认知发展理论时已有论述，下面只探讨认知风格上的差异。认知风格，也叫认知方式或认知类型，是指个体进行信息加工时，通过其知觉、记忆、思维等内在心理过程在外显行为上表现出的习得性特征。关于认知方式的研究发现，学生的认知方式是多种多样的，而且认知方式没有绝对的好坏之分，但对于不同的个体，不同的问题情境可能适合不同的认知方式。了解学生认知方式的差异，对于教师根据学生特点进行因材施教有重要意义。下面着重分析场独立型与场依存型以及沉思型与冲动型的认知方式。对于学生而言，认知风格影响其学习方式。学习方式，也叫学习风格，是学习者持续一贯的带有个性特征的学习方式，是学习策略和学习倾向的总和。学习策略是学习者用以提高学习效率的一般性的整体策略或谋划。学习倾向指学生在学习过程中会表现出的不同偏好，包括学习情绪、态度、动机、坚持性以及对学习环境、学习内容等方面的偏爱。有些学习策略和学习倾向可随学习环境、学习内容的变化而变化，有些则表现出持续一贯性。那些持续一贯地表现出来的学习策略和学习倾向，就构成了学习者通常所采用的学习方式。学习方式具有三个明显特点：①学习方式具有独特性。学习风格是在学习者个体神经组织结构及其机能基础上，受特定的家庭、教育和社会文化的影响，通过个体自身长期的学习活动而形成，具有鲜明的个性特征。②学习方式具有稳定性。学习风格是个体在长期的学习过程中逐渐形成的，一经形成，即具有持久稳定性，很少随学习内容、学习环境的变化而变化。但是学习风格的稳定性并不表明它是不可以改变的，它仍然具有可塑性。③学习方式兼有活动和个性两种功能。人的个性，诸如能力、气质和性格等对学习的影响和作用往往是间接的，而学习风格是学习者惯常使用的、有所偏爱的学习策略和学习方式，它直接参与学习过程，一方面使学习过程得以顺利进行，另一方面使学习过程和学习结果受个性的影响。从认知的角度看，对学生学习方式产生较大影响的认知差异主要是以下几个方面：

1. 场独立型与场依存型的差异

场独立型（field independent）与场依存型（field dependent）是两种普遍存在的认知方式，它是由美国心理学家威特金（H. A. Witkin，1954）研究知觉问题时发现的。他根据一个人从一个复杂的背景图形中找到一个简单目标图形的能力差异，将其归属为场独立型或场依存型：场独立型是指个体在认知和行为中较少受到客观环境线索的影响，而主要是利用自己内部的参照来判断客观事物的倾向；场依存型是指个体在认知和行为中常常以外部参照来判断客观事物的倾向。这样，场独立型的人对事物的知觉和判断不易受外来因素的影响和干扰，而倾向于独立进行分析判断，能很容易将一个知觉目标从它的背景中分离出来；场依存型的个体较多地依赖外在参照知觉事物，或者难以摆脱环境因素的影响和干扰，在将一个知觉目标从它的背景中分离出来时常常感到困难。对于学习者而言，场独立型学习者的心理分化水平较高，在进行信息加工时往往倾向于以内在参照而不是外在参照去知觉事物，能以自己独立的标准觉察、判断事物，对外界环境的依赖程度低；场依存型学习者的心理分化水平较低，在信息加工时对外在环境有较大的依赖倾向，往往较多地依赖外在参照去知觉事物，不能从复杂情境中区分事物的若干要素或组成部分。在解决需要灵活思维的问题上，场独立的人有优势，他们善于抓住问题的关键性成分，能灵活地运用已有的知识来解决问题；场依存的人在解决熟悉的问题时不会发生困难，但让他们运用已有的知识去解决没有遇到过的新问题时，则难以应付，缺乏灵活性。[①] 也有研究表明[②]：场独立型学习者偏爱自然科学，数学成绩较好，两者呈显著的正相关，他们的学习动机以内在动机为主，学习自觉性高，喜欢个人独立学习，接受知识时善于运用分析的知觉方式，同时在学习情境中也更倾向于冲动、冒险，凡事以个人的意志来决定；场依存型学习者偏爱社会性学科，他们的学习更多地依赖外在反馈，他们对人比对物更感兴趣，学习欠主动，易受暗示，喜欢与同伴在一起讨论或进行合作学习，接受知识时偏爱非分析的、笼统的或整体的知觉方式，同时在学习情境中，他们往往较为谨慎，不愿冒险。

场独立型和场依存型的差异可以通过多种方法进行测量：①身体位置调整测验。威特金最初对认知方式的研究始于军事上的需要。第二次世界大战期间，飞机驾驶员常因在云雾中机身翻滚而丧失方位感，进而造成失事。为减少此类事件的发生，在对飞行员进行选拔和训练时，要测试应征者对空间方位的知觉判断能力。因此，最初的测验是让受试者进入一个可调整倾斜度的房间，坐在房间中一个可以作各种角度转动的椅子上。房间与椅子的转动，有时方向一致，有时方向不一致，这就构成了类似飞机在空中翻滚的情境。此时要求受试者将自己的身体调整到实际的垂直位置，能准确地将自己调整到垂直位置的人属场独立型，不能调整者属场依存型。②框棒测验。这是继身体位置调整测验之后威特金设计的一种更简便的测验。测验时，让测试者注视一下倾斜的方框，框内有一个可独立于框平面转动的亮棒，要求被试将亮棒调整到垂直于地面的方位。倾斜的框架对被试调整亮棒影响较大者为场依存型；不受框架角度的影响而直接调整亮棒者为场独立型。③镶嵌图形测验。也叫隐蔽图形测验。这是目前研究中采用较多的一种方法，令被试在较复杂的图形中用铅笔勾画出镶嵌或隐蔽在其中的简单图形。在测验中，能排除背景因素的干扰而从复

① 彭聃龄. 普通心理学. 北京：北京师范大学出版社，2001：440.
② 谭顶良. 学习风格论. 南京：江苏教育出版社，1995：69.

杂图形中迅速、容易地知觉到指定的简单图形者为场独立型；而完成该项任务较为困难者为场依存型。

2. 对信息的同时性加工和继时性加工

现代认知心理学认为，人在进行信息加工的过程中存在着两种最基本的信息处理方式——同时性加工和继时性加工。同时性加工是指认知主体在同一时间内对多个信息进行加工，将它们联合成整体，从而获得事物的意义的一种信息处理方式。同时性认知风格的特点是：在解决问题时，学习者善于采用发散性思维，从多个视角对问题进行全面思考，考虑多种假设，兼顾解决问题的各种可能性，能同时把握事物的全部信息，并从各组成部分的关系中发现事物的整体联系。继时性加工是指认知主体对外界信息逐一进行加工从而获取意义的信息处理方式。继时性认知风格的特点是：在解决问题时，学习者往往采取按部就班的分析程序，一步接一步、一环扣一环地对信息进行加工。每一步只考虑一种假设或一种属性，提出的假设在时间上有明显的先后顺序，第一个假设成立后再检验下一个假设，直到问题解决。虽然个体在认识活动中两种不同的信息加工方式都会用到，但不同的学习者对两种信息加工方式却会表现出不同的偏好，有的人倾向于对信息进行同时性加工，有的人则倾向于对信息进行继时性加工。

3. 记忆风格

记忆在人的整个心理活动中处于非常重要的地位，任何其他心理活动和心理现象都离不开记忆的参与。在学习过程中学习者会采用不同的记忆方式，趋异与趋同就是最基本的两种。趋异者倾向于精确地知觉新的信息，能觉察出新旧信息的细微不同和变化，从而能精确回忆；趋同者倾向于很快地将新信息同化于原有信息之中，不作精细的分化，从而在脑中保持较为模糊的印象，也不能精确回忆。一些研究表明，在完成对原有信息进行回忆等任务时，趋异者优于趋同者，表现出更强的记忆力。

4. 思维风格

思维风格的差异表现在三个方面：分析与综合、发散与聚合、归类的宽与窄。分析是指在思想上把整体分解为部分，将复杂的事物分解为简单的要素，分别加以考虑的心智操作。这是认识事物的一种基本方法。综合是指在思想上把对象的各部分和各种因素连贯起来考虑的心智操作。有人喜欢分析性思维，有人偏爱整体性思维。发散与集中也是思维的两种不同方式，不同的学习者对此的偏爱也不同。聚合思维，也叫求同思维，是把问题所提供的各种信息聚合起来得出一个正确的答案（或一个最好的解决方案）的思维方式；发散思维，也叫求异思维，它是一种沿着各种不同方向去思考、探索新事物，去追求多样性答案的思维方式。善于发散思维的人，会沿着各种不同方向、从不同的角度思考问题，把当前的信息与记忆系统中的原有信息加以重组或相互作用，产生大量独特的新信息，或产生许多创造性的观念。有研究（Hudson，1966）表明，两种不同倾向的学习者的个性和兴趣也存在着差异，发散思维者更具冲动性、广阔性，热情较高，兴趣较广，可靠性差，想象力丰富，喜欢选择人文科学尤其是文学和现代语言学作为自己的专业或职业；集中思维者倾向于谨慎，情绪冷淡，兴趣较窄，可靠性强，想象力不够丰富，喜欢选择自然科学尤其是物理作为自己的专业或职业。归类，也叫分类，是在思想上根据对象的共同点和差异点，将它们分为不同种类的心智操作。由于参照的归类标准不一样，可以把学习者分为窄归类者和宽归类者。前者倾向于运用精确的标准识别新的信息，并使新信息归入它应属的合适类别；后者运用模糊的标准，将新信息归入外延过宽的类别当中。

5. 问题解决风格

根据个体在问题解决时在速度和准确性方面存在的差异，可以将问题解决风格分为沉思型与冲动型等两种类型。沉思型（reflective style）是指对问题的解答速度较慢但错误较少的类型；冲动型（impulsive style）是指对问题解答速度较快但错误较多的一种类型。冲动型学习者面对问题时总是急于求成，他们往往只把握问题的部分信息，而不能对问题作出全面、透彻的分析，常常就以直觉式的、顿悟式的方式作出决定，反应速度较快，但容易发生错误。对于问题的答案，冲动型学习者不易自发地作出解释，即使在外界要求必须作出解释时，由于缺乏严密的推理和论证过程，他们对答案作出的解释往往也不周全、不合逻辑。沉思型学习者面对问题时不急于作答，他们会运用充足的时间考虑、审视问题，对问题中的各要素及其相互关系作深入思考，权衡各种问题解决的方法，然后从中选择一个满足多种条件的最佳方案，虽然反应速度慢，但解决问题的质量很高。对于问题的答案，沉思型学习者往往更容易自发地或在外界要求下作出解释。由于他们的解题思路和依据都较为清晰和充分，他们对自己的答案做出的解释往往具有相当的合理性。有研究表明①，在解决较难问题时沉思型学习者就会表现出优势来，冲动型学习者会掩盖其解决问题的实际能力，不能很好地发挥出来。当然，如果遇到比较简单和熟悉的问题，沉思型学习者也能快速地作出反应，这时两种风格类型的差异就不那么明显了。另外，在学习能力上，沉思型的学习者其阅读能力、记忆能力、推理能力、创造力都比较好；冲动型的学习者往往有阅读困难，学习成绩也不太好。

怎样知晓一个人是沉思型还是冲动型呢？卡根（Kagan，1966）等设计了"匹配相似图形测验"（MFFT）作为测量沉思型与冲动型的工具。测验的基本内容是，给被试出示1个标准图形和6个可供选择的图形，要求被试从这6个图形中选出一个与标准图形完全一样的图形，不限反应时间。一共12套这样的图形。主试记下被试对每套图形从开始思考到做出第一个反应所需的时间，以及所犯的错误量。奥尔特（Ault，1972）等根据在"匹配相似图形测验"中思考的时间及错误率，将儿童分为四个类型：①沉思型，对问题的思考时间在平均思考时间以上，错误率在平均错误率以下的儿童；②冲动型，对问题的思考时间在平均思考时间以下，错误率在平均错误率以上的儿童；③快而正确型，对问题的思考时间和错误率均在平均数以下的儿童；④慢而非正确型，对问题的思考时间和错误率均在平均数以上的儿童。有近2/3的儿童属于沉思型或冲动型，属于后两种类型的儿童只有1/3。可见，前两者是儿童普遍具有的两种认知风格。

（三）性格差异

从学生对现实的态度和意志特征的结合看，学生的性格有不同表现。有些学生对自己所从事的种种活动具有稳定的目的，他们在活动中守纪律，能自制，表现出一定的主动精神和毅力；有些学生在活动中也有一定的目的，但在意志上缺乏自制力，缺乏坚韧和顽强的精神；当然，也有的学生在活动中没有长远的明确目的，但他们在完成某些具体任务时却表现出一定的意志力。学生的性格差异也表现在他们对现实的态度或意志的某一个别特征上。有的学生有很好的自觉性和高度的责任感，他们在一切活动中都表现出坚定性。有些学生只是在他们感兴趣的活动上表现出坚定性。也有的学生其坚定性只是在某种特殊的

---

① 谭顶良. 学习风格论. 南京：江苏教育出版社，1995：108.

教育心理学新编（第五版）

影响或一时的向往的推动下才有所表现。学生性格的差异与学校、家庭、社会教育的不一致有关，也与学生自身动机系统的概括化水平的差异有关。为帮助学生培养和形成稳定而一致的性格特征，就要加深学生对活动意义的认识、提高学生行为动机的水平。

（四）兴趣差异

兴趣（interest）指个体力求认识某种事物或从事某项活动的心理倾向。学生的兴趣差异在学习活动中主要表现为两个方面：一是不同学生的兴趣所指向的对象是各不相同的。有的学生对理论和规律性知识有较高的兴趣；有的学生对直观的具体的知识或具有鲜明实践意义的知识感兴趣，但对概念的定义和概念推理等感到乏味；有的学生对实际操作和科技活动有兴趣，喜欢实验室作业，热衷于各种科技小组的活动、制造各种模型、标本等；也有的学生对文艺或体育感兴趣，喜欢阅读文艺作品，看电影、电视，愿意从事绘画、唱歌或参加体育活动。二是不同学生的兴趣在范围和稳定性上也是各不相同的。有的学生兴趣多样，似乎什么事情都想知道，什么活动都想参加；而另一些学生的兴趣则局限在较窄的领域内；有的学生兴趣很容易发生转化，也有的学生有比较持久稳定的兴趣。

（五）性别差异

性别差异有多种表现：①智力的性别差异。一般认为，男女智力的总体水平大致相等，但男性离散度高于女性。同时，男女生的智力无量的差异，但有质的差异，即在智力结构上存在着差异。有研究表明，男女思维具有质的差异（而不是量的差异，不能说男生比女生聪明，或者反之）：男生在抽象思维和空间思维等方面较女生要优，男性偏于抽象思维，喜欢数学、物理和化学等科目；女生对声音的辨别和定位能力明显优于男性，女性长于形象思维，喜欢语言、历史和人文地理等科目。②品德的性别差异。一般认为，男女生在品德上无量的差异，但也有质的差异。吉利根的研究表明，男生普遍关注正义；女生侧重宽恕与关爱，这表明男女生在品德类型方面存有差异。③学业成就上的性别差异。一般而言，在小学和初中阶段，女生的学习成绩普遍优于男生；在高中及以上阶段，男生的成绩要略优于女生。需指出，男女生在学业成就上有差异的原因不是智力因素，而是社会因素，即在性别角色化的进程中，一方面受到客观环境中角色期待的影响，另一方面受到主观性别角色形成的影响。

二、针对个别差异的教学

人各不同如其面，个别差异的存在是不容否定的客观事实。然而，自孔子提出因材施教到班级授课制强调整齐划一，教育对学生个别差异的态度可谓来了个大转变。时至今日，虽然人们一直讲因材施教，但实践教育中看到更多的是对共性的强调和对个性的蔑视。从实际结果看，不管教育者怎样强调共性，最终仍然没有改变人的多样性（即人的个别差异），这一点从步入社会的毕业生的多样性就可以看出来。正是因为有了人的多样性，才有了社会的多样性。从这个角度讲，教育者应该尊重学生的个别差异，这不仅是学生发展的需要，也是社会发展的必然。可见，一个称职的教师必须努力做到五点：①用全面的观点看待学生的个别差异，通过因材施教，充分发展每一个学生的优点，去掉其缺点，或尽量降低其身心方面存在的不足对其发展所造成的负面影响，以期让每一个学生最终都能发展成身心健康、德才兼备的智慧型人才。②用发展的观点看待学生的个别差异，这样才能用动态的眼光看待学生身心发展方面存在的优点与不足，进而及时把握学生身心发展的现状与发展趋势。③用健康的观点看待学生的个别差异，提醒学生：个性化不是怪癖化或反社会化，而是指充分展现自己的优势身心素质，以发挥自己的独特作用，或让他人看到自己的独特价值。④善用"皮格玛利翁效应"。如第四章所论，"皮格玛利翁效应"告诉人们，赞美、信任和期待具有一种能量，它能改变人的行为，并使其向好的方向发展。当一个获得另一个人的信任、赞美或期待时，他便会感觉获得了社会支持，进而增强了自我价值，变得自信、自尊，获得一种积极向上的动力，并尽力去达到对方的期待，以避免对方失望，最终极可能会"美梦成真"。所以，教师要合理确定对学生的期望值，及时帮助学生调整期望值，以发挥教师期望对学生学习所起的最佳动力效果。⑤个别差异是因材施教的依据，但不是用来选择或淘汰学生，毕竟教育的目的是发展人，而不是淘汰人。正所谓"教人要教人所短，用人要用人所长"。那么，在班级授课制不可能马上取消的情况下，在学校环境中应如何尊重学生个性，促进学生身心的健全发展呢？有效手段之一就是采取个别化教学的教学组织形式。个别化教学是指使每个学生都以自己的水平和速度进行学习的教学方法。换言之，个别化教学是为了适合个别学生的需要、兴趣、能力、学习进度和认知方式特点等而设计的教学方法，但它并不单纯意味着个体独自学习。

（一）个别化教学的种类

个别化教学的方式多种多样，除了前文已讲的程序教学、计算机辅助教学、掌握学习、凯勒计划以及人们熟知的跳级与留级等方式外，常用手段还有六种：

1. 采用班内个别化教学

传统的班级授课制采取统一的大纲、统一的教材、统一的进度、统一的要求来对待所有的学生，"一刀切"，力图让学生"齐步走"，时间证明这是不切实际的想法，有的教师形象地把这种教学比喻为"一件衣服让所有的学生穿"。事实上，社会对人才的需求是多方面、多层次的，学生的个人兴趣爱好、能力结构和个性发展也是有很大差异的，为了适合不同学生的个别差异，有些老师在班内进行个别化教学。具体做法是，教师因人而异地给学生提出各种学习要求，并花一定时间以一对一的形式辅导学生。其特点是：在全班上课的基础上再照顾到班上学习速度慢的学生或学习速度快的学生，以及有特殊需要的学生。教师给学生布置的学习任务以及辅导必须以该生的学习准备、学习特点和个性特点等为依据；教师的作用主要在于指导和帮助学生自学和独立钻研；学生的学习由教师"扶着走"向独立过渡。班内进行个别化教学由于并未从根本上打破班级授课制的基本形式，而是在此基础上作了一些改进，可见，此法不但简便易行，而且也能达到因材施教的目的。

2. 分层教学

分层教学的基本思想是设置难度大小不同的课程，方便不同层次的学生进行课程选择，从而尽可能使每个学生都能选择到适合自己能力与兴趣的课程。与在班内进行个别化教学并不打破原有班级形式不同，分层教学在实施时往往要按学生的能力水平重新编班。中国一些学校尝试的分层教学体现了这一思想。在分层教学中，学校在一个年级的某些学科上开设几种不同层次的课程，例如开设 A、B、C 三种层次的课程，供学生选修。A 级明显高于大纲，B 级略高于大纲，C 级按大纲最低要求进行授课。三级课程的课时不变，安排在不同时间，供学生跨班选择。在分层教学中，对学生参加哪一科哪一层次的学习采用动态管理，每学期进行一次调整。分层教学不同于分快慢班，它允许学生根据自己的特长和今后的专业取向来选择，可能某学科参加 A 班学习，而另一学科参加 C 班学习。不像快班对各门学科要求都高，慢班则要求都低。分层教学有助于学生的主动发展，有助于培养学生的主体意识、成才意识、超前意识、竞争意识，也有助于学生专长的培养。

3. 分组教学

（1）能力分组。也称同质性分组。处理异质问题的最普通途径就是根据能力而不是年龄，将学生分配到不同的班级或程序中，因为年龄或年级相同的学生的实际智力和知识水平往往相差悬殊，班级授课的教学模式很难适应所有学生的情况。有实验表明，按能力编班有利于缩小差距，便于统一教学进度，在一定程度上可以提高教学效果。但是同质性分组也有很多局限，受到人们的普遍批评。首先，同质的标准很难把握。就现有的测量及考试技术来看，无论是用 IQ 还是用知识水平来对学生进行分组，其标准都不够客观，也很难让所有人接受。其次，同质分班对优生固然带来诸多益处，但容易使程度低的班级的学生感觉受到歧视。最后，影响学生学习成绩的因素是多方面的，能力只是其中的一个方面。即使是按能力编班的学生也不可能都取得同样的成绩。事实上，如果教育者能充分尊重学生的个性，尊重教育本身固有的规律，不去过分追求教学的整齐划一，把学生当作人而不是流水线上的产品来看待，那么，即使是在班级授课的模式下，同样会取得令人满意的效果。从我们自身受教育的过程看，不管各阶段的老师如何注重同学间的同一性，一旦走出那一个阶段，马上就显示出各自的差异。因此，班级授课模式下的教学只要个别学生的个性不至于扰乱整个班级的教学，就可以因势利导、顺其自然地发展。教育的成功应该是对学生个性的张扬，而不是对学生个性的压抑。

（2）人际关系分组。这里的人际关系指的是自然形成的人际关系，不同于人们平常所说的人际关系。如国外有些大学的班级是根据学生所选的课来编班的，有些中小学按学生报到的先后顺序进行编班。事实证明按人际关系编班是一种较有效的方法。阿勃兰德与多义耳（Abllrand & Doyle，1976）在一项研究中以人际关系编组，到中年级，要求儿童按照学业成就、领导能力以及名望等方面的优缺点来评定他们的同伴。结果发现，根据社会性观念来编组，比根据年龄或根据能力来编组，更能促进社会性交互作用。关心学生的社会性发展与关心学业的进步是统一的。因为那些在社会性方面感到很自信的学生，会拥有更好的机会去最有效地发挥他们的潜力。对那些希望改进每个学生的信心、动机和品德的教师来讲，按人际关系编组不失为一种好的选择。因为这种方法可以用来培养基本的信任、自主性、积极性和首创精神，而这些都是艾里克森所认为的童年期发展的重要问题。

4. 改变学生的学习方式

学习方式或者说学习风格的差异并不见得都是对学生有利的，有些学生的学习风格（比如认知速度慢）其实是不利于学习的。有关改变学习方式的研究也主要集中在对认知速度上，尤其是冲动性和反思性上。奥巴赫（Orbach）研究了 8～11 岁之间被标称为"冲动性"的男孩（利用匹配熟悉图形的测验）。其中一组训练他们利用模仿和教学增加他们反应的潜伏期；另一组则利用视觉仔细审视的策略，训练他们寻找反应的精确性；第三组训练他们利用视觉辨别提高反映的精确性。结果表明，后两组训练提高了反应的精确性，第一组在潜伏期方面有了提高，但在精确性方面则没有任何提高。奥巴赫认为改变概念形成的方式是可行的。泽尔尼克（Zelniker，1974）等人进行了试图改变二年级学生反应期的实验，结果是增加了冲动型儿童反应的潜伏期，而反思型儿童的潜伏期却并未像预期的那样缩短。虽然就某些学生而言，其学习方式的改变应该是有利于他们的学习的。但吉尔福特认为，尚没有足够的实验证明，学习方式的问题在多大程度上反映了环境和经验，在多大程度上是基于学生内在的生理基础，如果强迫学生改变对学习方式的偏重，会损害学生的自我概念，并导致他们对学校的疏远，所以对学习方式的改变要慎重。

5. 个别辅导

个别辅导常用三种形式：

（1）成人的个别辅导，较易行，也很有必要。从一定意义上说，一对一的成人对儿童的个别辅导是最有效的教学方法，它从根本上解决了教学的适当水平的问题，这种方法的主要障碍是代价过高。

（2）同伴辅导，也称配对学生，是把学生一一配对或以小组为基础，让他们在各种情景下彼此相互帮助，或让一个学生指导另一个学生。配对的方式有这样三种：一是班内学生指导他人；二是高年级的学生辅导低年级的学生；三是在学习活动中两个学生在一起学习，彼此平等地相互帮助。前两种方式是一对一的辅导，当然也可以是一人辅导两三个人。第三种方式也称为同伴配对。它不只是辅导，学生平等地在一起学习，有时称为合作学习。合作学习是指学生在一个能力各异的小组里一起学习，从而取代了获得承认和评级而进行的竞争。合作学习的方法很多，大多数是让四个能力各异的学生为一组，他们在一起学习几周或者几个月。为了帮助学生很好地一起学习，在学习开始前教师先要教他们一些具体的技能，如积极地学习、明确地解释、容纳他人、避免贬低他人等。在教学过程中教师先简单介绍将要学习的内容，然后让学生以小组为单位进行学习；在确认大部分小组都学得差不多的时候，让各学组派代表发言，进行小组间的交流；最后由教师做总结，回答学生间普遍存在的问题。应用这种模式进行教学既有利于学生有效地掌握知识，也减轻了教师授课过程中的劳动强度，还有利于学生间良好人际关系的形成以及学生个性的发展。实际上很多一线教师早已经在自觉不自觉地应用这种方式进行教学，只不过其应用的程度不够，形式较简单罢了。当然，中国班级授课的人数规模使得很多教师有心无力，在客观上限制了这种学习方式或教学模式的推广。在这三种方式中，同班同伴辅导最常见于中小学。一个成绩好的学生或已经完成了课程或领会了材料的学生与一个需要帮助的学生配对。有研究表明，由于来自同伴的威胁相对少一些，学生更愿意问同伴那些他担心老师可能会认为"傻"的问题，他们也不太会担心同伴会责备他们解释了两三遍还不懂。人们还发现，听懂了课的学生可以用自己的语言来解释概念，他们甚至比老师讲得更清楚，使听不懂的学生更好理解。同伴辅导还会有空去帮助有严重学习问题的学生。

（3）模拟一对一教学情景的个别化教学程序，如教学程序和计算机辅助教学等。

6. 独立学习

独立学习是指学生在教师的指导下利用校内外的资源来学习某一个主题的学习方式。独立学习常用于那些有学习意愿和进行独立学习所需学习技能的"学习者"。在大学和中学，由于学生掌握了一些基本技能，独立学习使用得普遍一些；在小学，学生是靠老师来督促学习还是自我指导地学习，要看学生具体的能力、需要和兴趣了。

（二）个别化教学的优缺点

任何学习都必须经过学习者主体内部操作，才能变成他自己的认知结构。从这个意义上讲，任何形式的学习最终都必须转化为每一具体个体的独特方式，学习方可奏效。个别化教学的优点主要有：①可使教学适合每个学生的学习需要、能力水平和学习速度，有利于因材施教；②可调动每个学习主体的学习积极性，使差生不致失去信心，优生不致失去进一步学习的机会和条件，从而使每个学生都能从教学中受益；③有助于训练学生的独立学习、自负学习责任、独立钻研和自我教育的能力；④学习时间和空间的灵活性大。但是，个别化教学也有一定的局限性：①若长期把个别化教学形式作为主要的教学形式，会削弱师生之间、学生之间的相互作用，不利于合作精神的培养，同时也不利于竞争意识的形成；②若用单一途径和固定不变的学习方法，学生会感到单调无味，削弱学习的热情，容易疲劳；③个别化教学不适合所有的学生，特别是缺乏学习自觉性的学生，可能会拖延学业；④个别化教学"代价昂贵"，需要比其他教学形式花更多的时间、精力、财力和物力；⑤个别化教学不利于学生交往能力的发展。

（三）个别化教学需注意的要点

为了发挥个别化教学的最佳效果，教师要注意四个要点：①学习的步调。个别化教学最典型的形式就是将所学材料化成一系列的学习活动或任务，让学生以自己的步调学习同样的任务。为此，教师必须吃透教材，分析教材，将教材化成具有逻辑联系的小步子，以便学生自学。②教学目标。个别化教学需要教师设置各级水平能力上的目标以适应不同的学生。教师可以让每个学生通过同样的目标顺序，也可以调整目标以适应不同学生的需要、兴趣和能力。③学习活动或材料。个别化教学中的另一个变量是学习活动本身。即使学生迈向同样的目标，但他们使用的手段可能不同：有的可能依赖于课本；有的可能需要阅读一些课外辅助材料；还有部分学生可能需要使用视听媒体。④评价教学的手段。个别化教学对学生的学习评价手段应有所不同。书面表达有困难的学生可以先进行口头测验，或者以磁带录下他们对书面测验的口头回答；聪明的学生可让他们写一篇论文或感想、计划之类的文章；频繁的测验对有些学生可能很有效，对另一些学生可能效果不大；有些学习结果也可以是非语言的形式，如图画、图表、制造模型、实际操作等。

附录：国外著名教育心理学家名录[①]

巴甫洛夫（Ivan P. Pavlov, 1849—1936）

杜威（John Dewey, 1859—1952）

伍德沃斯（Robert Woodworth, 1869—1962）

桑代克（Edward Lee Thorndike, 1874—1949）

耶克斯（Robert M. Yerkes, 1876—1956）

华生（John B. Watson, 1878—1958）

惠特海默（M. Wertheimer, 1880—1943）

托尔曼（E. C. Tolman, 1886—1959）

柯勒（W. Köhler, 1887—1967）

拉什里（Karl Lashley, 1890—1958）

皮亚杰（Jean Piaget, 1896—1980）

维果斯基（Lev Vygotsky, 1896—1934）

韦克斯勒（David Wechsler, 1896—1981）

吉尔福特（J. P. Guilford, 1897—1987）

罗杰斯（C. R. Rogers, 1902—1987）

斯金纳（B. F. Skinner, 1904—1990）

哈洛（Harry F. Harlow, 1905—1981）

马斯洛（Abraham H. Maslow, 1908—1970）

布卢姆（Benjamin. S. Bloom, 1913—1999）

布鲁纳（Jerome Seymour Bruner, 1915—2016）

加涅（Robert M. Gagné, 1916—2002）

奥斯古德（Charles E. Osgood, 1916—1991）

西蒙（Herbert A. Simon, 1916—2001）

奥苏贝尔（David P. Ausubel, 1918—2008）

班杜拉（Albert Bandura, 1925—　）

柯尔伯格（Lawrence Kohlberg, 1927—1987）

纽威尔（Alan Newell, 1927—1992）

乔姆斯基（Noam Chomsky, 1928—　）

[①] 说明：为了让读者能在脑海中尽快对现代教育心理学的发展脉络形成一个清晰的线索，在编排国外著名教育心理学家名录时，先按他们出生年份早晚排序；诞生于同一年份者，再按姓名的英文字母顺序排序。

奈瑟尔（Ulric Neisser，1928—2012）

斯皮罗（Rand J. Spiro，1928—　）

维特罗克（Merlin C. Wittrock，1931—　）

罗森塔尔（Robert Rosenthal，1933—　）

巴尔特斯（Paul B. Baltes，1939—2006）

安德森（John Robert Anderson，1947—　）

斯腾伯格（Robert J. Sternberg，1949—　）

参考文献

1. 奥苏伯尔，等．教育心理学：认知观点．佘星南，等译．北京：人民教育出版社，1994.

2. 陈琦，刘儒德．教育心理学．2 版．北京：高等教育出版社，2011.

3. 邓铸，朱晓红．心理统计学与 SPSS 应用．上海：华东师范大学出版社，2009.

4. 董奇，申继亮．心理与教育研究法．杭州：浙江教育出版社，2005.

5. 方富熹，方格．儿童发展心理学．北京：人民教育出版社，2005.

6. 冯忠良，等．教育心理学．2 版．北京：人民教育出版社，2010.

7. R. M. 加涅．学习的条件和教学论．皮连生，等译．上海：华东师范大学出版社，1999.

8. GARDNER H. Intelligence reframed：multiple intelligences for the 21st century. New York：Basic Books，1999.

9. 理查德·格里格，等．心理学与生活．王垒，等译．16 版．北京：人民邮电出版社，2003.

10. 郭秀艳．实验心理学．北京：人民教育出版社，2004.

11. 侯杰泰，温忠麟，成子娟．结构方程模型及其应用．北京：教育科学出版社，2012.

12. 黄一宁．实验心理学：原理、设计与数据处理．西安：陕西人民教育出版社，1998.

13. 柯尔伯格．道德发展心理学——道德阶段的本质与确证．郭本禹，等译．上海：华东师范大学出版社，2004.

14. 刘金花．儿童发展心理学．3 版．上海：华东师范大学出版社，2006.

15. 莫雷．教育心理学．广州：广东高等教育出版社，2005.

16. 潘菽．教育心理学．北京：人民教育出版社，1980.

17. 皮连生．教育心理学．4 版．上海：上海教育出版社，2011.

18. 皮亚杰．发生认识论原理．王宪钿，等译．北京：商务印书馆，1981.

19. S. Ian Robertson. 问题解决心理学．张奇，等译．北京：中国轻工业出版社，2004.

20. 桑标．当代儿童发展心理学．上海：上海教育出版社，2003.

21. 邵瑞珍．教育心理学：修订本．上海：上海教育出版社，1997.

22. 施良方．学习论——学习心理学的理论与原理．北京：人民教育出版社，1994.

23. 桑代克．人类的学习．李月甫，译．杭州：浙江教育出版社，1998.

24. 约翰·W. 桑切克．教育心理学．周冠英，王学成，译．北京：世界图书出版公司北京公司，2007.

    25. 维果茨基．教育心理学．龚浩然，等译．杭州：浙江教育出版社，2003.

    26. 汪凤炎，郑红．良心新论——建构一种适合解释道德学习迁移现象的理论．济南：山东教育出版社，2011.

    27. 汪凤炎，郑红．智慧心理学的理论探索与应用研究．上海：上海教育出版社，2014.

    28. 吴明隆．问卷统计分析实务——SPSS 操作与应用．重庆：重庆大学出版社，2010.

    29. 张春兴．教育心理学．杭州：浙江教育出版社，1998.

    30. 张大均，郭成．教育心理学．北京：人民教育出版社，2010.